DAS PFENNIG-MAGAZIN
DER GESELLSCHAFT ZUR VERBREITUNG
GEMEINNÜTZIGER KENNTNISSE.
1834.

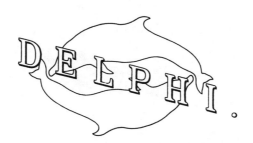

DELPHI 1012.

NEU VERLEGT BEI FRANZ GRENO, NÖRDLINGEN 1985.

Herausgegeben von Reinhard Kaiser.

Copyright © 1985 bei GRENO Verlagsgesellschaft mbH,
D-8860 Nördlingen.
Die Reproduktion erfolgte
nach dem Hand-Exemplar von Arno Schmidt
mit freundlicher Genehmigung
der Arno-Schmidt-Stiftung, Bargfeld.
Reproduktionen G. Mayr, Donauwörth
und G. Bergmann, Frankfurt/Main.
Gedruckt und gebunden bei Wagner GmbH, Nördlingen.
Printed in Germany.
ISBN 3921568544.

Das Pfennig-Magazin

der

Gesellschaft

zur

Verbreitung gemeinnütziger Kenntnisse.

Zweiter Band.
Nr. 53—91.

Leipzig,

In der Expedition des Pfennig-Magazins.
(F. A. Brockhaus.)

1834.

Inhaltsverzeichniß des zweiten Jahrganges.

Zur bequemen Übersicht der mit Abbildungen versehenen Artikel sind die Titel derselben mit gesperrter Schrift gedruckt; die mit [ ] versehenen Ziffern weisen die Nummer des Stücks nach, die am Ende der Zeilen stehenden die Seitenzahl.

	Nr.	S.
Abraham a Santa Clara.	[86]	685
Agra.	[70]	555
Alexandersäule, die, in St.-Petersburg.	[83]	660
Alligator.	[75]	597
Amsterdam.	[69]	547
Apollo, der, von Belvedere.	[68]	543
Arassari, der krausköpfige.	[75]	593
Armadille.	[88]	703
Astronomie, Nutzen derselben.	[58]	458
Art zu grüßen bei verschiedenen Völkern.	[87]	693
Auswanderer in Südafrika.	{[55] [56]}	{439 447}
	[57]	453
Baalbeck.	{[68] [69]}	{541 545}
Bär, der, auf dem Maskenball.	[68]	542
Bär, der, mit dem Pferde.	[5]	37
Basalt, der.	[77]	609
Bäume, hohes Alter derselben.	[56]	446
Beauvais.	[72]	576
Bernstein, der.	[57]	455
Bettlerknabe, der, nach Murillo.	[87]	689
Beutelratte Nordamerikas, die.	[89]	707
Bibliotheken, berühmte.	[58]	463
Bisonochse, der.	[53]	421
Bligh, Capitain, wunderbare Rettung desselben.	[89]	710
Bohnen in Brunnenwasser zu kochen.	[53]	424
Brennnessel, Benutzung derselben.	[59]	472
Brooke's Reisen durch Schweden, Norwegen u. s. w.	[19]	146
Brücken, pariser.	[54]	430
Buchdruckerkunst, Geschichte der Erfindung derselben.	[77]	614
Cactus, der, in Brasilien.	[87]	695
Caschemirziege, die.	[56]	445
Castalia, die, ein Quell auf dem Parnassus.	[91]	724
Casuar, der indische oder gehelmte.	[86]	684
Caviar, über die Zubereitung desselben.	[90]	715
Cedern, die, des Libanon.	[53]	423
Colloredo's Monument bei Culm.	[64]	508
Condore, Beitrag zur Naturbeschreibung dieser Vögel.	[82]	655
Copiapo, Land in Chile, Skizze aus dem Leben seiner Bewohner.	[87]	694
China, Malerei und Glasmacherei daselbst.	{[82] [82]}	{654 655}
Chinesisches Schiff.	[86]	687
Chinesische Staatszeitung.	[68]	539
Chlamyphoren, die.	[88]	703
Cigarren in Spanien.	[91]	723
Singalesen, Weberei derselben.	[89]	711
Collegium, das kön. (Kings college), in London.	[61]	481
Collegium, königliches, und Capelle zu Cambridge.	[81]	647
Culm, Schlacht bei.	[64]	507
Dampfschiffe, Vorzug der eisernen vor den hölzernen.	[57]	453
Dampfschifffahrtscommunication mit Indien.	[68]	543
Deiche in Holland, Durchbruch derselben.	[58]	457
Dialytische Fernröhre.	[69]	547
Drache, der fliegende, und der gemeine Paradiesvogel.	[82]	655
Dryden, John.	[83]	661
Dürer, Albrecht.	[76]	601
Dürrenstein.	[91]	726
Eisenbahnen, die, im nordamerikanischen Freistaate.	[86]	687
Eisenbahn zwischen Liverpool und Manchester, Rechnungsabschlüsse der Actiengesellschaft derselben.	[68]	542
Eisen, Mittel, dasselbe gegen Rost zu schützen.	[89]	710

	Nr.	S.
Elephant, der, und der Alligator.	[75]	597
Engelsbrücke zu Rom.	[64]	509
Erdbeschreibung, Geschichte der.	[54]	431
Erdmagnetismus, über den.	{[76] [77]}	{604 610}
Erwärmung der Zimmer durch einen Reibungs- oder Frictionsapparat.	[68]	543
Eskimos, die, in den Ländern an der Hudsonsbai.	[65]	515
Eskimos, die, im westlichen Nordamerika.	[65]	519
Färöer, Inselgruppe, Mittheilungen über dieselben.	{[87] [88]}	{690 699}
Fata Morgana, die.	[67]	534
Fechter, der sterbende.	[55]	433
Fernröhre, dialytische.	[69]	547
Fest, ein, aus dem 15. Jahrhundert.	[85]	678
Feuerspeiende Berge.	[84]	669
Firsterne, wirkliche und scheinbare Bewegungen ders.	[65]	514
Flaschenzug.	[53]	422
Florenz.	[85]	673
Franklin, Capitain, Reise desselben in den Jahren 1819—22.	[85]	675
Freundschaftsinseln, merkwürdiger Naturzustand derselben.	{[62] [63]}	{493 502}
Galvanische Batterie zum Sprengen der Felsen.	[71]	567
Galvanismus, der wahre Entdecker desselben.	[69]	549
Gans mit vier Füßen.	[59]	472
Gebirge, Eintheilung derselben.	[53]	423
Geistesgegenwart.	[87]	694
Gellert und der Husarenlieutenant.	[91]	723
Gemse, die, und die Gemsenjagd.	[80]	639
Gepard, der.	[90]	723
Gewürznelken, die.	[56]	442
Gibraltar.	{[71] [78]}	{564 619}
Giftthal, das, auf Java.	[59]	465
Glocke, die große, zu Moskau.	[61]	484
Gray, Johanna.	[56]	443
Gummi, elastischer, Auflösung desselben.	[71]	567
Gustav Adolph.	[78]	621
Guy, Thomas.	[91]	722
Häuser in der Türkei.	[88]	697
Hekla, der.	[84]	672
Hering, der.	[55]	433
Höhleneulen, die.	[78]	620
Honigbiene, die.	[63]	499
Hund, der, auf Neufundland.	[67]	529
Hysterie und Krämpfe.	[86]	686
Jagd, die.	[73]	579
Jagd der wilden Tauben um Neapel.	[29]	230
Infusionskornwurm, der.	[74]	586
Johannistag, der, in Schweden.	[7]	54
Justiz, türkische.	[25]	199
Kaffee, jährlicher Verbrauch desselben in Europa.	[83]	662
Kaffee, über die Wirkungen desselben.	[86]	682
Kairo, Kirchhof daselbst.	[79]	629
Kettenbrücke, die, zu Brighton.	[68]	537
King's college.	[61]	481
Komet, über den im J. 1835 erscheinenden.	[55]	436
Kraftäußerung des Menschen, Maaß mechanischer.	[72]	575
Kreml, der.	[63]	503
Kreuzotter, die.	[70]	556
Krokodil, das.	[55]	437
Kuppelbeleuchtung und Feuerwerk am St.-Petertage.	[60]	479
Landwirthe, deutsche, Achtung der Bewohner des nordamerikanischen Freistaates Ohio vor denselben.	[59]	471

	Nr.	S.
Lavater, Johann Kaspar.	[81]	645
Leder, russisches.	[71]	566
Leipziger Universität, die, und die Bundeslade	[88]	703
Londoner Postwesen.	[43]	340
Londoner Universität, die.	[63]	497
Lotusblume, die.	[85]	679
Löwe, der.	[83]	662
	[84]	669
Löwen, die Stadt.	[71]	567
Luftballon, der.	[54]	425
Luftspiegelungen.	[67]	534
Mahagoniholz, Einfuhr desselben in Europa.	[85]	677
Mammeibaum, der.	[87]	692
Mannaesche, die.	[79]	626
Marino, San.	[87]	695
Maschine zum Abkehren der Straßen.	[81]	647
Maschine des endlosen Papieres.	[73]	584
Mehemed Ali, Vicekönigs von Aegypten, Persönlichkeit und Lebensweise.	[80]	634
Menschenrassen.	[59]	466
Meteorsteine.	[60]	479
	[54]	431
Mosaik, einige Bemerkungen über dieselbe.	[69]	550
Münster in Freiburg.	[65]	513
Münster zu Strasburg.	[49]	386
Münster zu York.	[56]	441
Murillo.	[87]	689
Murmelthier.	[78]	620
Nahrungsmittel, welche chemische Beschaffenheit dieselben haben müssen.	[65]	519
	[66]	527
Neuseeland.	[53]	419
Nibelungenlied.	[25]	198
Nil, Ueberschwemmung desselben.	[62]	491
Nordlicht, das.	[66]	523
	[67]	530
Norwegen, Skizzen aus.	[58]	462
Obelisk von Luxor, Transport desselben nach Paris.	[77]	612
	[78]	623
Ochsen als Schnellläufer.	[80]	635
Oele zu reinigen und vor dem Ranzigwerden zu sichern.	[85]	679
Opossum, das.	[89]	707
Orinoco, der, und seine Wasserfälle.	[58]	459
Palmyra.	[76]	607
Papagei, der.	[66]	521
Papier, Verfertigung desselben.	[73]	581
Papierschneidemaschine, die.	[74]	585
Papyrus, der ägyptische.	[88]	700
Paradiesvogel, gemeiner.	[82]	655
Parry's erste Reise und Winteraufenthalt auf der Insel Melville.	[79]	627
Paskal.	[62]	496
Pelikan, der gemeine.	[67]	532
Peter Botte, Felskegel auf der Insel Mauritius, Ersteigung desselben.	[80]	633
Peter der Große.	[67]	531
	[69]	546
	[72]	574
Peterskirche in Rom.	[83]	657
Petersplatz zu Rom.	[64]	512
Petrarca, Francesco.	[58]	461
Pfeffel, Theophilus Konrad.	[66]	525
Pflanzen, Fruchtbarkeit derselben.	[25]	199
Pflanzenseide.	[86]	686
Pillnitz, Lustschloß.	[62]	489
Pitkairninsel, das Schicksal der engl. Colonie auf derselben.	[74]	589
	[75]	596
Polytypie.	[72]	572
Rechnungsresultat, ein nützliches.	[90]	714
Relief=Stahlstich.	[71]	563
Reibungs= oder Frictionsapparat zur Erwärmung der Zimmer.	[68]	543
Reiterstatuen, metallene.	[54]	429
Richard Löwenherz auf dem Dürrenstein.	[91]	726
Robbe, der gemeine.	[90]	719
Rochester, Kathedrale daselbst.	[90]	713
Rom von der Engelsbrücke.	[64]	508
Roß, Capitain, Nachrichten über dessen letzte Reise.	[65]	517
—, Capitain, Bemerkungen desselben über die nordwestliche Durchfahrt	[71]	566
Rösselsprünge.	[69]	552
Rutter's neue Wärmeerzeugungsmethode.	[69]	550

	Nr.	S
Sagobaum, der.	[53]	418
Sandwichinseln, die.	[90]	715
Sandwichinseln, eine preußische Gesandtschaft daselbst.	[84]	665
	[85]	678
San Marino, Freistaat.	[87]	695
Sardellen, die	[84]	667
Schachmaschine, Kempelens.	[70]	560
Schachspiel, das.	[69]	551
	[70]	559
Schäfer, der schlafende, v. Füßli. (Bild.)	[55]	440
Schiff, chinesisches.	[86]	687
Schiff, das.	[60]	473
Schiller, Johann Friedrich Christoph von	[72]	570
	[78]	623
Schlachten, die, der Alten.	[59]	470
Schnee, Einsammlung desselben in der Umgegend von Neapel.	[90]	718
Schnellpresse, die.	[71]	561
Schreibkunst, Furcht vor den Wirkungen derselben.	[67]	534
Schriftgießerei.	[77]	616
Schwalben, Einiges aus der Naturgeschichte derselben.	[87]	694
Schweineborsten.	[49]	391
Scorpione, über das Gift derselben.	[80]	637
Scott, Walter	[88]	701
	[89]	709
Seehund.	[90]	719
Seesalz, das.	[59]	471
Seide.	[86]	686
Singalesen, Weberei derselben	[89]	711
Sklaven, Behandlung derselben.	[58]	460
Sonnengott der alten Sachsen.	[68]	540
Sphinx, die.	[66]	527
Spottvogel, der amerikanische.	[80]	635
Sprache, fremde, wie man sie am leichtesten lernt.	[62]	490
Sprachgebräuche, besondere.	[61]	483
Steinregen.	[70]	560
Stereotypie und Polytypie.	[72]	572
Sternschnuppen und Meteorsteine.	[54]	431
Strohflechterei.	[64]	505
St.=Stephansdom, der, zu Wien.	[75]	598
St.=Sulpice, Kirche zu Paris.	[55]	435
Tajeh Mahal in Agra.	[70]	556
Talg, technische Benutzung seiner Bestandtheile.	[91]	725
Teich, der, Bethesda	[49]	385
Thee, Geschichte des Anbaues, der Zubereitung und des Gebrauches desselben.	[59]	467
Thor St.=Denis, das, zu Paris.	[54]	425
Thunfischfang, der.	[89]	705
Tivoli.	[73]	577
	[80]	638
Tower, der.	[82]	649
Trajanssäule, die, in Rom.	[72]	569
Truthahn, der wilde.	[76]	603
Tunnelbeleuchtung, neue.	[71]	566
Turenne	[75]	594
Universität zu London.	[63]	497
Viper, die gemeine, oder Kreuzotter.	[70]	556
Vorwelt, organische Ueberreste derselben.	[81]	641
	[82]	652
Walfisch und Walfischfang.	[57]	449
	[61]	484
Wärmeerzeugungsmethode.	[69]	550
Warzen, Mittel gegen dieselben.	[81]	647
Wasser, das kalte, als das beste Mittel, die Gesundheit zu erhalten.	[63]	504
	[64]	506
Wasserleitungen, der alten Römer.	[7]	56
Weltall, Ansichten davon.	[66]	525
Westminsterabtei, die.	[78]	617
Wien, Kirche des heiligen Karl Borromäus daselbst.	[84]	665
Wiener=Neustadt, Brand daselbst.	[86]	681
Wilberforce=Wasserfälle, die, in Nordamerika.	[53]	417
Wilde in Nordamerika, interessante Bemerkung über sie	[57]	454
Windsor=Capelle, Chor derselben.	[70]	553
Wolf, der, in der Falle.	[77]	611
Zeitkunde, Kalender.	[50]	398
Zufriedenheit.	[86]	686
Zugtaube, die.	[73]	580
	[74]	586
Zündhölzchen, Frictionsspäne und Streichzünder.	[62]	494
Zündhütchen.	[60]	480

Das Pfennig-Magazin

der

Gesellschaft zur Verbreitung gemeinnütziger Kenntnisse.

53.] Erscheint jeden Sonnabend. **[Mai 3, 1834.**

Die Wilberforce-Wasserfälle in dem nördlichen Amerika.

Seit 1818 haben die Engländer mehrere Versuche gemacht, eine nordwestliche Umfahrt um Amerika nach dem stillen Ozean ausfindig zu machen; allein bis jetzt ist ihnen dies Unternehmen noch nicht gelungen, und seit der letzten Rückkehr des Capitän Roß weiß man, daß es vom 74 Grad NB. gegen Süden keine solche Durchfahrt giebt. Jedoch hat durch diese Unternehmungen die Erdkunde gewonnen und der Capitän Roß bringt auch die wichtige Entdeckung für den Wallfischfang mit, der in den nördlichen Meeren immer weniger ergiebig ausfiel, daß sich die Wallfische nicht mehr an den Küsten der Inseln und des festen Landes aufhalten, sondern hauptsächlich in den höhern Meeren und in deren Mitte verweilen. Die Capitäne Roß und Parry haben sich um die Erd- und Naturkunde der nördlichen Gegenden der Erde große Verdienste erworben. Eben so verdient hat sich der Capitän Franklin durch seine Landreise nach den Küsten des Polarmeeres gemacht. Roß's erste Reise fiel ins Jahr 1818 und Parry's erste Reise und Franklin's Reise begannen mit dem Jahre 1819. Den Capitän Franklin begleiteten Dr. Richardson und die Seeoffiziere Back und Hood. — Capitän Back wurde im Jahre 1833 zur Aufsuchung des Capitäns Roß ausgeschickt. Seine Reise geschah zu Lande und ist auf drei Jahre berechnet; und obgleich der Letztere schon vor Kurzem wieder in England angekommen ist, so soll er doch seine Reise in Nordamerika fortsetzen und vorzüglich dessen Nordostspitze untersuchen, welche Capitän Roß nicht genau erforschen konnte.

Des Capitän Franklin's Reise ging von der Faltoney York, einer Station an der Ostseite von der

Hudsons-Bay aus durch die Wildnisse und über die gefrornen Seen Nordamerika's, über welche er in einer westl. Richtung bis zur Mündung des Kupfergrubenflusses an der Westküste zog. Hier schiffte er sich mit seinen Begleitern in zwei Canots ein und nahm seine Reise nach Osten hin, längs den nördlichen Küsten von Amerika, beinahe 600 englische Meilen weit, wo man unmöglich weiter kommen konnte; und da ihre Canots zerstört waren, so kehrten sie zu Lande nach dem Kupfergruben-Flusse zurück, von wo sie nach einer Abwesenheit von drei Jahren ihre Reise nach Hause antraten. Capitän Parry war unterdessen in die Baffins-Bay eingelaufen, und segelte längs der Nordküste Amerika's nach Westen hin, bis seinen Fortschritten bei der Melville-Insel ein Ende gemacht ward, welche eben nicht sehr weit von der Stelle entfernt ist, die Capitän Franklin von der entgegengesetzten Seite erreichte. So viele Anstrengung auch der Capitän Parry nochmals machte, so konnte er doch nicht über diesen Zwischenraum hinweg kommen. Die Reise-Beschreibung, welche Capitän Franklin herausgegeben hat, ist eben so lehrreich als anziehend, und man sieht daraus, welche Stärke und welchen Muth ihnen bei den außerordentlichen Gefahren und Hindernissen das Lesen religiöser Bücher gewährte, die ihnen eine Dame bei ihrer Abreise aus England mitgegeben hatte. Der heroischste Muth ist der, welcher sich auf wahre Frömmigkeit gründet.

Den arktischen Gegenden fehlt es nicht an großen und erhabenen Scenen; es giebt wenig Gegenstände in der Natur, welche an Pracht den Wilberforce-Wasserfällen im Hoodflusse gleichkommen. Die Abbildung, welche wir hier liefern, ist nach Capitän Back's geistvoller Zeichnung gemacht, und Capitän Franklin beschreibt diese Wasserfälle folgendermaßen:

Wir setzten unsere Reise den Fluß hinauf fort, aber die Untiefen und Stromschnellen wurden so häufig, daß wir den ganzen Tag am Ufer hingingen. Die Matrosen strengten sich aus allen Kräften an, die auf diese Art erleichterten Canots über die Untiefen hinweg zu bringen oder die Stromschnellen hinauf zu ziehen; allein unsere Reise dauerte in gerader Linie nur ungefähr sieben englische Meilen (wovon fünf auf eine deutsche gehen). Des Abends lagerten wir uns am untern Ende einer schmalen Schlucht oder Spalte in den Felsen, durch welche der Fluß ungefähr eine englische Meile weit hindurch fließt. Die Wände dieser Schlucht sind ungefähr zweihundert Fuß hoch, ganz senkrecht und an einigen Stellen blos etliche Ellen von einander entfernt. Der Fluß stürzt in dieselben über einen Felsen weg, und bildet zwei prächtige und malerische Fälle dicht neben einander. Der obere Fall ist ungefähr sechzig Fuß hoch und der untere wenigstens hundert, vielleicht aber auch bedeutend mehr; denn wegen der Enge der Schlucht, in die er fiel, konnten wir nicht bis auf seinen Grund sehen, und wir konnten bloß den obern Theil des Schaumes weit unter unsern Füßen unterscheiden. Der untere Fall theilt sich wegen einer einzeln stehenden Felsensäule, welche sich ungefähr vierzig Fuß hoch erhebt, in zwei. Der Hinabfall des Flusses überhaupt beträgt an dieser Stelle wahrscheinlich über zweihundert und fünfzig Fuß. Der Felsen besteht aus einem sehr feinen Sandsteine; er hat eine glatte Oberfläche und eine blaßröthliche Farbe. Ich habe diese prächtigen Wasserfälle Wilberforce-Wasserfälle zu Ehren des Menschenfreundes Wilberforce genannt. — Wilberforce ist vor Kurzem gestorben und war einer der größten und beredtesten Gegner des Sklavenhandels, zu dessen Abschaffung er als Parlamentsmitglied vorzüglich mitgewirkt hat. Er erreichte ein sehr hohes Alter und hat noch die beschlossene Aufhebung der Sklaverei auf den englisch-westindischen Inseln erlebt.

Der Sagobaum.

Der Sagobaum ist in Ostindien, auf den südlichen Inseln Asiens und in Neuguinea zu Hause, und gehört zu den niedrigsten Bäumen aus der Familie der Palmen. Den Brodbaum ausgenommen, möchte wohl schwerlich ein Baum auf der Erde bekannt seyn, der ein so gesundes, so reichliches und mit so wenig Mühe zu gewinnendes Nahrungsmittel liefert, als der Sagobaum. Selten übersteigt seine Höhe dreißig Fuß, aber er wird so dick, daß ihn kaum ein Mann umspannen kann. Ehe der Stamm die Höhe von sechs Fuß erreicht, ist er mit einer Art Dornen oder Stacheln bedeckt, welche die junge, zärtliche Pflanze gegen Beschädigungen von Thieren schützen und von selbst abfallen, wenn der Baum kräftiger geworden ist. Der Stamm ist hohl und enthält ein ungefähr einen Zoll dickes eßbares Mark, welches der Länge nach häufig von Fasern durchwachsen ist. Aus diesem mehlartigen Stoffe wird der im Handel zu uns kommende, zur Nahrung dienende Sago bereitet. Der Baum pflanzt sich sowohl durch Samen, als auch durch Ausläufer aus den Wurzeln von selbst fort; auch bedarf er keiner besondern Pflege und Wartung, denn man trifft ganze Wälder von demselben an. — Von den Blättern flechten die Insulaner sehr hübsche Korbarbeit, Fußmatten, und bedecken ihre Häuser damit. Sie werden an einander gereihet oder auf Latten befestigt und sind dann als Dach so bequem, daß sie auch dem stärksten Regen widerstehen und wohl sieben bis zehn Jahre dauern. Aus einem einzigen großen Baum gewinnt man 4 bis 5, ja zuweilen 6 hundert Pfund Sagomehl. Der Sagobaum erreicht seine volle Größe erst nach 15 Jahren, doch ist das Mark schon im 5. und 6. Jahre brauchbar. Die gehörige Reife des Marks erkennt man, wenn die Blätter sich mit einem weißen Staube bedecken. Auf Amboina bohrt man wohl auch ein Loch in den Stamm, und nimmt etwas Mark heraus; hat es die gehörige Reife noch nicht, so verklebt man das Loch wieder und wartet noch eine Zeitlang. Ist aber das Mark gehörig reif, so haut man den Baum möglichst nahe an der Wurzel ab, und ist der Baum lang, so theilt man ihn in mehrere Stücke; ist er nicht lang, so läßt man ihn ganz und spaltet ihn der Länge nach, doch so, daß an den Enden etwas Holz stehen bleibt, so daß er, wenn man das Mark herausgenommen, einem Kahn ähnlich ist. Ist das Mark mit einem harten Instrumente herausgekratzt, so wird es sogleich wieder in den hohlen Stamm geschüttet, reines Wasser darauf gegossen, und mit einem Holze oder mit den Händen gknetet. Bei dieser Arbeit trennt sich der fasrige Theil von dem mehligen; jener schwimmt oben und dient dann als Futter für die Schweine; das Mehl aber sinkt zu Boden. Um das Mark noch mehr zu reinigen, begießt man es beständig mit Wasser, läßt dieses ablaufen und drückt das Mehl durch ein Sieb, welches aus den langen Fasern verfertigt ist. Das gröbere, fasrige Mark, welches durch das Sieb nicht hat durchgehen können, wird abgesondert. Je öfter dieses Waschen und Durchsieben vorgenommen wird, desto feiner und weißer wird das Mehl.

Aus diesem sorgfältig gereinigten Mehle backen die Bewohner jener Länder Brod. Wenn das zum Brodbacken bestimmte Sagomehl fast ganz trocken ist, so wird es in viereckige oder längliche steinerne Formen gethan, die vorher gehörig heiß gemacht worden sind. Nach 10 bis 12 Minuten ist das Gebäck fertig. Die Gestalt und Größe dieses Baumes ist sehr verschieden, die Farbe roth oder röthlich. Diese Brode halten sich mehrere Jahre. Ehe sie aber genossen werden können, müssen sie in Wasser eingeweicht werden. Der niedern Volksklasse dienen dieselben, mit Salz und Gewürz genossen, fast zur einzigen Nahrung. Die kräftige Gesundheit der Bewohner jener Inseln beweist, daß dieses Nahrungsmittel sehr kräftig und stärkend ist.

Zu uns wird der Sago in Körnern gebracht; dieß ist aber nicht sehr lange her. Vor 1729 kannte man den Sago in Körnern so wenig in England, als vor 1740 in Frankreich, und erst 1744 wurde er in Deutschland gebräuchlich. Diese Körner werden aus dem noch nicht völlig trocknen Mehle bereitet, indem man das Mark mit den Händen in kleine Stücke zerreibt, die sich durch das Werfen mit einer Wurfschaufel in Körner bilden. Die gleiche Größe bekommen sie durch das Sieben. Dann werden sie zuerst in der Sonne und hierauf in einem eisernen Ofen bei gelindem Feuer völlig getrocknet. Die Farbe ist weißlich oder rothbraun. Die Körner lassen sich, wenn sie trocken gehalten werden, mehrere Jahre unverdorben aufbewahren. Im Wasser lassen sie sich leicht erweichen, und sind ein sehr gesundes Nahrungsmittel.

Mit den aus Sagomehl bereiteten Broden treibt man in ganz Indien einen sehr starken Handel; besonders dienen sie als Mittel bei dem Tauschhandel. Soldaten und Matrosen, welche im Dienste der Holländer und Engländer stehen, erhalten gewöhnlich solche Sagobrode als Proviant.

Im Handel kommt auch sogenannter **deutscher** Sago vor. Dieser wird aus dem Kraftmehle des Weizens oder der Kartoffeln bereitet und unterscheidet sich von dem **englischen** (ostindischen) dadurch, daß die Körner gleichmäßiger rund und weißer von Farbe sind, und sich im Wasser leichter zu einem Brei auflösen, während der englische eine gallertartige Masse bleibt; auch ist der deutsche Sago nicht so nahrhaft und kräftig, als der englische.

Neu-Seeland.

Neu-Seeland in Australien besteht aus zwei großen Inseln, welche durch die Cookstraße von einander getrennt sind. Die Nachrichten, welche wir von diesen Inseln und deren Bewohnern haben, sind höchst mangelhaft und beschränken sich fast nur auf die Küstenländer. Der Holländer Tasman entdeckte diese Inseln im Jahre 1642. Von dieser Zeit an bis zum Jahre 1769, wo Cook auf seiner ersten Entdeckungsreise nach Neu-Seeland kam, waren diese Inseln nicht besucht worden. Einige spätere Seefahrer, welche an diesen Inseln zu landen versuchten, wurden von den wilden, kriegerischen Einwohnern, welche noch überdies durch früher erlittene Gewaltthätigkeiten der Europäer auf's höchste gereizt worden waren, so übel empfangen, daß sie froh waren, mit dem Verluste eines nur kleinen Theils ihrer gelandeten Mannschaft ihren Versuch, das Innere des Landes kennen zu lernen, zu bezahlen. Dies ist auch der Grund gewesen, daß über die Neuseeländer das Verwerfungsurtheil gesprochen und sie für die rohesten und grausamsten Barbaren erklärt worden sind. Doch übereilen wir uns nicht in unserm Urtheile über jene Völkerschaft! — Dürfen wir uns wundern, wenn jene wilden, unbändigen Naturen die abscheulichsten und empörendsten Grausamkeiten gegen die Europäer ausübten, nachdem sie vorher von diesen Gewaltthätigkeiten und Willkührlichkeiten mancherlei Art hatten erdulden müssen, welche sie um so mehr empörten, da sie den Europäern ohne feindselige Gesinnung, vielmehr mit der natürlichsten Offenherzigkeit entgegengekommen waren. In den meisten Fällen trugen die Europäer die Schuld, wenn sie von jenem Volk so übel empfangen wurden. — Eine Thatsache diene als Beweis: Einige Neu-Seeländer waren mit den Engländern in freundlichen Verkehr getreten und hatten den Wunsch geäußert, europäische Sitten kennen zu lernen. Diese Bitte wurde ihnen mit vielem Vergnügen gewährt. Der Sohn eines Häuptlings und einige gemeine Neu-Seeländer schifften sich auf einem englischen Schiffe ein und kamen nach London. Capitän Thompson erhielt im Jahre 1809 den Auftrag, sie in ihre Heimath zurückzuführen. Während der Seereise nöthigte sie der Capitän, Matrosendienste zu thun, was auch von den gemeinen Neu-Seeländern mit viel Bereitwilligkeit und Geschicklichkeit geschah; nur der Sohn des Häuptlings weigerte sich standhaft, indem er sich auf seine angestammte Würde berief. Thompson ließ ihn nicht nur derb züchtigen, sondern spottete auch über seine Häuptlingswürde. Die Brust des Jünglings brütete Rache. Kaum war Thompson mit einem Theile der Mannschaft gelandet, so fielen die Neu-Seeländer, die schon von der erlittenen Züchtigung des Sohnes eines Häuptlings und von dessen erduldeter Schmach benachrichtigt worden waren, über die Engländer her und erschlugen sie alle; eben so erging es denen, die auf dem Schiffe zurückgeblieben waren. Nur ein Weib, zwei Kinder und ein Kajütenjunge, welche sich in dem Schiffsraume versteckt hatten, entgingen dem allgemeinen Blutbad.

Es ist zu bedauern, daß wir bis jetzt noch keine sichern Nachrichten über die Bewohner jener Inseln haben, da sie sich in mehr als einer Hinsicht vor den Bewohnern der australischen Inseln auszeichnen. Liebe zur Freiheit und Unabhängigkeit ist ein Grundzug ihres Charakters. Muthig stellten sie sich den noch nie gesehenen Feuergewehren der Europäer entgegen und flohen nicht, wie andere rohe Völker zu thun pflegen. Wenn sie aber in ihren Kriegen unmenschliche Grausamkeit beweisen, so ist dies mit dem gänzlichen Mangel aller Civilisation wohl zu entschuldigen. Sie staunten nicht die Werkzeuge der Fremden mit dummer Gleichgiltigkeit an, sondern sie forschten nach dem Zwecke und dem Gebrauche derselben und baten, sie mit solchen Werkzeugen zu versorgen; sie verschmähten glänzende Spielereien, wenn sie dafür ein nützliches Werkzeug erhalten konnten. Die Neu-Seeländer haben viele Geistesanlagen, daher haben sie auch die Künste roher Naturmenschen möglichst ausgebildet und zeichnen sich besonders in der kunstvollen Verfertigung der Waffen vor allen unkultivirten Völkern vortheilhaft aus. — Zu läugnen ist freilich nicht, daß sie in anderer Hinsicht wenig über das Thier erhaben sind und zu den verabscheuungswürdigsten Kannibalen gehören. Mit thierischer Wollust lecken sie das Blut aus den Wunden ihrer im Todeskampfe röchelnden Feinde und verzehren dann ihr Fleisch, nachdem sie es in Erdgruben gebraten haben. Diese Gruben, welche ihnen auch zur Bereitung ihrer übrigen Speisen dienen, sind einige Fuß tief, werden mit trockenem Holze gefüllt und mit Steinen bedeckt. Sobald die Steine durch das Feuer rothglühend geworden sind, wird die Asche herausgenommen, die Seiten und der Boden mit grünen Blättern bedeckt, und Stücke des zu bratenden Leichnams hineingelegt. Dann wird darüber ein kleiner Erdhügel aufgeworfen, damit die Hitze nicht sobald verfliege, und nach kurzer Zeit ist das Fleisch gebraten. — Es haben sich einige bemüht, die Neu-Seeländer von der Anklage der Menschenfresserei frei zu sprechen, und die Erzählungen davon für Mährchen zu erklären; allein die Nachrichten aller Reisenden und besonders die Berichte einiger Missionäre, welche Augenzeugen dieses Kannibalismus waren, stimmen zu sehr überein, als daß man länger daran zweifeln könnte. Diese Nachrichten werden noch durch Cooks Berichte beglaubigt, daß bei den Neu-Seeländern der Glaube herrsche, ihren Feinden durch das Verzehren ihrer Körper nicht nur die größte Schmach anzuthun, sondern auch ihre Seele in ewiges Elend zu stürzen. — Diesen Kannibalismus üben sie also nur gegen ihre Feinde, nie gegen ihre Verwandten oder Freunde oder ihre im Kampfe gefallenen Mitstreiter. Daher wendeten sie sich auch mit allen Zeichen eines innern Abscheus weg, als sie gefragt wurden, warum sie nicht auch ihre Freunde verzehrten.

Die Art und Weise, wie die Neu-Seeländer sich nach einer längern Trennung begrüßen, ist charakteristisch und zeugt eben so wohl von ihrer Rohheit, wie von ihrem tiefen Gefühle. Kehrt ein Häuptling von einer längern Reise oder von einem Kriegszuge zurück, so gehen ihm die Bewohner seines Dorfes entgegen, drängen sich um ihn, werfen sich auf die Knie und beginnen laut zu schreien, indem sie ihre Arme, Gesichter und andere Theile des Leibes mit scharfen Kieseln zerschneiden, wovon jeder eine Anzahl an einer Schnur befestigt am Halse trägt, bis das Blut stromweis aus den Wunden fließt. Der Missionär Nikolas beschreibt eine solche Scene leidenschaftlicher Zärtlichkeit. Ein Neu-Seeländer, Namens Tui, der sich lange in Neu-Süd-Wales aufgehalten hatte, kehrte mit den Missionären Nikolas und Marsden in seine Heimath zurück. Tui, der sich viel darauf zu gut that, englische Sitten kennen gelernt zu haben, betheuerte, er würde bei seiner Ankunft weder schreien, noch weinen. Lange blieb er seinem Vorsatze treu und unterhielt sich lebhaft mit dem Missionär, als aber ein junger Häuptling, der ihm von gleichem Alter und sein bester Freund war, sich näherte, vermochte er nicht, sich länger zu halten; er flog in seine Arme und weinte heftig. Derselbe Tui war später mit seinem Bruder Korro-Korro in England. Korro-Korro war als einer der tapfersten Krieger der Insel bekannt und wegen seiner vielen erfochtenen Siege weit und breit berühmt. Als dieser rauhe Krieger später in seine Heimath zurückkehrte, kamen ihm mehrere Weiber und Kinder entgegen, an deren Spitze eine Matrone, vom Alter krumm gebeugt, ging und Gebete murmelte. Sie vermochte kaum, sich an einem langen Stabe aufrecht zu erhalten. Sie war des Häuptlings Muhme. Als Korro-Korro sie erkannte, fiel er ihr um den Hals, hielt seine Nase an die ihrige, und in dieser Stellung blieben beide einige Minuten lang indem sie mit einander mit leiser und von Rührung erstickter Stimme redeten; dann rissen sie sich von einander los und machten ihren Gefühlen durch bitterliches Weinen Luft. Der tapfere, sonst wilde und trotzige Häuptling blieb über eine Viertelstunde auf seine Flinte gelehnt, während dicke Tropfen über seine derben, männlichen Wangen rollten. Dann näherte sich die Tochter der alten Frau und eine neue, wo möglich noch rührendere Scene der Zärtlichkeit fand zwischen beiden Verwandten Statt. Seine Base weinte so heftig, daß die Matte, die sie als Kleidung trug, im eigentlichen Sinne von Thränen ganz durchnäßt war.

Die Dörfer, in denen die Neu-Seeländer beisammen wohnen, sind klein und stehen gewöhnlich auf Bergen; die Feindschaft, welche unter den Dorfschaften gegen einander herrscht, hat sie veranlaßt, sie mit Graben und Pallisaden zu umgeben, um sie vor plötzlichen Ueberfällen zu schützen. Die Hütten sind elend, und die Thüre so niedrig, daß man hineinkriechen muß. Die Wohnungen der Häuptlinge zeichnen sich dadurch aus, daß sie größer sind und statt des gewöhnlichen Eingangs eine Oeffnung haben, die mit einem Schieber verschlossen werden kann. Vor der Hütte ist eine Art Schoppen, der zuweilen mit einem auf Pfosten ruhenden Dache versehen ist; nie aber hat er Seitenwände. Unter diesem Schoppen halten sie sich den größten Theil des Tages auf; hier verrichten sie ihre Arbeiten, hier essen und schlafen sie. Außer der Annehmlichkeit des Klimas mag wohl ein Hauptgrund dieser Sitte in der den Neu-Seeländern gewöhnlichen Abneigung liegen, sich da aufzuhalten, wo eßbare Sachen über ihren Köpfen hängen. Daher müssen auch die Kranken Alles, was sie essen, außer dem Hause zu sich nehmen. Bei den Mahlzeiten dürfen die Sclaven nie mit ihren Herren essen, sondern sie erhalten vorher ihr gehöriges Theil.

Die Neu-Seeländer sind im Allgemeinen groß und wohlgestaltet, ohne gerade wohlbeleibt zu seyn. Ihre festen und runden Muskeln zeigen an, daß sie die Kraft mit der Geschwindigkeit vereinigen. Sie tragen den Kopf hoch, die Schultern niedrig, und ihrer ganzen Haltung würde es nicht an einem gewissen Stolze fehlen, wenn sie nicht die Gewohnheit hätten, kauernd in ihren Hütten zu leben. Diese Stellung gewöhnt ihre Kniekehlen zu einer Biegung, welche der Grazie des Ganges nachtheilig ist. Die Züge dieser Menschen sind scharf; die mehrsten haben ihr Gesicht fast ganz mit einer symmetrischen Tätowirung bedeckt, welche mit einem bewundernswürdigen Geschmacke und zarter Feinheit gestochen sind. Auf diese kunstvollen Figuren sind sie stolz, denn sie sind die Urkunden kriegerischer Tapferkeit. Die Männer scheeren den Hinterkopf und binden das übrige Haupthaar auf dem Wirbel in einen Büschel zusammen. Dieser Kopfputz ist oft mit einigen Federn von Seevögeln geziert, welche an den Schläfen tief herabhängen. Sie putzen sich gern mit Ohrringen und Halsbändern, die gewöhnlich aus kleinen menschlichen Knochen, den Trophäen eines blutigen Sieges, bestehen. Die Haut dieser Insulaner ist braun und der Ocker, mit welchem sie sich oft einreiben, gibt ihnen eine röthliche Farbe. Ihre Kleidung besteht aus einem Schurz um die Lenden und einer Decke, die aus dem seidenartigen Flachse, welchen der Erdboden dort in reicher Fülle hervorbringt, gewebt sind. Diese Bekleidungen sind wahre Meisterstücke der Kunst und der Geduld, wenn man bedenkt, wie einfach die Mittel sind, welche die Eingebornen zur Fertigung derselben anwenden. — Ihre gewöhnlichen Nahrungsmittel sind Fische und Wurzeln. Auf Fertigung ihrer Waffen wenden sie große Sorgfalt, besonders auf ihr Patu-Patu, eine Waffe, die unserm Beile nicht unähnlich ist. Sie wird aus einem grünen Talksteine gefertigt und mit vielen Zierrathen geschmückt. Jetzt haben sie durch die Wallfischfänger auch Feuergewehre erhalten. Ihre Hausgeräthe sind sehr einfach und beweisen, wie wenig Sorgfalt sie auf Zubereitung ihrer Speisen wenden. Auch sprechen die Reisenden nur mit Ekel von der Art und Weise, ihre Mahlzeiten zu halten und von der Unreinlichkeit, die dabei herrschte. Beifolgendes Bildchen zeigt uns einen Neu=Seeländer, der aus einer Calabasche, ihrem gewöhnlichen Trinkgefäße, trinkt. Es bedarf keiner weitern Erklärung.

Neuseeländer, aus einer Calabasche trinkend.

Der Wilde bringt seine Mundöffnung mit dem Schlunde in eine solche Richtung, daß es ihm möglich wird, seinen Durst durch Eingießen aus der Calabasche in den Schlund zu löschen. Wer gedenkt hier nicht an das gemeine Volk in Italien, welche mit den Apfelsinen auf ähnliche Weise verfahren. Sie beugen ihren Kopf auf ähnliche Weise wie die Neu=Seeländer und drücken den Saft jener Früchte über ihrem Munde so aus, daß er die rechte Richtung nicht verfehlt.

Der Bison=Ochse.

Eine ganz eigenthümliche Art des Rindviehs findet sich in den nördlichen Gegenden Amerika's und das Exemplar, nach dessen ausgestopfter, im brittischen Museum befindlicher, Haut diese Abbildung gefertigt ist, wurde von Capitän Parry auf einer Expedition nach den Polar=Seen dort geschossen. Man sieht, daß die Füße des Thieres äußerst kurz sind. Die Hörner dagegen erscheinen gekrümmt und abgeflacht. Ein langes, dickes Haar bedeckt den ganzen Körper und hängt fast bis zur Erde hinab. Ein kurzer Schweif krümmt sich nach innen und wird von den Haaren der Schenkel und Hintertheile ganz bedeckt. Besonders dick ist das Haar unter dem Halse; es gleicht fast einer verkehrtstehenden Pferdemähne. Der Bau des Thieres überhaupt zeigt, daß die Natur beabsichtigte, es gegen die strenge Kälte des Nordpols zu schützen. Wäre das Thier mit längern Beinen versehen, so würde es der schneidenden Kälte und den Schnee herabwirbelnden Winden viel mehr preiß gegeben seyn. Das dicke Haar schützt es gegen dergleichen aufs kräftigste und im Winter wird dasselbe noch überdies zu einem wahren Pelze. Auch der Bau des Auges verdient bemerkt zu werden. Die Höhle desselben ist so organisirt, daß das Thier freie Umsicht behält, ohne von diesen Haaren beschränkt zu werden.

So gegen die Unbilden des Polarwinters geschützt, leben diese Thiere glücklich und froh und treiben sich in Gegenden, wohin sich selten ein menschlicher Fuß wagt, in großen Heerden herum, wo ihnen ihr Aufenthalt so angenehm zu seyn scheint, wie eine lachende Wiese unserm ganz anders gestalteten Hornvieh. Man findet sie selten von großen Wäldern entfernt, weiden sie aber einmal im Freien, so sind ihnen Felsen und Berge am liebsten und sie klettern da an den Klippen und in den Schluchten umher, wie wir es bei unsern Ziegen und Gemsen zu sehen gewohnt sind. Gras, Moos, Weidenzweige, Tannenschößlinge sind ihr liebstes Futter. Im Winter halten sie sich, nach Franklin, immer, in Wäldern auf, im Sommer sieht man sie längs der Flüsse. So scheu wie andere Thiere der Wildniß sind sie nicht. Ein Jäger, der nur die Vorsicht braucht, gegen den Wind zu gehen, kann ihnen sehr nahe kommen. Fallen mehrere Schüsse gleichzeitig unter sie, so schließen sie sich nur fester aneinander, statt davon zu eilen, und so können mehrere zugleich getödtet werden. Desto fürchterlicher sind die nur verwundeten Thiere. Sie stürzen sich wüthend ihrem Feinde entgegen, der von Glück zu sagen hat, wenn er ihnen entkommen will. Wölfe und Bären werden von ihnen nicht gefürchtet, sondern, nach Aussage der Indianer, öfters selbst getödtet. Der Bisonochse hinterläßt eine Spur, die der des Rennthieres gleicht, so daß ein sehr geübter Blick dazu gehört, beide zu unterscheiden. Den Namen hat das Thier von dem seinem Fleische anhängenden widrigen Geruche. Im Durchschnitt wiegt ein solches Geschöpf 300 doch auch öfters bis gegen 700 Pfund. Parry erfuhr von den Eskimos, daß sie sich bis nach den nördlichen Gegenden der Baffinsbai hinaufziehen, was jedoch wohl nur während des Sommers der Fall seyn mag. Mit der Rückkehr des Winters gehen sie jedenfalls südlicher.

Flaschenzug.

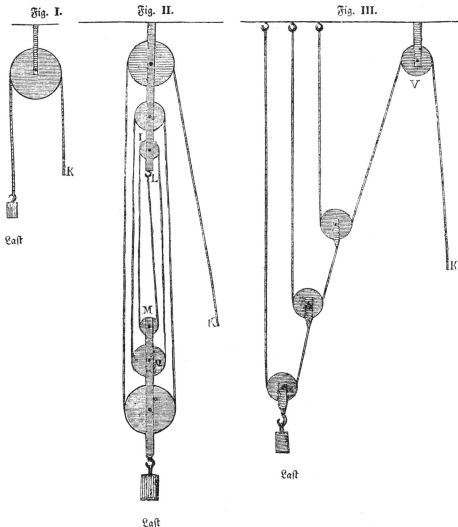

Bei der Errichtung jedes großen Gebäudes ist wohl unstreitig eine der wichtigsten Fragen die, wie man große Steine und Lasten mit so wenig als möglich Kraft auf eine gewisse Höhe heben kann. Man hat dazu sehr viele und mannigfache Maschinen vorgeschlagen, von denen aber unstreitig eine der einfachsten und brauchbarsten der Flaschenzug ist. Der Flaschenzug ist schon seit den ältesten Zeiten bekannt, und es wird als Erfinder desselben der berühmte griechische Mathematiker Archimedes genannt. Der Flaschenzug ist eine aus mehrern Rollen zusammengesetzte Maschine. Unter einer Rolle (Fig. I) versteht man nemlich in der Mechanik eine um ihren Mittelpunkt drehbare kreisrunde Scheibe, die fest oder beweglich seyn kann, und über deren Umfang ein Seil geschlagen ist, an dessen Endpunkten Kräfte wirken. Sollte z. B. in L eine Last von 100 Pfund angebracht seyn, so müßte man in K eine Kraft von der Hälfte anwenden, d. i. von 50 Pfund, um sie zu heben. Verbindet man nun mehrere solche feste und bewegliche Rollen, so entsteht der in der Mechanik so wichtige Flaschenzug.

Man unterscheidet hier den gemeinen und den Potenzflaschenzug. Bei dem gemeinen Flaschenzug (Fig. II) sind alle beweglichen Rollen in der untern Fassung, und alle feste in der obern angebracht; diese Fassungen werden dann die obere und untere Flasche genannt. An der untern beweglichen Flasche ist die Last angebracht, an der obern, die befestigt seyn muß, wirkt die Kraft. Der Flaschenzug ist auf folgende Art eingerichtet: Von dem untersten Punkt L der obern Flasche geht ein Seil um die erste Rolle M der untern, von dieser wieder über die erste Rolle I der obern nach der zweiten Rolle der untern Q u. s. w., denkt man sich nun an der untern Flasche eine Last z. B. von 6000 Pfund angebracht, so ist nun die Frage, welche Kraft muß an dem Seile K wirken, um diese Last zu heben. Geht man auf die einfache Rolle zurück, wo eine Kraft von der Hälfte dazu gehörte, so sieht man, daß jetzt, wo sechs Rollen angebracht sind, bloß eine Kraft von dem sechsten Theile erforderlich ist, also hier 1000 Pfund. Daraus folgt allgemein die Regel für den gemeinen Flaschenzug: man dividire die zu hebende Last durch die Anzahl der Rollen, der erhaltene Quotient ist die Kraft die angebracht werden muß. Es versteht sich von selbst, daß man die Anzahl der Rollen nicht zu sehr vermehren muß, weil dann die entstehende Reibung und die Verwirrung der Seile eine Unrichtigkeit hervor bringen würde; gewöhnlich gebraucht man Flaschenzüge von 6 bis 8 Rollen.

Der Potenzflaschenzug (Fig. III) unterscheidet sich von dem gemeinen dadurch, daß bei ihm alle Rollen, bis auf eine, beweglich sind. Es laufen nemlich hier die einzelnen Seile in einer gemeinschaftlichen Ebene liegend, mit einander parallel herab, und jedes Seil ist oben an einen besondern Halter mit dem einen Ende befestigt, während der andere durch den Bügel der nächsten Rolle getragen wird. Um die letzte Rolle V endlich, die oben befestigt ist, geht das Seil, in welchem die Kraft von K wirken soll. Diese Art von Flaschenzügen hat zwar den Vorzug vor jenen, indem hier eine kleinere Kraft erforderlich ist, aber die Last kann zu keiner bedeutenden Höhe gehoben werden und ruht ganz auf dem Bügel der Rolle, wodurch eine große Reibung entsteht. Man findet die erforderliche Kraft, wenn man die Zahl 2 soviel mal als bewegliche Rollen sind, mit sich multiplizirt, und die Last durch diese Zahl dividirt. Wären z. B. 4 bewegliche Rollen, so würde man mit 1 Pfund Kraft eine Last von 16 Pfund heben können; mit 6 beweglichen Rollen eine Last von 64 Pfund mit 1 Pfund u. s. w.

Die Cedern des Libanon.

Kein Hain hat sich Jahrhunderte oder gar Jahrtausende so unverändert erhalten, wie der Cedernwald auf dem Libanon. Die Zahl seiner Bäume, etwa 8—900, nach einigen nur 600, hat nicht abgenommen, aber auch nicht vermehrt. Sie hat nicht abgenommen, dafür sorgte immerfort die hohe Achtung, welche man von jeher für diese herrlichen Riesen der Pflanzenwelt hegte, und nicht zugenommen, denn kein Baum wächst, nächst der Eiche, so langsam, als die Ceder, und, da die Hirten des Libanons wegen der Weide, wegen des Schattens, wegen der schönen Bäche, einen großen Theil des Jahres über hier zubringen, so werden die aus den Samen etwa aufschießenden jungen Bäume abgebissen, ehe sie hinlänglich herangewachsen sind.

Als Berggren*) 1828 den Hain besuchte, sah er sich „vergebens nach einem jungen Sprößling um." Außer den Heerden der Bewohner des Libanons trifft man auch in großer Menge Gazellen und anderes Wild, das den jungen Cedernpflanzen schnell ein Ende macht. Wie ist denn nun unter solchen Umständen der Cedernhain selbst emporgekommen? Vielleicht stand er schon auf den Bergen dort, ehe die Erde bewohnt war. Schon die Propheten schildern die Cedern in der Art, wie wir sie jetzt sehen: „von schönen Aesten, dick vom Laube, und sehr hoch, daß sein (des Baumes) Wipfel hoch stand unter großen dicken Zweigen. Die Wasser machten, daß er groß ward, und die Tiefe, daß er hoch wuchs. Seine Ströme gingen rings um seinen Stamm her und seine Bäche zu allen Bäumen des Feldes. Alle Vögel des Himmels nisteten auf seinen Aesten und alle Thiere im Felde hatten Junge unter seinen Zweigen." So singt begeistert Hesekiel XXXI, 3, 4, 6, als er Assur mit einem Cedernbaum auf dem Libanon vergleicht. Kaum 5—6 Menschen können den Stamm eines solchen umklammern, und selbst die Aeste haben 8—10 Fuß Dicke. Die größten Bäume der Art sind mit kleinen Mauern umgeben, auf welchen oft Messe gelesen wird; denn noch immer gilt der Hain als eine heilige Stätte, und kein Reisender kommt dahin, ohne mit stiller Bewunderung unter dem Schatten dieser Bäume zu weilen. Die Namen solcher Wanderer sind zum Theil vor Jahrhunderten in ihre Rinde eingeschnitten.

Ueber die Eintheilung der Gebirge.

Das Urgebirge besteht aus mehreren Gebirgsarten, namentlich aus Granit, Gneis, Thonschiefer und einigen andern. Der Granit, obgleich tief unten sich findend, bildet dennoch die höchsten und größten Gebirgsmassen. Merkwürdig, daß sich auch einzelne Granitblöcke in Gegenden finden, wo gar keine Granitberge vorkommen. So einer am Kap der guten Hoffnung von 400 Fuß Höhe und 2400 Fuß im Umfange. Wie ist dieser Fündling dorthin gekommen? Der Granit enthält Metalle, hauptsächlich Zinn. Ebenso enthalten die andern hierher gehörigen Gebirgsarten: der Gneis, dann ein schieferartiger Glimmer und der Thonschiefer die meisten und verschiedensten Metalle. Sehr natürlich. Metalle dringen in feurigflüssigem Zustande aus dem Innern der Erde herauf, da sie aber die schwersten Körper sind, so haben sie sich auch vorzugsweise nur in die Ritzen und Spalten der untern Gebirge gesetzt.

Das Uebergangsgebirge gehört zwar auch hierher, weil die dasselbe ausmachenden Gebirgsarten sich von denen des vorigen Gebirges nicht unterscheiden; man kann sie aber wegen der organischen Reste nicht zu diesem, und doch wegen ihrer großen Aehnlichkeit mit demselben nicht zu dem Gebirge der zweiten Ordnung rechnen. Unter die Gebirgsarten des Uebergangsgebirges gehört auch ein schwarzer Kalk, in dem man ganze Strecken findet, die aus Pflanzenthieren zu bestehen scheinen. Und überhaupt wo Kalk sich findet, darf man vielleicht immer daran denken, daß er aus Schalen und Knochen von Thieren entstanden ist. In diesem Kalk findet sich auch der Marmor, der wegen seiner Feinheit eine so schöne Politur annimmt.

Das Gebirge der zweiten Ordnung enthält des Merkwürdigen eben so viel oder noch mehr. Es besteht aus Sandstein und Kalk mit Steinkohlen und Versteinerungen aller Art.

Sie folgen aber so auf einander: zu unterst Sandstein, dann Kalk, dann wieder Sandstein und wieder Kalk. In dem untersten Sandstein nun finden sich die Steinkohlenlager, die von einem Thon, Schieferthon genannt, umgeben sind. Welch eine ungeheure Menge Pflanzen müssen untergegangen seyn, um solche Lager zu bilden, wenn man bedenkt, daß in England und Schottland, wo die größten Steinkohlenlager vorkommen, jährlich an 150 Millionen Centner ausgeführt werden! Es ist dabei sehr wahrscheinlich, daß diese Steinkohlen nicht aus Bäumen, sondern aus Schilf, Flechten und Farrenkräutern entstanden seyen. In diesem Sandstein trifft man auch viel versteinertes Holz an.

Nun folgt Kalk, den man, weil sich an der Nordseite der Alpen ein bedeutendes Lager davon hinzieht, Alpenkalk nennt. Dieser Alpenkalk enthält nun

---

*) Berggrens Reise in Europa und dem Morgenlande. 2. Th. S. 183. 1833

eine Menge Versteinerungen, Ammonshörner, von der Größe eines Mühlsteins, bedeckt mit unzähligen kleinen Muscheln, versteinerte Fische und Abdrücke derselben.

Hierher rechnen wir noch den Höhlenkalk, in welchem sich nicht nur Spuren einheimischer Gewächse, besonders von Nadelholzwäldern, sondern auch Reste von Säugethieren, besonders von fleischfressenden, oft in zahlloser Menge, befinden, wobei wir nur im Vorübergehen an die Muggendorfer und Gailenreuther Höhlen in Baiern denken wollen. Oben liegt dann noch über dem bunten Sandstein eine Art Kalk, welche man Muschelkalk nennt, weil sie eine erstaunliche Menge derselben enthält. Hierher sind auch noch zu rechnen die Kreide und die Steinsalzlager.

Das Gebirge der dritten Ordnung unterscheidet sich von dem der zweiten dadurch, daß Versteinerungen ganz bekannter Thiere und Pflanzen in Menge vorkommen, und daß die Schichten der Gebirgsart weit öfter mit einander wechseln.

Das aufgeschwemmte Land endlich bildet die oberste Erdschicht. Es keimen in diesem durch Verwitterung entstandenen, durch Wind und Regen und Ströme in die Thäler und Ebenen geführten Boden zuerst kleine unvollkommene Pflanzen, wie Schwämme, Moose und Flechten, durch deren Auflösung der Boden zur Ernährung größerer Gewächse empfänglich gemacht wird. Wenn nun auch diese absterben, so bildet sich aus ihnen und aus den feinsten Theilen der Gebirgsarten und mit den Ueberresten verwester Thiere und thierischer Stoffe die sogenannte Dammerde, welche als schützende Decke die darunter liegenden Steinarten vor der Verwitterung bewahrt.

Bohnen in Brunnenwasser zu kochen.

Dieses Mittel, welches man Herrn Braconnet, berühmtem Chimisten zu Nantes, zu verdanken hat, besteht darin, daß man zu dem Wasser, in welchem man das Gemüse kocht, etwas Weinessig, oder Sauerampfer in Leinwand eingebunden, hinzufügt.

Woche vom 3. — 9. Mai.

Am 3. Mai 1800 war die Schlacht bei Stockach (im Großherzogthum Baden), zwischen Franzosen und Oestreichern. Schon gegen 10 Uhr begann der Kanonendonner, und zwei Stunden lang dauerte das fürchterlichste Gemetzel, das nur mit der Niederlage der Oestreicher endete. Sie verloren fast ihre ganze Infanterie durch Tod, Wunden oder Gefangenschaft. Den Siegern blieb reiche Beute.

Am 4. Mai 1741 übergab nach dreitägiger Belagerung der Commandant, Fürst Piccolomini die Festung Brieg in Schlesien an die Preußen. Die Besatzung erhielt freien Abzug, mußte sich aber verpflichten, in zwei Jahren nicht gegen den König zu dienen. Der General von Kalkstein, der die Belagerung geleitet hatte, und der Ingenieur-Oberst von Wallrave, wurden besonders belohnt, da dieser Platz, wenn das Feuer der Belagerer nicht so wirksam gewesen wäre, wegen seiner starken Befestigung längern Widerstand hätte leisten können.

Am 5. Mai 1762 wurde der Friede zwischen Rußland und Preußen unterzeichnet. Von preußischer Seite leiteten Finkenstein und Herzberg die Unterhandlungen, von Seiten Rußlands der Großkanzler von Woronzow. Beide Monarchen beschenkten sich jetzt wechselseitig mit ihren Orden. — An demselben Tage starb 1827 Friedrich August, König von Sachsen, ältester Sohn des Churfürsten Friedrich Christian von Sachsen. Er war am 20. Dezember 1750 geboren, kam, noch minderjährig, unter die Vormundschaft seines Oheims, Xaver, zur Regierung, die er erst am 15. Sept. 1768 selbst übernahm und vermählte sich am 7. Januar 1769 mit Marie Auguste Amalia von Pfalz-Zweibrücken. Am 11. Dezember 1806 machte ihn Napoleon zum König von Sachsen.

Am 6. Mai 1757 fochten Preußen und Oestreicher bei Prag. Die Stellung der Letztern war außerordentlich günstig, durch Sümpfe und Berge gedeckt. Dadurch und durch das mörderische Feuer der feindlichen Kartätschen wurden die wiederholten Angriffe der preußischen Infanterie vereitelt und sie selbst zum Weichen gebracht, auch die Reiterei, auf beiden Flanken überflügelt, begann zu wanken; da stieg der Feldmarschall Schwerin vom Pferde und stellte sich selbst an die Spitze seines Infanterieregiments, nahm die Fahne in die Hand, um den Weg des Sieges zu bezeichnen, den die Preußen fanden; er aber fiel, durch vier Kartätschenkugeln zu Boden geworfen. Sterbend sah er, daß ihm sein Regiment und die übrige Linie folgte und den Feind aufs Neue angriff. Sein Tod bahnte den Weg zum Siege. Friedrich II. ließ ihm ein marmornes Standbild auf dem Wilhelmsplatze zu Berlin errichten.

Am 7. Mai 973 starb Kaiser Otto I. oder der Große, Heinrichs I., des Finklers, und Mathildens Sohn, der mit starkem Willen und hohem Sinne noch wohlthätiger als Karl der Große wirkte. Aber wenn auch Deutschlands politische Hoheit unter ihm zur glorreichsten Vollendung kam, so verstand er es doch minder gut, sich Liebe zu erwerben. — 955 schlug er die Ungarn auf dem Lechfelde, 962 wurde er vom Papst Johann XII. nach Italien berufen und zum römischen Kaiser gekrönt. Er ist ferner der Stifter des Erzbisthums zu Magdeburg, dessen große Domkirche auch von ihm herrührt. Die Hälfte von Otto's thatenreicher Regierung ist mit bürgerlichen Kriegen erfüllt; Brüder, Sohn und Eidam stehn gegen ihn auf, doch behielt er die Oberhand über Alle und wurde gewaltiger nach jedem Streit.

Am 8. Mai 1521 brachte Don Juan Manuel, Gesandter Kaiser Karl's V. in Rom, ein Bündniß zwischen diesem und dem Papst Leo X. zu Stande. Dasselbe sollte die päpstliche und kaiserliche Macht verbinden, die Franzosen aus Mailand treiben, Parma und Piacenza der Kirche wieder geben, Ferrara für den päpstlichen Stuhl erobern helfen ic. Bald hernach rüsteten sich beide Theile, um in das Mailändische einzufallen.

Am 9. Mai 1800 war das Gefecht bei Biberach zwischen Franzosen und Oestreichern. Schon nach Mittag, um 3 Uhr, drang der französische General St. Cyr zu Biberach ein und erbeutete beträchtliche Magazine. Das Gefecht auf der Ebene wurde immer hitziger, und so tapfer die Oestreicher sich auch gehalten hatten, mußten sie sich doch Abends gegen 5 Uhr von dem mit Leichen bedeckten Schlachtfelde zurückziehen, nachdem sie dreitausend Gefangene, neun Kanonen und ungefähr tausend Todte und Verwundete eingebüßt hatten.

Verlag von Bossange Vater in Leipzig.
Unter Verantwortlichkeit der Verlagshandlung.

Druck und Stereotypie von W. Hasper in Karlsruhe.

Das Pfennig-Magazin

der
Gesellschaft zur Verbreitung gemeinnütziger Kenntnisse.

54.]   Erscheint jeden Sonnabend.   **[Mai 10, 1834.**

Das Thor St. Denis zu Paris.

Dieses Thor ist ein Triumphbogen, den die Stadt Paris zum Andenken des zweimonatlichen Feldzuges Ludwigs XIV. errichtet hat. Im Jahre 1672 nämlich ging Ludwig XIV. den 12. Juni über den Rhein und eroberte in Zeit von zwei Monaten die niederländischen Provinzen Utrecht, Oberyßel und Geldern, und wäre auch nach Amsterdam gekommen, wenn der Durchbruch der Schleußen es nicht verhindert hätte. Da sich Holland stark bedrängt sah, so bat es um Frieden; der stolze Sieger nahm aber einen übermüthigen Ton an und machte übermäßige Bedingungen. Der Schrecken der Niederländer verwandelte sich nun in Verzweiflung, welche ihren gesunkenen Muth neu belebte; jetzt der Pöbel gerieth in Wuth und ermordete den 20. August ihre Patrioten Johann und Cornelius de Witt. Der Prinz von Oranien wurde Statthalter und stellte sich Ludwig XIV. entgegen, welcher jedoch die Armee verließ und nach Paris eilte, um die Freude über den ihm zu Ehren errichteten Triumphbogen zu genießen.

Die Schönheit dieses Triumphbogens in seinem ganzen Verhältnisse und in seiner Ausführung ist eine der vorzüglichsten Zierden der Hauptstadt. Das ganze Thor ist ungefähr 73 Fuß hoch; der Hauptbogen ist 43 Fuß hoch und 25 Fuß breit. An beiden Seiten sind zwei kleinere Thorwege von 10 Fuß Höhe und 15 Fuß Breite, welche aber mehr als Fehler betrachtet werden, da sie von dem Erbauer (Blondel) eigentlich nicht beabsichtigt waren. Ueber diesen Eingängen sind Pyramiden in halb erhabener Arbeit, welche sich bis zum Hauptgebälke erheben, mit Siegeszeichen und den allegorischen Figuren des Rheines und Hollandes verziert. Die Figuren stellen den Uebergang über den Rhein und die Einnahme der Festung Mastricht vor. Oben an den Winkeln über dem Bogen sind die Figuren des Ruhmes und des Sieges, und an dem Fries ist mit bronzenen Buchstaben die Inschrift Ludovico Magno.

Die Bildhauerarbeit ist im Ganzen von dem Künstler Geradore ausgeführt. Wie alle Volksbauwerke hatte auch dieses in dem Fieber der ersten französischen Revolution viel gelitten; allein im Jahre 1807 wurde das Ganze wieder hergestellt.

Der Luftballon.

Der Gedanke, sich vermittelst eines Mechanismus in die Luft zu erheben, scheint schon in früheren Zeiten den menschlichen Verstand beschäftigt zu haben, doch erst in den letzten fünfzig Jahren hat man ihn verwirklicht.

Wenn wir von dem Grundsatze ausgehen, daß ein bloßer Mechanismus oder eine künstliche Nachahmung der Fittige des Vogels zu keinem bedeutenden Resultate führen kann, sondern daß nur entweder die Hervorbringung eines leeren Raumes in einem festen oder die Hervorbringung einer dünnern Luft, als unsere atmosphärische ist, geeignet war, die Aufgabe zu lösen: so gebührt dem Mönche Baco die Ehre, zuerst diesen physikalischen Weg betreten zu haben. Er hatte nämlich die Absicht, aus zwei hohlen Halbkugeln, deren Mechanismus er selbst beschreibt, die Luft herauszubringen; ob und durch welche Mittel ihm dieses gelungen, wird nicht erzählt, und scheint auch sehr unwahrscheinlich zu seyn.

Um das Jahr 1630 faßte der Bischof Wilkins das Project, auf mechanischem Wege ein Luftfahrzeug zu bauen; sein Zeitgenosse Franziskus Lanr erneuerte jedoch Baco's Idee; allein ihre Plane scheiterten.

Im Jahr 1709 machte der portugiesische Mönch Gusman den Versuch, mechanische und physikalische Gesetze in einer die Fittige des Vogels nachahmenden Flugmaschine zu vereinigen; obgleich derselbe mißglückte, so wurde Gusman dennoch mit einer ansehnlichen Pension dafür belohnt.

Durch fortgesetzte Versuche soll er es jedoch, wie erzählt wird, dahin gebracht haben, einen mit Papier überklebten Weidenkorb von 7 Fuß Durchmesser bis zu einer Höhe von 300 Fuß steigen zu lassen. Etwa zwanzig Jahre später betrat man wiederum den rein physikalischen Weg, und Joseph Gallien zu Avignon veröffentlichte eine Abhandlung über das Verfertigen eines Ballons von dichtem Stoffe oder Leder und dessen Füllung mit einer leichteren Luftart, als unsere atmosphärische. Jedoch war dieses Mittel immer noch sehr unvollkommen, und erst die von Cavendish gemachte Entdeckung des Wasserstoffgases führte zu einem nie geahnten Resultate. Da man diesem Gase Anfangs die Ursache der Wärme zuschrieb, so nannte man es Phlogiston, und wegen seiner Brennbarkeit auch wohl brennbare Luft; man ist jedoch von diesen Benennungen abgekommen. Während Cavallo darauf bedacht war, das Wasserstoffgas zur Luftschifffahrt anzuwenden, erfand Montgolfier die Kunst, den Ballon mit einer durch Feuer verdünnten Luft zu füllen.

Der erste durch dieses Mittel gefüllte Ballon stieg im Juni 1783 zu Annonay in Frankreich auf. Ermuthigt durch den glücklichen Erfolg dieses Versuches füllten die Herren Robert einen aus dünner Seide bestehenden und mit einer Auflösung von Gummi elasticum oder Federharz überzogenen Ballon mit Wasserstoffgas; das Aufschwellen des Luftballs bis zur gänzlichen Füllung währte mehrere Tage. Als dieses vollendet war, wurde er, begleitet von einem Fackelzuge, auf das Marsfeld gebracht, wo er am 27. Aug. in Gegenwart des Pariser Publikums und einer von entfernten Orten gekommenen Volksmenge aufstieg; nachdem er ¾ Stunden in der Luft geschwebt, fiel er 3 Meilen von dem Aufsteigeplatze auf einem Ackerfelde nieder.

Die Akademie der Wissenschaften lud Montgolfier nach Paris ein, und veranlaßte ihn, einen neuen Versuch anzustellen. Er verfertigte daher einen 70 Fuß hohen und 13 Fuß breiten Luftball von ovaler Form, und füllte ihn mit atmosphärischer Luft, welche er durch brennendes Häcksel und Wolle, die unter dem Ballon angebracht waren, verdünnte. Da ein in der Nacht wüthender Sturm den Ball zerriß, so machte er im Verlauf einiger Tage einen neuen, welcher im Mittelgebäude des Palastes zu Versailles aufgestellt wurde. In einen mit dem Ballon verbundenen Korb hatte man ein Schaf, eine Ente und einen Hahn gesetzt; er erreichte eine Höhe von 1500 Fuß, und die zur Luftfahrt erkorenen Opfer kamen so wohlerhalten auf den Erdboden zurück, daß das Schaf dicht neben dem Ballon weidend gefunden wurde.

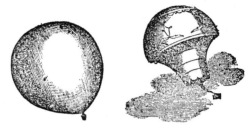

Zwei Montgolfieren.

Allein bis dahin hatte noch kein Mensch das Wagestück einer Luftreise unternommen; Pilatre de Rozier hatte zuerst die Kühnheit, in einer Montgolfiere, d. h. einem von Montgolfier verfertigten und zur Sicherheit gegen das Zerreißen sehr fest gearbeiteten Ballon eine Luftfahrt zu wagen. Er erreichte jedoch nur eine Höhe von 300 Fuß, in welcher der Luftball einige Minuten lang festzustehen schien, worauf er sich langsam herabsenkte, und seinen Insassen unversehrt herunterbrachte. Dieser glückliche Ausgang ermuthigte den Marquis d'Arlandes, ihn auf einer zweiten im November des nämlichen Jahres (1783) unternommenen Luftreise zu begleiten; sie gelangten jedoch auch zu keiner für das bloße Auge unerreichbaren Höhe, und vollendeten die Fahrt ganz glücklich. Da man später die Gefahr kennen lernte, welcher sich die in Montgolfieren Reisenden aussetzten, so werden sie jetzt nicht mehr zu diesem Zwecke angewendet, sondern man bedient sich heutiges Tages immer der mit Wasserstoffgas gefüllten; es konnte nämlich das zur Verdünnung der im Ballon befindlichen Luft angewendete Feuer, welches in der Gondel beständig unterhalten werden mußte, leicht die Hülle des Balls anzünden; auch mußte das Feuer mit dem Steigen des Balles beständig verstärkt werden, welches man aus Gründen, die weiter unten angegeben werden sollen, nicht immer in seiner Gewalt hat.

In einem mit Wasserstoffgas gefüllten Balle machten zuerst die Herren Robert und Charles eine Luftreise. Sie hatten die der Vervollkommnung der Luftschifffahrt bisher im Wege stehende Schwierigkeit, ein geeignetes Material ausfindig zu machen, welches Leichtigkeit und Dichtigkeit verbände, sehr glücklich gelöst, und bedienten sich des mit einem Firniß aus warm in Terpentinöl aufgelöstem Gummi elasticum überzogenen Taffets. Ueber die obere Hälfte des Ballons hing ein Netz, von welchem aus sich Fäden an der Gondel vereinigten, und sie so mit dem Ballon verbanden. Der ganze Apparat hatte ein Gewicht von 640 Pfd. Sie stiegen am 1. December 1783 in den Tuilerien auf, und erreichten schnell eine Höhe von 2000 Fuß, in welcher der Ballon zwei Stunden lang fortschwebte, worauf sie sich in einer Entfernung von etwa 16 deutschen Meilen von Paris niederließen; Robert stieg aus, und Charles machte, da der Ball noch eine ansehnliche Aufsteigungskraft enthielt, eine zweite Auffahrt, wobei er sich schnell bis zu einer Höhe von 9000 Fuß erhob.

Der erste mit Wasserstoff gefüllte Ballon.

Zufolge seiner Angaben über das sich ihm dargebotene Naturschauspiel waren die einzelnen Gegenstände auf der Erde nicht mehr kenntlich, sondern das Ganze stellte sich als ein verfließendes Bild dar; auch wiederholte er den Anblick des Sonnenuntergangs; weiter erzählt er, daß ein auf der Erdoberfläche in phantastischen Formen spielender und von den Strahlen des gerade aufgehenden Mondes magisch beleuchteter Nebel ihm ein anziehendes Schauspiel gewährt habe. Was jedoch das undeutliche Bild betrifft, welches ihm die Erdoberfläche darstellte, so rührte dieses ohne Zweifel von einem zur Zeit seiner Fahrt in der Luft verbreiteten Nebel her; bei reiner Luft erschienen die Gegenstände in vertikaler Richtung von oben herab viel klarer und deutlicher, als sie auf der Erde bei der nämlichen Entfernung in horizontaler Richtung sich darstellen würden, welches bekanntlich in der oberen dünnen Luft seinen Grund hat.

Blanchard's Ballon und Steuerapparat.

Blanchard, welcher das Luftschiffen als Schausteller trieb, verband den Ball, um ihm eine neue, nach Gutdünken gewählte Richtung geben zu können, mit einem eigens dazu ersonnenen Steuerapparate, dessen Wirkung jedoch um so unbedeutender ist, je stärker der Wind geht, und der nur bei stiller Luft mit einigem Vortheile angewendet werden kann. Seine erste Luftreise im März 1784 hätte für ihn durch seinen Begleiter, der sich durch die ihn plötzlich beim Aufsteigen anwandelnde Furcht zu einer Unbesonnenheit hinreißen ließ, sehr schlimm ablaufen können; glücklicher Weise waren sie jedoch erst einige Fuß über der Erdoberfläche, als sein Begleiter den Ball zum Herabstürzen brachte; Blanchard unternahm nun die Reise allein, erhob sich zu der Höhe von etwa 5000 Fuß und kam nach zwei Stunden unverletzt herab.

Der Versuch, dem Ballon eine beliebige Richtung zu geben, wurde von den beiden Herren Robert fortgesetzt; sie bedienten sich in dieser Absicht der Ruder und Ruderstangen, und zur Erschwerung des Wasserstoffgases bedienten sie sich, um das Herabsteigen zu bewerkstelligen, eines kleinen Ballons, den sie mit einem Blasebalge aufschwellten.

Auf welches Naturgesetz diese Herren jedoch die von dieser Einrichtung erwarteten Wirkungen gründeten, ist dem Verfasser dieses nicht einleuchtend, indem sie den Nebenballon mit keiner andern, als mit der aus der Luftschicht, in welcher sie schwebten, genommenen Luft füllen konnten, wodurch derselbe mit der äußern Atmosphäre in beständigem Gleichgewicht blieb, oder, wenn er nicht damit bis zur Straffheit angefüllt war, den Ballon eher zum Steigen als Fallen nöthigen konnte. Als sie eine Höhe von 1400 Fuß erreicht hatten, änderte sich plötzlich das Wetter; finstere Wolken stiegen am Horizont herauf, und unter dem Getöse des Donners erfaßte ein wüthender Wirbelwind den Luftball, drehte ihn eine Zeitlang im Kreise herum und riß ihn mit sich nieder; sie entledigten jedoch die Gondel eines beträchtlichen Theiles ihres Ballastes; der Ball stieg wieder in die Höhe, wurde aber wegen seiner Leichtigkeit ein Spielwerk des Sturmes, bis er über die Sturmregion gelangt war. Unter ihnen tobte das Wetter fort; über ihnen wölbte sich der blaue Himmel; kaum aber glaubten sie einer Gefahr entgangen zu seyn, als sich eine zweite bemerkbar machte; die in voller Pracht strahlende Sonne dehnte das im Ballon befindliche Wasserstoffgas so sehr aus, daß sie ein Zerspringen befürchteten. In dieser schaudervollen Lage griff man zu dem letzten Mittel, welches übrig blieb, man gab dem Luftballe einige Degenstiche, um Gas entweichen zu lassen, und nachdem sie noch der dritten Gefahr, in einen See hinabzufallen, glücklich entgangen waren, wurden sie nach einer fünfstündigen Fahrt unversehrt auf den Erdboden hinabgebracht.

In England unternahm zuerst Lunardi, dessen Ballon sich hier abgebildet befindet, eine Luftreise; er stieg den 21. Sept. 1784 in London auf.

Lunardi's Luftballon.

Der Graf Zambeccari und Sadler folgten ihm nach.

Eine gefahrvolle und kühne Luftreise unternahm Blanchard und Dr. Jeffarias 1785; sie segelten von Dover aus über die Meerenge von Calais. Der Ballon erhob sich sehr langsam und bot für die an der Küste stehenden Zuschauer ein imposantes Schauspiel dar. Bei der Windstille ging der Flug sehr langsam vor sich. Als nach einer Stunde schon der über dem Meere schwebende Ballon zu sinken begann, entledigten sich die Luftschiffer ihres ganzen Ballastes; als sie noch nicht die Mitte des Canals erreicht hatten, warfen sie Bücher und Vorräthe ins Meer, jedoch wurde die Steigkraft nur in sehr geringem Maße vermehrt, so daß sie sich auch genöthigt sahen, Anker und Tauwerk abzuschneiden; auch hatten sie schon Anstalten getroffen, die Gondel vom Ballon zu trennen und sich in bloße Schlingen zu hängen, als sich plötzlich der Ballon erhob und die Reisenden über Frankreichs Boden brachte, wo sie nach einem dreistündigen Kampfe bei Calais landeten.

So lange man dem Ballon keine bestimmte Richtung geben, oder von einer Gefahr bringenden Richtung ablenken konnte, gehörten Luftreisen in der Nähe des Meeres zu kühnen Unternehmungen. Zur Sicherstellung gegen Gefahren der Art versuchte Pilatre de Rozier den Luftballon mit Segeln zu verbinden.

Ballon, mit welchem Blanchard über die Meerenge von Calais segelte.

Unter dem mit Wasserstoffgas gefüllten Ballon schwebte ein anderer mit verdünnter atmosphärischer Luft gefüllter, welchen Rozier vielleicht darum mit hinzugenommen hatte, um für das Ausspannen der Segel einen bequemen Anhalt und Spielraum zu haben. Er glaubte, das Feuer in eine dem oberen Ballon gefahrlose Entfernung gebracht zu haben, als sich plötzlich der obere Ballon auszudehnen begann; allein noch ehe es den Luftseglern (Rozier und dessen Begleiter Romain) gelang, einen Theil Luft entweichen zu lassen, platzte der Ball in einer weitgesehenen Flamme, und stürzte aus einer Höhe von mehreren tausend Fuß herab. Die Körper der Reisenden waren bis zur Unkenntlichkeit verstümmelt worden.

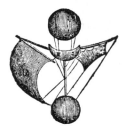

Rozier's doppelter Ballon mit Segeln.

Ueberhaupt fielen mehrere der ersten Luftreisen sehr unglücklich aus. So stürzte z. B. Major Money mit seinem durch die zu starke Spannkraft des Gases zerplatzten Ballon in das deutsche Meer, und wurde nach fünfstündigem Kampfe mit den Fluthen, während dessen er im Netze des vom Winde geschwellten Balles hing, glücklich durch die Kriegsschaluppe Argus gerettet.

Major Money.

Durch den, nach Einigen von Montgolfier, nach Andern von Blanchard erfundenen Fallschirm erhielt die Luftschifffahrtskunde eine wesentliche Verbesserung.

Die erste Probe mit dieser Erfindung stellte er mit einem Hunde an, den er mit dem Schirme durch einen an den letztern befestigten Korb verbunden hatte; der Hund landete glücklich, und verrieth sein Wohlbefinden durch lebhaftes Bellen.

Im October 1797 ließ sich Garnerin aus der beträchtlichen Höhe von 2000 Fuß mit dem Fallschirm herab, welcher anfangs mit einer fast unmerklichen Langsamkeit fiel, nachher jedoch eine wolkenförmige Bewegung annahm; der Versuch lief indeß ganz glücklich ab. Bei einer von dem nämlichen Luftschiffer in Begleitung eines Seeofficiers unternommenen Reise flog der Ballon, von heftigen Stürmen fortgetrieben, mit einer solchen Schnelligkeit, daß er sich schon nach einer Stunde über Colchester befand.

Die nachfolgende Abbildung stellt den von Garnerin abgeänderten Fallschirm in seinen verschiedenen Stellungen, in welchen er gesehen wurde, dar. Gewöhnlich hat der Fallschirm einen Durchmesser von 20 Fuß, und wird durch Stricke mit dem Luftball so verbunden, daß man ihn leicht davon trennen kann. Unter denselben hängt eine leichte Gondel von Korbgeflecht.

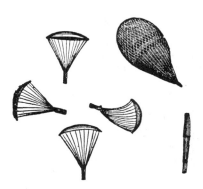

Garnerin's Fallschirm und sein davon abgetrennter Ballon.

Im October 1803 stiegen Graf Zambeccari, Dr. Grassetti und Herr Andreoli zu Bologna auf. Bei der Kälte war die Luft in den höheren Regionen so dünn, daß der Graf und der Doctor in einen tiefen Schlaf versanken; nur Andreoli gelang es, die lockende Anwandlung zum Schlafe zu überwältigen; der Ballon würde in das Meer gefallen seyn, hätte nicht Andreoli einen beträchtlichen Theil des Ballastes ausgeworfen, worauf er wiederum stieg, und der Küste der illyrischen Halbinsel Istria zugeführt wurde. Nach fünf Stunden hielt er sich über der adriatischen Meeresfläche, bis er endlich von einem 4 bis 5 Meilen von der Küste entfernten Schiffe aufgenommen wurde.

Ein ähnliches Loos, wie den Major Money, traf Herrn Sadler in Folge einer zu Dublin 1812 unternommenen Luftfahrt. Als der Ball in das Meer gefallen war, trieb ihn der Wind mit der Schnelligkeit eines Pfeiles fort, eine Schaar von Seevögeln umflatterte ihn und machte sich über seinen Mundvorrath her; als die Gondel mit ihm untersank, raffte Sadler alle seine Kräfte zusammen und schwang sich in das Filet; glücklicherweise wurde er von einem Schiffe entdeckt, welches ihn einholte; der Ballon, um dessen Fortsegeln zu hemmen, wurde mit Bugsprieten oder Bughölzern zerrissen, und der todtenähnliche Luftschiffer an Bord genommen.

Sadlers Todeskampf auf dem irischen Canale.

Der glücklichste aller Luftschiffer war Blanchard, welcher von 1784 bis 1807, wo er starb, das Luftreisen als Schausteller trieb, und 66 glücklich vollendete Luftfahrten machte. Dagegen aber ward seine Frau, welche das Gewerbe forttrieb, ein Opfer ihrer Kühnheit, da sie, um das imposante Schauspiel des in den Lüften segelnden Ballons zu erhöhen, ein Feuerwerk abzubrennen pflegte. Als sie, im Juni 1819 von Tivoli in Paris aufgestiegen, das nämliche Schauspiel geben wollte, gerieth der Ballon in Brand und stürzte in der Straße Provence herab; die zerschmetterten Ueberreste der kühnen Seglerin wurden zu Paris beerdigt.

Tod der Mad. Blanchard in Paris.

Heutzutage sind Luftreisen ganz gefahrlos, nur muß man sich hüten, den Ball so weit mit Wasserstoffgas anzufüllen, daß er im Augenblicke, wo er sich erhebt, ganz angeschwollen ist, indem der Ballon nach der Zunahme der Dünnigkeit der ihn umgebenden Luft ausgedehnt wird. Man pflegt daher jetzt den Ballon, wenn man hohe Luftfahrten beabsichtigt, nicht viel über Halb anzufüllen und ihm eine zum Steigen erforderliche Größe zu geben. In dem nämlichen Verhältniß nun, in welchem die Schwere der äußern Luft abnimmt, nimmt das Volumen des Ballons zu, es bleibt sich also die Steigkraft in allen Haupthöhen gleich. Auch findet man es gerathen, die Klappe des Sicherheitsventiles, durch welches man einen Theil des Gases entweichen läßt, um den Ballon zum Niedersteigen zu bringen, mit zwei, statt mit einem Stricke zu versehen, um sich gegen die Gefahr des Zerreißens des einen Strickes sicher zu stellen. Denn hat es der Luftschiffer nicht mehr in seiner Gewalt, Gas entweichen zu lassen, so wird er Luftregionen zugeführt, wo, mit Abrechnung des an dem Ballon hängenden Gewichtes, die im Ballon befindliche Luft mit der äußeren ins Gleichgewicht tritt, und endlich zerplatzt. Die in neuester Zeit von Biont und Gay-Lussac angestellten Luftfahrten hatten wissenschaftliche Untersuchungen der Elektricität der Luft zum Zwecke.

Metallene Reiterstatuen.

In Nr. 19 des Pfennig-Magazins haben wir eine Abbildung und Beschreibung derjenigen kolossalen Reiter-Statue von Metall geliefert, welche Katharina II., die Gemahlin und Nachfolgerin Peter III., dem großen Kaiser Rußlands, Peter I., in den 1770r Jahren zu Petersburg errichten ließ, und von welcher hier nur noch bemerkt wird, daß dieselbe gegen 500,000 Thlr. gekostet hat, und daß zur Herstellung des Gleichgewichtes in dem Hintertheile des nur auf Schweif und Hinterbeinen ruhenden Pferdes ein Eisengerüst von 10,000 Pfd. schwer angebracht ist, wodurch das Gewicht der ganzen Metallmasse bis zu ungefähr 44,000 russischen Pfunden gesteigert wird.

Außerdem besitzt Petersburg noch eine zweite, jedoch minder bedeutende Reiter-Statue in Erz, welche die Kaiserin Elisabeth, die Tochter Peters des Großen, diesem schon früher im Jahr 1744 hatte errichten lassen.

Die der erstern nachgebildete bronzene Statue Ludwigs XIV. auf dem Place des Victoires zu Paris trat im Jahr 1822 an die Stelle einer ähnlichen von 20 Fuß Höhe, welche als das erste Kunstwerk der Art aus der neuen Zeit im Jahr 1692 von einem Meister, Namens Balth. Keller, aufgeführt, in den Stürmen der Revolution aber, am 10. Aug. 1792, zertrümmert worden war.

Dasselbe Schicksal hatte damals auch die Reiterstatue Heinrichs IV. auf dem Pont neuf daselbst im Jahr 1695, und die Ludwigs XV., auf dem nach diesem Könige benannten Platze in Paris im Jahr 1758 aufgestellt, zu welcher letzteren 16,000 Pf. Metall verwendet wurden.

Auch Lyon, Bordeaux und Rheims besaßen gegossene Reiterstatuen von Ludwig XIV. und Ludwig XV., so wie denn Frankreich überhaupt vor der Revolution vorzugsweise reich an solchen Kunstwerken war.

In Madrid befinden sich zwei dergleichen Denkmale, zu Ehren Philipps II. und Philipps III., und selbst Amerika hat eine metallene Reiterstatue aufzuweisen, die König Carls IV. von Spanien, welche auf Veranlassung und auf Kosten des Vicekönigs von Mexiko, Marquis von Branciforte, daselbst errichtet worden ist, und 450 Quintale (Ctr.) Erz enthält.

Aber auch Deutschland besitzt mehrere Kunstwerke der in Rede stehenden Art, unter denen zunächst das kolossale Viergespann vor dem Triumphwagen auf dem Brandenburger Thore zu Berlin erwähnt zu werden verdient.

Diese 4 Pferde sind nicht gegossen, sondern bestehen aus getriebener Arbeit und haben auf ihrem jetzigen Standpunkte einen um so höheren Werth, als dieselben, nachdem sie 1807 durch Napoleon nach Paris entführt, dort aber bis zu der im Jahr 1815 erfolgten Zurücknahme nicht aufgestellt gewesen sind, ihre erste Stelle zum zweiten Male eingenommen haben, und dadurch zu einer wahren Siegestrophäe geworden sind.

Außerdem hat Berlin in der gegossenen Reiterstatue des großen Kurfürsten von Brandenburg, Friedrich Wilhelm, dem Vater des ersten Königs von Preußen († 1688), ein sehr schönes und zugleich das erste Werk der Art aufzuweisen, welches in Deutschland ausgeführt worden ist, und dort die lange Brücke ziert. Dieselbe wurde in den Jahren 1697 bis 1703 von Schlutes im Metall, und von Jacobi im Guß gefertigt; Reiter und Pferd sind jedes für sich gegossen, und der ganze Guß kostete 80,000 Thaler.

In Dresden befindet sich seit 1736 die kolossale Statue des Kurfürsten von Sachsen und Königs von Polen August II., oder des Starken, zu Pferde, welche aus getriebenem Kupfer zusammengesetzt und vergoldet ist.

Wien enthält dagegen eine der neuesten metallenen Reiterstatuen, die des Kaisers Joseph II., durch dessen Neffen Franz II., und von dem Bildhauer Zauner in den Jahren 1800—1806 auf dem Josephsplatze daselbst errichtete. Das Pferd ist 2 Wiener Klafter 1 Fuß, die Figur des Kaisers 13½ W. Fuß, und das ganze Denkmal 5 Kl. 4 Fuß hoch; dasselbe steht auf einem einfachen Fußgestell von massivem polirten Granit, welches auf großen metallenen Platten die Inschriften enthält, und gegossene Basreliefs von besonderer Größe hat.

In Stockholm befindet sich die eherne Reiterstatue des großen Gustav Adolph, Königs von Schweden; in Kopenhagen die des Königs Friedrich V. von Dänemark. Aber auch Griechenland, Konstantinopel und Rom besaßen schon dergleichen Statuen, und die Kunst, solche kolossale Denkmäler in gegossenem Metall auszuführen, welche die Geschicklichkeit des Modellirens und der Behandlung der Metalle im Feuer in großen Massen voraussetzt, ist überhaupt sehr alt; denn wir finden dieselbe, namentlich bei den Griechen, lange vor der christlichen Zeitrechnung ausgeübt, und aus jener Periode sind metallene Statuen des Jupiter und anderer Gottheiten, namentlich aber der zu den 7 Wunderwerken gezählte Koloß zu Rhodus bekannt, welcher letztere den Eingang des dortigen Hafens zierte und für das größte Werk jener Zeit gehalten wird. Eine nähere Mittheilung hierüber, so wie über verschiedene andere gleichartige Kunstwerke, wohin auch die metallenen Triumphsäulen gehören, wird vorbehalten und hier nur noch bemerkt, daß die Metallmasse, von welcher hierbei die Rede ist, zum größten Theile aus Kupfer, als einem schon in den frühesten Zeiten bekannt gewesenen Metalle, und aus dessen Verbindung mit Zinn, Zink u. s. w. besteht; woraus diejenigen Metallgemische hervorgehen, welche unter den verschiedenen Benennungen Messing, Tomback, Glockengut, Kanonenmetall, Bronze und dergl. m. bekannt sind und besonders zu größern Gußwaaren in Anwendung gebracht werden.

Pariser Brücken.

Der Ursprung der Brücken fällt in das graueste Alterthum. Schon die Römer bauten Brücken, die an Größe und Festigkeit den jetzigen eben nicht weit nachstehen mochten. So z. B. die Pfahlbrücke (pons sublicius), die durch Horatius Cocles Heldenthat in der Weltgeschichte einen unvergänglichen Namen erhalten hat. Zur Zeit der Kaiser führten bereits sehr prächtige steinerne Brücken über den Tiberstrom, die noch jetzt, theils ganz, obgleich oft reparirt, theils nur noch in Trümmern übrig sind. In allen andern Ländern aber ward die Brückenbaukunst erst später gewöhnlich und vollkommner. In Frankreich hatte es bis zur Regierung Ludwigs des Großen nur wenige gegeben, die einiger Erwähnung werth gewesen wären, und erst im 12. Jahrhundert wurden die Brücken wichtig. Denn die ganz alten aus der Römer Zeit hatten die wilden Horden, die sich bei der Völkerwanderung über ganz Frankreich ergossen, vernichtet, und neue waren nicht gebaut worden; und so stand kein anderer Weg über die Flüsse offen, als das Ueberfahren in Kähnen. Da suchte eine in der Kunstgeschichte unter dem Namen der Brückenbrüder (Frères du pont) bekannt gewordene Gesellschaft diesem Uebelstande abzuhelfen. Ihr erstes Werk war die Brücke über die Durance, unterhalb der Bonpas-Chartreuse, wo der Grund noch jetzt sichtbar ist. Ein zweites ist die Avignoner Brücke, deren Grund im J. 1177 gelegt wurde. Fast in dieselbe Zeit fällt die Gründung der Heiligengeist-Brücke und der Lyoner Guillotierebrücke.

Vor dem 15. Jahrhundert hatte Paris nur hölzerne Brücken, und wenn, was nur zu oft geschah, großes Wasser oder Eisfahrten diese mit fortgerissen hatten, gar keine. Dem konnte man nicht länger mehr müßig zusehen. Rüstig begann man den Brückenbau, und bald sah die Seine sich von steinernen, der Vernichtung trotzenden, Brücken überwölbt. Sie sind folgende:

1. Die Notredame-Brücke, die nach den Zeichnungen des Herrn Joconde 1499 gegründet und 1512 vollendet ward, und sich durch ein großes hydraulisches Kunstwerk auszeichnet.

2. Die Neubrücke. Sie ist 712 Fuß lang, ward unter Leitung des Architekten, Herrn Audrouet von Cerceau, noch unter der Regierung Heinrichs II. gegründet, und 1609 unter Heinrich IV., dessen Statue, den König in voller Rüstung, hoch zu Rosse darstellend, noch jetzt der Schmuck der Brücke ist, vollendet.

3. Die Sanct-Michelsbrücke, die diesen Namen einer alten, dem heil. Michel geweihten Kapelle verdankt, welche mitten auf der Insel des Palastes steht. Sie ist 176 Fuß 5 Zoll lang, und etwas über 63 Fuß breit.

4. Die Hoteldieu-Brücke, über welcher sich eine Galerie mit großen Glasfenstern erhebt, unter welchen die Genesenen des Spitals spazieren gehen.

5. Die Wechsel-Brücke (au change), die im Jahre 1647 fertig ward und ihren Namen von den Wechslern, die sonst ihre Läden daselbst hatten, empfieng.

6. Die Marien-Brücke, welche 300 Fuß lang ist, und 1614 angefangen, aber erst 1635 vollendet ward. Schon 1648 aber bedurfte sie einer bedeutenden Reparatur, denn gleich drei Jahre nach ihrer Vollendung hatte eine Ueberschwemmung 2 Bogen mit fortgerissen.

7. Die Tournelle-Brücke (de la Tournelle)

von dem kleinen Fort de la Tournelle, das den Brückenkopf bildete, so benannt. Sie ist 325 Fuß, 4 Zoll lang und etwas über 42 Fuß breit, und ward im Jahre 1646 gebaut.

8. Die Königs-Brücke (pont royal) führt von den Tuilerien auf die Fährgasse (rue du bac), ward 1685 gebaut und ist 372 Fuß lang und etwas über 72 breit. Ihre Bogen sind ein Meisterstück der Baukunst. An einem der Pfeiler nach den Tuilerien zu ist eine Leiter angebracht, die in Metres und Centimetres eingetheilt ist, und so das Steigen und Fallen des Flusses genau bezeichnet.

9. Die Doppel-Brücke (au Double) besteht aus zwei Bogen und ward 1634 gebaut.

10. Die kleine Brücke ist 104 Fuß lang und 52 breit und ward 1719 gebaut, und zwar (so lautet die Sage) an eben dem Platze, wo einst Julius Cäsar eine Brücke hatte bauen lassen.

11. Die Greve-Brücke, die aber seit 1830 die Arcole-Brücke heißt.

12. Die Erzbischofs-Brücke erstreckt sich vom Quai des Miramiones bis zur Spitze des alten erzbischöflichen Gartens. Sie besteht aus lauter Quadern und hat eiserne Geländer.

13. Die Ludwigs-Brücke (Louis XVI.) oder Eintrachts-Brücke, oder Deputirtenkammer-Brücke, ward von H. Perronet am 12. Juni 1787 gegründet und 1799 vollendet. Ihre Länge ist 461 Fuß, ihre Breite 61. Bewundernswerth für jeden Kenner ist ihre Eleganz, ihre Kühnheit und ihre Leichtigkeit, zu der noch ein herrlicher Schmuck kommt, nämlich die Statuen zwölf berühmter Männer aus unserer Zeit.

14. Die Stadt-Brücke (de la Cité) ist 206 Fuß lang und etwas über 44 Fuß breit. Sie füllt eigentlich nur die Stelle der alten eingegangenen rothen Brücke aus und ist erst 1801 bis 1804 gebaut worden.

15. Die Kunst-Brücke zwischen dem Louvre und dem Justizpalaste ist in den Jahren 1802 und 1803 von Herrn Dillon gebaut worden.

16. Die Brücke von Austerlitz oder Königsgarten-Brücke ward 1802 angefangen und 1807 vollendet, und zwar auf Kosten einer Gesellschaft. Die Zeichnung dazu hat Herr Becquet Beaupré geliefert, den Bau selbst aber hr. Lamande dirigirt. Sie kostete 3 Millionen. Sie ist 401 Fuß lang und 37 breit. Sie hat 5 eiserne Bogen und lauter Pfeiler und Ufermauern von Quadersteinen.

17. Die Jenaer Brücke oder die Marsfeld-Brücke, eine der größten in Paris, ward 1809 nach den Zeichnungen des obengenannten Hrn. Dillon und unter Direction des Hrn. Lamande angefangen und 1813 vollendet. Sie ist 467 Fuß lang und 46 breit. Sie kostete 9 Millionen.

18. Die Grammont-Brücke ist von Holz, ward 1824 neu gebaut, hat 5 Bogen und ist 100 Fuß lang und 40 Fuß breit.

19. Die Invaliden-Brücke liegt der Esplanade gleichen Namens gegenüber, zeichnet sich durch Schönheit vorzüglich aus, hängt in starken eisernen Ketten und führt in die Champs-Elysées.

Eine einzige noch wollen wir anführen, und dies ist die Neuilly-Brücke, die 1792 Hr. Perronet gebaut hat. Die Kühnheit und der Geschmack des Baumeisters ist bewundernswerth. Denn das Gewölbe der 5 Bogen ist im Lichten 120 Fuß weit gespannt, und doch hat dies keinen nachtheiligen Einfluß auf die Festigkeit und Dauer des Werkes.

Sternschnuppen und Meteorsteine.

Beinahe Jeder wird schon Gelegenheit gehabt haben, besonders in den schönen, stillen Nächten des Juli und August, leuchtende Körper am Firmament hinschießen und gegen die Erde stürzen oder plötzlich in der Atmosphäre verschwinden zu sehen. Aehnliche Erscheinungen kann man auch in sehr hellen, kalten Winternächten wahrnehmen; allein im Sommer sind sie größer und funkelnder. Sogar in unsern Tagen giebt es noch Leute, welche glauben, es seyen wirkliche „wandernde Sterne"; und da die Einbildung immer sehr stark ist bei unwissenden Menschen, so bringen sie die angeblichen Sterne mit verschiedenen Wundern und Vorbedeutungen in Verbindung.

Man sollte glauben, daß ihr schnelles Verschwinden und der Umstand, daß sie gar keine Wirkung auf unsern Erdkörper haben, hinreiche, um von der Meinung abzubringen, daß sie Sterne seyen; aber wo der Verstand nicht mit Kenntnissen ausgerüstet ist, da herrscht die Phantasie unumschränkt und verschafft den unwahrscheinlichsten und ungereimtesten Vermuthungen Glauben.

Diese zwar glänzenden, aber schnell vorübergehenden Luftwanderer lassen sich in wenig Worten genügend erklären. Unsere Erde dünstet beständig flüchtige Theilchen in die Atmosphäre aus, Gasarten werden gebildet, gemischt, entzündet durch ihre eigene Kraft und Eigenschaft und, fast in dem nämlichen Augenblicke ihrer eigenthümlichen Natur beraubt und der überwältigenden und auffassenden Atmosphäre einverleibt.

Wenn gerade die Meteor-Theilchen sich in größerer Menge zusammen finden, auch die Beschaffenheit der Atmosphäre ihrer gasartigen Existenz günstig ist, dann zeigen sich Meteore von beträchtlichem Umfang und großem Glanz und durcheilen das Firmament so weit, daß sie nach und nach an Orten, die 500 Stunden von einander entfernt sind, sichtbar werden. Dies war der Fall mit einer Lufterscheinung im Jahre 1783, die in Nantes, Paris, Brüssel, Ostende, Calais, in vielen Theilen von England und Schottland gesehen wurde. Sie wird beschrieben als ein leuchtender, fast kugelförmiger Körper, der auf seiner Bahn sich in zahlreiche Kugeln von verschiedener Größe theilte, die aber alle einen Lichtstreifen hinter sich ließen. Nach der Angabe einer großen Menge von Augenzeugen war ihr Verschwinden von einem Knall begleitet, ähnlich dem einer Kanone, die in einiger Entfernung abgefeuert wird, ein Umstand, der um so merkwürdiger ist, da nach mehreren Beobachtungen die Entfernung des Meteors nicht weniger als zwanzig Stunden von der Oberfläche der Erde betragen konnte.

Dies sind gasartige Lufterscheinungen, welche erlöschen und sich in der Atmosphäre auflösen; sie dürfen nicht verwechselt werden mit jenen festen, schweren Körpern, welche, großen brennenden Kugeln ähnlich, durch die Atmosphäre eilen und mit einem lauten Knall auseinander fahren, dem zuweilen ein Regen von Steinen von beträchtlicher Größe und Schwere folgt.

Geschichte der Erdbeschreibung.

Die Babylonier, Aegypter und Phönizier beschäftigten sich mit dieser Wissenschaft; die letztern machten auf ihren Handelsfahrten zahlreiche Entdeckungen und gelangten in den atlantischen Ocean.

Die Griechen waren die Ersten, welche die Erdbeschreibung in ein regelmäßiges System brachten. Eratosthenes zog den ersten Breitengrad, der in Gibraltar anfing, durch Rhodus zog und sich in die Gebirge Indiens erstreckte. Spätere Geographen machten den Versuch, die Länge der Orte zu messen; allein da die wahre Gestalt der Erde erst nach der Entdeckung Amerikas durch Columbus bekannt wurde, so kann in früheren Zeiten der Begriff von Länge und Breite nur sehr unvollkommen gewesen seyn.

Im Anfange der christlichen Zeitrechnung lebte Strabo, ein Kappadocier, der eine Abhandlung über Geographie schrieb, in siebzehn Büchern, die sich auf unsere Zeit erhalten haben und große Gelehrsamkeit, verbunden mit eifriger Forschung, beurkunden.

Ptolemäus, ein Aegypter, der im zweiten Jahrhundert nach Christus lebte, hat in einem Werke über diesen Gegenstand weit mehr geleistet als alle seine Vorgänger. Er zeichnete Karten nach geometrischen Grundsätzen und bestimmte die Orte nach Länge und Breite.

Zahlreiche Werke folgten nach, wovon die interessantesten und werthvollsten von dem Engländer Hudson unter dem Titel: „Kleinere Schriften alter Griechen über Geographie", gesammelt und herausgegeben wurden.

Während des Verfalls des römischen Reiches und im Mittelalter scheint die Erdbeschreibung eher rückwärts als vorwärts geschritten zu seyn, und es kamen die ungereimtesten Lehren darüber zum Vorschein. Die Araber allein dehnten ihre Entdeckungen ziemlich weit aus.

Im 13. Jahrhundert trug Marco Polo, ein venetianischer Edelmann, durch seine weiten Reisen viel bei zur Erweiterung der engen Grenzen der geographischen Kenntnisse. Die Portugiesen besuchten im 14. Jahrhundert mit Hülfe des damals neuerfundenen Kompasses viele Gegenden der Erde, die früher theils ganz unbekannt, theils sehr mangelhaft erforscht waren.

Im 15. Jahrhundert fügte Kolumbus dem Vorrath geographischer Kenntnisse eine neue Welt hinzu, ein Ereigniß von ungeheurer Wichtigkeit und ein mächtiger Sporn zu weiteren Unternehmungen.

Von dieser Zeit an wurden Entdeckungsreisen in solcher Menge gemacht, daß es zu weitläufig wäre, sie alle aufzuzählen; durch die ausdauernden Bestrebungen von Magellan, Drake, Dampier, Anson, Wallis, Bougainville, Cook, La Peyrouse, Vancouver und vieler andern Erdumsegler ist unsere Kenntniß der Erde ausnehmend erweitert worden, und kühne Reisende fügten täglich neue Entdeckungen hinzu. Aber so umfassend ist das Gebiet der Wissenschaften, daß man wohl sagen darf, die Erdkunde ist noch nicht weit über ihre Kindheit hinaus gekommen.

Woche.

Am 10. Mai 1631 wurde Magdeburg durch Tilly erobert und zerstört. Schon am 7. Mai war Alles zum Sturme bereit gewesen und Tilly vermuthete, die furchtbaren Anstalten dazu würden den Muth der Einwohner beugen. Aber der von dem Schwedenkönige Gustav Adolf versprochene Entsatz, das immer nähere Heranrücken seines Heeres und der Glaube der Magdeburger, daß ein Sturm unmöglich sey, da noch keine Bresche geschossen war, machte ihnen alle Drohungen und Vorschläge gleichgültig. Doch wurde am 10. früh 7 Uhr die Stadt, trotz der hartnäckigsten Vertheidigung, auf einer Seite, wo man es am wenigsten gefürchtet hatte, erstiegen und bezwungen. Selbst die Elemente schienen mit den Siegern zu seyn; wo Tilly mit seinen Soldaten nicht war, da wüthete die Flamme, die heftiger Sturmwind von Dach zu Dach jagte. Von 10 Uhr Morgens bis 10 Uhr Abends brannte die unglückliche Stadt.

Am 11. Mai 1778 starb Wilhelm Pitt, Graf von Chatham, königl. großbritannischer Staatssecretair, vielleicht der größte Patriot, den England unter seinen Ministern aufzuweisen hat. Er war am 15. November 1708 geboren, trat zeitig in den Militärstand und kam, ohne alle Unterstützung und nur durch die Größe seiner Talente, früh ins Parlament, wo seine Rednergaben Bewunderung erregten. 1745 erhielt er den Posten eines Mitschatzmeisters von Irland und in demselben Jahre wurde er zum Schatzmeister und Generalzahlmeister der Armee und zum geheimen Rath ernannt. Staatssecretair wurde er am 4. Dec. 1756, welche Stelle er, durch Hofcabale vertrieben, am 20. Juni 1757 zum zweiten Male einnahm. Am 5. October 1761 legte er endlich, zum Bedauern aller wahren Patrioten, sein Siegel für immer nieder.

Am 12. Mai 1762 trafen bei Döbeln in Sachsen Preußen unter den Generalen Kleist und Seidlitz mit den Oestreichern unter General Serbelloni zusammen. Jene wollten den Uebergang über die Mulde nach Freiberg gewinnen, den die Oestreicher besetzt hatten. Es kam daher zu einem Treffen, in welchem die Preußen Sieger blieben.

Am 13. Mai 1779 wurde der Friede zwischen Oestreich, Preußen, Baiern und Kursachsen in der östreichisch-schlesischen Stadt Teschen am Geburtstage der Kaiserin Maria Theresia unterzeichnet, nachdem schon im März 1779 zwischen den östreichischen und preußischen Truppen ebendaselbst ein Waffenstillstand abgeschlossen worden war.

Am 14. Mai 1796 impfte der Doctor Jenner dem ersten Knaben die Kuhpocken ein. Unter allen Erfindungen verbreitet diese wohl am meisten Segen und Wohlthat über die Erde, und gewiß ist sie ihrem Erfinder die dankbarste; denn sie brauchte nicht Jahrhunderte zu ihrer Vollendung, sondern stand mit ihrem Ursprunge schon vollkommen da.

Am 15. Mai 1526 erfolgte die Niederlage der Bauern bei Frankenhausen in Schwarzburg-Rudolstadt, die sich auf Anregen des schwärmerischen Thomas Münzer wegen Bedrückungen ihrer Gutsherren und aus Mißverstand der Lehre von evangelischer Freiheit empört hatten. Thomas Münzer selbst nebst den andern Rädelsführern wurde hingerichtet.

Am 16. Mai 1680 eroberte Friedrich, damals noch Kurfürst von Brandenburg, Rheinbergen, eine Festung im Kölnischen. Er hatte sich nämlich auf Ludwigs XIV. Kriegserklärung in Deutschland mit dem Kurfürsten von Sachsen, dem Herzog von Lüneburg-Zelle und dem Landgrafen von Hessen zur gemeinschaftlichen Vertheidigung verbündet und nach einigen glücklichen Gefechten die Belagerung jener Festung unternommen.

Verlag von Bossange Vater in Leipzig.
Unter Verantwortlichkeit der Verlagshandlung.

Das Pfennig-Magazin

der

Gesellschaft zur Verbreitung gemeinnütziger Kenntnisse.

55.]   Erscheint jeden Sonnabend.   **[Mai 17, 1834.**

Der sterbende Fechter.

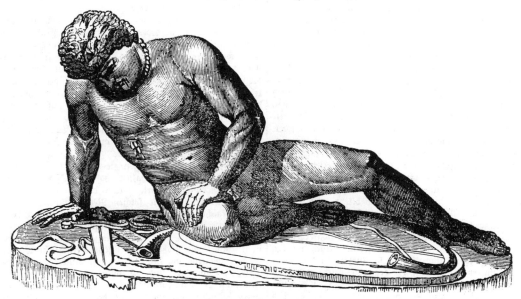

Die Fechterspiele waren bei den alten Römern sehr gewöhnlich, und wurden zum Vergnügen des Volks gegeben. Die Fechter standen paarweise einander gegenüber, begannen das Gefecht mit hölzernen Schwertern, welche sie jedoch auf ein gegebenes Zeichen niederlegten und ihre rechten ergriffen. Wollte das Volk einen Verwundeten am Leben erhalten wissen, so drückte es den Daumen ein; streckte es aber den Daumen in die Höhe, so mußte er weiter fechten. Die schwer Verwundeten oder Getödteten wurden an einem Haken an einen neben dem Amphitheater befindlichen Ort geschleppt. Die Sieger erhielten einen Palmenzweig, Geld und oft auch ein hölzernes Schwert — ein Zeichen ihrer Freiheit, — indem die Fechter Sklaven waren.

Die alte berühmte Bildsäule, welche hier abgebildet ist, befindet sich jetzt in Rom, allein man weiß nicht genau, ob sie ihren rechten Namen führt. Winckelmann sagt von ihr: sie stellt einen Mann vor, der ein arbeitsames Leben geführt hat, wie man aus seiner Gesichtsbildung, aus einer seiner Hände, welche ächt ist, und an den Fußsohlen sehen kann. Er hat eine Schnur um den Hals, welche unter dem Kinne zugebunden ist, und liegt auf einem ovalen Schilde, auf dem wir eine Art zerbrochenen Hornes sehen. Die Bildsäule ist von Marmor, und wahrscheinlich nach dem Modell von Bronze oder Metall gearbeitet, welches der Künstler Ktesilaus gemacht, der entweder zu Phidias' Zeiten oder kurz nachher lebte. Plinius sagt von diesem Werke: K. machte einen verwundeten, sterbenden oder Ohnmacht nahen Mann, und es gelang ihm ganz vortrefflich, der übrigbleibenden Lebenskraft den erforderlichen Ausdruck zu geben; denn das Gesicht verräth den tiefen Ausdruck des Schmerzes und des innern Todeskampfes.

Otfried Müller sagt in seinem Handbuche der Archäologie der Kunst von diesem sterbenden Fechter: „Der Schnurrbart, die Halskette, verräth den Kelten. Die Figur konnte zu einem Tropäon, — nach Nibby's Idee zur Eckfigur in der Gruppe eines Giebelfeldes, dienen, welches die Vernichtung der Gallier bei Delphi vorstellte."   Dr. Bgk.

Der Hering.

Das Geschlecht der Heringe besteht aus 10 bis 12 Arten, von denen die bekannteste und verbreitetste der gemeine Hering ist, welcher eingesalzen oder geräuchert als Bückling im Handel zu uns gebracht wird. Da der Hering so allgemein bekannt ist, enthalten wir uns hier jeder nähern Beschreibung desselben. Dieser so nützliche Fisch bewohnt den nördlichen Ocean, die damit verbundene Nord- und Ostsee, so wie den atlantischen Ocean. Der in der Nordsee sich aufhält, ist größer als der, welcher in der Ostsee lebt. Jener wird eigentlich Hering, dieser Strömling genannt. Beide machen aber nur eine Art aus. Bisweilen werden im Frühjahre in der Ostsee mit den Strömlingen solche Heringe gefischt, welche sich durch ihre Röthe am Kopf und an den Seiten vor den übrigen auszeichnen. Diese nennt man Heringskönige. Die Heringe nähren sich von Würmern, Insekten, kleinen Krebsen Schnecken und von den Eiern der Fische, und vermehren sich unglaublich.

Lange Zeit ist man sowohl über die wahre Heimath der Heringe, als auch über die Ursachen, welche sie zu den regelmäßigen Wanderungen nöthigen, in Ungewißheit gewesen. Nach Anderson, ehemaligem Bürgermeister in Hamburg, ist der gewöhnliche Aufenthaltsort der Heringe die Gegend am Nordpole, wo sie vor ihren heftigen Feinden, den Wallfischen, Haifischen, Nordkapern und Meerschweinen, unter dem Eise sicher sind, da jene gewaltigen Seethiere nur in freiem Wasser leben können. Da sich aber die Heringe so unglaublich stark vermehren, so müssen sie jährlich starke Kolonien von sich ausstoßen und aussenden, damit die Zurückbleibenden ihren hinreichenden Unterhalt finden können. Sobald nun die Heringe unter dem Eise hervorkommen, werden sie von der ungeheuern Menge der großen und kleinen Heringsfresser, die daselbst hungrig herumschwimmen, auf das Unfreundlichste bewillkommt. So von ihren Feinden verfolgt dehnen sie sich in einer Breite von mehr als 200 Meilen aus, theilen sich in mehrere Armeen und flüchten aus einem Meere in das andere. Gegen diese Annahme läßt sich aber mit Recht einwenden, daß diese regelmäßigen Heereszüge wohl schwerlich eine Folge einer zufälligen Ueberfüllung in der Heimath seyn können; daß ferner diese Vermehrung unter dem Eise des Nordpols gar nicht stattfinden kann, da der Laich nur belebt wird, wenn er auf der Oberfläche des Wassers schwimmt und den Einwirkungen der Sonne ausgesetzt ist. Zu der Zeit, wo dies in den Polargegenden möglich wäre, findet man die Heringe gerade nicht daselbst. Auch würden die Heringe wohl schwerlich in so kurzer Zeit so weite Reisen unternehmen können; denn die Fische im süßen Wasser können an einem Tage höchstens eine halbe Meile fortschwimmen, — wie wäre es möglich, daß die Heringe in dem schweren salzigen Wasser in so kurzer Zeit viele tausend Meilen zurücklegen könnten? Und endlich müßte man doch auch ihre Rückreise bemerkt haben, was aber keineswegs der Fall ist. Das regelmäßige Erscheinen und plötzliche Verschwinden der Heringe läßt sich nicht anders erklären, als daß sie, wie andere Fische, zur Laichzeit aus der Tiefe der näheren Meere zum Vorschein kommen und sich an die Küsten und die Mündungen der Flüsse begeben, um an dem rauhen Boden der flachen Stellen ihren Laich abzusetzen, und daß sie, sobald sie dieses Fortpflanzungsgeschäft verrichtet haben, in die Tiefe zurückkehren. — Die Laichzeit ist aber bei Fischen einerlei Gattung nicht gleich, sondern richtet sich nach der Beschaffenheit des Wassers und des Himmelsstrichs, und fällt daher an diesem Orte bald früher bald später. Die Holländer theilen die Heringe ein in Hohlheringe, d. h. solche, die im Frühlinge gelaicht haben, also weder Rogen noch Milch haben; Vollheringe (Brandheringe, Hamburger Zuzug), d. h. solche, bei denen sich Rogen und Milch findet; Majekken, d. h. solche, die im Sommer laichen, deren Rogen und Milch flüssig sind.

Die Vermehrung der Heringe ist außerordentlich stark. Nach einer mäßigen Berechnung werden jährlich zweitausend Millionen getödtet, indem tausend Millionen gefangen und eben so viele von den Raubfischen verzehrt werden; dennoch verspürt man keine Abnahme derselben. Sie leben zwar in der Tiefe des Meeres, werden aber oft bei einigermaßen heftigen Winden in ungeheuern Massen an den Strand geworfen. Dieß geschieht namentlich oft an den schottländischen Küsten, wo vor einigen Jahren nach einem Sturme die Küste meilenweit mit einer Lage von Heringen bedeckt gefunden wurde, die mehrere Fuß tief war und so lange liegen blieb, bis die benachbarten Bauern Zeit hatten, sie als Dünger wegzufahren. In der Nähe einer kleinen Stadt Schottlands wurden vor einigen Jahren solche Massen Heringe an die Küste geworfen, daß der Magistrat Demjenigen, der einen Wagen voll Heringe wegfahren würde, eine Belohnung versprach, weil man befürchtete, daß die Ausdünstung der verfaulten Thiere bei warmem Wetter eine Epidemie zur Folge haben könnte.

Die große Vermehrung der Heringe läßt sich erklären, wenn man bedenkt, daß dieser Fisch unter den kleinen Fischen den meisten Rogen bei sich hat. Ein weiblicher Hering führt in seinem fruchtbaren Rogen wenigstens Zehntausend andere mit sich. Zu der unbeschreiblich großen Vermehrung der Heringe trägt auch der Umstand viel bei, daß sich die holländischen Schiffer und Matrosen, ehe sie auf den Heringsfang ausfahren, durch einen Eid verpflichten müssen, ihre Netze nicht eher als den Tag von Johannis auszuwerfen und sich mit dem Fange nicht länger zu beschäftigen, als bis zum 25. Januar. — Bei ihrer Zurückkunft müssen sie dann schwören, daß sie diese Verordnung gehalten haben. Dadurch wird die Laichzeit nicht gestört. Auch dürfen die holländischen Matrosen nur mit solchen Netzen fischen, welche weite Maschen haben; daher man sich nicht wundern darf, daß die Holländer seit einigen Jahrhunderten die Heringsfischerei ohne Abnahme erhalten haben und noch immer die größten und besten Heringe in Menge fangen, während die Fischerei an den Küsten von Norwegen, Schweden und Preußen merklich abnimmt, weil man die Laichzeit nicht schont und Netze mit zu engen Maschen gebraucht, mit denen zugleich die kleinen Heringe ausgefischt werden.

Die große Menge der Heringe würde uns aber sehr wenig nützen, wenn sie nur frisch genossen werden könnten; denn der Hering ist ein sehr zärtlicher und weichlicher Fisch, welcher sogleich absteht, sobald er aus dem Wasser kommt oder in demselben den geringsten Schaden nimmt. Daher hat sich Wilhelm Beukels um die Nahrung und Erhaltung vieler tausend Menschen ein sehr großes Verdienst erworben, da er im Jahre 1416 die Kunst erfand, die Heringe einzusalzen. Seine Landsleute, die Holländer, haben später diese Kunst noch mehr vervollkommnet, so daß sie bis jetzt die besten Heringe liefern. Kaiser Karl V. soll auch das Andenken Wilhelm Beukels hoch in Ehren gehalten haben.

Das Einsalzen der Heringe geschieht auf zweierlei Art, von denen die eine die weiße, die andere die rothe genannt wird. Bei jener geschieht das Einsalzen folgendermaßen: Nachdem die Heringe ausgekehlt, d. h. von den Kiemen oder Eingeweiden bis auf die Milch und den Rogen gereinigt sind, werden sie zwölf bis funfzehn Stunden in eine Salzlake gelegt, die so stark seyn muß, daß ein Ei darin schwimmen kann, und darauf in Tonnen gepackt. Da aber die Menge es verhindert, sie im Schiffe schichtweise, dicht und ordentlich einzupacken; so werden sie, sobald die Schiffer ans Land kommen, wieder herausgenommen, die guten von den schlechten abgesondert, mit neuem Salze versehen und von Neuem ordentlich eingepackt. Die Holländer nehmen zu dem Einsalzen nicht nur das reinste und beste Seesalz, sondern sie nehmen auch zu den Tonnen Eichenholz, da andere

Völker Harzholz dazu gebrauchen, wovon die Heringe einen Harzgeschmack annehmen.

Bei dem rothen Einsalzen bleiben die Heringe wenigstens 24 Stunden in der Salzlake liegen. Dann werden sie mit den Köpfen an hölzerne Spieße gereihet und in dazu erbaute Oefen, von denen jeder 12,000 Stück faßt, zum Räuchern und Dörren aufgehängt, indem man Reißholz, das wenig Flamme, aber viel Rauch von sich giebt, anzündet. Diese heißen Bücklinge. Nachdem sie 24 Stunden geräuchert sind, werden sie entweder in Tonnen oder in Stroh eingepackt. Jene heißen Tonnen=, diese Strohbücklinge. Man wählt dazu die fettesten Heringe. Heringe, die besonders fett sind, werden am Rücken aufgeschnitten, über Späne ausgespannt und dann geräuchert. Diese werden Speckheringe genannt. In Schweden und Norwegen macht man auch Sauerheringe, indem man dazu weniger Salz nimmt und sie in einer schwächern Lake gähren läßt. Die Isländer, Grönländer und andere nördliche Völker trocknen die Heringe an der Luft. — Die Küstenbewohner genießen die Heringe auch frisch, indem sie dieselben entweder braten, oder in Salzlake kochen. — In Schweden wird aus den frischen Heringen auch Thran gesotten. Von funfzehn Tonnen Heringen bekommt man gewöhnlich eine Tonne Oel. Dieses ist dünn und weiß von Farbe, gibt wenig Rauch von sich und riecht nicht so übel.

Der Heringsfang war schon seit uralten Zeiten bei den europäischen Völkern der Gegenstand einer besondern Aufmerksamkeit. Als die ältesten Heringsfischer muß man wohl die Strandbewohner von Schottland ansehen, auf welches Land von jeher die größten Heringsschwärme stießen. In den Zeiten des Mittelalters versorgte Schottland einen großen Theil Europa's mit Heringen. Auch die Niederländer nahmen anfangs ihren Bedarf an Fischen ebenfalls von Schottländern, fingen jedoch bald an, eigne Fahrzeuge nach jenen Küsten zu senden, um an dem Fange Theil zu nehmen. Dies soll schon im zwölften Jahrhunderte geschehen seyn. Als der Heringsfang in die Hände der Irländer gekommen war, breitete sich dieser Erwerbzweig auch in Holland bedeutend aus und wurde mit den glücklichsten Erfolgen betrieben. Diese Fischerei war so wichtig, daß man sie die große Fischerei nannte, um sie von der kleinen Fischerei, d. h. von dem Fange des Stockfisches und der übrigen Seefische, selbst des Wallfisches, zu unterscheiden. Mit eifersüchtigen Augen betrachteten später die Schottländer den Heringsfang der Holländer an den Küsten ihres Landes. Die Holländer sahen sich daher genöthigt, Kriegsschiffe zur Bedeckung ihrer Heringsfänger mit zu senden, und ungeachtet öftere Angriffe auf die Holländer geschahen, so wußten sich diese doch zu behaupten und setzen noch heute ihre Fischerei fort, obgleich nicht mehr in dem Umfange wie früher. In der blühendsten Zeit der Fischerei beschäftigte Holland an 2000 Schiffe mit 50,000 Leuten. Obgleich Holland jetzt jährlich nur hundert und funfzig Schiffe aussendet, so ist dieser Handel doch für dieses Land immer noch von sehr großer Wichtigkeit. Neben den Holländern beschäftigen sich auch die Briten, Normänner, Schweden, Dänen, Franzosen und die deutschen Städte Emden, Stettin, Bremen und Hamburg mit der Heringsfischerei. Deutschland bekommt seine Heringe vorzüglich noch aus Holland und Dänemark.

Die Fahrzeuge, deren man sich in Holland und Deutschland bedient, heißen Buisen, die gemeiniglich 48 bis 60 Tonnen halten; die größern sind mit 24, die kleinern mit 18 Leuten besetzt. Zu Anfange des Juni laufen die Schiffe aus. Die Fischerei geschieht in der Regel des Nachts, um den heranziehenden Schwarm der Heringe durch den von ihnen ausstrahlenden Glanz, den Heringsblick, besser erkennen zu können. Der Fang ist oft so reichlich, daß man wohl ein und mehr Lasten auf einmal heraufzieht. Die Netze sind 1000 bis 1200 Schritte lang aus gutem Hanf oder grober persischer Seide. Letztere halten wohl drei Jahre. Die Netze sind braun gefärbt, damit sie im Wasser unkenntlicher sind. Gegen die Nacht werden die Netze ausgeworfen und gegen Morgen eingezogen; doch braucht man wohl drei Stunden dazu, ehe ein Netz völlig auf das Schiff gebracht werden kann. Die Heringe werden sogleich in Körbe geschüttet; ein Theil der Mannschaft beschäftigt sich mit dem Aufnehmen, Salzen und Packen bis an den Abend. In den ersten drei Wochen, vom 25. Juni bis zum 18. Juli, lassen die Holländer alle frisch gefangenen Heringe unausgesucht in Tonnen packen und durch die Heringsjäger, d. h. solche Fahrzeuge, die den Buisen nachgesendet werden, nach Holland spediren; nachher aber wählt man nur die Vollheringe und Schotheringe, welche schon gelaicht haben, aus. Mit diesen Gattungen kommen die Buisen selbst nach Hause, und hier werden sie, ehe man sie versendet, von Neuem geöffnet, gesalzen und umgepackt. Dieses Umpacken muß unter freiem Himmel, nach bestimmten Gesetzen, geschehen.

Eine Last Heringe enthält zwölf Tonnen, von denen jede 1200 Stück enthalten soll. Die Zeit, in welcher die Heringe ziehen, fett und gut sind, wird von den Heringsfischern die Heringszeit, die Zeit hingegen, in welcher keine Heringe gefangen werden, die todte Jahreszeit genannt.

K.

Die Kirche St. Sulpice zu Paris.

Der schönste Versuch, eine christliche Kirche im altgriechischen Styl aufzuführen, ist wohl die Kirche St. Sulpice, welche in verschiedenen Zeiten und von verschiedenen Baumeistern erbaut worden ist. Sie wurde im Jahre 1646 nach dem Plane des Herrn Levau gegründet, und die damalige Regentin von Frankreich, Anna von Oestreich, legte den 20sten Februar den Grundstein dazu. Aber im Jahre 1678 hörte der Bau wegen Mangel an Geld auf, und wurde erst 1718 unter der Leitung des Baumeisters Oppenord fortgesetzt. Es war aber dem Ritter Servandorie vorbehalten, die hier vorgestellte majestätische Façade aufzuführen. Die untern Säulen, von dorischer Ordnung, sind 43 Fuß hoch, und haben 5½ Fuß im Durchmesser; die obern sind von jonischer Ordnung, und haben an jeder Seite einen 322 Fuß hohen Thurm; die ganze Länge dieser herrlichen Fronte ist 216 Fuß.

Die Thürme sind von Maclaurin und Chalgrin erbaut, welche von Servandorie's Plan abweichen; der südliche Thurm ist in einem seltsamen, entstellenden und unvollendeten Zustande. — Das Innere dieser Kirche ist nicht weniger erhaben als das Aeußere. Sie wurde 1745 vollendet und eingeweiht, und ist die größte Parochialkirche in Paris, da ihre Länge etwa 360 und ihre Höhe 107 Fuß ist. Der Hochaltar ist außerordentlich schön; er befindet sich zwischen dem Schiff und dem Chor, ist schön verziert und macht

Die Kirche St. Sulpice zu Paris.

einen großen Effekt. Hinter dem Chor, worin sich gute Gemälde von Vanloo befinden, ist die Kapelle der Jungfrau, verschwenderisch mit Vergoldung und Gemälden verziert; sie wird durch ein verborgenes Fenster erhellet, was einen gefälligen Eindruck macht.

Ueber den im Jahre 1835 erscheinenden Kometen.

Es wird unsern Lesern schon bekannt seyn, daß wir in dem genannten Jahre die Wiederkehr eines Kometen zu erwarten haben; das Interesse an einer eben so ungewöhnlichen als prachtvollen Erscheinung am Himmelsgewölbe wird es daher rechtfertigen, wenn wir sowohl Einiges aus seiner Beobachtungsgeschichte, als auch die Ergebnisse der über ihn angestellten Rechnungen erörtern. Er wurde im Jahre 1456 zuerst beobachtet. Allein der damals noch sehr unvollkommene Stand der berechnenden Astronomie und vornehmlich der Umstand, daß es damals noch keine Ferngläser und überhaupt sehr unvollkommene Meßwerkzeuge gab, machte es unmöglich, mit ihm eine Berechnung anzustellen. Er schien damals in seiner größten Erdnähe, nämlich nur in einer Entfernung von achthundert tausend Meilen von dem von uns bewohnten Planeten; sein Schweif bedeckte am Himmel einen Bogen von 60 Grad, nahm also den dritten Theil eines vom Horizonte über unsern Scheitelpunkt und wieder hinunter an das entgegengesetzte Ende des Horizontes gedachten Bogens ein. Im J. 1531 erschien er zum zweiten Male nach einer Umlaufszeit von 75 Jahren und 2 Monaten, und zum dritten Male im Jahre 1607 nach einer Abwesenheit von 10 Jahren 2 Monaten. Als er im Jahre 1682 zum vierten Mal wieder erschien, und die Astronomie durch die Erfindung des Fernrohres und durch die von dem unsterblichen Newton aufgestellten Gesetze der Natur und die von ihm ermittelten Wahrheiten des höhern Kalkuls, einen bedeutenden Schritt gethan hatte, unternahm es zuerst Halley, ein Freund und Schüler des erwähnten Astronomen, eine Berechnung mit dem Kometen anzustellen. Von ihm heißt er daher der Halley'sche Komet. Allein es gelang ihm nicht, die Berechnung zur völligen Richtigkeit zu bringen; die Gesetze des höhern Kalkuls waren damals gleichsam noch eine Blüthe, aus der erst nach Jahrhunderten Früchte erwachsen sollten; Halley hatte sich um $1\frac{1}{2}$ Jahr verrechnet; er sollte 1757 erscheinen, wurde jedoch erst 1758 am ersten Weihnachtstage von dem Landmanne Palitsch, aus dem kleinen Dörfchen Prohlis bei Dresden, entdeckt.

Dieser wackere Landmann, den das Selbststudium der Mathematik von seinem Berufe, das Feld zu bestellen, nicht abzog, und der es bis zu den beiden Trigonometrien, der ebenen und sphärischen, gebracht hatte, schrieb über seine Entdeckung folgenden Brief an den Oberaccis-Commissär Hofmann in Dresden: „Es läßt sich abermals ein, aus seiner großen elliptischen Bahn heruntergekommener Körper von uns Erdbewohnern sehen, den man einen Kometen nennt. Als ich nach meiner mühsamen Gewohnheit Alles, was in der Physik vorfällt, so viel möglich zu beobachten, und gegen die Himmelsbegebenheiten aufmerksam zu seyn, am 25sten jetzigen Dezembermonats Abends um sechs Uhr mit meinem achtfüßigen Tubo die Firsterne durchging, um zu sehen, wie sich sowohl der jetzt sichtbare Stern des Wallfisches darstelle, als auch, ob sich nicht der seit langer Zeit verkündigte und sehnlich erwünschte Komet nähere und zeige, so wurde mir das unbeschreibliche Vergnügen zu Theil, nicht weit von diesem erwähnten wunderbaren Wallfisch = Sterne, im Sternbilde der Fische, und zwar in dem Bande ε und δ nach Beyerii Uranometria, oder N und O der Doppelmayerschen Karten, einen sonst noch niemalen da wahrgenommenen neblichten Stern zu entdecken. Die am 26. und 27. wiederholte Beschauung desselben bestätigte die Vermuthung, daß es ein Komet wäre, denn er war vom 25sten hujus bis zum 27sten von dem Sterne O bis zu N wirklich fortgerückt. Daraus ergibt sich nun, daß er

	der Länge nach	der Breite nach
am 25. Dec.	13° 49'	1° 5'
„ 27. „	10° 25'	2° 10'

Folglich in 2 Tagen 3° 24' und 1° 5' der Länge nach in der Breite und zwar rückläufig, nach Anleitung der Doppelmayerschen Karten, sich bewegt hatte."

Seine Sonnennähe liegt im Zeichen des Stiers in dem Raume zwischen dem Planeten Merkur und Venus, und er ist alsdann 12 Millionen Meilen von unserm Tagesgestirne entfernt. Der große Durchmesser der Bahn, welcher sich zu dem kleinen wie eins zu vier verhält, mißt 740 Millionen Meilen. Seine größte Entfernung von der Sonne beträgt 800 Millionen Meilen. Seine Bahn führt ihn also in die äußerste von keinem Planeten erreichte Tiefe unseres Sonnengebietes, von wo aus sein Lichtquell, die Sonne, nur in der Größe eines Firsterns, wie der Sirius, erscheinen kann. Seine Wiederkehr berechnete der berühmte Astronom Damoiseau auf den 16. November 1835; er nahm dabei auf die von der Anziehungskraft des Jupiter herrührenden Abänderungen seiner Bahn die strengste Rücksicht. Nach ihm soll er sogar auch die Anziehungsgebiete des Uranus und Saturn berühren. Zu seiner diesmaligen Umlaufszeit wird er 76 Jahre 6 Monate verwendet haben; die seit seinem letzten Erscheinen gemachten Verbesserungen in den Beobachtungsmitteln und die außerordentlichen Erweiterungen, welche der höhere Kalkul erfahren hat, werden es möglich machen, mit größerer Genauigkeit, als es bisher geschehen konnte, die Elemente seiner Bahn auszumitteln.

R.

Das Krokodil.

Wenn man Jemanden ein Gänse = Ei zeigte und ihm sagte, daß daraus ein Thier hervorkomme, welches allmählig eine Länge von 25 bis 30 Fuß mit einem verhältnißmäßigen Umfange erreiche, das an Größe, Stärke und Farbe in der Ferne einem alten Baumstamme gleich komme: er würde mindestens glauben, daß man ihn zum Besten haben wolle. Nun wird zwar aus einem Gänse = Ei immer nur eine Gans und kein solches Ungeheuer ausgebrütet werden; aber das große Thier, von welchem wir sprechen wollen, das Krokodil, ist ursprünglich nur einem Ei entsprossen, welches die Größe eines Gänse = Eies hat. Die Mutter legt die Eier in den heißen Sand, die Sonne brütet sie aus, und klein, wie unsere unschuldigen, niedlichen Eidechsen, kriechen sie heraus, worauf sie dann die Mutter sammelt, auf ihren Rücken nimmt und ins Wasser trägt, wo sie nun, Gott weiß, wie viele Jahre brauchen, ehe sie die furchtbare Größe gewinnen, die sie zum Schrecken der Menschen und Thiere macht.

Das Krokodil findet sich in Afrika's, Asien's und Amerika's großen Strömen und Seen, obschon in verschiedenen Arten, die im Wesentlichen nicht sehr von einander abweichen, und in Gefräßigkeit, in Mordlust sich gleich kommen. Im Nil ist das eigentlich sogenannte Krokodil, im Niger und andern Strömen der Alligator, in Amerika's Strömen findet man den Kaiman. Der letztere wird jedoch auch sehr häufig nur als Alligator aufgeführt. Daß die Krokodile im Ganges von denen im Nil abweichen, ist wohl bekannt. Gefährlich sind sie wie alle andere Arten.

Die Krokodiljagd ist, bei den furchtbaren Zähnen, bei der Kraft und der Größe des Thieres, ein sehr gefährliches Unternehmen. Besonders wird sie im Winter betrieben, wo das Thier sich auf dem von der Sonne erhitzten Strande zum Schlafen hinstreckt, und im Frühlinge, wo das Weibchen die Sandinseln bewacht, auf welchen es seine Eier gelegt hat. Die Einwohner Dongala's am Oberniger spähen sich einen

Punkt aus und werfen eine Wand auf, hinter der sie sich verbergen, um das Krokodil zu erwarten. Wenn es eingeschlafen ist, werfen sie ihm mit aller Kraft eine Harpune in den Leib, daß sie mindestens vier Zoll hineindringt, und der Widerhaken fassen kann. Das verwundete Thier eilt nun dem Nile zu, der Jäger aber springt nach einem Fahrzeuge, das schon ein Kamerad bereit hält. Die Harpune hat aber im Oehre einen langen Strick, an welchem ein Stück Holz befestigt ist, daß er über dem Wasser bleibt und den Weg, den das verwundete Thier nimmt, getreulich angibt. Indem der Jäger den Strick endlich faßt, zieht er seine Beute nach dem Ufer, wo eine zweite Harpune dem Leben bald ein Ende macht. Da aber das Krokodil gleichsam mit einem Panzer aus festen Schuppen, die einander decken, umgeben ist, so gehört große Kraft dazu, die Harpune tief genug in den Leib hineinzutreiben. Auch ist das Thier nach der Verwundung nicht unthätig, es schlägt mit dem langen Schwanze gewaltig um sich; es sucht den Strick zu zerbeißen, der an der Harpune ist. Dem Zerbeißen ist aber vorgebeugt, der Jäger nimmt nicht einen Strick, er legt mehrere dünne Leinen neben einander und knüpft diese zusammen, jedoch so, daß zwischen jedem Knoten ein Raum von einer Elle bleibt. Das Thier bekommt daher nur meist eine Leine zwischen die Zähne, die mehr dazu dient, sich hier zu verschlingen und so seine Beweglichkeit zu lähmen. Oefters trifft es sich aber doch, daß beim Anziehen des Strickes die Harpune ausreißt und das schwer verwundete Thier entkommt. An Muth und Keckheit fehlt es den Jägern nicht. Rüppel sah mit eignen Augen, wie ihrer zwei ein harpunirtes Krokodil ans Ufer zogen, das sieben Ellen lang war. Sie knebelten ihm den Rachen, banden ihm die Beine über dem Rücken zusammen und tödteten es endlich, indem sie ein scharfes breites Schlachtmesser hinter dem Kopf oben in das Rückgrat stießen. Das Fleisch und Fett wird dort als wohlschmeckende Speise genossen, allein Rüppel fand es so von einem Moschusgeruch durchdrungen, daß er es nie genießen konnte, ohne sich erbrechen zu müssen. Vier Drüsen voll Moschussubstanz geben, erzählt er, einen ansehnlichen Gewinn, da sie mit zwei Dollars bezahlt werden, um als Salbe zu dienen.

Schon der alte Herodot, der Vater der Geschichte, der 450 Jahre vor Chr. Geb. in Aegypten war, berichtet über die Krokodiljagd (II. 70) manche sehr anziehende Dinge. „Es gibt", sagt er, „verschiedene Arten sie zu fangen; die merkwürdigste aber scheint mir folgende zu seyn. Der Jäger befestigt an einem Haken ein Stück Schweinefleisch und wirft es in den Nil, zugleich nimmt er ein junges Schwein zwischen die Beine und schlägt es, damit es schreit. Das Krokodil eilt, in der Hoffnung, eine Beute zu finden, dem Ufer zu, stößt auf das Schweinefleisch und verschluckt es. Jetzt beginnen die Jäger es ans Land zu ziehen und blenden ihm die Augen mit einer Lage Schlamm. Gelingt dieß, so ist die Sache leicht abgethan, welche außerdem viele Mühe macht." Diese Nachricht von Herodot erinnert an eine Notiz, die Gorge in seinem nützlichen Allerlei *) mittheilt, ohne aber eine Quelle zu nennen. „In Aegypten", erzählt er, „legen sich gewisse Leute ordentlich darauf, das Krokodil aus dem Wasser zu locken und dann todt zu schlagen. Sie lassen ihre Kunst den Reisenden um Geld sehen. Ein solcher Krokodiljäger nimmt ein Kind mit an den Nil; öfters der Vater seinen dreijährigen Sohn. Diesen stellt er sich zwischen die Beine. In der Rechten hat er einen kurzen dicken Prügel, in der Linken eine Stange, woran vorn eine große Pechkugel sitzt. Steht er fertig, so fängt er an zu schreien und zu weinen, wie ein Kind schreit. Gleich ist das Krokodil mit dem Kopfe aus dem Wasser, denn es kann sehr leise hören; sobald es das Kind gewahr wird, schießt es mit offenem Rachen wie ein Pfeil auf dasselbe zu. Der Vater steht nun da, mit seinem kleinen Jungen zwischen den Beinen, ohne alle Furcht. Sobald es ihm nahe genug ist, steckt er ihm die Pechkugel an der Stange in den Hals. Das Krokodil beißt zu und verbeißt sich in dem Pech, daß es die Zähne und den Rachen nicht wieder los kriegen kann. Dann setzt sich der Vater ganz gelassen darauf und schlägt es mit dem Prügel todt." Ganz wahrscheinlich scheint die Nachricht nicht. Wenn der Jäger wie ein Kind schreit und weint, wozu bedarf er denn da des Kindes? fürchtet sich das Krokodil vor ihm und will es darum nur dem Kinde zu Leibe? Dann müßte ja das Kind nicht zwischen seinen Beinen stehen. Der alte Herodot scheint hier viel besser berichtet zu haben.

Am schrecklichsten ist die Jagd des Alligators in Südamerika. Kaum glaubt man, daß der Mensch so viel wage. Der Alligator ist ein Thier von neun bis zehn Ellen Länge, das hauptsächlich von Fischen lebt und deßhalb oft truppweise die Mündung der Flüsse und Buchten belagert, wo dann zwei oder drei mit der Fluth hinauf steigen und die ganze Masse der Fische den außen Harrenden zujagen. Indessen öfters fehlt es ihnen an Fischen, und dann gehen sie auch heraus auf die „Savannas" *) und suchen Hunde, Kälber und Füllen zu verschlingen. Was sie in der Nacht von der Art finden, würgen sie und schleppen es nach dem Ufer, um es dort zu verzehren. Das Rindvieh und die Hunde scheinen die Gefahr zu kennen. Wenn sie gern das Ufer, den Durst zu löschen, besuchen wollen, heulen sie an einer Stelle, die Aufmerksamkeit des grausamen Feindes dahin zu ziehen, und eilen dann schnell nach einem andern Orte. — Hat der Alligator einmal ein Stückchen solchen Fleisches genossen, so eckelt ihn meist der Fisch an. Er bleibt dann immer an der Küste, selbst auf die Gefahr hin, daß er einmal in den Savannas, wenn der Regen dieselben überschwemmt, und sich wieder verläuft, im Schlamme versinkt und von den Bauern auf den allein heraussteckenden Kopf geschlagen wird, nachdem er bis dahin jämmerlich nicht von Fischen, nicht von warmblütigen Thieren, sondern von Fliegen gelebt hatte. — Beim Baden ergreift der Alligator auch wohl Menschen. An den Küsten raubt er leicht Kinder. Und hat er einmal Menschenfleisch gekostet, dann schmeckt ihm meist dieß am besten. Dann schwimmt er wohl gar neben einem Kanoe hin, bis er die Zeit ersieht, wo er sich seiner Beute darin bemächtigen kann. Daher macht, wenn man es weiß, daß ein Sebado, d. h. ein an Menschenfleisch gewöhnter Alligator, in der Nähe ist, Alles Jagd auf ihn. Oft gelingt es, indem man eine Schlinge legt, die mit Fleisch geködert ist. Wenn er zulangt, kommt die Unterkinnlade in das Thau; das Ungeheuer wird festgehalten und mit Speeren getödtet.

---

*) I. S. 172, 173.

*) d. h. Haiden, Wildnisse, von Sümpfen umgeben.

Indessen machen sich die muthigen Leute dort eine Freude daraus, das Thier auch noch auf andere Art zu fangen. Ein starker Mann nimmt zu dem Zwecke in seine Rechte einen starken Knüppel von etwa einer Elle; an jedem Ende hat dieser einen Knopf, in welchem zwei Haken befestigt sind. In der Mitte ist ein geflochtener Riemen daran. Er springt in den Fluß und hält den Knüppel wagerecht, indem er zugleich noch einen todten Vogel hat. Mit der linken Hand schwimmt er. So geht er dem Ungethüm entgegen, das auf den Vogel zustürzt. Hat der Knüppel die gehörige Richtung, so keilt sich die Kinnlade des Leviathans in den Haken ein, und nun zieht der triumphirende Jäger die Bestie lebendig ans Ufer. Der Anblick ist schrecklich. Die Kinnladen stehen durch den Knüppel weit offen. Die Augen treten aus ihren Höhlen heraus. Das Fleisch der Unterkinnlade, der Lippen, ist ganz roth, und ein undurchdringlicher Panzer deckt den Körper. Es kann das Thier in diesem Zustande keinen Schaden thun, und doch weicht man unwillkürlich vor ihm zurück. Meist hetzen die Eingeborenen das Thier nun wie einen Ochsen, indem sie ihm ein Stück rothes Tuch vorwerfen, nach welchem es in gerader Linie hinschießt, so weit es der Riemen erlaubt. Zuletzt hat das Spiel des Schreckens ein Ende, indem man dem Leviathan eine Lanze unter der Gurgel in die Brust stößt, wenn er nicht zufällig auf den Rücken zu liegen kommt, da der Bauch ebenfalls leicht verwundet werden kann.

Die alten Aegypter jagten, wie man aus dem Obigen sieht, das Krokodil und tödteten es. An einigen Orten aber verehrten sie es als göttlich. Namentlich scheint dies in Oberägypten der Fall gewesen zu seyn. Im See Möotis bei Theben hielt man ein junges gezähmtes Krokodil, das sorgfältig gefüttert wurde*). Noch mehr: ein so verehrtes Krokodil wurde, nach Herodot, mit Gold- und Glasbehängen in den Ohren aufgeputzt, und hatte goldene Ringe um die Vorderbeine. Nach dem Tode balsamirte man es ein und begrub es sorgfältig. Da man eine solche Mumie mit durchbohrten Ohren gefunden hatte, so ergibt sich, daß die Sache nicht erdichtet ist. Strabo kam 400 Jahre später nach Aegypten als Herodot, und fand auch zu dieser Zeit ein lebendiges heiliges Krokodil, das ganz zahm war. Es wurde von den Priestern mit Brot, Fleisch und Wein genährt, und die Fremden machten es eben so. Der Wirth des Strabo, ein Mann von Ansehen, ging mit ihm nach dem See, wo es lebte, und nahm einen Kuchen, gebratenes Fleisch und einen Becher Wein mit. Das Thier lag am Ufer, und ein Priester öffnete ihm den Rachen, worauf ihm die Speise und zuletzt das Getränk hineingegeben wurde. Dann sprang es ins Wasser und schwamm nach dem andern Ufer hin.

Auch vom Krokodil hatte man sonst mancherlei Sagen. Es sollte weinen wie ein hülfloses Kind, und wenn Jemand ans Ufer eilte, in der guten Absicht, das Kind zu suchen und zu sehen, was ihm fehle, über denselben herzufallen. Möglich, daß seine Stimme einige Aehnlichkeit mit der eines Kindes hat. Das Uebrige that dann die Sage hinzu.   D. B.

---

*) Auch die Gebrüder Lander fanden einen Alligator in Afrika, den man mit Ratten fütterte und in einem Gehege hielt.

Reise einer Abtheilung von Auswanderern in Süd-Afrika.

Im Jahre 1820 begaben sich etwa 5000 britische Auswanderer unter dem Schutze der Regierung nach Süd-Afrika, in der Absicht, sich in einigen unangebauten Landstrichen an der äußersten Spitze der Kap-Kolonie, nahe an den Grenzen des Kaffernlandes, anzusiedeln. Die Emigranten landeten an der Algoa-Bay, ungefähr 60 Meilen von der Kapstadt, und schlugen daselbst unter der Leitung ihrer Anführer ein Lager auf, bis sie mit Fuhrwerken versehen waren, welche sie mit ihrer Habe in das Innere bringen sollten. Keine der einzelnen Abtheilungen bestand aus weniger als zehn erwachsenen Männern, die Frauen und Kinder ungerechnet. Einige bestanden aus eben so vielen ganzen Familien, die sich zu wechselseitigem Beistand verbunden, und jedes ihren Geistlichen oder Religionslehrer mitgenommen hatten. Unter den Anführern befand sich eine bedeutende Menge von Männern von Erziehung und Kenntnissen — hauptsächlich auf halbem Sold stehende Land- und Seeoffiziere — so daß die neuen Ansiedler in sich selbst die passendsten Materialien besaßen, um sogleich eine gut organisirte Gemeinde bilden zu können. Die Geschichte dieser Niederlassung, so lehrreich und interessant sie übrigens seyn mag, ist nicht der Zweck unserer Erzahlung. Wir beabsichtigen nur dem Leser die Skizze einer Reise mitzutheilen, die von einer dieser Abtheilungen durch die Wildnisse Afrika's bis zu dem entfernten Platze ihrer Niederlassung in dem Innern unternommen worden ist.

Der Berichterstatter war zufällig einer der Anführer dieser Abtheilung. Sie gehörte zu den kleinsten, im Vergleich mit den übrigen, und bestand aus einigen wenigen schottischen Pächterfamilien, deren Anzahl, Kinder und Diener mitgerechnet, sich auf drei und zwanzig belief.

Wir schlugen unsere Zelte bei der Algoa-Bay den 13. Juni auf, welches in der südlichen Hemisphäre die Mitte des Winters ist. Das Wetter war heiter und angenehm, wenn auch des Nachts etwas kalt, ohngefähr wie schönes Septemberwetter in England. Unser Zug bestand aus sieben, von holländisch-afrikanischen Kolonisten gemietheten Wagen, welche entweder von den Eigenthümern selbst oder von ihren eingeborenen Dienern, Sklaven und Hottentotten geführt wurden. Diese Fahrzeuge schienen besonders eingerichtet zu seyn für das unebene und gebirgige Land, in denen es keine andere Straßen gibt, als die Spuren von den Bahnen, welche sich die ersten europäischen Abenteurer durch die Wildniß gebrochen haben. Ueber jeden Wagen war eine Leinwand ausgespannt, um den Reisenden vor der Sonne zu schützen, und zehn bis zwölf Ochsen gespannt mit hölzernen Jochen an einen starken mittleren Strick, Trecktau genannt, welcher aus Riemen von zusammengedrehtem Büffelleder bestand, zogen ihn. Der Führer saß mit einer außerordentlich langen Peitsche vorn im Wagen, um die Ochsen anzutreiben, während ein Hottentot oder junger Buschmann vorauslief und das Gespann mit einem an den Hörnern des ersten Paares befestigten Riemen leitete. Wo die Straße schlecht war oder sich krümmte, oder wenn wir, wo es der Weg erlaubte, schneller fuhren, so hatten diese armen Lenker ein schweres Geschäft, und wenn sie einen Fehler machten, oder ihrem Herrn Baas (dem groben Bauer, welcher im Wagen saß) im geringsten mißfielen, so mußten sie dessen furchtbare Peitsche nicht selten an ihren nackten Gliedern fühlen. Diese afrikanische Peitsche ist in der That ein schreckliches Werkzeug. Wenn wir einen etwas steilen Hügel hinanfuhren, und die ganze Kraft der Ochsen, zuweilen von dreien oder mehreren Gespannen zusammen erfordert wurde, um unsern schwerbeladenen Wagen hinaufzuschleppen, so wurde sie mit solcher Unbarmherzigkeit gehandhabt, daß von den Seiten der Ochsen das Blut niederrann.

[Fortsetzung folgt.]

Woche vom 17. bis 23. Mai.

17. Mai 1742. Schlacht bei Chotusitz. Während des ersten schlesischen Krieges hatte Friedrich der Große 1742 den Einfall in Mähren erneuert und sich hierauf nach Böhmen gewandt. Prinz Karl von Lothringen, der die Oestreicher anführte, gieng ihm nach, holte ihn bei der Stadt Czaslau ein, und nun kam es hier, oder eigentlich beim Dorfe Chotusitz, am 17. Mai zu einem Treffen, in welchem sich Feldmarschall Buddenbrock und das Regiment Schwerin besonders auszeichneten. Diese entscheidende Schlacht führte dann einige Wochen später die Friedenspräliminarien zu Breslau und den Frieden selbst herbei, der zu Berlin (28. Juli) geschlossen wurde.

18. Mai 1803. England fängt den Krieg gegen Frankreich wieder an. Nachdem (27. März 1802) der berühmte Friede von Amiens geschlossen worden war, in dem England alle Eroberungen in den Kolonien wieder herausgeben, der Malteserorden Malta wieder bekommen sollte ꝛc., so schien doch Großbritanien keine Lust zu haben, die Verbindlichkeiten einzugehen, und erneuerte daher am 18. Mai 1803 die Feindseligkeiten gegen Frankreich.

19. Mai 1798. Bonaparte schiffte sich nach Aegypten ein. Noch schwebt unaufgehelltes Dunkel über der Absicht, die den aufstrebenden General Bonaparte nach Aegypten führte. Wollte er hier eine Herrschaft gründen, die ihm in Europa unerreichbar schien? Wollte er den Glanz seines Ruhmes aus weiter Ferne, aber desto wunderbarer nach Frankreich strahlen lassen? Gewöhnlich giebt man die Vertreibung der Engländer aus Ostindien als den Hauptgrund der Unternehmung an, die aber durch Nelson's Sieg bei Abukir und durch Erstürmung von Tippo Saib's Residenz, Seringapatam, wo der berühmte Wellington sich zuerst als Oberst auszeichnete, gänzlich vernichtet wurde. Am 19. Mai 1798 war Bonaparte mit einem auserwählten Heere von 30,000 Mann aus dem Hafen von Toulon ausgelaufen.

20. Mai 1804. Bonaparte wird unter dem Namen Napoleon I. zum Kaiser ausgerufen. Bonaparte selbst war längst schon damit beschäftigt, diesen Moment hervorzurufen, der seiner Herrschaft auch Rechtmäßigkeit zu ertheilen schien. Adressen aus allen Departements waren veranlaßt worden, die Erblichkeit in seiner Würde zu verlangen, und das leichtsinnige Volk ward durch den neuen Glanz des Kaiserthums leicht befriedigt, besonders da es auch den angesehensten Generalen gefiel, sich als Reichsmarschälle um den glänzenden Thron zu stellen.

20. und 21. Mai 1813. Schlacht bei Bautzen. Noch blieb in den ersten Schlachten des ewig denkwürdigen Befreiungskrieges vom französischen Joche das Glück den Verbündeten nicht hold. Russen und Preußen standen zwar an jenen heißen Schlachttagen wie Mauern, aber in der Hoffnung, Kaiser Franz werde sich an sie anschließen, gaben der Kaiser von Rußland und der König von Preußen Befehl, die Schlacht abzubrechen. Die Verbündeten zogen sich zurück, aber mit solcher Ordnung wie auf dem Exerzierplatze, so daß keine einzige Kanone zurückgelassen wurde. „Was," rief Napoleon, „kein Resultat nach solchem Blutbade? keine Kanone? kein Gefangener? Diese Leute werden mir auch gar nichts zurücklassen." Zornig fuhr er seine Generale an, daß sie nicht heftiger die sich langsam zurückziehenden Verbündeten verfolgten, und ihm keine Gefangenen einbrächten. Nicht weit von Görlitz liegt zwischen zwei Höhenzügen das Städtchen Reichenbach; der Kaiser ritt rasch hinter dem Nachtrab der Feinde hin, die Höhe hinter der Stadt hinauf, und befahl eine nachdrücklichere Verfolgung. Da flogen einige Kanonenkugeln auf den Hügel, auf dem er mit mehreren Generalen stand. Eine derselben schmetterte einen General nieder, und verwundete Napoleon's vertrauten Liebling, Marschall Duroc, tödtlich. Man trug den sterbenden Mann in ein benachbartes Predigerhaus; Napoleon begleitete ihn; so gerührt hatte man ihn noch nie gesehen. Der Unglückliche, dem der Leib aufgerissen war, starb nach wenigen Augenblicken. Der Kaiser war so erschüttert, daß er nur an seinen Verlust dachte und Alles von sich wies. „Alles auf Morgen!" sprach er zu denen, die ihm Meldungen brachten und seine Befehle erwarteten.

23. Mai 1794. An diesem Tage eroberte Feldmarschall Möllendorf, der an die Stelle des Herzogs von Braunschweig getreten war, die französischen Verschanzungen bei Kaiserslautern, die in jenem Kriege darum so wichtig waren, weil daselbst die Pässe aus den Vogesen nach Landau und Mainz liegen. Möllendorf stand übrigens damals bereits in hohem Alter; schon 1740 war er Page bei Friedrich dem Großen, dessen Feldzügen er sämmtlich und immer mit der größten Auszeichnung beiwohnte. Obwohl über 80 Jahre alt, folgte er in dem verhängnißvollen Kriege von 1806 der Stimme des Vaterlandes und dem Rufe des Königs, gerieth in französische Gefangenschaft, wurde aber mit der Achtung behandelt, die seinem Alter und seinen Verdiensten gebührte.

Der schlafende Schäfer, nach einer Zeichnung v Füßli.

Verlag von Bossange Vater in Leipzig.
Unter Verantwortlichkeit der Verlagshandlung.

Das Pfennig-Magazin
der
Gesellschaft zur Verbreitung gemeinnütziger Kenntnisse.

56.] Erscheint jeden Sonnabend. [Mai 24, **1834.**

Der Münster zu York.

York ist die Hauptstadt der volkreichen, sehr großen und betriebsamen englischen Grafschaft gleiches Namens, welche die mannichfachste Ueberraschung von Wiesen, Feldern, Flüssen, Bächen, Gehölzen gewährt, und mehr den Namen eines Parks als einer Ackerbau treibenden Gegend verdient. York gehört unter die englischen Städte zweiten Ranges und wird sogar als die Hauptstadt der nördlichen Provinzen Englands betrachtet. Sie gehört durch die natürlichen Vorzüge ihrer Lage, durch das Alter ihres Bestehens und durch die Wichtigkeit, welche sie zu verschiedenen Zeiten in der Geschichte erlangt hat, zu denjenigen Orten, welche der in England Reisende nicht leicht unbesucht läßt, und selbst viele Familien aus den vornehmsten Ständen Englands ziehen das anmuthige, stille York als Lieblingsaufenthalt dem geräuschvollen London vor. Zur Zeit der Römer hieß die Stadt Eboracum und war schon damals von bedeutender Wichtigkeit, indem sie der Mittelpunkt der römischen Herrschaft in Britannien war. Sie wählte der Kaiser Septimius, als er im Jahre 209 n. Chr. gelandet war, zu seiner Residenz. Zwei andere römische Kaiser, Severus und Constantius Chlorus, starben zu York, und des Letztern Sohn, Constantin der Große, den das Heer nach seines Vaters Tode zum Nachfolger des Kaisers ausrief, wurde hier geboren. Nach Beendigung der römischen Herrschaft in Britannien ward das in der Cultur so weit vorgeschrittene Land durch innerliche Zwistigkeiten und Spaltungen eine Beute der Sachsen, und York die Hauptstadt des Königreichs Northumbrien. Der Herrschaft der Sachsen folgte die der Dänen und Normänner. Unter der Regierung Heinrichs II. 1160 ward eins der ersten Parlamente hier errichtet. Während der bürgerlichen Kriege, erst zwischen den Häusern York und Lancaster, oder der weißen und rothen Rose (von 1399—1485), und später zwischen Karl I. und seinem Parlament hat York und deren nächste Umgebungen eine sehr bedeutende Rolle gespielt.

Die Stadt selbst hat mehrere prachtvolle Gebäude: die zweckmäßig eingerichteten Säle der Grafschaftsgerichte, die Gefängnisse in York-Castle, die Ruinen von St. Mary's Abtey, die beiden Irrenhäuser, „das Asyl" und „die Retreat"; der merkwürdigste und vorzüglichste Bau aber ist die berühmte Kathedralkirche zu St. Peter, gewöhnlich York-Münster genannt, an Vorzüglichkeit die an und für sich ausgezeichneten Cathedralen zu Durham, Kanterbury, Westminster u. a. noch übertreffend. In Beschreibung derselben folgen wir durchaus, wie es auch bisher geschehen ist, dem Rivinus, welchem wir eine mit großer Umsicht und Sachkenntniß ausgearbeitete historisch-statistische Darstellung des nördlichen Englands u. s. w. verdanken.

Um die Taufe des durch den römischen Missionär und nachmaligen Erzbischof von York, Paulinus, zum Christenthum bekehrten König von Northumbrien, Edwin, mit den gehörigen Feierlichkeiten vornehmen zu können, wurde einstweilen eine kleine hölzerne Kapelle im J. 627. n. Chr. aufgeführt; an ihrer Stelle erbaute Edwin später, um seinen Eifer für die christliche Religion an den Tag zu legen, eine Kirche, deren Vollendung er aber, durch den Tod verhindert, seinem Nachfolger überlassen mußte. Allein die noch nicht christlichen Sachsen zerstörten die neue Kirche bald nach ihrer Vollendung, und die an deren Stelle erbaute ward das Opfer einer heftig wüthenden Feuersbrunst. Eine dauerhaftere Kirche auf den Ruinen jener aufzuführen, unternahm endlich der Erzbischof Albert, und der bekannte Lehrer und Freund Karl's des Großen, Alcuin, unterzog sich mit einigen andern Architekten der Leitung des großen Werkes. Doch auch dieses vermochte nicht den Flammen zu trotzen, und lange Zeit verging, ehe man zum Neuaufbau schritt. Dieß that endlich der in der Kirchengeschichte bekannte Erzbischof Roger im Jahre 1171, von welcher Zeit an sich die Gründung des noch jetzt bestehenden prächtigen Gebäudes datirt. Roger baute den Chor mit seinen ungeheuern Wölbungen, sein Nachfolger, Walter Grey, den südlichen Kreuzflügel; Johann le Romaine, der Schatzmeister der Kirche, den nördlichen; dessen Sohn legte den Grundstein zum Schiff der Kirche, welches mit seinen Thürmen 1330 vom Erzbischof Wilhelm de Melton vollendet wurde. 1378 aber baute der Erzbischof Thoresby einen dem Ganzen angemesseneren Chor und einen neuen Hauptthurm in größerem und edlerem Style. So vergiengen über dem Bau dieser in der Gestalt des Kreuzes aufgeführten Kathedrale 200 Jahre, und obgleich von verschiedenen Baumeistern begonnen, fortgeführt und vollendet, scheint dieses Riesenwerk auch dem aufmerksamen Kenner und Sachverständigen gleichsam wie aus einem Guß hervorgegangen. Die innern Dimensionen des von Ost nach West auslaufenden Gebäudes sind, nach Rivinus, folgende:

	Englische Fuß
Größte Ausdehnung von Ost nach West	524½
Oestliche Breite	105
Westliche Breite	109
Größte Ausdehnung der Kreuzflügel von Norden nach Süden	222
Höhe des Schiffes der Kirche	99
Breite des Schiffes und seiner Seitenflügel	109
Höhe der Seitenbogen nördlich und südlich	42
Vom westl. Haupteingange bis zum Chor	261
Länge des Chores	157½
Breite desselben	46½
Von der Hauptthüre des Chores bis ans östliche Ende der Kirche	222
Höhe des großen östlich mit Glasmalerei prächtig gezierten Fensters	75
Breite desselben	32
Höhe der beiden westlichen Thürme	196
Höhe des mittleren Hauptthurmes	213

Die Hand des Wahnsinns legte am 22. Febr. 1829 Feuer an diesen Riesenbau; doch des Herrn Hand schützte die Stätte Seiner Verehrung.

Die Gewürznelken.

Die Gewürznelken, oder Gewürznägelein, dieses durch ganz Europa verbreitete, allbekannte Gewürz, sind die noch nicht aufgeblühten Blumenknospen des Gewürznelkenbaums. Dieser Baum ist auf den molukkischen Inseln, besonders auf Amboina und Ternate einheimisch. Früher war er auf den meisten dieser Inseln ausgebreitet; die Holländer aber, die Herren der Molukken, haben den Anbau desselben auf jene genannten Inseln beschränkt und auf den übrigen ausgerottet. Die Franzosen haben Mittel gefunden, sich junge Bäumchen zu verschaffen, und haben sie auf einige ihnen gehörige Inseln verpflanzt. Der Baum schießt in gerader Linie aus dem Boden auf, und erreicht eine Höhe von 5 Fuß, ehe er Seitenäste treibt. Das Holz dieses Baumes ist sehr hart und fest; daher es auch früher, als der Baum verbreiteter war, zu Zimmerholz gebraucht wurde. Die Rinde ist glatt, von Farbe grau und sitzt fest an dem Stamme. Der Nelkenbaum erreicht eine Höhe von 40, ja zuweilen von 50 Fuß; seine Aeste umgeben den Baum von allen Seiten mit langen dünnen Zweigen und breiten sich weit aus; die Blätter sind lang und spitzig. Die Farbe derselben ist inwendig dunkelgrün und auswendig lichtgrün. Wenn der Baum, wie in Amboina, auf einem fruchtbaren Boden steht, so fängt er schon im 15. Jahre an Früchte zu tragen; mit dem 20. Jahre hat er seine völlige Größe erreicht, und nun bleibt er bis in sein 40stes, ja zuweilen 50stes Jahr fruchtbar. Wenn ein Ast von dem Baume abgebrochen wird, so verdorrt der Baum.

Im Anfange des Mai, wo regelmäßig die Regenzeit eintritt, bekommt der Baum neue Blätter, und am Ende dieses Monats kommen an den Enden der Zweige Büschel von grünen Blumenköpfen zum Vorschein, deren Kelche nach vier Monaten die Gestalt der Gewürznelken erhalten. Diese sehen anfangs hellgrün, in der Folge lichtgelb, bekommen hierauf eine schöne orange und endlich eine mehr oder minder dunkle rothe Farbe. Sie werden nach oben zu allmälig dicker und haben daselbst vier Spitzen, in welchen ein rundes Kügelchen sitzt, das sich in vier sehr kleine, angenehm riechende Blumenblättchen mit vielen Staubfäden öffnet. Diese Kelche werden vor dem Aufblühen, wenn sie noch grün sind, abgepflückt, einige Tage geräuchert, wodurch sie schwarzbraun werden, und an der Sonne getrocknet. Hierauf liest man die Unreinigkeiten und diejenigen Nägelein, welche zu grün oder zu roth sind, aus. Durch Destillation gewinnt man aus den Nelken ein Oel, welches im Wasser untersinkt und einen heftigen Geruch und sehr brennenden Geschmack hat.

Pflückt man diese ungeöffneten Blumenknospen nicht ab, so wird der Fruchtknoten allmälig größer und wächst in einigen Wochen zu einer vollkommenen Frucht. Diese hat in ihrer Größe und Gestalt Aehnlichkeit mit den Oliven, verliert nach und nach ihre Würzigkeit und bildet endlich einen harten Kern. In diesem Zustande werden sie Mutternägelein oder Mutternelken genannt. Sobald sie reif sind, werden sie ebenfalls abgebrochen, getrocknet und versendet. Die Holländer machen sie auch frisch mit Zucker ein und essen sie nach der Mahlzeit als Confect und zugleich als ein den Magen stärkendes Mittel.

Obgleich sich der Nelkenbaum auf den molukkischen Inseln sehr leicht vermehrt, so muß er doch mit ungemeiner Sorgfalt gewartet werden. Geschieht dies nicht, so bekommt man nicht nur sehr wenige Nelken, sondern sie sind auch nichts nutze. Die Frucht von dem wilden Nelkenbaume ist zwar größer, aber sie hat keinen so starken Geruch und Geschmack. Auch der zahme Nelkenbaum artet aus und wird dem wilden Baume gleich. Um dies zu verhindern, hat die holländisch=ostindische Gesellschaft sehr strenge Gesetze für den Anbau und die Abwartung der Gewürznelkenbäume gegeben, von denen nicht abgewichen werden darf. Die Wälder der Nelkenbäume werden durchaus reinlich gehalten, von Gras und Gesträuchen gereinigt, daß sie mehr reizenden Spaziergängern gleichen. Um die Anpflanzungen der Nelkenbäume besser übersehen und bewahren zu können, und um jeden Unterschleif bei den Ernten möglichst zu verhüten, haben die Holländer ihre Inseln in mehrere Districte ge=

theilt und Etablissements angelegt, welche dem Hauptetablissement Amboina untergeordnet sind. Jede Anpflanzung außer den bestimmten Districten ist bei harter Strafe verboten. Die Nelkenbäume werden jährlich einmal gezählt und ihre Fruchtbarkeit besonders angemerkt. Der ganze Betrag der Früchte, welche die Nelkenbäume jährlich liefern, muß in die Pachthäuser des Gouvernements abgeliefert werden.

Im Durchschnitt liefert jeder Nelkenbaum nicht mehr als 6 Pfund Nelken; doch viele Bäume geben weit mehr, zuweilen wohl 30 Pfund. Sie gedeihen am besten in tiefen Thälern unter dem Schutze der hohen Bäume, welche den Abhang der Berge zieren, und haben gern durch das ganze Jahr überflüssigen Regen, doch ist zur Zeit der Ernte warmes und trockenes Wetter erforderlich. — Die Ernte nimmt ihren Anfang zu Ende Octobers oder im Anfange des Novembers und dauert gewöhnlich bis zum Anfange Februars. Kurz vor der Regenzeit, zu Ende Aprils, wird noch eine Nachlese gehalten, deren Betrag jedoch von geringerer Güte ist. Man rechnet, daß von 500,000 Nelkenbäumen auf den Molukken jährlich im Durchschnitt 600,000 Pfund Nelken gewonnen werden, davon kommen 350,000 Pfund nach Europa, 150,000 Pfund werden in Indien verkauft, und der Rest wird für Mißjahre aufbewahrt.

Die Franzosen haben auf den Inseln Bourbon, Isle de France und mehrern andern Nelkenbäume angepflanzt; doch sind die gewonnenen Früchte von viel geringerer Güte als die der Holländer; die französischen sind mager und arm an Oel, die ostindischen dagegen sehr gewürzhaft und fett.   K.

Johanna Gray.

Englands König, Heinrich VIII. — ein launenhafter Tyrann — war gestorben und ihm folgte in der Regierung sein Sohn unter Vormundschaft (denn er war bei seines Vaters Tode, 1541, nicht älter als 9 Jahre), der gutmüthige Prinz Eduard, als König der VI. dieses Namens. Zur Geschichte Jenes gehört vorzüglich, daß seine Veränderlichkeit in Hinsicht der Ansichten der Religion und Liebe sich mit Heftigkeit aussprachen. Er war ein Zeitgenosse Luthers — gegen

Hinrichtung der Johanna Gray.

den er ein Buch schrieb, wofür ihn der Papst dadurch belohnte, daß er ihn zu dem königlichen Titel das Prädicat „Beschützer des Glaubens" zu führen berechtigte, und noch jetzt kann der geneigte Leser, wenn ihm ein englisch-hannöversches Goldstück in die Hände kömmt, die auf demselben befindlichen Buchstaben F. D. (Fidei Defensor, welche das oben Gesagte bedeuten) lesen und sich erklären; als aber späterhin die einzuziehenden Klöster in England Se. Majestät viel Geld hoffen ließen, als derselbe König durch Scheidung eine Gemahlin los seyn wollte, Se. Heiligkeit aber gegen beides viel einzuwenden hatte, da ward Heinrich des Papstes Feind, und nun verfuhr er vorzüglich hart gegen seine Frauen, deren er in allem acht gehabt hat, und von denen er zwei hinrichten ließ. Drei Kinder aus seiner Ehe waren da, aber nur der Sohn, nicht die Töchter, sollten auf die Erbfolge Anspruch haben. Als nun sein Sohn Eduard schon im Jahre 1553 ohne Nachfolger starb, entstand ein kurzer, aber traurig endender Kampf um die Krone Englands, und Johanna Gray ward das schuldlose Opfer derselben; denn als Urenkelin König Heinrich's des VII. stammte sie aus königlichem Geblüte, war die Nächste zu dem erledigten Thron, wenn es nämlich galt, was der verstorbene Eduard bestimmt hatte, daß seine Stiefschwestern, die Prinzessinnen Maria und Elisabeth (beide nachher Königinnen), von der Erbfolge, wegen angeblich nicht ächter Geburt, ausgeschlossen seyn sollten. Johanna Gray, lieblich durch ihr ganzes Wesen, jung, gut erzogen und wohl unterrichtet, strebte nach keinem Thron und wollte lieber in ihrer Einsamkeit verbleiben; aber Schicksal hatte sie in den Kreis einer stolzen, herrschsüchtigen Familie geworfen; sie war die Schwiegertochter des Herzogs von Northumberland, die Gemahlin seines gleichfalls hochstrebenden Sohnes, des Lord Dudley, und diese ganze Partei, zu welcher noch viele Große gehörten, trachtete, durch Johanna ihre Absichten durchzusetzen, um so mehr, als in jener Zeit ein harter Kampf zwischen dem Protestantismus und Katholicismus in England statt fand, beide Theile einander verfolgten, und gerade jetzt die Protestanten durch Johanna's Erhebung auf den Thron zu siegen hofften, und die Prinzessin Maria, welche ihre Neigung für die katholische Religion unumwunden aussprach, bei Seite zu schieben. Demungeachtet hatte der rechtliche Sinn des englischen Volkes sich doch für Letztere im Allgemeinen entschieden, weil man sie für die eheliche Tochter des Königs Heinrich ansah, Northumberlands Ränke aber, so wie seinen Stolz kannte und fürchtete. Dieser aber eilte um so mehr, seine Schwiegertochter zur Königin ausrufen zu lassen, als sich Johanna nur mit Widerwillen entschloß, ihre Einsamkeit zu verlassen, um sich eine Krone zuzueignen, für deren Glanz sie keinen Sinn hatte. Und so that es ihr denn auch nicht im mindesten leid, als schon neun Tage darauf das Alles sich änderte, die Prinzessin Maria gesiegt und den Thron bestiegen hatte. — Nun fiel aber Johanna und ihre ganze Familie in die Macht der bösherzigen, intoleranten Maria, welche sofort ein Gericht niedersetzte, das über die Schuldigsten der Gray'schen Partei das Urtheil sprach, und den alten Northumberland nebst drei von seinen Söhnen und noch einige Anhänger desselben zum Tode verdammte; und schon den 22. August 1552 ward dieser Spruch vollzogen.

Noch aber blieben Johanna und ihr Gemahl verschont, doch in Gefangenschaft, zugleich allgemein wegen ihrer beiderseitigen Jugend bedauert, denn das Richterschwert hieng gleichsam über ihrem Haupte, wäre aber doch vielleicht nie auf sie gefallen, wenn nicht ein anderes Ereigniß das Schicksal Johanna's grausam entschieden hätte; denn als bald hernach die Königin sich mit dem bigotten katholischen König von Spanien, Philipp II., vermählte, erhob sich aufs Neue die katholische Partei in England, die protestantische fürchtete gänzliche Unterdrückung, und man deutete auf jene gefangene Johanna, die Protestantin, um, wäre sie Englands Königin, die Wiedererhebung der unterdrückten protestantischen Kirche erwarten zu können, und so brach im Jahre 1554, Ende Januar, eine Empörung gegen die in der Geschichte Englands sogenannte katholische Maria aus, ein Ereigniß, das sich dadurch endigte, daß schon nach wenig Tagen Alles unterdrückt ward, aber die grausame Verfolgung gegen die ganz unschuldige Johanna begann, welche nun ohne weitere genaue Untersuchung nebst ihrem Gemahl zum Tode verurtheilt ward. Mit Ruhe und Ergebung hörte sie den Richterspruch an, wies jeden Versuch, der gemacht ward, sie zum katholischen Glauben zu bewegen, ab, verweigerte sogar eine letzte Unterredung mit ihrem Gemahl, mit dem Bedeuten, daß sie sich beide ihr Scheiden von dieser Welt erschwerten, und bereitete sich selbst zum Tode vor. Aus dem Fenster ihres Gefängnisses im Tower sah sie den 12. Febr. 1554 ihren Gemahl, der zuerst enthauptet werden sollte, vorüber führen, um auf dem freien Platz innerhalb dieses alten Schlosses das Schaffot zu besteigen. Freundlich winkte sie ihm einen Abschiedsgruß zu, bald darauf kehrte der Leichenwagen mit ihm zurück, nun rief sie ihre Kammerfrau, dankte dem Befehlshaber des Tower für seine Milde, gab ihm auf seine Bitte um ein Andenken von ihr ihr Taschenbuch, in welches sie noch eben drei Gedächtnißsprüche auf ihren Gemahl, in englischer, griechischer und lateinischer Sprache hineingeschrieben hatte, hielt noch vom Schaffot herab eine rührende Rede an das Volk, versichernd, daß sie nie nach Krone und Scepter gestrebt, nur dem Andrang der Ihrigen nachgegeben habe, dann ließ sie sich von ihrer Kammerfrau entkleiden, und legte heiter ihr Haupt auf den Block, unter das Richtbeil, welches noch jetzt als eine traurige Reliquie in dem Tower gezeigt wird, und welches der Verfasser dieses Aufsatzes selbst bei seiner Anwesenheit in London in eben dem Zimmer, das ihr Gefängniß war, gesehen hat.

D.

Die Caschemirziege (Capra hircus laniger.)

Als ein Gegenstand der Bewunderung, aber auch des höchsten Luxus und der Speculation sind schon längst jene zarten, leichten, buntfarbigen Shawls bekannt, die nur mit großen Summen aus dem Auslande bezogen werden können und daher bis jetzt nur ein Modeartikel für die reicheren Frauen geblieben sind; weniger bekannt sind aber wohl jene Thiere, welche die Wolle zu diesen zarten Geweben liefern, und daher fühlen wir uns bewogen, in den folgenden Zeilen eine Beschreibung derselben zu geben.

In Tibet, jenem südlichen Hochlande Asiens, an dessen Grenze sich die höchste Kette des Himallehgebirges und der König der Berge, der riesige Dawalagiri, hinzieht, so wie in Caschemir, jener indischen Provinz von Afghanistan, die uns Reisende, wegen ihrer Fruchtbarkeit und ihres milden, lieblichen Klimas, als eines der reizendsten Thäler des Himallehgebirges längst geschildert haben, leben jene Ziegen, die den Stoff zu den herrlichen Shawls liefern. Zwar machen manche zwischen den Ziegen beider Gegenden einen Unterschied, und nennen die eine Caschemirziege (Capra hircus laniger) und die andere die tibetanische Ziege (Capra aegagrus tibetanus); allein da sich die erstere fast nur dadurch von der letzteren unterscheidet, daß sie etwas kleiner ist, so sind beide wohl nur Spielarten einer und derselben Raße zu nennen.

Die Caschemirziege ist gewöhnlich 3 Fuß lang und 2 Fuß hoch. Die Hörner sind platt, halbgewunden, stehen rückwärts und mit der Spitze wieder aufwärts gebogen. Ihre Haare sind lang, glatt, fein, seidenartig glänzend und herabhängend, unter diesen befindet sich aber ein noch weit feineres, zartes, flaumartiges Wollhaar, das an Elasticität, Weiche, Weiße, Wärme u. s. w. wohl jedes andere Wollhaar übertrifft und das Material zu jenen Shawls giebt. Die Farbe der Ziege ist gewöhnlich am Halse und Kopfe schwarz, übrigens aber schneeweiß.

Die Caschemirziegen lieben eine nicht zu heiße Region, und je höher daher die Gegend ist, wo sie noch hinlängliche, nahrhafte Weide finden, desto gesünder sind sie auch und desto schöner ist ihr Haar. Brachte man z. B. einige derselben in die heiße Atmosphäre von Bengalen, so verloren sie bald ihre schöne Wolle, und eine Hautgeschwulst zerstörte sogar fast ihr ganzes Fell. Als man daher beschlossen hatte, diese so nützlichen Thiere nach England, der Schweiz und Frankreich zu verpflanzen, so sahe man sich nach wiederholten vergeblichen Versuchen genöthigt, sie, wenn auch auf großen Umwegen, durch kältere Gegenden zu treiben. Auf diese Weise kamen sie glücklich an den Orten ihrer Bestimmung an, und da, wo sie bergige, rauhe, wenig fruchtbare Gegenden fanden, namentlich in den Pyrenäen, hatten sie ein sehr gutes Gedeihen.

Ihre Milch scheint viel nahrhafter zu seyn als die von der gemeinen Ziege; ihr Fleisch ist eßbar; auch ihre gröberen Haare werden benutzt; das Fell, die Hörner und die Klauen gewähren ebenfalls einigen Vortheil; eine jede Ziege liefert gegen 10 Loth jenes köstlichen Flaums, und bedenkt man nun noch dabei, daß ihre Unterhaltung nur sehr geringe Mühe und Kosten verursacht, so können wir wohl jenen Oekonomen, welche für die Verbreitung derselben in Europa sorgen, besonders aber den Herren Jaubert und Ternaur, welche die ersten Ziegen dieser Art glücklich nach Europa verpflanzten, unsern Dank nicht versagen.

Was nun die Verfertigung der indischen Shawls betrifft, so werden diese nicht in Tibet, sondern nur in Caschemir gemacht, indem die Einwohner von Caschemir die Wolle der tibetanischen Ziegen aufkaufen. Diese Wolle wird theils durch Kämmen, theils durch Auszupfen gewonnen, oder nach Schlachtung des Thieres und gänzlicher Enthaarung des Felles aus den groben Haaren sorgfältig abgesondert. Das Spinnen geschieht mit freier Hand, der Faden wird stark gedreht und zur Erhaltung der Festigkeit mit einer kleberigen Materie überzogen, die man sodann wieder auswäscht. Das Färben geschieht vor dem Spinnen. Die Blumen und überhaupt die Verzierungen werden nach vorgelegten Mustern tapetenartig eingewebt und rückwärts, bald verarbeitet, bald ausgeschnitten. Die Shawls werden übrigens theils auf gewöhnlichen einfachen Webestühlen, theils in großen Rahmen verfertigt.

Die Erzeugung dieser Waare in Caschemir geschieht sehr häufig, besonders da die Unterthanen ihre Abgaben damit bezahlen. In der Stadt Caschemir oder Serinagur (mit 200,000 Einwohnern) soll es sonst allein 40,000 Webestühle gegeben haben, die aber jetzt sich kaum noch auf 15,000 belaufen.

Auch die Europäer verstehen die Wolle so dauerhaft und schön zu färben, zu spinnen und zu weben, ja! verstehen sie durch künstlichere Weberstühlen und durch Spinnmaschinen noch leichter und schneller zu verarbeiten, und daher müssen wir wünschen, daß diese so nützlichen Thiere bei uns immer mehr verbreitet werden möchten. Bei den ersten Versuchen, diese Shawls in Europa selbst zu verfertigen, ließ man zwar die Wolle über Rußland kommen, allein dies war zu kostspielig; denn ein Pfund solcher Wolle, noch dazu mit gemeinen Ziegenhaaren vermischt, kostete 50—60 Fl. C. W.

Unsere Abbildung zeigt uns eine Caschemirziege, die mit gespitzten Ohren von ihrem hohen Standpunkte in die weite Ferne blickt, indeß eine andere friedlich neben ihr liegt. Weiter oben sehen wir den indianischen Hirten umlagert von einigen anderen Ziegen seiner Heerde, und nur eine scheint jenen kühnen Thieren folgen zu wollen, die gleich den schnellfüßigen Gemsen sich auf die höchsten Felsengipfel wagen. R.

Hohes Alter der Bäume.

Die Bäume und alle Gewächse nehmen von innen nach außen zu, die ursprünglichen Theile verlängern und entwickeln sich, um die Masse und den Umfang des Körpers zu vermehren. Dies geschieht in beiden Richtungen, d. h. je höher der Baum wächst, desto größer wird sein Umfang. Es giebt Bäume, welche nur in einer langen Reihe von Jahren eine beträchtliche Höhe und einen ansehnlichen Umfang erreichen, z. B. die Eiche, die Ulme, die Ceder. Andere werden wieder in weit kürzerer Zeit viel höher und stärker, dies sind solche, welche ein weiches, zartes und leichtes Holz haben, z. B. die Pappeln, Akazien, Fichten, Tannen u. s. w. Die größte Höhe, welche die Bäume in unsern Wäldern erreichen können, beträgt 40 bis 45 Metres (etwa 160 bis 180 Fuß); ihre größte Dicke überschreitet selten 8 bis 9 Metres (32 bis 36 Fuß). Stehen die Bäume auf einem Boden, der für sie paßt, und in einer ihrer Natur entsprechenden Lage, so können sie sehr lange ausdauern, indem der Oelbaum 300 und die Eiche 600 Jahre und drüber alt werden kann. Bei Bäumen wie die Fichten, Tannen, Eichen u. s. w. bildet sich alle Jahre eine neue Holzschicht, so daß ein 100 Jahre alter Baum, wenn er wagerecht durchschnitten wird, hundert concentrische Gürtel zeigt. Auf diese Art erkennt man das Alter der Bäume, wenigstens annähernd.

Der Naturforscher Adanson hat auf den Inseln des grünen Vorgebirges mehrere Baobabs gesehen, welche 30 Metres (120 Fuß) im Umfange hatten, und welche nach seinen Ansichten beinahe 6000 Jahre alt wären.

In der Bürgeraue (Burgaue) von Leipzig (1½ Stunde davon) steht eine eben so schöne als große Eiche, welche man die Königseiche (von dem Besuche des Königs Friedrich August im Jahre 1809) nennt, und welcher man ein Alter von **1000**

Jahren zuschreibt. Sie hat, wenn wir nicht irren, etliche 20 Fuß im Umfange, und ihre großen und gesunden Zweige stehen nicht wagerecht, sondern laufen beinahe senkrecht in die Höhe.

Am Fuße der südlichen Abhänge des Mont blanc zwischen Dolone und Prie St. Dizier steht auf dem Berge Beque eine Tanne, welche die Landeseinwohner den Gemsenstall (écurie de chamois) nennen, weil sie diesen Thieren im Winter zum Zufluchtsorte dient. Ueber dem obersten Theile der Wurzel hat sie im Umfange 7 Metres und 62 Centimetres (über 78 Fuß), und Hr. Berthollet glaubt, daß sie 1200 Jahre alt sey.

Nicht weit davon steht im Walde Ferru im Thale des weißen Ganges ein Lärchenbaum, der über der Wurzel einen Umfang von 5 Metres und 45 Centimetres hat, und welcher nicht weniger als 800 Jahre alt seyn muß.

Jahrhunderte lang trotzen die Eichen den Stürmen der Natur und den Verheerungen der Zeit, und in den Wäldern der Stadt Leipzig und der Umgegend trifft man viele solche Riesen aus alter Zeit, welche noch frisch und muthig sich gen Himmel erheben. Bgk.

Reise einer Abtheilung von Auswanderern in Süd-Afrika.
(Fortsetzung.)

Diese rohen afrikanischen Landbebauer haben indeß auch ihre guten Seiten. Ihre Fehler und Laster, soweit sie ihnen eigenthümlich sind, entspringen offenbar aus dem unglücklichen Umstande, daß sie Sklavenbesitzer sind. Kömmt man ihrer Laune nicht in die Quere, so sind sie gewöhnlich höflich und gefällig, und wir lebten mit ihnen bis zu dem letzten Tage unserer Reise auf dem freundschaftlichsten Fuße.

Am Schlusse des ersten Tages lagerten wir uns in einem ungeheuern Walde von kurzem Gesträuch, wenige Meilen von einem berühmten Salzsee. Diesen besuchten wir, um uns für die Küche mit hinreichendem Salze zu versehen. Unser Lager in dieser Nacht bot unsern Neulingsaugen ein sonderbares Schauspiel dar. Einige Familien befestigten ihre Zelte und breiteten die Matratzen auf dem Boden aus; andere, auf welche die Furcht vor Schlangen, Skorpionen und Taranteln einen lebhaften Eindruck gemacht hatte, beschlossen auch jetzt, so wie sie es auf der Reise gemacht hatten, auf ihrem Gepäcke in dem Wagen zu schlafen. Unterdessen ergriffen unsere eingebornen Diener die nöthigen Vorsichtsmaßregeln, um die Ueberfälle der furchtbareren Einwohner des Waldes von uns abzuhalten. Elephanten und Löwen waren früher in dieser Gegend sehr zahlreich gewesen, und wurden noch angetroffen. Man zündete daher mehrere große Feuer an, um solche Gäste zu verscheuchen, und die Ochsen wurden der größern Sicherheit halber mit den Hörnern an die Räder der Wagen befestigt. Die Bauern nahmen ihre langen Flinten von der Decke des Wagens und lehnten sie gegen einen herrlichen Strauch von Immergrün, unter dessen Dach sie mit einem Feuer zu ihren Füßen ihre nächtliche Ruhe zu halten dachten. Hier öffneten sie ihre ledernen Taschen, und langten ihre Vorräthe für das Abendessen heraus. Es bestand hauptsächlich aus gedörrtem Ochsenfleisch, welches sie mit einem ziemlichen Schluck Branntwein aus einem mächtigen Horne, das jeder in dem Wagen neben seinem Pulverhorne hängen hatte, hinunterspülten. Die Sklaven sammelten sich abgesondert um ein Wachtfeuer, und verzehrten ihr mäßiges Mahl ohne Branntwein, aber bei weitem fröhlicher als ihre phlegmatischen Gebieter. Unterdeß waren auch unsere Bratpfannen und Theekessel in nicht geringer Thätigkeit, und durch eine mäßige Austheilung von Getränk befreundeten wir uns nicht wenig mit beiden Theilen unserer Eskorte, namentlich mit den Farbigen unter ihnen, welche „Theewasser" als einen seltsamen und kostbaren Luxusartikel schätzten.

Nach Tisch war es höchst ergötzlich, die charakteristische Gruppe, welche unser ländliches Lager bildete, zu betrachten. Die holländisch-afrikanischen Bauern, meist von riesenhaftem Wuchse, saßen in aristokratischer Abgeschlossenheit in ihrem buschichten Bield, und schmauchten ihre langen Pfeifen mit selbstgefälliger Behaglichkeit. Einige der ernsteren Auswanderer hatten sich auf den Stamm eines verwelkten Baumes gesetzt, und unterhielten sich in gemeinem Schottisch über Gegenstände, unsere Niederlassung betreffend, über den Vorzug des langgehörnten Viehes vor kurzgehörntem (die eingebornen Ochsen haben ungeheure Hörner), und die lebhaftern jungen Leute und Diener standen bei den Hottentotten, indem sie ihren lustigen Possen zusahen, oder es versuchten, sich gegenseitig Sprachunterricht zu ertheilen, während die linkische Aussprache von beiden Seiten Gelegenheit zu großem Jubel gab. Die Unterhaltung schien mit Eifer fortgesetzt zu werden, obgleich der Eine kaum eine Sylbe von des Andern Sprache verstand, und einer von den Buschmännern, ein Spaßvogel, saß die ganze Zeit hinter den übrigen, indem er jeden von uns auf das natürlichste nachäffte. Diese Gruppen mit aller ihrer Mannichfaltigkeit in Mienen und Stellung, im Charakter und Ausdruck, bald kaum sichtbar, bald hell beleuchtet von dem aufflackernden Wachtfeuer; der fremdartige Anblick der Aloe's und Euphorbien, die in dem blassen Lichte des Mondes aus dem Gebüsch hervorragend der aufgeregten Phantasie Haufen von Kaffernkriegern zu seyn schienen, das Haupt mit Federn geschmückt und starrend von Assagais; alles dieses zusammen mit dem seltsamen Kauderwelsch der Hottentotten und Buschmänner und ihrem lauten, wilden Gelächter, brachte die sonderbarste Wirkung hervor, und ließ einige unter uns deutlicher als je vorher empfinden, daß wir jetzt in der That heimathlose Pilger mitten in den Wildnissen des rohen Afrika's waren.

Nach und nach unterlagen die bunten Gruppen dem Einflusse des Schlafes. Die Ansiedler zogen sich in die Zelte oder Wagen zurück; die Bauern steckten ihre Pfeifen in ihre breitrandigen Hüte, hüllten sich in ihre Mäntel und streckten ohne Furcht vor Schlangen oder Skorpionen ihren gewaltigen Körper am Boden aus. Die Hottentotten zogen sich unter ihre Schaffell-Decke zusammen, und lagen ringsherum mit den Füßen nach dem Feuer zu und mit dem Gesichte auf der Erde, gleich eben so vielen Igeln zusammengekauert. Ueber der weitausgebreiteten, unter dem glänzenden mitternächtlichen Monde ruhenden Wildniß herrschte ein tiefes Schweigen, welches von dem Athemholen der Ochsen am Wagen, und dann und wann von dem weitentfernten melancholischen Geheul einer Hyäne, der ersten Stimme eines Raubthiers, die wir seit unserer Landung gehört hatten, unterbrochen wurde.

Auf diese Weise nun weilten wir zehn Tage, indem die Gegend vom finstern Gebüsch zur offenen

Ebene und von dieser wiederum zu der trostlosen Unfruchtbarkeit wilder Gebirgsscenen oder zu verbrannten und wüsten, mit Ameisenhügeln und Schaaren von Springböcken bedeckten Flächen übergieng. Hin und wieder erschien ein Haus neben einer immerwährenden Quelle oder einem, mit Weiden begrenzten Bächlein; dann aber dehnte sich wieder die Wildniß, wenn auch vielleicht mit grünen Wiesen und üppigem Gesträuch bedeckt, zwanzig bis dreißig Meilen aus, ohne daß man einen Tropfen Wassers fand. Man konnte daselbst also nicht ausdauern, außer nach heftigem Regen.

Endlich erreichten wir Roodewal, einen Militärposten an dem großen Fischfluß, hundert (englische) Meilen von Algoa-Bay, und ungefähr 50 von dem uns zu unserer Niederlassung angewiesenen Platze. Hier wurden wir von den Offizieren und ihren Frauen einige Tage lang auf das Gastfreundlichste bewirthet, worauf wir, begleitet von einer Eskorte von 7 oder 8 bewaffneten Bauern zu Pferde, unsere Reise weiter fortsetzten. Nachdem wir den großen Fischfluß, die alte Grenze der Kolonie, überschritten hatten, betraten wir eine Gegend, aus der die Kaffern und Chouaquas nur erst vor Kurzem waren vertrieben worden, und welche noch als ihren räuberischen Einfällen ausgesetzt betrachtet wurde. Die neue Grenze der Kolonie war bis an den Fluß Keissi, 70 bis 80 englische Meilen höher hinauf nach Osten erweitert worden, und das in der Mitte liegende Gebiet war buchstäblich eine ungeheure Wildniß voller Geheul, in welcher wilde Thiere, als Elephanten, Büffelochsen, Quaggas und Antilopen, und Raubthiere, als Löwen, Leoparden und Hyänen, sich aufhielten, welche dann in großer Anzahl angetroffen wurden, wenn zahlreiche Schlachtopfer ihres Blutdurstes vorhanden waren.

(Schluß folgt.)

W o c h e.

Am 24. Mai 1430 wurde Johanna d'Arc, bekannt unter dem Namen der Jungfrau von Orleans, vor der Stadt Compiegne von den Engländern gefangen und im folgenden Jahre verbrannt. Sie war die Tochter eines Hirten und glaubte von Gott berufen zu seyn, ihr Vaterland zu befreien aus der Gewalt seiner Feinde, welche es zum größten Theile erobert hatten. Sie entdeckte dem Könige Karl VII. ihre göttliche Eingebung und fand Glauben. Sie war in mehrern Schlachten glücklich, entsetzte die hartbedrängte Stadt Orleans und führte den König nach Rheims, wo er feierlich gekrönt wurde. Nach ihrem Tode hatten die Engländer kein Glück mehr. Der Herzog von Burgund fiel von ihnen ab und schloß sich an Frankreich an, ihr tapferster Feldherr Talbot blieb in der Schlacht, und im Jahre 1453 hatten sie in Frankreich nur noch Calais in Besitz.

Am 25. Mai 1799 wurde Turin von den Oestreichern und Russen den Franzosen wieder abgenommen. Das Jahr 1799 war überhaupt für Frankreich unglücklich. Bonaparte war in Aegypten; die Russen nahmen Theil an dem Krieg in Italien und der Schweiz. Erst als Bonaparte nach Europa zurückkehrte, nahmen die Dinge wieder eine andere Wendung.

Am 26. Mai 1521 wurde Luther in die Reichsacht erklärt. Schon im Jahre 1518 war er vor dem Dominikaner, Kardinal Thomas Bio de Ganta, in Augsburg erschienen und vertheidigte seine Lehre. Der Kardinal verlangte unbedingten Widerruf; Luther appellirte von dem „übel unterrichteten Papst an den besser zu unterrichtenden." Zwei Jahre später sprach der Papst den Bannfluch über ihn aus, im Falle er nicht widerrufe. Luther verbrannte die Bannbulle öffentlich in Wittenberg und erschien auf dem Reichstage zu Worms. Seine Reise glich einem Triumphzuge. Kühn vertheidigte er seine Lehre, jede Auffoderung zum Widerruf von sich ablehnend. — Die Acht traf ihn nicht. Der Kurfürst von Sachsen schätzte ihn und hielt ihn 10 Monate lang auf der Wartburg verborgen, bis seine Anhänger so zahlreich waren, daß er wieder ohne Gefahr sich zeigen durfte.

Am 27. Mai 1610 wurde Ravaillac, der Mörder Heinrich IV., Königs von Frankreich, hingerichtet. Die Mordthat hatte am 14. Mai statt gefunden. Heinrich starb, als er sich gerade zum Kriege gegen Oestreich rüstete. Er war in der reformirten Religion erzogen, bis acht Tage nach seiner Vermählung mit der Schwester des Königs Karl IX. die unter dem Namen Bartholomäusnacht bekannte Niedermetzelung der Reformirten ausbrach (17. August 1572), deren Opfer er geworden wäre, wenn er nicht den katholischen Glauben angenommen hätte. Er widerrief zwar später diesen Schritt, trat jedoch, als mit Heinrich III. das Haus Valois ausstarb und Er, als Haupt des Hauses Bourbon, auf den Thron berufen wurde, abermals in die katholische Kirche, um dem Bürgerkrieg ein Ende zu machen.

Am 28. Mai 1812 schloß Rußland Friede mit der Pforte zu Bukarest. Die Russen brauchten ihre Kräfte gegen einen mächtigern Feind, den Kaiser Napoleon, der mit einem furchtbaren Heere ihr Land angriff. Der Admiral Tschitschakoff führte die entbehrlich gewordenen Truppen gegen Moskau und kam noch zeitig genug, um thätige Hülfe zu leisten. Die Türken bewiesen übrigens bei den Friedensverhandlungen große Mäßigung. Der Pruth wurde die Grenze beider Reiche. Die östliche Moldau, die Festung Choczim, Bessarabien, die Festung Bender blieben in den Händen der Russen.

Am 29. Mai 1453 wurde Konstantinopel von den Türken erobert und damit dem griechischen Kaiserthum ein Ende gemacht. Die Lage von Europa änderte sich sehr durch die Macht, welche ein barbarisches Volk in einem seiner schönsten Länder gründete. Allein das Abendland hatte auch seinen Gewinn davon; denn viele gelehrte Griechen flüchteten nach Italien und in andere Länder, und fachten dort den beinahe erloschenen Funken der Wissenschaft wieder an, der später ein so wohlthätiges Licht über Europa nicht nur, sondern über den größten Theil der Erde verbreitete.

Am 30. Mai 1814 wurde der erste Pariser Friede geschlossen. Napoleon, bei Leipzig geschlagen, verfolgt von den verbündeten Heeren, mußte abdanken. Deutschland war befreit von der Franzosenherrschaft. Zwar setzte die Rückkehr von der Insel Elba im folgenden Jahre noch einmal die Krieger fast aller Länder von Europa in Bewegung, allein des Kaisers Stern war untergegangen. Bei Waterloo geschlagen, mußte er den Rest seines Lebens auf der Felseninsel St. Helena, im Gewahrsam seiner bittersten Feinde, der Engländer, zubringen.

M.

Verlag von Bossange Vater in Leipzig.
Unter Verantwortlichkeit der Verlagshandlung.

Das Pfennig-Magazin
der
Gesellschaft zur Verbreitung gemeinnütziger Kenntnisse.

№ 57.]   Erscheint jeden Sonnabend.   [Mai 31, **1834**.

Der Wallfisch und der Wallfischfang.

Dieß unter dem Namen Wallfisch bekannte Thier gehört, wenigstens was die bekannteren Arten anbelangt, zu den größten, welche man im Meere findet, oder besser: es ist das größte, was im Wasser und auf der Erde gefunden wird; das größte:

"das Gott von allen schuf,
die in dem Ocean sein Lob verkünden."

Auf dem festen Lande wenigstens lebt keins, das dem Leviathan, wie Milton denselben nennt, an die Seite gestellt werden kann. Der gewöhnliche Wallfisch, wie er bei Grönland vorkommt, hat nicht selten 58—60 Fuß in der Länge und 34—40 Fuß im Umfange, was ihm ein Gewicht von 65—70 Tonnen, d. h. so viel giebt, als zweihundert fette Ochsen betragen würden. Sonst übertrieb die Liebe zum Wunderbaren, mit solcher Länge, solchem Umfange, solcher Schwere nicht zufrieden, das Eine und das Andere in hohem Maaße. Man findet bei den älteren Schriftstellern angegeben, daß der Wallfisch 150 bis 200 Fuß Länge habe; sogar von solchen spricht man, die 900 Fuß gemessen hätten. Indessen lassen sich glaubhafte Gewährsmänner darüber ganz anders aus. Scoresby, der 332 Stück nach und nach gefangen hat, versichert, daß nicht einer davon über 60 Fuß lang gewesen sey: und wenn auch Einzelne längere vorgekommen seyn mögen, so dürfte doch das höchste Maaß nur gegen 70 Fuß anzunehmen seyn, wie es auch unser Blumenbach angiebt. Egede in seiner Beschreibung von Grönland bemerkt, daß einige vierzig Ellen (also 80 Fuß) lang seyen. Indessen selbst gesehen und gemessen hat er sie nicht, und folglich würde sich diese abweichende Angabe leicht erklären lassen. Doch giebt es mehrere Arten der Wallfische, sowohl ungemein kleine, als auch weit größere, und namentlich meint selbst Scoresby, daß der Finnfisch das größte und schwerste aller Geschöpfe sey. Der Finnfisch aber ist auch nur eine Art des Wallfisches, der von einer Finne, einer harten, scharfen Flosse, den Namen hat, die auf dem Rücken hinläuft. Da er ungleich weniger Thran giebt als der eigentliche Wallfisch, so wird ihm weniger nachgestellt, und die wahren Verhältnisse seiner Größe und Schwere sind deshalb minder erörtert. Von dem eigentlichen Wallfische, wie ihn der Wallfischfahrer nennt, von dem Right-Fish der Engländer, der Balaena mysticetus des Linné,

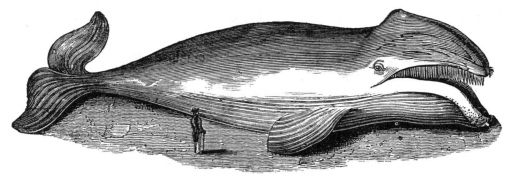

haben wir wiederum in neuerer Zeit zwei Arten unterscheiden gelernt, die sich ungefähr zu einander verhalten wie der asiatische Elephant zum afrikanischen, und also, wenigstens bis jetzt, nichts Wesentliches bemerken lassen. Die eine Art lebt am Nordpol, die andere am Südpol.

Der Wallfisch deutet durch seinen Namen darauf hin, daß er zu den Fischen gehöre, und für einen Fisch galt er auch Jahrhunderte lang. Allein er hat mit ihnen nichts als das Leben im Wasser gemein; denn er bringt lebendige Junge zur Welt, und zwar nur eins, oder nach einigen Angaben, z. B. von Egede, zwei höchstens auf einmal. Er säugt diese an seinen zwei Brüsten mit der Milch, wie sie jedes andere Landthier nährt. Eben wie diese hat er warmes Blut, statt dessen die Fische kaltes haben, und die Wärme seines Blutes ist ungleich höher als die des Menschen. Gleich allen Landthieren athmet er durch Lungen und kann deshalb nicht lange unter dem Wasser ausdauern.

Seine dunkle, schwarze Haut ist glatt und ohne Schuppen, folglich ist auch hier nichts Fischähnliches zu spüren. Die Bildung des Thiers selbst aber zeigt viel Eigenthümliches. Der Kopf hat gewissermaßen eine dreieckige Gestalt. Am untern Theile ist er flach und mißt 16—20 Fuß in der Länge, 10—12 in der Breite. Die Unterlippe steigt auf ganz eigene Art, wie unser Bild zeigt, herunter. Wenn der Mund offen steht, gleicht er einer Schiffskammer, und bei seiner Weite: 10—12 Fuß Höhe, 15—18 Fuß Länge — kann ein Boot mit der ganzen dazu gehörigen Mannschaft hineinfahren. Das Thier hat, wie wir sehen, zwei Seitenflossen oder Finnen. Sie sind 7—9 Fuß lang und 4—5 Fuß breit, also recht tüchtige Ruder, womit sich der ungeheure Koloß fortbewegt. Allein noch bewunderungswürdiger erscheinen sie im Skelett des Wallfisches. Es sind offenbar verkrüppelte oder verkürzte Arme oder Vorderbeine, und es scheint der Natur gleichsam an Zeit gefehlt zu haben, sie zu vollenden. Selbst das kugelförmige Gelenk haben sie, welches dem menschlichen Arme die freie Beweglichkeit erlaubt. Auffallend klein sind die Augen des Thieres. Kaum ein wenig übertreffen sie an Größe die des Ochsen; aber doch sieht er die Gegenstände in großer Ferne. Statt der Nase gab ihm die Natur Blaselöcher. Sie dienen, die Massen des Wassers, die in seinen Rachen einströmen, hinaus zu treiben, und in großer Entfernung sieht man dasselbe wie einen Springbrunnen aufsteigen, während man das Brausen in noch größerer Ferne, wohl eine Stunde weit, hören kann. Athmet das Thier über dem Wasser selbst, schluckt es folglich kein Wasser ein, so lassen diese Blaselöcher natürlich auch davon nichts wahrnehmen; man sieht dann blos den feuchten Dampf aus ihnen aufsteigen, der im Winter den Nüstern aller größeren Thiere auch bei uns entflieht, dort aber freilich in weit größerem Maßstabe wahrgenommen wird. Die Blaselöcher liegen, wie man sieht, auf der höchsten Spitze des Kopfes, um das Austreiben des Wassers auch dann zu bewirken, wenn der größere Theil desselben im Wasser ist. Ein furchtbareres Werkzeug ist der Schwanz dieses Thieres, denn seine größte Beweglichkeit und Kraft liegt darin. Auf jeder Fläche enthält er 80 bis 100 Quadratfuß. Die Länge ist mäßig 5—6 Fuß, aber desto bedeutender die Breite: 18—24 Fuß und wohl noch mehr. In der Mitte ist er ausgeschnitten. Die Spitzen beider Blätter, welche durch den Ausschnitt entstehen, sind hinterwärts gekehrt. Um schnell auf- und niederwärts steigen zu können, was ihm des Athemholens wegen nöthig ist, steht er horizontal. So klein die Augen des Thieres auch sind, so sind die Gehörorgane doch noch unscheinbarer, und auch stumpfer. Aeußerlich ist von ihnen fast gar nichts wahrzunehmen. Es hält schwer, den Gehörgang zu finden, weil gar kein eigentliches Ohr vorhanden ist. Dazu kommt, daß selbst dieser Gehörgang, sobald das Thier unter das Wasser geht, durch eine Art Pfropf geschlossen wird, der das Eindringen des Wassers und den Druck, den dasselbe üben würde, verhindert.

Um die sonderbare Bildung vollständig zu machen, erscheint die Speiseröhre des Thieres eben so enge, als der Rachen desselben ungeheuer groß ist. Nur aus Insekten und Würmern besteht seine Nahrung. Dem Finnfische (Balaena physalis) ist gestattet, Heringe und andere dergleichen kleine Fische zu genießen, dem eigentlichen Wallfische sind selbst diese versagt. Aber wie kann ein Thier von solcher Größe mit so dürftiger Nahrung vorlieb nehmen? Die Natur führt sie ihm gleichsam tonnenweise zu. Er hat keine Zähne, denn was sollte er mit ihnen? Würmer und Insekten zu zerdrücken, bedarf er ihrer nicht. Aber da sitzen, wie unser Bild zeigt, im Rachen zwei Reihen Barden oder Fischbein, wie man das davon gewonnene Produkt nennt, theils gerade, theils gekrümmt und unmittelbar von den Lippen bedeckt. Jede Reihe besteht aus 300 Blättern mindestens, denn in einem sehr kleinen fand Scoresby 316—320. In der Mitte findet man die längsten Barden, nach der Seite zu nehmen sie ab. Die ganze Länge differirt von 10—13, vielleicht selbst 15 Fuß. Oben am Gaumen ist die größte Breite: 10—12 Zoll. Beide Reihen dieser Barden sind noch mit Fransen besetzt. So bilden sie nun gleichsam eine große Filtrirmaschine. Was an Insekten und Würmern im Wasser ihnen entgegen

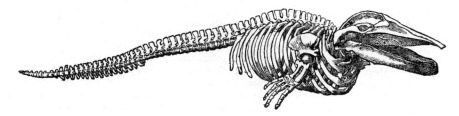

kommt, geräth in ihren Bereich. Nichts entgeht ihnen da; die ziemlich unbewegliche große Zunge hat nichts zu thun, als die Nahrung dem engen, aber hinreichend weiten Schlunde zuzuführen. Auch ein äußerst kleines Gehirn hat dieser Koloß der Thierwelt. Das eines Menschen wiegt gegen 4 Pfund. Bei einem jungen Wallfische von 11,200 Pf. Gewicht fand Scoresby nur 3¾ Pf. Gehirn, d. h. wenn das Gewicht des Gehirns zum menschlichen Körper sich wie **1** zu **31** bis höchstens **32** verhält, so würde es beim Wallfische nur den dreitausendsten Theil bilden.

Unmittelbar unter der Haut liegt der Speck oder das Fett, das den ganzen Körper des Thieres nebst den Flossen und dem Schwanze umkleidet. Die Farbe desselben ist gelblich weiß, gelb oder roth. An sehr jungen Thieren ist es immer gelblich weiß. Bei manchen alten gleicht es in seiner Farbe dem Fleische des Lachses. Es schwimmt im Wasser. Die Dicke desselben rund um den Körper mißt von 8 oder 10 bis zu 20 Zoll, und ist sowohl an verschiedenen Theilen, als bei verschiedenen Thieren, verschieden. Die Lippen bestehen fast ganz aus Speck und geben jede eine bis zwei Tonnen reines Oel. Die Zunge besteht vorzüglich aus einer weichen Art von Fett, das weniger Oel giebt als ein anderer gleich großer Theil des Specks. In der Mitte und gegen die Wurzel der Zunge ist das Fett mit muskelartigen Fibern durchzogen. Der übrige Theil des Unterkopfes, außer der Kinnlade, besteht fast ganz aus Fett, und auch der Schädel ist mit einer beträchtlichen Schicht davon bedeckt. Die Flossen bestehen vorzüglich aus Speck, Sehnen und Knochen, und der Schwanz enthält einen dünnen Ueberzug von Speck. Das Oel scheint in dem Speck in kleinen Zellen enthalten zu sein, die durch ein starkes Netz von sehnichten Fasern zusammen verbunden sind. Diese Fasern scheinen, indem sie an der Oberfläche dicht zusammengehen, die Substanz der Haut zu bilden. Das Oel wird durch die Hitze herausgetrieben und geht großentheils von selbst aus den zerschnittenen Speckstücken heraus, wenn der sehnichte Theil des Specks in Fäulniß übergeht. Der Speck und das Fischbein sind die Gegenstände, um derentwillen der Wallfisch gefangen wird. Das Fleisch und die Knochen werden zurückgelassen, ausgenommen bisweilen die Kinnladen. Der Speck hat, so lange er frisch ist, durchaus keinen unangenehmen Geruch, und erst nach Beendigung der Reise geschieht es, daß ein Grönlandsfahrer einen widrigen Geruch bekommt, wenn seine Ladung nicht mehr verpackt ist. Vier Tonnen Speck geben meist drei Tonnen Thran, und von einem Wallfische erhält man bisweilen 30 Tonnen. Zwanzig Tonnen sind als gewöhnliche Ausbeute anzunehmen. Merkwürdig ist es, daß der Speck in einem gewissen arithmetischen Verhältnisse zu den Barden oder dem Fischbeine steht. Je länger letzteres ist, desto mehr ist von jenem zu hoffen. 12 Fuß langes Fischbein läßt 21 Tonnen Thran gewinnen; 1 Fuß langes nur 1½ Tonne hoffen. Die Regel hat ihre Ausnahmen, aber diese sind selten.

Vom Fleische des Wallfisches macht der Europäer selten Gebrauch. Das der jungen Thiere ähnelt dem groben Rindfleische, und läßt sich also wohl essen. Das von alten Thieren behagt selbst einem Matrosengaumen nicht. Auch die Knochen kommen wenig in Betracht, ob sie schon viel Oel enthalten. Nur die Kinnladen werden deshalb öfter mitgenommen. In wärmeren Himmelsstrichen träufelt der Thran von selbst heraus. Ist aber gleich der Europäer nicht das Fleisch des Wallfisches, so achtet es doch der Grönländer desto höher, der wilde Bewohner von Kalifornien genießt es gern, und auch wohl manches andere Völkchen mag sich darüber freuen, wenn ihm einmal ein solches Thier zur Beute wird.

Welch ein gewaltiges Wesen der Mensch, nicht nach Maaßgabe seines Körpers, sondern vielmehr durch die Ueberlegenheit seines Geistes sey, geht aus dem Kriege, den er gegen die Wallfische unternimmt, am besten hervor. Den größten Koloß aller Thiere greift er an, und dies auf dem offenen Weltmeere und unter einem Himmelsstriche, der allein jedes lebende Wesen abschrecken sollte. Und der Wallfisch:

Der auf dem Wasser wie ein Vorgebirge
schwimmt und zu schlummern scheint, wie eine Insel,

wird in den allermeisten Fällen seine gewisse Beute. Der Himmelsstrich, wo dieser merkwürdige Kampf statt findet, zeichnet sich vor allen andern durch mannichfache Gefahren und Beschwerden aus, mit denen der Mensch dort zu kämpfen hat. Land und Meer und Luft schrecken dort gleich sehr ab und legen Hindernisse in den Weg. Durch heftige Kälte erstarren alle Glieder und Gelenke. Nebel und Schnee verfinstern den Himmel und schärfen den Zahn der Kälte noch mehr. Das Meer hat, außer den gewöhnlichen Gefahren, die überall auf demselben lauschen, noch ganz eigenthümliche Schrecken. Bald dehnen sich ungeheure Eisfelder hin, die wie ein undurchdringlicher Wall aller Schifffahrt ein Ende zu machen scheinen, so daß der kühne Matrose nur von einem erstarrten Walle zum andern hinspringen kann und wohl Acht haben muß, nicht in eine Spalte zu gerathen; bald kommen auf diesen Eisfeldern gewaltige weiße Bären daher geschossen, jeden, der nicht zeitig entfloh, zu zerreißen; bald wogt ein losgerissenes Eisfeld wie ein Berg daher, und zwar mit einer Kraft, daß alle Flanken und Rippen des Schiffes, wenn es davon getroffen wird, krachen und zusammengedrückt werden und das Ganze wie eine Eierschale zerbricht. Bisweilen hebt sich ein Eisberg in die Höhe, hoch, hoch hinauf, aber sein Fuß schwimmt im Wasser, und eine Veränderung im Gleichgewicht kann ihn umstürzen, daß jedes in der Nähe befindliche Fahrzeug mit allem, was darauf ist, von ihm bedeckt wird, wie das Grab eines Menschen von einem Leichensteine. Von ferne schimmert durch den kalten Nebel eine Küste, die dem eisigen Meere eine Schranke setzt. Aber diese Küsten locken den erstarrten Seefahrer nicht an. Ein ewiger Sturm, Schnee, Hagel, Eis erschweren auch hier jeden Schritt. Kaum daß dem kalten Boden ein dürftiges Moos, eine Flechte, ein wenig Löffelkraut entsprießt, das unter dem Schnee ein wärmendes Bett findet. Eine Nacht, die vier Monate dauert, lagert sich auf diesen öden Eisgefilden. Mit Mühe erhält sich dann der Mensch. Es haben manche, durch Schiffbruch verschlagen oder auch freiwillig im Winter dort zugebracht, aber die Qualen, mit welchen Geist und Körper zu kämpfen hatten, tödteten die Meisten oder schreckten sie doch von jedem neuen Versuche ab.

Indessen geht der Kampf des Menschen gegen den Wallfisch bis auf sehr frühe Zeit zurück. Die Norweger scheinen ihm schon im neunten Jahrhundert nachgestellt zu haben, ohne daß man freilich an eine so systematische Jagd denken darf, wie man jetzt anzustellen pflegt. Man griff ihn an, wenn er gerade in den Wurf kam, wie jedes andere große Thier angegriffen wurde. Kühne Seefahrer waren Norwegens Bewohner, so lange die Geschichte ihrer gedenkt. Auf der Küste von Biscaya soll man zuerst daran gedacht haben, den Wallfisch als Gegenstand kaufmännischer Speculation zu jagen. Schon im 12. Jahrhundert will man davon Spuren haben, die aber weniger unserm eigentlichen Wallfische, sondern nur überhaupt einer Art der Cetaceen gegolten haben, also vielleicht den Delphinen und dergleichen. Wenigstens ist der grönländische Wallfisch an Spaniens Küste nicht zu finden. Auch stellte man den sogenannten Wallfischen an jenen Küsten nicht wegen des Specks, sondern des Fleisches, besonders der Zunge wegen nach, die als Delicatesse galt, ein Beweis mehr, daß nicht der eigentliche Wallfisch gemeint gewesen seyn kann. Allmälig verschwand das Thier, das in der Bai von Biscaya so häufig gejagt wurde, und die Bewohner der Küste dort wagten sich deshalb weiter nach Norden hin, so daß sie endlich im 16ten Jahrhunderte bis nach Island, Grönland, Neufundland kamen. Von dieser Zeit an beginnt eigentlich die Wallfischfahrt.

Die früheste Reise, welche deshalb von England aus unternommen wurde, fand 1594 statt. Die Kaufleute in Hull rüsteten 1598 deshalb zum ersten Male Schiffe aus. Um dieselbe Zeit thaten die Holländer ein Gleiches. Hamburger, Franzosen, Dänen wetteiferten mit ihnen. In England und Holland wurde die Jagd von Gesellschaften betrieben, welche ein Monopol derselben hatten. Aber ein solcher Handel führte zu nichts. Man gestattete Jedem endlich, sein Glück darin zu versuchen, und es war fürs Ganze vortheilhafter. Das holländische Monopol erlosch schon 1642, das englische bald nachher. Indessen trieb man im letzteren Lande die Jagd doch einhundert Jahre lang immer noch für gemeinschaftliche Rechnung, bis man einsah, daß jede Compagnie dieser Art nur mit Nachtheil solidirt hatte.

1732 kam das Parlament auf den Gedanken, diese Unternehmungen durch Prämien zu ermuntern. Jedes Schiff, das nach Grönland segelte, bezog für die Tonne Thran erst 20 Schillinge, und dann, von 1794 an, 40 Schillinge. Da segelten eine Menge Schiffe aus, „nicht um Wallfische zu fangen, sondern die Prämien zu erhaschen." Sie werden schon gewußt haben, die Tonnen voll Thran aus anderen Häfen zu beziehen, als die grönländischen Eisfelder boten. Die Prämie fiel bald, bald stieg sie wieder, bis man endlich 1824 so klug war, sie aufzugeben. Jetzt treiben außer den Engländern noch die Amerikaner, Hamburger vornehmlich und auch wohl Preußen diese Fahrt. Die Franzosen sind seit der Revolution davon abgekommen. Sie und der Seekrieg hinderten jede solche Unternehmung, und noch ist sie nicht wieder in Schwung gekommen. Mit Holland ist dies derselbe Fall.

Die Schiffe, welche zu solcher Fahrt ausgerüstet werden, halten gewöhnlich 3—400 Tonnen und segeln im April aus, um zu Ende des Mai ihre Jagd beginnen zu können, welche bis Ende des Junius oder auch wohl bis in die Mitte des August hinein dauert. Manche Wagehälse bringen selbst bis Ende Septembers zu, wenn sie nichts aufbrachten und doch nicht gern leer heimfahren wollten. Von Zeit zu Zeit wechselt der Ort, wo man glücklich zu seyn hofft. So ist die Ostküste von Grönland, welche bis 1820 besonders ergiebig war, jetzt ganz von Wallfischen leer, eine Folge der vielen Jagden oder auch der Verscheuchung der Wallfische. Immerfort beunruhigt, suchen sie sich doch am Ende einen andern Aufenthalt aus. Jetzt gehen die meisten Wallfischfänger gerade durch die Davisstraße nach dem großen Binnenmeere, der Baffinsbai, an der Westküste Grönlands, wo man seither die nordwestliche Fahrt nach Asien zu finden hoffte, bis das Ausbleiben des Kapitain Roß die Hoffnung dazu auf manches Jahr hinausgeschoben hat. (Wahrscheinlich haben schwimmende Eisberge sein Schiff zertrümmert, und wenn sich auch die Mannschaft auf Boote rettete, so mag der Mangel, die Kälte wohl wenige noch am Leben finden lassen.) Gerade in dieser Bai sind der Eisberge noch viel mehr als an der östlichen Küste Grönlands, und dies macht die Gefahr hier noch drohender, aber der Wallfische giebt es jetzt noch viele da, und so lockt die Gewinnsucht mehr, als die Gefahr abschreckt.

Im Ganzen hat aber die Wallfischjagd sehr abgenommen. Aus London gingen bis 1790 viermal mehr Schiffe zu derselben ab, als aus allen andern Häfen zusammen genommen. Noch 1820 wurden 17—18 Schiffe deshalb ausgerüstet. Jetzt wird kaum noch eins oder ein Paar ausgerüstet. Eben so hat Liverpool, das sonst stark darauf spekulirte, sich ganz zurückgezogen. Whitby beschäftigte sonst sich viel damit, und jetzt sendet es kaum ein oder zwei Schiffe aus. Am lebhaftesten geht es in Hull zu. Wie zu Ende des 16. Jahrhunderts, speculirt hier noch alles darauf. 1830 segelten 33 Schiffe nach dem Eismeere.

Als Biscaya's Küstenbewohner die Jagd begannen, thaten sie es hauptsächlich des Fleisches wegen. Späterhin speculirte man vornehmlich auf das Fischbein, auf die Barden, welche den Riesen des Meers statt der Zähne dienen. Die Schnürbrüste der Frauen und ihre Reifröcke verzehrten davon ungeheure Quantitäten. Was statt derselben bis dahin gebraucht worden seyn mag, ist schwer zu bestimmen. Vermuthlich spaltete man das spanische Rohr. Es wurde dies noch zu Ende des vorigen Jahrhunderts häufig zu Regenschirmen angewendet, für welche man jetzt nur Fischbein verarbeitet. Der Verbrauch des letztern war durch jene Mode so sehr gestiegen, daß von England allein lange Zeit gegen 100,000 Pf. jährlich nach Holland gesendet wurden. Die Tonne ward mit 700 Pf. Sterling bezahlt, d. h. viermal so viel, als der Preis jetzt gewöhnlich zu seyn pflegt. Daß jetzt des

Thrans wegen vornehmlich auf den Wallfisch Jagd gemacht wird, haben wir schon bemerkt.

Ein Wallfisch- oder Grönlandsfahrer hat gewöhnlich außer dem Kapitän und Wundarzt (Letzterer ist meistens ein unwissender Barbiergeselle, der sich ein wenig in der Welt umsehen will) 40—50 Mann an Bord, welche als Harpuniere, Bootsleute, Steuermänner, Zimmerleute u. s. w. dienen. Meistens werden 6—7 Böte mitgenommen, die als Hauptwerkzeuge bei der Jagd anzusehen und deßhalb so aufgehängt sind, daß sie im Augenblicke herabgelassen und flott gemacht werden können. Ist der Wallfisch getödtet und aufgehauen, so haut man den Speck und das Fischbein im Schiffe aus; der Angriff selbst, der Fang, das Tödten des Thieres ist Sache der Boote, die zu dem Zwecke jedes mit zwei Harpunen und fünf oder sechs Lanzen versehen sind. Die Gestalt dieser findet man hier abgebildet. Die Harpunen sind ganz von Eisen, gegen drei Fuß lang, und bestehen aus einem Schafte mit gezackter Lanzenspitze, von der jeder Widerhaken noch einen andern kleinen Widerhaken im Innern hat. Die Abbildung wird dies anschaulich machen. Das Werkzeug ist mit dem Schaft an ein Tau von etwa 2¼ Zoll Umfang befestigt, das 120 Faden oder 360 Ellen lang ist. Jedes Boot hat sechs solcher Taue, die zusammen 720 Faden oder 4320 Fuß halten. Die Harpune hat nur den Zweck, den Fisch zu treffen und gleichsam zu angeln, anzuhaken, und besteht meist aus einem hölzernen Schafte mit stählerner Spitze, welche äußerst scharf ist. Man bedient sich ihrer auch nicht zum Werfen, sondern mit fester Hand stößt man sie dem Thiere in den Leib hinein. Man darf indessen nicht etwa denken, daß hier Kommen, Sehen und Fangen eins sey. Getödtet wird das Thier mit der Lanze, die gegen 6 Fuß Länge und eine zugerundete Schärfe hat. Abgesehen von den Hindernissen, welche Nebel, Schnee, Eisfelder, Eisberge, Kälte, Sturm entgegensetzen, hat die Jagd selbst ihre eigenthümlichen Gefahren, mit denen wir uns nächstens bekannt machen wollen.

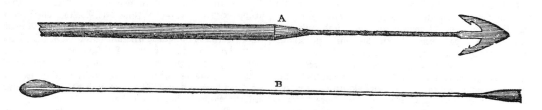

Vorzug der eisernen vor den hölzernen Dampfschiffen.

Es unterliegt keinem Zweifel, daß unsere deutschen Ströme künftig weit mehr Dampfschifffahrt als bisher haben und den innern Verkehr ungemein erhöhen werden. Auch wir werden bald eiserne dauerhafte Dampfschiffe, so gut wie die Engländer, führen. Glücklicherweise werden aber die Resultate und Folgen nicht nur der Dampfschiffe, sondern auch sämmtlicher von Dampf getriebenen Fortschaffungsmittel von größerem Vortheile für das allgemeine Ganze des Publicums seyn, die herrliche Wohlthat des Dampfmaschinenwesens, Armen und Reichen zu Theil werdend, wird unserm Binnenhandel eine ungeahnete Lebendigkeit geben, und die durch Klima, Boden und Production so verschiedenen Länder Deutschlands gleichsam in eins verschmelzen, sie durch die engen Bande des Handels und gegenseitigen Austausches verschwistern und durch das wohlfeile Mittel: durch den Besuch entfernter Länder Natur und Kunst zu studiren und zu genießen, fremde Nationalität mit der eignen zu vergleichen, die Bildung vollenden und die Civilisation steigern.

Folgende Vorzüge bewährten sich nach den Erfahrungen des engl. Reisenden Lander auf den westafrikanischen Strömen, bei dem eisernen Dampfschiffe, mit dem er solche möglichst bis zu den Quellen hinauf beschiffte; denn that auch die Bevölkerung dort nichts zur Beförderung des ruhigen Abströmens des Wassers, so verbaute sie doch wenigstens nicht die Abströmung durch Mühlenwehren und Anstemmungen.

1) Das eiserne Dampfschiff zog kein Wasser, und der Dampf des faulenden Wassers in undichten Schiffen von Holz war daher frei von dem der Gesundheit nachtheiligen Geruche des faulenden Wassers.

2) Die Luft ist in eisernen Fahrzeugen weit kühler, und wenig wärmer als die Atmosphäre des Wassers.

3) Das eiserne Schiff Lander's wurde vom Blitz getroffen, aber die Wirkung war weit geringer als im ähnlichen Falle auf einem Schiffe von Holz.

4) Je größer man künftig die eisernen Schiffe bauen wird, desto dicker wird man die eisernen Platten nehmen müssen, aber wegen des großen körperlichen Inhalts eines großen Schiffes wird man doch im Verhältniß weit weniger Eisen verbrauchen als bei kleinern Schiffen.

Unleugbar wird aber diese Benutzung eiserner Fahrzeuge zu Kauffarteischiffen und die der viereckigen eisernen Kisten zu Wasserfässern, das Land noch reicher machen, welches auf der civilisirten Erde an Steinkohlen und an Eisen am reichsten ist und schon große Fabriken von Eisen gebaut hat; solche würden immer mehr erweitert, ja hie und da der Wohlfeilheit halber die Fußpfade in Städten mit Eisenplatten belegt. Wir denken hierbei an England und an die Möglichkeit, daß sich einst der Hauptbetrieb dieses Volkes nicht mehr in baumwollenen Geweben, sondern in Eisengießereien und deren Industrie äußern dürfte.

Reise einer Abtheilung von Auswanderern in Süd-Afrika.
(Schluß.)

Der obere oder nördliche Theil dieses Gebiets besteht aus einer hohen und rauhen Gebirgskette, theils mit Wald bedeckt, theils von tiefen und fruchtbaren Thälern durchschnitten, durch welche sich der Kat, der Koonan, der Mancagana, der Pavianfluß hinziehen, um sich in den großen Fischfluß zu ergießen. An der Quelle des Pavians- oder Caboonflusses lag unser Ansiedelungsplatz, in einer Entfernung von wenigstens hundert (englischen) Meilen von der nächsten englischen Niederlassung. Unsere Reise durch dieses Thal, von da, wo es aus den Gebirgen heraustrat, ungefähr zwanzig Meilen oberhalb Roodewal, dauerte fünf Tage, und war bei Weitem die beschwerlichste unsers ganzen Weges. Die Entfernung betrug nicht viel über dreißig englische Meilen; aber nachdem wir ein kurzes Stück in einem pittoresken Hohlwege zurückgelegt hatten, welcher gleichsam in das Herz der Berge einzudringen schien, so begegnete uns das Unglück, daß wir den Weg, zur Fortschaffung von Bauholz aus einem majestätischen Walde zur Rechten angelegt und noch in ziemlich gutem Zustande war, gänzlich verloren und gezwungen waren, uns in dem Affenthale durch Gesträuch und Gräben, durch Flußbetten und felsige Anhöhen, welche uns eine Reihe von Hindernissen in den Weg legten, deren Ueberwindung die äußerste Anstrengung des ganzen Zuges, und namentlich unserer erfahrenen afrikanischen Landesgenossen in Anspruch nahmen, einen Pfad buchstäblich auszuhauen.

Die Parthien, welche wir durchzogen, waren an manchen Stellen von der sonderbarsten und imponirendsten Art. Zuweilen öffnete sich das Thal, indem es dem Boden bis an das Ufer des Thals den Namen der fruchtbaren Savannas gewährte, mit Gesträuch und Gruppen von Mimosen übersäet, und mit üppigem Gras, das den Ochsen bis an den Bauch reichte, bedeckt war. Häufig traten die Berge wieder zusammen und bildeten einen engen Hohlweg, der aber breit genug war, um den Strom durchzulassen; während nackte Felsen gleich den Mauern einer Festung viele hundert Fuß steil in die Höhe stiegen, und an manchen Stellen ganz über den wild anzusehenden Paß, oder Poort, wie sie ihn nannten, hinauszuragen schienen. Manchmal war das mit prächtigen, von den Klippen herabgerollten Felsblöcken verstopfte, oder von den Fluthen des Stromes, wie ein marmorner Fußboden geglättete Bett des Flusses unser einziger Weg. In diesem Augenblicke war der Affenfluß nur ein unbedeutendes Wässerchen, welches lieblich seinen rauhen Pfad verfolgte, oder sich hier und dort in einem natürlichen Teich, Zeekon-Got (Flußpferdteich), gesammelt hatte; aber das Wassergras, welches oben an den Klippen und in den Spitzen der hohen Bäume hing, mit denen die Ufer dann und wann besetzt sind, war ein redender Beweis, daß dieses unbedeutende Wässerchen zu gewissen Jahreszeiten zum mächtigen und unwiderstehlichen Strom wird. Die steilen Hügel zu beiden Seiten nahmen oft höchst sonderbare malerische Gestalten an; sie bildeten gleichsam eine natürliche Verschanzung von Quadersteinblöcken, und hatten eine Besatzung von einem Heer großer Affen, welche diese Gebirge in großer Menge bewohnen. Die niedrigern Abhänge waren mit guter Weide bedeckt und mit Immergrün und Akazien überzogen, während die Gipfel der den Fluß überragenden Klippen mit verschiedenen Gattungen von saftreichen Pflanzen und blühenden Aloes geschmückt waren. An andern Stellen gewährten die vom Zahn der Zeit benagten Quader- oder Basaltfelsen einen höchst sonderbaren und grotesken Anblick; und es bedurfte nur eines geringen Grades von Phantasie, um sie für Tempelruinen der Hindus oder Aegypter zu halten, mit ihren halb zerstörten Obelisken, Säulen und Statuen von monströsen Gottheiten.

Es würde zu ermüdend seyn, wollte ich die Schwierigkeiten, Gefahren und Abenteuer beschreiben, auf die wir während unserer Reise in diesem afrikanischen Thale mit jedem Schritte stießen. Ich übergehe daher unsere Bergmannsarbeiten mit dem Beil, der Spitzart, dem Brecheisen und dem Schmiedehammer, so wie die Peitschenhiebe der armen Ochsen, deren zuweilen 20 bis 30 in einem Joch zogen, um den Wagen von der Stelle zu bringen. Endlich nach außerordentlichen Anstrengungen und den drohendsten Gefahren, nachdem einige unserer Wagen ganz, andere zum Theil zerbrochen waren, gelangten wir durch die letzte Pforte des Thales und fanden uns auf dem Gipfel eines Felsrückens, von dem man das äußerste Ende des Thales übersehen konnte. „Und jetzt, Mynheer", sagte der holländisch-afrikanische Anführer unserer Eskorte, „daar leg jun Weld", — da liegt Ihr Land! Indem wir nach der angegebenen Richtung hinblickten, sahen wir nordwärts ein schönes, 6 bis 7 Meilen langes und zwischen 1 bis 2 Meilen breites Thal. Es glich einem grünen Becken, von allen Seiten durch ein Amphitheater von steilen und unfruchtbaren Bergen, die sich im Hintergrunde in scharfen und gezackten Rücken von beträchtlicher Höhe erhoben, umgeben. Ihre Gipfel waren zu dieser Jahreszeit mit Schnee bedeckt und ragten 6—7000 Fuß über die Meeresfläche hervor. Die untern Abhänge waren sparsam mit Gras und Gestrüpp besetzt; aber der Grund des Thales, durch welches der junge Fluß sich wand, gewährte den Anblick eines warmen, angenehmen und abgeschlossenen Gartens, der sich in grünende Wiesen ausbreitete, und ohne überladen zu seyn, von weiten Mimosenhainen geschmückt und verschönert wurde, unter welchen wir in der Ferne Heerden von Antilopen und Quaggas in ungestörter Ruhe weidend bemerkten.

„Das ist also unser Erbe!" — sagte einer von der Gesellschaft, ein schottischer Ackersmann. „Na, da wir denn wirklich so weit gekommen sind, so muß ich gestehen, der Platz sieht nicht so ganz schlimm aus, und wird uns nicht übel zusagen; wenn es nur dort gutes tiefes Land für den Pflug giebt, und wenn wir nur einen gescheiten Weg finden aus diesem steilen Hochland in jenes Niederland, so gleicht es einem der besten in der Christenheit."

Mitten in das Thal hinabsteigend luden wir die Wagen ab, und befestigten unsere Zelte in einem Hain von Mimosen, an dem grasigen Ufer des Flusses. Am andern Tage brach unsere bewaffnete Eskorte mit ihrem zertrümmerten Wagen wieder auf und überließ uns unserm Muthe und unsern eigenen Hülfsmitteln.

Interessante Bemerkungen über die Wilden in Nordamerika.

Bei einer unparteiischen Prüfung der Sitten und Gebräuche verschiedener Völker werden wir vermuthlich finden, daß kein Volk so roh ist, daß es nicht einige Spuren von Bildung besitze, und keines so gebildet, daß nicht einzelne Ueberbleibsel von Rohheit bei ihm anzutreffen wären. So nennen wir z. B. die Indianer in Amerika Wilde; allein, wohlgemerkt, wir geben ihnen diesen Namen aufs geradewohl, weil ihre Gebräuche von den unsrigen, die wir für vollkommen civilisirt halten, verschieden sind; allein dabei ist auch zu bemerken, daß sie eine ähnliche Meinung von uns, wie wir von ihnen, haben, was aus nachstehenden Angaben erhellen wird.

Die Indianer sind Jäger und Krieger in ihrem kräftigen Alter, Räthe im Greisenalter; ihre ganze Regierung besteht in dem Rath der Weisen. Da ist keine Staatsgewalt, kein Gefängniß, kein Beamter, der Gehorsam verlangt oder Strafe erkennt. Sie studiren meistens die Redekunst, weil der beste

Redner den größten Einfluß hat. Die Weiber bauen das Feld, bereiten die Nahrung, erziehen die Kinder, sie bewahren und überliefern der Nachwelt das Andenken an alle öffentlichen Vorkommnisse. Diese Beschäftigungen der Männer und Weiber halten sie für naturgemäß und ehrenvoll. Da sie wenig künstliche Bedürfnisse haben, so bleibt ihnen Zeit und Muße genug, sich durch Gespräche zu unterhalten und zu belehren. Unsere arbeitsame Lebensweise halten sie, im Vergleich mit der ihrigen, für sklavisch und niedrig; die Gelehrsamkeit, worauf wir großen Werth legen, däucht ihnen eitel und nutzlos. Einen Beleg dafür gab der Vertrag von Lancaster in Pensylvanien, geschlossen im Jahr 1744 zwischen der Regierung von Virginien und den Sechs Nationen. Nachdem die Hauptgeschäfte beendigt waren, eröffneten die virginischen Commissäre den Indianern in einer Rede, daß in Williamsburg eine Schule mit einem Fonds für die Erziehung indianischer Knaben errichtet worden, und daß, falls die Sechs Nationen ein halbes Dutzend ihrer Jungen in jene Schule schicken wollten, die Regierung Sorge tragen werde, daß sie gut gehalten und in aller Wissenschaft der weisen Leute unterrichtet werden sollten. Es gehört zu den Regeln indianischer Höflichkeit, auf einen öffentlichen Antrag nicht an dem nämlichen Tage zu antworten, an welchem er gemacht wird; dies hieße, glauben sie, ihn als Nebensache behandeln, und indem sie sich Zeit nehmen, ihn zu erwägen, geben sie zu erkennen, daß sie ihn für eine wichtige Angelegenheit halten. Sie verschoben daher die Antwort auf den folgenden Tag. Ihr Sprecher begann mit dem Ausdruck des Dankes für das gefällige Anerbieten der Virginischen Regierung; „denn wir wissen", sagte er, „daß Ihr die Art des Unterrichts, welcher in den Schulen ertheilt wird, hoch achtet, und daß der Unterhalt unserer Knaben während ihres Verweilens in Eurer Mitte Euch große Kosten verursachen würde. Wir sind daher überzeugt, daß Ihr uns durch Euren Vorschlag etwas Gutes zu erweisen glaubt, und danken Euch herzlich. Allein Ihr, die Ihr weise seyd, müßt wissen, daß verschiedene Nationen verschiedene Begriffe haben; deshalb werdet Ihr es nicht übel nehmen, wenn unsere Ansichten über diese Art der Erziehung nicht mit den Eurigen übereinstimmen. Wir haben auch Erfahrungen darin gemacht. Einige unserer jungen Leute waren früher in den Schulen der nördlichen Provinzen erzogen worden — sie wurden in allen Euren Wissenschaften unterrichtet; als sie aber zu uns zurückkamen, waren sie schlechte Laufer, kannten nicht die Weise, in den Wäldern zu leben, waren unfähig, Kälte und Hunger zu ertragen, verstanden weder eine Hütte zu bauen, noch ein Thier zu erlegen, noch einen Feind zu tödten, sie redeten unsere Sprache unvollkommen, und waren daher weder zu Jägern, noch zu Kriegern, noch zu Räthen zu gebrauchen; sie waren mit einem Worte zu nichts nütze. Obgleich wir nun die Annahme Eures Antrags ausschlagen, sind wir Euch dennoch nicht weniger dafür verbunden; und um Euch unsere Dankbarkeit zu beweisen, wollen wir, wenn die Leute aus Virginien uns ein Dutzend ihrer Söhne schicken wollen, uns ihrer Erziehung sorgfältig annehmen, sie in Allem unterrichten, was wir wissen, und Männer aus ihnen machen." —

Da die Indianer häufig Gelegenheit haben, öffentliche Rathsversammlungen zu halten, so haben sie sich große Ordnung und Anstand in Gang und Leitung derselben angewöhnt. Die alten Männer sitzen in den vordersten Reihen, die Krieger hinter ihnen, und Weiber und Kinder in den hintersten. Das Geschäft der Weiber ist, genau aufzumerken auf das, was vorgeht, es ihrem Gedächtnisse einzuprägen und ihren Kindern zu erzählen. Sie sind die Archive der Rathsverhandlungen und bewahren die Ueberlieferung der Verträge von hundert Jahren her, welche die Amerikaner, wenn sie dieselben mit ihren schriftlichen Ausfertigungen vergleichen, immer genau finden. — Wer sprechen will, steht auf, die Uebrigen beobachten ein tiefes Schweigen. Wenn der Redner geendet hat, setzt er sich, und man läßt ihm fünf bis sechs Minuten Zeit, damit, wenn er etwas zu sagen oder beizufügen vergessen hat, er wieder aufstehen und sprechen kann. Einen Andern zu unterbrechen, auch in gewöhnlichem Gespräche, halten sie für sehr unschicklich. — Wie vortheilhaft zeichnen sich diese Gewohnheiten vor denen mancher civilisirteren Länder aus, wo man im Gespräche bei jedem Satze unterbrochen werden kann durch die Redegier Anderer.

Der Bernstein.

Der Bernstein, auch Agtstein, gelber Ambra, und von den Alten Succinum und Electrum genannt, hat seinen Namen von dem altdeutschen Worte börnen, das heißt brennen, weil er sich leicht, schon an der Flamme des Lichtes, entzündet und verbrennt, und von seiner durch Reiben mit Wolle leicht beförderten elektrischen Eigenschaft, welche schon in den frühesten Zeiten bekannt war, stammt die Benennung: Elektricität, her.

Wir kennen den Bernstein, von gelber und röthlicher Farbe, als Luxus- und Mode-Artikel heut zu Tage in allen Ständen; außerdem wird derselbe auch in der Arzneikunde, ferner zu Lackfirniß, zum Räuchern, da er schon auf glühenden Kohlen schmilzt, zum Einbalsamiren der Leichen u. s. w. gebraucht; aus dem ganz hellen können selbst Brennspiegel und Mikroskope gefertigt werden.

Aber auch den ältern Völkern war derselbe bekannt, und die griechischen Frauen schmückten sich schon zur Zeit des trojanischen Krieges (um das Jahr der Welt 2800) mit Hals- und Armbändern von Elektrum und Gold. Homer erwähnt desselben als etwas sehr Kostbaren, und den Asiaten diente er schon früh zum Räuchern bei heiligen Gebräuchen.

Der Bernstein ist daher, gleich den Metallen, schon seit langer Zeit sehr beliebt und gesucht gewesen, obgleich er, seinen Bestandtheilen sowohl als seinen Fundorten nach, nur ein verhärtetes, durch Zeit und Seewasser oder Mineralsäuren umgeändertes Baumharz, wahrscheinlich von einer besonderen, jetzt nicht mehr vorhandenen Baumgattung ist.

Bei der chemischen Zerlegung findet sich, daß der Bernstein zum größten Theil aus Kohlenstoff und öligen Bestandtheilen, mit wenig Erdarten, besteht; außerdem enthält er zuweilen auch eingeschlossene fremdartige Körper, als kleine Blätter, Moose, Sand, Wassertropfen, Insecten, Mücken, Spinnen, Ameisen und dergl., welche letztere jedoch von den jetzt lebenden Arten abweichen und mit einem wärmern Klima angehören, übrigens aber zum Beweise dienen, daß der Bernstein einst flüssig gewesen seyn muß.

Und wo wird dieses eben so merkwürdige als geschätzte Product der reichen Natur gefunden? In geringer Tiefe unter der Erdoberfläche, in Sand- und Thonschichten, besonders in den Lagen der Braunkohlen-Bildung mit dem in denselben vorkommenden bituminösen Holze; so in Italien, Spanien, Frankreich, in der Schweiz, in Grönland, in China, in Deutschland an verschiedenen Orten, vor allen aber am südlichen und östlichen Strande der Ostsee, an den preußischen und pommerschen, so wie auch an der russischen Küste, und hier wieder hauptsächlich in der Gegend von Danzig, Königsberg und Pillau, wo der Bernstein seit vielen Jahren ein wichtiger Handels- und Ausfuhr-Artikel ist. Dorthin schifften schon lange vor Christi Geburt, von der asiatischen Küste des mittelländischen Meeres her, die Phönizier, die Erfinder der Schiffbaukunst, und unternehmende Seefahrer, um Bernstein zu holen, und späterhin bezogen ihn auch die Römer von da zu Lande, um ihn zu allerlei Zierrathen zu benutzen.

An dem bezeichneten Hauptfundorte des Bernsteins wird derselbe, da er so leicht ist, daß er auf dem Wasser schwimmt (nicht auf süßem), theils mit kleinen Netzen gefischt, theils, und zwar besonders nach heftigen Seestürmen an der Küste zusammengelesen, theils auch gegraben; letzteres nahe am Ufer und nur zu einer Tiefe von etwa 10 Fuß unter dem Meeresspiegel, in Sand- und Thonschichten mit Braunkohle.

Seit längerer Zeit schon werden dort diese Arbeiten, als ein Gegenstand von Wichtigkeit, für landesherrliche Rechnung betrieben, und obwohl dieselben bereits seit mehreren 1000 Jahren fortgesetzt worden sind, so hat doch noch keine eigentliche Abnahme, besonders des dem Meere abgewonnenen und von diesem in fast immer gleicher Menge ausgeworfenen Bernsteins Statt gefunden, was auf sehr bedeutende Niederlagen davon auf dem Seegrunde schließen läßt.

Nach seiner Güte, Reinheit und Größe der Stücke wird der Bernstein für den Handel in verschiedene Sorten getheilt, als Sortimentsstücke, zu Schmuck- und Kunstsachen; Tonnensteine, für die Arzneikunde, zum Räuchern u. dgl. m., Firnißsteine, Schlick, Abfall u. s. w., welche dann auch in verschiedenen Preisen stehen.

Vorzüglich schöne Stücke, sowohl rohe als verarbeitete, erstere zum Theil mit bituminösem Holze verwachsen, enthält die im Königl. Schlosse zu Berlin aufgestellte, in jeder Hinsicht sehr reichhaltige und sehenswerthe Kunst- und Naturalienkammer. Die größten Stücke sind, jedoch als Seltenheit, bis zu der Größe eines Menschenkopfes und bis zu dem Gewichte von 13 Pf. bekannt.

Der Geldwerth des an den preußischen Küsten jährlich gewonnenen und von da in den Handel gebrachten Bernsteins kann in runder Summe zu 30,000 Thlr. angenommen werden, wovon etwa $2/3$ auf Ostpreußen und $1/3$ auf Pommern kommen.

In den Braunkohlen-Lagern Thüringens und anderer Gegenden kommen noch zwei dem Bernstein anscheinend sehr nahe stehende Naturproducte in kleinen Stücken vor; der Honigstein und der Retinit, von denen der erstere, welcher übrigens der seltenere ist, mit jenem nicht verwechselt werden darf; der letztere aber dem Bernstein ziemlich nahe verwandt zu sein scheint, obschon derselbe an äußerem und innerem Werthe gegen diesen weit zurücksteht, und zu gleichartigen Zwecken bis jetzt nicht benutzt wird.

Woche.

Am 31. Mai 1307 kam es zwischen Albrecht I., Kaiser von Oestreich, und dem Landgrafen von Thüringen, Friedrich mit der gebissenen Wange, und seinem Bruder Diezmann bei Luckau zur heftigen Schlacht. Die Thüringer und Meißner behaupteten das Feld, nachdem die Kaiserlichen mehr als 5000 Mann verloren hatten.

Am 1. Junius 1795 starb Peter Joseph Dechault, Oberwundarzt am Hotel de Dieu zu Paris, einer der größten Wohlthäter seiner Zeitgenossen. Er war der Sohn bemittelter Landleute und studirte im Militärhospital zu Befort die Anfangsgründe der Arzneikunde. Im Jahr 1776 wurde er ordentliches Mitglied des Collegiums der Wundärzte zu Paris und noch im nämlichen Jahre öffentlicher Lehrer der Anatomie. 1785 wurde er Oberwundarzt des klinischen Instituts des Hotel de Dieu, woselbst er Verbesserer und Erfinder verschiedener chirurgischer Werkzeuge wurde. 1794 wurde er, als verdächtig erklärt, seiner Stelle entsetzt und in Arrest gebracht. Doch bestürmten seine Freunde die Richter dergestalt, daß er nach 3 Tagen wieder frei wurde. Im Jahr 1795 bekam er ein bösartiges Fieber, an welchem er starb.

Am 2. Junius 1634 eroberte Kurfürst Georg Wilhelm von Sachsen, der sich mit den Schweden vereinigt hatte, nach der Uebergabe von Frankfurt die preußische Stadt Crossen, wodurch die Mark wieder völlig von den Kaiserlichen gereinigt ward. Mit der Ermordung Wallensteins (zu Eger in obengenanntem Jahre) war das Glück von den österreichischen Fahnen gewichen; dagegen machten die Sachsen, Brandenburger und Schweden große Fortschritte in Schlesien und Böhmen.

Am 3. Junius 1814 erließ Friedrich Wilhelm III. aus Paris ein Schreiben an sein tapferes, sieghaftes Heer, in welchem er es für den Muth lobte, mit dem es seinem Vertrauen und des Vaterlandes Erwartung entsprochen, den es in funfzehn Hauptschlachten und beinahe täglichen Gefechten bewiesen habe.

Am 4. Junius 1796 wurden Deutsche durch Franzosen bei Kroppach und Hachenburg (in Nassau) geschlagen. Die kaiserliche Feldbäckerei, ein großer Theil der Bagage, selbst die des Prinzen Ferdinand von Würtemberg, fiel den Siegern in die Hände, auch geriethen einige ganze Heeresabtheilungen in feindliche Gefangenschaft. Dadurch wurde der Plan des Prinzen, die Thäler bei Hachenburg zu behaupten, zerstört, und er war genöthigt, sich nach Freilingen zurückzuziehen.

Am 5. Junius 1796 ergab sich die Festung Luxemburg (im Großherzogthume gleiches Namens) den Franzosen. Die Besatzung von 11596 Mann mußte drei Tage nachher abziehn und Waffen, Bagage, Pferde, Fahnen, Feldstücke, Munitionswagen x. zurücklassen. Die Eroberer bekamen 819 Stück Kanonen, einen großen Schatz von Silber und andern Kostbarkeiten, die in die Festung geflüchtet worden waren, und die französischen Kriegsgefangenen mußten ohne Auswechselung zurückgegeben werden.

Am 6. Junius 1537 mußte sich Papst Clemens VII. nach einer sehr harten Belagerung an den deutschen Kaiser Karl V. auf Gnade und Ungnade ergeben. Clemens selbst ward Gefangener; er mußte der kaiserlichen Armee viermalhunderttausend Dukaten bezahlen, dem Kaiser alle festen Plätze des Kirchenstaats einräumen und Geiseln stellen.

Verlag von Bossange Vater in Leipzig.
Unter Verantwortlichkeit der Verlagshandlung.

Das Pfennig-Magazin

der

Gesellschaft zur Verbreitung gemeinnütziger Kenntnisse.

58.]   Erscheint jeden Sonnabend.   [Juni 7, **1834**.

Durchbruch der Deiche in Holland.

Kein Land ist den verderblichen Ueberschwemmungen mehr ausgesetzt als Holland, weil es sehr niedrig und flach ist. Um die daraus entstehenden Gefahren abzuwenden, hat man das Land mit Deichen oder Dünen durchschnitten, die mit großem Scharfsinn und vieler Mühe angelegt worden sind. In vielen Fällen hat es sich nun bewiesen, daß die Kunst der Gewalt der Natur widerstehen kann; oftmals aber hat sich die Natur wie die Erdbeben in ihrer Obergewalt behauptet, und die hier vorgestellte Abbildung zeigt eine solche fürchterliche Ueberschwemmung in ihrer schrecklichsten Gestalt. Diese Begebenheit fand den 19. November 1411 statt, und ihre Schrecken waren um so größer, da der Durchbruch in der Nacht geschah. Bei dieser Gelegenheit wurden die Dämme von der vereinigten Kraft der Winde und Wellen durchbrochen, und der ganze südliche Theil von Holland überfluthet und verheert. Außer den Rittergütern wurden 72

Dörfer fortgerissen, und an 100,000 Menschen fanden in diesen Fluthen den Tod. Eine gleiche Begebenheit, jedoch mit geringerem Menschenverlust, fand 1430 statt. Durch eine solche Fluth ist auch der Zuydersee entstanden.

Der Nutzen der Astronomie.

Das unverdiente Schicksal, verkannt zu werden, trifft nicht nur einzelne Gelehrte, sondern auch ganze Wissenschaften. Wie oft hört man die Aeußerung: „Zu was nützt die Astronomie?" von Leuten, welche dem Verdienste dieser Wissenschaft ihren Wohlstand, wenn auch nicht auf eine unmittelbare, doch auf eine mittelbare Weise zu verdanken haben. Selbst Derjenige, der seine Lebensfreuden nur in materiellen Genüssen sucht, hat keineswegs Ursache, der genannten Wissenschaft, in seiner eigenthümlichen Lebensansicht zu Gute kommendes Verdienst abzuleugnen. Denn wenn es von Verstandesbeschränktheit zeugt, in Beziehung auf ein Ereigniß, oder auf irgend eine Wirkung nur die nächstvorhergehende Ursache im Auge zu haben, so muß es gleicherweise von Kurzsichtigkeit zeugen, eine Wissenschaft aus dem Grunde zu verachten, weil sie mit unsern Verhältnissen nicht in der nächsten Berührung, mit unsern Geschäften nicht in unmittelbarem Zusammenhange steht. Letzteres ist nun der Fall mit der Astronomie. Wenn einige Männer des Alterthums ihr den Vorwurf machen, daß sie eine Tochter der Trägheit sei, so können wir nicht umhin, ihnen diese Ansicht geradezu streitig zu machen. Es ist wahr, die ältesten Spuren von astronomischen Beobachtungen finden sich bei dem Hirtenvolke der Chaldäer. Daß aber die Einförmigkeit ihres Geschäftes, Heerden zu hüten, ihnen nicht zusagte, ihren Forschungstrieb erweckte, und zum Lasurgewölbe des gestirnten Himmels ihre Blicke lenkte, kann ihnen nur zur Ehre gereichen. Durch das Unedle ihrer Quelle verliert die Wissenschaft nichts von ihrer Größe, und sicher würde die Beobachtung der Gestirne aus reinem Forschungsgeiste spätern Zeiten und andern Völkern vorbehalten gewesen sein, wenn sie bei den Chaldäern nicht ihren Anfang fände.

Gewiß ahnete dieses Volk nicht, daß die Astronomie noch eine so große Ausdehnung gewinnen und den Scharfsinn in einem so hohem Grade einst in Anspruch nehmen würde, als sie es in den letzten 30 Jahren that. Jetzt sehen wir sie auf einer Höhe, von welcher aus sie sich nur durch Hülfe neuer Berechnungsweisen, oder durch Verbesserung der Messungs- und Beobachtungsmittel zu noch höheren Sphären hinanschwingen kann. Aber nur allein um das zu wissen, was gegenwärtig geleistet worden ist, bedarf es schon mehr als eines Menschenalters. Daß die Wahrheiten ihrer Forschungen sich bestätigen, zeigt das stets pünktliche Eintreffen der Sonnen- und Mondfinsternisse und vieler andern Himmelserscheinungen. Gibt es nun gleichwohl weniger Zweifler an der Richtigkeit der Resultate der Astronomie, so gibt es deren um so mehr hinsichtlich ihres Nutzens. Gleichwohl ist die Astronomie die nützlichste aller Wissenschaften; sie ist es sogar noch dann, wenn wir den Begriff Nutzen im Sinne Derjenigen nehmen, deren vornehmstes Streben auf sinnliche Genüsse und körperliche Behaglichkeit gerichtet ist. Sie mögen nun einmal ihr gesammtes Besitzthum und ihre täglichen Genüsse durchgehen und fragen: Was ist Product meines Vaterlandes, was ist Product überseeischer Länder, und sie werden wenigstens eingestehen müssen, daß gerade ein sehr großer Theil derjenigen Naturerzeugnisse, auf deren Genuß oder Benutzung sie einen Werth legen, uns auf Schiffen von entfernten Ländern zugeführt wird. Aber welch ein gefahrvolles Unternehmen würde es nicht sein, sich mit dem Schiffe in die offene See hineinzuwagen, ohne ein sicheres Mittel zu haben, seinen Lauf zu regeln und den Ort seines Befindens zu bestimmen. Ohne die Astronomie wäre das Schiff in steter Gefahr, an Klippen und Felsen geschleudert zu werden; ohne jene erhabene Führerin würde es irre umherwandern auf den sturmbewegten Fluthen, würde nur aufs Gerathewohl der Küste eines fernen Welttheils zusegeln, und an dieser Küste streifend, in der steten Gefahr zu scheitern, den ersehnten Hafen finden. Nun ist aber keine Schifffahrt gefährlicher als die Küstenschifffahrt, und selbst die erfahrensten Seeleute sind ruhiger auf offenem Meere, als in der Nähe des festen Landes. Gesteht man nun zu, daß ohne den Handelsverkehr die Civilisation eines Volkes immer beschränkt bleibt, daß es ohne ihn keinen Wohlstand gibt, so räumt man schon mit jenem Zugeständnisse den Nutzen der Astronomie ein. Ohne die Astronomie gäbe es großartige Handelsunternehmungen nicht; durch den Handel wurden Länder und Städte, welchen die Muttererde nur dürftige Nahrung reichte, blühend; ohne den Handel wären Holland und England und Nordamerika nicht die Nationen geworden, welche sie jetzt sind. Sie müßten sich an den Ackerbau halten, aber dieser allein kann ein Volk nur auf eine mittelmäßige Bildung heben. Der Weltmann, welcher die Astronomie verachtet, gehe nur einmal flüchtig die Gegenstände durch, welche er der Ausbreitung des Handelsverkehrs über die ganze Erde verdankt, und er wird sich über den kleinen Rest der Genuß-, Bequemlichkeits- und Luxus-Gegenstände verwundern, auf welche ihn die Nichtexistenz des großen Welthandels beschränkt würde. Wer den Nutzen der Astronomie leugnet, müßte somit auch den äußern Nutzen des Handels leugnen, und was sich zum Vortheil dieses sagen läßt, ist dann ohne Zweifel Verdienst der Astronomie. Ungleich höher steht jedoch der innere Nutzen, welchen die große Wissenschaft der Astronomie auf Verstand und Herz ausübt. Kein Studium nimmt so sehr den Scharfsinn in Anspruch, als die Anwendung des höheren Calculs auf die Berechnung der Bahnen der Himmelskörper, auf die Bewegung der Erde u. s. w. Es ist unglaublich, mit welchen Schwierigkeiten astronomische Berechnungen verbunden sind; aber um so größer ist der Triumph des menschlichen Geistes, wenn er sie überwältigt, um so belohnender ist die Ueberzeugung, daß seine Berechnungen sicher waren, und sie ist dann für ihn eine einzige Genugthuung. Aus pecuniären Rücksichten wird Niemand Astronom; nur das innere geistige Bedürfniß, einen würdigen Gegenstand für die Uebung des Scharfsinns zu haben, kann allein die Triebfeder zum Studium der Astronomie wie zu dem der Mathematik sein. Unter den humanistischen Studien sollte aber die Astronomie mit oben an stehen. Denn durch sie gewinnen erst andere Wissenschaften an Ausdehnung, Vollkommenheit und sicherm Halt; ohne Astronomie gibt es keine Geographie; die Naturkunde bleibt stets beschränkt, denn ohne naturhistorischen Verkehr mit Amerika würde die Naturbeschreibung noch auf dem nämlichen Standpunkte stehen, wie vor 3—400 Jahren. Durch sie nur lassen sich so manche merkwürdige Erscheinungen, wie Ebbe und Fluth, erklären. Durch sie läßt sich das Eintreffen der Springfluthen bestimmen, von welchen zu Zeiten Küstenländer heimgesucht werden, und deren Bewohner dann die erforderlichen Maßregeln gegen die durch Ueberschwemmungen herbeizuführenden Verluste treffen können. Ohne Astronomie giebt es keine höhere Feldmeßkunst, denn große Länderstrecken können ohne Hülfe der Astronomie gar nicht gemessen werden. Ohne Astronomie giebt es keine, oder doch nur eine sehr ungenaue Zeiteintheilung, wie die Geschichte dieser Wissenschaft hinlänglich beweiset. Den mächtigsten Einfluß üben jedoch die Resultate astronomischer Forschungen auf unsere religiöse Ueberzeugung. Es ist wahr, wir finden in der organischen Natur mehr Unerklärbares als in der unorganischen. Schon Kant sagt: „die Construction einer Raupe ist schwerer zu erklären als die Einrichtung des ganzen Weltgebäudes". Das aber ist ja eben der untrüglichste Beweis von dem Dasein eines höchsten Wesens, wenn wir die ewigen, durch den Verstand eingesehenen Naturgesetze an den Himmelskörpern verwirklicht finden. Wenn es für die Größe des menschlichen Verstandes kein besseres Zeugniß giebt als die Ermittelung und Entdeckung jener mächtigen Kraft (Gravitation), welche die Himmelskörper entweder in abgemessenen Entfernungen hält oder ihnen bestimmte Bahnen anwies, in welchen sie ihren ewigen Weg dahinrollen sollen, so kann es kein besseres Ueberzeugungsmittel von der Größe, Weisheit und Allmacht des Schöpfers geben als jene von ihm in das Weltall gelegte Kraft, welche das ganze Universum durchdringt.

Dr. R.

Der Orinoco und seine Wasserfälle.

Nicht minder großartig und interessant, als es in Nordamerika der berühmte, gegen 200 Fuß hohe Wasserfall ist, welchen der obere Theil des Lorenzflusses, der Niagara, zwischen den beiden Landseen Erie und Ontario bildet, sind die Wasserfälle des Orinoco im nördlichen Theile von Südamerika, ob sie gleich von Europäern seltener besucht und von jenem auch dadurch unterschieden sind, daß sie nicht in einem Falle herabstürzen, sondern aus einer zahllosen Menge kleiner Cascaden bestehen, welche stufenweise auf einander folgen. Der Orinoco durchströmt den jetzigen Staat Columbia in der Hauptrichtung von West nach Ost, und ergießt sich in der Nähe der Insel Trinidad mit vielen Mündungen in den atlantischen Ocean, welchem er hier eine so gewaltige Menge süßen Wassers zuführt, daß Columbus, als er auf seiner dritten Reise nach der neuen Welt, im Monat August 1498, hier die Küsten des Festlandes von Südamerika entdeckte, sogleich zu dem Schlusse veranlaßt wurde, ein so bedeutender Strom könne nicht aus einer Insel, sondern müsse aus einem großen zusammenhängenden Lande kommen, welches er jedoch anfangs für einen Theil der Ostküste Asiens, so wie den Orinoco für einen der vier Flüsse des alten Paradieses hielt.

Auch setzt die Wassermasse des Orinoco diesen Fluß seinen südamerikanischen Brüdern, dem Amazonen- und la Plata-Strome, an die Seite, obgleich jener, der längste aller Flüsse (720 geogr. Meilen), denselben an Länge, der letztere ihn aber an Breite übertrifft, welche an der Mündung des la Plata 23 geogr. Meilen beträgt, während dieser Strom jedoch weniger lang und tief als der Orinoco ist.

Der Orinoco hat dagegen eine Länge von 280 geographischen Meilen, was zwar weniger als die Länge der Donau, aber noch etwa 100 Meilen mehr als die des Rheins beträgt, und in der Mitte seines Laufes beträgt dessen Breite nahe an 16,000 Fuß. Der ganz eigenthümliche Umstand, daß das Wasser desselben die angrenzenden Felsen häufig schwarz färbt, giebt übrigens zu der, auch bei andern Strömen gemachten Beobachtung Veranlassung, daß der Wasserstand vor Zeiten bedeutend, an manchen Stellen 150—160 Fuß höher, also der Fluß selbst weit mächtiger gewesen ist als jetzt; ja man findet in solchen gegenwärtig unzugänglichen Höhen des ehemaligen Wasserspiegels an manchen Felsenwänden Bilder der Sonne, des Mondes und verschiedener Thiere eingegraben, welche nach der Sage der Eingeborenen ihren Ursprung jener Zeit zu danken haben, wo noch bei höherem Wasserstand von ihren Vorfahren beschifft worden.

Demungeachtet ist die Wassermenge des Orinoco immer noch sehr bedeutend und macht es erklärbar, daß das Getöse der bereits erwähnten Cascaden desselben, welche in der Nachbarschaft der Ortschaften Atures und Maypures liegen, wo der Fluß noch eine Breite von 8000 Fuß hat, so weit hörbar ist in der Ferne und betäubend in der Nähe ist, obschon die einzelnen stufenweisen Wasserfälle meist nur einige und nicht über 10 Fuß hoch sind und die gesammte Höhe desselben oder des sogenannten Randals nur etwa 30 Fuß beträgt.

Der Rhein fällt dagegen bei Schaffhausen 70 Fuß tief, gleichwohl hört man das Geräusch dieses Falles weniger weit, und nur in der Nachtzeit, wo der Schall in einer größern Entfernung gehört wird, zwei Meilen weit.

Auch in den waldigen Einöden des Orinoco, wo die an andern Orten statt findende Ruhe der Nacht hierzu nichts beitragen kann, vernimmt man während derselben das Getöse dreimal stärker als bei Tage, wovon der Grund nur in einer veränderten Temperatur der Luftschichten zu suchen ist. Jene Wasserfälle bilden eine meilenlange schäumende Fläche, aus welcher schwarzgefärbte Felsen wie alte Burgen majestätisch hervorragen, und jede Insel, jeder Stein ist mit üppigem Grün und Gebüsch geschmückt. Dichter Nebel schwebt immerwährend über dem nie ruhenden Wasserspiegel, und durch die nasse Schaumwolke ragen die Gipfel hoher Palmen hervor. Wenn sich hier im feuchten Wasserstaube der Strahl der glühenden Abendsonne bricht, so entzückt ein optischer Zauber; farbige Bogen steigen empor, verschwinden und kehren wieder, im Spiel der Lüfte schwanken die ätherischen Bilder.

In der Nähe des Randals befinden sich auch die Höhlen von Mamipe, die Grüfte eines untergegangenen Völkerstammes, der Aturer, in deren einer A. von Humboldt und Bonpland im Jahre 1800 ungefähr 600 Skelette, in eben so viel Körben, aus Palmblätterstielen geflochten, zählten, alle wohl erhalten und mit gereinigten, zum Theil gebleichten Knochen; auch fanden sie daselbst Urnen von hellgebranntem Thone, von ovaler Form, mehrere Fuß hoch und lang, mit Henkeln in Gestalt von Krokodillen, Schlangen u. s. w. und am obern Rande mit Verzierungen, denen an den Wänden des mexikanischen Palastes bei Mitla und an den Schilden der Otaheiter ähnlich, deren Alter jedoch nicht genau ermittelt werden konnte.

Zu den merkwürdigen Eigenthümlichkeiten des

Orinoco gehört außerdem noch das seltene, vielleicht einzige Beispiel, daß derselbe einen bedeutenden Arm, den Caosiquiare, gegen Süden in ein anderes Stromgebiet, in den Rio negro absendet, welcher in den Amazonenfluß mündet, und somit eine natürliche Verbindung mit diesem herstellt.

Auch ist in seinem obern Theile und einigen Nebenflüssen die räthselhafte Erscheinung des sogenannten schwarzen Wassers wiederholt zu beobachten, indem dieses von kaffeebrauner, im Schatten der Palmengebüsche von tintenschwarzer, in durchsichtigen Gefäßen von goldgelber Farbe erscheint, womit zugleich eine wunderbare Klarheit verbunden ist, so daß bei ruhiger Oberfläche die Gestirne sich prachtvoll darin spiegeln, was den sternhellen Nächten in jenen Gegenden einen eigenthümlichen Reiz verleiht.

Behandlung der Sklaven.

George Cruikshank del.

Folgende Erzählungen aus einer englischen Schrift sind durch die Wahrheit begründet.

Eben hatten wir den Hafen St. Thomas verlassen und richteten unsern Lauf nach der Insel St. Croix, als der Schiffs-Capitain einen Negerjungen auf die Spitze des Mastes hinaufschickte, um die Flagge herabzunehmen; beim Abbinden verlor er die Haltung und fiel ins Meer. Er ruft um Hülfe, aber der grausame Capitain will kein Boot aussetzen lassen, um ihn herauszuholen. Der Hund des Capitains sieht den armen Jungen im Wasser, springt über Bord und ergreift den Arm des Jungen. Der Hund wird von seinem Herrn mehrmals gerufen, aber er folgt nicht. Als Jener seinen Hund zu verlieren fürchtet, läßt er ein Boot aussetzen; allein so bald der arme Junge das Schiff besteigt, schlägt er ihn unbarmherzig, weil er die Flagge verloren hat.

In Isle Maurice wurde Jemand ausgeschickt, einige neue Neger zu verhaften. In dem Berichte darüber kommt folgende Stelle vor: Ich glaube mich einer Pflicht gegen die Menschheit zu entledigen, wenn ich benachrichtige, daß ich beim Durchsuchen der Hintergebäude zwei Knaben von etwa 10—12 Jahren fand, welche man peitschte; die armen Kinder hatten schwere Ketten am Halse, lagen mit dem Gesichte auf dem Boden, so daß der Rücken der glühendsten Sonnenhitze ausgesetzt war. Als ich beim Anblick dieser Grausamkeiten meinen Abscheu ausdrückte und nach ihrem Verbrechen fragte, sagte man mir, daß sie fortgelaufen wären und im Zuckerrohr Feuer angemacht hätten. Die Kinder gestanden, daß sie hätten fortlaufen wollen, und durch meine Vermittelung wurden sie in ein Gebäude gebracht.

In Neu-York wurde ein gewisser Hoffmann wegen harter Behandlung eines Kindes, das unglücklicher Weise sein Sklave war, dreimal vor Gericht gefodert. Ein Zeuge sagte aus, daß Hoffmann die Hände des Kindes zusammen gebunden, sie mit einem an die Wand befestigten Stricke über den Kopf gezogen und die Füße desselben mit einem andern Stricke an den Fußboden befestigt hätte. Dann peitschte er das Kind mit einer Pferde-Peitsche so heftig, daß beim ersten Schlage Blut hervorkam, und auf solche Weise brachte er ihm an 140 Hiebe bei, bis der Strick riß und der Knabe auf den Fußboden fiel. Noch hatte er seine Wuth nicht gesättigt und gab dem zu seinen Füßen ausgestreckten Opfer noch 40 Hiebe, und so groß war die aus dem entstellten Körper hervorströmende Menge Blutes, daß eine Frau gerufen wurde, um es abzuwischen. Um die Marter des armen Geschöpfes zu vergrößern, wurden die Wunden mit einer Mischung von Salz und Branntwein belegt. Ein anderer Zeuge sagte aus, daß Hoffmann zu einer andern Zeit den Knaben noch grausamer gemartert habe. Er stopfte ihm zwei Eßlöffel Salz in den Hals hinab, um ihm Durst zu erregen, und sperrte ihn dann in ein kleines, unbequemes, fürchterliches Kämmerlein ohne Speise und Trank 14 Tage lang ein. Diese Grausamkeit war um so größer, da das Kind noch zu jung war, um eine Ursache dazu gegeben haben zu können, und es war sich auch keines Vergehens bewußt. Dieses Ungeheuer wurde zu 150 Dollars Strafe verurtheilt, und mußte sich unter einer Bürgschaft von 2000 Dollars verpflichten, den Knaben mit mehr Menschlichkeit zu behandeln. Dessen ungeachtet trieb Hoffmann seine Grausamkeiten fort, bis das Gericht ihn in Anklagestand versetzte; aber er zog vor, den Knaben frei zu lassen, als nochmals Rede zu stehen, und so hatte die Sache ein Ende.

Behandlung der Sklaven.

Ein Geistlicher erzählt: Eines Tages wurde ich zu einem Matrosen gerufen, der seinem Ende nahe war. Als ich zu ihm von Reue sprach, sah er düster und traurig vor sich hin und wendete sich von mir; ich sprach zu ihm von Gott, er blieb still; von der Gnade Gottes, und er brach in Thränen aus und klagte: „O ich darf keine Gnade Gottes erwarten. Zehn Jahre war ich auf einem Sklaven=Schiffe und hatte die Aufsicht über die Kranken und ihren grausamen Tod. Vielmals wurde ein kranker Vater, eine kranke Mutter, ein neugebornes Kind unter Angstgeschrei ihrer Verwandten in einen Lappen gewickelt und über Bord geworfen. Ach, ihr Geschrei quält mich nun Tag und Nacht, ich habe keinen Frieden und kann keine Gnade erwarten.

Ein Herr W. hatte die Gewohnheit, nicht blos seine Neger grausam zu züchtigen, sondern auch seine Haushälterin, eine Mulattin,*) zu schlagen, und da er einst wüthender als gewöhnlich war, traf er sie mit einem Gewehr und tödtete sie auch auf der Stelle. Es waren nur Sklaven zugegen, und einer derselben lief sogleich ins Dorf und schrie wiederholt: Massa hat Mussas getödtet! — Dieser Herr, wie er dort heißt, wurde deshalb vor Gericht gefodert; aber keineswegs bestraft, weil Beweise fehlten! denn das Zeugniß der Sklaven ist nicht gültig.

Petrarca.

Zu den Männern, welchen die Menschheit viel verdankt, indem sie die Wissenschaften wieder ins Leben riefen, als tiefe Finsterniß fast die ganze Erde bedeckte, gehört besonders Franz Petrarca, geboren am 20. Jul. 1304 zu Arezzo im florentinischen Gebiete, einem Orte, der auch durch den ihm unmittelbar vorausgegangenen Dante und seinen Zeitge-

*) Die von den Europäern und Negern Erzeugten heißen Mulatten.

Petrarca.

nossen Boccaccio berühmt geworden ist. Selten wird wohl eine Stadt in so kurzer Zeit die Wiege dreier solcher Heroen in der Literatur gewesen sein. Petrarca's Vater war Rechtsgelehrter in Florenz, aber kurz vor der Geburt seines Sohnes, in Folge der damals in Italien so häufigen Bürgerkriege zu fliehen genöthigt worden. Auch der junge Petrarca sollte sich der Rechtswissenschaft widmen, allein Virgil und Cicero galten ihm mehr als der Codex des Justinian, und obschon seine Lieblinge vom strengen Vater öfters weggenommen wurden, so wuchs doch gerade dadurch seine Neigung zu den Alten nur noch mehr, und als sein Vater starb, da F. Petrarca kaum 22 Jahr alt war, hinderte ihn nichts mehr, sich ihnen ganz hinzugeben. Er wählte nun den kirchlichen Stand, ohne aber je die Weihen zu empfangen, und begnügte sich stets nur mit mehreren Pfründen, womit man sein bald erwachendes Dichtertalent belohnte. Durch dieses hat eigentlich Petrarca seinen Namen auf ewige Zeiten berühmt gemacht, ob es schon keineswegs sein einziges Verdienst war, und ein Ereigniß, das seinem Leben eine besondere Richtung gab, trug zur Entwickelung des erstern wesentlich bei. Im 27sten Jahre sah er nämlich zu Avignon die Gemahlin des Herrn Hugo de Sades, Laura, die als ein Ideal an Geist und Körper von ihm angebetet und in hundert Sonnetten und Canzonen als Göttin, als Geliebte besungen wurde, so daß ihr Name ewig jung bleiben wird wie der seinige. Manche haben geglaubt, daß sie gar nicht existirt habe, sondern nur ein Kind der edelsten, für die höchste Anmuth befeuerten Phantasie gewesen sei; allein dem scheint der Inhalt vieler Sonnette und die spätern Angaben in seinen Briefen und seinen andern prosaischen Schriften doch sehr zu widersprechen. Genug, durch diese rein idealisch gebliebene Liebe erwachte sein Dichtergenius, und was dieser hinterlassen hat, gründete seinen Ruhm für immer, ob er schon noch auf andere Art nicht weniger ausgezeichnet war. Petrarca unternahm nämlich auch Reisen durch den größten Theil Europas. Er besuchte Spaniens Küsten, er kam nach England, er durchwanderte die Städte am Rhein bis nach Flandern hinab, er ging nach Paris und Prag. Theils trieb ihn Wißbegierde in solche fremde Gegenden, theils verhandelte er Staatsgeschäfte; denn er stand bei Königen und Fürsten wegen seiner Kenntnisse und Talente in großer Achtung und Gnade, namentlich auch beim deutschen Kaiser Karl IV. Nicht geringer verdient Petrarca als Beförderer der alten Sprachen unsere dankbare Achtung. Er zog Cicero's Briefe aus dem Staube hervor, er sammelte Manuscripte, er betrieb mit Boccaccio eifrig das Griechische. Allgemein erkannte man solch edles Streben an, und so ward er in Rom 1340 feierlich als Dichter auf dem Capitol gekrönt, aber sonderbar genug, geschah dies nicht wegen seiner herrlichen italienischen Sonette, Canzonen ec., sondern in Folge eines nicht vollendeten, längst vergessenen lateinischen Gedichts, Namens Africa. Zwölf junge Patricier, in Scharlach gekleidet, sechs Abgeordnete aus den ersten Häusern in grünem Sammet mit Blumenkränzen, führten ihn nebst Prinzen und Edeln den Berg hinauf, wo der Graf von Anguitlar, als Senator, die Sella curulis einnahm. Jetzt rief ein Herold Petrarca's Namen. Er stand da und hielt eine Rede über eine Stelle aus dem Virgil, flehte Segen auf Rom herab, kniete vor dem Senator hin und empfing den Lorberkranz mit dem Rufe: „Zum Lohne des Verdienstes!" Das Volk jubelte: „Es lebe das Capitol und der Dichter!" Mit einem Sonette dankte er und hing dann den Kranz am Grabe St.=Peters auf. Das dem Dichter ausgehändigte Pergament besagte, daß nach Verlauf von 1300 Jahren der Titel und die Freiheiten eines gekrönten Dichters wieder ins Leben gerufen worden sey und er auf immer das Recht habe, nach eigner Wahl einen Lorber=, Epheu= oder Myrtenkranz zu tragen, sich als Dichter zu kleiden, zu disputiren, zu schreiben wo und wie er wolle. Petrarca wechselte seinen Aufenthalt sehr oft, brachte aber die letzten Jahre im Städtchen Arqua, einige Meilen von Padua, zu, wo ihn 1374 am 19. Juli der Schlag mitten im Studiren rührte. Man fand ihn mit dem Haupte auf einem Buche liegend. Er war also volle 70 Jahre alt geworden. Hier liegen auch seine Gebeine, fern von denen der angebeteten Laura, welche schon lange, 1348, ein Opfer der Pest geworden, aber nie von ihm vergessen worden war.

Skizzen aus Norwegen.

Der Name Norwegen erweckt bei Vielen nur den Gedanken an ein kaltes, winterliches Land, ohne Segen der Natur, Aufenthalt eines halb civilisirten rauhen Volkes. — Solche Ideen werden aber bald geändert, wenn man näher mit diesem Lande und seinen Bewohnern bekannt wird. — Norwegen ist ein gebirgiges und größtentheils ein Hirtenland, mit großen Wäldern, die vortreffliches Bauholz liefern. Die Bewohner haben jene einfachen Tugenden, welche man bei Völkern findet, die wenig verkehren mit ihren verfeinerten Nachbarn; sie haben auch noch viele abergläubische Gebräuche von ihren heidnischen Vorfahren behalten, so wie einen Fehler, der den nordischen Völkern überhaupt eigen ist, das starke Trinken. — In schwärmerischer Liebe zum Vaterlande müssen alle Nationen dem Norweger weichen. — Er liebt und verehrt Alles, was zu seinem Geburtslande gehört oder dasselbe auszeichnet, — seine Berge, seine Felsen, seine Wälder würde er nicht für die reichsten Ebenen des Süden vertauschen. Die Worte Gamlé Norgé (Alt=Norwegen) üben auf den Norweger einen mächtigen Zauber. Bei jedem Feste hört man diese Worte und sie werden sogleich von allen Stimmen wiederholt; die Gläser werden gefüllt, emporgehoben, geleert; kein Tropfen bleibt darin, und alsdann ertönt im Chorgesang „For Norgé", das Nationallied von Norwegen.

Die Norweger sind in hohem Grade gastfreundschaftlich gegen Fremde und betrachten die Gastfreundschaft als eine Nationalpflicht, die Stadtbewohner so gut wie die Landleute. Die Ankunft eines Fremden in einer Stadt veranlaßt einen Feiertag; man fragt nicht: „wann werden wir den Herrn einladen?" sondern, „was können wir erdenken, damit dieser Fremde den Aufenthalt in unserer Stadt für die glücklichste Zeit seines Lebens halte?" — Der gebildete, gesellschaftliche Ton in Christiania, der Hauptstadt von Norwegen, kommt dem in den südlichen Ländern wenigstens gleich. Dagegen scheint eine Gewohnheit mit den Begriffen einer feinen Bildung nicht in Einklang zu stehen. Jeder Gast nämlich, wenn er von der Tafel aufsteht, verbeugt sich vor der Dame des Hauses und sagt: „take for maden", das heißt, „ich danke für die Bewirthung". Wenn ein Gast zufällig diese Formel vergißt, so wird es ihm Wochen lang nachgetragen.

Die Lage der Norwegischen Damen wird als gar nicht beneidenswerth geschildert. Da Essen und Trinken für ein Hauptgeschäft gilt, so sind die Damen aus allen Ständen genöthigt, das Geschäft der Köchinnen und Aufwärterinnen zu versehen. Je größer die Haushaltung, desto größer die Sklaverei. Die Mägde sind nur die Gehülfinnen der Frau. Sie kocht und bereitet die großen Massen von Lebensmitteln; sie (oder die Töchter) trägt die Schüsseln auf; sie wechselt die Teller, wetzt die Messer, wartet den Gästen auf und verrichtet Geschäfte, die anderwärts den Dienstboten überlassen werden. Dies mag unpassend erscheinen; allein die Norwegischen Damen betrachten ihre Geschäfte als angenehm und nicht als unverträglich mit den gewöhnlichen, feineren Unterhaltungen der Gesellschaft.

Der Reisende hat in Norwegen den Vortheil, in den vier Monaten Juni, Juli, August und September allen Wechsel der Natur in den vier Jahreszeiten zu beobachten. Der Frühling dauert nicht über einen Monat, der Sommer zwei Monate, der Herbst ungefähr sechs Wochen. Das milde Wetter von der Mitte April bis Mitte Mai dient nur dazu, den Schnee zu schmelzen. Der Uebergang vom Winter zum Frühling ist wie ein Zauberschlag; das Verschwinden des Schnees gleicht dem Aufheben eines Schleiers, worunter die Rasen= und Blumendecke des Bodens verborgen lag. Vom Frühling zum Sommer und vom Sommer zum Herbst ist der Uebergang, obgleich nicht so abstechend, doch außerordentlich überraschend. Die Obstbäume erhalten Blätter, Blüthen, reife Früchte, Alles innerhalb drei Monaten; das Korn sproßt auf und wogt in goldenen Aehren in viel kürzerer Zeit. Der Uebergang vom Herbst zum Winter ist so rasch wie vom Winter zum Frühling. An dem einen Tage stehen die Wälder in vollem Laube, nur die Färbung ist anders wie im Sommer; am folgenden Tage kommt ein Wind aus Norden, beraubt sie ihres Blätterschmucks und gibt ihnen ein winterliches Ansehen. Wenn das Wetter windstill ist, so erträgt man die Kälte leicht und kann ohne Unbequemlichkeit die heiteren Wintertage genießen. Wenn sich aber der Wind zur Kälte gesellt, dann ist es kaum möglich, das Zimmer zu verlassen. Die Kürze der Tage im Winter erlaubt dem Sonnenschein nicht viele Stunden; allein gesellige Unterhaltung am warmen Ofen verkürzt die langen Abende. Es gibt keinen behaglichern Aufenthaltsort im strengen Winter, als bei einem wohlhabenden Gutsbesitzer oder Kaufmann in Norwegen. Kein Zugwind bläs't durch das Haus, man weiß nichts von der nur auf die Nähe des Ofens beschränkten Wärme und Kälte im übrigen Theile des Zimmers, was an andern Orten so häufig vorkommt; und es gibt nichts Behaglicheres, als zwischen Betten mit Eiderdunen zu schlafen, wie man sie dort findet. Die reine Luft und die thätige Lebensart bewahren die Bewohner vor Krankheiten. Husten, Erkältung, Rheumatismus sind außerordentlich selten, und obgleich die Luft einen starken Appetit erregt und die Norweger nicht säumig sind, ihn zu stillen, so ist doch Indigestion in ihrem Gefolge eine unbekannte Sache. — Die Heilart der Krankheiten in Norwegen ist sehr einfach; für Fieber und alle ungenannte Uebel ist das Universalmittel Branntwein, mit einer Quantität Pfeffer vermischt. Wird der Kranke gesund, so hat der Branntwein und Pfeffer die Kur bewirkt; stirbt er, so trösten sich seine Freunde mit dem Gedanken, daß er noch leben würde, wenn er mehr getrunken hätte. Das starke Trinken scheint übrigens dem kernhaften Skandinavier nicht zu schaden, der gesund sein Greisenalter durchlebt und gewissenhaft glaubt, daß in jedem Becher Branntwein ein Tropfen echtes Lebenselixir enthalten sei.

Merkwürdig ist, daß Gartengewächse und Obst in geschützten Lagen zu einem hohen Grade von Vollkommenheit gedeihen. Das beliebteste und nützlichste Obst in Norwegen ist die Kirsche, die selten misräth; die Kirschen werden in großen Quantitäten aufbewahrt und für Conditorsachen und Küchenkünste benutzt. Der Ackerbau wird kümmerlich betrieben und die spärliche Aerndte noch dadurch vermindert, daß ein großer Theil zur Destillation von Kornbranntwein verwendet wird. — Die Lebensmittel, besonders Fleisch, Wildpret, Geflügel, Fische, Butter, Eier, sind außerordentlich wohlfeil und sehr gut. Das Reisen ist ebenfalls sehr billig, und im Nothfall wird auf die Bitte um Aufnahme in die Hütte eines Bauern nie eine rauhe, abschlägige Antwort erfolgen. Der Norweger, in seiner eigenen Hütte, mit seinen wenigen Ziegen, seiner Kuh, seinem Roggenfeld, seinem Kartoffelstück, und vor Allem seinem Holzvorrath, ist ein thätiger, verständiger Mann. Bald trifft man ihn an, wie er sein Boot ausbessert oder ein neues baut, bald, wie er einen Karren oder Schlitten verfertigt; bald sieht man ihn einen Tisch machen, oder eine Schüssel schnitzen, oder das Dach seines Hauses mit Rasen oder Rinde bedecken, oder ein Paar Stiefeln machen, oder eine Jacke flicken; wenn er nicht zu Hause ist, so beschäftigt er sich mit dem Anbau seines Landes, füttert sein Vieh oder fängt Fische zum Mittagessen. Der Norweger Bauer kann Alles selbst machen, was er braucht; er destillirt seinen Kornbranntwein und macht Wein aus Birkensaft. — Die Hauptstadt Christiania liegt an einer Bucht, die mit wildbewachsenen Inseln besetzt ist, in einer der schönsten Gegenden des Landes. Die schöne Bauart und angenehme Lage, so wie die Wohlfeilheit aller Lebensbedürfnisse empfehlen dieselbe als Aufenthalt für Fremde, von denen schon Mancher überrascht war, in diesem nordischen Lande Vorzüge an Menschen und Dingen zu entdecken, die er hier nicht vermuthet hatte.

Berühmte Bibliotheken.

Mit der Geschichte der Fortschritte der Literatur schreitet die Geschichte der Einrichtung der großen Bibliotheken, worin die Werke der Gelehrten aus alter und neuer Zeit aufbewahrt werden, Hand in Hand. Vor der Erfindung der Buchdruckerkunst fand man in den Bibliotheken gewöhnlich jene Leute, die nur dazu fähig waren, die Werke ausgezeichneter Schriftsteller fehlerfrei abzuschreiben. Die Bücher waren so theuer, daß nur sehr reiche Leute eine Bibliothek anschaffen konnten. Im Alterthum waren jene zu Alexandria die berühmtesten. Die erste wurde von Ptolemäus Soter, ungefähr 300 Jahre vor Christus, gegründet. Sie diente zum Gebrauch einer Akademie, welche er daselbst errichtete, und wurde nach und nach die größte in der Welt, da sie mehr als 700,000 Bände enthielt. In dem Kriege, welchen Julius Cäsar führte, wurde mehr als die Hälfte davon zerstört. Eine andere Bibliothek in der nämlichen Stadt blieb jedoch noch übrig, und dorthin brachte Kleopatra 200,000 Bände aus der pergamenischen Bibliothek, welche ihr Marcus Antonius zum Geschenk gemacht hatte. Obgleich mehrmals geplündert während des Umwälzungen des römischen Reichs, wurde sie doch immer wieder hergestellt. Um die Mitte des sechsten Jahrhunderts wurde Alexandria von den Saratenen mit Sturm genommen; sechs Monate lang lieferte die Bibliothek den Brennstoff für die Bäder der Stadt. So wurde sie ganz vernichtet und die neuere Zeit fast alles dessen beraubt, was die Weisheit und das Genie der alten Welt hervorgebracht hatte.

Italienische Bibliotheken. Aus der Kirchengeschichte erhellet, daß einige Klöster früh anfingen, Bibliotheken zu gründen. Die Orte, wo die Bücher aufbewahrt wurden, hatten außer dem Namen Bibliothek auch die Benennung Archive und Schreine (scrinia). Die Bibliotheken bestanden nicht nur aus Büchern oder Abhandlungen über Theologie, allgemeine Literatur, Geschichte u. s. w., sondern enthielten auch Fächer, worin Papiere aller Art niedergelegt und aufbewahrt wurden. Einige Päpste erließen ausdrückliche Vorschriften, daß alle Papiere, die zu gewissen in einer langen Liste aufgezählten Gattungen gehören, in den Bibliotheken der Kirchen niedergelegt werden sollten. Darunter befanden sich Verträge, Gesetze, Tausch- und Schenkungsurkunden, Abtretung von Eigenthum u. s. w. — Besondere Büchersucher (conquisitores) wurden bestellt, um Manuscripte zu sammeln, den Abschreibern der Bibliotheken zuzustellen und, nachdem sie copirt waren, den Eigenthümern zurückzugeben. Die älteste und größte italienische Bibliothek ist die des Laterans in Rom. Im vierzehnten Jahrhundert, als Papst Clemens V. nach Avignon zog, nahm er dieselbe mit. Später wurde unter Martin V. ein großer Theil davon nach Rom zurückgebracht und kam in den Vatican. Die Bücher waren in der größten Unordnung; es war kein Platz für eine so große Sammlung, auch kein Katalog vorhanden. Papst Sixtus IV., welcher Geschmack an der Literatur hatte, und dem diese und andere Uebelstände nahe gingen, gab sich daran, den Mißbräuchen abzuhelfen, welche sich in die Verwaltung der Bibliothek eingeschlichen hatten. Durch die Nachlässigkeit der Aufseher waren viele Manuscripte an dumpfen Orten und aus Mangel an Luft vermodert, noch viel mehr waren ganz abhanden gekommen oder durch unvorsichtigen Gebrauch verstümmelt worden. — Sixtus kann als Gründer der vatikanischen Bibliothek betrachtet werden, denn er ließ das jetzt bestehende Gebäude an einem passenden, leicht zugänglichen Orte aufführen und zweckmäßig einrichten. Demnächst bemühte er sich, die Bibliothek mit den auserlesensten Büchern, deren sie am meisten bedurfte, auszustatten. Er ließ durch ganz Europa Bücher sammeln, und seine Bemühungen krönte der schönste Erfolg. Die Zahl der Werke der besten und ältesten Autoren, auf Pergament geschrieben, belief sich bald auf mehr als 6000. — Zur Bestreitung der Kosten der Aufbewahrung und Vermehrung der Bücher machte er freigebige Schenkungen und bestimmte außerdem jährlich 100 Kronen, welche das Collegium der apostolischen Schreiber jährlich den römischen Päpsten zum Geschenk zu machen pflegte. Diese Summe war für jene Zeit beträchtlich und wurde unter den Hauptbibliothekar, die Aufseher, Correctoren, Abschreiber und Denjenigen, welcher das Geschäft hatte, die Bibliothek rein zu halten, vertheilt. Der Oberbibliothekar war zugleich erster Secretär des Papstes.

Außer dem Vatican waren noch andere berühmte Bibliotheken in Rom, z. B. die von St. Peter, die des tiefgelehrten Cardinals Sirletus, besonders mit griechischen Werken reichlich ausgestattet, welche auf 20,000 Kronen geschätzt wurde; jene des Cardinals Colonna; die Sforza'sche und Farnese'sche Bibliothek, welche sehr viele griechische Bücher enthielten. Es gab auch eine große Zahl Privat-Bibliotheken, welche eine Menge seltener Bücher und kostbarer Denkwürdigkeiten aufzuweisen hatten. Dahin gehört die Bibliothek des Fulvius Ursinus, eines Römers und ausgezeichneten Kenners der griechischen und römischen Classiker. Eine andere war das Eigenthum des Aldus Manutius. Die Gelehrten hatten stets Zutritt zu diesen großen Büchersammlungen. Aldus, der in mittleren Jahren starb, vermachte seine aus 80,000 Bänden bestehende Bibliothek der Universität Pisa. Die Bibliothek des Sirletus kaufte Cardinal Colonna für 14,000 Kronen. Er gab den Aufsehern ansehnliche Gehalte und stiftete einen Fond für die Vermehrung der Bibliothek. Zwei andere berühmte Bibliotheken in Italien waren jene des Herzogs von Florenz und des Herzogs von Umbria, die eine merkwürdig durch ihre vortreffliche Sammlung griechischer Bücher, die andere durch ihre mathematischen Werke. Die Medicei'sche Bibliothek in Florenz wurde vom Papst Clemens VII. Gott und den heiligen Schutzpatronen der Familie Medici gewidmet. Die Bücher, sagte er, wurden aus allen vier Ecken der Welt gesammelt und zur Ehre seines Geburtslandes sowie zur Wohlfahrt seiner Mitbürger bestimmt. Der große Cosmus von Medici vervollständigte diese Bibliothek am 11. Juli 1571.

Woche.

Am 7. Junius 1786 und an den zwei folgenden Tagen wurde auf Befehl Kaiser Josephs II. der Freiherr von Szekely auf die Schandbühne zu Wien gestellt. Er war vormals kaiserlicher Oberstwachtmeister bei der ungarischen Edelgarde gewesen und verfiel auf die Thorheit, Gold machen zu wollen, wodurch denn die öffentlichen Kassen, die er zu verwalten hatte, in bedeutende Defecte geriethen. Er wurde in einem Alter von 67 Jahren infam cassirt, der Säbel ihm zerbrochen vor die Füße geworfen und die Uniformklappen abgerissen, und so mußte er drei Tage hinter einander, jedesmal zwei Stunden, mit angehängter Tafel, worauf geschrieben stand: „Ungetreuer Beamter", dem Volke zum Schauspiel dienen. Dann wurde er geschlossen unter starker Bedeckung auf die Festung Szegedin in Ungarn abgeführt. Ein alter Diener begleitete ihn mit Erlaubniß des Kaisers, von dem er auch täglich eine geringe Löhnung ausgesetzt bekam.

Am 8. Junius 1794 starb Gottfr. August Bürger, Professor an der Universität zu Göttingen und einer der besten deutschen Dichter. Er war am 1. Januar 1748 zu Wolmirswende im Halberstädt'schen geboren, studirte zuerst in Halle seit 1764 Theologie, dann seit 1768 in Göttingen die Rechtswissenschaft und wurde 1772 Gerichtsamtmann in Alten-Gleichen. 1784 ging er jedoch, seiner Stelle entsagend, nach dem nahen Göttingen, wo er erst nur akademischer Privatlehrer und dichterischer Schriftsteller war.

Am 9. Junius 1727 starb im 64. Jahre seines Alters August Hermann Franke, Professor der Theologie und Pastor zu Halle. Er wurde 1663 zu Lübeck geboren und ging schon im 14. Jahre auf die hohe Schule nach Gotha, studirte auch nachmals noch auf mehreren Universitäten. 1690 wurde er Prediger zu Erfurt; 1698 kam er nach Halle und legte noch in demselben Jahre den Grund zu dem bekannten Waisenhause, nachdem er schon vorher eine Schule für arme Kinder errichtet hatte.

Am 10. Jun. 1789 starb der Betrüger Charles Price durch Selbstmord im Gefängnisse zu London. Sein Vater handelte mit alten Kleidern, und Jener benutzte die Gelegenheit, sich zu verkleiden, schon frühzeitig und zwar mit dem Erfolge, daß er sehr bald aus dem Hause gejagt wurde. Er versuchte sich nun in den verschiedensten Rollen, als Kammerdiener, Geldwechsler, Bierbrauer, Lotteriecollecteur, Schauspieler, und kam endlich, da er Bankrott machte, ins Gefängniß, aus dem er sich jedoch wieder befreite. Hierauf machte er Banknoten nach, und entging in den verschiedenartigsten Verkleidungen lange mit den Armen der Gerechtigkeit. Doch auch sein Stündlein schlug; er wurde gefangen und konnte den Händen des Scharfrichters nur dadurch entgehen, daß er sich selbst an der Thüre seines Gefängnisses aufknüpfte. Er soll übrigens während seines unthatenreichen Lebens 45 verschiedene Charaktere angenommen haben.

Am 11. Junius 1742 kamen die Friedenspräliminarien zwischen Preußen, Sachsen und Oestreich zu Breslau zu Stande, und somit war der erste schlesische Krieg geschlossen.

Am 12. Junius 1526 schloß Papst Clemens VII. mit Franz I., König von Frankreich, gegen den deutschen Kaiser Karl V. eine geheime Convention unter dem Namen der „Heiligen Ligue." Der Papst sprach nun den König von Frankreich von dem Eide los, den er wegen der Erfüllung des Madrider Tractats geschworen hatte.

Am 13. Junius 1683 schickte Kurfürst Wilhelm von Brandenburg zwei Kriegsschiffe nach den Küsten von Guinea in Afrika, um den Handel dort einzurichten, und baute daselbst auf einem den Einwohnern abgekauften Strich Landes ein Castell, das den Namen Großfriedrichsburg erhielt. Es wurde mit Lösung der Kanonen und andern Feierlichkeiten förmlich eingeweiht.

Verlag von Bossange Vater in Leipzig.
Unter Verantwortlichkeit der Verlagshandlung.

Das Pfennig-Magazin

der

Gesellschaft zur Verbreitung gemeinnütziger Kenntnisse.

59.] Erscheint jeden Sonnabend. **[Juni 14, 1834.**

Das Gift-Thal auf Java.

Es ist unter dem Namen Gurvo-Upas oder das Giftthal bekannt, und hat ungefähr eine halbe englische Meile im Umfange, ist von ovaler Form und ungefähr 30 Fuß tief. Der sandige Boden scheint eben zu seyn, ohne irgend eine Pflanze, nur hier und da liegen einige große Steine zerstreut, und Gerippe von Menschen, Tigern, Bären, Rothwild und Vögeln liegen in Menge umher. Mehrere Personen nahmen eine Kuppel Hunde und einige Vögel mit sich, um mit ihnen im Thale Versuche anzustellen. Nachdem sich ein Jeder der Gesellschaft eine Cigarre angezündet, betraten sie das Thal, ungefähr 20 Fuß weit, wo ihnen ein widerlicher und eckelhafter Geruch aufstieß. Man band einen Hund an das Ende eines Bambusstockes und stieß ihn vorwärts, während andere mit ihren Uhren in der Hand die Wirkungen beobachteten. Nach 4

Secunden fiel der Hund, ohne sich zu bewegen oder umzusehen, zur Erde und lebte noch 18 Minuten. Zu diesem lief ein anderer Hund hin, der bewegungslos stehen blieb und nach 10 Secunden niederfiel; er bewegte nicht einmal seine Glieder und lebte blos 7 Minuten. Nun wurde ein Vogel ins Thal geworfen, der nach anderthalb Minuten todt blieb, und eben so ein anderer, der nach ihm dorthin geworfen wurde. Während man diese Versuche anstellte, fiel ein heftiger Regen, den aber die Gesellschaft nicht beachtete. An der Gesellschaft entgegengesetzten Seite des Thales lag ein menschliches Gerippe mit dem Kopfe auf dem rechten Arme, dessen Knochen so weiß wie Elfenbein waren.

Die Menschenrassen.

Nach der heiligen Schrift stammen alle Völker der Erde von einem ersten Menschenpaare ab. Diese Ueberlieferung ist durch die sorgfältigsten Forschungen der berühmtesten Naturforscher bestätigt worden, und also bilden die Menschen nur eine einzige Gattung ihrer Ordnung.

Blumenbach schrieb schon vor mehr als 40 Jahren hierüber Folgendes: "Die drei größten Naturkenner, die die Welt neulich verloren hat, Haller, Linné und Büffon, hielten alle wahren Menschen, Europäer, Neger u. s. w., für bloße Spielarten einer und derselben Stammgattung. Ich sehe auch nicht den mindesten Scheingrund, warum ich, die Sache naturhistorisch und physiologisch betrachtet, nur irgend bezweifeln dürfte, daß alle Völker aller bekannten Himmelsstriche zu einer und derselben gemeinschaftlichen Stammgattung gehören." Eben so sagt der große Zoolog Cuvier hierüber: "Obschon es nur eine Gattung von Menschen gibt, — — so bemerkt man aber doch bei verschiedenen Nationen eine eigene Bildung, welche sich erblich fortpflanzt; die Abweichungen in der Bildung machen die verschiedenen Rassen aus."

Cuvier nimmt nur drei solcher Rassen an, die sich vorzüglich deutlich zu unterscheiden scheinen, nämlich: die weiße oder kaukasische, die gelbe oder mongolische und die schwarze oder äthiopische. Blumenbach nimmt nun zwar fünf Rassen an, allein auch er hält mit Cuvier die amerikanischen für einen Uebergang von der kaukasischen zur mongolischen Rasse, und die malayische für einen Uebergang von der kaukasischen zur äthiopischen Rasse. — Ueberdies bemerkt noch Blumenbach, daß, da alle auf den ersten Blick auch noch so auffallenden Verschiedenheiten im Menschengeschlechte bei näherer Beleuchtung durch die unerklärlichsten Uebergänge und Mittelnüancen in einander fließen, keine andere als sehr willkürliche Gränzen zwischen diesen Spielarten gezogen werden können.

Wir wollen nun die fünf Hauptrassen, welche Blumenbach annimmt, kurz betrachten.

1. Die kaukasische Rasse.

Diese Rasse, zu welcher alle Europäer, mit Ausnahme der Lappen, ferner die westlichen Asiaten diesseits des Ob, des kaspischen Meeres und des Ganges, nebst den Nordafrikanern gehören, hat ihren Namen daher, weil alte Sagen es wahrscheinlich machen, daß der ursprüngliche Wohnsitz der dazu gerechneten Völker die Gebirgskette gewesen sei, welche um das kaspische und schwarze Meer herumliegt, also um den Berg Kaukasus. — Uebrigens betrachtet Blumenbach diese Rasse als die Stammrasse aller übrigen Rassen, welche in die mongolische und äthiopische und mit diesen vermischt, wie schon oben bemerkt worden ist, in die anderen beiden Rassen übergeht.

Man erkennt diese Rasse leicht an dem ovalen geraden Gesichte, an der weißen Farbe der Haut, dem mittelmäßig gespaltenen Munde und der großen meist zugespitzten Nase. Die Schneidezähne in beiden Kiefern stehen senkrecht; die Stirn ist voll und vorstehend; die Backen sind gefärbt, die Lippen dünn, die Gesichtsknochen wenig hervorspringend, das Kinn ist rundlich und das Gesicht überhaupt wohl proportionirt, die Physiognomie aber sehr verschieden. Die Haare sind lang und weich, vom Hellblonden bis zum Tiefschwarzen übergehend, wellenförmig und oft gelockt. Der Bart ist stark. Der Gesichtswinkel ist gerade, oft 90 Grade. Nach der heiligen Schrift müßte Japhet der Stammvater dieser Rasse seyn.

2) Die mongolische Rasse.

Diese Rasse ist die zahlreichste auf Erden und begreift alle die Völker in sich, welche die ungeheure Strecke Asiens bewohnen, die sich in der Länge von den östlich in das kaspische Meer fallenden Flüssen, bis zum japanischen und ochozkischen Meere erstreckt, ferner China, Tunkin, Cochinchina, Siam, Birma und Tibet; auch kann man hierher die polarischen Hochländer rechnen, welche die Küsten des nördlichen Eismeers in Europa, Asien und Amerika bewohnen, als: die Lappen, Samojeden, Eskimo u. s. w.

Das Gesicht ist sehr breit, platt und niedrig; die Nase ist dick und an der Wurzel niedrig; die Nasenlöcher sind sehr groß; die Backenknochen und Joch sind sehr stark vorstehend und die Schläfe dagegen tief; die oberere Kinnlade ist platt und sehr breit und das Kinn kurz; die Augenöffnung ist sehr schmal, fast linienartig und etwas schief; die Augen sind klein, tiefliegend, weit aus einanderstehend. Der Kopf überhaupt ist groß und gleichsam vierecktig, die Knochen sind grob und die Nasescheidewand ist breit. Die Hautfarbe ist ein tiefes Gelb, fast wie ausgetrocknete Pomeranzenschalen. Die Haare sind immer schwarz, nicht dicht, gerade und grob. Der Bart ist dünn, die Augen sind schwarz, die Augenbrauen auch schwarz und sehr dünn, die Ohren groß, die Lippen dick und fleischig und die Zähne sehr weiß. Der Körperbau ist kurz und muskulös. Die Haare werden zeitig grau und fallen bald aus. Die Frauen sind klein, von zartem Körperbau und von weißgelber Farbe.

3) Die amerikanische Rasse.

Die charakteristischen Kennzeichen sind schwer aufzustellen. Die Bewohner des Nordens von Amerika nähern sich, in einiger Hinsicht der mongolischen Rasse, und es ist auch wahrscheinlich, daß Völker aus Asien nach Amerika gelangt sind und den Stamm der späteren Völker daselbst bildeten, da mehrere zwischen den Continenten liegende Inseln den Uebergang erleichterten. Humbold hält auch die alten Mexikaner für Abkömmlinge eines mongolischen Stammes und die Sagen derselben deuten sogar darauf hin, daß ihre Voreltern aus Nordwest eingewandert seyen. Die Amerikaner im Norden haben auch immer eine gelbe Farbe, wie die Tartaren und Chinesen; bei allen in wärmeren Gegenden wohnenden Amerikanern ist aber die kupferrothe Farbe vorherrschend.

Wir können die Kennzeichen dieser Rasse etwa auf folgende Weise angeben:

Die Farbe ist meist kupferfarbig oder zimmtbraun; die Haare sind schlicht, straff und schwarz; die Stirn ist niedrig und die Augen sind tief liegend; die Nase hat einen vorstehenden Rücken und eine stumpfe Spitze. Das ganze Gesicht ist breit aber nicht platt, mit vorragenden Backenknochen und stark ausgewirkten Zügen.

4) Die äthiopische Rasse.

Hierher gehören die unter dem Namen Neger bekannten Afrikaner, die Kaffern, Buschmänner, Hottentotten, und überhaupt alle Afrikaner im Süden des Atlas.

Die Hautfarbe ist mehr oder weniger dunkelschwarz; die Haare sind schwarz, wollig kraus, der Kopf ist schmal, gleichsam von den Seiten etwas zusammengedrückt; Stirn und Kinn sind zurückweichend; die Kiefern sind vorspringend und die Schneidezähne schief vorwärts gerichtet; die Lippen sind wulstig, die Nase ist dick und breitgedrückt und die Backenknochen sind vorstehend. Das ganze Gesicht ist flach und ausdruckslos. Die Haut ist weich und sammetartig.

5) Die malaische Rasse.

Diese Rasse scheint von Malakka ausgegangen zu seyn, und begreift die eigentlichen Malayen, die mit den Chinesen und Hindus einige Aehnlichkeit haben, und die Bewohner der Südseeinseln in sich. Die hierher gehörigen Menschen sind zum Theil in der Civilisation am weitesten zurück, da sie zwar nicht ohne Verstand, aber zu träge sind, was besonders von den Bewohnern Neuhollands gilt.

Die charakteristischen Kennzeichen dieser Rasse sind: Eine Hautfarbe, die vom Mahagonybraun bis in dunkles Nelken- und Kastanienbraun übergeht; ein breiterer Kopf und eine vorstehende Stirn als bei den Aethiopiern; eine starke, breite, an der Spitze dicke Nase, mit weit aus einanderstehenden Nasenlöchern; ein großer breiter Mund und nicht stark hervorstehende Backenknochen. Das Haar ist dick, gekräuselt, lang, weich und immer schwarz. Der Gesichtswinkel ist höchstens 84 Grade. Der Blick ist wild und ernst. Die Gestalt ist meist schlank und oft mager.

Da man auf mehreren Inseln des indischen Meeres Mongolen, Neger und Malayen zusammen antrifft, so ist es nicht unwahrscheinlich, daß die malayische Rasse durch Vermischung der beiden andern genannten Rassen entstanden sey. Uebrigens ist bei den Völkern der malayischen Rasse die Tatuirung sehr gewöhnlich, was ich hierbei erwähnen zu müssen glaube. Im Allgemeinen besteht die Tatuirung in farbigen Punkteindrücken, welche auf die Haut gebracht werden und allerlei Figuren bilden, womit oft der ganze Körper bedeckt ist. Gewöhnlich suchen sich die Vornehmen durch diesen Schmuck dort eben so auszuzeichnen, wie bei uns durch eine prächtige, kostbare Kleidung. Die Figuren sind alle sehr regelmäßig und künstlich. Sie werden erst auf dem Körper mit Farben bezeichnet, dann werden durch kammartig zugespitzte Flügelknochen von Vögeln, z. B. vom Tropikvogel, vermittelst eines Stöckchens, die Punkte in die Haut eingetrieben und hierauf werden die Wunden mit einer aus Kohle bereiteten dicken Farbe eingerieben, worauf dann eine Entzündung und ein Schorf entsteht, unter welchem, wenn er abfällt, die gewünschte Figur zum Vorschein kommt. Gewöhnlich wird der Anfang mit dieser Operation bei dem Knaben, der in das Jünglingsalter tritt, gemacht, alle drei bis sechs Monate werden dann neue Figuren hinzugefügt, bis endlich nach vielen Jahren erst der ganze Körper tatuirt ist. Auf mehreren Südseeinseln ist das Tatuiren eine eigene Profession, welche erlernt werden muß und je mehr derjenige, der sie ausübt, Fleiß und Zeit auf diese Kunst, wie man sie mit Recht nennen kann, verwendet, desto ansehnlicher wird er von den Vornehmen bezahlt.

Geschichte des Anbaues, der Zubereitung und des Gebrauchs des Thees.

Der Baum oder Strauch, dessen Blätter das erquickende und für viele Menschen unentbehrliche Getränke, den Thee, liefern, ist in China und Japan einheimisch, in welchen Ländern er allein zum Gebrauche gebauet wird. Er bleibt immer grün, hat in Hinsicht seines Ansehens einige Aehnlichkeit mit der Myrte und wächst drei bis sechs Fuß hoch. Er kann große Veränderungen des Himmelsstrichs ertragen; man bauet ihn in der Nachbarschaft von Canton, wo die Hitze bisweilen selbst für die Eingebornen fast unerträglich ist, und auch um Peking her, wo der Winter nicht selten so streng als im nördlichen Europa ist.

Die besten Theesorten sind jedoch das Erzeugniß eines gemäßigtern Himmelsstrichs. Die herrlichsten Theesorten sollen in der Provinz Nanking wachsen, wo sie beinahe in der Mitte zwischen beiden obenerwähnten Endpunkten stehen. Der größte Theil von dem, was man auf den Markt zu Canton bringt und an die europäischen Kaufleute verkauft, ist der Ertrag der hügeligen, aber volk- und gewerkreichen Provinz Fokien, welche nordöstlich von Canton an der Seeküste liegt. Er scheint am besten in den Thälern oder an den Abhängen der Berge, welche der Mittagssonne ausgesetzt sind, vorzüglich aber an den Ufern der Flüsse und Bäche fortzukommen.

Der erste europäische Schriftsteller, welcher den Thee erwähnt, ist ein berühmter Italiener Namens Giovanni Botero, der eine Abhandlung um das Jahr 1590 über die Ursachen der Pracht und Größe der Städte herausgab. Den Thee erwähnt er zwar nicht mit Namen, aber an seiner Beschreibung kann man ihn unmöglich verkennen. „Die Chinesen haben ein Kraut, sagt er, aus welchem sie einen zarten Saft drücken, welchen sie statt des Weins trinken; auch bewahrt er ihre Gesundheit und schützt sie gegen alle die Uebel, welche der unmäßige Genuß des Weins unter uns hervorbringt."

Die Theepflanze wird aus dem Samen gezogen und die Art, wie man ihn säet, ist auf der ersten Abbildung dargestellt.

Man macht in gleichen Entfernungen und in regelmäßigen Reihen Löcher in die Erde; in jedes derselben wirft der Pflanzer sechs bis zwölf Samenkörner, weil man der Meinung ist, daß nicht über ein Fünftel des gesäeten Samens aufgehe. Während die Pflanzen zur Reife kommen, werden sie sorgfältig mit Wasser begossen, und ob sie schon, wenn sie einmal aufgegangen sind, ohne weitere Pflege und Wartung fortwachsen würden, so düngen doch die fleißigen Anbauer alle Jahre den Boden und reinigen ihn von allem Unkraute.

Unter andere Mährchen von dem Theebaume gehört auch folgendes: Man hat behauptet, einige der schönsten Arten wüchsen an den steilen Abhängen der Felsengebirge, wo die Einwohner sie nicht ohne

Anbau der Theepflanze.

Einsammlung der Theepflanze.

Das Trocknen und Rollen des Grünthees.

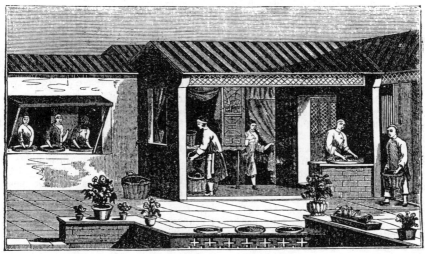

Das letzte Verfahren bei der Mischung des Thees.

große Schwierigkeiten und Gefahren einsammeln könnten; um ihrer nun habhaft zu werden, setzten die Chinesen eine Art von Affen, welche sich an diesen unzugänglichen Orten aufhielten, durch Steine in Wuth und nöthigten sie, dieses Compliment durch Theezweige schnell zu erwiedern; allein dies widerlegt sich selbst; die Theepflanze, deren Blätter zum einheimischen Gebrauche und zum Handel eingesammelt werden, ist keine wilde Pflanze und wo Menschen nicht hinkommen können, um sie einzusammeln, da können sie dieselbe auch nicht aussäen, bewässern und düngen.

Die Blätter der Theepflanze sind erst mit dem dritten Jahre zum Einsammeln tauglich, wo sie in ihrem schönstem Wachsthume und in ihrer größten Menge sind. Ist der Strauch ungefähr sieben Jahr alt, so ist er etwa mannshoch und seine Blätter werden spärlicher und rauh. Dann hauet man ihn gewöhnlich bis auf den Stamm ab, welcher im folgenden Sommer eine reichliche Ernte von frischen Schößlingen und Blättern hervorbringt. Dies Geschäft verschiebt man jedoch bisweilen, bis die Pflanze zehn Jahre alt ist.

Das Verfahren, wie man den Thee einsammelt, ist auf der zweiten Abbildung dargestellt, erfordert viele Behutsamkeit und ist von großer Wichtigkeit. Jedes Blatt wird einzeln vom Stengel abgepflückt; die Hände des Einsammlers werden sorgfältig rein gehalten und beim Einernten einiger der feinsten Sorten wagt er kaum die Pflanze anzuathmen. An der Stelle, Udsi genannt, auf der Insel Japan, ist ein Berg, dessen Himmelsstrich für das Wachsthum des Thees besonders günstig seyn soll und die ganze Ernte, welche da wächst, ist bloß für den Gebrauch und die Verfügung des Kaisers bestimmt. Ein großer und tiefer Graben unten um den Berg her hindert jede Annäherung mit Ausnahme der bestimmten Wächter dieses Schatzes. Die Sträucher werden sorgfältig von Staub gereinigt und gegen jede rauhe Witterung geschützt. Die Arbeiter, welche die Blätter einsammeln, dürfen einige Wochen vorher keine groben Nahrungsmittel genießen, damit der Athem von ihrer Ausdünstung nicht den Wohlgeruch verdirbt. Während der Arbeit tragen sie feine Handschuhe und baden sich während dieser Zeit täglich zwei- bis dreimal.

Ungeachtet der Lästigkeit dieser Arbeit kann ein Arbeiter täglich oft vier bis zehn, ja fünfzehn Pfund einsammeln. Es finden während der bestimmten Jahreszeit drei bis vier solcher Sammlungen statt, nämlich gegen das Ende des Februars oder den Anfang des März, im April oder Mai, gegen die Mitte des Juni und im August. Von der ersten Einsammlung, die bloß in den sehr jungen und zarten Blättern bestehet, verfertigt man die köstlichsten Thee, z. B. den grünen Thee, Schießpulver (Gunpowder) genannt und den schwarzen Thee, unter dem Namen Pekoe bekannt. Der Ertrag dieser ersten Ernte heißt in China auch Kaiserthee, wahrscheinlich weil man den Strauch nicht in der Absicht pflanzt, den Markt zu Canton damit zu versorgen; man bestimmt ihn entweder aus Gehorsam gegen das Gesetz oder wegen seiner vorzüglichen Güte zum Gebrauche für den Kaiser und seinen Hof.

Von der zweiten und dritten Ernte verfertigt man die grünen Thee, welche bei uns unter dem Namen Haysan und Kaiserthee bekannt sind, und die schwarzen Thee, Suchony und Congu heißen, die leichten und geringeren Blätter, welche von dem Haysanthee durch Schwingen abgesondert werden, machen die sogenannte Haysanschale aus, nach welcher von den Nordamerikanern starke Nachfrage ist, die auch die stärksten Käufer der grünen Theee sind. Einige der ausgesuchtesten und zartesten Blätter der zweiten Ernte werden auch oft unter die Blätter der ersten Einsammlung gemischt. Von der vierten Ernte verfertigt man die gröbste Sorte, den schwarzen Thee, welcher Bohea heißt und diese Ernte vermischt man mit einem geringeren Thee, der in dem Bezirke Woping bei Canton wächst. Zugleich vermischt man ihn auch mit dem Thee, welcher auf dem Markte der letzten Jahreszeit unverkauft geblieben ist.

Da in China das Land in kleine Theile abgetheilt ist, so kann es nur wenige große Theebauer geben, wenn es überhaupt dergleichen giebt. Die Pflanzungen sind klein und die Bearbeitung derselben wird von dem Eigenthümer und seiner Familie betrieben, welche den Ertrag jeder Einsammlung sogleich zu Markte schaffen, wo man ihn an eine Classe verkauft, welche sich mit der Sammlung und dem Trocknen der Blätter abgeben, die für die Theemärkte zu Canton bestimmt sind.

Das Verfahren beim Trocknen, das so bald als möglich anfangen sollte, nachdem man die Blätter abgepflückt hat, unterscheidet sich nach der Güte des Thees. Einige thut man unter ein Schutzdach, wo sie jedoch der Sonne ausgesetzt sind und wendet sie häufig um. Das Verfahren hierbei ist auf der nächsten Abbildung dargestellt und das, was wir hierüber mittheilen wollen, bezieht sich blos auf die grünen Thee.

Ein Trockenhaus, dessen Abbildung auf der dritten Platte zu sehen ist, enthält fünf bis zehn, ja zwanzig kleine Oefen; oben auf jedem derselben ist eine mit einem flachen Boden versehene nicht tiefe eiserne Pfanne; auch ist da ein langer, niedriger, mit Matten bedeckter Tisch, auf welchem die Blätter ausgebreitet und zusammengerollt werden, nachdem sie die erste Operation hindurch gegangen sind, welche man Backen nennen kann. Haben die Pfannen die gehörige Wärme erlangt, so legt man einige Pfund frisch abgepflückter Blätter darauf; die fleischigen und saftigen Blätter bekommen Risse, sobald sie die Pfanne berühren und das Geschäft des Arbeiters besteht nun darin, sie so schnell als möglich mit bloßen Händen umzurühren und umzuwenden, bis sie zu heiß werden, als daß man sie ohne Schmerzen anrühren könnte. In diesem Augenblicke nimmt er die Blätter mit einer Art von Schüppe, welche einer Schwinge gleicht und thut sie auf die Matten vor den Rollern, welche sie in kleinen Quantitäten zu gleicher Zeit anfassen und sie mit ihren flachen Händen blos in einer Richtung zusammenrollen; während Gehülfen damit beschäftigt sind, die Blätter zu schwingen, damit sie desto schneller abkühlen und ihre gekräuselte Gestalt desto länger behalten. Zur Beförderung der vollständigen Ausdünstung aller Feuchtigkeit aus den Blättern und zu langen Erhaltung ihrer gekräuselten Gestalt wird die Operation des Trocknens und Rollens zwei bis dreimal, ja wohl auch öfter, wenn es nöthig ist, wiederholt, indem die Schwingen bei jeder nachfolgenden Gelegenheit immer weniger erhitzt werden und das ganze Verfahren mit vermehrter Langsamkeit und Vorsicht zu Stande gebracht wird. Die Blätter werden hierauf nach ihren verschiedenen Classen abgesondert und entweder zum häuslichen Gebrauche oder zum Verkaufe aufbewahrt. Es gab eine Zeit, wo man annahm, daß die grünen Thee auf kupfernen Pfannen getrocknet würden und daß sie ihre schöne grüne Farbe diesem Umstande zu verdanken hätten, weshalb man auch ihren unbeschränkten Genuß für schädlich hielt, allein diese Meinung ist ohne allen Grund, indem man in dem Aufguß auch nicht den geringsten Kupfertheil entdekt hat.

Nachdem die Theesammler alle diese Verrichtungen vollendet haben, wird der Thee an die Theekaufleute, z. B. zu Canton, verkauft, welche den Thee für den Handel in verschiedene Abstufungen von Qualitäten bringen, indem sie die verschiedenen Sorten mit einander vermischen oder von einander absondern, welches Geschäft hauptsächlich Weiber und Kinder verrichten. Der Thee erhält alsdann ein letztes Trocknen, nud nach seiner verschiedenen Güte abgetheilt, wird er in Kisten verpackt, und jede in hundert bis sechshundert Kästchen gebracht, auf welche der Namen des Bezirks, des Erbauers u. s. w. gedruckt wird.

In China ist das Theetrinken uralt; alles trinkt da Thee, der Kaiser wie der Bauer, nur ist die Güte desselben bei jedem verschieden. Die Armen trinken nicht nur schlechten Thee, sondern dieser ist auch schwach.

Die Einfuhr des Thees ist vorzüglich in England sehr groß. Sie betrug zwischen 1810 und 1828 über 427 Millionen Pf., also jährlich zwischen 23 und 24 Millionen Pf. Im Jahr 1831 belief sich die Einfuhr auf 26,043,223 Pfund. In Europa sind die Aerzte über den Nutzen und Schaden des Genusses des Thees verschiedener Meinung. Dr. Spieß erklärt ihn in seiner Kunst zu essen und zu trinken oder Anweisung, wie man beim Essen und Trinken zu verfahren hat, um ein gesundes, langes und kräftiges Leben zu erhalten; Leipzig 1830, für ein angenehmes Getränk, das die Verdauung befördern, den Geist aufheitern, die Ausdünstung erleichtern soll u. s. w. und **Dr.** **Odier** heilte eine hochbejahrte Dame von der Wassersucht durch einen starken Aufguß von Grünthee mit Syrup.

Die Schlachten der Alten.

Einer jeden Schlacht gingen gewisse Ceremonien und Vorbereitungen voran, man fragte die Götter durch die Wahrsager um Rath, brachte Opfer, hielt Anreden an die Soldaten 2c. Die Signale des Krieges waren das Blasen des Kriegslärms und die Entfaltung der Purpurfahne. Dabei sang man Kriegslieder und erhob das Kriegsgeschrei. Eine römische Legion bestand aus 3 Linien. Die Fronte bildeten die Lanzenträger; hinter ihnen waren die Hauptruppen aufgestellt, welche sämmtlich aus alten erfahrenen Kriegern bestanden; die dritte Linie bildeten die Schwerbewaffneten, welche lange Schilde trugen. Die erste Linie war eng geschlossen, die zweite war schon etwas offener, die dritte jedoch weitläufig. Konnten nun die Lanzenträger dem Angriff des Feindes keinen Widerstand leisten, so traten sie in die Hinterreihen der alten Krieger; nun wurde in Verbindung mit letzteren ein neuer Angriff versucht. Scheiterte auch dieser, so schlossen sich beide vereinte Glieder an die Schwerbewaffneten und versuchten den letzten Angriff; wurde auch dieser zurückgeschlagen, so gaben sie die Schlacht verloren. Die neuern Kriegsgrundsätze kennen ein solches Einreihen einer Compagnie in die andere nicht; die Alten konnten sich jedoch keine andere Art, auf eine vortheilhafte Weise Krieg zu führen, denken. Die Römer führten mit einer bewunderungswürdigen Gewandtheit Manoeuvres dieser Art aus. In den spätern Zeiten wurde den drei Schlachtordnungen eine neue Gattung Krieger zugefügt, es waren die Pfeilschützen und die Schleuderer, welche entweder das Vordertreffen, oder beide Flügel bildeten. Sie begannen, gleich unsern Tirailleurs, die Schlacht, und scharmützelten ohne eine scheinbar regelmäßige Tactik vor den Vorderreihen des Feindes.

Wurden sie, was gewöhnlich der Fall war, zurückgeschlagen, so theilten sie sich, und stellten sich an den untersten Enden des Armeeflügels auf, oder sie bildeten im Hintertreffen die Nachhut. Sobald sie sich zurückgezogen hatten, machten die Lanzenträger einen wüthenden Anfall. Die Cavallerie war an beiden Seiten der Armee aufgestellt, und hatte die Aufgabe, den in Verwirrung gerathenen Feind zu umringen; sie stiegen, wenn es die Noth gebot, sogar von ihren Pferden und fochten als leicht bewaffnete Fußtruppen. Die Hilfstruppen dienten bei den Römern zur Deckung der Hauptarmee. Andere, minder übliche Schlachtordnungen waren der Keil, der mit der Spitze, an welcher ein kühner und unerschrockener Krieger stehen mußte, in den Dickicht des Feindes eindrang; war dieser Angriff gelungen und wankte der Keil nicht, so brach er durch und der Feind des Römers war geschlagen; noch andere Formen der Schlachtordnung waren der Globus oder die runde Form; die forfex oder Scheerenform; der turris oder das längliche Viereck; die serra oder Sägenform. In der Taktik standen die Griechen weit unter den Römern, indem sie die ganze Armee in die Fronte ausdehnten und den Sieg oder Verlust von dem Erfolge eines Angriffs abhängig machten. Für den Cavalleriekampf hatten sie 3 Formen von Schlachtordnungen, das Viereck, den Keil und den Rhombus, oder das verschobene Viereck; letztere wurde zum Angriff, erstere zur Vertheidigung angewendet. Den Keil wendete man an, wenn man im Verhältniß zum Feinde mehr Hände in Thätigkeit bringen wollte. Die Römer hatten ihre bestimmten Tage, (praeclares dies), an welchen ihnen das Gesetz einen Angriff gestattete; diejenigen Tage, wo dies unerlaubt und gesetzwidrig war, nannten sie dies atri. Auch bei den Griechen waren Gesetze dieser Art eingeführt; so durften die Athener erst am siebenten Tage nach dem Neumond ihr Heer in Schlachtordnung aufstellen. Likurg hatte den Lacedämoniern das Gesetz vorgeschrieben, vor dem Vollmonde keinen Kampf zu beginnen. Bei den alten Deutschen fand das Gegentheil statt; während des abnehmenden Mondes wurde keine Schlacht geliefert, und sie hielten es für eine Beleidigung der Götter, auch in der dringendsten Noth von dieser Sitte abzuweichen; und Julius Cäsar erzählt, daß er einen über die Deutschen erfochtenen Sieg nur ihrer Abweichung von der religiösen Sitte zuzuschreiben habe, welche Muthlosigkeit und Bangigkeit vor dem Zorne der Götter in ihrem Gefolge gehabt habe. (acie commissa, impeditos religione hostes vicit.) „Nach Beginn der Schlacht besiegte er die durch ihre religiöse Ansicht entmuthigten Feinde." Auch die Juden hatten ihre geheiligten Tage, an denen sie keine Schlacht lieferten; Jerusalem wurde am Sabbath genommen. Die Juden vertheidigten sich zwar, jedoch mit dem entmuthigenden Gedanken, die Rache Jehovahs nach sich zu ziehen. Kein Volk aber nahm von diesen geheiligten Tagen so wenig Notiz, als die Römer.

Achtung der Bewohner des nordamerikanischen Freistaats Ohio vor den deutschen Landwirthen.

In keinem andern nordamerikanischen Freistaat ist verhältnißmäßig die Einwanderung aus Deutschland so groß als im Staate Ohio, dessen nördliche Hälfte nördlicher und die südliche südlicher als Newyork liegt. Er ist der bedeutendste in der Bevölkerung unter allen Freistaaten im großen Missourithale und verschifft seine reichen Produkte entweder über Neu-Orleans oder über den See Erie nach dem Lorenzflusse, oder über Pittsburg nach Philadelphia und Baltimore. Ueber diese beiden Städte wandern auch dahin, wegen der Fruchtbarkeit des Bodens, der Landwirthschaft ohne Sclaven, der gesunden Lage, auch ungemein wachsender Bevölkerung, viele Deutsche und weniger Britten und Irländer, welche, wenn sie auswandern, Kanada und die nördlichen Kolonien vorziehen.

Eine der Zeitungen in Ohio erwähnt, daß durch die vielen Deutschen in dessen 59 Grafschaften, die jetzt 30,000 Wähler und 150,000 Einwohner unter den 850,000 Einwohnern dieses Freistaats bilden, der Gebrauch der deutschen Sprache sich immer mehr verbreite.

Den aus Deutschland eingewanderten Ansiedlern giebt jenes Blatt folgendes ehrenvolle Zeugniß. Die bestangebauten Landstellen Ohios gehören den Deutschen. Sie sind kräftige, arbeitsame und mäßige Menschen, welche ihrer Landwirthschaft die größte Aufmerksamkeit widmen und sich wenig um diejenige anderer Personen bekümmern. Ihre Wohnungen, Ställe, Weinberge, Gärten, Felder, Wiesen und Heerden sind in bester Ordnung und niemals rühmen sie selbst ihre Ueberlegenheit im landwirthschaftlichen Betriebe. Sie beharren bei ihrem Plane und bei ihren Ansichten, ohne sich viel um die Politik zu bekümmern und bewerben sich selten um öffentliche Aemter. Doch bemerken sie scharf, wenn die Beamten die Gesetze nicht strenge vollziehen. Ihr reiner Republikanismus verachtet Ueberspannung und Verkehrtheit. Weil sie vor Allem beflissen sind die Erträge ihres Landguts zu erhöhen: so haben sie gemeiniglich volle Scheuren. Daher freuet sich Ohio, daß immer mehr Deutsche in diese Stadt einwandern.

Dies Urtheil eines Ohioblattes ist um so bündiger, da in eben dem Staat täglich viele Engländer, Schottländer, Irländer und selbst Auswanderer aus Obercanada, neben Newyorkern einwandern, und viele deutsche Schriftsteller im landwirthschaftlichen Fache glaubten, unseren Landwirthen die Nachahmung mancher Landwirthschaftsmethoden des Auslandes empfehlen zu müssen.

Das Seesalz.

Das meiste Seesalz bezieht Europa aus Portugal. Es wird am linken Ufer des Tajo, zu Figueras, an der Mündung des Mondero, bei Aveyro, in der Mündung des Vouga, bei Porto in der Mündung des Douero, Setuval oder St. Ubes in der Mündung des Caldao, gewonnen. Das Salz der beiden letzten Plätze wird von den Engländern und Nordländern wegen großer Kristalle allem übrigem Salz zur Bereitung der einzusalzenden oder zu räuchernden Meerfische und des Fleisches für Seefahrer vorgezogen. Sowohl die Portugiesen als andere südliche Völker gewinnen dieses Salz durch Einlassung des Meerwassers während der Fluth und aus Kanälen in Teiche von mäßiger Oberfläche in den heißen Monaten von Junius bis October. Das Wasser verdunstet in dieser Frist und wenn es verdunstet ist, sammelt man die krystallisirte Salzkruste, indem man allmählig das Meerwasser aus großen Becken in kleinere und flächere über einen mit Thon ausgeschlagenen Boden laufen läßt, wo die Verdünstung schneller statt findet. Das im Anfange der heißen Jahreszeit gewonnene Salz ist stets im Preise theurer. Das meiste portugiesische Salz geht nach Holland und nach Brasilien. Die Last kostet jetzt in Setuval Ausländern 4000 Reis, also beinahe eine halbe Mark Silber, da 8480 Reis eine Mark Silber bilden. Den Preis bestimmt die Regierung und hat ihn jetzt herabgesetzt, da früher die Last 5600 Reis kostete. So wohlfeil können es die Seesalzreinigungsfabriken in nordischen Gegenden nicht liefern. Daher ist die Salzausfuhr aus Portugal ein wichtiger

Ausfuhrartikel dieses Königreichs. Die Inländer erhalten das Salz von der Regierung 25 Procent wohlfeiler, als die Ausländer.

Benutzung der Brennessel.

Die Brennessel, welche in dem schlechtesten Boden fortkommt, weder Wartung noch Pflege bedarf, große Hitze und strenge Kälte verträgt, ausdauernd ist und eine Höhe von 7 Fuß erreicht, ist für Menschen und Thiere von vielfachem Nutzen.

Sie läßt sich eben so wie der Hanf bearbeiten, und man macht aus ihr das echte Nesseltuch. Bei ihrer Reife, in der zweiten Hälfte des August, wenn die Blätter abzutrocknen anfangen, die Stengel gelblich oder dunkelroth erscheinen und der Saame leicht von der Hülse losgeht, schneidet man sie mit einer Sichel nahe an der Erde ab, zu welcher Arbeit man sich wider das Stechen dieser Pflanze mit Handschuhen versiehet. Man breitet die abgeschnittenen Stengel auf einer Wiese aus und läßt sie ein Paar Tage trocknen; dann streift man die Blätter ab, röstet sie, bindet sie in Bündel und läßt sie 6 bis 7 Tage in klarem Fluß- oder Teichwasser weichen. Die fernere Behandlung ist wie beim Hanfe, und die Nessel läßt sich noch viel weißer als der Hanf bleichen.

Der reife Nesselsaame ist ein gutes Futter für die Hühner, welche im Winter fleißig danach legen; eben diese Wirkung haben auch die trockenen und im Wasser gekochten Blätter.

Kocht man noch so hartes Fleisch mit den Blättern der Nessel, so wird es weich, und rohes Fleisch zwischen diese Blätter gelegt, erhält sich länger als gewöhnlich.

Ueberhaupt sind die Blätter für das Vieh so nahrungsreich als gesund. Das Rindvieh giebt bei solchem Futter eine gute Milch, es bekommt ein fetteres Fleisch und wird vor vielen Krankheiten gesichert.

Durch die Wurzeln der Nessel wird das Land haltbarer gemacht. Auch kann man mit diesen Wurzeln Eier, Garn, 2c. schön gelb färben.

Gans mit vier Füßen.

Hr. Pfarrer Edelmann in Mähringen bei Herb im Würtembergischen hat eine junge Gans mit 4 Schwimmfüßen; die 2 vorderen sind wie gewöhnlich; hinten aber am Steiße hat sich der Hintertheil eines andern, aber nicht ausgebildeten Gänsleins so angeschlossen, daß die Füße desselben den ersteren entgegengekehrt, zwar bewegungslos, aber ganz vollkommen nachgeschleppt werden. Das muntere Gänschen empfindet ganz gut die Eindrücke auf diese Extravagantien, welche mit ihm auch sichtbar wachsen. Der Eigenthümer bietet diese vierfüßige Gans einer vaterländischen Sammlung lebendig an.

Woche.

Am 14. Junius 1793 wurde von Oestreichern, Engländern und Hannoveranern unter dem Herzog von York die Festung von Valenciennes beschossen, eine Stadt am Einflusse der Rouelle in die Schelde, nachdem sie vergeblich zur Uebergabe aufgefordert worden war. Die Stadt war wie ausgestorben, denn die Bürger hatten sich in die Keller versteckt. Ganze Straßen wurden in den Schutt gelegt, selbst das Zeughaus mit dem ganzen Waffenvorrathe brannte ab. Von den durch das Auffspringen der Bomben in die Höhe geworfenen Backsteinen schien der Himmel beständig von einer dichten Rauchwolke bedeckt, worin röthlicher Staub flimmerte. Diese fürchterliche Beschießung dauerte bis zum 25. Julius.

Am 15. Junius wurden die Franzosen unter dem General Jourdan bei Wetzlar am Niederrhein von den Teutschen unter dem Erzherzog Karl mit einer fast um zwei Drittheile kleineren Macht geschlagen. Um 12 Mittags begann das Gefecht und blieb 6 Stunden lang unentschieden. Da kamen sächsische Truppen zur Verstärkung und um 9 Uhr wurde die Franzosen schon bis über Altenburg zurückgeworfen und genöthigt, sich über den Rhein zurückzuziehn.

Am 16. Junius 1697 ward August Friedrich, der Starke, Kurfürst von Sachsen, zu Warschau als August II. zum Könige von Polen ernannt. Um dieser Krone theilhaftig zu werden, war er zur römischen Kirche übergetreten.

Am 17. Junius 1762 Morgens um 5 Uhr bestürmten die zu Küstrin gefangen gehaltenen Croaten die Hauptwache und bemächtigten sich der hier befindlichen Gewehre. Die andern Wachen wurden nun leicht überwältigt, alle Thore waren von den Croaten besetzt, nur eine Ausfallthür unter dem Walle war ihnen nicht bekannt gewesen. Hier postirte sich die geringe preußische Besatzung und es kam zu einem blutigen Gefechte, welches unglücklich für die Preußen hätte enden können. Da erschienen 2 Priester der Croaten, welche auf Fürbitte des Garnisonspredigers Beneke die Ihrigen vom Kampfe abriefen und ihnen friedlich in ihre Kerker zurückzukehren riethen. Auf des Königs Befehl wurden die 5 Anführer hingerichtet und von den Übrigen der zehnte Mann nach dem Loose genommen und mit hundert Streichen gezüchtigt.

Am 18. Junius 1675 siegte Friedrich Wilhelm bei Fehrbellin über die Schweden. Um 8 Uhr Morgens begann der Landgraf von Hessen Homburg die Schlacht und zwar auf seine Art, die dem Schicksal des Tages leicht eine andere Wendung hätte geben können; indeß kam Friedrich Wilhelm des Uebereilung des Landgrafen bald zu Hülfe. Die Schweden ließen aber an jenem Tage außer den Verwundeten an 2000 Todte auf der Wahlstatt zurück.

Am 19. Junius 1645 war die Schlacht bei Wolfenbüttel im Herzogthum Braunschweig, zwischen den Kaiserlichen unter dem Erzherzoge Leopold und Piccolomini und den Schweden unter Wrangel.

Am 20. Junius 1810 war der Begräbnißtag des Kronprinzen von Schweden (s. den 28. Mai). Man ahnte Meuchelmord und besonders ruhte der Verdacht auf dem 60jährigen Marschall, Grafen Achsel von Fersen. Unglücklicherweise mußte er den Leichenzug anführen und war so der ganzen Wuth des Volkes blosgestellt, welches ihn mit Flüchen und Steinwürfen empfing und ihn, da er sich auf das Rathhaus flüchtete, dort zur Treppe hinabstürzte und in einen der angesehensten königlichen Beamten ermordete, dessen Andenken nachher vom leisesten Verdachte freigesprochen wurde. Die Volkswuth dauerte den ganzen Tag fort und erst spät wurde die Ruhe und Sicherheit der Stadt wiederhergestellt.

Verlag von Bossange Vater in Leipzig.
Unter Verantwortlichkeit der Verlagshandlung.

Druck und Stereotypie von W. Hasper in Karlsruhe.

Das Pfennig-Magazin

der
Gesellschaft zur Verbreitung gemeinnütziger Kenntnisse.

60.]   Erscheint jeden Sonnabend.   [Juni 21, 1834.

Das Schiff.

Wenn ein Product menschlicher Kunst werth ist, die Aufmerksamkeit, ja selbst Bewunderung zu erregen, so ist es gewiß das Schiff; nicht die riesigen Masten, nicht das mächtige Gebälk, nicht die geschwellten Segel sind es allein, welche den Geist fesseln; das Schiff ist gleichsam das Meisterwerk physischer und geistiger Menschenkraft, aber nur allein die Wissenschaft zeichnet die angemessene Form dieses Werkes vor, die Wissenschaft ist des Schiffes Lenkerin. Ohne sie wäre alle Schifffahrt eine Küstenschifffahrt, wir wüßten von keinem Amerika, von keinem Australien. Die Wegweiser des Schiffes auf offener See sind Sonne, Mond und Sterne; ja wären selbst diese Tage und Wochen lang verschwunden, so würde gleichwohl die Schiffskunde mit großer Genauigkeit den Punct der Erde bestimmen können, auf welchem ein Schiff sich befindet. Wie und durch welche Mittel der Schiffer zu dieser Kunde gelangen, soll weiter unten erörtert werden.

Arten der Schiffe.

Unter einem Schiffe versteht man nach der Wortstrenge der Seekunstsprache ein Fahrzeug mit

Eine Fregatte mit geschwellten Segeln.

drei Masten, deren jeder mit Segelstangen versehen ist. Jedes Schiff hat ein Verdeck, d. h. der innere Schiffsraum, oder doch ein Theil desselben, ist oben durch eine Decke geschlossen. Die Anzahl solcher Verdecke bestimmen den Rang des Schiffes; da jedoch die Anzahl der Verdecke und der damit im Verhältniß stehende Umfang des Schiffes einen Maaßstab für die erforderliche Anzahl der Kanonen abgibt, so pflegt man auch wohl nach der Zahl der letzteren den Rang des Schiffes zu bestimmen. Was zuförderst die Kriegsschiffe betrifft, so zerfallen sie in sechs Stufen; Kriegsschiffe des ersten Ranges heißen Linienschiffe, weil sie die Schlachtlinie bilden, wenn ganze Flotten gegen einander kämpfen. Zur ersten Klasse der Linienschiffe gehören diejenigen, welche 100 oder mehr Kanonen führen; die Schiffe zweiter Klasse haben 90 — 100 Kanonen nebst einer Mannschaft von 650 bis 700 Mann. Die der dritten Klasse haben 60 — 80 Kanonen und 600 — 650 Mann, und so geht es stufenweise abwärts bis zur sechsten Klasse. Schiffe von weniger als 44 Kanonen heißen Fregatten.

Doch pflegt man mit dem Ausdrucke „Fregatte" auch andere Schiffe, die mehr als 44 Kanonen haben, zu benennen; diese haben jedoch eine von jenen Kriegsschiffen abweichende Bauart. Schooner oder Goeletten sind lange, schmale, scharfgebaute Schiffe mit zwei Masten. Von den Kriegsschiffen unterscheiden sich bekanntlich die Kauffartheischiffe durch ihre runde Form.

Das Linienschiff ersten Ranges.

Wer jemals den Anblick eines Linienschiffes genossen hat, wird es nicht in Abrede stellen, daß auch die lebendigste Einbildungskraft, unterstützt von der genauesten Beschreibung eines solchen Riesenwerkes, nicht im Stande ist, sich ein so lebhaftes und imposantes Bild von demselben zu machen, daß es wirkliche Anschauung ersetzen könnte. Auch läßt der Anblick eines Linienschiffes gewiß bei jedem einen unauslöschlichen Eindruck zurück. Um ein solches Schiff zu besuchen, muß man mit einer Erlaubnißkarte oder mit einem Empfehlungsbriefe versehen seyn. Man setzt sich alsdann in ein Boot, und steuert dem Schiffe zu, welches gewöhnlich in einer beträchtlichen Entfernung vom Landungsplatze vor Anker liegt. Von letzterm aus sieht man das Schiff nur in seinen größeren Umrissen, und jemehr man sich nähert, kommen die interessantesten Einzelheiten zum Vorschein. Man unterscheidet die Anzahl der Verdecke durch die etagenförmig über einander gereihten Fenster, man bewundert die ebenmäßig gerundeten Wölbungen des Vordertheils, ein heimliches Grausen beschleicht den Geist beim Anblicke so vieler dicht nebeneinander stehenden, und den Herannahenden gleichsam drohend anstierenden Kanonenmündungen, und die Phantasie malt sich auf einen kurzen Augenblick die grausenerfüllende Scene einer Seeschlacht.

Hat der Besucher sich durch seine Karte oder sein Empfehlungsschreiben gehörig legitimirt, so ladet ihn der wachhabende Lieutenant ein, die große Fallreepstreppe hinaufzusteigen; dieses Hinaufsteigen geschieht gewöhnlich mit einer gewissen Unbeholfenheit, welche dem von der Seeluft gebräunten Gesichte des Matrosen ein Lächeln abnöthigen würde, das die Schicklichkeit jedoch zu unterdrücken gebietet. Ohne die strengsten Vorschriften der Disciplin würde der zur Freiheit, ja man möchte sagen, zur Zügellosigkeit geneigte Sinn des Matrosen leicht entarten, seine Instructionen bezeichnen jedoch seinen Wirkungskreis mit einer solchen Genauigkeit, und weisen seinem Verhalten so bestimmte Grenzen an, daß seinem ihm eigenthümlichen Hange zur Zügellosigkeit nicht leicht ein Spielraum bleibt. Was in einem Linienschiffe vornehmlich die Aufmerksamkeit des Besuchenden in Anspruch nimmt, ist die Länge der inneren Verdecksräume, welche sich um so tiefer zu erstrecken scheinen, als die Decken äußerst niedrig sind. Die auf ihren Laffetten ruhenden Kanonen nebst sämmtlichem Artillerieapparate geben diesen Räumen eher das Ansehen von Arsenalen als von Zimmern. Zahlreiche Pfeiler stützen die oberen Verdecke, und durch sämmtliche gehen die Masten bis auf den Schiffsboden. In dem auf das Freundlichste ausgestatteten Speisezimmer der Offiziere würde man die Localität des Schiffes vergessen, wenn man nicht durch mannichfache eigenthümliche Anordnungen und Einrichtungen immer wieder daran erinnert würde. So stehen z. B. Flaschen, Gläser rc. in Brettern, welche zu große Oeffnungen haben, als der Umfang des Geschirres erfordert, damit es vor dem durch ein starkes Schwanken des Schiffes so leicht verursachten Umfallen verwahrt werde. Die Verschlagswände der Schlafstellen für die Officiere hängen an der Decke des Schiffraumes, und sind so eingerichtet, daß sie während eines Seegefechtes an die letztere aufgeschlagen werden können; es gehört diese Einrichtung zu den neueren Verbesserungen der Schiffbaukunst.

Die Verdecke.

Die Schiffe des ersten Ranges haben 3 vollständige von dem Vorder- bis zum Hintertheile des Schiffes sich ausdehnende Verdecke; und unter diesen ist noch ein anderes unter dem Namen Orlop-Verdeck, welches als Vorrathskammer für Taue und Seile dient. Zugleich befinden sich in diesem Verdeck die Gemächer für Steuermann, Zahlmeister, Wundarzt, Hochbootsmann und Zimmermeister, die Zimmer für Verwundete, die Speisezimmer der Seekadetten und verschiedene Vorrathskammern der Officiere. Unter dem Orlopperdeck ist der Kielraum befindlich. In Kauffartheischiffen ladet man in diesen Theil die zu transportirenden Güter, in Kriegsschiffen hingegen füllt ihn der Ballast und der Mundvorrath für das Schiffsvolk.

Auch ist daselbst die Pulverkammer. Zu größerer Sicherheit ist dieselbe in doppelte Verschläge mit Glasfenstern eingebaut, durch welche von Laternen, die außerhalb der Verschläge angebracht sind, ein durch Refractoren oder durch große Gläser verstärktes Licht fällt. Nur Diensthabenden ist der Eintritt in dieselbe gestattet. In der Vorrathskammer wird die strengste Reinlichkeit unterhalten, und der Mundvorrath ist einem ununterbrochenen Luftzuge ausgesetzt. In dem folgenden höher gelegenen Verdecke ist die Schiffswinde. Ihre Lage ist unmittelbar bei dem Hauptmast. Vermittelst dieser Winde, welche aus einem kegelförmigen Baume mit horizontalen Querstangen besteht, werden außerordentlich große Lasten, z. B. des Bugankers gehoben. Um sein neunzig Centner schweres Gewicht in die Höhe zu winden, bedarf es 10 bis 18 starker Männer, und ein Paar Spielleute muntern gemeiniglich die Arbeiter durch lustige Weisen auf. In dem nämlichen Verdecke ist die Schiffsküche enthalten. Der darin befindliche Kessel kommt an Umfang einer Dampfmaschine gleich, denn sein Inhalt soll den Appetit von 800 Personen befriedigen. Das höchste Verdeck unterscheidet sich von den niederern dadurch, daß es in der Mitte nach oben geöffnet ist. Ueber dasselbe erhebt sich noch ein viertes, jedoch nur theilweises Verdeck unter dem Namen "Quartverdeck." Unterhalb desselben in dem oberen Hauptverdeck befindet sich das Admiralzimmer, von wo aus der Capitän oder Admiral seine Befehle in das grade unterhalb gelegene Wachzimmer ertheilt. Bei der prachtvollen Ausstattung seines Zimmers könnte man sich in ein Gesellschaftszimmer versetzt wähnen, allein zwei Kanonen, welche ihren Posten an den Fenstern haben, erinnern den Besuchenden wieder an das Schiffslokal. Damit diese Stücke jedoch gegen die prachtvolle Decoration des Zimmers keinen zu starken Kontrast bilden, sind sie sehr zierlich gearbeitet, und geschmackvoll gemalt.

In dem Admiralzimmer speist der Admiral mit seinen Officieren zu Mittag; die strengste Etikette bringt es jedoch mit sich, daß letztere ohne die ausdrückliche Einladung des Admirals nicht erscheinen dürfen; würde ein von letzterem eingeladener Officier auf sein Aeußeres nicht eine eben so große Sorgfalt verwenden, als ob er in eine Damengesellschaft ginge, so hätte er sich entweder eines sehr strengen Verweises zu gewärtigen, oder die Einladung würde sich nicht wiederholen. — Durch einen mechanischen Apparat wird das Steuerruder, welches die Richtung des Schiffes bezeichnet, gelenkt. Unmittelbar vor diesem Apparate befindet sich das den Compaß enthaltende sogenannte Nachthäuschen, welches aus einem runden kupfernen Gehäuse besteht. Damit dieses Instrument stets eine horizontale Richtung behalte, hat man folgende Einrichtung getroffen: Das Compaßhäuschen ist von einem Ringe umgeben, in welchem dasselbe vermittelst zweier Zapfen frei schweben kann. Dieser Ring ist nun wieder in einen Halbring so eingezapft, daß er immer freischwebt, wodurch es geschieht, daß das Compaßgehäuse stets eine wasserrechte Lage behält, wie auch das Schiff schwanken mag.

Für das Ereigniß, daß einer der Schiffsmannschaft das Unglück hat, in das Meer zu fallen, ist das Schiff mit einem Rettungsapparat von folgender Einrichtung versehen. Sobald der Unglücksfall bemerkt wird, läßt man zwei dünne hohle durch eine Eisenstange mit einander verbundene kupferne Gefäße in das Meer, welche der Verunglückte zu erreichen suchen muß; und damit ihm dieses auch zur Nachtzeit möglich werde, ist an der Eisenstange eine Zündruthe angebracht, welche durch einen Kanonenschuß in dem nämlichen Augenblicke angezündet wird, wo die Kupfergefäße herabgelassen werden. Ein in aller Eile ausgesendetes Boot nimmt alsdann den Unglücklichen auf. Daß wegen der zu großen Entfernung, in welche das Schiff bei vollen Segeln kommt, ehe das Boot abgefertigt ist, der Verunglückte früher den Wellentod finden kann, läßt sich leicht denken; jedoch hat die englische Regierung die Erfindung jenes Rettungsapparats als eine so große Wohlthat anerkannt, daß sie den Befehl gegeben hat, sämmtliche Schiffe damit zu versehen. Und wirklich hat sich die Vortrefflichkeit dieser Einrichtung in vielen Fällen bewährt.

Die Masten.

Die Masten des Schiffes bestehen aus mehreren durch eiserne Reife zusammengefügten Bäumen; die Füße derselben stehen auf dem Kiel, d. h. dem Gebälk, welches die untere Schiffswölbung schließt. Der untere Theil des Mastes führt den Namen Hauptmast, von dessen oberem Theile nach beiden Seiten des Schiffes scharf angespannte und an die Rüste befestigte starke Taue auslaufen, um den Mast in seiner graden Richtung zu erhalten. Ueber dieser Basis erhebt sich der Topmast, er bildet nicht mit jenem eine fortgesetzte Linie, sondern steht vielmehr etwas ab; über ihn ragt endlich der Top-Gallant-Mast oder die Bramstange, welche an den Topmast auf dieselbe Art befestigt ist, wie dieser an den Hauptmast. Die von dem Hauptmast herabgehenden Taue sind mit Quertauen durchzogen, welche den Namen "Webeleinen" führen, und für die Matrosen Strickleitern abgeben. Der im Reviere des Vordertheils stehende Mast heißt "Fockmast"; der in der Mitte des Schiffs befindliche ist der Mittelmast, und seine Basis mißt bei Schiffen ersten Ranges über hundert Fuß Länge; an ihn schließt sich der Topmast mit 48 bis 60 Fuß Länge, und über diesen die Bramstange mit 42 Fuß Länge; die Gesammthöhe von dem Kiel an mißt also an 200 Fuß. An den Masten hängen die Segelstangen, an denen die Segel befestigt sind. Die Segelstange an der Basis des Mittelmastes hat bei Schiffen ersten Ranges eine Länge von 100 und eine Breite von $2\frac{1}{4}$ Fuß. Die Segelstangen sind so mit dem Maste verbunden, daß man ihnen eine der beabsichtigten Richtung des Schiffes entsprechende Stellung geben kann, welches Geschäft man das Brassen (Anbinden, Anschnüren) nennt. Außer den bezeichneten rechtwinklig stehenden Masten giebt es noch einen andern, den Bugspriet, welcher eine geneigte Lage hat, und hinsichtlich seiner Bestandtheile ganz der Einrichtung eines rechtwinklichten Mastes gleichkommt. Der mittlere Theil desselben ist der Klüverbaum, der obere der fliegende Klüverbaum. Die erste größte Segelstange des Bugspriets führt den Namen Sprietsegelstange.

Die Segel.

Ein Schiff darf nicht mit Segeln überladen werden; die Anzahl derselben steht mit der Belastung im genauesten Verhältnisse. Solche Schiffe jedoch, deren Hauptbestimmung ein schneller Gang ist, sind gleichsam in Segel wie eingehüllt, und ein starker Wind giebt ihnen oft eine so schräge Lage, daß das ganze Fahrzeug auf einer Seite zu schwimmen scheint. Sinnreich ist diejenige Anordnung der Segel, nach welcher man dem Schiffe, der Wind komme woher er wolle, jede beliebige Richtung geben kann. Die Segel führen ihren Namen nach den Masten, an welchen sie sich befinden. An der Basis des Mastes ist das an der untern Segelstange befestigte Hauptsegel, nach diesem kommt das Topsegel, das nächsthöhere ist das Bramstangensegel, und an der Spitze das Königssegel. Eine gleiche Bewandtniß hat es mit der Anordnung der Segel an den übrigen Masten. Um die Oberfläche der untern Segel zu vergrößern, hat man schmale Seitensegel angebracht, welche nach Bedürfniß ein oder ausgezogen werden können.

Die Anker.

Jedes Kriegsschiff enthält mehrere Anker. Der größte ist der Pflichtanker und hat ein Gewicht von 90 Centner. Die Wichtigkeit dieses Ankers, von welchem das Heil und die Sicherheit des Schiffes abhängt, macht es nothwendig, daß auf dessen Verfertigung alle Sorgfalt verwendet wird. Aus einem Stücke gegossen würde er, von welcher Güte auch der Guß seyn möchte, leicht Risse bekommen. In einem solchen Zustande ist er dann nicht mehr tauglich, und man muß gewärtig seyn, daß er in Folge der beim Herausziehen aus tiefem Meeresschlamm auf ihn angewendeten großen Kraft zerbricht. Um nun diesem Uebel vorzubeugen, hat man ihn aus den besten mit großen Hämmern zusammengetriebenen Schmiedeisenstangen zusammengesetzt, wodurch er der Gefahr des Zerbrechens nicht ausgesetzt ist.

Größendimensionen eines Kriegsschiffes ersten Ranges.

Länge des untern Kanonenverdecks	205½ Fuß.
Länge des zur Tonnenladung bestimmten Kielraums	170½ "
Größeste Breite	54½ "
Höhe des Kielraums	23 "
Höhe des Schiffsrumpfes bis zur Gallerie des Vordertheils	56 "
Höhe bis zum höchsten Theile des Hintertheils	64 "

Das Gewicht eines solchen Schiffes beträgt 54000 Centner.

Die Kriegsrüstung dieses Schiffes bestand:

In dem unteren Verdeck aus	30 Zwei u. dreißig Pfünder.
	2 Acht u. sechzig Pfünder.
In dem mittl. Verdeck	34 Zwei u. dreißig Pfünder.
In dem oberen Verdeck	34 Zwei u. dreißig Pfünder.
In dem Quarterverdeck	2 Achtzehn Pfünder.
	14 Zwei u. dreißig Pfünder.
In dem Vordertheile	2 Achtzehnpfünder.
	2 Zwei u. dreißig Pfünder.

Summa 120 Kanonen.

Das Personal des Schiffes.

Das Leben, Treiben und Arbeiten auf dem Schiff ist mit einem Räderwerk zu vergleichen, dessen Feder die Person des Capitäns ist. Jedes Glied der Schiffsmannschaft hat seine bestimmte Amtsverrichtung, und niemals geräth diese große Maschine ins Stocken. Nachfolgend haben wir das Schiffspersonal nach seinem durch die Größe des Gehalts bestimmten Range aufgezeichnet.

1 Capitän, 8 Lieutenants, der Schiffspatron, 1 Schiffsprediger, 1 Wundarzt, 1 Proviantmeister, 3 Gehülfen des Wundarztes, 1 Stückmeister (über die Kanonen), 1 Hochbootsmann, 1 Zimmermeister, 1 Steuermann, 23 Seekadetten, 6 Gehülfen des Schiffspatrons, 1 Schulmeister, 1 Schreiber, 1 Waffenmeister, 2 Korporals, 1 Führer des Beischiffes, 1 Führer des langen Bootes, 12 Quartiermeister, 5 Gehülfen des Stückmeisters, 8 Gehülfen des Hochbootsmannes, 3 Hauptleute des Vordertheils, 1 Hauptmann des Kielraums, 1 Koch, 1 Seiler, 1 Taudreher, 2 Gehülfen des Zimmermeisters, 1 Kalfa-

Kriegsschiff und Kauffahrteischiff.

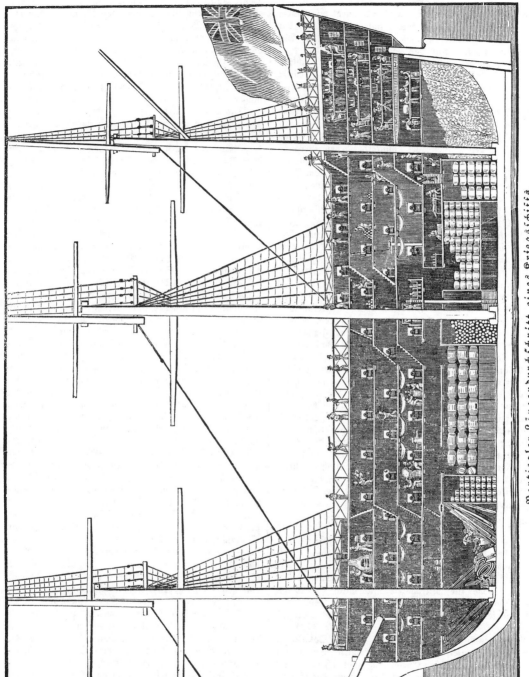

Verticaler Längendurchschnitt eines Kriegsschiffs.

...ler, 1 Waffenschmied, 12 Hauptleute zur Regierung der verschiedenen Segel, 1 Signalist, 1 Führer der Pinasse oder des kleinen Jagdschiffes mit Rudern, 1 Gehülfe des Seilers, 1 Gehülfe des Kalfaterers, 2 Gehülfen des Waffenschmieds, 1 Böttiger, 12 freiwillig Dienende, 25 Arbeiter und Handlanger des Stückmeisters, 18 Zimmergesellen, 2 Seilergesellen, 2 Böttichergesellen, 1 Vorsteher der Reservekammer, 478 Seeleute in außerordentlichem und ordentlichem Dienste, 1 Gehülfe des Koches, 1 Barbier, 1 Pedell des Proviantmeisters, 1 Pedell des Schiffskapitäns, 1 Koch des Kapitäns, 1 Koch für das Wachzimmer, 1 Unterpedell, 1 Landsmann, 31 Knaben. Hierzu die Marine gerechnet: 1 Seehauptmann, 3 Lieutenants, 4 Sergeanten, 4 Corporale, 2 Tamboure, 146 Gemeine.

Die Summe des gesammten Schiffspersonals belief sich folglich auf 850 Mann.

Sonntagsfeier auf dem Schiffe.

Jeder Admiral oder Kriegsschiffkapitän ist gesetzlich verpflichtet, am Sonntage, wenn es das Wetter nur einigermaßen gestattet, den Gottesdienst begehen zu lassen. Vor demselben hält der Admiral mit seinem ganzen Schiffspersonale eine Musterung. Jeder hat nach Beschaffenheit der Jahreszeit seinen besten Anzug angethan. Auf das Signal der Trommel tritt die Mannschaft in Reih und Glied, wo das Schiffspersonal die Seiten des Quarterverdecks, die Gänge der Unterverdecke und die Bucht des Vordertheils einnimmt. Die Marine stellt sich auf dem andern Theile des Quarterverdecks auf. Während dieser Musterung herrscht eine so tiefe Stille, daß man eine Nadel fallen hören könnte; aber bei dem beständigen Knarren der Füße der Masten, bei ununterbrochenem Geräusch des in dem Tauwerk spielenden Windes, tritt nie die kleinste Pause vollkommener Ruhe ein. Dem Auge des Kapitäns entgeht kein Fehler der Haltung, kein Flecken und keine Falte des Anzuges. Hierauf begiebt sich der Kapitän in die Küche zur Besichtigung des Geschirres und zur Prüfung der Speisen. Endlich inspicirt er die verschiedenen Gemächer und Gelasse in Begleitung seiner Offiziere. Nachdem während dieser Musterung Alles in Paradeordnung geblieben ist, begiebt sich der Kapitän auf das Quarterverdeck zum Premierlieutenant, und richtet ihn mit den Worten an: „Nun, mein Herr, ist's Ihnen gefällig, so ordnen wir den Gottesdienst an." Letzterer wird auf dem Quarterverdeck gehalten. Zur Kanzel muß das Kompaßschränkchen oder eine mit einer Flagge verzierte Zusammenstellung von allerhand Waffengeräth den Namen hergeben. Um 12 Uhr geht es gewöhnlich zum Mittagstische, und während in den Wochentagen nach der kurz zugemessenen Tischzeit sogleich Alles wieder in Amtsthätigkeit tritt, ist der Sonntag-Nachmittag bis 4 Uhr der Muße und fröhlichen Geselligkeit gewidmet, bis um 4½ die Pfeife das wohlgelaunte Schiffsvolk an die saubern Speisetische ruft. Gegen Sonnenuntergang ruft die Trommel die Mannschaft noch einmal auf das Quarterverdeck, wo Namensverlesung gehalten wird. Eigentlich geschieht dieses deswegen, um zu verhüten, daß an diesem der Erheiterung geweihten Tage dem Gott Bacchus nicht zu große Opfer gebracht werden.

Wie bestimmt der Schiffer auf dem Meere den Punct, wo er sich befindet?

Erst der neueren Zeit war es vorbehalten, diese Aufgabe in ihrer ganzen Vollendung zu lösen. Bis zum Jahre 1763 konnte man zwar vermittelst der Sonnenhöhe zur Mittagszeit und durch die Größe des Bogens zwischen dem Polarsterne und dem Scheitelpuncte die Entfernung des Schiffes vom Nordpol, oder auf der südlichen Hälfte der Erde durch die Größe des Bogens zwischen dem südlichen Polarsterne und dem Scheitelpuncte genau bestimmen; man wußte nun zwar, in welcher Entfernung man sich von einem der beiden Pole befand, und hatte somit den Breitegrad ermittelt. Nun fehlte noch die Ortsbestimmung nach den Längengraden. War diese ausfindig gemacht, so war ein unendlich wichtiges Problem der Seewissenschaft gelöst. Unter dieser Ortsbestimmung der Länge ist bekanntlich die östliche oder westliche Lage eines Ortes von einem willkührlich angegebenen festen Puncte verstanden. Da nun der erste Längenmeridian diejenige Linie ist, welche man sich zwischen dem Südpol, der Insel Ferro bei Afrika und dem Nordpol gezogen denkt, so kam es nur darauf an, zuförderst die Entfernung eines jeden Seehafens, von welchem Schiffe auslaufen, von dieser gedachten Linie zu bestimmen. Denkt man sich nun den Aequator in 360 gleiche Theile oder Grade eingetheilt, und von jedem Gradpuncte gleichfalls Verbindungslinien nach dem Nord- und Südpol, und könnte man ermitteln, auf der wie vielten dieser Linie, von der ersten angerechnet, man sich befände, so wäre somit die Aufgabe als gelöst zu betrachten. Um nun zu begreifen, wie man durch eine genau und richtig gehende Uhr zu diesem Ziele gelangen kann, müssen wir folgende Umstände in Erwägung ziehen:

Diejenigen Orte, welche verschiedene geographische Längen haben, haben auch verschiedene Tageszeiten. Dieses rührt von der Axendrehung der Erde her. Auf der einen Hälfte ist Tag und auf der andern Nacht: z. B. in dem Augenblicke, wo in Leipzig Mittag ist, ist in Petersburg und Constantinopel 1 Uhr; in Mekka 2 Uhr; in Orenburg in Sibirien 3 Uhr; in Bombay 4 Uhr; in Calkutta in Indien 5 Uhr, auf der Insel Sumatra 6 Uhr, zu Peking in China 7 Uhr; dagegen nach Westen in Madrid erst 11 Uhr Morgens; auf der Insel Teneriffa 10 Uhr Morgens; an der östlichen Spitze von Südamerika noch nicht ganz 9 Uhr. Ein von einem andern um 15 Längengrade entfernter Ort ist, nach Osten gelegen, um eine Stunde in der Zeit voraus; nach Westen gelegen um eine Stunde zurück. Hat nun ein Schiff eine möglichst genau gehende Uhr, welche nach der Zeit des Hafens, aus welchem es auslief, gestellt ist, und weicht dieselbe von der Tageszeit eines Ortes, nach welchem wir uns das Schiff hingesegelt vorstellen wollen, um eine Stunde ab, so schließt man rückwärts, daß dieser Ort um 15 Längengrade von dem Hafen entfernt seyn müsse, die Breite oder die Entfernung von dem Pol oder von dem Aequator findet man durch unmittelbares Messen, und so kann man den Punkt auf der Erde nachweisen, auf welchem das Schiff in dem Augenblicke sich befindet. Wie wichtig es für die Schiffskunde ist, diesen geographischen Ort mit möglichster Genauigkeit zu bestimmen, sieht man aus dem zu Anfang des vorigen Jahrhunderts ausgesetzten Preis von 20,000 Pfund Sterling auf die Verfertigung einer Seeuhr, durch welche die geographische Länge eines Ortes bis auf einen halben Grad bestimmt werden könnte. Die Hälfte dieser im Jahre 1714 durch eine Parlamentsacte ausgesetzten Prämie gewann William Harrison. Auf einer von ihm in Begleitung eines Prüfungs- und Zeugencomitees gemachten Reise nach Jamaika war sie auf dem Hinwege nur 5 Secunden, auf dem Rückwege nur 2 Minuten vom richtigen Gange abgewichen, welches auf Längengrade übertragen, keinen halben Grad ausmacht. Da nach einer zweiten Prüfung, welcher zufolge die Uhr nicht ganz so günstige Resultate lieferte, als bei der ersten, dem Künstler nur die Hälfte bewilligt wurde, und der Astronom Maskelyne die Abweichung später noch bedeutender fand, so ließ man es mit jener Prämie von 10,000 Pf. Strl. bewendet seyn. Harrison, gekränkt durch eine solche, wie er glaubte, ungerechte Behandlung, arbeitete rastlos an der Vollendung seines Mechanismus, und trat einige Jahre vor seinem Tode mit einem Zeitmesser auf, welcher von dem Astronomen Richmond auf der Sternwarte geprüft wurde; es ergab sich, daß er in 6 Wochen nur 4½ Secunden von der richtigen Zeit abgewichen war, welche auf die geographische Länge übertragen, nur einen Bogen von 1⅛ Grade betragen würde. War nun jenes wichtige Problem auf mechanischem Wege glücklich aufgelöst worden, so ist auch die astronomische Behandlung des Gegenstandes nicht minder erwähnenswürdig. Allerdings ist zur astronomischen Längenbestimmung die Wahrnehmung eines dem Monde nahen Firsterns, oder die Bedeckung eines solchen von jenem erforderlich. Tobias Mayer, ein Astronom zu Göttingen, verfertigte zuerst Tafeln für sämmtliche unter den verschiedenen Längengraden zu den verschiedenen Tageszeiten stattfindenden Sternbedeckungen, welche geistreiche Arbeit auch in England Anerkennung fand und mit einem Accessit von 3000 Pf. Strl. belohnt wurde. Seine Tafeln wurden später von Borda verbessert. Da jedoch weder immer Mondschein, noch Sternhelle ist, so verdient die Längenbestimmung durch Seeuhren bei Weitem den Vorzug. Zur Bestimmung der Breite nimmt man gewöhnlich die Sonnenhöhe zur Mittagszeit, und selten ist auch der Himmel mit so dichten Wolken bedeckt, daß das Licht unsers Tagesgestirns nicht wenigstens in dem Grade durchdringen sollte, um seinen Mittelpunct wahrnehmen zu können.   Dr. R.

Kuppelbeleuchtung und Feuerwerk am St. Peterstage.

Schon am frühen Morgen kündigen die Kanonendonner vom Kastell Sankt Angelo das heutige Fest an. Ganz Rom mit seinen anderthalbhunderttausend Bewohnern, die aus allen Enden der Erde hier zusammenströmende Masse von Fremden, das viele Meilen weit entfernte Gebirgsvolk, fast das ganze Latium harrt mit freudiger Beklemmung, mit immer steigender Ungeduld der Stunde, zu welcher die Erleuchtung des Sankt Peters beginnt. Schon um die 22te Stunde nach italienischer Uhr strömt Alles demselben zu. Der freie, ungeheure Platz vor der Façade der Basilika füllt sich mit unzähligen Menschen aus allen Nationen und Gegenden, Ständen und Altern. Limonadenverkäufer, Kastanien- und Makkaronihändler wetteifern mit einander im Toben und Lärmen. Muthwillige Buben klettern an dem hohen Obelisk, an den rauschenden Fontainen, den herrlichen Zierden des Platzes, empor, während andere mit wüthendem Geschrei dem Vorübergehenden una sedia (einen Stuhl) anbieten. Schaaren von Campagnobauern, mit spitzen Hüten und von dem kräftigsten Körperbau, reizende, majestätische Frauen von Albano, Genzano und Fraskati in ihrer reichfarbigen und doch so einfachen Nationaltracht, Pilgrime, Hüte und Mäntel mit Muscheln bedeckt, drängen sich durch die dunkle, wogende Menschenmasse hindurch in das goldschimmernde, mit Purpurvorhängen und Blumengewinden gezierte Säulenschiff des hehren Tempels, um nur vor einem seiner 28. Altäre ihre Knie zu beugen oder dem mit den päbstlichen Insignien geschmückten Bilde des heiligen Petrus die große Fußzehe zu küssen. Hier streckt ein halbnackter Bettler sein markirtes, sonnverbranntes Gesicht neben einem Monsignore Violettstrumpf empor; dort gafft eine naive, kecke Trasteverinerin neben einer melancholisch-sentimentalen Tochter Albions, während hie und da die elegantesten Corsostutzer, mit grünen Staubbrillen und niedlichen Fächern ausgerüstet, mitten unter Schuhputzern und Lastträgern sich umhertreiben, während hier an der Thür ein alter Minente oder Plebejer nach römischer Sitte Strümpfe strickt, dort ein Schiffer von Ripa grande eine Schüssel Makkaroni verschlingt. — So wogt und tobt die unübersehbare Menschenmenge bis zum Ave Maria, als plötzlich die große Glocke des Peters erschallt. In unglaublich kurzer Zeit sind alle die Tausende der zur Beleuchtung gehörigen Lampen und Laternen von mehreren hundert Arbeitern, die rings um die Kuppel herum bis zum Kreuze hinauf in Seilen hängen, wie von unsichtbaren Geisterhänden, angezündet und ein feenhafter, unermeßlich erhabener Anblick erscheint plötzlich vor unsern Augen. Welche Macht der Sprache vermöchte jene zarte, magische Rosenhelle, welche in der Abenddämmerung die Kuppel erleuchtet, jene reizenden, tausendfarbigen Tinten, in denen der südliche Himmel schimmert, anschaulich genug zu machen; wer vermöchte den großartigen und erhabenen Eindruck zu schildern, den dieser auf der Erde einzige Anblick, die vor uns sich hinlagernde allmählig in den Schleier der Nacht sich verhüllende Roma, die hieran sich knüpfenden Erinnerungen der Weltgeschichte, die zauberischsten Reize hesperischer Natur in unserm Gemüthe hervorbringen!

Nur kurze Zeit hat man dieses majestätische Schauspiel genossen, als ein zweiter Glockenschlag das Zeichen zur Veränderung der Beleuchtung giebt. Plötzlich ist jene schüchterne, schimmernde Helle verschwunden, und im vollen, strahlenden Glanze von 2000 Pechpfannen und Fackeln leuchtet der gigantische Bau aus dem nächtlichen Dunkel hervor. Jetzt entsteht ein allgemeines Geräusch, eine wilde Bewegung. Alles eilt nach der Engelsburg hinab, und in wenigen Minuten ist der eben noch überfüllte Platz licht und leer. Jetzt donnern die Kanonen von den Mauern der Engelsburg und es beginnt die Girandola. Tausende von Raketen steigen, purpurgeschweiften Kometen gleich, in die Lüfte, Pyramiden und Säulen von rosigem Feuer erscheinen eben so plötzlich, als sie verschwinden. Myriaden von Sonnen und lichten Sternen erleuchten das melancholische Kaisergrab, bis es endlich sich völlig zum Vulkan verwandelt, aus dessen Rachen der fürchterlichste Donner erschallt, lodernde Feuersäulen emporsteigen und die blutige Lava in breiten Strömen herabflutbet.   M. A. B. R.

Meteorsteine.

Meteorsteine sind Steine, welche aus der Atmosphäre auf die Erde fallen. Die Chroniken des Alterthums erwähnen schon frühe solcher Steine und in den neuesten Zeiten war man beflissen, solche genau zu untersuchen. Vor dem Niederfallen hört man einen lauten Knall. Im Augenblicke des Falls sind sie sehr heiß. Ihre Form ist ungleich, aber die Ecken sind gerundet, die Oberfläche hat eine schwarze Kruste mit einem eine Linie dicken Firniß. Die Meteorsteine bestehen gemeiniglich aus kleinen runden Körpern grüner Farbe in einer kiesigen Substanz mit eingesprengten gelben Flecken. Die Bestandtheile dieser Steine sind sich in allen Weltgegenden, Tages- und Jahreszeiten ziemlich gleich. In allen Meteorsteinen trifft man Eisen, bisweilen in einem Zustande, als wenn es gehämmert worden wäre, bisweilen gesättigt mit Sauerstoff, bisweilen mit dem in der Natur so seltenen Nickel, ferner Kies, Magnetstein und Schwefel, Alaun und Kalkerde, metallischen Braunstein, Kobald, Kohlen, Soda und Wasser in ungleicher Menge an. Eine ähnliche metallische Mischung wie solche die Meteorsteine liefern, trifft man nirgends auf der Erde an, weder in den auf einander liegenden mancherlei Erdarten, noch in erloschenen, oder noch brennenden Vulcanen. — Die Schwere dieser Steine ist ungleich, je nachdem sie mehr oder weniger Eisen enthalten. Bald sind sie sehr hart, bald leicht zerbrechlich. Man fand welche von 2 Quentchen bis zu 2600 Pfund. Die schwarze Kruste wirkt stark auf den Magnet.

Aus der Atmosphäre fällt auch bisweilen schwarzer oder rother schmieriger Staub, mit kleinen harten eckigen Körnern, oft zugleich mit großen Steinen.

Wie entspringen aber diese Naturseltenheiten? Die Hypothese, daß sie ferne feuerspeiende Berge gebildet hätten, hat man längst aufgegeben, da sie aus Höhen fallen, welche kein Vulkan mit seinen Auswürfen erreicht. Nach einer andern Hypothese bildet solche die Atmosphäre; aber auch diese Annahme hat man fahren lassen, indem man bisher in der Atmosphäre keine solchen Elemente, als die Meteorsteine enthalten, entdeckt haben will, auch weiß man jetzt, daß sie sich schneller bewegen als die Erde. Laplace behauptete zuerst, daß sie aus Mondvulkanen herrührten, aber unser Astronom Olbers widerlegte es ihm. Chladni und Davy nehmen an, daß die Meteorniederschläge von der Verbrennung fester Körper in der Atmosphäre herrühren, indem der Druck der feinsten oberen auf die niedrigere eine Verbrennung veranlaßt. — Die plötzliche Entweichung der Wärme bewirkt die Festigkeit der Materie der Gase oder Dünste in den Meteorsteinen.

Die Zündhütchen.

Wir geben dem freundlichen Leser hier die kurze Geschichte eines scheinbar geringfügigen Gegenstandes, der nicht durch Zufall, sondern durch reines Nachdenken erfunden, in Zeit von nicht vollen 2 Decennien seine Ausbreitung über die ganze Welt gewonnen und in mehr als einer Hinsicht die wichtigsten Resultate zur Folge gehabt hat und noch haben wird. Wir sprechen von den allbekannten Sellier'schen Zündhütchen.

Man verdankt die Entdeckung der originirten salzsauren Potasche *) dem Grafen Bertholet. Die Expansiv-Kraft derselben ließ hoffen, daß man sie bei dem Schießpulver mit Vortheil der salpetersauren Potasche substituiren könne. Die im Jahre 1788 in der Pulverfabrik zu Essonne gemachten Versuche waren unglücklich; die Mischung des Chlorkali oder vielmehr Kalichlorat und der Kohlen, die man in einem Mörser rieb, verknallte und 2 Personen waren das Opfer dieser Explosion. Die Kraftwirkung des Explodirens durch den Anstoß war also bewiesen. Man liest selbst im **Cadet de Gassicourt** daß, indem man eine Mischung von Chlorkali oder Kalichlorat, Schwefel und Kohlen percutirte, man die Flamme dem Zündpulver einer Pistole mittheilte. Diese interessante Erfahrung hatte augenblicklich keine Folge, da dieselbe aber zur Kenntniß eines englischen Priesters, eines großen Jagdliebhabers gekommen war, so zog er Vortheil davon, und entflammte die Ladung einer Flinte mit dieser Mischung. Diese Neuerung hatte bei seinem Gewehr verschiedene Aenderungen in dem Mechanismus der Batterie herbeigeführt; der Stein war weggelassen worden, es war eine neue Waffe, welcher Bertholets Entdeckung ihre Entstehung gegeben hatte. Sie wurde als Gegenstand der Curiosität nach Paris gebracht. Bald erfaßten Lepage und andere ausgezeichnete Büchsenmacher die ganze Wichtigkeit der neuen Entdeckung und nahmen Verbesserungs-Patente darauf. Die jedoch heut auf diese, morgen auf jene

Art veränderten Gewehre verbreiteten sich zwar nach und nach, allein man nahm bald wahr, daß das Chlorkali, indem es entbrannte, alle Theile der Waffe, mit denen es sich in Berührung fand, beschmutzte und zerstörte. Die Vorurtheile, die immer den neuen Erfindungen entgegen sind, bemächtigten sich der Mängel, die man dem neuen System vorwarf, sie verschrieen es, und es fing an, in Abnahme zu kommen, als Herr Bellot, Associé des Herrn B. Sellier, auf die Idee kam, Howards Knallquecksilber statt des Chlorkali zu gebrauchen. Von nun an hatte man ein fehlerfreies, nichts zu wünschen übriglassendes Knallpulver, und die Annahme des neuen Systems war entschieden; es blieb nur noch auszumitteln, welches die beste Verfahrungsart dabei wäre. Nach wiederholten Versuchen kam man überein, das Knallpulver in eine kleine Kapsel einzuschließen. Die Engländer machten sie von einem außerordentlich dichten, die Herren Sellier und Bellot aber von dünnem Kupfer und in der zierlichen noch heut angenommenen Form. Dieses so zu sagen ganz vervollkommnete System wurde von Herrn Sellier u. Comp. in Leipzig in den Jahren 1818—1820 in Deutschland eingeführt, wohin sie durch Errichtung von Fabriken in Prag und später in Schönebeck diesen neuen Industriezweig verpflanzten. Derselbe hat wie gesagt, nicht allein eine gänzliche Umänderung in den Jagdgewehren gemacht, sondern auch Veränderungen von höchster Wichtigkeit in der Kriegskunst hervorgebracht, da bereits in mehren Staaten ganze Regimenter mit Percussionswaffen versehen und Land- und Schiffskanonen à Percussion eingerichtet sind. So klein auch der Artikel ist, so wenig wird man ihm an die Seite stellen können, welche so viel Lärm in der Welt verursachen werden.

Wir hoffen, es werde unsern Lesern nicht uninteressant seyn, wenn wir auch den merkantilischen Weg verfolgen, welchen dieser Artikel gegangen ist, um zu zeigen, wie wichtig anfangs als Kleinigkeiten erscheinende Sachen in der Folge für den Handel werden können. Es waren im Anfange unendliche Schwierigkeiten zu überwinden, den Zündhütchen Eingang zu verschaffen, und es konnte vielleicht nur einem so weit verzweigten Hause, als es das Sellier'sche ist, gelingen, durchzugreifen. Das weit und breit bekannte Stammhaus in Leipzig ließ sich durch nichts abschrecken, und in wenig Jahren hat es fast alle Theile der Welt unserm Vaterlande Sachsen tributair gemacht. Die Fabriken fertigen und versenden wöchentlich viele Millionen Hütchen. Während das Leipziger Haus das Innere Deutschlands und die Schweiz versorgt, befriedigt das Wiener Auxiliar-Haus die Bedürfnisse Ungarns, Polens, der Türkei, Italiens ꝛc., und das Pariser Etablissement nimmt Aufträge Spaniens und der dahinkommenden Amerikanischen Staaten auf. Das Hamburger Haus endlich, welches zugleich wie das Leipziger das vollständigste Waffen- und Galanterie-Waaren-Lager hält, versieht vor Allem Englands Bedarf und sendet bedeutende Quantitäten nach Dänemark, Schweden, Rußland, Nord-Amerika bis Chili und Peru. In neuerer Zeit erhielt es sogar direkte Aufträge aus Siam.

Wir hoffen nächstens unsern Lesern eine Beschreibung der Fabrikation dieses interessanten Gegenstandes, so wie Abbildungen der dazu nöthigen Maschinen zu liefern.

---

*) Oder Kali in Verbindung mit Chlor. Die französischen Chemiker nannten nämlich Chlor nach dessen Entdeckung oxygenirte Salzsäure. Gay-Lussac und Thenard bewiesen jedoch, daß oxygenirte Salzsäure als ein einfacher Körper anzusehen sey. Doch hat man den Ausdruck oxygenirte Salzsäure theilweise beibehalten. D. Red.

Das Pfennig-Magazin

der

Gesellschaft zur Verbreitung gemeinnütziger Kenntnisse.

61.] Erscheint jeden Sonnabend. [Juni 28, 1834.

Das königliche Collegium, (King's college) in London.

Oft schon haben sich die beiden entgegengesetzten politischen Electricitäten Englands, um uns so auszudrücken, die Torys und Whigs, auf eine empfindliche Art berührt, bald siegte die eine auf dem heimlichen Schleichweg der Intrigue, und bereitete sich den siegreichen Ausschlag durch kluge und systematische Unterminirung des Kampfplatzes, bald verfolgten beide auch den geraden Weg des öffentlichen Handelns, und wechselndes Glück krönte ihr Streben. Selten aber gaben die gegenseitigen Reibungen ein glänzenderes Resultat des Meinungskrieges als im Jahre 1828, wo die Tory's durch Unterzeichnung ansehnlicher Summen eine mit der Londoner Universität gleichsam in Concurrenz tretende Lehranstalt stifteten. Die rasche Realisirung des Planes zeigt uns nur zu deutlich, daß man der Anhänglichkeit an Staats- und Verfassungsgrundsätze in England willig große Opfer bringt, und mit verschwenderischer Freigebigkeit, wo es die Verfechtung eines politischen Glaubensbekenntnisses gilt, den Weg zum Erfolge bahnt. Entscheiden wollen, ob das königliche Collegium ganz allein durch die Triebfeder des Oppositionsgeistes, oder aus der reinen Absicht, den Mängeln der Londoner Universität Abhülfe zu thun, entstanden ist, würde uns den gerechtesten Vorwurf der Voreiligkeit zuziehen, doch vermuthen läßt sich wohl, daß beide Motive mehr oder minder gleiche Antheile an dessen Stiftung haben. Was wir aber an dem Studienplan der Londoner Universität Tadelnswerthes fanden, war der gänzliche und unbedingte Ausschluß der theologischen Facultät. Es konnte daher, wenn es von Seiten der Torypartei einmal auf thatsächliche Opposition abgesehen war, kein schicklicherer Vorwand zur Ausführung einer so kostspieligen Gegenmaßregel angeführt werden, als die Nothwendigkeit, in London eine Lehranstalt, mit welcher die theologische Facultät verbunden war, zu errichten. Wenn auch solche Vorrechte und Beneficien, wie sie das **King's College** genießt, wenn auch die Gunst einer einflußreichen Parthei, ja mehr noch der 1829 von der Regierung ausgestellte Vorrechtsbrief in England nicht einen so entschiedenen Einfluß auf das Erblühen einer öffentlichen Anstalt ausüben, als es in andern Ländern des Festlandes der Fall seyn würde; so verfehlen sie doch auch im Lande der Freiheit ihre Zauberwirkung nicht ganz, da wo die Torypartei im stillen und stolzen Bewußtseyn ihres überwiegenden Einflusses, oft ohne viel Geräusch gegen die Whigs in die Schranken tritt. Und dieses herrliche Resultat politischer Wirkung und Gegenwirkung ist das königliche Collegium, oder genauer Königskollegium **(King's College)**. Längst schon hätten wir unsern verehrten Lesern mit dieser, erst vor wenigen Jahren in's Leben getretenen, Hochschule bekannt machen können; allein wir durften uns nicht übereilen, denn die Anstalt hätte ihres Zweckes verfehlen und der Kostenaufwand zu diesem großartigen Baue, die architectonische Pracht und der Umfang hätten mit dem Erfolge der Lehranstalt einen unangenehmen Contrast bilden können, und wir wären nur auf die geistlose Arbeit beschränkt gewesen, den geometrischen und architectonischen Maaßstab an eine Hülle ohne Kern zu legen. Trefflich ist Londons Hochschule gediehen. Sie wurde den 8. Oktober 1831 eröffnet, die Verwaltungsbehörde, (council, Concilium, Berathungsbehörde) legte nach ihrem sechsmonatlichen Bestande zuerst an die Oberbehörde Rechenschaft über den Stand des Collegiums ab. Es hatte sich in dieser kurzen Zeit schon ein Anwachs von 750 Zöglingen ergeben; zufolge eines ähnlichen im folgenden Jahre an die nämliche Behörde ergangenen Berichtes war die Zahl bis auf 930 gestiegen und ist fortwährend im Zunehmen. Dieser letzten Berichterstattung ist noch der Zusatz beigefügt, daß der Zuwachs der letzten Jahresfrist nur aus ordentlichen Studirenden, d. h. solchen, welche für den ganzen Cursus immatriculirt sind, bestehe und man will dieses als ein günstiges, den guten Geist und die Vortrefflichkeit des Systems dieser Anstalt darthuendes Ergebniß ansehen. Die Anstalt läßt nämlich auch den Besuch von außerordentlichen Studirenden zu, welche kein jährliches Einsatzquantum, sondern nur den Professoren und Lehrern Honorare geben, und von manchen Verbindlichkeiten, z. B. Frequenz der Vorlesungen, Beiwohnung der Andachtsübungen u. a. m., dem die ordentlichen Studirenden sich unterwerfen müssen, frei sind, dagegen aber auch auf manche Vortheile verzichten müssen. Die wichtigsten Personen der erwähnten Oberbehörde sind der König, als Patron der Lehranstalt, der Erzbischof von Canterbury als Ephorus, welcher von Zeit zu Zeit inspicirt, dem Herzoge von Wellington, welcher bei der ersten Sitzung zur Verfassung der Statuten das Präsidium führte, und viele andere angesehene Personen. Die Berathungs- und Verwaltungsbehörde bildet eine Gesammtbehörde unter dem Namen Council, welche aus 41 Mitgliedern besteht, nämlich 9 perpetuirliche Räthe auf Lebenszeit, welche weder selbst kündigen, noch auch gekündigt werden dürfen; 8, welche kündigen und gekündigt werden dürfen; 21, wechselnde, unter denen jährlich 6 nach dem Ergebniß der Stimmenmehrheit austreten und durch neugewählte ersetzt werden. Das Präsidium dieser Behörde führt der Bischof von London. In ihren Geschäftskreis gehört die Berathung über alle das Gedeihen und die innere Verfassung betreffenden Gegenstände, die Disponirung über die Einkünfte, die Bestimmung der Gehalte für die Vorlesungen und den Unterricht in der Vorbereitungsschule, die Wahl der Professoren, die Anordnung der Lehrstunden, oder überhaupt die Organisation, der Entwurf der Zusätze zu den Statuten und Reglements. Wie bei der Londoner Universität, so ist auch hier dem gesammten Lehrerpersonale ein Chef vorgesetzt, welcher die Funktion eines Disciplinarius ausübt, und hauptsächlich das Materielle und Formelle des Unterrichts controllirt. Die ganze Anstalt zerfällt in zwei Hauptdepartements:

1) in die allgemeine Unterrichtsanstalt oder das niedere Departement, für Zöglinge von 7 bis 16 Jahren; sie ist nicht etwa eine bloße Gelehrtenschule, sondern eine theoretische Vorbereitungsanstalt für alle bürgerlichen Geschäftsarten, sowohl für den Kaufmann als für den Techniker. Außer den allgemeinen Unterrichtsgegenständen nennen wir die französische und englische Literatur, die deutsche Sprache, architektonisches Zeichnen und Mathematik. Jeder Schüler bezahlt jährlich 15 Guineen (186 fl.) Schulgeld. Der Unterricht beginnt Morgens um 9 Uhr und schließt um 3 Uhr; die Mittagsstunde macht also keine Unterbrechung, da in England der Bürgerstand frühestens um 3 Uhr zu Tische geht. Die meisten weltlichen und geistlichen Lehrer unterhalten gegen eine mäßige Entschädigung Kostgänger, stehen aber auch in dieser Hinsicht unter Controle des Conciliums oder Universitätsrathes. Gemäß dem Hauptgrundsatz der Anstalt, die christliche Erziehung der Zöglinge zu för-

dern, wird auf den Religionsunterricht das größte Gewicht gelegt und alle Sorgfalt auf die practische Eindringlichkeit der Religionsvorträge verwendet, so wie es den Lehrern auch zur Pflicht gemacht ist, durch die Kraft ihres eigenen Beispieles auf den sittlichen Lebenswandel der Schüler einzuwirken zu streben. Täglich ist eine Religionsstunde und der Unterricht beginnt und schließt mit einem Gebete. Die Anzahl der Schüler beläuft sich auf circa 400.

Die Studirenden des oberen Departements heißen Studenten des königl. Collegiums (King's College Students.) Der academische Cursus zerfällt in die allgemeinen bildenden Wissenschaften und die Facultätswissenschaften. In Bezug auf den Besuch der ersteren sind sämmtliche Studenten einem Studienplane unterworfen, jedoch übt das Concilium in Verwaltung dieses Reglements keine so große Strenge aus, als daß es nicht jedem nachließe, die Vorlesungen nach seinen individuellen Neigungen zu wählen. Dieser Cursus der universellen Wissenschaften begreift in sich: Religion, Philologie, Mathematik, englische Literatur und Sprache, verbunden mit practischen Uebungen, französische, deutsche, italienische und spanische Sprache, Experimentalphysik, Geologie, Zoologie ꝛc.; zu den Facultätswissenschaften gehört Jurisprudenz und engl. Rechtsverfassungskunde, Theologie mit Inbegriff der orientalischen Sprachen und Medicin. Während man noch vor etwa 5 Jahren an den Einrichtungen der medicinischen Facultät viel Mangelhaftes und Tadelnswerthes fand, ist sie jetzt mit den deutschen Facultäten ganz gleich zu stellen, und erfreut sich Seitens der Regierung einer ganz besondern Begünstigung. Jeder Mediciner ist gehalten, zuvor den universellen Cursus zu machen; für den ganzen medicinischen Cursus von 2 Jahren bezahlt der Mediciner, wenn er durch einen Actieninhaber angemeldet ist, 50 Guineen. Die Examinatorien, zu deren Besuche jeder Studirende gesetzlich verpflichtet ist, haben ihren Nutzen durch talentvolle junge Aerzte, welche aus der medicinischen Schule des Kings College hervorgingen, auf eine unbestreitbare Art bewährt. Wie wir schon oben bemerkten, ist in den Statuten der Grundsatz festgestellt, daß das King's College zugleich eine religiöse Bildungsanstalt seyn solle; die Erfahrung nun, daß unter den verschiedenen Ständen Englands die Mediciner sich von den Gebräuchen des christlichen Lebens, dem Besuch der Kirche ꝛc. auszuschließen pflegen, vermochte den Universitätsrath, den Professoren der medicinischen Facultät unter den Fuß zu geben, daß ihnen ihre indirecte Mitwirkung zur Realisirung des Grundsatzes der christlichen Erziehung wünschenswerth seyn würde. Weit entfernt also, den Studirenden der Medicin Gesetze in dieser Hinsicht vorzuschreiben, stellte man ihnen frei, sich zu den Morgengebeten in der Capelle einzufinden. Man rühmt an ihnen nicht allein die Regelmäßigkeit, mit welcher sie dem Gottesdienst beiwohnen, sondern man sagt es ihnen selbst zum Lob nach, daß sie den Vorlesungen der Moral und Glaubenslehre beiwohnen und sich selbst den Prüfungen über diese Unterrichts-Gegenstände unterziehen. Zwar hat man die Motive eines solchen Verhaltens als sehr zweideutig angesehen und einen Antheil derselben in dem Reize äußerer Vortheile sehen wollen; wäre dieses gegründet, so müßte der Universitätsrath, dem weder die Stimme der öffentlichen Meinung, noch auch der wahre Geist der Studirenden, hinsichtlich ihrer Religiosität entgehen kann, darauf bedacht seyn, jeden Einfluß, den der Besuch der Capelle und der Religionsvorlesungen auf das Zeugniß und auf die Vertheilung der goldenen Preißmedaille haben könnte, abzuwenden, denn alsdann würde die Anstalt Heuchler und keine Christen erziehen. Während wir Deutschen es jedoch unter der Würde der Religion finden, mit dem Höchsten und Heiligsten gleichsam Handel zu treiben, sollen es gleichwohl die Statuten des King's College mit sich bringen, für die Religionskenntnisse und das sittlich gute Verhalten der Studirenden, (junge Leute von etwa 20 Jahren, in denen das Licht der Vernunft doch längst getagt haben muß) lockende Preiße auszustellen; durch verderbliche Einrichtungen dieser Art kann die Anstalt die Ehre ihres Systems nur in den Augen der Schwachen, nicht aber vor dem Urtheile der Helldenkenden retten. London hat also gegenwärtig 2 Universitäten, das King's College und die Londoner Universität, von welcher letztern wir eine Beschreibung nebst Abbildung in einer der nächsten Nummern liefern werden.

Besondere Sprach-Gebräuche.

1) Der Sprachgebrauch: Jemanden etwas sub rosa, d. h. unter dem Siegel der Verschwiegenheit mittheilen, rührt von einer Sitte der alten Griechen und Römer her, welche bei ihren Gastmahlen die Rose als Sinnbild des Schweigens über der Gasttafel aufhingen, um damit anzudeuten, daß es zweckmäßig sey, die Tischgespräche nicht weiter auszuplaudern.

2) Kann man sich auch auf etwas nicht Körperliches, Unmaterielles legen? o ja! im Deutschen legt man sich z. B. auf irgend eine Kunst, auch wohl auf das Spiel oder den Trunk, und allerdings liegt derjenige, welcher das letztere thut, oft hart genug. Ganz verschieden ist aber der Begriff von auflegen und aufliegen, welches letztere gleichbedeutend mit herumtreiben oder auch mit durchliegen ist.

3) Man sagt: es sey Jemand in der Rede stecken geblieben; richtiger wäre es wohl, zu sagen: die Rede sey in ihm stecken geblieben.

Göthe konjugirt stecken folgendermaßen: Ich stecke, du stickst, er stickt; er macht also einen Begriffsunterschied zwischen stecke und stecken, nämlich wenn das Loch bereits da war, so ist die transitive oder handelnde Form: Ich stecke, du steckst, er steckt; die ruhende oder intransitive, jedoch: ich stecke, du stickst, er stickt, z. B. im Fasse, Kerker; und dieses sagt man denn von dem bereits gesteckten Gegenstande. Daß stecken davon sehr verschieden ist, bedarf keiner Erwähnung.

4) Man kann aus dem Deutschen ins Französische übersetzen und übersetzen: ersteres geschieht in den Schulen, letzteres indem man bey Straßburg über den Rhein fährt.

5) Steine zu tragen, ist für den Armen oft eine schwere Arbeit; der Reiche thut es zum Vergnügen, und auch die Frauen theilen dieses, freilich nur, indem sie geschnittene und gefaßte Steine tragen.

6) Sehr oft wird der Diener der Bediente genannt; mit demselben Rechte würde man den Herrscher, den Beherrschten; den Lehrer, den Belehrten; den Zahler, den Bezahlten; den Zauberer, den Bezauberten nennen können.

7) Die Zeitwörter: sagen, reden und sprechen sind ziemlich gleichbedeutend; wie verschieden ist aber die Bedeutung von versagen, verreden und versprechen; ebenso von aussagen, ausreden

und aussprechen; so wie von zusagen, zureden und zusprechen.

Die große Glocke von Moskau.

Die russischen Kirchen haben viele und häufig große Glocken, welche meist in besondere, von den Kirchen ganz getrennten Stühlen oder Thürmen hängen und bei denen, nicht wie es bei uns zu geschehen pflegt, die Glocke selbst, sondern der Klöppel in Bewegung gesetzt wird. Die erstere ist am Glockenstuhl oben befestigt. Eine solche Glocke in dem zur Johanniskirche in Moskau gehörigen Thurm wiegt nach Angabe des englischen Reisenden Clarke, der vor kaum zehn Jahren dort war, über 55 Tonnen; dies betrüge also über 110,000 Pf. und „wenn sie ertönt, erschallt ein dumpfer, klagender Ton in ganz Moscau, wie wenn die tiefsten Töne einer großen Orgel angegeben werden, oder in die Ferne der Donner hinrollt." Sie ist eben dennoch nicht mit jener seit so vielen Jahren berühmten eigentlich so benannten großen Glocke daselbst zu vergleichen, denn diese soll gegen 430,000 Pf. wiegen und findet sich mitten im alten Kreml, im Palast der Czaaren, von einem Schachte gleichsam umschlossen, in welchen sie, als eine Feuersbrunst ihren Thurm verzehrte, hinabgestürzt seyn soll. Doch ist dem nicht so, sie liegt im Gegentheil noch da, wo sie gegossen wurde; man hätte eben so gut ein Linienschiff vom ersten Rang emporheben können. Es wurde nur ein Gebäude über dieselbe aufgeführt und als dies abbrannte, erhitzte sich die Glocke; durch das des Löschens wegen hinzugegossene Wasser bekam sie dann einen gewaltigen Riß, den das vorstehende Bild ziemlich genau andeutet. Man sieht hier auch, wie man auf Leitern in die Höhle hinabsteigt, welche oben durch eine Fallthüre verschlossen ist. „Die Glocke zeigt sich, wie ein Metallberg," sagt Clarke, „und ihrer Glockenspeise soll viel Gold und Silber beigemischt worden seyn, da Adel und Bürger, als sie im Flusse war, ihr Geschirr und Geld hineinwarfen, um eine dem Himmel, ihrer Meinung nach, wohlgefällige Gabe zu spenden." Clarke wollte gern eine Probe abfeilen, aber die Ehrfurcht der Russen ließ es nicht zu; auch keinen Gran konnte er bekommen. Er sah nur, daß der Bruch weiß entgegen schimmerte und dem gewöhnlichen Glockengut nicht ähnlich sah, wodurch vielleicht die Meinung von Silberwaaren und Gold begründet und erhalten worden seyn mag.

An Feiertagen kommen die Landleute häufig hierher, statt in die Kirche zu gehen und bekreuzen sich beim Herab- und Hinaufsteigen. Die Grube ist auf dem Boden mit Wasser und Bauholzresten bedeckt und die Leitern sind so unsicher, daß man unten sich sehr in Acht nehmen muß, beim Herabsteigen aber leicht stürzen kann. Clarke hatte dies Geschick und kam kaum mit dem Leben davon. Er gab sich die Mühe, das Verhältniß ihrer Masse zu ermitteln und da sie ein Paar Fuß in die Erde gesunken ist, konnte er zwar nicht den äußersten Umfang der Grundfläche bestimmen, aber fand doch, daß sie in der Linie unmittelbar auf dem Boden 67 Fuß und 2 Zoll habe. Senkrecht hielt sie, vom Knopfe bis zum Ende 21 Fuß, 4½ Zoll. Die größte Dicke, da wo der Klöppel darauf gefallen wäre, enthielt 23 Zoll. Es ließ sich dies bestimmen, weil man da wo der Bruch war, die Hand hinein stecken konnte. Der Guß geschah unter der Regierung des Czaaren Alexis 1653, wie Clarke meint, obschon die Russen

meist die Regierung der Kaiserin Anna, am Anfänge des vorigen Jahrhunderts, als den Zeitpunkt dafür annehmen, weil sie sich durch die weibliche Figur auf der Außenwand täuschen lassen, die vielleicht eine Maria andeuten sollte.

Der Wallfisch und der Wallfischfang.
(Schluß.)

Wenn die Wallfischfahrer im Eismeere angekommen sind, befestigen sie an der Bramstange ein altes, offenes Faß, das als Wachthaus dient, aus dem nun ununterbrochen, bald dieser, bald jener, auf die etwa vorbeipassirenden Wallfische acht hat. Ein solches Faß heißt das Krähennest. Aber freilich kostet es oft Finger und Nase, so kalt schneidet der Wind. Manchmal tobt dieser auch so heftig, daß der Matrose fürchten muß, wie ein Federball herauszufliegen, wenn sich der Mast wie eine Haselruthe biegt und das Krähennest gleich einer tauben Nuß herabzustürzen droht. Indessen die Hoffnung, einen Fang zu thun, läßt Alles vergessen, alle Gefahren verachten, alle Kälte überwinden. Es giebt nur eine Furcht in dem häßlichen Neste: umsonst darin zu frieren und keinen Wallfisch gewahr zu werden. Endlich ist ein solcher gesehen worden. Ein Boot wird so leise als möglich ausgesetzt und kühn rudert es so nahe als möglich heran. Das Gehör des Wallfischs scheint nicht sehr scharf zu sein und dies begünstigt seine kühnen Feinde. Mit einem Male saust die mächtige Harpune, von kräftiger Hand aus dem Vordertheile des Bootes geworfen, in seinen Rücken und dringt durch die dicke Lage Speck ins Fleisch hinein. Der Schmerz, die Ueberraschung äußern ihre Wirkung. Das verwundete Thier will entfliehen. Jetzt ist für das Boot der gefährlichste Augenblick gekommen. Der Wallfisch schlägt fürchterlich mit dem Kopfe, den Flossen oder Finnen, besonders mit dem Schwanze, in welchem er die größte Muskelkraft besitzt und welcher das Fahrzeug mit der Mannschaft zu vernichten droht, wenn es nicht schnell aus seinem Bereiche kommt. Doch fast im nämlichen Augenblicke schießt er pfeilschnell in die Tiefe des Meeres hinab. So wie er dem Auge entschwand, wird auf dem Boote eine Flagge hingesteckt, und alle, die auf den entfernteren Schiffen es sehen, rufen nun „Ein Fall, ein Fall!" Zugleich machen sie mit Stampfen und Springen einen Teufelslärm. Alle, die nicht gerade die Wache hatten und in der Kajüte oder im Raume sich wärmten, springen nun schnell aus der Hängematte, von dem Heerde auf und eilen aufs Verdeck, halb oder ganz angekleidet, wie es kommt, und wenn es Eis friert. Hemde, Strümpfe, Beinkleider, reichen hin. Das Losungswort: „Ein Fall, ein Fall!" begeistert alle, wie wenn eine Nummer das große Loos verkündet. Freilich wer mit der Bedeutung des Wortes nicht bekannt ist, kann durch den Lärm, womit es ausgesprochen und begleitet wird, leicht in Todesangst gerathen. Ein Engländer, der die Fahrt nach jener Breite nur mitmachte, die Wallfischjagd kennen zu lernen, glaubte, als er alle in die Boote stürzen sahe, ohne eine Gefahr zu bemerken, daß die Mannschaft närrisch geworden sey. Ein anderer dachte nicht anders, als daß das Schiff in Gefahr sei, zu sinken. Bei einem dritten war der Schrecken so groß, daß der Tod erfolgte. Je weniger von den rohen Matrosen eine Aufklärung zu erhalten ist, je mehr alle nur Kopf und Hände voll mit dem Herablassen der Boote zu thun haben, desto größer muß die Bestürzung eines davon ununterrichteten Reisenden sein.

Die Harpune, wissen wir, ist an einem Taue befestigt, und die Schnelligkeit, womit der Wallfisch hinabschießt, macht, daß dies Tau, auf dem Bord hingleitend, häufig zu rauchen anfängt, den Harpunier ganz in Rauch einhüllt und nur gegen das Anbrennen selbst geschützt wird, indem man immer Wasser darauf schüttet. Oft ist es abgelaufen, ehe ein zweites Tau angeknüpft werden konnte. Jeder Matrose greift dann nach einem Ruder. Ein andermal stellt sich dem Laufe oder Abwinden des Taues ein Hinderniß entgegen, welches nicht gleich beseitigt werden kann. Dann wird das Boot unfehlbar ins Wasser gerissen und jeder von der Mannschaft kann nichts thun, als mit seinem Ruder nachzuspringen, um dann das Leben zu retten, so gut er es vermag. Besonders muß sich jeder in Acht nehmen, nicht etwa in das Tau zu gerathen, wenn es so abläuft. Er würde im Augenblicke verloren sein. Scoresby erzählt, wie einer seiner Leute mit dem Fuße in so eine Schlinge kam. Das Tau zog ihn nach der Spitze des Bootes hin und der Fuß war auf der Stelle abgerissen. Eine solche Gefahr ist um so leichter möglich, da das im Boot liegende Seil leicht durch die Mannschaft, durch eine veränderte Richtung des Laufs, welches das verwundete Thier nimmt, oder auf ähnliche Art in Unordnung kommen kann. Ein schreckliches Beispiel erzählt Scoresby. Ein harpunirter Wallfisch zog bei dem Boote vorüber, daß das Tau nur auf das Dollbord oder die Seitenwand des Bootes zu liegen kam und das Boot Wasser zu schöpfen begann. Der Harpunier suchte deshalb das Tau wieder nach dem Vordersteven, d. h. die Spitze des Bootes zu bringen, aber die Leine schlang sich ihm um den Arm, und in dem nämlichen Augenblicke war er in den Fluthen verschwunden. Nur ein Einziger von der Mannschaft sah ihn über Bord fliegen und sein Schrei machte die andern erst aufmerksam. Die mörderische Kugel tödtet kaum so schnell, wie es hier geschah, denn der Wallfisch taucht so schnell hinab, daß er 8—9 englische Meilen in der Stunde zurücklegen würde und kaum eine Drittheilsecunde war hinreichend, das Leben des Unglücklichen zu beenden. Nicht einmal aufschreien konnte er. Einem andern Harpunier kam bei einer ähnlichen Gelegenheit das Tau um den Leib, er konnte nur rufen: „Das Tau weg! Ach Gott!" und schon war er über Bord gerissen. Das Tau wurde gleich gekappt, aber kein Mensch sah wieder eine Spur von ihm.

Der getroffene Wallfisch bleibt gewöhnlich eine halbe Stunde unter dem Wasser, dann aber muß er, um Athem zu schöpfen, wieder die Oberfläche gewinnen. Meist sieht man ihn in gewisser Entfernung vom Boote und dies ist nun der Augenblick, wo die andern zu Hülfe kommenden Boote ihre Jagd beginnen. So wie sie dem verwundeten Thiere genugsam nahe sind, werfen ihre Harpuniere ihre tödtliche Waffe in den Leib, so daß er nun drei, vier, vielleicht fünf erhält. Meistentheils aber steigt er gleich nachdem er die zweite Wunde fühlt, wieder in die Tiefe hinab und nöthigt so die übrigen Boote zu warten, bis er aufs Neue erscheint. Späterhin beginnt der Angriff mit den Lanzen, welche nach den empfindlichsten Theilen gerichtet werden. Der Blutverlust, der Schmerz von so vielen Wunden schwächt seine Kräfte. Aus den Blaselöchern spritzt er jetzt Wasser und Blut vermischt heraus. Zuletzt kommt nur ein Blutstrom. In weitem Umkreise wird das Meer purpur gefärbt. Boote, Matrosen, Eis, Wasser, tragen die Spuren des Kampfes. Selbst mit Oel oder Thran wird der Pfad bezeichnet, welcher von seiner matten Fahrt sich bildet. Es träufelt aus den großen, vielen Wunden, die er erhalten hat. Endlich nimmt noch die Lebenskraft des Colosses den letzten Anlauf. Sein Schweif schlägt nach allen Seiten herum und peitscht das Wasser, daß man es weit und breit vernehmen kann. Jetzt legt sich das sterbende Geschöpf auf die Seite. Noch einige Augenblicke und es stöhnt zum letzten Male. Das Jauchzen seiner Feinde begleitet seinen Tod. Drei Hussahs und das Schwingen der Fahnen verkünden es allen, die es noch nicht gewußt hätten.

Wenn der Wallfisch nach dem ersten Harpunenwurfe wieder aus dem Meere herauskommt, ist er schon erstaunlich erschöpft. Es ist dies eine Folge des ungeheuern Druckes, welchen er von der auf ihm lastenden Wasserfläche erduldet, und der, wenn er 800 Faden tief geht, nach Scoresby's Berechnungen über 210,000 Schiffstonnen beträgt, das heißt so viel als sechszig der größten Schiffe an Gewicht betragen würden, wenn man sich dieselben bemannt und mit allen Bedürfnissen für sechs Monate ausgerüstet dächte. Wie lange es dauert, ehe der Kampf mit dem Wallfische zu Ende kommt, ist verschieden. Er kann in einer Viertelstunde beendigt seyn, er kann auch 40—50 Stunden dauern. Unter günstigen Umständen erfordert er meist etwa eine gute Stunde; in der Regel gehören 2—3 Stunden dazu. Wenn es unglücklich geht, kann aber der ganze Fang verloren gehen und das Thier entschlüpfen. Mindestens nützt sein Tod dem Feinde nichts. Es kommen hier eben so sonderbare Fälle vor, wie bei der Hirschjagd. Das Thier wird ausgespürt, verfolgt, die Fährte geht verloren und wird wieder gefunden, wie es nun kommt. Einmal nahm ein Wallfisch, der glücklich getroffen war, den Weg so schnell in die Tiefe, daß das Tau gekappt werden mußte. Der Verlust betrug hundertfünfzig Pf. Sterl. In der Entfernung einer halben Stunde tauchte er wieder auf, allein der Versuch eines andern Bootes, ihn zu harpuniren, mißglückte. Der Wallfisch sah es und vermied den Streich glücklich. So schien er verloren für seine Feinde. Allein die ihm auflauernden Boote sahen ihn endlich ziemlich nahe vor dem einen wieder emporkommen und im Augenblick hatte er zwei Harpunen in dem Leibe. Die Lanzen flogen eben so schnell in denselben. Erschöpft macht er keine Anstrengung mehr zum Fliehen. Aber acht Boote waren beschäftigt gewesen, den Fang zu vollenden.

Die Gefahr, daß ein Boot mit der ganzen Mannschaft verunglückt, entweder weil das Tau so plötzlich darauf drückt und es zum Sinken bringt, oder weil das Boot in den Bereich des Schwanzes vom Wallfisch kommt, muß besonders gefürchtet werden. Die Harpune kann natürlich um so stärker wirken, je näher das Boot dem Wallfische kam, sie dringt sonst nur in den Speck, fährt dann leicht wieder heraus und verursacht keinen Blutverlust. Aber je näher deßhalb das Boot hinrudert, desto leichter wird es auch durch den gewaltigen Schlag des Schwanzes entweder umgestürzt oder wie man besonders beständig, in die Höhe geschleudert. An sich aber ist der Wallfisch ein harmloses Thier. Nur Schmerz und Selbstvertheidigung bringen ihn zu solchen dem Menschen verderblichen Anstrengungen. Eben weil er an sich so friedfertig ist, wird er oft als stumpfsinnig beschrieben. Allein nach Scoresby ahnet er, wie fast jedes Thier, die Nähe seiner Feinde und verräth, ihnen zu entgehen, einen großen Scharfsinn. Ehe er den gefährlichen Wurf der Harpune empfängt, sucht er zu entfliehen. Ist ein Eisfeld in der Nähe, so eilt er unter dasselbe, wohin kein Boot folgen kann. Empfing er aber den schmerzlichen Wurf, was könnte er wohl besseres thun, als pfeilschnell nach der Tiefe des Meeres hinabschießen und so die Waffe los zu werden, wenn sie nicht tief eindrang? Nur der Gewandtheit, Kunst und Aufmerksamkeit seiner Feinde gelingt es in den meisten Fällen, dies zu verhindern, aber sein Streben verliert darum nicht an Zweckmäßigkeit. Und wenn die Ostküste von Grönland jetzt so wenig mehr von diesen Thieren sehen läßt, wie kann man dies anders erklären, als daß der Wallfisch andere minder zugängliche Meere aufsuchte, was dann wieder eine Art Nachdenken und Ueberlegung voraussetzte? Besonders ist auch die Liebe zu seinen Jungen so lebhaft, wie bei den meisten andern Thieren. Für sie ist ihm keine Gefahr zu groß, und die Mutter wird oft deßhalb die Beute des Wallfischfahrers. Es macht derselbe gern Jagd auf einen kleinen Wallfisch, nicht wegen der Beute, die er selbst abgiebt, sondern weil er hofft, auch die Mutter in den Kauf zu bekommen. Diese eilt dem verwundeten Jungen zu Hülfe, sie treibt es zum Schwimmen, sie flieht mit ihm, es mit ihrem Flosse drehend; sie scheint keine Gefahr zu kennen. Mitten durch die feindlichen Boote schießt sie hindurch. „Im Juny 1811, erzählt Scoresby, harpunirte einer von meinen Harpuniers einen jungen Wallfisch, in der Hoffnung, die Mutter dadurch zu fangen. Sogleich kam diese ganz nahe bei dem Boote des Harpuniers an die Oberfläche, ergriff das Junge und riß es ein hundert Faden tief mit ausnehmender Gewalt und Schnelligkeit mit sich fort. Darauf kam sie wieder empor, schoß wüthend hin und her, hielt oft inne oder änderte oft plötzlich ihre Richtung und gab alle Zeichen der höchsten Angst. So fuhr sie eine Zeit lang fort, obgleich beständig von den Booten gedrängt. Endlich kam eines derselben ihr so nahe, daß eine Harpune nach ihr geworfen wurde. Sie traf, aber blieb nicht sitzen. Es wurde eine zweite Harpune nach ihr geworfen, auch diese drang nicht ein. Eine dritte dagegen war wirksam und hielt fest. Gleichwohl versuchte sie nicht zu entfliehen, sondern ließ auch die anderen Boote nahe kommen, so daß sie in wenige nMinuten noch drei Harpunen empfing und in Zeit von einer Stunde getödtet war."

Als der Wallfischfang noch lebendiger ging, wie jetzt, als er sich namentlich bei Spitzbergen sehr ergiebig zeigte, hatten die Holländer hier eine Niederlassung begründet, wo alle zur Gewinnung des Fischbeins und des Thrans nöthigen Arbeiten unternommen werden konnten. Man hatte die Häuser dazu in Holland gebaut und sie stückweise hingebracht. Das Dorf hieß Schmeerenberg und galt als Sammelplatz aller holländischen Wallfischfahrer. Außer den nöthigen Thransiedereien und dergleichen gab es auch Schenken und Wirthshäuser. Elf Grade vom Pole entfernt fand man manche Genüsse des großen Amsterdams wieder. Jeden Morgen konnte man, wie in dieser Stadt, seinen Waffelkuchen essen. Die Wallfische verloren sich allmählig und Schmeerenberg veröddete daher. Man weiß nicht mehr, wo es stand. Jetzt wird der Wallfisch, wenn er gefangen ist, dem Schiffe zur Seite gelegt und seines Specks, seiner Barden beraubt. Die Arbeiter tragen Stiefeln mit Stacheln, um nicht abzugleiten. Wenn die eine Seite abgefleischt ist, legt man das Thier um, auch auf der entgegengesetzten Seite diese Operation vorzunehmen. Andere Arbeiter zerhacken die großen Massen Speck in kleinere und übergeben sie den Königen, zwei Leuten, welche sie in den Raum schaffen. Raubvögel schwärmen hierbei gierig umher. Eisbären und Haifische lauern in der Nähe und warten, bis der Raub des Menschen ihre Beute wird. In vier Stunden ist gewöhnlich dies Werk vollbracht und man kann auf einen neuen Fang ausgehen. Aber auch diese Arbeit ist nicht ohne Gefahr. Geht die See hohl, so droht jede Welle den Arbeiter von der glatten Fläche herabzureißen. Mit den großen Messern kann man sich und anderen um so leichter verwunden, je unsicherer der Tritt und je beengter die Fläche ist. Oft stürzt einer in den offenen Rachen des Thieres und kann hier ertrinken, ehe ihm die Kameraden zu Hülfe kommen.

Wie sehr sich der Wallfischfang gegen die ehemaligen Zeiten vermindert hat, ist schon oben angedeutet worden.*) Allein in den Jahren von 1818 bis 1830 fiel er um gegen 30 Procent. Besonders zeichnete sich das Jahr 1830 durch nachtheilige Speculationen in der Art aus. Es segelten da aus den englischen Häfen 91 Schiffe nach dem Norden. Von diesen gingen 19 ganz und gar verloren. Eben so viel kamen heim, ohne einen Fisch gefangen zu haben, siebzehn hatten jedes nur einen erlegt. Die übrigen hatten zwei bis drei gewonnen. Durch Haverei war bei diesen Schiffen allein ein Kapital 143,000 Pf. Sterl. verloren gegangen. Thran und Fischbein stiegen allerdings um das Doppelte im Preise, und höher noch; allein der ganze Ertrag von beiden gab doch nur etwas über 155,000 Pf. Auch das Jahr 1831 brachte wenig Gewinn. Man ist daher auch in England der Meinung, daß sich die ganze Wallfischjagd nicht als großer Zweig der Nationalindustrie halten kann, sondern am Ende, wie von den

---

*) Am meisten scheint er im Anf. d. 18. Jahrhunderts geblüht zu haben. Es gingen da gegen 600 Schiffe nach Spitzbergen und Grönland und alle Jahre wurden mehrere Tausend, nach einer Angabe 4 bis 5000 Wallfische gejagt. (Der kuriose Antiquar, 8. Aufl. 1746, S. 838.)

Holländern mit Verlust aufgegeben werden muß. Alle Meere, wo man das Thier sonst häufig fand, sind jetzt erschöpft, und wo man ihn jetzt noch sieht, wird er auch nicht mehr lange hausen. Zugleich wird das Bedürfniß des Thrans durch viele Surrogate gedeckt. Zum Brennen dient das Gas, zur Bereitung des Leders der Thran von den vielen Pfotenarten. So ist die Jagd des Wallfischfahrers jetzt mehr ein Glücksspiel als eine Speculation zu nennen.

Am spätesten werden die Grönländer auf seinen Fang verzichten. An ihren Küsten, westlich, östlich und südlich wird sich doch immer dann und wann einer sehen lassen und ihnen macht der Fang wenig Kosten. Zugleich ist die Jagd auf einen Wallfisch für sie ein Fest. Sie ziehen sich dazu an, als ginge es zur Hochzeit, damit der Wallfisch nicht fliehe und durch Unsauberkeit beleidigt werde. Männer und Frauen, wohl fünfzig an der Zahl fahren aufs Meer hinaus. Die Weiber nehmen Nadel und Zwirn mit, um die Kleidungen und Boote (aus Seehundsfellen) im Nothfalle auszubessern, wenn Brüche hineinkommen. Jetzt suchen die Männer einen Wallfisch aus. Auch sie schleudern eine Harpune nach ihm, aber das Seil daran ist kaum zehn Ellen lang, und endigt sich in einem festzugenähten aufgeblasenen Seehundsfell, wodurch der Wallfisch sehr gehindert wird, in die Tiefe zu gehen, im Gegentheil genöthigt ist, viel früher herauf zu kommen. Erblickt man ihn wieder, so wird ihm dasselbe Loos zu Theil, was ihm die europäischen Harpunirer bereiten. Gleich nach dem Tode des Thieres bekleiden sich die kühnen Männer mit ihrem Spring-Kiortle, einer Kleidung, die aus Seehundsfellen besteht und keinen Tropfen Wasser zuläßt. Jetzt springen sie, so gesichert, ins Meer und fleischen nun den Speck von allen Seiten ab. Vor dem Ertrinken sind sie sicher. Ihr Kleid hebt sie so schnell und sicher empor, daß ein Wunder nöthig wäre, wenn sie sinken sollten.

An der Nordwestküste Amerika's wagen sich die kühnen wilden Küstenbewohner unmittelbar auf das gewaltige Thier und schlagen ihm einen Pfropf in eines seiner Blaselöcher. Er schießt in die Tiefe, sie schwimmen herum, bis er, was bald geschieht, heraufkommt. Noch einmal wird das gefährliche Wagstück an dem andern Blaseloch wiederholt und das furchtbare Geschöpf muß nun ersticken.

Von Zeit zu Zeit wird auch ein Wallfisch an die nördlichen Küsten und Inseln Europa's verschlagen. Gewöhnlich ist dann die Gegend weit und breit im Aufstande. Alles will schauen und wo möglich gewinnen. Walter Scott hat so eine Scene in seinem Seeräuber geschildert, der bekanntlich auf der größten der Orkneyinseln spielt. Es ist eben ein großes Gastmahl zu Ende, als einer hereintritt und meldet, daß ein Wallfisch in der Bucht der Insel sey. Da eilte alles schnell von der Tafel hinweg. Die mannigfachen Vorrathskammern wurden durchsucht nach Waffen, wie man sie hierbei brauchen konnte, mitzunehmen. Harpune, Schwerter, Piken, Hellebarden, fielen einige in die Hände, andere begnügten sich mit Heugabeln, Spießen und was nur sonst lang und scharf war. Ein Haufen stürzte sich in die Boote, ein anderer zog zu Lande nach dem Schauplatze der Tapferkeit.

Die Lage, in welche das böse Geschick des Feindes denselben versetzt hatte, war dem Unternehmen der Inselbewohner besonders günstig. Eine Fluth von ungewöhnlicher Höhe hatte das Thier über eine große Sandbank in die Bucht gebracht, worin es jetzt lag. Kaum fühlte es das durch die Ebbe abnehmende Wasser, so gewahrte es auch sogleich die Gefahr. Es machte verzweifelte Anstrengungen, über die seichte Stelle hinüber das tiefe Wasser wieder zu gewinnen. Doch bis jetzt hatte es seine Lage mehr verschlimmert als gebessert; es war zum Theil aufs Trockne gekommen und mithin dem beabsichtigten Angriffe ganz ausgesetzt worden. In diesem Augenblicke rückte der Feind gegen ihn an. Die vorderen Reihen bestanden aus muthigen jungen Leuten, mit den mancherlei genannten Waffen gerüstet, während ihre Bemühungen zu schauen und zu beleben, die Mädchen und ältern Leute beider Geschlechter Platz auf den Felsen rings umher nahmen, welche über den Schauplatz hinausragten.

Da die Boote eine kleine Landspitze umrudern mußten, ehe sie in die Mündung der Bucht gelangten, so hatten die, welche zu Lande nach der Küste eilten, Zeit gehabt, die nothwendigen Forschungen über die Stärke und Lage des Feindes anzustellen, auf welchen man nun einen gleichzeitigen Angriff zu Wasser und zu Lande zu machen beschloß.

Das Thier, wohl gegen sechzig Fuß lang, lag vollkommen ruhig in dem tiefen Theile der Bucht, in welche es sich gerollt hatte und schien die rückkehrende Fluth zu erwarten, die ihm sein Instinkt als gewiß verkündet. Ein Kriegsrath erfahrener Harpunire ward augenblicklich zusammengerufen und von ihm beschlossen, daß man einen Versuch machen müsse, den Schweif des trägen Leviathan zu fesseln, indem man ein *) Tau darum schlinge, das dann an der Küste mit einem Anker befestigt würde, und so seine Flucht verhindere, im Falle die Fluth eintrete, bevor man mit ihm zu Ende wäre. Als dieß beendigt war, harrte man mit Ungeduld, am Strande Platz nehmend, bis die Seemacht in der Bucht selbst eintraf.

Die drei zu dem gefährlichen Versuche bestimmten Boote näherten sich nun der schwarzen Masse, die gleich einer Insel im tiefsten Theile der Bucht lag und sie, ohne Zeichen von Leben, näher kommen ließ. Schweigend und mit aller Vorsicht, wie sie das ungemein kitzliche Geschäft erforderte, schlangen die kühnen Abentheurer, als der erste Versuch mißlungen und bereits eine ziemliche Zeit vergangen war, ein Tau rings um den Leib des träge liegenden Ungeheuers und führten das Ende nach der Küste, wo hundert Hände sogleich beschäftigt waren, es zu befestigen.

Jetzt endlich wurde der unglückliche Sohn der Tiefe mit allen Arten von Geschossen bedeckt, Harpune und Speere flogen nach ihm von allen Seiten, Flinten wurden abgefeuert und jedes Mittel der Zerstörung angewendet, das ihn reizen konnte, seine Kraft in unnützem Toben zu erschöpfen. Als das Thier merkte, daß es auf allen Seiten von Klippen umgeben, und zu gleicher Zeit das Tau um seinen Körper gewahrte, so würden die krampfhaften Anstrengungen, die es machte, verbunden mit dem Gestöhne, das einem tiefen lauten Brüllen glich, das Mitleid eines Jeden, der kein gewöhnter Wallfischfänger ist, ergriffen haben. Die sich wiederholend in die Luft aufsteigenden Wasserströme mischten sich nun mit Blut und die ihn umgebenden Fluthen nahmen gleiche röthliche Farbe an. Endlich konnte man den

---

*) Ueber diesen Namen sehe man unsere Note im vorigen St. nach.

Kampf ziemlich zu Ende wähnen, denn das Thier machte zwar noch Anstrengungen, frei zu werden, allein seine Kraft schien erschöpft, daß man glauben durfte, es werde sich auch mit Hülfe der Fluth, welche nun bedeutend gewachsen war, schwerlich los machen können.

Es ward nun das Zeichen gegeben, dem Thiere näher zu Leibe zu gehen. Zwei Boote rückten ganz nahe an. Eine Harpune traf ihn mit voller Kraft. Da nahm er, gleich einem Volke, dessen Hülfsquellen durch vorhergehende Verluste und Unglücksfälle gänzlich erschöpft scheinen, seine ganze übrige Stärke zu einem Versuche zusammen, der zugleich verzweifelt, aber von Erfolg war; die zuletzt erhaltene Wunde hatte wahrscheinlich die äußere Schutzwehr des Speckes durchdrungen und einen empfindlichen Theil des Körpers ergriffen, denn er brüllte laut, indessen er den Lüften eine Mischung von Blut und Wasser zusandte, und während er das starke Tau wie einen Faden zerriß, warf er das eine Boot mit einem Schlage seines Schweifes um. Er selbst schwang sich mit einer gewaltigen Anstrengung über die Sandbank, auf welche ihn die Fluth bedeutend gehoben hatte und eilte in die See, die ganze Masse von Waffen mit sich fortführend, die in seinen Körper gepflanzt waren. Im Wasser blieb hinter ihm eine dunkelrothe Spur seines Laufes.

Wir überlassen ihn seinem Geschick und die getäuschten Bewohner der Orkneyinsel sollen uns auch nicht kümmern. Walter Scott aber hat sich auch hier durch eine treue, naturgemäße, durchaus nicht phantastisch übertriebene Schilderung ausgezeichnet. Ein einziger kleiner Fehler ist von ihm begangen worden, ungerechnet des falsch à la Milton gebrauchten Namens Leviathan! Er läßt seinen Wallfisch laut brüllen. Der Wallfisch ist aber, wie Scoresby sagt, der doch da gewiß vollgültiger Zeuge ist, stumm. Daß die Angst, der Schmerz, wenn er aus den Blaselöchern das hinaus Wasser treibt, einem Stöhnen, einem sehr lauten Stöhnen gleichen kann, wollen wir annehmen, aber mit dem Brüllen, wie wir es von einem andern großen Thiere zu hören gewohnt sind, hält es auch nicht den entferntesten Vergleich aus.

Große Wallfische, recht sehr große Thiere der Art, welche bei ruhigem Wetter sich phlegmatisch auf dem Meere lagerten, scheinen zu einer Fabel Gelegenheit gegeben zu haben, die sonst für ausgemachte Wahrheit galt. Wir meinen das Mährchen vom Kraken. Wenn aktengemäße Berichte und eidlich erhärtete Aussagen die Wahrheit einer Sache darthun könnten, so müßte es hier und bei den Herenprocessen und in Gespenstergeschichten der Fall sein. Eine Menge Schriftsteller, namentlich Pontoppidan, erzählen und berufen sich auf Eide und vor Gericht beglaubigte Aussagen, daß öfters in den nordischen Meeren ein Thier aus dem Meere emporsteige, welches einer Insel an Umfang gleich komme, lange Zeit, Monate lang oben bleibe, sich mit Tausenden von Tonnen Fischen nähre und wieder langsam endlich in den Abgrund versinke. Das ganze Mährchen mag noch durch Nebel, die in jenen Breiten so gewöhnlich sind und den Gegenständen ganz andere Umrisse geben, durch die Schiffern eigenthümliche Leichtgläubigkeit, durch angebornen Hang zum Wunderbaren, durch irregeleitete Einbildungskraft, in einzelnen Fällen scheinbare Bestätigung erhalten haben. Zum letzten Male wollte eine Häringsbuyse 1786 so ein Ungeheuer gesehen haben und die Mannschaft legte zehn Eide darüber ab, die alle nicht so viel Glauben verdienen, als das Wort eines vorurtheilsfreien Mannes, der nicht eher glaubt, bis er alle seine Sinne zu Erforschung der Wahrheit angewendet hatte. Dr. B.

Verlag von Bossange Vater in Leipzig.
Unter Verantwortlichkeit der Verlagshandlung.
Druck und Stereotypie von W. Hasper in Karlsruhe.

Das Pfennig-Magazin

der

Gesellschaft zur Verbreitung gemeinnütziger Kenntnisse.

62.] Erscheint jeden Sonnabend. **[Juli 5, 1834**

Pillnitz,
Lustschloß und Sommeraufenthalt des Königs von Sachsen und der Königl. Familie.

Im reizenden Elbthale, zwei Stunden oberhalb Dresden, zwei Stunden unterhalb Pirna, erhebt sich am rechten Ufer des hier einen Heger bildenden Elbstroms, über welchen eine fliegende Fähre führt, am Fuße eines Rebengebirges, wahrhaft malerisch das Königlich Sächsische Lustschloß Pillnitz. In früherer Zeit stand hier eine adelige Burg, der Wohnort mehrerer Familien des alten Ritterthums und namentlich der Bünaus und der hochbegüterten Ziegler.

Im 17. Jahrhundert wurde das Rittergut Pillnitz das Eigenthum und Chatullengut des regierenden sächsischen Hauses; König August der Starke machte die ersten schönen Anlagen, die vorzüglichsten Bauten aber fallen in die Regierung Friedrich August's des Gerechten, der im Jahre 1806 die Königskrone gegen den Churhut eintauschte. Hier in Pillnitz war im Jahre 1792 der berühmte Monarchen-Congreß, wo Deutschlands Kaiser sich mit dem König von Preußen gegen Frankreichs Republik verband, und beide die französischen Prinzen in ihren mächtigen Schutz nahmen. Ewig denkwürdig sind diese Tage in den Büchern der Weltgeschichte. Die bei dieser Gelegenheit veranstalteten Feste waren prächtig und wahrhaf großartig. Namentlich war die Illumination die schönste, welche die Sachsen jemals sahen.

Immer war Pillnitz der Lieblings-Sommeraufenthalt Friedrich August's; hier versammelte sich sein ganzer Hof während der Sommermonate im Familienkreise. Hier lebte er als Kurfürst wie als König nach den Sorgen des Tages dem Glücke seines Hauses und dem Forschen in der Naturwissenschaft, die er mit wissenschaftlichem Geiste durchschaute. Gartenbau und Pflanzenkunde waren seine liebsten Erholungen. Ein Theil des Schloßparkes wurde unter seiner speciellen Aufsicht, ja zum Theil durch seine eigene Hand bearbeitet. Viele Wohlthaten strömten von hier aus unter das Volk. Im Jahre 1818 brannte das alte Schloß ab, im Jahre 1819 wurde das neue gegründet und im Sommer der andere Flügel angelegt. Jetzt bilden sieben alte und neue Schlösser ein großes Viereck, welches namentlich von der Elbseite aus einen imposanten Anblick gewährt. (Siehe Bild.) Merkwürdig ist vor Allem die

Kapelle

mit sehr schönen Wand= und Decken=Gemälden von der Künstlerhand des Herrn Professors und Kunstmalers Vogel von Vogelstein. Sie enthalten Schilderungen aus der heiligen Geschichte, und in die einzelnen Figuren bemühte sich der Maler, Aehnlichkeiten mit den Gliedern der königlichen Familie zu legen. Vorzuglich schön ist das Altargemälde. Außer der Kapelle oder vielmehr Schloßkirche verdient der Speisesaal alle Aufmerksamkeit; er bildet ein großes Achteck und erhält zum Theil sein Licht von oben herab durch eine auf 20 Säulen ruhende Kuppel; Decken- und Wandgemälde sind auch hier wahrhaft schön und beurkunden Vogel's Meisterhand. Sehr elegant ist das mit Gemälden von Meisterhand geschmückte Kaffeezimmer. Die Schlösser (Palais) sind als Sommerwohnungen unter die Glieder der königlichen Familie vertheilt. Im vordern Wasser-Palais wohnt Se. Majestät der König Anton, im Garten-Palais und in den Zimmern, wo Deutschlands Kaiser während der Conferenz wohnte, der Prinz-Mitregent, welcher jetzt dem Garten König Friedrich August's seine besondere Pflege und Sorgfalt als sorgsamer Naturforscher widmet. In allen Zimmern vereinigen sich Einfachheit und Geschmack. — Im Sommer duftet Orangerie auf dem weiten belebten Schloßhofe. In einem Seitenflügel befindet sich das Schauspielhaus. Die ehemalige Maillebahn auf der großen Allee existirt nicht mehr. Im Garten zeichnen sich einige recht malerische Baumpartien, und unter den Werken der Kunst eine Vestalinn von cararischem Marmor aus. — Auf der Elbe verdient die königliche Gondel die Aufmerksamkeit der Reisenden; sie ist reich ohne Ueberladung und enthält im Innern eine Stromkarte des Elbstroms. Die Ueberfahrt über die fliegende Fähre, welche durch Pontoniere bedient wird, ist eigentlich nur für Diejenigen bestimmt, welche mit dem Hofe in Verkehr stehen. Die Hauptfähre befindet sich in Laubegast. Der angenehmste Weg von Dresden nach Pillnitz ist der über Neustadt bei Findlaters schöner Villa, Herrn Krebsens Kaffeehaus vorüber, wo sich eine der schönsten und besten Restaurationen der Umgegend Dresdens befindet, über die Mordgrundbrücke nach Loschwitz, Wachwitz, Niederbayritz, Hosterwitz, Pillnitz. Bei dieser Tour kann der Reisende zugleich das schöne Weinbergs-Palais des Prinzen Mitregenten Königl. Hoheit mit besuchen.

In Pillnitz geschieht das Herumführen der Fremden durch den Bettmeister mit der sorgfältigsten Genauigkeit hinsichtlich der Erklärungen und mit der humansten Gefälligkeit. Die schicklichste Zeit ist Sonntags, wo sich die königliche Familie in Dresden befindet. Ein anständiges Unterkommen findet man immer im dortigen Gasthofe und die Restauration beim Schlosse vereinigt Eleganz mit guter Bewirthung. — Das Kammergut Pillnitz zeichnet sich durch seine vorzügliche Brauerei, große Ziegelbrennerei und veredelte Schafzucht aus. Im Pillnitzer Gasthofe befinden sich immer umsichtige und verpflichtete Führer in die sächsische Schweiz, die gewissermaßen hier ihren Anfang nimmt. Von hier aus gehe man zum

Borsberg,

einer der schönsten und weit umschauenden Berghöhen Sachsens mit einer während der Sommerzeit recht wohl eingerichteten ländlichen Restauration. Der Besuch dieses Ortes ist einer der genußreichsten der ganzen sächsischen Schweiz. Das Dorf Pillnitz zeichnet sich durch mehrere schöne Landhäuser und das von Watzdorfischen Palais aus. Die Dorfkirche von Pillnitz erhebt sich wahrhaft schön aus herrlichen Weinbergen hervor; das Preßhaus von Pillnitz ist wohl das vorzüglichste in ganz Sachsen.

Die schönsten Partien der Umgebung von Pillnitz sind die künstliche Ruine, einige Thalgründe, die markolinische Meierei und die Meixner Mühle. Am gegenseitigen Uferrande in Klein-Zschachwitz befindet sich das Gartenpalais des Fürsten Poutatin, welches ganz originell gebaut und eingerichtet ist. Unfern von selbigem steht die Schule, die dieser wahrhaft hochherzig wohlthätige Fürst der Gemeinde erbauen ließ und schenkte.

Besondere Beschreibungen von Pillnitz gibt es noch nicht, aber eine der genauesten ist in Diller's Albina, die und in den Darstellungen der sächsischen Schweiz, die bei Gödsche in Meißen und bei Medau in Leitmeritz erschienen, zu lesen. — Die Beschreibung des Borsberges erscheint jetzt in neuer Auflage. Dieser Ort verdient vor allen die Aufmerksamkeit der Reisenden. Das voranstehende Bild zeigt Pillnitz von der Elbseite.

DD.

Wie lernt man am leichtesten eine fremde Sprache?

Der Graf Bathyany fragte bei Metastasio an, wie man den jungen Erzherzog Joseph (den nachmaligen Kaiser Joseph II.) am leichtesten in der italienischen Sprache unterrichten könne, und der berühmte Dichter theilte hierzu einen Entwurf mit, der uns so viel Praktisches, auf den Unterricht in jeder Sprache Anwendbares zu enthalten scheint, daß wir das Wesentlichste um so eher extrahiren, je weniger er ins Publicum gekommen zu sein scheint*). Eine Sprache, erklärt er, muß man mehr durch Uebung als durch Unterricht erlernen. Ich halte es für einen nachtheiligen, grausamen Mißbrauch, einen Anfänger mit einer Menge Regeln und ihren Ausnahmen zu überladen, die ihm, statt ihm eine Menge Wörter zu verschaffen und die Leichtigkeit des Sprechens und Verstehens auszubilden, nothwendig nur Widerwillen einflößen müssen, weil er alle Hoffnung verliert, je eines schweren Sprachmeister zu werden. Zum Sprechen und Verstehen sind nur die allgemeinsten Regeln von Nöthen, welche beim Sprechen und Lesen ein guter Lehrer während der Unterhaltung (per modo di discorso) beibringen kann. Es mag der Lehrer demnach die nothwendigsten Regeln über die Aussprache vorausschicken, um gleich ans Lesen gehen zu können; dann werden im Allgemeinen die Nenn- und Zeitwörter vorgenommen. Dort wird noch des Artikels und der Veränderung in der Mehrzahl gedacht, aber nichts auswendig gelernt, denn das bloße Lesen wird das Nothwendigste davon binnen zwei Tagen (?) beigebracht haben. Die Zeitwörter haben so mannichfache und viele Beugungen, daß der Lehrer am Besten thut, wenn er jede Lection damit anfängt, zwei- oder dreimal eines in allen Zeiten und jeder Redeweise (modus) laut durchlesen zu lassen. Diese von Auge und Ohre geleitete Uebung, verbunden mit dem steten Vorkommen im Lesen und Sprechen, muß den Gebrauch bald geläufig machen, ohne daß etwas auswendig gelernt wird. Mit sein und haben, den Hülfszeitwörtern, wird angefangen, mit den vier regelmäßigen Conjugationen fortgefahren, mit den unregelmäßigen und mangelhaften geendigt. Sprechen und den Sprechenden verstehen ist das Hauptziel. Deshalb würde ich anfangs nicht zum Lesen ernster classischer Schriften rathen. Es kommen hier meist Wörter und Wendungen vor, die im gewöhnlichen Leben selten gebraucht werden, die gesucht erscheinen, nicht verstanden werden. Dagegen fehlt es an allen, die der gewöhnliche Umgang verlangt

---

*) Er findet sich nämlich in den unter den Deutschen wohl wenig bekannten ausgewählten Briefen des Metastasio (Lettere scelte), 1795, 2. 21. S. 75 fg.

und der Schüler quält sich also mit unnützen, ja oft sogar nachtheiligen Wörtern, während ihm die nothwendigen fern bleiben. Besser sind alle gewöhnlichen Gespräche, wie sich ihrer in Menge gedruckt vorfinden. In Kurzem kommen dadurch Wörter und Wendungen ins Gedächtniß, wie sie jeder Gebildete hören läßt, der seine Gedanken natürlich und ungezwungen ausdrücken will. Der Lehrer kann bei diesem Lesen dann gleich die verschiedenen Ausdrücke des höhern und des gemeinen Lebens, der gebildetern und der niedern Stände in Parallele hinstellen. Was die Erlernung des Italienischen bei Solchen betrifft, die schon das Französische inne haben, so empfiehlt Metastasio anfangs nicht Originalschriftsteller, sondern Schriften zu lesen, die aus dem Französischen ins Italienische übersetzt sind, weil die italienische Sprache à il genio latino fedelmente conservato (den Genius der lateinischen Sprache treu beibehalten hat), was dem Anfänger hinderlich sei; dem mit der lateinischen Sprache Vertrauten wird also umgekehrt das Lesen italienischer Originale vorzugsweise zurathen sein. In jedem Falle sollen Dichter zuletzt gelesen werden. Sowie der Schüler eine Menge Wörter im Kopfe hat, muß er unter den Augen des Lehrers einen Brief, eine Beschreibung, eine Erzählung aufsetzen. Unter den Augen des Lehrers, denn dieser dient ihm dann gleichsam als Wörterbuch und Grammatik, wo der Gebrauch derselben nothwendig wäre. Ein fehlendes Wort, ein passenderes Wort, eine richtige Stellung der Wörter ist so im Augenblick bei der Hand und prägt sich besser ein, als durch langweiliges, nachheriges Corrigiren. Bringt man den Schüler überdies noch mit andern zusammen, die fließend die ihm neue Sprache reden, so kann es nicht fehlen, daß er es in Kurzem in derselben zu einiger Geläufigkeit bringt. Will er späterhin als Schriftsteller darin auftreten, wohl! allora ne studii esattamente le regole e le ultime differenze! mag man ihm dann zurufen, wie es Metastasio auf dieser Stufe erst verlangt. Sicher wird auf diese erstere Weise fürs Leben mehr gewonnen, als nach der gewöhnlichen schleppenden Methode.

B......r.

Die Ueberschwemmung des Nil.

Der Nil, ein Fluß in Afrika, der seinem Lande so bedeutende Vortheile gewährt, wie sie kein anderes durch irgend ein Geschenk der Natur erhält (denn selbst das Dromedar der Araber, sowie das hochgepriesene Rennthier der Lappländer, muß im Vergleich mit ihm zurückstehen), durchströmt ganz Nubien und Aegypten, in welchem Lande er sich unterhalb Kairo, wo er 3000 Fuß breit ist, in zwei Hauptarme theilt, die sich wieder in verschiedene andere Arme theilen, von denen die beiden äußersten, nach Osten und Westen, dem untern Theile von Aegypten die Gestalt eines Delta (d. i. der vierte Buchstabe des großen griechischen Alphabets Δ) geben. — Die Aufsuchung der Quellen des Nils gehörte im Alterthum zu den schwierigsten Aufgaben der Geographen, und Diodorus Siculus, ein alter berühmter Geschichtschreiber, sagt über diesen Gegenstand: „Die Quellen des Nils sind nicht entdeckt, denn sie befinden sich in den entferntesten Theilen von Aethiopien und in solchen Wüsten, wohin man der unerträglichen Hitze wegen nicht kommen kann." Erst in der neuern Zeit glaubt man seine Quellen in der Provinz Gojam in Abyssinien gefunden zu haben; doch wird diese Vermuthung noch sehr bestritten. Gewöhnlich nimmt man an, daß er in den abyssinischen Gebirgen im Lande der Agows aus den Quellen eines großen Sumpfes entspringe. Alle neuern Geographen stimmen darin überein, daß der Nil der Alten der Bahr el Abiadh der Araber sei und auf dem nördlichen Abhange des Mondgebirge entspringe, wie Ptolemäus gesagt hatte. Wir wollen daher den Lauf beider Hauptarme des Nils beschreiben. Der westliche Nilarm, Bahr el Abiadh, der weiße Strom, dieser größte, aus weitester Ferne herabströmende Quellstrom des Nils, entspringt aus vielen Quellen auf dem Mondgebirge, fließt anfangs in nordöstlicher, dann aber in ganz nördlicher Richtung, und nimmt viele Flüsse auf. Weiterhin vereinigt er sich mit dem Bahr el Azrek, dem östlichen Nilarme. Obgleich der letztere kleiner ist, so heißt es doch im Lande allgemein, der Abiadh falle in den Azrek; der letztere behält nun seinen Namen, da hingegen jener ihn verliert. Der Bahr el Azrek ergießt sich aus seinen Quellen, drei wasserreichen Brunnen auf einer sumpfigen Alpenhöhe, in ein Thal im Lande der Agows. Hierauf ergießt er sich in der abyssinischen Landschaft Dembea in den See von Tyana, in einer Breite von 260 Fuß. Er durchströmt ihn fünf Meilen lang, ohne daß sich sein Wasser mit dem des Sees vermischt. Aus diesem See strömt er gegen Südosten, bis er nach einem Laufe von 29 Tagereisen sich wiederum seiner Quelle, doch weiter gegen Westen, nähert. In drei verschiedenen Wasserfällen durchbricht er die Grenzgebirge Abyssiniens. Bei dem Orte Hojileh vereinigt er sich mit dem größern Bahr el Abiadh. Der Name Nil wird nach dieser Vereinigung gewöhnlich, und er behält ihn auf seinem ganzen weitern Laufe. Der Nil durchfließt nun Nubien, und senkt sich, nachdem er zuvor den einzigen großen Zustrom, den wir kennen, den Takaze, aufgenommen hat, bei Syene (das heutige Assouan) in das Thal von Aegypten hinab. Die Gebirgskette, welche der Nil hier durchbricht, Gebel el Silsily, streicht von Osten nach Westen, und besteht in geringer Breite aus Granitfelsen, die einzigen im Nilthal, in welchen man noch die Steinbrüche findet, aus denen die alten Aegypter ihre kolossalen Obelisken brachen. Er gleitet nun, ist er einmal durch die Felsenpässe des höhern Nubiens herabgesunken, in stiller Majestät über 100 Meilen nordwärts fort, indem er überall Spuren des Segens und der Fruchtbarkeit hinterläßt. Sein Wasser, welches während des Steigens verschiedene Farben zeigt, ist sehr süß und angenehm von Geschmack. Doch was diesen Strom vor allen andern Flüssen der Welt merkwürdig und für Aegypten besonders wohlthätig macht, ist sein jährliches Austreten, wodurch es das Land überschwemmt und fruchtbar macht. Was aber eigentlich die Ursache dieser Befruchtung sei, darüber ist viel und lange gestritten worden, ohne daß man sich vereinigen konnte. Einige schreiben sie dem Schlamme zu, welcher nach dem Zurücktreten des Nils in sein Bette auf dem Lande bleibt, und der bei dem Durchströmen durch fruchtbare Länder mit fortgespült sein soll. Andere behaupten dagegen, daß es blos die Eigenschaft des Nilwassers selbst sei, die jene wohlthätigen Folgen nach sich ziehe. Bemerkt man nun dabei, daß man sich, um das Nilwasser in die durch das ganze Land gehenden Kanäle zu leiten, lederner Schläuche und Maschinen bedient, daß also der Bodensatz, den es enthält und zurückläßt, höchst unbedeutend sein würde, so möchte wohl die letztere Meinung den Vorzug verdienen. Was nun auch die Ursache der Fruchtbarkeit sei, die Vortheile, die dieses Austreten gewährt, sind unermeßlich, denn in dem beklagenswerthesten Zustande wür-

Die Ueberschwemmung des Nils.

den sich die Bewohner ohne dasselbe befinden. So aber sind sie mit Ueberfluß gesegnet, und mancher Acker, den sie nach der Ueberschwemmung nur wenig zu bestellen brauchen, trägt oft in einem Jahre Weizen, Hanf und Reis oder Mais. — Das Steigen des Flusses beginnt mit der Mitte des Junius und erreicht in der Mitte des Septembers, nicht aber, wie Einige wollen, im August, seine höchste Höhe. Die Aegypter, vornehmlich aber die Kopten, sind sehr von der Meinung eingenommen, daß der Nil alle Jahre an einem gewissen Tage zu steigen anfange, und setzen diesen Tag als den 17. Junius an; dies ist der Tag des Erzengels Michael, und hat zu der überall in Aegypten geglaubten Fabel Anlaß gegeben: es schütte der Erzengel an diesem Tag einen Thau in den Fluß, welcher eine solche gährende Kraft besitze, daß er jenen steigen und aus dem Ufer treten mache.

Nahe bei Altkairo, auf der Insel Rodda, liegt der Mokkias, welcher ein Werk der Sarazenen ist. Er hat seinen Namen von dem Gebrauche, welchem er gewidmet ist; denn Mokkias bedeutet so viel als ein Maaß, daher heißt er auch Nilmesser. — Man bemerkt an einer achteckigen und nach Graden abgetheilten Säule hier das tägliche Steigen und Fallen des Nilwassers. Darnach richten sich denn die öffentlichen Ausrufer, welche es zu verschiedenen Stunden laut verkündigen, wie es beim Steigen oder Fallen mit dem Nilwasser stehe. Der Kessel des Mokkias ist in einem viereckigen Thurme, der mit einer Galerie umgeben, mit einigen Fenstern versehen und in einem Schwibbogen nach arabischem Geschmacke und Einrichtung zugewölbt ist. Das Steigen des Flusses zeigt sich an den Graden des Pfeilers; er steigt gewöhnlich nicht höher als von zwei zu vier Zoll des Tages, und wenn er seine volle Höhe erreicht hat, so steht der Nilmesser unter Wasser.

Durch künstliche Kanäle ward schon im grauen Alterthume das Austreten des Nils gleichförmiger gemacht. Ein solcher führt auch das Wasser des Nils in die Stadt Groß-Kairo. Sobald die Anzeige vom Steigen des Flusses gemacht worden, wird die Mündung dieses Kanals durch einen von Erde aufgeworfenen Damm versperrt, und nicht eher darf dieser geöffnet werden, als bis der Fluß eine gewisse Höhe erreicht hat. Dann aber wird der Tag der Oeffnung als ein festlicher und mit allen denkbaren Ausschweifungen der Freude begangen. An dem bestimmten Tage geht der Pascha (d. i. Statthalter) mit seinem glänzenden Gefolge hin, der feierlichen Oeffnung dieses Kanals beizuwohnen. Sie begeben sich unter ein nicht sonderlich schönes Zelt, das an der einen Seite des Kanals aufgeschlagen ist. Die Kopten aber und die Juden werden gebraucht, den Damm durchzuschneiden; die unzähligen versammelten Zuschauer werfen nun Nüsse, Melonen und andere dergleichen Dinge in das eingetretene Nilwasser, während der Pascha in eben dieses Wasser Geldstücke von geringem Werthe werfen und ein armseliges Feuerwerk, das aus 20 Raketen besteht, anzünden läßt. Das Volk begeht bei dieser Gelegenheit tausend alberne Possen, um die Freude zu äußern, welche es empfindet, in der Hoffnung

Der Nilmesser.

daß ihm der Anwachs des Nilstromes eine große Fruchtbarkeit des Landes und eine reiche Ernte verspreche. Selten vergeht aber ein Jahr, daß nicht einer oder der andere von diesen ausgelassenen Leuten mitten unter diesen lärmenden Freudenbezeigungen sein Leben einbüßt. — Vor Beendigung dieser Ceremonie darf kein anderer Kanal geöffnet werden. —

Es bleibt uns jetzt nur noch übrig, von den Ursachen dieser merkwürdigen, alljährlich wiederkehrenden Erscheinung zu handeln. Die häufigen Untersuchungen der alten Gelehrten über diesen Gegenstand liefen meistens auf nicht viel mehr als Vermuthungen hinaus, während sich die neuesten durch die besten Beweise mit Gewißheit belohnten. Wenn wir nun auch auf unsere höhere Kenntniß stolz sein können, welche wir theils der größern Verbreitung der Wissenschaft, theils der ausgebildeten und verbesserten Schiffahrt verdanken, so dürfen wir es doch nicht wagen, über die Vermuthungen der alten Naturforscher zu spotten, sollten sie auch weit von der Wahrheit entfernt sein. Denn trotz dem, daß sie in einen undurchdringlichen Schleier gehüllt waren, und daß ihre Untersuchungen über entfernte Gegenstände, denen sie sich eben so wenig als wir ohne große Hindernisse nähern konnten, nur Folgerungen, zu denen sie nur durch das mühsamste Nachdenken gelangen konnten, waren, so müssen wir uns doch erstaunen, daß diese, neueren Entdeckungen zufolge, wenn auch nicht die Wahrheit erreichten, doch ihr sehr nahe kamen. So finden wir bei Herodotus, einem Geschichtschreiber, der vor mehr als 400 Jahren v. Chr. Geb. schrieb, Meinungen und Vermuthungen über die Ueberschwemmung des Nils, welche, ungeachtet sie bloße Ergebnisse des Verstandes und des Nachdenkens sind, doch der Wahrheit sehr nahe kommen. Er gesteht, daß die Ursachen dieser Ueberschwemmung, welche die Priester und andere Einwohner des Landes angegeben hätten, ihm nicht Genüge leisteten. Er gedenkt einiger willkürlich angenommener Grundsätze der Griechen von dieser Ueberschwemmung, die er zugleich ihres Stolzes und ihrer eingebildeten Weisheit wegen verspottet, ihre Begriffe aber, die sie sich von der Nilüberschwemmung gemacht hätten, widerlegt; darauf trägt er seine eigne Meinung vor, deren Hauptinhalt ist, daß die Sonne die Ursache der Nilüberschwemmung sei. In wie weit er sich darin der Wahrheit genähert hat, wollen wir nun sogleich zeigen. —

Es ist jetzt bekannt, daß das Steigen des Nils durch den Regen verursacht wird, welcher in Abyssinien mit dem Beginn des Juni anfängt und bis gegen das Ende des September fortdauert. Es regnet dann täglich einige Stunden und so stark, daß ein Gefäß von 12 Cubikzoll innerhalb einer Stunde voll ist. Diese über eine weite Landesstrecke ausgegossene Wassermenge hat nur einen Weg, auf welchem sie sich in das Meer ergießen kann; sie stürzt in tausend natürlichen Kanälen von den abyssinischen Gebirgen nach dem Nil zu und muß nothwendigerweise die Ebene von Aegypten überschwemmen, da das Bett des Flusses zu klein ist, um auch nur den hundertsten Theil derselben in sich aufzunehmen.

Dieses ist also die eigentliche Ursache der Nilüberschwemmung, und nun wollen wir noch versuchen, den Grund dieses Regens auseinanderzusetzen. Wenn die Sonne in die Nähe der heißen Zone kommt, so wird die Luft so erhitzt, daß sie sich ausdehnt und aufwärts fliegt. Der leere Raum, der so entsteht, wird durch eine dichtere und kältere Atmosphäre (Dunstkreis) ausgefüllt, welche bei der Rückkehr der Luft verdünnt wird. Dies verursacht eine beständige Bewegung der Luft, welche Passatwind genannt wird. Die durch die größere Mittagshöhe der Sonne verdünnte Luft ist fähig, einen größern Theil von Wasser einzusaugen, als die kalte fassen kann; wenn sie aber in eine höhere und kältere Atmosphäre steigt, verliert sie die Macht, diese Flüssigkeit an sich zu halten, welche nun demgemäß in der Gestalt des Regens auf die Erde fällt, und so erhält die Meinung Herodot's Bestätigung.

Wir können diesen Gegenstand nicht verlassen, ohne auf die Güte des allmächtigen Schöpfers aufmerksam zu machen, welcher auf diese Art ersetzt, was die Natur so unerbittlich versagte. Denn in der drückendsten Lage würden sich die Einwohner Aegyptens befinden, erhielten sie nicht so Ersatz für ihren gänzlichen Mangel an Regen. —

Der merkwürdige Naturzustand des Archipels der Freundschafts-Inseln.

So merkwürdig der Archipel in mehrfacher Hinsicht ist, so ist doch weder die Zahl, noch der Umfang und die Lage der einzelnen Inseln, welche den Archipel bilden, genau bekannt. Cook liefert ein Verzeichniß von 95 Inseln, welche nach der Aussage der Eingebornen dazu gehören sollen; dies erreicht jedoch, da der König von Tongatabu Herr über 150 sein soll, die Zahl bei weitem noch nicht. Auch Cook selbst glaubte, daß der große Archipel noch viel mehr Eilande umfasse; indessen ist es außer Zweifel, daß er sowohl die Fidschi- als die Navigatorsinseln dazu rechnete, die jedoch richtiger als besondere Inselgruppen angesehen werden müssen.

Um also das Gebiet der Freundschaftsinseln nicht zu weit auszudehnen, so verstehen wir darunter nur diejenigen, die zwischen 80° und 23° südlicher Breite und zwischen 182° und 186° östlicher Länge von Greenwich gerechnet, liegen, so daß Amargura als die nördlichste und Pylstaartinsel als die südlichste angenommen wird.

Der erste Entdecker einiger zu dem Archipel der Freundschafts-Inseln gehörigen Eilande war der Holländer Abel Tasman um das Jahr 1643. Tongatabu nannte dieser Amsterdam, Eua Middelburg und Anamoka Rotterdam. Das Andenken an Tasman's Anwesenheit hat sich auf Tongatabu erhalten; man zeigte dem Capitain Cook nicht nur die Stelle, wo jener landete, sondern man erzählte ihm selbst nähere Umstände seines dortigen Aufenthaltes.

Auf seiner zweiten Reise im Jahr 1773 besuchte Cook den Archipel wiederum; aber erst auf der dritten Reise im Jahre 1777, wo er über 3½ Monat in den Gewässern der Inselgruppe sich aufhielt, brachte er es dahin, Nachrichten über Zahl, Lage und Beschaffenheit der Inseln, sowie über die Eigenthümlichkeiten der Bewohner einzuziehen. Aus Dankbarkeit für die gastfreundliche Aufnahme, welche er unter diesen treuherzigen Insulanern fand, nannte er ihren Archipel den freundschaftlichen, ein Name, auf welchen sie stolz sind, und den sie sich zu erhalten suchen.

Nach Cook besuchte der Spanier Maurelle (1781), der Franzose La Peyrouse (1787), die Engländer Bligh (1789) und Edwards (1791), der Admiral d'Entrecasteaur (1793), und der Missionenführer James Wilson (1796) die Freundschafts-Inseln; sie bestätigten die Nachrichten, welche Cook vorzüglich in der Beschreibung seiner dritten Reise von denselben mitgetheilt hatte, und erweiterten die Kunde des Archipels.

Die Schiffahrt zwischen diesem inselreichen Archipel ist wegen häufiger Korallenriffe und dadurch verursachter Brandungen sehr gefährlich, daher noch einige Zeit hingehen dürfte, ehe die Naturbeschreibung desselben völlig erörtert werden kann. Aus demselben Grunde war es daher bis jetzt nicht möglich gewesen, eine vollständige Karte der Freundschaftsinseln zu entwerfen. Die besten findet man in Cooks, La Peyrouse's, Dentrecasteaux's und Wilsons Reisen.

Die meisten Freundschaftsinseln sind niedrig und scheinen keine andere Grundlage als Korallenstämme zu haben; sie wären sonach ein Werk der organischen Natur, der Polypen. So sieht man auf Anamoka fast nichts als Korallengezweige und nur an einer einzigen Stelle fand Cook eine Masse dichten gelblichen Kalksteins von 20 — 30 Fuß Höhe. In der Mitte der Insel ist ein See, welcher Salzwasser enthält und mit einem Korallenufer eingefaßt ist. Diese Korallen bedeckt eine thonartige Erdschicht, oder auch wohl lockere schwarze Dammerde; am Strande findet man Meersand. In einigen Gegenden, selbst in der Mitte und an den höchsten Stellen der niedrigen Inseln, oft 300 Fuß über der Meeresfläche, liegen die Korallen am Tage, woraus leicht zu folgern ist, daß das Meer einst einen höhern Spiegel hatte, da bekanntlich die Polypen nie über dem Meere bauen. In den Zwischenräumen der Korallenverzweigungen findet man oft einen gelblichen Schlamm, welcher, vermischt mit vermoderten Pflanzen, wahrscheinlich die fruchtbare Erde bildet, so daß man den Entstehungsgang der Insel verfolgen zu können glaubt.

Andere Eilande dieses Archipels haben offenbar einen andern Ursprung. Auf der hohen Insel Tofoa ist ein ziemlich ansehnlicher Vulkan, der seit Menschengedenken nie zu rauchen aufgehört hat. Das Auswerfen der Flammen und Steine schreiben die Einwohner einem innewohnenden zürnenden Geiste zu. Der schwarze, dem Probierstein ähnliche Stein, woraus die Eingebornen ihre Aexte verfertigen, wird auf Tofoa gefunden und scheint ein vulkanisches, d. h. ein durch Feuer entstandenes Product zu sein. Die kleine hohe Insel Ghao, dicht bei Tofoa, besteht aus einem fast durchgängig zusammenhängenden ungeheuern Felsen von kegelförmiger Gestalt. Eua aber, obgleich ziemlich hoch, zeigt, wie die meisten andern Inseln, nichts als Korallenfelsen, mit fruchtbarer Erde bedeckt.

Die Erdbeben sind nach den Berichten der Missionäre sehr häufig. Die Insulaner sagen, daß der Geist, der die Insel trägt, bisweilen seiner Last müde würde und sie abzuschütteln trachte. So erklären sie die Ursache des Erdbebens.

Gutes Wasser kann auf diesen niedrigen Inseln in Menge nicht erwartet werden; doch gibt es einige Quellen und selbst kleine Bäche; gänzlichen Mangel an süßem Wasser leidet keine von diesen Inseln.

(Schluß folgt.)

Zündhölzchen, Frictionsspäne und Streichzünder seit der Erfindung dieses Artikels bis auf seine neueste Vervollkommnung durch St. von Romer in Wien.

Unter den mannichfaltigen, die gesellschaftliche Bequemlichkeit bezweckenden und dem Bedürfniß entsprechenden Erfindungen der letzten 30 Jahre behaupten die Chlorfeuerzeuge unstreitig einen bedeutenden Rang. Sie wurden erst im Verlaufe des jüngsten Decenniums dem allgemeinen Gebrauche in weit umfassender Verbreitung zugeführt und haben um ihrer besonderen Brauchbarkeit willen alle früheren Vorrichtungen dieser Art schnell und verdientermaßen verdrängt.

Die erste Idee zu den Chlorfeuerzeugen gab der Chemiker Bertholet bei der Entdeckung der Chlorineverbindungen mit alkalischen Basen. Er fand nämlich, daß einige derselben, vorzugsweise aber das chlorsaure Kali, die Eigenthümlichkeit darthun, sich, mit brennbaren Substanzen gemengt und mit starken Mineralsäuren in Berührung gebracht (wie z. B. mit der concentrirten Schwefelsäure), flammend zu entzünden. — In Folge dieser Gewahrung fanden sich bald industriöse Leute, welche gewöhnliche Schwefelhölzchen — (wir meinen gespaltene, eckige,) — an dem geschwefelten Ende in einen dickangemachten, aus chlorsaurem Kali, Schwefel und etwas Gummischleim bestehenden Brei tauchten; war diese Substanz den Spänen angetrocknet, so tauchten sie dieselben in recht seichte, schwefelsäurehaltige Fläschchen, wodurch das augenblickliche Phänomen der Entzündung eines solchen Hölzchens herbeigeführt wurde; — ein Versuch, der sich unter verbesserten Formen fast über ganz Europa ausbreitete und durch seine entsprechende Anwendbarkeit allgemeine Sensation erregte. Allein nicht allzulange währte die Freude auf solche Art Feuer erzeugen zu können, denn gar bald fand es sich, daß diese Hölzchen zum anhaltenden und allgemeinen praktischen Gebrauche aus mehrfachem Grunde nicht tauglich waren. Vor allen andern stand das zu ihrer Anfertigung erfoderliche Chlorkali damals wegen seiner mit so vielen Gefahren verknüpften Erzeugungsart, wie auch wegen der geringen Ausbeute, in der es gewonnen wurde, in so hohem Preise, daß es, so zu sagen, mit Gold aufgewogen werden mußte. Ferner durfte die eigends zu diesem Behufe mit Zinnober rothgefärbte Chlormasseschicht an dem Ende des Hölzchens genau, und nicht tiefer als es ihre Röthe bezeichnete, Behufs der Entzündung in die Schwefelsäure getaucht werden: — widrigenfalls, d. h. wenn auch der oberhalb der rothen Spitze zum sicheren Fortbrennen angebrachte Schwefel des Hölzchens zufällig mit der Säure befeuchtet wurde, erstere wohl auch, doch wie die Flamme den oberen befeuchteten Schwefel berührte, auch augenblicklich wieder erlöschen mußte, — ein Uebelstand, der sich im Finstern fast gar nicht vermeiden ließ. Ein Hauptgebrechen derselben aber bestand darin, daß man trotz aller Vorsicht beim Herausreißen des Hölzchens aus dem mit Schwefelsäure gefüllten Fläschchen, sich selbst oder die nächsten Gegenstände mit dieser alles corrodirenden Säure bespritzen und dadurch mannichfachen Schaden am Eigenthume wie sogar am eigenen Körper nehmen mußte. Endlich aber vermochte der aus den ziemlich massiven, damals nicht anders als viereckig erzeugten Holzspähnen sich beim Anbrennen in großer Menge entwickelnde Schwefeldampf die Meisten zur Beiseitelegung dieser Novität, so daß sich bereits im Jahre 1812, also beiläufig 6 Jahre nach ihrem Erscheinen, dieselben nur als chemisches Curiosum vorfand.

Unter den Chemikern, welche die Mängel dieser anfangs so nützlich erscheinenden Erfindung eifrig bedauerten und späterhin hiefür auf kräftige Abhülfe sannen, war Hr. Stephan Romer Edler von Kis Eunitze in Wien unstreitig der thätigste und zugleich der glücklichste. Er hatte sich davon überzeugt, daß der Hauptübelstand des ganzen Verfahrens in der Flüssigkeit der auf chemischem Wege nicht als concret darstellbaren Schwefelsäure (Vitriolöl) gegründet sei, und war so glücklich, auf die Idee zu gerathen, welche ihn statt des chemischen Weges den mechanischen ergreifen hieß: d. h. Körper damit zu tränken, welche, durch diese Säure unangreifbar, eine möglichst bedeutende Quantität derselben in sich aufzunehmen vermögen. Der früher wenig oder gar nicht angewendete, in Tyrol häufig vorkommende Amyant schien ihm hiezu am tauglichsten, welche Voraussetzung sich auch gleich so erfolgreich bewährte, daß die ersten Zündfläschchen dieser Composition allgemeinen Beifall erhielten und zu hohen Preisen abgingen. Kurz zuvor hatte ein unscheinbarer, aber in seinem Fache sehr einsichtsvoller Handwerksmann ein Hobeleisen mit Röhrchen erfunden, mittels dessen er ganz dünne feste, drathförmig runde Hölzchen aus Fichtenholz hobelte, deren geringes Volumen des lästigen Schwefels ungleich weniger erforderte, und sie zugleich durch den 5fach kleineren Umfang als Waare gefälliger und transportabler machte. Nun stand der Verfertigung im Großen dieses wesentlich verbesserten und nützlich gewordenen Artikels nur noch Ein Hinderniß, aber ein bedeutendes, im Wege: nämlich die noch immer ungemein hoch stehenden Preise des dazu nöthigen chlorsauren Kali's, welches damals von dem Apotheker Scharinger allein für den Umfang der gesammten königl. Staaten erzeugt wurde, im Loth zu 6 Gulden Cour. bezahlt werden mußte. Auch an dieser Hemmung sollte Muth und Industrie nicht scheitern, und nach vielfältig eingeleiteten und endlich erfreulichen Versuchen erhielt Herr von Romer im Jahre 1821 ein kaiserl. Privilegium auf die von ihm erfundene „neue, gefahrlose Bereitungsart der Chloralkalien", in Folge dessen der Preis des chlorsauren Kalis bald im Pfund auf 10, später sogar auf 6, 5 und 4 Gulden Conv. Münze, mithin bis auf einen fast 50fach geringeren herabsank. Zugleich gewann bei starker Erzeugung die Güte des Salzes so, daß in geübter Hand jedes Hölzchen zündete, und bei verstärkter Theilnahme wurde auch der Preis der Waare so mäßig, daß das Tausend, früher mit 10 Gulden bezahlt, allmählig bis auf 4 und 5 Kreuzer Cour. herabging, wodurch — man darf es ohne Uebertreibung sagen — Millionen in In- und Auslande den Nutzen einer so schnellen und bequemen Feuer- und Lichterzeugung genießen konnten. Deutschland, Polen und sogar Frankreich bezieht fortwährend diesen Artikel aus Wien, dessen nur unter dem Namen der „Wiener Zündhölzchen" Nachfrage geschieht, die in dieser schönen bequemen runden und doch hinlänglich festen Gestalt noch bis zur Stunde an keinem anderen Orte in so ausgezeichneter Güte erzeugt werden, und die in Herrn von Romer ihren Wiedererzeuger, Verbesserer und Verbreiter fanden. Spätere von demselben fleißigen Chemiker ganz ohne Schwefel aus wohlriechenden Hölzern erzeugte, gleichfalls ganz unlästige Späne, begonnen seiner Klage über lästigen Schwefeldampf, und fanden, wie viele andere seiner späteren Novitäten, noch keinen auswärtigen Nachahmer, obgleich sie alle Empfehlung verdienen und der Erfinder derselben die meisten hierauf bezogenen kaiserl. Privilegien, bei dem Wunsche möglichster Verbreitung seiner nützlichen Erfindungen längst aufgegeben hat.

Doch auch den Zustand dieser so allgemein gewordenen Feuerzeuge, obwohl allen Foderungen größtentheils entsprechend, ließ noch Unvollkommenheiten gewahren, die einer Verbesserung — vielleicht einer gänzlichen Abstellung bedurften. Die Masse der Zündhölzer verträgt, um sicher Feuer zu fangen, keine allzustarke Versetzung mit Gummi oder sonstigen schleimigen Materien, sie fällt sonst schon bei leisem Stoße oder schwacher Reibung vom Hölzchen ab; hauptsächlich aber ist die das Wasser aus der Luft an sich ziehende (hydroschophische) Natur der in den Zündfläschchen befindlichen Schwefelsäure ein großes Gebrechen derselben; denn die geringe Quantität der Säure in dem Fläschchen muß schon durch das wiederholte Auf- und Zustopfen, dann aber durch die nie vollkommen hermetische Schließung desselben aus der immer mit Wasserdünsten geschwängerten atmosphärischen Luft Wasser an sich ziehen, wodurch sie sich nach und nach zu Tropfen verdichtet und die zum Zünden nöthige Stärke gar bald verliert, was oft in feuchten Herbsttagen und bei geringer Sorgfalt des Zuschließens so schnell erfolgt, daß es selbst mit den besten Zündhölzchen absolut unmöglich ist, Feuer zu erzeugen, — ein Umstand, der oft den ferneren Gebrauch derselben, gewiß aber das momentane Bedürfniß hindert.

Durch diese Ursachen angeregt, ging Herr von Romer seit ein Paar Jahren an die Aufgabe, eine Masse ausfindig zu machen, welche mittelst Zuziehung eines leichteren und billigeren Mittels als die Zündfläschchen auf dem einfachsten mechanischen Wege Zündbarkeit erregen könne. Die rauhen Gegenstände, überall vorfindlich und käuflich, auch am leichtesten darstellbar, zogen seine besondere Aufmerksamkeit auf sich: daher er bei seinen Studien zur Erfindung einer neuen Zündmasse die Benutzung der rauhen Oberflächen fest im Auge behielt und so in neuester Zeit eine Feuer- und Lichterzeugung realisirte, welche die vollkommenste aller bisher bekannt gewordenen Arten genannt werden darf, denn sie entspricht Allem, was Bequemlichkeit und Bedürfniß fordern. Herr von Romer hat dieser neuen ausgezeichnet verbesserten und ganz genügenden Art seines Feuerapparates den Namen „Streichzünder" beigelegt, um sie von den früheren nicht so ganz zusagenden „Frictionsspänen" wohl zu unterscheiden und schon im Namen die Art der Feuererzeugung (nämlich durch leichte Reibung, durch das Streichen) kund zu geben. In einem kleinen Etui, das bequem und ohne alle Gefahr in der Westentasche bei sich getragen werden kann und dessen Deckel, Boden oder Inneres eine künstlich hergestellte rauhe Oberfläche hat, sind jene „Streichzünder" vereinigt, die, mit jener Oberfläche in Berührung gesetzt, ein flammendes oder fortglimmendes Feuer oder Beides zugleich erzeugen und nach dem verschiedenartigen Bedürfnisse als „Zündbänder", „Zündschwamm" und „Zündfidibus" ausgegeben werden. Bei Nacht, im Freien unter jeglichem Witterungseinflusse bewährt sich die verläßliche Anwendbarkeit derselben, und sie sind im Gebrauche zur Anflammung des Dochtes, Anbrennung der Pfeife wie zur augenblicklichen Lichterzeugung vor allen geeignet und sicher, weil die rauhe Oberfläche viele Jahre hindurch als brauchbar ausdauert, während die Zündfläschchen oft in kürzester Zeit untauglich wurden. Kaum so viel Raum einnehmend, als man sonst für Stein, Stahl und Schwamm brauchte, enthalten die für Lichterzeugung bestimmten netten Etuis aller Sorten sogar kleine Wachskerzen für den Nothfall, während die Zündbänder selbst statt eines lästigen Qualms Wohlgerüche verbreiten, und so auf eine ganz einfache, praktische, überall anwendbare und verläßliche Art, ohne die geringste Gefahr oder geräuschvolle Explosion, Feuer und Licht gewonnen und dessen Vorrichtung zu einem geringen Preise erstanden wird.

Denkt man noch an jene Zeit zurück, in welcher man Licht und Feuer höchstens in der Stube und da nur aus umfangreichen, leicht zerbrechlichen Maschinen erzeugen konnte, die trotz ihrer theuren Preise oft den Dienst versagten, leicht verdorben wurden und oft Monate lang als ein unbrauchbares Geräth im Zimmer standen, so muß man sich der ausgezeichneten Umgestaltung dieses Artikels in neuester Zeit wahrhaft erfreuen. Durch Verläßlichkeit, compacte Form und billigen Preis zweckdienlich, gefällig und der allgemeinen Theilnahme zugänglich gemacht, vereinigen diese Apparate nun Alles in sich, was Gemeinnützigkeit, Güte und Geschmack gewähren kann, und verdienen als eine solche, namentlich in ihren neuesten Vervollkommnungen empfehlenswerthe Erscheinung wohl eine ausführliche Berührung in unseren Blättern. D. D.

Paskal.

Einer der geistreichsten Männer Frankreichs, der mit seiner Geistesgröße einen unsträflichen Lebenswandel vereinigte, war Blaise Paskal. Geboren zu Clermont in der Provinz Auvergne den 19. Juni 1623, erhielt er von seinem Vater, dem königl. Präsidenten der Steuerkammer, als dieser seine Stelle aufgegeben hatte und nach Paris gezogen war, eine vortreffliche Erziehung, und da sich in dem Knaben schon im 8. Jahre außerordentliche Fähigkeiten entwickelten und eine ungewöhnliche Lernbegierde sich in ihm regte, so gab der Vater, welcher den Unterricht selbst übernahm, der Geisteskraft des Sohnes eine philologische Richtung, und machte ihn mit der lateinischen und griechischen Sprache bekannt; zugleich wirkte die aus geistreichen Männern bestehende Umgebung seines Vaters sehr vortheilhaft auf die Bildung des jungen Paskal; vorzüglich aber zog das Studium der Mathematik den Jüngling so an, daß er diese schwierige Wissenschaft ohne Unterstützung eines Lehrers ganz im Geheimen studirte, und, in die Größenlehre vertieft, Wände und Tische mit mathematischen Figuren bezeichnete, wozu er nichts als Kohlenstückchen hatte. Nachdem er sich durch die Axiomen und Beweise der Proportionen hindurchstudirt hatte, bis er zu den 32sten Satz des Euklides gelangt war, wurde er hierbei von seinem Vater überrascht, der, erstaunt über das Talent des 12jährigen Knaben, ihn ermunterte und seinem eignen Willen, so wie seiner Kraft überließ. Nun schritt Blaise Paskal mit umfassender Einsicht, vorzüglich in den mathematischen und physikalischen Wissenschaften immer weiter, so daß er schon in seinem 16. Jahre ein Werk über die Kegelschnitte, wie es noch nicht da gewesen war, herausgab. Eben so erschien bald darauf eine vorzügliche Abhandlung über die Tonschwingungen von ihm, wozu der kleine Umstand die Veranlassung war, daß, wie Paskal's Schwester, Madame Perrier, in der Lebensbeschreibung ihres Bruders erzählt, das Aufschlagen mit einer Gabel auf einen Porzellan-Teller einen Ton gab, der aber sogleich aufhörte, als man den Teller mit der Hand berührte. Eine von ihm erfundene arithmetische Maschine widmete er der bekannten Königin Christine von Schweden. Sein arithmetischer Triangel, seine Wahrscheinlichkeitsrechnungen, so wie mehrere andere Geisteserzeugnisse dieses scharfsinnigen Mannes haben ihm, wie seine Entdeckungen in den Naturwissenschaften, einen großen Namen erworben. Den Grundsätzen des Italieners Torricelli über die Dichtigkeit der Luft und der darauf beruhenden Erscheinung am Barometer gab Paskal durch wissenschaftliche Beweise erst sicheren Halt und brachte es dahin, daß man den mit dem Barometer angestellten Höhenmessungen ein größeres Vertrauen als vorher schenkte.

Während der Geist dieses außerordentlichen Mannes auf seiner von ihm genommenen Richtung immer weiter vordrang, erlitt sein Körper durch diese Anstrengungen so heftige Anfälle von Nervenkrankheit, daß endlich auch der Geist davon angegriffen ward und eine Hinneigung zur religiösen Andächtelei an die Stelle der frühern Forschung trat, so daß er bald alles sein Wissen und Streben für profan erklärte, es aufgab und nur dem theologischen Studium, so wie der Einsamkeit und Entsagung alles Weltlichen sich widmete. Zugleich ward er durch seine Einbildungskraft geängstigt, und als er einst bei der Brücke von Neuilly, am Ufer der Seine, mit 4 Pferden nach damaligem Brauch spazieren fuhr, sprangen die vordersten, durch irgend Etwas scheu gemacht, in den Fluß, und kaum ward durch schnelles Abschneiden der Stränge das Leben des Mannes gerettet. Seit dieser Zeit sah er immer einen drohenden Abgrund an seiner Seite. In diesen Tagen der Beängstigung (1656) schrieb er seine Lettres provinciales (Briefe aus der Provinz) gegen die Jesuiten. Nach seinem Tode kam noch ein Buch: „Gedanken von Paskal", heraus, allein von den 29 in der französischen Bibliographie ihm zugeschriebenen Werken sind nicht alle ganz von ihm allein bearbeitet worden! — Gegen das Ende seines Lebens ward er immer härter gegen sich, suchte nur in dem Studium theologischer Werke Nahrung für seinen Geist, versagte sich dagegen alle körperliche Bequemlichkeit, nahm schlechte Kost zu sich, hatte mit Niemand Umgang als mit derjenigen seiner Schwestern, welche selbst Nonne und von gleicher Ansicht über Kasteiung und Buße befangen war, und so lebte Paskal wie eine verwelkende Blume nur noch kurze Zeit; ein Schlagfluß endete den 19. August 1662 sein Leben, nachdem er es nur auf 39 Jahr 2 Monat gebracht hatte. Er wurde in der Stephanskirche in Paris am Hochaltare begraben.

Verlag von Bossange Vater in Leipzig.
Unter Verantwortlichkeit der Verlagshandlung.

Das Pfennig-Magazin

der

Gesellschaft zur Verbreitung gemeinnütziger Kenntnisse.

63.] Erscheint jeden Sonnabend. [Juli 12, **1834**.

Das Gebäude der Londoner Universität.

Die Londoner Universität.

In keinem Lande Europas sind die äußeren und innern Einrichtungen der Universitäten so eigenthümlicher Art, als es in England der Fall ist. Geht man auf die geschichtliche Entwickelung dieser Anstalten von ihrem Ursprunge bis zu ihrem jetzigen Bestande zurück, so findet man, daß sie fast sämmtlich aus theologischen Seminarien, geistlichen Ordenshäusern, Domkapiteln und Klöstern entstanden; die Zeit ihrer Entstehung fällt somit in die finstern Zeiten des Mittelalters zurück, wo die Klostergeistlichen fast in dem ausschließlichen Besitze gelehrter Kenntnisse waren. Solche Schulen bestanden schon um das Jahr 1200. Während in den meisten deutschen Universitätsstädten ein gemeinschaftliches Universitätsgebäude alle oder einige Hörsäle für die verschiedenen Facultätswissenschaften vereinigt, besteht dagegen eine englische Universität aus einer Gesammtheit von in verschiedenen Zeiten gebauten, und mit verschiedenen Dotationen oder Schenkungen ausgestatteten Collegien oder Hallen. So wurde das Collegium des heiligen Petrus zu Cambridge 1257 von Hugo von Balsheim, und das Downing=Collegium 1800 gestiftet. Solcher Collegien hat Cambridge 17 und Oxford 24. Ein jedes hat, wie schon bemerkt, durch seine Fonds besondere Einkünfte, womit die Professoren salarirt, die Gebaulichkeiten reparirt, und dürftige Studenten kostenfrei unterhalten werden; durchschnittlich kann man annehmen, daß $1/3$ der Studirenden diesen Vortheil genießen. Nach der kirchlichen Reformation Englands änderten auch die Universitäten dort ihren Charakter und nahmen eine, in den innern Angelegenheiten mit den übrigen Universitäten fast übereinstimmende Form an, und der Papst, unter dessen Ansehn früher akademische Grade ausgestellt waren, wurde außer Einfluß auf die englische Universität gesetzt. Der König wurde alleiniges Oberhaupt, und die Collegien jeder Universität bildeten ein unter der akademischen Körperschaft vereintes Ganzes. Der Chef dieser Körperschaft ist der Kanzler, welcher nach den Statuten Edelmann seyn muß, ein Oberinspector, gewählt vom Senate, ein Vicekanzler, zwei Prorectoren, deren Wahl jährlich erneuert wird, einigem das Oekonomische abgehenden Personal, ein Archivarius u. s. w. Ein Syndikus, welcher die Correspondenz besorgt, hält die öffentlichen Gelegenheitsreden und eröffnet die Promotionen mit der Vorstellung des Promovirenden. Die besondere Facultätskörperschaft besteht aus einem Doctor der Theologie, Jurisprudenz und Physik (unter welcher man in Cambridge die Medicin begreift, welche in Oxford eine besondere Facultät ausmacht), einem graduirten und nicht graduirten Philosophen. Der akademische Senat zerfällt in die zwei Klassen des schwarzen und weißen Doctorhutes, unter denen die weiße die höchste akademische Würde bezeichnet. Die Collegien sind in den verschiedenartigsten architektonischen Formen, je nach der Zeit der Erbauung, aufgeführt. Einige sind gothischer, andere griechischer Bauart. Die Zimmer sind größtentheils geschmackvoll decorirt. Die Umgebungen vieler bestehen aus herrlichen Parkanlagen, und abgelegene Gartenbänke laden zum einsamen Studium ein. Die Studirenden stehen unter keiner so strengen Aufsicht als auf den schottischen Universitäten, wo sie stets beobachtet und wo alle ihre Handlungen controlirt sind. Sie haben fast die nämlichen Freiheiten, wie die Studirenden Deutschlands, und die Vorwürfe, die man letztern hinsichtlich des Mißbrauches herkömlicher Freiheiten, gerecht oder ungerecht, machte, sind in England nicht gekannt. Da die Kleidung englischer Studenten auf eine nicht in die Augen fallende Weise uniformirt ist, so fällt die Kleidungsrenommisterei, die glücklicher Weise auch in Deutschland aufzuhören anfängt, von selbst weg. Eine wichtigere Frage ist jedoch, ob denn Englands Universitäten mit den Anforderungen höherer allgemeiner Geistesbildung, den Fortschritten der Zeit gemäß, gleichen Schritt gehalten haben, und welche Ergebnisse ein mit den bessern Universitäten des Festlandes anzustellender Vergleich hinsichtlich der Leistungen derjenigen Facultätswissenschaften, welche auf das praktische Leben hinarbeiten, bietet. Wenn auch der Vorwurf, daß Oxford hinter den dringendsten Anforderungen und Bedürfnissen der Zeit zurückgeblieben sei, diese Universität auch ganz ungerecht trifft, so ist doch darüber in England minder Beschwerde erhoben, als über manche andere Mängel, welche namentlich die vornehmste Veranlassung zur Gründung der Londoner Universität waren. Denn auch die innern Gebrechen, welche unsern Universitäten unbekannt sind, werden in England kaum empfunden, geschweige denn gerügt. Ein allgemeines Urtheil über die Leistungen in einzelnen Zweigen der Wissenschaften kann man nicht wohl fällen, indem die Individualitäten der Universitätslehrer, unter denen ausgezeichnete und mittelmäßige Köpfe in gleichem Range stehen, sehr verschieden auf die Fortschritte der jungen Leute einwirken. Als etwas sehr Tadelnswerthes jedoch werden die 5 Monate langen Ferien herausgestellt. Doch dieses Alles gab nicht den Impuls zur Gründung einer Anstalt, welche frei von allen Spuren mittelalterlicher Einrichtungen als allgemeine Landesuniversität gelten sollte. Die theologische Facultät von Oxford und Cambridge bildete nur Bekenner der Landeskirche, und alle übrigen christlichen Glaubensbrüder (Dissenters) waren von dem Besuch nicht nur der theologischen, sondern auch der übrigen Vorlesungen ausgeschlossen.

Um diesem abzuhelfen, sollte die neu zu errichtende Universität Lehrstühle für die vornehmsten christlichen Parteikirchen in sich vereinigen; demnächst sollte praktische Theologie durch ein Glied der anglikanischen, Kirchengeschichte durch ein Glied der schottischen und Bibelerklärung (Exegese) durch einen Dissenter vorgetragen werden. Allein, wer sieht nicht auf den ersten Blick, daß ein friedlicher Bestand der theologischen Facultät unter der entworfenen Form auf die Dauer nicht erwartet werden konnte, und wären selbst die Universitätslehrer auf die bestimmtesten Gesetze über Religionsstreitigkeiten, mündliche und schriftliche Anstößigkeiten u. s. w. hingewiesen worden. Noch vor der Einweihung der Universität gab man also den Plan wieder auf, und da man nun dem Fehler durch etwas Positives oder Thatsächliches keine Abhülfe thun konnte, suchte man ihn durch etwas Negatives oder Vermeidendes zu verbessern, — und schloß somit den theologischen Lehrstuhl gänzlich aus. Dafür aber öffnete man die Hörsäle aller übrigen Facultätswissenschaften den Dissenters, und blieb so dem Hauptgrundgesetze des Instituts getreu. Als jedoch den übrigen christlichen Glaubensbekennern eine allgemeine Unzufriedenheit über den Abfall von dem ersten Plane nun laut wurde, als der Gedanke, die verschiedenen Kirchen in eine gegenseitige friedliche, von allem nachtheiligen Einflusse mächtiger Parteien gänzlich befreite Annäherung treten zu sehen, die Gemüther eingenommen hatte, so erboten sich zwei presbyterianische Geistliche zu Vorlesungen über die Glaubenssätze (Dogmatik) ihrer Kirche in einem benachbarten Hause; da aber eine abschlägliche Antwort erfolgte, und die Vorsteher der Universität mit strenger und unerschütterlicher Consequenz die einmal aufgestellten Grundsätze befolgen wollten, so benahm jenes ungünstige Resultat den Dissenters alle Hoffnung, Lehrstühle für ihre Glaubensparteien in England errichtet zu sehen.

Die londoner Universität ist auf einem Actienfond errichtet worden. Da der ganze Kostenanschlag auf 200,000 Pfund Sterling gestellt wurde, und der Preis einer jeden Actie 100 Pfd. St. bei 4 Procent Zinsen war, so wurden 3000 Actien, welche $66^{2/3}$ standen, erforderlich. Neben diesen Actienfonds stand noch ein anderer, der Fond der unverzinslichen Dotationen oder Vermächtnisse, deren jeder 50 Pfd. St. betrug. Dafür hatten die Spender nebst den Actieninhabern eine Stimme in den Generalversammlungen, namentlich bezüglich der Directorwahl und der Wahl des Oekonomie- und Verwaltungsrathes. Die Dotatoren oder freien Spender haben jedoch diese Vorrechte nur für ihre Lebenszeit, während die Actienprivilegien forterben.

Auf einem zu dem Preise von 30,000 Pfd. St. angekauften, an dem nördlichen Ende der Gowerstraße gelegenen Grundstücke wurde das Universitätsgebäude errichtet. Den Riß lieferte Herr Wilkins, und die Actiengesellschaft contrahirte mit dem Architekten die Vollendung des Gebäudes zu der Summe von 107,000 Pfd. St., welches also allein schon für den Bau die enorme Summe von 137,000 Pfd. St. (nach unserm Gelde 924,750 Fl. also beinahe eine Million) gibt.—Nach dem Vorbilde des King's College ist mit dieser Universität eine Vorbereitungsanstalt seit 1832 in Verbindung gesetzt, welche den Erwartungen vollkommen entsprochen hat; in dieser Anstalt werden neben den Gymnasialstudien auch die Handelswissenschaften theoretisch und praktisch getrieben, und z. B. Buchhaltung gelehrt. Körperliche Züchtigung ist als ungeeignet zur sittlichen Besserung gänzlich von der Handhabung der Disciplin ausgeschlossen; harte Vergehen werden mit Ausschließung aus der Anstalt, welche zugleich aller Ansprüche an die Wiederaufnahme in die Universität verlustig macht, bestraft.

Eine besondere unter dem Namen vollziehende Behörde eingesetzte Deputation ist aus 21 Mitgliedern zusammengesetzt, an deren Spitze ein auf Lebenszeit gewählter Kanzler und ein auf zwei Jahre gewählter Vicekanzler steht; von den übrigen 19 Mitgliedern müssen jährlich vier nach dem Ergebniß der Abstimmung austreten, sind jedoch in dem nächsten Jahre wieder wählbar. Diese vollziehende Behörde (executive government) wählt die Professoren, bildet eine Controle gegen sie, so wie gegen die übrigen akademischen Lehrer, kündigt auf u. s. w.; die Professuren zerfallen in zwei Classen, in die Professuren der Wissenschaften und in die der Künste; jede Facultät hat einen auf Lebenszeit von der Körperschaft der Professoren gewählten Chef, welcher die disciplinarische Aufsicht über das Lehrerpersonal führt. Außer dem geringen aus der Universitätskasse bezogenen Gehalte, bestehen die Einkünfte der Professoren in den Honoraren ihrer Vorlesungen. Zu jener Universitätskasse muß jeder Student jährlich fünf Guineen beitragen, außerdem bezahlt er noch eine Guinee in die Bibliothekskasse. Da nun aber aus dem allgemeinen Fond auch die Interessen der Actien zu bestreiten sind, und diese bis jetzt noch keineswegs befriedigend ausfielen, so konnten die Lehrer bis dahin aus der allgemeinen Kasse keine Besoldung ziehen. Den Hauptübelstand, dem man die Schuld gibt, das Deficit von 2946 Pfd. St. herbeigeführt zu haben, welches sich aus der Abrechnung im Jahre 1833 ergab, sieht man in dem Vorrechte der Actionärs und Spender, einen Sohn oder Pflegebefohlenen kostenfrei die Universität beziehen zu lassen.

Wie die deutschen Universitäten, so vertheilt auch die londoner alljährig Prämien für medicinische Preisschriften. Diese Prämienvertheilung geschieht den 23. Mai. Unter 182 Medicinern hatten sich im Jahre 1829 über 60 Studenten um die Preise, welche 52 zufielen, beworben. Da die Stiftung der Universität von dem jetzigen Lordkanzler Brougham, einem bekannten Haupte der Whigs, ausging, so war schon aus diesem Grunde von Seiten der entgegengesetzten Partei, den Tories, eine Opposition zu erwarten, welche die schwachen Seiten der Universität und den Zeitpunkt ihres Sinkens zu benutzen wußten, um durch die Errichtung einer mit der londoner Universität in Concurrenz tretenden höhern Bildungsanstalt jener alle Aussicht auf ein fröhliches Gedeihen zu benehmen. Gegen eine solche Macht konnten die Beschützer und die Beförderer der Universität mit keiner wirksamen Maßregel auftreten, und bald stand das neue King's College, das für alle Hauptzweige der Wissenschaften Lehrer anstellte, in seiner Vollendung da. Um den Gegensatz zu der londoner Universität recht herauszustellen, wurden für die theologische Facultät ausgezeichnete Männer gewonnen, und alle einzelne Zweige dieser Facultät gut besetzt; dazu kam noch ein von der Regierung ausgestellter Vorrechtsbrief, womit das königliche Collegium beschenkt wurde, und dessen sich die Universität nicht zu erfreuen gehabt hatte. — Die Zukunft wird es lehren, welche von den beiden Nebenbuhlerinnen, von denen die eine in der Person Broughams einen Beschützer und die andere in der nämlichen Person einen Oberaufseher hat, die Oberhand gewinnen wird; aber gewiß ist, daß sie beide in äußerlicher Hinsicht ungestört um so mehr neben einander wirken könnten, da die Anzahl der die Universitäten Oxford und Cambridge besuchenden Studirenden nur durchschnittlich $1/3000$ der Bevölkerung Englands bildet, und folglich noch zwei höhere Lehranstalten ohne Concurrenz neben einander bestehen könnten.

Die Honigbiene (Apis mellifica).

Der Honigbiene, jener fleißigen Arbeiterin, welche wegen der musterhaften Einrichtung ihres kleinen Staates, wegen ihres außerordentlichen Kunsttriebes und der großen Ausdauer in ihren Arbeiten so oft bewundert wird, gönnt man gewiß mit Freuden ein Plätzchen in diesem Blatte; um so mehr, da sie uns ja so reichlich mit dem süßen Honige und dem uns so nützlichen Wachse beschenkt.

Die zahme Honigbiene oder Hausbiene lebt in ihrem wilden Zustande gesellschaftlich in Wäldern. Hier wählet ein Schwarm von Tausenden eine hohle, starke Kiefer, Fichte oder Tanne, oder nimmt auch wohl eine unterirdische Höhlung in Beschlag, um ihre Wohnung in dieselbe zu bauen; hier zeigen sie sich in ihrer ganzen Wildheit, hier drohet selbst sehr großen Thieren bei unvorsichtigem Nähern die Gefahr, mit jenen spitzigen Stacheln der Bienen fast tödtlich verletzt zu werden; hier liefern sie aber auch weit mehr und einen weit süßeren Honig, als in den Hausbienenstöcken. Das Letztere ist dem leckern Landbär wohl bekannt, und auf die Gefahr hin, von den muthigen Bienen wacker in die Nase u. s. w. gestochen zu werden und so die empfindlichsten Schmerzen aushalten zu müssen, klettert er daher dennoch oft auf jene von Bienen bewohnten Bäume, um sich eine süße Mahlzeit zu holen. Aber auch der Mensch kennt die Vortrefflichkeit des Honigs der Waldbienen und darum beraubt er oft die Bienen ihres lieblich mundenden Productes, ja in manchen Theilen Rußlands und in der Lausitz, wo sich sehr zahlreiche wilde Bienenschwärme vorfinden, werden sie sogar gehegt und fast eben so wie die Hausbienen behandelt.

Wir unterscheiden nach ihrer verschiedenen Gestalt, Anzahl und Bestimmung weibliche, männliche und arbeitende Bienen.

Fig. 1. Bienenköniginn.

Außer der Schwarmzeit ist nur ein einziges Weibchen in einem Stocke, das man bald Königinn, bald Weisel oder Weiser (weil alle den Weg nehmen sollen, den dieses Weibchen einschlägt) nennt. Diese Königinn ist das längste Geschöpf im ganzen Bienenstaate; ihre Flügel sind jedoch nicht länger als bei den übrigen; an ihrem Schienbeine ist weder eine Schaufel, noch an ihrem ersten Fußgliede eine Haarbürste; aber mit einem Stachel, den sie jedoch nur selten gebraucht, ist sie bewaffnet. Dieser Stachel ist mehr oder weniger gekrümmt. Der Unterleib ist gelblich und die Füße sind gelbroth.

Die Männchen oder Drohnen, von denen sich gewöhnlich gegen 1500 in einem Stocke befinden, haben große am innern Rande zusammenstoßende Augen, der Leib ist dicker als bei den übrigen, aber der Stachel, die Schaufel und Bürste fehlen. Jener Stachel mußte ihnen fehlen, da sie zu einer gewissen Zeit um der Wohlfahrt des Bienenstaates willen, von den Arbeitsbienen getödtet werden müssen. Sie sind faul, unthätig, und fliegen nur selten aus. Ihre Farbe ist schwärzlich und der Körper ist ziemlich stark behaart.

Die Arbeitsbienen sind die zahlreichsten in einem Stocke, denn man findet zuweilen selbst 18—20,000 darin. Sie sind, um die Materialien zum Honig und Wachse bequem eintragen zu können, an der äußern Fläche ihres Schienbeins mit einer ausgehöhlten Schaufel, so wie an ihrem ersten Fußgliede mit einer Sammtbürste versehen. Ihr Körper ist nicht so groß und schwer als der der Drohnen. Ihr Stachel, der mit einem Giftbläschen in Verbindung steht, ist gerade und dient ihnen zur Waffe, wenn sie von Menschen oder Thieren gestört oder angegriffen werden. Hat die Biene gestochen, so bleibt der Stachel gewöhnlich zurück und verursacht, da er immer tiefer hinabbohrt, eine oft sehr gefährliche Geschwulst. Nachdem die Biene sich blutig gerächt, wird sie nun aber auch gewöhnlich selbst ein Opfer ihrer Rache; denn ihres Stachels verlustig, wird sie bald darauf ein Raub des Todes. — Diese Arbeitsbienen nun sind jene bewunderswürdigen Thier-

chen, welche sich durch ihren Fleiß, ihre Liebe zur Ordnung und Reinlichkeit und ihre Kunst, sechseckige Zellen zu bauen und davon große Tafeln aufzurichten und zu befestigen, so sehr auszeichnen. Sie sorgen für das Bestehen und den Unterhalt der ganzen Gesellschaft und sammeln daher Honig und Blumenstaub ein. Mit ihrer Zunge saugen sie den süßen Saft den Blumen ein, den sie später wieder von sich geben. Der Blumenstaub, den sie in Gestalt der Hosen in der Schaufel des Schienbeins ihrer Hinterfüße nach Hause tragen, wird zum Theil in den Zellen niedergelegt und unter dem Honige für den Winter verwahrt. Dieser Blumenstaub gibt mit Honig vermischt den Futterbrei für die Brut, aber auch den Stoff zu dem Wachse; denn die Bienen schwitzen ihn, nachdem er einige Zeit in dem sogenannten Wachsmagen geblieben, in kleinen Wachsblättchen durch die Ringe ihres Unterleibes wieder aus.

Die Bienen fangen ihren Bau von oben an und bringen so lange Zelle an Zelle, bis ein großer, senkrecht herabhängender Kuchen entstanden ist. Alle folgenden Kuchen legen sie gewöhnlich dem ersten parallel; aber um zu bewirken, daß sie stets bequem von einem Orte zum andern gelangen können, lassen sie zwischen je zwei und zwei ihrer Wachstafeln eine Straße, die etwa noch zweimal so breit als ihr Körper ist. Jede Zelle ist regelmäßig sechsseitig und mit drei Flächen zugespitzt, und weil die Bienen ihre Kuchen aus zwei Röhrenlagen bilden, so daß immer 2 Zellen mit ihrer Basis zusammentreffen, so ersparen sie viel Raum und machen auch einen doppelten Eingang zu den Röhren möglich. Die Zellen dienen theils zum Honigbrei, theils zur Wohnung der Brut. In einem Stocke von 50,000 Zellen kann man 30,000 als das Honigmagazin, die übrigen aber als die Wiegen der Nachkommenschaft betrachten. Die neuen Zellen füllen sie mit Honig, die ältern widmen sie der Brut. Am Rande des Wachskuchens sind die großen Zellen für die Königinnen, zu denen weit mehr Wachs gehört und von denen man gewöhnlich nicht mehr als 15 in einem Stocke findet. Sie werden Weiselhäuschen genannt. Die Drohnenzellen sind auch und zwar um ein Drittheil größer, auch runder als die übrigen gemeinen Zellen. Vom Februar bis zum October legt die Königin 40—60,000 Eier. Erst sieht sie sorgfältig in jede Zelle hinein, dann dreht sie sich um, neigt den Hinterleib in die Zelle und klebt ein längliches Ei, das sehr klein ist, an. Mit den Köpfen gegen sie gekehrt, stehen ihre Begleiter, lauter Arbeitsbienen, um sie herum, und putzen, streicheln oder füttern sie sorgfältig bei ihrem weitern Fortschreiten. Legt sie mehr als ein Ei in eine Zelle, so nehmen die Begleiter die überflüssigen heraus und bringen sie sorgfältig in eine andere Zelle. Hat sie 5—6 Eier gelegt, so ruht sie eine kurze Zeit lang aus. Jedes klebt sie in die untere Ecke der Zelle, daher auch die Made, die sich daraus entwickelt, in gekrümmter Lage unten in der Zelle liegt. Diese entwickelt sich gewöhnlich schon in 2—3 Tagen. Sogleich eilen Bienen herbei und füttern sie mit Honigbrei. Nach 10 Tagen wird die Larve zur einer Nymphe, und nun verfertigen die Bienen einen Wachsdeckel über die Zelle, um die Nymphe ihrer Ruhe zu überlassen. Zwischen dem 21. und 24. Tag zersprengt endlich die vollkommene Biene ihre Nymphenhaut, macht sich durch den Deckel einen Ausweg, und nimmt nun an den Geschäften der übrigen Bienen Theil. Die verlassene Zelle wird aber nun sogleich sorgfältig gereinigt.

Wird der Zuwachs von neuen Einwohnern dieses Staates zu groß und sind zugleich mehrere Königinnen

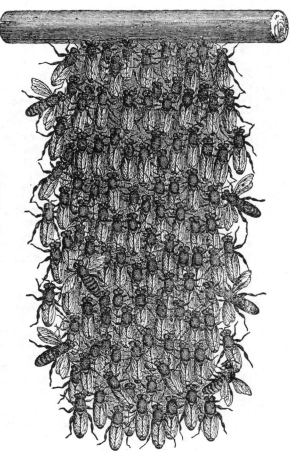

Fig. 2. Bienenschwarm.

Fig. 3. Erstes Element eines Bienenschwarms.

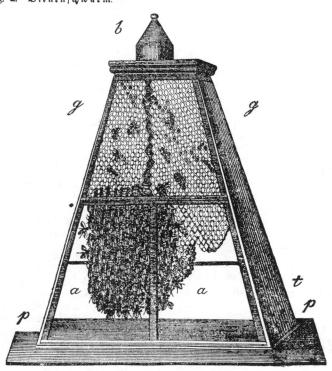

Fig. 4. Der Bonnet'sche Bienenkorb.

darin befindlich, so trennet sich eine Anzahl von dem Staate, um einen neuen Staat zu gründen. Eine Königin stellt sich an die Spitze und diese ganze Gesellschaft nennt man einen Schwarm, der gewöhnlich in der Zeit von Mai bis Junius ausfliegt. Schlechte Witterung hält oft die Schwärme zurück, und Regenschauer treiben bereits schwärmende Bienen wieder in ihre alte Heimath. Bei dem Auszuge des Bienenschwarms folgt Alles dem Weisel und hängt sich in der Nähe, gewöhnlich an einen Zweig an. Man hält dann, um diesen Schwarm zu gewinnen, einen Bienenkorb unter und bringt den Schwarm hinein. In verschiedenen Formen hängen sie sich an. Der berühmte Réaumur beobachtete an einem Zweige einen Schwarm, den er, als er ihn wog, 8 Pfund schwer fand, und da nun gewöhnlich 168 Bienen auf ein Loth gehen, so mußte dieser Schwarm 40,000 stark sein. (S. die Abbild. Fig. 2.) Freilich war jener Schwarm auch einer der größten; denn gewöhnlich wiegt einer nur 4—6 Pfd. Meistens besteht ein solcher Bienenklumpen aus lauter dicht auf einander hängenden Guirlanden, indem jede Biene sich mit den Vorderfüßen an die Hinterfüße ihres Vormannes anhäkelt. (S. Fig. 3.)

Gegen den September hin, wo die Bienen nicht mehr schwärmen und auswärts nichts mehr zu thun haben, beginnt die sogenannte Drohnenschlacht. In dieser fürchterlichen Schlacht werden die Drohnen von den Arbeitsbienen zerbissen oder zerstochen und so dem Tode übergeben; die noch in den Brutzellen befindlichen jungen Drohnen werden aus ihrer Wiege gerissen, ja selbst die Nymphen werden nicht verschont.

Die Bienenwohnungen werden verschieden gemacht; bald sind sie glockenförmige Behältnisse von Stroh oder Weidenruthen geflochten, bald wieder vierseitige Kasten aus Bretern zusammengesetzt u. s. w. Eine nähere Beschreibung verdient aber wohl der sogenannte Bonnetsche Bienenstock, der zur Beobachtung der Oekonomie dieser Thiere, die noch immer manches Räthsel zu lösen übrig läßt, sehr zweckmäßig ist. (S. die Abbild. Fig. 4.) Er besteht aus zwei übereinanderstehenden Stöcken von eingefalzten Glasrahmen, deren vordersten man, um einen Schwarm einzunehmen, nur etwas zurückneigen darf, wenn man die Schrauben, die sie halten, aufgemacht hat. Ueber diesen sind, weil die Bienen zum Arbeiten die Dunkelheit lieben, Läden von Holz, die man öffnen, schließen und, um die Kälte abzuhalten, innen mit Tuch beschlagen kann. Ein Loch im Boden des obern und in der Decke des untern, macht, daß die Bienen aus einem in den andern kommen können. Dieses sowohl, als die Fluglöcher müssen mit dünnen Blechblättchen, die in einem Einschnitte laufen, verschlossen werden können. Auch wird das Ganze so eingerichtet, daß die Oeffnung eines Flügels diese Löcher zur Sicherheit des Beobachters verschließt. Die dünnen Queerstängelchen dienen den Honigkuchen zur Stütze und die Zapfen zum Festmachen des Ganzen.   M. A. B. R.

Der merkwürdige Naturzustand des Archipels der Freundschafts-Inseln.
(Schluß.)

Das Klima ist auf diesen kleinen Inseln, deren selten eine über 30 Meilen im Umfange hat, unter diesem Himmelsstrich nicht anders als schön und erfreulich vorauszusetzen. Die Winde haben hier gewöhnlich einen südöstlichen Strich, und so lange sie nicht heftig wehen, ist das Wetter gemeiniglich heiter. Bei starkem Winde ziehen einzelne Wolken, und werden als Vorboten eines baldigen Strichregens angesehn. Zuweilen geht auch der Wind aus Nordost, Nordnordost und sogar aus Nordnordwest, doch ist er aus letzterer Himmelsgegend von keiner Dauer und niemals stürmisch, obwohl ihn schwere Regengüsse und schwüles, drückendes Wetter zu begleiten pflegen. Eigentlicher Vulkane geschieht in den Berichten der Reisenden keine Erwähnung. Uebrigens ist der Wechsel der Jahreszeiten hier kaum merklich, indem die meisten Bäume das ganze Jahr ihr Laub behalten und die verschiedenen Ernten folgen schnell auf einander. Die Missionäre bemerken, daß es in der Regenzeit oder dem hiesigen Winter kühler sei, als sie es erwartet hätten; leider aber konnten sie den Grad der Luftwärme nicht bestimmen, da ihr Thermometer zerbrochen war. Als Dentrecasteaux dort war, zeigte das Thermometer im April gewöhnlich 20° Réaumur. Bei Cook's zweiter Anwesenheit vom 1. Mai bis gegen die Mitte des Juli 1777 war der höchste Stand 88°, der niedrigste 65° Fahrenheit.

Daß das Klima der Vegetation überaus günstig sei, ergibt sich aus allen Beobachtungen. Auch der Gesundheit der Menschen scheint es ungemein zuträglich zu seyn. Man fand wenig einheimische Krankheiten, und die Europäer, die sich hier mehrere Monate aufhielten, befanden sich durchgängig sehr gesund.

Die Natur erscheint hier eben so gastfreundlich, als es der Charakter der Bewohner ist. Es scheint, als halte sie überall offene Tafel, den Menschen zum freien Genusse des Lebens einladend. Wenngleich die Schönheiten romantischer Landschaften vermißt werden und kein freundlicher Wechsel von Berg und Thal, Auen und Flüssen stattfindet, so entschädigt doch die Natur durch die Fruchtbarkeit für einen solchen Verlust, denn überall strebt der reichste und üppigste Pflanzenwuchs schmückend und Nahrung reichend empor.

Tongatabu scheint in einiger Ferne gänzlich mit Bäumen von verschiedener Größe bewachsen zu seyn. Einige sind von ansehnlicher Höhe, doch erhebt die Kokospalme ihr Haupt über alle andern. Die Prospecte der kleinen und mannigfaltigen um die Wohnhäuser angelegten Anpflanzungen ersetzen in etwas den Mangel großer Landschaften, vor Allem aber die Umgebungen der Morais oder Begräbnißörter, wo Natur und Kunst gemeinschaftlich das Auge ergötzen. Nord- und nordostwärts von Anamoka ist die See mit einer großen Anzahl kleiner Eilande gleichsam übersäet. Die meisten sind mit Bäumen, vorzüglich mit Kokosbäumen, besetzt und haben das Ansehn freundlicher, mitten im Meere schwimmender Gärten. Ein heiterer Himmel erhöht den Reiz dieser Naturgmälde und gibt der Gegend das Ansehn einer hingezauberten Feen-Landschaft, wie kaum die Einbildungskraft sie erfinden kann. —

Die Insel Bezuga, eine von den Hapaiinseln, zeichnet sich durch hohe Cultur des Bodens aus. Die Pflanzungen sind daselbst von großem Umfange und mit parallel laufenden Vertiefungen, zwischen denen sich eine breite Landstraße hinzieht, umgeben; man würde diese angebauten Ebenen gewiß auch in Ländern, wo der Geschmack an schönen Gartenanlagen und Landschaftsnatur sehr delikat ist, immer noch schön finden. Große Strecken sind mit Papiermaulbeerbäumen bepflanzt und alle Gärten sind mit den einheimischen Wurzeln und Früchten der Insel reichlich versehen.

Eua, eine ziemlich hohe Insel, hat einen beinahe

flachen Gipfel; von hier senkt sich das Erdreich allmälig gegen das Meer bis zur Küste hinab. Wenn man auf den andern Inseln überall nur Massen von Bäumen erblickt, so breitet sich dagegen hier die Landschaft weit umher aus und an der sanften Lehne der Hügel sieht man in ungleichen Entfernungen einzelne Wäldchen in reizender Regellosigkeit von anmuthigen Grasplätzchen durchschnitten.

Der Schiffer, der, durch weite Meere gesegelt, sich diesen freundlichen Inseln naht, muß sich nach den Stürmen und Beschwerden der Seereisen um so mehr in ein Paradies versetzt sehen, als die gutmüthigen Bewohner ihm so viele sprechende Beweise von der Unschuld ihres Naturzustandes zu geben bereit sind.

Und mit welchen köstlichen Pflanzen sind diese Gefilde gesegnet! — Unter den Gartenfrüchten sind die Pisangs, deren es hier funfzehn Spielarten gibt, die vorzüglichsten. Dann folgt der Brodfruchtbaum, die Ewich (eine Art Pflaumen), die Haipa, die Pompelmuse. Unter den Wurzeln liefern besonders zweierlei Yams nahrhafte Speisen; nebst der Kokospalme, die man in erstaunenswürdiger Menge antrifft, gibt es noch mehrere Palmenarten. Uebrigens gedeiht ein in seiner Art vortreffliches Zuckerrohr, Flaschenkürbisse, Bambusrohr, Feigen von der Größe von Kirschen, eine Art Fieberholz, Jasmin, der Sagobaum, Sandelholz, eine Pfefferart, woraus das starke Getränk Cawa bereitet wird u. d. g. Auch haben die Missionäre mehrere europäische Gartengewächse mit Glück angebaut; doch verursachten die Ratten bei diesen Pflanzungen beträchtlichen Schaden.

Unter den vielen Arten von Vögeln nennt Anderson, Cook's Gefährte, mehrere Arten von Papageien, unter denen eine nicht größer als ein Sperling; Nachteulen mit schönem Gefieder, Kuckuks, Eisvögel, eine Drosselart, die einen sehr melodischen Gesang hat, Wachtelkönige, große veilchenblaue Wasserhühner, zweierlei Fliegenfänger, drei Taubenarten, Hühner, wilde Enten, Reiher, Tropikvögel, gemeine Pinsel (sterna stolida), weiße Meerschwalben und einen großen gelbgefleckten Regenpfeifer.

Unter den Amphibien fiel den Missionären eine 30 Zoll lange Wasserschlange auf. Sie ist vom Kopf bis zum Schwanz abwechselnd schwarz und weiß geringelt, und jeder Ring einen Zoll breit; auf dem Rücken war die Farbe schön himmelblau. Die Einwohner, welche diese Schlangen für nicht giftig halten, glauben dennoch, daß sie einen Menschen tödten können, indem sie sich um seinen Hals schlängen und die Kehle durchbissen. Außerdem gibt es noch mehrere Eidechsenarten, vorzüglich schöne grüne Iguane. Unter den Insecten bemerkte Anderson Scorpione, schöne Nachtfalter, große Spinnen, Schmetterlinge ꝛc., zusammen etwa 50 verschiedene Arten.

Die Insulaner haben eine Religion, welche an die griechischen Mythen erinnert. Bäume, Wälder, Quellen, Winde und alle Naturproducte sind der Aufenthalt und die Wirkungen von höhern Geistern, und selbst ihre Heroen stehen in Verwandtschaft mit diesen Geistern. Jede Provinz, jede angesehene Familie hat ihren eignen Schutzgott oder Genius, den sie als ihren vorzüglichen Schutzherrn ansehen. Die Häupter der Districte sind die Repräsentanten dieser Gottheit. Die Winde stehen unter der Regierung der Göttin Calla oder Filantonga, die sehr mächtig ist, aber von den Menschen so wenig geachtet wird, daß sie, um sich Ansehen zu verschaffen, Kokosbäume und Brodfruchtbäume umwehet, um die Einwohner daran zu erinnern, daß auch ihr Opfer gebühren. Tongaloer ist der Gott des Himmels, Ferulonga der Gott des Regens. Erde und Luft haben besondere Gottheiten. Nur bei sehr vornehmen Kranken oder bei dem Tode des Königs werden Menschen zum Opfer gebracht, durch welche sie die Götter zu versöhnen glauben.

Die Seele, an deren Unsterblichkeit sie glauben, wird gleich nach dem Tode in einem großen schnellsegelnden Canot nach dem fernen Lande Dubluda, einem schönen Elysium, gebracht. Hier wohnt der Gott der Freude, Higgolajo, und ist so mächtig, daß alle andern Götter sich als ihren Gebieter nennen.

Die Lehre von der Ueberfahrt in ein Elysium ist jedoch nur der ausschließliche Glaubensartikel der Vornehmen; daher diese allein Anspruch zu haben glauben, nach Dubluda zu kommen. Die Seelen der gemeinen Menschen, sagen sie, sind nicht unsterblich, und sie glauben, daß sie dem Vogel Lota, der um die Gräber flattert, zur Beute werden.

Ihre Morais oder Begräbnißplätze sind umzäunt von angenehmen Hainen, worin einige Hütten oder Dächer die Stellen der Gräber bezeichnen. Vornehme erhalten einen behauenen Stein, der bisweilen 8 Fuß lang, 4 Fuß breit und 1 Fuß hoch ist.

Die Ehrlichkeit der Freundschaftsinsulaner ist sehr groß. „Es gibt vielleicht keine Nation," sagt Cook, „die mit so vieler Ehrlichkeit so wenig Mistrauen verbindet." Man behandelt die Kinder mit sehr vieler Sanftmuth und ehrt das Alter.

Der Kreml.

Das vormalige Residenzschloß der russischen Zaare zu Moskau führt den Namen Kreml, von dem russischen Worte Kremen (der Kiesel). Man denke sich aber hierunter nicht blos mehrere Wohngebäude eines Monarchen und seiner Familie, sondern auch den ehemaligen Sitz der Regierung, aller damaligen obern Behörden und Kirchen, Klöster, Fabriken, Zeughäuser und dergleichen. Der Kreml ist noch jetzt eine Masse fester und mit Pracht ausgestatteter Gebäude; er liegt in der Mitte und dem höchsten Theile der Stadt, ist von dreieckiger Form und mit festen und hohen Mauern umgeben, die ein Mailänder, Peter Solarius, im Jahre 1491 aufgeführt hat.

In der Mitte des Kremls liegt die große Glocke herabgefallen und beinahe ganz versunken. Sie ist wohl die größte, die jemals gegossen worden; denn sie hat 67 Fuß 4 Zoll im Umfange, 21 Fuß $4\frac{1}{2}$ Zoll Höhe, und da, wo der Hammer anschlägt, 23 Zoll Dicke; sie soll 443,772 Pfund wiegen. Auch befindet sich hier eine große Kanone, die $18\frac{1}{2}$ Fuß lang und 10 Zoll dick ist, und in deren Mündung ein Mensch aufrecht sitzen kann.

Ein englischer Reisender, Dr. Clarke, sagt von dem Kreml Folgendes: „Es war der Plan, den ganzen Kreml, der einen Umfang von zwei englischen Meilen hat, in einen einzigen prächtigen Palast zu vereinigen; jedoch hinderte dies seine dreieckige Form und die Menge Kirchen; allein das Modell ist vollkommen ausgeführt. Die Fronten sind mit Reihen von schönen Säulen geziert, je nachdem die architektonische Ordnung ist; jeder Theil desselben ist auf die schönste Art ausgeführt, sogar die Fresco-Gemälde an den Decken der Zimmer und die Farbe der verschiedenen marmornen Säulen, welche das Innere zieren sollten; er enthält auch ein Theater und prachtvolle Gemächer. Wäre das

Der Kreml.

Werk ausgeführt worden, so würde kein anderes Gebäude mit diesem vergleichbar gewesen sein; es hätte den Salomonischen Tempel, das Amasische Propyläum, die Hadrianische Villa oder das Trojanische Forum übertroffen. Die Bauart des jetzigen Kremls hingegen, seiner Paläste und Kirchen, ist wie keine andere in Europa. Die Baumeister waren im Allgemeinen Italiener; aber der Styl ist tatarisch, chinesisch, indisch und gothisch; hier eine Pagode, dort ein Bogengang! An einigen Theilen Reichthum und Schönheit — an andern Barbarei und Verfall! Zusammengenommen ist das Ganze ein Wirrwarr von Pracht und Ruine. Alte Gebäude sind ausgebessert und neumodische unvollendet; halboffene Gewölbe und vermoderte Wände mitten unter geweißten Backstein-Gebäuden, und Thürme und Kirchen mit glänzenden, vergoldeten oder bemalten Kuppeln."

Das kalte Wasser als das beste Mittel, die Gesundheit zu erhalten.

Obgleich schon in den ältesten Zeiten der berühmte Grieche, der Vater und erste Lehrer aller nachherigen Aerzte, Hippokrates (lebte 450 Jahr v. Chr.), in dem naturgemäßen System, in welches er zuerst die Gesundheits- und Krankheitslehre brachte, den Gebrauch des kalten Wassers als das vorzüglichste Mittel, die Gesundheit zu erhalten, und wenn sie verloren gegangen wäre, sie wieder herzustellen, als Heilmittel empfohlen hatte, so lassen sich doch in der Geschichte der Arzneikunde mehrere Zeiträume nachweisen, in welchen man dasselbe nicht nur gar nicht anwandte, sondern in denen man es für überflüssig oder gar für nachtheilig erklärte. Erst in den neuern Zeiten, da einige der größten Aerzte unserer Zeitgenossen, welche die gesammten Kräfte dieses Elements gründlich erforscht haben, auch geneigter geworden sind, die selbst von Laien gemachten Erfahrungen über die oft großen, selbst wunderbaren Wirkungen des kalten Wassers anzuerkennen, weil sie mit den Winken der Alten so genau übereinstimmen, hat man wieder angefangen, den Gebrauch dieses wohlthätigen Urstoffs der Erde, als zur Gesundheit beiträglich, zu würdigen. Wir lassen hier einige Bemerkungen über seine Kräfte und Wirkungen folgen.

Zuvörderst betrachten wir das kalte Wasser als ein vorzügliches Mittel, die Gesundheit und das Wohlsein des menschlichen Körpers zu erhalten, und glauben behaupten zu können, daß dasselbige unter allen den vielen tausend Mitteln, die seit Menschengedenken zum Vortheil des köstlichsten Erdenguts, der Gesundheit, aufgesucht, aufgefunden und angepriesen sind, den Vorrang behauptet. Jedes Wasser der Erde, mit Ausnahme des Seewassers, besitzt diese Kraft, indeß wird hier vorzugsweise das frisch aus der Erde quellende oder aus tiefen Brunnen geschöpfte reine, kalte Wasser verstanden, das durch seinen eigenen ihm beiwohnenden Charakter und durch seine Erdkälte besonders geeignet ist, diese Kraft zu bewähren. Sehen wir auf seine nähere Beschaffenheit, so muß es so viel als möglich rein, d. h. es muß keine mineralische, vegetabilische oder animalische Zusätze in sich enthalten, farb- und geschmacklos, nicht zu hart, vielmehr weich sein, so daß gar keine oder nur wenig verspürbare Säuren oder erdartige Zumischungen in Folge chemischer Zergliederung sich finden lassen.

Da die Gesundheit des menschlichen Körpers bekanntlich darin besteht, daß seine einzelnen unverletzten Theile ihre Functionen oder die ihnen zugetheilten Verrichtungen leicht, genau und vollständig erfüllen, wodurch das angenehme Gefühl des allgemeinen Wohlbefindens desselben hervorgebracht wird, so soll hier in möglichster Kürze bewiesen werden, daß der innere Gebrauch des kalten Wassers als ausschließliches, tägliches und gewöhnliches Getränk die Gesundheit am sichersten erhält, also am allerwenigsten zugibt, daß solche Veränderungen im Körper vorgehen können, die ihn in seinen Functionen stören. Diese Wirkung kann ihm darum zugeschrieben werden, weil es besser, wie jedes andere Getränk, die Hitze des Körpers herabstimmt und bis zur naturgemäßen Wärme zurückführt, welche durch den Blutumlauf, durch das Einathmen des Sauerstoffgases und durch die immerwährende Ausdünstung, also durch Verminderung seiner Flüssigkeiten, entstanden ist.

(Schluß folgt.)

Verlag von Bossange Vater in Leipzig.
Unter Verantwortlichkeit der Verlagshandlung.

Das Pfennig-Magazin

der Gesellschaft zur Verbreitung gemeinnütziger Kenntnisse.

64.] Erscheint jeden Sonnabend. Juli 19, **1834**.

Die Strohflechterei.

Die Strohflechterei ist ein in neuester Zeit aus Italien wegen mancher Verbindung Sachsens mit diesem Lande bei uns an einigen Orten eingeführtes Gewerbe, welches mit einem Umsatz von etwa 100,000 Thlrn. jährlich mehrere tausend Kinder und Erwachsene, besonders in der Nachbarschaft von Dohna, nützlich beschäftigt.

Dieses Gewerbe gewann besonders an Ausdehnung, nachdem in der Dresdener Kunstausstellung des Jahres 1825 mehrere sehr zweckmäßige Arbeiten in Stroh vorgelegt worden waren, worauf die Regierung dieser Gewerbsamkeit einige Begünstigung schenkte und Ritzler seine Schönfärberei auf das Stroh anwandte.

Es läßt sich erwarten, daß bei der Wohlfeilheit und Schönheit mancher sächsischen Stroharbeiten deren Verbreitung auch außer Sachsen in Folge des Beitritts zum preußischen Zollsystem statt finden werde.

Das Stroh ist der Stoff vieler gröberen und feineren Flechtwerke.

Wegen der größern Länge und der festeren Textur der Weizen- und Roggenhalme bedient man sich gewöhnlich dieser zum Strohflechten, vorzugsweise jedoch auch bei uns, wie in Toskana, des Weizenstrohs. Aber manche deutsche Gegenden, welche die grobe Strohflechterei in ihre Nahrungszweige aufnahmen, wählen dazu auch Gersten- und Haferstroh, Gräser, Baste, Binsen u. s. w.

In Sachsen geschieht das Ziehen des Flechtstrohs, nachdem das dazu bestimmte Weizenstroh einige Wochen in der Scheune gelegen und geschwitzt hat. Man wählt die schönsten und längsten Halme, schneidet, ohne die Halme irgend zu zerdrücken, die Aehren und die Knoten ab, und liest zu den feinsten Flechtwerk nur die durchaus fehlerlosen Halme von den fehlerhaften aus, welche letztere jedoch zu dem gröbern Flechtwerk genügen.

Nachdem das Stroh völlig ausgetrocknet ist, legt man die in kleine Bündel geschiedenen, zum Flechten bestimmten knotenlosen Halmstücke in kaltes Wasser, welches hernach bis zum Sieden erhitzt wird, und läßt dieses Stroh auf einer Wiese oder auf einer Sandunterlage durch die Sonne und den Thau bleichen. Es darf aber niemals beregnet werden, weil es dann fleckig wird; dagegen dient zur Bleiche das Begießen mit Wasser, wodurch es seine Sprödigkeit verliert und sich leichter flechten und nähen läßt. Nach der Bleiche werden die Halme wieder in Bündel gebunden. Die Bleiche pflegt höchstens 14 Tage zu währen.

Man schwefelt zu dem feinern Strohflechtwerk die erwählten Halmstücke und abermals die Bänder, sowie nachmals die vollendeten Fabrikate. Bei diesem feinsten Flechtwerk findet viel Abfall statt, weil alle irgend dicke Halme verworfen werden.

Beim Flechten benutzt man Binden mit drei Halmen zur Zierde und zum Aufputzen, Spitzen mit vier Halmen, Schleifen mit sieben Halmen und breite Geflechte von 11, 13 und mehr Halmen zu Hüten, Tellern, Tischdecken, Körben, Kästen, Deckeln und Spielsachen.

Beim Zusammennähen schlingt man den Faden

durch das Innere der an den Kanten befindlichen Umbiegungen oder Maschen, so daß der Faden bis zur Vollendung eines Huts alle Maschen von einem Ende des Bandes bis zum andern durchlaufen muß.

Die feineren Bänder müssen sehr zusammengezogen sein und werden aus diesem Grunde feucht gearbeitet. Die Strohbündel liegen in einem mit kaltem Wasser gefüllten Gefäße, welches neben dem Arbeitenden steht.

Erst in den neuesten Zeiten spaltet man das Stroh zu den feinsten Hüten, durch die krumme Spitze eines Federmessers oder durch ein sternförmiges Eisen, an welchem nach dem Bedürfnisse 3, 4, 7 bis 20 scharfgeschliffene Strahlen und in der Mitte ein langer Stift angebracht ist. Letzterer wird beim Spalten der Halme durch das Strohstück gestoßen.

Nach dem Pressen durch Maschinen, welches die Strohbänder erhalten, wird die Hutarbeit ausschließlich von weiblicher Hand verrichtet und das Glätten geschieht durch Glättsteine oder Knochen.

Die höchsten Preise der Strohhüte behaupten noch immer die toskanischen bei einer freilich kaum zu erreichenden Sorgfalt und Zierlichkeit der Arbeit, zu deren Stoff man sich einer eignen Weizenart, Marzolano genannt, bedient, die vor der vollen Reife geschnitten, sehr dicht gesäet und auf den steinigtsten Stellen der das Arnothal einschließenden Berge allein in ihrer Vollkommenheit gewonnen werden kann.

Alle Hüte aus Basten und anderm Flechtwerk sind niemals so theuer als die feinste Stroharbeit.

Das kalte Wasser als das beste Mittel, die Gesundheit zu erhalten.

(Schluß.)

Andere Getränke, als Wein, Bier, Kaffee oder Thee, vermögen diese Wirkung nicht in so befriedigendem Maße hervorzubringen, weil sie solche Stoffe enthalten, die, statt abzukühlen, den Grund zu einer neuen Hitze im Körper legen und sonach bewirken, daß die einzelnen Theile desselben, bald gereizt, dann geschwächt, bald gar in einen entzündlichen Zustand versetzt werden, der sie zu ihren Verrichtungen unbrauchbar, also krank macht. Rechnet man hinzu, daß die oben genannten Getränke gar nicht selten durch ihren Wohlgeschmack zur Unmäßigkeit verleiten, und viele Menschen mehr von ihnen genießen, als zu ihrer Befriedigung erforderlich wäre, so gelangt man um so sicherer dahin, die Erfahrung für richtig anzuerkennen, daß das kalte Wasser, als tägliches Getränk, den Zweck, um dessentwillen es genossen werden soll, am vollkommensten erfüllt, zumal, da eine andere Wahrheit bestätigt, indem sie lehrt, daß Wassertrinker, die nicht auf andere Weise gegen ihre Gesundheit Verstöße machen, in der Regel vor entzündlichen Krankheiten bewahrt bleiben, weil sie sich in einer gleichmäßigern Temperatur erhalten, als es bei andern Getränksgenüssen der Fall ist.

Eben so kann von dem Wasser als Getränk gerühmt werden, daß es dem Körper in seinem reinen und einfachen Genuße keine solche fremden und schädlichen Theile zuführt, die seinen gesunden Zustand sehr leicht in einen ungesunden umwandeln können. Wenn der Weintrinker mit dem Wein erhitzenden Geist, nachtheilige Säuren oder wohl gar andere Zusätze; der Branntweintrinker ein bedeutendes, erst reizendes, dann schwächendes, flüssiges Feuer; der Biertrinker Hefen und Schleim beförderdenden Stoff; der Kaffeetrinker Kohlentheile; der Theetrinker nervenreizende Säfte vom Theeraum mit seinem Getränke einnimmt, so genießt der Wassertrinker das Unverfälschteste und Reinste, das es in der Natur gibt; er hat in keinem Fall zu befürchten, daß er seinem Körper damit schade, sondern kann sicher auf Erhaltung und Beförderung seiner Gesundheit rechnen, denn es lebt der Natur gemäß, die ursprünglich das Wasser zum Ersatz der verloren gegangenen Feuchtigkeit seines Körpers, ihm, wie Allem, was lebt, angewiesen hat, welches die Menschen durch Kochen und Zusätze verderben. Der Wassertrinker kann sein Blut und seine Säfte nur durch Speisen, Gewürze und Unmäßigkeit verderben, und bleibt gesund, wenn er diese meidet.

Auch auf die Reinigung der innern Theile seines Körpers kann der beständige Wassertrinker rechnen. Sein Getränk ist das feinste, man kann sagen das spitzeste Element in der Natur, das dahin dringt, wo Unreinigkeiten weggeschafft werden müssen, durch welche die Gesundheit in Gefahr kommt. Durch diese Eigenschaft drängt es sich zwischen die nur gar zu leicht in einzelnen Theilen des Körpers sich anhäufenden Absonderungen der verkohlten oder verschlackten Abgängigkeiten des Körpers, der Versessenheiten, Verschleimungen, Schärfen und Stockungen in den Gefäßen, es löset sie auf, macht sie flüssig und setzt sie in den Stand, von der regen Lebenskraft weggeschafft werden zu können. Kein anderes Getränk hat diese Kraft, weil das Wasser, aus dessen Grundstoffe es angefertigt werden muß, durch die Kunst seine eindringende Eigenschaft verloren hat; weshalb wir denn auch wahrnehmen, daß bei einem anfangenden Wassertrinker nach anhaltendem Wassergenuß die innere körperliche Verunreinigung sich in Reinigkeit und somit eine schwächliche Gesundheit in eine dauerhafte verwandelt. — Auf gleiche Weise reiniget es auch die ersten Wege, den Magen und die Eingeweide. Es durchdringt die Speisen, macht sie flüssiger werden, wodurch sie ihre nährenden Säfte besser auflösen und entwickeln, und macht die Reste fähiger, durch die wurmförmige Bewegung der innern Theile in ihrem Kanale sich fortschieben zu lassen. Krankheiten des Magens und der Eingeweide kennt daher der beständige Wassertrinker nicht, denn das kalte Wasser reiniget diese Theile nicht nur fortwährend, sondern stärkt sie auch durch seine Kälte und trägt auf solche Weise zu ihrer Gesundheit bei. — Ganz vorzüglich befördert dieses naturgemäße Getränk die Verrichtungen der Nieren und der Blase, die bekanntlich dazu bestimmt sind, einen bedeutend großen Theil der Abgängigkeiten und Unreinigkeiten aus dem Körper durch den Urin hinwegzuführen. Wer sich daher desselben regelmäßig und in erforderlich reichlichem Maße bedient, darf hoffen, vor einer großen Menge höchst empfindlicher, schmerzlicher und gefährlicher Leibesübel, die ihren Grund in diesen Absonderungsgefäßen haben, gesichert zu bleiben, die vorzüglich dem höhern Alter entgegengehenden Personen oftmals höchst lästig werden, indem sich bei ihnen die Unreinigkeiten beschwerlicher absondern und einer größern Menge Flüssigkeiten bedürftig werden.

Indeß hat dieses vortreffliche Element noch eine vorzügliche Kraft, die menschliche Gesundheit 2) durch die äußerliche Anwendung zu erhalten und zu befördern, und verdient deshalb die Beachtung eines Jeden, dem sein Wohlbefinden heilig und werth ist, indem seine Anwendung einem der wichtigsten Theile des menschlichen Körpers die größten Dienste leistet. Durch Waschen und Baden mit und im kalten Wasser wird die Oberfläche des Leibes, die Haut, am vorzüglichsten cultivirt, ohne deren gesunden Zustand Keiner zum völligen Besitz eines allgemeinen Wohlbefindens gelangen kann. Die menschliche Haut ist nämlich nach den entschiedensten Beobachtungen der Naturforscher wie der Aerzte und nach den Erfahrungen Aller, die genauer darauf geachtet haben, nicht blos eine Decke des Körpers, die schon Niemandem gleichgültig sein kann, sondern sie hat auch durch ihre aushauchenden und einsaugenden Gefäße (Poren) die höchst wichtige Bestimmung, einen großen Theil der abgängigen und verkohlten Theile des sich immer reinigenden und erneuernden Körpers aus den erstern hinauszuschaffen und durch letztere aus der umgebenden Natur nährende und stärkende Stoffe aufzunehmen. Sind diese gedoppelten Gefäße geschwächt oder erschlafft oder mit Ausdünstungen belegt, oder durch Verweichlichung oder Verwöhnung außer Stand gesetzt, ihre Pflicht zu erfüllen oder der atmosphärischen Einwirkung keinen gehörigen Widerstand zu leisten, so können die Folgen dieser üblen Zustände nicht ausbleiben; wie denn nach allgemeiner Erfahrung eine höchst bedeutende Menge von Unpäßlichkeiten und Krankheiten des Körpers aus Mangel der Hautcultur entstehen. Soll dies nun nicht der Fall werden, so gibt es kein entschiedeneres und besseres Mittel, als die Haut durch die Anwendung des kalten Wassers in gesunden Zustand zu versetzen, d. h. sie nicht blos in eine völlig reine Verfassung zu bringen, sondern sie auch zu erkräftigen und zu stärken; wie denn auch hier zugleich mit bemerkt wird, daß Knochen, Muskeln, Drüsen, Adern und alle Fibern und Theile des Körpers von dieser Stärkung ihr reichliches Theil mit empfangen und so wohlthätig auf die Haut zurückwirken.

Daß das Wasser diese Wirkung hervorbringt, liegt in seiner Schwere, Feinheit und Flüssigkeit, durch die es die auf der Haut befindlichen Unreinigkeiten durchdringt, sie auflöst und wenn man ihm durch Reibungen, Bürsten, Frottieren und Uebergießungen zu Hülfe kommt, vollkommen wegschafft und die Haut in einen Zustand versetzt, in welchem sie ihre Verrichtungen ungestört betreiben kann. Solche Waschbäder nimmt man am besten in den Morgenstunden, nicht lange nach dem Aufstehen vor, in welchen der Körper am wenigsten gegen die Kälte des Wassers empfindlich ist. Nachdem man den Kopf, den Nacken und die Brust mit kaltem Wasser tüchtig benetzt hat, wäscht man den ganzen Körper an allen Theilen, reibt ihn mit Flanell oder besser mit einer Bürste in Wasser getaucht nach, und übergießt ihn mit Einschluß des Kopfes mit reinem Wasser, daß dieses die sämmtlichen aufgelösten und abgeriebenen Unreinigkeiten vollends abspült, oder stellt sich, wenn man mit einem Badeschranke versehen ist, in denselben, um die letzte Abspülung zu bewerkstelligen. Nach den Beobachtungen Vieler reicht eine solche Reinigung auf sechs bis sieben Tage, jedoch nicht länger, aus, indem sich in der Zwischenzeit wieder so viele Unreinigkeiten auf der Haut gesammelt haben, daß eine neue Reinigung nöthig ist. Wird sie fortgesetzt, so entledigt sich die Natur ihrer auszuscheidenden skorischen und fremdartigen Unreinigkeiten auf dem einzig besten Wege der Haut; sie wirken nicht nachtheilig auf die innern, edlern Theile zurück und es können keine solche Krankheiten entstehen, die ihren Grund in der verdorbenen Haut haben. Auch die Absonderungen in der Nase, im Kehlkopf, im Schlunde, in der Luftröhre vermindern sich, sobald die Haut zunehmen, so daß sich die katharrhalischen Dispositionen allmälig verlieren, die Schnupfen und Husten oder rheumatische Unpäßlichkeiten hervorbrachten; wie man es denn auch an der wohlthätigen Leichtigkeit des Körpers in allen seinen Verrichtungen sehr deutlich merkt, daß man der Eröffnung der einsaugenden Gefäße der Haut ein angenehmes Wohlbefinden zu verdanken habe.

Diese eben beschriebene Reinigung der Haut durch kaltes Wasser hat nun endlich noch die wohlthätige Wirkung, daß sie nicht blos die Haut selbst, sondern alle übrigen Theile des Körpers ungemein stärkt. Der Grund dieser Stärkung liegt außer der Reinigung in der Kälte des Wassers, welche Belebung und Zusammenziehung zugleich bewirkt, wo dagegen das warme Wasser diese nicht hervorbringt, sondern die Gefäße vielmehr ausdehnt und schwächt. Wer den leichten Schauder der anfänglichen Benetzung des ganzen Körpers beim Waschen oder Baden überwunden hat, nimmt die Stärkung, zu ihm zu Theil wird, sogleich an sich wahr, indem sie sich über den ganzen Körper verbreitet und, wenn dieser nach vollendetem Waschbade wieder abgetrocknet ist, ein unglaubliches Wohlsein hervorbringt, bei welchem die Erkräftigung und das Gefühl der Gesundheit vor Allem hervortreten.

Beiden genannten Wirkungen des kalten Wassers kann man es nun zuschreiben, wenn sich die Haut allmälig gegen die verschiedenen Einflüsse der Luft abgehärtet fühlt, daß sie Kälte, Wärme, Feuchtigkeit und selbst die plötzlichsten Veränderungen der Atmosphäre ohne Unbequemlichkeit erträgt und damit vielen Unpäßlichkeiten und Krankheiten widersteht, die allein in der Schwäche derselben ihren Grund hatten.

Hat nach diesen auf Erfahrungen begründeten Bemerkungen das kalte Wasser die Kräfte vieler Arzneimittel, indem es wie diese durchdringend auflöst, erweicht, reizt, kühlt, die Ausdünstung befördert, ausführt, die Verdauung erleichtert, auf den Harngang wohlthätig einwirkt und stärkt, wovon sich Jedermann, der von ihm einen gedoppelten Gebrauch macht, leicht und bald überzeugen kann; so ist nicht zu verwundern, wenn die Versuche gelungen sind, durch seine Hülfe nicht nur die Gesundheit zu erhalten, sondern auch selbst Krankheiten zu heilen.

F. R.

Schlacht bei Culm und deren Monumente.

In jenem für immer denkwürdigen Feldzuge, in welchem Kaiser Napoleon die letzten Versuche machte, die Oberherrschaft über fast alle civilisirte Völker Europa's wieder zu erlangen, in jenem Jahre 1813, ward auch der schöne gebirgige Landstrich, durch den Sachsen und Böhmen aneinander grenzen, einige Zeit der Schauplatz des Kampfes, der in den letzten Tagen des Augustmonates zwischen Dresden und Teplitz vorfiel, und dessen anfängliche Gestaltung zum Nachtheil der Alliirten (Oesterreicher, Preußen und Russen) ausfiel, denn der Versuch des Generalissimus, Fürsten Schwarzenberg, Dresden plötzlich wegzunehmen und die Franzosen von dem linken Elbufer zu verdrängen, war bereits den 26. August gescheitert, und das Heer der Alliirten genöthigt, nach der erfolgten Schlacht bei Dresden sich über Dippoldiswalde und Altenberg in das Teplitzer Thal zurückzuziehn! Dieses geschah auf den fürchterlichsten Gebirgswegen; denn die große chaussirte Straße von Sachsen nach Böhmen hatte bereits der französische Marschall Vandamme mit 30,000 Mann besetzt, und als er vernahm, daß der Kaiser die Alliirten nach Böhmen zurückgeschlagen hätte, eilte er nach Peterswalde, begann mit dem auf ihn stoßenden linken Flügel jener sogleich das Gefecht, das zwei Tage währte, und die Franzosen, welche überzeugt waren, daß ihre

Colloredo's Monument bei Culm.

Hauptkraft nachdrückte, immer weiter nach Böhmen hinein, endlich bis an den Fuß des Gebirges, wo die Orte Culm, Arbisau ꝛc. liegen, brachte. Hier ward es den 30. August plötzlich anders und zwei Heerhaufen stießen unerwartet aufeinander, denn weil der preußische General von Kleist, zur großen Armee gehörend, die für Geschütz kaum gangbaren Wege, so den sogenannten Geiersberg herab, vermeiden und sich der Hauptstraße nähern will, trat er plötzlich auf dem Nollendorfer Berge hervor, an dessen Abdachung eben Vandamme glücklich gegen die russischen Garden kämpfte und seines fernern Sieges gewiß zu sein glaubte, als er oben auf der Höhe, in seinem Rücken, Bajonnette blitzen sah und Kriegsmusik ertönte! Aber es waren Preußen, und diese konnten nun keinen andern Weg einschlagen als sich sofort auf die Franzosen zu werfen, welche, jetzt zwischen zwei Feuer gedrängt, sich mit Verzweiflung wehrten, denn sowie im Rücken derselben der Kampf begann, drängten die indeß verstärkten Alliirten von Teplitz aus mit Macht hervor, die Russen unter Ostermann und dem Großfürst Constantin, die Preußen unter persönlicher Leitung des Königs, die Oesterreicher unter dem tapfern Feldzeugmeister Hieronymus Grafen von Colloredo, dessen Division nebst der des Generals Baron Bianchi, sowie auch das österreichische Dragonerregiment Erzherzog Johann, endlich den Ausschlag gab, so daß die Franzosen fast gänzlich umschlossen waren und der General Vandamme mit drei andern Generalen und 10,000 Mann sich gefangen geben mußte. Der Verlust war von beiden Theilen groß, doch bedeutender bei den Franzosen, weil sie vom Berge herab von den preußischen Kanonen sowie zugleich von vorn von der russischen Garde-Artillerie beschossen wurden und 5000 Todte hatten; auch gingen fast sämmtliche Kanonen, 81 Stück, verloren. — So endete diese Schlacht mit einem vollkommenen Siege der Alliirten über eine bedeutende Armee Frankreichs, und der König von Preußen feierte diesen durch einen Gottesdienst, den er mit seinem ganzen Heere am 1. September auf freiem Felde bei Culm beging. Ein besonderes Todtenfeld in Teplitz umschließt die Gräber der an ihren Wunden gestorbenen Krieger, und bei Arbisau ließ einige Jahre später der König ein von Eisen gegossenes pyramidalisch geformtes Monument errichten, auf dessen Gipfel die Gestalt jenes eisernen Kreuzes sich befindet, welches gleichsam als Labarum (heiliges Panier) in jenen Feldzügen den Preußen vorleuchtete!

In neuerer Zeit wurde in diesem schönen Thale ein Monument (das hier abgebildete) zum Andenken jenes Sieges sowohl, als zur Erinnerung an einen würdigen Helden des österreichischen Heeres errichtet. Sein Name ist Hieronymus Graf von Colloredo, k. k. Generalfeldzeugmeister, geboren 1775. Er wohnte 14 Feldzügen bei, commandirte auch bei Culm und starb zu Wien den 22. Juli 1822.   D.

Rom von der Engelsbrücke.

Historische Bedeutsamkeit ergießt den Zauber ihrer Erinnerungen über ganze Länder und einzelne Stätten, und fesselt unwillkürlich das geistige Auge des Beobachters, sei es nun, daß die Veranlassung hierzu aus unmittelbarer Anschauung oder aber durch ein zufälliges Zurückblättern in dem großen, ernsten Buche der Weltgeschichte hergeholt wurde. Jeder Welttheil hat sein Paradies oder Gan Eden, das die Natur, als habe sie einmal sich ganz ihrer bewußt werden wollen, mit Allem ausstattete, was ihrer überschwenglichen Kraft und Fülle entspricht. — Ein solches ist für uns das schöne Italien, dieser Garten der Hesperiden, der, im Norden geschützt von unübersteiglicher Felswand, sich zu beiden Seiten des ihn durchschneidenden Gebirgs allmälig ins Meer senkt. — Vorgeschichtlich brannten hier unzählige Vulkane, bis des Tobens überdrüssig die erzürnten Elemente sich beruhigten und aus den Wellen die selige Küste emporstieg. — Mühelos kann, wie es scheint, selbst Göttliches nicht entstehen! Daher jene offenen Wunden und Male des alten Titanenkampfs, jene verwitterten Krater, Moore, Sümpfe und Seen, deren lauwarmer mephitischer Dunst zwar dem Pflanzenleben zuträglich, Geschöpfen höherer Art aber todtbringend ist. Wie einladend bei alle dem von jeher das Klima und der Boden der Halbinsel waren, beweist, daß unvordenklich schon hellenische Stämme sich hier ansiedelten, und später, gleich den aufeinander folgenden Formationen des Grundes, immer

Die Engelsbrücke in Rom.

neue Schaaren das gesegnete Ausonien überschwemmten. — Streit der Kräfte ist zur Entwicklung, Erhaltung und Fortbildung des Alls so nothwendig, daß der Mensch, unwillkürlich hineingerissen in den Strom, das unrückbare Gesetz der Natur zu wiederholen gezwungen ist. — Schon im Zustande der Familie ist Hader oft unvermeidlich. Wie vielmehr muß dieser zunehmen, wenn gebannt auf verhältnißmäßig engen Raum sich fremde Geschlechter begegnen, die in Sitten und Gebräuchen verschieden über das Mein und Dein zu rechten beginnen. — Oefter kam es daher gewiß zwischen den Aboriginern (Urbewohnern) und den einwandernden Pelasgern, Phrygiern, Siculern u. A. zu heftigem Zwist. — Zeiten vergingen, wo einer oder der andere die Oberhand behielt, bis endlich die Priamiden in Verbindung mit den Lateinern bei Erweiterung des Gebiets die angrenzenden Stämme verdrängten, Albalonga gründeten, und diese zum Mittelpunkt ihrer Herrschaft in Latium erhoben. — Uebervölkert sandte bald diese Hauptstadt Colonien aus, um ihren kriegerischen Nachbaren allseitig die Spitze zu bieten. — So entstand Gabii gegen Präneste, Collatia gegen Tibur, Fidenä, Crustumerium und Nomentum gegen die Sabiner, Ficana und Rom als Vorwacht gegen die Hetrusker, deren mächtiges Reich schon am jenseitigen Ufer der Tiber begann. — Unter den albanischen Colonien war aber Rom die jüngste.

Wie es kam, daß gerade diese in der Folge das Mutterland unterjochte und sich zur Gebieterin der Welt machte, ja, nach ihrem einmaligen Versinken in spätern Zeiten ein ähnliches Schauspiel mit glänzendem Erfolg wiederholen konnte, ist eine Frage, die das unwandelbare Geschick allein zu beantworten vermöchte. —

Kaum gegründet (752 v. Chr.) und schon im Zeitraume des Königthums kühn und kräftig emporstrebend; bald darauf in den Jahren der Republik weltherrschend durch politische und geistige Ueberlegenheit; in der Periode des Kaiserthums noch immer hochgestellt, wiewohl bereits einer gänzlichen Umgestaltung entgegengehend — waren die Römer immer glücklich; aber zu leugnen ist es nicht, sie mußten die Gunst des Schicksals zu nutzen, und stiegen bedächtig von Stufe zu Stufe hinan zum Capitol, von dessen Höhe herab sie lange den Erdkreis regierten. Gleich dem Vulkan, auf dem es erbaut, schleuderte Rom seinen Aschenregen und Blitze in alle Zonen, bis athemlos und entkräftet es dem Ueberrest seiner Größe erliegend, zuletzt in sich selber zusammenstürzte. Anfangs war der Verfall kaum merkbar. Als aber Constantin, um wie seine Vorgänger nicht stets der Willkür mordlustiger Prätorianer und eines wüthenden leichtsinnigen Pöbels bloßgestellt zu sein, den Sitz der Regierung nach Byzanz verlegte und ihm die Begüterten und Vornehmen dahin folgten; als die innern Einrichtungen sich so weit veränderten, daß Sicherheitsmaßregeln an die Stelle eines gedeihlichen Vertrauens treten mußten; als zum Aufbau der Kirchen und Basiliken ganze Ladungen von Säulen und andern Bildwerken aus den Götzentempeln zur Zierde der neuen Hauptstadt nach dem Orient gingen, wurde die entthronte Königin der Erde so still und entmuthigt wie ein Kranker, der dem sichern Tode entgegengeht. — Von innen heraus zertrümmert konnte sie nun nicht mehr dem Andrange wilder Barbaren widerstehen, die sie in Kurzem verheerten und plünderten. — Schon lag das antike Leben in den letzten Zügen, und Constantinopel hatte den frühern Mittelpunkt des Reichs dermaßen in Vergessenheit gebracht, daß er für ewig verloren schien! — Gleich dem Funken unter der Asche verdankte es jener indeß den neuen Aufschwung.

Im großen Weltverbande der Städte hat jede einen eigenthümlichen Charakter, aber unter allen behält

Rom hinsichtlich seines historischen Interesse den Vorzug. Das Bild der ewig merkwürdigen Stätte — wie sich der gelehrte Bunsen ausdrückt — wo die Tiber zwischen den sieben Hügeln und dem langgestreckten Rücken des Janiculus sich hinzieht, und die großen Thatsachen der Natur, die uns hier Kunde von der ursprünglichen Bildung und Gestaltung des Bodens geben, welcher mit dem Trümmern der Weltstadt bedeckt ist, nehmen die Aufmerksamkeit der Mit- und Nachwelt immer wieder von Neuem in Anspruch. Die weltgeschichtliche Bedeutung dieses Bezirkes muß ihn auch Demjenigen anziehend und wichtig erscheinen lassen, dem sonst gewöhnliche Anschauung genügt, bei welcher Natur und Geschichte, Vorzeit und Gegenwart, Wechselndes und Bleibendes nicht erst in gegenseitig ergänzende Verbindung gebracht werden. Denn welcher ernste Beobachter der menschlichen Dinge möchte sich nicht gern ein bis ins Einzelne anschauliches Bild von dieser wunderbaren Stätte machen, welche der Schauplatz der erhabensten Tugenden und größten praktischen Weisheit der alten Welt, so wie ihrer spätern Entartung und ihrer gänzlichen Zerstörung gewesen: der Stätte, welche während der Blüte der kaiserlichen Weltbeherrscherin das Blut der christlichen Märtyrer fließen und über den Trümmern von jener und auf dieser geheiligten Gräbern die geistliche und Glaubens-Metropolite der neuen Welt sich hat erheben sehen: — der Stätte, von welcher im Laufe von mehr als zwei Jahrtausenden viele der folgenreichsten Bewegungen Europas ausgegangen, zum Theil auch eingeleitet sind, mit welcher alle Entwickelungs- und Bildungsstufen in mittelbarer oder unmittelbarer Verbindung standen, und welche vielleicht auch in der Zukunft in alle großen, der Menschheit bevorstehenden Schicksale bedeutend verwickelt sein wird.

Die Zeit hatte ihr großes Schwungrad gedreht; die Scene änderte sich: mit ihr änderte sich der Gang der Handlung, und Klio bekam neue Daten für ihren Griffel. Die Colosseen, Theater, Tempel und selbst das Capitol standen verlassen; aber am jenseitigen Ufer der Tiber, auf dem vatikanischen Hügel, wo sonst die Fürsten der Apostel den Martertod starben, erhob sich St. Peters Dom als Markstein des christlichen Cultus. — Das alte Rom hatte die Kunst fast der gesammten gebildeten Welt in sich aufgenommen, und die letzte Begeisterung des heimatlosen griechischen Genius hervorgerufen und gepflegt; aber einen großen Theil dieser Schöpfungen und Bildungen hat es unter seinen Trümmern begraben. Das neue Rom bewahrt durch seine Katakomben und deren Ausschmückung, dann durch die Folge seiner Mosaiken die bedeutendste Reihe von Incunabel-Denkmälern, so wie die bewunderungswürdigen Gipfel der großen historischen Malerschule des christlichen Europas, und endlich noch aus den Zeiten des Sinkens und Verfalls die glänzendsten Denkmäler der Kunstfertigkeit. Die unter päpstlicher Herrschaft erbauten Kirchen und Paläste sind meist nur Copien der Antike, was die Vollendung anlangt, bald mehr bald minder gelungen; fast allenthalben aber muß man in den Enkel die hohe Abkunft erkennen und würdigen. So wird man zugeben, daß, obgleich aus dem Ruin des Alterthums sich Weniges erhielt, die Statuen und Bildwerke des Vatikans und Capitols hinreichen würden, die übrigen Museen Europas zu versorgen. — In den 328 Kirchen der römischen Hauptstadt befinden sich außerdem eine Anzahl plastischer Meisterwerke von Pallazuolo, M. Angelo Buonarotti, Guglielmo della Porta, Giovanni di Bologna, Francesco Mocchi, Fiamingo, Bernini, Stefano Maderno, Bolgia, Algardi, Bracci, Canova, Thorwaldsen u. A.; so viele Mosaiken (antike und moderne) und Gemälde aus allen Schulen; eine solche Menge kostbaren Materials (Porphyr, Basalt, Syenit, alle erdenklichen Marmor- und Alabasterarten, Jaspis, Achat, Chalcedon, Lasurstein u. s. w.) und ein solches Säulenheer, daß es alle Begriffe übersteigt. Hierzu kommen die Kunstschätze der Paläste und Privatsammlungen, die literarischen Merkwürdigkeiten und die geognostische Beschaffenheit des Bodens! — Sowohl für die politische als für die Kunst- und Naturgeschichte ist mithin Rom ein Ocean, dessen Fluthen man Jahrhunderte lang befahren kann und immer noch neue Inseln und Küsten entdeckt. — Ja, welcher Stadt außer ihr gebührt der Triumph, zweimal die om-al-kora (die Mutter der Städte) der civilisirten Welt gewesen zu sein? — Wie seit dem eifrigen Studium der Astronomie nach dem Beispiel des Dschelal-ed-din Malekschah allerwärts Sternwarten errichtet wurden, um den Himmel genauer zu beobachten, so thäte es Noth, hier antiquarisch-historische Observatorien anzulegen, von wo aus man das römische Areal geistig und körperlich trianguliren könnte. — Genug, von welcher Seite man auch Rom betrachte, so bleibt es ein Edelstein, dessen Facetten das Licht ins Unendliche brechen. — Unwillkürlich wird Jeder, der einmal zur Porta del Popolo herein und den Corso entlang fährt, so eilig als möglich über die Piazza di Spagna hinauf nach Trinita di Monte steigen, um von dort die Sonne ins Meer tauchen und die alte Herrscherin zu seinen Füßen zu sehen. — Wen ergreift hier beim Anblick der Pinien, Lorbeeren und Cypressen der Villen Borghese, Melini und Doria nicht ein alttestamentliches patriarchalisches Gefühl? — Selbst die Wüste der Campagna darf keine andre sein; denn ist die Seele befriedigt, was gilt ihr der Leib? — Solcher Aussichten gibt es mehrere, z. B. von S. Silvestro a monte cavallo (dem Quirinal), vom Capitol, der Villa Lante, St. Onofrio, Monte Mario u. A.; vorzüglich aber von der Laterne der Peterskuppel, wo man das Panorama ziemlich nach allen Seiten überschaut. Diese Höhen sind wie alle zwar zur Uebersicht vortrefflich, lehren aber das Einzelne nicht näher kennen. — Unter den tiefer liegenden Punkten ist ohne Zweifel die Engelsbrücke (pons Aelius, ponte St. Angelo, ponte di Castello) der fruchtbarste, da man, das Capitol hinter sich lassend, von hier auf das rechte Tiberufer und den vatikanischen Hügel schauet, wo die Päpste, wie dort die Imperatoren, den Thron ihrer Herrschaft aufschlugen. — Des sumpfigen Bodens und der daraus aufsteigenden bösen Dünste halber mied man von jeher diesen Bezirk, auf welchem ehemals die alte Hetruskerstadt Vaticum oder Vatica stand, und man in der Kaiserzeit noch unter dem Namen der Quinctischen Wiesen (prata Quinctia) das Gut des ehrwürdigen L. Q. Cincinnatus zeigte. — Die frühesten bekannten größeren Gartenanlagen daselbst waren erstlich die der ältern Agrippina, des Germanicus Gemahlin, welche nachher auf Caligula und von ihm auf die jüngere Agrippina und Nero übergingen; ferner die der Domitia, Nero's väterlicher Muhme, derselben, deren Tod er beschleunigte, um in den Besitz ihrer Güter zu kommen. Jene sind die durch die Hinrichtung der ersten Christen berüchtigten Neronischen Gärten, wo der Kaiser den schönen Circus erbaute, für welchen Caligula den Obelisken aus Aegypten herbeischaffte, und auf dessen Grundmauern Constantin über der Märtyrerstätte des Apostels Petrus zu Ehren des siegreichen auferstandenen Erlösers die ihm geweihete Basilika errichtete ließ. — Die Gärten der Domitia lagen am andern Ende des vatikanischen Gebiets, und ihre Lage ist dadurch unbezweifelt, daß Hadrian sein Grabmal (Moles Hadriani) die jetzige Engelsburg (Castello St. Angelo) in ihrem Umfange anlegte. — Das Mausoleum der Augusteer war bereits gefüllt und ein neuer Bau zur Aufbewahrung der Asche der Kaiser vonnöthen, als Hadrian, von seinen Reisen durch die entlegensten Provinzen des Reichs zurückkehrend, beschloß, im Angesicht dieses Denkmals am entgegengesetzten Ufer der Tiber ein zweites für sich und seine Nachkommen zu errichten, welches nicht allein jenes übertragen, sondern auch mit den Pyramiden Aegyptens an Großartigkeit und ewiger Dauer wetteifern sollte. — Vom Mysticismus der Morgenländer eingenommen, befahl er überdem die Grabkammern desselben nach den vier Weltgegenden zu ordnen, die unsymmetrisch, in schräger Richtung das Marsfeld mit dem Vatikan verbindende Triumphalbrücke niederzureißen und hiefür eine andere (pons Aelius) herüberzuführen, welche, mit dem Monument ein Ganzes ausmachend, auf dessen Hauptthor unter einem rechten Winkel zustieß. Späterer Reparaturen nicht zu gedenken, blieb sie im Allgemeinen dieselbe, und mißt 566 Palmen in der Länge und 46¾ in der Breite. — Sonst besteht sie aus sieben Bogen, drei große in der Mitte, und zwei kleinere an jeder Seite. — Die Schicksale der älischen Brücke, von Aelius Hadrianus so benannt, hielten mit denen des kaiserlichen Grabmals gleichen Schritt. — Von beiden wurden die ehemals hier befindlichen Bildsäulen in den Gothenkriegen (im J. 537), herabgeworfen und zertrümmert. Bei Gelegenheit des feierlichen Einzugs Karl V. in Rom (unter Paul III. im J. 1536) schmückte man den Ponte St. Angelo mit vierzehn Statuen von Stuck, die Rafaello di Montelupo (der für den Papst auch den kolossalen marmornen Engel auf die Spitze der Engelsburg setzte, welchen Benedict XIV. durch einen kolossalen von Erz nach dem vom Niederländer Verschaffelt angefertigten Modell ersetzte*)), gearbeitet hatte. — Die Figuren aber, welche gegenwärtig die Brustwehr derselben verzieren (Engel mit den Instrumenten der Passion in den Händen), rühren von Bernini und seinen Schülern her! — Eine Sage des Mittelalters nennt die Engelsburg den Kerker oder das Haus Theoderichs. Sichern Nachrichten zufolge soll auch der Gothenkönig wirklich daselbst seine Staatsgefangenen aufbewahrt haben. — Ferner hieß sie die Burg oder der Thurm des Crescentius, weil dieser römische Patrizier im J. 998 sie gegen die Angriffe Otto III. vertheidigte. — Später bemächtigten sich ihrer die Orsini u. A. — Bei so profaner Behandlung mußte wohl Vieles zu Grunde gehen, obgleich sich unbegreiflicherweise Manches erhielt. — Hiezu rechne ich die im Mittelpunkte des gewaltigen Rundbaues gelegene kaiserliche Grabkammer**), zu der eine von Alexander VI. erbaute Treppe führt. — Beim Anlegen der Gräben fand man damals die kolossale Büste Hadrians und unter Urban VIII. (Barberini) den bekannten barberinischen Faun*). — Seit langer Zeit dient das Castell St. Angelo als Staatsgefängniß; in den gothischen Verheerungen wie in den Unruhen der mittleren Zeit ward es wegen seiner außerordentlich starken Mauern statt einer Citadelle benutzt. — Merkwürdig ist hier der das Castell und den jetzigen Vatican in Verbindung setzende, von Alexander VI. angelegte, von Urban VIII. bedeckte Gang, durch welchen Clemens VII., begleitet vom Historiker Paolo Giovio, sich beim Sturm Roms unter Karl von Bourbon glücklich rettete. — Unter allen Gebäuden, die den ehemaligen Glanz der Hierarchie gleichsam symbolisch darthun, verdienen die Peterskirche (ich meine nicht die alte byzantinische Basilika, sondern die neue) und der Vatican den Vorzug. — Wo ist der Sterbliche, dessen Haus, 11,000 Zimmer und Säle enthaltend, mit den dazu gehörigen Gärten 800,960 römische Palmen beträgt? Welche Kirche der Erde kostete jemals 60 Millionen Scudi? — Wohl weiß ich, daß das Materielle und Quantitative die Menge besticht, und man, um zu gefallen und Erstaunen zu erregen, nur wie arabische Mährchendichter und populaire Astronomen von der Größe der Kaiser- und Feenpaläste, dem dort vorhandenen Silber und Gold, oder von den unendlichen Entfernungen und dem cubischen Inhalt der Himmelskörper zu reden brauche; aber ich bin kein Fontenelle, keine Scheherazade, und will weder Marquisen noch Sultane durch Zahlen und Schimmer in Schlaf lullen. — Für den Sehenden steht der Geist obenan, und die Masse verschwindet. Wer einmal die Säle, Stanzen und Loggien des Vaticans besuchte und die dort aufgestellten Antiken, die Gemälde des hohen kindlichen Rafael und des gewaltigen Michel Angelo sah, wird zuletzt, getröstet über den eiteln architectonischen Prunk jener beiden Kolossen, immer wieder zu den Meisterwerken der Plastik und Malerei zurückkehren, bei deren Anblick ihn die ganze Größe einer fast versunkenen Kunst mit dem Schauer der Ehrfurcht berührt. Die meist mittelmäßigen Denkmale späterer Zeit in St. Peter durchzunehmen, würde kaum der Mühe verlohnen, und ich beschränke mich nur auf die in der ersten Kapelle des rechten Seitenschiffs befindlichen pietà (die Jungfrau mit dem todten Christus) von M. Angelo, welche er im 25. Jahre auf Kosten des Cardinals Jean de la Grolaye de Villiers, Abt von St. Denis, für die Kirche St. Petronella verfertigte. — Von den Colonnaden, dem Obelisk und den beiden Springbrunnen des Petersplatzes, so wie von den übrigen Gebäuden des Borgo ließe sich noch unendlich Vieles sagen; aber da dies Alles, oberflächlich berührt, nicht zur Anschauung kommen kann, so beschränke ich mich auf den Totaleindruck des Ganzen am Abend des Ostertages. — Kirchliche Feste werden in der katholischen Kirche, hauptsächlich zu Rom, gewiß glänzender als irgend in einer der alten und neuern Zeiten gefeiert. Beispiele hiezu liefern die Kreuz- und Kuppelerleuchtung**) des größten christlichen Gotteshauses, und die bekannte Girandola der Engelsburg. Vom Ponte St. Angelo läßt dies Schauspiel sich nicht so gut als von der Vorderseite der Kirche gegenüberliegenden Weinhäusern übersehen, von wo aus man ohne Gefahr, erdrückt oder gerädert zu werden, seinen Zweck vollkommen erreicht. — Noch vor Abend drängen sich hier hunderte von Wagen und wohl 60 bis 100,000 Menschen aus allen Classen zusammen, welche, vom linken Tiberufer und aus der Umgegend

---

*) Im Anfange des 7. Jahrhunderts ward auf der Spitze der Engelsburg dem Erzengel Michael eine kleine Kirche erbauet, einer spätern Sage zufolge zum Andenken der Erscheinung, welche Papst Gregor der Große am Ende des 6. Jahrhunderts hatte. — Gregor zog nämlich zur Zeit der Pest in Procession über die Brücke, und sah in den Lüften über dem Grabmal Hadrians einen Engel, der das Schwert in die Scheide steckte — und die Seuche ließ nach.

**) Sie mißt 37 Palmen ins Gevierte bei einer Höhe von 48¼ bis zur Mitte des Gewölbes.

*) Die Büste steht gegenwärtig in der Rotunde des Vatikans, der Faun aber in der Glyptothek zu München.

**) Im Jahre 1824 hob Leo XII. (della Genga) dies Fest auf.

Der Petersplatz in Rom.

herbeieilend, sich einander durchquetschen, zur Kirche hinein- und herausströmen, oder den unendlich großen Petersplatz wie ein bivouakirendes Heer belagern. — Die gesammte Geistlichkeit und Pilgrimme ohne Zahl sind dabei auf den Beinen, und alle Kutschen sind voll von Familien und geputzten Frauen. — Kaum bricht die Dämmerung an, so sind in Kurzem die Kuppel und Façade des Heiligthums und die den Platz einschließenden Säulengänge mit 4400 Lämpchen besetzt. — Doch bleiben diese beim Zwielicht anfangs unbemerkt. Nimmt aber die Dämmerung ab, so schneiden die dunkeln architektonischen Massen, vorzüglich aber die von kleinen Sternen umsäumte Kuppel, sich malerisch vom blauen Hintergrunde des Himmels ab und bilden ein großartiges, gleichsam hervortretendes Gemälde. Eine Stunde nach Sonnenuntergang verändert sich die Scene, denn mit dem Glockenschlage zünden gleichzeitig 251 Personen die überall angebrachten 683—791 Lampioni (Pechpfannen, Fackeln) an, so daß die ganze äußere Wölbung des Doms in Flammen steht! — Die später angehende Girandola sieht man am schönsten von der Höhe des Klostergartens von St. Onofrio, wo man zugleich die ferne Erleuchtung von Trinità di Monte erblickt. — Das Feuerwerk der Engelsburg eröffnen wiederholte Kanonenschläge. Hierauf durchsausen vielfarbige Schwärmer, Schlangen, Frösche und Leuchtkugeln die Luft, bis aus der Mitte des Mausoleums unter stetem Drehen gewaltiger Feuerräder, gleichzeitig 4500, ja, bei besondern Gelegenheiten oft 9000 Raketen losgehen, deren Feuergarbe wie ein Meteor oder Vulkan den größten Theil der Stadt erhellt.

Als sei die Girandola nur da, um die Menge ohne Zwang von der Peterskirche zu entfernen, hatten bereits Menschen und Wagen, die abgerechnet, welche auf den Höhen von St. Onofrio standen, oder nach der Lungara fuhren, sich nach dem entgegengesetzten Ufer des Flusses begeben. — Die Mehrzahl der Lämpchen bei St. Peter war erloschen, und nur wenige Pechpfannen der Kuppel verbreiteten einen so hellen Schein, daß Jeder sich bequem nach Hause finden konnte.

Für den Fremden, welcher Rom besucht und mit einem Male von einem solchen Aussichtspunkte diese Masse historischer Denkwürdigkeiten, Umgestaltungen und Herrlichkeiten unter dem Einflusse eines zauberischen Klimas übersieht, hat der Gedanke, sich an dem Orte zu befinden, wo vormals die großen Männer und Helden der Kriegswelt, bald darauf die ehrwürdigen Vorkämpfer des Glaubens, die heiligen Helden des Friedens gelebt haben, etwas wunderbar Erhebendes und zu sinniger Anschauung Stimmendes. Man betrachtet die Ruinen der Gebäude, welche die Bezwinger der Welt aufgeführt haben, mit einer Art von Ehrfurcht und erinnert sich bei den zerfallenen Ueberresten an alle die Orte, wo vormals so manche große That der Tapferkeit, der Wissenschaft und des Glaubensheroismus zu Stande kam. Aber das Vergnügen der Erinnerung, durch classische und religiöse Vorbildung veranlaßt, ist nicht das Einzige, welches den Anblick Roms so merkwürdig und für spätere Tage unvergeßlich macht. Der Freund der Künste und des guten Geschmacks hat zugleich die ehrwürdigste und reichste Stadt in dieser Beziehung vor sich; und Derjenige endlich, der trotz dem Andrange einer seichten und die heiligsten Interessen flüchtig übersehenden und mißdeutenden Zeit, das Palladium der Christuslehre in seinem Busen rein bewahrt, wird an dieser ewig denkwürdigen Stätte noch so manche Veranlassung zu begeistertem Hinblicke und ernstem Nachsinnen finden.

Verlag von Bossange Väter in Leipzig.
Unter Verantwortlichkeit der Verlagshandlung.

Das Pfennig-Magazin

der
Gesellschaft zur Verbreitung gemeinnütziger Kenntnisse.

65.]   Erscheint jeden Sonnabend.   Juli 26, **1834**.

Der Münster in Freiburg. *

Der Münster in Freiburg.

In jenem gesegneten Landstriche, der vormals zu den Besitzungen des Hauses Oestreich gehörte und dem Breisgau heißt, jetzt aber dem Großherzogthum Baden zugefallen ist, liegt die alterthümliche Stadt Freiburg, deren besondere Zierde der hier in Abbildung dargestellte Münster ist, dessen Erbauung — der Sage nach — (mit Entstehung der Stadt zugleich) ungefähr in den Jahren von 1122 — 1152 unter Herzog Konrad von Zähringen begonnen hat und vom Grafen Konrad von Freiburg 1272 größtentheils vollendet ward, so daß der ursprüngliche Zeitraum von ungefähr 150 Jahren umfaßt zu haben scheint, während dessen die Fürsten und die Bürger mit gleicher Anstrengung für den Fortbau dieses, in der Sprache der Architektur sogenannten gothischen Gebäudes sorgten, letztere sogar ihre Häuser verpfändeten, um die Sache nicht ins Stocken kommen zu lassen, daher schon 1146 das Werk so weit vorgerückt war, daß der heilige Bernhard darinnen predigen und mehrere Einwohner zur Annahme des Kreuzes, d. h. zum Zuge ins gelobte Land, bewegen konnte. — Der Thurm war in der Mitte des folgenden (des 13.) Jahrhunderts vollendet, also noch eher, als der Münster in Straßburg angefangen ward, mithin ist es ein Irrthum in den Sagen jener Zeit, daß Erwin von Steinbach, der berühmte Erbauer des letztern, den Freiburger nach dem Muster des Straßburger habe erbauen lassen. — Das sogenannte neue Chor ward, laut einer Inschrift, 1354 errichtet; vom Jahre 1471 an leitete Meister Hannß Nietenberger von Gräz den Bau; 1479 ertheilte Papst Sixtus IV. einen Ablaß an Alle, welche eine wöchentliche Zehrung zur Förderung des Ganzen steuerten, und die Einweihung erfolgte 1513. — Fast spurlos traf im Jahre 1561 der Blitz die Pyramide des Thurmes, aber um auch das Wenige des Schadens tüchtig wieder herzustellen, versammelten sich die vorzüglichsten Baumeister aus Straßburg, Kolmar u. s. w. Das Ganze ist, wie das Einzelne, mit großer Einheit im reinsten Geschmack jener Art von Gebäuden errichtet, und der Verfasser dieses Aufsatzes hat als Augenzeuge dieses Denkmal alter Baukunst in Hinsicht der Form schöner gefunden als die Münsterthürme von Wien und Straßburg. — Von rothem Sandstein, in Form eines Kreuzes, von Abend nach Morgen gerichtet, ist der älteste Theil des Ganzen unstreitig der Queerbau, zwischen Langbau und Chor, an welchem die Spuren des sogenannten neugriechischen oder byzantinischen Styles nicht zu verkennen sind; auf diesen Theil folgte unmittelbar das Langhaus, welches durch sechs Pfeiler von jeder Seite in drei Schiffe abgetheilt und vollständig im deutschen Styl ausgeführt dem Künstler zugleich den Weg zeigt, den man von dem ersten Anfang an bis zur schönsten Vollendung gegangen ist. Die Länge des mittleren Schiffes beträgt 175 Fuß, die Breite 27, die Dicke der Mauer 6 Fuß, die Gewölbe sind einfache deutsche Kreuzgewölbe, wovon die die Höhe des mittlern 82 Fuß beträgt, und durch die in den Dächern der Abseiten angebrachten Fenster wird eine so vorzügliche Beleuchtung bewirkt, wie sie der Herausgeber dieser Beschreibung an manchem andern Dome, namentlich an dem sonst so berühmten Kölner, vermißt.

Der untere Theil des Thurmes bildet ein Viereck, in welchem sich das perspectivische Portal befindet, das zwischen 8 Fuß starken und 13 Fuß hervorspringenden Stütz-Pfeilern des Thurmes, 30 Fuß weit ist; in einer Giebelverdachung sind einige Bildwerke angebracht, z. B. die Himmelfahrt und Krönung der Jungfrau Maria, welcher die Kirche auch geweiht ist. Neun Glocken, von welchen die größte und älteste 1258 gegossen ward, hängen in dem Thurme, dessen Höhe 366 wiener oder 356 pariser Fuß (nach der gewöhnlichen Annahme 513 Werkschuhe) beträgt. An allen Altären findet man vorzügliches Schnitzwerk, desgleichen einige schöne Gemälde vom Jahre 1516, von einem gewissen Hans Baldung aus Gemünd in Schwaben; eben so merkwürdig sind die Reste von Glas-Mosaik, welche in etlichen Fenstern sich erhalten haben. Auch reich an Begräbnißstätten und Epitaphien ist dieses erhabene Gebäude; allein die neueste Zeit hat auch hier Manches vertilgt oder weggeräumt, doch finden sich in dem Chorumgang und in den Kapellen noch viele dergleichen von theils um die Wissenschaften hochverdienten Männern, theils von den angesehensten Adlichen der Gegend, deren Geschlechter aber größtentheils ausgestorben sind. Das bedeutendste ist das des letzten Herzogs von Zähringen, Berthold V., vom XIV. Feb. MCCXIIX. Mehrere sehr ansehnliche Stiftungen gehören dem Münster, deren Oberpflegschaft von dem Oberbürgermeister und zwei Stadtamtmännern besorgt wird.

D.

Ueber die wirklichen und scheinbaren Bewegungen der Firsterne.

Wenn schon von der einen Seite der Gedanke, daß im Universum alle Himmelskörper, statt für ewige Zeiten an einen bestimmten Punkt gefesselt zu sein, sich bewegen, etwas Erhabenes in sich trägt, so würde von der andern Seite der Verstand in der Natur einen Widerspruch annehmen müssen, wenn die von dem unsterblichen Newton entdeckten Gesetze der Bewegung und Anziehung, wie sie in unserm Planetensystem stattheben, sich nicht auch auf das große Weltall ausdehnen sollten. Erst in den neuern Zeiten ist es sorgfältigen Beobachtungen gelungen, wirkliche Firsternbewegungen zu entdecken. An gewissen Gruppen von Firsternen, Doppelsterne genannt, ist die Bewegung nach dem Newtonschen Gesetze außer Zweifel gesetzt worden. Diese Doppelsterne bilden nämlich zusammen ein unserm Sonnensystem ähnliches System, nur mit dem Unterschiede, daß sie sich, statt sich um einen Mittelpunktskörper, wie es in unserm Planetensysteme die Sonne ist, vielmehr um einen im Raum befindlichen Punkt drehen, welchen man den gemeinschaftlichen Schwerpunkt dieser Körper nennt. Der Begriff eines solchen Schwerpunkts läßt sich am leichtesten durch die Annahme zweier Doppelsterne fassen. Gesetzt z. B. es habe ein Firstern im Verhältnisse zu seinem Doppelsterne eine Masse, welche sich wie 4 : 1 verhält, so wird der Schwerpunkt da zu liegen kommen, wo, wenn man beide durch eine feste Linie verbinden könnte, der Punkt auf der Linie zu liegen käme, wo sie einander das Gleichgewicht halten würden. Auch unser Planetensystem hat einen solchen Schwerpunkt; er liegt aber nicht in der Mitte des Sonnenkörpers; aber auch nicht außerhalb deren Masse, sondern zwischen der Oberfläche und dem Mittelpunkt der Sonne. Nun gibt es aber nicht blos Doppelsterne, sondern auch Tripel-, Quadrupel- u. s. w., und überhaupt Polygenalsterne, je nachdem das System aus drei, vier u. s. w. oder mehreren Sternen besteht, welche sich sämmtlich um einen gemeinschaftlichen Schwerpunkt bewegen. Diese Sterngruppen sind nicht etwa sehr selten; Struve in Dorpat entdeckte durch das große

Fraunhoferſche Fernrohr eine zahlloſe Menge ſolcher Sterngruppen. Die älteren Aſtronomen haben die Bewegung derſelben nicht bemerkt, wahrſcheinlich, weil ſie dieſelbe nicht annahmen; dagegen hat Herſchel die merkwürdige Entdeckung gemacht, daß die Umläufe dieſer Körper im Verhältniß zu andern Firſternbewegungen, von welchen wir weiter unten reden werden, ungemein kurz ſind. Er fand nämlich, daß der kleinere Stern eines ſolchen Doppelgeſtirns während einer Beobachtungszeit von 41 Jahren 242 Grad auf ſeiner Bahn zurückgelegt habe; er bedarf folglich zur Vollendung ſeines Umlaufes noch 19 Jahre, daher er ſeine Bahn etwa in 60 Jahren zurücklegt. Herſchel und Struve, welche ihre ausgezeichneten Beobachtungsmittel in Stand ſetzen, Berechnungen dieſer Art mit Genauigkeit anzuſtellen, fanden, daß bei ſieben verſchiedenen Doppelgeſtirnen die Umlaufszeit weniger als 100 Jahre beträgt; bei zwei beträgt ſie beinahe 200 Jahre, bei 12 zwiſchen 3 und 400, bei 6 zwiſchen 4 und 600, und bei mehr als 20 zwiſchen 8 und 900. Bei andern iſt das Fortſchreiten noch zu ſchwach, als daß man auf ihre Umlaufszeit einen ſichern Schluß ziehen könnte. Bei noch andern hat man gar keine Bewegung wahrgenommen; jedoch iſt dieſe ſcheinbare Ruhe nur auf Rechnung der kurzen Beobachtungszeit zu ſetzen, da alle große Naturkundigen in der Anſicht übereinſtimmen, daß zwei Körper nicht ruhig neben einander ſtehen können, ohne ſich entweder um ihren gemeinſchaftlichen Schwerpunkt zu drehen, oder ohne zuſammenzuſtürzen.

Wenn nun ſchon die Beobachtung der Doppelſterne und die Berechnung ihrer Bewegungen nicht nur die größte Sorgfalt, ſondern auch eine lange Beobachtungszeit erforderten, ſo iſt das Geſchäft des Aſtronomen, an andern, nicht zu jener Claſſe gehörenden Firſternen die wirklichen Bewegungen von den ſcheinbaren zu unterſcheiden, mit ungleich größern Schwierigkeiten verbunden. Um von dieſen ſcheinbaren Bewegungen unſerm Leſer den faßlichſten Begriff zu geben, entlehnen wir ein Beiſpiel aus einer täglich vorkommenden Naturerſcheinung; geſetzt, wir hätten einen Teich zu umgehen, deſſen Ufer die Geſtalt der Erdbahn um die Sonne im verjüngten Maßſtabe hätte, richten wir nun während des Umgehens unſern Blick auf einige hintereinander ſtehende Bäume, oder auf die Lage dieſer Bäume zu Gegenſtänden, welche im Horizonte liegen, ſo wird ſich die Lage dieſer Gegenſtände zu einander mit unſerer Bewegung unmerklich verändern. Was hier im Kleinen vorgeht, erſcheint während des jährlichen Umlaufes unſerer Erde um die Sonne am Himmelsgewölbe im Großen; es finden alſo geringe ſcheinbare Verrückungen naher Firſterne am Himmel ſtatt, und den kleinen Gradbogen, um welchen ſie ſich verrücken, nennt man ihre Parallaxe. Muß ſich nun gleich der Aſtronom für ſolche Berechnungen nur auf die Beobachtung der größeren und daher wahrſcheinlich näheren Firſterne beſchränken (denn die Sterne dritter und vierter Größe zeigen gar keine Parallaxen), ſo wird er doch durch die außerordentlichen Schwierigkeiten, welche die Unterſcheidung der wirklichen Bewegungen von den ſcheinbaren mit ſich bringt, ſich nicht abſchrecken laſſen, die erſteren herauszufinden. An 36 Sternen, welche aufzuzählen der Raum nicht geſtatten würde, iſt dieſes bereits geglückt, und man hat die jährliche Bewegung durch Gradbögen, welche natürlich ſehr klein und ſo klein ſind, daß ſie mit bloßem Auge unbemerkbar bleiben würden, ausgedrückt. Vergleichen wir die neuern Sternkarten mit den älteren Sternverzeichniſſen, ſo finden wir, daß ſich die Lage mancher Firſterne bedeutend geändert hat; doch wenn auch die Ungenauigkeit ihrer Inſtrumente uns warnen ſollte, ihre Angaben für vollkommen richtig anzunehmen, ſo bürgen uns doch wenigſtens die ſchon vor 100 Jahren mit vollkommeneren Beobachtungsmitteln angeſtellten Forſchungen für die Wahrheit unſerer Annahme. Hiernach ſcheint die Bewegung bei dem Firſterne Arktur, welcher jährlich 2½ Secunde, folglich in 1440 Jahren den Bogen eines Grades zurücklegt, die ſtärkſte zu ſein. Nach ihm folgt der Sirius, der ſchönſte mit Diamantfarben funkelnde Stern. Doch wollen wir mit der Behauptung, daß ſich die Firſterne wirklich bewegen, nicht zu ſehr eilen, denn wie, könnte ſich nicht unſer ganzes Planetenſyſtem ſammt ſeiner Sonne ſelbſt bewegen, und würden ſomit nicht alle jene Reſultate von den Bewegungen der Firſterne über den Haufen fallen, und jene dennoch parallaktiſch ſein? Ja noch mehr, man hat bereits im großen Weltraume ſchon den Punkt angegeben, welchem unſer ganzes Sonnenſyſtem entgegenrückt, und dieſe Bahn iſt bis jetzt einer graden Linie ähnlicher gefunden worden, als einem Kreisbogen; dürfen wir jedoch unſer Planetenſyſtem in Vergleich bringen mit den großen Firſternſyſtemen, in denen dann unſere Sonne ein untergeordneter Weltkörper iſt, ſo dürfte es ſehr wahrſcheinlich ſein, daß unſere Sonne keine geradlinigte Bahn, ſondern eine elliptiſche beſchriebe; auch in unſerm Planetenſyſtem ſind ſo langgezogene Bahnen viel häufiger als kreisförmige. Ob aber an dieſem Punkte ſich eine Centralſonne befindet, welche unſere Sonne an Größe in einem ähnlichen Verhältniſſe übertrifft, als unſere Sonne die Planeten ihres Syſtems, dieſe Frage jetzt ſchon entſchieden zu beantworten, dafür iſt unſere Wiſſenſchaft noch viel zu jugendlich. Vielleicht hat auch unſere Sonne ihre Gegenſonne und dreht ſich mit ihr um den gemeinſchaftlichen Schwerpunkt. Auch in dieſer Hinſicht ließen Beobachtungen auf Vermuthungen kommen; man hielt den glänzenden und wahrſcheinlich auch ſehr nahen Stern in dem Sternbilde der Leier für eine ſolche Gegenſonne; ja man will ſogar durch dieſe Annahme alle parallaktiſchen Erſcheinungen der Firſterne (welche, da ſich die Erde jährlich um die Sonne und mit ihr um den gemeinſchaftlichen Schwerpunkt dreht, ſchon ſehr zuſammengeſetzt ſind) erklären, und dann würde die Umlaufsperiode der Sonne nicht weniger als 300,000 Jahre betragen.

Die Eskimo in den Ländern an der Hudſonsbai.

Zu den intereſſanteſten Reiſen der neuern Zeit gehören unſtreitig die, welche von Parry und Roß nach den Polargegenden unternommen worden ſind, um eine nordweſtliche Durchfahrt aus dem atlantiſchen Oceane in das ſtille Meer zu finden. Zwar iſt der Zweck dieſer Expedition bis jetzt noch nicht erreicht worden, aber die geographiſchen und naturhiſtoriſchen Wiſſenſchaften haben durch jene Männer ſehr bedeutende Bereicherungen erfahren. Von der letzten Reiſe des Capitain Roß wiſſen wir bis jetzt nur, daß Roß im hohen Norden Amerikas eine neue Landenge entdeckt hat, welche er, ſeinem Freunde und Gönner Booth zu Ehren, Boothia genannt hat. Unter andern ſehr intereſſanten Mittheilungen haben uns jene Männer auch mit einem Völkchen näher bekannt gemacht, welches ſelbſt in dieſen ewigen Eisregionen, wo nur Mooſe und verkrüppelten Pflanzen ein ſpärliches Fortkommen finden, Mittel zu ſeinem Unterhalte ſich zu verſchaffen weiß, und ſich in einem Klima, welches ſelbſt den abgehärtetſten Matroſen

Eskimo.

nur unter großen Anstrengungen zu ertragen möglich war, glücklich fühlt und meint, ihr Land sei ein wahres Paradies.

Wir meinen die Eskimo, von denen uns vorstehendes Bild eine deutliche Vorstellung gibt.

Die Eskimo sind ein in den Polarländern Nordamerika's weit verbreiteter Völkerstamm, und zum Theil, namentlich die auf Labrador, Grönland und Neufoundland wohnenden, durch die Bemühungen der Missionäre der Brüdergemeinde zum Christenthume bekehrt worden. Wenn auch viele dieser neubekehrten Christen sich nur dem Namen nach zu dem Christenthume bekennen, so sind doch auch die Bemühungen jener edlen Menschenfreunde schon dadurch reichlich gesegnet worden, daß so mancher grausame Gebrauch abgeschafft worden ist; dahin gehört z. B. die Ermordung derjenigen Mütter, deren erstgebornes Kind gestorben war; eben so die Ermordung der Witwen und Waisen, damit sie Niemandem zur Last fallen.

Das Wort Eskimo (Esquimaux) bedeutet in der Albinaquisprache Rothfleischfresser; das Volk selbst, das diesen Namen führt, nennt sich Keraliti, d. i. Menschen; es betrachtet jene Benennung als einen Schimpfnamen. Die Eskimo sind klein, ihre mittlere Größe ist 4½ Fuß, haben eine breite, gedrungene Gestalt, einen dicken Kopf und dicken Hals, ein breites und kurzes, besonders gegen die Stirn hin plattes Gesicht, eine gequetschte, doch nicht sehr breite Nase, braungelbe Augen, hervorstehende Backen, schwarze, fettige und harte, lang herabhängende Haare, einen großen Mund, den sie gewöhnlich halb offen haben, wodurch ihr ganzes Gesicht das Gepräge der Dummheit erhält. Die Männer haben entweder gar keinen oder einen sehr schwachen Bart. Die Weiber sind sehr häßlich und meist eben so groß wie die Männer. Ihrem Charakter nach sind die Eskimo gutmüthig, offenherzig, verträglich und immer lustig. Ihre Begriffe über Mein und Dein sind sehr verworren, wenigstens zeigten sie stets einen großen Hang zum Stehlen. Die Aeltern- und Kindesliebe ist sehr groß: Aeltern schlagen ihre Kinder nie, werden auch von den Kindern sehr geachtet und im Alter sorgfältig gepflegt. Sie sind selten krank, altern aber früh und werden im Alter, wahrscheinlich wegen des vielen Schnees, oft blind. Um den schädlichen Einfluß, den das Leuchten des Schnees auf ihre Augen hat, zu vermeiden, tragen sie gewöhnlich Schneeaugen, d. i. schmale, gut zusammengepaßte Hölzer, in deren Mitte sich zwei schmale, lange Einschnitte befinden. Ihre Kleidung ist aus den Fellen der Rennthiere, die Haare nach innen zugekehrt, oder der Seehunde gemacht. Ueber diese enger anliegenden Unterkleider tragen sie noch ein weites Oberkleid, welches überall zugenäht ist und also wie ein Hemd über den Kopf gezogen werden muß. Die Kleider der Weiber sind wie die der Männer, nur etwas weiter, damit noch ein Kind auf dem Rücken hineingesteckt werden kann. Das Kind wird durch einen Gürtel, den die Mutter um den Leib schnallt, festgehalten. Im Nacken ist an dem Kleide noch eine große Kapuze befestigt, welche bei stürmischem Wetter über den Kopf gezogen wird. Daß die Frauen die Kunst verstehen, ihre Kleider durch Besetzen mit verschiedenartigem Leder und Pelzwerk auszuschmücken, zeigt unsere Abbildung. Ein großer Putz der Weiber besteht auch darin, daß sie sich Kinn, Backen und Hände mit schwarzen Fäden durchziehen; einige machen auch Einschnitte unter der Unterlippe, daß es aussieht, als hätten sie einen doppelten Mund.

Die Eskimo haben, wie alle Bewohner der Polarländer, eine Sommer- und Winterwohnung. Jene wird unter dem Schutze eines Felsenwinkels in der Nähe der Küsten aus Steinen und Torfstücken erbaut und im Innern sorgfältig mit Moos verstopft. Das Innere ist ein einziger großer Raum, in dem die ganze Familie lebt. Statt der Thüre führt ein langer, schmaler und so niedriger Gang in die Hütte, daß nur ein Mensch auf einmal und gebückt durchkriechen kann.

Die kleinen Fenster, die aber nicht geöffnet werden können, sind statt des Glases mit Seehundsgedärmen überzogen. Rings an den Wänden stehen Bänke, welche in der Nacht zur Schlafstelle dienen, wenn es die Inwohner nicht vorziehen, auf der Erde zu schlafen. Der Geruch in einer Eskimowohnung ist aber so widrig, daß ein Europäer schwerlich lange darin ausdauern kann. Denn nicht nur, daß nie frische Luft hineindringen kann; es brennt auch noch beständig eine mit Seehundsthran angefüllte Lampe und verbreitet einen abscheulichen Geruch; ferner verrichtet der Eskimo alle seine häuslichen Geschäfte in der Hütte: er kocht, brennt Thran, schlachtet Fische, nimmt sie aus, wirft den Unrath auf die Erde und läßt ihn da verfaulen. Die Sommerwohnung besteht aus leichten Zelten, die mit Seehundsfellen bedeckt sind und leicht errichtet und eben so schnell abgeschlagen werden können. — Sie nähren sich vom Fisch- und Robbenfang. Das einzige Hausthier, welches sie besitzen, ist der Hund, der ihnen als alleiniges Zugthier dient.

In geistiger Hinsicht stehen die Eskimo auf einer sehr niedrigen Stufe; ihre einfachen Zahlen gehen nur bis 6, die zusammengesetzten bis 21; was darüber ist, ist eine Menge. Ihre Gefäße fertigen sie aus Topfstein. — Besondere Geschicklichkeit besitzen sie in der Fertigung ihrer Kanoes. Diese bestehen aus Robbenfellen, die auf einem hölzernen Rahmen dicht zusammengenäht sind. Im Durchschnitt sind sie 16 bis 18 Fuß lang, aber fast nie über zwei Fuß breit. Ihre Gestalt gleicht der eines Weberschiffs, nur daß beide Enden ein wenig aufwärts gedreht sind. In der Mitte ist ein kreisförmiges Loch, in welchem der Eskimo sitzt, ohne Gefahr zu laufen, jemals umgeworfen zu werden. Rund um den Rand des Loches befestigen sie die Zipfel ihres Oberkleides, sodaß der Kanoe selbst bei stürmischem Wetter wasserdicht ist. Die Ruder sind 5 bis 6 Fuß lang, in der Mitte schmal und an beiden Enden breit. Sie gleiten mit einer solchen Schnelligkeit durch das Wasser, daß sie dem geschwindesten Ruderboote gleichkommen, wenn nicht es übertreffen. Ihre Kanoes sind so leicht, daß sie dieselben sehr leicht auf der Schulter oder unter dem Arme forttragen können. Die Geräthschaften zum Fischfang sind Speere, Harpunen, Leinen und Lanzen. An dem Harpun, mit dem sie die Robben tödten, ist ein aufgeblasenes Seehundsfell mit einem langen Riemen befestigt. Diese Boye hat einen doppelten Zweck: sie zeigt erstens die Richtung an, welche die Thiere nehmen, sodaß sie leichter verfolgt werden können, und zweitens erschöpft sie ihre Kräfte, weil sie nach erhaltener Wunde untertauchen und durch das Arbeiten gegen das hebende Fell in kurzer Zeit ermattet ihren Verfolgern in die Hände fallen. — Die Weiberboote haben eine andere Gestalt, sind oben offen und gleichen fast unsern Kähnen. Ungefähr 12 Personen haben in ihnen mit Sicherheit Platz.

Auf folgende Art pflegen die Eskimo die Füchse zu fangen. Sie machen eine kleine bogenförmige Hütte von Steinen mit einer Quadratöffnung an der Spitze. Diese Oeffnung ist von Fischbeinblättern geschlossen; obgleich diese in der That nur an einem Ende zwischen den Steinen befestigt sind, so scheint man doch sicher darauf treten zu können, besonders wenn einiger Schnee darauf liegt. Tritt das Thier auf dieses Fischbein, so stürzt es in die Höhlung hinab, und diese ist zu tief, als daß es sich wieder befreien könnte. Das Fischbein nimmt kraft seiner Elasticität die vorige Lage wieder an, und so können mehrere Füchse in einer Falle gefangen werden.

Begräbnißplatz eines Eskimo.

Dem Verstorbenen werden nicht nur die besten Kleider angelegt, sondern man gibt ihm auch Waffen und sein liebstes Spielwerkzeug mit in das Grab. Am dritten Tage nach der Beerdigung erscheinen gewöhnlich die nächsten Anverwandten und halten an den Verstorbenen eine Rede, in welcher sie ihm nochmals für das Gute danken, was er ihnen gethan hat. Uebrigens legt kein Verwandter an den Todten der Familie eine Hand an. Das leidet in ihren Augen der Anstand nicht.

Allgemeine Nachrichten über die letzte Reise des Capitain Roß.

Daß große Unternehmungen oft nur aus den Motiven eines empfindlich gereizten Ehrgefühls hervorgehen, davon gibt uns die Veranlassung der letzten Entdeckungsreise des Capitains Roß ein Beispiel. Als Roß von seiner ersten Expedition der nordwestlichen Durchfahrt Amerikas zurückgekehrt war, schenkte man seinen Aussagen nicht nur kein Vertrauen, sondern man zweifelte auch an der Genauigkeit seiner geographischen Angaben und Messungen. Dies konnte die Ehre des kühnen britischen Seemannes nicht ertragen, und um die schmachvollen Makel des Vorurtheils von seinem Namen und Rufe zu tilgen, entschloß er sich, unter Aufopferung seines Vermögens und wenn es gälte, seines Lebens, noch eine zweite Expedition zu unternehmen und nicht eher zurückzukehren, als bis er nicht nur die Nordküste Amerikas möglichst genau geographisch berichtigt, sondern noch weiter als alle seine Vorgänger vorgedrungen wäre. Im Sommer 1829 verließ er daher England mit dem Dampfschiffe Victoria, um, durch den Prinzregent-Kanal nach südwestlicher Richtung segelnd, die große Aufgabe zu lösen, ob eine Durchfahrt möglich und zu merkantilischer Anwendung benutzt werden könne. Er erreichte schon im August den Eingang des benannten Kanals. An der Westküste desselben hatte früher Parry sein Schiff, die Fury, verlassen müssen; als Capitain Roß an dem Orte, wo Parry sein Schiff seinem Schicksale überlassen hatte, angekommen war, waren alle Spuren verschwunden; es konnte also nur durch Eisblöcke zertrümmert und seine Ueberreste fortgespült sein. Dagegen aber machte er von dem Mundvorrathe, welchen

Parry auf dem Ufer abgesetzt hatte, einen ihm sehr willkommenen Gebrauch; es war Alles in gutem Zustande und wohl erhalten. Roß verweilte hier nur kurze Zeit und setzte seine Reise bis zu einer nördlichen Breite von 70 Grad und westlichen Länge von 90 Grad fort. Der Winter verhinderte sein Vorschreiten. Man fand einen vortrefflichen Winterhafen, welchem man das Schiff übergab, und wo es keiner Gefahr ausgesetzt zu sein schien. Man gab diesem Hafen den Namen felix harbour, d. h. Glückshafen. Der Winter wurde auf die gewöhnliche Art zurückgelegt; man jagte Eisbäre, Wallrosse, Vögel u. s. w., und die Berührung, in welche sich die Mannschaft mit den hier wohnenden Eskimo setzte, trug dazu bei, daß man die lange Dauer und Strenge des Winters vergaß. Im Sommer stieß das Schiff an eine lang sich ausstreckende Küste; man verfolgte ihren Zug, aber es fand sich kein Kanal zur Durchfahrt. Man trat also eine Fußreise an, versah sich auf mehrere Tage mit dem nöthigen Bedarf an Mundvorrath und erstaunte nicht wenig, als man nach einem kurzen Marsche von etwas über drei deutschen (15 englischen) Meilen das entgegengesetzte Meeresufer erreichte. Es war also die Prinzregentstraße durch eine schmale Landenge gesperrt. Auf einer Breite von 10 engl. (2 1/7 deutsche) Meilen zog sich eine Kette von Landseen mit frischem Wasser hin. Roß ging nun weiter westlich und drang bis 99° westl. Länge oder bis zu einem 150 engl. Meilen von dem Platze Turnagain, welchen Franklin erreicht hatte, gelegenen Punkte vor. Den Rest der Jahreszeit brachte man damit zu, die Küste zu nivelliren und geographisch aufzunehmen, und aus der fortgesetzten Richtung derselben schloß Capitain Roß, daß sie mit den Küstenstrichen der Repulsbai in Verbindung stehe. Der Winter 1830 kündigte sich mit ungewöhnlicher Strenge an. Roß begab sich mit seiner Mannschaft in die Gegend der ersten Winterquartiere zurück. Den Sommer 1831 wendete man an, um den nordwestlichen Küstenzug jenseit der Landenge zu messen. Im Herbste segelte (denn die Steinkohlen waren bereits erschöpft und man hatte das Schiff für diesen Fall mit Segeln versehen) die Victoria drei deutsche Meilen weiter nordwärts. Aber hier war das Ziel der Expedition, alle Hoffnung, das Schiff zu einem weitern Vordringen, das Schiff vor dem Untergange zu retten, war verloren; noch strenger als der vorige Winter war der des Jahres 1831. Man verließ das Schiff im Mai 1832, und unsere Reisenden kamen nach einer gefahrvollen und mühsamen Reise in der Furybai an, als dem einzigen Zufluchtsorte, um ihr Leben zu retten. Sie erreichten dieselbe am 1. Juli und legten sogleich Hand ans Werk, die noch übrigen Boote der Fury auszubessern und eine Hütte zu bauen.

Am 1. August segelte die Expedition wieder ab und erreichte am 1. September die Barrow-Straße. Weiter vorzudringen war hier nicht möglich; unabsehbare Eismassen bedeckten, so weit nur das Auge reichte, den Kanal, und es blieb kein anderer Ausweg, als direct nach der Furybai zurückzukehren, um noch einen traurigen Winter in den schauerlichen Oeden des Nordens zu verleben. Unsere Leser werden mit der Natur der Polarnächte längst bekannt sein, warum sollten wir noch ihrer Phantasie ein Bild davon in Erinnerung bringen, welches kaum ein matter Reflex der Wirklichkeit ist. Dort oben im Norden kommt die Sonne drei Monate lang nicht zum Vorschein, ihr Untergang läßt zwar eine lange Dämmerung nach, sowie ihr Aufgang eine lange Morgenröthe voraussendet. Hat nun die gewöhnlich von düstern Nebeln umhüllte Sonne eine Höhe von mehr als 20 Grad erreicht, so neigt sie sich, ohne unterzugehen, nur dem Horizonte zu und taucht, kaum unter denselben getreten, sogleich wieder auf; steht sie höher als 20 Grad, so geht sie nun nicht mehr unter, bis mehrere Monate verflossen sind, und zieht sich kreisförmig um das in den Horizont hinabsteigende Himmelsgewölbe. Um nun die traurigen Winternächte zu mildern, scheint die Vorsehung die weise Einrichtung getroffen zu haben, daß gerade in den Wintermonaten der Mond am längsten über dem Horizonte bleibt. Zwar erreicht auch dort der Mond keine so beträchtliche Höhe als bei uns, sondern es verhält sich mit seinen scheinbaren Bewegungen fast wie mit denen der Sonne; dafür aber ist er um so länger über dem Horizonte. Auch der Schnee und die Nordlichter tragen das Ihrige zur Erhellung der Nächte bei. Rechnen wir nun dazu die Einförmigkeit des geselligen Verkehrs, die Rauhheit des Klimas, die Verzichtleistung auf frische Nahrungsmittel und eine Menge anderer Bequemlichkeiten, die stete Gefahr, das Schiff zu verlieren und dem Hungertode auf dem Landwege entgegen zu gehen, so dürfte den Nordpolar- und Durchfahrtsexpeditionen schwerlich etwas mehr Einladendes übrig bleiben als die Ehre und der unsterbliche Name eines Entdeckers, und die unauslöschliche Erinnerung von Naturscenen ganz andern Charakters als sie unsere Gegenden bieten, Naturscenen, die durch ihre grandiose Einförmigkeit den Geist gleichsam erstarren und das Auge auf die Dauer ermüden. Kein Reisender hat sie dem hohen Norden einen so langen Aufenthalt gewidmet als Capitain Roß, denn er war mehr als vier Jahre abwesend. Die Isabella von Hull, welche die Reisenden, als sie den Navy-Boardkanal durchkreuzten, bemerkte, nahm sie an Bord und führte sie nach England, wo sie am 2. Oct. 1833 landeten. Die Resultate der Reise des Capitain Roß sind kürzlich folgende: Ein von ihm neu entdeckter Continent unter der Form eines Isthmus oder einer Landenge, welche Boothien genannt wurde, dann eine große Menge Inseln, Flüsse, Seen; die Bestimmung, daß der nordöstlichste Punkt von Amerika bis 74 Grad nordwestl. Breite geht; schätzenswerthe naturhistorische und physikalische Entdeckungen, zu welchen letztern wir die genaue Bestimmung des magnetischen Nordpols rechnen. An diesem magnetischen Nordpole nämlich neigt sich die freischwebende Magnetnadel in einem Winkel von 90 Grad und steht also lothrecht. Durch diese geographischen Bereicherungen werden also die Landkarten von Nordamerika beträchtliche Zusätze erhalten.

Die letzten Nachrichten, welche man in England über Capitain Roß erhielt, waren datirt vom Juli 1829, wo er sich auf der Diskoinsel befand. Drei Jahre verstrichen und keine Spur war bis dahin von der Expedition zu treffen gewesen. Dies berechtigte natürlich zu der Vermuthung, daß sie ein Opfer ihres Unternehmens geworden wäre oder sich in einer gefahrvollen und hülfsbedürftigen Lage befände. Der wahrhaft patriotische Antheil an seinem Schicksale veranlaßte die geographische Gesellschaft Englands, sich in einer außerordentlichen Sitzung über die wegen der Auskunftschaftung der Durchfahrtsexpedition oder ihrer Ueberreste zu treffenden Maßnahmen zu berathen. In Folge dieser Berathungen wurde Capitain Back beauftragt, den 17. Februar von Liverpool zu diesem Zwecke abzusegeln. Zwei Tage früher, ehe in England Nachrichten von der glücklichen Erhaltung der Expedition eintrafen, erhielt Capitain Back einen Brief von Roß, worin ihm Letzterer seine Ankunft am Jackflusse meldet. Man beschloß daher, einen Eilboten an ihn abzusenden, sowohl um speciellere Nachrichten seiner Reise einzuziehen, als auch, ihn zu bewegen, den Plan der Durchfahrt aufzugeben und seine Bemühungen geographischen Entdeckungen, als früherem Nebenzweck der Expedition, zu widmen. —

Den ersten Impuls zum Versuche einer westlichen Durchfahrt gab nicht etwa, wie Viele irrig meinen, der Wunsch, die Wissenschaften zu bereichern; der Beweggrund war im Gegentheil rein merkantilisch. Man wollte einen näheren Seeweg nach Indien entdecken, und die Aussagen alter erfahrener Seemänner, welche auf offenem Meere schon hohe Breitengrade erreicht hatten und welche dahin lauteten, daß das tiefe Meer nie zufröre, bestärkten vorzüglich in jener Hoffnung. Allein die Resultate der Reisen Franklin's, Parry's, Beechey's und Roß's beweisen nur zu deutlich, daß John Davis und andere Schiffer sich irrten. Hat man nun gleichwohl den Hauptzweck verfehlt, so fühlt doch der Britte durch das stolze Bewußtsein, das Gebiet der Wissenschaften erweitert zu haben, sich hinreichend für die großen Opfer entschädigt, welche er der Durchfahrtsexpedition dargebracht hat.

Für Liebhaber der Geographie dürfte es nicht uninteressant sein, gemeinschaftlich mit uns die Fahrt des Capitain Roß auf der Karte zu verfolgen. Er segelte zuvörderst in die Davisstraße, dann über die Insel Disko in die Baffinssee, welche sich in zwei Einfahrten, in die Prinzregentsbai und die Barrowstraße theilt, welche letztere man bis zur Insel Melville bereits kannte. Roß versuchte nun durch die von der Barrowstraße südlich sich ziehende Prinzregentseinfahrt, welche nach der Karte von 1829 bereits bis zum Cap Garry, südlich von der Furybai, ausgekundschaftet war, eine Durchfahrt bis zu dem Meere, wo es den Kupferminenfluß begrenzt, und gelangte, wie bereits schon oben gesagt wurde, bis zu einer Tiefe, wo er nur noch 30 geographische Meilen von dem Punkte Turnagain, den Franklin vom Kupferminenflusse aus erreicht hatte, entfernt war. Es wird also auf den neuesten Karten von Nordamerika die von der Landenge Boothia durchschnittene Prinzregents-Einfahrt sich weiter südwestlich nach der Richtung des Punktes Turnagain hin erstrecken müssen.

Welche chemische Beschaffenheit müssen unsere Nahrungsmittel haben?

Das Gebiet der Nahrungsmittel zerfällt in zwei große Classen, von denen die eine die unmittelbar aus dem Thierreiche, die zweite die unmittelbar aus dem Pflanzenreiche herstammenden umfaßt. Wenn auch das Pflanzenreich die Grundstoffe aller thierischen Nahrungsmittel liefert, so ist doch zwischen beiden, aus manchen Gesichtspuncten betrachtet, ein Unterschied vorhanden. Die Pflanzenkost ist milder und sanfter von Geschmack, und namentlich sind Pflanzen von dieser Beschaffenheit am Besten zu Nahrungsmitteln geeignet, während scharfe, bittere und widerliche nicht nur wenig oder gar nicht dazu geeignet, sondern auch aus manchen andern Gründen nicht zu empfehlen sind. Wenn wir gleichwohl dennoch oft Pflanzen von bitterem Geschmack bei uns als Nahrungsmittel eingeführt haben, so sind die meisten derselben so beschaffen, daß durch das größere Verhältniß der nicht bittern ec. Theile der Genuß unschädlich ist. So haben z. B. Sellerie und Endivien einen bittern Geschmack, von welchem sie jedoch durch Sieden befreit werden können. Man nennt solche Pflanzen medicinische Pflanzen, weil sehr viele dieser Art als Arznei angewendet werden. Die meisten darunter haben das Eigenthümliche, daß sie in andern Klimaten mehr oder weniger von diesen medicinischen Bestandtheilen enthalten. In Spanien und Afrika z. B. gehört der Knoblauch unter die alltäglichen Gemüsespeisen, während er bei uns wegen seines starken Geruches und der Schärfe seines Geschmackes nicht dazu angewendet wird.

Animalische oder thierische Nahrungsmittel dagegen geben Kräfte; aber sie sind schwer zu verdauen. Leute, deren Geschäftsart die Anstrengung der Muskelkräfte in Anspruch nimmt, können die Thierkost nicht entbehren, und während bei Letztern die Kraft der Muskeln mit der Anstrengung derselben zunimmt, geht die Natur bei bloßer Pflanzenkost den Rückgang, die Muskeln überarbeiten sich und werden schwächer. Im Kindesalter müssen alle Fleischspeisen möglichst vermieden und dem heranwachsenden Menschen erst nach Verhältniß seiner körperlichen Thätigkeit gereicht werden. Mit Abnahme der körperlichen Thätigkeit muß auch der Genuß der animalischen Speisen sich vermindern, jedoch behaupten erfahrene Physiologen, d. h. Forscher der menschlichen Natur, daß sie nicht ganz aufhören dürfen, indem im spätern Alter der alleinige Genuß von Pflanzenkost manche Uebel, und namentlich das Podagra, nach sich ziehe.

Welche Kost ist nun im Allgemeinen vorzuziehen? Die berühmtesten Aerzte stimmen darin überein, daß die animalischen Nahrungsmittel, obgleich sie dem Körper Kräfte geben, doch der Gesundheit, der körperlichen wie der geistigen, minder zuträglich seien, als die vegetabilische Kost. Vorzüglich aber ist letztere in heißen Monaten, als Juni, Juli, August, sehr anzurathen. Die Bewohner heißer Klimate ziehen sie im Allgemeinen den Fleischspeisen vor; die Braminen in Indien, die Bewohner der canarischen Inseln, die Brasilianer, leben fast blos von Kräutern, Korn und Wurzelpflanzen, während die Bewohner der nördlichen Gegenden den Fleischspeisen den Vorzug geben. Personen, welche eine sitzende Lebensart führen, müssen nicht zu viel Fleischspeisen genießen.

Gleichwohl gibt es Physiologen, welche den ausschließlichen Genuß des Fleisches nicht nur nicht bedenklich finden, sondern ihn sogar empfehlen, und als einen Beweis seiner Zuträglichkeit die kräftige Natur der Vorfahren angeben, welche nur von Fleisch und Milch lebten. Dies gilt namentlich von den Vorfahren der Engländer. Ehe wir jedoch einen Schluß ziehen können, müssen wir die Geschichte fragen, ob der Genuß des Fleisches bei seinem Einflusse auf die Kräftigkeit der Menschennaturen, nicht auch Uebel in seinem Gefolge hatte. Die Geschichte Englands erzählt uns jedoch, daß vor Einführung der Küchen- und Gemüsegärten der Scharbock oft sehr um sich griff und eine bedeutende Sterblichkeit im Gefolge hatte. Sobald jedoch die Gemüse Eingang gefunden hatten, nahm das Uebel nach und nach ab, bis es endlich ganz verschwand. Noch Katharina von Aragonien mußte ihre Gemüse aus den Niederlanden kommen lassen.

[Beschluß folgt.]

Die Eskimo im westlichen Nordamerika.

Da wir die nachfolgende Abbildung der Eskimo dem Capitain Beechey, welcher vor einigen Jahren die westliche Seite der Nordküste Amerika's besuchte, verdanken, so glauben wir den Liebhaber der Völkerkunde nicht zu langweilen, wenn wir die Berichte jenes Seefahrers mit denen Parry's vergleichen. Capitain Beechey entdeckte eine von Capitain Kotzebue unbemerkt gebliebene tiefe Einfahrt in die Nordküste. Er nannte sie die Hothameinfahrt oder Hothamstraße. Er sandte daher ein Boot aus, um die Straße näher zu erkunden, und setzte mit dem Schiffe seine Reise in den Kotzebue-Sund weiter fort, weil er und Franklin verabredet hatten, auf der Chamissoinsel zusammenzutreffen. Ein zwei Tage lang wüthender Sturm verhinderte jedoch das weitere Vorschreiten des Bootes. Mittlerweile näherten sich die Eskimo dem Schiffe und boten den Reisenden Häute und Fische zum Austausch gegen nützliche Geräthschaften an. Ihre Boote waren ganz mit den von Parry in der Hudsonsbai angetroffenen in Form und Zusammenfügung übereinstimmend. Wie alle Bewohner des westlichen Nordamerika's hatte auch dieses Eskimogeschlecht die Sitte, an den Unterlippen allerhand Gehänge zur Zierde zu tragen, z. B. Elfenbein, bunte Steine, gefärbtes Glas, welche das Ansehen von ein Paar Hemdeknöpfen hatten. Wenn die Eskimo ins Mannsalter treten, so bohren die Aeltern in ihre Unterlippe ein Loch von der Oeffnung eines Federkiels. Mit dem vorrückenden Alter wird nun die Oeffnung weiter aufgeschlitzt, bis zur Länge von $3/4$ Zoll fortgesetzt und der Lippenschmuck vermehrt.

Eskimo im westlichen Nordamerika.

Dieses Völkchen hat fast sämmtliche Eigenschaften und Charakterzüge der Eskimo an der Hudsonsbai; sie sind plump gebaut, haben runde Gesichter, hervorstehende Backenknochen, schmale nußbraune Augen, schräge nach oben zulaufende Augenbrauen, wie die Chinesen, und einen großen Mund. Unter allen Eskimo-Racen, welche Beechey auf seinen Reisen angetroffen hatte, war keine so gastfreundschaftlich und hatte so gefällige Sitten und Charakterzüge, als diese. Nach rothen und blauen Perlen oder Glaskugeln, Knöpfen, Messern und Aerten war die meiste Nachfrage, und gern hätten sie ihre liebsten Sachen dafür hingegeben. Vor Allem aber stand ihr Verlangen nach tawak (Tabak), gegen welchen sie sich selbst entschlossen, ihre Bogen und Pfeile, die sie als gewöhnliche Austauschartikel verweigert hatten, herauszugeben. Als Capitain Beechey dieses Völkchen besuchte, wurde er nicht nur sehr gastfreundlich aufgenommen, sondern hatte sich auch, was nur sehr selten einem Fremden begegnet, der auszeichnendsten Begrüßung zu erfreuen. Die gewöhnlichen Begrüßungen bestehen in einem gegenseitigen Berühren der Nasenspitzen, oder Streicheln mit der Hand über die Wange. Wenn sie aber Jemand den höchsten Beweis ihrer Zuneigung oder Hochachtung geben wollen, so umarmen sie ihn und drücken ihn, daß ihm der Athem vergehn möchte. Natürlich waren diese wohlmeinenden Leutchen auch darauf bedacht, ihren Gästen die Freuden ihrer Tafel kosten zu lassen und sie nicht blos mit formellen Zeichen der willkommenen Aufnahme abzuspeisen. Die auserlesensten Delikatessen, welche Klima und Jahrszeit boten, wurden den Briten vorgesetzt. Man begann mit einem Gericht Wallfischfettklöße nebst Wallroßfleisch. Da dies nicht schmecken wollte, so machte man den Versuch mit einem salatartigen Gemenge von wilden Heidelbeeren und Sauerampfer (welche die Sommersonne hier noch der gütigen Natur entlockt), mit ranzigem Thran. Allein die verwöhnten britischen Gaumen konnten dem zweiten Gange gleichfalls die Ehre nicht erweisen, bis endlich auch einem dritten Gange, bestehend in dem Eingeweiden, der (wie die Eskimo meinten) feinsten Seehundrace, nebst einer Schüssel geronnenen Blutes, trotz der Anstrengungen, des guten Willens und der präparirten Eßlust der Engländer, eine gleiche Begegnung widerfuhr. Als nun die gutmüthigen Eskimo nichts über die verwöhnten Gaumen der Engländer vermochten, wandten sie das letzte und äußerste Mittel an, um die europäischen Kostverächter für ihre schönsten Delicatessen zu gewinnen und sie auf einen Augenblick Englands civilisirte Kochkunst vergessen zu machen. Man brachte die köstlichsten Bissen des Narwalfleisches (Seeeinhorn, Hornfisch, monodon monoceros) mit gleichen Portionen weißen und schwarzen Fettes. Einer der Reisenden konnte es nicht übers Herz bringen, daß man auch nicht einen Bissen über die Zunge brachte; er spannte alle seine Willenskraft an, um das Widerliche zu überwinden und der Gesellschaft mit einem guten Beispiele voranzugehen. Was half ihm aber seine Bemühung? Eine krampfhaft zuckende Geberde war die augenblickliche Wirkung seines Versuchs, und in Folge einer zweiten, die sich leicht errathen läßt, verging ihm der Appetit für diesen Tag. Dr. R.

Verlag von Bossange Vater in Leipzig
Unter Verantwortlichkeit der Verlagshandlung.

Das Pfennig-Magazin

der

Gesellschaft zur Verbreitung gemeinnütziger Kenntnisse.

66.] Erscheint jeden Sonnabend. **[August 2, 1834.**

Der Papagei.

Der Papagei (Psittacus).

Wer sollte sich nicht, wenn er irgend eine Menagerie betritt, zu jenen Vögeln hingezogen fühlen, welche durch ihre Farbenpracht das Auge so sehr ergötzen; wer sollte nicht ihre possirlichen Bewegungen belächeln; wer sollte endlich nicht die fast unglaubliche Deutlichkeit bewundern, mit welcher einige dieser Thiere einzelne Wörter, ja ganze Sätze nach öfterm Vorsprechen nachsagen können! Bald nehmen die Papageien mit dem einen Fuße die Nahrung zum Schnabel, bald kratzen sie sich mit demselben hinter dem Ohre; bald halten sie sich mit dem Schnabel fest, bald öffnen sie etwas mit ihm; bald hört man sie sprechen, bald pfeifen, lachen, seufzen u. s. w.; bald sind sie fröhlich, wenn der Mensch sie liebkoset, bald traurig, wenn sie mit Rauhigkeit behandelt werden; sie zeigen Anhänglichkeit, Liebe, aber auch Eifersucht und Launen; ihre Worte, ihre Gewohnheiten haben so viel Aehnlichkeit mit denen der Menschen, daß man diese Thiere mit Recht die Affen der Vögel nennen könnte. Wunderbar muß der Eindruck auf den Menschen sein, wenn er sie zum ersten Male in den Wäldern ihrer Heimat erblickt, wenn er sieht, wie schön ihr buntes Farbenspiel das Düstere des dunkeln Waldes belebt, wenn er aber auch, an die bunten, ja oft allzugrellen Farben der Papageien gewöhnt, plötzlich einen mit schmutziggrünem, schmutzigbraunem oder wohl gar fast ganz schwarzem Gefieder gewahr wird, der nur deshalb da zu sein scheint, um die prächtigen Kleider der übrigen recht vortheilhaft ins Licht zu stellen. Unangenehm wird aber auch zugleich sein Ohr berührt durch das laute unaufhörliche Geschrei dieser Vögel, das, mit dem bald pfeifenden, bald kläglichen, bald brüllenden Geschrei der Affen und anderer Thiere sich vermischend, ein Concert gibt, das einen Musikkenner zur Verzweiflung bringen könnte.

Die Papageien haben an ihrem dicken Kopfe einen gebogenen hochgewölbten Schnabel, dessen Oberkiefer vorn mit der Hakenspitze über das stumpf abgerundete Ende des Unterschnabels wegragt. Die Zunge ist fleischig, dick und vorn stumpf. Die kurzen Kletterfüße haben zwei Vorder- und zwei Hinterzehen mit gebogenen Nägeln.

Sie leben paarweise in heißen Gegenden, vereinigen sich aber auch auf einige Zeit in große Züge, wodurch sie dann den Pflanzungen sehr nachtheilig werden. Ihre Nahrung besteht in mancherlei Früchten. Ihr Flug ist schwerfällig. Ihre Eier brüten sie in Baumlöchern aus, ohne erst ein künstliches Nest zu bereiten.

Man kennt jetzt schon mehrere Hundert verschiedene Arten und findet sie in der alten und neuen Welt, aber jede, ja sogar fast jede Insel hat ihre besonderen Arten; denn ihr schwerfälliger Flug, der seine Ursache besonders in ihren kurzen Flügeln hat, würde ihnen nicht gestatten, weit über das Meer zu fliegen. Eine so große Anzahl von Arten hat man sich genöthigt gesehen in mehrere Gruppen zu bringen, bei welchen die Gestalt ihres Schwanzes und einige andere Charaktere die Unterscheidungszeichen sind.

Die erste Gruppe bilden die Ara's, jene großen, oft über zwei Fuß langen Papageien, welche nackte, unbefiederte Wangen und einen langen stufigen Schwanz mit verlängerten Mittelfedern haben. Sie leben alle in Amerika und haben die prächtigsten Farben. Der größte Vogel unserer Bildertafel, derselbe, welcher gleich hinter dem weißen Kakadu sitzt, ist ein solcher Ara, und zwar derjenige, der unter dem Namen indianischer Rabe (Psittacus Macao) oft zu uns gebracht wird. Seine Hauptfarbe ist carmoisinroth mit azurblauen Flügeln. Die nackten Wangen sind weiß, mit einigen Spuren von Federreihen.

Die zweite Gruppe machen die Perruches aus, die sich durch ihr befiedertes Gesicht und ihren langen, keilförmigen Schwanz auszeichnen. Ihr Schwanz ist am Ende bald ausgebreitet, wie bei dem ausgezeichneten Sittich (Psittacus eximius), den wir auf unserer Abbildung auf dem höchsten Zweige erblicken, bald nicht ausgebreitet, wie wir bei einem sehen, welcher vor dem erstern sitzt, und den bärtigen Sittich (Psittacus barbatus, s. malaccensis) vorstellt. Jener ist an Kopf, Kehle, Brust und an den unteren Schwanzfedern purpurroth, am Kinn und an den Backen aber weißlich. Die Federn des Nackens und Mantels sind schwarz, und goldgelb eingefaßt; die kleinen Flügeldeckfedern sind violett, die mittlern grün und die Schwungfedern schwarzblau, die vier äußersten Schwanzfedern sind blaßlila in Weiß endigend, die folgenden lasurblau und die mittlern längsten grün. Der Bauch ist jonquillegelb und die Bürzelfedern und die Hosen sind grün. Dieser in den herrlichsten Farben prangende Vogel lebt in kleinen Gruppen um Paramatta und Sidney auf Neuholland. Der andere, der bärtige Sittich, hat einen grünen Scheitel und Körper, welcher letztere jedoch auf dem Rücken, an den Schwingen, an den zwei langen mittleren Schwanzfedern ins Blaue übergeht. Backen und Nacken ist rosaviolet. Zur Seite der Unterkinnlade ist ein Schnurbart. Die Oberkinnlade ist roth. Er lebt auf Malakka und weiterhin.

Jene Papageien, die sich durch eine Haube von langen in zwei Reihen gestellten Federn auszeichnen, welche sie nach Willkür aufrichten und niederlegen können, bilden die Gruppe der Kakadu's. Die in den entferntesten Indien lebenden sind meistens von weißer Farbe, die in Neuholland aber lebenden Arten sind fast alle von schwarzer oder doch dunkeler Farbe und unterscheiden sich von jenen zugleich durch einen einfacheren und weniger beweglichen Federbusch, der aus breiten, aber nicht langen Federn besteht. Von den erstern Arten nennen wir den schwefelgelbgehäubten Kakadu (Ps. sulphureus), den wir auf der Mitte unsers Bildes vor dem Ara erblicken. Seine Hauptfarbe ist weiß, die Augenkreise sind röthlich, die Wangen, die Unterseiten der Flügel und des Schwanzes und der hohe, an der Spitze vorwärts gebogene Federbusch sind schwefelgelb. Schnabel und Füße sind schwärzlich. Oft bringt man ihn aus seiner Heimat, den Molukken, nach Europa. Gegen Personen, die er nicht kennt, ist er zuweilen falsch, desto anhänglicher ist er seinem Herrn und sucht dies durch mancherlei Liebkosungen an den Tag zu legen. Er knackt mit dem Schnabel, richtet seinen schönen Federbusch auf oder berührt das Gesicht Derer, die ihn liebkosen, mit dem Schnabel und der Zunge; so und durch mancherlei andere Dinge sucht er seine Freude, seine Neigung zu Denen, die er liebt, an den Tag zu legen. Legt man die eine Hand unter seinen Körper, die andere auf den Rücken, so drückt er sich stark an die untere Hand, schlägt mit den Flügeln, öffnet den Schnabel und scheint von den angenehmsten Empfindungen ergriffen zu sein. Man hält ihn gewöhnlich in eisernen Käfigen oder man läßt ihn frei im Zimmer laufen. Das Letztere ist am meisten zu empfehlen, da er dann noch weit mehr Vergnügen gewährt; denn gewöhnlich setzt er sich dann dicht bei seinem Herrn, sodaß er ihn nicht aus dem Gesicht verliert, kommt, wenn man ihn ruft, und entfernt sich, wenn auch ungern, auf seines Herrn Befehl. —

Ueberhaupt sind besonders die weißen Kakadu's wegen ihrer Reinlichkeit und der Gelehrigkeit, mit welcher sie sich abrichten lassen, als Hausvögel zu empfehlen. Sie lernen lachen, pfeifen, auf Befehl den Federbusch aufrichten, die Leute durch Verbeugungen grüßen und auch, wenn auch mit mehr Schwierigkeit, als bei den eigentlichen Papageien, einzelne Worte sprechen. Ihren Namen haben sie von ihrem Geschrei und dieses lassen sie ebenfalls auf Befehl hören. — Auf beiden Seiten des so eben beschriebenen Kakadu's sehen wir zwei andere abgebildet, welche durch ihr dunkles Gefieder sich als Bewohner von Neuholland uns zu erkennen geben, wiewohl es auch dort eine weiße Art gibt. Der unter den Füßen des Ara sitzende ist der Banks'sche Kakadu (Ps. Banksii). Er ist von schwarzer Farbe, der große zusammengedrückte Federbusch und die Flügel sind gelb gefleckt, die fünf äußern Schwanzfedern sind purpurroth gebändert und gefleckt und der starke abgerundete Schnabel ist blaß. Er lebt auf Neuholland.

Eine durch ihre Haube und den kurzen breiten Schwanz den Kakadu's sehr nahe stehende Gruppe bilden die Rüsselpapageien (Microglossa), die sich jedoch wieder durch ihre nackten Wangen, den ungeheuern Oberschnabel und kleinen kurzen Unterschnabel, sowie durch die cylindrische, in eine kleine, hornige, an der Spitze gespaltene Eichel sich endigende Zunge u. s. w. hinlänglich unterscheiden. Man kennt zwei Arten, welche beide in Ostindien leben, und vielleicht wohl gar nur Altersverschiedenheiten sind. Die eine Art, der schwarze Rüsselpapagei (Ps. aterrimus) ist ganz unten auf unserer Tafel abgebildet. Er ist von blauschwarzer Farbe, der andere aber, der graue Rüsselpapagei (Ps. Goliath) ist von blaugrauer Farbe, etwas größer und scheint daher der ältere Vogel zu sein.

Die folgende Gruppe machen die Perroquets aus, welche sich durch einen gerade abgestutzten, kurzen breiten Schwanz auszeichnen. Der hierher gehörende graue Papagei oder Jako (Ps. erithacus) wird am häufigsten nach Europa gebracht, lernt am Leichtesten sprechen, ist sehr possirlich und wird daher häufig in großen schönen Bauern gehalten und gepflegt, wo er dann durch sein fast nie aufhörendes Plaudern und seine possirlichen Bewegungen ungemeinen Spaß macht. Die Wörter spricht er so deutlich aus, daß man glaubt einen Menschen zu hören; er pfeift auch ganze Melodien und ist überhaupt sehr gelehrig. Seine Hauptfarbe ist aschgrau, der Schwanz ist scharlachroth und das Gesicht weißlich, doch gibt es auch viele Abarten. Er kommt aus Westafrika.

Die letzte Gruppe endlich bilden die Zwergpapageien, welche sich durch ihre Kleinheit auszeichnen und einen sehr kurzen gerundeten Schwanz haben. Wir sehen dicht unter dem Kakadu zwei Arten auf unserer Abbildung. Der rechts sitzende, mit der dunklen Binde auf dem Schwanze ist der Inseparable (Unzertrennliche, Ps. pullarius), ein kleiner schöner Papagei von der Größe des Gimpels (Dompfaffen). Er ist grün, mit scharlachrother Kehle und Stirnbinde und blauem Bürzel. Der Schwanz ist scharlachroth mit schwarz und grüner Querbinde. Bei dem Weibchen und den Jungen ist der Hinterkopf und die Kehle zinnoberroth. Man bringt ihn oft aus Guinea, Mittelafrika, Java und Ostindien nach Europa, aber gewöhnlich paarweise, indem man behauptet, ein einzelner sterbe sehr bald. Nun ist es zwar wahr, daß ihre Anhänglichkeit zu einander sehr groß ist, daß besonders das Männchen dem Weibchen sehr große Liebe erweist, es füttert und liebkoset, und daß es wohl auch traurig wird, wenn man es von ihm trennt; daß diese Traurigkeit aber endlich sogar den Tod herbeiführt, ist wohl nur einer der seltenern Fälle, da man jetzt sehr oft Pärchen trennt und vereinzelt in Vogelbauern hält, ohne daß sie viel von ihrer Munterkeit verlieren. Uebrigens haben sie eine unangenehme Stimme und lernen nicht sprechen. — Einen ähnlichen Papagei werden wir gleich neben dem so eben beschriebenen gewahr; es ist der schwarzflügelige Papagei (Ps. melanopterus), der auf Java sehr häufig gefunden wird und die Größe des Gimpels hat. Der Kopf und Hals ist grasgrün, und die Flügel sind braunschwarz mit gelben und an der Spitze blauen großen Deckfedern. Der Schwanz ist violett, am Ende mit schwarzer Binde. Der Schnabel ist rosenroth.

Zum Schlusse müssen wir noch erwähnen, daß Einige auch noch eine besondere Gruppe, nämlich die der Erdpapageien (Peroporus), d. h. derjenigen Papageien annehmen, welche einen schwächern Schnabel und eine höhere Fußwurzel mit geraderen Nägeln, als die übrigen Papageien haben, und auch meist nur auf der Erde gehen, ihre Nahrung in Kräutern suchend. — Amazonen nennt man gewöhnlich diejenigen Papageien, welche, meist von grüner Farbe, nur einen einzigen rothen oder gelben Fleck in den Schwungfedern haben, und Lori's nennt man die, deren Hauptfarbe roth ist.

M. A. B. R.

Das Nordlicht.

Unter allen Lufterscheinungen ist keine für die Gegend unseres Himmelstriches so selten, keine bietet soviel Räthselhaftes hinsichtlich ihrer Entstehungsursache dar, keine ist dabei so prachtvoll, als das Nordlicht. Auch uns stellt sich bisweilen dieses Phänomen, wie z. B. den 7. Januar 1831, dar, ist jedoch nur sehr schwach gegen die Nordlichter des hohen Nordens oder Südens. Da sie an beiden Polen erscheinen, so könnte man sie füglich Polarlichter nennen. Im Norden erscheinen sie am häufigsten in kalten Nächten und hauptsächlich um die Zeit des Solstitiums oder scheinbaren Sonnenstillstandes. Der Abend, welcher sich zu einem Nordlichte anschickt, ist gewöhnlich sehr heiter, und die Bewohner nördlicher Gegenden haben gewisse Vorzeichen, nach welchen sie die Ankunft eines solchen Phänomens im Voraus bestimmen können. Die Art, wie das Nordlicht erscheint, ist verschieden. Es beginnt gewöhnlich mit matten Lichtzügen, welche verlöschen und nach Pausen von einigen Minuten wieder zum Vorscheine kommen. Dieses Aufschießen von Lichtpfeilen ist häufig von einem Knistern begleitet, welches mit dem Flackern einer vom Winde geblasenen Flamme oder mit dem Rauschen des Taffet, indem man ihn zerreißt, einige Aehnlichkeit hat. Das Geräusch dauert so lange als das Auffahren des Lichtes selbst, ein Umstand, der bei der Erklärung des Phänomens von Wichtigkeit ist. Nun verbreitet sich über den Horizont ein blasser Schein, in Form eines Scheibensegments oder Kreisabschnittes, welcher nach innen begrenzt ist, wie ihn unsere Abbildung darstellt, durch welchen die Sterne hindurchschimmern. Oft schließt damit das Phänomen, aber ebenso oft ist es nur das Vorspiel zu einem viel prachtvolleren, welches oft erst nach einer vollen Stunde an das Himmelsgewölbe tritt; es ist alsdann, als ob die ganze nördliche Hemisphäre in milden Lichtflammen stände. Ueber dem Scheitel, doch etwas mehr westlich, zeigt sich dann ein Lichtkranz von ruhigem weißem Lichte, welcher einen völlig dunkeln

Das Nordlicht.

Kreis einfaßt. Bei seiner vollen Pracht schießen nach dieser Krone hin von allen Himmelsgegenden farbige Lichtstreifen, unter welchen Blauroth, Hellgelb und Grün am Deutlichsten zu unterscheiden sind. Auch die Krone rückt gewöhnlich um einige Grade südwestlich. Doch nicht immer vereinigen sich die aus dem Horizonte auffahrenden Strahlen so friedlich zu symmetrischen Gestalten, und oft zucken sie wie Pfeile durcheinander und zerschlagen sich im lebhaftesten Kampfe.

Wenn man den Erzählungen Maupertuis' und Gmelin's, daß im höheren Norden die Nordlichter mit fürchterlichem Gebrülle begleitet sind, Glauben beimessen darf, so läßt sich wohl nicht ohne Wahrscheinlichkeit annehmen, daß diese Getöse nicht ihre Ursache in dem Nordlichte, sondern vielmehr in einer gleichzeitigen Erderschütterung hatten, welche wiederum vielleicht die Entstehung des Nordlichtes veranlaßte. Biot erklärt jedoch in seiner Physik, daß man die Aussagen der Bewohner des Nordens nicht geradezu für Vorurtheile nehmen solle, und führt als Gewährsmann den Naturforscher Muschenbroek an, welcher im vorigen Jahrhunderte lebte und sich sehr eifrig mit der Erforschung der Ursache der Nordlichter beschäftigte. Dieser sagt nämlich, daß alle Matrosen der Grönlandsfahrer in der Angabe und Beschreibung des Getöses übereinstimmten. Parrot, ein gewiß sehr vorurtheilsfreier und wahrheitsliebender Schriftsteller, versichert nun, ein Knistern gehört zu haben; dieses Knistern kann doch am Orte der Naturerscheinung selbst nicht auch ein ebenso leises Geräusch sein, da der Schall einmal nicht nach den graden Verhältnissen der Entfernung, sondern nach den Quadraten derselben abnimmt, und somit könnte man denn, aus diesem Gesichtspunkte betrachtet, Gmelin u. A. Aussagen wol

Glauben beimessen, wenn nicht wiederum der Umstand, daß der Schall in einer Secunde noch keine 1000 Fuß zurücklegt, und gleichwol die Nordlichter sehr entfernt sein müssen, die Annahme eines gleichzeitigen Rauschens bedenklich machte. Je weiter nun in den neuern Zeiten die Naturwissenschaften vorgeschritten sind, um so näher scheint man auch der physischen Ursache des Nordlichtes gekommen zu sein. Statt unsere Leser mit einer Wiedererzählung der mannichfachen Hypothesen zu ermüden, wollen wir nur kurz die Erklärungen, in welchen die ausgezeichneteren Naturforscher übereinstimmen, zusammenfassen. Sie rühren eines Theils von Libes her, welcher sie in sein Dictionnaire der Physik niedergelegt hat; fast alle Naturforscher des Nordens haben sie zu der ihrigen gemacht. Nach seiner Meinung ist Elektricität nicht die unmittelbare, sondern nur mittelbare Ursache, und er gründet seine Hypothese auf folgende Sätze: Wenn man einen elektrischen Funken in ein Gemisch von Sauerstoffgas und Stickstoff schlagen läßt, ist das Resultat Stickstoffoxyd, Stickstoffoxydul ꝛc., je nach den quantitativen Verhältnissen, welche vorhanden sind. Es gibt übrigens solcher Verbindungen der erwähnten Gase fünf verschiedene. Setzt man Stickstoffoxyd dem Sonnenlichte aus, so färbt es sich und wird flüchtig, eine Entdeckung, welche wir Scheele verdanken. Libes hielt einen Recipienten oder Empfangsröhre über den Untersetzteller der pneumatischen Maschine und setzte das erhaltene Stickstoffoxyd dem Sonnenlichte aus. Einige Minuten darauf schien die Säure gefärbt, und der Recipient füllte sich mit flüchtigen Dämpfen, welche sich auf eine Zeit lang hielten und sich zuletzt mit einem den Polarlichtern ähnlichen milden Lichte zerstreuten. Aus dem mit der atmosphärischen Luft in Verbindung getretenen Stickstoffoxyd entwickelten sich rothe Dämpfe. Aus Ursachen, deren Auseinandersetzung hier zu weit führen würde, und welche Resultate der meteorologischen Forschungen sind, entwickelt sich über der Erdoberfläche auf chemischem Wege der leichteste aller Stoffe, welche bis dahin bekannt sind, das Wasserstoffgas, und erhebt sich vermöge seiner specifischen Leichtigkeit in die höheren Regionen der Atmosphäre. Allein dies Gas enthält immer noch ein Gemisch von Sauerstoffgas und Stickgas unserer Luft, und folgt mit demselben der allgemeinen Strömung der Atmosphäre von den Polen nach dem Aequator und wiederum von dem Aequator nach den Polen.

[Schluß folgt.]

Theophilus Konrad Pfeffel,

einer der besten Epigrammen= und Fabeldichter Deutschlands, ward 1736 in der Stadt Kolmar, im Elsaß, geboren. Frühzeitig verlor er seinen Vater, welcher, aus dem Badischen stammend, zuletzt den Titel „Rechtsanwalt des Königs von Frankreich" führend, in dieser Monarchie heimisch geworden, in genannter Stadt 1738 starb. Den ersten Unterricht erhielt Konrad Pfeffel, unter Leitung seiner geistreichen Mutter, auf dem Gymnasium zu Kolmar; als er 14 Jahre alt war, nahm ihn ein Verwandter zu sich und bereitete ihn zum Besuch einer Universität vor. Halle ward gewählt, und er sollte dort sich der Rechtswissenschaft widmen; allein eine fortwährende sich bald als unheilbar zeigende Augenschwäche nöthigte ihn, seine Studien im Jahre 1753 aufzugeben; er ging, um ärztlicher Hülfe sich zu bedienen, nach Dresden, wo sein als Königl. Polnischer und Kurfürstl. Sächsischer Legationssecretair angestellter älterer Bruder sich aufhielt. In einer gewissen Abgeschiedenheit hier lebend, sprachen sich seine Gefühle und Gedanken in lyrischen Dichtungen aus, aber sein körperlicher Zustand ward immer schlimmer, er kehrte nach Kolmar zurück und erblindete bald nach seiner Ankunft, im 21. Jahre, gänzlich. Dieses harte, für sein ganzes übrige Leben unabänderliche Geschick, würde ohne alle Milderung für ihn gewesen sein, wenn er nicht in der Dichtkunst und in der Verbindung mit einer liebenswürdigen Gattin (vom Jahre 1759 an), sowie durch die Thätigkeit seines immer schaffenden Geistes, Trost und Heiterkeit gefunden hätte! Und so war das Leben nicht ohne Reiz für ihn, seine Phantasie fast um so

gewaltiger, und der erste Theil seiner poetischen Versuche, welcher 1760 erschien, ließ noch manches Gute von dem blinden Pfeffel erwarten, der aber, um seine Thätigkeit zu vermehren, auch als Pädagog zu wirken versuchte und im Jahre 1773 mit königl. Erlaubniß in Kolmar eine Militairschule für junge Protestanten errichtete, an deren Leitung jener von Göthe eingeführte und in seinen Werken zweimal vorkommende Lerso, Theil nahm, und es ist erwiesen, daß aus diesem Institute mancher tüchtige Mann in dies und jenes Heer eingetreten ist. Die französische Revolution zerstörte auch diese Anstalt! Nun widmete sich Pfeffel wieder ganz der Literatur, übersetzte viel aus dem Französischen ins Deutsche, oder bearbeitete nach jenem, vorzüglich Poesie, hielt sich entfernt von allen politischen Reibungen, so daß der Sturm der Schreckenszeit Frankreichs (1792—1794) spurlos an ihm vorüberging. Von Zeit zu Zeit erhielt er Diplome zugesendet, die ihm entweder einen Titel, z. B. als Hessendarmstädtischer Hofrath, oder eine Ernennung als Mitglied (der Berliner Akademie der Künste), oder irgend eines andern Vereins, den meisterhaften Epigramm= und Fabeldichter ehrend, brachte. Unter Napoleons Consularregierung, 1803, ward er Präsident des für den Elsaß neu errichteten protestantischen Consistoriums in Kolmar, bald darauf kam der 9. Theil seiner sämmtlichen Werke heraus, und den 1. Mai 1809 starb er im 73. Jahre seines Lebens unter dem Bedauern seiner vielen Freunde und Verehrer.   H.

Ansichten vom Weltall.

Es ist eine der schwierigsten Aufgaben für unsern Verstand, welcher an begrenzte körperliche Gegenstände gewöhnt ist, den Begriff der unendlichen, ewigen Zeit, und noch schwerer für ihn ist es, den des unbegrenzten Raumes deutlich zu denken und aufzufassen.

Gleichwohl kann der Raum des Weltalls nirgends aufhören und begrenzt sein; es entsteht sonst sogleich die nicht zu beantwortende Frage: wo liegt diese Grenze? und was befindet sich hinter derselben? — Um nun aber die Größe dieses unbegrenzten Raumes und seines Inhaltes nur einigermaßen begreifen und uns versinnlichen zu können, bedürfen wir eines Maßstabes, welcher unsern Begriffen anpassend ist und uns gewissermaßen nach und nach in die Unendlichkeit führt, und hierzu werden unter andern folgende der Himmels= und Sternkunde entlehnten Ansichten dienen.

Die Sonne, der Mittelpunkt unsers bereits in Nro. 45 dieser Blätter erwähnten Planetensystems, welche wir von der Erde aus in einer Entfernung von 20 Millionen geogr. Meilen erblicken, hat einen Durchmesser von beinahe 188,000 Meilen, und ihr entferntester Planet, der Uranus, welcher eine Größe von 7270 geogr. Meilen hat, bewegt sich in einer Entfernung von 386 Millionen geogr. Meilen um dieselbe herum. Unser ganzes Planetensystem, soweit es bekannt ist, umfaßt daher einen Raum von etwa 1000 Millionen Meilen Durchmesser*), der wohl von hinlänglichem

---

*) Der Halley'sche Comet, welcher nach Damoiseau's Berechnung im Jahre 1835 erscheinen wird und der gleichfalls zu unserm Systeme gehört, bringt noch einmal so tief in den Raum des Weltalls, denn seine Umlaufsbahn von 740 Millionen geogr. Meilen im Durchmesser. Rechnen wir nun, da sein kleiner Abstand von der Sonne nur ein paar Mill. Meilen beträgt, zu jener Zahl den Halbmesser der Uranusbahn, also 386 Mill. Meilen, so gibt das eine Summe von 1126 Mill. Meilen. Nach muthmaßlichen Ansichten bringen andere Cometen, z. B. 1811, noch ungleich tiefer in den von keinem Firsterne beleuchteten

Umfange ist, um uns, die wir die Meilen mit Schritten messen und nach Fußen bestimmen, sehr großartig zu erscheinen. Sowohl diese Ansicht, als ein Blick an den gestirnten Himmel, führt zu der Vermuthung, daß wenigstens ein Theil von der großen Zahl der übrigen Sterne, der Firsterne, mit den Planeten in ein und demselben Raume, d. h. in ziemlich gleicher Entfernung von der Sonne, schweben möchte; dies ist jedoch keineswegs der Fall, da die Weite bis zu dem nächsten Firsterne kaum zu bestimmen und wenigstens nicht genau zu messen ist.

Zur Verdeutlichung dieses Verhältnisses dient folgendes Bild in verjüngtem Maßstabe. Denkt man sich die Sonne, deren Masse 300mal so groß ist als diejenige sämmtlicher 11 Planeten zusammengenommen, und deren Durchmesser 109 Erddurchmesser mißt, als eine Scheibe von 14 Zoll Durchmesser, das ist, etwa von der Größe, in welcher uns der Vollmond erscheint, und nimmt man die Meile zu 24,000 Fuß an, so fällt nach diesem Maßstabe:

a) der Mercur, welcher als der nächste Planet gegen 8 Millionen Meilen von der Sonne absteht, in eine Entfernung von 49 Fuß von jener Scheibe und erscheint im Verhältniß zu dieser mit einem Durchmesser von $\frac{1}{2}$ Linie oder dem 24. Theile eines Zolles, während dessen wirkliche Größe etwa $\frac{1}{3}$ von derjenigen unsers Erdkörpers beträgt.

b) Venus folgt darauf in einem Abstande von 91 Fuß von jener Sonnenscheibe, mit einer verhältnißmäßigen Größe von noch nicht $1\frac{1}{2}$ Linie.

c) Die Erde, deren wirklicher Durchmesser 1719 und deren Entfernung von der Sonne etwas über 20 Millionen geogr. Meilen beträgt, hat nach dem vorstehenden Maßstabe nur 126 Fuß Sonnenweite und die Größe einer kleinen Linse von $1\frac{1}{2}$ Linien Durchmesser. Der Mond würde, da er 50mal kleiner ist, blos als ein kleiner Punkt erscheinen.

d) Mars steht in einer Entfernung von 192 Fuß und ist noch keine ganze Linie groß.

e) Die vier kleineren Planeten: Ceres, Pallas, Juno, Vesta, folgen in 296 bis 352 Fuß Sonnenferne, als ein Punkt von noch nicht $\frac{1}{2}$ Linie im Durchmesser, wenn man sie alle als eine kugelförmige Masse vereinigt denkt.

f) Jupiter, der größte von unsern Planeten, erscheint mit einer Größe von 17 Linien oder beinahe $1\frac{1}{2}$ Zoll, das ist etwa die eines Thalerstückes, in einem Sonnenabstande von 658 Fuß.

g) Saturn hat einen Durchmesser von 15 Linien und 1232 Fuß Sonnenweite.

h) Uranus endlich, der entfernteste Planet, steht 2412 Fuß oder ziemlich $\frac{1}{10}$ Meile von jener kleinen Sonnenscheibe ab und erscheint mit einem Durchmesser von $6\frac{3}{4}$ Linien, oder etwas über $\frac{1}{2}$ Zoll.

i) Die Kometen unsers Sonnensystems würden nach dem hier angelegten Maßstabe bis in eine Entfernung von 2 Meilen hinausstreifen; wo würde nach demselben aber

k) der nächste Firstern zu suchen sein? Wenn wir uns jene im verjüngten Maßstabe dargestellte Sonnenscheibe in der Mitte von Deutschland denken, nicht näher als in Canada in Nordamerika, also in einer Entfernung, welche von unserm Planetensysteme aus einen so ungeheuern, nur bei einem so kleinen Modelle übersichtlichen Zwischenraum läßt.

l) Die Milchstraße würde man sich dagegen 6 Millionen Meilen weit von jenem verkleinerten Sonnenbilde denken müssen, das ist 120mal so weit, als die wirkliche Entfernung des Mondes von der Erde beträgt.

Um die unermeßliche Weite, in welcher die nächsten Firsterne sich von unserer Sonne befinden, zu durcheilen, braucht der Lichtstrahl, der schnellste Reisende, wahrscheinlich mehre Jahre. Fast möchte man zweifeln, ob Gedanken im Stande wären, ihm zu folgen. Einen schnellen Gedankenflug, der unermeßliche Räume durcheilen soll, wie ihn die Sprache unserer Dichter annimmt, gibt es in der That nicht. Denn welcher Gedanke vermöchte in einer Secunde, wie es das Licht thut, 43,000 geogr. Meilen zu fliegen. Das Vorhandensein der Unendlichkeit kann zwar bewiesen werden; aber die Ewigkeit in der Zeit und die Unendlichkeit im Raume denken, sich vorstellen, ist himmelweit davon verschieden. Könnte unser Gedanke dem Fluge des Lichtstrahls über seine ganze, in einer Secunde durchlaufene Bahn folgen, so müßte die Bewegung einer mit dem Ausgange des Lichts gleichzeitig abgeschossenen Kanonenkugel wie die einer trägen, unmerklich neben ihm hinschleichenden Schnecke erscheinen.

Schon auf unserer kleinen Erde ist jedes Laubblatt, jeder Wassertropfen mit lebenden Wesen gefüllt, und jene zwischen den Firsternen befindlichen Räume, deren Dasein zwar der Verstand ergründen, deren Umfang und Tiefe aber kein Gedanke fassen kann, sollte der Weltenschöpfer nicht mit Himmelskörpern gefüllt haben? Sollte er nicht auch die übrigen Firsterne, gleich unserer Sonne, mit Planeten und Monden umringt und die weiten Räume zwischen den verschiedenen Planetensystemen mit Kometen gefüllt haben? Wahrlich nicht zu kühn ist diese Annahme, denn vor so unermeßlichen Tiefen des leeren Nichts schaudert der menschliche Geist.

Der aus diesen Betrachtungen hervorgehenden Größe des Weltgebäudes gegenüber erscheint dasselbe aber nicht weniger wunderbar, wenn man die Aufmerksamkeit auf dessen Verhältnisse und allenthalben wohlberechnete Zusammensetzung im Einzelnen richtet.

Die Schwerkraft z. B., welche den Planeten ihre Stelle und ihren Kreislauf im Sonnensysteme anweist, bestimmt zugleich auch die Bewegungsfähigkeit der Körper und Wesen auf deren Oberfläche, also auch auf der Erde; wäre die Masse der letzteren nun größer geschaffen und ihre Schwerkraft gleichmäßig stärker, so würde unsere jetzige Vegetation nicht Statt finden und kein Pflanzenkeim, keine Blume würde nach der Oberfläche hervorbrechen können, sondern Alles von dem Mittelpunkte der Kugel stärker angezogen, mehr nach diesem streben; ebenso würde die Muskelkraft der Thiere erlahmen, der flinke Hirsch würde schwerfällig einherschreiten, der schnellfüßige Haase sich nur langsam fortschleppen, Tiger und Löwen würden ihre Sprungkraft verlieren und der Mensch würde, niedergezogen von der irdischen Masse, auf allen Vieren kriechen, während derselbe, wenn er mit seiner jetzigen körperlichen Bildung einen der kleinern Planeten Ceres oder Pallas bewohnte, Sprünge von 60 Fuß ebenso leicht ausführen könnte, als jetzt von 6 Fuß, ebenso leicht aber auch vom Winde entführt

---

Raum des Weltalls ein. So hat unser Sonnensystem eine unglaublich große Ausdehnung. Der noch unausgebildete Comet von 1811, dessen Schweif den Abstand unserer Erde von der Sonne füllt, erreicht eine 20mal entferntere Tiefe des Universums, als der Uranus, denn er ist bei seinem größten Abstande 8000 Millionen Meilen von der Sonne entfernt und rollt gleichwohl in ihrem Anziehungsgebiete auf seiner ausgedehnten Bahn dahin. Dem Cometen von 1807 ist von der Hand des Weltenlenkers eine Entfernung von 5400 Millionen Meilen von der Sonne angewiesen. *Der Red.*

werden könnte. So ist die Bewohnbarkeit der Himmelskörper, wenn eine solche durchgängig statt findet, gewiß immer nur für Geschöpfe besonderer Art berechnet, und eine Versetzung, mit gleicher Beschaffenheit von einem auf den andern, würde mit der Fortdauer des organischen Lebens nicht verträglich sein. P.

Welche chemische Beschaffenheit müssen unsere Nahrungsmittel haben?
[Schluß.]

Man theilt sämmtliche Nahrungsmittel in zehn specielle Klassen ein:

1) **Fiberförmige Speisen**; darunter gehören Fleisch und Blut der verschiedenen vierfüßigen Thiere, hauptsächlich derjenigen, welche ausgewachsen sind.
2) **Eistoffige**, als Eier.
3) **Gallertartige**: das Fleisch der jungen Thiere, Kalbfleisch, junge Hühner, gewisse Fische.
4) **Fettige und ölige Speisen**: thierische Fette, Butter, Cocosöl, Aale, — selbst Schweinfleisch, Enten- und Gänsefleisch rechnet man darunter, weil die Wirkung des Fettes vorwaltend ist.
5) **Käsige Speisen**: die verschiedenen Arten von Milch und Käse.
6) **Mehlspeisen**: Weizen, Roggen, Gerste, Hafer, Mais, Reis, Pfeilwurz u. s. w.
7) **Schleimige Speisen**; als Möhren, Rüben, Spargel, Kohl u. s. w.
8) **Süße Speisen**, nämlich solche, in denen der Zuckerstoff vorwaltet: Zucker, Runkelrüben, Feigen, Datteln.
9) **Obstsäuerliche Speisen**: Citronen, Aepfel, Birnen u. s. w.
10) **Aromatische**: Salz, Pfeffer, Senf u. s. w.

Die Getränke dagegen zerfallen nur in vier Klassen:

1) **Wasser**: Quell-, Fluß-, See-, Regenwasser.
2) **Aufgußgetränke**, welche von Aufgüssen auf Pflanzen- oder Thierstoffe bereitet werden: Molkenwasser, Thee, Kaffee u. s. w.
3) **Gegohrene**: Wein, Bier.
4) **Alkoholhaltige oder spirituöse**: Alkohol, Branntwein, Rum.

Unter den genannten Nahrungsmitteln ist Zucker derjenige Stoff, welcher keinen eigentlichen Nahrungsstoff und auch keinen Stickstoff enthält. In ihm walten Sauerstoff und Kohlenstoff vor. Magendie machte folgenden Versuch damit. Er fütterte einen drei Jahr alten, gesunden Hund blos mit Zucker und gab ihm destillirtes Wasser zu saufen. In den ersten sieben Tagen befand er sich bei dieser Kost ganz wohl, er war munter, beweglich, fraß mit Appetit und trank wie zuvor. In der zweiten Woche wurde er magerer, jedoch blieb seine gute Eßlust und er nahm in einer Zeit von 24 Stunden sechs bis acht Unzen Zucker zu sich. In der dritten Woche wurde er zusehends schmächtiger, seine Kräfte nahmen ab, das Thier verlor seine Munterkeit und seine Eßlust ließ nach; es entwickelte sich zuerst an dem einen und dann am andern Auge mitten auf der durchsichtigen Hornhaut ein Geschwür und hatte in einigen Tagen eine Linie im Durchmesser, in gleichem Maße nahm die Tiefe desselben zu; als die Hornhaut vom Geschwür durchfressen war, rann die Feuchtigkeit aus dem Auge. In diesem Zustande fraß er immer noch, aber das Fressen wurde ihm so schwer, daß er Mühe hatte, zu kauen und zu schlucken. Am 32. Tage nach dem Anfange des Experimentes starb er. Magendie öffnete das Thier mit aller möglichen Vorsicht und fand einen gänzlichen Mangel an Fett; die Muskeln waren bis auf $5/6$ zusammengezogen. Die Eingeweide waren zusammengeschrumpft.

Hatte nun Magendie gefunden, daß eine nahrungsstofflose Substanz das thierische Leben auf die Dauer nicht erhalten könne, so machte er einen zweiten Versuch. Er nahm eine Materie, welche keinen Stickstoff, wohl aber Nahrungsstoff enthielt, nämlich Olivenöl, und fütterte damit einen andern Hund. Das Thier befand sich 15 Tage lang wohl; allein später ergab sich die nämliche Reihe von Zufällen, welchen der erste Hund ausgesetzt gewesen war, und am 36. Tage nach dem Anfange des Versuches starb er. Nur das Augenübel stellte sich nicht ein. Hieraus zog nun Magendie die Folgerung, daß **Nahrungsmittel für thierische Körper nothwendig Nahrungsstoff und Stickstoff enthalten müssen.**

Was die fiberförmigen Nahrungsmittel betrifft, so enthalten sie einen zähen, faserigen Stoff, welcher sich viel schwerer verdauen läßt, als die gewöhnlichen aus dem Pflanzenreiche herstammenden Nahrungsmittel. Jener Stoff hat den Namen Fibrin, ist weiß, geschmack- und geruchlos; im Trocknen wird er hart, spröde und halbdurchsichtig. Er enthält 19 Procent Stickstoff. Auch der Eiweißstoff ist ein Bestandtheil sowohl der festen als der flüssigen thierischen Theile. Aufgelöst in Wasser, bildet er den Hauptbestandtheil des thierischen Blutes, sowie der Flüssigkeit der Wassersucht. Im festen Zustande ist er im thierischen Körper vorhanden, und befindet sich in der zelligen Membrana, in der Haut, in den Drüsen und den Gefäßen. Er enthält 15 Proc. Stickstoff. Die Gallerte hat 16 Procent Stickstoff. Die Milch besteht aus $4½$ Proc. Butter, $3½$ Proc. Käsestoff und 92 Proc. Molken, von denen der Käsestoff 21 Proc. Stickstoff enthält.

Die Sphinx.

Sowol in der griechischen als auch in der ägyptischen Mythologie gab es eine Sphinx als fabelhafte Idee, deren beiderseitige Vorstellungen jedoch gänzlich von einander abweichen. Der griechischen Sphinx hatte man vorzüglich zwei Eigenschaften beigelegt: die der Grausamkeit und der Räthselhaftigkeit. Die Sage erzählt von ihr: sie lege auf ihrem Wohnplatze, einem Berge bei Theben, den Menschen Räthsel vor; könnten die Unglücklichen diese nun nicht lösen, so zerreiße und verschlinge die Grausame dieselben. Diese Sphinx trieb ihr Wesen so lange fort, bis Oedipus, ein Fremdling im thebanischen Lande, eines ihrer schwierigsten Räthsel löste und sie sich aus Verzweiflung darüber vom Felsen herabstürzte. —

Ganz verschieden von dieser, war nun die Vorstellung der Sphinx bei den Aegyptern, denn dieser gehörte weder die Grausamkeit, noch die Kunst, spitzfindige Räthsel aufzugeben, an; sie scheint im Gegentheil ein Sinnbild der Fruchtbarkeit gewesen zu sein, welche der Nil dem Lande bringt. Man setzte sie aus einem weiblichen Kopfe und einem Löwenkörper zusammen und deutete dadurch die Monate Juli und August an, in welcher Zeit der Nil das Land überschwemmt und die Sonne in die Himmelszeichen des Löwen und der Jungfrau tritt.

Die berühmteste Sphinx, welche unter dem Namen der kolossalen bekannt ist, befindet sich in der Nähe

Die kolossale Sphinx.

einer Pyramidengruppe bei Kairo in Aegypten, und wir haben die Abbildung derselben vor Augen. Es ist jetzt, nachdem man die sorgfältigsten Untersuchungen und Nachgrabungen bei derselben angestellt hat, als feste Thatsache ausgemittelt, daß dieses wunderbare Erzeugniß der alten Kunst aus demselben festen Felsen ausgehauen ist, von welchem man sonst nur annahm, daß es auf demselben ruhte. Sie hat, jenen Untersuchungen zu Folge, eine Länge von 145 Fuß und vorn eine Höhe von 62 Fuß, von welcher mehr als die Hälfte vom Sande verschüttet ist, so daß sie nur noch etwa 27 Fuß hoch hervorragt. Welche ungeheure Masse muß das Ganze dem Kopfe nach zu urtheilen gewesen sein! Merkwürdig ist es, daß man die Augen hohl fand; eine weite bequeme Oeffnung vom Scheitel des Kopfes führte dahin; wahrscheinlich benutzten die ägyptischen Priester diese Oeffnung zu den Orakelsprüchen und Weissagungen, welche sie dem abergläubischen Volke mit Schallröhren von oben herab zuriefen. Das Gesicht, das den afrikanischen Charakter an sich trägt, ist durch die Länge der Zeit beträchtlich angegriffen, bietet aber noch jetzt einen milden und selbst erhabenen Ausdruck dar. Die um das Haupt laufenden sichtbaren Einschnitte, welche von Einigen für die Verbindung der Steine angesehen worden sind, sind, wenn wir den Erzählungen von Augenzeugen trauen sollen, nichts Anderes als Adern in dem Felsen.

Zufolge der neuesten Nachgrabungen hat der Körper des ungeheuren Bildwerks eine liegende Stellung, und die Pfoten erstrecken sich 50 Fuß von dem Körper selbst aus ins Freie hin. Die ganze Sphinx erscheint gegenwärtig, nach Wegnahme der Verschüttung, von einer Mauer umgeben, welche überall in einer Entfernung von 30 Fuß von der Figur absteht. Diese Mauer ist von ungebrannten Ziegeln gebaut, aber nach der Innenseite mit behauenen Steinen belegt. Von dieser Mauer führen zwei Treppen herab, zwischen denen sich die Ueberreste zweier Altäre befinden, welche mit griechischen aber ziemlich verwischten Inschriften bedeckt sind. Im Mittelpunkte des ganzen vorderen Raumes, zwischen den ausstreckten Pfoten der Sphinx, steht abermals ein steinerner Altar, auf welchem ein Granitblock gefunden ward, welcher mit Verzierungen von Bildhauerkunst und einer Inschrift in Hieroglyphen versehen ist. Das Ganze war also unbezweifelt Tempelraum, Tempelbild und die Bildsäule der Göttin, wenn auch begraben und nicht so schön, doch viel kolossaler als das ebenfalls kolossale Jupiterbild des Phidias in Griechenland *).

E. K.

*) Schon Plinius liefert eine Beschreibung der Sphinx und bemerkt, daß der Kopf 102 Fuß im Umfange habe, die Länge 143 Fuß betrage und daß man die Sphinx für das Grabmal des Königs Amasis halte.

Der Red.

Folgende Druckfehler in den ersten Nummern des neuen Jahrganges, welche durch die Entfernung des Druckortes verursacht wurden, wolle der geneigte Leser berichtigen:

Nr. 53 S. 417 Sp. 2 Z. 15 statt Faltoney lies Factorei
  =   S. 418 Z. 3 statt Kupfergrubenfluß lies Kupferminenfluß
  =   S. 422 kommen die Worte Sp. 1, Z. 16—21 von Sollte — Flaschenzug in Wegfall.
Nr. 54 S. 429 Z. 12 statt Biont lies Biot
Nr. 57 S. 452 Sp. 2 Z. 31 kommen die Worte: Wahrscheinlich bis lassen, in Wegfall
Nr. 58 — statt überfluthe lies überfluthet
Nr. 59 S. 471 Sp. 1 Z. 21 statt praeclares lies praeclaros
  =   S. 472 st. Brenneffel lies Brennneffel
  =   Ebendas. Sp. 2 Z. 55 statt Achsel lies Axel

Verlag von Bossange Vater in Leipzig.
Unter Verantwortlichkeit der Verlagshandlung.

Das Pfennig-Magazin
der
Gesellschaft zur Verbreitung gemeinnütziger Kenntnisse.

67.]   Erscheint jeden Sonnabend.   [August 9, 1834.

Der Hund auf Neufundland.

Dieser Hund, der mit langem, wolligen Haare, hangenden Ohren und einer Schwimmhaut zwischen den Zehen versehen ist, zeichnet sich durch Gelehrigkeit und Treue aus; er ist der Gehülfe bei mancherlei Arbeiten und oft der Retter der Menschen auf dem Meere; man kann sich auf seinen Muth und seine Klugheit verlassen, und er legt häufig Proben davon ab, die alle Erwartung übersteigen.

Das Packetboot Durham von Sunderland war an der Küste von Norfolk, unweit Clay, gescheitert. Ladung und Mannschaft konnten nur dadurch gerettet werden, daß man ein Tau zwischen dem Fahrzeug und dem Ufer befestigte; dieses war aber zu weit entfernt, um ein Tau hinüber zu werfen, und der Sturm zu heftig, als daß ein Matrose zur Rettung seiner Unglücksgefährten es hinüber zu schaffen wagen konnte. Zum Glück für die Schiffbrüchigen befand sich ein neufundländer Hund am Bord, und diesem übertrug man das gefährliche Geschäft. Das Ende des Taues in dem Maule sprang er in die schäumenden, mit furchtbarem Getöse sich aufthürmenden Wellen. Schon hatte er eine ziemliche Strecke Wegs zurückgelegt, als seine Kräfte ihn zu verlassen begannen; demohngeachtet ließ er das Tau-Ende nicht los. Zwei beherzte Seesoldaten, die sich gerade am Ufer befanden, hatten mit Staunen die beharrliche Anstrengung des Thieres gesehen; sie bemerkten seine Ermattung und eilten ihm zu Hülfe. Wirklich erreichten sie es in dem Augenblicke, wo es untersinken wollte; sie ergriffen das Tau, das der Hund zwischen den Zähnen hielt, halfen diesem ans Ufer, und so konnte man die neun Personen retten, welche diese Zeit hindurch in schrecklicher Todesfurcht geschwebt hatten. Hätte der Hund den Seesoldaten nicht den größten Theil des Weges erspart, den zweimal zurückzulegen unmöglich war, so würde die Mannschaft ihr Grab in den Wellen gefunden haben.

Bisweilen findet man zwischen einem jungen Hunde und seinem Herrn eine Vertraulichkeit, die jeden Unterschied aufhebt, so daß jener der Kamerad des Letztern zu sein scheint. Welche üble Folgen diese Vertraulichkeit haben kann, wird man aus folgender Erzählung sehen.

Ein junger englischer Seemann, der sich auf einem Kriegsschiffe befand und im Schwimmen geübt war, hatte einen schönen neufundländer Hund. Er machte es sich häufig zum Vergnügen, neben diesem im Wasser zu schwimmen und allerlei Kurzweil zu treiben, wodurch er eine große Menge Zuschauer herbeilockte. Eines Tages ließ er es sich beifallen, seine Hände auf den Kopf des

Hundes zu legen und durch einen heftigen Stoß in eine beträchtliche Tiefe untertauchen zu lassen, aus welcher er einige Minuten darauf wieder zum Vorschein kam. Dem Hunde gefiel dieser Zeitvertreib, und bald legte er ebenfalls seine Pfoten auf den Kopf seines Herrn, um auch ihn untertauchen zu lassen. Er wiederholte dies mehrmals, bis der junge Mann nicht wieder sichtbar wurde. Jetzt fing das Thier voll Verzweiflung an zu heulen und zu winseln, tauchte unter, kam wieder auf die Oberfläche des Wassers, um seine Klagen zu erneuern, und verschwand wieder, seine Nachforschungen fortzusetzen. Endlich gelang es ihm, seinen Herrn aufzufinden; er erfaßte ihn mit dem Maule und zog ihn durch Anstrengung aller Kräfte empor. Man kam den kühnen Schwimmern zu Hülfe, und eine Schaluppe führte sie ans Land.

Das Nordlicht.
[Schluß.]

Als entzündende Materie nahm nun Libes einen elektrischen Funken an; allein es ist durch Versuche des Herrn von Grothuß erwiesen, daß die Elektricität die Knallluft, bei einer Höhe der Luft, wo das Quecksilber $1\frac{3}{4}$ Zoll steht, nicht mehr zünden kann. Es blieb also nichts Anderes übrig, als fremde Zünder anzunehmen, und man hat solche in den Sternschnuppen finden wollen, welche bekanntlich, darf man Messungen dieser Art überhaupt trauen, gleichfalls sehr hoch, und circa in ebenso hohen Luftregionen befindlich sind, als man in Folge angestellter Höhenmessungen die Nordlichter angenommen hat. Zu solchen Messungen gehören nothwendig mehrere Personen, welche sich verabredet haben, oder wenn das nicht der Fall ist, die einzelnen Umstände der Messung einander mittheilen. Allein die Resultate derselben können doch immer nur sehr unsicher ausfallen. Als Mittelpunkt des Messens kann am füglichsten der Mittelpunkt des oben erwähnten Ringes dienen. Schon seit dem Jahre 1737 hat man Höhenmessungen dieser Art angestellt; Euler hält sie einige hundert Meilen hoch, jedoch erklärt er ihre Entstehung von dem Zodiakallichte, d. h. von der Sonnenatmosphäre, welche mit unserer Erdatmosphäre in Berührung trete. In seiner Erklärung interessirt uns mehr die Kühnheit als die Scharfsinnigkeit und Wahrscheinlichkeit.

Auch hat man versucht, folgende sehr merkwürdige physikalische Erscheinung auf die Erklärung des Nordlichtes anzuwenden. Wenn eine Glasröhre vermittelst der Luftpumpe von der Luft befreit wird, und man sie alsdann an den Conductor der Elektrisirmaschine hält, so scheint die ganze Röhre von einem milden blauen Lichte entflammt. Zieht man den Glascylinder durch die Hand, so wird das Licht bei einem jedesmaligen Striche lebhafter, und obwohl ein beträchtlicher Theil der Elektricität entwichen sein muß, so flackert die Flamme doch fort, wenn man die Röhre an dem einen Ende hält: ergreift man sie nun mit der andern Hand am entgegengesetzten Ende, so zuckt das Licht von einem Ende zum andern, und die Erscheinung erhält sich oft mehr als 20 Stunden, ohne des wiederholten Einströmens von Elektricität zu bedürfen.

Ob man der Annahme Raum geben könne, daß die erst vor Kurzem vom Physiker Faraday gemachte Entdeckung des Elektromagnetismus, oder der Eigenschaft des Magneten, elektrische Strömungen hervorzubringen, eine Rolle bei dem Nordlichte spiele und wohl gar dessen erste Entstehungsursache sei, kann bei der Jugendlichkeit dieser neuen Lehre der Physik noch nicht entschieden werden. Liebhaber der Naturlehre, welche sich näher über Elektromagnetismus unterrichten wollen, verweisen wir auf Poggendorfs Annalen Bd. 24 und auf Schweiggers Journal Bd. 64.

Wenn wir nun gleich unserm Leser versprochen haben, ihn mit der Aufführung der verschiedenartigen Ansichten über die Entstehungsursachen des Nordlichts zu verschonen, so glauben wir ihm jedoch die eigenthümliche Ansicht Biot's um so weniger vorenthalten zu dürfen, da sein Name unter den Physikern als Stern erster Größe glänzt, und sein Lehrbuch der Experimentalphysik gewiß unter den Büchern über Physik den ersten Platz verdient. Er hält nämlich die Lichtmeteorsäulen für eine metallisch-ätherische Substanz, und bemerkt, daß sich nur aus dieser Annahme die mannichfaltigen, das Nordlicht ausmachenden und begleitenden Erscheinungen, z. B. das gleichzeitige Schwanken der Magnetnadel, erklären ließe. Seine Worte sind nach Fechners Uebersetzung folgende: „Alle diese, den Beobachtungen völlig entsprechenden Folgerungen ergeben sich, wie man sieht, aus der einzigen Grundansicht, daß die Säulen, welche das Nordlicht ausmachen, wenigstens großentheils metallischer Natur sind. Ihre Uebereinstimmung mit den Erscheinungen erhöht daher gar sehr die Wahrscheinlichkeit dieser Annahme, auf welche der Magnetismus der meteorischen Säulen uns zuerst hingewiesen hat; und die innere Verbindung und genaue Abhängigkeit, in welche diese so zahlreichen und so verschiedenartigen Eigenheiten des Nordlichtes unter diese Idee treten, geben ihr einen Charakter von Realität, welchen man selten in denjenigen physikalischen Betrachtungen antrifft, die nicht der Wahrheit gemäß sind."

Es ist wahr, diese Erklärung zeugt von großem Scharfsinn und Umsicht in dem Gebiete der Naturlehre; der Verfasser wußte alle Erscheinungen in einer Idee zu vereinigen, allein sein Schlußstein scheint uns gleichwohl ein künstlicher zu sein. Denn abgesehen davon, daß das reelle Vorhandensein von Metalltheilen in Gasform noch gar nicht ermittelt ist, so würde wiederum ein neues Räthsel als aufzulösendes Problem einen gewiß noch größern Scharfsinn in Anspruch nehmen. Auf welchem chemischen Wege sollten sich solche Materien bilden? Auf welchem mechanischen sollten sie sich zu Säulen gestalten, auf welchem physisch-mechanischen sollten sie sich von den Erdmetallen losreißen? Das heißt doch eine Unbegreiflichkeit durch eine andere erklären. Doch die Ehre der Scharfsinnigkeit dürfen wir nicht antasten, da er, wo die Realität nicht handgreiflich vorliegt, eine Lücke durch eine sinnige Idee zu füllen weiß.

Was die bogenförmigen Lichtzüge betrifft, so hat Dalton dieselben nach den mathematischen Gesetzen der Luftperspective erklärt, und Biot dessen Ansicht zur seinigen gemacht. — Das Merkwürdigste bei der Erscheinung des Nordlichts ist, daß der Mittelpunkt des oben beschriebenen Bogens für alle Orte der Beobachtung stets im magnetischen Meridiane, d. h. an demjenigen Punkte des Himmels liegt, nach welchem die freischwebende Magnetnadel hinweist, woraus man auf jenen Zusammenhang zwischen dem Erdmagnetismus und dem Nordlichte schließt.

Die Beschreibung eines Südlichtes enthält die Reise Forster's und Cook's um die Welt. In der Hauptsache stimmen sie mit den Nordlichtern überein; die Reisenden machen bemerklich, daß es mehrere Tage hintereinander sich zeigte.

Peter der Große.

Man kann wohl mit Recht annehmen, daß die Weltgeschichte fast in jedem Jahrhundert große Männer aufzuweisen hat, welche bald durch ihren Unternehmungsgeist als mächtige Eroberer große Reiche gründen, bald aber auch durch Scharfsinn und Erfindungskraft sich bleibende Denkmäler stiften und oft erst den künftigen Geschlechtern Segen bringen. Der kühne Geist Alexander's flog aus von Macedoniens Strymon bis über den Indus hinaus, der Sieg begleitete ihn überall, bis das große macedonische Weltreich in seiner kolossalen Gestalt dastand und ein redender Zeuge war, daß einem kühnen, vom Glücke begünstigten Geiste das Wunderbare und Unglaubliche nicht unerreichbar ist. Bei dem Gedanken an die Heere eines Darius und Xerxes denken wir unwillkürlich an große Völkerwanderungen, welche auf ihrem verheerenden, und wie es schien, unaufhaltsamen Zuge Alles zu vernichten drohten, denkt man an die letzten Zeiten eines Augustus, welcher von den Säulen des Hercules bis zum Herzen Asiens, von der Ost- und Nordsee bis zu den Sandwüsten Afrika's römische Adler glänzen ließ; so staunt der sinnende Mensch, wie fast die ganze bewohnte Erde einem Gebieter, gleichsam einer sterblichen Gottheit, zinsbar ist. Die Geschichte lehrt aber zugleich, daß Reiche, welche von solchen Eroberern zusammengerafft worden sind, sich gewöhnlich mit dem Tode ihres Zwingherrn wieder auflösen, und entweder in schreckliche Anarchie (Staatsunordnung) verfallen, oder kleinen Gewalthabern zur Beute werden. Um so mehr aber verdient es dann unsere Bewunderung und Aufmerksamkeit, wenn uns die Geschichte ein Riesenreich aufweist, welches nicht nur durch seine eigene Größe niedergedrückt wird, sondern sogar auch im Zeitenstrom immer neuen und neuen Zuwachs erhält, sich in sich selbst befestigt durch Künste und Wissenschaften, und endlich aus allen Kriegsstürmen, die es zu überwinden hatte, siegegekrönt hervorging, so daß es endlich als mächtiger, gewappneter Riese dasteht, der Jeden zu zerschmettern droht, der sich erkühnen wollte, sein Eigenthum anzutasten. Ein solches Reich ist Rußland mit seinen 349,000 ☐M., mit seinen 52 Millionen Einwohnern, wo der an Schweden grenzende Lappländer 2100 Meilen durchlaufen müßte, um mit dem Tschuktschen an der Behringsstraße sprechen zu können, wo der in der Residenz Petersburg Wohnende 313 Meilen reisen muß, um in Taurien, ebenfalls noch als russischer Unterthan, den Frühling des Südens beim schäumenden Pokal des Taurierweins genießen zu können. Dieses Reich, als das neunte Theil der bewohnten Erde, hätte vielleicht gleiches Schicksal gehabt wie Alexanders eroberte Ländermassen, wie das westliche Römerreich unter Romulus Augustulus, wäre nicht ein großer Regent aufgetreten, welcher durch Ausführung seiner Riesenpläne mit einer Energie, die nur großen Geistern eigenthümlich ist, dieses große Reich zu einem innigen Ganzen vereinigt und es durch Förderung der Künste und Wissenschaften, wie durch eine Zauberwirkung aus seiner in Finsterniß und Aberglauben befangenen Barbarei riß, durch Begünstigung des innern und äußern Handels zum Wohlstande gebracht, und endlich durch Disciplinirung dieser Völkermassen den Grund dazu gelegt hätte, daß jetzt eine Landmacht von beinahe einer Million den angreifenden Feind empfangen kann. Peter der Große war es, welcher beinahe gegen hundert Nationen zwar mit eisernem Scepter regierte, aber so viel zur Erhaltung und zum Flore des Staats beitrug, daß sich jetzt im europäischen Staatensysteme ein Reich gebildet hat, welches des forschenden Menschen Bewunderung erregen muß. Groß und undurchdringlich ist der Gang der Vorsehung, welche Männer werden läßt, auf deren Schultern künftige Generationen, wie hohe Berge auf tief liegenden Felsengründen ruhen können. Man nehme den Namen Peter's des Großen aus der Weltgeschichte, und siehe, Petersburg ständе mit seinen Marmorpalästen, seinen 95 Kirchen, seinen Häfen und Festungswerken nicht da, und es würden jetzt nicht 1200 Schiffe ein- und auslaufen, wenn nicht Peter I. selbst als Zimmermann das Beil gehoben und den Mast zum ersten Schiffe für sein großes Kaiserreich gezimmert hätte. Solche ungewöhnliche Glanzcharaktere verdienen jedes nachdenkenden Menschen Aufmerksamkeit, sie mahnen an eine ewige Vorsehung und zugleich an die tiefe Lehre: Achtung des Menschen im lallenden Kinde, wie im kraftvollen Manne. Peter lall'te auch als Kind und Niemand ahnete (siehe Voltaire Pierre le Grand p. 114) in dem Kinde den mächtigen Gründer einer großen Kaiserstadt. Wir wollen das Wichtigste aus seinem Leben hervorheben, um unserm Geiste ein treues Bild von ihm vorführen zu können. Wenn der Ehrentitel: der Große, bei vielen Helden sowohl des Alterthums, als auch der neuern Zeit bald als ein Erzeugniß der Schmeichelei, bald als eine Ueberschätzung der Verdienste betrachtet werden kann, so findet doch keins von beiden bei Peter I. Statt, und verdient irgend ein Held oder Regent diesen Beinamen, so wollen wir den Gründer eines Staats, dessen Bewohner jetzt nach 110 Jahren seiner dankbar gedenken können, mit vollem Rechte den Großen nennen. Peter war für seinen Staat, was Solon, Zaleucus, Drakon ihrem Vaterlande als Gesetzgeber waren, Peter war für das Ausland in Hinsicht der Vergrößerung, was Cäsar für Rom und Alexander für Macedonien waren. Wenn Aristides der Gerechte mit vollem Verdienste genannt wird, so ist Peter dieser Benennung nicht minder werth. Peter war milder als Brutus, denn er verzieh seinem zum Tode verurtheilten Sohne. Für Kirche und Schule war Peter, was Karl der Große im Mittelalter für seine Unterthanen war. Wißbegierde war es, die ihn seinen Czarenpalast vergessen hieß und ihn nach Amsterdam führte, um nicht weit von dieser Stadt in Saardam als gemeiner Zimmermann Schiffe für ein großes Kaiserreich zu zimmern. Dies hatte Peter mit dem Solon gemein, daß er von einer nie zu sättigenden Wißbegierde getrieben wurde. Das Hervorstechendste in seinem Charakter ist die Ueberzeugung, daß man selbst die Pflichten genau erfüllen müsse, die man Andern auflegen will, und selbst ein Beispiel gebe, welches jeden Andern aufmuntern könne. Daher diente der große Czar als gemeiner Soldat unter einem seiner Generale, daher diente er als gemeiner Matrose unter einem seiner Admirale, und stieg so von einem Grade zum andern, von dem Tambour bis zum Feldmarschall, von dem Matrosen bis zum Viceadmiral. Wenn wir den Alexander bewundern, wie er am Granikus kühnes Muthes unter die fliehenden Feinde stürzte und von ihnen umzingelt wie ein Löwe kämpfte: werden wir nicht minder Peter I. unsere Bewunderung schenken, wenn wir ihn bei Pultawa unter einem mörderischen Kugelregen unerschrocken vordringen und seinen Hut und seine Kleider von Kugeln durchlöchert sehen. Die Natur hatte ihm einen Körper verliehen, welcher jedem Ungemach trotzen konnte. Peter war groß und schlank, wohl gebildet, hatte ein edles Gesicht und lebhafte Augen. Er war zehn Jahr alt, als sein Vater Feodor Alexiewitsch starb und ihn als Thronerben hinterließ. Was der junge Cato unter einem Sulla, Cinna, Marius erblicken mußte, dies mußte Peter bei dem Aufstande der Strelitzen (Garden) sehen. Seine Stiefschwester Sophie selbst, welche zugleich mit dem schwächlichen Ivan während seiner Minderjährigkeit regierte, suchte gegen ihn und zu seinem Untergange die Macht der Strelitzen zu benutzen. Allein der siebzehnjährige Prinz zeigte ihr bald, wie ohnmächtig ihr Anschlag wäre; denn sie büßte ihr Unternehmen damit, daß sie auf Peters Anordnung im Trinitätskloster gegen ihre Neigung den Schleier nehmen mußte, um dort ihre Tage zu verleben. Peter hätte jetzt der sichersten und angenehmsten Ruhe genießen können; allein sein unternehmender Geist führte ihn in alle Theile seines Reichs, ließ ihn die Mängel ausspähen und auf Mittel sinnen, sie zu entfernen. Er wünschte, daß Handel, Schifffahrt, gute Gesetze, Manufacturen und Fabriken, Künste und Wissenschaften in seinem Reiche blühen möchten. Diese Gedanken beschäftigten seine Seele. Einige unbrauchbare Schiffe ließ er für sich ausbessern, stach in die See beim Trinitätskloster und machte selbst den Steuermann. Das weiße Meer hatte kaum vor ihm einen Czaren getragen; Peter aber schiffte jetzt auf demselben mit neu erbauten Schiffen bei Archangel. Später ließ er aus Deutschland, Holland, Italien Handwerker, Künstler und Gelehrte kommen, um Künste und Wissenschaften zu verbreiten. Bald darauf wurde ein neues militärisches Gesetzbuch entworfen. Die Strelitzen waren ihm zu mächtig geworden, er ging damit um, sie zu demüthigen. Die von ihm errichtete Garde leistete ihm hierin ersprießliche Dienste. Er konnte jetzt schon mit 12,000 disciplinirten Soldaten ein Manoeuvre anstellen. Der Gedanke, sich der Schifffahrt auf dem schwarzen Meere zu bemächtigen, trieb ihn an, mit seiner Armee nach dem Don zu marschiren. Am 28. Juli 1695 ergab sich Azow. Ein prächtiger Triumpheinzug in Moskau verherrlichte den Sieger bei Azow, und eine Münze: „Peter I. Czar von Rußland (Semper Augustus)", erhielt das Andenken daran. Um aber geschickte Marine-Offiziere zu erhalten, sendete er 60 junge Russen nach Venedig, damit sie die Schiffsbaukunst studirten, 40 andere ließ er nach Holland reisen, noch andere mußten nach Deutschland wandern, um die Taktik zu studiren. Peter's berühmte Reise, die er nach Holland machte, könnte uns Stoff zu einer schönen Betrachtung geben, wie ein großer Regent von seinem Throne herab zu steigen sich entschließen kann, um das Scepter mit einem gemeinen Zimmermannsbeile zu vertauschen. Manches Monument großer Helden rühmt die Weltgeschichte, aber Peters des Großen Aufenthalt und sein kleines Wohnhaus ist wohl in seiner Art eines der rühmlichsten Monumente, welches nicht an Blut, nicht an Eroberung und nicht an Schreckensscenen erinnert, sondern an die geistige Größe eines jungen Fürsten, welcher aus Patriotismus, Wißbegierde, aus gerechtem graden Sinne seinen hohen Stand vergaß, sich in die Reihen gemeiner Zimmerleute mengte und sich Peter Michel nennen ließ, um ein Kriegsschiff zimmern zu lernen, auf dem er einst, Matrose und Czar in einer Person, dienen kann, um sein mächtiges Reich gegen Schwedens kreuzende Flotten zu schützen. Es war im April 1697, als Peter I. von Moskau abreiste über Nowogorod, durch Esthland, Liefland kommend, über Berlin, und endlich nach Amsterdam. Er miethete sich hier anfangs ein Haus, kleidete sich wie ein Matrose, und ging so nach Saardam, welches nicht weit von Amsterdam liegt. Hier ließ er sich in die Liste der Zimmerleute einschreiben, fing an Schiffshölzer zu zimmern, und wurde unerkannt als Peter Michaelow gegrüßt.

[Fortsetzung folgt.]

Peter's des Großen Wohnung zu Saardam.

Der gemeine Pelikan.
(Pelecanus Onocrotalus.)

Der gemeine Pelikan, der auch Kropfgans, Nimmersatt und Onvogel genannt wird, lebt vorzüglich am schwarzen und mittelländischen Meere, kommt zuweilen auf der Donau bis nach Deutschland, und erreicht mehrmals die Länge von 6½ Fuß. Die Flügel reichen über den nur 8 Zoll langen Schwanz hinaus. Der 15—18 Zoll lange Schnabel ist an der Wurzel bleifarben, in der Mitte gelblich und am Haken, sowie an einigen Auswüchsen, die sich unten am Oberkiefer

Der gemeine Pelikan.

befinden, von rother Farbe. Am Unterkiefer ist ein großer häutiger Sack, der so ausdehnbar ist, daß er gegen 30 Pfund Wasser fassen kann. Die Farbe dieses Sackes, der, wenn er durch nichts ausgedehnt wird, so in Falten liegt, daß er kaum bemerkt wird, ist hellgelb. Die nackte Gesichtshaut ist weiß. Am Hinterkopfe ist ein ziemlich langer, herabhängender Federbüschel. Der ganze Körper ist mit einem röthlich weißen Gefieder bedeckt, das gegen den Sommer ganz in's Weiße fällt. Nur die vordern Schwungfedern sind schwarz. Die Füße sind gelbliche Schwimmfüße. Das Weibchen gleicht dem Männchen.

Als Zugvögel ziehen die Pelikane im Winter in großen Schaaren in südlichere Gegenden. Ihre Nahrung besteht in Fischen; doch fressen sie auch Ratten, Mäuse und andere kleine Säugethiere. Ihre Gefräßigkeit ist so groß, daß sie sich gewöhnlich auf einmal soviel fangen, als wohl 6 Menschen zu einer Mahlzeit brauchen, und nicht selten Karpfen von mehrern Pfunden verschlingen. Das, was sie nicht verzehren können, sollen sie in dem häutigen Kehlsacke aufbewahren und ihren Jungen zutragen. Zum Fangen der Fische stürzen sie sich entweder mit der Schnelle des Pfeiles auf sie herab, oder sie treiben sie mit den Flügeln zusammen, indem sie ein lautes Geschrei, das fast dem Eselsgeschrei gleicht, hören lassen. In der Gefangenschaft fangen sie Fische, die man ihnen in einer Entfernung von 5—6 Schritten zuwirft, mit der größten Geschicklichkeit auf.

Obgleich sie sehr träge sind und ihr Körper etwas schwerfällig gebaut ist, so vermögen sie sich doch sehr hoch in die Luft zu erheben und schnell zu fliegen; ihr Gang ist aber freilich etwas langsam und wackelnd.

Das Weibchen legt 2—5, auf beiden Seiten gleich abgerundete, große, weiße Eier in eine Höhlung, die sie am Ufer in die Erde oder den Sand gegraben haben. Die Jungen werden in 30 Tagen ausgebrütet und von den Alten gefüttert. Viel hat man sonst immer von der großen Mutterliebe dieser Vögel erzählt, indem man behauptete, die Mütter ritzten sich mit ihrem Schnabel die Brust auf und fütterten nun mit ihrem eigenen, aus der Wunde herabfließenden Blute ihre Jungen; allein dies beruht, wie man schon längst erwiesen hat, auf einem Irrthume. Die Alten lassen sie nämlich aus ihrem Kehlsacke, in welchem sie ihnen die Nahrung zutragen, fressen, und da nun hierbei oft das Blut von den zerrissenen Fischen an dem Halse und der Brust der Alten herabläuft, so konnte natürlich leicht, durch Beobachter, welche aus der Ferne dieser zärtlichen Fütterung zusahen, jener Irrthum entstehen und verbreitet werden.

Das Fleisch der Alten ist thraniger und weniger schmackhaft als das der Jungen. Die Haut wird gegerbt, aber die Federn werden daran gelassen und so dienen sie zu herrlich erwärmendem Pelzwerke. Aus der Kehlhaut macht man Beutel u. s. w. und die weichen Dunen, welche den Gänsedunen gleichen, werden wie diese gebraucht.

In vierfacher, ganz aus dem Leben gegriffener Stellung erblicken wir auf unserer Abbildung diesen großen Wasservogel, der sich selbst oft an Deutschlands Seeküsten blicken läßt. Indem der eine mit der Gier eines Heißhungerigen seine gemachte Beute, einige ziemlich große Fische, verzehrt, kratzt sich der andere mit dem hakenartigen Nagel seines Oberkiefers behaglich über dem Flügel. Jener in der Ferne schwimmende erhaschte soeben auch mit der Schnelle des Blitzes ein munteres Fischchen und ist nun beschäftigt, ihn in seinen Kehlsack und von da als sichere Beute weiter zu befördern, indessen über ihm eine treue Mutter, mit reichlich gefülltem Kehlsacke fliegt, um ihren lieben Kleinen eine Mahlzeit zu bringen, nach der sie schon längst, ihren großen ungefalteten Schnabel weit aufsperrend und kläglich schreiend, sich gesehnt hatten. M. A. B. R.

Furcht vor den Wirkungen der Schreibkunst.

Je gewisser es ist, daß alle Völker sich ihre Gedanken und Empfindungen durch die Sprache mittheilen, und daß selbst die rohesten Völker, welche die Uebergangsstufe von der Thierheit zur Menschheit bilden, kein anderes Mittel des Gedankenverkehrs kennen, um so mehr sollte man der Herder'schen Ansicht, daß die Sprache in ihrem Ursprunge ein unmittelbarer Ausfluß der Gottheit, also das Werk einer natürlichen Eingebung ist, beipflichten. Mit um so entschiedener Sicherheit aber kann man behaupten, daß die Schrift ein Werk der Cultur und Civilisation ist, da wilde Nationen, welche dieses Verkehrsmittel zuerst kennen lernen, sich gar keinen Begriff von der Bedeutung der Schriftzeichen machen können.

Folgender interessante Vorfall, welcher sich auf der Insel Tonga ereignete, möge einen Beleg mehr für die Annehmlichkeit obiger Ansichten geben:

Herr Mariner, ein Engländer, war als Gefangener in den Händen des Königs auf Tonga (Tongatabu, d. h. heilige Tonga) und dachte auf Mittel, sich seine Freiheit zu verschaffen. Der einzige Weg zu seiner Befreiung, der ihm nach manchen vergeblichen Versuchen noch offen stand, schien ihm der zu sein, auf irgend eine Art Nachrichten von seinem Schicksale nach Europa zu befördern. Da ihm keine Dinte zu Gebote stand, so löste er Schießpulver in Wasser auf und schrieb einige Worte über seine Lage auf ein Blättchen, das er heimlich einem Anführer der Wilden, welchen er auf seine Seite gezogen hatte, mit der Bitte übergab, es dem ersten Schiffscapitain, welcher auf Tonga landen würde, zu überreichen. Finno, der König dieser Insel, wurde jedoch von diesem Umstande unterrichtet; dunkle Ahnungen flößten ihm Verdacht ein, und er ließ zu der Stelle den Anführer, welcher den Auftrag übernommen hatte, erscheinen, verlangte das Blatt und da er dessen Inhalt nicht enträthseln konnte, befahl er dem Engländer Jeremias Higgins, welcher grade bei ihm war, ihm die Bedeutung dieses Blattes auseinanderzusetzen. Mariner war nicht zugegen. Higgins erklärte ihm, daß das Blatt an den ersten hier landenden europäischen Capitain mit der Bitte gerichtet wäre, bei dem Könige die Befreiung Mariner's und seiner Landsleute zu erwirken. Auch sage das Billet noch, daß ungeachtet der guten Behandlung, welche ihnen widerfahren wäre, sie dennoch ihr Vaterland einmal wiederzusehen wünschten. Diese Art, seine Gedanken mitzutheilen, war dem Könige unbegreiflich; er nahm den Brief, prüfte jeden Zug, konnte aber keine Aehnlichkeit zwischen den Charakteren und ihrer Bedeutung darin wahrnehmen. Er dachte einige Zeit nach, aber vergebens. Hierauf ließ er Mariner rufen und befahl ihm, etwas zu schreiben. Mariner fragte ihn, was er schreiben solle. „Schreibe mich selbst," antwortete der König. Der Engländer schrieb den Namen Finno (Feenow); der König ließ einen dritten Engländer kommen, gab ihm das Papier und fragte: wie er denn das Daraufstehende ausspräche.

Jener nannte den Namen „Finno." Der König, überrascht, seinen Namen zu hören, riß ihm das Papier aus den Händen, betrachtete es mit unverwandtem Blicke, drehte es rück- und vorwärts und sagte, indem er sich zu dem Briten wandte: „Das bin ich nicht! Wo sind meine Beine, wo meine Arme, wo mein Kopf? Woher wißt Ihr, daß ich durch die Figur vorgestellt bin? Nun so zeichne mir noch einmal einige Personen und Gegenstände hin." Mariner schrieb die Namen mehrerer umstehenden Personen auf und gab das Papier einem andern Engländer, welcher sogleich die Worte aussprach. So dauerte das Spiel mehrere Stunden fort, und das Staunen des Königs und seiner Chefs wuchs mit jedem neuen Erfolge. Es war ihm unerklärlich, wie man sich auf eine so geheimnißvolle Weise seine Gedanken mittheilen könnte. „Halt," rief plötzlich der König, „ich glaube, ich hab's gefunden," und gab seinem Gefangenen zu verstehen, daß er die Buchstaben für eine Art abgekürzter Zeichnungen halte. Mariner, um ihm seinen Irrthum zu zeigen, erbot sich, ihm auch solche Gegenstände zu schreiben, welche er nie gesehen habe und von denen er den Namen zu hören brauche. Hierauf flüsterte ihm der König leise den Namen „Toogoo-Ahoo" ins Ohr. (So hieß der vorige von ihm erschlagene König von Tonga.) Der Name wurde geschrieben und gelesen. „So etwas Wunderbares ist mir nie vor die Augen gekommen!" rief der König laut aus. Zuletzt ließ er ihm noch den Namen Tarky schreiben. (So hieß ein Chef, welchen der Engländer noch nie gesehen hatten.) Als Jemand den Namen las, fragte der König: „Ist denn Tarky einäugig oder ist er's nicht?" Er wollte aber durch diese Frage der Schreibkunst den Vorwurf der Ungenauigkeit machen. Mariner erwiederte ihm jedoch, daß er ihm nur den Namen zu schreiben befohlen habe. Finno flüsterte ihm also ins Ohr, zu schreiben: „Tarky fehlt das linke Auge." Ein anderer Engländer las es und alle umstehende Wilde sahen einander voll Erstaunen und Verwunderung an. Mariner erzählte ihnen hierauf, daß man in andern Weltgegenden Begebenheiten und Vorfälle viele hundert Meilen weit berichte, ohne daß der Ueberbringer von dem Inhalte des Papieres etwas wisse; er theilte ihm Vieles mit über das europäische Postwesen, über die Heiligkeit des Briefsiegels u. s. w. Man habe dort ganze Geschichten von Nationen, habe Mittel, das Papier und die Schrift lange zu erhalten, und man bringe auf hundert mal größere Räume durch einen einzigen Druck (Buchdruckerpressen) tausende von Gedanken. Fast starr vor Verwunderung nahm endlich der König das Wort: „Eure Kunst", sagte er, „ist außerordentlich bewundernswürdig, Keiner aber wage es, sie auf unserer Insel einzuführen; denn wenn es dahin käme, so gäbe es nichts als Verrath, Complott, Aufstand und Blutvergießen, und mein Leben wäre am Wenigsten gesichert."

Die Fata Morgana oder Luftspiegelungen.

Es gibt drei Arten von Lufterscheinungen oder Meteoren:

1) Die wässerigen Meteore, welche sämmtlich bekannt sind.

2) Die feurigen Meteore; darunter gehören Sternschnuppen, Feuerkugeln, Meteorsteine, Nordlichter.

3) Optische Meteore, oder solche, welche von den Eigenschaften des Lichtes herrühren, als Regenbogen, Höfe, Nebensonnen, das sogenannte Wasserziehen der Sonne, das Zodiakallicht und die Luftspiegelungen oder Fata Morgana.

Je mehr Naturerscheinungen den Charakter der Räthselhaftigkeit haben, um so mehr fesseln sie die Aufmerksamkeit, geben bei dem weniger Aufgeklärten dem Sinne für das Wunderbare Nahrung und laden den Gelehrten zur Erforschung ihrer natürlichen Ursachen ein. Nicht alle Orte der Erde eignen sich zur Hervorbringung der Luftspiegelungen, wie wir aus der natürlichen Erklärung derselben weiter unten sehen werden. Schon die Alten berichten uns, Phänomene dieser Art gesehen zu haben, geben uns jedoch kein deutliches Bild ihrer Beobachtungen. Dagegen schildert ein fleißiger Beobachter, Antonio Minasi, ein Dominikanermönch, mit der Bemerkung, daß die Fata Morgana sich ihm dreimal in ganz ungewöhnlicher Pracht und Mannichfaltigkeit dargestellt, die Erscheinung mit folgenden Worten: „Wenn die Strahlen der Morgensonne in einem Winkel von 45 Grad auf die See von Reggio fallen, und weder der Wind noch die Strömung die Oberfläche des Sees beunruhigen, der Beobachter aber so gestellt ist, daß er der Sonne den Rücken und der See sein Gesicht zukehrt, so erschließt sich dies herrliche Schauspiel der Strahlenbrechung; zahllose Säulen schweben in der Luft, gewölbte Bogen, artig gezeichnete Schlösser, luftige Thürme, Paläste mit Gebälk und Fenstern, ausgedehnte Alleen von Bäumen, weite Ebenen mit Lämmerheerden, Alles in seiner Naturfarbe und mit seinen eigenthümlichen Bewegungen; Alles eilt in einer ganz kurzen Zeit über den See dahin. Kommt nun noch der günstige Umstand dazu, daß die windstille Luft mit Dünsten durchdrungen ist oder daß solche die Sonne nicht verdünnte, so erhalten sich sämmtliche Gegenstände in einer Höhe von etwa 30 Palmen (26 Fuß) dicht über der See ruhig, und der Beobachter wird bemerken, daß die Gegenstände nicht nur in der See, sondern auch in der Luft einen Wiederschein, obwol nicht von so bestimmten Umrissen als im Wasser, bilden. Ist jedoch die Atmosphäre minder nebelig und undurchsichtig, so erscheinen die nämlichen Gegenstände, jedoch nur oberhalb der See, mit Regenbogenfarben. Letztere Entstehung ist auf unserer Abbildung an dem Schiffe, dessen Lichtumrisse die Regenbogenfarben bezeichnen sollen, dargestellt. Diese letztere ungleich seltenere Erscheinung erregt die Neugierde des Volkes, — es versammelt sich an der Küste und schreit im Ausbruch seiner Freude laut: „**Morgana, Morgana, Fata Morgana!**"

Glaubte nun das Volk in völligem Ernste an die dämonische Zauberkraft einer Wasserfee, Morgana genannt, so würde es, beschlichen von einem heimlichen Schauer des Wunderbaren, vielmehr still, aufmerksam und nachdenklich an sich halten; so aber ist der Aberglaube, welcher dem Phänomen seinen Namen gab, selbst unter dem Fischervolk des südlichen Italiens längst spurlos verschwunden. Wenn wir nun auch von allen Naturerscheinungen nicht immer die Ursache wissen, und oft wegen des Mangels an mancherlei Begriffen von Naturgesetzen nicht immer vollkommen einsehen können, so ist doch die Grundlage unserer Haus- und Schulerziehung der Art, daß wir stets natürliche Ursachen voraussetzen. Der Gebildete und Aufgeklärte will nichts unenträthselt lassen, sein geistiges Auge will den dichten Isisschleier durchschauen, dem Lichtstrahle der Wahrheit sollen die Nebel des Geheimnißvollen weichen. Und so dürfen auch wir denn wagen, unserer Naturbeschreibung eine Erklärung hinzuzufügen. Da wir an dem Dominikanermönche einen Beobachter haben, der auf alle gleichzeitigen Umstände, welche an den Luftspiegelungen mitwirken könnten, aufmerksam war, so wollen wir noch Einiges erwähnen: „Die See der Straße von Messina," sagt er, hat das Ansehen eines geneigten Spiegels; es findet in derselben eine gleichzeitige doppelte Strömung statt; die Strömung und Gegenströmung wechselt in Perioden von 6 Stunden, und bei Umkehr derselben bilden sich vorzüglich an den Grenzen der entgegengesetzten Strömungen Strudel, Vertiefungen, Erhöhungen und überhaupt Unregelmäßigkeiten; diese Grenze ist ungefähr 7—8000 Fuß von der Küste entfernt. Sobald nun die Strömungen wechseln und die Beschaffenheit der Luft die geeignete ist, erscheinen die Fata Morgana." Ein der Wissenschaft willkommenes Resultat seiner Beobachtungen ist die Erfahrung, daß sämmtliche Luftgebilde von wirklich vorhandenen Gegenständen, wie sehr zerrissen, vermengt und vermehrt sie sich auch darstellen mögen, herrühren. Wir wollen nun sehen, in welchen Zusammenhang wir die erzählten Umstände mit den Naturgesetzen bringen können. Ehe wir jedoch diese zu Rathe ziehen, sei es uns vergönnt, zur Vermeidung von Mißverständnissen einige Begriffserklärungen vorauszuschicken:

1) Unser Sehen wird vom Lichte vermittelt, welches von den Gegenständen, die wir sehen, ausgeht, und wir sehen von den Gegenständen nur ihr Licht, und daher ist Wahrnehmung des Lichtes eines Gegenstandes und Wahrnehmung des Gegenstandes selbst identisch oder gleichbedeutend.
2) Dieses Licht verbreitet sich nach allen Richtungen hin.
3) In einem luftleeren Raume würde das Licht eines Gegenstandes zwischen ihm selbst und dem Auge eine grade Linie bilden.
4) Bei einer gleichmäßigen Vertheilung der Luft geht der Lichtstrahl fast gradlinig durch.
5) Die Gegenstände, welche das Licht durchdringt, nennt man Medien oder Mittel.
6) Geht ein Lichtstrahl von einem Medium in ein anderes von verschiedener Dichtigkeit, also z. B. von der Luft ins Wasser, so weicht er von der ersten Richtung ab; man nennt dies Abweichen Brechung.
7) Die Brechung der Lichtstrahlen wird durch die Anziehung der Theilchen der Medien oder Körper auf die Theilchen des Lichtes hervorgebracht.

Finden also in unserer Atmosphäre Luftschichten von verschiedenartiger Dichtigkeit statt, so müssen sich die Lichtstrahlen von der Gradlinigkeit ablenken. Würden nun die Lichtstrahlen blos abgelenkt und nicht wieder zurückgelenkt oder, um uns verständlicher auszudrücken, gleichsam umgebogen, sodaß, wenn sie anfänglich von unten nach oben zugingen, sie nun wieder von oben nach unten zugehen, so könnten wir einen Gegenstand nur ein einziges Mal sehen. Von der Umbiegung des Lichtes aber kommt das Doppeltsehen eines Gegenstandes. Wir können uns dieses am Besten durch folgende bildliche Darstellung versinnlichen: Es

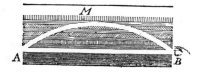

Die Fata Morgana bei Reggio.

stellt diese Abbildung ein Glasgefäß vor, in welchem verschiedene Medien, deren Dichtigkeit von unten nach oben abnimmt, enthalten sind. Man befestige an der äußern Wand des Gefäßes an A einen Gegenstand, so wird er erstlich, weil die Schicht AB gleichmäßig ist, nach Nr. 4 in grader Linie durchgehen und das Auge erreichen; allein in den höhern Schichten wird er fortwährend gebrochen, und oben krümmt er sich um, weil er von Nr. 7 von den untern dichtern angezogen wird; er biegt sich also da, wo Anziehungskraft und Brechungskraft einander aufheben, tritt in die untern Schichten zurück und fällt noch einmal in das Auge. Wäre nun eine solche Abstufung der Medien, wie sie in unserer Figur von unten nach oben ist, zugleich auch von oben nach unten, so könnte dann der Gegenstand gar zum dritten Male das Auge treffen, wie auf unserm Bilde die beiden untern Schiffe, oder wäre gar endlich noch neben einer wasserrechten oder horizontalen verschiedenen Dichtigkeit der Medien noch eine lothrechte oder verticale, so würde dann natürlich das Licht seitwärts zurückgekrümmt, wie dies nothwendig der Fall mit der neben dem kleinen Schiffe rechts liegenden Spiegelung der Fall gewesen sein muß, sowie gleicherweise die Schattenspiegelung links von einer ähnlichen verticalen Schicht herrühren wird. Nun werden wir uns auch leicht die zerrissenen Spiegelungen erklären können; sie können nur von der Ungleichmäßigkeit der Formen der verschiedenen Medien selbst herrühren. — Auf dem Meere sind diese Erscheinungen von kurzer Dauer; bei einer schnellen Temperaturveränderung dauern sie so lange, bis das Meer dieselben angenommen hat, welches wegen seiner größern Dichtigkeit, als die Luft ist, bei letzterer früher und schneller geschieht. In Aegypten sind, wie uns Monge erzählt, Luftspiegelungen eine fast tägliche Erscheinung, und rühren von der durch die Sonnenstrahlen auf dem Sande erzeugten Hitze her, durch welche Ungleichheiten in den Luftmedien herbeigeführt werden.

Nicht immer erscheint jedoch das volle Bild bei der untern Brechung, sondern nur ein Theil des wirklichen, und die entgegengekehrten Bilder treten mit der Entfernung von dem Gegenstande immer mehr in einander, bis sie beide zuletzt ganz verschwinden. Stände z. B. auf M ein Gegenstand und derselbe rückte immer

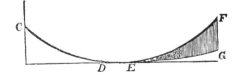

weiter, so würde er unterhalb einer bestimmten, im Raume gedachten Linie EF verkehrt und oberhalb aufrecht erscheinen; zwischen einer andern bestimmten Linie EG und der Erdoberfläche würde aus Gründen, deren Auseinandersetzung hier zu weit führen würde, gar kein Bild sichtbar sein.

Verlag von Bossange Vater in Leipzig.
Unter Verantwortlichkeit der Verlagshandlung.

Das Pfennig-Magazin
der
Gesellschaft zur Verbreitung gemeinnütziger Kenntnisse.

68.] Erscheint jeden Sonnabend. [August 16, **1834**.

Kettenbrücke zu Brighton.

Kettenbrücken.

Man hat in neuern Zeiten den Kettenbrücken eine noch ausgedehntere Bestimmung gegeben, als es die gewöhnliche ist: entgegengesetzte Ufer von Flüssen oder Abhänge von Vertiefungen zu verbinden. Ein imposantes Bauwerk dieser Art erhebt sich über der Furth an dem Uferdamme oder Quai der Stadt Brighton (spr. Breithen), und gereicht ihr nicht nur zur Zier, sondern thut dem früher sehr empfundenen Mangel eines bequemen und gefahrlosen Landungsplatzes befriedigende Abhülfe. Das freundliche, man könnte sagen großartige, elegante Brighton gewährt von diesem Landungsplatze aus einen köstlichen Anblick mit seinen hohen, regelmäßigen und durch seine Weiße fast blendenden Gebäuden. Nebst dieser Eleganz wissen auch die Vornehmen Londons die heilsamen Seebäder, sowie die Lage am offenen Meere wohl zu schätzen, und wählen zum größten Theil Brighton zum Sommeraufenthalte, wenn sie keine Landgüter beziehen. Ihres Makrelenfanges und orientalischen königl. Palastes erwähnen wir nur beiläufig. Im Vordergrunde bietet sich uns einiges Gepäck dar; es ist aus dem mit Dieppe in Frankreich verkehrenden Dampfboote gehoben. Da, wo dieses still hält, bildet der Quadersteindamm eine Halbrunde. Auch den Größenmaßstab wollen wir an dieses Bauwerk nur flüchtig legen, da unser Leser die Höhe der Portalpfeiler durch das Verhältniß der menschlichen Figuren leicht ermessen kann, und bemerken somit nur, daß die Kettenbrücke 4 solcher Portale und eine Gesammtlänge von 1000 Fuß hat. Doch zu etwas Wichtigerm; wir wünschen hauptsächlich den Leser mit den mechanischen und statischen Kräften bekannt zu machen, welche bei der Kettenbrücke im Spiele sind. Die Kettenbrücken führen den allgemeinen Namen Hängebrücken, denn die Anwendung der Tau- oder der Drathgeflechte statt der Ketten ändert die mechanischen Hauptgesetze und die architektonische Construction nicht. Ehe Europa eine Hängebrücke sah, bedienten sich schon die Wilden in Asien und Afrika derselben.

Schon Humboldt erzählt uns von Hängebrücken in Südamerika. Ein anderer Reisender in Afrika erzählt uns, daß er über dem Flusse Basing (schwarzer Fluß), einem Arme des Senegal, bei der Stadt Manna eine aus an einander gebundenen Bambusstämmen bestehende Hängebrücke traf. Die Einwohner erzählten ihm, daß die jährlichen periodischen Ueberschwemmungen die Brücke fortrissen, doch stelle man sie in ein paar Tagen wieder her. In China scheint man schon seit sehr langer Zeit statt der Seile Ketten angewendet zu haben. Es ist jedoch durch den Umstand, daß noch nicht ermittelt wurde, welchen Antheil jene unvollkommenen Producte einer niedrig stehenden Industrie an der Einführung der Kettenbrücken in Europa haben, eine Lücke in der Geschichte der Entstehung und Ausbildung der Kettenbrücken.

Das Wichtigste bei dem Bau der Kettenbrücken ist und bleibt die Ermittelung des Maximums oder höchsten Gewichtes, welches eine Kettenbrücke nicht nur ohne zu zerreißen tragen könnte, sondern welches nicht einmal in der Textur des Eisens eine Veränderung, z. B. eine größere Ausdehnung oder Auseinanderziehung, bewirkte. Es mußten gewisse Naturgesetze erforscht werden, und wirkliche Versuche führten am Sichersten dahin. Man mußte die absolute Stärke des Eisendrahtes oder der Eisenstangen kennen lernen. Unstreitig erwarb sich Dufour um die Brückenbaukunst durch mühsame Ermittelung jener Gesetze ein großes Verdienst. Er stellte mit verschiedenen aus Laferriere's und Saint-Gingolfs Fabrik genommenen Drahtnummern wiederholte Versuche über ihre Festigkeit an. Er nahm zuerst einen Draht von $9/10$ (Rheinländisch) Linie Durchmesser und fand, daß ein Gewicht von $104^{5}/_{8}$ Pfund preuß. erforderlich war, um ihn zu zerreißen; ein gleich wichtiges Ergebniß seiner Versuche war, daß der Draht bei größerer oder geringerer Länge die Kraft oder Festigkeit des Eisens nicht modificirt. Nie brauchte er mehr als 109 und nie unter 103 Pf.; er konnte aus der Menge seiner Proben $104^{5}/_{8}$ als Normalzahl annehmen, sowie sich auch aus diesen zwischen geringen Unterschieden schwankenden Resultaten auf die Gleichmäßigkeit der Eisentextur schließen läßt. Hieraus zog er den Schluß, daß für die Quadratfläche von 1 Millimeter Querschnitt (also circa $9/20$ Linien Quadrat) $84^{2}/_{5}$ Kilogramme (229 Pf. preuß.) erforderlich sind. Bei seinen Versuchen machte Dufour die Erfahrung, daß der Eisendraht vor seinem Zerbrechen, wie stark er immer sein möge, sich verlängert; je dünner die Eisenstöcke sind, um in so größerm Verhältnisse dehnen sie sich in die Länge. Dieses Verlängern beginnt erst, nachdem man die Hälfte der zerreißenden Kraft in Anwendung gebracht hat, und erreicht sein Maximum bei $9/10$ derselben. Andere wollen schon vor der Hälfte der Belastung eine Ausdehnung entdeckt haben. Anfangs glaubte Laferriere, daß die Verschiedenheiten der angewendeten Zerreißungskräfte von der Temperatur herrührten; allein Versuche, denen zufolge unter den sehr verschiedenen Temperaturen von $22^{1}/_{2}$ Grad Kälte und $92^{1}/_{2}$ Grad Wärme des hunderttheiligen Thermometers gleiche Drahtdicken von gleichen Lasten zerrissen wurden, überzeugten ihn, daß die verschiedenartigen Resultate nicht auf Rechnung der Temperatur setzen könne.

Bei dem Bau der Kettenbrücken muß vor Allem die nöthige Sicherheit der darüber Passirenden berücksichtigt werden. Die mancherlei Unglücksfälle, welche sich mit den Kettenbrücken zutrugen, finden ihre Ursache darin, daß ihre Erbauer entweder die Gesetze der Mathematik, Mechanik und Statik nicht berücksichtigten, oder als Empiriker (d. h. solche, welche nach ihren individuellen Erfahrungen arbeiten) jene Gesetze nicht berücksichtigen wollten oder konnten. Wer erinnert sich hier nicht an die Nienburger Kettenbrücke, welche in dem Augenblicke zerbrach, als sie mit einer bedeutenden Menschenmasse gefüllt war. Kurz zuvor hatte sie der berühmte Mathematiker Thibaut in Göttingen untersucht und das Maximum der Last angegeben, welche sie zu tragen im Stande sein würde. Bei der Angabe dieser Last müssen alle die Spannung modificirenden wesentlichen Umstände berücksichtigt werden, als: 1) Entfernung der Pfeiler oder allgemeiner der Supports (denn es können auch fest eingewurzelte Baumstämme dazu benutzt werden). 2) Das Gewicht der Last, womit man die Brücke beschwert, nebst dem Gewichte des Fußbodens, der Kette und der beiden, letztere verbindenden Eisenstangen. 3) Die Entfernung des tiefsten Punktes der Kette von einer zwischen den obern Endpunkten gedachten graden Linie.

Die Entfernung Nr. 1. sei z. B. 100 Fuß und werde allgemein mit d (Distanz) bezeichnet; das Gewicht Nr. 2. sei 100 Pf. und werde mit p (pondus, poids); die Entfernung Nr. 3. sei 5 Fuß und werde mit s (sagitta) bezeichnet: so ist die von jener Last auf die Anhängeklammern an den Ketten oder auf die Kettenringe ausgeübte Spannung (Tensio):

$$T = \frac{p}{4s}\sqrt{\frac{d^2}{4} + 4s^2}$$

d. h. man findet die Spannung, welche die Ketten

zu ertragen haben, wenn man das Gewicht Nr. 2. mit dem vierfachen der Entfernung Nr. 3. dividirt und den Quotienten, oder was durch Dividiren entstanden ist, multiplicirt mit folgender Zahl, die man erhält, wenn man:

a) Nr. 1. oder 100 Fuß mit sich selbst multiplicirt, also $100 \times 100 = 10,000$; b) in dieses Product mit 4 hinein dividirt, $4 : 10,000 = 2500$; c) dann zu dieser Zahl die mit sich selbst und noch einmal mit 4 multiplicirte Zahl 5 hinzuaddirt, also $5 \times 5 = 25$; $25 \times 4 = 100$; d) ferner b und c zusammenaddirt, $2500 + 100 = 2600$; e) dazu sieht, welche Zahl es ist, die, mit sich selbst multiplicirt, diese 2600 ausmacht; dies wird durch $\sqrt{}$ bezeichnet, und die zu suchende Zahl ist $50\tfrac{952}{1000}$; f) dieser Bruch wird, wie bemerkt, mit dem vierten Theile des Gewichtes, also $\tfrac{P}{4}$, multiplicirt und noch einmal mit s dividirt, also $\tfrac{100}{4} = 25$; $\tfrac{25}{5} = 5$, g) und mit dieser 5 wird $50\tfrac{952}{1000}$ multiplicirt, also $254\tfrac{952}{1000}$ Pfund ist die Spannung.

Man sieht hieraus, daß die Spannung mehr als das Doppelte der Belastung beträgt; ist diese Spannung bekannt, so dividirt man in dieselbe die Anzahl der Ketten, da die Kraft sich unter die Zahl derselben vertheilt, und richtet die Dicke der Kettenringe und der Augen der Eisenstäbe dieser Spannung gemäß ein, berücksichtigt aber dabei den oben erwähnten Umstand, daß man die der Zerreißungskraft der Belastung entsprechende Eisendicke verdreifacht, um auch jedes geringste Ausdehnen zu verhüten. Viel einfacher ist die Formel, welche die Spannung auf die Befestigung der Supports ausdrückt:

$\tfrac{Pd}{8s}$ also in Zahlen umschrieben. $\tfrac{100 \times 100}{8 \cdot 5} = 250$, also in diesem Falle beinahe jener gleich.

Noch dürfen wir ein höchst seltsames Ereigniß nicht unerwähnt lassen, welches die Kettenbrücke Brighton's betraf.

Am 16. Oct. 1832 Morgens fand man die Kettenbrücke in einem schrecklichen Zustande der Zerstörtheit. Die Gewalt der Natur hatte sich vornehmlich auf die beiden mittlern Brücken geworfen; der Fußboden war ganz vernichtet, die meisten der Hängestäbe, welche einer Belastung von beinahe 100 Centnern Widerstand leisten, waren aus ihren mächtigen Eisenfugen gerissen; eine Kette hing sogar ganz frei, und eine andere hatte sich um die beiden obern wie ein Seil herumgeschlungen. Man vermuthet, daß ein Sturm den Fußboden von unten faßte, in die Höhe hob, und daß der Rückfall in die vorige Lage eine so gewaltige Kraftäußerung ausgeübt habe. Die Brücke wurde bald wieder hergestellt. — Lesern, welche sich über das Theoretische der Kettenbrücken unterrichten wollen, empfehlen wir Dingler's „Polytechnisches Journal," Band XXV.; Gerstners „Mechanik"; „Annales des ponts et chaussées", 1832, Nr. 59; „On suspension bridges", London 1832, von Dewry; „Des ponts en fil de fer, par Seguin aîné, Seconde édition in 4to," und „Rapport à M. Becquey et mémoire sur les ponts suspendus par Navier," Paris 1824, übersetzt von Dietlein. Historische Relationen über Kettenbrücken liefert das vortreffliche „Conversations-Lexikon der neuesten Zeit," 13. Heft; auch verweisen wir den Leser auf eine gedrängte Geschichte dieses Gegenstandes im ersten Jahrgange des „Pfennig-Magazins."

Chinesische Staatszeitung.

China, nach Rußland das größte Reich der Welt, mit 186,000 Quadratmeilen und nach Barrow und Amherst mit 333 Millionen Einwohnern, hat gleichwol nur eine einzige Zeitung. Sie wird in Peking herausgegeben und führt den Titel „King pao" (Bote der Hauptstadt). Allein Form und Inhalt haben mit den europäischen Zeitungsblättern nichts Aehnliches. Der höchste Gerichtshof des Kaiserthums, wo die Minister Sitzung halten, befindet sich im Innern des kaiserlichen Palastes von Peking. Täglich früh Morgens schlägt man an ein im innern Hofraume des Palastes angebrachtes Bret weitläufige Auszüge von erledigten oder vom Kaiser Abends zuvor geprüften Angelegenheiten an. Eine Sammlung solcher Anschläge würde die untrüglichsten Jahrbücher der Regierung abgeben, und aus dieser Quelle schöpft man die meisten Materialien zur Geschichte des chinesischen Kaiserreichs; aus diesem Grunde sind auch sämmtliche Verwaltungsbehörden und Vorstände öffentlicher Anstalten der Regierung zu Peking gehalten, gedachte Auszüge zu copiren und in ihren Archiven niederzulegen. Die Administratoren der Provinzen erhalten diese Auszüge durch ihre Postbeamten (tchi tchan), welche sie gemeinschaftlich blos zu diesem Zwecke eingesetzt haben. Damit nun aber auch die Einwohner über den Fortgang der Regierungsgeschäfte nicht ununterrichtet bleiben, so werden mit Erlaubniß der Regierung jene Artikel wörtlich ohne Abänderung oder Hinweglassung eines einzigen Wortes gedruckt und als Regierungsblatt veröffentlicht. Der Inhalt solcher Artikel besteht in Amtsbeförderungen, Titelverleihungen, Beförderungen, Urtheilssprüchen, Strafexecutionen u. s. w. Oftmals findet man darin auch sehr interessante Nachrichten über Naturereignisse, und diese werden von den Administratoren der Provinzen besorgt.

Man kann auf diese officielle Staatszeitung zu jeder Zeit abonniren, und sobald man abfällt, hört die Zusendung augenblicklich auf. Das jährliche Abonnement kostet nur einen Liang oder Loang (etwas über zwei Thaler preußisch) oder eine Unze Silbers. Die Expedition ist regelmäßig in der Stadt, geschieht aber in den Provinzen, da China kein Postwesen hat, nur durch Gelegenheit. und es vergeht oft lange Zeit, ehe sie in den entferntern Provinzen ankommt.

Folgender kaiserl. Befehl ist aus diesem Journal übersetzt worden:

„Soung kiun [*] hat uns kürzlich gemeldet, daß ihm sein Rücken und seine Füße sehr geschwächt seien, und ihm seine Augen den Dienst versagen, seine Hand zittere, wenn er Papiere unterzeichne, und sein Gedächtniß nehme merklich ab; er hat uns also ersucht, einen Andern in das von ihm bekleidete Amt einzusetzen und ihm die Entlassung vom Dienste zu bewilligen, damit er bei seinem vorgerückten Alter und bei seinem übeln Gesundheitszustande der Ruhe genießen könne. Da wir nun gewohnt sind, billig gegen unsere Staatsdiener zu verfahren, so ordnen wir in Betracht der vollgültigen Beweggründe, welche Soung kiun anführt, an, daß sein Gesuch gewährt werde, und daß seine Geschäfte einem Andern anvertraut werden; zugleich erlauben wir Soung kiun in den Ruhestand zu treten, und geben ihm

---

[*] Ein sehr alter Minister, welcher unter drei Kaisern diente und alle öffentlichen Aemter bekleidete. In Europa ist er durch den Bericht der Gesandtschaft des Lord Macartney bekannt, welcher ihn Soung ta jin nennt.

als alten General der Armee unsern schmerzlichsten Antheil zu erkennen.

„Mittlerweile ist nun aber von obgenanntem Soung kiun ein neues Schreiben bei uns eingegangen, in welchem er uns anzeigt, daß er wieder genesen ist und sich eben so rüstig als ehemals fühlt; dem zu Folge bittet er, man möge ihn wieder in ein Amt einsetzen. Wiewohl wir nun auch diesem zweiten Gesuch gewillfahrt und ihn in den Posten des Tou-Choung (Commandanten) der Abtheilung Mandschoun des blauen Banners (Fahne) eingesetzt haben, so können wir doch nicht umhin, die Bemerkung zu machen, daß in der Zwischenzeit der beiden Bittschriften, in deren einer er um seinen Abschied nachsucht, und in deren anderer er von Neuem angestellt zu sein wünscht, wir keine Veränderung seines Gesundheitszustandes noch irgend ein Merkmal einer Krankheit wahrgenommen haben. Wie kann er denn auch in dem kurzen Zeitraume von einigen Tagen sich erst über seine Schwäche, die, wie er sagt, ihm nicht aufrecht zu gehen gestattet, beklagen, und hinterdrein die Rückkehr seiner alten Rüstigkeit anzeigen? Den einen Tag will er verabschiedet, den andern will er in ein neues Amt eingesetzt sein. Das kommt von seiner alten Originalität und von seiner Dreistigkeit, womit er uns durch seine Vorstellungen behelligt. In allen zwischen Oberherrn und Diener gegenseitig gestellten Berichten muß Aufrichtigkeit und Wahrheit den ersten Rang einnehmen. Diesem Grundsatz getreu verfahren wir täglich mit der größten Offenheit gegen unsere Diener, und können folglich von ihnen ein Gleiches erwarten, da sie sich unserer hohen Gnade erfreuen. Da nun aber Soung kiun durch sein seltsames und wunderliches Benehmen das Gegentheil bewiesen hat, so begnügen wir uns diesmal noch damit, daß wir ihn bei seinem Gewissen mit sich zu Rathe gehen lassen, ob er sein Verfahren rechtfertigen könne, und daß wir allen Beamten höhern Ranges ausdrücklich die ihrem Amte schuldige Umsicht und Aufmerksamkeit, so wie die wegen der mancherlei Gunstbezeugungen ihrem Monarchen gebührende Ehrfurcht anbefehlen. Wir verordnen, daß dieser Chang yu veröffentlicht werde."

Der Sonnengott der alten Sachsen.

Die Forschungen und Untersuchungen, welche bis jetzt von den Gelehrten über die Götterlehre der alten Deutschen angestellt worden sind, haben die Annahme als unbezweifelt wahr dargestellt, daß der Osten Europas und besonders Asiens Hochland die Wiege der ganzen Mythologie sei. Hier, wo der menschliche Geist zuerst zu freierer Thätigkeit erwachte, bildete sich auch eine bestimmte Götterlehre aus, welche späterhin mit den auswandernden Völkern, deren Eigenthum sie geworden war, in die neuen Wohnsitze einwanderte, und sich je nach der eigenthümlich fortschreitenden Bildung der Völker eigenthümlich gestaltete und ausbildete. Die Götterlehre ist nicht das Werk eines Mannes, sondern Eigenthum eines weit verbreiteten Völkerstammes.

Die Quelle der Götterlehre der Deutschen ist in den Dichtungen und Sagen, welche sich bei unseren Stammverwandten, den Scandinaviern, in reichem Maße vorfinden, enthalten. Nach dem Norden hin zogen sich die alten Nationalgötter der Deutschen, als durch Karl den Großen das Christenthum seinen siegenden Einfluß auf die Gemüther der Menschen bewährte. „Einmal aber wohnten sie auch in den milderen Fluren, wo die Weser und Elbe fließt und der Brocken hindämmert; einmal waren sie auf unsern Bergen einheimisch und in unsern Hainen verehrt." Diese heiligen Haine, in denen die Götzenbilder mit ihren Altären aufgestellt waren, wurden für unverletzlich geachtet, und schwere Strafe war dem angedroht, der es wagte, hieraus etwas zu entwenden oder die Priester bei ihren Opferungen zu stören. „Wer in einen Götzenhain einbricht," — sagt ein altes sächsisches Gesetz, — „und etwas daraus entwendet, denselben soll man zu dem Meere führen, und in dem Sande, welchen dasselbe an das Ufer treibt, die Ohren abschneiden und ihn sonst verstümmeln, und den Göttern opfern, deren Hain er bestohlen und verunehret hat."

Wie alle alten Völker, so betrachteten auch die Deutschen zunächst diejenigen Körper der sichtbaren Welt, in deren segensreichem Wirken sie das Walten eines höheren Geistes ahneten, als Gegenstände göttlicher Verehrung. Der Schritt von der Verehrung der Körper selbst zu der Versinnlichung unter irgend einem Bilde war sogleich geschehen, sobald man erkannte, daß nicht der Körper, sondern die in ihm wohnende Kraft es sei, welche auf den Menschen einen segnenden Einfluß äußerte.

Vor Allem war es die Sonne, welche sie göttlich verehrten. Dieses prächtige, glänzende und herrliche Gestirn, welches Licht, Wärme und Leben nach allen Seiten hin verbreitet, machte auf die Menschen einen so lebhaften Eindruck, daß sie es für einen Gott halten und ihm eine dem menschlichen Fassungsvermögen leichter zu begreifende Form geben mußten, um den Regungen eines dankbaren Herzens Genüge zu leisten. Der Sonnendienst war eine unter allen Völkern Europas, Asiens und Afrikas weit verbreitete Götterverehrung. Auch die alten Sachsen waren Sonnendiener. Viele Oerter, Berge, Gegenden u. s. w. führen davon ihren Namen, z. B. Sonnenberg, Sonnenburg,

Der Sonnengott der alten Sachsen.

Sonnenwalde, Sonnenfeld u. s. w. Auch der erste Tag der Woche, der Sonntag, welcher dem Sonnenbilde gewidmet war, ist darnach benannt worden, weil man glaubte, daß an diesem Tage die Sonne eine besondere geheime Wirkung habe.

Vorstehendes Bild zeigt, wie die alten Sachsen den Sonnengott darstellten. Es war ein halbnackter Mann, der auf einem Säulenstocke ruhte; sein Antlitz war mit Feuerstrahlen umgeben; mit seinen Armen hält er vor der Brust ein flammendes Rad, wodurch der schnelle Lauf der Sonne, welche brennend um die Welt herumrennt und durch ihre Hitze überall hin Licht, Wärme und Leben verbreitet, vorstellt. Ein solches Sonnenbild soll ehedem zu Salzwedel in der alten Mark, in dem dortigen der Sonne geweihten Tempel gestanden haben.

Baalbeck.

In einem Lande, welches gegen Norden sich an eine unermeßliche Sandwüste lehnt und gegen Westen von einem großen Meere umfluthet wird, wo einst große und mächtige Könige regierten und durch Kunstdenkmäler berühmt wurden, müssen wir jetzt nur noch große und erhabene Ruinen großer und prächtiger Königsstädte aufsuchen. Da, wo Alexander's Feldherren sich zu Königen erhoben und ihr Land ausschmückten mit Prachtgebäuden und anfüllten mit Kunstschätzen aller Art, dorthin richten wir unsern Blick, dorthin, wo Tyrus und Sidon lagen, wo Damascus und Palmyra noch des Wanderers Blicke auf sich ziehen, wo er bald der Natur erhabenes Schauspiel zu bewundern hat, bald aber auch in prächtigen Ruinen des Menschen reinen Geschmack in dem Entwurfe großartiger Gebäude anstaunen muß. In Syrien, in diesem Gebirgslande, zwischen dem Libanon und Antilibanon, liegt in einer reizenden, von einer großen Ebene durchzogenen Gegend Baalbeck, von den Griechen Heliopolis genannt (Sonnenstadt), der Tempel oder das Haus des Baals, denn dies bedeutet Baalbeck. Groß und prächtig mag es einst in seiner Pracht dagestanden haben mit seinen Säulenhallen, Prachtgebäuden und Denkmälern. Groß und prächtig mag der berühmte Tempel gewesen sein, welcher noch in seinen Ruinen Bewunderung einflößt. Da mag mancher König seine Schätze darauf verwendet haben, um dem Sonnengott einen würdigen Tempel aufzuführen, daß er glänzte gleich dem herrlichen Tagesgestirne. Wundersam vereinigt sich hier Alles, was des Menschen Sinn erheben kann. Kraft, Weisheit, Ausdauer königlicher Glanz, Gottesfurcht, Kunst, Geschicklichkeit. Die mächtige Säule steigt riesenartig empor, wie der Fels, den des Schöpfers mächtiger Arm thürmte, und daneben steht sein Schöpfer, der kleine, schwache Mensch; die Schönheit erfreut das Auge und entzückt das Herz, und es ist wieder der von reinem Sinne für das Schöne durchdrungene Mensch, welcher diese bewundernswerthen Werke schuf, und siehe, eben derselbe ist es auch, welcher so tief sinken kann, daß er gefühllos mit barbarischer Faust diese Schönheiten vernichtet und die Mühen und Arbeiten seiner Vordern im Stumpfsinn zertrümmert. So stehen nun hier diese mächtigen Riesen der Vorzeit, an denen sich die barbarische Kraft derselben geistigen Geschöpfe mit muthwilliger Hand vergriffen hat und noch vergreift und Steinhaufen aus herrlichen Denkmälern der Kunst macht. Wir wollen einige Augenblicke bei den Ruinen Baalbecks verweilen und sehen, was der nagende Zahn der Zeit und die verwüstende Hand des Menschen zum Betrachten noch übrig gelassen haben. Baalbeck liegt in einer Ebene an der Morgenseite zwischen dem Libanon und Antilibanon, in dem sogenannten Coelesyrien. Der Fluß Ase oder Orontes

Die Ruinen von Baalbeck.

entspringt hier acht Stunden nordwärts von Baalbeck. Im Osten erheben sich hohe Berge, eben so lehnt sich gegen Süden die Stadt an einen hohen Berg, ein Theil davon ist mit zur Stadtmauer genommen, die Mauern selbst sind niedrig. Auf der Seite, wo der Berg mit zur Mauer genommen worden ist, scheint ein großes Gebäude gestanden zu haben, denn außer vielen andern Dingen, die diese Vermuthung begründen, erblickt man große Pfeiler. Man sagt ferner, daß hier ein großer Wassergang gewesen sei, durch welchen das Wasser auf die Spitze des großen Tempels geleitet worden sein soll.

[Schluß folgt.]

Der Bär auf dem Maskenball. *)

In einer Stadt Deutschlands hielt sich zur Carnevalszeit ein Menageriebesitzer auf. Unter seinen Thieren zeichnete sich ein wohlgezähmter Bär aus, welchen er nicht nur abgerichtet hatte, fast ohne Stock aufrecht zu gehen, sondern den er auch seinen Winken Folge zu leisten gelehrt hatte. Er hätte ihn unter Menschen sich selbst überlassen können, ohne einen Rückfall seiner Wildheit zu befürchten. Dies Vertrauen auf seinen Zögling gab ihm eines Tages den Muth, ihn mit auf einen Maskenball zu nehmen. Er steckte also seine zottigen Glieder in eine künstliche Bärenlarve und zog ihn mit in den Tanzsaal. Anfangs schenkte man ihm nicht mehr Aufmerksamkeit als einem Menschen in der Bärenhaut, man hielt die Schmiegsamkeit der Glieder für das Werk menschlicher Kunst und drückte seine Bewunderung durch mimische Gesticulationen aus. Statt in einem so ungewohnten Kreise consternirt zu werden wurde unser Petz vielmehr recht zutraulich, vorzüglich gegen eine Dame, der er Schönheiten in das Ohr zu raunen schien. Die Dame hielt ihn für einen Bekannten und schrieb mehre Namenszüge in seine Tatze, die er weder mit Nicken noch mit Schütteln erwiederte. Als aber seine Zudringlichkeit endlich die Grenzen der Bescheidenheit überschritt, und die Abwehrungen der Dame fruchtlos blieben, riß ihre Geduld: „Mein Herr," sagte sie, „Ihr Betragen ist mehr als bloßer Scherz, verschonen Sie mich mit Ihrer unverschämten Zudringlichkeit und nennen Sie Ihren Namen oder ich rufe meinen Gemahl." „Hrrrnm, Hrrrnm," brummte er sie an. „Lassen Sie doch," sagte ihre Nachbarin, „es ist jedenfalls ein Frauenzimmer, ein Herr würde sich so etwas nicht unterstehen." „Unmöglich," fiel ihr ein Herr ins Wort, „ein Frauenzimmer kann einen solchen Baß nicht hervorbringen." „Mein Herr," fuhr er fort, sich an den Bären wendend, „Ihr Betragen ist sehr auffallend, Sie stoßen an." „Hrrrnm, Hrrrnm," war seine lakonische Antwort. „Geben Sie sich zu erkennen; Sie sind ein dummer Junge; verstehen Sie mich nicht oder wollen Sie etwa auf Ihrer feigen Bärenhaut einen dummen Jungen sitzen lassen? Sie sind auf Pistolen gefodert! Jetzt müssen Sie sich zu erkennen geben oder Sie sind ein ehrloser Mensch." Mittlerweile war der inspicirende Commissair dazu getreten. „Mein Herr," redete er den Petz an, „die Pflicht meines Amtes nöthigt mich, Sie dringend aufzufodern, sich zu demaskiren, um sich wegen Ihres Benehmens zu rechtfertigen." „Hrrrnm! Hrrrnm! Hrrrnm!" „Allen Scherz jetzt bei Seite. Sie wollen nicht, so muß ich wider Willen einen gebieterischen Ton annehmen und Ihnen die Entlarvung anbefehlen." „Hrrrnm!" Der Bärenführer bat dringend, er möge ihn für diesmal entlassen, er gebe ihm sein Ehrenwort, Alles zu entdecken. Am andern Tage klärte sich die Sache auf, und nachdem ihm ein scharfer Verweis ertheilt worden, ließ man dem Menageriebesitzer zu Gunsten seines originellen Scherzes Gnade für Recht ergehen.

Resultat des vorletzten Rechnungsabschlusses der Gesellschaft der Liverpool-Manchester Eisenbahn.

An dem günstigen Erfolge der Eisenbahnunternehmungen in England, zwischen Städten, wo viel lebhafter Verkehr herrscht, zweifelt Niemand mehr. Aber merkwürdig ist es, daß der größte Theil der Einkünfte nicht von dem Waarentransporte, sondern von den Einschreibegeldern der Reisenden herrührt. Während nun auf der einen Seite Herr Graham die Behauptung nicht aufgibt, daß sich Kanäle viel besser zu Waarentransporten eignen als Eisenbahnen, und das letztere nimmer mit den Wasserstraßen in Concurrenz treten können, ist die Partei der Dampfwagenmänner auf gewöhnlichen Chausseen darauf bedacht, gegen die Eisenbahnen in die Schranken zu treten. Dagegen erklärte die Eisenbahnpartei das Project der Dampfwagen auf bloßen Landstraßen für eine Charlatanerie und spottete der von Jenen aufgestellten Behauptung, daß die Unkosten sich nur auf sechs Pence für die Meile beschränken würden, sowie der Ansicht, daß die Ausbesserung der mit Granit beschütteten Chausseen gar nicht in Anschlag zu bringen sei. Allein die Eisenbahnmänner hoffen, daß ein so glänzendes Ergebniß, als der vorletzte Rechnungsabschluß, sie am Ende doch bekehren und von der irrigen Meinung ablenken werde, daß das Ersparniß der Eisenbahnen (welche durch ihre zehnmal geringere Reibung als die Landstraßen eine ebenso vielfache Schnelligkeit bewirken) kein reeller Vortheil sei.

Einnahme:
Für den Transp. der Reisenden 54,685 Pf. St. 6 Sch. 11 Pence.
= = Waaren 39,957 = 16 = 8 =
= = Kohlen 2591 = 6 = 6 =
Summa 97,234 Pf. St. 10 Sch. 1 Pence

Ausgaben:
Bestehend in Correspondenz, alten Schulden von Seiten nicht bezahlter Transporte, Löhne an Beamten in den Stationsbureaus, Löhne an die Conducteure, an die Maschinenleute, Salaire der Direction, Trinkgelder, Interessen für das Capital des Dampfwagens, Abgaben an den Staat, Ausgaben für Assecuranzen, Straßenausbesserung, Wagenausbesserung, Tunnelunterhaltung, Unterhaltung der Eisenbahn, Honorare an Notarien, Steinkohlen und Kokes, Materialien an Oel, Talg, Tauwerk u. s. w. 56,350 Pf. St. 1 Sch. 9 P.

Netto-Gewinn in 6 Monaten 40,884 Pf. St. 8 Sch. 4 P.

Davon wurden an die Actieninhaber 9 Procent Dividenden ausgezahlt (also 1 Procent unter dem von der Parlamentsacte, welche die Actiengesellschaft concessionirt hat, gestellten Maximum, wonach die Dividenden nicht über 10 Proc. steigen dürfen,) und 4088 Pf. St. 8 Sch. 10 P. wurden als Reservefonds zurückgelegt und überdies die Zinsen bezahlt.

---

*) Die Aufnahme dieses Beispiels der Ueberlegenheit des Menschen über die Thiere, welche sich vorzüglich durch Bezähmung ihrer Wildheit kundgibt wolle der Leser nicht mißdeuten

Dampfschifffahrtscommunication mit Indien.

Der Augenblick scheint immer mehr heranrücken zu wollen, wo die Industrie einen neuen Triumph feiert, denn man scheint nun endlich ernstlich an die Ausführung des schon seit Jahrzehenden besprochenen Projects der Dampfschifffahrt von London über Suez nach Indien zu gehen. Die drei Präsidentschaften haben ein warmes Interesse an dem Unternehmen an den Tag gelegt, und bereits sind 200,000 Rupien (à 15 Gr. ½ Pf. Conv. Münze) unterzeichnet. Unter den Subscribenten zeichnen sich die Namen des Raja von Tanjore, Ranen Gwalior, Runhert Seig, sowie die einer großen Menge aufgeklärter Indier aus. Auch soll der Pascha von Aegypten das Unternehmen begünstigen wollen. Die Laulgkeit, welche sich früher bei der englisch-ostindischen Compagnie zeigte, ist gänzlich verschwunden; das Benehmen der Compagnie, mit welchem sie sogar ihren Beistand zu kleinen wissenschaftlichen Reisen und Excursen durch Verweigerung eines Dampfschiffes versagt, hat man vielfach, und natürlich nicht zu ihrem Vortheil, gedeutet.

Jetzt erscheint sie jedoch in einem ganz andern Lichte. Sie unterstützt nicht nur physikalische Unternehmungen nach Kräften, sondern seine Excellenz der General-Gouverneur gaben auch die Versicherung, daß Sie der Gesellschaft den Antrag machen wollten, dem Eigenthümer des zuerst in einem Jahre von Bombay nach Cosseir (einem Hafen am rothen Meere) zwei Fahrten zurücklegenden Dampfbootes eine Prämie von 20,000 Pf. Sterl. zu bewilligen. Ohne Zweifel wird damit die Ermittelung einer gefahrlosen Wasserstraße durch das rothe Meer beabsichtigt. Man hoffte, daß sich schon in diesem Jahre Jemand die Prämie verdienen werde. Möchte Mehemed Ali's Eifer in der Beförderung dieser Unternehmungen sich ebenso glänzend bewähren als seine Kraft und Einsicht in der Kriegskunst!

Die Erwärmung der Zimmer und Hervorbringung von Hitze durch einen Reibungs- oder Frictionsapparat.

Der Apparat besteht aus ein paar Scheiben von Gußeisen von 4 Fuß Durchmesser und 1600 Pf. (engl.) Gewicht und ist mit einem Backsteinofen umgeben. Er läßt sich dem äußern Ansehen nach mit einem Paar Mühlsteinen vergleichen, nur daß die obere Platte ruht, während die untere in Umschwung gesetzt wird. Die mittlere Geschwindigkeit dieses Umschwunges beträgt 80 Umdrehungen in einer Minute, und die durch Friction sich erzeugende Wärme erhebt das Thermometer im innern Ofenraume bis auf 5000 (?) (wahrscheinlich 500) Grad. Nach dem räumlichen Inhalte der zu erwärmenden Gebäude richtet sich die Größe der Eisenplatten und die relative Geschwindigkeit des Umschwunges. Aus dem obern Theile des Ziegelofens geht eine Röhre aus. Wir sahen die Maschine im Stillstehen, es war kalt, — aber schon nach 15 Minuten konnte die bloße Hand die aus der Röhre strömende Hitze nicht mehr vertragen. Man hört jedoch Bedenklichkeit hinsichtlich der praktischen Anwendbarkeit laut werden, da man glaubte, daß die Reibung das Metall nach und nach verdünnen und endlich den Apparat unbrauchbar machen werde. Doch meint das amerikanische Zeitblatt, welches von dieser Erfindung Bericht erstattet, daß die Wirkung der Friction auf die Verminderung des Eisens unerheblich sei. Uebrigens ist die Maschine sehr einfach, wird mit einer Hand gedreht und würde, in Verbindung mit dem fließenden Wasser, ganz ohne menschlichen Beistand gehen.

Der Apollo von Belvedere.

Geniale Künstler arbeiten für die Ewigkeit, und keine Verirrungen des Geschmacks, welcher den ewigen von unserer Natur unzertrennlichen Gesetzen der Schönheit untergeben ist, vermögen den Werth eines Kunstwerks zu schwächen, das unter dem Meißel oder Pinsel eines Genies entstand. An ihnen blickt der wahre Künstlersinn hinauf, wenn seine Zeitgenossen sich auf die Abwege des Manierirens verlieren, und die ewigen Vorbilder des Schönen oder die ästhetischen Ideen werden dem wahren über dem Einfluß des Ephemeren erhabenen Bildner stets vorleuchten. Ein von aller Manier befreites Product der Plastik, das wir noch jetzt bewundern und dem wir stets den Tribut der Bewunderung schenken werden, ist jene durch plastische Vollkommenheit ausgezeichnete Statue des Gottes, der zur Zeit der griechischen und römischen Vielgötterei als Repräsentant des Schönen, als Lenker des um den Erdball kreisenden Sonnenwagens, als Führer der Grazien und Gründer der pythischen Spiele, so wie des pythischen Orakels verehrt ward.

Dieses aus cararischem Marmor gefertigte Bild wurde zu Antium (jetzt Porto d'Anzio) gefunden, und man glaubt mit großer Wahrscheinlichkeit, daß es zur Verzierung desselben Ortes gehörte, der einst für mehrere römische Kaiser ein berühmter und sehr prächtiger Aufenthalt in jener Zeit gewesen, in welcher Griechenland, welches schon 150 Jahre vor unserer Zeitrechnung den Römern unterworfen, von den römischen Imperatoren seiner vorzüglichsten Kunstwerke beraubt ward. Man berechnet, daß vorzüglich unter den Kaisern Tiberius, Caligula und Nero über 3000 Statuen aus Griechenland weggeführt und zum Theil für Ausschmückung der kaiserlichen Paläste verwendet worden sind.

Was nun den Moment der Handlung selbst betrifft, welcher diesen Apollo darstellen soll, so war das in seiner Hand sich befindende Bruchstück eines Geschosses, mit der zugleich abgebildeten Schlange Pytho, die sich um einen Baumstamm windet, nicht gut zu vereinen; doch blieb es zuletzt bei der Deutung, daß die Statue den pythischen Apollo vorstelle, der so eben seinen Pfeil abgeschossen habe, die Schlange aber diejenige Mythe verbildliche, nach welcher ein gewaltiger Drache, ein Ungeheuer, das sich von Menschenfleisch nährte, in jenen Gegenden sich furchtbar machte, wo so eben die deukalionische Ueberschwemmung, ein Ereigniß, welches mit der Sündfluth des biblischen Noah und einer ähnlichen Sage zur Zeit des Xisuthros bei den Asiaten historisch zusammenfällt, geendet hatte. — Nun waren nach abgelaufenem Gewässer Sümpfe und morastige Tümpel geblieben, seuchenartige Krankheiten entstanden, und rafften Menschen hinweg; der Grieche, Alles gern bildlich darstellend, ließ das Morden durch den Drachen, dieses fabelhafte Thier der alten Welt, vollbringen; da kam Apollo — (die Sonne) — die Erde austrocknend, die Dünste verscheuchend — und tödtete mit seinen Pfeilen (Strahlen) den Drachen.

Andere Erklärer nehmen die Schlange am Baumstamme als ein allegorisches Attribut in Beziehung auf die Arzneikunde, wie man solches auch zuweilen der Minerva beigegeben findet. Der Name des Verfertigers, der dieses Kunstwerk schuf, ist nicht mit Gewißheit zu ermitteln gewesen; welchen Werth aber dasselbe in den Augen jenes berühmten Archäologen Winckelmann gehabt habe, mögen dessen eigne Worte darthun, die wir aus seiner Geschichte der Kunst vierten Bandes erste Abtheilung entnehmen, wo er sagt: „Die Statue des Apollo ist das höchste Ideal der Kunst unter allen Werken des Alterthums, welche der Zerstörung entgangen sind. Der Künstler hat dieses Werk gänzlich auf das Ideal gebaut und nur eben so viel von der Materie dazu genommen als nöthig war, jene Absicht auszuführen. Ueber die Menschheit erhaben ist der Wuchs, und seine Stellung zeugt von der ihn erfüllenden Größe; ewiger Frühling, wie in dem glücklichen Elisium, bekleidet die reizende Männlichkeit vollkommener Jahre mit gefälliger Jugend und spielt mit sanfter Zärtlichkeit auf dem stolzen Bau seiner Glieder" u. s. w. In diesem Tone spricht der gefühlvolle Kunstrichter noch länger

Der Apollo von Belvedere.

über diesen Gegenstand aus, und so möchte den Lesern die Beschauung der Nachbildung desselben, nebst diesen erklärenden Angaben, willkommen sein, da sie mit etwas eben so Außerordentlichem als Alterthümlichem hierdurch bekannt gemacht werden.

Doch hat auch in neuerer Zeit bei vielen und berühmten Alterthumsforschern die Ansicht Eingang gefunden, daß seine Stellung den Act der an dem Uebermuthe der Niobe verübten Rache bezeichne, mit welchem diese Tochter des Tantalus im Glücksgefühl über ihre Schar blühender Kinder sich über die nur von zwei Kindern gesegnete Gattin des Jupiter, Latona, stolz erhob. Apollo und Artemis (Diana der Römer), Latona's Kinder, rächten diesen Stolz, und erlegten sie nebst ihren Kindern, von denen sie eins voll Verzweiflung an die Brust drückt. Seinen Gesichtsausdruck charakterisirt ein Gemisch von Zorn und nie getrübter göttlicher Heiterkeit. Es ist fast nur der Ernst, nicht der Zorn der gerechten Rache des über menschliche Leidenschaften erhabenen Gottes, der an seiner Stirn eine leichte Wolke des Unmuths vorüberziehen läßt. Vergleiche Nr. 46 des ersten Jahrgangs des Pfennig-Magazins.

Verlag von Bossange Vater in Leipzig.
Unter Verantwortlichkeit der Verlagshandlung.

Das Pfennig-Magazin
der
Gesellschaft zur Verbreitung gemeinnütziger Kenntnisse.

69.] [2. Jahrg. **17.**]   Erscheint jeden Sonnabend.   [August 23, **1834**.

Um dem von mehreren verehrten Abnehmern ausgesprochenen Wunsche nachzukommen, zur Vereinfachung des Abonnementsgeschäfts sowohl als zur Vermeidung eventueller Mißverständnisse, einen jeden neuen Jahrgang numerisch neu zu beginnen, so werden wir künftig nicht nur den Schluß eines Jahrescyklus vor dem Beginn eines neuen anzeigen, sondern auch neben die laufende Nummer noch die Nummer eines jedesmaligen Jahrgangs setzen, und fügen wir zum bessern Verständniß hinzu, daß mit Nr. 53 die erste Nummer des zweiten Jahrganges begonnen hat.

Baalbeck.
[Schluß.]

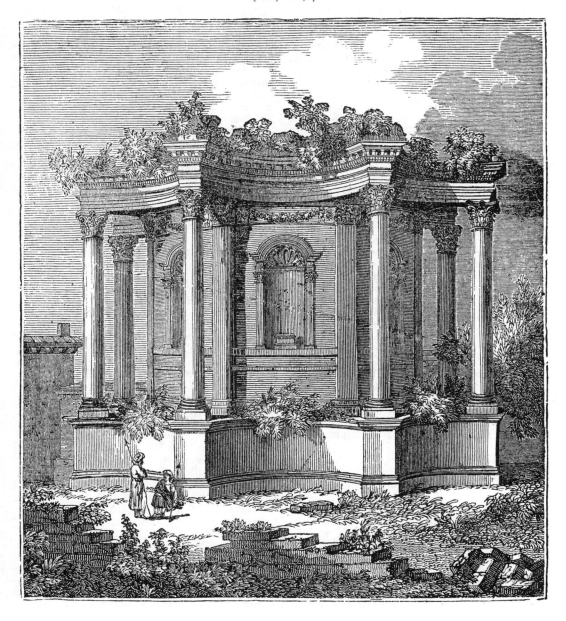

In der Ebene westwärts ist ebenfalls eine große Denksäule noch sichtbar. An den Stadtmauern südostwärts von dem berühmten Tempel sind Säulenstücke von rothem Granit. Man sagt, daß von hier eine halbe Tagereise südwärts der Begräbnißplatz Noah's liege; er heißt Elarach. Eine Achtelmeile südostwärts von dem berühmten Tempel ist noch ein schöner Tempel in einem Halbzirkel. Das ganze Innere bekam das Licht nur durch die Thüren. Der berühmte Sonnentempel selbst ist von feinem, weißem Stein gebaut, welcher dem Marmor an Glanz gleichkommt. An der Vorderseite sind gestreifte Säulen. Die Bedeckung besteht aus einzelnen Steinen, die quer über gelegt sind, mit Reliefs geziert. Der Eingang in den Sonnentempel ist an der Ostseite durch eine Halle von 12 Säulen. Der erste Tempelraum, in welchen man tritt, bildet ein Sechseck von 180 Fuß Durchmesser, und alle Ueberreste dieses Gemaches tragen die Spuren eines ehemaligen Glanzes. Wahrlich bewundernswerth griffen die Formen der diesen Raum umgebenden Zimmer zusammen. Hierauf kommt ein großer Hofraum von 374 Fuß Länge und 368 Fuß Breite; das Ganze mit dem eigentlichen Tempel von Säulen eingefaßt. Diese Säulen, von denen noch 9, wie die Abbildung voriger Nummer zeigt, den Stürmen von Jahrtausenden Widerstand leisten, hatten mit Inbegriff des Würfels, worauf sie standen, eine Höhe von 84—85 Fuß rheinl. Die Hauptbildsäulen des Tempels standen in der Mitte. Etwas Herrliches ist das Thürgesimse. Ein Adler mit einem Heroldsstabe und Blumenkranze in dem Schnabel schwebt über zwei geflügelten Jungfrauen. Von dem Porticus (Säulengange) vor dem Tempel stehen noch vier Säulen. Es gibt in Baalbeck noch einen andern merkwürdigen Tempel; der Eingang ist sehr prächtig und besteht aus zwei Höfen, die mit Gebäuden umgeben sind, und ist 68 Schritte von dem großen Tempel entfernt. Dieser war wahrscheinlich allen Göttern von Heliopolis zu Ehren erbaut. Die Bauart ist gleich der des großen Sonnentempels, nur daß sich auf dem Kranze herum Löwenköpfe mit Wasserröhren befinden. Jeder Säulenstuhl mißt 7 Fuß und 10 Zoll im Durchmesser; die Säulen stehen 8 Fuß und 1 Zoll von einander. Gegen Norden ist die Stadtmauer, die aus großen Quadersteinen besteht. Noch dürfen wir einen andern runden Tempel nicht unerwähnt lassen, den wir durch gegenwärtige Abbildung dargestellt haben. Ist auch sein Umfang nicht groß, so ist doch seine Form klar und großartig. Die Zierrathen halten die rechte Mitte von Ueberladung und Dürftigkeit. Die Reinheit des Styls macht ihn zur Perle unter den architektonischen Ueberresten der classischen Baukunst. — Es gibt hier verschiedene kleine Grotten, unter andern eine, wo der Prophet wirklich gewesen sein soll. Südwärts von der Stadt liegen die türkischen Gräber und die Steingrube Elias.

Peter der Große.
(Fortsetzung.)

Während er hier zimmerte, waren seine Gedanken mit großen Staatsreformen beschäftigt. Er hatte den Entschluß gefaßt, sich in allen Wissenschaften zu unterrichten. In dieser Absicht ging er nach Amsterdam zurück, wurde Chirurg, studirte vorzüglich Physik. Der Hafen von Archangel sah bald ein Schiff, an dem sein Czar gezimmert hatte. Mitte Januars 1698 reiste er nach England, um sich in der Mathematik und Astronomie gründliche Kenntnisse zu erwerben. In Rußland regten sich aber von neuem die Strelitzen und stifteten einen Aufruhr an, welcher ihn zurückrief. Seine Klugheit hintertrieb ihre Anschläge und um ein Beispiel zu statuiren, wurden ihre Häupter hart bestraft. Nun wurde die Armee auf deutschen Fuß gesetzt. Die Bojaren mußten alle, wie er, von unten herauf dienen. Alles wurde reformirt, die Geistlichkeit, die Gesetze, das Militair gestalteten sich nach dem Vorbilde des civilisirten Auslandes. Es wurde eine neue Kleiderordnung eingeführt; die Bärte verschwanden unter den höhern Ständen und wurden selbst mit Gewalt abgeschoren. Er stiftete den Andreasorden, um brave Krieger zu belohnen. Ein ähnlicher kühner Geist war in Schweden in Karl XII. erwacht, welcher, wie Peter der Große, mit einem zu Strapazen abgehärteten Körper einen gewaltigen Unternehmungsgeist verband. Diese beiden großen Männer sollten in diesem Jahrhundert gegen einander kämpfen und der Weltgeschichte zeigen, was kühner Muth, Festigkeit, Besonnenheit und kluge Berechnung vermögen. Eine furchtbare Schlacht wurde bei Narwa geliefert, wo 38,000 (nach Andern 80,000) Russen gegen 10,000 Mann Schweden kämpften, und in welcher die undisciplinirten russischen Haufen von den einexercirten Schweden unter Sturm und ungünstigem Wetter in die Flucht getrieben wurden, wie die Cimbern und Teutonen einst von dem Marius. Peter's I. Reich wäre vernichtet gewesen, hätten ihn nicht Muth, Standhaftigkeit und Besonnenheit gerettet. Diese Niederlage erfuhr Peter Ende Novembers 1700, und August II., damals König von Polen, traf diese Nachricht wie ein Donnerschlag. Peter sagte: Ich weiß wohl, daß uns die Schweden noch oft schlagen werden, aber endlich werden sie uns siegen lehren. Glocken wurden jetzt von den Thürmen herabgelassen, um die von den Schweden eroberten Kanonen zu ersetzen. Während die Kriegsfackel bald hier bald dort loderte, gedachte Peter das baltische Meer mit dem schwarzen Meere zu verbinden. Bald konnte Peter eine gut disciplinirte Armee ins Feld stellen, und man hörte schon von Siegen, die Rußlands Heere in die Reihe deutscher Armeen stellen konnten. Ein förmlicher Triumpheinzug wurde nach einem errungenen Seesiege von Archangel in Moskau gehalten. Um diese Zeit beschäftigte Peter der Gedanke, eine große Hauptstadt seines mächtigen Reichs dort zu gründen, wo einzelne Flecken festen Erdbodens aus Morästen hervorblickten, und wo sich die Newa in den finnischen Busen ergießt. Es war der Pfingsttag, der 27. Mai 1703, an welchem auf einer solchen Morastinsel der Grundstein zu Peter's eigner Hütte gelegt wurde, wo jetzt der Mittelpunkt von Petersburg ist. Tausende von Leibeigenen strömten herbei aus Moskau, Kasan, Astrachan, aus der Ukraine, und binnen fünf Monaten hatten diese Moräste schon das Ansehen einer Stadt. Peter reiste bald darauf nach Moskau, um die Finanzen zu ordnen; unterdessen aber gingen die Arbeiten an der Newa, welche bald eine mächtige Residenzstadt Rußlands schaffen sollten, munter von Statten. Karl XII. wendete sich weiter nach Süden hin, und sein Plan war, die Armee in der Ukraine zu concentriren. Die fürchterliche Schlacht bei Pultawa erfolgte, in der Karl XII. völlig geschlagen wurde. Peter kämpfte hier als Generalmajor, und sein Muth grenzte beinahe an Verwegenheit. Eine Kugel flog ihm durch den Hut, eine andere durch den Rock. Durch diesen Sieg war das Glück und Wohl Rußlands gegründet. — Der Czar hatte sich zu seiner Begleiterin und später zu seiner Gemahlin das Mädchen von Marienburg, Katharina, erwählt, nachdem er zuvor, nothgedrungen, von der Eudoxia sich getrennt hatte. — Der furchtbare und drohende Krieg mit der Pforte brach aus, und was Karl XII. bei Pultawa erfahren hatte, das sollte auch Peter I. am Pruth empfinden. Peter war von zwei Seiten, zur Linken und zur Rechten, von einer mächtigen türkischen Armee eingeschlossen, und selbst diese ungeheure Masse Menschen hätte sein kleines Häuflein erdrücken können. Da schlug sich weibliche Klugheit ins Mittel. Peter war allein in seinem Zelte und ließ Niemanden vor sich kommen; allein Katharina erschien wider seinen Willen vor ihm, bewog ihn Frieden zu schließen, um welchen Preis es auch hier sein möchte. Katharina selbst nahm Alles, was sie von Kostbarkeiten besaß, übersendete es dem türkischen Pascha, welcher sich bereitwillig finden ließ zu unterhandeln. Bald kam es dahin, daß Peter mit seiner Armee unter türkischer Bedeckung den Rückzug antreten konnte, und wurde so aus dieser verzweifelten Lage, in der ihn die Türken hätten vernichten können, gerettet. Allein Azow und die Herrschaft über das schwarze Meer waren verloren. Katharina wurde am 6. März 1711 nun öffentlich zur Czarin von Rußland erklärt. Während der Schwedenkönig in Bender in Unthätigkeit seine Tage hinbrachte, eroberte Peter I. fast Alles, was Gustav Adolf den Schweden erworben hatte. Nach verschiedenen Seesiegen ließ sich Peter I. zum Viceadmiral ernennen. Kein Tag verstrich nun, wo nicht neue Einrichtungen getroffen wurden, die Schifffahrt vervollkommnet, der Handel begünstigt, Armeen disciplinirt, ein code militaire (Gesetzbuch für Soldaten) gemacht, eine Akademie für die Marine gegründet, das Land gemessen wurde. Peter I. unternahm eine zweite Reise als Fürst, um sich von den verschiedenen Interessen der Höfe zu unterrichten. Er reiste mit seiner treuen Begleiterin Katharina nach Kopenhagen, Lübeck, Schwerin, Hamburg, Bremen, Amsterdam, besuchte sein Saardam, wo er vor 18 Jahren gearbeitet hatte; sein Häuschen hieß jetzt das Fürstenhaus. Von da reiste er nach Paris, wo Medaillen auf ihn geschlagen worden waren, deren Inschrift auf seine Reisen ins Ausland anspielten: vires acquirit eundo (durchs Gehen wird er stark). Er reiste von da zurück nach Berlin, Danzig, Mitau. Peter hatte von der Eudoxia, mit der er sich 1689 verbunden und von der er sich 1696 getrennt hatte, einen Prinzen und Thronfolger, welcher aber im alten moskowitischen Glauben der Roskolniks erzogen worden war, so daß er, weit entfernt von dem großen Geiste seines Vaters, vielmehr großen Aerger und Anstoß an den Handlungen desselben nahm.

[Schluß folgt.]

Dialytische Fernröhre.

Ein geschätzter deutscher Schriftsteller, Herr Dr. Nürnberger, lieferte im Morgenblatte einen Artikel über eine neue Erfindung im Gebiete der Optik, welchem wir auch in unserm Kreise weitere Verbreitung wünschen müssen. Es wird unsern Lesern bereits bekannt sein, daß die Erfindung Dollond's durch ein bei den Fernröhren zwischen dem Objectiv- und Collectivglas angebrachtes strahlenbrechendes Mittel, das Flintglas, die beobachteten Gegenstände von der Farbeneinfassung befreite, wodurch ihre Umrisse undeutlich wurden. Wegen der nach der Größe solcher Flintgläser unverhältnißmäßig wachsenden Schwierigkeit von dessen Zubereitung, (da, in je größerem Umfange man solche Gläser zubereitet, um so weniger Wellen und Streifen zu vermeiden sind, welche ihre Ursache in der ungleichförmigen Durchdringung des Bleikalkes mit den Glasmaterien haben) müssen diese Fernröhre sehr theuer sein. Dem Scharfsinne des berühmten Mathematikers und Directors der kaiserl. Sternwarte in Wien, Hrn. Littrow, ist es geglückt, eine von der bisherigen Einrichtung ganz abweichende Zusammenstellung zu erfinden, bei welcher nur ein halb so großes Flintglas erforderlich ist, als man bei einer gleichen Oeffnung des Rohres ehemals bedurfte. Er brachte nämlich das Flintglas, welches in den Fernröhren von Frauenhofer dicht zwischen den beiden Objectiv- oder Gegenstandsglas bildenden Linsen befindlich war, als Correctionslinse, d. h. Nachbesserungslinse, hinter dem Collectivglase an, durch welche Anordnung die Bedingung der Farbelosigkeit vollkommen erfüllt wurde. Die Ausführung seiner Idee übertrug er dem Mechaniker Plößl. Da nun diese Correctionslinse nur halb so groß zu sein braucht, als die frühern unter gleichen Umständen erforderliche concave, d. h. hohle, so ist dadurch ein vielfacher Vortheil erreicht. Zuförderst berechtigt dieser günstige Umstand zu der Hoffnung, daß den Fernröhren eine noch größere Vervollkommnung bevorsteht, als man bis jetzt erreicht hat. Die Zeugnisse der großen Astronomen stimmen hinsichtlich der Vortrefflichkeit dieser Fernröhre überein, und die dadurch in Vergleich zu denen Dollond's und Fraunhofer's erreichte Wohlfeilheit wird künftig geringere Kosten für gleich gute Producte in Anspruch nehmen.

Amsterdam.

Amsterdam, jetzt die erste Stadt des Königreichs der Niederlande und nächst London wohl eine der wichtigsten Handelsstädte Europas, begann erst mit dem sechzehnten Jahrhundert sich zu der Höhe zu schwingen, auf welcher sie jetzt steht. Viele der großen Städte unseres Welttheils waren schon gegründet und durch Macht und Reichthum bedeutend geworden, die man noch ahnen konnte, daß sich ein elendes Fischerdorf, im Besitze der Herren von Amstel, zur Bedeutsamkeit einer Stadt, geschweige einer mächtigen und reichen Handelsstadt, aus seiner Niedrigkeit erheben würde, welche sich doch später kühn an die Seite jener aller stellen konnte. Erst im zwölften Jahrhundert fingen betriebsame Fischer an, da, wo der Amstelfluß sich in den Südersee ergießt, Hütten zu bauen und Dämme aufzuführen, um sich gegen Stürme und die oft furchtbar hereinbrechenden Fluthen zu schützen. Die Einfälle der benachbarten feindselig gesinnten Friesen zwangen sie, Verschanzungen und feste Burgen zu errichten. Bald erweiterte sich das Dorf zu einem Flecken, und dieser Flecken ward im funfzehnten Jahrhundert schon eine sehr bedeutende Handelsstadt.

Die herrlichste Ansicht gewährt die Stadt vom Hafen aus gesehen, welcher durch das sogenannte Y (sprich Ei), so heißt bekanntlich der schmale Meerbusen der Südersee, welcher die Provinz von Süden nach Westen in Süd- und Nordholland theilt, gebildet wird. Die Amstel, von welcher die Stadt den Namen hat, theilt dieselbe in die alte und neue Seite. Mehrere Basteien laufen um sie her und bilden einen mit einer breiten Kanal eingefaßten Kranz; die Mauern sind abgetragen und an ihre Stelle Spazierwege und Gärten getreten. Die Stadt durchlaufen viele Gragten oder große Kanäle, welche 90 Inseln bilden, die durch steinerne oder hölzerne Brücken mit einander zusammenhängen und so angelegt sind, daß die Fahrzeuge, welche man Treckschuiten nennt, allenthalben durchfahren können. Die Stadt ist auf einem Torfmoor angelegt; um daher einen festen Grund für die Häuser zu erhalten, mußten viele Pfähle und Masten eingerammt werden. Auf dieser Grundlage nun ruhen 25,244 Häuser. Die Straßen sind durchaus gut gepflastert, und die Kaien und einige öffentliche Plätze mit Bäumen bepflanzt, die aber auf diesem Boden nur kümmerlich fortkommen. Aus dem verhältnißmäßig spätern Ursprung Amsterdams erklärt es sich, daß man im Innern der Stadt weit wenigern Denkmälern und Ueberresten einer grauen Vorzeit begegnet, als in London, Paris, Mainz und andern Orten. Die ältesten Theile unterscheiden sich wohl durch schlechtere Häuser und engere Straßen, aber im Ganzen ist sie heller, freundlicher und durch die ausnehmende Reinlichkeit gefälliger als so viele weit größere Städte. Von den 12 öffentlichen Plätzen ist kein einziger bedeutend; der Damm und neue Markt sind am lebhaftesten und am besten gebaut. Man zählt 45 Kirchen aller Confessionen und 5 Synagogen. Die Zahl der Einwohner beläuft sich auf 210,000.

Das größte Gebäude ist das Stadthaus, dessen Bau im Jahre 1648 unter der Leitung des berühmten Architekten J. van Campen begann. Das Auge des Kenners wird sich, neben seltenen fast einzigen Schönheiten, auffallende architektonische Fehler nicht daran verbergen können. Gern möchte er die sieben kleinen Vorgenthüren vor der Hauptfronte, welche an die sieben vereinigten Provinzen erinnern sollen, in ein großes Portal verwandeln; gern dem kolossalen Ganzen einen größern von Nebengebäuden weniger beengten Raum verschaffen, um die Ansicht imponirender zu machen. Großartig ist übrigens Alles, das Aeußere wie das Innere. Ueberall sieht man sich von glänzenden Marmorwänden, Säulen und Deckenstücken umgeben. Treppen und Treppengeländer, die Fußböden selbst, erinnern fortdauernd an jene Zeit, wo der Stadt die Schätze und Reichthümer aller Welttheile zuströmten und unerschöpfliche Summen zu Gebote standen. Das Rathhaus vereinigte in seiner frühern Bestimmung sehr mannichfaltige Zwecke. Es war nicht blos der Sitz der Rathsversammlungen unter dem Vorsitze der regierenden Bürgermeister, der einzelnen Verwaltungszweige, der Gerichte, sondern es enthielt auch eine Kunstkammer und Gemäldegalerie, ein Zeughaus und endlich auch Criminalgefängnisse. Später diente das Stadthaus zum Residenzpalaste.

Das Stadthaus zu Amsterdam.

Es ist auf 13,659 eingerammten großen Masten erbaut, ein längliches Viereck von zwei großen und zwei kleinen Stockwerken; vorspringenden Pavillons und in der Mitte des Dammes von allen Seiten frei, 285 Fuß lang, 255 F. tief und 116 F. hoch. Die vordere Seite hat ein schönes großes Fronton (Giebel) aus Marmor von A. Quellins aus Antwerpen, das von drei großen Bronzefiguren umgeben wird; auf gleiche Art ist auch das der hintern Seite gebildet; acht korinthische Säulen tragen den hohen Dom mit einem 41 F. hohen Thurme und künstlichem Glockenspiel.

Unter Allem, was das Haus enthält, ward von jeher nichts so herrlich gefunden, als der große 120 Fuß lange, 100 Fuß hohe Bürgersaal. Er ist in jeder Hinsicht großartig und imposant. In den Hauptsälen und Gemächern haben die Erbauer sowohl als viele Künstler Alles aufgeboten, um durch Bilder und Statuen die Bestimmung eines jeden Locals anzudeuten, und im Ganzen sind die Anordner in der Wahl dieser Gemälde und Kunstwerke sehr glücklich gewesen. Davon nur einige Beispiele. In die untere Galerie, wo den schweren Verbrechern die Todesurtheile bekannt gemacht wurden, führen zwei Thüren von Bronze. Da drohen an der einen zwei Schwerter mit der Unterschrift: Discite justitiam moniti (Gewitzigt lernt das Recht), an der andern ein herabfahrender Blitzstrahl mit den Worten: Et non temnere Divos! (und nicht die Götter verachten). Ueber dem Sitz des Oberrichters stellen drei Bildwerke von weißem Marmor das Gericht Salomo's und das Urtheil des Seleucus und Brutus über ihre Söhne dar. In dem Zimmer der Rathssitzungen sind zwei große Gemälde von Gowert Flink, welche den um Weisheit betenden Salomo, und Moses wie er die Aeltesten des Volks mit sich zu Rathgebern und Richtern verbindet, darstellen. In dem obern Geschoß ist noch ein sehr großer Saal zu Bürgerversammlungen, in welchem mehrere ganz vorzügliche Gemälde einiger großen Künstler, wie van Dyk, Rembrandt, Sandrart, aufbewahrt werden.

Ein nicht minder großartiges Gebäude ist die von 1608 bis 1613 gebaute Börse. Sie bildet ein längliches zweistöckiges Viereck. Die beiden längern Seiten haben bedeckte Säulengänge. An jeder Säule, jedem Pfosten ist das Geschäft angeschrieben, über welches auf

Die Börse zu Amsterdam.

diesem Platze verhandelt wird. Oberhalb wohnen Schreiber und Mäkler, und was unten verhandelt ist, wird, wenn es nöthig ist, zu Papier gebracht. Eine sonderbare Sitte ist folgende: Während der Kermeß oder der Messe hat die Jugend der Stadt das Recht, so wie es drei Uhr schlägt, Alles herauszutreiben, was noch auf dem Hofplatze verweilt, und ihn mit ihrem Schwarm zu füllen. Selbst den ganzen Tag lang ziehen sie wie kleine Soldaten mit hölzernen Gewehren, papiernen Grenadiermützen und kleinen Trommeln, mit unleidlichem Lärm durch die Straßen. Vor langen, langen Zeiten soll, so geht die Sage, angelegtes Feuer durch einige Knaben entdeckt und die Stadt gerettet sein.

Von den übrigen bedeutenderen Gebäuden sind noch zu erwähnen das Posthaus, das Zollhaus und das Zeughaus. Das Arsenal hat 1200 Fenster; hier wird Alles verfertigt, was zum Bedarf eines Schiffes nothwendig ist. Vor Allem aber beachtungswerth ist das Clubgebäude, Felix Meritis genannt. Vierzig Männer faßten den Plan, in ihrer Stadt, wo bis dahin fast Alles nur auf Erwerb berechnet schien, eine Anstalt zu stiften, welche die Leere, die der gebildete Kaufmann nach vollbrachter Arbeit in seinen Nebenstunden drückend empfinden muß, durch Unterricht, Gespräch und Uebung der Kunst ausfüllen und den Geist mit Ideen bereichern sollte. Fünf Gegenstände schienen hierzu am meisten geeignet: Philosophie, worunter man auch Naturkunde, Physik, Chemie, Mathematik und Naturlehre, und Astronomie begriff; dann schöne Literatur, Tonkunst und Zeichnenkunst. Zu diesem Zwecke baute man nun einen Palast von vier Stockwerken, deren jedes seine Bestimmung hat. Jedem Fach sind feste Tage bestimmt, wo alle Mitglieder an den Vorlesungen und übrigen Beschäftigungen Theil nehmen, auch Fremde einführen können. Auf diese Art ist für Bildung und Vergnügen zugleich gesorgt.

Der Hafen der Stadt am Y faßt gegen 1000 Schiffe; doch müssen die schweren Schiffe jenseits der beiden Reihen Pfähle, die vor dem eigentlichen Hafen (de Laag genannt) gepflanzt sind, Anker werfen. Für die leidende Menschheit bestehen viele und zum Theil reiche Waisen-, Wittwen-, Armen- und Krankenhäuser.

Amsterdam ist der Geburtsort vieler berühmter Männer und Künstler, namentlich des Philosophen Baruch Spinoza, des Historikers Peter Corn. Hooft, des Dichters Luc. Rotgens und Jan van Broekhuizen und A. Was nun endlich den Handel anlangt, so war derselbe in früheren Zeiten bedeutender als er es jetzt ist; indeß wird Amsterdam immer aus mehreren Ursachen einen vorzüglichen Rang unter Europens handelnden Städten einnehmen.   E. K.

Der wahre Entdecker des Galvanismus.

Etwa um das Jahr 1790, wie unsere Leser größtentheils bereits wissen, wurde eine neue Art Elektricität entdeckt. Ein bloßes zufälliges Zusammentreffen soll auf diese Entdeckung hingeführt haben. Ein Zuhörer Galvani's präparirte einen Frosch mit einem metallenen Instrumente; dicht neben ihm wurde, vielleicht ohne einen ernsten Zweck, eine Elektrisirmaschine in Bewegung gesetzt, und die aus ihr entlockten Funken setzten die Schenkel des Frosches in eine lebhafte Zuckung, welche sich jedoch nur so lange zeigte, als Elektricität und Metall gleichzeitig mit den Nerven des Frosches in Berührung traten. Später entdeckte er durch fortgesetzte Versuche, daß es der Electrisirmaschine gar nicht bedürfe, sondern daß zwei verschiedenartige Metalle gleiche Wirkungen hervorbrächten, als Zink und Silber, oder Zink und Kupfer. Um die Entwickelung dieser elementaren Erscheinung zu einem besonderen Zweige der Naturlehre machte sich Volta verdient. So viel als Vorwort und Rückblick — Herr Dickinson macht uns nun darauf aufmerksam, daß die Entdeckung längst gemacht sei, und drückt sich darüber in einem Briefe so aus: „Es wundert mich, daß bis jetzt noch Niemand von einem Experimente Erwähnung gethan hat, welches vor den Mitgliedern der königlichen Akademie in Paris ausgeführt, und von dem damaligen Secretär, dem berühmten Fontenelle, in die Mittheilungen der Verhandlungen des Jahres 1700 dieser Gesellschaft eingetragen wurde. Diese Annalen berichten, daß Herr Du Verney einen todten Frosch nahm, und durch die Berührung der Bauchnerven mit einem Zergliederungsmesser die Lenden und Beine in eine convulsivische Zuckung versetzte. Als er hierauf die Bauchnerven zerschnitt und sie mit seiner Hand strich, erneuerte sich die Zuckung, sobald er das Zergliederungsmesser anwendete. Wiewohl nun der Umstand, daß zwischen diesem Experimente und der Gestaltung der Erscheinung zu einem besondern Zweige der Naturlehre bis jetzt, ein beträchtlicher Zeitraum liegt, es kaum möglich macht, hinreichende Beweise von Galvanis Bekanntschaft mit Du Verney's Versuche aufzustellen, so kann ich doch nicht umhin, mich eher der Ansicht hinzugeben, daß dem so ist, als daß er auf dem von ihm vorgegebenen seltsamen Wege, dem zufolge einer seiner Zöglinge zufällig einen Frosch mit dem Zergliederungsmesser berührte, welchen der Professor zu einer Suppe für seine kranke Frau zubereiten wollte, zu jener Entdeckung gelangte. Denn das vorgebliche merkwürdige Zusammentreffen eines Frosches und eines Zergliederungsmessers flößt mir Verdacht ein. Auf jeden Fall kann es nicht streitig gemacht werden, daß der Bologneser Naturforscher nicht der erste Entdecker der Metallelektricität ist, sondern vielmehr Verney; doch ist es ebenso unwahrscheinlich, daß der Ausdruck Galvanismus eine kleine Metamorphose erleide und in Verneyismus übergehe, als daß der Name „Columbia", statt Amerika vorgeschlagen, Eingang finde.

(Wir sind jedoch der Meinung, daß Derjenige, der auf eine elementare Erscheinung ein Naturgesetz gründet und ein vereinzeltes Phänomen als Keim eines großen Fruchtbaumes der Wissenschaft anzulegen versteht, einen glänzenderen Namen in den Jahrbüchern der Geschichte der Wissenschaften verdient, als der vom Spiele des Zufalls begünstigte Entdecker.)

Eine Replique gegen Dickinson sucht jedoch in Nr. 550 des Mechanics Magazine den Ruhm Galvani's zu retten, die Unhaltbarkeit der Annahme, daß derselbe mit der Stelle in den Verhandlungen der Akademie bekannt gewesen sei, darzuthun, und sie führt Arago als Gewährsmann an.

Rutter's neue Wärme-Erzeugungsmethode.

Das Grundprincip dieses Verfahrens besteht darin, daß man die bei den Verbrennungs-Processe chemisch mit fortgerissenen Kohlenstofftheilchen vor ihrer Trennung als Brennmaterial selbst benutzt und den Kohlenstoff durch Hinzufügung des Hydrogen oder Wasserstoffgas in den verbrennlichen Kohlenwasserstoff verwandelt. Das wohlfeilste Material nun, welches den Wasserstoff oder das Hydrogen liefert, ist das Wasser selbst; das zurückbleibende Oxygen oder Sauerstoff hat nun die bekannte Eigenschaft, die Energie des Verbrennungsprocesses sowohl hinsichtlich der Intensität d. h. Kraft, als auch hinsichtlich der Schnelligkeit zu fördern, und man nennt den Sauerstoff den Träger der Verbrennung. Der Hitze-Erzeugungsapparat von Rutter hat nun folgende Einrichtung. In ein beliebiges Brennmaterial wird gleichzeitig von der einen Seite durch eine Röhre fließender Theer und von der andern Seite Wasser geleitet. Ohne das durch die Hitze zersetzte Wasser würde der Kohlenstoff von dem Theer sich mechanisch losreißen und in Rauch übergehen, statt dessen aber verbindet er sich mit dem Wasserstoffgase zu Kohlenwasserstoff, der rückständige Sauerstoff übt seine oben bezeichnete Wirkung aus, und durch diesen normalen Proceß der Verbrennung, in welchem alle Theile vortheilhaft benutzt werden, wird eine bedeutende Ersparung an Material und Kosten sowie vorzüglich an Raum zum Feuerungsmaterial erreicht, ein Vortheil, der bei Dampfmaschinen auf Schiffen und Fuhrwerken sehr hoch anzuschlagen ist. Ausführlichere Beschreibungen dieses Gegenstandes enthält das Mechanics Magazine und das Morgenblatt, Nr. 97.

Einige Bemerkungen über Mosaik.

Mosaik ist eine Art Malerei, welche durch Zusammensetzung bunter oder buntgefärbter Steine oder Glasflüsse hervorgebracht wird. Ueber die Benennung sind die Gelehrten selbst nicht einig. Die Griechen, welche diese Kunst nach Italien brachten, nannten sie Musaikon, daher auch der italienische, französische und deutsche Name. Man nennt diese Kunstwerke auch Musivarbeiten. Eben so ungewiß ist die Zeit, wann diese Kunst erfunden worden ist. Einige wollen sie sogar bis auf Moses zurückführen, der für den Hohenpriester ein Brustschild verfertigen ließ, welches, nach der Zahl der Stämme des jüdischen Volks, aus 12 bunten Edelsteinen zusammengesetzt war. Wenn auch dies so früh sein möchte, so ist doch so viel gewiß, daß diese Kunst erfunden wurde, sobald man die Mittel, Marmor in kleinere Stücke zu schneiden, kennen gelernt hatte. Der erste Gebrauch, den man davon machte, war, den Fußboden damit zu belegen. Zu wirklichen Gemälden soll diese Kunst zuerst in Persien benutzt worden sein. Dieses Land ist reich an Marmor, welcher sich eben so sehr durch Mannichfaltigkeit seiner Farben, wie durch die Feinheit seines Kornes auszeichnet. Auch war der Perser prachtliebend genug, um auf die Verfertigung so dauerhafter Kunstwerke viel Fleiß und Sorgfalt zu verwenden. Von Persien aus ging diese Kunst nach Assyrien, und von da nach Griechenland, wo Künste und Wissenschaften schon bedeutend gefördert waren und auch diese Kunst zur höchsten Vollkommenheit erhoben wurde. Die Marmorstückchen, aus denen ein sehr altes Mosaikwerk bestand, welches man im Jahre 1737 bei dem Nachgraben in der Villa Adriana aufgefunden hat, sind so klein, daß man deren in einem Quadratzoll gegen 200 zählt.

Statt der bunten Steine, deren Wahl oft sehr schwierig seyn mußte, um die Abstufungen der Halbtinten zu finden, gebrauchte man später Stücke von farbigem Glase. Dieses gibt allerdings lebhaftere und bestimmtere Farben, ist aber auch weniger harmonisch und dauerhaft.

Nach Rom kam diese Kunst erst zu Ende der Republik, als man mit großen Kosten aus Persien, Numidien, Phrygien und Ägypten Werke dieser Art kommen ließ, deren Schönheit die Römer zur Bewunderung und zur Nachahmung reizte. Man ließ Marmor aus allen Ländern kommen und berief griechische Künstler, welche zu Rom eine Schule für Mosaikarbeiten gründeten. Unter dem Kaiser Hadrian (117 n. Chr. Geb.) wurde diese Kunst auch in Italien zu einem hohen Grade der Vollkommenheit gebracht, wie uns die Überbleibsel, die man bei Aufgrabung der Villa dieses Kaisers gefunden hat, hinlänglich beweisen.

Bis zum Einfalle der Gothen in Italien, wo alle Künste gesunken waren, arbeitete man in dieser Kunst, wie einige Bilder zu St. Peter in Rom und in den Kirchen zu Ravenna beweisen. Als Theoderich König von Italien geworden war, ließ er zu Ravenna in der Kirche St. Maria einen Fußboden in Mosaik ausführen. — Im 6. Jahrhundert ließ der Kaiser Justinian die Sophienkirche in Constantinopel mit Kunstwerken dieser Art ausschmücken, welche sich jedoch mehr durch die Wahl und Kostbarkeit des Stoffes, als durch Schönheit und Richtigkeit der Zeichnung auszeichnen.

In dieser Zeit entstanden auch die Mosaiken und Gemälde durch Goldgrund, welche jetzt noch in den griechischen Kirchen gebräuchlich sind.

Als vom 7. Jahrhunderte an die Künste und und Wissenschaften in Italien sanken, kam auch diese Kunst der Mosaikarbeiten so sehr in Verfall, daß Desiderius, der Abt von Monte Cassino, der ein Mosaikgemälde verfertigen lassen wollte, sich genöthigt sah, Künstler aus Constantinopel kommen zu lassen. Im 14. Jahrhundert wurde Venedig die Wiege dieser Kunst. Hier lernte der Florentiner Andreas Tasi von dem Griechen Appolonius diese Kunst kennen und stiftete zu Florenz eine Schule der Mosaik, aus welcher sehr berühmte Meister hervorgegangen sind.

Einen neuen Schwung erhielt die Mosaik unter Benedict XII. Unter ihm lebte Giotto (geboren 1265), dem man das berühmte Gemälde Navicella (das Schifflein), d. i. Darstellung von dem in den Wogen schwankenden Schiffe des Apostels Petrus, der auf dem Wasser geht, verdankt. Mit großem Eifer wurde von jetzt an diese Kunst ausgeübt und sehr prächtiges Mosaik, von Domenico Ghirlandajo aus Florenz, aus farbigen Glasflüssen gearbeitet. Unter andern wurde im 16. Jahrhunderte die Markuskirche zu Venedig mit Gemälden der Art ausgeschmückt. Noch mehr wurde aber diese Kunst vervollkommnet, als Titian die Aufsicht über die Markuskirche hatte und Mosaiken nach seinen unsterblichen Werken ausführen ließ. — Im 7. Jahrhunderte wurde auch die Peterskirche in Rom, die ihrer Feuchtigkeit wegen die Gemälde zu leicht zerstörte, mit Mosaikarten, Darstellungen aus dem Leben des Apostels Petrus, verziert.

Auf den höchsten Grad der Vollkommenheit wurde diese Kunst gebracht durch die beiden Cristofori, Vater und Sohn. Diese errichteten eine Schule der Mosaikmalerei, aus welcher sehr große Meister hervorgegangen sind. Dieser Kunst verdanken wir es, daß mehrere der größten Kunstwerke der Maler bis auf unsre Zeit gekommen und für alle Zeiten unzerstörbar geworden sind. Die Peterskirche zu Rom, die Kirche zu Loretto, sowie viele andere Kirchen, öffentliche und Privatgebäude Italiens sind reich an solchen Schätzen.

Obwohl die Mosaikarbeiter eigentlich nur Copisten sind und um so unvollkommenere Werke liefern, je vollkommener die Gemälde oder Cartons sind, deren Abbildung sie liefern, so sind sie doch sehr achtungswerth; denn sie müssen nicht nur in der Zeichnung sehr erfahren sein, sondern auch alle Geheimnisse der Farbengebung genau kennen, um die Werke der Meister getreu wieder zu geben. Eine Hauptschwierigkeit liegt für den Künstler in dem Schnitte und der Vertheilung der unzähligen Würfelchen, wobei er die genauesten Farbennüancen berücksichtigen muß, um Licht und Schatten gehörig zu vertheilen. Diese kleinen Stücke sind viereckig, rautenförmig oder dreiseitig und müssen so geschliffen sein, daß sie fest aneinander anschließen, ohne den geringsten Zwischenraum zu lassen.

Sind die Würfel zerschnitten und nach Verschiedenheit der Farbe in Büchsen geordnet, so geht der Künstler an sein Geschäft. Auf eine aus Marmor oder andern Stein bestehende und in einen Rahmen eingefaßte Tafel wird ein Kitt aufgetragen, der aus Kalk, Marmorstaub, Gummi und Eiweiß verfertigt ist. Auf diesen Kitt zeichnet nun der Maler den Umriß nach dem Carton durch und setzt nun die Würfelchen ein, indem er immer die Zeichnung vor Augen hat. Ist es beendigt, so wird es mit Smirgel abgerieben, damit es ganz dem Gemälde ähnlich sei.

Das Schachspiel.

Allgemeine Betrachtungen über den Nutzen desselben. — Erfindung. — Rösselsprünge. — Schachmaschine.

Während uns Habsucht an die Farobank, Gewinn- oder Zerstreuungssucht an den Kartenspieltisch zieht, das Bedürfniß der geistigen Abspannung oder Erholung zur Theilnahme an den heitern Spielen des geselligen Lebens einladet, vermögen uns Motive anderer Art zum ernsten Schachspiel zu greifen; denn hier gilt es keine Abspannung und Erholung, kein Erneuen der erschlafften geistigen Kraft, und dürfen wir letztere mit der Sehne eines Bogens vergleichen, so wird sie nun an einem andern Ende angespannt; und wer könnte denn auch dem psychologischen Grundsatze sich anschließen, daß verschiedenartige Richtungen der Kräfte einander aufheben, daß, wenn wir auf eine Anstrengung unseres Gedächtnisses, unserer Phantasie, unseres ästhetischen (Schönheitslehre betreffenden) oder intellectuellen Tiefsinns, unseren combinatorischen (das Verschiedenartige verbindenden) Scharfsinn in Thätigkeit setzen, das Gefühl einer geistigen Anstrengung sich auf den Nullpunkt reducire? Die Richtungen dieser Kräfte fließen in dem Kerne unserer geistigen Intensität zusammen und sind nicht entgegengesetzte Kräfte. Doch genug der philosophischen Reflexionen, wir brauchen unserm Leser, besonders wenn er selbst ein Schachspieler ist, nicht erst weitläuftig zu deduciren, daß das Schachspiel eigentlich kein Spiel ist, oder wenn wir es einmal in diese Kategorie ziehen wollen, gewiß neben dem Kriegsspiele, welches Hofrath Hellwig in Braunschweig erfand, das edelste Spiel ist; ein Spiel, welches in sich selbst schon reichen Gewinn trägt. Die moralische, oder um uns des allgemeinsten Ausdrucks zu bedienen, die humanistische Seite macht es jedem Gebildeten empfehlenswerth. Wollt ihr Väter und Erzieher den zur Zerstreuung und zu unstetem planlosen Handeln geneigten Sinn eurer Söhne und Anbefohlenen zur Beständigkeit und Ausdauer in Verfolgung eines bestimmten Zieles gewöhnen, bietet ihm, statt fruchtlose Ermahnungen an ihn zu verschwenden, eine Schachpartie an; die gewaltige Macht des Ehrgeizes im Selbstgefühl der Kraft, das dann sich vorzüglich regt, wenn wir sie gegen einen Gegner messen (menschliche Kraft ist ohnehin das Relativste, was es giebt, und nur im Reflex Anderer erkennen wir unsern Werth), sie wird seinen Geisteskräften schon Impulse geben, und das für das praktische Leben so überaus wichtige Combinationsvermögen, d. h. die Fähigkeit, unter verschiedenartigsten Gegenständen, welchen man sämmtlich einzeln unumgängliche Aufmerksamkeit schuldig ist, die angemessenste Anordnung zu treffen, ausbilden.

Nicht einmal die mathematische Combinationslehre selbst, — man müßte sonst Erfinder ihrer Formeln sein, — kann eine ersprießlichere Wirksamkeit auf jenes Erforderniß unserer humanistischen Bildung ausüben, und während die Mathematik nicht einmal eine jede Individualität (geistige Persönlichkeit) anspricht, bildet uns das angenehme Schachspiel unvermerkt die wichtige Gabe des Ueberschauens und des ruhigen und anhaltenden Nachdenkens an; ja noch mehr, es lehrt uns Selbstbeherrschung unserer Gefühle, die oft mächtig im Innern stürmen, und denen die Schicklichkeit die Larve der Kaltblütigkeit leihen muß; wir erinnern an eine Entwickelungskrisis des Spiels. In dem Augenblicke, wo der ungeübte Spieler sich seinem glücklichen Ausgange zu nähern glaubt, herrschen in ihm nur zwei Regungen: sein Gefühl und die Verfolgung seines Plans; aber das erstere überbietet alle Aufmerksamkeit, welche er der überlistenden Taktik des Gegners schuldig

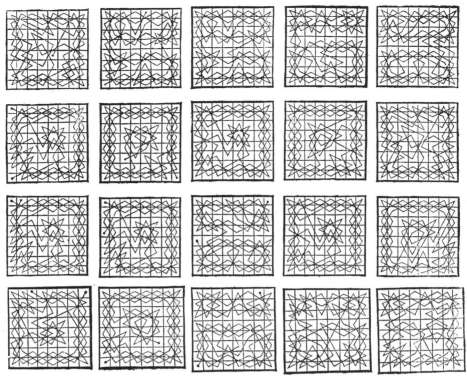

Rösselsprünge.

ist, und seine innere Unruhe bei äußerer, scheinbar affectloser Ruhe und Kälte zieht ihn in die Schlinge des Gegners. Man kann sicher behaupten, daß nur ein zu ruhigem und anhaltendem Nachdenken fähiger Mann ein tüchtiger Schachspieler werden kann, so wie man bei einem als guten Schachspieler bekannten Manne gewiß fast immer mit Sicherheit eine ruhige Besonnenheit und Ueberlegung voraussetzen kann. Bei dem bezeichneten Charakter des Spiels wird es uns dann nicht befremden, daß das Schachspiel seinen Ursprung in Ostasien hat; denn der Ostasiate ist mehr in sich gekehrt und in sich hineinlebend als der Occidentale. China, nicht Persien, wie mehrere Schriften irrig angeben, ist das Geburtsland des Schachspiels; den Chinesen wird die Erfindung desselben von denjenigen neuern Forschern beigemessen, welche den Ursprung dieses Spieles mehr als einer oberflächlichen Untersuchung werth hielten. Eyles Irwin berichtet in einem Briefe an die irische Akademie, daß ihm in China ein von einem Mandarin (vornehmen Chinesen) verfaßtes, der Nachwelt geweihtes und glücklich überliefertes Manuscript vorgekommen ist, welchem zufolge die Erfindung dem chinesischen Generale Hansing angehört, welcher durch ein anziehendes dem nationalen Sinne seiner Landsleute angemessenes Spiel die Soldaten, zu Unruhe und Aufständen geneigt, abzulenken gedachte. Es soll ihm dieses unschuldige Mittel geglückt sein.

Da sich nun dieses Handschreiben des Mandarins einer sichern Nachforschung gemäß vom Jahre 172 v. Chr. datirt, so dürften einige Schriftsteller, welche die Erfindung in eine entferntere Vorzeit zurückversetzen wollen, sich jedoch nur auf Traditionen oder mündliche Ueberlieferungen stützen, minder Berücksichtigung verdienen, als die Angabe des Eyles Irwin. Doch weicht das Spiel der Chinesen von dem unsrigen in einigen Punkten ab. Statt einer Königin repräsentirt der erste Minister den größten Umfang der Macht, und mitten durchs Spiel zieht sich quer ein Fluß, welchen der Laufer nicht überschreiten darf. Minder weicht von dem unsrigen das Spiel der Perser ab. Die Erzählung, daß ein persischer Schach dem Erfinder des Schachspiels sich eine Gnade auszubitten erlaubt habe, und dieser die scheinbar bescheidene Foderung machte, auf das erste Feld ein Weizenkorn zu legen, auf das zweite zwei, auf das dritte vier, auf das vierte acht, und so fort die Anzahl bis zum 64. Felde zu verdoppeln, und daß der Schach erst zu spät, als sich erwies, daß er in 100 Jahren nicht eine solche Kornmasse zusammenzubringen kaum im Stande gewesen wäre, die Voreiligkeit in Gewährung der Gnade einsah, ist nur als eine Sage zu betrachten. Ehe wir eine Beschreibung und Abbildung der berühmten Schachmaschine, welche wir uns auf die nächste Nummer vorbehalten, liefern, dürfte es Liebhabern des Schachspiels nicht uninteressant sein, wenn wir durch nachfolgende Zeichnungen die bis jetzt entdeckten durchlaufenden Rösselsprünge mittheilen. Ein Blick auf die Zeichnungen wird kaum eine detaillirtere Auseinandersetzung unserer Bezeichnungsweise nöthig machen. Der Rössel berührt nämlich sämmtliche Schachfelder, ohne eins zu übergehen oder auf eins zweimal zu kommen. Der Punkt bedeutet das Feld, wo er anfängt, und der erste Winkel, auf welchen man in Verfolgung der geraden Linie kommt, das nächste Feld. Am einfachsten würde man Zahlen zur Bezeichnung gebrauchen können. Zur Auffindung solcher Rösselsprünge bedarf man eines mathematischen Scharfsinnes, und der berühmte Mathematiker Euler hat die meisten darunter auf dem Wege wissenschaftlicher Forschungen ermittelt.

[Beschluß folgt.]

Verlag von Bossange Vater in Leipzig.
Unter Verantwortlichkeit der Verlagshandlung.

Das Pfennig-Magazin
der
Gesellschaft zur Verbreitung gemeinnütziger Kenntnisse.

70.] [2. Jahrg. 18.]   Erscheint jeden Sonnabend.   August 30, 1834.

Der Chor der Windsor-Kapelle.

Der Chor der Windsor-Kapelle.

Das Städtchen Windsor war von jeher der Lieblingsaufenthalt der engländischen Könige. Wilhelm der Eroberer gab ihm durch das Schloß seine herrliche Zierde. In ihm erblickte Eduard III. das Licht der Welt, und die dankbare Anhänglichkeit an seinen Geburtsort vermochte ihn, das Schloß gänzlich umzubauen; er ist also der Gründer desselben in seiner jetzigen Gestalt, obwohl ihm Karl II. den gegenwärtigen Glanz gab. Von der Anhöhe, auf welcher das Schloß liegt, beherrscht das Auge den gekrümmten Lauf der Themse, welcher dem Städtchen den Namen*) gab, und eine freundliche Ebene mit üppiger Vegetation dehnt sich meilenweit unter ihm aus. — Mehr noch als die Natur aber müssen den Menschen diese Werke menschlicher Kraft und die Erzeugnisse menschlichen Schönheitssinnes interessiren; nur ein stumpfsinniger Reisender könnte an Windsor's gothischem Prachtstücke, der Kapelle, vorübergehn, ohne ihm den Tribut der Bewunderung zu zollen, und nur das entschiedenste Phlegma könnte bei deren historischer Bedeutsamkeit ungerührt bleiben. Hier stiftete Eduard den Orden des blauen Hosenbandes, und die Installation der Ordensritter geschah in der Kapelle.

Längs dem Chore reihen sich die Chorstühle der Ritter an einander. Ihr Aeußeres erinnert an jene Periode der Kunst, wo man sich nicht mit dem Totaleindruck symmetrischer Einfachheit allein begnügte, sondern dem Einzelnen mit Figuren und Schnitzwerk ein schöneres Ansehn zu geben glaubte. Auch aus den Zierrathen vieler unserer Kirchen blickt ja noch dieser Sinn für plastische Ausschmückung hervor; — aber jetzt hat der Geschmack sich geändert, und man bewundert die Geduld, welche bei so dürftigen mechanischen Mitteln so Ausgezeichnetes leistete; doch es war ja nicht die Liebe zur Plastik allein, nicht der Geschmack der Zeit, — nein, es war die größere Innigkeit des religiösen Glaubens, — das mächtige Gefühl der Demuth vor Gott, die wahre Hingebung in Christum, was bei dem Plastiker den Meißel und bei dem Maler den Pinsel leitete, um dem Göttlichen einen dauernden Reflex in der Materie zu geben. Auf der Rückseite der Chorstühle liest man auf vergoldeten oder gemalten Kupferplatten die Namen der Edeln, denen sie gehörten und noch gehören, und auf den Baldachinen rufen der eiserne Helm, der stattliche Federbusch, der reichgeschmückte Mantel und das gewichtige Schwerdt die Zeit der Herrschaft männlicher Kraft unwiderstehlich zurück, wo Mann gegen Mann von Angesicht zu Angesicht mit seinem Eisen seines Armes Stärke und die Gewandtheit im Zweikampfe erprobten. Ueber den Baldachinen sind die auf Seidenstoff gearbeiteten Banner oder Wappen der Ritter entfaltet. Nur der sammetne Banner des Landesherrn zeichnet sich durch eine Größe vor den übrigen aus, und sein Platz ist unterhalb der Orgel.

Was brauchen wir der kunstvoll gearbeiteten Decke noch speciell zu erwähnen und ihre architektonischen Formen zu zergliedern; man sieht ja Alles deutlich und die Einbildungskraft muß ohnehin den Maßstab vergrößern. Doch dürfen wir der Kunst ihren verdienten Tribut nicht ganz versagen und erwähnen unter andern Merkwürdigkeiten der Kapelle des trefflichen Altarblattes von West, welches das Abendmahl darstellt. Die Physiognomie des Judas ist trefflich gehalten. Der Ausdruck seiner Büberei theilt nicht den Fehler, den so manche Abendmahlgemälde haben, nämlich zu stark markirt zu sein; in seinem Gesichte spielt das Gemisch von Verstellung und Arglist, und die Richtung seiner Augen fällt in den mathematischen Winkel, wo er jeden Anschauer ins Auge faßt. Vielleicht wollte der Maler durch diesen Kunstgriff die Aufmerksamkeit der Beschauenden auf die dem Judasgesichte gewidmete Kunst lenken.

Auch aus der Zeit der Glasmalerei sind der Kapelle noch kostbare Denkmäler geblieben, unter denen das Fenster an der Westseite das ausgezeichnetste ist. Beim Sonnenschein beschämt ihr feuriger Juwelenglanz die matten unscheinbaren Farbentöne der Fenster aus den späteren Zeiten. Richten wir nun unsere Blicke niederwärts, so nimmt das Grabmal Eduard IV. und seiner Gemahlin Elisabeth Widvill unsere Aufmerksamkeit in Anspruch, und jeder Deutsche weiht eine Thräne der Trauer der jungen Herzogin von Sachsen-Weimar, des Königs Nichte, deren sterbliche Ueberreste neben Eduard IV. beigesetzt worden sind. Am südlichen Flügel deckt ein langer flacher Grabstein die Asche des unglücklichen Königs Heinrichs des Sechsten, dessen erste Ruhestätte die Abtei Chertsey war. Die einfache Inschrift „Heinrich VI." sagt dem Geschichtskundigen genug. So machte die Gottesstadt zwei Todfeinde, Eduard IV. und den oben erwähnten Heinrich zu Nachbarn, und Pope spielt in einem Verse darauf an:

„Gräber versöhnen und gönnen den Großen der Erde die Ruhe
Und in friedlicher Nähe schlummert der Freund und der Feind."

Und so geht man mit dem Gefühle der Hinfälligkeit menschlicher Größe an den Gräbern erlauchter Herren und Frauen vorüber, bis das mit sinniger Kunst ausgeführte Grabmal der hochherzigen Prinzessin Charlotte den Besucher fesselt und ihm eine Thräne der Wehmuth erpreßt. Unter den Rückerinnerungen an ihr Schicksal, welches sie in der Blüthenzeit ihrer Jahre von dem irdischen Schauplatze abrief, würde die artistische Schönheit des Grabmals in den Hintergrund treten, wenn es nicht Jeffery Wyatwille mit sinniger Anordnung und meisterlicher Hand vollendet hätte. Diese plastische Schöpfung stellt den Moment vor, wo der unsterbliche Geist der Fürstin ihre sterbliche Hülle verläßt. Das Marmorbild der Letztern liegt auf einer Bahre und ist in Draperie eingehüllt, aus welcher nur die rechte Hand hervorsieht. Durch vier, an jeder Ecke stehende Frauen ist das Sinnbild des Schmerzes trefflich dargestellt. Einen freundlichen Contrast mit dieser Trauerscene bildet über ihr das Symbol der Unsterblichkeit. Engel, welche über ihr schweben, heben die Seele der Entschlafenen, in Gestalt einer Verklärten dargestellt, empor, und einer von ihnen trägt ihr todtgebornes Kind zum Himmel. Einen wahrhaft erhebenden Eindruck macht die sanfte magische Lichthülle, welche dem Symbole der Verklärung durch die orangefarbenen Seitenfenster zufließt.

Unter der ätherischen Form verschwindet fast das Material ihres Trägers, der Marmor, mit mächtiger Zaubergewalt hebt das Symbol der Verklärung die Phantasie zu höheren Sphären; und welcher Irdischgesinnte mögte sich hier nicht zu stiller Andacht erhoben fühlen und in frommer Sehnsucht nach dem Schooße der Gnade von der Ahnung der Seligkeit durchdrungen werden. Diese edle Fürstin, die mit der Hoheit ihrer Gesinnung einen einfachen bürgerlichen Sinne verei-

---

*) Winding-Shore, die sich schlängelnde Küste.

nigte, war Englands Hoffnung. Sie einst als Königin zu sehen, war der einstimmige Wunsch der Nation, denn auf sie würde die Krone ihres Vaters Georgs IV. übergegangen sein. Aber ein zu früher Tod sollte die Wünsche eines ganzen Volkes vereiteln. Ihre ganze Erziehung war auf die würdige Ausstattung mit den Kenntnissen und Tugenden einer künftigen Regentin berechnet; der Bischof von Exeter leitete die intellectuelle, und Lady Clifford die ihrem Geschlechte entsprechende moralische Erziehung. So sprach sie mit Leichtigkeit französisch, deutsch, italienisch und spanisch, spielte Clavier, Harfe und Guitarre, und zeichnete nach der Natur. Zu ihrem Charakter, welcher an die Königin Elisabeth erinnerte, wollte die Natur noch eine äußere persönliche Aehnlichkeit mit derselben gesellen, und oft soll sie geäußert haben, daß ihr Elisabeth als Ideal einer Regentin von England dienen würde. Glücklich schon durch ihre häusliche Lebensweise, bei welcher die Vorbereitung zu ihrem künftigen hohen Regentenberuf und die Erholung an Allem, was die Musen Schönes und Großes für Herz und Gemüth bieten, im angenehmsten und angemessensten Wechsel ihren Geist beschäftigte, sollte noch die glücklichste Ehe, auf persönliche Neigung gegründet, ihre Wünsche krönen. Ihre Vermählung mit dem Prinzen Leopold von Sachsen-Koburg wurde den 2. Mai 1816 vollzogen. Gleicher Sinn für das Schöne und Gute schlang um das erlauchte Paar das Band der innigsten Freundschaft. Unzertrennlich in den Stunden der Erholung, widmeten sie ihre Muße der Musik und Zeichnenkunst, oder sie ritten mit einander aus. Immer näher rückte die Zeit heran, wo ihre Mutterfreuden durch den Antheil einer ganzen Nation, welche sehnsüchtig einem Thronfolger entgegensah, erhöht werden sollten. Aber im Rathe des Herrn war es anders beschlossen, denn mit den traurigen Folgen ihrer Niederkunft wurden zwei Hoffnungen zugleich zertrümmert. Sie starb den 5. Nov. 1817 nach dreitägigen Entbindungsleiden.

Und hier wollen wir unseren Artikel schließen, denn mit den wehmüthigen Erinnerungen an die edle Prinzessin verläßt ja wohl Jeder die Georgskapelle, ihre Ruhestatt.

Agra.

Agra, die ehemals blühende Hauptstadt der fruchtbaren Provinz gleiches Namens, scheint jetzt dem Schicksale des allmäligen Verfalles entgegenzugehen, wie einst Baalbeck und Palmyra. Die Epoche ihres höchsten Glanzes fällt in den Anfang des 17. Jahrhunderts. Kaum daß die Weltgeschichte einen Herrscher oder einen Staat aufweisen könnte, dessen Reichthum sich mit den Schätzen der Großmoguln, deren Residenzen Agra und Delphi waren, messen dürfte. Die orientalische Pracht, der Aufwand von feinstem Marmor und Edelsteinen, köstlichen Stoffen, die Zierrathen von gediegenem Golde, womit ihre Paläste ausgeschmückt waren, grenzen an das Unglaubliche, und die Beschreibungen derselben gleichen Schilderungen von Feenpalästen, wie wir sie in Romanen oder Zauberopern finden. Manche Denkmäler jener Glanzepoche hat die Zeit erhalten, z. B. das Grabmal des Kaisers Akber, unter dessen Regierung Agra die ansehnlichste Stadt Indiens wurde. Unter allen Ueberresten dieser Periode deutet jedoch vorzüglich das noch erhaltene Grabmal der Kaiserin Schah Jehan auf den unermeßlichen Reichthum der Großmoguln. Es besteht aus weißem Marmor, ist mit Edelsteinen ausgelegt und kostete dem Kaiser 5,062,800 Thaler. Es führt den Namen Tajeh Mahal, d. h. Krone der Gebäude. (S. Bild.) Durch Verlegung der Residenz der Großmogul von Delphi nach Agra trat letztere erst aus ihrem Dunkel hervor; die Verschönerung der Stadt durch Paläste und Tempel und die Erweiterung wuchs mit Riesenschritten. Der erste Resident in Agra war Sekunder, Kaiser von Hindostan, Sohn Balloli's. Nach seinem Tode wurde der Thron dem Baber, einem Prinzen des Hauses Timur Bek, angetragen; Ibrahim, der Inhaber des Thrones, widersetzte sich vergeblich der Uebermacht seiner Gegner und fand mit dem Ueberreste von 16,000 seiner treugebliebenen Anhänger in einem furchtbaren Blutbade in den Ebenen von Paniput seinen Tod. Der tüchtigste und zugleich glücklichste Monarch des mohammedanischen Kaiserthums in Indien war Akber. Er theilte Hindostan in Suhbas, Zirkars und Pergunnahs (Provinzen, Kreise und Departements) ein, und gründete darauf eine angemessene Verzweigung der Staatsverwaltung. Nach ihm wurde die Stadt von jetzt an Akbarabad genannt. Er hatte eine Armee von 600,000 Mann an Reutern und Fußvolk, und seine jährlichen Einkünfte beliefen sich nach unserm Gelde auf 202,500,000 Thaler. Er ließ ein prachtvolles Schloß aufführen, welches über zwei Millionen Rupien (à 15 gr. 3 pf. Conv.-M.) gekostet haben soll. Sein erleuchteter Minister Abul Fazul veranstaltete die Sammlung eines Gesetzbuches (Ayeen Akberry). Ihm hatte der Monarch eine unbedingte Vollmacht hinsichtlich der Verschönerung Agras in die Hände gegeben. — Die erste Gesandtschaft, welche England nach Agra schickte, um Handelstractate mit der dortigen Regierung abzuschließen, wurde von Thomas Row befehligt; kurz darauf wurde in Agra ein Jesuitercollegium gestiftet, welches sich eines besondern Schutzes von Seiten des Vaters des berüchtigten Moguls Aurengzeb erfreute. Dieser Monarch aber verwandelte das Schloß Agras in ein Gefängniß für seinen Vater, und verlegte die Residenz nach Delhi. Mit diesem Zeitpunkte beginnt der Verfall des Mogulreiches.

Nachdem die Europäer, zuerst die Portugiesen unter Vasco de Gama, im Jahre 1498 den neuen Weg nach Indien gefunden hatten, entstanden an Asiens Südküste nach und nach Colonien von allen seefahrenden Nationen, die an Größe und Macht zunehmend endlich bis auf unsere Tage hinein das ungeheure englisch-ostindische Reich bildeten und dadurch die ursprünglichen asiatischen Despoten theils ganz vernichteten, theils unter europäische Hoheit brachten. So fiel auch das Reich des großen Moguls, nachdem schon die Perser und die Maratten von Zeit zu Zeit Provinzen davon abgerissen hatten, im Jahre 1784 ganz in die Hände der Maratten, bis es endlich 1803 vom englischen General Lord Lake erobert wurde. Und so giebt es jetzt keinen Staat mehr, der einem Großmogul unterworfen wäre; ein matter Schatten ist also auch nur noch das gegenwärtige Agra, von dem einige Nachrichten, obgleich veraltet, doch anziehend aus den Reiseberichten eines deutschen Edelmanns, mit Namen Mandelsloh, vorhanden sind, welcher aus Wißbegierde im Jahre 1638 Indien bereiste und auch in Agra einige Wochen zubrachte; ein Unternehmen, was zu jener Zeit, in welcher die orientalische Willkührherrschaft jedem Europäer Gefahr drohte, und in einem Lande, wo das Reisen an und für sich selbst so schwierig war, immer beachtungswerth bleibt, und

Der Tajeh Mahal in Agra.

nur unter dem Schutz einer Karavane (die aus 30 Karren nebst Wächtern und vielen Begleitern bestand) gewagt werden konnte. So reiste der kühne Mann in jenem Jahre von der Küstenstadt Surate, auf einem Wagen mit Ochsen bespannt, ab, und kam, nachdem man einen Weg von 200 Stunden zurückgelegt hatte, in Agra an, welches damals einen Umfang von einer Tagereise hatte, da dieser Ort, wie alle indische Städte, innerhalb seiner Ringmauern zugleich so viel Felder und Gärten einschloß, als zur Erbauung der nöthigen Nahrungsmittel erforderlich war. Im Innern fand unser deutscher Reisender die Stadt schön gebaut, gerade Straßen, eine Menge Paläste, viel und reiche Kramladen in den 15 Bazars (Marktplätze mit steinernen Buden), 80 Karawanserais (Gasthöfe) nahmen Reisende auf, wo aber wohl zu bemerken ist, daß man hier blos Dach und Fach erhielt; die Thürme von 70 großen Moscheen gaben Agra für den Beschauer ein imposantes Ansehen, und von dem, was man den Herrn von Mandelsloh erzählte von den ungeheuren Reichthümern des Herrschers an Gold, Silber, Perlen und Edelsteinen, hat man die Hälfte als wahr, die andere Hälfte als morgenländische Uebertreibung angenommen. Ein gefährlicher Verdacht, den die Großen in Agra gegen den Deutschen zeigten, nöthigte ihn, die Stadt bald wieder zu verlassen, daher sind seine Nachrichten nur kurz gefaßt. D.

Die gemeine Viper oder Kreuzotter.
(Vipera Berus.)

Wie man oft den Naturschönheiten des Auslandes ein lebhaftes Interesse widmet, aber vor denen des eigenen Vaterlandes kalt vorübergeht, so pflegt man auch das Furchtbare gewöhnlich nur in der Ferne zu suchen.

Wir wünschen uns z. B. Glück, daß wir nicht in einem Lande wohnen, wo giftige Insecten selbst den Menschen nicht verschonen, und fast möchte man glauben, daß ihnen die Natur ihr Gift und ihren Stachel nicht blos als Waffe gegeben hätte. Aber noch mehr glauben wir alle Ursache zu haben, uns in unserem gemäßigten Klima glücklich zu preisen, wenn uns die Naturbeschreibungen von den furchtbaren Folgen des Bisses der Brillen- und Klapperschlange erzählen, gerade als ob man bei uns nicht einer einzigen ähnlichen Gefahr ausgesetzt wäre. Wohl ist es wahr, das Gift jener Thiere in der heißen Zone mag noch weit furchtbarer sein, als das Gift derer in unserer gemäßigten Zone; allein etwas mehr Beachtung, als gewöhnlich, verdienen die letztern wohl dennoch, und es ist vorlaut, ja! unverantwortlich, wenn man eine Sache als weniger gefährlich schildern will, weil man vielleicht gerade selbst keine Erfahrung hierüber gemacht hat. Dies gilt nun besonders von der gemeinen Viper oder Kreuzotter, der man auch gern etwas von ihrer Furchtbarkeit nehmen möchte, obgleich ihr Biß zuweilen nicht minder gefährlich war, als der der Klapperschlange. Es ist die heiligste Pflicht eines jeden Kenners der Natur vor schädlichen Thieren zu warnen, und Dank, heißen innigen Dank daher dem verehrten Dr. Lenz in Schnepfenthal, daß er diese Pflicht so herrlich erfüllte, indem er die Zeit seiner kostbaren Muße daran wendete, um mit dem größten Eifer, ja! nicht selten mit Gefahr seines Lebens die Kreuzotter zu beobachten, sich von der Wirkung ihres Bisses zu überzeugen, und wenn er ihn als schädlich erkannt, die Menschheit um so nachdrücklicher vor ihr zu warnen.

Jenem verdienstvollen kundigen Naturforscher ist es nun gelungen, aus vielfältigen Beobachtungen sichere Resultate über die Natur der Kreuzotter zu ziehen, und die Natur des Thieres selbst, welche wir in diesem Blatte beschreiben wollen, wird uns zeigen, ob das Vorkommen dieser Schlangenart als eine Wohlthat oder

Gemeine Viper oder Kreuzotter.

als eine Plage zu bezeichnen, und ob folglich unsere Furcht vor derselben gegründet oder ungegründet ist.

Die gemeine Viper ist noch häufiger unter den Namen: Otter, Adder, Kreuzotter, Feuerotter und Kupferotter bekannt und wird nicht selten auch Natter und europäische Natter, ein Name, der eigentlich nur der Ringelnatter (Coluber Natrix) zukommt, genannt.

Die Farbe ist nach Geschlecht und Alter sehr verschieden, doch ist das sicherste, auf den ersten Anblick wahrnehmbare Kennzeichen: eine dunkele Zickzacklinie, die über den ganzen Rücken hin bis zur Schwanzspitze läuft und in deren Ausbuchtungen an jeder Seite des Körpers kleine, dunkele, eine Reihe bildende Flecke stehen. Von der Mitte des Oberkopfes nach jeder Seite des Hinterkopfes läuft eine sichelförmige Linie; beide dieser Linien vereinigen sich zuweilen und zwischen ihnen beginnt jene Zickzacklinie.

Das Männchen verändert seine Farbe wenig. Die Grundfarbe ist weißlich, bei jungen Männchen in's Graue oder Hellbraune übergehend, und die Zeichnungen sind schwarz. Auch am Bauche ist die schwarze Farbe vorherrschend.

Die Farbe des Weibchens hingegen ändert sehr ab. Von der Geburt an bis zum ersten Winter ist sie blaßgrau oder röthlichgrau mit brauner Zeichnung. Im zweiten, dritten und vierten Jahre ist sie schön hellrothbraun, mit dunkelrothbrauner Zeichnung, hierauf wird der Kopf schmutzig- oder grünlichgrau und endlich im späten Alter nimmt sie die letztere Farbe mit schmutzig schwarzbrauner Zeichnung ganz an. Die Farbe des Unterkörpers ist bei dem jüngern Weibchen roth- oder gelbbraun, bei dem ältern aber schwarz.

Das Männchen hat einen längern, dickern Schwanz als das Weibchen. Ersteres wird 2 Fuß und das Weibchen 2 Fuß 6 Zoll lang.

Auf dem Kopfe ist ein das Auge von oben ganz deckendes Schild, mitten auf dem Kopfe ist ein großes Schild, gleich dahinter sind 2 andere große und übrigens ist der Kopf mit kleinen Schuppen bedeckt.

Die Augen haben eine schön feuerrothe Iris, die bei dem Männchen unten schwarz ist. Die Pupille bildet einen senkrechten Spalt und zieht sich im Sonnenscheine zu einem kaum merklichen Ritzchen zusammen; im Dunkeln erweitert sie sich dagegen sehr.

Der große Mund ist fast bis zum Ende des Kopfes gespalten. In der Oberlippe ist nur ein kleiner Ausschnitt für die Zunge und die Unterlippe schließt so dicht an, daß die Lippen erst etwas geöffnet werden müssen, um die Zunge durchzulassen.

Die Zunge, die bekanntlich nicht zum Stechen, sondern nur zum Fühlen bei den Schlangen dient, ist schwarz und endet mit zwei haarfeinen Spitzen.

Die Kreuzotter hat zweierlei Zähne, nämlich: gewöhnliche Zähne, die zum Festhalten der Beute dienen, und Giftzähne, welche die Schlange zum Verwunden braucht. Die Giftzähne stehen nur im Oberkiefer, sind 1—1¾ Linie lang, nach hinten gekrümmt und so fein gespitzt, daß sie zwar nicht durch Stiefelleder, an dem sie abgleiten oder zerspringen, aber doch durch weiches Handschuhleder bringen. Der Giftzahn hat an der Basis an der vordern gewölbten Seite ein Loch, das den Eingang zu einem Kanale bildet, der den Zahn der Länge nach durchzieht und sich vorn an der Spitze des Zahnes wieder öffnet.

Vorn auf jeder Seite des Oberkiefers sitzt das Oberkieferbein, ein kleiner sehr beweglicher Knochen, der unten breiter als oben ist und auf seiner untern Fläche zwei dicht nebeneinander stehende Gruben hat. In einer oder in beiden Gruben sitzt ein Giftzahn, so daß also nur einer oder zwei auf jeder Seite des Oberkiefers zum Gebrauche der Schlange dienen. Hinter ihnen befinden sich aber noch 1—6 kleinere Giftzähne, welche lose an dem Knochen sitzen und die großen Giftzähne, wenn sie ausfallen, indem sie in die Grube einrücken, ersetzen.

An jeder Seite des Hinterkopfes liegt eine länglicheirunde, bei erwachsenen Kreuzottern etwa 3½ Linie lange und zwei Linien breite Drüse, die das Gift, eine wasserhelle, gelbliche Feuchtigkeit, enthält. Diese Drüse verdünnt sich in einen feinen Kanal, der unter dem Auge hinläuft, sich an das Oberkieferbein anheftet und dicht über dem Eingange des Giftzahnkanals sich mündet, und da nun die Giftdrüse außen mit Sehnenhautplatten umhüllt ist, so entleert sie durch deren Druck das Gift in den Kanal und durch ihn in die mit dem Zahne gemachte Wunde.

Ueberdies legt die Schlange in der Ruhe den Kieferknochen so nach hinten, daß die Zähne am Gaumen anliegen, und da sie von einer zähen, häutigen Scheide umschlossen sind, die da, wo die Spitzen der Zähne sind, eine leichte Oeffnung hat, so sieht man dann nur die rothe Wulst dieser Zahnscheide. Sobald die Schlange aber beißen will, so hebt sie bei Oeffnung des Rachens die Giftzähne so, daß sie senkrecht unter der oberen Kinnlade stehen und aus der Scheide, die sich zurückschiebt, ganz hervorragen.

Die Kreuzotter kommt fast in ganz Deutschland und den benachbarten Ländern, an einem Orte mehr, an andern weniger vor. Sie hält sich gewöhnlich an solchen Orten auf, wo sie gute Schlupfwinkel, Nahrung und Sonnenschein hat. Sie macht die Löcher von Mäu=

sen u. s. w., Steinklüfte, Löcher unter den Baumwurzeln oder im Sommer auch nur das hohe Moos zu ihrer Wohnung, und zwar am liebsten da, wo es viele Mäuse giebt, besonders in Laubwäldern, wo viel Gebüsch, vorzüglich Haselbüsche sich befinden; auch junge Ansaaten der Nadelhölzer, die noch nicht über zwei Fuß hoch sind, hohe Heide und Heidelbeerbüsche liebt sie sehr. Wiesen und Aecker besucht sie nur selten, um daselbst Mäuse zu fangen.

Den Sonnenschein lieben sie sehr und daher sonnen sie sich oft bei warmem Wetter im Sonnenscheine ruhig vor ihrer Höhle. Regen und Wind können sie nicht leiden; nach dem Regen kommen sie aber gern hervor. An kalten Tagen sind sie gewöhnlich in ihrer Höhle, und kommen sie dann heraus, so sind sie ruhig und leicht zu fangen. Im Winter erstarren sie, sobald der Frost sie trifft; an wärmeren Tagen kommen sie aber öfters hervor.

Die Nahrung der Kreuzotter besteht vorzüglich in Mäusen, aber auch Spitzmäuse, junge Maulwürfe, junge Vögel, Frösche und Eidechsen verachtet sie nicht. Sie fährt schnell auf ihre Beute los, versetzt ihr einen Biß, und wenn sie noch einige Sprünge macht, um zu entfliehen, so verfolgt sie sie schnell, packt sie endlich am Kopfe und würgt sie nun nach und nach hinunter. — Die Knochen des verschlungenen Thieres werden im Magen zu einem Brei aufgelöst und selbst die Haare gehen mit in den Darmkanal. —

Wenn die Kreuzotter wüthend ist, so hat sie gewöhnlich den Körper tellerförmig zusammengeringelt und den Hals, der in der Mitte ist, eingezogen, um ihn bei jedem Bisse etwa $\frac{1}{4}$ bis $\frac{1}{2}$ Fuß vorschnellen zu können. Je mehr sie Zeit zum Bisse hat, desto wüthender wird sie und desto mehr zischt sie dabei; das Einziehen und Krümmen des Halses gehet aber gewöhnlich dem Bisse voran. Beißt die Otter auf eine breite Fläche, z. B. an den Fuß oder die Hand, so bringen die Zähne gewöhnlich nur oberflächlich ein, weil ihre Unterkinnlade, die sie gewöhnlich nicht weit öffnet, dem Bisse hinderlich ist; trifft der Biß aber eine Zehe oder einen Finger, oder einen andern Theil, den sie ganz zwischen die Kinnladen nehmen kann, so fährt der ganze Giftzahn hinein und der Biß ist dann sehr gefährlich. Die Verletzung durch den Biß ist mit bloßen Augen kaum bemerkbar und sieht fast wie von einer Nadel oder einem Dorne geritzt aus. Bald nach dem Bisse schwillt die Wunde bedeutend an und wird sehr schmerzhaft, bis später völlige Gefühllosigkeit und Lähmung eintritt. Oft schon nach fünf Minuten tritt diese Lähmung ein und bald darauf Uebelkeit und Erbrechen ein. Nach 24—48 Stunden zeigt sich starke Geschwulst, meist von gelber Farbe und oft ist sie von heftigen Fieberanfällen begleitet. Oft zeigen sich auch große gelbe oder blaue Blasen auf der angeschwollenen Stelle, und alsdann tritt Unruhe, immerwährendes Erbrechen, Nasenbluten und periodische Sinnlosigkeit ein. Doch fehlten diese Symptome bei Andern, und andere mehr oder weniger gefährliche zeigten sich an ihrer Stelle. Einzelne Menschen, denen schnell Hülfe gereicht wurde, konnten bald wieder geheilt werden; bei Andern endigte die fürchterlichsten Symptome endlich der Tod; denn geschieht der Biß im heißen Sommer und ist die Schlange dabei sehr gereizt, so daß sie die Giftzähne also auch ganz aufgerichtet hat und ihr Ziel gehörig trifft, ja wohl gar einen Theil des Menschen trifft, den sie ganz zwischen die Kinnladen nehmen kann, so ist, der Tod, wenn nicht die schleunigste Hülfe geschafft wird, fast immer und zwar in kurzer Zeit die Folge.

Einige Beispiele, die wir aber der Kürze wegen freilich nur ohne die näheren Umstände anführen können, mögen dies bestätigen.

1) Johanna Steinbrecher, 16 Jahre alt, die Tochter eines Tagelöhners in Groß-Aga, einem zur Herrschaft Gera gehörigen Dorfe, wurde am Rücken des rechten Fußes über der großen Fußzehe von einer Kreuzotter gebissen und starb in $\frac{5}{4}$ Stunden.

2) Ein Knabe aus Tautenhayn wurde von einer Otter in den Fuß gebissen und starb kurze Zeit darauf.

3) Ein Schafknecht in Altenroda wurde durch drei Otterbisse verwundet, und starb nach wenig Stunden.

Diese drei Beispiele erzählt der Hofrath Dr. Schottin zu Köstritz, in den „Osterländischen Blättern. Altenburg den 11. März 1811."

4) Der Munizipalrath Georg Paul Dürst von Altdorf im Rezatkreise, ein Mann von 39 Jahren, wurde den 28. April 1815 von einer Kreuzotter in zwei Finger gebissen und mußte $1\frac{1}{2}$ Stunde darauf sterben.

5) Ein Mann Namens Rösselmann starb in der Stube des Herrn Dr. Lenz, an den Folgen eines Kreuzotterbisses in die Zunge, nach wenigen Stunden. Der Aberglaube legte seine merkwürdige Todesart als die Strafe des Himmels für seine Meineide, welcher man ihn verdächtigte, aus.

Wenn man die Wunde ausschneiden will, so braucht man nie tief zu schneiden, da die Wunde höchstens $1\frac{1}{2}$ Linie tief ist; aber sehr schnell muß man es thun, da es schon nach 5—10 Minuten zu spät wäre. Will oder kann man die Wunde nicht ausschneiden und ist auch ein Arzt so entfernt, daß man ihn nicht gleich haben kann, so thut man wohl, die Wunde mit Wasser und feinem Sande sogleich auszuwaschen und auszureiben, sich nach dem Auswaschen ruhig niederzulegen, alle hitzigen Getränke zu vermeiden, den verletzten Theil oft mit sehr warmem Baumöl einzureiben und Umschläge mit gekochtem Mehlbrei warm umzuschlagen. Hierzu mag man stündlich 1—2 Tassen Melissen-Chamillen oder Fliederthee trinken und die Hautausdünstung gehörig abwarten. Als Nahrung darf man nur nahrlose, dünne Suppen, reines Wasser und Milch zu sich nehmen. Sollten aber dennoch bedeutende Zufälle eintreten, so versäume man ja nicht, den Arzt zu rufen. Herr Dr. Lenz hält Chlorwasser, etwa täglich 2 Loth innerlich eingenommen für das vorzüglichste Mittel Das Aussaugen der Wunde ist nicht zu empfehlen.

Nicht selten wiederholten sich nach vielen Jahren und oft erst im späten Alter die Folgen eines Bisses wie dies z. B. bei der 60jährigen Martha Elisabeth Jäger in Waltershausen in Gothaischen der Fall war, die im 19. Jahre von einer Kreuzotter gebissen worden war.

Aus dieser Beschreibung wird man hinlänglich ersehen, wie sehr man sich vor diesen Thieren hüten muß, und wie gefährlich es ist, wenn man sich an Orten, wo die Kreuzotter hauset, hinlegt, oder daselbst mit bloßen Füßen gehet, oder Beeren u. dergl. mit bloßen Hand sucht. Zum Glück beißt sie nur dann, wenn man ihr ganz nahe kommt oder sie berührt; den Menschen zu verfolgen fällt ihr aber nie ein.

Will man eine Kreuzotter erlegen, so thut man wohl, wenn man Handschuhe von dickem Leder anzieht und einen langen, biegsamen Stock nimmt; doch noch bequemer kann man sie mit der Flinte erlegen. Große Vorsicht ist überdies auch dann noch nöthig, wenn die Schlange schon todt zu sein scheint; denn oft erholt sie sich wieder, und kann dann, wenn ihr Kopf nicht zerschlagen ist, noch sehr gefährlich werden. Will man sie weiter schaffen, so thut man wohl, um einen hierdurch leicht entstehenden Schaden zu vermeiden, ihr gleich hinter dem Kopfe eine feste Klemme von einem gespaltenen Holze anzulegen. Auch die Zähne des Thieres können oft noch nach dem Tode des Thieres gefährlich werden, da sich in ihnen oft noch etwas Gift vorfindet, und daher verbrenne man lieber den Kopf in starkem Feuer.

Der Rauchfußbussard und Wespenbussard sind die erklärten Feinde dieser Schlange, und ihr giftiger Biß hat für sie keine Folgen. Auch der Natteradler und die Gabelweihe, wie die Eulen und mehrere andere Thiere, scheinen von Gott zum Kampfe mit giftigen Schlangen bestimmt zu sein, und sie sollten daher, wenn sie den Hühnerhöfen nicht schaden, nie getödtet, sondern vielmehr gehegt werden. Sie wissen in der Regel die giftigen Schlangen von den nicht giftigen wohl zu unterscheiden und mit den ersteren sehr geschickt umzugehen.

Der Bussard sträubt beim Anblick einer Kreuzotter sogleich das Gefieder, hebt die Flügel hoch empor, schreit laut auf, springt auf den Feind los, packt ihn mitten am Leibe mit den Krallen, sucht ihn mit ihnen zu zerreißen und hält zielend den Kopf hoch in die Höhe. Die Otter schlingt sich um seine Füße, zischt und beißt unaufhörlich um sich, aber so blindlings, daß sie kaum die Federn trifft. Plötzlich fährt endlich der Bussard mit der Schnelle des Blitzes zu und versetzt dem Kopfe der Schlange einen so sicheren und so mächtigen Schnabelhieb, daß er sogleich zerschmettert wird. Dies setzt er fort, bis sie fast leblos ist, und nun verzehrt er sie, den Kopf zuerst, ohne daß ihm Gift und Giftzähne etwas schaden.

Das Schachspiel.
[Schluß.]

Herr von Kempelen, welcher durch seine sprechenden Automaten, durch seine Druckerpresse und mehrere andere mechanische Kunstwerke bekannt ist, setzte eine Maschine unter dem Namen Schachmaschine zusammen.

Das Äußere der Kempelen'schen Schachmaschine bestand in einer tischhohen Lade mit mehreren Thüren vorn und hinten, und unten mit einer Schublade versehen. Hinter dieser Lade saß eine Figur in Gestalt eines Türken, welche Kempelen für einen Automaten ausgab. Nachdem der sinnreiche Schausteller mehrere jener Thüren geöffnet hatte, um das Publicum zu überzeugen, daß kein Betrug hinter der Sache stecke, lud er Jemand ein, mit dem Automaten zu spielen. Wenn der Spieler einen Fehler in Aufstellung der Figuren oder einen Zug gegen die Gesetze des Spiels machte, so gab der Automat ein Zeichen, und fuhr nicht eher fort zu spielen, als bis Alles in gehöriger Ordnung war. Das Spiel wurde gewöhnlich durch den Automaten gewonnen, und hätte sich dieser Vorfall auch öfter ereignet, so würde es dem Erfinder keineswegs zur Unehre gereicht haben, wenn nur die Bewegungen des Automaten rein auf den Gesetzen der Mechanik beruht hätten. Das Ganze war jedoch das Werk einer höchst sinnreich combinirten Täuschung, die ihrem Erfinder alle Ehre macht, da man vor ihrer Entdeckung wirklich an einen Schachmechanismus glaubte. Herr von Kempelen bereiste fast ganz Europa. Die Schauprocedur war folgende: Zuerst öffnete der Erklärer die Thür A; es zeigte sich ein mit schwarzem Tuche ausgeschlagenes und mit mechanischem Räderwerke ausgefülltes Fach. Hierauf öffnete er die Thür B, Fig. 2. an der Hinterseite des nämlichen Faches; hinter dieses offene Fach hielt er Licht, damit die Zuschauer durchsehen konnten, und erklärte die mechanische Einrichtung. Dann zog er die Schublade G.G. Fig. 1.

aus und nahm aus derselben ein mit Figuren besetztes Schachbret und Kissen als Unterlage für den Arm des Türken und einige andere Dinge. Nun öffnete der Erklärer die beiden Thüren CC. der Antlitzseite; es kam ein breites Fach zum Vorschein; auch hierein ließ er dann das Licht fallen. Dieses mit schwarzem Tuche ausgeschlagene Fach enthielt nur einige mechanische Stücke. Hierauf ging es an die Untersuchung des Türken; seine Kleider wurden auseinandergelegt, die Klappe E, Fig. 2, an dem Rumpfe, und die andere Klappe E am Schenkel wurde zum Hineingreifen geöffnet. Die Thüren B und D waren mittlerweile geschlossen. Hierauf wurden auch die Thüren der Vorderseite geschlossen. Dann zog der Erklärer, nachdem er einige Zeit bei der Instandsetzung des Automaten verweilt hatte, das Räderwerk auf, nahm der Figur die Pfeife aus der Hand und der Automat machte einige Bewegungen.

Es dürfte nicht leicht sein, aus dem Beschriebenen dem Geheimnisse, mit welchem alle Handgriffe und Verrichtungen des Erklärers im innigsten Zusammenhange stehen, auf die Spur zu kommen. Wir glauben daher dem geneigten Leser nicht vorzugreifen, wenn wir ihm eine vollständige Auseinandersetzung des Schachmechanismus geben.

Die Schublade reicht nicht bis an den Hintergrund der Lade; hinter ihr ist noch der über einen Fuß breite, 8 Zoll hohe und an 4 Fuß lange Raum O. (Fig. 9.) Sie wird nicht ganz ausgezogen, und folglich kommt das Versteck ihres Hintergrundes nicht zum Vorschein. Das kleine Fach A ist durch die bewegliche Wand I in zwei Theile geschieden und so eingerichtet, daß, wenn man B schließt, I sich mit schließt (s. Fig. 6). Das Räderwerk nimmt die ganze vordere Abtheilung ein; die hintere ist leer und steht mit dem Raume hinter der Schublade in Verbindung, indem auch der Boden des hintern Fachwerkes beweglich ist. Die Hinterwand des großen Faches ist doppelt, und der Theil PQ, Fig. 10, an welchem die Quadranten sitzen, bewegt sich an einem Charnier Q nach oben hin und bildet daselbst die Gestalt eines offenen S zwischen den Fächern, nachdem derselbe den Theil R mitgeführt hat, welcher aus straffgespanntem Tuche besteht. Aus Fig. 10 ersieht man die falsche geschlossene, aus Fig. 11 die erhabene Wand.

Kempelen führte eine kleine schmächtige Person heimlich mit sich, und trug Sorge, daß Niemand von der Anwesenheit derselben etwas erführe; durch den Eingang U am Ende Fig. 9 kroch dieselbe in die Schachlade und hob die falsche Hinterwand des Faches B in die Höhe, und nahm somit die durch Fig. 3 und 4 vorgestellte Lage an.

Wie oben bemerkt, beginnt nun der Erklärer mit Oeffnung der Thür A. Bei dem scheinbar verwickelten und in der That sinnreich angeordneten Räderwerke kann das Auge nicht in den Hintergrund bringen, und der Zuschauer kommt auf den Gedanken, daß der ganze Raum mit Mechanismus ausgefüllt ist, und wird in dieser Meinung noch mehr bestärkt, wenn er nach Oeffnung der Hinterthür B das Licht schimmern sieht. Darauf wenigstens verfällt kein Zuschauer, daß hinter dem Räderwerke noch ein beträchtlich größer leerer Raum sein könne. Nur muß die Thür B verschlossen und die bewegliche Wand I, welche das kleine Fach in zwei Abtheilungen scheidet, hinter das Räderwerk zu stehen kommen, welches, da es in dem Augenblicke geschieht, wo das Licht weggezogen wird, der Aufmerksamkeit des Zuschauers entgeht. Die Thür A kann ohne Gefahr offen bleiben, und es bekräftigt den Zuschauer in der Meinung, daß keine Person im Spiele ist. Die Schub-

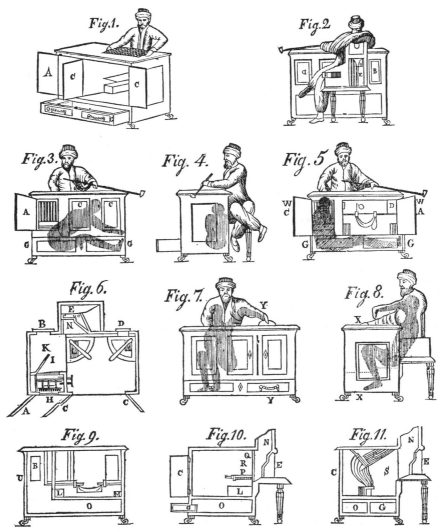

Kempelen's Schachmaschine.

lade wird nur zum Schein geöffnet, um das Bret herauszunehmen; die wahre Absicht ist, daß der versteckte Spieler bei seinem Eingange in den Türken mehr Spielraum für seine Füße gewinne, und die mit der falschen Wand in dem großen Fache zu treffenden Anordnungen mit größerer Bequemlichkeit getroffen werden können. Die Maschinerie läßt sich in dem letztern Fache so leicht übersehen, daß der Zuschauer kaum auf den Gedanken kommt, zu wünschen, daß man ihm noch die Hinterthür öffne. Bei der Untersuchung des Türken bleiben die sämmtlichen Vorderthüren offen. Ein Bund Schlüssel bleibt in der Thür D stecken; dieser Umstand, welchen der Zuschauer als eine Sorglosigkeit nimmt, trägt dazu bei, den Verdacht einer versteckten Person noch mehr zu entfernen. Wenn das Kleid des Türken auseinandergeschlagen und das Rumpf- und Kopf-Innere untersucht worden ist, so schließt der Erklärer beide Vorderthüren und zieht die Maschinerie zum Schein auf; bei dem lauten schnarrenden Geräusche des Aufziehens kriecht der Spieler, nachdem er die falschen Wände des großen Faches gehoben hat, in den Türken, damit Niemandem das durch seine Bewegungen verursachte Geräusch verdächtig werde, und nimmt die in Fig. 7 und 8 dargestellte Stellung an. Durch das dünne Westenzeug übersieht er das Schachbret; seine Hand reicht nur um ein Geringes über den Ellenbogen des Türken hinaus und zieht einen mit den beweglichen Fingern in Verbindung gesetzten Faden.

Steinregen.

Ein fürchterlicher Steinregen fiel im vor. Jahre in der Gemeinde von Kandahar in Indien herab. Unter dem Falle der Steine stürzten die Dächer ein und Häuser wurden bis auf den Erdboden durchbohrt. Als Zulkejar Ali Khan in den Hof eilte, um einige dieser schreckenerregenden Gäste zu sammeln und zu untersuchen, wurde sein Schädel von einem ähnlichen Meteore getroffen und zersprang in drei Stücke. Dieser Stein war mit einem blitzartigen Leuchten begleitet und blendete auf einen Augenblick die Augen der auf dem Balkon befindlichen Personen. Das Unglücksmeteor wog 2 Pfund preuß. (3 ind. Seers), und auch unter den übrigen fand man viele von 1½ Pfund. Nach dieser Erscheinung trat eine dichte Finsterniß ein. So berichten indische Blätter.

Verlag von Bossange Vater in Leipzig.
Unter Verantwortlichkeit der Verlagshandlung.

Das Pfennig-Magazin
der
Gesellschaft zur Verbreitung gemeinnütziger Kenntnisse.

71.] [2. Jahrg. **19.**] Erscheint jeden Sonnabend. [September 6, **1834.**

Applegarth's Schnellpresse.

Die Schnellpresse.

Wenn mit Johann Guttenberg, dem Erfinder der beweglichen Lettern, die erste Epoche der Geschichte der Buchdruckerkunst beginnt, so nimmt die zweite ihren Anfang mit der Presse, die dritte mit der Erfindung der Stereotypie und die vierte mit der Erfindung der Schnellpresse. Vergleichen wir den einfachen Mechanismus, welche vor noch nicht vollendeten 400 Jahren die Typenformen auf das Papier drückte, mit dem sinnreichen Mechanismus der Schnellpresse, so finden wir kaum eine entfernte Aehnlichkeit zwischen zwei das Nämliche erzielenden Maschinen. Beiden Erfindungen aber kann man das ungeschminkte und unerdichtete Lob nachsagen, daß sie nicht aus Gewinnsucht, nicht aus pecuniairen Privatinteressen, sondern aus der Ueberzeugung eines allgemein empfundenen Bedürfnisses hervorgingen; die Schnellpresse namentlich aus dem Bedürfnisse, oder, um uns minder stark auszudrücken, aus dem Verlangen des Publicums, nach einer schnelleren Mittheilung der Zeitereignisse, als sie durch die gewöhnliche deutsche Presse erzielt und geleistet werden konnte. Hieraus geht schon hervor, daß solche Druckofficinen mit Vortheil eine Schnellpresse anlegen können, welche entweder ununterbrochen schnell zu verbreitende Nachrichten zu drucken haben, oder deren Unternehmer mit Sicherheit auf frequente Beschäftigung rechnen können; denn in den Schnellpressen steckt ein ansehnliches Capital, welches, wenn es nicht durch den Gebrauch derselben mobil gemacht wird, dem Besitzer nicht die Zinsen desselben wiedergibt, und, da doch die Schnellpresse, wie jedes andere Mobiliar, der Invalidität unterworfen ist, also von Zeit zu Zeit Reparaturen erleiden muß ec., dem Unternehmer nicht vortheilhaft sein würde. Eine gewöhnliche deutsche Presse konnte jenem Bedürfnisse nicht Abhülfe thun, und hätten gleichzeitig zur schnellen Verbreitung von Nachrichten mehre Pressen in Anspruch genommen werden sollen, so mußten auch mehre Formen gemacht werden; es war also immer ein ansehnlicher Zeitaufwand unvermeidlich. So ging die Sache bis zum Jahre 1814. Zwar schreiben die Engländer die Erfindung der Schnellpresse einem ihrer Landsleute, William Nicholsen, zu; allein sie sind aufrichtig und unparteiisch genug, ihren Nationalstolz durch das offene Bekenntniß zu verleugnen, daß der eigentliche Erfinder, der die Schnellpressen ins praktische Leben eintreten ließ, ein Sachse, Namens König, war. Im Jahre 1804 kam König in London an; er hatte seine Idee längst innerlich zur Reife gebracht, und da er glaubte, daß er in Deutschland kein Glück damit machen würde, so hatte er sich nach England gewendet.

Bekannt ist es ja, daß der Brite eine Ehre darein setzt, zur Einführung nützlicher Institute und Erfindungen durch Geldmittel beigetragen zu haben. Auf diesen allgemein bekannten Charakterzug sich verlassend, hatte nun König seine Idee nach England hinübergetragen. Allein die ersten Anträge, welche er mehren Besitzern von Druckofficinen dieserhalb machte, wurden mit Kälte aufgenommen. Nachdem er eine große Reihe angesehner Häuser erfolglos durchgegangen war, glückte es ihm endlich, einen Unternehmer, Herrn Bensley, zu finden, der, die neue Idee mit scharfblickendem Geiste durchdringend, sofort in einen Contract mit König einging. Allein die ersten Versuche liefen nicht ganz nach Wunsch ab, die Bewegungen waren nicht schnell genug, und zugleich verursachte das durch eine Person ausgeübte Auftupfen der Schwärzungsballen allerhand Unbequemlichkeiten, und man dachte über eine mit der Maschine in Verbindung zu setzende Vorrichtung nach, welche die Schwärzung mechanisch hervorbrächte. Während man hieran arbeitete, traten noch zwei Personen, G. Woodfall und R. Taylor, in den Verband; Ersterer zog sich jedoch bald, in seinen sanguinischen Hoffnungen getäuscht, zurück. Die übrigen drei, keineswegs entmuthigt durch den langsamen Fortgang des Maschinenbaues und durch die auf mißglückende Versuche verwendeten Geldsummen, setzten das einmal Begonnene mit Ausdauer fort. Man kam endlich zu der Ansicht, daß König's Idee in der angegebenen Form unausführbar sei und einer Radicalveränderung bedürfe. Noth brach Eisen. Jetzt erst kam er auf den Cylinderdruck, und einige Jahre nach dem Entwurfe seiner Idee begann man das Werk von Neuem und brachte eine Maschine zu Stande, deren Einrichtung darin bestand, daß der zu bedruckende Bogen flach zwischen eine eiserne Walze und die Typenform hindurchpassirte, und daß anstatt des sonst üblichen Auftupfens mit dem Tupfballen ein System von ebenliegenden und mit durch Druckerschwärze gefeuchtetem Tuche umgebenen Walzen die Schwärze auf die Form trug. Da nun gleichzeitig auch der Bedarf der Zeitschriften, und namentlich der Times, stieg, bestellte Herr Walters, Herausgeber dieser Zeitschrift, zwei Cylinderdruckmaschinen. Anfangs hielt man jedoch die Erfindung geheim. Welche Gründe man dazu hatte, ist nicht bemerkt; doch läßt sich vermuthen, daß man von Seiten der Drucker Unzufriedenheit, vielleicht gar Ausbrüche der Gewaltthätigkeit befürchtete. Montags den 28. November 1814 kündigte endlich die Times ihrem Leser an, daß er ein Produkt der Dampfschnellpresse in Händen halte. Die Sache machte Aufsehen, und durchzuckte wie ein elektrischer Schlag Englands Hauptstadt. Schon früher war das Gerücht von der Existenz einer Dampfschnellpresse in Umlauf gebracht worden; vielleicht hatte die Indiscretion eines Arbeiters ein unvorsichtiges Wort fallen lassen; da man jedoch einen solchen Mechanismus für Chimäre hielt, so schloß Miß Fama auch bald den Mund.

Den nächsten Fortschritt in der Verbesserung der Schnellpresse machten die Herren Bensley. Während nämlich die früheren Pressen den Bogen nur auf einer Seite bedruckten, war Bensley's Mechanismus so eingerichtet, daß er die Bogen in dem Walzensystem umkehrte und ihn auf beiden Seiten bedruckt zurückgab. Doch hatte auch diese Maschine noch manche Mängel, welche namhaft zu machen hier nicht der Ort sein würde. Die Dampfschnellpresse war nun der Gegenstand des Gesprächs, der Gegenstand der Speculation, der Bewunderung einerseits, der Besorgnisse andererseits. Viele Unternehmungen, nachdem sie beträchtliche Capitalien absorbirt hatten, scheiterten. Mittlerweile hatte Bensley seine Aufgabe, die Maschine zu vereinfachen, glücklich gelöst; alle Mängel wurden beseitigt, und, was zum Erstaunen ist, 40 Räder wurden von der Maschine abgenommen und ihr körperlicher Raum (Volumen) auf die Hälfte reducirt. — Ein ganz neues von August Applegarth erfundenes System scheint die ältere Maschine mit der Zeit verdrängen zu wollen; mehre von seinen Schnellpressen sind bereits zu London in Thätigkeit; viele sind ins Ausland gegangen. Die Abschaffung der Tupfballen bei den gewöhnlichen Pressen und der Ersatz derselben durch Druckwalzen ist als eine Folge der Erfindung der Schnellpresse anzusehen. Die Handmaschinen des Hrn. Napier stehen noch in großem Rufe, bedrucken den Bogen auf beiden Seiten und leisten so viel als sieben Pressen.

Der Mechanismus der Schnellpresse ist nicht verwickelt, sondern von leichtfaßlicher, sinnreicher Einfachheit.

Ein Arbeiter legt einen Bogen Papier an die sogenannte Speisewalze; diese nimmt ihn auf, überliefert ihn der Schlichtwalze, von welcher er der Eingangswalze überliefert wird; letztere zieht ihn über die Form hin. Damit aber der Druck elastisch und nachgiebig ausfalle, ist der Druckcylinder mit Tuch umgeben. Dieser Cylinder führt nun das Papier in das Mittelsystem, wo es umgekehrt wird, so daß die weiße Seite nach unten zu liegen kommt, unter dem zweiten Cylinder innerhalb der Maschine gedruckt und von einem zweiten Arbeiter in Empfang genommen wird.

Erklärung der einzelnen Theile:

A. Rad auf einem Schafte in unmittelbarer Verbindung mit dem Dampfapparat, überträgt die Bewegung in die Maschine.

B. Der Riemen ohne Ende, als erstes übertragendes Mittel von der Dampfmaschine zur Schnellpresse.

C. Hemmwalze, todte Walze, welche frei auf dem Schaft bewegt, um bei fortarbeitender Dampfmaschine einen Stillstand der Presse durch Uebertragung des Riemens hervorzubringen; die andere Walze C überträgt die Bewegung zu zwei Zahnrädern, von wo aus sie sich vertheilt.

D. Die Schwärzungstafel. Die Uebertragung der Schwärze auf die Form geschieht vermittelst einer vibrirenden, d. h. zitternden Walze, die bei ihrem Erheben eine andere Walze berührt, welcher die flüssige Schwärze aus dem Behälter selbst zufließt, und sie der Schwärzungstafel übergibt; von dieser Tafel wird sie wiederum von drei Walzen abgenommen und der Typenform zugeführt.

E. Blattwalze oder Speisewalze. F. Schlichtwalze. G. Eingangswalze. H. Der erste Druckcylinder, welcher die Vorderseite des Bogens auf die innerhalb befindliche Form preßt. I und K das Mittelsystem zum Umkehren des Bogens und zur Uebertragung desselben unter den zweiten Preßcylinder, welcher die Rückseite druckt.

M. Ein Stoß weißen Papiers, von welchem der Anleger einem Bogen nach dem andern nimmt und ihn der Blattwalze übergibt. Die mechanische Vorrichtung, durch welche der Bogen der Schlichtwalze von der Blattwalze übertragen wird, konnte auf unserer Abbildung nicht mit dargestellt werden.

Relief=Stahlstich.

Eine neue Erscheinung im Gebiete der zeichnenden Künste, welche Kenner und Nichtkenner zu ungetheilter Bewunderung hinriß, und mit welcher eine neue Epoche in der Stahlstichkunst beginnt, ist der Relief=Stahlstich. Ueberzeugt, daß die Sache diesen Namen, den die Erzeugnisse dieser Kunst mit Recht verdienen, rechtfertigen werde, dürfen wir uns nur auf diejenigen Personen berufen, denen auch nur ein einziges Blatt davon zu Gesicht kam. Nie hat ein Werk der Stahlstichkunst eine so überraschende Illusion hervorgebracht, und diese merkwürdige Erscheinung dürfte dem Deutschen Veranlassung geben, durch Erforschung des Geheimnisses, welches auf der Ausführung dieser Kunstwerke beruht, diese Kunst selbst auf deutschen Boden zu verpflanzen.

Es erscheint nämlich unter dem Titel: „Trésor de numismatique et de glyptiques *) eine große Sammlung von Münzen, Cameen und Basreliefs in Stahl gestochen mit einem kurzen erklärenden Text. Die Haupteigenthümlichkeit der Unternehmung besteht in der Methode des Stahlstiches, die man aus England eingeführt, wo sie seit einigen Jahren für Stich von Portraits nach Medaillen angewendet wird.

Hatte nun schon der eigenthümliche Charakter dieser Stahlstichmanier, die Reinheit der Nüancen, die durch die besondere Lage der Curven hervorgebrachte Kraft des perspectivischen Hervortretens, der über das Ganze verbreitete zaubervolle Silberfolioglanz etwas wahrhaft Anziehendes, so dürfte die neue Erfindung, gleichsam die Tochter jener, das Maß der Bewunderung füllen, und jeden Liebhaber der Kunst, des Antiken, der Gemmen und Cameen mit unwiderstehlichem Reize zu unterzeichnen einladen. Die Täuschung, welche die vom Referenten gesehenen Abbildungen von Reliefs ꝛc. hervorbringen, ist so groß, daß man fast unwillkürlich dem Auge nicht traut, und das Gefühl, durch Betasten des, wie es scheint, wirklich Hervorspringenden zu Hülfe ruft. Sammler von Münzen und Gemmen, Reliefs ꝛc. erhalten durch diese Abbildungen einen befriedigenden Ersatz des Originals, da dasselbe mit vollendeter Treue wiedergegeben ist, und das Nachbild genau den gegenwärtigen Zustand des Urbildes bezeichnet. Ein in einer unserer interessantesten Zeitschriften, dem Auslande, enthaltener Correspondenzartikel von Paris drückt sich darüber so aus:

„Das Stechen geschieht vermittelst einer ziemlich einfachen Maschine, welche den Umriß und die Schattirung der Münze unmittelbar auf die Stahlplatte überträgt; die Operation besteht nur darin, daß man einen Fuß der Maschine hin und her auf der Oberfläche der Münze bewegt, und dadurch den andern in Bewegung setzt, der dieselben Striche auf den Stahl überträgt; ein Kind kann es thun, und das Resultat ist eine fast wunderbare Wiederholung der Münze, mit Licht und Schatten, bei der an gar keine Verfälschung und Verhehlung der Zeichnung zu denken ist, und die dem Abdrucke einen fast metallischen Glanz gibt. Ich bin nicht Mechaniker genug, die Maschine zu beschreiben; die Schnelligkeit und Leichtigkeit, mit der sie arbeitet, ist bewundernswürdig, und eine ziemlich große Münze oder Camee ist gewöhnlich in einer Stunde fertig, und darf nie nachgeätzt werden. Diese Methode hat die größten Vorzüge vor einem gewöhnlichen Stich, indem bei ihr alle Zeichnungsfehler und Ergänzungen, die bei Münzen, welche sehr verwischt sind, und bei einem gewöhnlichen Stiche fast unvermeidlich werden, wegfallen. Das Werk ist auf eine große Ausdehnung berechnet und soll aus drei Classen bestehen, nämlich aus Monumenten des Alterthums, des Mittelalters und der neuern Zeit; jede Classe besteht aus einer Anzahl von Serien, die des Alterthums aus sechs. 1) Antike Münzen; 2) Cameen; 3) Intaglios; 4) griechische Gunographie nach Münzen und geschnittenen Steinen; 5) römische Ikonographie; 6) antike Basreliefs, wobei mit denen des Parthenon und des Tempels von Phigalia angefangen werden soll. Bei diesen kann natürlich kein Facsimile gegeben werden, sie müssen reducirt werden, was natürlich weniger authentische Darstellungen gibt, als die von Münzen und Cameen. Die beiden andern Classen sind in ähnliche Serien abgetheilt, deren jede besonders gekauft werden kann. Jede Lieferung wird vier Stahlplatten in Folio und zwei bis vier Seiten Erklärungen enthalten, und fünf Franken kosten. Der Text wird jedoch bloße Anzeigen des Inhalts, aber keine wissenschaftlichen Untersuchungen enthalten."

---

*) Subscription auf dieses eben so interessante als lehrreiche Werk nimmt an: die Anstalt für Literatur und Kunst (R. Weigel) in Leipzig. Subscriptionspreis per Heft 1 Rthlr. 16 Groschen.

Der Umstand, daß das täuschende Hervorspringen etwa linienhoch sein dürfte, setzt natürlich dieser Kunst objective Schranken, und es eignen sich zum Reliefstahlstiche nur die oben bezeichneten Gegenstände, und überhaupt Carnation und Rundungen.

Haben wir nun die Lichtseite dieser Kunst nach Verdienst hervorgehoben, so dürfen wir unserm Leser auch die unbedeutende Schattenseite derselben nicht vorenthalten, über welche sich Böttiger im artistischen Notizenblatte folgender Weise ausdrückt:

„In Allem, wo die Denkmäler in der Größe des Originals auf die Stahlplatten gebracht werden, sind die Bilder wahre Fac similes. Eine gewisse Einförmigkeit des überall gleichen metallischen dunkelgrauen Stahlabdruckes ist unvermeidlich. Das Auge gewöhnt sich aber bald daran. Größere Bedenklichkeit möchte der bei größeren Sculpturen in Marmor oder in Erzguß unvermeidliche Verkleinerungsproceß erregen. Denn bei dieser Operation, die doch unmöglich auch blos mechanisch vor sich gehen kann, können allerdings noch einige Zweifel obwalten, die durch die Abbildung nach einer Friese des Parthenon's auf der ersten Probetafel, so sehr sie auch dem Auge schmeicheln, uns noch nicht gelöst zu sein scheinen. Man glaubt, daß die französische Regierung bei den großen, zu diesem riesenhaften Unternehmen erfoderlichen Fonds selbst betheiligt sei.

Gibraltar.

Das dreihundertjährige Reich der Gothen in jenem Lande, welches die Alten Iberien nannten und wir unter dem Namen Spanien begreifen, beherrschte im achten Jahrhundert der tapfere König Roderich, der von der Gewalt der Liebe zu der Tochter seines Feldherrn, des Grafen Julian, hingerissen, auf verwerfliche Art sich Florindens Besitz verschaffen wollte. Der Vater des Mädchens, darüber erbittert, sann, wie einst Virginius, auf Rache, und rief die jenseits des schmalen Meeres an der Nordküste Afrikas hausenden Araber zur Fehde gegen seinen König herbei, und im Jahre 713 unserer Zeitrechnung landeten 12,000 von jenen auf Befehl des Khalifen Al Walid und unter Anführung seines Feldherrn, des tapfern Tarik, auf jenem Felsen, welcher von da an Gabel (der Felsen) al Tarik (des Tarik) genannt, und welche Zusammensetzung der Lauf von Jahrhunderten zu dem Worte „Gibraltar" verstümmelt hat. Auf dieser Erdzunge selbst, welche in Gestalt eines Löffels fast zwei deutsche Meilen lang ins Meer hineinreicht, ließ er, um eine Communication mit Afrika zu unterhalten, an dem Felsen ein festes Schloß anlegen. Noch jetzt haben sich Trümmer dieses Schlosses erhalten, und aus einer später über einem Thorweg entdeckten Inschrift geht hervor, daß der Bau des alten Schlosses im Jahre 725 n. Chr. vollendet war. Terrassenförmig und in Abstufungen erhebt sich das Ganze zu einer Höhe von etwas über 1000 Fuß über den Meeresspiegel; mit dem festen Lande ist der Hauptpunkt nur durch einen schmalen Streif sandiger Erde verbunden.

Was die geologische Beschaffenheit desselben betrifft, so gehört er zu den Kalkfelsen. Durch das Sprengen des Gesteins kamen öfter Knochen zum Vorschein, welche man anfänglich für Menschenknochen hielt und hieraus auf ein voradamisches Geschlecht schließen wollte.

Aeußere Ansicht von Gibraltar.

Innere Ansicht von Gibraltar.

Zufolge späterer Untersuchungen, gegründet auf die Fortschritte der vergleichenden Anatomie, ergab es sich jedoch, daß sie von vorsündfluthlichen (antediluvianischen) Thieren herrühren. Unter andern Naturmerkwürdigkeiten Gibraltars dürfen wir die Tropfsteingebilde nicht unerwähnt lassen, welche durch das durch den Felsen sickernde und mit dem Kalke sich verbindende Wasser, gerade wie in der Baumanns- und Bielshöhle am Harze, entstehen. Eine natürliche Höhle, unter dem Namen Sanct Michael, ist 1000 Fuß über der Meeresfläche. Der Felsen ist zu Gängen durchhöhlt, welche man bequem durchreiten kann. Acht bombenfeste Cisternen, deren jede 40,000 Tonnen Wassers faßt, erhalten ihren Zufluß von den Bächen an der Westseite des Felsens. Bevor jedoch dieses Wasser in die Cisternen gesammelt wird, läßt man die unreinen Theile in großen Trögen niederschlagen.

Die Stadt Gibraltar besteht nur aus einer einzigen Hauptstraße; die Einwohner bestehen aus Engländern, Spaniern und Juden. Jede Religion hat gleiche Duldung. Die Häuser haben flache Dächer. Die Temperatur ist wegen ihrer freien, den Meereswinden ausgesetzten Lage der Breite von 36° nicht entsprechend. Nie ist eine Stadt so oft durch harte Belagerungen geängstigt worden als Gibraltar. Zuerst kamen die Normannen auf ihren planlosen Zügen längs allen Küsten der damals bekannten Welt, aber alle ihre Versuche gegen den wohlbefestigten Felsen scheiterten. Im Jahre 1302 entriß Perez von Guzman, unter Ferdinand IV., König von Castilien, Gibraltar den Arabern. Im Jahre 1333 unterwarf es jedoch der Sohn des Kaisers von Fez, welcher dem Maurenkönige von Granada zu Hülfe gekommen war. Um aber wieder in den kostbaren Besitz eines so wichtigen Platzes zu gelangen, unternahm Alphons XI., König von Castilien, 1349 eine Expedition gegen Algier, und unter den harten Bedrängnissen der Belagerung hätte sich die Festung ergeben, wäre nicht eben im spanischen Lager eine pestartige Seuche ausgebrochen, einen großen Theil der Armee rieb sie auf und raffte endlich auch den König selbst fort; so mußte die Natur sich ins Mittel schlagen, um der Hartnäckigkeit der Belagerung, die er um jeden Preis nicht aufzugeben beschlossen hatte, ein demüthigendes Ziel zu setzen. So blieb die Festung noch lange in der Gewalt der Sarazenen von Fez, bis es endlich Joseph III. von Granada gelang, sie den Afrikanern abzugewinnen. Seit dieser Zeit blieb Gibraltar in den Händen der Europäer. — Eine räuberische Ueberrumpelung erlitt Gibraltar 1540 durch eine von Piali Hamot angeführte Corsarenhorde Barbarossa's; schon war die Plünderung vollendet, als der Zufall einige sicilische Galleonen dorthin führte, welche den Seeräubern den Rückweg abschnitten und die Schiffsmannschaft theils tödteten, theils zu Gefangenen machten, die Beute jedoch wieder auslieferten. Die Fortschritte der Belagerungskunst, gesteigert durch das nunmehr allgemein eingeführte Pulvergeschoß der Mörser und Kanonen, erforderten eine Restauration der Festungswerke, welcher sich Karl V. unterzog. Nach seinem Plane sollte Gibraltar ein unüberwindlicher Platz werden, und obwohl die Natur diesen kühnen Plan zu begünstigen schien, so war es im Rathe der Vorsehung doch anders beschlossen. Gibraltar blieb anderthalb Jahrhunderte im ungestörten Besitze der Spanier. Als im Jahre 1704 England sich zu Gunsten des Erzherzogs Karl als spanischen Kronprätendenten erklärt hatte, wurde George Rooke mit einer mächtigen Flotte ins mittelländische Meer abgesandt, und ihm die Belagerung von Gibraltar aufgetragen. Früher schon war dieselbe unter dem kaiserlichen Feldmarschall Prinzen von Hessendarmstadt begonnen. Da man von der Ankunft der Flotte erwartete, daß sie dem Commandanten der Festung Furcht einflößen würde, so versuchte man vor der Eröffnung der Feindseligkeiten zuvor den Weg der Unterhandlung. Allein der Commandant erklärte, daß er sich unter keinerlei Bedingung zur Uebergabe bestimmen würde. Sein unzeitiger Trotz unter augenscheinlicher Gefahr wurde mit einer energischen Kanonade von der Flotte erwiedert. Fünf bis sechs Stunden wurde das Feuer unterhalten, die Spanier verließen großentheils ihre Kanonen auf dem Hafendamme. Der Admiral Rooke hatte es vorzüglich auf diesen Punkt abgesehen, und die Muthlosigkeit des Feindes war ihm gerade hier günstig. Er wagte also einen wüthenden Anfall auf die Spitze des Hafendammes. Noch hatte man ihn nicht ganz erreicht, als die Spanier eine Mine sprengten. Doch der wichtige Platz, der Schlüssel zur ganzen Feste, sollte um keinen so theuern Preis erkauft werden, als die Spanier gehofft hatten; kaum daß die Explosion eine Verwirrung anrichtete, setzte man den Anlauf ungestört fort und eroberte eine kleine Bastei zwischen Stadt und Hafendamm. Das Opfer an Todten von Seiten der Engländer mochte sich auf 40 Mann, unter denen zwei Lieutenants, belaufen. Endlich verstand sich der Gouverneur zur Capitulation, und die Engländer hielten ihren Einzug. Der summarische Verlust von Seiten der Engländer belief sich auf nicht mehr als 60 Todte und 216 Verwundete. Den Besitz eines so wichtigen Platzes in den Händen der Engländer konnte die eifersüchtige Politik Frankreichs und Spaniens nicht mit gleichgültigem Auge ansehen, und Villadarias, ein spanischer Grande, erhielt den Befehl, Gibraltar in Blokadezustand zu setzen. Ehe der Prinz von Hessen Herrn John Leake zu Hülfe rufen konnte, erschien schon eine französische Flotte und setzte sechs Bataillons zum Beistande der Spanier ans Land. Schon wurden die Laufgräben geöffnet, als John Leake mit 12 englischen und deutschen Schiffen ankam. Da er aber erfuhr, daß die Franzosen ihm mit einer überlegenen Kriegsmacht einen Angriff bieten würden, zog er sich zurück, um die Rüstung zu verstärken. Er kam mit einem beträchtlichen Zuwachs an Mannschaft und Schiffen zurück, versah die Besatzung mit Mundvorrath auf sechs Monate und ließ die Breschen ausbessern. Die Spanier, in dem Wahne, daß die Nähe der Flotte die Garnison von den Wachen abgezogen hätte, entschlossen sich zu einem verzweifelten Hauptangriff; 500 brave Freiwillige weihten sich mit spartanischem Heldenmuthe dem Tode und ließen sich das Abendmahl reichen. Ein Ziegenhirt führte sie auf der Südseite an die Höhlenwachen, sie erklimmten die Felsen und verbargen sich in der St. Michaelshöhle, dann erstiegen sie den Wall Karl's V., überrumpelten und tödteten die Wachen. Als sie ihre Versuche fortsetzen wollten, entdeckte sie ein Grenadier, welcher sogleich seine Kameraden davon benachrichtigte. Heroisch, wie ihr Entschluß, war auch ihre Vertheidigung. Sie setzten sich tapfer zur Gegenwehr und unterlagen der Uebermacht. Ungeachtet dieser Widerwärtigkeit gaben die Spanier die Blokade nicht auf, rüsteten ein starkes Geschwader in Cadix aus und gaben ihm die Bestimmung, die Zufuhr von der Seeseite abzuschneiden.

[Beschluß folgt.]

Russisches Leder.

In einer in England erscheinenden technischen Zeitschrift wurde gesagt, daß der eigenthümliche Geruch des russischen Leders durch den Gerbestoff der Birkenborke erzeugt werde. Diese Annahme wird jedoch von einem Petersburger widerlegt. Dieser beruft sich theils auf seine vieljährige Erfahrung, theils auf seine Bekanntschaft mit dem Verfahren anderer Gerber, welche, wie er angibt, sämmtlich Weidenborken zum Gerben anwenden. Das in England unter dem Namen des russischen gehende Leder wird kamig und schimmelt; das russische hat diese üble Eigenschaft nicht.

Das Bereitungsverfahren des für Buchbinder bestimmten Leders wird von den russischen Gerbern geheim gehalten; aber der eigenthümliche Geruch des Juchten rührt blos, wie dieser Petersburger Referent meint, von der auf die Zubereitung der Häute verwendeten langen Zeit her, und unter zwei Jahren Zubereitung erlangt das Leder niemals jenen Geruch.

Es gibt, schließt er seinen Bericht, in Rußland eine Art Leder unter dem Namen „Chorney Werostock", zu Stiefeln für die ärmere Volksklasse bestimmt, welches durch eine Art Harz wasserdicht gemacht wird. Dieses Harz wird jedoch für das Bücherleder nicht angewendet.

Capitain Roß,

dessen Durchfahrtsexpedition wir schon in Nro. 65 unseres Blattes erwähnten, bemerkt in einem vor einem besonderen Comité des Unterhauses mündlich erstatteten Bericht über seine letzte Reise, daß zwischen den beiden Seen östlich und westlich von Boothia Felix ein Niveau-Höhenunterschied von 13 (engl.) Fuß sei, aus welchem Umstande er auf die Unmöglichkeit einer Nordwestdurchfahrt schließt. Sein Neffe, Capitain Clark Roß, ist indeß entgegengesetzter Ansicht. Er wisse, versichert er, von keinem Niveau-Höhenunterschiede der beiden Seen, und gibt die Möglichkeit einer Nordwestdurchfahrt nicht auf.

Capitain Roß war im Monat Juli in Kopenhagen, und man glaubt, daß der Zweck seines dortigen Aufenthaltes die Veranstaltung einer Entdeckungsexpedition nach dem Südpole sei. Man stößt sich nicht an dem ungünstigen Ausfalle der Südpolarexpedition, welche im Jahre 1833 von dem Herrn Enderby von London aus unternommen war. Es gelang diesem nicht einmal, die antarktischen Seen wegen des Verlustes eines an einer Eisinsel gescheiterten Schiffes zu erreichen. Dies Unglück ereignete sich unter dem 60. Grade südlicher Breite und $57\frac{1}{2}$ Grad westl. Länge. Herr Stea, welcher diesen Bericht in einer Sitzung der königl. geographischen Societät erstattete, hält das Ereigniß für etwas blos Accidentielles, welches für anderweitige Unternehmungen von Südpolerpeditionen keine Berücksichtigung verdiene.

Neue Tunnelbeleuchtung.

Der erste Versuch, das Innere des Tunnels auf der Eisenbahn zwischen Leeds und Selby von Außen zu beleuchten, ist erfolgreich ausgefallen. Das Licht wird nämlich durch große Reflectoren (Spiegel), welche in sehr geneigten Winkeln liegen, aufgefangen, und bis an die entgegengesetzten Enden des Tunnels zurückgeworfen.

Auflösung des elastischen Gummi.

Dieser Stoff, von welchem man in neuerer Zeit sowohl im festen als im aufgelösten Zustande eine sehr mannichfache Anwendung machte, wird besser und vollkommener durch Terpentinspiritus als durch Schwefeläther zerlöst, welches letzte Auflösungsmittel am häufigsten bis dahin angewendet wurde.

Galvanische Batterie zum Sprengen der Felsen.

Der Physiker Robert Hare, Professor der Chemie an der Universität von Pensylvanien, welcher schon vor zehn Jahren durch galvanische Experimente zu merkwürdigen Resultaten gelangte, hat die galvanische Batterie zum Sprengen der Felsen angewendet. Der Vorzug dieser Sprengungsmethode vor der sonst üblichen besteht sowohl in der durch die Entfernung vom Explosionsorte den Arbeitern gewährten Sicherheit vor Beschädigungen, als auch in dem früher kaum erreichbaren Vortheile, mehrere Ladungen gleichzeitig zu explodiren. Früher bediente man sich der Electrisirmaschinen zu diesem Zwecke, allein ihre Wirkung war zu sehr von dem Wetter und namentlich von dem Feuchtigkeitsstande der Luft abhängig. Ausführliche Beschreibungen des Apparates nebst dessen Anwendung befinden sich im Franklin's Journal, welches in Amerika, und im Mechanics Magazine, welches in London erscheint.

Die Stadt Löwen.

Unter den Städten, die minder durch ihren gegenwärtigen Standpunkt als vielmehr durch ihre geschichtliche Bedeutsamkeit von Interesse sind, dürfte Löwen einen ausgezeichneten Platz behaupten. Löwen ist die Wiege der Industrie des Königreichs der Niederlande, und war einst der Centralpunkt des Gewerbfleißes für Europa. Durch ihn erhob sie sich zu dem Ansehn einer Stadt des ersten Ranges. Löwen versorgte England mit allen Arten gewobener Stoffe, und die Blüthe seiner Industrie fing erst zu welken an, da England als mächtige Nebenbuhlerin mit der Gewerbthätigkeit der Niederlande in die Schranken trat, um sich später ganz zur Herrschaft der Industrie zu erheben. Man kannte im 14. Jahrhundert nur niederländisches Tuch. Auch hier bewährt sich das Gesetz der Natur, daß der Mensch, was ihm die Natur versagt, durch die Kunst sich schafft, und der Gewerbfleiß stets mit Glück auf einem dürftigen Boden seinen Wohnsitz aufschlug. Und doch überwand der fleißige Holländer selbst die Armuth seines Bodens, legte Kanäle an, und seine Gemüse gingen nach England, als man sie dort kaum noch dem Namen nach kannte. Jetzt ist die Einwohnerzahl auf $1/8$ herabgesunken, denn die Zahl 200,000 hat die Concurrenz des Auslandes auf 25,000 reducirt. Welche Stadt könnte Europa aufweisen, wo, wie einst in Löwen, 4000 Tuchmanufacturen in Thätigkeit waren?

Zweifelhaft ist es, daß Julius Cäsar diese Stadt gegründet habe, wie die Chronik derselben vorgibt; denn bestimmte Nachrichten über sie hat man erst seit 885 n. Chr. Einer schriftlichen Ueberlieferung zufolge mußte man ehemals zur Zeit, wenn die Arbeiter ihr Tagewerk vollendet hatten, mit einer großen Glocke läuten, um den Müttern anzudeuten, ihre Kinder in die Häuser zu bringen, damit sie nicht von den Arbeitern im Gedränge zertreten würden. Im Jahre 1380 erregten die Handwerker einen Aufstand (wider den Herzog von Brabant), und sollen bei dieser Gelegenheit unter andern Thätlichkeiten auch 17 Stadträthe aus den Fenstern des damaligen Rathhauses gestürzt haben. In Folge dieses Aufstandes wanderten eine große Menge Weber nach England aus, woher dann die dortigen Wollenmanufacturen entstanden und der Wohlstand Löwen's einen solchen Stoß erlitt, daß er sich seitdem niemals wieder erholen konnte. Einen der wichtigsten Handelsartikel macht gegenwärtig das Bier, von welchem jährlich eine beträchtliche Quantität ausgeführt wird; auch gibt es daselbst zehn bis zwölf Spitzenmanufacturen.

Diese Stadt war zur Zeit ihres glücklichen Zustandes ein Sitz der Gelehrsamkeit. Die dortige Universität, von Johann IV., Herzog von Brabant, i. J. 1426 gegründet, war sehr berühmt; sie hatte 43 Collegien, eine schöne Bibliothek, einen botanischen Garten und ein anatomisches Theater; die Päpste hatten ihr viele Privilegien ertheilt; es gingen aus ihr viele berühmte Männer hervor, und im 16. Jahrhundert hatte sie nicht weniger als 6000 Studenten. Nach und nach verfiel ihr Ansehn, bis sie zur Zeit der französischen Revolution ganz einging, und an ihrer Statt ein Lyceum gegründet wurde; aber nach der Trennung Belgiens von Frankreich wurde die Universität wiederhergestellt, und jetzt möchte sie etwa 580 Studenten zählen.

Das hier abgebildete Gebäude ist das Stadthaus, welches im 15. Jahrhundert aufgeführt wurde; der Grundstein dazu wurde 1448 gelegt und die Ganze 1463 beendigt; die Kosten desselben gibt die in flämischer oder flandrischer Sprache geschriebene Chronik auf 32,900 Gulden an, was für die damalige Zeit, wo der Arbeiter täglich einen Groschen Lohn erhielt, eine große Summe ist. Die Abbildung zeigt das Aeußere des Gebäudes genauer als eine Beschreibung es schildern könnte. Charakteristisch daran sind: die drei Reihen Fenster, die Gallerie über der dritten Reihe, das hohe Dach mit seinen vielen über einander befindlichen Fenstern, die Eckthürme mit ihren Spitzen und die mittlern höhern Spitzthürme. Die steinernen Bildhauerarbeiten sind mit architektonischer Planmäßigkeit ausgeführt; die Dimensionen der Gemächer stehen in guten Verhältnissen und sind reich mit Tapeten und Gemälden verziert. Im Ganzen ist dieses Stadthaus eins der interessantesten Denkmäler einer Zeit, in welcher man die Früchte der Gewerbthätigkeit zur Verschönerung der Städte, zur Gründung von Bildungsanstalten, zur Unterstützung der Kunst anwandte; ein Gebrauch, welcher Holland stets Ehre machen wird. Während man bei dem Bau der Kirchen die Absicht hatte, durch den großartigen Charakter himmelanstrebender Pfeiler und kühner Wölbungen die Gefühle des Erhabenen in der Seele des Christen zu erwecken, verband man auch mit der hohen Bestimmung der Gerechtigkeitsstätte ein entsprechendes Aeußere, um den Menschen mit der gebührenden Ehrfurcht vor dem Gesetze zu erfüllen.

Mit vollem Rechte flößen uns die Umstände, unter welchen die meisten Denkmäler niederländischer Baukunst in's Leben traten, Achtung vor diesen architektonischen Schöpfungen ein. Denn sie entstanden nicht, wie einst die Villen und Bäder des überglücklichen und übermüthigen Roms, aus dem Schweiße seiner Provinzen und aus dem Blute seiner Eroberungskriege, sondern aus der köstlichen Frucht friedlicher Gewerbthätigkeit und eifrigen Kunstfleißes, welcher noch lange den Nationen Belgiens und Hollands einen hohen Ehrenplatz unter Europa's Völkern sichern wird.

Das Stadthaus zu Löwen.

Verlag von Bossange Vater in Leipzig
Unter Verantwortlichkeit der Verlagshandlung.

Das Pfennig-Magazin

der
Gesellschaft zur Verbreitung gemeinnütziger Kenntnisse.

72.] [2. Jahrg. **20.**] Erscheint jeden Sonnabend. [September 13, **1834.**

Die Trajanssäule in Rom.

Die Trajansſäule.

Unter den Wunderwerken alter Kunſt, die noch unberührt von den Stürmen der Zeit und den Gewaltthätigkeiten barbariſcher Horden auf den Gräbern der Vorzeit getrotzt haben und von dem Ruhme eines untergegangenen heldengroßen Volkes ſprechen, nimmt jene Säule des Kaiſer Trajanus nicht den unbedeutendſten Rang ein. Bevor wir uns jedoch zu dieſem Denkmale altrömiſcher Baukunſt wenden, das ſich bis auf unſere Tage herauf erhalten hat, ſcheint es uns dem Zwecke dieſer Blätter nicht zuwider, wenn wir Einiges von dem Leben und den Schickſalen jenes Fürſten mittheilen, dem ſeine Thaten und die Bewunderung ſeiner Zeitgenoſſen einen ewigen Namen in den Büchern der Geſchichte gegeben haben.

Marcus Ulpius Trajanus, Sohn eines ausgezeichneten römiſchen Feldherrn deſſelben Namens, wurde in Spanien geboren. Schon in den erſten Feldzügen am Euphrat und Rhein, die er unter ſeinem Vater machte, that er ſich durch Muth und Beharrlichkeit rühmlichſt hervor, und hier zeigten ſich auch die erſten Spuren jener faſt zu großen Kriegsluſt, die ſich immer mehr und mehr ausbildete und welche ſelbſt die an Kampf gewöhnten Römer nicht immer billigten. Dies war faſt der einzige Vorwurf, der auf dem Leben dieſes herrlichen Regenten laſtete. So viel iſt gewiß, daß er von ſeinem erſten Erſcheinen an beliebt war bei Soldaten und Volk, und Kaiſer Nerva, da er altersſchwach ſeine Regierung niederlegen wollte, fand keinen würdigeren Mitregenten als den Trajanus. Schon im Jahre 86 n. Chr. Geb. gelangte er zur Prätur, fünf Jahre ſpäter zum Conſulate (beides hohe Würden im römiſchen Staate.) Nach dem Tode des Kaiſer Nerva, der ihn an Sohnes Statt angenommen und zur Regierung berufen hatte, beſtieg er im 42., oder, wie Andere wollen, im 45. Jahre ſeines Lebens ohne allen Widerſpruch den Thron. Es geſchah dies im Jahre 98 nach Chr. Von da an ſchreibt ſich die blühendſte Zeit des römiſchen Kaiſerreichs; alle von ſeinen Vorfahren eingeführten Gelderpreſſungen ſchaffte er ab, er hob die geheime Angeberei auf, die, beſonders unter der Tyrannei des Kaiſers Domitian entſtanden, das Wohl der Familien und Privatperſonen untergrub, indem ſie dieſelben erdichteter Vergehungen beſchuldigte; Männer aber, von deren Gewiſſenhaftigkeit und Treue er überzeugt war, zog er an ſich und ſtellte ſie an die Spitze des Staates. Wie treu er ſelbſt ſeinem Vaterlande und ſeinem Volke angehangen, dies beweiſet jenes Wort, welches er dem Oberſten ſeiner Leibwache bei Ueberreichung des Amtsſchwertes ſagte: „Nimm dieſes Schwert und ziehe es für mich, wenn ich gut, gegen mich, wenn ich ſchlecht regiere!" Auf frühere freundſchaftliche Verhältniſſe mit Privatperſonen hatte ſeine Erhebung zum Kaiſer durchaus keinen nachtheiligen Einfluß, er blieb ihnen nach wie vor gewogen, „er beſaß", wie ein gleichzeitiger Schriftſteller ſagt, „Freunde, weil er ſelbſt Freund war."

Im dritten Jahre ſeiner Regierung nahm er zum dritten Male das Conſulat an und im Jahre darauf zog er in den Krieg gegen die Dacier, ein wildes Volk an den Ufern der Donau; der Sieg über dieſe brachte ihm den Beinamen Dacicus (d. i. der daciſche Sieger). Den beiden folgenden Jahren, 102 und 103 n. Chr., verdanken viele treffliche Einrichtungen und Bauwerke ihre Entſtehung, namentlich der Hafen von Centumcellä (jetzt Civita vecchia). Im Jahre 104 zog er, durch Empörungen veranlaßt, wiederum nach Dacien, eroberte es und machte es nun zur römiſchen Provinz. Daſſelbe Schickſal erfuhr 107 Armenien, bald darauf auch Arabien. Im Jahre 114 baute er das prächtige Forum Trajanum; auch wurde in demſelben Jahre die oben erwähnte berühmte Säule (Columna Trajani) zu Rom errichtet, die das Andenken ſeiner Siege erhält und nach ſeinem Tode auf ſeinem Grabmal aufgeſtellt ward. 115 unterwarf er ſich Aſſyrien und ſchiffte, was nie vor ihm und nie nach ihm ein römiſcher Feldherr that, in den perſiſchen Meerbuſen. 117 belagerte er Atra, die Hauptſtadt einer arabiſchen Völkerſchaft, mußte jedoch abziehen. Auf dem Rückzuge wurde er krank und kam noch bis Selinus (Trajanopel), eine Stadt in Cilicien. Hier ſtarb er 117 im 64. Jahre ſeines Alters und im 20. ſeiner Regierung. Das Heer hatte er dem Hadrian übergeben, den er auch adoptirt hatte. Er wurde ſein Nachfolger.

Sein Ruhm erhielt ſich fort und fort im römiſchen Volke und wenn nachmals ein neuer Kaiſer vom Senat gewählt wurde, begrüßte ihn dieſer ſtets mit dem Zurufe: „Sei glücklicher als Auguſt, beſſer als Trajan!"

Auf dem von ihm ſelbſt, dem edelſten der römiſchen Kaiſer, erbauten Forum ſteht die Säule, die uns zur Mittheilung des Obigen veranlaßte. Dieſelbe iſt ohne Baſis 128, mit derſelben aber 140 Fuß hoch; ringsum, vom Fuße bis zur Spitze, ſind die Thaten und Siege des Kaiſers angebracht, oben aber iſt das Standbild deſſelben aufgeſtellt. Die ganze Säule beſteht nur aus 24 Steinen; die Größe der einzelnen Stücke iſt aber ſo ungeheuer, daß es nicht das Werk von Menſchen-, ſondern von Rieſenhänden zu ſein ſcheint. In jeden von dieſen 24 Steinen nun ſind innen 8 Stufen gebrochen und auf dieſer Treppe, welche durch 44 kleine Fenſter Licht erhält, kann man bis auf die Spitze der Rieſenſäule gelangen. Die Baſis enthält ebenfalls Inſchriften, welche ſich auf Leben und Kriegszüge des Kaiſers beziehen. Als ſein Leichnam nach Rom gebracht wurde, ſetzte man ihn unter dieſem Denkmal ſeiner Größe bei. Die beiden andern Säulen übrigens, die am Tempel der St. Marie de Laureto ſtehen, ſind noch Bruchſtücke des porticus (Säulenhalle) Trajani.

Johann Friedrich Chriſtoph v. Schiller.

Als einſt Herodotus bei den öffentlichen Spielen zu Olympia ſeine herrlichen Muſen vorlas, als dem Saitengolde der Leier des Pindarus himmliſche Töne entſtrömten, da ward manches Jünglings Herz begeiſtert zu edler Nachahmung. Die ſchöne Morgenröthe der noch dämmernden Literatur ließ den ſonnigen Tag ahnen, wo die Poeſie ſich zur Mittagshöhe ihres Glanzes erheben ſollte. Auf gleiche Weiſe ſollten Jünglinge und Frauen nach Verlauf von mehr als 2000 Jahren die Geſänge und Töne der rein geſtimmten Leier eines Dichters belauſchen, welcher ſanft wie der Blumenſchmelz das Herz erfreute, ſegnend wie die Sonne wärmte, und mächtig gleich dem rollenden Donner erſchütterte. Ein deutſcher Mann ſollte als begeiſterter Sänger himmliſche Geſänge ſchaffen und dem deutſchen Jüngling das werden, was dem Hauptumlockten Griechenjüngling ſein Homerus, was ihm Aeſchylus und Sophokles waren. So war's der Nation Schickſal, daß Lieder ertönen ſollten, in denen ſich der reine Menſch in dem ſchönen Bilde, was Ideal heißt, abſpiegeln konnte; es ſollten Lieder erklingen, die mit allmächtiger Gewalt, gleich der Windsbraut, ganze

Generationen zu einer nie geahnten geistigen Höhe emportrügen. Was Homerus den Griechen war und Virgilius den Römern, das ist den Deutschen Friedrich von Schiller. Mit ihm begann in der Literatur Deutschlands ein neues Leben. Als Schiller anfing, die Saiten der deutschen Laute zu rühren, die halbgestimmt dagehangen hatte an dem Eichstamme, da lauschte das Mädchen, da wurde des Jünglings schlummernder Schönheitssinn geweckt, da schuf Edles der kräftige Mann, da verklärte sich noch das Auge des matten Greises. Fröhlicher erklangen die Gesänge, heller ertönten die Pokale, treuer liebte der Jüngling, muthig stürzte der Krieger in die Schlacht, denn ein Tyrtäus hatte gesungen, fröhlich starb der Held gleich einem Epaminondas. Die Gottheit im Innern war angeregt, und das Höchste des menschlichen Geistes glänzte in Aller Seelen, die dem begeisterten Sänger ein aufmerksames Ohr weihten. Aber da trat auch mancher incompetente Richter auf, welcher mit seinem engherzigen Sinne den großen Sänger nicht faßte und über seine großartigen Schöpfungen mit anmaßendem Urtheile den Stab brach. Ein Idealleben rief Schiller zurück auf die Bühne. Wen nun war dem mittelmäßigen Dichter der Eintritt in des Tempels Hallen verwehrt, und er mußte froh sein, wenn er noch in den Propyläen (Vorhallen) einen Platz fand. Die Stuart, die Orleanide, Tell lehrten Großes kennen, Großes fühlen. Die Bühne und ihre Diener mußten aufhören, Mittelmäßiges, Leidliches zu leisten. So wie früher der Harlekin weichen mußte, so mußte jetzt den höchsten Idealen das gewöhnliche Denken und Dichten weichen. Ein gewaltiges Schicksal, ernsten Ganges, tief aus dem menschlichen Leben und der menschlichen Seele hergeholt, schritt über die Bühne. Das höchste Ideal, gleichsam als die sich den Menschen freundlich nähernde Gottheit, ahnete das gute unverdorbene Gemüth aus den himmlischen Versen eines tief und zartfühlenden Dichters, und edle Jünglinge, aufgemuntert durch so hohes Beispiel, strömten ihre Gefühle in Versen aus.

Rastlos schreitet der Zeitstrom vorwärts, Geschlechter folgen auf Geschlechter, Nationen auf Nationen, Jahrtausende auf Jahrtausende. So wie sich in dem gewöhnlichen Leben Menschen begegnen, die einander ähnlich sind, Geister in gleichen Anlagen einhergehen, so ähneln oft Geschlechter Geschlechtern, Nationen Nationen, Jahrhunderte Jahrhunderten. Es war eine Zeit, wo Virgilius gesungen hat, es ist eine Zeit gewesen, wo Schiller seine Leier stimmte. Zwei Dichter wirkten im Zeitenstrome des Menschenlebens und das: sic itur ad astra (so kehrt in uns der Himmel ein) hatten beide so erfaßt, daß ein neues geistiges Leben die Herzen ergriff.

Schillers erhabener Geist hatte einen ihm entsprechenden Wohnsitz erhalten, denn sein Körper war groß und lang, mehr schlank als dick und untersetzt. Ein schönes feuriges Auge, das meist zur Erde gesenkt war, verrieth den tief denkenden und zart fühlenden Dichter und Philosophen. Erhob sich sein Blick, so schwebte um sein Antlitz liebliche Melancholie. Eine hohe Stirn wölbte sich über dem milden Antlitz und das bräunliche, fast mehr ins Röthliche überspielende Haar floß sanft über die hohen und gewölbten Schläfe. Ein hervorragendes Kinn wurde durch ein Grübchen gehoben, und auf den etwas aufgeworfenen Lippen lagerte sich der Liebreiz der Charitinnen. Eine griechische (?) Nase gab dem ganzen Antlitz den Liebreiz eines schönen Gesichts. Die bleiche Farbe erhöhte noch die sanfte Melancholie seines Blicks. Militairisch erzogen, hatte er auch die militairische Haltung. Fest und sicher war sein Gang. Reges Leben und Feuer zeigte sich, wenn ein Gedanke seine Seele ergriff, die Sprache wurde lebhaft, das Auge funkelte. Unserm Geiste schwebt jetzt der Dichter in seinem Mannesalter vor, wir wollen aber zurückgehen in die Jahre des zarten Kindes, des muntern, oft muthwilligen Knaben, des ein Ideal von Freiheit sich schaffenden Jünglings, und dann wieder auf den Mann kommen, wie er in seinem Berghäuschen zu Weimar dichtet, liebt, bald seine Kleinen, bald seine Gattin küßt, wie er mit Göthen in inniger Freundschaft lebt und endlich entschlummert, wie der Adler auf Jupiters Scepter von Pindarus unter dem Klange des Saitengoldes einschlummernd dargestellt wird.

Schiller war zu Marbach in Würtemberg den 10. Nov. 1759, in einer schönen Gegend geboren. Sein Vater war Lieutenant in Diensten des Herzogs von Würtemberg, dann wurde er Major und zuletzt Commandant auf der Solitude bei Stuttgart. Er war auch Aufseher über die angeordneten Baumschulen, und wie angelegen ihm die Sorge dafür gewesen sein mag, beweist eine Schrift, die er über die Cultur der Bäume geschrieben hat. Seine Mutter war sanft und zart, und die dem zart fühlenden Weibe so nahe liegende Neigung zur Dichtkunst so ausgebildet, daß sie selbst Verse schrieb, die von Geschmack, Scharfsinn, Witz und innigem Gefühle zeugten. Sie war schön und liebte feurig, weshalb oft die zart empfindende Frau ihre Gefühle in Versen aussprach. Sie schätzte Klopstock sehr hoch und ließ ihrem kleinen Friedrich oft daraus vorlesen. Nur Hofmannswaldau wollte dem Knaben nicht gefallen, es schreckte ihn „der Phantasie Klystier", dies mochte das zarte Gefühl des Knaben beleidigen. Er hatte noch einen Bruder und eine Schwester. Ersterer hat sich durch eine Uebersetzung Robertson's Geschichte Karl's V. später bekannt gemacht. Letztere verheirathete sich mit dem Rath Reinwald. In der Familie herrschte innige Liebe. Der kleine Friedrich war ein munterer Knabe, so daß diese Munterkeit oft in Ausgelassenheit überging, dabei feurig und dennoch wieder so folgsam und mit inniger Liebe an seiner Mutter hangend. Am liebsten hörte er von ihr Zaubergeschichten und Feenmärchen. Der Vater aber leitete seinen Geist auf ernste Studien, vorzüglich Geschichte. Ein alter Hausfreund übernahm den Unterricht im Schreiben, in der Naturgeschichte und Geographie, ein Anderer in der Physik und Mathematik. Er war sehr wißbegierig. Er mochte nicht viel von den gemeinen Kinderspielen wissen, sondern er wählte sich andere, welche seinen Geist mehr beschäftigten. Im Freien sein, den Vögelgesange zuhören, am Strome und Rauschen an der Bäche seiner Phantasie Nahrung geben, Bäume erklettern, Naturschönheiten aufsuchen, dies erfreute sein Herz. Um sich genau Rechenschaft von seinen Handlungen, von der Anwendung seiner Zeit, von seinen Gefühlen zu geben, legte er sich Tagebücher an. Dabei liebte er den Gesang. Hatte er einen Entschluß gefaßt, so wurde er ungestüm und hastig ausgeführt. Er las Gellert's, Paul Gerhard's und Luther's Lieder, vorzüglich gern aber die Bibel. Die Lecture der heiligen Schrift hatte sowohl auf sein Gefühl als seinen Styl großen Einfluß; denn dadurch lernte er sittliche Ideale kennen, und Kernsprüche prägten sich in seine empfängliche Seele ein. Die kräftige Sprache führte ihn später auf die mittlere, ja oft auf die höhere Schreibart. Ezechiel machte starken Eindruck auf ihn. Am Tage seiner Confirmation machte er ein Gedicht, welches schon tiefes Gefühl verrieth.

[Fortsetzung folgt.]

Friedrich v. Schiller.

Ueber Stereotypie und Polytypie.

Unter den technischen Erfindungen des neunzehnten Jahrhunderts, welche man als ein natürliches Ergebniß unseres Bildungsganges ansehen kann und die in der Culturgeschichte der Menschheit als begreifliche Wirkungen von allgemein anerkannten Ursachen hervortreten, dürfte die Stereotypie fast den ersten Rang einnehmen. In einem unserer früheren Blätter behaupteten wir, daß sich die Erscheinung der Schnellpresse nur als Folge eines allgemein empfundenen Bedürfnisses erklären läßt; das Nämliche können wir mit gleichem Rechte von der Stereotypie behaupten; sie ist nicht das Werk eines speculativen Kopfes, der auf einen Entwurf gedacht hätte, welcher mit den Anforderungen des wirklichen Lebens in keiner Berührung gestanden hätte; sie ist nicht erfunden, um den Büchermarkt mit großen, die Preise herabdrückenden Vorräthen zu füllen, sondern sie ist erfunden, um den geistigen Verkehr noch lebendiger zu machen, als er damals war, denn eben dieser Verkehr war es, der damals schon anfing in allen Volksklassen einheimisch zu werden. Das Bedürfniß also gab als mittelbare Ursache der Stereotypie ihre Entstehung. Doch statt unsern Leser lange mit allgemeinen Betrachtungen zu ermüden, wollen wir den Schritt zur Sache thun. Alle unsere Leser kennen die Letternformen in Buchdruckereien. In diesen Formen stehen die Buchstaben in der Ordnung, wie wir sie auf dem bedruckten Papiere finden. Ist mit dieser Letternform eine erforderliche Anzahl von Bogen bedruckt, so nimmt der Setzer die Lettern einzeln heraus und legt jeden Buchstaben in sein Fach. Es gibt nun Verhältnisse, in welchen sich die Nothwendigkeit, die Arbeit zu vereinfachen und Zeit zu gewinnen, als unbezweifelt dringend herausstellt. Die erste Auflage eines Buches ist erschöpft, das Bedürfniß nach einer zweiten hat sich ausgesprochen, es sind eine Menge Bestellungen eingegangen, die Herstellung der zweiten Auflage muß beschleunigt werden u. s. w. Man müßte also mit dieser zweiten Auflage wieder von vorn anfangen, der Setzer müßte seine Lettern wieder in die Formen einsetzen; das Buch aber ist 24 Bogen stark, und in einem Tage kann der Setzer nicht mehr als einen halben Bogen aussetzen; es müßten also entweder mehrere Setzer gleichzeitig beschäftigt werden, oder vor 48 Tagen wäre das Buch nicht ausgesetzt. Hier ist die Wahl zwischen zwei Uebelständen gleich. Wie kann man nun einen Vortheil der Zeit gewinnen und das abermalige Setzen unnöthig machen? Natürlich, wenn man die Lettern gleich anfangs in ihren Formen stehen ließ. Aber da hätte man für 48 Formen für 48 ganze Bogenseiten stehen lassen müssen; allein der Buchdruckereibesitzer hat seine Rahmen nöthig, ein großer Theil seiner beweglichen Lettern steht unthätig darin, und welch eine unermeßliche Quantität von Lettern steckt nicht in einem Buche! Wie gewichtvoll ist nicht eine Lettern- oder Satzform! Es war somit die Aufgabe zu lösen, wie bei einem möglichst geringeren Kostenaufwande, als beim alten Verfahren, dauernde Formen anzuschaffen wären, um dem augenblicklichen Bedarf eines Buches durch dessen schleunigsten Druck Abhülfe thun zu können, ohne sämmtliche Satzformen in den Rahmen stehen zu lassen. Statt nun einen Abriß der Erfindungsgeschichte dieser Kunst zu liefern, halten wir es für zweckmäßiger, das jetzt angewendete Verfahren der Stereotypie selbst zu erklären. Diejenigen unserer Leser aber, welche sich gründlich über die früher angewandten Verfahrungsweisen, z. B. die Didot'sche, Herhan'sche und Hoffmann'sche Methode unterrichten wollen, verweisen wir auf die Jahrbücher des k. k. polytechnischen Instituts in Wien, vierter Band. Es ist nun unsere Aufgabe, so verständlich und gründlich als es in unsern Kräften steht, bei unserer Darstellung zu Werke zu gehen, und auf Verständlichkeit und Klarheit der Darstellung des Nützlichen hat der Leser ein um so gegründeteres Recht, als ihm die Genauigkeit, mit welcher technische Operationen beschrieben werden, die wirkliche Anschauung ersparen soll.

Wir wollen daher diejenige Methode beschreiben, welche im Allgemeinen mit der in Deutschland angewendeten die meiste Aehnlichkeit hat und nur in einigen sehr unwesentlichen Punkten, die kaum einen Unterschied begründen, von letzterer abweicht, wir meinen die englische.

Der Leser stelle sich vor, ein Bogen von 16 Seiten sei völlig in seine Satzformen abgesetzt; der Arbeiter nimmt nun das Stereotypiren mit jeder einzelnen Seite oder Columne (so nennt der Setzer eine ausgesetzte Seite) vor, stellt sie auf eine Unterlage von Metall oder Stein und umgibt dieselbe mit einem schmalen Rahmen, wo entweder durch eingelegte Keile oder durch Schrauben das Aneinanderhalten der Lettern hervorgebracht wird; es weicht also dieser Rahmen in seiner wesentlichen Einrichtung von dem gewöhnlichen Schließrahmen der Buchdrucker nicht ab. Auf diesen stellt man wiederum einen andern fingerhohen Rahmen *), den man jedoch nicht befestigt, und welcher ist so groß ist, daß er gerade die Letternform umgibt. Es schließt somit dieser Messingrahmen einen oben offenen Raum ein, dessen Boden die Letternform ausmacht. Dies wäre der erste Gang des Verfahrens, welcher durch nachfolgende Abbildung noch deutlicher werden wird. (Ein Theil der hier abgebildeten Form ist eine Zeichnung. Wir werden diesen Gegenstand weiter unten, wenn von dem Abklatschen die Rede sein wird, erörtern.)

---

*) Die Engländer schreiben zwar ausdrücklich messingene Rahmen vor, doch leisten eiserne, wie Referent solche in Deutschland sah, die nämlichen Dienste, nur muß man sie nach jedesmaligen Gusse von dem anklebenden feuchten Gypse reinigen, um sie vor Oxydation, d. h. Rosten, zu verwahren.

Matrizengußform.

In den bemerkten Raum gießt man nun eine leichtflüssige, aus einem Gemisch von Bolus, Gyps und einigen Tropfen aufgelöster Hausenblase bestehende Masse*).

---

*) In Deutschland ist man zu der Erfahrung gekommen, daß die beiden Ingredienzien, Bolus und Hausenblase, welche die Paste geschmeidig und elastisch machen sollen, diesen Zweck minder erfüllen, als Kalk, weshalb man zu der Gußmasse blos ein Gemisch von Kalk und ganz fein geriebenem Gyps nimmt.

Vor dem Gusse wird die Schrift gehörig eingeölt, damit sich der Gyps nicht fest an das Metall der Lettern hänge und mit Leichtigkeit aus der Form genommen werden könne. Der Ueberstand der eingegossenen Gypsmasse wird mit einem stählernen Lineale abgestrichen. Innerhalb einiger Minuten erhält der Gyps mehr Consistenz. Manche halten es für gut, das Festwerden des Gypses vor dem Gebrauche desselben dadurch zu beschleunigen, daß man ihn erwärmt, wodurch er die aus der Luft eingesogene Feuchtigkeit verlieren und eine größere Bindekraft erhalten soll. Mit aller Vorsicht nimmt man nun die consistente Gypsmasse aus der Form; in dieser Gestalt führt sie den Namen „Matrize", weil sie selbst wiederum als Form benutzt werden muß. Der äußern Form derselben wird mit einem Meißel nachgeholfen. Um nun unsern Leser in den Stand zu setzen, die spätern Operationen zu lebendiger Anschauung zu bringen, müssen wir seine Aufmerksamkeit auf die Gestalt dieser Matrize selbst lenken. Die hervorstehenden beweglichen Lettern der abgesetzten Kolumne haben sich in den Gyps hineingedrückt, jeder Buchstabe bildet somit eine Vertiefung, wie dieses auf Petschaften der Fall ist. In diese hohle Form soll das Metall gegossen werden. Vorher bedarf es aber noch einiger Zubereitungen. Die Matrize wird erst an der freien Luft, dann in einem eigens dazu gebauten Ofen, wie ihn die folgende Abbildung zeigt, ausgetrocknet. Sie befinden sich hier in den in der Mitte desselben befindlichen Pfannen, unter denen der Arbeiter geschäftig ist, das Feuer gehörig einzurichten, welches nicht zu stark sein darf, damit die Matrizen nicht zu spröde werden und bei dem nachherigen Gießen springen. In dem Ofen stehen sie senkrecht zwischen einem Gitter aus Eisendraht. Nachdem die Matrize gehörig ausgetrocknet worden, legt man sie

Stereotypengießerei.

in eine warme Pfanne von blau angelaufenem *) Eisen. Diese Pfanne hat eine länglich viereckige Gestalt, ist unten enger als oben und etwa zwei Zoll hoch. Auf dem Boden dieser legt man eine andere Pfanne, welche auf vier Füßen von 1½ Linie Dicke ruht, und von allen Seiten um ein ganz Geringes von dem Innern der erst beschriebenen Pfanne absteht. In diese Pfanne kommt die Matrize so zu liegen, daß die Antlitzseite oder die Letterneindrücke nach unten gekehrt sind **).

Gußpfanne.

Dieser Eisenkessel wird nun mit einem an den vier Ecken offenen Deckel zugedeckt. Jede Ecke ist mit einem Ohre, wie die Abbildung zeigt, versehen, mit welchem eine auf der untern Seite befindliche muschelartige Vertiefung in Verbindung steht. Obwohl diese Vorrichtung der Muschel dringend von den Engländern anempfohlen wird, so hat man sie gleichwohl ohne Nachtheil bei uns in Wegfall gebracht. In diesem Zustande nun senkt man den ganzen Apparat in einen Kessel voll flüssigen Metalls ***); das Metall strömt in die vier Ecklöcher und füllt alle Räume des Apparates aus. Der Mechanismus, mittelst dessen man die Bewegung über den Metallkessel bewerkstelligt, ist eine Art Krahn, d. h. ein in horizontaler Lage beweglicher Querbalken, welcher auf der Axe eines andern lothrechten Balkens ruht. Da die Art und Weise, das Einsenken zu bewerkstelligen, in England einige Unbequemlichkeiten hat, indem dasselbe durch ein Gewicht bewerkstelligt wird, so hat man ihr in Deutschland dadurch abgeholfen, daß man den Kessel durch ein über eine Rolle gehendes Seil, welches sich um eine andere Kurbelrolle schlingt, niederläßt. In einigen Minuten ist der Kessel mit Metall gefüllt; nun wird er wieder aufgewunden und zur Seite bewegt, bis er über das Kühlfaß zu stehen kommt. Das Kühlfaß ist mit Sande, als einem guten Wärmeleiter, ausgefüllt. Im Verlauf einer guten Stunde ist das Metall abgekühlt. Man nimmt nun den Deckel von dem Kessel ab, stülpt das Ganze auf einem Blocke um und gibt einige mäßige Schläge auf die Rückseite, wodurch sich der innere Kessel, nebst dem Gusse, von dem äußern ablöset; letzterer selbst ist wegen der unterströmenden Gußmasse ganz von Metall eingehüllt. Um nun die Stereotypplatte von der Hülle, die sie bekommen hat, zu befreien, nimmt der Arbeiter einen Meißel, hält ihn erst an die Grenzen der vier Ecken und schlägt mit einem hölzernen breiten Hammer darauf. (Unser Arbeiter auf der Abbildung bedient sich keines Meißels; wahrscheinlich hat ihm der Zeichner oder Anordner der Zeichnung aus Versehen, keinen solchen in die Hand gegeben.)

Zwischen der erwähnten dünnen Platte und der Matrize ist nun die rein abgegossene Stereotyptafel von der Dicke eines preußischen Thalers. Man bricht das überflüssige Metall von den Seiten ab und übergibt die Platte einer Drehbank, auf welcher der Rücken ganz eben abgeschliffen wird. Die Gypsform wird bei der Ablösung vom Metall unbrauchbar und kann überhaupt nur zu einem Gusse angewendet werden. Noch darf nicht übergangen werden, daß man die ausgesetzte Columne vor dem Gusse mit vier die Kanten darstellenden dünnen Leisten umgibt, welche sich in den Gypsguß eindrücken und sich folglich wiederum auf den Druckplatten markiren. Alles Metall, was über diese Kante hinausliegt, wird mit einem Hobel abgestoßen.

Eine ganz gleiche Bewandtniß, wie mit dem Stereotypiren der beweglichen Lettern, hat es nun auch mit dem Abgießen oder Abklatschen (Clichetiren) der Holzschnitte. In das in Holz eingegrabene, eingeölte Bild gießt man auf die nämliche Weise dieselbe Gypsmasse, welche man zum Stereotypiren anwendet; die flüssige Masse dringt in die zartesten Einschnitte. Die erhabenen Theile drücken sich also in den Gyps ein, auf welchen, wenn er auf die oben beschriebene Weise getrocknet, die Metallmasse, ganz wie es oben auseinandergesetzt, gegossen wird.

Die auf diese Art erhaltenen Platten lassen sich nun zum Vervielfältigen ebenso anwenden als die Holzplatten selbst, und den Gebrauch derselben zu diesem Zweck nennt man das Polytypiren oder Vervielfältigen.

Peter der Große.
[Schluß.]

Es waren Mißhelligkeiten zwischen ihm und seinem Vater entstanden, der Sohn suchte sich seinem Vater durch die Flucht zu entziehen, er floh nach Italien; — es wurde schon von Verschwörung gesprochen. Peter I. forderte ihn durch einen väterlichen und herzlichen Brief auf, zurückzukehren. Er gehorchte der nach seiner Meinung an Befehl grenzenden Aufforderung. Mehrere Umstände vereinigten sich, welche ihn einer Verschwörung verdächtig machten, bis später eigenes Geständniß den Plan der Verschwörung aufklärte. Es erwies sich jedoch, daß er hinter seinen Bekenntnissen noch viele wichtige Anschläge verheimlicht hatte, obschon ihm ein offenes unverhohlenes Geständniß zur Bedingung gemacht war. Der Czar mußte mit Recht argwöhnen, daß Alexei den Plan, sich mit Hülfe der Altgesinnten den Thron zu erwerben, nicht aufgegeben habe. Er foderte die Stände auf, die Sache seines Sohnes noch einmal zu untersuchen, und ohne Rücksicht auf ihn, den Vater, über den Sohn

---

*) Dadurch soll vermuthlich das Anhängen des Metallgusses an die Pfanne verhütet werden.

**) Auch hierin weicht man bei uns in manchen Etablissements ab. Man giebt nämlich der innern Pfanne eine kleine Unterlage, damit das einfließende Metall nach oben drücken könne. Die Matrize wird mit einer dünnen Platte zugedeckt, und an jeder Seite der Gypsform werden am überstehenden Rande drei Einschnitte gemacht, in welche der Guß einströmt. Der Zwischenraum zwischen den Letterneindrücken und dieser dünnen Eisenplatte bestimmt dann die Dicke der entstehenden Stereotypplatte.

***) Das Metall, dessen man sich in Deutschland bedient, ist eine Composition von Blei, Zinn und Spießglanz; in Ermangelung einer guten Qualität des letztern nimmt man statt dessen Eisen.

ein eben so unparteiisches Urtheil zu sprechen, als ob sie über einen ihrer Mitbürger richteten. Die Folge davon war, daß ein förmlicher Proceß eingeleitet wurde. Die weltlichen Stände verurtheilten ihn einmüthig zum Tode. Sohn, spricht er, du hast gefehlt, aber komm in meine Arme, dir ist verziehen.

Bei der Ankündigung des Todesurtheils erschrak Alexei so sehr, daß er sich eine schwere Krankheit zuzog. Er ließ seinen Vater flehentlich noch um eine Audienz bitten, und, in heißen Thränen schwimmend, gestand er ihm, unter den nachdrücklichsten Betheurungen, daß er seine sündliche Handlungsweise innig und aufrichtig bereue, und bat ihn dringend, doch den auf ihm lastenden Vaterfluch noch vor seinem Tode abzunehmen. Brutus war härter als der Stein, auf dem er stand, denn er sah unbarmherzig sein eignes Blut in dem seiner Kinder fließen. Peter I., wie fest und unerbittlich er sonst war, rührte die Zerknirschung des reumüthigen unglücklichen Sohnes, er konnte sein Vaterherz nicht verleugnen und ertheilte ihm den Segen. Bald darauf (den 6. Juli 1718) verschied er.

Noch bis jetzt hat das Gerücht sich erhalten, daß er im Gefängniß vergiftet oder enthauptet sei; die Unwahrheit desselben läßt sich jedoch aus mancherlei Umständen nachweisen.

Der ununterbrochen thätige Geist Peter's wurde in seinen letzten Lebensjahren von dem Gedanken beunruhigt, daß seine mühsamen Arbeiten nach seinem Tode wieder einstürzen würden. Zu diesen Vorstellungen, die ihm seine Lebensfreuden raubten, gesellte sich eine bösartige innere Entzündung, welche er lange verheimlicht hatte. Als er einst auf einer Untiefe ein Schiff stranden sah, ließ ihm sein kühner Muth seine geschwächte Natur vergessen; er wollte das Schiff retten, sprang ins Wasser und eine Erkältung entschied über sein Leben. Er starb den 28. Januar 1725.

Maß mechanischer Kraftäußerungen des Menschen.

Gleichwie die Eigenthümlichkeit einer jeden Persönlichkeit durch eine Besonderheit im Körperbau, Temperamente, verschiedener Lebensweise, Gewohnheit angeborner oder erworbener Krankheitsanlagen bedingt wird und sich schon auf das Unverkennbarste in der gesammten Aeußerlichkeit des Körpers ausprägt, so ist auch der Gehalt, die Beschaffenheit und Beharrlichkeit der dem menschlichen Körper inwohnenden Kräfte eben so mannichfaltig, und mithin ihre in die Augen fallende Wirkung nach einem bestimmten Maßstab beurtheilt, bei jedem Menschen und selbst bei ein und demselben Menschen unter verschieden obwaltenden Umständen immer eine andere. Der Eine z. B. mit einem regen Nervensysteme Begabte unterzieht sich nicht selten mit dem besten Willen und Eifer einer körperlichen Anstrengung, irgend einer mechanischen Arbeit oder einer andauernden Fußreise, und entwickelt gleich anfangs eine rasche und kräftige Körperthätigkeit, die aber eben so rasch verlischt und eine um so länger andauernde Körperschwäche hinterläßt, je länger die Muskelkraft in gleichem Grade über den beziehungsweisen Kräftezustand des nervenschwachen Individuums erzwungen ward. — Der Andere mit einer derben Körperconstitution und an harte Arbeiten bereits von Jugend auf gewöhnt, beginnt zwar nicht so rasch, entwickelt aber immer gleiche Kraft, die lange anhält, ohne bedeutende Erschöpfung zu erzeugen. — Ein Dritter, mit einer merklich körperlichen Wohlbeleibtheit, wird weder mit so viel Lust, Kraft, Dauer und Gewandtheit, sei es auch des Vergnügens halber, sich gern körperlichen Uebungen, als Tanzen, Schwimmen u. s. w. unterziehen. — Bei vollem Magen unmittelbar nach der Mahlzeit sind sowohl Körper= als Geisteskräfte träger. — Es erhellet aus den gegebenen Beispielen zur Genüge, daß also die Kraftäußerung des Menschen nicht nur nach jeder Persönlichkeit, sondern auch bei ein und derselben Person je nach den Umständen verschieden sei. Es gibt zwar der Fälle erstaunenswerther physischer Kraftäußerung nicht wenige, als: bei der Steigerung heftig erregender Leidenschaften und Affecte, in der Wuth des Zornes, in der Verzweiflung, Tollkühnheit in Anfällen wahnsinniger Raserei. In solchen Fällen aber ist die erzeugte Kraftentwickelung weder eine gleichmäßige in Hinsicht auf Zeit, noch eine fortdauernde in Hinsicht auf Kraft, sondern eine vorübergehende, tumultuarische, krampfhafte, die immer eine bedeutende Schwäche, nicht selten als Folge der Erschöpfung Krankheiten und selbst lebensgefährliche Zustände erzeugt.

Gewöhnlich wird die Kraftäußerung nach dem Vermögen, eine gegebene Last auf eine bestimmte Höhe binnen einer bestimmten Zeit zu heben, beurtheilt. Die Hebekraft, welche im Allgemeinen ein gesunder, im kräftigsten Lebensalter sich befindlicher Mann gleichmäßig und durch eine längere Zeit fortgesetzt ausüben kann, ist das Vermögen 60 Pfund (wiener Pfund) einen Fuß hoch binnen einer Secunde zu heben. Hebt der Mensch das Doppelte binnen einer Secunde, so geschieht das auf Kosten der gleichmäßig fortzusetzenden Kraftentwickelung.

Geübte Lastträger tragen 200 Pfd. und auch darüber, aber auf kurze Strecken. Einen Weg von 1000 Klaftern machen Lastträger mit 100 Pfd. beladen täglich sechs Mal und kehren leer zurück, können aber diese Arbeit nicht mehrere Tage hinter einander aushalten.

Wenn zwei Menschen eine Last auf einer Bahre fortschaffen, so kann man für jeden 80—100 Pfund rechnen.

Auf einem Schubkarren fährt ein kräftiger Mann in einem Tage 130 Pfund auf eine Strecke von zwei Meilen.

Man sieht daß das Tragen der Last durch Menschen kostspielig und nicht vortheilhaft ist. Auf einem einfachen Eisengeleise würde ein und derselbe Arbeiter nur 30—40 Mal so große Last und in eben derselben Zeit fortzuziehen im Stande sein.

Beim Vorwärtsziehen übt der Mensch in der Ruhe einen Druck von 70 Pfund aus. In der Bewegung, mit einem Gurt um die Schultern, beträgt der Druck oder die Zugkraft nur höchstens 30 Pfund mit zwei Fuß Geschwindigkeit in der Secunde. Wird die Kraft mit den Händen durch Ziehen oder Vorwärtsstoßen in Ausübung gebracht, so dürften nur 25 Pfund mit der Geschwindigkeit von zwei Fuß in der Secunde angenommen werden können.

Eine Treppe aufwärts oder einen ähnlichen Bergabhang hinan erhebt sich ein Träger mit $1/3$ Fuß in der Secunde bei einer Last von 100 Pfund, und durch eine Tagesarbeit hebt er auf diese Art 3000 Centner auf einen Fuß. Ohne Last erhebt sich der Mensch auf einer Treppe oder einen ähnlichen Abhang auf $1/2$ Fuß in einer Secunde. Wenn ein Mensch mittelst eines Seiles und einer Rolle in einem Korbe hinabläßt, dergestalt, daß er dadurch eine etwas geringere Last am Ende des Seiles in die Höhe zieht und dann leer wieder die Treppe hinaufgeht, so ist sein Nutzeffect von mehr Bedeutung und vier Mal größer, als wenn er eine Last dieselbe Treppe hinaufträgt und leer zurückgeht, um eine neue Last zu holen.

Es scheint als habe die Natur an den Menschen, als den Herrn der Schöpfung hienieden, auch in dieser Beziehung die Anfoderung gestellt, durch die ihm verliehenen Verstandesfähigkeiten zu ersetzen, was ihm an Stärke oder Ausdauer der physischen Kraft gebricht, und wirklich hat die menschliche Beobachtungsgeist in den letzten Jahrzehnten in der vielfältigen Anwendung der Dampfmaschinen einen herrlichen Ersatz der Menschenhände gefunden, da bekanntlich die Dampfmaschine gleichmäßig in Hinsicht auf Zeit und Stärke fortarbeitet, weniger kostspielig ist und darum ohnstreitig vor jeder Thierkraft den Vorzug verdient.

Zwar hat man auch unter andern mehreren Gründen der allgemeinern Anwendung der Dampfmaschinen als den triftigsten angeführt, daß mit der Verbreitung des Dampfmaschinenwesens überhaupt die Erwerbslosigkeit zunehme. Man sollte aber andererseits in Erwägung ziehen, daß Arbeiten durch Menschenhand bei Aufführung großer Bauten, wobei sie wohl für immer unentbehrlich bleiben wird, noch immer kostspielig genug und in vielen Gegenden Deutschlands und selbst in dem mehr üppigen Süden Europas in Beziehung auf Landwirthschaft auch noch immer selten ist. Wie viel Landstriche, wie viele Ländereien unter dem günstigsten Himmelsstriche wären noch mit sichtlichem Gewinn urbar zu machen, was doch bei der überhandnehmenden Bevölkerung und dem rascheren und regeren Wechselverkehr der Nationen wird geschehen müssen! — Ist nur keine Arbeitsscheu vorhanden, so wird jeder Mensch zu jeder Zeit durch Verwendung seiner physischen Kräfte für das Allgemeine nützlich sein. —

Beauvais.

Seine fleißige Einwohnerschaft und sein blühender Fabrikbetrieb würden diesem Städtchen allein schon einen Anspruch auf eine ehrenvolle Erwähnung geben. Zu diesen Vorzügen gesellt sich noch eine geschichtliche Bedeutsamkeit, welche Beauvais über die Städte gleichen Ranges ein historisches Gewicht giebt. Als sie durch den Herzog von Burgund im Jahre 1472 belagert ward, ergriff eine Frau ein Heldenmuth, wie ihm ähnliche Beispiele der Geschichte kaum an die Seite zu setzen sein dürften. Um aber diesen weiblichen Heroismus in seiner ganzen Größe zu würdigen, muß man vorzüglich die Umstände, unter welchen er entflammt wurde, einer Berücksichtigung würdigen. Johanna Laine

Der Marktplatz zu Beauvais.

war keine Schwärmerin, wie Johanna d'Arc, sondern ihr Plan, der Belagerung ein Ende zu machen, war mit kaltem Blute entworfen. Sie bot also alle Frauen der Stadt auf, sich ihrer Standarte anzuschließen. Fast alle Weiber der Stadt beseelte ihr Beispiel zu kriegerischem Muthe, sie warfen sich in Rüstung, unternahmen den Ausfall und retteten die Stadt. Die Fahne der Amazonenschaar wurde zum Andenken an die glorreiche That in der Jakobinerkirche aufbewahrt, und der Jahrestag derselben, der 10. Juli, bis zum Jahre 1792 feierlich begangen. — Die Kathedrale (s. Bild), deren größere Umrisse schon ein großartiges Bauwerk im gothischen Geschmack andeuten, ist von architektonischer Vollendung. Außer ihr hat die kleine Stadt noch 12 andere Kirchen, und so kommt auf 900 Köpfe ein Gotteshaus. Der Bischof von Beauvais war der erste der geistlichen Fürsten und Pairs, und trug bei der Krönungsceremonie den Mantel des Königs. Das Bisthum wurde während der Revolution aufgehoben.

Verlag von Bossange Vater in Leipzig.
Unter Verantwortlichkeit der Verlagshandlung.

Das Pfennig-Magazin
der
Gesellschaft zur Verbreitung gemeinnütziger Kenntnisse.

73.] [2. Jahrg. **21.**]   Erscheint jeden Sonnabend.   [September 20 **1834**

Tivoli.

Tivoli.

Da die alten Sprachen nun einmal auf unsern Schulen den Angelpunkt aller Studien bilden, und wir früh schon durch sie mit den glänzenden Thaten der Griechen und Römer vertraut, die Helden vor Troja, den Perikles, die römischen Consuln und Imperatoren kennen lernen, was Wunder, daß, hingerissen von ihrer Größe, wir, nicht zufrieden mit dem bloßen Buchstaben, uns sehnen, das Land zu betreten, das sie gebar *). Unter der Herrschaft der Osmanen verwildert, und unzugänglich gemacht, lag uns indeß das schöne Hellas zu fern, so daß, nothgedrungen, wir uns lange auf Italien beschränken mußten, wo zwar wenig griechische, aber desto mehr römische Denkmale uns in den Geist der Vorzeit einführten. —

Denkmale! — so höre ich den Leser fragen, — können diese die Vergangenheit deuten? — sie, die als bloße Coulissen und Beiwerke eines längst verklungenen Dramas noch dazu zertrümmert am Boden liegen? Sind die großen Todten nicht dahin? —

Freilich fehlt den Monumenten das ihnen analoge Geschlecht! — aus keiner Pforte tritt mehr ein Scipio oder Cäsar hervor, die Tempel und Hallen sind leer, — die Villen eines Lucull, Varro, Mäcen und Sallust nicht mehr bewohnt! — Festlich geschmückt durchzieht kein Titus und Trajan mehr die ihnen errichteten Siegesbogen, — und von den circensischen Spielen blieb kaum das morsche Gerüst! —

Wohl wahr! — und dennoch ist die Hieroglyphe nicht stumm und leuchtet wie ein Meteor in finsterer Nacht! —

Als, dem horazischen Sorakte zur Linken, ich von fern die Stadt (urbs, so hieß Rom vorzugsweise) erblickte, lag sie, von Silbernebel umgossen, wie in einem großen See, über dessen glatten Spiegel, von der Abendsonne beschienen, St. Peters Kuppel emporstieg. — Malerisch umsäumten den Horizont bewachsene Gebirge, in deren violettem Dufte man einige Wohnungen unterschied; — der Himmel war heiter und blau, — aber Schweigen des Todes herrschte ringsher! — In dieser erstorbenen Wüste hätte ich die ewige Roma, welche so unscheinbar jetzt zu meinen Füßen lag, nimmer gesucht! — Erschüttert vom traurig erhabenen Anblick frug ich daher den florentinischen Vetturin, „ob dies noch lange so fortgehe?" „Si Signore," erwiederte er lächelnd, questa nebbia, che scorgete intorno, è il deserto della campagna! **)

Mit dem ersten Schritt aus der Toscana fängt diese Wüste an, und erstreckt sich in allen Radien vom Apennin nach der veröbeten Küste des Meeres. —

Von diesen sämmtlichen Richtungen will ich indeß für heute nur eine einzige verfolgen, und begebe mich deshalb, die siebenhügelige Stadt und ihre Herrlichkeit überspringend, nach der Porta Lorenzo ***), um durch die Campagna nach dem 19 Miglien entfernten Tivoli (Tibur) zu gelangen. Der Weg durch das kahle vulkanische Blachfeld ist zwar trostlos genug, aber in geognostischer Hinsicht sehr merkwürdig, und die römischen Astygraphen (Stadtbeschreiber) und Antiquare spickten es seither so kräftig mit Citaten aus den Alten, daß man schwerlich einige Schritte thut, ohne auf das Grab irgend eines berühmten Ahnherrn zu stoßen, dessen seliger Schatten bei etwas aufgeregter Phantasie uns augenblicklich vorschwebt! —

Ehe man z. B. noch die vor dem Thore befindliche Basilika S. Lorenzo *) erreicht, bemerkt man links das Schlachtfeld, wo im J. Roms 275 der Consul Horatius über die Vejenter siegte. Eine kurze Strecke weiter, gleich hinter der Basilika, ist schon wieder ein ähnlicher Kampfplatz, auf welchem Sylla i. J. R. 671 den Telesius, des Marius Feldherrn, schlug. Nicht weit davon zur Linken erscheint das sogenannte Grab des Pallas, eines Freigelassenen und Lieblings des Kaisers Claudius. — Ehe man zu dem vier Miglien von der Stadt entfernten Ponte Mammolo kommt, muß man über den alten Campus Veranus und am Flüßchen Tutia vorbei, wohin sich Hannibal in ein festes Lager zurückzog, das sich von hier bis zum Anio (jetzt Aniene und Teverone genannt) erstreckte. Die oberwähnte Brücke selbst, welche wie Ponte Salario und Nomentano, elend genug nach einerlei Typus mit dieser errichtet ist, soll aus den Zeiten des Narses herrühren. — Dieser classische Boden ist gar zu reich an Erinnerungen, denn an den Meiereien Marrana und S. Eusebia vorbei tritt man von neuem auf ein Schlachtfeld. Hier verloren die Sabiner i. J. R. 284 ein Treffen gegen den Consul Servilius. Zwischen der neunten und zehnten Miglie von Rom wird bei Forno di Borghese wieder die alte Heerstraße sichtbar. — Die unterweltliche Einförmigkeit des Wegs übersteigt bis dahin alle Begriffe, — und stößt obenein der Wind von Nordosten her, so verbreiten die seitwärts liegenden Schwefelquellen der Solfatara, welche durch einen zwei Miglien langen Kanal mit dem Teverone in Verbindung stehen, einen solchen Gestank — Geruch wäre zu artig —, als habe der Böse hier seine höllische Garküche aufgeschlagen. —

Glücklicherweise wird die Gegend indeß etwas reizender, da die Vegetation zunimmt und von den bewachsenen Höhen herab ein neues Leben zu kommen scheint. — Endlich erreicht man die Brücke des Schwefelbachs (il ponte della Solfatara) und ist erfreut, in Kurzem nicht mehr den stinkenden Dampf des milchigen Wassers einathmen zu müssen. — Ob, wie die Sage berichtet, Agrippa hier prachtvolle Bäder erbaute und in der Nähe sich Tempel des Herkules, der Hygiea und Cybele befanden, will ich dahingestellt sein lassen. —

Wer untersuchte, getrieben von Wißbegier, auf diesem geräumigen Friedhof der Campagna nicht gern jeden Stein, um sich so viel möglich in das alte Römerleben hineinzuträumen? — Aber die Sonne und der Tuffstaub verhindern sehr oft das eifrigste Bemühen, — und man dankt Gott, nach sechzehn Miglien weiter Monotonie einmal wieder bei Ponte Lucano unter Lecci-Eichen und Oelbäumen wandeln zu können. —

---

*) Ich meine hier vorzugsweise die Begeisterten, in denen mehr der Trieb zum Nachschaffen als Nachäffen vorwaltet! — Das Erstere ist immer ein Frühling, das Andere ein gar buntfarbiger, aber welker Herbst. Leben kann und soll nur Leben erzeugen, und alles Mechanische trägt in sich den ewigen Tod. —

**) Ja, mein Herr, jener Nebel, den Sie erblicken, ist die Wüste der Campagna. —

***) Dies Thor von ziemlich schlechter Bauart soll aus den Zeiten des Kaisers Honorius herrühren, welcher, da von hier aus die alte Straße Via Tiburtina (angelegt vom Censor M. Valerius Maximus i. J. R. 447) nach Tibur führte, es porta Tiburtina nannte. Später erhielt es nach der außerhalb desselben liegenden Basilika S. Lorenzo seinen jetzigen Namen. Es ist auf der innern Seite an einen Hauptbogen des Aquaeductus (Wasserleitung) gelehnt, der die Aqua Marcia, Tepula und Julia leitete.

*) Sie ist meist aus antiken Fragmenten erbauet, welche von sehr ungleichem Kunstwerth wunderlich genug zusammengewürfelt sind.

Wohl verlohnte es sich der Mühe, die Trümmer der rechtsab liegenden Villa Hadrian's zu besuchen, die als classisches Vorbild der sogenannten englischen Gärten in einem Umkreis von drei Stunden Alles enthielt, was der zwar nicht geschmacklose, aber eitle Kaiser Großes und Wunderwürdiges auf seinen Reisen durch Griechenland und Aegypten gesehen hatte. — Dauerndes Einerlei verstimmt indessen die Nerven zu sehr, als daß, im Wechsel Erholung suchend, man nicht lieber den nahen Hügel erstiege, dessen uralter Olivenhain nur dem zwischen Nizza und Antibes vergleichbar ist.

Aehnlich dem Noah läßt man, zurückgelegter siebzehnter Miglie, die Arche des Wagens auf diesem wirthbaren Ararat halten, und schaut wie der Erzvater zum Schlage hinaus in die hehre Fläche, deren Wellen jetzt erstarrt und verknöchert, nicht mehr den Fuß des Apennins bespülen. — Ein an das saftige Grün unserer Gehölze, Fluren und Felder gewöhnter Deutscher bebt bei dieser zur Mumie gewordenen Schöpfung zurück, in welcher geisterhaft selbst der Oelbaum mit seinem Silberblatt das rasche kräftige Leben des Nordens zu einem elysischen Jenseit gestaltet. —

Gern möchte ich, den Blick auf die Campagna gerichtet, diese geognostisch und künstlerisch beleuchten, aber der enge Rahmen dieser Erzählung verlangt, daß ich dem Orte meiner Bestimmung zueile und mich gänzlich auf Tivoli beschränke.

[Schluß folgt.]

Die Jagd.

Wollte man über die Jagd eine grundgelehrte Abhandlung schreiben, so ließen sich, bis in die grauste Vorzeit hinauf, die Vorbilder und Muster aller vergangenen, gegenwärtigen und künftigen Jäger auffinden.

Gewiß merkwürdig ist der im ganzen Menschengeschlechte waltende Mordsinn. Daß in Naturzustande, wenn ein solcher jemals existirte, der Mensch den seine Person oder sein Eigenthum antastenden Menschen erwürge; daß er schwächere Thiere, die der Instinct ihm als seine Nahrung andeutet, zerfleische, ist leichter begreiflich; daß er aber auf der höchsten Culturstufe Gefallen daran finde, das Blut seiner Nebenmenschen in Strömen zu vergießen, ist dagegen eben so unerklärlich. Nicht leichter auch erklärt sich, wie der Mensch, ohne Bedürfnisse, lediglich um des Vergnügens willen, aus einem Luxus, so zu sagen, blutgieriger Laune, friedlichen Thieren mit wahrer Gier nach dem Leben zu trachten vermöge. Und doch sind Doctor Gall mag immerhin Grausamkeit und Kriegssinn, Raub- und Jagdsinn in einem und demselben Organe suchen — weder Krieger noch Jäger in der Regel grausam und unbarmherzig. Wie oft betrauert Jener seine Opfer; wie oft widmet er ihnen, wenn der Mordparoxysmus vorüber, die zarteste Pflege? Sehen wir nicht Jägern, einem Hirsche, dem die Thränen aus den Augen quellen, den Genickfang zu versetzen, den Muth fehlen? Gibts deren nicht, die mit kaltem Blute keinem Huhne den Hals umzudrehen vermöchten?

Was nun aber aus diesen unbegreiflichen Kontrasten schließen? Ich überlasse die Folgerungen philosophischeren Köpfen; eine die Jagd betreffende Hypothese aufzustellen kann ich mir jedoch nicht versagen. Ich glaube, es gäbe weit weniger leidenschaftliche Waidmänner, hätte des Jägers Hand die letzten Pulsschläge des Herzens und die Zuckungen des Todeskampfes seines Opfers in unmittelbarer Berührung zu fühlen; seit der Erfindung künstlicher Mittel, um in der Ferne zu tödten, aber, besonders seit der Mensch das fliehende Wild mit seinem Feuergewehre weithin niederzuschmettern erlernte, gewöhnte er sich, in dieser gedankenschnell vernichtenden Kraft, in Handhabung des vom Donnerkrachen begleiteten Blitzes etwas höheren Naturen im näherstellendes Edles und Großes zu finden.

Vielleicht möchte unter die Ursachen dieser so allgemeinen Leidenschaft auch ein Ahnen unserer angeborenen Bestimmung, die uns zur Einsperrung in dumpfe Stadtmauern und zu einer sitzenden Lebensweise gewiß nicht verdammte, vorzüglich aber jene, im Menschenleben nie ersterbende Liebe, Gottes freie Luft in vollen Zügen zu genießen, zu rechnen sein; wann äußert sie sich energischer als in des Waidmanns festlichen Septembertagen?

Welche Seelenfreude aber auch in der That, nach langen widerlichen, ermüdenden Arbeiten sich endlich losgewunden zu haben, und hinaus in Gottes freie Natur, über Berg und Thal und Wald und Flur! Beim Tagesgrauen die Büchse auf den Rücken, die Jagdtasche umgeworfen, den treuen, klugen Hund an der Leine, zum Jägerstelldichein; den Jagdplan rasch entworfen, und nun hinein in den dampfenden Wald! Die Treiber angewiesen; die Hunde los und drauf! Jetzt schlägt die ganze Meute klaffend an, ein Rehbock ist aufgethan; auf der ganzen Jägerlinie krachts, und er liegt im Blute. Bald kömmt ein Sechzehnender an die Reihe; wie schmettert das edle schlanke Thier mit seinem mächtigen Geweih im pfeilschnellen Fluge die Aeste nieder und bricht sich Bahn! Nicht lange, so stürzt der Edelhirsch jenseit des Waldbachs, durch den er, von den Hunden verfolgt, waidwund in der Todesangst gesetzt; der Genickfang endet seine Qual. — Dort braust und schnaubt ein überstandener riesiger Keuler aus dem Dickigt; die Hauer grinsen den Schützen toddräuend entgegen; ein tödtlicher Schuß erbittert das Thier bis zur Wuth; schon liegen ein paar Hunde zerfleischt am Boden; es ras't auf einen der Jäger ein, spießt sich aber in die kühn besonnen ihm vorgestreckte Schweinsfeder.

Die hochstehende Sonne kündet Mittag an. Lustig erklingen durch den Forst die Hörner und rufen die Schützen zu Rast und Mittagsmahl im Grünen. Im Kreise ihrer Jagdbeute lagert sich die muntre Schaar; die lechzenden Hunde zu ihren Füßen schnuppern lüstern nach den Gerichten am lustig aufflackernden Feuer. Trefflich mundet's Allen; die Becher kreisen, Jagdgesänge erschallen, von Hörnerklang begleitet.

Jetzt gelabt und neu erkräftigt, wieder aufgebrochen und immer drauf und drauf, bis die Sonne zur Rast geht; die Halali's und die Todtenfanfare sind verklungen, und in Lust und Wonne zieht Alles zum Gasthofe heim, wo die dampfende Punschbowle, Gesang und Scherz den köstlich frohen Tag beschließen.

Sehe man nur bei solchen Jagdpartien einen Handelsherrn, der am Rechenpulte das Gehen fast verlernte; einen Stubengelehrten oder irgend ein recht bequemes Menschenkind, das seinen gemächlichen Polsterseffel sonst nur mit einem Seufzer verläßt; sehe man sie auf der Jagd. Die vor jedem wärmern Sonnenstrahle zagten; Die, denen eine in der Mittagshitze zu passirende Brücke eine africanische Wüste dünkte, durchstreifen, mit ihrem schweren Jagdapparate beladen, rastlos Feld und Wald, trotzen den Mittagsgluthen, achten des all ihren Gliedern entriefelnden Schweißes nicht. Mögen Donner brüllen, Blitze niederfahren, der Sturmwind das Haar zerzausen, Platzregen bis auf die Haut durchnässen — der Jäger achtet's nicht, fühlt nichts und hat am Abend, ohne nur daran zu denken, statt einer ihn sonst gewaltig ermüdenden Stunde, deren neun bis zehn ins Kreuz und in die Quere, über Stock und Stein zurückgelegt!

*

Wie weit ließe sich dieser Jagdartikel noch ausspinnen; was wäre von Falkenjagden, Fuchs= und Dachsgraben, Parforce= und eingestellten Jagden u. s. w. nicht Alles zu sagen! Was könnte man von großen kaiserlichen, königlichen, fürstlichen, gräflichen, freiherrlichen Jagdfesten nicht Alles erzählen? So z. B. währte eine im Jahre 1758 vom Fürsten Colloredo Kaiser Franz I. zu Ehren in Böhmen veranstaltete Jagd achtzehn Tage. Drei und zwanzig Jäger, worunter drei Damen, sämmtlich höchsten Ranges, erlegten 42,321 Stück Wildpret, namentlich 18,243 Hasen und 19,348 Rebhühner. Der Kaiser schoß 9789 Mal; seine Schwester, die Prinzessin von Lothringen, 9010 Mal; im Ganzen fielen 116,209 Schüsse?

Da indeß heute das köstlichste Wetter zum Schnepfenstriche, so erlassen mir die geehrten Leser wohl das Weitere. Komm Medor; Medor hier!

Die Zugtaube.

Dieser merkwürdige Vogel ist in Nordamerika zu Hause, hat 16 Zoll in der Länge und 24 Zoll im Umfang. Seine Federn sind auf dem Kopfe und dem obern Theil des Halses von einer hellen Schieferfarbe, von einer dunkleren aber auf dem Rücken und an den Flügeln; der Unterhals, die Brust und die Seiten bis zu den Schenkeln sind röthlich=nußbraun; der untere Theil der Brust und die Schenkel verwaschen sich in ein Braunroth; der Bauch und der After sind weiß; an dem untern Theile des Halses und den Seiten glänzt eine hohe Purpurfarbe mit Gold und Grün. Der Schwanz dieses Vogels ist lang und spitzig; die zwei mittleren Federn desselben haben eine völlig tiefe Schwärze, die fünf an jeder Seite sind schimmelig=weiß, an den Spitzen sehr hell und bis zu den Kielen immer tiefer blau. Das Weibchen ist etwa einen halben Zoll kürzer als das Männchen und hat einen Zoll weniger im Umfange; die Farben ihrer Federn gleichen im Allgemeinen denen des Männchens, sind jedoch nicht so lebhaft und mit mehr Braun gemischt.

Merkwürdig ist das gesellige Leben dieser Vögel, welche sowohl auf ihrer Wanderung als auch während der Brutzeit in einer an das Unglaubliche grenzenden Menge beisammen sind, als sie wirklich bei keiner Classe der befiederten Geschöpfe gefunden wird.

Wie es scheint, unternimmt die Zugtaube ihre Wanderung mehr des Futters wegen als um der Kälte zu entgehen; denn man findet sie noch spät im December in der Gegend der Hudsons=Bay. Da diese wilden Tauben sich hauptsächlich von den Nüssen der Buche nähren, so kann man darauf rechnen, daß, wenn diese Früchte im Ueberflusse vorhanden sind, auch diese Vögel in Menge ankommen, und haben sie in einer Gegend alle diese Früchte verzehrt, so wittern sie eine andere Gegend aus, wo solche Nüsse zu finden sind, ziehen regelmäßig jeden Morgen dahin und kehren an demselben Tage gegen Abend nach ihrem Ruheplatze zurück. Diese ihre Ruheplätze sind in Wäldern, wo sie zuweilen eine große Strecke einnehmen, und haben diese Vögel einige Zeit an einem Orte verweilt, so bietet ein solcher Ruheplatz ein seltsames Schauspiel dar. Der Boden ist mehrere Zoll hoch mit ihrem Miste bedeckt, alle zartern Gräser und alles Unterholz ist vernichtet, die ganze Fläche ist mit kleinern Zweigen und Aestchen der Bäume bedeckt, welche nämlich durch die große Masse der unzähligen Vögel abgebrochen worden, und

Die Zugtaube.

die Bäume selbst in einer Ausdehnung von einigen tausend Morgen Landes sind gänzlich abgestorben. Diese Zerstörung ist noch nach Jahren sichtbar, und man findet Stellen, wo noch nach vielen Jahren kaum eine einzige Pflanze zum Vorschein kommt. Sobald man einen Ruheplatz entdeckt, kommen des Nachts aus den entferntesten Gegenden die Landeseinwohner mit Flinten, Stangen, Knütteln, Gefäßen mit Schwefel und andern Vernichtungswerkzeugen und füllen in einigen Stunden ganze Säcke voll dieser Vögel.

Die Brutstellen sind noch größer als die Ruheplätze; in den westlichen Gegenden sind sie in Buchenwäldern und nehmen oftmals in fast gerader Linie einen weiten Strich Landes ein. Eine solche Stelle ist im Staate Kentucky, wo sie von Norden nach Süden durch Waldungen einen Strich Landes von 40 engl. Meilen lang und mehreren Meilen breit einnimmt. In dieser ganzen Ausdehnung war fast jeder Baum mit Nestern versehen, wenn nämlich Aeste und Zweige dazu bequem waren, und ein einziger Baum enthielt zuweilen mehr als 100 Nester. An diesem Orte erschienen diese Tauben um den 10. April und verließen ihn in Gesellschaft ihrer Jungen um den 25. Mai.

[Schluß folgt.]

Die Maschine des endlosen Papiers.

Das Papier ist das materielle Mittel unsers gesammten geistigen Verkehrs, der Vermittler unsers Ideenaustausches, der Träger unserer Gedanken, Empfindungen und Gefühle, der treue Behälter der Früchte menschlicher Forschungen. Kein Stoff auf der Welt geht eine so große Reihe von Veränderungen durch, keiner macht eine so merkwürdige Marschroute durch die Hand des Gewerbfleißes von seinem ursprünglichen Naturzustande bis zum Ziele seiner Vollendung. Die Fabrikation des Papieres dürfte also wohl einer Beschreibung in diesem Blatte um so weniger unwerth sein, da wir im Voraus überzeugt sein dürfen, daß der merkwürdige Mechanismus der endlosen Papiermaschine nicht leicht einen unserer Leser unbefriedigt lassen wird. Wir wollen nun gleich damit beginnen, unsere Leser in eine Papiermühle einzuführen. Wir treten in ein langes Zimmer. Die Ueberbleibsel menschlichen Bedürfnisses und menschlicher Eitelkeit, die dem Leibe dienten, werden zum Dienste für den Geist vorbereitet, nämlich die Lumpen. Zwanzig Weiber waren in der Fabrik, welche wir besuchten, beschäftigt. Vor einer jeden stand eine Art mit Draht überzogenen Rahmens, zur Linken lag ein Haufen Lumpen, zur Rechten stand ein Kasten mit 3 Fächern. Auf jedem Rahmen ist ein aufrechtstehendes Messer, welches mit einer Sichel Ähnlichkeit hat, befestigt. Die Lumpen werden aussortirt, und wenn sich Nähte darin befinden, durch Andrücken gegen die Sichel zerschnitten. Ehe sie aber in die Sortenfächer kommen, legt die Frau sie auf den Draht, spannt ihn und läßt ihn dann wieder los; die dadurch verursachte Erschütterung wirft einen Theil des abgefallenen Schmuzes in einen unter dem Drahtnetze befindlichen Kasten. Die sortirten Lumpenstückchen sind gewöhnlich 3—4 Zoll lang. Eine fleißige Arbeiterin, versicherte der Führer, könne in einem Tage an hundert Pfund Lumpen aussortiren. Wir verließen das Sortirzimmer und wurden in ein anderes Zimmer eingeführt. In großen viereckigen Laden wurde die Lumpenmasse, welche ganz dunkelfarbig aussah, durch Maschinerie auf- und niedergehoben. Auf unsere Frage, ob denn diese dunkelfarbigen Lumpen für weißes Papier bestimmt wären, gab der Führer zur Antwort, daß wir alsobald über die Hervorbringung der weißen Farbe unterrichtet werden sollten, durch welches freundliche Anerbieten unsere Wißbegierde nicht wenig gespannt wurde. Was

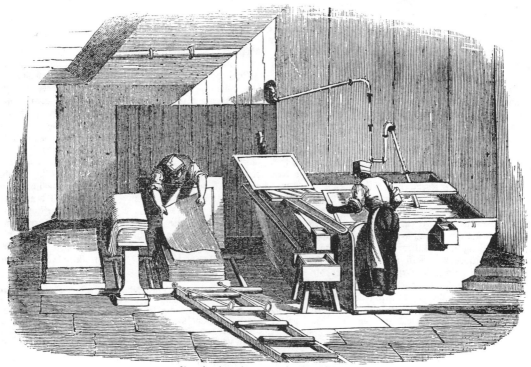

Papierbereitung mit der Hand.

toir sahen, war das Auskochen der Lumpen. Wir stiegen in das zweite Stockwerk; noch auf der Treppe hörten wir einen dumpfen Ton. Als wir näher kamen, bemerkten wir, daß derselbe von der Bewegung eines in horizontaler Lage befindlichen Rades herrühre, welches mit mehrern ovalen, 9 Fuß langen und 4 Fuß breiten, und 2—3 Fuß tiefen Cisternen oder Trögen in Verbindung stand. Man theilte uns mit, daß diese Einrichtung zu den neuern Verbesserungen der Papierfabrication gehöre. Vor mehrern Jahren habe man die Lumpen noch mit der Hand gewaschen, dann habe man sie in verschlossene Gefäße gethan, bis sie halb mürbe gewesen wären, und nach beinahe erfolgter Auflösung der Fibern habe man sie entweder durch Hämmer in Mörsern oder durch Cylinderpressen in den Brei verwandelt. Dieses alte Verfahren wäre nicht nur langsam und kostspielig, sondern auch dem Material selbst nachtheilig. Dagegen verrichte der gegenwärtige Mechanismus das Waschen, Zerreißen und Zermalmen, und kein Stoff ginge dabei verloren. — Einen solchen Trog stellt die Abbildung vor. Er ist von Holz und mit Blei zusammengefügt. B ist eine Längeneintheilung. C ein eiserner Cylinder von 26 Zoll Länge und 22 Zoll Durchmesser. D ist eine Vorrichtung zum Einleiten des reinen Wassers in den Trog und zum Ableiten des unreinen. In jeden dieser Tröge gehen an hundert Pfund Lumpen. Die Walze E ist kein vollkommen glatter Cylinder, sondern seine Oberfläche besteht aus Reihen von Unebenheiten, Vorsprüngen und Schärfen von etwa einem Zoll Höhe. Diese Walze reißt, durch den Mechanismus in Bewegung gesetzt, das Material unter sich, macht in einer Minute 160 Umdrehungen und je nachdem die Walze sich erhebt oder niedergeht, wird das Material geschnitten, zermalmt oder herausgeführt. Oberhalb der Walze ist ein Verdeck (auf unserer Abbildung nicht mit angebracht), welches zwei mit den Röhren bei D in Communication stehende, aus Draht geflochtene Rahmen enthält. Dieses Drahtgeflecht dient zum Ablassen des sogenannten faulen Wassers, welches von den sich ablösenden Theilchen der Lumpen zurückbleibt, nachdem letztere eine geneigte Ebene hinaufgeführt worden sind. Nach dem Ablaufe

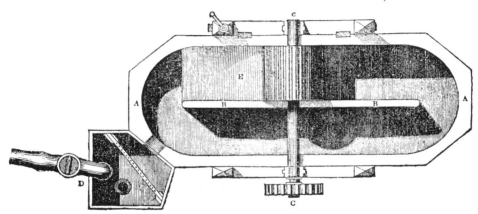

Mechanismus zum Zermalmen der Lumpen.

wird das faule Wasser durch einen Zufluß reines ersetzt. Die auf diese Weise vollkommen gereinigte Masse kommt nun unter eine Presse, um die wässerigen Theile vollends zu entfernen. Noch immer ist das Material nicht vollkommen entfärbt, sondern hat nach der Presse gewöhnlich ein hellbraunes Ansehen und läßt den Ununterrichteten noch immer nicht ahnen, daß ein schneeweißes Papier daraus werde.

In diesem Zustande wird nun die Masse einer eben so einfachen als wichtigen Verrichtung unterzogen, — der Bleiche oder gänzlichen Entfärbung —, und diese verdankt man den Fortschritten der Chemie im letzten Drittel des vorigen Jahrhunderts, in welches die Entdeckung des Chlors fällt. Chlor ist ein einfacher, von Scheele entdeckter Stoff, welcher neben andern sehr merkwürdigen nützlichen Eigenschaften auch die hat, in Verbindung mit Wasser alle Thier- und Pflanzenstoffe zu entfärben. Man ist durch vielfältige Erfahrung zu dem glücklichen Resultate gelangt, die Verrichtung der Bleiche so zu handhaben, daß durch das Chlor der Stoff selbst nicht angegriffen wird. Dies Bleichen geschieht in einer sogenannten Vorlage (Recipienten) von Holz, aus welchem die atmosphärische Luft vorher herausgetrieben wird. Dieses Gefäß communicirt vermittelst Röhren mit einer Retorte (krummhalsige Kolbenflasche), in welcher das Chlor bereitet wird. Zu drei Theilen Seesalz mengt man einen Theil Manganhyperoxyd*), und zu dem Gemenge werden zwei Theile mit einem gleichen Gewichte Wasser verdünnter Schwefelsäure gegossen. Den chemischen Entwickelungsproceß des Chlors selbst aus einander zu setzen, würde hier zu weit führen. In einigen Stunden ist die Masse gebleicht, und bei der Eröffnung des Gefäßes füllt sich die Atmosphäre mit einem widerlichen Geruche. Einer nochmaligen Wäsche zur Entfernung aller Chlortheile wird nun die Masse unterzogen. Dieses Reinigen geschieht aber durch Auspressen, und die hierzu angewendete mechanische Vorrichtung ist der Walze E ähnlich, nur mit dem Unterschiede, daß der Raum zwischen den Messern und des unterhalb befindlichen Bodens hier noch enger ist als dort. Nach dieser Zubereitung hat das Material eine völlig milchweiße Farbe erhalten. Manche Fabrikanten mischen zu diesem Brei noch klebrige Substanzen, z. B. eine Art Leim von Kalbshaut, um das Papier zu leimen. Durch einen Röhrenventil-

---

*) Manganhyperoxyd ist bekannter unter dem Namen Braunstein oder Graubraunsteinerz, ein Erz, dessen Bestandtheile von dem obenerwähnten Chemiker ausfindig gemacht wurden. Es kommt gewöhnlich im Gemenge mit andern Substanzen, als Kiesel und Thonerde, Eisenoryd (Rost) und kohlensaurem Kalke im Naturzustande vor und hat dann ein erdiges Ansehen. Einzeln findet es sich in prismatischen (eckstabförmigen) Krystallen von schwarzbrauner Farbe und unvollkommenem Metallglanze.

apparat wird nun der weiße Brei, auch Quark genannt, in die Bütte oder Kufe geleitet. Auf unserer letzten Abbildung ist sie das große Gefäß links; sie enthält 12 Fuß im Durchmesser und hat 5 Fuß Tiefe.

Bis dahin die Zubereitung des Materials; es folgt nun die Formung desselben. Da die ältere Methode desselben gegenwärtig noch in den meisten Papiermühlen angewendet wird, so konnten wir unsern Lesern eine kurze Beschreibung derselben nicht wohl vorenthalten, obwol sich vermuthen läßt, daß sie der neuern, durch die Papiermaschine abgeänderten Methode in Kurzem Platz machen werde.

Wir werfen zu jenem Zwecke einen Blick auf die erste Abbildung. Einer der Arbeiter taucht eine Art von Rahmen in ein Gefäß. Dies Gefäß ist mit dem Papierbrei gefüllt, welcher durch einen Dampfapparat warm und durch einen Mechanismus in Bewegung erhalten wird. Der Arbeiter formt nämlich einen Bogen. Seine einfachen Werkzeuge machen zwei, mit Drahtgeflecht überzogene Rahmen aus; in Verbindung damit ist ein beweglicher Deckel, welcher die Bogenform markirt und abschneidet. Nachdem der Arbeiter den Deckel an seinen Rahmen befestigt hat, taucht er das Ganze vertical oder lothrecht in den Brei und hebt es in horizontaler oder wasserrechter Lage wieder heraus; dadurch bedeckt sich das Drahtnetz mit der weichen Masse, welche der Arbeiter ein wenig schüttelt. Zu diesem Schütteln, wodurch gleichmäßige Verbreitung der Masse bewirkt wird, gehört ein eingeübter Arm. Hierauf nimmt er den Markationsdeckel ab, übergibt den Bogen sammt dem Rahmen seinem Nachbar und nimmt den andern Rahmen, um nach Befestigung des Deckels auf gleiche Weise zu verfahren. Der zweite Arbeiter, Leger genannt, nimmt von einer Schicht Flanellstücke, welche etwas größer als die zu verfertigenden Bogen sind, ein solches Stück ab, schlägt die Form mit dem nassen Bogen darauf und nimmt die Form, frei von allen Anhängseln, wieder ab. Dies geht so lange fort, bis 6—8 Buch geschichtet sind. Hierauf kommt die ganze Schicht unter eine mächtige Presse, welche den Bogen Consistenz gibt, und nachdem jene einzeln von den Filzen mit der Hand abgezogen, werden sie auf einander gelegt und nochmalen, aber mäßigem Drucke einer Presse ausgesetzt. Dann wird die Schicht nochmals auseinandergenommen und 5—6 Bogen werden mit einander getrocknet, hierauf durch Untertauchen mit Kalkmilch überzogen und noch einmal getrocknet und gepreßt. Endlich werden sie geprüft und nach Beseitigung der Defecte zu Ballen zusammengelegt.

Um uns nun mit dem Bereitungsgange des Papiers auf der Maschine bekannt zu machen, wollen wir von der auf der linken Seite befindlichen, den dünnen, flüssigen Brei enthaltenden Kufe unsern Anfang machen. Gewiß ist es, daß kein Mechanismus den Besuchenden so sehr in Verwunderung setzt als die Papiermaschine. Man denke nur, eine an der einen Seite dieser Maschine aus der Kufe fließende Masse wird an der andern Seite als ein endloses Blatt um einen Cylinder gewunden! Wen sollte hier nicht das Gefühl des Wunderbaren ergreifen, wer nicht vor der Größe des menschlichen Geistes staunen, welcher die Erzeugnisse der Natur mit scharfsinnigen Anordnungen und Berechnungen zu beherrschen und zu benutzen weiß. — Aus jener Kufe A fließt aus einem Hahne ununterbrochen ein Strom des Breies in das große viereckige Gefäß B. Der Brei fließt auf einen kleinen, mit dem Geräusch von Kirschkerngerassel sich hebenden und senkenden Drahtcylinder, welcher den Namen „Sieber" führt, und durch C dargestellt ist. Ist die Masse durch den Sieber hindurchpassirt, so fließt sie gegen eine Leiste und fällt in einem gleichmäßig schlichten Strome wie eine Wasserfläche über einen kleinen Damm. Nach diesem sanften Falle setzt sie ihren Weg über eine, hier mit E bezeichnete, 5—6 Fuß lange Ebene fort und erhält dadurch das Ansehen eines über eine Tafel glatt ausgebreiteten Tischtuches. Als wir auf diese Fläche unser Augenmerk richteten, so wurden wir gewahr, daß sie sich langsam fortbewegte, daß sie eine fortwährende Seitenbewegung von der Rechten zur Linken hatte, und daß sie ein endloses Gewebe von dem feinsten Drahte war. Der Brei floß, wie wir bemerkten, niemals über die beiden Seitenwände; der Führer sagte uns, daß die Breite durch die beiden Riemenräder (F) genau regulirt werde. Von hier passirt das Papier unter den Drahtcylinder G, dessen Druck auf die weiche Masse die Spuren der Drahtlinien zurückläßt. Die Drahtfläche erstreckt sich bis zur Preßwalze I; diese ist mit Filz umgeben und wird durch einen beständig unterhaltenen Strom kalten Wassers befeuchtet. Nun hat, wie der Papierfabrikant sich ausdrückt, das Papier das Drahtrevier zurückgelegt und macht den Uebergang auf eine endlose Filzebene, welche sich mit einem eben so gleichmäßigen Gange wie das Drahtgewebe fortbewegt und hinsichtlich ihrer Form, um den Begriff des Endlosen zu erklären, eine Aehnlichkeit mit einem solchen Handtuche hat, dessen beide Säume an einander genäht sind und die man nach Gefallen herumziehen kann. Dieser Filz oder Flanell, welcher dem Papiere allmälig seine Feuchtigkeit nimmt, führt dasselbe unter zwei kräftige Preßwalzen L; weiter wird nun das Papier auf ein anderes Flanelltuch geführt, welches, wie man deutlich aus der Abbildung ersieht, eine geneigte Ebene bildet, und nachdem es auf diesem Wege unter ein Paar ähnlichen Preßwalzen M hindurchpassirt ist, hat es das Tuchrevier zurückgelegt.

In diesem Zustande ist das Papier immer noch zähe und ein wenig feucht. Um nun in das letzte Revier, das sogenannte heiße Revier, geführt zu werden, nimmt die unmittelbar an M stoßende Walze N (von welcher unsere Abbildung nur die eine Seite oder Grundfläche, Basis, zeigt) das Papier auf und leitet es auf die Oberfläche eines großen Cylinders O, dessen polirtes Metall ununterbrochen einen gleichmäßigen Hitzegrad haben muß. Hier geht der Rest der noch im Papiere zurückgebliebenen Feuchtigkeit in Dampf auf. Von der Trommel O macht es den Uebergang auf einen zweiten, noch größern und heißern Cylinder P, welcher ihm vollkommene Glätte gibt. Ist es auf ähnliche Art und in gleicher Absicht über einen dritten noch heißeren Cylinder geführt, ist es dann zwischen diesem Cylinder und einer Filzdecke noch einmal gepreßt, von denen ersterer es glättet, letztere jedoch nur durch Elasticität den erforderlichen Anhalt gibt, so wird es der Walze R übergeben, welche es der nächsten, das nunmehr vollendete Papier aufrollenden Walze S zuführt, um welche es sich wie ein endloses breites weißes Band schlingt. Da nun die Art, wie das Papier im Handel vorkommt, es nothwendig machte, dasselbe in Bogen zu zerschneiden, so entstand in Folge des eben beschriebenen Mechanismus noch ein zweiter, die Papierschneidemaschine, von welcher wir uns eine kurze Beschreibung nebst Abbildung auf die nächste Nummer vorbehalten.

Verlag von Bossange Vater in Leipzig
Unter Verantwortlichkeit der Verlagshandlung.

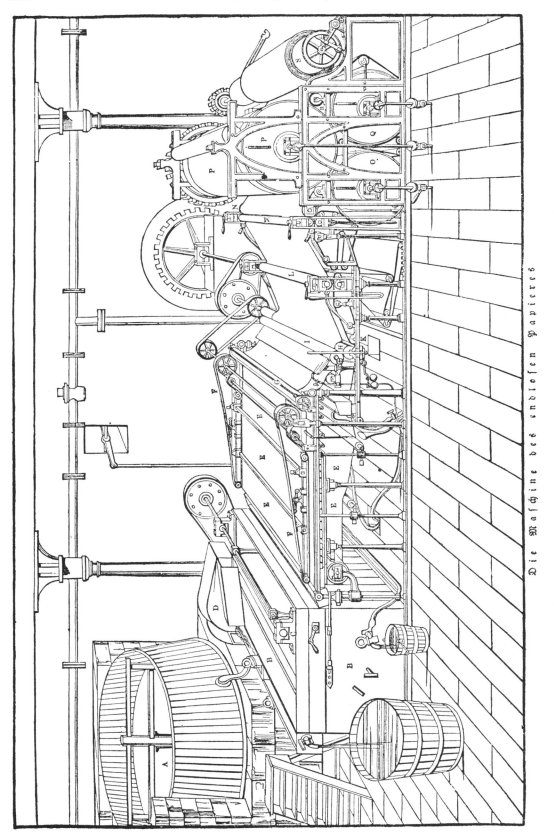

Die Maschine des endlosen Papieres.

Das Pfennig-Magazin

der

Gesellschaft zur Verbreitung gemeinnütziger Kenntnisse.

74.] [2. Jahrg. 22.]   Erscheint jeden Sonnabend.   [September 27, **1834**.

Die Papierschneidemaschine.

Das allgemeine Interesse an der Bearbeitung eines so verbreiteten Gegenstandes, als es das Papier ist, dürfte die Aufnahme der nachfolgenden Beschreibung einer Papierschneidemaschine, deren Nothwendigkeit sich nach der Einführung der in letzter Nummer beschriebenen Maschine des endlosen Papiers fühlbar machte, ohne allen Zweifel rechtfertigen.

Wir sagten in dem letzten Artikel, daß sich das endlose Papier um eine Walze wickle. Auf dieser Walze wurde nun früher das Papier unmittelbar zu Bogen zerschnitten, indem man mit einem Schneideeisen der Länge nach über die Walze fuhr. Jeder Nachdenkende sieht nun leicht ein, daß der Bogen, welcher unmittelbar auf der Walze lag, um so viel kürzer als der höchste oben liegende ausfallen mußte, je stärker die Rolle war. Sollten nun aber durch nochmaliges Beschneiden die Bogen gleiche Größe bekommen, so ging natürlich viel Material verloren; der Wunsch, dasselbe zu erhalten, veranlaßte Herrn Edward Cowper zur Composition einer Papierschneidemaschine, wie sie hier abgebildet ist. Eine ausführliche Beschreibung derselben giebt Dibdin's „Bibliographical Decameron."

Ist die Walze S (vergleiche die Maschine des endlosen Papiers der letzten Nummer) mit einer bestimmten Quantität Papier versehen, so nimmt man sie ab, ersetzt sie durch eine leere, und trägt sie auf die Schneidemaschine über. Diese wird durch ein Gewicht in Bewegung gesetzt. Ein in T angebrachtes zirkelförmiges Messer spaltet es der Länge nach in zwei Hälften. Von hier weiter zu V geführt wird es von einer Reihe scharfer Zähne gleichsam durchbissen, und der Mechanismus ist so eingerichtet, daß die Wiederkehr des Bisses stets in gleichen Zeiträumen erfolgt, wodurch denn natürlich Bogen von gleicher Größe erhalten werden. — Zur Beschreibung dieses Artikels über Papierfabrication in dem gedrängten Umrisse, wie er für den engen Rahmen unserer Zeitschrift passend war, bedurfte Referent drei Stunden; in dieser Zeit wird die Maschine, welche in jeder Minute 25 Fuß Papier liefert, 4500 Fuß, und da es wegen der Bogenbreite halbirt wird und wir die Breite eines Bogens zu einer Elle rechnen, 4500 Bogen hervorgebracht haben. Dies beträgt beinahe einen Ballen. Rechnen wir nun den Bogen zu 1½ Pfennig, so ist der Betrag für die 4500 Bogen 20 Thlr. 10 Gr. 6 Pf. Rechnen wir nun den jährlichen

Verbrauch des Papiers in Deutschland zu 40,000 Ballen und nehmen 16 als die Zahl der in einer Minute gelieferten Bogen an, so gäbe dieses in einem Jahre, zu 310 Werkeltagen gerechnet, 2,976,000 Bogen von einer Maschine, folglich bedürfte es für Deutschland, um das als durchschnittliche Consumtionsmasse angenommene Papier herzustellen, 67 Maschinen des endlosen Papiers, und folglich käme auf 176 Quadratmeilen eine Maschine.

Die Zugtaube.
[Schluß.]

Das Nest der wilden Taube besteht aus einigen dürren, schwachen Zweiglein, die so nachlässig zusammengefügt sind und eine so kleine Vertiefung haben, daß man unten auf der Erde die kaum halb gewachsenen Jungen sehen kann. Man glaubte früher, daß jedes Nest für ein Küchlein bestimmt sei, aber es ist erwiesen, daß die Taube drei oder vier Mal in derselben Jahreszeit brütet. Die Jungen sind so ungewöhnlich fett, daß die Indianer und auch viele Weiße dieses Fett geschmolzen anstatt Butter und Speck gebrauchen.

Sobald als die Jungen ihren völligen Wuchs erreicht haben und bevor sie die Nester verlassen, kommen aus der Umgegend ganze Gesellschaften von Fuhren mit Instrumenten, Betten, Küchen- und Kochgeschirr, ja mit einem Theile der Familien, und lagern sich auf mehrere Tage in diesen unermeßlichen Pflanzschulen. Das Geräusch im Walde wird nun so groß, daß die Pferde in Schrecken gerathen, und ein Mensch kann die Worte des andern nicht anders verstehen, als wenn man sie ihm ins Ohr hinein schreit. Der Boden ist mit Aesten, Zweigen, Eiern und Küchlein bedeckt, die von oben herabgestürzt worden und Heerden von Schweinen zum Futter dienen. Haufen Habichte, Falken und selbst der Weißkopf schwärmen umher und ergreifen mit der größten Frechheit Alte und Junge. Die Bäume sind zwanzig Fuß von der Erde bis zum Gipfel mit flatternden, kreischenden, sich drängenden Vögeln bedeckt; überdies das Knarren und Krachen der fallenden Bäume, denn die Leute kappen diejenigen Bäume, die am dichtesten mit Nestern bedeckt sind, und zwar machen sie selbige so fallen, daß ein Baum viele andere umstürzt. Der Fall eines Baumes verschafft oftmals 200 Küchlein, die nicht viel kleiner als die Alten sind und von welchen man eine große Masse Fett erhält.

Ein Flug dieser Zugtauben gleicht einer Wolke Heuschrecken im Morgenlande. Herr Wilson, Verfasser einer Vogelkunde von Amerika, erwähnt vieler solcher Züge, die er selbst beobachtet hatte. Einst war er auf dem Wege nach Frankfurt (im Staate Kentucky) und erblickte einen Zug solcher Tauben, wie er solchen noch niemals zuvor gesehen hatte; es war gleichsam ein dichter, vielschichtiger Körper, der einen Flintenschuß hoch sich mit großer Eile und Schnelligkeit fortbewegte und der von der Rechten zur Linken so breit war, als das Auge reichte. Begierig, zu erfahren, wie lange die Erscheinung währen würde, nahm Herr Wilson seine Uhr aus der Tasche, um die Zeit zu bestimmen, und setzte sich nieder, um zu beobachten. Nachdem er so mehr als eine Stunde gewartet und bemerkt hatte, daß diese wundervolle Procession an Zahl und Schnelligkeit eher zu- als abnahm, und da er noch vor Abend seinen Bestimmungsort erreichen wollte, so setzte er seinen Weg fort. Als er nach drei Stunden Frankfurt erreichte, schien die lebende Wolke über seinem Haupte noch immer dieselbe Größe zu haben. Bei einer andern Gelegenheit kommt Herr Wilson auf diesen Flug Zugtauben zurück und macht folgende merkwürdige Berechnung. Wenn man annimmt, daß diese lebendige Wolke eine Meile (engl.) breit war (wiewohl sie eine größere Breite hatte), und daß sie sich im Durchschnitt eine Meile die Minute fortbewegte, so hatte sie für die 4 Stunden seiner Beobachtung 240 Meilen Länge; und nimmt man an, daß ein Quadrat-Yard dieses beweglichen Körpers nur drei Tauben enthielt, so geben die Quadrat-Yards des ganzen Raumes mit 3 multiplicirt die Summe von 2,230,272,000 Tauben! Eine Zahl, zu deren Zählung man 2230 Wochen nöthig haben würde.

Obgleich sie in den Staaten am atlantischen Meere nicht in solcher Menge erscheinen, so sind sie oftmals dennoch sehr zahlreich, und dann richtet man unter ihnen mit Feuergewehr, Lerchennetzen und andern Vernichtungswerkzeugen ein großes Gemetzel an. Ein Netzzug bringt oftmals an 30 Dutzend Tauben ein. Zuweilen wird die Luft von diesen in verschiedenen Richtungen sich bewegenden Gesellschaften verdunkelt, die Wälder wimmeln von ihnen, die nach Futter suchen, und das Knallen der Feuergewehre währt ohne Aufhören vom Morgen bis zum Abend. Man bringt große Fuhren derselben zu Markte, wo sie für 50, 25, ja für 12 Cents (à 4 1/12 pf.) das Dutzend verkauft werden, und Tauben sind zum Frühstück, Mittag und Abend so gewöhnlich, daß schon der Name derselben Ueberdruß erregt. Fängt man sie lebendig und füttert sie einige Zeit mit Korn oder Buchweizen, so ist ihr Fleisch schmackhafter; aber in ihrem wilden Zustande sind eigentlich die Jungen oder Küchlein am besten. So ist die Zugtaube für Amerika die nämliche Plage, wie die Heuschrecke für das Morgenland.

Der Infusionskornwurm (Vibrio tritici).

Wenn von der einen Seite die gütige Natur uns mit einer großen Mannichfaltigkeit von Nahrungsgewächsen segnete, so schuf sie von der andern eine eben so große Mannichfaltigkeit von Feinden und Verfolgern ihrer eigenen Producte, und räumte ihnen somit gleichsam das nächste Recht an denselben ein, indem sie fast mit jeder Pflanze ihr besonderes Insekt, entweder eine Laus (Aphis), einen Käfer, eine Fliege oder Wurm, wie mit einer besondern Welt verknüpfte. Wir aber betrachten diese Bestien als feindliche Schmarotzer und nehmen es ihnen natürlich sehr übel, daß sie uns so arg mitspielen. Diese feindlichen Elemente der Natur sind um so zahlreicher, je lieber dem Menschen die von ihm belagerten Nahrungspflanzen sind. Zu ihrer unersättlichen Gefräßigkeit gesellte die Natur noch den Vorzug einer außerordentlichen Fruchtbarkeit; Réaumur, der sich mit der Untersuchung derselben beschäftigte, erzählt von einer Art der erwähnten Aphis, daß ein Paar in fünf Zeugungen über 5904 Millionen hervorbringen kann. Einer der minder schädlichen Gäste dieser Art ist der Kornwurm in dem Weizen, mit dessen merkwürdiger Natur unsere Bekanntschaft eigentlich noch neu ist. Man wußte nämlich lange nicht, auf welchem Wege dieser Wurm von dem als Saamen gebrauchten brandigen oder zerfressenen Weizenkörnern in die aus solchen Saamenkörnern entstehende Aehre komme. Man mußte also das Thier auf allen Stufen seines Uebergangs von der Saat bis zur Aehre beobachten und man hatte die ersten Versuche so angestellt, daß kein Zweifel übrig blieb, daß die aus solchen corrodirten dunkelbraunen Körnern entstehenden Aehren nicht immer etwa eine neue Familie, die sich durch Eierlegen u. s. w. gebildet hätte, enthielten. Zu diesem Endzwecke nahm der Naturforscher F. Bauer mehrere gesunde

Weizenkörner, zog aus den Poren mehrerer ungesunden, welche eine Stunde lang im Wasser eingeweicht waren, Würmer heraus, und versetzte sie in die Vertiefung an der Hinterseite des Weizenkorns. Nachdem diese Körner noch einige Tage lang der trockenen Luft ausgesetzt gewesen waren, wurden sie am 7. October gepflanzt. Gleichzeitig pflanzte er in vier verschiedenen Tiefen von zwei Zoll gesunde und ungesunde (vom Wurm corro-

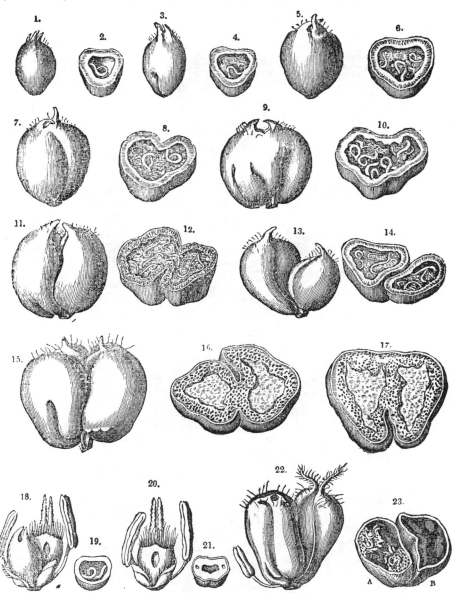

Erklärung. 1) Ein mit Kornwürmern besetztes Weizenkorn von der Spitze der Aehre, ehe es aus der Hülse hervorbrach. 2) Querschnitt des nämlichen Korns, welches einen großen Wurm, aber keine Eier zeigte. 3) Ein gleichfalls mit Würmern inficirtes Korn von dem untern Ende derselben Aehre. 4) Querschnitt des nämlichen Korns, mit einem großen Wurme nebst Eiern. 5) Ein größeres, acht Tage später untersuchtes Korn. 6) Ein Querschnitt mit zwei Würmern und mehreren Eiern. 7) Ein 16 Tage später untersuchtes Korn. 8) Querschnitt desselben mit mehreren Würmern. 9) Ein etwas größeres Korn, welches am 27. Junius untersucht wurde. 10) Dessen Querschnitt. 11) und 12) Ein am 15. Juli untersuchtes Korn, nebst dessen Querschnitt. 13) und 14) Ein an demselben Tage untersuchtes, verunstaltetes Korn nebst dessen Querschnitt, welcher mehrere Würmer zeigte, unter denen einige im Eierlegen begriffen, andere sehr klein und noch andere todt waren. 15) und 16.) Vom 30. Juli. Das Korn wimmelt von jungen lebendigen Würmern; die alten waren todt, von Eiern keine Spur mehr. 17) Ein Längendurchschnitt des nämlichen Korns. 18) Doppeltes Korn, welches in der Blüthe einer inoculirten Pflanze gefunden wurde, deren Same mit Würmern besetzt war. Das eine Korn war gesund, das andere inficirt. 19) Querschnitt des inficirten Korns. 20) Gesundes Korn nach seiner Trennung vom inficirten. 21) Querschnitt des gesunden Korns. 22) Ein anderes Doppelkorn, welches in der Blüthe einer Pflanze gefunden wurde, die aus einem mit Würmern besetzten und mit Brandkorn inoculirten, gesunden Samenkorn entsprossen war. Beide Inoculationen hatten gewirkt; in dem einen Korne fand man blos Brandschwamm oder Brandfleisch, in dem andern Kornwürmer und Brandschwamm. 23) Querschnitt desselben. In A befinden sich zwei zu verschiedenen Familien gehörige Gruppen von Würmern, welche sich um einen geringen Ueberrest des Zellgewebes vereinigen. Das andere Korn B, mit dem Schwamm der Uredo foetida oder dem Weizenbrande gefüllt, hatte von Zellgewebe keine Spur.

*

588   *Das Pfennig-Magazin.*

dirte) Körner zusammen. Um die Mitte Novembers sproßten die Pflanzen auf. Nun nahm der Naturforscher die Hälmchen und untersuchte sie. Während eines Wachsthums von 17 Tagen zeigte sich keine Spur der Inoculation, nach deren Verlauf er endlich unter neun Pflanzen fünf von lebendigen Würmern bewohnt fand. In der unorganischen Substanz zwischen dem Wurzelkeim und der Plumula fanden sich drei lebhafte Würmchen, jedoch nicht größer als die inoculirten. In einer andern Pflanze kam ein ganz ausgewachsener Wurm zum Vorschein, jedoch fanden sich keine Eier vor. In den übrigen Pflanzen erschienen gleichfalls junge Kornwürmer, welche nur Abkömmlinge der inoculirten sein konnten. Nach der früher beobachteten Entwickelungszeit

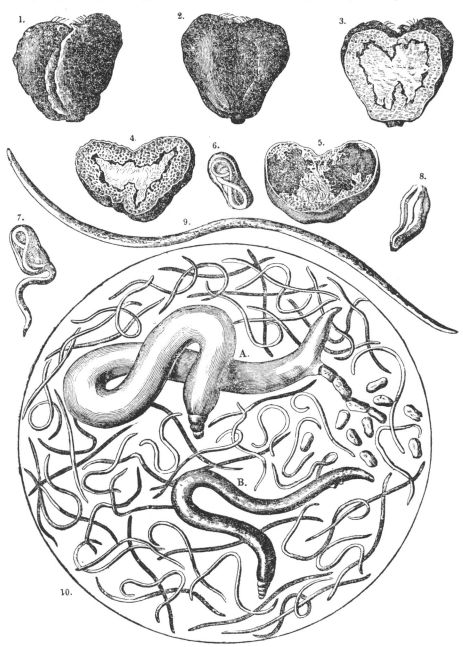

In dieser zweiten Abtheilung stellen die Abbildungen von Fig. 1—5 eine zehnfache, die von Fig. 6—9 eine zweihundertfache, und die von Fig. 10 eine sechzigfache Vergrößerung vor. 1, 2, und 3, 4 Rückseite, Vorderseite, Längenschnitt und Querschnitt eines am 5. Aug. beobachteten inficirten Weizenkorns, mit Hunderten von ineinandergeschlungenen Würmern, sämmtlich im Zustande der Erstarrung. 5) Querschnitt eines beinahe reifen, mit Würmern inoculirten und mit den Schwämmen des Weizenbrandes inficirten Samenkorns; es enthält große und kleine Würmer und ist mit dem Schwamme der Uredo foetida oder dem Weizenbrande gefüllt. 6) Ein eben gelegtes Ei. 7) Ein junges Würmchen, wie es sich von dem Eie loswindet. 8) Ein Ei, aus welchem der Wurm herausgekrochen. 9) Ein junges Würmchen, welches vor Kurzem aus dem Eie gekrochen. 10) Eine Gruppe Würmer unter dem Wasser, mit dem Mikroskop beobachtet, von denen einer, A, im Eierlegen begriffen ist. B ist ein noch nicht völlig ausgewachsener.

dieser Thierchen zu schließen, mußten die großen Würmer nothwendig die nämlichen sein, welche in die Saamenkörner eingesetzt waren; sie mußten ihre Eier in das Innere der Pflanze gelegt haben; diese Eier mußten von dem Pflanzensafte in die Höhe geführt und ausgebrütet sein. Auf diese Weise erklärt es sich nun, wie der Kornwurm in die Aehre kommt, bis zu welcher Stufe vier Generationen entstehen können.

Eine eben so merkwürdige Eigenschaft ist die, daß die Kornwürmer, so lange der Weizen im Trockenen liegt, in einer todtenähnlichen Erstarrung liegen, aus welcher sie erst durch Wasser zum Leben gebracht werden. Der Naturforscher F. Bauer hat über diese Eigenthümlichkeit sehr interessante Forschungen angestellt, und gefunden, daß die längste Periode, wo er aus seiner Erstarrung zum Leben gebracht werden kann, 6 Jahre 6 Monate ist. Sie sind also keine Feinde der Kornböden, wie die Calandra granaria, sondern ihre Schädlichkeit beschränkt sich glücklicherweise nur auf die Aehre, so lange sie im Wachsen begriffen ist.

Der Weizen scheint unter den Getreidearten gleichsam die Zielscheibe der Räubereien zu sein; doch glücklich hat die Vorsehung diese gefräßigen Schmarotzer selbst in Europa unter verschiedene Gegenden vertheilt. Von dem Augenblicke an, wo der Weizen als Saatkorn in die Erde kommt, bis zur Scheure, muß er sich ihre Plünderungen gefallen lassen. Den Anfang macht ein zu der zahlreichen Familie der Raubkäfer (Staphylinidae) gehöriges Insekt. Er soll mit dem Saamenkorn selbst beginnen und schon unter der Erde die Vegetation hemmen. Ein eben so gefährlicher Gast ist die Larve des höckerigen Laufkäfers. Im Jahre 1813 richtete sie in Deutschland fürchterliche Zerstörung an; der Naturforscher Germar, welcher sich mit der Untersuchung derselben beschäftigte, hält sie für das von Conti, einem italienischen Schriftsteller, beschriebene Insekt, welches 1776 in Oberitalien noch bedeutendere Verwüstungen anrichtete. Auf den Käfer, welcher sich aus jener Larve entwickelt, scheint die Liebhaberei für den Weizen fortzuerben, indem er die Aehren angreift und, was das Merkwürdigste ist, gleichsam heimlich, des Nachts nämlich, an den Halmen in großer Anzahl hinaufklimmt. Wir könnten noch eine lange Reihe von Weizenräubern mit lateinischen Benennungen aufführen, wenn wir nicht befürchten mußten, diesen Artikel zu weit auszuspinnen. Nur von der Hessenfliege gönne man uns noch ein Paar Worte. Diese Benennung rührt von einem Irrthum her. Da man sie nämlich in Europa zuerst 1776 bemerkte, kam man auf den Gedanken, daß sie durch die hessischen Soldaten im Stroh aus Nordamerika mitgebracht wäre; sie war in kurzer Zeit so ausgebreitet, daß man, da man mit ihren Verwüstungen in Amerika bereits bekannt war, nicht ohne Grund für seine Ernten fürchtete. Diese Fliege zeigte sich zuerst in Long=Island, von wo sie sich jährlich um 3 — 4 deutsche Meilen landeinwärts verbreitete. Im Jahre 1789 hatte sie sich schon circa 43 deutsche Meilen von ihrem ursprünglichen Sitze aus verbreitet. Weder Berge noch Flüsse hemmen die einmal eingeschlagene Richtung, und über den Delaware gingen sie wie eine Wolke. Während der Weizenernte war die Menge der Fliegen so groß, daß sie selbst in den Häusern den Landbauern unerträglich lästig wurden; alle Gefäße und Schüsseln waren damit angefüllt, und so bald Jemand aus einem Glase getrunken und es nicht gleich ausgetrocknet hatte, war es vor Fliegen wie überzogen. Jedoch kommt ihr Nachtheil gegen den Schaden, welchen sie in Amerika anrichten, gar nicht in Anschlag.

Das Schicksal einer englischen Colonie auf der Pitcairn=Insel.

In dem weiten Gebiete des stillen Meeres liegt unter 25° südlicher Breite und 247° östlicher Länge von Ferro eine Inselgruppe, welche unter dem Namen der niedrigen Inseln bekannt ist. Zu ihnen gehört auch die Insel Pitcairn, welche der Schauplatz einer höchst merkwürdigen Begebenheit geworden ist und daher die Aufmerksamkeit aller Gebildeten auf sich gezogen hat.

Im December des Jahres 1787 schickte nämlich die britische Regierung den Lieutenant Bligh (sprich Blei) auf dem Schiffe Bounty ab, um von den Inseln der Südsee den Brotbaum nebst einigen andern nützlichen Gewächsen zu holen und nach Westindien zu verpflanzen. Ungünstige Witterung und andere Ursachen ließen die Bounty erst im October 1788 an dem Orte ihrer Bestimmung, Taïti, ankommen. Dem Capitain gefiel es auf diesen reich gesegneten Eilanden so wohl, daß das Einnehmen der Ladung, wobei ihm die gutmüthigen Taïter hülfreiche Hand leisteten, 5 Monate lang dauerte. Während dieser langen Zeit genoß die Mannschaft, so lange sie auf dem Lande war, die unbeschränkteste Freiheit und hatte bald mit den Bewohnern nähere Bekanntschaft angeknüpft. Bei aller dieser unbesonnenen Nachsicht gegen seine Untergebenen war Bligh innerhalb seiner Schiffswände unerbittlich streng bis zur Ungerechtigkeit, rauh und tyrannisch, durch welches Benehmen er sich schon bei einer frühern Expedition den Haß seiner Untergebenen zugezogen hatte. Kein Wunder war es daher, daß auch seine jetzige Mannschaft ihn haßte und lieber in Müßiggang an den Gestaden dieses glücklichen Eilandes zurückzubleiben, als zu dem strengen Dienste des Seelebens unter einem rauhen Befehlshaber zurückzukehren wünschte.

Unter den Offizieren des Schiffes befand sich auch Christiern (Christian) Fletscher, welcher wenige Tage vor der Abfahrt von Taïti von dem Capitain sehr hart behandelt worden war. Auch er fühlte es schmerzlich, sich von der geliebten Insel trennen zu müssen; hierzu kam das Gefühl des bittersten Unwillens gegen Bligh. Er sann daher auf Mittel, sich der Gewalt desselben zu entziehen. Wenige Tage nach jenem unangenehmen Vorfalle mit dem Capitain theilte er einem jungen Offiziere seinen Plan mit, auf einem Flosse, welches er bereitet hatte, in der Nacht nach Taïti zu entfliehen. Jener Offizier aber gab ihm zu verstehen, daß es ja weit sicherer wäre, sich des ganzen Schiffes zu bemächtigen, den rauhen Befehlshaber auszusetzen und nach Taïti zurückzukehren. Das ohnedies schon mißmüthige Schiffsvolk war leicht gewonnen, und Tags darauf wurde eines der verdammungswürdigsten Verbrechen begangen. Der Capitain und die übrigen Offiziere wurden gefangen genommen, das Schiffsboot ausgesetzt und Bligh nebst der ihm treugebliebenen Mannschaft, 19 Personen an der Zahl, ihrem Schicksale überlassen. Vergebens erinnerte der Capitain die rohe Horde an ihre Pflicht, vergebens bat und flehte er; nur Flüche und Verwünschungen waren die Antwort. Am Bord der Bounty blieben im Ganzen 25 Personen zurück. Den armen Ausgesetzten hatte man auf ihr dringendes Flehen ein kleines Fäßchen Wasser, 150 Pfund Brot, etwas Rum und Wein, einen Compaß, ein Paar alte Säbel und einige andere Schiffsbedürfnisse gegeben.

„Hussa nach Taïti!" ertönte es jetzt einstimmig am Bord der Bounty. Indeß richteten sie zunächst ihren Lauf nach Tubnaï und beschlossen hier sich nieder=

zulassen, allein sie wurden von den Eingebornen sehr übel empfangen. Nach einem mörderischen Kampfe, in welchem die Insulaner viele Todte verloren und genöthigt wurden, in das Innere der Insel zu fliehen, kehrten die Engländer gegen den Plan Christian's nach Taïti zurück. Sie wurden von ihren alten Bekannten mit der größten Freude empfangen, und entschuldigten die Abwesenheit Bligh's und der übrigen Offiziere damit, daß dieselben eine Insel gefunden hätten, welche sich ganz zu einer Niederlassung eigne; sie selbst aber seien abgesendet, Lebensmittel und andere nützliche Dinge zu holen, auch so viele Eingeborne mitzubringen, als mitzugehen sich entschließen würden. Christian erhielt, was er verlangte, auch schlossen sich an ihn mehrere Taïter beiderlei Geschlechts an. Sie segelten abermals nach Tubnaï, errichteten hier ein Fort, erfuhren aber zeitig genug einen Mordanschlag auf ihr Leben, welchen die Bewohner Tubnaïs gemacht hatten. Dem größern Theile der Meuterer hatte es auf Taïti besser gefallen, daher wurde beschlossen, dorthin zurückzukehren. Es geschah. Christian und einige Andere fingen an, das Gewicht ihrer Schuld zu fühlen, und fürchteten, daß die britische Regierung jedenfalls Schiffe aussenden werde, um die Bounty aufzusuchen; Taïti würde dann jedenfalls der erste Platz sein, den sie aufsuchen würden. Acht seiner Gefährten theilten seine Ansicht, und so verließen diese mit 6 Taïtern und 10 Weibern heimlich das Eiland, um irgendwo einen Ort aufzusuchen, wo sie vor der Strafe der Gesetze sicher bleiben könnten. Während die Meuterer auf dem Meere herumirrten, erinnerte sich Christian des Pitcairn-Eilandes. Dorthin nahmen sie nun ihren Lauf. Die Bounty erreichte es wenige Tage darauf und Christian stieg mit einem Matrosen ans Gestade, um das Innere der Insel in Augenschein zu nehmen. Sie fanden es zu ihrer Absicht unvergleichlich gut gelegen. Es besaß Wasser, Holz einen guten Boden und einige Früchte. Was aber ihrem künftigen Aufenthaltsorte doppelten Werth geben mußte, war der schlechte Ankerplatz, der selbst für Boote das Landen gefährlich machte. Die Berge waren schroff und unzugänglich, so daß nur wenige Männer ein ganzes Heer aufzuhalten im Stande gewesen wären; auch fand man dort mehrere Höhlen, wohin man sich im Nothfalle flüchten, und so lange die Lebensmittel reichten, jeder Verfolgung spotten könnte. Man brachte das Schiff auf die Nordseite der Insel in eine kleine Bucht, welche von dem Capitain Beechey den Namen Bounty-Bai erhalten hat. Wie klippenvoll diese Bai sei, zeigt beifolgendes Bild. Hier brachten Christian und seine Begleiter Alles an das Land, was von Nutzen sein konnte und berathschlagten dann, was mit dem Schiffe geschehen sollte. Während man noch darüber sprach, hatte Quintal in des Zimmermanns Werkstätte Feuer eingelegt und das Schiff verbrannte bis zur Wasserfläche nieder. Seine Trümmer trieben an die Felsen und wurden gleichfalls verbrannt. Dies geschah am 23. Jan. 1790.

Das Eiland war nun von 9 Europäern, 6 Taïtern und 10 Taïterinnen bewohnt. Zuvörderst suchte man einen bequemen Platz zur Gründung eines Dorfes; auch der Boden wurde zu gleichen Theilen vertheilt, wobei nur die Taïter leer ausgingen. Dagegen mußten sie bei dem Baue behülflich sein und wurden allmälig aus Freunden zu Sklaven. Indeß zeigten sie kein Mißvergnügen, sondern halfen willfährig bei Bearbeitung des Landes. Indem man die Bäume ausrodete, ließ man eine Schirmwand von Bäumen gegen die See hin stehen, um die Häuser den vorbeisegelnden Schiffen zu verbergen. Bis die Häuser fertig wurden, erbaute man aus dem Segeltuche der Bounty Zelte. Die nach Westindien bestimmten Pflanzen wurden gepflanzt und boten schon im nächsten Jahre reichen Gewinn.

So mit allen Lebensbedürfnissen, ja sogar mit Luxusartikeln versehen, fanden sie ihre Lage über alle Hoffnung angenehm, und zwei Jahre verflossen in Glück und Frieden. Von dieser Zeit an tritt eine Reihe höchst betrübender Vorfälle in der Geschichte dieser Colonie ein; die weitern Nachrichten stimmen zwar im Wesentlichen darin überein, daß nach mehren Kämpfen und Mordthaten nur ein Engländer, Adams, übrig blieb, weichen jedoch im Einzelnen von einander ab. Otto v. Kotzebue, welcher eine der ersten Frauen der Bevölkerung auf Taïti kennen lernte, wohin sie zurückgekehrt war, erzählt Folgendes: Die Taïter wurden von den Europäern besonders dadurch auf das Heftigste gereizt, daß ihnen diese ihre Frauen gewaltsam oder durch List entrissen. Sie überfielen daher in einer Nacht die Engländer und tödteten alle, bis auf einen, Adams, den sie auch für todt hielten, der aber nur schwer verwundet war und der sich mit Mühe in den Wald geschleppt und verborgen hatte. Als die Weiber die Ermordung der Engländer erfuhren, geriethen sie in Verzweiflung und lechzten nach blutiger Rache, die sie auch in der folgenden Nacht befriedigten, indem sie alle Taïter im Schlafe überfielen und ermordeten. Am andern Morgen suchten sie die Leichname der Engländer auf und fanden, daß Adams unter ihnen fehlte. Sie durchsuchten den Wald nach allen Richtungen, bis sie ihn endlich in einem jämmerlichen Zustande fanden. Sie verbanden seine Wunden, trugen ihn in seine Hütte, und nach kurzer Zeit wurde der junge, kraftvolle Mann unter ihrer sorglichen Pflege wieder hergestellt. In ihm verehrten sie nun ihren gemeinschaftlichen Vater und ihr Oberhaupt.

Capitain Beechey gibt folgende Nachrichten: Die Europäer ermordeten sich gegenseitig; endlich blieben nur vier, Mac, Young, Quintal und Adams, übrig. Mac, der etwas von der Branntweinbrennerei verstand, machte 1798 einen Versuch, aus der Tee-Wurzel ein geistiges Getränk zu bereiten. Leider gelang es, und Mac berauschte sich nun so sehr, daß er oft in Raserei verfiel und sich eines Tages von einem Felsen hinunterstürzte und auf der Stelle todt blieb. Das traurige Ende dieses Mannes machte auf die Uebrigen einen so lebhaften Eindruck, daß sie beschlossen, nie wieder einen Tropfen Branntwein über ihre Lippen zu bringen. Um das Jahr 1799 verlor Quintal sein Weib. Obgleich ledige Weiber auf der Insel waren, so verlangte er doch, daß einer seiner Kameraden ihm sein Weib abtreten solle, und da dieser es verweigerte, drohte er, ihn zu ermorden. Adams und Young kamen ihm zuvor und erschlugen ihn.

So waren also von den 15 Männern, die einst auf dem Eilande gelandet, nur noch Young und Adams am Leben. Die greuelvollen Ereignisse, welche sie erlebt hatten, so wie die Einsamkeit, der sie nun überlassen waren, erweckten in ihnen Nachdenken, Schmerz und Reue. Sie beschlossen, fortan an jedem Tage in der Familie Morgen- und Abendandacht und am Sonntage auch nachmittäglichen Gottesdienst zu halten, und ihre mit ihnen umgebornen Genossen Kinder in Frömmigkeit und Tugend zu erziehen. Leider konnte Young, der eine bessere Erziehung genossen hatte, nur kurze Zeit dieses löbliche Vorhaben fördern; denn schon ein Jahr später hatte ihn der Tod hinweggerafft.

John Adams war nun der einzige Engländer auf Pitcairn-Eiland. Tief erschüttert von den Scenen der Meuterei, des Blutvergießens und der Gottlosigkeit, beschloß er, das mit Young angefangene gute Werk der Erziehung fortzusetzen. Da er aber wohl wußte, welchen großen Einfluß das gute Beispiel der Aeltern auf die Erziehung der Kinder habe, so fing er zuerst bei den Müttern den Unterricht an. Es gelang vortrefflich; denn die Taïterinnen, von Natur lenksam und gutmüthig, nahmen begierig seinen Unterricht an und recht bald wußte er nicht, wie er die Fragen der Kinder, welche Lust und Liebe an Gottes Wort gewonnen hatten, genügend beantworten sollte. So wuchsen die Jünglinge in Frömmigkeit und Gottesfurcht auf, schlossen Heirathen, und die Ansiedelung mehrte sich und gedieh in Glück und Frieden.

Im Jahre 1814 landete die englische Fregatte Breton an der Pitcairn=Insel. Die Mannschaft wurde durch den Anblick eines niedlichen Dörfchens überrascht; kleine Kähne ruderten dem Schiffe entgegen, am Ufer versammelten sich Menschen, welche durch freundliche Zeichen zum Landen einluden. Schon war man im Begriffe, die Insulaner in der Sprache der Südseeinsulaner anzureden, als diese in reinem Englisch sich nach dem Namen des Schiffs und nach dem Befehlshaber erkundigten. Man lud sie ein, an Bord zu kommen. Sie thaten es mit der größten Unbefangenheit, grüßten den Capitain mit vielem Anstande und fragten dann, ob er in England einen Mann Namens William Bligh kenne. Nun ging dem Capitain über die Insulaner ein Licht auf und er fragte, ob Jemand auf der Insel sei, der Christian heiße. „Nein, der ist todt," — war die Antwort, — „aber sein Sohn lebt noch." Sie erzählten nun dem Capitain, daß 48 Menschen auf der Insel lebten, daß Adams sie in der christlichen Religion unterrichtet habe, daß sie den König von England als ihren Herrn erkennten, daß ihre gewöhnliche Sprache die englische sei, daß sie aber auch taïtisch verständen. Nachdem sie mit einem Frühstücke bewirthet worden waren, führten sie den Capitain nach dem Dörfchen. Ein junges, schönes Mädchen, eine Tochter Adams, empfing die Gäste auf einer Anhöhe und führte sie zu ihrem Vater. Obgleich Adams behauptete, keinen Theil an Christian's Verschwörung genommen zu haben, so konnte er doch von der Mitschuld an dem begangenen Verbrechen nicht freigesprochen werden. Der Capitain that Adams den Vorschlag, ihn nach England zu bringen. Kaum war dies in der Colonie bekannt geworden, so versammelten sich Alle und baten mit Thränen in den Augen, ihnen den guten Vater Adams zu lassen. Es würde grausam gewesen sein, sie ihres Vaters, Lehrers und Freundes zu berauben.

Die umständlichsten Nachrichten über Pitcairn=Eiland verdanken wir dem Capitain Beechey, welcher die Insel 1825 besuchte. Er erzählt: „Als sich die Blossom (Name des Schiffs) dem Eilande näherte, stieß ein Boot mit Segel und Rudern so gut versehen vom Lande, daß man anfangs glaubte, es gehöre einem Wallfischfänger, welcher an der andern Seite der Insel vor Anker liege. In diesem Boote kam der alte Adams am Bord, der vor 45 Jahren an diesem Eilande mit den Meuterern der Bounty gelandet war. Die jungen Männer, welche ihn begleiteten, lauter Abkömmlinge Christian's und seiner Gefährten, trugen die Gesichtszüge ihrer Väter und die Hautfarbe ihrer taïtischen Mütter. Diese jungen Leute, zehn an der Zahl, waren groß, stark und von blühender Gesundheit; ihr Gesicht sprach eine so unverkennbare Gutmüthigkeit aus, daß sie auch anderwärts eine gute Aufnahme gefunden haben würden. Mit der harmlosen Einfalt ihrer Sitten verbanden sie eine wahre Furcht, etwas Unrechtes zu thun. Ihr Aufzug, aus verschiedenen Kleidungsstücken zusammengesetzt, die sie von den Schiffsherren und Matrosen der Kauffahrteischiffe zum Geschenke erhalten hatten, machte eine komische Wirkung. Einige trugen lange schwarze Röcke ohne irgend sonst ein Gewand, Matrosenbeinkleider etwa ausgenommen; Andere waren mit Hemden angethan ohne Röcke, Andere sogar nur mit Westen, ohne alle andere Bekleidung; keiner hatte Schuhe oder Strümpfe und nur zwei besaßen Hüte, die aber allem Anscheine nach nicht lange mehr zusammenhalten wollten. Sie kletterten an den Schiffswänden hinauf und schüttelten jedem Offizier mit der offenherzigsten Vertraulichkeit die Hand. Auch der alte Adams stieg endlich an Bord; er befand sich eben damals in seinem 65. Jahre und schien für dieses Alter ungewöhnlich stark und rüstig, ungeachtet er ziemlich wohlbeleibt war. Er trug Seemanns Hemd und Hosen und einen niedern Hut, den er instinctmäßig in der Hand hielt, bis man ihn aufzusetzen bat."

Voll Begierde, Näheres zu erfahren, bestieg Beechey mit den Offizieren ein Boot und segelte mit Gefahr durch die klippenvolle Bai, welche er die Bounty=Bai (s. Bild) nannte. Am Strande wartete ihrer Hanna Young, eine Tochter Adams, welche voll Angst um ihren Vater den übrigen Frauen und Mädchen vorausgeeilt war. Diese hatten sich auf einer Felsspitze versammelt und kamen nun, da sie die Männer zurückkehren sahen, eiligst herbei und empfingen die ganze Gesellschaft auf das Herzlichste und Freundlichste. Die Frauen trugen Röcke und Mäntel, die nachlässig über die Schultern geworfen waren und bis an die Knöchel herabhingen; ihr Wuchs war höher als gewöhnlich; die Hautfarbe, obschon lichter als bei den Männern, hatte gleichwohl ein dunkles Ansehen, das nur durch die schwarzen Haare, die in langen, zierlich geflochtenen Zöpfen über die Schultern herabhingen, gemildert wurde. Diese waren von der Stirn und den Schläfen zurückgezogen, und durch einen Kranz rother und weißer wohlriechender Blumen zusammengehalten. Die Züge waren lebhaft und gutmüthig, die Augen schwarz und feurig, und der Mund zeigte zwei Reihen blendend weißer Zähne.

Das Dörfchen, zu welchem ein sehr beschwerlicher Weg führte, lag auf einem freien Platze und bestand aus fünf Häusern. Während die Engländer ihre Zelte aufschlugen, war von den Insulanern ein Mittagsmahl bereitet worden, welches Beechey folgendermaßen beschreibt: „Das dampfende Ferkel war geschickt zerlegt und jedem Gaste sein Theil vorgeschnitten worden, doch keiner wagte es, das einladende Gericht zu kosten, bevor ein andächtiges Gebet gesprochen und aus dem Munde Aller ein langes Amen erfolgt war. „Langt zu," — war nun das Zeichen, dem Appetite zu folgen. Da nach der Mahlzeit jedes Mal ein gemeinschaftliches Dankgebet verrichtet wird, so säumte Keiner, mit dem Essen zurückzubleiben, und benutzte die gegebene Zeit so gut wie möglich. Es wird auf Pitcairn=Eiland für unstatthaft gehalten, auch nur einen Bissen Brot zu genießen, ohne zuvor und darnach ein Dankgebet zu verrichten. Diese Sitte wird so streng gehalten, daß wir nicht ein einziges Beispiel sahen, wo sie vergessen wurde. Ich hatte mich eines Tages mit Adams in ein Gespräch eingelassen, und in der Zerstreuung nahm er einen Mund voll Speise, ohne ein Gebet gesagt zu haben; aber bevor er sie noch hinabgeschluckt hatte, fiel ihm sein Fehler ein; er nahm sofort die Speise wieder aus dem Munde und verrichtete zuerst seine Andacht.

Während der Mahlzeit standen die Frauen hinter

den Sitzen der Männer, wehten ihnen die Fliegen ab und plauderten mit den Gästen. Es scheint also, als herrsche auch hier, wie auf den übrigen australischen Inseln, die Gewohnheit, daß die Frauen an den Mahlzeiten der Männer nicht Theil nehmen dürfen. Auf mehreren Inseln wird die Frau mit dem Tode bestraft, welche in Gegenwart des Mannes ißt.

Es war schon spät in der Nacht, als die Insulaner die Nachtlager für ihre Gäste bereiteten. Dieses Lager, bestehend aus Palmblättern, über welche Bettdecken, von einheimischen Stoffen gewebt, ausgebreitet waren, war ungemein angenehm und zur Ruhe einladend. Unser erster Schlaf wurde nur durch die einfache Melodie des Abendgesanges unterbrochen, der, sobald das Licht ausgelöscht war, von der ganzen Familie in der Mitte der Stube gesungen wurde. So wurden wir auch des Morgens durch die Hausandacht und durch den Gesang aufgeweckt. Die Männer waren schon in aller Frühe beschäftigt, Früchte zu holen und den Matrosen bei ihren Arbeiten beizustehen; die Frauen wuschen die Wäsche der Fremden, bereiteten das Mittagsmahl und verrichteten andere häusliche Arbeiten. — Rings um das Dörfchen waren Behälter für Schweine, Ziegen und Geflügel, und weiter abwärts Ackerland mit Bananen, Platanen, Melonen, süßen Pataten und dergleichen Wurzeln. In einem schönen Palmenhaine ist der Friedhof der Ansiedler. Adams Haus liegt auf einer erhöhten Stelle, und gewährt ihm durch diese Lage den Vortheil einer angenehmeren, kühlern Luft in der sonst heißen Gegend. Alle Häuser sind aus festen Holzarten erbaut und mit Palmblättern gedeckt.

Beifolgendes Bild, von Beechey selbst gezeichnet, stellt das Innere dieser merkwürdigen Insel dar. Die Einwohner sind eben beschäftigt, unter Aufsicht Adams ein junges Schwein zum Essen zuzubereiten, während ein Paar Kinder in der Nähe spielen. [Beschluß folgt.]

Dorf der Pitcairn-Insel.

Bounty-Bai.

Das Pfennig-Magazin

der
Gesellschaft zur Verbreitung gemeinnütziger Kenntnisse.

75.]   [2. Jahrg. 23.]   Erscheint jeden Sonnabend.   [October 4, 1834.

Der krausköpfige Arassari.

Der krausköpfige Arassari.

(Pteroglossus lepidocephalus Pöpp.)

(Ein neu entdeckter Vogel im Innern Südamerikas.)

Mit Bewunderung betrachtete gewiß so mancher unserer Leser, der vielleicht weniger in das unendliche Gebiet der Naturgeschichte eingeweiht ist, jene Tukane oder Pfefferfresser, welche in Nr. 26 unseres Blattes abgebildet und beschrieben wurden, und durch ihren großen Schnabel wie durch die wunderbare Vertheilung der Farben ihres Gefieders sich so sehr auszeichnen. Was werden nun aber erst die Leser zu den beiden Vögeln sagen, welche wir ihnen im gegenwärtigen Blatte abgebildet übergeben! Betrachten Sie diese merkwürdigen Vögel genau! Sind sie nicht jungen Stutzern zu vergleichen? Der Kopf geschmückt mit den zierlichsten Papillotten, der dunkelgrüne Frack, die roth und gelbe seidene Weste, die schlanken, mit schwarzen Strümpfchen gezierten Beine, die wie zum Tanzen gemacht zu sein scheinen, ja! Alles an diesem Vogel gibt uns das treue Bild eines jungen Stutzers, der sich zum bevorstehenden Balle schmückt, um von den Damen bewundert, angestaunt zu werden, und wenigstens ein halbes Dutzend Herzen zu erobern gedenkt. — Doch Scherz bei Seite! Dieser Vogel verdient eine Abbildung in unserm Blatte um so mehr, da er unter die uns kürzlich erst bekannt gewordenen Vögel gehört. Unser verehrter Landsmann und Mitbürger, der Dr. und Professor Pöppig, der sich lange Zeit in Südamerika aufhielt, dort als einer der gelehrtesten und umsichtigsten Naturforscher eine Menge neuer Entdeckungen in den Reichen der Natur machte, und reich an Schätzen für die Naturkunde im vorigen Jahre zu uns zurückkehrte, brachte auch diesen uns noch völlig unbekannten Vogel mit und stellte ihn als eine der herrlichsten Zierden in dem Cabinete der naturforschenden Gesellschaft zu Leipzig auf. Ob er Hrn. Gould, der ihn in seiner Monographie der Ramphastiden nach einem Exemplare im Museum der zoologischen Gesellschaft in London abbildete und beschrieb, eher bekannt gewesen ist als Hrn. Prof. Pöppig, der uns schon im Oct. 1830 eine kurze Beschreibung von ihm gab, das wagen wir nicht zu entscheiden, da uns das Werk des Hrn. Gould nicht vorliegt.

Die Beschreibung des Hrn. Prof. Pöppig ist in einem Briefe (Yurimaguas, Maynas, Oct. 20, 1830) enthalten, welcher in Nr. 692 (Dec. 1831) von Froriep's Notizen aufgenommen worden ist. Er schreibt daselbst, daß er im Dorfe Juanjuy längere Zeit aufgehalten worden sei, daselbst aber manche wichtige Entdeckungen, besonders in dem Thierreiche gemacht und unter andern auch diesen Arassari entdeckt habe, der wahrscheinlich für den Naturforscher noch neu sei.

Der schuppen= oder krausköpfige Arassari (Pteroglossus lepidocephalus Pöpp. oder Pt. ulocomus Gould) zeichnet sich durch eine Federbildung am Scheitel, den Seiten des Kopfes und am Nacken aus, die sich wohl bei keiner andern Vogelart wiederfinden möchte. Die Federn an diesen Stellen sind nämlich kohlschwarz, oval und schuppenartig auf einander liegend; das Merkwürdigste aber bei ihnen ist, daß die Federn keinen Bart haben und auf diese Weise nichts als die Ausdehnung des Kiels sind. Je weiter diese plattgedrückten, bartlosen Kiele nach unten und dem Rücken zu laufen, um so schmäler werden sie und um so mehr zeigen sich kleine Fasern, die immer mehr zunehmen, bis sie endlich den übrigen Körperfedern ähnlich werden. Diese schuppenartigen Federn gleichen völlig schwarzen, metallisch glänzenden Stanniolblättchen, die im Leben, wie schon gesagt, platt aufeinanderliegen, nach dem Tode des Vogels aber so erscheinen, wie sie unsere Abbildung darstellt. Sie rollen sich nämlich dann zusammen und erscheinen kraus, weshalb auch der Indianer diesem Vogel einen Namen beilegt, der in Krauskopf (Crispito) übersetzt wird. Die Flügel, der Schwanz und der untere Theil des Rückens sind dunkelolivengrün, Hals, Brust und der obere Theil des Rückens sind mit vermischten rothen und lebhaft gelben Federn besetzt; die erstern sind jedoch auf dem Rücken vorherrschender und die letzern sind an Hals und Brust, bis zu einer ganz rothen Binde des Bauches, vorherrschend. Die auch ziemlich schuppenartigen kleinen Federn der Kehle sind weiß mit schwarzen Spitzen, und die Federn der Beine sind dunkelgrau. Die Füße sind von schwärzlicher Farbe, und der Oberschnabel ist an der Firste orangeroth, oben an der Seite azurblau, unten und an der Basis schwarzbraun. Die Zähne des Oberschnabels sind weiß, und die Vertiefungen dazwischen schwarz. Der Unterschnabel ist weiß, und nach der Spitze zu orangeroth.

Die Länge des ganzen Vogels ist 18 Zoll, die des Schnabels 4 Zoll, die Flügel sind 5¾ Zoll, der Leib ist 7½ Zoll und die Beine sind 2½ Zoll lang.

Dieser Arassari ist ein scheuer Vogel, der in Gesellschaft in den Wäldern des Amazonenstromes umherfliegt und ein lautes Pfeifen ertönen läßt.

Die Indianer machen sich aus jenen schuppenartigen Federn des Kopfes zierliche Halsbänder.

M. A. B. R.

Turenne.

Henri de la Tour d'Auvergne, Vicomte von Turenne, der zweite Sohn Henri's de la Tour d'Auvergne, Herzogs von Bouillon und souverainen Fürsten von Sedan, und der Elisabeth, Tochter Wilhelm's I., Fürsten von Nassau=Oranien, wurde im Jahre 1611 zu Sedan geboren und erhielt eine seiner Abkunft würdige Erziehung, wobei schon in frühester Jugend seine hellen Geistesgaben, sowie seine große Selbstbeherrschung zu den schönsten Hoffnungen berechtigten. Kaum 15 Jahre alt sandte ihn seine Mutter, nach Ableben seines Vaters, nach Holland zu ihrem Bruder, dem berühmten Prinzen Moritz von Nassau, unter dessen Leitung er seine kriegerische Laufbahn als gemeiner Soldat begann. Bald aber ward ihm als Capitain ein Regiment Infanterie übergeben, dem er, während der Belagerungen von Groll und Bolduc, mit dem erhabensten Beispiele von Muth und Unerschrockenheit voranging, und bei welchem er keine Mühe und Anstrengung scheute, dasselbe hinsichtlich der Ordnung und des militairischen Gehorsams zu dem ersten in der ganzen Armee zu machen. Als der Cardinal Richelieu aus selbstsüchtigem Ehrgeiz seinen König, Ludwig XIII., nicht nur zum unumschränkten Herrn über Frankreich erhoben, sondern auch die östreichische Monarchie anfeinden wollte und der Herzogin von Bouillon einen Tractat hatte unterzeichnen lassen, durch welchen sie sich zur Anhänglichkeit an die Interessen des Königs verpflichtete, wurde Turenne als Geisel und Bürge für die Tractate an den französischen Hof geschickt. Der König empfing ihn mit allen Ehrenbezeugungen und gab ihm ein Regiment Infanterie, dessen er sich bei Belagerung von La Mothe bediente, welche Festung auf einem sehr befestigten Felsen lag und aller

Unterminirung trotz bot. Turenne bekam den Befehl, eine Bastei anzugreifen. Es war die erste Probe seiner Tapferkeit. Aller Augen waren auf ihn gerichtet; von ihrem Ausgang hing seine kriegerische Laufbahn ab. Trotz des mörderischen Feuers und Steinregens der Belagerten trieb er sie von ihren Posten. Das Glück verschonte ihn mitten unter tausend Fallenden, und er nahm Besitz von der Bastei. Alles kam ihm mit Glückwünschen entgegen. In Folge davon erhielt er jetzt in seinem 23. Jahre den Rang eines Feldmarschalls. In den darauf folgenden Jahren trug sein weises Benehmen bei dem Rückzuge von Mainz, wo das französische Heer von Entbehrungen aller Art auf das Empfindlichste heimgesucht ward, so wie die Eroberung von Breisach, welche vorzüglich sein Werk war, und viele andere Beweise seiner Tapferkeit, nicht wenig zur Vermehrung seines Ruhmes bei. Die allgemeine Achtung und Liebe ward ihm zu Theil und selbst der Cardinal Richelieu bot ihm eine seiner Verwandten zur Gemahlin an, welche Turenne aber aus Anhänglichkeit an die reformirte Religion, worin er erzogen war, ausschlug. Im Jahre 1639 ward er unter dem Oberbefehl des Marschall von Harcourt nach Italien gesandt, wo er die Belagerung von Casale aufhob und bei Montcallier die Feinde schlug, während jener Turin belagerte. Im Jahre 1643 eroberte er Roussillon und erhielt in seinem 32. Jahre den Marschallstab und den Oberbefehl des Heeres in Deutschland.

Kaum war er nun daselbst angekommen, so stattete er sein Heer, das sich in dem beklagenswerthesten Zustande befand, aus seinen eignen Mitteln aus, so daß es ihm gelang, mit demselben, das 6 bis 7000 Mann stark war, über den Rhein zu gehen und die Baiern unter dem General Mercy zu schlagen. Er vereinigte sich hierauf mit dem Herzog von Enghien, ward 1645 bei Mergentheim (Marienthal) geschlagen, gewann aber einige Monate später die Schlacht bei Nördlingen. Im Jahre 1646 schlug er, nachdem er sich mit den Schweden unter Wrangel verbunden hatte, mit diesem die Baiern bei Zusmershausen, rückte dann selbst in Baiern ein und zwang den Herzog um Frieden zu bitten, und dieser wurde nun auch im October des Jahres 1648 zu Münster geschlossen. —

Der bürgerliche Krieg gegen den Cardinal Mazarin brach im Jahre 1649 in Frankreich aus, und Turenne, von seinem Bruder, dem Herzog von Bouillon, gewonnen, trat auf die Seite des Parlaments, zugleich aber fiel auch ein bedeutender Theil seines Heeres von ihm ab. Da er nun einsah, daß er mit dem ihm bleibenden Reste seiner Soldaten nichts Bedeutendes würde unternehmen können, zog er sich nach Holland zurück. Bald jedoch, nachdem sich die Streitigkeiten der beiden Parteien ausgeglichen hatten, kehrte auch er wieder nach Frankreich zurück, und nun suchte Mazarin ihn an sich zu fesseln, indem er ihm nicht nur den Oberbefehl des Heeres in Flandern, sondern auch eine seiner Nichten zur Gattin anbot. Doch Turenne, welcher mit Spanien verhandelt und demselben seine Dienste angeboten hatte, nahm weder das Eine noch das Andere von diesen Anerbietungen an. — Im Jahre 1650, nunmehr im Dienste der Krone Spanien, wurde er von dem französischen Marschall du Plessis Praslin bei Rhetell geschlagen, und freimüthig gestand er, diese Schlacht durch sein eignes Versehen verloren zu haben; denn, setzte er hinzu, wenn Jemand keinen Fehler im Kriege begeht, so ist es ein Beweis, daß er noch nicht lange dabei gewesen ist. Der spanische Hof sandte ihm, um ihn zur Fortsetzung des Kriegs aufzumuntern, 100,000 Kronen, welche Turenne aber, in der Hoffnung einer Aussöhnung mit der französischen Hofpartei, zurückschickte, und im Jahre 1651 erfolgte denn diese Aussöhnung auch wirklich, und Turenne ward nunmehr zum General der königlichen Heere ernannt. Er hatte jetzt an dem Prinzen von Condé, welcher in spanischen Diensten war, einen bedeutenden Gegner, und sie kämpften mit wechselndem Glücke gegen einander. — Im Jahre 1653, nachdem er zum Gouverneur von Limousin und zum Staatsminister erhoben worden war, vermählte sich endlich Turenne mit der Tochter des Marschalls, Herzogs de la Force, einer Protestantin; doch blieb diese Ehe kinderlos. — Durch die Einnahme Dünkirchen's und des größten Theils von Flandern bewirkte er, indem sich Ludwig XIV. mit einer spanischen Prinzessin verband, den pyrenäischen Frieden. Im Jahre 1667 aber erneuerte Ludwig den Krieg mit Spanien wieder; zugleich wählte er Turenne zu seinem Lehrer in der Kriegskunst, gab ihm den Titel eines Generalmarschalls der französischen Armeen und machte ihn zu seinem Unterfeldherrn, um sich so durch dessen Tapferkeit und Talent selbst kriegerische Lorbern zu erwerben. — Noch in demselben Jahre änderte Turenne, nach Einigen aus Ueberzeugung, nach Andern aus ehrgeizigen Absichten, seine Religion und ward Katholik. — Da 1672 der Krieg mit Holland beschlossen wurde, erhielt Turenne wiederum den Oberbefehl, und er zwang den Kurfürsten Friedrich Wilhelm von Brandenburg, welcher den Holländern beistand, nachdem er ihn bis zu seiner Hauptstadt zurückgedrängt hatte, um Frieden zu bitten. — Nach der Eroberung der Franche Comté vertheidigte Turenne die Grenzen dieses Landes, ging 1674 bei Philippsburg über den Rhein, bemächtigte sich Sinzheims und verfolgte das kaiserliche Heer bis zum Main. Durch diese Flucht der Feinde sah er sich nun als der Herr der Pfalz, welche von seinen Soldaten auf die fürchterlichste Art verheert und verwüstet wurde; zwei Städte und 25 Dörfer gingen in Feuer auf und die unglücklichen Bewohner selbst, welche ihrem Schicksale nicht zu entrinnen vermochten, wurden mit empörender Grausamkeit gemartert. Darüber höchst entrüstet, sandte der Kurfürst von der Pfalz einen Brief voller Vorwürfe an Turenne, in welchem er ihn zu einem Zweikampfe herausforderte. Der Marschall sandte das Schreiben dem Könige zu, der die Annahme der Herausforderung verbot, und Turenne gab nun dem Kurfürsten eine in Complimenten eingehüllte Antwort, welche die Annahme der Herausforderung in Zweifel ließ. Mit schonungsloser Kaltblütigkeit ließ er einen Theil der Kornfelder des Elsasses verheeren, um dem Feinde die Lebensmittel abzuschneiden und erlaubte seiner Reiterei auch, Lothringen zu verwüsten. Er wollte lieber als Heerführer Lorbern ernten, denn als Wohlthäter der Nation sich ihren Segen erwerben, und machte somit von dem harten Kriegsgesetze einen unumschränkten Gebrauch. Das unbegrenzte Vertrauen und die außerordentliche Anhänglichkeit seiner Soldaten machte es ihm auch möglich, seine Feldherrngrundsätze durchzuführen und seinen Befehlen unbedingten Gehorsam zu verschaffen.

Siebenzigtausend Mann stark fielen die Kaiserlichen im Elsaß ein und belagerten Breisach und Philippsburg. Mit 20,000 Mann, zu welchen noch eine geringe Verstärkung kam, zog nun Turenne über schneebedeckte Gebirge und war im Oberelsaß mitten unter den feindlichen Heeren, als diese glaubten, daß er noch in Lothringen beschäftigt sei. Er zerstreute die große Heeresmacht, welche ihm gegenüberstand, ohne eine bedeutende Schlacht, beschützte das Elsaß und zwang die Deutschen über den

Rhein zu gehen. — Die allgemeine Bewunderung, welche dieses große Ereigniß erregte, stieg noch mehr, da man erfuhr, daß Turenne zwei Monate vorher nicht nur die Marschroute des Feindes im Voraus berechnet oder erfahren hatte, sondern sogar auch den Ausgang seines Unternehmens vorausgesagt habe. — Das große Glück, welches Turenne fortdauernd begünstigte, hatte bewirkt, daß die ihm gegenüberstehenden Truppen das Vertrauen zu ihren Führern verloren. Der kaiserliche Hof ergriff daher die äußerste Maßregel und stellte ihm seinen besten General entgegen. Der Graf von Montecuculi wurde im Jahre 1673 an den Rhein gesandt. Nach einer Menge kunstreicher Bewegungen kam es zu einem Treffen bei Saßbach im Badenschen, worin Turenne (27. Jul. 1675) durch eine Kanonenkugel, welche einen Baumast auf ihn niederschlug, getödtet wurde. Dieselbe Kugel raubte dem General von St. Hilaire einen Arm, welcher, da seine beiden Söhne darüber in Thränen ausbrachen, denselben zurief: „Nicht mich dürft ihr beklagen, sondern (indem er auf Turenne zeigte) diesen großen Mann; in ihm hat Frankreich einen unersetzlichen Verlust erlitten." — Der Schmerz der Soldaten Turenne's war groß, da sie „ihren Vater" verloren hatten. Selbst sein König beweinte in ihm seinen tüchtigsten Feldherrn; er ließ seinen Ueberresten die höchste Ehre erweisen und dieselben zu St. Denis beisetzen, wo sie noch neben den Königen von Frankreich ruhen. —

Turenne.

Mit seiner Seelengröße bildeten die fast an Gemeinheit und Roheit grenzenden Formen seines Aeußern einen Contrast. So viel Rauhigkeit sein äußeres Erscheinen während des Krieges hatte, so viel Milde besaß sein Charakter in der Friedenszeit. Im Kriege hätte man ihn einen Tyrannen genannt. Sein Wandel und seine Gesinnungen waren gleich unbescholten; einige kurze Züge aus seinem Leben mögen hier noch dazu dienen, seine große Uneigennützigkeit, Großmuth und Bescheidenheit zu zeigen.

Als Turenne nach Deutschland kam, schlug man ihm einen Plan vor, durch dessen Ausführung er eine Summe von hunderttausend Thalern gewinnen konnte; Turenne jedoch, nur seine Pflicht streng vor Augen, erwiderte: „oft schon seyen ihm Gelegenheiten dieser Art geworden, ohne sie zu benutzen, auch jetzt werde er seine Gewohnheit nicht ändern." Ein unbemittelter Offizier klagte ihm, daß seine beiden Pferde in der Schlacht getödtet worden seien; sogleich gab ihm Turenne zwei seiner besten Rosse, doch mit der Mahnung, es Niemand mitzutheilen, aus Furcht, wie er sagte, daß noch mehr kämen; „denn ich habe nicht die Mittel, der ganzen Welt zu schenken." So suchte er das Verdienstliche seiner Handlung durch einen Vorwand der Oekonomie zu verbergen.

Eine Stadt bot ihm eine bedeutende Summe an, um ihn zu bewegen, nicht durch ihr Gebiet zu marschiren. „Da Ihre Stadt, antwortete Turenne, nicht auf meinem Wege liegt, so kann ich auch Ihr Anerbieten nicht annehmen." Und so bleibt Turenne, trotz seiner Fehler, welche er mit vielen großen Männern gemein hat, nicht nur für Jeden, der sich dem Kriege widmet, ein Muster in der Kriegskunst, sondern auch für Alle ein nachahmungswürdiges Muster der Tugend.

Turenne wird ewig in dankbarer Erinnerung des Franzosen leben. Seine Thaten pflanzen sich in mündlicher Ueberlieferung von Geschlecht zu Geschlecht fort, und der begeisterte Vater erzählt dem aufmerksamen Sohne die Thaten eines Feldherrn, der den Helden der Vorzeit an die Seite zu setzen ist.

Das Schicksal einer englischen Colonie auf der Pitcairn-Insel.
[Beschluß.]

Capitain Beechey verweilte 18 Tage unter diesen guten Leuten und schließt seine Nachrichten über sie mit folgenden Worten: „So lange wir auf Pitcairn-Eiland verweilten, hörte ich nie einen unziemlichen Scherz oder leichtfertige Reden oder Sticheleien, mit denen man sich anderswo zu unterhalten pflegt. Sie sind so gewohnt, Alles buchstäblich zu nehmen, wie es gesagt wird, daß sie Ironie als Falschheit auslegten, man mochte es ihnen begreiflich zu machen suchen wie man wollte. Der Sonntag ist ganz dem Gebete, dem Lesen und ernsten Betrachtungen geweiht. An diesem Tage darf kein Boot auslaufen, keine Arbeit verrichtet werden, ausgenommen die Küchengeschäfte, wozu inzwischen schon am Vorabende die Vorbereitungen getroffen sind. Ich wohnte an diesem Tage dem Gottesdienste bei. Die Gebete wurden von Adams vorgelesen, das Evangelium von Buffet, Gesänge eröffneten und schlossen den Gottesdienst. Auf jedem Gesichte sprach sich der Ausdruck inniger Andacht aus, und an den Kindern war ein Ernst sichtbar, wie er bei den jüngern Leuten unserer Gemeinden nicht zu bemerken ist. In ihrer Litanei beteten sie für den König und das königliche Haus mit der größten Innigkeit. Buffet trug hierauf eine Predigt vor, die, damit man nichts überhörte oder vergaß, dreimal vorgelesen wurde. Hierauf folgten wieder Gesänge, die von den ältern Gliedern der Versammlung und dann von den Kindern gesungen wurden. Auf diese Weise dauerte die Feierlichkeit ziemlich lange; allein der saubere und niedliche Anzug der Gemeinde, die Andacht auf jedem Gesichte, die Unschuld und Einfalt der kleinen Kinder gewährten ein höchst lebendiges und anziehendes Bild. Eine halbe Stunde darnach versammelte man sich abermals zum Gebete und bei Sonnenuntergang zum dritten Male, so daß mit den Morgen- und Abendandachten am Sonntage fünf Mal Kirche gehalten wurde."

„Man kann über dieses Völkchen nichts weiter hinzufügen, als daß es in vollkommener Eintracht und Zufriedenheit lebt; tugendhaft, gottesfürchtig, heiter und, mehr als es eigentlich die Klugheit erlaubt, gastfreundschaftlich ist, daß es als ein Muster von Gatten- und Aelternliebe aufgestellt werden kann. Nur äußerst wenige Fehler ließen sich an ihm bemerken, und unser Aufenthalt bei diesen gutmüthigen Menschen dauerte lange genug, und ihr Betragen war allzu offenherzig, als daß wir nicht jeden Flecken in ihrem Wandel hätten bemerken können."

Die Bewohner dieser Insel zeichnen sich durch ihre ansehnliche Größe und Körperstärke aus. Ein Jüngling trug zwei Schmiedehämmer, einen Ambos und einen Wurfanker, zusammen 600 Pfund; ein anderer ein Boot von 28 Fuß Länge. Im Schwimmen sind sie so geschickt, daß sie oft einen ganzen Tag im Wasser zubringen, und in einem Zuge rings um die Insel schwimmen, welche 7 englische Meilen im Umfange hat.

Als Beechey sich zur Abreise anschickte, gaben alle Bewohner der Insel ihr tiefes Bedauern darüber zu erkennen. Aber auch die Briten hatten die Inselbewohner liebgewonnen. Besonders empfand Adams Sohn, Georg, die Trennung sehr schmerzlich. Georg, ein starker, muthiger Jüngling, wünschte lebhaft, sich auf dem Blossom mit einzuschiffen. Aber die alte Mutter weinte so bitterlich, und bestimmte eine so kurze Frist zu seiner Rückkehr, daß Beechey ihn unter solchen Umständen nicht mitnehmen konnte.

Wir schließen diese kurzen Notizen über diese interessante Colonie mit der Nachricht, daß der alte, ehrwürdige Adams am 19. März 1830 nach einer kurzen Krankheit gestorben ist und daß ihn seine Frau, allzusehr ergriffen von diesem Verluste, nur um wenige Monate überlebt hat.

Einige Nachrichten über des Capitain Bligh ferneres Schicksal werden wir in einem der nächsten Blätter dieses Magazins liefern.

Der Elephant und der Alligator.

In eine schauerliche Gegend Ostindiens versetzt uns das vorliegende Bild; denn alle Schrecknisse des Wal-

Der Elephant und der Alligator.

des scheinen hier auf einen einzigen kleinen Raum zusammengedrängt zu sein. Oder sollten nicht die alten hundertjährigen Baumstämme, das wilde Gestrippe, das dichte Laubwerk, welches die ganze Gegend einschließt und ein höhlenartiges Dunkel über sie verbreitet, die rohen Felsenblöcke, der regungslose Wasserpfuhl, vor Allem aber die gierigen Raubthiere, welche sich so zahlreich hier eingefunden haben, einen Menschen mit Schrecken erfüllen, der vielleicht nur an liebliche Thäler und schattige Lustwälder gewöhnt ist, in denen höchstens ein munteres Eichhörnchen von Ast zu Ast springt, ein schüchternes Reh seinen Weg sich durch die Gebüsche bahnt, oder in denen der Kuckuk seinen einförmigen Ruf ertönen läßt? — Aber was führt den gierigen Geier, den Marabu, einen storchartigen Vogel, den die Engländer Adjutant nennen, den gefräßigen Schakal und endlich die furchtbaren Alligatoren hierher? Jener riesige Elephant ist es, der, tobt niedergestürzt, fast die ganze offene Gegend unseres Bildes einnimmt und nicht nur jenen Raubthieren, sondern auch so manchem Gewürm, besonders aber wohl auch einer großen schwarzen Ameise, die sich dort zu Tausenden einfindet, eine reiche Mahlzeit darbietet.

Dieses Bild ist übrigens nicht ein leeres Gebilde der Phantasie, nein! es ist eine treue Darstellung einer Naturscene, wie sie uns in dem in London erschienenen Oriental Annual, einem der prächtigsten englischen Taschenbücher, geschildert und abgebildet wird.

Ein kurzer Auszug jener Beschreibung, welche uns darin gegeben wird, mag hier folgen.

Eine englische Dame, welche in Ostindien lebte, hatte einen Boten mit einem Briefe einige Stunden weit in das Innere des Landes geschickt. Sein längeres Ausbleiben ließ sie befürchten, daß ihm irgend ein Unglück zugestoßen sei, und sie sandte daher Leute aus, welche ihn aufsuchen sollten. Schon waren diese nach langem vergeblichen Suchen auf der Rückkehr begriffen, als sie bei der Ueberfahrt über einen Fluß einen todten Alligator erblickten, dessen Rachen weit aufklaffte und der, wie sie nach einer kurzen Untersuchung des Schlundes bemerkten, erstickt war. Sogleich schnitten sie dem Thiere den Hals auf und fanden — den Kopf des vermißten Boten, welchen der Alligator nicht hatte hinunterwürgen können. In dem Turban, der noch fest auf dem Kopfe saß, fand sich die Antwort auf den Brief der Dame noch ganz unversehrt. Wahrscheinlich hatte der Unglückliche durch den Fluß schwimmen wollen und war so die Beute, aber zugleich auch die Ursache des Todes dieses Ungeheuers geworden.

Die Gesellschaft wanderte jetzt mit mehreren bewaffneten Eingebornen weiter und erreichte bald jene offene Stelle im Walde, welche auf unserer Abbildung dargestellt ist. In der Mitte nahm man eine ansehnliche Wasserlache wahr, die von außerordentlich großen Alligatoren wimmelte. Am oberen Ende des Wassers lag ein todter Elephant, den gierig ein großer Alligator zerfleischte, indessen in der Ferne junge Alligatoren und unzählige Raubthiere ungeduldig auf das warteten, was er ihnen übrig lassen werde.

Als die Gesellschaft später diesen schauerlichen Ort noch einmal besuchte, fand sie nichts mehr als das Gerippe des Elephanten, das so rein abgenagt und so weiß geworden war, als ob es von Menschenhand bearbeitet worden sei, um in einem Museum aufgestellt zu werden. M. A. B. R.

Der St.-Stephansdom zu Wien.

Der Mensch, der die Wirklichkeit, wie es jeder geniale Künstler thut, nach Ideen gestaltet und anschaut, hat immer ein Unendliches vor Augen, das mit irdischen Kräften zu vollbringen nicht immer gelingt. — Daher geriethen gewiß auch die Riesenpläne unsrer deutschen Baumeister um so mehr ins Stocken, und es wurden von den angefangenen Domen die wenigsten, ja im strengsten Sinne des Worts fast keiner vollendet; Schade ist allerdings der Mangel an Vollendung, aber wenn man sich das Fehlende hinzudenkt, sind die prachtvollsten derselben in ihrer Halbheit so ganz, daß sie einem Urbaume gleichen, der, im Blühen begriffen, eben die ersten Knospen entwickelte, neben denen die übrigen als werdende die Blätter entfalten! — Es gab Zeiten, **wo ein gepuderter Franzos einen deutschen Dom für ein édifice gothique** (was damals gleichbedeutend mit plump und häßlich war) hielt und wir aus Gallomanie dazu Amen sagten. Allein das Blatt hat sich gewendet; ihnen und uns sind die Augen geöffnet und wir beten da an, wo wir früher kaum hinsahen. — Ueber Gedankenreichthum kann die Menschheit sich eben nicht beschweren, denn der Begeisterten giebt es unter Millionen nur Einen und dieser, wenn er sonst so glücklich ist, aus dem Wuste der übrigen aufzutauchen, muß für Alle denken und thun, damit die Jahrtausende des Völkerlebens nicht ganz in das Nichts zurücksinken! — Ehre, wem Ehre gebührt! — Weil es denn so Wenige giebt, die, als Erfinder auftretend, der Nachwelt bleibende Denkmale hinterließen, sei ihr Name gefeiert und das Volk gepriesen, aus deren Mitte sie hervorgingen. — Früher gedachte ich Ervin's von Steinbach und seiner Nachkommen, Hilzen's von Köln und der Ersinger, welche, den Dom von Freiburg im Breisgau nicht zu vergessen, sich in denen von Straßburg und Ulm vereinigten. Aller guten Dinge sind drei, sagt das Sprichwort, — aber hier soll noch von einem vierten die Rede sein, das seither weniger beachtet, gleichwohl als eins der letzten Wunderwerke unsrer Altvordern anzusehen ist, — ich meine den Münster St.-Stephan zu Wien. —

Schon vor dem Jahre 1144 gründete Oestreichs erster Herzog, Heinrich II. (Jasomirgott) außer den damaligen Ringmauern der kleinen, kaum erst aus dem Schutt der röm. Fabiana neuerstandenen Stadt Wien ein Gotteshaus, das später durch Anbaue und Vergrößerungen zu dem heutigen Metropolitendome emporwuchs. Einer in dem Verzeichnisse der Bauherren und Steinmetzen aufgefundenen Nachricht zufolge war Octavian Falkner aus Krakau der dabei thätige erste Werkmeister, welcher den Bau so rasch förderte, daß schon im Jahre 1147 der Bischof Reimbert von Passau die Kirche zu Ehren ihres sie beschützenden Heiligen einweihen konnte. — Von Falkner's Geschicklichkeit geben noch heute die Emporkirche und die beiden vordern Thürme, welche damals die Ecken des westlichen Gebäudes bildeten, das beste Zeugniß. Im Einklang mit der Breite der Stirnseite zogen sich höchstwahrscheinlich auch die Längenseiten bis in die Gegend, wo jetzt die großen Thürme stehen, hin, und hier war der Dom mit einem halbrunden Chor geschlossen. — Nach etwa 130 Jahren verlor die Kirche ihre ursprüngliche Gestalt; denn da sie schon in den Jahren 1258 und 1275 durch Feuersbrünste großen Schaden erlitten hatte, so ließ sie der Pfarrer Bernhard von Prembach, mit Unterstützung des Königs Ottokar von Böhmen, wiederherstellen, bei welcher Gelegenheit sie auch etwas erhöht wurde. Auch errichtete er einen Chor, der am 23. April 1340 von Albrecht, Bischof zu Passau, eingeweiht wurde, bis an den heutigen Hochaltar reichte und die Breite des Mittelschiffs hatte. — Unter seinem Nachfolger, Rudolph IV., erhielt der Münster erst seine gegenwärtige Gestalt. Dieser vollendete nicht nur den von seinem Vater angefangenen Bau der untern Kirche mit gänzlicher Schließung der Gewölbe und Aufsetzung des hohen Daches, sondern begann auch, indem er den albertinischen Chor gänzlich abbrechen ließ, einen neuen erweiternden Bau an diesem Theile des Gebäudes, wozu er am 7. April 1359 den ersten Stein legte. Die Dome zu Freiburg und Straßburg mochten wohl die Nacheiferung erweckt haben, so daß Rudolph den anspruchslosen, armen, aber kunsterfahrenen Meister Wenzla aus Klosterneuburg zum Aufbau zweier, über die Vorsprünge des Kreuzes zu errichtender Thürme aufforderte.

Mit beschleunigter Thätigkeit griff der Künstler das Werk an, allein schon im Jahre 1404 vom Tode ereilt, konnte er den südlichen Thurm nur bis zu zwei Drittel seiner Höhe heraufführen. Auch Rudolph starb früh, aber sein Nachfolger, Herzog Albrecht III., und Kaiser Albrecht II. ließen sich die Sache sehr angelegen sein. Unermüdlich arbeitete Meister Peter von Brachawitz bis 1429 an dem von Wenzla begonnenen Thurme, bis Hans Buchsbaum, Brachawitzens Polirer, der nach ihm als Kirchenbaumeister erscheint, der Pyramide die Spitze aufsetzte. — Am St.-Hippolytustage 1450 (den 13. August) hatte bereits Simon, Probst von Klosterneuburg, im Beisein der Aebte Joh. von Heiligenkreuz, Peter von Lilienfeld, Niclas von St. Dorothea, des Landmarschalls in Oestreich, Grafen Bernhard von Schaumberg, des Bürgermeisters Konrad Hölzler und Anderer den Grundstein zum zweiten Thurme gelegt, woran Buchsbaum fortbaute, bis er im Jahre 1454 starb. — Nach ihm übernahmen Leonhard Steinhauer, Lorenz Pfenig von Dresden und Seifried Ronny von Konstanz, Letzerer etwa nach 1480, und mit dem Beginne des 16. Jahrhunderts Georg Klanig von Erfurt und Anton Pilgram von Brünn den Bau, welcher sehr langsam vorrückte. Im Jahr 1516, da Gregor Haufer Baumeister bei St. Stephan war, gab man endlich die Errichtung des zweiten Thurmes gänzlich auf, sodaß er, über ein halbes Jahrhundert unbedeckt bleibend, den Raubvögeln zum Aufenthalt diente. Endlich wurde er 1579 von Hans Saphoy mit einem kleinen Aufsatze überbaut und mit einem Kupferdache versehen, wodurch die darunter liegenden, von ihm und Meister Schüler reparirten Gewölbe dem fernern Verfalle entgingen. Seitdem blieb die Kirche, einige unbedeutende Anbaue ungerechnet, dieselbe, jedoch wurde der ihr im Kriege mit den Franzosen 1809 zugefügte Schaden durch den Hofarchitekten Aman meisterhaft ausgebessert.

Die Grundform der Kathedrale ist ein lateinisches Kreuz. Sie ist durchaus von Quadersteinen erbaut und mißt in der Länge, von der äußern Mauer der Vorlage des Riesenthors bis zu der des hohen Chors 55 Klafter 3 Schuh, in der Breite aber von dem einen bis zum andern Eingange unter den Thürmen im Kreuz 37 Klafter. Die äußere Mauer ist 13 Klafter 1 Schuh hoch. Kühn erheben sich an derselben die mächtigen Strebepfeiler, zwischen welchen 31 hohe bis an das Gewölbe reichende, zum Theil gemalte Glasfenster prangen. Ueber sie steigen die beiden Riesendächer empor, zu deren Zimmerwerk man allein 2900 Stämme verwendete. Beide sind von außen mit Gängen von zierlicher Steinmetzarbeit umgeben und mit glasirten Ziegeln von weißer, rother und grüner Farbe gedeckt, die recht artig, aber zu bunt aussieht. Die Stirnseite der Kirche liegt gegen Westen und bildet ein seltsames Gemisch von Altem und Neuem. Das Riesenthor oder der Haupteingang ist ein Meisterstück altgothischer Architektur, ein wahrer Zauberschrein seltsamer Gestalten, woran Löwen, geflügelte und ungeflügelte Gebilde und Ungeheuer sich begegnen und bekriegen. Der übrige Theil des alten Baues ist ziemlich dürftig ausgestattet und sieht, mit Ausnahme der geschmackvollen Radfenster, sehr antik. Die Heidenthürme sind aus Quadersteinen erbaut, achteckig und messen 33 Klafter 4 Schuh in der Höhe, sonst ist an ihnen nicht viel zu bewundern. Schöner ist ohne Zweifel der vollendete, im Kreuze an der Mittagsseite liegende Thurm, dem der Straßburger allein den Rang streitig macht. Seine Höhe beträgt 72 Klafter 1 Schuh 3 Zoll wiener Maß (433 1/4 Zoll). Ganz aus Quadern errichtet, muß man über dessen ungemeine Leichtigkeit und Durchsichtigkeit erstaunen, die das Material fast in Vergessenheit bringt. Man gelangt durch zwei Aufgänge in das Innere desselben. Einer, und zwar der ältere, befindet sich im Theklachore, der andere neben der Wohnung des Thurmmeisters. Bis zur Höhe des Kirchendachs führt eine Wendeltreppe in einem Eckpfeiler des Thurms über 553 steinerne Stufen, wodurch man in dessen Kern eintritt. Höher hinauf leiten 6 hölzerne Stiegen mit 200 Stufen. Hierunter verdient eine Schneckentreppe der Erwähnung, an welcher an einem einzigen Stamme 56 Stufen so geschickt angebracht sind, daß man von einem Ende bis zum andern in gerader Linie sehen kann. Die Spitze erreicht man auf Leitern (freilich etwas prosaischer als beim Straßburger), von wo aus man das Panorama der Stadt und Gegend übersieht. Vom andern (dem nichtfertigen) Thurme zu reden, wäre sehr überflüssig, da er im Allgemeinen nach demselben Plane angelegt ist, wie der erstere. Bis zum oberwähnten Saphoy'schen Aufsatze mißt er 23 Klafter 5 Schuh, mit diesem aber bis zum Adler 34 Klafter 1 Schuh. Ein Mehreres vom Aeußern des Gotteshauses zu sagen, möchte dem Innern Abbruch thun, weshalb ich mich dem letztern zuwende. Wie in den meisten altdeutschen Kirchen, ist der Eindruck ehrfurchtgebietend und ernst. Zwölf hohe Pfeiler tragen das düstere Gewölbe der 19 Klafter 2 Schuh (116 Fuß) breiten Unterkirche und sondern das freie Schiff von den Abseiten, die wenig schmäler als das erstere sind. Die Höhe des Schiffs beträgt 14 Klafter 2 Schuh, jene der Abseiten 11 Klafter 3 Schuh. Merkwürdig ist, wie zu Straßburg, die an dem mittlern Pfeiler jener Reihe, welche das Mittelschiff von der Abseite trennt, angebaute Kanzel. An Verzierung und Pracht giebt sie der obgenannten nichts nach, ist 27 Schuh 6 Zoll hoch und wurde 1430 vollendet. Wahrscheinlich verfertigten Grabner und Peter von Nürnberg auch jene beiden herrlichen Brustbilder des kühnen Thurmvollenders, wovon das kleinere unter der Kanzel, das andere fast lebensgroße sich unter dem alten Orgelchore bei dem St. Peter- und Paulsaltar befindet. Letzteres, unbestritten eines der herrlichsten Kunstgebilde des 15. Jahrh., ist hart am Fuße dieses Chors, da wo sich eine Knospe entfaltet, in einer fensterähnlichen Oeffnung angebracht. Auch der Taufstein ist ein ausgezeichnetes Kunstwerk des 15. Jahrhunderts. Er steht in der St. Katharinenkapelle des Doms. Die aus den Zeiten Kaiser Friedrich III. herrührenden Chorstühle mit dem Monogramm I. S., welches auf Jörg Sürlin, den Verfertiger der berühmten Ulmer Chorstühle, hinweist, sind vortrefflich und so reich verziert, daß sie hierin die letztern übertreffen. Noch 1646 besaß der Dom St. Stephan sehr schöne Glasmalereien, allein die meisten derselben sind verloren und nur hier und da bemerkt man Ueberreste des Bessern. Beachtungswerth sind hier noch das Cenotaphium Herzog Rudolph IV. und seiner Gemahlin Katharina (einer Tochter Kaiser Karls IV.), welches dem 15. Jahrhundert angehört. Ferner der Sarkophag Kaiser Friedrich III. Dieses unstreitig größte Meisterwerk der Metropolitane entstand mit Beiwirkung vieler andern Künstler durch den berühmten Straßburger Bildhauer Niklas Lerch. Noch bei Lebzeiten des Kaisers brachte dieser den Sargdeckel fertig, das ganze Werk wurde aber erst im Jahre 1513 vollendet. Friedrich III. und Maximilian I. sollen dafür 40,000 Dukaten bezahlt haben. Dies Monument zu beschreiben, würde zu viel Platz erfordern und ich beschränke mich nur, zu erwähnen, daß man daran 240 Figuren zählt, welche sämmtlich mit dem sorgfältigsten Fleiße ausgeführt sind. — Der Grabmäler des Protucius, Celtes, Cuspinian, des Wiener Brückenmeisters und Rathsherrn Joh. Hutstocker, an der Außenseite der Kirche am zweiten Fenster der Chorvorlage, sowie Otto's, des fröhlichen, lustigen Raths, Nithard Otto Fuchs, erwähne ich nur obenhin, da ohne ein Abbild deren Gestalt doch nicht zur Anschauung kommt.

Die St. Stephanskirche in Wien.

Verlag von Bossange Vater in Leipzig.
Unter Verantwortlichkeit der Verlagshandlung.

Das Pfennig-Magazin
der
Gesellschaft zur Verbreitung gemeinnütziger Kenntnisse.

76.] [2. Jahrg. 24.]   Erscheint jeden Sonnabend.   [October 11, 1834.

Albrecht Dürer.

Albrecht Dürer's Leben und Verdienst.

Unter den deutschen Künstlern des Mittelalters, welche sich durch ihre Leistungen in den bildenden Künsten ein anerkanntes Verdienst erworben haben, dürfte Albrecht Dürer unstreitig den ersten Rang behaupten. Dürer's Neuerungen als Stifter der deutschen Schule bilden keinen Gegensatz zu den Grundsätzen der Kunst, welche gleichzeitig und vor ihm vorhanden waren, sondern die Aufgabe, welche er löste, mußte allen Malerschulen gleich willkommen sein. Die italienische Schule war und ist dem Idealen zugewendet, d. h. sie legt in ihr Gemälde den Charakter des unwandelbar Schönen, wie es dem ewigen, uns als Vernunftwesen angebornen und in unsere menschliche Natur eingepflanzten Schönheitssinne entspricht; sie findet es unter der Würde der bildenden Künste, das Platte, Gemeine, Rohe mit dem Pinsel oder Meißel darzustellen, und ordnete die Treue der Darstellung nur der Schönheit unter. Ein treues Gemälde, welches den Foderungen der Schönheitslehre nicht entspricht, ist nach ihrem Urtheil kein schönes Gemälde, und somit sollte ein Gemälde nicht ein bloßer treuer Spiegel der Natur und Wirklichkeit, sondern ein verkörperter Abglanz der ewigen Schönheit sein. Darum finden wir in ihren Gemälden Veredelung der Natur, Grazie, die Idee des Göttlichen, Erhabenen, Großartigen, Duldung u. s. w., während wir in der Naturtreue der niederländischen Bilder oft mehr den Künstler als den abgebildeten Gegenstand bewundern. In die Mitte dieser verschiedenartigen Bestrebungen legte nun Albrecht Dürer ein neues Kunstprincip, den Grundsatz der Normalen der Natur. Es ist wol keinem Zweifel unterworfen, daß die Gottheit jedes ihrer Geschöpfe nach einem bestimmten Vorbilde geschaffen habe, und daß nur die äußern Einflüsse, Unfälle, zerstörende Lebensweise und viele andere Ursachen vorzüglich den Menschen von jener ursprünglichen Norm entfernten. Man pflegt nun diejenigen Formen der Natur, in denen man das Normale findet, classische Formen zu nennen. — Albrecht Dürer wurde im J. 1471 zu Nürnberg geboren. Um diese Zeit war Nürnberg eine sehr bevölkerte freie Reichsstadt, hatte einen ausgebreiteten Handel und die reichen Kaufleute unterstützten Künste und Wissenschaften. Sein Vater, ein Goldschmied, stammte aus Ungarn, entdeckte schon das ausgezeichnete Talent in Dürer's Knabenalter, bestimmte ihn für die bildende Kunst und übernahm selbst seinen Unterricht, nachdem er vorausgesehen hatte, daß sein Sohn, obwol er für die Goldschmiedekunst nicht ohne Geschick war, doch in der darstellenden Kunst Ausgezeichnetes leisten würde, da sich ohnehin seine Neigung dafür entschied und er zuerst nur aus kindlichem Gehorsam den Wünschen seines Vaters, Goldarbeiter zu werden, nachgekommen war. Sein erster Lehrer in der Malerei war Michael Wohlgemuth, welcher sich durch die Ausstattung der Nürnberger Chronik mit artigen Holzschnitten ein Denkmal in der deutschen Kunstgeschichte gesetzt hat, und wahrscheinlich unterrichtete dieser ihn auch im Holzschneiden. Nach damaligem Künstlerbrauch machte er nach Vollendung seiner Lehrjahre eine Reise durch einen Theil Deutschlands und des Elsaß. Die Zeit, wo seine Gemälde die allgemeine Aufmerksamkeit anzogen, fällt nach Einigen in sein 23stes, nach Andern in sein 26stes Jahr. Sein Orpheus legte den Grund zu seiner Berühmtheit. Seine Reise nach Italien, welche er 1505 unternahm, hatte eine ganz besondere Veranlassung. Dürer hatte nämlich neben der Malerei auch die Holzschneidekunst mit so vielem Glücke betrieben, daß seine Arbeiten selbst in Italien Aufsehen erregten. Der geringere artistische Verkehr, welcher in damaliger Zeit zwischen Italien und Deutschland herrschte, hatte einen venetianischen Kupferstecher so dreist gemacht, Dürer's Holzschnitte zu stechen und, um sie leichter abzusetzen, mit Dürer's Chiffer (welche die Maler Monogramm nennen) zu versehen. Dieser Betrug empörte Dürer; er reiste nach Venedig und verklagte Antonio Raimondi bei dem Senate; dieser entschied zu Gunsten Dürer's und gab das ausdrückliche Verbot, fremde Monogramme zu gebrauchen. Der Genius Raphael, da er hörte, daß Dürer in Italien sich befände, ruhte nicht eher, als bis er ihn aufgefunden und seine persönliche Bekanntschaft gemacht hatte. Nach damaliger Sitte tauschten diese beiden kunstverwandten Männer gegenseitig ihre Producte aus. Dürer gründete seinen Ruf in Italien so sehr, daß selbst ausgezeichnete Künstler wie Andrea del Sarto den Styl Dürer's annahmen und bei ihren Gemälden oft ganze Stücke von Dürer's Blättern copirten. Für die St. Markuskirche zu Venedig hatte er den Märtyrertod des heiligen Bartholomäus gemalt. Der Ruf, den dieses herrliche Gemälde erregte, drang bis zu dem deutschen Kaiserthrone, und Rudolph II. beschloß, es um jeden Preis zu kaufen. Er erstand es für eine ansehnliche Summe, und um es unversehrt aufzustellen, vertraute er es der Fuhre nicht an, sondern ließ es auf Stangen unter militairischer Bedeckung nach Prag bringen.

Was Dürer's Gemälden an Vielheit abgeht, ersetzt die Güte derselben; zahlreicher aber sind seine Holzschnitte. Die Kunst, in Holz Bildnisse einzuschneiden, war zwar schon hundert Jahre früher von einem Deutschen, Johann Ullrich Pilgrim, erfunden und ausgeübt; aber ihre Producte erhoben sich nie über die Mittelmäßigkeit und beschränkten sich fast lediglich auf Spielkarten, Heiligenbilder und schlechte Chronikvignetten. Dürer aber — oder der seine Zeichnungen ausführende Arbeiter — wußte die technischen Schwierigkeiten der Holzschneiderei zu besiegen, und nicht allein zarte Naturgegenstände nachzubilden, sondern in seine Charakterstücke auch den Ausdruck des geistigen Lebens, in allen Stufen, von den Leidenschaften bis zu den zartesten Gemüthsbewegungen, zu legen. Zu den gelungenen Arbeiten dieser Art rechnet man den heiligen Hubertus auf der Jagd, vor einem Hirsche, welcher zwischen seinem Geweihe ein Kreuz trägt, knieend dargestellt. Außerdem zeichnet sich unter seinen Kupferstichen eine bildliche Darstellung der Melancholie aus, von welcher Arbeit sein eigner Gemüthszustand die nächste Ursache gewesen sein soll. Ueberhaupt steht Dürer für sein damaliges Zeitalter als Kunsttechniker durch den praktischen Gebrauch, welchen er von seinen Kenntnissen in der Größenlehre zu machen wußte, einzig da. Wie er die normalen Formen des Menschen bestimmte, so suchte er in scheinbar geringfügigen Naturgegenständen die Gesetzmäßigkeit ihrer Form auf und führte sie auf mathematische Dimensionen zurück. Dies that er z. B. mit der Muschel. Wenn auch sein Buch über den Festungsbau jetzt nicht mehr in der Kriegskunst benutzt wird, so war er doch der Erste, welcher die Formen der Festung der damals neuen Belagerungsweise mit grobem Geschütz anzupassen sich bemühte. Die Erfindung seiner gläsernen Copierscheibe, so wie die, Holzschnitte mit zwei Farben zu drucken, dürfen wir um so weniger mit Stillschweigen übergehen, als man damals an Naturwissenschaften, Physik und Chemie kaum dachte, und Erfindungen der Art das Werk vielfältiger Versuche und beharrlichen Fleißes waren. Seine mathematischen

Kenntnisse dehnte er sogar auf die Bestimmung der wohlgefälligsten Proportionen der deutschen Anfangsbuchstaben (Versalien) aus, wobei ihm natürlich sein Formensinn die größten Dienste leistete. Nicht minder verdienen seine Bemühungen, in Verbindung mit seinem Freunde Pirkheimer, die deutsche Sprache von Fremdwörtern, namentlich terminologischen, zu reinigen, unsere dankbare Anerkennung. Seine wissenschaftlichen Forschungen sollen ihm eine Art von Schwermuth zugezogen haben; jedoch ist es mehr als wahrscheinlich, daß der bösartige Charakter seiner Frau an seinem zerrütteten Gemüthszustande den Hauptantheil hatte. Angebetet von der Mitwelt, unterstützt von den Verehrern der Kunst, zum Rathe der Stadt Nürnberg erwählt, von drei deutschen Kaisern, Rudolph II., Maximilian und Karl V. mit Ehrenbezeugungen überhäuft, ja von Letztern sogar mit einer Pension und dem Malerwappen *) beschenkt, sanft und angenehm im Umgange, verstand seine Frau seine Persönlichkeit und Geistesgröße nicht zu schätzen und verbitterte ihm sein stilles, der Kunst und Forschung geweihtes Leben. Sie war die Tochter des damals berühmten Mechanikers Hans Fritz zu Nürnberg, und er hatte sie nur auf den Wunsch seines Vaters genommen. Aber mit ihrer schönen Gesichtsbildung, wegen welcher er sie zum Modell für seine Jungfrau Maria nahm, bildete ihr Betragen einen schroffen Gegensatz.

Eine Zeit lang ertrug er mit schonender Nachsicht ihr unfreundliches Wesen; endlich aber riß ihm die Geduld, er floh nach Flandern und fand in dem Hause seines Bruders eine willkommene Aufnahme und ein freundliches Asyl. Hier lebte er in tiefer Zurückgezogenheit; aber seine Frau entdeckte seinen Zufluchtsort und foderte ihn unter den nachdrücklichsten Betheuerungen, ihre Sinnesart zu ändern, zur Rückkehr in die Heimat auf. Der Unglückliche unterlag ihren Ueberredungskünsten; kaum nach Hause zurückgekehrt, spottete sie seiner Schwäche, mit welcher er sich ihrer Verschlagenheit und Verstellungskunst hatte gängeln lassen, und bereitete dem als Mensch und Künstler gleich trefflichen Manne ein allzu frühes Grab. Er starb zu Nürnberg im 57sten Jahre seines Lebens. Sein Grab auf dem dortigen Johanniskirchhofe enthält eine lateinische Inschrift, welche übersetzt also lauten würde:

Zum Andenken an Albrecht Dürer.
Nur die sterblichen Ueberreste Dürer's umschließt dieses Grab.

Eine Sammlung seiner später ins Lateinische und Französische übersetzten Schriften veranstaltete J. Jansen zu Arnheim 1602 in Folio.

Der wilde Truthahn.

Franklin bedauert es irgendwo, daß man in seinem Vaterlande, den nordamerikanischen Freistaaten, statt des Weißkopfes, einer Adlerart, nicht vielmehr den wilden Truthahn zum Emblem oder Nationalwappen angenommen habe. Als jedoch später dessen wunderliches und reizbares cholerisches Temperament zum Sprüchworte wurde, wußten seine amerikanischen Landsleute es dem Glücke Dank, daß es von seinem Wappen eine Zielscheibe des Spottes abgewehrt habe.

Neben einem wilden nordamerikanischen Truthahn erkennt man in dem gezähmten europäischen oder asiatischen die gleiche Race kaum wieder, und ein unbefangener Betrachter der Natur würde wenigstens den unsrigen als zu einem andern Geschlechte gehörig annehmen. Ungleich fast allen andern Hausthieren, welche durch Menschenhand und Wartung veredelt werden, nimmt der Truthahn durch Zähmung ein immer dürftigeres Aussehen an, und schon jetzt kann man ihn als gänzlich entartet ansehen. Dagegen schmückt die Hand des Schöpfers den wilden mit einem köstlichen Gefieder, gegen welches das verfalbte Colorit des zahmen einen auffallenden Contrast bildet.

Ueber die Lebensart, Heimath und besonderen Eigenthümlichkeiten dieses Vogels theilen wir nachstehend das Wichtigste aus den Schriften fleißiger Beobachter und zuverlässiger Naturbeschreiber mit. Im Monat Oktober stellen sie sich in zahlreichen Schaaren an den Flüssen Ohio und Mississippi ein und lassen sich die Eichelmast wohl bekommen; die Indianer nennen die Periode ihres Aufenthaltes daselbst den Truthahn-Monat. Die Männchen vereinigen sich zu Gruppen von 10—100 und verlassen die Weibchen, während letztere sich gleichfalls haufenweise zusammengesellen und an der Spitze ihrer Jungen ihren besondern Weg einschlagen. Räthselhaft ist's wahrlich, warum die Natur die Männchen gegen ihre jungen Abkömmlinge, welche sich's gefallen lassen müssen, von ihnen durch Beißen derb zugerichtet zu werden, so feindlich gestimmt haben mag. Alle diese Gruppen aber schlagen eine Hauptrichtung ein. Es ist also dieser wilde Truthahn ein Wandervogel zu Fuß, der nur dann von seinen Flügeln Gebrauch macht, wenn ihn die Nothwendigkeit treibt. Aufgeschüchtert von den Jägerhunden, fliegt er gerade so weit, als er sicher zu sein glaubt. Kommen die Truthähne aber an einen breiten Fluß, welchen ihr Instinct ihnen überzusetzen heißt, so versammeln sie sich zu zahlreichen Geschwadern und wählen zum Ansatzorte lieber eine entlegenere Anhöhe als das Ufer. Sie verweilen dann oft mehrere Tage auf derselben; ob sie hier das Terrain nach dem Augenmaaße recognosciren, ob sie Muth und Kräfte sammeln, ob sie auf Vergrößerung der Gesellschaft warten, oder ob sie gar nichts denken, wissen die Truthähne selbst am Besten. Ist ihnen der Ueberflug gelungen, so schwärmen sie einige Zeit wie umher, gleichsam als freuten sie sich über ihre eigne Kraft. Aber auf dem entgegengesetzten Ufer wartet ihrer gewöhnlich der Jäger mit seinen Netzen.

Auffallend ist's, daß, obwol die Einführung dieses Vogels in Europa noch so neu ist, gleichwol die Naturforscher in der Annahme seines Vaterlandes so verschiedener Meinung sein konnten. So wollten z. B. Alrovand, Geßner, Ray u. A. Ostindien und Afrika als sein Stammland annehmen und in der Beschreibung der Hausthiere der alten Griechen und Kleinasiaten auch den Truthahn erkennen. Allein es ist nur zu sehr entschieden, daß er gleich nach der Eroberung Mexikos durch die Spanier nach Europa kam, wo er sich in kurzer Zeit auf eine außerordentliche Weise vermehrte. Der Name „calicutischer Hahn" und der französische coq d'inde scheint zwar auf Ostindien, wo die Stadt Calicut liegt, hinzudeuten, findet aber wahrscheinlich in einem Irrthume seinen Ursprung. Die Natur hat ihn, wie es scheint, zur personificirten Eifersucht und zum leibhaftigen Urbilde des Aergers und der Reizbarkeit auserkohren, und wir machen uns lustig über ihn, wenn wir ihn beim Anblick eines bloßen rothen Lappens in Affect gerathen und die sonderbaren Anhängsel seiner Kehle, den nackten schwammigen Fleischlappen auf seinem Kopfe und den Fleischzapfen auf der Wurzel des Oberkiefers, die im

---

*) Es besteht in einem lasurblauen Schilde mit drei weißen Schindeln.

gewöhnlichen Zustande blauröthlich aussehen, in seinem gereizten Zustande anschwellen und sich röthen sehen. In diese Theile strömt alsdann das Blut und färbt sie hochroth. Sollten wir ihn also, statt ihn zum Besten zu haben, nicht vielmehr entschuldigen, wenn er nun vollends sein Gefieder sträubt, seine Schwanzfedern radförmig ausbreitet, die lächerlichsten Posituren annimmt, ein kollerndes Geschrei ausstößt und gravitätisch bald links, bald rechts schreitet? Zu den Eigenthümlichkeiten dieses Vogels gehört noch, daß er des Nachts am Liebsten auf Bäumen ruht und überhaupt gern erhöht sitzt. Ob der Schaden, den die Truthennen in cultivirten Ländern in Gärten und Saatfeldern durch ihre Gefräßigkeit anrichten, sich gegen sein schmackhaftes Fleisch compensirt, wage ich nicht zu entscheiden *).

---

*) Wir benutzen diese Gelegenheit, das Publicum auf ein in Leipzig bei J. J. Weber kürzlich erschienenes, sowohl hinsichtlich des Druckes und Papiers, als der darin enthaltenen Abbildungen elegant ausgestattetes Buch über die Hausthiere, namentlich die vierfüßigen, aufmerksam zu machen. Der gegen die innere und äußere Güte dieses Werkes fast zu niedrige Preis von 16 Ggr. macht die Anschaffung auch dem Minderbemittelten möglich, und wird diese gewiß Niemand reuen. Möchte die Beschreibung der gefiederten Hausthiere bald nachfolgen!   Die Red.

Der wilde Truthahn.

Ueber den Erdmagnetismus.

Die Physik oder Naturlehre hat sich die große Aufgabe gestellt, alle Erscheinungen der Körperwelt auf bestimmte Gesetze zurückzuführen; man sieht ein Naturgesetz für gültig an, wenn nicht nur alle Erscheinungen vor der Aufstellung desselben, sondern hauptsächlich die spätern Erfahrungen keinen Widerspruch mit dem Gesetze selbst in sich tragen. In keiner Lehre der Physik ist man, ungeachtet des langen Zeitraums angestellter Beobachtungen und ungeachtet der großen Anzahl derselben, so wenig glücklich gewesen, auf ein einfaches Gesetz zu kommen, als in der Lehre vom Erdmagnetismus; jedoch geben die neuesten Resultate von Entdeckungsreisen der Hoffnung Raum, daß man bald zum erwünschten Ziele gelangen wird.

Erscheinungen an der freihängenden
Magnetnadel.

Hängt man eine Magnetnadel in ihrer Mitte an einem dünnen Seidenfaden, gleich einem Wagebalken, so auf, daß sie sich frei nach allen Richtungen bewegen kann, so wird sie augenblicklich die ihr willkührlich gegebene Lage verlassen und eine feste bestimmte annehmen, von welcher sie nur in Folge äußerer Einwirkungen gebracht werden kann. Die Bewegung, welche sie machen wird, um jene bestimmte Lage einzunehmen, ist nicht blos horizontal, d. h. nach irgend einer Gegend des uns in der Erdferne umgebenden Gesichtskreises sich drehend, sondern auch vertikal, als dem Horizontalen entgegengesetzt, nach oben oder unten. Die Magnetnadel wird bei uns in ihrer wagerechten Stellung westwärts vom Nordpunkte fallen, in ihrer lothrechten sich in einem Winkel nach unten zu neigen, gleich dem Wagebalken, welcher durch ein Gewicht aus der wagerechten Lage geführt worden ist. Je näher man nun dem Nordpole kommt, um so größer wird die Neigung der Nadel nach unten zu. Man hat Neigungen beobachtet, welche dem wirklichen Lothe sehr nahe kommen. (Vergleiche No. 65 des Pfennig-Mag., unter dem Artikel: Allgemeine Nachrichten über die Durchfahrtsexpedition des Capitain Roß.) Reiset man jedoch mit der Magnetnadel nach Westen, so wird unterwegs die Nadel allmählig von ihrer westlichen Richtung abweichen, bis sie endlich genau nördlich wird; reist man jedoch dem Aequator zu, so wird an vielen Stellen die Nadel keine nach unten geneigte Stellung annehmen, sondern frei wie ein das Gleichgewicht haltender Wagebalken schweben. Mit dem Vorrücken nach dem Nordpol wird jedoch die vertikale Neigung allmählig größer. Auch die horizontale Abweichung erleidet Veränderungen. Je weiter nach Osten, um so größer wird die Abweichung (Declination) von Norden; je weiter nach Westen, um so mehr nimmt die Hinneigung nach Norden zu. Bis auf einen Regelmäßigkeit statt, so daß man zu der Annahme berechtigt scheint, als ob die Nadel nach einem festen Punkte hinweise; dem ist jedoch nicht so, es treten nicht unbedeutende Unregelmäßigkeiten ein. Es ist bereits oben erwähnt worden, daß die vollkommen horizontale Lage der freischwebenden Magnetnadel in der Nähe des Erdäquators statt findet. Den Bemühungen zahlreicher Reisender zur See und zu Lande verdanken wir nun die Möglichkeit, die auf und um den Aequator liegenden Punkte der Erde, auf welchen die Nadel keine Neigung nach unten zeigt, zu einer Linie sammeln zu können. Diese mathematisch durchaus unregelmäßige oder vielmehr unsymmetrische Linie schlängelt sich durch den Erdäquator. Wir wollen ihren Lauf verfolgen. Wir beginnen mit dem südlichsten

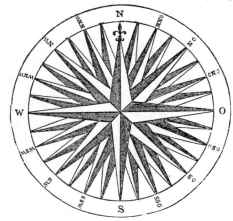

Windrose.

Punkte der andern Erdhälfte. Er liegt 14 bis 15 Grad südlicher Breite, also nördlich von der Insel Trinidad, zwischen Südamerika und Afrika; die Linie läuft dann quer durch Südamerika, tritt oberhalb Lima in den großen Ocean und nähert sich allmählig dem Aequator, bis sie ihn unter dem hundertsten Längengrade, von der Insel Ferro ab gezählt, berührt, jedoch nicht schneidet; nun läuft sie zurück auf die südliche Halbkugel, macht einen schmalen Bogen, durchschneidet den Aequator oberhalb der Kingsmills-Inselgruppe und kommt folglich in die nördliche Erdhälfte, läuft quer durch die Lord Mulgraves-Inseln, durchschneidet die Karolinen-Inselgruppe und bewegt sich bis Ceylon fast gleichlaufend oder parallel mit dem Aequator fort; jetzt steigt sie bis westlich von der Inselgruppe der Lakediven, neigt sich dann wieder südlich dem Aequator zu, schneidet ihn etwa acht Grad östlich von der Küste von Niederguinea, nimmt abermals ihre Richtung in die südliche Erdhälfte und lenkt endlich an dem Punkte um, von welchem wir ausgegangen sind. Diese unregelmäßige krumme Linie nennt man den Aequator des Erdmagnetismus. Was nun diejenigen Punkte betrifft, in welchen die Richtung der Magnetnadel genau nördlich ist, so hat man aus sehr zahlreichen sowohl in der südlichen als nördlichen Erdhälfte angestellten Beobachtungen durch diejenigen Punkte, wo keine Abweichung nach Ost oder West stattfindet, eine Linie nach folgendem Gange gefunden. Der äußerste bis jetzt beobachtete Punkt der südlichen Halbkugel, wo sie beginnt, ist da, wo der Mittagskreis von Paris die südliche Zone durchschneidet; sie läuft in nordwestlicher Richtung zwischen der alten und neuen Welt fort, jedoch erleidet ihre Richtung mannichfache Krümmungen und ist deshalb mit keinem Längengrade der künstlichen Erdeintheilung zu vergleichen.

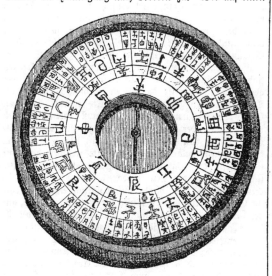

Chinesischer Compaß. *)

großen Theil der Erde findet nun in Beziehung auf die von den Weltgegenden bedingte Declination oder horizontale Abweichung eine sich ziemlich folgerecht bleibende

---

*) Die Beschreibung desselben, so wie die der Windrose, enthält der Schluß dieses Aufsatzes in der folgenden Nummer.

Plötzlich verläßt sie diesen Gang an der Mündung des La Platastroms, wo sie nordöstlich wird und 5 Grad nördlich am Aequator wiederum die nordwestliche Richtung einschlägt. Von hier aus durchschneidet sie die vereinigten Staaten bis jenseits des Gebirgszuges der Andes und bleibt immer nordwestlich. Es liegt klar am Tage, daß, wenn auf der westlichen Erdhälfte eine solche Linie vorhanden ist, auch auf der östlichen entgegengesetzten Seite sich eine solche befinden müsse, welches sich denn auch aus Nachforschungen wirklich ergiebt. Diese ist denn jener auch ziemlich entgegengesetzt; sie nimmt ihren Anfang im großen Ocean zwischen Neuseeland und dem Eismeere, durchschneidet die westliche Spitze von Neuholland, tritt in den indischen Ocean, spaltet sich bei Sumatra in zwei Zweige und schlägt östlich eine Richtung nach China, westlich eine nach Persien ein. So unregelmäßig der Lauf dieser Linie ist, eben so unregelmäßig hat man die Krümmungen der andern (wir wollen sie magnetische Längen nennen) gefunden; jedoch findet im Ganzen ein ähnlicher Parallelismus statt, wie bei den künstlichen Längengraden, d. h. sie, die magnetischen Mittagslinien, scheinen auf einen bestimmten, westlich von Nordamerika gelegenen Punkt gerichtet, in welchem sie sich vereinigen. Wo dieser Punkt, welchen man den magnetischen Nordpol nennt, liegt, ist mit Genauigkeit noch nicht ermittelt worden. Aus allen diesen Erscheinungen hat man die Folgerung gezogen, daß der Kern der Erde einen großen Magneten verbirgt, dessen Pol zwischen Nordamerika und Nordasien liegt. Da jedoch bekanntlich bei dem Magnete zwei Punkte, der Nord- und Südpol, die magnetischen Kräfte in sich vereinigen, so müßten die Erscheinungen der Declination und Inclination sowohl einen regelmäßigen Aequator als auch regelmäßigen Meridian bilden, wenn obige Annahme den Erscheinungen entsprechen soll. Einige sind jedoch bei denselben stehen geblieben, in der Meinung, daß eine Menge örtlicher Ursachen jene Abweichungen von der Regelmäßigkeit zur Folge hätten. Zu den Orten, wo die Unregelmäßigkeiten der Inclination und Declination gleichsam sprungweise werden, gehört die Insel Elba, welche viele Eisengruben und einen Magnetberg hat; ein Gleiches findet auf der an Eisenmineral und Magnetstein reichen Insel Island statt.

Zu jenen örtlichen, auf die Bewegung der Magnetnadel einen Einfluß ausübenden Ursachen kann man noch folgende an ganz freistehenden Felsenmassen ihr äußerndes Naturereignis rechnen. Diese Felsen haben nämlich mit dem Magnete die Eigenschaft gemein, daß die eine Seite das Südende des Magnets abstößt, das Nordende jedoch anzieht, die andere Seite hingegen das Umgekehrte thut. Allein sie weichen vom Magneten wiederum dadurch ab, daß sie nicht, wie letzterer, das Eisen anziehen. Man hat sie daher polarisirende Felsen genannt. Das Gestein, an welchem Humboldt jene merkwürdige Entdeckung machte, ist ein Serpentinfelsen, Namens Heidberg, bei Zelle im Baireuthischen. Zwei große pyramidalische Granitfelsen im Harzgebirge zeigen ähnliche Eigenschaften, so auch der Ilsenstein daselbst, und ohne Zweifel würden fortgesetzte Nachforschungen noch ähnliche Felsmassen auffinden. Die Masse des letzteren Granitfelsen wurde von Herrn Jordan in Clausthal chemisch untersucht. Wirklich ergab sich, daß das Gestein mit magnetischem Eisenstein übermengt war, welche, wenn gleich zerstreute Mischung, seine magnetische Kraft an zwei Punkten, Polen, concentrirte. Nachdem er das Eisen und den Magnetstein von einem großen Stücke des Granits ausgeschieden hatte, zeigte der Stein auf der Magnetnadel bei dessen Annäherung keine Empfindlichkeit mehr.

Derselbe Gelehrte will gefunden haben, daß, wenn man polarisirenden Granit glühte, dieser seine abstoßende und anziehende magnetische Eigenschaft verlor, dagegen aber angezogen wurde. Glühte er den Granit im offenen Feuer ohne Beimischung des Kohlenstaubes, so verlor er jede magnetische Eigenschaft und wurde nicht mehr angezogen, gewann aber die Anziehbarkeit wieder, wenn man während des Glühens etwas Fett beimischte.

Folgerungen und Schlüsse.

Zur Erklärung der Unregelmäßigkeiten in den Erscheinungen der Magnetnadel würde die Annahme verborgener örtlicher Ursachen zwar sehr bequem sein; allein sie leistet der Forderung der Naturlehre, alle Erscheinungen der Natur auf möglichst einfache, allen Erfahrungen entsprechende Gesetze zurückzuführen, durchaus kein Genüge. Das Naturgesetz, wenn es Gültigkeit hat, muß so beschaffen sein, daß man durch dasselbe schon im Voraus die Art einer Erscheinung nach den Umständen, in welche man sie versetzt, bestimmen kann. Wir wollen dieses durch ein Beispiel deutlich machen. Unter allen Annahmen über den Erdmagnetismus räumt man der Ansicht des Schweden Hansteen den Vorzug ein. Dieser Gelehrte hat mit vielem Scharfsinn zwei kreuzweis über einander liegende magnetische Walzen im Innern der Erde angenommen, von denen jedoch keine durch den Mittelpunkt unserer Erde geht. Beide Magnete haben verschiedene Stärke, der eine ist $1\frac{3}{4}$ Mal stärker als der andere; um sich die Lage dieser Walzen anschaulich zu machen, denke man sich eine Nadel innerhalb eines Erdglobus, dessen Südende unter Vandiemensland und dessen Nordende unter der Hudsonsbay in Nordamerika liegt. Der schwächere Cylinder hat seine Lage zwischen dem nördlichen Eismeere über Sibirien und dem Cap Horn am Feuerland in Südamerika. Es finden also nach Hansteen's Ansicht nicht zwei, sondern vier Erdmagnetpole statt. Wenn nun diese Walzen nebst deren magnetischen Axen sich kreuzten, so würde an dem Punkte der Erde, wo die Nadel die größte verticale Neigung zeigt, auf dem Pol der Walze selbst liegen müssen; da sie aber nur neben einander liegend kreuzen und noch einen Raum zwischen sich haben, so ist der größte Neigungspunkt da gelegen, wo beide Kräfte der Pole zusammenwirken; diese Punkte nannte Hansteen Convergenzpunkte, und es muß deren natürlich vier geben. Der eine dieser Convergenzpunkte fällt 30 Grad südlich von Vandiemensland in Neuholland; der zweite, jenem polarisch entgegengesetzt, zwischen die westliche Seite der Baffins- und Hudsonsbay; der dritte südwestlich von den neu entdeckten Eisfeldern des südlichen Eismeers; der vierte ihm polarisch entgegengesetzt 11 Grad nördlich an der Küste Neusibiriens. Eine andere merkwürdige Erscheinung an der Magnetnadel ist die, daß sich sowohl ihre Inclination als Declination mit der Zeit für jeden Ort der Erde ändert. Zur Erklärung dieser Naturerscheinung liegt die Annahme, daß die Magnete sich selbst innerhalb der Erde bewegen, sehr nahe, und wirklich hat auch Hansteen für die Drehungen derselben bestimmte Gesetze ausgemittelt. Ist nun die Hypothese des norwegischen Naturforschers die richtige, so muß der Mathematiker, vermittelst der Stärke und Lage der angenommenen cylindrischen Erdmagneten, für jeden Punkt der Erde die horizontale und verticale Stellung der Magnetnadel berechnen können. Merkwürdig ist es, daß schon vor 150 Jahren der berühmte Physiker Halley eine der Hansteen'schen ähnliche Hypothese (Annahme) aufstellte, die mit dieser selbst darin übereinstimmte, daß er den vier magnetischen Polen ungleiche Kräfte gab.

(Der Beschluß folgt.)

Palmyra.

In der heutigen Provinz Nedjed, im Stammlande der Wachabiten, dem alten Syrien, liegt nordwärts, versteckt in der Wüste, drei Tagereisen von dem Euphrat, eine zum Theil eingefallene, zum Theil zertrümmerte Stadt. Schon längst waren die gelehrten Sprach= und Alterthumsforscher mit der Lösung des Räthsels beschäftigt, was den Gründer dieses wahrhaftigen Roms der alten Welt bewogen haben mochte, hier den Grundstein zu einer der prachtvollsten Städte zu legen, welche je die Erde sah. Mitten in der syrischen Wüste, in einer sehr beträchtlichen Entfernung vom Meere, ohne Trinkwasser — denn auf eine ununterbrochene Versorgung der künstlichen Wasserleitungen, von denen noch gegenwärtig Spuren vorhanden sind, war nicht zu rechnen, da die Quellen der unweit gelegenen Hügel versiegen konnten — waren es gleichwohl höchstwahrscheinlich nur allein die beiden Wasserquellen, welche den Erbauer bewogen, sich eine so entlegene Stätte auszusuchen. Es unterliegt fast keinem Zweifel, daß Salomo der Gründer Palmyra's war. Er nannte sie Tadmor (Palmenstadt); die älteste und ehrwürdigste Geschichtsurkunde unterstützt diese Annahme *). Was für Gründe aber konnten den festesten aller Judenkönige bewegen, eine so umfangreiche prachtvolle Stadt in Syriens Sandwüste zu gründen? Um diese Frage genügend zu beantworten, müssen wir einen Rückblick auf seinen großartigen Plan, Judäa zur Herrschaft des Welthandels zu erheben, zurückwerfen. Er bedurfte also eines Centralpunktes seines Handels; die geeignetste Lage dafür fand er nur an einem zwischen dem persischen Meerbusen und dem Flusse Euphrat gelegenen Punkte. Ein alter Geschichtschreiber erzählt uns, daß Palmyra seinen Aufschwung dem allmäligen Verfalle der Städte Tyrus und Jerusalem verdankte. Zur Zeit der Römer hatte sie den Gipfel ihrer Größe erreicht, und es ist mehr als wahrscheinlich, daß auch die sie umgebende Vegetation ein freundlicheres Ansehen hatte als jetzt, und daß das gegenwärtige Terrain erst in späteren Zeiten mit Flugsand überschüttet wurde. Durch ihre unermeßlichen Reichthümer, welche sie ihrem Speditionshandel mit indischen Waaren nach Europa verdankte, machte sie sich unabhängig von aller Fremdherrschaft, und beobachtete in den Kriegen zwischen den Parthern und Römern die strengste Neutralität. Trajanus gelang es indeß, sie mit dem römischen Reiche einzuverleiben, — und sie, die üppige Handelsstadt, mußte sich zu der Demüthigung verstehen, länger als 100 Jahre eine römische Colonie zu heißen. Was von architektonischen Ueberresten im griechischen Styl sich noch vorfindet, fällt in diese Periode; alle geschichtliche Nachrichten, welche jenseit derselben liegen, können nicht verbürgt werden; die zuverlässigen Nachrichten beginnen erst in der Mitte des dritten Jahrhunderts n. Chr. in der Regierungszeit Kaisers Valerian. Schon im J. 225 war es Artarerres gelungen, in Asien ein neues persisches Reich zu stiften. Sein Nachfolger, Sapor, suchte alle an die Römer verlorenen Provinzen unter sein Scepter zu bekommen. Valerian, der die Größe des Verlustes, welche auf dem Spiele stand, empfand, stellte sich selbst an die Spitze einer Armee, um durch seine Gegenwart ihren Muth zu beseelen. Bei Edessa kam es zur Schlacht, die Römer wurden geschlagen und der Kaiser selbst gerieth in Gefangenschaft. Der Ausgang dieser Schlacht flößte den Römern die Furcht ein, sämmtliche asiatische Provinzen zu verlieren, und da die Palmyräer schon sich Hoffnung auf die Wiedererhaltung ihrer alten Freiheit und Unabhängigkeit machten, so suchte Odenatus, damaliger Statthalter, dem Streiche zuvorzukommen, und durch einen schmeichelhaften, von kostbaren Geschenken begleiteten Brief Sapor's Eitelkeit und Prachtliebe zu bestechen. Doch das Anerbieten verfehlte seine Wirkung. Sapor entließ die Gesandten mit kalter Geringschätzung und ließ die Geschenke in den Euphrat werfen und Odenatus sagen, daß er sich eine Frechheit erlaubt habe, ihm auf eine solche Weise zu schreiben und einen so schimpflichen Abkauf anzusinnen. Odenatus, erbittert über diese Beleidigung, that sofort das Gelübde, entweder seinen Uebermuth zu züchtigen, oder selbst ein Opfer seines Racheversuches zu werden. Er sammelte alle Streitkräfte, überfiel die Perser, eroberte ihre Bagage und Sapor's Gemahlin und viele seiner Weiber zu Gefangenen. Nach mehreren Siegen trug Odenatus auf die Auslieferung Valerian's an, wozu sich jedoch Sapor nicht verstehen wollte. Odenatus regierte nur kurze Zeit; sein eigener Neffe ermordete ihn; doch auch diesem wurde von Zenobia, Witwe des Odenatus, ein gleiches Schicksal zu Theil. Diese zweite Semiramis Kleinasiens hatte die Kühnheit, sich von der persischen und römischen Unterwürfigkeit losreißen zu wollen; ihre kriegerischen Rüstungen vermochten Armenien, Arabien und Persien ihr eine Alliance anzubieten. Rom war um diese Zeit gerade in den Krieg mit den Gothen verwickelt, und Kaiser Claudius, der die Streitkräfte nicht zersplittern wollte, sah sich genöthigt, ihrem Gebiete den Namen eines Königreiches in Osten zuzugestehen. Sie selbst aber erklärte sich für unabhängig von Rom, welches ihr den Krieg erklärte. Um den Muth der Soldaten zu beseelen, schloß sich Zenobia selbst den Feldzügen an. Nach einem mehrfachen Verluste schloß sie sich in Palmyra ein, dessen Uebergabe allein erst das Schicksal ihres Reiches entscheiden konnte. Aurelian fing nun an, Palmyra zu belagern; da er aber voraussah, daß die Belagerung sehr langwierig werden mögte, da er selbst durch einen Wurfspieß verwundet wurde, und die Vertheidigungsanstalten einen standhaften Widerstand erwarten ließen, da ferner die Armee im Rücken von den Arabern beunruhigt werden und die nahe Erschöpfung der Provisionen eine Hungersnoth herbeiführen konnte, so machte er der Zenobia den Antrag einer für sie vortheilhaften Capitulation. Sie wurde zurückgewiesen; aber zu ihrem Unglück kam Probus nach seinen siegreichen Feldzügen von Aegypten zurück und vereinigte sich mit Aurelian. Die verdoppelte römische Streitkraft schreckte Zenobia, und sie entfloh heimlich auf einem rüstigen Dromedar an die Ufer des Euphrat, wurde jedoch von einigen leichten Reitern Aurelian's daselbst eingeholt; ihre Flucht hatte die Uebergabe der Stadt im Gefolge. Nun ließen die Römer die Wuth ihrer Rache an allen öffentlichen Gebäuden aus und legten die Hand der Zerstörung zuerst an den Sonnentempel. Hier beginnt Palmyra's Verfall. Als Aurelian auf seiner Rückkehr nach Rom die Nachricht erhielt, daß die Palmyrenser den römischen Gouverneur und die Besatzung ermordet hätten, eilte er augenblicklich nach Palmyra zu

---

*) Vergl. 1. Kön. IX. V. 18; 2. Chron. VIII. V. 4. Auch Josephus in seinem Buche Antiquitates judaicae hält Salomo für den Gründer Palmyra's.

rück, um den Aufruhr zu dämpfen. Es ist noch ein Schreiben Aurelian's auf die Nachwelt gekommen, in welchem er sagt, daß Greise, Weiber, Kinder und Bauern in die Verschwörung verwickelt gewesen wären und an der Vollführung derselben thätigen Antheil genommen hätten; doch wie befremdete es ihn, als die Hauptursache dieser Unruhen nur die dem Tempel zugefügte Schmach war! Aurelian beruhigte also die Palmyrenser durch das Versprechen, ihren Sonnentempel wiederaufbauen zu dürfen. Aber das Werk von Jahrzehnten lag zertrümmert da, die Marmorsäulen, die herrlichen Capitäler, die Friese waren zerstückelt; denn Zerstören ist leichter als Aufbauen; und wie sie damals lagen, so liegen sie noch jetzt. Mit der Vernichtung ihres äußern Glanzes sank auch ihr Wohlstand; Palmyra stieg allmählig zum Range einer Provinzialstadt, dann zu einer ohnmächtigen Festung herab und ist jetzt — ein Dorf. Die Bewohner dieses Dorfes haben einen wohlgebildeten Körperbau, und die Frauen, obwohl von brauner Farbe, besitzen eine hübsche Gesichtsbildung. Obwohl ihnen das Gesetz den Schleier zur Pflicht macht, so verbergen sie ihr Antlitz doch nicht mit der Aengstlichkeit, wie die Türkinnen; die Nägel bemalen sie roth, ihre Lippen färben sie blau und Augenbraunen so wie Augenwimpern schwarz. Die mündliche Ueberlieferung, daß Salomon der Schöpfer dieser wunderbaren Baudenkmäler gewesen, lebt noch unter den Einwohnern fort und sie nennen ihn „Solyman ebn Doud" (Salomon Sohn David's). Der Engländer Wood entdeckte zuerst das weitausgedehnte Säulenheer des alten Tadmor in der Mitte des 18. Jahrhunderts wieder und fand auch die von den Hügeln ausgehenden Wasserleitungen *).

Ueberall erblickt man Säulenschäfte auf der Erde, einige ganz, andere zerbrochen. Die Erde ist überall mit Steinen bedeckt, die des Künstlers Hand zu Kunstwerken gebildet hatte und die aus der Erde verstümmelt hervorblicken. Ueberall sieht man zerbrochenes Simswerk, abgestoßene Capitäler, entstellte Basreliefs, halbvernichtete Bildhauerarbeit und Altäre, auf welchen Schutt liegt. Auf einem hohen Berge ist noch ein leer stehendes türkisches Schloß, unsern Ritterburgen ähnlich. Man sieht ferner Grabmäler, ruinirte türkische Festungswerke, ein Gebäude, das von dem Diocletian erbaut sein soll; prächtige Säulen, aus welchen das Peristyl des Tempels bestand; ein großes Gebäude, von dem nur noch vier Säulen übrig sind, ferner Ruinen einer christlichen Kirche, dann eine Reihe Säulen, welche zu einem Portikus gehört haben; ein kleiner Tempel, eine Menge von andern Säulen, deren Bestimmung man nicht mehr kennt; vier prächtige Granitsäulen, ein Bogen, bei welchem sich die Colonnade endigt. (Vergl. d. Abbild.) Der

*) Eine ausführlichere Beschreibung der merkwürdigen Ruinen und mit Mumien gefüllten Grabmäler behalten wir uns für eine spätere Nummer vor, in welcher wir eine Abbildung des Sonnentempels liefern werden.

Ruinen von Palmyra.

viereckige Umfang des zum Sonnentempel gehörigen Vorhofes hat auf jeder Seite 179 Fuß. Eine doppelte Reihe Säulen lief inwendig der Länge nach an den Seiten hin; in dem leeren Raume des Tempels steht noch eine Façade von 47 Fuß; Alles dies umgiebt ein Peristyl von 41 Säulen. Der Eingang liegt gegen Abend. Am Eingange bemerkt man einen Zodiakus (Thierkreis der 12 himmlischen Zeichen).

Verlag von Bossange Vater in Leipzig.
Unter Verantwortlichkeit der Verlagshandlung.

Das Pfennig-Magazin

der
Gesellschaft zur Verbreitung gemeinnütziger Kenntnisse.

77.]　[2. Jahrg. 25.]　　Erscheint jeden Sonnabend.　　[October 18, **1834**.

Der Basalt.

Der Basalt.

Wenn wir schon nicht ohne Ursache zu befürchten hatten, daß naturhistorische Beschreibungen der äußeren Merkmale der Thiere und Pflanzen, also der Geschöpfe der organischen Natur, manchen unserer Leser vielleicht ein nur geringes Interesse abgewinnen könnten, so würden wir uns jetzt, da wir einen unorganischen Naturkörper beschreiben, einen Mangel an Folge zum Vorwurf machen müssen, wenn nicht glücklicherweise der günstige Umstand uns tröstete, daß unsere Betrachtung sich in die Entstehungsgeschichte des Basaltes verlieren wird, diese aber wieder mit dem urgeschichtlichen Entstehungsgange unserer Erdoberfläche in dem unzertrennlichsten Zusammenhange steht. Bei der Enträthselung dieses Entstehungsganges bildet der geistige Kampf mit Schwierigkeiten gleichsam ein Seitenstück zu dem uralten wirklichen Kampfe der Elemente, durch deren allmälige Beruhigung unser Planet Form und Gestalt gewann. — Unter sämmtlichen Steinmassen, welche aus unseren Erdkörpern hervorragen, hat keine einzige einen so merkwürdigen Charakter, keine fesselt durch die Regelmäßigkeit ihrer Formen so sehr die Aufmerksamkeit des Menschen, auch wenn er nicht gelehrter Forscher, sondern nur unbefangener Naturbetrachter ist, als der Basalt. Er besteht aus prismatischen 5—8 seitigen Säulen, gewöhnlich von 7—9 Zoll Durchmesser und ist von schwärzlich-grüner Farbe. Doch giebt es auch Säulen von 2—5 Fuß Durchmesser und 100 Fuß Länge; ihr Vorkommen gehört jedoch zu den geognostischen Seltenheiten. Der Basalt kommt fast in allen Ländern Europas, jedoch nur stellenweise, vor; die merkwürdigsten und wahrhaft großartigen Basaltlager sind in Irland, wo sie den sogenannten Riesendamm, und auf der Insel Staffa, westlich von Schottland, wo die Natur selbst eine tiefe Einfahrt in die mächtigen Basaltsäulen höhlte. Die Cyclopenfelsen in der Nähe des Aetna sind von Basalt. Ueberhaupt findet sich dieses Gestein häufig in der Nähe ausgebrannter oder noch rauchender und speiender Vulkane. Der erwähnte Riesendamm in Irland verliert sich im Meere, läuft über dem Grunde desselben fort und kommt auf dem jenseitigen Ufer wieder zum Vorscheine. Wie auch die Basalte an Größe und Farbe verschieden sein mögen, so haben die Ergebnisse chemischer Zergliederungen doch immer die nämlichen Bestandtheile aufzuweisen, unter denen 14—16 Procent Eisenoxyd (Verbindung von Eisen und Sauerstoff) vorhanden ist. — Wiewohl die meisten Gebirgskundigen sich in der Annahme vereinigen, daß die Basalte vulkanischen Ursprungs sind, d. h. durch ein Zusammenschmelzen der Erdmassen entstanden, so giebt es doch manche Gelehrte, welche seine Formation durch Niederschläge im Wasser suchen wollen.

Abgesehen jedoch davon, daß nach William Hamilton's Reisen die 1631 bei einem Ausbruche des Vesuv bei Torre del Greco in die See strömende Lava wirklich eine Basaltcrystallisation angenommen haben soll, und daß man selbst mitten in ausgebrannten Vulkanen aufgethürmte Basaltmassen traf*), so liefert auch die Zerklüftung des Basaltes so enge Räume, daß man ihn unmöglich für das Product der Austrocknung annehmen kann. Die Zerklüftung ist oft kaum mit bloßen Augen sichtbar; wir wollen als mittleren Durchmesser der Basaltsäule nur 6 Zoll annehmen, so ist das Verhältniß seines Halbmessers zu der Spalte von $1/4$ Linie das Verhältniß von 1 zu 144, und da die Lücke von zwei Säulen entstand, ein Verhältniß von 1 zu 288. Man möchte nun wohl alle Erfahrung und Naturgesetzmäßigkeit verleugnen, wenn man annehmen wollte, daß das Wasser einer thonartigen weichen Masse nur $1/288$ seines körperlichen Rauminhaltes ausgemacht habe. Die schmale Zerklüftung ist also nur Folge der Erkaltung der Masse. Die bald kugelförmigen, bald kegelförmigen, bald geraden, bald krummen, oft gewundenen, aber immer symmetrisch mit ihrer äußern Form zerklüfteten einzelnen Basaltmassen, wie sie Houel sorgfältig gezeichnet und beschrieben hat, welche sich bildeten und die man in und neben den steifen prismatischen Säulen antrifft, möchte man sich wohl vergeblich Mühe geben, für Lagerungen im Wasser, d. h. Niederschläge zu halten, da die allgemeine Flut schon verlief und das Meer in seine Tiefen zurücktrat. Die isolirten kleineren Massen sind die letzten Brocken der vulkanischen Auswürfe, welche wegen ihrer Kleinheit sogleich äußerlich erkalteten, dann zu der größern Masse sich hinabwälzten, während dieses Wälzens ihre äußere Gestalt und Zerspaltung oder Zerklüftung bekamen und dann sich an die übrige große Masse ansiedelten. Das Vorkommen des Basaltes auf den verschiedenartigsten Gebirgslagern, seine Unterbrechung durch mehrere Lager anderer Gebirgsarten, auf welchen wiederum Basalt ruht, begreift sich sehr leicht, wenn man annimmt, daß die auf diese Weise entstandenen oft dreifachen Etagen die Producte von drei zu verschiedenen Zeiten erfolgten vulkanischen Auswürfen sind. — Die hier abgebildeten Basaltsäulen liegen 15 deutsche Meilen von Mexico, zwischen den berühmten Bergwerken von Real del Monte und den Mineralbädern von Totonilco. Durch diese Gruppe drängt sich der kleine Fluß, welcher das Amalgamirwerk zu Regla treibt. Hier bildet er einen Wasserfall und erhöht durch den wildromantischen Charakter, welchen er diesem großartigen Schauplatze der Natur leiht, das Interesse an einer geognostischen Merkwürdigkeit. Den berühmten Reisenden Humboldt zog diese Basaltgruppe so an, daß er eine Zeichnung davon entwarf, welche für die unserige zum Vorbild genommen ist.

Ueber den Erdmagnetismus.
[Beschluß.]

Kaum wage ich es, unsere Leser noch darauf aufmerksam zu machen, daß die Einrichtung des Compasses auf der oben erwähnten Naturerscheinung der freibeweglichen Magnetnadel beruht, und daß man die auf demselben befindliche Eintheilung in die Weltgegenden eine Windrose*) nennt. Die Haupthimmelsgegenden, Nord, Ost, Süd, West, sind bezeichnet mit N., O., S., W.; jeder zwischen zwei dieser Hauptgegenden liegende Punkt ist durch Verbindung der, diese Hauptgegenden anzeigenden, Anfangsbuchstaben bezeichnet, also N. O. Nordost, N. W. Nordwest, S. W. Südwest, S. O. Südost. Dies gäbe nun einen Stern von acht Ecken und die dazwischen liegenden Winde würden nun zu den vom dritten Grade der Abweichung von den Hauptgegenden gehören, zwischen welchen nun wieder die des vierten Grades gelegen sind. Allein so speciell und genau diese Bezeichnung der Gegend auf den ersten Blick zu sein scheint, so genügt sie gleichwohl dem Schiffer nicht, wenn er nach den Richtungen der Winde seine Segel stellen und sein Schiff lenken will. Deshalb hat man

---

*) Vergleiche Faujas St. Fond sur les Volcans éteints du Vivarais et du Velay.

*) Vergleiche die Abbildung der vorigen Nummer.

die Grabeintheilung eingeführt. Von den ganzen Compaßapparat war schon in No. 60 in dem Artikel „das Schiff" die Rede.

Die Erfindung des Compasses wird gemeiniglich dem Neapolitaner Flavio de Melfi oder Flavio Gioja zugeschrieben, und man datirt sie auf das Jahr 1302. Der historische Zweifel, ob die Chinesen die eigentlichen Erfinder des Compasses sind, ist noch nicht genügend gelöset worden und nach alten Urkunden brachte der Missionair Marcus Paulus im Jahre 1260 von China einen Compaß mit. Er soll erzählt haben, daß die Chinesen zu jener Zeit die Magnetnadel in ihrem Schwerpunkte nicht, wie es bei uns üblich, auf einer Spitze oder ein Hütchen setzten, sondern mit einem Stückchen Kork versehen, welches hinreichte, die Nadel auf dem Wasser schwimmend zu erhalten. Die Richtung, nach welcher sie zeigte, war ihr magnetischer Meridian. Diese Einrichtung ist bei ihrer Einfachheit ganz sinnig, indem das Wasser stets eine nach allen Seiten wagerechte Ebene bildet. Der nämliche Reisende sagt, man habe ihn versichert, daß schon Kaiser Chiningus, ein berühmter Astronom seiner Zeit, sich 1120 Jahre vor Chr. des Compasses bedient habe *). — Aber dessen ungeachtet nehmen noch zwei andere Nationen die Ehre der Erfindung des Compasses in Anspruch. Mehrere französische Gelehrte beziehen sich nämlich auf ein altes Gedicht von Guoyot de Provence, welcher 1200 n. Chr. lebte und des Compasses unter dem Namen Marinette erwähnt. Ein gleiches Gewicht legen sie auf den Umstand, daß diejenige Sternspitze der Windrose, welche den Norden andeutet, auf den Compassen aller Nationen mit der französischen Lilie versehen sei.

Ob Dr. Wallis durch die Annahme, daß der Compaß aus dem Grunde eine englische Erfindung sei, weil der Name englischen Ursprungs ist, nur dem Nationalstolze seiner Landsleute schmeicheln wollte, oder ob es seine aufrichtige Meinung ist, mag dahingestellt sein. Gewiß ist es aber, daß die Engländer ernstlich um die Ehre der Erfindung nicht rivalisiren.

Der Wolf in der Falle.

Jemehr Deutschland von jenen Raubthieren, welche sonst in den großen, düstern Waldungen unseres Vaterlandes hausten, befreit wird, um so mehr Interesse müssen für uns jene wenigen reißenden Thiere gewinnen, die zuweilen noch die Bewohner einzelner Gegenden in Schrecken setzen. Unter diese letzteren gehört auch der Wolf, jenes gefräßige, lichtscheue Raubthier, das im Norden Europas, Asiens und Amerikas, in Frankreich, Polen, Ungarn und Rußland noch häufig vorkommt, zuweilen aber auch noch die größeren dichten Wälder Deutschlands besucht **).

Der Wolf (Canis Lupus) wird 3½ Fuß lang und 2¼ Fuß hoch. Er hat einen dicken Kopf mit einer niedrigen Stirn, einer spitzigen schwarzen Schnauze, grüngelben, scheelsehenden Augen und geraden, nicht langen Ohren; das starke, harte Haar ist an der Wurzel weiß, in der Mitte schwarz, weiß und rostfarbig und an der Spitze schwarz, so daß es dem Felle eine graugelbe Farbe giebt. Unter den längeren Haaren befinden sich kürzere wollige weiche Haare. An den Ohren, am Halse und Schwanze sind die Haare länger als an den übrigen Theilen. Im Norden wird im Winter sein Pelz weiß.

Am Tage lebt er gewöhnlich verborgen, wenn ihn nicht der Hunger antreibt, seine Wohnung zu verlassen. Im Sommer bei Nacht und im Winter bei trübem Wetter, auch am Tage, geht er seiner Nahrung nach. Diese besteht in Pferden, Rindern, Hirschen, Schweinen, Schafen u. s. w. Die größeren Thiere fällt er gewöhnlich im Nacken an, doch sind diese größeren Thiere, wie z. B. die Pferde und Kühe, in Heerden beisammen, so suchen sie sich gewöhnlich dadurch vor dem gefährlichen Feinde zu schützen, daß sie einen Kreis so schließen, die Köpfe zusammenstecken, um, mit den Hinterhufen nach außen gerichtet, durch Ausschlagen mit denselben den Wolf von seinem Vorsatze abzubringen. Die jüngeren Thiere nehmen sie dann gewöhnlich in die Mitte. — In Zeiten der Noth frißt der Wolf auch Aas und kleine Thiere. Im Winter fehlt es ihm oft an Nahrung und vom Hunger gequält wird er dann listig, kühn und furchtbar. Selbst Menschen sind dann nicht vor ihm sicher, besonders Weiber und Kinder werden oft seine Beute, und seine Kühnheit geht dann oft so weit, daß er sich, allen Gefahren muthig trotzend, selbst bis in die Dörfer wagt. Ganze Heerden vereinigen sich und machen, vom Hunger getrieben, unter fürchterlichem Geheule ein gemeinschaftliches Treibjagen. Gierig stürzen sie über die Beute her, zerfleischen sie mit wilder Hast und verschlingen so viel von derselben, daß sie auf eine lange Zeit gesättigt werden. Haben sie das Menschenfleisch einmal gekostet, so sollen sie nach demselben besonders lüstern sein.

Die Wölfin wirft 3 — 9 Junge im Dickicht oder in einer mit Moos ausgefüllten Grube, die sie unter Baumwurzeln scharrt. Die weißröthlichen Jungen sind 10 Tage lang blind und die Mutter säugt sie 5 Wochen lang, sie sorgfältig vor dem grausamen Vater verbergend, der, die Gefühle der Vaterliebe nicht kennend, auch seine eigenen Kinder nicht verschonen, und mit gleicher Raubgier zerreißen und verschlingen würde. In zwei Jahren erreichen die Jungen ihre volle Größe. Sie können gezähmt werden; man darf ihnen doch aber dann, besonders wenn sie alt geworden sind, nicht immer ganz trauen.

Der Wolf erreicht ein Alter von 16 — 20 Jahren.

Er bellt nicht, heult aber desto lauter und fürchterlicher.

Er bekömmt zuweilen die Räude, wie die Hunde, kann aber auch, wie diese, toll werden, und dann ist er besonders gefährlich.

Alle Hunde haben einen großen Abscheu vor ihm und starke Bauerhunde fallen ihn wüthend an. Siegt der Wolf, so verzehrt er den Hund, siegt aber der Hund, so läßt dieser den Wolf unberührt.

Mit Recht stellt man überall dem Wolfe als einem gefährlichen Thiere, nach. In manchen Ländern, wie z. B. in Großbritannien, ist er ganz ausgerottet und an manchen Orten ist noch jetzt auf seine Erlegung eine Prämie gesetzt. Ganze Treibjagden werden da, wo sie häufig sind, gegen sie angestellt. Man hetzt große,

---

*) Eine Abbildung des chinesischen Compasses enthält die vorige Nummer.

**) Nach neuen officiellen Nachrichten wurden im Regierungsbezirke Marienwerder im Laufe eines Jahres, vom Mai 1833—34, auf einem Gebiete von nur drei Kreisen, vier alte Wölfe, fünf alte Wölfinnen und 51 junge Wölfe theils erlegt, theils lebendig gefangen, wofür die verfassungsmäßig ausgesetzte Prämiensumme sich auf 284 Thlr. circa belaufen würde.
Die Red.

starke Hunde auf sie, die an ihren Halsbändern eiserne Stacheln haben; man sucht die Jungen in ihrer Lagerstätte auf und tödtet sie, man fängt sie in Gruben oder eisernen Fallen. Auf unserer Abbildung sehen wir einen Wolf, der sich in einer solchen eisernen Falle, die man Schwanenhals nennt, gefangen hat. Alles Bestreben, sich von ihr loszumachen, sein Stemmen und Zerren, sein Fletschen der Zähne helfen ihm nichts, denn zu fest schließen sich die furchtbaren Eisen an den Hals an. Hätte er nur einen Fuß gefangen, so würde er sich lieber diesen abgebissen haben, als als sich gefangen zu geben; aber zu glücklich haben die Eisen den Hals gefaßt und so keine Rettung ist für ihn möglich. Ein solcher Schwanenhals, der auch Berliner Eisen genannt wird, hat die Gestalt der kleinen Mausefallen ohne Teller, die beiden Bügel werden zurückgeschlagen, so daß sie wagerecht aufliegen, und mit einem Haken leicht befestigt; auf diesen wird nun die Witterung, gewöhnlich Rehleber, gelegt; so wie der Wolf den Haken berührt, schlagen die beiden Bügel zusammen und erfassen so den Kopf oder einen andern Theil.

Das übelriechende, häufig magere Fleisch wird nur von wenigen Völkern gegessen. Der stark behaarte Pelz wird zu Wildschuren, Fußsäcken u. s. w. benutzt und ist sehr gesucht. Auch das Leder benutzt man, und die sehr harten, glatten Eckzähne braucht man zum Poliren.

Der Wolf in der Falle.

Der Transport des Obelisks von Luxor nach Paris.

Je entfernter das Alterthum ist, welchem die auf die Nachwelt gekommenen Denkmäler menschlicher Kunst angehören, um so anziehender sind sie, und um so lebendiger ist das Gefühl von Ehrfurcht, womit sie jeden Denkenden und Gebildeten erfüllen. Dies Gefühl von Ehrfurcht aber ist der Gesammteindruck mannichfacher Empfindungen, welche beim Anschauen historischer Ueberreste uns unwiderstehlich zu stiller Betrachtung einladen. Sie, die steinernen Tafeln der Weltgeschichte, setzen uns mit wunderbarem Zauber in die Lebensverhältnisse unserer Urväter zurück, ihre Zeichen, Schriften, Formen helfen uns die Lücken der Geschichte ausfüllen und werfen ein Licht auf den damaligen Bildungsstand; aber nie kann der Mensch sein Interesse an dem Bildungsgange seines Gleichen verleugnen. Der Denkende will den Stein, der den Stürmen der Zeit Trotz bot, gleichsam durchblicken und an den Formen der Materie die Seele erkennen. — Unter allen Alterthümern, welche sich unversehrt gegen den Zahn der Zeit und gegen den Vandalismus muthwilliger Eroberer erhalten haben, sind die aus einem Stücke bestehenden Obelisken von Theben, der alten Hauptstadt von Oberägypten, die bemerkenswerthesten. Mit den mechanischen Mitteln, welche die alten Aegypter angewendet haben mögen, um so gewaltige Steinmassen von ihrer Lagerstätte, den Steinbrüchen bis an den Ort ihrer Bestimmung zu bringen, sind wir gänzlich unbekannt, doch ist es kaum anzunehmen, daß sie nur menschliche oder thierische Muskelkräfte gekannt haben sollten, um große Lasten fortzuschaffen. — Im J. 530 fiel Theben in die Hände des schonungslosen Cambyses; dieser ließ sich von seinem Hasse gegen die Aegypter und von seiner Rache an ihrem Widerstande zu unerhörten Grausamkeiten an den heiligsten Gegenständen des ägyptischen Cultus hinreißen; Theben wurde in Brand gesteckt. Als aber der erbitterte Eroberer der beiden Obelisken ansichtig wurde, flößten ihm diese Denkmäler der frühern Größe und Kraft des ägyptischen Volkes eine unbezwingliche Ehrfurcht ein, er gab augenblicklich Befehl, die Flammen zu löschen, nur um die Obelisken vor der Zerstörung zu sichern. Als Napoleon auf seiner Invasion in Aegypten das Kriegsglück bis an die Ruinen von Theben geführt hatte, entflammte ihn der Anblick dieser uralten Ueberreste aus den Zeiten der Pharaonen zu einer solchen Begeisterung, daß er den Entschluß faßte, Alles Transportable an Steinmassen nach Frankreich zu schaffen. Doch sein Plan, Englands Seemacht auf mittelbarem Wege zu lähmen,

Das Pfennig-Magazin. 613

Der Obelisk von Luxor.

Südseite.

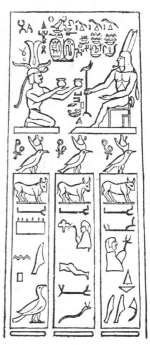

scheiterte bei St. Acre, und bei diesem Misgeschick konnte auch jenes Vorhaben nicht ausgeführt werden. Erst 30 Jahre nach Napoleon's unglücklichem Feldzuge erneuerte die französische Regierung seinen großartigen Plan, einen Obelisken von Theben nach Frankreichs Hauptstadt zu bringen. Nachdem der Pascha von Aegypten seine Zustimmung dazu ertheilt hatte, mußte ein eigenes Transportschiff erbaut werden. Dieses Schiff mußte so beschaffen sein, daß es, mit der 72 Fuß langen und 4364 Centner schweren Spitzsäule belastet, gleichwohl nicht zu tief ins Wasser sänke, um die Flußbetten des Nil und der Seine zu berühren. Im Februar 1831 stand das Schiff vollendet im Hafen von Toulon da; es war von sehr leichtem Tannenholz gebaut und erhielt den Namen „Luxor." Es wurde mit 120 Seeleuten unter dem Befehle des Marinelieutenants Verninac und mit 60, unter die Oberaufsicht des Herrn Lebas, einem ehemaligen Schüler der polytechnischen Schule, gestellten Arbeitern, bestehend aus Mechanikern, Zimmerleuten, Schmieden u. s. w., bemannt. Der Luxor segelte den 15. April 1831 von Toulon ab und schon den 3. Mai, nachdem die Schiffsmannschaft unter heftigen Stürmen nicht wenig für den Untergang dieses, gegen alle Regeln der Kunst gebauten, Schiffes gefürchtet hatte, erreichte er glücklich den Hafen von

Nordseite.   Westseite.   Ostseite.

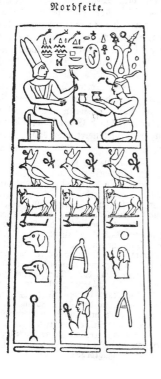 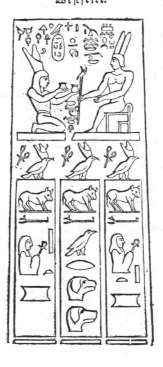 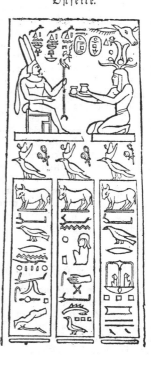

Alexandrien. Nach einer Rast von 42 Tagen setzte das Schiff seine Reise nach Rosette fort. Von hier aus fuhr Herr Lebas mit einigen Arbeitern und Schiffern mit gewöhnlichen Booten den Nil bis Theben hinauf, um die nöthigen Anstalten zur Abnahme des Obelisks zu treffen. Der „Luxor" erwartete mittlerweile das Steigen des Nils, welches sich schon den 7. Juli einstellte, segelte nach dem Hafen von Groß-Cairo, blieb daselbst einige Tage und erreichte den 14. August Theben.

Die erste Sorge des Herrn Lebas war auf ein bequemes Obdach für seine Leute gerichtet; er ließ zu diesem Ende auf der Ebene vor Theben Hütten und Werkzeugschoppen zimmern, Backöfen bauen und Magazine zur Aufbewahrung seines Mundvorrathes anlegen; denn die Grabstätte des einst hundertthorigen Thebens war öde und menschenarm. Nur ein armseliges Dörfchen lag zwischen den Ruinen und dem Flusse, aber dem guten Willen seiner Bewohner, die Expedition mit frischer Nahrung zu versehen, entsprachen ihre Mittel und ihre Kräfte nicht. Aber die Vortheile, welche ihnen der Mangel an Communication mit andern Ortschaften versagte, wußten sie dem Boden durch Anbau abzugewinnen. In ihren Ruhestunden legten sie Küchengärten an und erndteten Lattich, Melonen und mehrere Gemüsearten. Die Vorarbeiten zum Abheben des Obelisken erforderten einen beträchtlichen Zeitraum. Zuerst ließ Herr Lebas eine geneigte Ebene von dem Fuße des Obelisks bis zum Ufer des Nil stechen, ein Werk, woran fast sämmtliche Schiffleute und 700 Araber drei Monate lang arbeiteten. Den meisten Aufenthalt verursachte die Räumung und Durchbrechung des von zwei Ruinenhügeln bedeckten Terrains, und da außerdem der gerade Tract jener Ebene mehrere Häuser des erwähnten Dorfes berührte, so kam man mit den Besitzern derselben wegen einer angemessenen Entschädigung überein, gegen welche sie ihre Hütten abschlugen. Diese geneigte Ebene endete an dem Vordertheile des Schiffes, und um demselben eine feste Lage zur Aufnahme der Spitzsäule zu geben, wurde um das Schiff ein, mehrere Fuß hoher, Damm aufgeworfen. Hierauf wurden an beiden Seiten des Schiffes zwei Pfeiler errichtet, und nach Vollendung desselben sägte man, um für den Obelisken eine bequeme Eingangsöffnung zu haben, das Hintertheil des Schiffes ab. Das abgesägte Hintertheil wurde zwischen jenen Pfeilern an Flaschenzügen hinaufgewunden, um so lange in dieser schwebenden Lage erhalten zu werden, bis der Obelisk glücklich in das Schiff geschafft wäre. Um ihn nun gegen die Verletzungen zu schützen, welche er auf seinem Hingleiten über die geneigte Ebene von der Reibung erleiden könnte, ließ ihn Herr Lebas mit einer drei Zoll dicken mit Eisenklammern zusammengehaltenen Breterhülle umgeben. Die schwierigste aller Operationen und zugleich die gefahrvollste für die Erhaltung des zwar harten, aber doch sehr zerbrechlichen Gesteins war das sanfte und genaue Niederlassen auf die geneigte Ebene. Mit einem tief in der Erde wohlbefestigten Anker verband man ein starkes Tau, schlang dasselbe um die Spitze des Obelisken und führte es in einem sehr spitzen Winkel auf die entgegengesetzte Seite.

[Beschluß folgt.]

Geschichte der Erfindung der Buchdruckerkunst.

Wenn es schon ein höchst anziehendes Schauspiel ist, den menschlichen Erfindungsgeist im Kampfe mit innern und äußern Elementen zu erblicken und ihn mit unermüdeter Ausdauer an der Verwirklichung eines Planes, der seiner Mitwelt unbegreiflich ist, arbeiten zu sehen, so ist die Wahrnehmung nicht von geringerem Interesse, daß große Erfinder den glänzendsten Lohn, den ihnen die Menschheit durch Anerkennung ihrer Verdienste zollt, gewöhnlich nicht erleben, und daß der ihnen gebührende Ruhm, der ihnen nicht zur Triebfeder dienen konnte und auf den sie folglich nicht hinarbeiteten, ihnen in einem ungeahnten Maße erst von der dankbaren Nachwelt zu Theil wird. Die Erfinder der Buchdruckerkunst konnten die Unendlichkeit und Folgen ihres Gewerbes nicht voraussehen. Aber schon dem Gedanken, die Handschriften durch mechanische Mittel zu vervielfältigen, kann man den Charakter der Größe um so weniger streitig machen, als sich in dem damaligen gewerblichen Leben kaum eine ihrem Plane ähnliche Erscheinung vorfand. Hatte auch Pilgrimm *) schon vor 50 Jahren in Holz geschnitzt und auf diese Weise die Bildvervielfältigungskunst erfunden, so lag doch die Anwendung derselben auf die Buchstaben nicht so ganz nahe, als daß die Verwandtschaft dieser beiden Künste dem Ruhme der Erfinder etwas benehmen könnte. Doch angenommen auch, Johann Guttenberg wäre erst durch die Holzschnitte auf den Gedanken gebracht, auf eine ähnliche Weise mit den Typen zu verfahren, so bliebe dennoch die Ehre der Erfindung jenem Deutschen Pilgrimm oder sie theilte sich unter Beide. Aber man müßte doch dem Deutschen allen schöpferischen Sinn absprechen, wollte man gar die Nachrichten des Marco Polo **) hier anziehen und die Erfindung der Buchdruckerkunst auf die Chinesen zurückführen. Dieser Reisende erzählt (vergl. Navigationi et Viaggi raccolti da Ramussio, Tom. II. pag. 29), daß ein Finanzbeamter in China das Papiergeld vermittelst eines mit rothem Zinnober bestrichenen Stempels mache. Man müßte nun in den deutschen Erfindungsgeist ein ungegründetes Mistrauen setzen, wenn man annehmen wollte, daß der schlichte deutsche Bürger Pilgrimm schon 1367 das italienische Originalmanuscript gelesen und von dem chinesischen Papierstempel auf die Holzschneidekunst gelenkt worden sei, oder daß die Nachricht von dieser Vervielfältigungsmethode auf dem Wege mündlicher Ueberlieferung zu ihm gelangt sei. Aber auch selbst Deutschland, das einhellig Johann Guttenberg die Ehre der Erfindung beimißt, hat wiederum an Holland, welches Koster von Haarlem als Erfinder aufzuweisen sucht, einen mächtigen Rival, und so hat die Buchdruckerkunst das nämliche Geschick, wie Homer's Geburtsort, Ossian's Poesien, die Lage des zerstörten Troja u. s. w. Ist es überhaupt erlaubt, an der Wahrheit geschichtlicher Urkunden nicht zu zweifeln, wenn ihnen weder gleichzeitige Schriften, noch sächliche Gegenstände (Antiquitäten) widersprechen, was verhindert uns dann, den

---

*) Vergleiche Pfennig-Mag. No. 76 den Art. Dürer.
**) Marco Polo, ein berühmter Reisender am Schlusse des 13. Jahrhunderts, welchem wir die ersten glaubwürdigen Nachrichten über China und Japan verdanken. Er war der Sohn eines venetianischen Kaufmanns, Nicolo Polo; Letzterem war es, schon mit seinem Bruder Matteo, auf seinen Reisen ins Innere von Asien geglückt, bei dem Chan der Tartaren, Kublai, eine freundschaftliche Aufnahme zu finden. Der Fürst, welcher an ihren Mittheilungen über Europa ein lebhaftes Interesse zeigte, machte sie zu seinen Gesandten an den Papst in Rom. Hier bildeten sie eine Missionsgesellschaft, welcher sich Marco Polo anschloß und das Innere Asiens bereiste. Seine Reisen, welche höchst schätzbare Nachrichten über die Küsten von Afrika, Madagascar, die ostindischen Inseln, Japan und ganz vorzüglich über den damaligen Zustand der Civilisation Chinas enthalten, erschienen zuerst, nachdem sie 200 Jahre sich nur durch Handschriften verbreitet hatten, zu Venedig 1496 im Drucke und wurden in mehrere Sprachen übersetzt. Die erste lateinische Ausgabe wurde 1675 zu Cöln, die erste französische 1671 im Haag gedruckt

alten ehrwürdigen Chronikenschreiber Trithemius *) Vertrauen zu schenken, welcher nicht nur ein Zeitgenosse der vorgeblichen Erfinder war, sondern sie auch persönlich gekannt zu haben scheint?

„Um diese Zeit, schreibt er, wurde in Deutschland, in der Stadt Mainz am Rheine, nicht aber in Italien, wie Einige fälschlich angeben, die wunderbare und bis dahin unbekannte Kunst von Johann Guttenberg, einem Mainzer Bürger, erfunden und ersonnen, Bücher zu setzen und zu drucken, der, als er sein ganzes Vermögen auf die Erfindung dieser Kunst gesetzt, wegen der mannichfaltigen Schwierigkeiten, die ihm von allen Seiten aufstießen, schon den Vorsatz gefaßt hatte, seinen Plan aufzugeben, als er ihn durch den Beirath und durch die Geldmittel Johann Faust's, gleichfalls eines Mainzer Bürgers, zu Stande brachte. Zuerst schnitten sie auf Holzplatten die Buchstaben in der Ordnung, in welcher sie gedruckt werden und druckten auf diese Weise ein allgemeines Wörterbuch unter dem Namen „Catholicon." Mit diesen Holzplatten ließ sich jedoch nur ein einziges Werk drucken, da man die Lettern nicht herausnehmen konnte. Dieser Versuch hatte jedoch eine viel sinnreichere Erfindung in seinem Gefolge, indem sie die Lettern einzeln vertieft in Metall einschnitten, welche Eingravirungen sie Matrizen nannten; in diese Matrizen gossen sie Lettern von Zinn oder Kupfer, welche hart genug waren, um dem erforderlichen Drucke einen größern Widerstand zu leisten, als ihn die Holzschnitte aushielten. Wahr ist's, daß, als ich vor 30 Jahren bei Peter Opilio **) von Geresheim (Schöffer), einem Mainzer Bürger und Adoptivsohn des ersten Erfinders dieser Kunst, in der Lehre war, mußten eine Menge bedeutender Schwierigkeiten vor dem ersten glücklichen Erfolge beseitigt werden, denn ehe vier Bogen vollendet waren, hatte man 4000 Gulden (in damaliger Zeit eine beträchtliche Summe) verwendet. Jener Peter Schöffer, von dem ich oben gesprochen, ein Diener, dann Adoptivsohn Johann Faust's, ein geistvoller und scharfsinniger Mann, erfand ein weit einfacheres Verfahren des Gießens der Lettern, von welcher Methode aus sie zu dem jetzigen Standpunkte gelangt ist. Die drei Leute machten aus ihrem Gewerbe des Bücherdruckens eine Zeit lang ein Geheimniß, bis einer ihrer Arbeiter, ohne welche sie nicht fertig werden konnten, es ausplauderte. Es wurde zuerst in Straßburg entdeckt, und bald bekamen auch andere Völker davon Kunde. Die drei Buchdrucker Guttenberg, Faust und Schöffer lebten in Mainz und wohnten in dem Hause „zum Jungen", welches seitdem die Druckoffizin genannt wird." — In einem noch frühern Documente heißt es so: „Da Peter Schöffer von Gernsheim den Plan seines Meisters, des Faust, durchdacht hatte und ein glühendes Verlangen empfand, die Kunst zu verbessern, kam er durch Gottes gütige Vorsehung auf den Gedanken, die Lettern in eine Matrize zu schneiden, damit sie gegossen werden könnten. Heimlich schnitt er daher Matrizen (Vertiefungen) für das ganze Alphabet, und sein Meister, dem er das Werk zeigte, war über die Erfindung so hoch erfreut, daß er ihm seine Tochter Christiane zum Weibe versprach, welches Versprechen er auch bald hierauf erfüllte. Nachdem nun das Document weiter von der glücklichen Besiegung der mancherlei Schwierigkeiten geredet hat, fährt es fort: „Faust und Schöffer verheimlichten die neue Erfindung bis zum Jahre 1462, indem sie jeden, den sie in die Erfindung einweihten, einen Geheimhaltungseid schwören ließen, bis die Kunst in Folge der Eroberung von Mainz durch Bischof Adolphus durch die in verschiedene Gegenden zerstreuten Arbeiter allgemeiner bekannt wurde." — Die erste Schrift, in welcher gedruckt wurde, ist unter dem Namen der gothischen oder altdeutschen bekannt. Die sogenannten lateinischen Lettern, welche wir weiter unten unter dem Namen „Antiqua" kennen lernen werden, erhielten den Namen „Römische Schrift" von den Druckern Schweinheim und Pannartz, welche sie zuerst 1467 in den epistolae familiares von Cicero in ihrer Officin zu Rom anwendeten. Eine andere Gattung von Buchstaben, unter dem Namen der „italienischen", rührt von Aldus Minutius her; sie ist dünner als die römische und gothische Schrift und bezweckte Ersparung des Raumes. Eine Handschrift von Petrarka soll dem Minutius die Veranlassung zu dieser Schriftform gegeben haben. Seine Offizin war in Venedig. Jetzt hat man in Deutschland für diese Schriftart allgemein den Namen „Cursiv" angenommen.

So lange das Buchdrucken ein Geheimniß war, vereinigte der Drucker verschiedene Geschäftsweisen in einer Person; er war Matrizenschneider, Schriftgießer, Schriftsetzer, Verleger, Redacteur des zu druckenden Buches, Herausgeber und Buchbinder, so daß man die Gewerbtreibenden dieser Art unter den allgemeinen Namen Büchermacher stellen konnte. Mit der raschen Ausdehnung, welche die Buchdruckerkunst gewann, machte sich auch die Nothwendigkeit fühlbar, die mannichfachen Geschäftsarten, welche zur Hervorbringung eines Buches erforderlich waren, unter verschiedene Individuen zu vertheilen. Unter diesen Geschäftsarten machte man noch zu Anfange des achtzehnten Jahrhunderts mit dem Graviren der Lettern ein Geheimniß, und man hielt dafür, daß man es ohne besondere Anweisung eines Meisters nicht wohl ausüben könne. Um diese Zeit schon behaupten die englischen Lettern unter allen die entschiedensten Vorzüge; ein geschickter Gewehrstecher, Wilhelm Caslon, war nämlich von der „Gesellschaft zur Verbreitung christlicher Kenntnisse" beauftragt, die Vertiefungen für eine Arabeskengußform zu graviren. Durch Vermittelung des berühmten Druckers Bowyer wurde er in einer Schriftgießerei angestellt und machte in ein Paar Jahren so bedeutende Fortschritte, daß die englischen Lettern die aller andern Nationen an Güte und Schönheit überboten. Die Offizin unter der Firma Caslon ging vom Vater auf den Sohn über, und hat ihre Berühmtheit bis auf den heutigen Tag erhalten. Außerdem leistete in England Herr Baskerville Ausgezeichnetes. In Deutschland machten Göschen und Tauchnitz, in Frankreich Didot vor ungefähr 25 J., und kurz vorher Giambattista Bodoni zu Parma materielle und formelle Verbesserungen in der Typographie. Das Verfahren des Schriftformens besteht in Folgendem: Der zu gießende Buchstabe wird zuerst erhaben auf einen Stempel von weichem Stahl, wie er auch bei den Goldschneidern und Münzern üblich ist, geschnitten. Hierauf giebt man dem Stempel einen solchen Grad von Härte, daß man ihn unbeschadet des hervorzubringenden Buchstabens in Kupfer einschlagen kann. Die dadurch erhaltene Vertiefung ist die Matrize. Die Gießlade, in welcher die Matrizen an einander gereihet sind, besteht aus zwei so zusammengefügten Theilen, daß beide zwei von den vier verschiedenen Seiten des Buchstaben bilden. Es ist das Werk eines Augenblicks, diese beiden Theile der Gießlade an einander zu schließen. Unmittelbar unterhalb der Mündung ist die Matrize befindlich, welche vermit-

---

*) Vergl. Trithemii Annales Monasterii Hirsaugensis.
**) Schäfer, so latinisirte sich Schöffer.

Schriftgießerei.

telst einer Stahlfeder an ihrer Stelle erhalten wird. Nach dem Ergusse des Metalls legt der Gießer den Löffel an den Schmelzkessel (welche beiden Gegenstände sich auf dem ersten Tische rechts befinden), unterstützt die Gießlade mit seiner rechten Hand und giebt ihr einen Ruck nach oben zu. Diese Bewegung verursacht, daß das Metall alle Zwischenräume der Matrize füllt. Vorzüglich bei dünnen Lettern ist dieser Schwung unumgänglich nöthig, da die spezifische Schwere des Metalles nicht so bedeutend ist, daß sie durch ihren eigenen Druck die Luft austreiben könnte. Nicht ohne Bewunderung der Routine, mit welcher eine Reihe von Verrichtungen ausgeübt werden, verläßt ein Besucher die Offizin; denn gießen, schwingen, öffnen, die Springfeder losmachen, den gegossenen Buchstaben herausziehen, die Gießlade wieder schließen, ist das Werk von ein Paar Secunden. Ist auf diese Weise eine Quantität Buchstaben gegossen worden, so holt sie ein Knabe vom Gießertische und bringt sie auf einen andern. (Vergl. auf der Vignette die zweite Person links.) Nun wird mit einer bewundernswerthen Geschwindigkeit das überflüssige Metall abgebrochen. Alsdann werden die Buchstaben dem Schleifer übergeben (auf unserer Abbildung hat er seinen Sitz in der Mitte). Die mittlern und den Vorderfinger hat er mit einem Stückchen gethertem Leder versehen, hält die Seiten, nicht die Ecken, fest an den Stein, dreht ihn und wetzt den Buchstaben ab. Auch hier hat die Routine Wunderbares hervorgebracht; denn es schleift in einer Stunde 2000 Lettern. Der Arbeiter auf unserer Abbildung im Vordergrunde links ordnet in einem langen Regal die Lettern, indem er die Buchstabenfacetten nach oben und die mit einer kleinen Kerbe versehenen Rücken nach außen kehrt. In dieser Lage kommen sie zu dem Buchdrucker. — Hiermit glauben wir diesen Artikel über Buchdruckerkunst und Schriftgießerei schließen zu können und gedenken nur noch einiger namhafter Offizinen. Ausgezeichnete Schriftgießereien besitzen in Deutschland: Breitkopf und Härtel in Leipzig; Tauchnitz in Leipzig; Schelter und Gieseke in Leipzig; Andreä'sche und Dreßler und Rost-Fingerlin in Frankfurt am Main; Vieweg und Sohn in Braunschweig; Wallbaum in Weimar; Franke in Berlin; Decker in Berlin; Schade in Wien; Haas in Basel; Drennert in Altona; Hänel in Magdeburg.

Die deutschen Schriften nennt man Fractur, die lateinischen Antiqua und die liegenden lateinischen Cursiv. Nach ihrer Größe von der kleinsten Schrift an heißen sie: Diamant, Perl, Nonpareil, Petit, Bourgois, Corpus, Cicero, grobe und kleine Mittel, Tertia, Text, Doppel-Mittel, kleine Kanon und Doppel-Kanon.

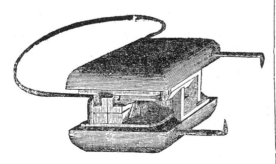

Gießlade.

Verlag von Bossange Vater in Leipzig.
Unter Verantwortlichkeit der Verlagshandlung.

Das Pfennig-Magazin
der
Gesellschaft zur Verbreitung gemeinnütziger Kenntnisse.

78.] [2. Jahrg. 26.]   Erscheint jeden Sonnabend.   [October 25, **1834.**

Die Westminsterabtei.

Die Westminsterabtei.

Der Anblick unseres gothischen Gebäudes, die schönste alterthümliche Zierde der Abtheilung Londons, Westminster genannt, sollte unsere Leser fast auf die Vermuthung bringen, daß wir ihn in der gegenwärtigen Beschreibung, mit Wiederholungen unseres Raisonnements über gothische Baukunst zu behelligen beabsichtigen, oder daß wir das Interesse an gothischen Baudenkmalen für unerschöpflich halten. Diese Zumuthung wäre eben so unbescheiden als unbesonnen, und wenn sich nicht an die Westminsterabtei so mannichfache anziehende Geschichtserinnerungen und Interessen der Gegenwart anknüpften, so würden wir lieber die Feder niederlegen, als uns jetzt noch einmal an die Beschreibung der todten Außenseite auch des vollkommensten gothischen Prachtwerkes wagen. Ueber das Alter dieses Gebäudes sind die Nachrichten ungewiß, doch so viel ist ermittelt, daß es zu den ältesten christlichen Stiftern gehört. Die Annahme, daß die Westminsterabtei von dem Sachsenkönig Sebert 604 gegründet sei, hat viele Gegner gefunden. — Doch nicht genug, dieses Heiligthum sollte auch durch höhern Einfluß an Ansehen gewinnen. Dem Mönche Wulsinus träumte einst, Petrus habe eine Kapelle an der einen Seite der Abtei; an seine Vision schloß sich bald die Legende, daß Petrus bei stürmischer Nacht das Wasser überschritt, womit die Kirche umgeben ist, und einige Fischer ihm anboten, in ihren Kahn zu steigen und sich überfahren zu lassen; aus Dankbarkeit gegen ihre Gefälligkeit bewirkte er durch seine wunderthätige Kraft, daß die Fischer einen ansehnlichen Lachsfang machten; außer dieser Belohnung verhieß er ihnen und ihren Nachfolgern für alle Zeiten eine unerschöpfliche Ausbeute an Fischen, unter der Bedingung, daß sie den zehnten Theil ihres Gewinns an die Abtei abgäben. Mehrere Jahrhunderte genossen die Mönche diese Abgabe. — Die Geschichte der Westminsterabtei liegt bis zur Regierung Eduard's des Bekenners in einem unenthüllten Dunkel. Dieser Fürst hatte einst in der Uebereilung ein unbesonnenes Gelübde gethan, welches er nicht erfüllen konnte und das er schmerzlich bereute. Als ihn Papst Leo gegen eine ansehnliche Absolutionssumme von der Erfüllung desselben freisprach, brachte er der Kirche durch Gold, Silber und Schlachtvieh reiche Opfer des Dankes, und wandte diese Schätze zu einem gänzlichen Umbau der Kirche an, welcher 1050 begonnen und 1065 vollendet ward. Ihr Reichthum und ihre äußere Pracht wuchs unter mehreren seiner Nachfolger, und besonders zeichnete sich Heinrich III. durch seine verschwenderische Freigebigkeit gegen die Kirche aus; er stellte sie unter bischöfliche Gerichtsbarkeit und veranstaltete eine gänzliche Renovation des ganzen Bauwerkes, nach deren Vollendung die Kirche 1269 zuerst wieder für den Gottesdienst geöffnet wurde. Ein prachtvoller Hochaltar, dessen Schrein*) von nun an die wunderthätigen Reliquien der Kirche verschloß, die kühnen Strebepfeiler, die hohen Gewölbdecken konnten ihren Eindruck nicht verfehlen und mußten unwillkürlich durch den Zauber der Sinne den Geist zur Andacht erheben. Heinrich III. hatte die für die damalige Zeit enorme Summe von 29,605 L. Sterl. (199,833 Thlr.) auf den Bau der Abtei und ihre, eines Gottestempels würdige, Ausstattung verwendet, und es kann uns nicht Wunder nehmen, daß man die heiligste Stätte Englands mehr durch stillschweigende Uebereinkunft als durch gesetzliche Verfügung allgemein als ein schützendes Asyl für verfolgte Verbrecher ansah. Zu den Stufen des Hochaltars nahm die unglückliche Gemahlin König Eduard's IV. mit ihren fünf Töchtern und dem jungen Herzoge von York ihre Zuflucht, als Richard III., damals noch Herzog von Gloucester (sprich Gloster), seinem jugendlichen Neffen die Krone entreißen wollte; dieser, ihr anderer Sohn, der Thronerbe, war schon in den Händen Richard's. Als der Erzbischof sie während der Nacht besuchte, um in ihr verzagtes Herz den Balsam des Trostes und der Beruhigung zu träufeln, fand er sie mit ihrer Familie auf Streu gelagert; — als sie an ihrer und ihres Sohnes Rettung verzweifelte, nahm der Bischof das Wort: „Frau," sagte er, „seid getrosten Muthes, ich gebe Euch die Versicherung, daß, wenn Eure Feinde einen Anderen als Euren Sohn krönen, wir am andern Tage seinem Bruder, den Ihr bei Euch habt, die Krone aufsetzen." Als einen Beweis seiner Aufrichtigkeit und Treue überreichte er ihr das Reichssiegel und begab sich nach seinem Hause. Am andern Tage hatten schon die Trabanten des Herzogs von Gloucester das Heiligthum umlagert, um Jedem den Eingang zu verwehren.

Im Januar 1502 legte Heinrich VII. den Grundstein zu der nach ihm benannten Kapelle und dotirte die Abtei mit ansehnlichen Grundgütern. Sein Nachfolger, Heinrich VIII., erhob die Abtei zu dem Range einer Kathedralkirche und vermachte ihr ein jährliches Einkommen von 586½ L. Sterl. — Während der Bürgerkriege um die Mitte des 17. Jahrh. legte die bigotte Partei des Robert Harlow die Hand der Vernichtung an die ehrwürdige Friedensstätte, zerstörte den Hochaltar der Heinrichskapelle und kühlte ihre Rache an der Schändung alles Heiligen, das sie in der Kirche fand. In den Mauern, die sonst nur von den Friedensklängen des Gesanges und von den Segenspendung des Priesters wiederhallten, ertönte im Juli 1643 das Geräusch wilder Waffen und der gottesläserlichen Ausbrüche der Zügellosigkeit roher Kriegsknechte, welche das Heiligthum zu ihrer Behausung erkoren hatten. Unter den Regierungen Georg's I. und II. wurde der westliche Thurm und das Fenster an der nämlichen Seite gebauet. Auf die Renovation der Heinrichskapelle verwendete die Regierung 1809 eine Summe von 42,000 L. Sterl. (310,500 Thlr.). Der zugleich erhabene und wohlgefällige Eindruck überrascht den Eintretenden; Kühnheit der Strebpfeiler, das Ineinandergreifen der Wölbungen, das Klare, Aetherische, Lichtvolle ihrer Anordnung, die überall wohlberechnete Symmetrie, wo die kleinen Formen den großen auf eine ebenmäßige Art untergeordnet sind, Alles vereinigt sich zu dem Zauber eines hehren Totaleindrucks, den nur die Anordnung der Denkmäler ein wenig stört, und rechtfertigt die Benennung: „Wunder der Welt." In dem Chore ist täglich zwei Mal Gottesdienst. Der Fußboden dieses Theils der Kirche enthält kostbare, kunstvolle und alterthümliche Mosaikarbeiten, zu deren Zusammensetzung Jaspis, Alabaster, Porphyr, Lapis Lazuli, Serpentin u. s. w. angewendet wurde. In einem vergoldeten Schrein ist das

---

*) In alten Handschriften wird erzählt, daß die Abtei im Besitze der kostbarsten Reliquien gewesen sei. Unter diesen befand sich, nach diesen Urkunden, ein Stückchen von der Krippe, in welcher Christus lag, das Weihrauchgefäß der Weisen aus dem Morgenlande, ein Stückchen vom Abendmahlstische, ein Stück vom gesegneten Brote, ein Stein von der Mauer des Gefängnisses, in welcher er vor seiner Kreuzigung saß, Fragmente des in Isop getauchten Schwammes. Diese Reliquiensammlung vermehrte König Eduard mit einigen Haaren der Jungfrau Maria und des Bartes des heiligen Petrus, nebst einer halben Kinnlade und drei Zähnen des heiligen Anastasius.

Grabmal des Gründers dieser Kapelle; es wurde von Torrigiano, dem Nebenbuhler Michael Angelo's, ausgeführt. Auch die irdischen Ueberreste der unglücklichen Königin Marie von Schottland und ihrer Rächerin, Elisabeth, sind in der Heinrichskapelle beigesetzt. Die Denkmäler der berühmtesten Dichter Englands, welche ihnen die Anerkennung ihrer Verdienste setzte, haben in der Kapelle Eduard's des Bekenners ein besonderes, von den Denkmälern der Staatsmänner getrenntes Departement, unter dem Namen „Poetenwinkel." Unter jenen glänzen die Namen Garrik, Chaucer, Spenser, Ben Jonson, Milton, Butler, Prior, Addison, Dryden, Goldsmith; unter den Staatsmännern Fox, Percival und mehrere Andere. — Seit König Wilhelm I. wird die feierliche Ceremonie der Krönung in der Westminster-Kathedrale begangen.

Gibraltar.
[Beschluß.]

Als John Leake die Garnison beträchtlich verstärkt hatte, ging er nach Lissabon unter Segel. Gleichzeitig aber erhielten die spanischen Belagerungstruppen neue Unterstützung durch ein Regiment Infanterie, mit welchem sie den 11. Januar 1705 einen Angriff machten, jedoch zurückgeschlagen wurden. Am folgenden Tage wurde die Attaque unter General Fuy mit 600 französischen und wallonischen Grenadiers und 1000 Mann spanischen Fußtruppen wiederholt. Sie versuchten eine in den runden Thurm des sogenannten Königsgrabens geschlossene Bresche zu erstürmen, so wie eine zweite, welche in den Verschanzungen am Hügel befindlich war. Bei seiner schwachen Vertheidigung wurde der Thurm genommen, und vielleicht hätte diese Prise das Schicksal Gibraltars entschieden, hätte der entschlossene Obrist Moncal dem Sieger diese Eroberung nach einem einstündigen Besitze nicht wieder streitig gemacht. Die Belagerungsenergie der Spanier wurde zum Glück für England durch ununterbrochenes stürmisches Wetter sehr geschwächt. Im Laufe der ganzen Belagerung verloren die Spanier 10,000 Mann, während der Verlust der Belagerten sich nur auf 400 belief. — Unter der Regierung der Königin Anna wurde Gibraltar für einen Freihafen erklärt und Elliot als Gouverneur eingesetzt. Es war begreiflich, daß die Spanier einen so harten Verlust nicht verschmerzen konnten, und daß es ihr Nationalgefühl kränken mußte, den wichtigsten, auf ihrem Continente gelegenen, Platz in den Händen einer fremden Nation zu wissen. Kein Wunder, daß sie bei Aufopferung bedeutender Kräfte die Belagerung mit patriotischem Muthe fortsetzten, bis sie die Feindseligkeiten endlich 1727 ganz einstellten und die Krone sich bewegen ließ, einen allgemeinen Friedenstractat mit England einzugehen. Merkwürdig ist der geringe Verlust der Engländer in Folge des letzten Hauptversuches der Spanier gegen Gibraltar. Während diese 3000 Mann verloren, büßten die Engländer, ungeachtet die Spanier ganze Tage lang ein ununterbrochenes Feuer von 70 Kanonen gegen sie ausspien, nur 300 Mann ein. Ein halbes Jahrhundert blieben die Unternehmungen gegen Gibraltar eingestellt. Als aber Spanien zu Anfange des nordamerikanischen Freiheitskrieges durch ein Manifest England den Krieg erklärte, wurde die Veste 1779 den 16. Juli von 74 Linienschiffen, mehreren Fregatten und Galleonen im Blokadestand gesetzt, und 10 Tage darauf schlugen die Spanier eine gute Stunde von Gibraltar ein Lager auf. Es ist merkwürdig, daß während einer unausgesetzten Blokade von mehreren vollen Tagen auf der Seite der Engländer bis zum 12. Januar auch nicht Ein Mann fiel, und daß die erste Kugel eine Frau treffen sollte. Doch die Schnelligkeit, mit welcher die unerwartete Belagerung unternommen wurde, hatte es dem Gouverneur unmöglich gemacht, sich mit dem nöthigen Mundvorrath zu versehen. In der Mitte Januars war die Provision auf eine so geringe Quantität herabgesunken, daß man sich den Schrecken und Martern des Hungertodes preisgegeben glaubte. Wenn die spanischen Fischer auch hin und wieder ihren Patriotismus verleugneten und die Belagerten durch Zufuhren von Fischen unterstützten, so machten sie sich die schreckliche Lage derselben durch hohe Preise so zu Nutze, daß unter solchen Umständen die Geldmittel bald ausgehen mußten. Aber einem unvermutheten Ereignisse sollte die Besatzung ihre Rettung verdanken. Schon am 8. Januar hatte Admiral Rodney eine bedeutende Anzahl Transportschiffe erobert, ein zweiter Sieg über den spanischen Admiral Langera entschied das Schicksal Gibraltars, und Gibraltar würde verloren gewesen sein, wenn dieses Kriegsglück sich nur um 8 Tage verspätet hätte. Die hart bedrängte fast verzweifelnde Besatzung erhielt durch Rodney frische Lebensmittel und Kriegsbedürfnisse.

Unmittelbar nach der Abfahrt der englischen Flotte wurde die Blokade von Neuem begonnen, und ungeachtet der reichen Versorgung mit Lebensmitteln fing der Mundvorrath wieder an so herabzusinken, daß an die Mannschaft nur halbe Rationen vertheilt wurden. Die Zufuhren von der Berberei, welche sie sehnlichst erwarteten und welche ihnen früher oft aus der Noth geholfen hatten, blieben aus, und zu ihrem Schrecken mußten sie erfahren, daß der Kaiser von Marocco seine Freundschaftsverhältnisse mit England auf Spanien übertragen hatte. Es wird ewig denkwürdig bleiben in den Jahrbüchern der Geschichte, mit welchem Heldenmuthe die Engländer bei fortwährendem Mangel an Nahrungsmitteln, bei Erschöpfung der körperlichen Kräfte eine fast zwei Jahre lange ununterbrochene Reihe von Angriffen aushalten konnten. In einem Zeitraume von drei Wochen hatten die Spanier allein an 5000 Bomben in die Stadt geworfen. Was konnten sie mit dieser sinnlosen Zerstörung bezwecken wollen, da kein Engländer in ihren Häusern Schutz suchte und sämmtliche Einwohner ihre Wohnungen verlassen hatten, um unter Zelten bei spärlich zugemessener Kost und in banger Erwartung einer gänzlichen Erschöpfung der Nahrungsmittel eine traurige Existenz zu fristen? Die Stadt lag in Trümmern; Magazine, Zeughäuser und alle übrigen öffentlichen Gebäude, auf welche der Feind seine glühenden Bomben gerichtet hatte, waren niedergebrannt. Der Verlust war auf 13 Millionen Thaler angeschlagen. Der Feind, ermüdet von allen diesen erfolglosen Kriegsoperationen, erschöpfte nun seine letzten financiellen Kräfte, um sie auf das Wagestück eines entscheidenden Hauptschlages zu setzen. Wie einst die Antwerpener unter der Belagerung des Herzogs von Parma, setzte man seine letzte Hoffnung auf schwimmende Batterien. Der Boden dieser plumpen unbeholfenen Fahrzeuge war von dem dichtesten Bauholze; die Wände bestanden aus Kork und Holze, zwischen welche Sand geschichtet war. Um diese schußfesten Bauten gegen Feuersgefahr zu schützen, hatte man Sprützen darin angebracht, zu deren Bedienung besondere Leute angestellt waren. Das Material zu diesen Batterien erhielt man durch Zerschneidung von Schiffen. Sie sollten die Fronte bei den Angriffen bilden. Auf diese Weise rückten 1000 Kanonen auf die

620 Das Pfennig=Magazin.

Festung zu. Einem so großartigen Angriffe war Gibraltar nie ausgesetzt gewesen. Die Flotte war mit 80,000 Fässern Pulver versehen und mit 12,000 Mann theils Spaniern, theils französischen Hülfstruppen bemannt. Der Herzog von Crillon, ein ausgezeichneter Soldat, sollte sie anführen. Für die Wahrscheinlichkeit des Gelingens war nur Eine Stimme; der Muth unter den Truppen, welche die Gewißheit eines siegreichen Ausganges gar nicht bezweifelten, war fast ausgelassen. Doch im Rathe der Vorsehung war es anders beschlossen; in einem der Schiffe kam Feuer auf, zündete die schwimmende Batterie an und äscherte sie gänzlich ein. — Seit dem Friedensschlusse 1783 erfuhr Gibraltar keine Feindseligkeiten und blieb im ungestörten Besitz der Engländer. — Die Unterhaltung der Garnison und Festung kostet jährlich 400,000 L. St., also 2,700,000 Thaler Conv.=Münze.

Die Höhleneulen und die Murmelthiere.

Wir sehen auf beifolgendem Bilde eine Gruppe von Thieren, welche in ihrer Gestalt wie in ihrer Lebensweise so von einander verschieden sind, daß wir bei Ermangelung einer näheren Kenntniß dieser Thiere uns nicht genug würden verwundern können, wie ein Zeichner eine solche Zusammenstellung treffen konnte. Allein bei näherer Bekanntschaft mit diesen Thieren werden wir bald finden, daß unser Zeichner, wie auf unzähligen andern Bildern, nichts als die Natur treu copirte. *)

*) Der Zeichner, welcher die Gruppe in diesem friedlichen Zusammenleben sah, ist der ehemalige König von Holland, Lucian Bonaparte, ein eifriger Naturforscher und unternehmende Reisender.

Die auf dem Bilde dargestellten Thierarten sind nämlich die Höhlen= oder Minir=Eule (the burrowing owl; strix cunicularia) und das Murmelthier (Arctomys). Die Erstere weicht in ihrer Lebensart von ihren Gattungsverwandten dadurch ab, daß sie nicht wie jene in altem Gemäuer u. s. w. wohnt, sondern in Erdhöhlen, welche sie sich nach einigen Beobachtern selbst gräbt, nach Andern aber sich von anderen Thieren, welche sich dieselben gruben, zueignet. Aus diesen beiden so verschiedenen Behauptungen müssen wir nothwendig schließen, daß sie entweder da, wo sie keine von andern Thieren gegrabenen und für sie passenden Höhlen auffindet, sich selbst eine gräbt, oder daß die Beobachtungen nicht an einer und derselben Art, sondern an ganz verschiedenen gemacht worden sind.

Die Höhleneulen und die Murmelthiere.

Die meisten Nachrichten hat uns wohl über diese Eule Lucian Bonaparte gegeben, der sie in den Vereinigten Staaten beobachtete. Seine Nachrichten sind auch in dem eben so nützlichen als unterhaltenden Werkchen von J. Rennie „Die Baukunst der Vögel", enthalten, und wir theilen aus demselben die eigenen Worte Bonaparte's (C. L. Bonaparte, Amer. Ornith. 1, 72) mit.

„In den über den Mississippi hinausliegenden Staaten", sagt er, "wohnt die Höhleneule ausschließlich in den Ansiedelungen der Murmelthiere, deren Höhlen so bequem sind, daß unser Vogel der Mühe überhoben ist, selbst für sich zu graben, wie er dies an andern Orten, wo keine die Erde unterwühlenden Thiere (Nager) existiren, thun soll. Die erwähnten Ansiedelungen sind sehr zahlreich und von verschiedener Ausdehnung, bedecken bisweilen blos einige Aecker und breiten sich wiederum andere Male Meilen weit aus. Sie bestehen aus wenig erhabenen Hügeln (Garennen), von der Gestalt eines abgestutzten Kegels, die an der Basis ungefähr zwei Fuß breit sind und sich selten achtzehn Zoll über die Oberfläche des Erdbodens erheben. Der Eingang ist oben oder zur Seite angebracht, der ganze Hügel äußerlich niedergetreten und gleicht, vorzüglich oben, einem vielbetretenen Fußpfade."

"Vom Eingange geht die Fahrt ein oder zwei Fuß tief senkrecht in den Hügel hinab, läuft dann in schräger Richtung abwärts und endigt sich in ein Gemach, worin das betriebsame Murmelthier bei Annäherung der kalten Jahreszeit die behagliche Zelle für seinen Winterschlaf bauet. Diese Zelle, welche aus feinem, dürrem Grase besteht, ist kugelförmig und an der Spitze mit einer Oeffnung versehen, welche so weit ist, daß man den Finger einbringen kann; das Ganze ist sehr fest zusammengefügt. — Es ist sehr ergötzlich, bei schönem Wetter diese lebhaften und muntern kleinen Geschöpfe um den Eingang ihrer Höhlen, welche stets im besten Stande erhalten werden und oft von mehreren Individuen bewohnt sind, spielen zu sehen. Wenn sie beunruhigt werden und wenn Gefahr droht, fliehen sie sogleich in ihre unterirdischen Gemächer; steht aber die Gefahr nicht unmittelbar bevor, so nehmen sie ihre Stellung hart am Eingange, wobei sie muthig bellen und ihren Schwanz heftig hin und her bewegen, oder sie setzen sich aufrecht, um die Bewegungen des Feindes zu beobachten."

"In allen solchen Ansiedelungen der Murmelthiere sieht man die Grab= oder Höhlen=Eule geschäftig umherflattern; ja man kann diese Vögel, wenn sie in kleinen Heerden zwischen den Hügeln zerstreut sind, und in der Entfernung, mit den aufrecht sitzenden Murmelthieren verwechseln. Sie verrathen nur wenig Furchtsamkeit, so daß man sich ihnen leicht bis auf Schußweite nähern kann; werden sie aber durch Schreien und Lärmen beunruhigt, so fliegen einige oder alle zusammen auf, um sich in einer geringen Entfernung wieder niederzulassen. Wenn man sie ferner beunruhigt und aufscheucht, so setzen sie ihre Flucht so lange fort, bis sie den Augen entschwunden sind, oder sie verkriechen sich in ihre Höhlen, woraus man sie nicht leicht vertreiben kann. Die Löcher, in welche man diese Eulen ihre Zuflucht hat nehmen sehen, waren auf den Ebenen, die der Fluß Plortte durchschneidet, und wo sie sehr zahlreich sind, augenscheinlich von den Murmelthieren gegraben; dieser Umstand hat Hrn. Say zu dem Schlusse veranlaßt, daß die Höhleneule ein gemeinschaftlicher, wiewohl ungern gesehener Inhaber der nämlichen Wohnung, oder, nach dem Recht des Eroberers, der alleinige Besitzer derselben sei. Wir haben zwar keinen augenscheinlichen Beweis, daß die Eule und das Murmelthier gewöhnlich in eine und dieselbe Höhle ihre Zuflucht nehmen; aber doch versichern uns Pike und Andere, daß eine gemeinschaftliche Gefahr oft beide in das nämliche Loch treibe, wo auch wohl Eidechsen und Schlangen Schutz und Sicherheit suchen. In der ganzen Gegend, welche die Expedition durchzog, war das Murmelthier durchaus der Erbauer der von den Eulen bewohnten Höhlen."

So weit L. Bonaparte.

Nach dem Naturforscher Azara jaget diese Eule nur auf freiem Felde, erhebt sich selten über sechs Fuß vom Boden und nistet und verbirgt sich in den Höhlen der Armadille. Vielleicht meint er, wie schon oben gesagt worden ist, eine andere Art.

Die Höhlen= oder Minir=Eule wird übrigens ungefähr 9 Zoll lang. Sie hat hohe Beine, sehr gestreckte Tarsen und ihre Farbe ist obenher röthlich graubraun, mit kreisrunden und ovalen weißen Flecken, am Unterhalse röthlichgelb, graubraun gefleckt, an der Brust graubraun, gelblich gefleckt, am Hinterbauche weißlich, verloschen quergestreift und am Steiße und den dünnbefiederten Schenkeln weiß.

Kurze Biographie Gustav Adolph's.

Aus dem alten schwedischen Heldengeschlecht Wasa stammt jener große König, dessen Andenken bleiben wird so lange es Geschichte giebt. — Sein Vater war Karl IX., König von Schweden und zugleich Beherrscher eines Theils von Pommern, daher auch deutscher Reichsfürst; seine Mutter, welche den 19. December 1594 von ihm entbunden ward, war eine geborene Prinzessin von Holstein=Schleswig. Schon in seinem Knabenalter entwickelten sich vorzügliche Eigenschaften in ihm, besonders war seine Wißbegierde groß und kriegswissenschaftliche Bücher, so wie das Erlernen von Sprachen zogen den jungen Fürsten vorzüglich an, so daß er sich deutsch, französisch und lateinisch recht gut auszudrücken vermochte. Um einige Länderkunde zu erlernen, machte er im Jahre 1610 eine Reise durch Deutschland; —

Gustav Adolph.

ein Jahr darauf seinen ersten Feldzug als Obrister der Reuterei gegen die mit Schweden im Kampfe begriffenen Dänen; in derselben Zeit starb sein Vater; — ob nun gleich nach der damaligen Reichsverfassung der Prinz das Alter noch nicht erreicht hatte, um den Thron zu besteigen — er war erst 17 Jahre alt, — so hielten doch seine Mutter und die Vormünder, unter denen jener nachher so berühmte Kanzler Graf Axel Oxenstierna war, — ihn für fähig, die Regierung zu übernehmen, ungeachtet der Standpunkt, auf den er dadurch gestellt war, sehr schwierige Verhältnisse darbot; denn im Innern des Landes gab es einen unzufriedenen mächtigen Adel, der sich laut über des vorigen Königs Härte beklagte, nach Außen gab es offene Fehde mit Dänemark, so wie bedenkliche Zerwürfnisse mit den Polen und mit den Moskowitern, wie man damals die Russen nannte. Um so rühmlicher aber zeigt sich das Benehmen des jungen Königs, welcher Klugheit und Mäßigung mit Kraft verband, den Krieg mit den Dänen zuerst beendigte, theils durch das Schwert, theils durch Geldopfer, und von dieser Seite hatte man vom Jahre 1613 an nichts mehr zu besorgen; 1617 ward auch die Zwistigkeit mit Rußland gehoben und Ingermannland an Schweden abgetreten; endlich gab auch Polen nach, schloß einen sechsjährigen Waffenstillstand mit Gustav Adolph und überließ ihm den Gegenstand des Streites, die Provinz Liefland.

Das Alles bewirkte Gustav Adolph's Thätigkeit, doch zugleich unter Leitung weiser Männer im Staatsrath; auch eilte man um so mehr, weil Schweden sich bereits geneigt fühlte, den in Deutschland bedrängten Protestanten, deren Kampf mit den Katholiken 1618 ausgebrochen war, beizustehen; doch waren die zeitherigen Anstrengungen, welche die Schweden gemacht hatten, so groß gewesen, daß vorzüglich Mangel an Geld und an Kriegsgeräthschaften den König zwangen, seinen Entschluß noch aufzuschieben; auch schien es nicht so dringend, weil in den ersten Jahren des ausgebrochenen Krieges es für die Protestanten glücklich ging. Als das Kriegsglück sich aber 1627 zum Nachtheil der Letzteren gestaltete, als die kaiserlichen Armeen bereits das ganze nördliche Deutschland besetzt hatten, der Kaiser selbst, gleichsam herausfordernd, sich gegen die Schweden und ihre Rüstungen aussprach, zögerte Gustav Adolph nicht länger, versammelte sein Heer und bestellte, da er es persönlich anführen wollte, sein Haus. Die vorzüglichsten Personen in diesem waren seine Mutter, welche in Stockholm zurückbleiben, seine Gemahlin, welche mit einer zweiten Abtheilung des Heeres in einiger Zeit nachkommen sollte, und seine vierjährige Tochter Christine, als Thronfolgerin im Falle seines Ablebens.

Gustav Adolph's Gemahlin war Marie Eleonore, geborene Prinzessin von Brandenburg. Er hatte sie gewählt, nachdem er ihre persönliche Bekanntschaft gemacht, und wirklich Liebe für sie empfindend, bekämpfte er eine frühere Neigung für ein schwedisches Fräulein — Gräfin Brahe. — Den 20. Mai 1630 trat, sein Kind auf den Armen, der König unter die versammelten Reichsräthe, machte ihnen seinen Entschluß, nach Deutschland zu gehen, kund, setzte eine Regentschaft ein, verordnete, daß der Kanzler Orenstierna ihn begleitete, empfahl seine Tochter der Sorge seiner zurückbleibenden Getreuen, und als seine 19,000 Mann starke Armee im Hafen Elsnaben versammelt war, schiffte er sich den 23. Juni ein, landete — wegen widrigen Winden aufgehalten — erst den 4. Juli auf deutschem (pommerschem) Boden und begann sogleich seine Angriffe auf die kaiserlichen Truppen. Schweden trat mit Frankreich zu gleichem Zweck in ein Bündniß, denn ungeachtet letzteres in seinen eigenen Grenzen die Nichtkatholiken (Hugenotten genannt) hart verfolgte, so war es hier feindselige Politik gegen den Kaiser und die Sucht, sich in die deutschen Angelegenheiten zu mischen, was Frankreich bewog mit Gustav Adolph für die Protestanten zu kämpfen.

Den 7. September desselben Jahres trafen sich die Heere der Kaiserlichen und Schweden auf den Ebenen von Leipzig, und in dieser an demselben Tage vorfallenden Schlacht, in welcher der König die schwedisch-sächsische Armee selbst befehligte, blieb der Sieg lange unentschieden, am Ende des Tages war aber der kaiserliche Feldherr Tilly gänzlich geschlagen, und nun zogen die Schweden, noch durch 9000 aus ihrem Lande nachgeschickte Krieger verstärkt (mit denen auch des Königs Gemahlin kam), über Erfurt in die Rheingegenden; den 17. November hielt Gustav Adolph seinen Einzug in Frankfurt am Main; den 7. December ging er bei Oppenheim über den Rhein, besetzte Mainz und nahm sein Hauptquartier daselbst.

Mit glücklichem Erfolge ward der Feldzug 1632 eröffnet, Franken und Baiern fielen in der Schweden Gewalt, die Festung Ingolstadt widerstand ihrem Angriff und ward vergebens unter der Leitung des Königs belagert, als eben jener Tilly daselbst an schweren Wunden starb; den 7. Mai rückte der siegreiche Königl. Feldherr in München ein, und nun war der größte Theil Deutschlands, so wie ein Theil von Böhmen, dem Feinde entrissen. In Folge dieser Ereignisse ernannte der Kaiser den im Jahre 1630 abgesetzten Feldmarschall Wallenstein zum Generalissimus, der auch bald mit einem neuen, von ihm selbst angeworbenen Heere aus Böhmen nach Nürnberg vordrang, um letzteres zu besetzen; allein der König kam ihm zuvor, vermochte es jedoch nicht zu verhindern, daß diese ihm liebe Stadt, so wie deren Umgebungen, alle Drangsale des Krieges zu leiden hatte, indem beide Heere, einander beobachtend, 11 Wochen stehen blieben, bis endlich, als der Versuch des Königs, die Kaiserlichen aus ihrem Lager zu locken und zur Schlacht zu bringen, eben so wenig gelang, wie der unmittelbare Angriff auf dasselbe, die Schweden den 8. September 1632 aufbrachen, um nach Thüringen zu marschiren. Hier angekommen, war des Königs Hauptquartier in Erfurt; Wallenstein, der ihm immer zur Seite geblieben war, näherte sich Leipzig; Gustav Adolph, die Schlacht wünschend, zog ihm über Naumburg entgegen und am Abend des 5. Novembers standen beide Armeen kampflustig in den Ebenen von Lützen einander gegenüber. — Der 6. November brach an; aber ein dichter Nebel verhinderte den Angriff bis gegen 10 Uhr; als sich nun jener hob, durcheilte Gustav Adolph die Reihen seiner Soldaten, ermunterte zur Tapferkeit, versprach Belohnungen, drohte mit Strafen den Feigen, ließ bei allen Regimentern noch eine Bettstunde halten, wobei er selbst knieend und mit entblößtem Haupte gesehen ward, dann brachen die Colonnen auf und nach 12 Uhr war schon die Schlacht allgemein. Der König befehligte persönlich den rechten Flügel; während hier der Kampf am heißesten war, zerschmetterte eine Kugel ihm den Arm; eben will er sich von dem Herzog von Lauenburg wegführen lassen, als ihn ein zweiter Schuß trifft — er stürzt vom Pferde — und im Getümmel wird er nicht mehr gesehen; das herumlaufende Pferd verräth den Schweden das schreckliche Ereigniß; der Herzog Bernhard von Weimar übernimmt sogleich das Commando und mit einbrechender Nacht war der Sieg auf der Seite der Schweden vollständig errungen; die Sieger suchten lange vergeblich den Körper ihres Königs, als er unweit jenem, schon seit langen Zeiten dort liegenden großen Stein (seitdem der Schwedenstein genannt) ganz entstellt gefunden ward. Man brachte ihn nach Weißenfels, wo er einbalsamirt, dann unter Begleitung der schwedischen Garde und seiner hinterlassenen Wittwe über Wollgast (in Pommern) nach Stockholm abgeführt ward. Hier empfing ihn ein Leichenzug, von seiner

Mutter angeführt; man ließ ihn vor jetzt in einer Schloßkapelle beisetzen, bis das 1634 vollendete Mausoleum den entseelten Körper für immer aufnehmen konnte. Ein Gerücht von Meuchelmord durchlief damals die Gegenden, wohin die Nachricht von dieser Begebenheit drang; doch wer vermöchte nun noch die Wahrheit davon aufzufinden zu können? So endete Gustav Adolph im 38. Jahre seines Alters, im 21. seiner Regierung *).

Der Transport des Obelisks von Luxor nach Paris.
[Schluß.]

Bei seinem Senken knarrten die Maschinerien. Da Herr Lebas jedoch vorher aus dem kubischen Inhalte und aus der specifischen Schwere der Granitmasse dieses Obelisken sein Gewicht berechnet hatte, so mußte er die Aufgabe lösen, den hemmenden Mechanismus so einzurichten, daß der Obelisk vom Anfange bis zu Ende durchaus gleichmäßig sänke. Diesem Probleme hatte er auf eine eben so einfache als geistvolle Weise Genüge geleistet. Schon in zwei Minuten hatte der Obelisk einen Neigungswinkel von 30 Grad erlangt, und majestätisch sank er, ohne einen Zoll von seiner intendirten Lage abzuweichen, auf die geneigte Ebene. In $1\frac{1}{2}$ Stunde war die ganze Last am Bord des Schiffes gebracht; hierauf setzte man den Hintertheil des Schiffes wieder in seine alten Fugen und schloß ihn so geschickt, daß man eine gewesene Trennung nicht wahrnehmen konnte. Die glückliche Ueberwindung so mannichfacher Schwierigkeiten, an denen das Gelingen scheitern konnte, mußte das Verlangen bei der Expedition rege machen, bald nach Frankreich zurückzukehren. Allein der niedrige Wasserstand vereitelte die Erfüllung dieses Wunsches, und man war genöthigt, die periodische Ueberschwemmung des Nils, welche gewöhnlich um die Mitte Juni's eintritt, abzuwarten. Den 18. August war der Wasserstand hoch genug, um den Luxor den Fluten des Nil anzuvertrauen, und nun wurden 60 Araber gedungen, um das Schiff am Seile den Fluß hinunterzuziehen. Erst nachdem man 90 deutsche Meilen zurückgelegt, konnte man Gebrauch von den Segeln machen. Nach einer mühevollen Fahrt von 26 Tagen kam die Expedition in Rosette an. Hier verursachte ihr wiederum die von dem Nilschlamme hoch aufgehäufte Sandbank an der Mündung des Flusses einen langen Aufenthalt. Es war riskant, die Sandbank mit ihrer enormen Last zu durchstechen. Allein zu allgemeiner Freude der vor Ungeduld wartenden Expedition stellte sich ein unvermuthetes Naturereigniß ein, — ein furchtbarer Sturm rasirte die Sandbank und entriß ihr einen beträchtlichen Theil von ihrem großen Umfange. Am 1. Januar lichtete man den Anker und gelangte glücklich in den alten Hafen von Alexandrien. Doch wiederum sollte die unerbittliche Naturnothwendigkeit die Fortsetzung hemmen, denn kaum stand der Luxor dem offenen Meere gegenüber, als sich auch die jährliche Sturmperiode in gewohnter Furchtbarkeit einstellte. Erst am 13. April übergab man den Luxor dem offenen Meere. Mittlerweile hatte sich ein anderes französisches Schiff, die Sphinx, im Hafen von Alexandrien eingefunden; sie nahm den Luxor in den Schlepptau. Aber kaum war man einen Tag gesegelt, als der Sturm von Neuem sich erhob und die Expedition in eine höchst bedenkliche Lage versetzte; man mußte in die Bai von Marmara einlenken. Am 13. April wurden die Anker gelichtet, doch kaum auf offenem Meere, erhob sich wiederum in entgegengesetzter Richtung ein heftiger Sturm und warf das Schiff an die griechische Insel Milo. Nach einer Reihe ähnlicher Gefahren erreichte endlich der Luxor den 11. Mai den Hafen von Toulon. Allein eine so enorme Steinmasse 100 deutsche Meilen zu Lande transportiren, war ein, wenn auch nicht unmögliches, doch langwieriges Geschäft, und so mußte das Schiff nicht nur den Rest des gefahrvollen mittelländischen Meeres passiren, sondern auch Spanien und Frankreich umsegeln und die Seine möglichst hoch hinauffahren. In Cherbourg den 5. August 1833 angelangt, beehrte die Königliche Familie die Expedition mit einem Besuche; Ludwig Philipp versicherte der Mannschaft seine Zufriedenheit und Theilnahme an dem glücklichen Gelingen des Unternehmens, theilte Orden der Ehrenlegion unter sie aus und erhob Herrn Verninac zum Range eines Kriegsschaluppencapitains. Am 13. September lief das Schiff in die Seine ein; am 14. September kam es in Rouen an, wo der Luxor wegen des niedrigen Wasserstandes am Quai d'Harcourt Halt machen mußte, um das durch den Herbstregen verursachte Steigen des Wassers abzuwarten. Als sich dasselbe eingestellt hatte, legte der Obelisk den Rest seiner langen und beschwerlichen Wasserfahrt glücklich zurück.

Johann Friedrich Christoph v. Schiller.
(Beschluß)

In den Horen erschien die Abhandlung über das Naive und Sentimentale, der Spaziergang, die Ideale, Huldigung der Frauen, die Glocke. Im Jahre 1797 die Xenien. Im J. 1798 wurde Wallenstein in Weimar aufgeführt und erhielt großen Beifall. — Seine Gesundheit wurde immer bedenklicher, er hatte schon lange Zeit die Vorlesungen als Professor eingestellt. Im J. 1799 ließ er sich in Weimar nieder, um in der Nähe Göthe's zu sein. Im J. 1800 erschien Maria Stuart. Im J. 1801 folgte die Jungfrau von Orleans und die Braut von Messina. Im J. 1804 wurde Wilhelm Tell aufgeführt. Im J. 1802 war er in den Adelstand erhoben worden. Von einer Reise, die er nach Berlin gemacht hatte, kam er krank zurück. Zu seiner immer zunehmenden Schwäche trugen seine Lucubrationen sehr viel bei; denn wenn Andere sich dem süßen Schlafe hingaben, arbeitete Schiller bei einer Tasse starken Kaffees oder bei einem Glase guten Weines. In mitternächtlicher Stille entströmten dem großen Geiste jene erhabenen Gedanken, welche die deutsche Dichtkunst über den Standpunkt aller gleichzeitigen Literaturen erhob; oder wenn sein schöpferischer Geist nicht selbst producirte, so bot ihm sein beständiger Begleiter Shakespeare ästhetischen Hochgenuß. Die ungewöhnliche Lebensweise griff seine Brust an und den 7. und 8. Mai stellte sich das Uebel des Blutspeichels ein. Rasch wuchs die Krankheit und griff selbst seinen Geist so sehr an, daß er am 9. Mai schon zu phantasiren anfing. Doch bald verschwanden die Bilder seiner Fieberphantasie, es trat eine sanfte Ruhe ein; — sein großer Geist sollte mit vollem Bewußtsein von dem irdischen Schauplatze scheiden; bald

---

*) Treffend nimmt sich unser Schiller in seinem dreißigjährigen Kriege des vorgeblichen Meuchelmörders, Franz Albert's von Sachsen-Lauenburg, mit der humanen Maxime an, daß, wo der natürliche Lauf der Dinge zu einem Erklärungsgrunde hinreicht, man die menschliche Würde nicht mit einer moralischen Beschuldigung entehren müsse. Die Red.

darauf entschlummerte er, und der Schlaf reichte dem Tode brüderlich die Hand. Eine Todtenfeier wurde veranstaltet und die Jungfrau von Orleans gegeben. In der Nacht zum 12. Mai wurde er beigesetzt; die Natur trauerte, die Menschen weinten, Göthe vorzüglich vergoß die heißesten Thränen der Wehmuth, er, der oft Thränen der Freude geweint hatte, wenn er seines Freundes Werke las.

Das Innere der Westminsterabtei.

Verlag von Bossange Vater in Leipzig.
Unter Verantwortlichkeit der Verlagshandlung.

Das Pfennig-Magazin

der

Gesellschaft zur Verbreitung gemeinnütziger Kenntnisse.

79.] [2. Jahrg. 27.]   [November 1, 1834.

An die Leser.

Der Uebergang des Pfennig-Magazins an eine andere Verlagshandlung bietet der Redaction eine Veranlassung dar, über die Idee und die Bestimmung dieser Zeitschrift einige Worte zu sagen und anzudeuten, was künftig zur Ausführung des ursprünglichen Zweckes der Unternehmung erstrebt werden soll. Das Vorbild gab bekanntlich der verdienstvolle britische Verein zur Beförderung nützlicher Kenntnisse, welcher bald nach seiner Gründung (1824) für den Zweck, unter der mittlern Volksclasse in England diejenigen Kenntnisse zu verbreiten, die in ihrer Anwendung auf das praktische Leben wichtig sind, nicht nur durch Vorlesungen, Anlegung von Bibliotheken, Stiftung von Lesegesellschaften, sondern auch durch Elementarbücher wirkte, woran es in England mehr als in Deutschland fehlte. In den weiten Kreis dieser Wirksamkeit, die den Zweck verfolgte, Personen ohne wissenschaftliche Vorkenntnisse faßlich zu belehren, trat endlich auch das Pfennig-Magazin, das so viele mehr oder minder glückliche Nachahmungen fand, und die außerordentliche Verbreitung, welche diese Unternehmungen überall gewannen, zeugte offenbar von einem, unter den Zeitgenossen erwachten Bedürfnisse. Wenn auch dieses Bedürfniß in seinen Gründen überall dasselbe sein mag, so werden doch solche Zeitschriften ihren Zweck nur dann vollkommen erreichen und eine wohlthätige Wirksamkeit entwickeln, wenn sie sorgfältig die Bildungsstufe, die Geistesrichtung und die gesellschaftlichen Verhältnisse des Volkes und der Volksclassen im Auge behalten, für welche sie zunächst bestimmt sind. Die Redaction des Pfennig-Magazins wird ihr eifrigstes Bestreben dahin richten, dieser Zeitschrift immer mehr einen nationalen Charakter in jenem Sinne zu geben und sie für alle Völker deutscher Zunge zu einem Hülfsmittel faßlicher Belehrung und ansprechender Unterhaltung zu machen. Es öffnet sich dafür eine so reiche Fundgrube, daß ein kaum zu erschöpfender Stoff vorliegt, auch wenn künftig, wie seither geschehen ist, strenge der Grundsatz festgehalten wird, das Gebiet der Politik und der religiösen Ansichten nicht zu betreten. Diesen Plan immer vollkommener auszuführen, werden wir uns um so mehr angelegen sein lassen, je weniger wol jetzt noch die früher auch in England ausgesprochene Besorgniß Raum findet, daß durch solche Zeitschriften dem Interesse der Wissenschaft und der Literatur geschadet werde, da vielmehr grade dadurch, daß die Ergebnisse der Forschung, insofern sie allgemein faßlich sind, die weiteste Verbreitung finden, Viele, welchen sie sonst fremd geblieben sein würden, für die nähere Betrachtung derselben und für höhere Geistesbildung überhaupt gewonnen werden.

Die unterzeichnete Verlagshandlung wird, vereint mit der Redaction, dahin streben, dem Pfennig-Magazin die Theilnahme zu erhalten, welche demselben bis jetzt allgemein geworden ist, und ihre bisherigen, besonders auf Verbreitung allgemeiner Bildung in den größern Kreisen berechneten Unternehmungen dürften für die Erfüllung ihrer Versprechungen Gewähr leisten. Auf die äußere Ausstattung durch bildliche Darstellungen, Druck und Papier wird, wie bisher, große Sorgfalt, in einem höhern Grade als früher diese aber auch auf den Text verwandt werden, und so dürfte das Pfennig-Magazin, wie es der Zeit seiner Entstehung nach die erste unter den ähnlichen Unternehmungen Deutschlands war, der innern und äußern Ausstattung nach als die ausgezeichnetste Zeitschrift dieser Tendenz sich behaupten.

Das Gratis-Magazin, welches seit Beginn des zweiten Jahrgangs eine Beilage des Pfennig-Magazins bildete, hat in der gewählten Form nicht den erwarteten Beifall gefunden, sodaß die Verlagshandlung hierdurch und durch andere Rücksichten sich veranlaßt findet, dasselbe nicht weiter erscheinen zu lassen, den wesentlichen Inhalt desselben aber in das Pfennig-Magazin aufzunehmen und die dadurch herbeigeführte Erweiterung durch einzelne Beilagen, Extrablätter u. s. w. möglich zu machen.

Da die bisherigen Abonnementstermine vielen Käufern sehr unbequem waren und die Beziehung des Pfennig-Magazins durch die Postanstalten erschwerten, so sieht sich die Verlagshandlung veranlaßt, in den nächsten Monaten November und December 13 Nummern, welche ein Quartal bilden, erscheinen zu lassen so den zweiten Jahrgang schon mit Nr. 91 zu schließen. Das nächste Quartal, Nr. 79—91, kann durch alle Buchhandlungen und Postämter zu dem Preise von 12 Gr. oder 15 Sgr. bezogen werden. Die Buchhandlungen wenden sich mit ihren Bestellungen an die unterzeichnete Verlagshandlung, die Postämter an die königl. sächs. Zeitungsexpedition in Leipzig.

Schließlich sei es erlaubt auf das Intelligenzblatt zum Pfennig-Magazin aufmerksam zu machen, welches sich, da diese Zeitschrift in den verschiedensten Kreisen der bürgerlichen Gesellschaft gelesen wird, für Ankündigungen aller Art, nicht blos literarischen Inhalts, vorzüglich eignet. Die Insertionsgebühren betragen 12 Gr. für die Zeile oder deren Raum.

Leipzig, den 1. November 1834.

                               F. A. Brockhaus.

Die Manna=Esche (Fraxinus Ornus Linn.).

Die morgenländische Esche (tamarica mannifera) ist auf dem Berge Sinai noch jetzt keine seltene Erscheinung. Von seiner höchsten Spitze fällt der dunkelbraune syrupähnliche Saft tropfenweise herab. Die Eingeborenen und griechischen Mönche fangen ihn in untergesetzten flachen Gefäßen auf und essen ihn, gleich dem Honig, mit Brot. Sie bedienen sich keines künstlichen Erzeugungsmittels zur Gewinnung des Manna, sondern aus den mit bloßen Augen unsichtbaren Stichen einer Art Cochenille (coccus manniparus) fließt er gewöhnlich nach dem Regen in großer Menge aus. Der Naturforscher Ehrenberg sah ihn selbst auf seiner Reise durch Aegypten herabträufeln.

Fünf und zwanzig bis dreißig Fuß erhebt sich der Baum unserer Abbildung in die Lüfte, der beim ersten Anblicke einer Ulme zu gleichen scheint, allein bei näherer Betrachtung sich besonders durch die Blätter und Blüthen unterscheidet. Die kleinen Blätter sind länglich eirund und gestielt, die vierblätterigen wohlriechenden Blüten aber haben linienförmige weiße Blumenblätter. Ein ähnlicher Baum,

Die Manna=Esche (Fraxinus Ornus Linn.)

der dieselbe Manna liefert, ist die rundblättrige Esche (Fraxinus rotundifolia), welche rundliche, doppelt gesägte, gefiederte Blättchen, rothe Blüthen hat und in Italien, Griechenland, Kleinasien, Aegypten u. s. w. vorkommt.

Ein Haupterwerbszweig für die Bewohner Unteritaliens, besonders aber für die Einwohner von Sicilien, war das Gewinnen dieser Manna, als man sie noch allgemein als Arzneimittel anwendete. Seit man aber die bekannten medicinischen Wirkungen des Manna durch andere Arzneimittel hervorbringt, ist dieser Handelsartikel allmählig eingegangen, und an die Stelle des ehemaligen Wohlstandes der mit dem Gewinn des Manna beschäftigten Leute ist drückende Armuth getreten.

Den 15. August beginnen die Mannasammler ihre Arbeit. Sie machen nämlich zuerst unten an dem Stamm einen Schnitt, am folgenden Tage 2 Zoll höher wieder einen, und so fahren sie fort, bis sie an die Zweige kommen. Bei günstiger Witterung machen sie auch wohl in die größeren Zweige Schnitte, so daß es zuweilen mehre 40 werden, doch gewöhnlich gehen die Schnitte nicht über die Höhe von 7½ Fuß. Bald fließt dann ein klarer Saft heraus, der nach und nach immer dicker, fester und endlich ganz hart wird. Bis zu Ende des Septembers kann es gewonnen werden. Die Regenzeit unterbricht die Arbeit.

Um mit gehöriger Sicherheit diesen Saft auffangen zu können, legt man gewöhnlich ein Feigenblatt an den 2 Zoll langen und ½ Zoll tiefen Einschnitt und stellt ein 10—12 Zoll langes und 7—8 Zoll breites Gefäß an den Fuß des Baumes. Der Saft fließt nun auf das, eine Rinne bildende, Blatt und von da in das Gefäß.

Die auf diese Weise gewonnene Manna schätzt man wegen ihrer Reinheit weit höher als die, welche von selbst oder durch den Stich der Singcicade (Cicada Orni) aus der Rinde sich hervordrängt.

Wenn nun die Manna verschickt werden soll, so wird sie gewöhnlich in Körbe verpackt.

Die vorzüglichsten Bestandtheile der Manna sind Gummi- und Zuckerstoff. Wenn die Manna aus dem Baume herausfließt und also noch wässerig ist, so hat sie einen Geschmack, der dem des unreifen Obstes zu vergleichen und eben der wässerigen Beschaffenheit zuzuschreiben ist; sobald aber die Natur diese entfernt hat und die Manna dick und fest geworden ist, schmeckt sie süß und angenehm.

In voller Thätigkeit sehen wir auf unserer Abbildung einige Leute, die eben beschäftigt sind, die süße Manna aus den Bäumen zu gewinnen, wie sie es von Jahr zu Jahr gewohnt sind. Ihr ganzes Glück beruht auf einer guten Ernte, die ihnen bei anhaltender schlechter Witterung aufs ganze Jahr geraubt ist. Dazu kommt noch, daß sie, auch wenn sie nichts gewinnen, viel verlieren, da sie einen bedeutenden Tribut an den König für das Recht bezahlen müssen, die Gabe des Himmels aus jenen Bäumen gewinnen zu dürfen. Dem Könige soll die Pacht in Sicilien allein jährlich über 30,000 Dukaten eingebracht haben. Man schloß nicht eher die Gärten auf, als bis der Tribut entrichtet war, und erst dann, wenn sich nach dreimaliger Aufforderung kein Pachter fand und bis dahin also die Manna nutzlos in den Bäumen eingeschlossen blieb, öffneten sie die Gärten und gaben die Mannaernte frei.

Parry's erste Reise und Winteraufenthalt auf der Insel Melville.

Kaum zwei Jahrhunderte waren seit der **Entdeckung** Amerikas verflossen, als sich die Europäer, besonders die Engländer, die Aufgabe stellten, eine nordwestliche Durchfahrt aus dem atlantischen Ocean um Amerikas nördlichste Grenzen in das stille Meer aufzufinden. Zu diesem Zwecke rüstete die englische Regierung nicht nur mehrere Expeditionen aus, sondern sicherte auch dem ersten Entdecker dieses Weges um Amerika eine Belohnung von 20,000 Pfd. Sterl. zu. Die Annahme einer nordwestlichen Durchfahrt gründete sich, außer mehreren andern gezogenen Schlußfolgen, besonders auf die Bemerkung, daß das Klima Grönlands sich seit einigen Jahrhunderten gänzlich geändert habe; — denn Grönland, welches jetzt fast ganz mit Eis bedeckt ist, war früher sehr fruchtbar und angebaut, — daß ferner die ungeheuern Eismassen, welche jetzt das Eindringen in das Nordpolarmeer unmöglich machen, sich erst spät gebildet haben und unter günstigen Naturveränderungen eben so schnell schwinden können, wie sie entstanden sind. Darum ließ sich auch die englische Regierung nicht abschrecken, neue Expeditionen auszusenden, obgleich die früheren keine günstigen Resultate gebracht hatten.

Zu den neuesten Entdeckern in diesen Eisregionen gehören Roß, dessen schon in einer frühern Nummer dieser Zeitschrift gedacht worden ist, und Parry. Welche Resultate Capitain Roß durch seine letzte Polarreise gewonnen hat, ist bis jetzt noch nicht bekannt geworden, da er noch mit Ausarbeitung seines Tagebuches beschäftigt ist*). Leider ist indeß schon so viel bekannt geworden, daß der Zweck noch nicht erreicht ist und daß es neuer Anstrengungen bedarf, die Hindernisse, welche die Natur entgegenstellt, zu besiegen, oder die Unmöglichkeit einer Umschiffung unzweifelhaft darzuthun. Doch wenn Ersteres auch möglich wäre, so würde doch der merkantilische Gewinn keinesweges dem Gewinne gleich sein, welchen die naturhistorischen und geographischen Wissenschaften schon erfahren haben. Darum ergreifen wir mit Vergnügen die Gelegenheit, unsern Lesern einen Mann ins Gedächtniß zurückzurufen, der sich ausgezeichnet hat nicht nur durch Das, was er zur nähern Kenntniß der Nordpolarländer gethan, sondern auch, was er während seines Winteraufenthaltes in diesen Gegenden gelitten.

William Edward Parry hatte im J. 1818 als Führer des Schiffes Alexander den Capitain Roß auf seiner Nordpolerpedition begleitet, und erhielt 1819 von der englischen Regierung den Auftrag, mit zwei Schiffen, dem Hekla und Griper, letzteres geführt von Matthew Liddon, eine nordwestliche Durchfahrt aufzusuchen. Die beiden Schiffe, der Hekla von 375 Tonnen Last und der Griper von 180 Tonnen, waren zu einer so schwierigen Reise auf das Sorgfältigste ausgerüstet, auf zwei Jahre verproviantirt und die Mannschaft, 94 Mann stark, mit Allem versehen, was zum Nutzen und zur Bequemlichkeit dienen konnte.

Im Mai des J. 1819 gelangte Parry in den westlichen Theil der Baffinsbai, welcher vom Capitain Roß Lancastersund genannt worden war, und überzeugte sich sehr bald, daß dieser Theil kein Sund, sondern der Eingang in das Polarmeer sei. Er drang durch den Lan-

---

*) Auf sein bevorstehendes Werk über die Durchfahrtsexpedition und deren Ergebnisse sind in England schon Bestellungen auf 3000 Exemplare eingegangen.

castersund, durchschiffte eine große, breite Straße, die er Barrowstraße nannte, überzeugte sich, daß das Land nordwärts (Nord-Georgien) aus einer Aufeinanderfolge von Inseln bestehe, und landete endlich nach einer durch Nebel und Eis unendlich erschwerten Fahrt an einer dieser Inseln, die er Melville-Insel nannte, und überwinterte daselbst in der Hekla- und Griperbai vom September 1819 bis August 1820. Diese Insel liegt 93° westl. und 75° nördl. und ist die westlichste aller bis jetzt von der Davisstraße aus entdeckten Inseln.

In diesen eisigen Gegenden des höchsten Nordens, abgeschlossen von jeder menschlichen Verbindung und nur

Parry's Schiffe.

auf sich selbst beschränkt, mußte Parry allen Scharfsinn aufbieten, seine Mannschaft nicht nur vor der grimmigen Kälte und deren schädlichem Einflusse zu sichern, sondern auch während der langen und Monate dauernden Winternacht hinreichende Beschäftigung und Unterhaltung zu schaffen, damit er die Matrosen bei guter Gesundheit und gutem Muthe erhielte. Es dürfte daher nicht uninteressant sein, zu erfahren, wie Parry diese schwierige Aufgabe glücklich gelöst hat.

Als beide Schiffe in den Winterhafen eingelaufen waren, so wurden zunächst alle Masten herabgenommen und mit Hülfe der untern Raaen (Segelstangen) über das ganze Schiff ein Gerüste erbaut, welches mit den Segeln überzogen wurde. Dieses Obdach gewährte der Mannschaft einigermaßen Schutz gegen die rauhe Luft, den Schnee und Wind, und die Schiffe glichen den mit Planen überzogenen Lastwagen. Die Mannschaft hatte außer der wollenen Kleidung Wolfspelze erhalten, deren Zweckmäßigkeit sehr bald erkannt wurde. Alles, was auf dem Oberverdeck entbehrt werden konnte, wurde ans Land geschafft und mit Planen überzogen. Dadurch gewann man Raum genug, wo sich die Mannschaft Bewegung machen konnte, wenn die allzu rauhe Witterung es nicht gestattete, ans Land zu gehen. Mit der größten Sorgfalt wurde die Mannschaft täglich zwei Mal gemustert, während Parry die Schlafstätten untersuchte. Eine der bedeutendsten Schwierigkeiten war, zu verhindern, daß nicht der im innern Schiffraum aufsteigende Dunst sich als Eis ansetzte und die Decke und Seitenwände überzöge. Auch diesem Uebel mußte der Scharfsinn Parry's durch eine höchst sinnreiche Erfindung vorzubeugen.

Wie aber sollte er seine Mannschaft in dieser Ab- geschlossenheit beschäftigen und erheitern? — Auf die Jagd konnten sie nur selten gehen, und während der heftigsten Kälte zeigte sich außer einigen Wölfen und Füchsen, die mit den Schiffshunden zuweilen blutige Kämpfe zu bestehen hatten, kein Wild. Die Kälte war überhaupt so heftig, daß der Athem eines Menschen in geringer Entfernung dem Pulverdampfe einer abgefeuerten Muskete glich und über einer kleinen auf dem Eise arbeitenden Truppe lagerte derselbe wie eine dicke weiße Wolke. — Die Gegenstände, welche bei unserer vornehmen und nicht vornehmen Welt Mittel werden, die Zeit hinzubringen und die Langeweile zu vertreiben, mußten auch hier die Zeit ausfüllen, die zu einer nützlichen Thätigkeit nicht angewendet werden konnte. Ein Theater wurde am Bord des Hekla eröffnet und regelmäßig erschien eine Zeitung unter dem Titel: „Zeitung und Winterchronik der nordgeorgischen Inseln." Wohl selten hat es aufmerksamere Zuschauer und Zuhörer gegeben, als hier, wo die von den Offizieren selbst verfaßten Stücke ganz den Umständen angemessen waren, und wo die Matrosen Theatererbauer, Maschinenmeister, Statisten und Alles waren, wozu sie eben gebraucht werden konnten. Die Zeitung aber, an welcher nur Wenige Theil nahmen, lieferte Stoff genug zur weitern Unterhaltung.

Diese lange Winternacht wurde nur zuweilen erhellt durch jene den Polen eigenthümlichen Naturerscheinungen, die Polarlichter (siehe deren Beschreibung in No. 66 dieses Blattes), bei welchen jedoch die Reisenden nie jene Töne vernahmen, welche mit dem Erscheinen derselben verbunden sein sollen. Erst am 1. Mai erschien ihnen die Sonne zum ersten Male um Mitternacht, und nun nahm auch die grimmige Kälte so ab, daß Parry selbst ein Gärtchen anlegte, in welchem er Radieschen, Zwiebeln, Senf und Kresse zu bauen versuchte. Doch ging der größte Theil der Sämereien gar nicht auf.

Nachdem Parry die Melville=Insel genauer untersucht hatte, verließ er sein Winterquartier am 1. August, machte noch unterwegs Bekanntschaft mit einigen Esquimos und kam am 3. November 1820 wohlbehalten mit dem Hekla in England an; der Griper, welcher nicht gut segelte, traf erst später ein. Von der ganzen Mannschaft hatte er nur Einen durch den Tod verloren; alle Uebrigen waren, außer daß Einigen ein Paar Finger hatten abgelöst werden müssen, frisch und gesund. — Uebrigens empfing Parry 5000 Pfd., welche das Parlament Demjenigen zugesichert hatte, welcher den 110° westl. von Greenwich überschreiten würde.

Nur durch Vergleichung mehrerer Reisebeschreibungen wird es möglich, sich einigermaßen ein Bild von jenen Gegenden zu entwerfen. Vor Allem sind es die gewaltigen Eisberge, die mit ihrem Fuße auf dem Meeresgrunde feststehen und mehrere hundert Fuß hoch sind. Der Hekla stieß auf einen, dessen ganze Höhe man auf 860 Fuß berechnete. Diese Eisberge, die wahrscheinlich durch den dichten Nebel, der oft in diesen Gegenden ist und als Eis sich ansetzt, vergrößert werden, bilden oft die sonderbarsten Gestalten und drohen den Schiffen die größte Gefahr. Die Wellen treiben oft das lockere Eis mit ungeheurer Gewalt an diese Eisberge hinan, und dies verursacht zuweilen einen über hundert Fuß hoch sich an den Bergen hinanthürmenden weißen Schaum, und ist mit einem Krachen verbunden, das dem Rollen eines entfernten Donners gleicht. In dem freien Wasser treiben oft die gewaltigsten Eisschollen umher und schließen die Schiffe von allen Seiten so ein, daß es nur mit der größten Anstrengung möglich ist, die Schiffe hindurchzubringen. Dies nennen die Seefahrer bohren. Wollen nämlich die Schiffer sich durch einen Eisstrom hindurcharbeiten, so wird dies nur möglich, wenn das Schiff fest genug ist, eine solche Anstrengung auszuhalten und wenn günstiger Wind weht. Ist Beides der Fall, so werden alle Segel ausgespannt und nun drängen

Das Bohren durch die Eisberge.

sie sich mit der vollen Gewalt aller geschwellten Segel hindurch.

Wir benutzen diese Gelegenheit, um noch zweier Uebel zu erwähnen, gegen welche die unter hohen Breitegraden Reisenden sich sorgfältig verwahren müssen. Das Licht des Schnees ist dort so blendend, daß es die Gesichtsnerven überreizt und mit empfindlichen Schmerzen den Augen ein klares Thränenwasser auspreßt. Dagegen schützen sich die Seefahrer entweder durch Florschleier oder durch Florbrillen, welche die Intensität des Lichtes mildern und alle Gefahr abwenden. Das zweite Uebel besteht in dem merkwürdigen Einflusse der Kälte auf die menschliche Seele, deren Strenge sogar Stumpfsinn bewirken kann, wenn man ihr eine Zeit lang ausgesetzt ist. Ein Matrose hatte sich einst in der Hitze der Jagdlust zu weit von dem Schiffe entfernt. Bei seiner Zurückkunft war er gänzlich des Verstandes beraubt, seine Sprache war verworren und seine Handlungen planlos. Erst mit vieler Mühe gelang es der Sorgfalt des Arztes, ihn wieder herzustellen. Dies traurige Beispiel machte seitdem die Schiffsmannschaft auf ihren Ausflügen vorsichtig.

Der Kirchhof zu Kairo.

Die ältesten Sagen der Aegypter erwähnen schon eines Urlandes der Seelen, wo sie in kindlicher Unschuld, der Gottheit nahe, in den Gefilden des Himmels ein seliges Dasein genossen. — Verlockt, wandten indeß Viele sich zur Erde, wo, eingebannt in das enge Haus des Körpers und dessen Makel und Mängel annehmend, sie erst nach vorgängiger Reinigung und dem Verlauf unzähliger Jahre ihren frühern Wohnsitz wieder erreichten [1]). Trotz der schweren Prüfung ein beneidenswerthes Loos! — Nur daß der Tod, der Abschied von der Gegenwart, allein den erwünschten Uebergang möglich machte; hier lag die Klippe, an der das menschliche Herz schon seit Jahrtausenden scheiterte und noch öfter scheitern würde, hätte die hohe Christuslehre den dornigen Pfad nicht geebnet und den Abgrund gebahnt, der zwischen dem Diesseits und Jenseits liegt! Stehen wir auch am Grabe unserer Lieben und weihen ihrem Andenken eine stille Thräne, so ergreift uns im Augenblick des Schmerzes dennoch ein Siegergefühl, dessen Erhabenheit mildernden Balsam in die offene Wunde träufelt. Doch ist nur von den Reinen und Erwählten die Rede, nicht von der Mehrzahl, die allein durch stete Belehrung im Ringen nach Unsterblichkeit aufrecht gehalten werden muß. Wenige können den Tod mit gefaßtem Muth ins Antlitz schauen, denn der Glückliche und Mäßige, zufrieden mit seinen Verhältnissen, sähe gern seine Existenz bis in alle Ewigkeit verlängert, der Unglückliche sie nicht gern unterbrochen, weil die Hoffnung ihn noch emporhält. Und wie bebten die Völker der Vorzeit, denen das Licht des Christenthums nicht offenbart wurde, zurück vor dem unbekannten Lande! — Die Schrecken des Hades und Tartarus [2]) wie standen sie so drohend vor ihrer geängstigten Seele! Schwoll von den Thränen der Gestorbenen nicht der Cocyt? — Was that man nicht, um das Schicksal und die Götter zu versöhnen! — Wie bemühte Jeder sich, da er vom Jenseit wenig oder nichts erwartete, sein Andenken durch Monumente zu verewigen [3])! — Daher die Todtenresidenzen [4]), Grabesstätte (Nekropolen), Todtenreiche [5]) zu Pasargadá [6]) und bei Memphis, Theben, Lykopolis, Abydos [7]) (in Oberägypten), die Pyramiden und Felsengräber, wohin, nach dem Beispiel des Osiris und der Isis (den Stammältern [8]) ägyptischer Herrscher), sich die Könige inmitten ihres Volks feierlich bestatten ließen, um hier als solche den letzten Tag des großen Weltjahres zu erwarten.

Die Gesinnungen seiner Fürsten und Oberpriester theilte auch das Volk. Nur zur Seite der Erdengebieter hoffte der Aegypter in jenem Hafen der Frommen (so erklärten die Alten schon den Namen Memphis) Errettung vom Untergang. Aus der religiösen Denkweise der Nationen gingen, wie gesagt, nicht allein ihre Tempel, sondern auch die geheiligten Räume hervor, in deren Bezirk sie die Gebeine ihrer Väter begruben.

Eben so besaßen die alten Hebräer bei jeder Stadt einen Gottesacker, Todtenacker (Beth hacwaroth, auch Beth hakiem = Haus des ewigen Lebens) [1]). Noch ehe die Griechen die phrygische Sitte des Verbrennens annahmen, hatten auch sie ihre Begräbnißplätze. Die Asche der Verstorbenen wurde aber späterhin von ihnen in Urnen (Aschenkrügen) gesammelt und beigesetzt. Aehnlich war es bei den Römern [2]), die, als Beherrscher der Welt, vorzüglich zur Kaiserzeit mit ihren Grabmälern sogar die Aegypter zu überbieten suchten [3]). Die alten Deutschen beerdigten ihre Todten in gottgeweihten Hainen. Genug, es war kein Volk so roh und wild, daß es den Abgeschiedenen nicht den letzten Dienst erwiese, und dabei, der eigenen Sterblichkeit sich erinnernd, die Orte verehrte, wo für Alle der Markstein des Lebens steht.

Wie der Keim, so die Frucht! Jeder Cultus als äußere Erscheinung des innern Glaubens hatte nach Maßgabe seines Gehalts einen größern oder geringern Einfluß auf die Anlage der Grabstätten und deren Bedeutung. Nirgends war dieser so groß als im Christenthum, das, auf Menschenwerth gegründet, ohne Unterschied allen Denen die Seligkeit verhieß, welche sie durch edle Gesinnungen und Thaten zu erringen wußten. — Verachtet, bedrückt, verfolgt, durften die ersten Christen ihren Gottesdienst nicht öffentlich feiern, ihre Todten nicht nach eigenthümlicher Sitte bestatten. Da wählten sie, deren brüderlicher Verein zur Erhaltung des Ganzen vonnöthen war, unterirdische Zufluchtsörter (Katakomben), wo sie ungestört am Grabe der Märtyrer ihre gemeinschaftliche Andacht verrichten konnten. — In den dunkeln, nur spärlich von oben her erhellten Irrgängen solcher Todtenhallen ruheten zu Tausenden (wie um Osiris die gläubigen Aegypter) ringsher um den Grabhügel der Glaubenshelden (Märtyrer) in den Tufwänden die eingesargten Leiber der Christen [4]). — Seit Konstantin dem Großen zur Staatsreligion erhoben durfte das Christenthum glänzender auftreten. Ueber dem Sarkophag der Heiligen und Märtyrer erhoben sich nun prachtvolle Basiliken [5]), Kirchen und Kapellen, unter denen man die frühern Katakomben als Kirchhöfe, Schlaf- und Ruhestätten fortbestehen ließ oder zu den neuen einrichtete. — Hie und da wurde ein Gottesacker (Campo santo) wohl abgesondert vom Heiligthum angelegt, aber nur selten [6]). Konstantin selbst ließ sich ja schon in der Apostelkirche zu Konstantinopel beerdigen. Ihm folgten

---

1) Aehnlich ist der Mythos im Phädros des Platon.
2) Bei den Griechen der Ort der Unterwelt, wo die Bösen gepeinigt wurden. Ihn umfloß der Cocyt.
3) So lag das Grabmal des Kyros in einem Paradiese (Garten) und man las darauf folgende Inschrift: „O Mensch! ich bin Kyros (des Kambyses Sohn), welcher den Persern die Herrschaft errang und über Asien König war. Mißgönne mir also das Denkmal nicht."
4) Theben war z. B. einst die Hauptstadt Aegyptens und die Residenz der Könige, die hier ihren Antritt der Regierung ihre Weihe empfingen und hier auch beigesetzt wurden, wie die Könige der alten Perser, die zu Pasargadá ihre Weihe erhielten, wenn sie die Regierung antraten, und auch dort nach ihrem Tode beigesetzt wurden. Die Ptolemäer nahmen also zu Memphis ihre Antrittsweihe und wurden zu Alexandrien begraben.
5) Zu Busiris in Oberägypten.
6) Passar-gadá, d. i. Prinzenwohnung.
7) Bedeutet „gemeinsame Wohnung."
8) Sie waren die Urmumien, nach deren Vorbilde die übrigen angefertigt wurden.

---

1) Zu Jerusalem lag er im Thal Kidron.
2) Wer erinnert sich nicht der römischen Columbarien und Familiengräber?
3) Die Grabmäler der Cäcilia Metella, der Plautier bei Tivoli, des Cajus Cestius, August's und seiner Nachfolger und vorzüglich Hadrian's (die jetzige Engelsburg) liefern hierzu Beispiele.
4) Sie bestehen aus länglich viereckten Oeffnungen, die in den Tuf eingehauen und mit Tafeln von Marmor oder Ziegelstein verschlossen sind. Die Leichname wurden darein nach altchristlichem Gebrauche mit dem Gesicht nach Morgen gelegt. — Die Katakomben an sich gehen oft stundenlang ins Feld und sind darum schwer und gefährlich zu untersuchen, weil die weiche Masse, in die sie gearbeitet sind, leicht nachfällt.
5) Man schuf anfangs die Kaufhallen und Tempel in Kirchen um und suchte Ueberbleibsel (Reliquien) der Märtyrer, die man unter dem Hauptaltar des neuen Gotteshauses, um dasselbe zu heiligen, begrub.
6) Z. B. zu Pisa.

die Bischöfe nach, und so wirkte das Beispiel fort, bis zuletzt auch die Reichen und Vornehmen sich dahin drängten¹). Die Kaiser Theodos und Justinian verboten die Begräbnisse in den Kirchen. Leo der Weise aber erklärte sich wiederum für den alten Brauch. — Die Friedhöfe außerhalb des Gotteshauses und vor den Thoren der Stadt anzulegen ist ein Verdienst der neuern Zeit.

Der geringe Mann kann zwar Denkmale nicht bezahlen und muß, zufrieden mit den Blumen, die der Lenz über seinem Haupte wachsen läßt, der Ewigkeit entgegenschlummern. Aber bei geringer Sorgfalt zurückgebliebener Angehörigen ließe auch hier sich manches Schöne und Gute stiften. Ein Christengrab kann, dem Geist der göttlichen Lehre nach, nicht einfach genug sein, und will die Kunst es verherrlichen, so geschehe es mit Sinn und Geschmack. —

Füglicherweise sollte ich endlich zur Beschreibung und Erklärung des Bildes kommen. Da indeß einmal von Kirchhöfen und Todtenäckern die Rede ist, so mögen auch die Boti haewaroth (Häuser des Todes) der jetzigen Juden eine Stelle finden. — Sie sind mit wenigen Ausnahmen ein wirkliches Tohu-Bohu (Drunter und Drüber), und man kann nicht begreifen, wie ein Volk, welches seiner Vorfahren mit Ehrfurcht gedenkt, die Verwahrlosung so bis zum Uebermaß treiben kann.

Die Beschreibung eines türkischen Begräbnißplatzes giebt Chateaubriand (in seiner Reise von Paris nach Jerusalem, Bd. 1. S. 32), die hier folgen mag: „In der Ebene anlangend, die sich längs dem Fuß der Gebirge hinzieht und von da zum Meere erstreckt, ließen wir zu unserer Rechten ein Dorf, in dessen Mitte sich eine Art von festes Schloß erhob. Das Ganze, d. h. das Dorf und das Schloß, waren so zu sagen von einem mit Cypressen von verschiedenem Alter bewachsenen türkischen Kirchhof umgeben. Mein Führer, auf die Bäume hindeutend, nannte sie Parissos (Kyparissos) u. s. w. — Uebrigens waren diese Gräber höchst reizend. Der Oleander wuchs dort am Fuß der Cypressen, welche schwarzen Spitzsäulen gleich da standen; weiße Turteltauben und andere blaue ²) flatterten und girrten in diesen Bäumen, und das Gras umnichte die kleinen, vom Turban gekrönten Denksäulen, indeß der von einem Scherif erbaute Springbrunnen Wasser für den Wanderer nach dem Wege ergoß."

Wo die Heere des Propheten und seiner Nachfolger hinkamen und die Völker gütlich oder gewaltsam bekehrten, gestalteten sich, wie allerwärts, die Begräbnißplätze (Touráb) nach den Ansichten der neuern Lehre. Zu den schönsten dieser Art gehören die von Kairo in Aegypten. Solcher Todtenstädte, wie Jomard³) sie nennt, giebt es daselbst zwei. Die erste beginnt bei dem Mausoleum des Imâm el-Chafe'y⁴) und erstreckt sich wohl eine Stunde weit längs dem Wege nach Batâtyn. Die andere, im Osten von Kairo (Touráb-Kayd-Beg), steht der vorigen nicht an Herrlichkeit nach und ist wohl eben so lang. Außerdem giebt es in der Umgegend mehrere bedeutende Monumente, z. B. die zu Bâb-el-Duizyr bei dem Thore gleiches Namens, von El-Ghoraib und Bâb-el-Hazr in Osten, so wie die von Kazed vor dem Thore gleiches Namens in Westen. Auch im Innern der Stadt befinden sich viele Gottesäcker, z. B. Touráb-Gâma-el-Ahmur, Touráb-el-Rouey'y, Touráb-el-Ezbe-Kyc'h und andere.

Alle, ja auch nur einen dieser Gottesäcker genau zu beschreiben, würde zu weit führen, nur ihr allgemeiner Charakter soll angegeben werden, wozu die beigefügte Abbildung das anschaulichste Muster giebt¹). Die maurisch-arabische Baukunst zeigt sich hier in vollem Glanz. Bildwerke, Malereien, Vergoldungen giebt es an diesen Denkmälern in Menge. Die prachtvollsten derselben ruhen auf Säulen, die, durch Bogen untereinander verbunden, über sich eine oder mehrere Kuppeln tragen, deren innere Rosetten mit Reliefs (Hochbildern) verziert sind. Die Pracht der Ueberbaue unterscheidet blos die Gräber der Heiligen und Vornehmen von denen der Geringern. Diese sind gewöhnlich mit breiten abgerundeten Steinen, nach Art einer Truhe oder Lade, mit rundem Deckel, der oftmals abgetreppt, im obersten Felde das Maß des darunter liegenden Todten abgiebt. Zu beiden Enden derselben erheben sich lothrecht zwei schlanke nach unten zu abfallende Steine, von welchem der am Kopfende mit einem solchen in Stein gehauenen Turban gekrönt ist als der Erblichene bei Lebzeiten trug, und wodurch auch für Die, welche nicht lesen können, seine Stellung auf Erden ins Auge fällt; denn in diesem Lande hat jedes Geschäft, Amt oder Handwerk seinen eigenthümlichen Kopfputz. Die innern Flächen jener Steine ist gewöhnlich mit erhaben gearbeiteten Inschriften bedeckt und oftmals gefärbt und vergoldet. An den Gräbern der Seyds und anderer Heiligen und Frommen sind die Inschriften gewöhnlich schwarz auf grünem Grund (denn grün ist die heilige Farbe des Propheten), weiß aber mit goldenen Lettern an den Denksteinen Derer, welche in der Blüthe und Unschuld der Jahre dahinwelkten. — Die Denksprüche oder Endreime der Inschriften und die Kanten und äußern Seiten der Steine sind gewöhnlich vergoldet und mit leuchtenden Farben bemalt. Die Bildhauerarbeiten übertreffen an den obgenannten Grabmälern fast immer die Malerei, welche auf niederer Stufe sich blos mit dem Nachbilden von Blumen, Tannenzapfen, Weingehängen, Trauben und Werkzeugen beschäftigt, deren sich der Verstorbene während seines Daseins bediente. Das ehemals nicht seltene Geschick, auf Befehl des Sultans enthauptet zu sein, deuten die Türken dadurch an, daß der Todte entweder gemalt oder in Stein gehauen seinen Kopf unter dem Arme trägt. Selbst nach dem Tode heben die Türken geflissentlich alle äußern Unterschiede zwischen sich und Andern heraus. So haben nur sie die Erlaubniß, Cypressen auf ihren Gottesäckern zu pflanzen, wogegen Christen sich anderer Bäume bedienen müssen, die den Juden überhaupt untersagt sind. — Auch dürfen Christen sich keiner lothrechten, sondern nur horizontaler, länglich viereckter auf gemauertem Unterbau ruhender Grabsteine bedienen, welche letzteren die Juden hart an den Boden hinlegen müssen.

Noch Manches ließe sich über die Mausoleen großer Familien sagen, aber es mag hierbei sein Bewenden haben, und möchten Alle das Gesagte beherzigen und die Verkehrt-

---

1) Wie es immer ist! Trotz aller Lehren des Christenthums will den Glücklichen die Demuth nicht in den Kopf, und die Eitelkeit verläßt sie selbst im Grabe nicht.
2) Die Tauben sind den Moslemin heilig. Im Gebiet von Mekka giebt es unzählige, die weder verscheucht noch getödtet werden dürfen, weil sie von derjenigen Taube abstammen sollen, die sich des Propheten Ohr näherte.
3) Description de la ville du Kaire (Beschreibung der Stadt Kairo); in der großen Beschreibung von Aegypten, Th. 18. S. 113 fg.
4) Das Grab des Imâm ist erbauet von Melek-el-Kamyl, der hier den zwischen Altkairo und dem Castell gelegenen Teich Birket-el-Hubesch hergerichtete.

1) Das Original dieses Holzschnitts steht Table 66. der Descript. de l'Egypte.

632 Das Pfennig-Magazin.

heiten abschaffen, welche gerade an den Orten am wi-derlichsten und armseligsten erscheinen, wo der Mensch, entkleidet von allem Tand, nur die Ewigkeit im Herzen und in der Seele tragen sollte. —

Der Kirchhof zu Kairo.

Verantwortliche Herausgeber: Friedrich Brockhaus in Leipzig und Dr. E. Drärler-Manfred in Wien.
Verlag von F. A. Brockhaus in Leipzig.

Das Pfennig-Magazin

der

Gesellschaft zur Verbreitung gemeinnütziger Kenntnisse.

80.] [2. Jahrg. 28.]   [November 5, **1834**.

Ersteigung des Felskegels Peter Botte auf der Insel Mauritius.

Ersteigung des Felskegels Peter Botte auf der Insel Mauritius.

Der seiner Form wegen merkwürdige Berg auf der an Spuren vulkanischer Thätigkeit reichen und gebirgigen Insel Mauritius ist der umstehend abgebildete Peter Botte. Er hat seinen Namen von einem Manne, der ihn vor langen Jahren erstiegen, allein auf dem Rückwege sein Leben verloren haben soll. Zuverlässiges ist nicht darüber bekannt, vielmehr hielt man den Gipfel für unzugänglich. Seit 1810, wo die im 16. Jahrh. von den Portugiesen entdeckte, allein erst 1640 von den Holländern colonisirte, dann wieder aufgegebene und von den Franzosen in Besitz genommene Insel in englische Hände kam, wurden jedoch wiederholte Versuche zur Ersteigung des Peter Botte gemacht, bis das Wagestück am 7. September 1832 gelang.

Capitain Lloyd und die drei Lieutenants von den See- und Landtruppen, begleitet von einigen zwanzig eingeborenen Soldaten und Negern, welche Seile und andere Materialien und Mundvorräthe trugen, machten sich an genanntem Tage früh auf den Weg. Von den mehrsten Seiten zeigt sich der Peter Botte als ein Theil der Bergkette, welche mit der Küste der Bai von der auf der Westküste liegenden Hauptstadt der Insel Port Louis parallel läuft; an seinem Fuße angelangt, ergiebt sich aber, daß ihn eine furchtbar tiefe Schlucht davon abschneidet. Er hat eine Höhe von 1800 Fuß über der Meeresfläche, während andere Berge der Insel sich weit über 2000 Fuß erheben und längere Zeit des Jahres mit Schnee bedeckt sind.

Der Weg führte anfangs durch eine steile, vom Regen ausgewaschene Schlucht, die einen schmalen kaum einen Fuß breiten Pfad gewährte, welchen lockeres, unter den Tritten der Vordern herabrollendes Gestein sehr gefährlich für die Nachfolgenden machte. An 500 Fuß wurden so zurückgelegt, dann gelangten die Reisenden auf eine Platform von etwa 30 Ellen Länge und sechs bis sieben Fuß Breite. Rückwärts sah man in die erstiegene, waldige Schlucht; auf der andern Seite blickte man über die steilen Abhänge in die Tiefe. Höher hinauf war von hier nur ein kegelförmiger über 300 Fuß sich erhebender Fels zu sehen, welcher mit einem scheinbar freiliegenden Steine schließt, den man den Kopf zu nennen versucht ist.

Von frühern Versuchen war hier eine 12 Fuß hohe Leiter zurückgeblieben, welche ein Neger, ein Seil um den Leib, erstieg, und von da mit der Gewandtheit eines Affen an der steilen Wand, wo jeder Fehlgriff oder Fehltritt den Tod bringen mußte, bis auf den Rand unter dem Kopfe hinankletterte. Hier befestigte er das Seil, mit deren Hülfe die vier Engländer zwar leichter, allein noch immer mit unsäglicher Mühe und Gefahr nachfolgten.

Den Kopf bildet ein 35 Fuß hoher gewaltiger Felsblock, der seine Basis nach allen Seiten überragt. An drei Seiten umgibt ihn ein ziemlich ebener, etwa sechs Fuß breiter Raum, über den er aber nur an einer Stelle nicht hinausreicht. Hier wurde die Möglichkeit erkannt, die Spitze zu erklimmen. Der Capitain Lloyd versuchte, an einem um den Leib gebundenen Seile, indem er sich, von den Andern gehalten, rückwärts weit über den Abgrund hinausbog, ein Seil über den Kopf hinüber zu schießen, wozu besonders eingerichtete eiserne Pfeile mitgenommen worden waren. Ein verwegenes Wagestück, denn das Zerreißen des Stricks mußte ihn in einen 1800 Fuß tiefen Abgrund schleudern. Mehrmalige Versuche mißglückten; endlich gelang es, einen Stein hinüber zu schleudern, an dem das Seil befestigt war. Von der tiefer liegenden Platform, wo die übrigen Begleiter zurückgeblieben waren, hatte man Seile, Leitern und dergl. schon heraufgezogen. Mittels dem Seile zog man jetzt ein zweizölliges Tau über den Felsblock, befestigte an dieses die Leiter und richtete sie auf. Sie hing natürlich senkrecht über dem Abgrund. Nachdem noch ein Seil zum Festhalten angebracht worden war, erstiegen die vier Männer, Lloyd voran, die höchste Spitze des Peter Botte, pflanzten die englische Flagge auf, tranken ihres Königs Gesundheit, gossen eine Flasche Wein über ihr schmales Terrain aus und tauften den Felsen Wilhelmsspitze. Kaum erblickte man sie im Hafen, als eine Fregatte und die Landbatterien mit Kanonenschüssen salutirten.

Der Peter Botte war sonach erstiegen und der Zweck des verwegenen Unternehmens erreicht; allein daran war es den vier Engländern nicht genug. Sie kletterten fürs erste bis zu der Platform hinab, um dort mit einigen nachgekommenen Freunden zu speisen, und kehrten dann zu dem Rande unter dem Kopfe zurück, um da zu schlafen. Mit Decken und warmen Kleidern waren sie versehen, auch ein Feuer wurde angezündet; allein die Luft war so scharf, daß keiner einschlafen konnte. Zitternd und steif vor Kälte fand sie der Morgen, und nachdem sie nochmals den Gipfel erklimmt, dann aber die Verbindung mit demselben aufgehoben hatten, bewirkten sie glücklich den Rückweg in die Ebene.

Fragt man nun nach dem Gewinne, welchen dies Wagestück der Wissenschaft und der Menschheit überhaupt einbrachte, so findet sich nichts, was sich als solchen anführen ließe und was die Verwegenheit rechtfertigte, mit welcher jene Männer ihr Leben aufs Spiel setzten. Sie wagten es nur aus thörichter Eitelkeit und trieben Spott mit der heiligen Pflicht der Selbsterhaltung. So voraussichtlich nutzlose Verwegenheit kann, wie immer, wo die Kühnheit eines Entschlusses nicht einer angemessenen moralischen Absicht entspricht, nie die Bewunderung des Vernünftigen, sondern nur sein bemitleidendes Staunen erregen.

Persönlichkeit und Lebensweise des Vicekönigs von Aegypten, Mohammed Ali.

Ein Mann, welcher noch vor nicht langer Zeit durch den raschen Fortgang seiner Unternehmungen gegen die Souverainetät der Pforte und den Erfolg seiner Kriegsoperationen das Gleichgewicht der politischen Wage Europas zu stören drohte, — ein Mann, der, obwol aufgezogen in den religiösen Grundsätzen seiner Väter, dennoch den Umgang aufgeklärter Europäer liebte, und aus dessen überlegenem Geiste der Plan hervorging, sein Land auf europäische Weise zu civilisiren, — ein solcher Mann verdient es wohl, daß wir ihn in seiner öffentlichen Thätigkeit und in seiner häuslichen Lebensweise näher betrachten. Mohammed (Mehemed) Ali ist ein Mann von mittlerer Statur, von kräftigem Gliederbau, energischem Auftritt, stets grader Haltung und für einen Fünfundsechziger von frischem und rüstigem Aussehen. Sein Antlitz, welches mehr als die europäischen Türken die Grundzüge des tatarischen Stammvolkes hat, ist sehr voll und grenzt fast ans Rohe; aber der Ausdruck höherer Verstandesbildung, gepaart mit dem geistvollen Blicke von zwei dunkelgrauen Augen, machen einen so angenehmen Eindruck, daß man sich nicht wundert, wenn ihn Leute, die täglich mit ihm umgehen und ihn in allen seinen Handlungen beobachten, ohne hofmännische Schmeichelei sogar schön nennen. Sein Anzug weicht ein wenig von dem Costum anderer türkischer Großen ab. Er schläft sehr wenig. Europäer, welche mit ihm während eines Feldzuges unter einem Zelte schliefen, wurden von seiner Wißbegierde entweder mit unaufhörlichen Fragen bestürmt, oder sein lebhafter Geist floß so redselig in Erzählungen über sein Land und sein Vorhaben über, daß sein müdes Auditorium und Examinatorium nicht zum Schlafen kommen oder nicht gehörig ausschlafen konnte. Vor oder mit Tagesanbruch erhebt er sich von seinem Lager, verläßt kurz darauf sein Harem zu Pferde und begibt sich zu Erledigung der vorliegenden Geschäfte in den Divan. Hier nimmt er alle Memoriale, Bittschriften, Depeschen u. s. w. entgegen. Kurz nach seiner Ankunft in dem Divan treten die Staatssecretaire mit langen Bündeln Briefe ein, deren Inhalt ihm vorgelesen wird. Auf einen jeden ertheilt er rasch und kurz die nöthige Antwort. Nach Beendigung dieses Geschäftes lesen ihm die Secretaire die auf die gestrigen Schreiben ertheilten, von ihnen förmlich abgefaßten, Antworten vor, und wenn er mit der Abfassung zufrieden ist und nichts widerruft, so ordnet er die Untersiegelung an. Bei den Vorlesungen schreitet er überlegend im Zimmer auf und nieder und macht nach Beendigung derselben seine Bemerkungen. Dies dauert gewöhnlich bis neun Uhr. Nach Entlassung der Secretaire gibt er Audienzen, zu denen sich, außer den außerordentlichen Fällen, gewöhnlich nur Consuln, doch auch hohe Staatsbeamte, anmelden lassen. Die Audienzertheilung währt gewöhnlich zwei Stunden, worauf sich Mohammed Ali in seinen Harem zurückzieht, wo er bis drei oder halb vier Uhr verweilt. Gesandte, welche sich mit ihm unterreden wollen, werden an den ersten Eunuchen verwiesen; kommt aber ein Brief oder eine diplomatische Note an, so müssen seine Diener ihn augenblicklich selbst aus dem Schlafe wecken, — so hat er es ausdrücklich verordnet. Um halb vier Uhr kehrt er in den Divan zurück, wo die am Morgen unterbrochenen Geschäfte fortgesetzt werden. Etwa eine Stunde nach Sonnenuntergang nimmt er ein frugales Mahl ein und bleibt bis 10 oder 11 Uhr im Divan. Diese Abendstunden sind der freiesten Muße und Erholung gewidmet. Unter seinen gewöhnlichen Beschäftigungen hat das Schachspiel und unter seinen Schachspielern sein Lustigmacher oder Hofnarr den Vorzug, der ihm überhaupt bei allen seinen Belustigungen zur Seite ist. Hat dieser das Spiel verloren, so stößt er einen lauten Schrei, natürlich mit burlesker Bonhommie, aus und affectirt den Untröstlichen.

Hof und Residenz des Pascha befinden sich in Alexandrien; in Kairo, wo er nur einen kleinen Theil des Jahres zubringt, läßt er eine strengere Hofetikette eintreten und umgibt sich mit einem glänzenden Nimbus, ohne gleichwol seiner Popularität etwas zu vergeben und sich unzugänglich zu machen. Diese Popularität weiß er mit seinem Ansehen in ein glückliches Gleichgewicht zu bringen. Es ist keinem freien Türken und keinem Fremden verwehrt, des Abends in die hellerleuchteten Prachtzimmer seines Palastes zu gehen, gleichviel ob ihn Geschäfte dahin führen oder nicht, und sich unter die dort zahlreich versammelte Gesellschaft seines Hofes zu mischen und Gespräche anzuknüpfen. In den Stunden seiner Geschäftigkeit, wo er weder mit seinem Staatsrathe noch mit andern Personen im Verkehr ist, trägt er enggeschlossene Kleider; um ihn in diesem Costume zu sehen, bietet sich nur die seltene Gelegenheit dar, wo er unwohl wird und ihm der Arzt räth, sich ins Freie zu begeben. Gewöhnlich läßt er sich dann an das Ufer des Kanals fahren, und wenn sich ein einladendes Plätzchen darbietet, steigt er aus dem Wagen, läßt eine Decke auf dem Boden ausbreiten und, mit der Pfeife im Munde und einer Tasse Kaffe von dem feinsten und köstlichsten arabischen Moka zur Seite, liest er Ausfertigungen und untersiegelt sie. Oft wählt er auch diese Ausflüge und ländliche Vergnügungsweise zu seiner Zerstreuung. Im Harem läßt er sich gewöhnlich vorlesen oder unterredet sich mit den Erfahrensten seiner Eunuchen. Bringt es seine Muße und Stimmung mit sich, so dictirt er seine Lebensgeschichte. Seine Unerschütterlichkeit in Ausführung einmal gefaßter Beschlüsse zeigt sich im Großen auf der Bühne des Krieges, wie im Kleinen in seinem häuslichen Walten; hat er sich einmal einen Spazierritt vorgenommen, so hält ihn nichts davon ab; mag auch der Regen in Gießbächen aus den Wolken stürzen und der ganze Himmel von leuchtenden Blitzen zucken, — ohne auch nur einen Zug seiner Miene zu verändern, sieht man ihn in gewohntem Trabe durch die Straßen reiten. Die Unpäßlichkeiten, welche er sich öfter dadurch zuzog, haben seine Lebensweise nicht verändert. — Der Pascha controlirt die Thätigkeit seiner Behörden in eigner Person; ehe man es sich versieht, ist er plötzlich in Alexandrien oder Kairo und prüft den Gang der öffentlichen Geschäfte. Seine glücklichsten Feierstunden genießt der Pascha in seiner Sommerwohnung in den Gärten von Schubra; gewöhnlich bringt er einige Stunden der Nacht in einer Sommerlaube zu, entfernt sein Gefolge und läßt nur den Kreis der Vertrauten seine Person umgeben. Von diesem Sitze breiten sich zwischen dichten Cypressen, Orangen und Citronen zwei herrliche Aussichten nach verschiedenen Richtungen aus, und ein aromatischer, aus Millionen Blüten strömender Duft erhöht den romantischen Zauber der silberhellen Mondnächte Aegyptens. — (Frei nach den Travels in the Valley of the Nile, von James Augustus St. John. London 1834.)

Ochsen als Schnellläufer.

In Dekan gibt es zweierlei Gattungen von Ochsen, die von jenen, wie wir sie bei uns und überhaupt in dem gesammten Europa haben, in mehrseitiger Rücksicht sowol in Gestalt als Art der Verrichtungen sehr verschieden sind. Jene, die von der Küste Malabar und aus dem Lande der Maratten kommen, lassen sich mit leichter Mühe zum Zuge und Reiten abrichten, und laufen ebenso schnell als die besten Pferde, ja sie werden sogar in den meisten Fällen den Pferden vorgezogen und theurer bezahlt, weil ihr Gang leichter und sicherer ist als jener der Pferde. Die Versetzung dieser Gattung des Rindviehes könnte demnach in mancher Beziehung von erheblichen Folgen sein, da so manche, gegenwärtig in unserm Welttheile einheimischen Thierarten aus Asien abstammen.

Der amerikanische Spottvogel. (Turdus polyglottus; Moqueur; Mocking bird.)

Nicht blos das Auge wird ergötzt, wenn der Reisende sich den Wäldern Amerikas naht, wenn er das Heer der so prächtig gefiederten Vögel erblickt, nein! auch dem Ohre wird ein Genuß zu Theil, ein Genuß, wie selbst die Nachtigall uns nicht zu gewähren vermag. Wir nennen unsere Nachtigall die Königin des Gesanges; wir glauben einer ausgezeichneten Sängerin die größte Ehre zu erweisen, wenn wir ihre Stimme mit der der Nachtigall vergleichen; wir wähnen uns bezaubert, wenn die herrlichen Töne der Nachtigall in ihrer ganzen Fülle der Kehle entströmen, und doch findet sie noch ihren Meister, der sie und alle Vögel durch seine Zaubertöne übertrifft. Mögen die Töne der Nachtigall es sein, die uns am meisten entzückten in den vaterländischen Wäldern, mag sie mit Recht bei uns die Königin des Gesanges genannt werden, eine weit höhere herrlichere Stelle gebührt doch noch einem Vogel Amerikas, den wir hier in einer naturgetreuen Abbildung übergeben. Es ist der amerikanische Spott-

Der amerikanische Spottvogel.

vogel, der durch die Mannichfaltigkeit, durch die reiche Fülle seiner Töne Alles übertrifft, was je durch seine Stimme uns entzückte. Man höre, was von seiner Zauberstimme uns berichtet wird: Dieser Vogel hat nicht nur einen ihm eigenthümlichen vortrefflichen Gesang, sondern besitzt auch die Gabe, die Lieder anderer Vögel aufs Täuschendste nachzuahmen, ja zu verschönern. Auch begleitet er seinen Gesang mit gewissen Ausdruck in Mienen und Bewegungen und scheint überhaupt von den innigsten Gefühlen dabei durchdrungen zu sein. Fängt er ein Lied an, so hebt er seine Flügel allmälig in die Höhe, läßt sie dann mit dem Tone wieder sinken und gibt durch Tänze und Pantomimen dem Gesange mehr Lebhaftigkeit. Versucht seine Kehle gewagte, flüchtige Läufe, so schwebt der kühne Sänger in schlangenförmigen Kreisen in der Luft herum; schmettert er schnell und gewaltig, so hüpft er im Fluge ebenso lebhaft; fällt dann sein Ton in eine kunstvolle Cadenz, so schlägt er mit den Flügeln den Tact dazu und schließt sie endlich so, daß er den vollsten Ton und die reizendste Melodie allmälig leiser und immer leiser werden und gleichsam hinsterben läßt; so werden in eben dem Grade, als der Ton abnimmt, die Flügelschläge immer gelinder und schwächer und endlich scheint er, wie im Entzücken verloren, in der Luft unbeweglich mehr zu hängen als zu schweben. Feurige Liebe und Sehnsucht scheinen diese Ströme von Tönen zu verkünden, und der entzückte Zuhörer, Alles um sich her vergessend und nur lauschend auf den holden Sänger, glaubt in ein liebliches Zauberland sich versetzt zu sehen. Mit Recht nennen die Amerikaner, wegen der Mannichfaltigkeit seiner Töne, diesen Vogel den Vierhundertstimmigen (Cencontlatolli).

Auch bei diesem Vogel zeigt sich, wie bei unserer Nachtigall, daß unter einem schlichten Rocke oft das Edelste verborgen ist. Sein Gefieder ist sehr einfach. Es ist obenher aschgrau, untenher blässer. Flügel und Schwanz sind schwarz; auf erstern ist ein weißer Fleck, und die äußern Federn des letztern sind auch weiß.

Die Länge des Vogels ist 9½ Zoll und die Flügelweite (die Weite von einer Spitze bis zu der andern der ausgebreiteten Flügel) ist 13 Zoll.

Sein Vaterland ist eigentlich Nordamerika; doch hat er sich jetzt fast in ganz Amerika verbreitet und kommt nun im Süden beinahe noch häufiger als im Norden vor. Bittere und klebrige Beeren, besonders die Samen der Ceder, Myrthe, Stechpalme u. s. w., sind seine Nahrung. In der Winterjahrszeit fressen sie Insekten, besonders Fliegenarten, nach denen sie sehr lüstern sind und die sie mit großer Geschicklichkeit zu fangen wissen.

Ueber den Bau des Nestes erzählt uns Wilson: „Die Zeit, zu welcher der Spottvogel sein Nest zu bauen beginnt, ist je nach der Breite, in welcher er sich aufhält, verschieden. In den Niederungen von Georgien fängt er frühzeitig im April zu bauen an; in Pennsylvanien hingegen selten vor dem 10. Mai, und in Neuyork und den Staaten von Neuengland noch später. Es gibt verschiedene Stellen, die er andern vorzieht. Ein einsamer Dornbusch, ein fast undurchdringliches Dickicht, ein Orangenbaum, eine Ceder oder Stechpalme sind seine Lieblingsstellen, diese wählt er am häufigsten. Auch läßt er sich keineswegs abhalten, an den genannten Stellen zu nisten, wenn sie sich auch zufällig in der Nähe einer Meierei oder eines Wohnhauses befinden sollten; ja! stets bereit sein Nest zu vertheidigen und niemals allzu ängstlich besorgt, es zu verbergen, baut er oft in einiger Entfernung von einem Hause, und nicht selten in Birnen= oder Aepfelbäume; selten höher als sechs oder sieben Fuß vom Erdboden. Die Nester dieser Vögel sind nicht immer von gleicher Bauart, ein Umstand, der von dem größeren oder geringeren Vorrathe an passenden Materialien abhängt." „Ich habe", fährt Wilson ferner fort, „soeben ein sehr vollständiges Nest vor mir, welches aus folgenden Substanzen zusammengesetzt ist: erstens aus einer Quantität dürrer Zweige und Reiser, dann aus verwelkten, vorjährigen und mit dünnen Strohhalmen, Heu, Woll= und Wergflocken vermischten Moosspitzen und drittens endlich aus einer dicken Schicht feiner, lichtbrauner, das Ganze auskleidender Wurzelfasern. Die Anzahl der Eier beläuft sich auf vier bis fünf und ihre Farbe ist graublau mit braunen Flecken. Das Weibchen brütet jährlich zwei Mal und werden die Eier ihm genommen, wohl auch drei Mal. Es brütet die Eier in 14 Tagen aus."

Katzen und andere Thiere, vorzüglich aber Schlangen sind ihre Feinde, die besonders den Jungen und den Eiern nachstellen. Doch das kühne Männchen fürchtet sie nicht. Muthig greift es die Katzen wie die Schlangen an. Merkwürdig ist besonders der Kampf mit den letztern. Nahet sich eine Schlange dem Neste, so schießt das Männchen mit Blitzesschnelle auf sie los, zielt nach ihrem Kopfe und verwundet sie sicher und wüthend mit seinem Schnabel. Bald gewahrt die Schlange die Gefahr und schnell sucht sie zu entfliehen; doch der gereizte Vogel läßt sie nicht so leicht entfernen; er verfolgt sie, verletzt sie immer gefährlicher mit tüchtigen Schnabelhieben, schlägt mit den Flügeln auf sie los und setzt dies so lange fort, bis die Schlange ermattet, ja endlich ganz vernichtet ist. Freudig fliegt dann der muthige Kämpfer auf den Gipfel eines Baumes und läßt eine Siegeshymne erschallen, die den aufmerksamen Beobachter, der im Verborgenen den Kampf belauschte, für die Angst, die er erst, ungewiß des Ausganges, um den lieblichen Sänger, um den treuen Wächter seiner Jungen hatte, reich belohnt.

Man hat auch versucht, diese Vögel in Käfigen zu halten, wo sie freilich einer sorgfältigen Behandlung bedürfen. Auch große Hecken hat man für sie eingerichtet, in denen man einen Cederbusch pflanzte und in welchen sie Nester bauten, Eier legten und diese ausbrüteten. Alles Geräusch, alle unnöthige Störung muß aber dann in ihrer Nähe so viel als möglich vermieden werden.

Ueber das Gift der Skorpione.

Die Skorpione, deren man an Größe und Farbe verschiedene Gattungen kennt, leben im südlichen Europa, in Asien, Afrika und Amerika. In Italien und Spanien erreichen sie höchstens die Länge eines Zolles; in Asien und Amerika hat man sogar 4—5 Zoll lange gefunden. Gleich der Kröte lieben sie feuchte Oerter; man findet sie in dumpfen Kammern und Kellern, sowie in Spalten neben Thüren und Fenstern. So zahlreich die Versuche sind, welche man über den Biß dieser Thiere angestellt hat, so hat man doch die Umstände, welche bei der verschiedenartigen Wirkung des Bisses im Spiele sind, bis dahin nicht ermitteln können. Im Allgemeinen hält man dafür, daß die Gefahr und Schädlichkeit des Bisses theils von dem Grade des gereizten Zustandes des Skorpions, theils von Klima und Jahreszeit, vorzüglich aber von der Constitution des gebissenen Individuums abhängt. Es läßt also die Natur des Skorpiongiftes noch viele Aufschlüsse, namentlich in letzterer Hinsicht, zu wünschen übrig. Nachrichten aus Ostindien zufolge ist der Stich eines Skorpions unter Umständen kaum so gefährlich als der einer Wespe. Gleichwol trägt man, wenn man empfindet, daß man gebissen ist, sowol in Italien als in andern Ländern alle Sorgfalt, um den Folgen bei Zeiten zuvorzukommen. Das einfachste und kräftigste Gegenmittel ist das Skorpionöl, womit man die Wunde einreibt. Dies Medicament ist ein besonderer Handelsartikel und wird in der Arzneikunst gegen verschiedene andere Krankheiten angewendet. Es besteht aus gewöhnlichem Baumöl, in welches man Skorpione thut und einige Zeit stehen läßt. Sehr interessante Versuche stellte Maupertuis mit diesen Thieren an. Er ließ einen Hund von einem vorher absichtlich ge-

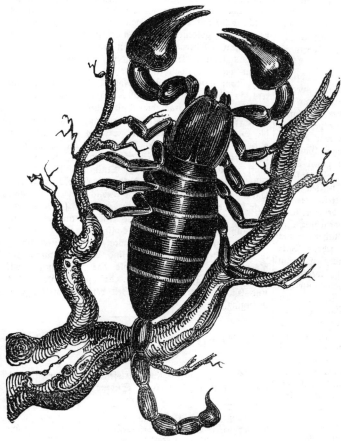

Der Skorpion.

reizten Skorpione stechen. Nach einer Stunde schwoll der Hund auf, taumelte, es folgte Erbrechen und innerhalb drei Stunden floß aus seiner Schnauze eine Art klebrigen Geifers. Fünf Stunden nach dem Stiche starb das Thier unter heftigen Convulsionen. Der Stich selbst charakterisirte sich nur durch ein kleines rothes Fleckchen. Einige Tage nachher ließ Maupertuis einen andern Hund fünf bis sechs Mal an dem nämlichen Orte stechen, aber ohne Erfolg. Er ließ nach und nach sieben Hunde von verschiedenen Skorpionen stechen, aber alle Stiche brachten keine Wirkung hervor. Nach den Beobachtungen des nämlichen Naturforschers machen es die Skorpione wie die Spinnen, sie sind feindlich gegen ihres Gleichen gesinnt und fressen, in ein Gefäß gesperrt, sich auch dann untereinander auf, wenn man es ihnen an Nahrung nicht fehlen läßt.

Tivoli.
[Schluß.]

Durch den Laubgang des Oelbaumgehölzes hinwandelnd bemerkt man hier und da Fragmente alter tiburtinischer Wasserleitungen (aqua Marcia, Anio vetus und aqua Claudia), sowie einige Mauerstücke (opus*) reticulatum), bis man zur Ebene der Stadt gelangt, und in diese durch das Thor Sta.=Croce einzieht. Seine malerische Lage abgerechnet, ist das jetzige Tivoli ein schlecht bevölkerter (es zählt nur 5000 Einwohner), jämmerlicher, rostiger Ort, dessen abschüssige holprige Gassen, wie die mehrer Bergstädte der Romagna, zum negativen Musterbilde alles Pflasters dienen können. — Die Kehricht= oder Müllhaufen (immondezzai), welche als Brutwinkel und Treibkübel des Ungeziefers aller Art an den Straßenecken liegen, sowie Schmuz und Feuchtigkeit sind hier im eigentlichsten Sinne des Worts zu Hause.

Da die Vergangenheit allein diesem jetzt nichtigen Platz seine Bedeutung verlieh, fühle ich mich bewogen, nicht eher in dessen Beschreibung fortzufahren, als bis ich mit dem kurzen Entwurf seiner Geschichte zu Rande bin. Der ältesten Sage zufolge soll Tibur pelasgisch=griechischen Ursprungs sein. Fast immer war es unabhängig und bald mit den Lateinern und Galliern, bald mit den Pränestinern und Veliternern gegen Rom verbündet. Seine natürliche Festheit und die tapferste Gegenwehr seiner Bewohner zwangen die Quiriten mehr als einmal zum Frieden. Müde des Streites traten endlich Beide sich näher, und angelockt von der herrlichen Lage legten schon zur Zeit der Republik vornehme Römer hier viele Landhäuser an. Unter den Kaisern nahm dies jedoch merklich zu, sodaß bald eine schöne Villa die andere verdrängte. Alle überbot indeß Hadrian durch den Glanz und die Pracht der seinigen, welche, so lange er lebte, mit dem größten Kostenaufwand unterhalten wurde. Später theilte Tibur das Schicksal der Weltstadt, wurde zwar in dem Kriege Belisar's mit den Gothen sehr wichtig, aber auch von diesen zerstört. Als Totilas von Rom abziehen mußte, zog er sich dahin zurück, ließ es wieder befestigen und i. J. 547 von neuem aufbauen. — Von da bis zum Jahre 1001 scheint der Name der Stadt gänzlich verschwunden; jedoch that sie Otto III. so großen Wiederstand, daß diese ihren Untergang beschloß, welches aber nicht in Erfüllung ging. Auch unter den Päpsten und in den Parteienkriegen der Orsini und Colonna hatte es viel zu leiden. Pius II. gedachte es wieder zu befestigen, starb aber darüber hin. Seitdem ist Tiburs Geschichte zu Ende und es vegetirt ruhig fort wie die übrigen Flecken des römischen Gebiets. — Durch das Thor Sta.=Croce zur Stadt eintretend kommt man an der Kathedrale S.=Lorenzo vorüber, wo früher der Tempel des Hercules stand, von welchem Tibur den Namen des herculischen erhielt. Hinter dem Chor jener Kirche sieht man noch ein Ueberbleibsel der Tempelzelle (cella) aus netzförmigem Mauerwerk (opus reticulatum incertum) bestehend. Auch fand man hier mehre Alterthümer, die auf den Dienst des Halbgottes Bezug hatten. — Die wohlerhaltenste Ruine ist aber die des Vestatempels *), der auf dem überragenden Vorsprung eines Kalkfelsens steht, unter dem der Anio vorüberbraust. Sonderbar genug gehörte (oder gehört noch) dieses antike Heiligthum zu einer Gastwirthschaft (Osteria del tempio della Sibilla), deren Besitzer, bewogen durch das Anerbieten eines reisenden Lords, sich überreden ließ an diesen das antike Gebäude unter der Bedingung des Transports nach England zu verkaufen. Schon war man dabei, das Ganze niederzureißen, als glücklicherweise ein päpstlicher Befehl es ausdrücklich untersagte.

Der runde, von korinthischen Säulen getragene Vestatempel gehört zweifelsohne zu den geschmackvollsten Denkmalen der griechisch=römischen Kunst.

Den Hauptsturz des Teverone umgehend, gelangt man neuerlich von Tivoli aus zu dem tiefer liegenden rechten Ufer des Flusses. Thürmend erhebt sich daselbst über unserm Haupte die Stadt und der Tempel, welche beide auf der Riesenwand eines steilen Felsens ruhen, deren goldener Farbenton gegen das frische Grün der daran wuchernden Pflanzen und Sträucher einen überaus schönen Contrast bildet. Denke man sich hierzu die ausgewaschenen Höhlen, durch welche der Bergstrom über phantastisch geformte Blöcke des Kalksinters **) schäumend dahinbraust, und man wird zugeben, daß in solcher Natur die Ruine den höchsten Effect nicht verfehlt. Ins Einzelne gehend, ließe sich über die Grotten Neptuns und der Sirenen (zu denen man auf Treppen hinabsteigt), sowie über die Bruchstücke verwitterter Gebäude, deren Steinklumpen, heroisch getauft, bald als Landhäuser des Quintilius Varus (derselbe, den Hermann bei Detmold schlug), des Horaz oder Catull gelten, noch manches Erhebliche sagen; — aber diese Klippe vermeidend, eile ich der Vigne (Weingarten) zu, aus deren Umzäunung die Aussicht auf die gegenüber am Abhange des Berges liegende Villa Mäcens und die ihr entströmenden Cascatellen (Wasserfällchen) ihres Gleichen sucht. — So sind die Umgebungen des alten Tibur denn reizender als das Städtchen selbst, und man kann nur bedauern, daß so viel Herrlichkeit und Glanz, dem Zahne der Zeit verfallen, rettungslos unterging.

Die Gemse (Antilope rupicapra) und die Gemsenjagd.

Wie die unermeßlichen Eisfelder des Nordens und die brennenden Sandwüsten Südens, wie die weiten,

---

*) Diese Art Mauerwerk ist eine Spielerei, denn weder die Gestalt der Ziegel, noch der Verband derselben sind vorzüglicher als bei jeder andern Mauer.

*) Viele nennen ihn einen Tempel der Sibylla (es ist die gangbarere Bezeichnung desselben); aber ich bin aus Gründen, die ich hier nicht erörtere, der erstern Meinung.

**) Diese erinnern an den Sturz des Velino bei Terni.

von keinem Tageslichte erhellten Felsengrotten und die fürchterlichsten Abgründe von den mannichfaltigsten Thieren bewohnt sind, so sind auch die höchsten Gipfel der Alpen in der Schweiz, Savoyen, Salzburg, Tirol, Steiermark, Illyrien u. s. w. nicht von lebenden Geschöpfen entblößt; diese Höhen sollten nicht einsam dastehen und jene Kräuter, welche auf ihnen gedeihen, sollten nicht umsonst emporwachsen. Die Natur wies ihnen als Bewohnerin die scheue Gemse und den kühnen Steinbock an.

Die Gemse gleicht an Gestalt und Größe am meisten dem Ziegenbocke, doch sind ihre Füße höher und der Hals ist gestreckter. Das Haar ist theils lang, theils kurz. Das längere ist am Kopfe, Bauche und den Füßen, und nur unter den Knien ist ein besonderer langer Haarbüschel. Die Farbe ist schmuzig rothbraun, Bauch und Kehle sind weißlich, von den Ohren bis zur Nase geht ein weißer Streif, der Schwanz ist schwarz; im Winter aber werden alle Haare mit schwarzen und grauen vermischt.

Die Hörner der Gemse stehen gleich über den Augen und sind grade, aber oben plötzlich hakenförmig nach hinten gebogen. Bis an den Haken gehen runzelige Ringe, zu denen jedes Jahr noch einer kommt; übrigens sind sie glatt und von schwarzer Farbe. Hinter jedem Ohre befindet sich ein Sack unter der Haut, der nach Außen nur ein kleines Loch hat und eine trockene Höhle bildet. Die großen Augen sind röthlich und sehr lebhaft. Der Schwanz ist drei Zoll lang. Die Hufe sind ziemlich lang, ausgehöhlt und scharf zugespitzt. Die Hinterbeine sind etwas länger als die Vorderbeine und daher kann sie sehr gute Sprünge machen.

In dem Magen der Gemse befindet sich eine runde, feste Masse, von der Größe der Wallnuß, welcher sonst Heilkräfte zugeschrieben wurden. Sie ist unter dem Namen Gemsenkugel oder deutscher Bezoar bekannt und soll aus den Fasern der Gras- oder Gemswurz (Doronicum) und der Bärenwurz (Aethusa Meum s. Meum althamanta) bestehen, welche sich im Magen kugelförmig zusammengewickelt haben. Gehör, Gesicht und Geruch dieser Thiere sollen vorzüglich sein. Ihre gewöhnliche Stimme ist nur ein schwaches Blöken, aber sobald sie Gefahr wittern, lassen sie ein starkes gellendes Pfeifen erschallen.

Sie sind sehr scheu und vorsichtig, daher spitzen sie immer die Ohren, blicken zwischen jedem Absatze schüchtern umher, stampfen mit den Vorderfüßen die Erde, laufen, bleiben wieder stehen, springen auf eine Felsenspitze — mit einem Worte, sie befinden sich immer in der geschäftigsten Unruhe. Das kleinste Geräusch setzt sie in Schrecken und treibt sie zur schnellsten Flucht an. Bewundernswürdig ist dann die Kunst, mit welcher sie die steilsten Felsen auf- und abklettern. Sie laufen dabei immer in schiefer Richtung und erleichtern sich so das Ersteigen der Felsen. Pfeilschnell eilen sie oft in unermeßliche Abgründe, indem sie sprungweise und von Zeit zu Zeit mit den Füßen in die Felsen hauend, sich dieses gefährliche Wagestück zu erleichtern suchen.

Die Nahrung besteht vom Sommer bis zum Herbste in Alpenkräutern. Im Winter fressen sie das hohe Waldgras oder auch das lang herabhängende Moos der Tannenäste.

Das Gemsenweibchen, das sich von dem Männchen nur durch die kleineren Hörner unterscheidet, bringt im Monat Mai ein bis zwei Junge zur Welt, die es sechs Monate lang säugt.

Gemsenjagd.

Die Gemse wird gewöhnlich mit der Pürschbüchse vom Anstande aus geschossen; auch stellt man Treibjagden gegen sie an. Weit gefährlicher ist aber die Jagd des eigentlichen Gemsenjägers. Allein geht dieser gewöhnlich des Nachts von seiner Wohnung aus, um mit Anbruch des Morgens die Weideplätze der Gemsen aufzusuchen. Er ist dabei ausgerüstet mit einem Stachelstocke, Schießgewehre, Pulver und Kugeln, einer Art und einem Paar Schuheisen, welche unten Stacheln haben und an die Schuhe befestigt werden, um sicher über Felsen und Gletscher springen zu können; endlich hängt noch über seiner Schulter ein Ränzel, in welchem die nöthige Nahrung, sowie lange Stricke und andere Bedürfnisse sich befinden. So ausgerüstet wandert er nach jener Gegend, wo er eine gute Beute zu machen hofft, und setzt sich einer Unzahl von Gefahren aus. Bald steigt er von ungeheuern Höhen herab, bald erklimmt er eine Höhe, von der er weder vorwärts noch rückwärts kann, bald muß er über fürchterliche Abgründe springen, bald ist er wohl gar in Gefahr, von den Gemsen selbst in die unendliche Tiefe hinabgeschleudert zu werden. Das Letztere geschieht oft auf den gefährlichsten Stellen; die Gemsen, einen unergründlichen Abgrund vor sich sehend, hinter sich aber den Feind wissend, drängen sich mit einem pfeilschnellen Sprunge zwischen den Felsen und den Jäger hin und stürzen so ihn, dessen Standpunkt oft kaum einen halben Fuß breit ist, in den Abgrund. Die einzige Weise, sich zu sichern, ist dann die, daß er sich platt auf den Boden legt oder dicht an die Felsenwand lehnt, sodaß die Gemse keinen Zwischenraum zwischen dieser und dem Jäger gewahr wird. Nicht selten versucht er dann der Gemse noch einen Stoß zu versetzen, daß sie den Abgrund hinabstürzt. — An den steilsten, schlüpfrigsten und darum gefährlichsten Stellen sieht der Jäger sich zuweilen genöthigt, Alles von sich zu werfen, was ihm lästig werden könnte, die Schuhe auszuziehen und die Fersen oder Fußballen mit einem Messer aufzuschneiden, damit das hervorströmende Blut den Fuß kleberig mache und so das Herabsteigen erleichtere. Oft muß er mit der Axt sich einen Weg bahnen, indem er Stufen in die Felsen oder das Eis haut; oft nimmt er auch die langen Stricke zu Hülfe, um sich an ihnen herabzulassen. Muth, Gewandtheit, Vorsicht, Ausdauer, Gleichgültigkeit gegen Schmerz und oft die größte Geistesgegenwart gehören dazu, eine solche Jagd mit Glück zu vollbringen, und selbst dann, wenn er auch mit allen diesen Gaben ausgerüstet ist, wird er doch oft ein Opfer seiner Kühnheit. Harmlos zieht so Mancher des Abends auf die Jagd, und des andern Tages bringt man ihn zerschmettert nach Hause. Begierig nach Beute eilte vielleicht der Unvorsichtige, alle Gefahren um sich her vergessend, den flüchtigen Thieren nach, sieht nicht, wie mit jedem neuen Schritte der Rückweg unmöglich wird. Auf einmal sieht er seine Schritte gehemmt, vor, hinter und neben sich erblickt er fürchterliche Abgründe. Ein einziger Sprung und er ist gerettet! Doch ach! die Kraft gebricht ihm; er wagt den kühnen Sprung und — stürzt hinab in die unendliche Tiefe. Nur selten stirbt ein Gemsenjäger eines natürlichen Todes; fast immer sind die Felsenklüfte sein Grab, wo seine Gebeine oft erst nach späten Jahren gefunden werden. Alle Gemsenjäger sind auf diese furchtbare Todesart vorbereitet. Als der Naturforscher Saussure einen schönen jungen Mann, der sich eben verheirathen wollte, fragte, ob er auch nun noch dieses gefährliche Geschäft forttreiben werde, antwortete dieser:

„Mein Großvater fand seinen Tod auf der Gemsenjagd, mein Vater desgleichen, und ich bin so gewiß, daß mich das nämliche Loos treffen wird, daß ich diesen Jagdsack hier immer mein Sterbehemd nenne." Uebrigens haben die Gemsenjäger gewöhnlich ein wildes, hageres Ansehen und von manchem abergläubischen Bauer werden sie für

Die Gemse.

Zauberer gehalten, die mit Hülfe des Teufels die Felsen erklimmen, zuletzt aber von ihnen hinabgestürzt werden.

Die erlegten Gemsen gewähren einen mannichfaltigen Nutzen. Das Fleisch, besonders das der Jungen, ist ein wohlschmeckendes Wildpret. Ihr Fell wird, als

Die Gemsenjagd.

Leder verarbeitet, sehr hoch geschätzt; denn dieses ist stark, dauerhaft und dabei weich wie Sammet. Die Hörner werden zu Griffen der Spazierstöcke verarbeitet und der Talg und die Gedärme benutzt man wie die der Schafe und der Ziegen. Die Milch ist so gut wie Ziegenmilch. Das Blut soll heilsame Wirkung gegen Schwindel und andere Krankheiten haben und wird daher von den Gemsenjägern aus den frischen Wunden getrunken. Die Gemsenkugeln werden jetzt nicht mehr als Arzneimittel verordnet.

Verantwortliche Herausgeber: Friedrich Brockhaus in Leipzig und Dr. E. Drärler-Manfred in Wien.
Verlag von F. A. Brockhaus in Leipzig.

Das Pfennig-Magazin

der
Gesellschaft zur Verbreitung gemeinnütziger Kenntnisse.

81.] [2. Jahrg. 29.] [November 8, **1834**

Die organischen Ueberreste der Vorwelt.

Die organischen Ueberreste der Vorwelt.

Wir führen Sie, lieber Leser, von der heitern Bühne der Oberwelt in die finstern Behausungen einer unterirdischen Grabstätte; auch hier wird sich Ihnen ein der Beachtung würdiges Feld der Naturlehre erschließen. Sie waren vielleicht bisher gewohnt, nur Das im Bereiche der Natur Ihrer Aufmerksamkeit zu würdigen, was in ihr lebt, wächst, sich mit jedem Frühlinge erneuert, oder was, aus den Schachten des Bergwerks gehoben, durch die Mannichfaltigkeit und Schönheit seiner Structur und seiner Farben anziehend für Sie war. Jetzt wollen wir die alte vorsündflutliche Auflage unserer Natur und tausend und abertausendjährige Gräber vor Ihnen aufdecken, nicht, um Ihnen die Ueberreste eines frühern organischen Lebens blos zu zeigen und zu beschreiben, sondern um Sie zu den nämlichen Schlüssen zu führen, zu denen auch wir gelangt sind. Auch sind die von uns angedeuteten Ueberreste nicht von Menschenhänden beigesetzt, – nein die Natur selbst vergrub sie in ihrem eignen Schooße. Um aber die Ueberreste vorsündflutlicher Thiere aufzufinden, bedarf es nicht nothwendig des Niedersteigens in tiefe künstliche Schachten, sondern im Gegentheil auf den Gipfeln der Alpen, Pyrenäen und Cordilleras in Amerika finden sich zahllose Reste von frühern organischen Geschöpfen, nämlich die Ammonshörner (vergl. S. 644 Fig. 1), wegen ihrer Aehnlichkeit mit den Hörnern des ägyptischen Mythengottes Jupiter Ammon so genannt. Gespalten haben sie das Ansehen von Fig. 2; gewöhnlich ist ihr Inneres mit hartem Gestein, bisweilen mit einem spathartigen Krystall gefüllt. Auch Ostraciten in dichtgedrängten Lagen und Bänken finden sich hier beisammen. Ohne Zweifel hat das Geschlecht der Ammoniten die meisten Species; man kennt deren bereits an 70; diejenige Gattung, welche am häufigsten vorkommt, können wir am besten mit einem plattgedrückten Schneckengehäuse vergleichen; die bewundernswürdigste Naturerscheinung bei derselben ist die, daß sie in allen Stufen von Größen vorkommen, von der Größe eines Sandkorns bis zum Umfange eines Wagenrades. Man will sogar eine noch lebende Species von der Größe eines Sandkorns kennen. Die Erdschicht, in welcher diese Schalthiere vorkommen, heißt Lias. *) Unter den Schalthieren, welche sich in dieser Lagerschicht finden, sind die bekanntesten und häufigsten die Ammoniten, Nautiliten, Belemniten, Helicinen, Trilobiten und Encriniten. Die Trilobiten (vergl. Fig. 3 und 4) finden sich häufig in der Nähe von Birmingham, doch kommen sie auch in Deutschland, Schweden und Nordamerika vor. Unter den Encriniten stellt unsere (Fig. 5) Abbildung die lilienförmige vor; eine noch größere Aehnlichkeit aber hat dieses Schalthier mit der Maisähre. Das Thier selbst lebte in der Blume oben; das Ende des quergefurchten Stengels war gleich einer Pflanze auf den Boden befestigt. Ganz eigenthümlich aber sind die Gebilde, welche die Querschnitte eines und des nämlichen an verschiedenen Stellen durchschnittenen Stengels darbieten, wie die Figuren 6 – 10 zeigen. Dies Thier wäre demnach eine Mittelgattung der Pflanzenthiere (Zoophyten) und der Schalgewürme (testacea). Aus dem Thierreiche der Würmer hat eine Species der Radiaria, Strahlthiere, seine Existenz erhalten und scheint nicht mit der großen Flutkatastrophe ausgestorben zu sein; noch lebt es im indischen Meere, und ein Individuum besitzt das Museum der zoologischen Gesellschaft in England. – Der naturforschende Anatom oder Zergliederer der Thiere kennt die Gerippe aller vorkommenden Thierclassen; findet er nun ein fossiles Gerippe, so vergleicht er die versteinerten Formen mit den Knochenformen der noch lebenden Thiere; findet er nun zwischen diesen sowol in Hinsicht ihrer Gestalt als auch ihrer Verbindung eine Uebereinstimmung, so muß er zu dem Schlusse genöthigt werden, daß einst jene Knochen mit dem Fleische, mit der Haut, mit dem nämlichen Gefieder u. s. w. bekleidet waren, welche noch jetzt die Hülle eines ähnlichen Knochenbaues ausmachen. Natürlich muß der Naturforscher mit den feinsten Formennuancen der Thiergerippe bekannt sein, er muß zwischen zwei auf den ersten Blick ähnlich scheinenden fossilen Gestalten den Unterschied treffen können. Die unendliche Mannichfaltigkeit in den Knochenformen der Thiere macht für den Naturforscher den Besitz oder die Benutzung einer reichen Skeletsammlung unumgänglich nöthig; nur durch die sorgfältigste Vergleichung kann er aus bloßen Spuren von Knochen, aus abgerissenen, zerstreut liegenden Stücken umfassende und weitgreifende Folgerungen ziehen. Der Naturforscher ist zu so umfassenden Folgerungen vollkommen berechtigt, da wir an allen zu einer Gattung gehörenden Thieren kein Beispiel von Knochenunterschied finden, welche noch so entfernte Gegenden der Erde sie auch bewohnen mögen. Der Hund, das Schaf, das Pferd, der Esel, alle behalten durch hunderte von Generationen unter den verschiedenartigsten Himmelsstrichen und bei jeder möglichen Veränderung der äußern Umstände ihre ursprünglichen Knochenformen. *) Ohne eine streng wissenschaftliche Grundlage kommen jedoch mitunter seltsame und wunderliche Schlüsse zum Vorschein. Wir erinnern hier nur an die Gigantenlehre des Spaniers Hernandez. Dieser Mann folgert aus der Aehnlichkeit einiger zehn Zoll langer und fünf Zoll breiter gefundener Backenzähne mit Menschenzähnen, daß die Vorwelt von einem Riesengeschlecht bewohnt gewesen sei, deren Köpfe nicht zwei Menschen hätten umspannen können. – Wir wollen nun zuvörderst die drei Fragen erörtern: Woraus bestehen die Fossilien? Wie kommen sie gelagert vor? Wie sind sie erhalten? Die Fossilien sind größtentheils verkalkt oder mit Kalksinter und Mergeltuff durchdrungen; viele sind auch mit Metallstoffen durchzogen, namentlich trifft man unter denselben den Schwefel- und Kupferkies, das Fahlerz und den Thoneisenstein sehr häufig an; endlich sind auch einige verharzt, d. h. mit Erdharz durchzogen. An die Beantwortung der zweiten Frage knüpfen sich noch andere Betrachtungen. Um unserm Leser, welchem diese Gegenstände unbekannt sein sollten, deutlich zu werden, müssen wir zuvor einen Blick in die innere Beschaffenheit unserer Erde werfen. Gräbt man nur einige Fuß tief, so verändert sich der Charakter der Erde. Unmittelbar unter unsern Füßen haben wir die gewöhnlich sehr dünne Decke der Dammerde; auch besteht die Oberfläche wol aus Thon- oder Lehmerden, in welchen sich Kieselsteine befinden, deren Form

---

*) Die Lias ist ein Species des Kalksteins; sie charakterisirt sich durch ein mattes erdiges Aussehen und einen großmuscheligen Bruch. Ihre Farbe wechselt in den verschiedenen Schichten vom Hellschieferblauen oder Rauchgrauen bis zum Weißen. Die weiße Lias wird zur Lithographie angewendet; daher das häufige Vorkommen von organischen Ueberresten in lithographischen Steinplatten. Nur der solenhofer lithographische Stein muß von der Lias unterschieden werden; sein geognostisches Entstehen fällt in eine spätere Bildungsperiode und nimmt eine höhere Stelle in der Ueberlagerungsreihe ein.

*) Cuvier hat Schädel von Füchsen aus dem Norden von Europa und aus Aegypten mit Exemplaren aus Frankreich verglichen und nicht den entferntesten Unterschied gefunden.

man es ansehen kann, daß sie durch Fortbewegung abgeschliffen und gerundet sind. Diese Lager sind mit bekannten und unbekannten Thierüberresten angefüllt. Wir werden uns bei dieser Darstellung nur auf die interessantesten Erscheinungen dieser Art beschränken. Das merkwürdigste Beispiel von organischen Ueberresten einer frühern und ohne Zweifel vorsündflutlichen Schöpfung ist folgendes: Im Jahre 1799 bemerkte ein tungusischer Fischer an der Mündung eines Flusses in Sibirien eine seltsame unförmliche Masse, welche auf einer Eisbank hervorragte. Seine Wißbegierde, diese Erscheinung zu enträthseln, ließ der Umstand unbefriedigt, daß die Masse wegen des Eises nicht zugänglich war. Im nächsten Jahre hatte sich ein großer Theil des Eises abgelöst; allein noch immer vermochte er der Sache nicht auf den Grund zu kommen. Erst im Sommer konnte er so viel sehen, daß eine starke Eiskruste ein riesenhaftes Thiergerippe verbarg, indem eine Seite und ein Zahn vom Eise entblößt war; erst fünf Jahre nach seiner Entdeckung hatte sich die Eishülle gänzlich abgelöst und das Thier war auf eine Sandbank gerutscht. Der Fischer trennte die beiden Zähne ab und verkaufte sie für 50 Rubel; da man auf das Thier aufmerksam geworden war, so machte man davon eine genaue Zeichnung, ließ es jedoch unberührt auf seiner Stätte liegen. Als Adams im Jahre 1806 das Thier untersuchte, hörte er zu seinem großen Leidwesen, daß die Jakuten zur Fütterung ihrer Hunde einen großen Theil des Fleisches abgeschnitten hätten, auch hatte es die weißen Bären arg zugerichtet und sich sein vielleicht mehr als 6000 Jahr altes Fleisch wohl schmecken lassen. Jedoch hatte sich das Skelet, mit Ausnahme eines Vorderschenkels, vollkommen erhalten; Rückgrath, Becken, Schulterblatt hingen noch mit ihren Bändern zusammen und waren theilweise mit Haut bekleidet. An dem Kopfe war die Augenpupille noch deutlich zu unterscheiden; der größte Theil des Gehirns war eingeschrumpft und vertrocknet; vorzüglich hatte sich ein Ohr gut erhalten und war noch mit einem Büschel dicker borstenartiger Haare bekleidet. Der Nacken war mit einer Mähne bedeckt. Man konnte aus den Ueberresten sogar auf das männliche Geschlecht des Thieres schließen. Die Haut war außerordentlich dick, und zehn Männer hatten an dem noch erhaltenen Theile derselben mit Mühe zu tragen. Es lag im Interesse der Untersuchung dieser Naturmerkwürdigkeit, die Stätte genau zu durchsuchen, und so fand man noch an 30 Pfund steifer Haare, welche die Bären bei ihrer Mahlzeit in den Sand vertreten hatten, und man schloß aus den drei darunter unterschiedenen Haararten, daß das Thier zur Elefantenrasse gehört haben müsse.

Um jedoch unsere Leser nicht auch bei der Angabe anderer Fossilien mit so ausführlichen Erörterungen, die fast nur dem Naturforscher einiges Interesse gewähren, zu ermüden, wollen wir uns in unserer Beschreibung nur auf das Wesentlichste beschränken.

Das große sibirische Mammuth bringt uns zwar auf den Gedanken, daß auf der vorsündflutlichen*) Erde mächtigere Erzeugungstriebe in der Natur wirkten; allein stellen wir damit die in der nämlichen Erdschicht gefundenen Thierclassen zusammen, so scheint es uns, daß einzelne Thiergattungen die jetzt lebenden zwar an Größe übertrafen, daß jedoch die vorsündflutliche Zeit keine so große Mannichfaltigkeit an Thieren und namentlich wenig Vögel enthielt. Allerdings ist unser Elefant in Asien oder Afrika im Vergleich gegen das Mammuth fast nur ein Zwerggeschlecht zu nennen. Das petersburger Museum läßt den Größencontrast zwischen dem Elefanten und dem Mammuth durch Nebeneinanderstellung beider recht hervortreten. Es befinden sich daselbst von letzterer Thiergattung zwei Gerippe neben ausgestopften Elefanten gestellt. Die riesenmäßigen Gesellschafter dieser Elefantenart, das Nashorn, Flußpferd, Mastodon oder Ohiothier, und der Tapir bedurften zu ihrer Existenz gewiß eines üppigen Pflanzenwuchses. Der noch frische Zustand jenes obenbeschriebenen todten Körpers beweist am Augenscheinlichsten, daß das Thier in einer plötzlichen Umwälzung umkam, die von einer schnellen Temperaturveränderung begleitet war, wodurch eine baldige Zersetzung des Fleisches verhindert wurde, welche nothwendig hätte eintreten müssen, wenn das heiße Klima, in welchem ihr Pflanzenfutter erwuchs, fortbestanden hätte. Doch wollte man auch zu der Annahme sich entschließen, daß das Mammuth von den Wellen der allgemeinen Flut aus den Tropenländern in die Eisregionen hinübergeschwemmt und also vielleicht doch keine klimatische Veränderung durch die allgemeine Flut eingetreten sei, so würden dennoch die in den Gesteinschichten des hohen Nordens begrabenen Pflanzenüberreste am Deutlichsten für das milde Klima sprechen, welches auf der Vorwelt im Erdgürtel des jetzigen Nordens herrschte. Jetzt aber verschwindet unter dem 60. Grade im westlichen Sibirien sogar aller Ackerbau und zwischen dem 65. und 70. befinden sich die reichsten Mammuth- und Elefantenlager, mit deren Ausbeute an Elefantenzähnen noch jetzt nach China ein ergiebiger Elfenbeinhandel getrieben wird. Mußte doch selbst die Insel Melville, das nördlichste Land von Amerika, welches Parry erreichte, nach König *) und Sternberg **) eine reiche Vegetation gehabt haben, denn die Palmenabdrücke und die riesigen Farrnkräuter deuten auf ein tropisches Klima. In Sibirien kommt das Mammuth sehr häufig vor. In noch größerer Menge als in Sibirien kommt das Mammuth am Ohio in Nordamerika vor. Cuvier hat fünf Arten dieser Thiere unterschieden, welche aufzuzählen uns hier zu weit führen würde; nur bemerken wir noch, daß die Knochenform zu dem Schlusse geführt hat, daß diese Thiere nicht vom Raube, sondern von Gras lebten. Sie werden fragen, wie kann man in der Schlußfolge so weit zurückgehen und aus der bloßen Form der Fossilien so augenscheinlich entfernt liegende Resultate ziehen? Allerdings liegen sie auf den ersten Augenblick etwas entfernt. Wenn Sie aber den Vordersatz zugeben, daß auch in der frühern Schöpfungsperiode die Natur mit ebenso großer Weisheit bei allen ihren Einrichtungen zu Werke ging, als wir sie gegenwärtig erkennen, und jedes Geschöpf für seine Bestimmung mit den angemessensten Mitteln ausstattete, so werden Sie auch den heraus fließenden Folgerungen Ihre Beistimmung nicht versagen. Jedes lebende Wesen ist von Natur seinen ihm zugewiesenen Verrichtungen zu gebildet. Eine Thiergattung, in welcher die Natur eine solche Einrichtung nicht bethätigt, muß nothwendig aussterben.

---

*) Mit unwissenschaftlicher Voreiligkeit nennen einige Gelehrte diese Periode die voradamitische, und würdigen der Erzählung von der noachischen Flut keiner ernsten historischen Berücksichtigung. Seit wir jedoch gefunden haben, daß die Aussagen dieser ältesten Geschichtsurkunde mit den Ergebnissen der tiefsten astronomischen und geognostischen (sich auf unsere Erdbildung beziehenden) Forschungen nicht allein in keinem Widerspruch, sondern wirklich in überraschendem Einklange stehen, so sind wir berechtigt, das Wesentlichste jener, angeblich durch Moses niedergeschriebenen, mündlichen Ueberlieferungen für eine sehr willkommene historische Bestätigung unserer Untersuchungen anzunehmen.

*) Journal of sciences, Vol. XV, p. 20.
**) Sternberg's Flora der Vorwelt.

Auch verschwendet die Natur nicht Stoff und Formen ohne Bedeutung und Zweck. Es herrscht zwischen diesen Stoffen, Formen der Thiere u. s. w. ein auf innerer Nothwendigkeit begründeter Zusammenhang, und die Natur bleibt, so weit wir sie kennen, in dieser Einrichtung durchgehends folgerecht. Wir wollen diese allgemein hingestellten Sätze durch einzelne Beispiele einleuchtend zu machen suchen, und uns der großen Aufgabe, deren Lösung sich die vergleichende Anatomie gestellt hat, näher bringen. Jedes lebende Wesen bildet also ein für sich abgeschlossenes Ganze, deren Theile in gegenseitiger Wechselwirkung stehen; wird ein Theil in seinen Verrichtungen gestört, hören die Functionen gar ganz auf, so nehmen auch diejenigen, die damit in nothwendiger Verbindung stehen, eine andere Natur an. Sind die Eingeweide eines Thieres so eingerichtet, daß sie nur frisches Fleisch verdauen können, so sind auch die Kinnbacken zum Verschlingen einer thierischen Beute geformt; die Klauen haben geschmeidige Gelenke und stehen mit starken Muskeln im Zusammenhange, um den Raub zu packen und festzuhalten; alle Bewegungsorgane sind mit stärkeren Muskeln und größeren Kräften ausgerüstet als die des zur Nahrung und Beute bestimmten Thieres. Die Sinnesorgane des Raubwildes sind so beschaffen, daß es seine Beute von Ferne wittert und spürt; es hat fernsichtige Augen, sein Schädel hat die Organe der List und Schlauheit. Aber mit dem bloßen Ergreifen des Fanges ist es nicht abgethan, das Thier muß ihn davontragen können; dazu bedarf es kräftiger Halsmuskeln, welchen wiederum die damit verbundene Rückgrath und der Hinterkopf, wo jene eingehen, zugebildet sein müssen. Nach den verschiedenen zur Nahrung dienenden Fleischarten müssen die Zähne der Raubthiere verschiedentlich geschärft sein, und um nicht auszubrechen, müssen sie in der Kinnlade eine dem Grade ihrer Kraftausübung entsprechende Schärfe besitzen. Ein Thier, welchem die Natur Gras, Kräuter und überhaupt Vegetabilien zur Speise angewiesen hat, ist mit keinen starken und geschmeidigen Krallen bewaffnet. Das Pferd hat Hufe. Kein Thier, welches Hufe hat, ist ein Raubthier; es würde sich seiner Füße nicht zum Haschen und Festhalten einer Beute bedienen können; es darf uns also nicht befremden, daß an solchen Thieren einzelne Theile, als z. B. das Schlüsselbein, fehlen; sie bedürfen keiner Schulterhöhe; das Schulterblatt ist schmal, und da die Schmiegsamkeit der Vorderfüße bei denselben nicht erforderlich ist, so bildet Armspindel und Ellbogenröhre gleichsam ein Ganzes. Um Pflanzen und Kräuter kauen zu können, müssen die Kronen der Zähne flach sein; diese Krone muß aus ungleichen Bestandtheilen zusammengesetzt sein, die Glasur muß mit den knochigen Theilen abwechseln; da nun das Zerkauen der Kräuter horizontale Bewegungen nöthig macht, so kann der Kinnbackenkopf nicht in einen Winkel gedrängt sein; er muß den Zähnen freie Seitenbewegungen gestatten u. s. w. Wir könnten diese Betrachtungen noch weiter ausspinnen und den innigen Zusammenhang zwischen allen Theilen der thierischen Körper nachweisen, doch wird das Gegebene genügen, um es an den Hauptfaden der Untersuchung anzuknüpfen. Fin-

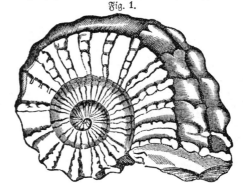

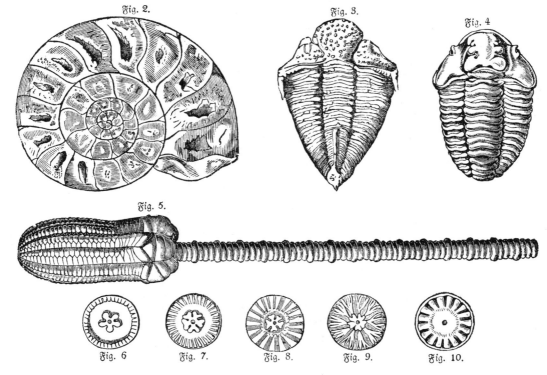

det nun der Naturforscher ein fossiles Thierglied, so vergleicht er die Gestalt mit dem Skelet noch lebender Thiergattungen; findet er mit keinem eine Aehnlichkeit, so vermag er gleichwol an scheinbar geringfügige Gegenstände eine Menge von Schlüssen und Folgerungen anzureihen, welche ihm über Dinge Licht geben, die auf dem ersten Augenblick mit dem Anfangsgliede der Schlußkette in keinem Zusammenhange zu stehen scheinen; er schließt von einem Knochen auf das ganze Thier, von einem Thiere auf das frühere Klima, in welchem es lebte. Ist nun der Himmelsstrich, unter welchem man ein fossiles Thiergerippe findet, verschieden von der Zone, unter welcher allein es nur leben konnte, so geht natürlich daraus hervor, daß das Klima sich verändert haben müsse; nun ist es aber aus astronomischen und physikalischen Gründen kaum glaublich, daß ein Klima sich bedeutend verändern kann, ohne daß die Lage der Erdaxe gegen die Sonne sich ändert. — Sie verwundern sich vielleicht über die Kühnheit, mit welcher der Naturforscher diese und ähnliche Folgerungen aneinanderreihet. Gut! Wir wollen noch andere Versuche anstellen, uns die merkwürdige Erscheinung zu erklären, daß sich ein zum Elefantengeschlecht gehörendes Thier am nördlichen Eismeere finden kann. Die Erde, setzen wir also voraus, habe ihre Stellung gegen die Sonne unverändert beibehalten. Es bleibt uns also nur noch zweierlei anzunehmen übrig; entweder wurden die Urbewohner der vorsündflutlichen Zeit von einem Punkte der Erde nach einem andern versetzt, oder sie wurden in ihrem Vaterlande begraben. Was konnte sie nun so versetzen, daß alle Theile beisammen blieben? Keine furchtbare, sondern eine sanfte, allmählige Umwandlung des Bestehenden, und so liegt denn der Gedanke, daß das Wasser dieses Transportmittel war, am allernächsten. Also das Wasser trat aus seinen Ufern.

(Beschluß folgt.)

Erklärung der Titelvignette.

Die Abbildung auf der ersten Seite dieser Nummer gibt uns eine interessante Zusammenstellung der vorzüglichsten Thiere und Pflanzen, deren versteinerte Ueberreste sich in besagter Lias vorfinden und von denen die Fortpflanzung einiger, nach der Annahme berühmter Naturforscher, aus der älteren Schöpfungsepoche in unsere jüngere übergegangen ist.

Pflanzen:

1) Farrnkräuter. 2) Der Pinien- oder Zirbelnußbaum. 3) Arbor vitae, gemeiner oder abendländischer Lebensbaum. 4) Drachenblutbaum. 5) Eine Fichtenart, araucaria. 6) Die Hippuris oder Schachtelhalm, equisetum.

Thiere:

7) Die Stechfliege. 8) Die geometrische Schildkröte. 9) Der Megalosaurus. 10) Der Ichthiosaurus, Oken's Knocheneidechse. 11) Der Plesiosaurus, Oken's Muskeleidechse. 12) Das Ammonshorn. 13) Der Seeigel. 14) Der Nautilus, Segler. 15) Der Tintenfisch oder Blackfisch. 16) Der Encrinus, Oken's Hüllenstrule. 17) Der Ornithocephalus.

Lavater.

Johann Kaspar Lavater wurde den 15. November 1741 zu Zürich geboren. Wie bei vielen großen Literaten, so kündigte auch in seinem Knabenalter seine eigenthümliche Neigung und Vorliebe für Malerei und Taschenspielerkunst keineswegs seine künftige literarische Laufbahn an, sondern die Uebergangsperiode seiner Geistesrichtung trat erst später ein, und seltener Fleiß und Ausdauer beschleunigte seine geistige Entwickelung. Sein Jünglingsalter fällt in jene Epoche, wo Klopstock's unsterblicher Messias mit unwiderstehlicher Allgewalt manches schlummernde Talent anregte, dem deutschen Schönheitssinne eine würdigere Nahrung gab, aber auch viele Unberufene bethörte, die den Anklang und die sympathetische Begeisterung, welche die großartigen Gedanken und Phantasien jenes erhabenen Dichters in ihnen hervorgebracht hatten, aus selbstgefälliger Täuschung für eine innere Stimme des Dichterberufs nahmen und verblendet unästhetische Misgeburten in die Welt sandten. Unter diesen enthusiasmirten Schöngeistern befand sich auch ein Amtmann, welcher sich mancherlei harte Bedrückungen erlaubt hatte. Auch ihn hatte die epidemische Dichtermanie ergriffen, und er ließ es sich sichtbar angelegen sein, den Werth seiner Producte geltend zu machen. Lavater benutzte diesen Umstand, um ihn für seine Un-

Johann Kaspar Lavater.

gerechtigkeiten zu züchtigen, und griff seine Machwerke mit einer bittern, aber kraftvollen Satire an. Die freundschaftlichen Verhältnisse seiner Aeltern mit den angesehensten Magistratspersonen Zürichs schützten ihn vor thätlichen Repressalien des beleidigten Dichterlings, und der Geist, mit welchem er den Federkrieg fortführte, sein gediegener Styl, die Anlage zum Scharfsinn, welche die Tiefe seiner Gedanken verrieth, waren geeignet, die Eitelkeit seiner geistreichen und launenhaften Mutter zu Gunsten des lieben Sohnes zu bestechen und die anfängliche Aengstlichkeit des kleinmüthigen Vaters niederzuschlagen. Somit scheint dieser Vorfall den ersten Zündstoff in seine lebhafte Phantasie geworfen und seine Neigung zur Dichtkunst angeregt zu haben. Damit jedoch dieselbe nicht bei ihm zur völligen Entwickelung gelangte oder ihn gar ausschließlich für die belletristische Laufbahn entschiede, schickten sie ihn nach Berlin, in der Hoffnung, daß die Entfernung von seiner Heimat und die nähere Bekanntschaft mit dem wirklichen Leben die Traumwelt seiner Phantasien zerstören möchte. Ihn begleiteten seine Freunde Heß und Füßli, welcher Letztere als Maler rühmlich bekannt ist. Er wurde dem Professor Sulzer und dem Abte Spalding empfohlen. Der vertraute Umgang mit diesen Männern übte einen vortheilhaften Einfluß auf seine philosophische Weltansicht. — Zum Diakonus der Peterskirche in Zürich nach seiner Rückkunft von Berlin ernannt, benutzte er die Muße, welche ihm seine Amtsarbeiten übrig ließen, zu literarischer Thätigkeit. Seine Aussichten in die Ewigkeit und seine Schweizerlieder waren kurz vor seiner Anstellung erschienen. So gering auch der Umfang dieser letztern Dichtererzeugnisse ist, so gibt ihm doch die erwähnte Gedichtsammlung einen ehrenvollen Platz unter den Nationaldichtern der Schweizer. Sie athmen ganz den freien, heitern, natürlichen Geist und moralisch unverdorbenen Sinn seiner Landsleute, enthalten die erhabensten Gedanken im einfachsten Gewande seiner Muttersprache, und verbinden die Schönheit der Kraft mit der Leichtigkeit des Rhythmus.

Seine Poesien fallen in den Anfang des goldenen Zeitalters der deutschen Dichtkunst; der allgemein verbreitete empfängliche Sinn für die Epopöen oder Heldengedichte und für die Lehrgedichte veranlaßte ihn ohne Zweifel mehr als sein eigentlicher Beruf, sich in dieser Gattung von Gedichten zu versuchen, und seine Neue Messiade, seinen Joseph von Arimathias und Das menschliche Herz zu schreiben, die, wenn sie auch die Genialität eines Messias nicht erreichen und kurz darauf durch Schiller und Göthe in den Hintergrund gestellt wurden, doch viele Schönheiten enthalten, welche gewiß noch lange Anerkennung finden werden. Wenigstens haben sich diese geistlichen Lehrgedichte durchaus frei gehalten von jenen verworrenen Phantasien und sinnlosen Gefühlsergüssen, welche jene Periode recht eigentlich charakterisiren und die man für wundersame Offenbarungen eines höhern über der menschlichen Persönlichkeit schwebenden Genius des Schönheitssinnes annehmen mußte, da man sich weder die Mühe gab, die bildliche Bezeichnung und den Sinn solcher bizarren Bilder aufzulösen, noch auch ihren künstlerischen Werth ästhetisch, d. h. nach der Lehre des unwandelbar Schönen, zu zergliedern und man, wie Bouterwek sagt, Gefühl und Phantasie auch in Abhandlungen über Stallfütterung und den Grundsätzen der neuen Landwirthschaft mitreden ließ. *) Seine im Pontius Pilatus und in der Handbibliothek für Freunde ausgesprochenen Ansichten zogen ihm von vielen Seiten den Spott seiner Zeitgenossen zu; jedoch ließ er sich in seinen Bestrebungen nicht irreleiten und blieb seinem frommen Wunder = und Offenbarungsglauben bis zu seinem Tode getreu. Schade, daß seine Befangenheit in dem Wunderglauben selbst aus dem Gebiete des religiösen Offenbarungsglaubens noch heraustrat und er das geheime Wirken verborgener Naturkräfte einer höhern, durch den Menschen waltenden, Macht nicht bezweifelte, welche Schwäche ihn, sonst ein Mann von Geist, auf der Höhe der Menschheit in dem Urtheil seiner Zeitgenossen und vielleicht auch in der unsrigen eine Stufe tiefer stellt. Als der berüchtigte Wundermann Cagliostro mit seinen Betrügereien sich eine große Anzahl gläubiger Verehrer selbst unter den aufgeklärtesten Männern erworben hatte, schrieb Lavater, da er sich durch seine mystischen Schriften dem Spotte bloßgestellt und von vielen Seiten bittere Angriffe erfahren hatte, weil er sich zum Sachwalter des Aberglaubens und der Schwärmerei erniedrigte, in der Rechenschaft an seine Freunde, erstes Blatt: „er möchte Blut weinen, daß ein solche Gestalt, die Natur nur alle Jahrhunderte formt, daß ein solches Product so sehr miskannt werden müsse". **) Um den Wunderthäter, auf den ganz Europa sein Auge gerichtet hatte, zu sprechen, reiste er selbst 1781 von Zürich nach Strasburg. Er sprach mit Cagliostro. Die wenigen Worte, welche er im Stande war ihm abzugewinnen, waren eben so raffinirt als abfertigend: „Sind Sie von uns Beiden der Mann", sagte Cagliostro, „der am besten unterrichtet ist, so brauchen Sie mich nicht, bin ich es, so brauche ich Sie nicht." Lavater empfahl sich und schrieb am andern Morgen folgende Fragen an ihn:

Woher stammen Ihre Kenntnisse?
Wie haben Sie dieselben erlangt?
Worin bestehen sie?

Worauf Cagliostro die Antwort gab:

In verbis.
In herbis.
In lapidibus. *)

Lavater verhehlte es auch nicht, daß er an die magnetische Hellseherei Meßmer's und an die Wundercuren Gaßner's mit voller Seele glaube. Man würde aber sehr irren, wenn man diesen Wunderglauben durch eine Beschränktheit seines Verstandes erklären wollte, sondern die Innigkeit seines religiösen Gefühls, welche seine Aufmerksamkeit auf alle in die Erscheinung tretenden Andeutungen eines höhern Waltens und eines zukünftigen Lebens lenkte, siegte über die Kälte des reflectirenden Verstandes. Sein vornehmstes Werk, welches die meiste Epoche machte, ist betitelt: „Physiognomische Fragmente, zur Beförderung der Menschenkenntnisse und Menschenliebe." Er drückte bescheiden dadurch aus, daß er auf die Charakter der Vollständigkeit einer Physiognomik, d. h. Lehre der geistigen Bedeutsamkeit der äußern Haltung und der Gesichtsbildung des Menschen, keinen Anspruch mache. **) Wenngleich er an mehren griechischen Weltweisen und deutschen Philosophen geistreiche Vorarbeiter hatte, so gebührt doch seinen Bemühungen die Ehre, die Physiognomik auf festere Bestimmungen gebracht zu haben. Zu den hervortretenden Zügen seines Charakters gehört seine Herzensgüte und Menschenfreundlichkeit, die er mit der Würde seiner Stellung und Strenge seiner Amtsführung so zu verbinden wußte, daß sie weder zur gutmüthigen Schwäche herabsank, noch auch unter den Anforderungen seiner Amtsthätigkeit erlag. Mit der Festigkeit seines Charakters verband er eine entschiedene Abneigung gegen alles Schwankende und Zweifelhafte, und der Nachdruck und der glühende Eifer, mit welchem er seine Ueberzeugung aussprach, zeigte deutlich, daß sein Gefühl von seinem Glauben und seinen Ansichten innig durchdrungen war, und war geeignet, selbst die scharfsinnige Ungläubigkeit zu besiegen. Als Lavater bei dem Einrücken der Truppen des französischen Generals Masséna auf einen Augenblick sein Haus verließ und mit einem französischen Soldaten in einen Wortwechsel gerieth, schoß ihm dieser Unmensch eine Musketenkugel in den Unterleib. Die Wunde zog ihm ein langwieriges Bettlager zu. Statt in diesem Vorfalle einen jener Unfälle im Gefolge eroberter Städte zu sehen, hielt man dieses beklagenswerthe Ereigniß für die Anstiftung des Parteihasses, dem Lavater zum Opfer erkohren sei. Dieser, aus den Umständen, welche sein trauriges Geschick umgaben, zu sehr überzeugt, daß seine Verwundung nicht das Werk einer vorhergegangenen Anzettelung sei, verschwieg mit

---

*) Vergl. Bouterwek's Geschichte der Künste und Wissenschaften, 11. Bd., S. 503.

**) Vergl. den Artikel Cagliostro in Ersch und Gruber's Encyklopädie.

*) Lächerlicher und ungrammatischer Mysticismus, dem selbst die Eigenschaft der Zweideutigkeit, hinter welcher die alten griechischen Orakel ihr Ansehen versteckten, abgeht.

**) Etwas Ausführlicheres über die Physiognomik und die Literärgeschichte dieser Lehre behalten wir uns auf eine spätere Nummer vor.

hochherziger Großmuth den Namen seines Mörders und verzieh ihm die jähzornige Wuth, welche ihn zu einer unbesonnenen That gereizt hatte. Während seiner Krankheit setzte er seinen Briefwechsel mit seinen Freunden, die ihn zu trösten suchten, fort und versicherte sie, daß die Heiterkeit seines Geistes unter seinen körperlichen Schmerzen nicht litte. Funfzehn Monate nach seiner Verwundung starb er am 2. Jan. 1801. — Die Titel seiner 129 verschiedenen literarischen Arbeiten enthält Rotermund's Fortsetzung und Ergänzungen zu Ch. G. Jöcher's allgemeinem Gelehrtenlexikon.

Mittel gegen Warzen.

Ein amerikanisches Journal berichtet, daß ein Herr Welch in Annapolis, welcher öfter mislungene Versuche gemacht hatte, seine Warzen auf der Hand durch das bekannte Beizmittel des Silbernitrats (Höllenstein) zu vertilgen, zuletzt Elektricität anwendete. Täglich ließ er fünf Minuten lang elektrische Funken auf seine Warzen schlagen; nach Verlauf von wenigen Tagen waren sie verschwunden.

Maschine zum Abkehren der Straßen.

Diese bis jetzt nur in Newyork angewendete Maschine besteht in einer Art Karren, dessen Räder einen cylinderförmigen Kehrapparat in Umlauf setzen. Ein besonderes Gefäß nimmt den von diesem Apparate fortgeführten Kehricht auf. Sehr sinnreich ist die Maschine insofern eingerichtet, als sie auf jedem Straßenpflaster gleiche Dienste leistet und den Schutt weder in Unebenheiten noch Höhlungen liegen läßt.

Auf diese Maschine hat Levi Kidder in Newyork ein Patent erhalten.

Königliches Collegium und Kapelle zu Cambridge.

An dem Orte, welchen früher zu Cambridge Godshouse, das Augustinercollegium und die Kirche St. Nicolaus einnahmen, legte 1441 König Heinrich VI. aus dem Hause Lancaster ein unbedeutendes Collegium zur Aufnahme eines Rectors und zwölf Collegiaten (Fellows) *) an. Nachher verband man dieses mit einem naheliegenden, von W. Bingham für einen Aufseher und 25 Studenten fundirten. Beide Collegien waren bereits verbunden, als 1443 der königliche Gründer, das Institut auf den gegenwärtigen Fuß setzend, es für einen Propst und 70 Studenten und Fellows einrichten ließ. Das dazu bestimmte Gebäude sollte der Kapelle analog errichtet werden, allein durch des Königs Entsetzung wurde der erstere Plan vereitelt und der andere gerieth in Stocken. Was das obgenannte Collegium betrifft, so kann dessen Einrichtung den deutschen Leser wenig interessiren, und ich gehe deshalb zur Kapelle über, die zu Ehren der Jungfrau und des heiligen Nicolaus *) von Heinrich VI. im J. 1446 begonnen, unter Heinrich VII. um 188 Fuß verlängert und erst unter Heinrich VIII. vollendet wurde, so daß während ihrer Errichtung ungefähr ein Jahrhundert verstrich. **) Sie ist ein englisch-altdeutsches (gothisches) Bauwerk ***), das freilich als ein winziges Exemplar in diesem Style gegen die großartigen Dome von Freiburg, Straßburg und Köln keinen Vergleich aushält, aber dennoch Schönheiten besitzt, die ihm einen Platz unter den Spätlingen der Kunst einräumen. Die Länge der Kirche beträgt 300 Fuß, die Breite 70 und die Höhe 91 Fuß. An den vier Ecken des Heiligthums erheben sich vier achteckige Thürme von 146′ 6″ Höhe. Die letztern enden, wunderlich genug, gleich den indischen Thürmen, in zwiebelähnliche Kuppeln, die Strebepfeiler in pyramidale Spitzen, die auf den Kanten mit Blätterwerk geziert sind. Der westliche und östliche Giebel sind, wie die Langseiten, mit durchbrochenen Zinnen gekrönt. Die 50′ hohen Fenster an der Süd- und Nordseite schmücken reiche Glasmalereien, welche Geschichten aus dem Leben und Leiden des Heilandes mit Beziehungen auf das alte Testament darstellen. Jedes derselben ist durch lothrechte Steinritzen in fünf Theile, vor quer aber, der Höhe nach, in zwei getheilt. Das große westliche Fenster †) über dem Haupteingang ist nur mit klaren Scheiben verglast, um dem Schiffe der Kirche nicht die nöthige Helligkeit zu entziehen. Ueber der Hauptthür sieht man das Wappen der Lancaster, gehalten vom Greif und dem Windhund, zu beiden Seiten aber die gekrönten (rothe und weiße) Rosen. Das berühmte steinerne Dach der Kapelle ††), welches Sir

---

*) Wiewol wir schon in Nr. 61 und 63 das Wesentlichste über die Einrichtungen der englischen Universitäten gesagt haben, so dürfen wir doch diese Gelegenheit nicht vorübergehen lassen, die in dem Stiftswesen der englischen Universitäten begründete Eintheilung der Studirenden hier noch in das nöthige Licht zu stellen, wodurch diese Note als Ergänzung zu jenen Artikeln zu betrachten sein wird. Eine englische Universität ist eine in eine Körperschaft vereinte Gesammtheit von verschiedenen Stiftern (Collegien) und Hallen. Letztere sind nur Pensionate oder Kosthäuser, ohne mit Stiftungen für Studirende begabt zu sein. In jenen, den Stiftern, gibt es nun zwei Hauptclassen von Studirenden: 1) Abhängige Studenten (dependent members). Sie sind im Genusse der von Stiftern ausgesetzten Vortheile und Privilegien, zerfallen jedoch nach ihrer Stellung zum Collegium wiederum a) in Graduirte (graduates), gewöhnlich Fellows genannt. Jeder dieser Fellows ist nur auf das Legat eines bestimmten Stifters gewiesen, in dessen Genuß er durch günstige Verwendung oder die Vortheile der Geburt gesetzt wird. Seine Abhängigkeit ist nur eine mittelbare, und wenn er sich den Disciplinargesetzen des Collegiums willig und streng unterwirft, so motivirt sie ihn oft nur die Furcht, im Uebertretungsfalle seiner Vortheile verlustig zu werden. Die eigentlich gebundenen sind jedoch die undergraduated; sie müssen sich für den Genuß der Legate mancherlei Diensten unterziehen, Dienste und Verrichtungen, welche leider von mittelalterlichen Einrichtungen herrühren und unmaßgeblich an den deutschen Pennalismus erinnern. Sie sind die eigentlichen Vollstrecker der an die Legate geknüpften Bedingungen, deren vornehmste z. B. dahin lauten, zu bestimmten Stunden dem Gottesdienste beizuwohnen. 2) Die Unabhängigen (independents), welche auf ihre eignen Kosten leben, hat eine verjährte Herkömmlichkeit in drei Standesclassen geschieden: Die noblemens, worunter die Reichen begriffen werden, die fellow-commoners, oder Wohlhabenden, und die commuuers oder Bürgerlichen, minder Wohlhabende.

*) Der Namenstag des Königs fiel auf den 6. December, dem dieser Heilige vorsteht.

**) Die Kirche besteht aus weißem Yorkshirestein, was aber unter Heinrich VII. erbauet wurde, aus Weldonstein (in Northamptonshire).

***) Die Engländer benennen die Style der gothischen Baukunst nach den Epochen ihrer Geschichte, z. B. anglosaxon, norman, english, decorated english, highty decorated und florid english.

†) Erbauet 1513.

††) Es liegt darüber noch ein hölzernes mit Blei gedecktes.

648   Das Pfennig=Magazin.

Christopher Wren *) seiner Vorzüglichkeit halber jährlich einmal besucht haben soll, ist unter einem sehr stumpfen Winkel und nach dem Gewölbschnitt gebauet, welches bei Laien (da es vortrefflich gefügt ist) stets von Neuem Bewunderung erregt. Durch 11 gedrückte Spitzbogen, welche von den an den Wänden befindlichen Widerlagern ausgehen, wird die Decke in zwölf Theile getheilt, in deren Mitte die 3′ starken, wohl eine Tonne schweren reichverzierten Schlußsteine liegen. Sonst ist die Wölbung mit gothischem Filigranwerk so geschmückt, als wären es aneinandergeschobene vom Goldschmied verfertigte Körbe. Wie alle englische Kirchen ist die königliche Kapelle sehr reinlich gehalten, welches dem Eindruck des Ganzen sehr zu statten kommt. Gleichwol sagen die Engländer selbst, daß dies Gebäude nicht in die classische Zeit deutscher (gothischer) Baukunst, sondern zum florid gothic gehöre, worunter sie überhaupt den verfallenen gothischen Styl der letzten Periode verstehen. Die Eitelkeit der Lancaster ging zudem sehr weit; denn in allen Winkeln und Ecken, sogar auf den Hauben der Thürme, klebt ein Theil ihres Wappens! Die Zinnen oder Schießscharten *) zu durchbrechen ist eben so styllos und sieht immer bei einem kleinlichen Untergesims etwas mager aus. Mithin wäre am Ganzen wenig mehr zu bewundern als das Dach und dessen Construction. — Da sieht man, wie tief die gebildetste Technik unter dem Geiste steht!

Königliches Collegium und Kapelle zu Cambridge.

---

*) Der Erbauer der Paulskirche zu London.

*) Zinnen sind vorzüglich an englisch=altdeutschen Kirchen und Abteien gebräuchlich, da in einem Lande, wo endlose Parteiungen Leben und Besitz der Geistlichen gefährdeten, diese oft in Person sich von der Höhe der Kirchen herab vertheidigen mußten.

Verantwortliche Herausgeber: Friedrich Brockhaus in Leipzig und Dr. C. Drärler=Manfred in Wien.
Verlag von F. A. Brockhaus in Leipzig.

Das Pfennig-Magazin

der

Gesellschaft zur Verbreitung gemeinnütziger Kenntnisse.

82.] [2. Jahrg. 30.] [November 13, 1834.

Ansicht des Tower von der Themse aus.

Besuch im Tower.

Wir waren die londoner Brücke passirt und wandten uns östlich, um den Tower (spr. Tauer) in Augenschein zu nehmen. So gering der architektonische Werth dieser Feste ist, so groß ist die geschichtliche Bedeutsamkeit derselben, und noch wichtiger ist der kostbare und historisch bedeutungsvolle Inhalt. Er erhebt sich ehrfurchtgebietend über dem Ufer der Themse und wurde von Wilhelm dem Eroberer angelegt, jedoch von Wilhelm Longchamp, Bischof von Ely und Kanzler von England unter der Regierung Richard's I., befestigt. Unter dem Vorwande, sich gegen die Nachstellungen des dritten Bruders des Königs, Namens Johannes, zu sichern, umgab er den weißen Thurm und den Thomasthurm mit einem Walle und Graben, welche später durch Wasserleitungen mit der Themse in Verbindung gesetzt wurden. Nach und nach wurden die übrigen Gebäude hinzugefügt, bis das Ganze zu einer Festung für London bestimmt wurde. Wir gingen durch das sogenannte Hauptthor und passirten an der ersten äußersten Wache vorüber. Das erste Gebäude, welches sich unsern Blicken entgegenstellte, war das Haus des Menagerieaufsehers, dessen Firma, einen Löwen vorstellend, uns die Bestimmung desselben deutlich genug verkündigte. König Heinrich I. verlegte die Menagerie aus Woodstock in den Tower. Auf die Unterhaltung der Thiersammlung wurde zuerst von Eduard II. der Erbzinslehn der Hauptstadt angewiesen. Ein anderer Löwe über einem Thore ließ errathen, daß hier der Eingang wäre. Wir zogen an einem Glockenzuge und nachdem Jeder sechs Pence bezahlt hatte, wurden wir eingelassen. — Da wir Alles gehörig in Augenschein genommen hatten, wurden wir nach dem sogenannten weißen Thurme geführt; ein unregelmäßiges Gebäude, in der Mitte der Festung, dessen vier Seiten in einer ganz verschiedenen Baumanier angelegt sind; nicht einmal die Thürme sind symmetrisch aufgeführt. Einen von diesen Thürmen hat die Regierung zu einem Observatorium gemacht. Hier stellte der berühmte Astronom Flamsteed seine Beobachtungen an. Nach der Einrichtung der Sternwarte zu Greenwich wurde jene aufgehoben. Hierauf besuchten wir die in dem nämlichen Stockwerke befindliche St.-John's-Kapelle. Sie ist im normannischen Style aufgeführt, in der Tiefe rund ausgebogen und auf 12 starke Pfeiler gestützt. Heinrich III. stellte einen besondern Kaplan für diese Kapelle an; seit Karl II. dient sie jedoch zur Aufbewahrung von Urkunden. Bei dieser Gelegenheit öffnete man uns auch den durch des Herzogs von Clarence romantische Selbstvollstreckung seines Todesurtheils berühmten Bowyer's Thurm. Der Herzog wurde von König Eduard IV., seinem Bruder, verrätherischer Absichten auf den englischen Thron beschuldigt und einige leichte Thatsachen, deren man ihn überwies, wußte dieser mistrauische und abergläubische Fürst so zu benutzen, daß er hauptsächlich durch sein Ansehen von dem

Parlamente das Todesurtheil über den Herzog erwirkte. Man ließ ihm die Wahl der Todesart; er ließ sich ein Faß Malvasier in seinen Kerker bringen und ertränkte sich

Der weiße Thurm.

in diesem wohlschmeckenden Elemente, woraus der Geschichtschreiber Hume den gewagten Schluß zieht, daß er auch im Leben diese Weinsorte sehr geliebt habe. In demselben Kerker soll auch der Herzog von Glocester, dessen Ermordung von Shakspeare dramatisch behandelt worden, meuchelmörderisch gefallen sein. Allein die Wahrheit dieses Umstandes liegt noch im historischen Dunkel, und ausgezeichnete englische Geschichtsforscher haben sich vergeblich bemüht, durch Untersuchung gleichzeitiger Urkunden ein Licht hierüber zu gewinnen. Man könnte über den Tower als Gefängniß ein anziehendes Buch schreiben, so reich ist seine Geschichte an interessanten Daten von Hinrichtungen und Einkerkerungen historisch merkwürdiger Personen. Zur Zeit Heinrich's III. wurden 600 Juden auf einmal wegen Falschmünzerei und Beschneidung des Goldes in den Tower gesperrt. Aus dem weißen Thurme machten wir den Uebergang in das Gewandhaus; ein vollkommen regelmäßiges, von Ziegeln gebautes Gebäude. Es ist drei Stockwerk hoch. Das

Gefängniß des Herzogs von Clarence.

erste war früher für die Artilleriestücke bestimmt, enthält aber jetzt für mehre tausend Mann Infanterie in Kasten gepackte Waffen, außerdem aber noch einige merkwürdige Feldstücke. Wir eilten an diesen Dingen schnell vorüber, ohne den überraschenden Eindruck zu ahnen, den uns Gegenstände gleicher Gattung in dem großen Saale des ersten Stockwerks bereiten sollten. Welch ein imposanter Anblick! Ein dichter Wald der glänzendsten Waffen starrte uns an; mit einem Blicke übersahen wir für 150,000 Mann in symmetrischen Gruppen auf eine höchst sinnreiche Art aufgestellte Waffen, alle auf das Sauberste abgeputzt. Man erzählte uns, daß ein gewisser Harris, Gewehrfabrikant in London, zuerst den Plan dieser kunstvollen Zusammenstellung entworfen und dafür von der Regierung mit einer ansehnlichen Pension belohnt worden sei. Jeder Militair, der London besucht, sollte zuerst in den Tower eilen, um dieses höchst merkwürdige Arsenal zu sehen. Von hier machten wir nun den Uebergang in die spanische Armoury (Rüstkammer.) Um den Ruhm der englischen Tapferkeit auf die späte Nachwelt zu tragen, wurden die verderbendrohenden Vernichtungswerkzeuge, womit die unüberwindliche Flotte Philipp's II. sich gegen die Niederländer gerüstet haben soll und welche die Engländer, wie vorgegeben wurde, erbeuteten, hier aufbewahrt. Allein die Ergebnisse der antiquarischen Nachforschungen, welche Herr Dr. Meyrick über diese Curiositäten anstellte, lauten dahin, daß sie nur spätere Nachbildungen der von

St.-John's Kapelle.

der Armada geführten Vernichtungswerkzeuge sind. Jetzt führt dieses Gewandhaus den Namen Elisabethsrüstkammer (Queen Elizabeth's armoury), theils weil ihre Reiterfigur in dem Aufzuge, in welchem sie dem auf Veranlassung der zerstörten Armada angestellten Gottesdienste beiwohnte, hier aufgestellt ist, theils weil die meisten Gegenstände aus ihrer Epoche herrühren. Ueberhaupt enthält der Tower für mehr als 200,000 Mann militairische Equipirung aller Art, und sollte London einmal in den Fall kommen, gegen bürgerliche Unruhen Gewalt anwenden zu müssen, so würde der enorme Vorrath der Vertheidigungsmittel dieser Burg gewiß der Regierung einen überwiegenden Vortheil gewähren. Hierauf gingen wir in die Pferderüstkammer (Horse armoury.) Zwanzig Figuren, größtentheils Könige Englands, welche sich durch denkwürdige Thaten ausgezeichnet hatten, saßen hier in stattlichen Rüstungen zu Pferde und trugen das Costume ihrer Zeit. Die nicht zu Pferde saßen, waren gleichfalls mit der Kleidertracht ihres Zeitalters angethan, in eine Reihe aufgestellt. Der Führer machte seine Erklärung in umgekehrter chronologischer Ordnung und fing mit dem letzten Könige zuerst an. Von hier führte man uns in ein mit dicken Mauern gebautes Haus, genannt Lieutenants Haus. Wie nach den wilden Scenen des verheerenden Krieges die eintretende Ruhe einen so erhebenden Eindruck gewährt, so war auch der nunmehrige mildere und freundlichere Charakter der letzten Sehenswürdigkeiten des Tower geeignet, die Phantasiebilder des Krieges niederzuschlagen und das Waffengeräusch, womit unsere Einbildungskraft unser inneres geistiges Ohr erfüllte, in die mildesten Friedensklänge durch den Anblick der bei der Krönungsceremonie üblichen Reichskleinodien zu verwandeln. Das erste kostbare Stück, welches man uns zeigte, war die Reichskrone. Sie ist von gediegenem Golde, mit Diamanten, Rubinen, Smaragden, Saphiren und Perlen reich verziert. Der über dieses Gewölbe gesetzte Inspector erklärte uns, daß sie, der Sage nach, zuerst von Eduard dem Bekenner bei seiner Krönung im Jahre 1040 und später von allen nachfolgenden Königen getragen worden sei. Doch es bedürfe keiner sehr genauen Bekanntschaft mit der wichtigsten Epoche der Geschichte Englands, um zu wissen, daß auf eine Parlamentsordre das Gemach, welches diesen ehrwürdigen Kronschatz verbarg, aufgebrochen, daß die alte Krone, nebst dem Krönungsmantel, den reichverbrämten Gewändern, dem Schwerte und Scepter Eduard's in Geld umgesetzt wurde und daß das Loos, die erste Hand daran zu legen und die grausame Verordnung zu vollziehen, Herrn Harry Martin traf. Als aber nach dem Falle der Republik König Karl II. die Regierung übergeben wurde, ließ er nach dem Muster der alten Reichskrone die jetzige verfertigen. — Hierauf öffnete man uns das Etui des goldenen Reichsapfels, welchen der König in seiner linken trägt. Er mochte ungefähr sechs Zoll Durchmesser haben und war mit Perlen und Edelsteinen reich verziert. Er schließt oben mit einem violetten, fast 1½ Zoll hohen Amethyste, auf welchem das goldene mit Diamanten und Perlen höchst geschmackvoll und reich geschmückte Kreuz steht. Die ganze Höhe des Reichsapfels mit Inbegriff des Kreuzes beträgt 11 Zoll. Wie dieser, so schließt auch das goldene Scepter mit einem kostbaren Amethyst von seltener Größe, worauf gleichfalls ein rings mit kostbaren Tafelsteinen eingefaßtes Kreuz gesetzt ist. Der Handgriff ist schlicht, aber der Knopf glänzt von den schönsten Rubinen, Smaragden und Diamanten. Er schließt mit einer sechsblätterigen, mit kostbaren Steinen eingefaßten Lilie, aus deren Krone der besagte Amathyst hervorragt. Daneben liegt ein anderes, vorgeblich von Eduard dem Bekenner gebrauchtes Scepter, auf dessen Kreuze eine Taube, als Emblem des Friedens, ruht; allein es ist nur eine spätere Nachbildung des Originals, welches gleichfalls das Loos der alten Reichskrone theilte. Der Herrscherstab Eduard's, welcher vor dem Könige während des Krönungszuges in die Kirche hergetragen wird, und die Staatskrone, welche der König bei Eröffnung des Parlaments trägt, sowie die Krone von Wales, welche während der Krönung vor ihm steht, die Reichskleinodien der Königin Maria, welche sie und ihr Gemahl trug, das elfenbeinerne, mit Gold ausgelegte Scepter der Gemahlin Jacob's werden sämmtlich hier aufbewahrt. Die Curtana oder das Schwert der Gnade, welches dem Könige nach seiner Krönung zwischen den Schwertern der himmlischen und weltlichen Gerechtigkeit vorgetragen wird, soll sinnbildlich zeigen, daß der königliche Wille über dem Criminalgesetze und dem Urtel des weltlichen Richters steht; die Ueberreichung desselben bezeichnet die Uebertragung des Begnadigungsrechtes durch die Nation. Es ist unansehnlich, etwa drei Fuß lang, zwei Zoll breit und ohne Spitze. Wahre Alterthümer, welche die Periode der englischen Republik glücklich überlebten, sind indeß die Sporen und Armspangen. Das goldene Gefäß zur Aufbewahrung des heiligen Salböls hat die Form eines Adlers mit ausgebreiteten Flügeln; mit Inbegriff des Fußgestelles mag es neun Zoll Höhe haben, die Flügelweite mag neun Zoll betragen. Es ist nebst dem dazu gehörigen Löffel, in welchen zur Salbung des Königs das geweihte Oel aus dem Schnabel gegossen wird, von sehr hohem Alterthume. Den seltsam geformten Salzlöffel, welcher nur nach der Krönungsceremonie dem Gedecke des Königs beigefügt wird, das silberne Taufbecken, woraus die Mitglieder der königlichen Familie die Taufe empfangen, und unzählige andere zum Kronschatze gehörende oder von den Prinzen und Prinzessinnen getragene Kostbarkeiten an Gold und Edelsteinen mehr als namhaft zu machen, würde zuletzt ermüden. Viel Wichtigeres aber, als alle diese Schätze, verschließt das letzte Gewölbe, welches wir besuchten, das alte Reichsarchiv. Es enthält in 56 Wandschränken sämmtliche für die Krone Englands wichtige Urkunden von der Regierung Johann's (welcher die Magna Charta bewilligte) bis 1475 circa. Die spätern befinden sich in der Urkundenkapelle (Roll's chapel.) Die Urkunden des Tower bestehen in Gründungsdocumenten der verschiedenen Abteien und kirchlichen Stifter in den alten Reichslehnen und Gütern, in den Originalen der Gesetze und Statuten, in den Urkunden der Rechte Englands zur See, der Tractaten mit fremden Ländern, der Erwerbungen Englands durch Kriege, der Verpflichtungen des Königs gegen seine Unterthanen, der gewissen Städten gewährten Privilegien und Befreiungen u. s. w., Alles nach dem Alter der Schriften regelmäßig geordnet. Das Archiv ist täglich von 9—1 Uhr geöffnet. Die Benutzung dieser Documente zu Nachsuchungen ist Jedem für die Erlegung einer halben Guinee auf ein ganzes Jahr freigegeben. Nachfolgende Abbildung gibt uns eine Darstellung des Haupteinganges in den Tower, welcher uneigentlich Blutthurm genannt wird; vielleicht rührt diese Benennung daher, weil man glaubt, daß hier Eduard V. und der junge Herzog von York ermordet seien, welches jedoch nicht historisch erwiesen ist.

Unmittelbar am Festungsgraben auf dem äußeren Walle liegt das Gefängniß für Staatsverbrecher, unter dem Namen Traitor's gate.

Unter andern merkwürdigen Gebäuden des Tower

ist noch die Münze zu erwähnen; sie wurde von König Heinrich III. angelegt, und Elisabeth stellte zuerst das

Der Blutthurm.

Gesetz, daß alle englischen Münzen im Tower geschlagen werden sollten. Als sich jedoch später das Bedürf-

Gefängniß der Staatsverbrecher.

niß des baaren Geldes steigerte und das Münzgebäude des Towers als ungeeignet zu dieser Bestimmung befunden ward, so errichtete man am sogenannten Towerhügel mehrere Gebäude zu Münzen.

Die Ueberreste der organischen Vorwelt.
[Beschluß.]

Ohne eine von Außen wirkende Ursache bildet das Wasser eine stille Fläche. Was kann denn das Meer aus seinen Tiefen heben, wenn die Erde selbst ihre unveränderte Bahn unerschüttert um die Sonne fortwandelt? Ein oder mehre zusammenwirkende Weltkörper. Eine unterhalb des Meeresbettes zum Ausbruch gekommene Explosion ist wohl denkbar, aber nicht wahrscheinlich. Es bleibt uns also nichts übrig, als die Anziehungskraft fremder Himmelskörper anzunehmen. Unsere Leser werden sich entsinnen, daß vor 8—10 Jahren plötzlich die Ostsee übertrat und auf einer großen Strecke über die Meeresküste hinaus in das Land hinein fürchterliche Verheerungen anrichtete. Dieses Uebertreten des Meeres führt den Namen Springflut und rührt daher, daß Sonne und Mond, welche mit der Lage der Erde eine grade Linie bilden, ihre Anziehungskräfte gegen die Erde vereinigen und so das Meer aus seinen Tiefen heben. Nun aber kann durch eine solche Lage jener Himmelskörper nach einer astronomischen Berechnung die Springflut nie so stark anwachsen, daß das Meer von einer südlichen zu einer nördlichen Zone versetzt werde. Es ist daher nicht unmöglich, daß ein, nicht zu unserm Sonnensystem gehörender, Himmelskörper unserer Erde so nahe gekommen ist, daß er die erwähnte Wirkung ausübte. Cuvier nimmt jedoch die Nähe eines Weltkörpers als Ursache der Flut nicht an; doch scheinen mir die Gründe, warum er diese Erklärung verwirft, nicht genügend. Wir stellen jedoch eine Hypothese dieser Art nur schüchtern auf, und wenden uns zu einer andern. Was ist denn die erste Bedingung des Erzeugens von Pflanzen? Ohne Zweifel die Wärme; konnte sich also nicht der Wärmestoff erschöpft haben, konnte nicht die Erde vor der Flutkatastrophe von glühendern Schöpfungstrieben durchdrungen sein, und konnte nicht um den Nordpol ein so warmer Erdgürtel wie um Indien liegen? Auch das ist unglaublich; denn wenn sich die Wärme auch damals vom Nordpole nach dem Aequator so steigerte als jetzt, wie sie auch dieses bei einer unveränderten Axenstellung der Erde mußte, so wurde der Boden Afrikas und Amerikas unter dem Aequator zu Glas und Schlacke verbrannt; aber nirgend finden sich Reste davon. Wir bleiben dabei, daß das Wasser aus dem Meere trat, daß gleichzeitig die Erdaxe sich durch dieselbe Ursache, die das Meer aus seinen Tiefen hob, änderte, und daß aus diesem sich nach und nach eine neue Erdschicht, unsere Oberfläche, ansetzte. Der Naturforscher nennt die höheren Erdschichten und Lager Alluvial-Erde, d. h. aufgeschwemmte Erdlager. Sie bildet die oberflächliche Decke unseres Erdbodens; davon unterscheidet der Geognost das Diluvium. Es bildet das aus vermengten Theilen von Sand und Gerölle bestehende Lager, welches fast alle Gegenden der Erde überdeckt, und selbst bis zu Höhenpunkten fortgeht, zu denen kein Fluß seine Anschwemmung erstrecken kann.

Aus den schichtweisen Ueberlagerungen sieht man nur zu deutlich, daß dieser Boden durch Niederschlag der in der großen, über den größten Theil der Erde verbreiteten Flut seine Entstehung erhalten hat. Dieser Boden ist indeß nicht die einzige Fundstätte der versteinerten Thiere; man findet sie auch in den Kalksteinhöhlen verschiedener Länder. Mit Wahrscheinlichkeit kann man annehmen, daß die Thiere bei der immer mehr und mehr andringenden Flut sich in diese Höhlen zurückzogen, um sich vor dem Untergange zu schützen; wenigstens erklärt diese Ansicht die Ursache, welche oft in einer einzigen Höhle die verschiedenartigsten Thiere vereinigte. Indeß kann man auch annehmen, daß die Knochenüberreste der zahmen Thiere Ueberbleibsel des Raubes sind, welcher den wildern Thieren zur Nahrung diente. Das Eigenthümliche dieser Höhlen ist: 1) daß sie blos in den verschiedenen Kalkgebirgsarten vorkommen; 2) daß die Decken von vielen dieser Höhlen Tropfsteinmassen bilden, welche, wenn sie in Formen von Eiszapfen von den Decken herabhängen, Stalaktiten, und wenn sie sich auf dem Boden in kegelförmigen Massen aufgethürmt haben, Stalagmiten heißen; 3) daß die meisten von ihnen mit unzähligen Versteinerungen von vorweltlichen Thieren gefüllt sind. In dem geschichteten Kalksteine von Kreta liegt das sogenannte Labyrinth, welches Tournefort so anziehend beschrieben hat. Unsere deutschen Kalksteinhöhlen sind größtentheils allgemein bekannt. Wer sollte nicht von den Tropfsteingebilden der Baumannshöhle und den übrigen am Harze gelegenen merkwürdigen Höhlen gehört haben? Die berühmteste unter allen in

Deutschland ist jedoch die gaylenreuther Höhle. Männer von ausgezeichnetem wissenschaftlichen Verdienste, wie Humboldt, Ebel, Rosenmüller, Sömmerring, Goldfuß, haben uns mit ihrem Inhalte durch geistvolle Beschreibungen und Untersuchungen bekannt gemacht. Der große Cuvier hat vorzüglich das Chaos der hier lagernden Knochen entwirrt, und nach seiner durchschnittlichen Annahme gehören zwei Drittel derselben mehren Bärengattungen; die übrigen sind Knochen der Hyäne, des Wolfes, des Fuchses, des Vielfraßes und eines dem Iltis ähnlichen Thieres. Er hat auch, jedoch in unverhältnißmäßig geringerer Menge, einige Knochen von pflanzenfressenden Thieren, besonders von Hirschen, gefunden. Wir müssen hierbei noch die Bemerkung machen, daß die nach Rosenmüller angeblich darin gefundenen Menschen, Pferde, Ochsen, Schafe, Hirsche, Rehe, Dachse, Hunde und Füchse einer viel spätern Zeit angehören. Die merkwürdigste von allen diesen Katakomben oder Grabgewölben der vorsündflutlichen Thiere ist die adelsberger Höhle, von welcher Herr Volpi von Triest erzählt, daß er mehr als drei Stunden in fast grader Richtung in dieselbe vorgedrungen sei. Erst zwei Stunden vom Eingange entdeckte er die den großen Bären der Vorzeit angehörigen Thierknochen. Von diesem vorweltlichen Bären ist viel gefabelt worden, und die Dimensionen der Knochen sind in den Erzählungen der Leute von Mund zu Mund gewachsen. Das Wahre ist, daß der Bär der Vorzeit nur um etwa ein Viertel größer war, als die Spätlinge der neuern Schöpfung. Wir dürfen eine besondere Naturmerkwürdigkeit, welche die adelsberger Höhle auszeichnet, nicht unerwähnt lassen. Sie verschluckt nämlich den Fluß Piuka, welcher in ihr einen unterirdischen See bildet und auf der Nordseite unter dem Namen Uz wieder herauskommt. Eine ähnliche Erscheinung bietet die Knochenhöhle von Kirkdale in Yorkshire dar, in deren Nachbarschaft sich der Fluß Hodge=Bek verliert. Außerdem bieten die Spalten des Kalkgesteins zu Gibraltar, Cette, Antibes, Nizza, Oliveta bei Pisa, auf Corsica, Sardinien, Sicilien, Dalmatien und im Veronesischen die reichsten Fundlager von vorsündflutlichen Thierüberresten dar.

Es sei uns vergönnt, noch einen Blick auf die Thierwelt der Vorzeit zurückzuwerfen, unter welcher wir zuerst das Allgemeinste von den großen versteinerten Amphibien berühren. Eine ergiebige Fundstätte des Krokodils ist die Gegend der englischen Seehandelsstadt Whitby. Die sämmtlichen Knochen eines solchen Thieres wurden durch eine gefahrvolle Arbeit von mehren Tagen aus den Alaunschieferfelsen, woraus es hervorstand, gegraben. Es hatten sich sogar noch harte Theile der Haut erhalten, welche dem Naturforscher die Bestimmung des Geschlechtes und der Gattung dieses Thieres erleichterten. Die Länge des Thieres scheint 10 Fuß zu betragen. Das von Sömmerring bei Manheim entdeckte Krokodilgerippe ist eines der bis jetzt gefundenen vollständigsten Exemplare. Die Kalkschiefer des Thales der Altmühl sind reich an Fischen, Crustaceen oder Krustenthieren, Reptilien oder kriechenden Thieren. Der berühmteste von diesen Kalkschieferbrüchen ist der solenhofer im Thal der Altmühl in Baiern, welcher die bekannten zum Lithographiren angewendeten Steine liefert. Das darin gefundene Krokodil war nicht nur hinsichtlich der Knochen sehr vollständig, sondern dieselben enthielten sogar noch thierische Stoffe und selbst eine Quantität Phosphorsäure, deren Vorkommen bei solchen Ueberresten sehr selten ist. Ueberhaupt scheinen die Krokodile in der urweltlichen Vorzeit im Norden Europas einheimisch gewesen zu sein; denn in den wenigen Jahren, seit die Naturforscher angefangen haben, dieser Art von Thieren ihre Aufmerksamkeit zu widmen, hat man schon zahlreiche Exemplare derselben aufgefunden.

Neben den Krokodilen fand man häufig versteinerte Schildkröten. Aber die Mannichfaltigkeit der noch lebenden ist so groß, daß es sehr schwer ist, zu bestimmen, zu welcher Species irgend eine gefundene gehört, oder ob sie unbekannt und untergegangen ist. Knochen von Meerschildkröten lagern in der Nachbarschaft von Mastricht.

Wenn aber irgend eine Amphibie riesenhaft zu nennen ist, so ist es der bei Oxford entdeckte Megalosaurus, eine Eidechsenart, deren Länge, nach den gefundenen Ueberresten zu urtheilen, 30 — 40 Fuß betragen haben muß.

Einen schlagenden Beweis, welch eine genaue Kenntniß der Knochenformen aller Thiergattungen erfoderlich ist, um selbst bei ziemlich vollständig erhaltenen Gerippen das Geschlecht des Thieres zu bestimmen, zeigt uns der fast hundertjährige Irrthum, zu welchem das in den Steinbrüchen von Oeningen schon 1726 entdeckte Thiergerippe verleitete. Der damalige Arzt Scheuchzer hielt es für einen Menschen, welcher Augenzeuge der großen Flutkatastrophe gewesen sein müsse. Dieser Irrthum ist um so unverzeihlicher, als dieser Mann sich gar nicht die Mühe gegeben zu haben scheint, jene Ueberreste einer genauern Vergleichung mit dem Menschenskelette zu würdigen und vielleicht, um sich in der gelehrten Welt einen Namen zu geben, sich absichtlich mit Blindheit schlug. Erst Cuvier war es vorbehalten, hinter der vorgeblichen Larve dieses vorweltlichen Menschen einen riesenhaften Wassersalamander hervorzuziehen. Noch müssen wir zweier durch die Besonderheit ihrer Form höchst merkwürdiger Amphibien erwähnen, denen man den Namen Pseudoamphibien gegeben hat und deren Geschlecht mit der großen Flut gänzlich erloschen zu sein scheint. Der Ichthyosaurus wird vorzüglich in England und namentlich an der Küste von Dorsetshire gefunden. Mit unermüdlicher Thätigkeit beschäftigte sich Sir Everad Home mit der Aufsuchung der charakteristischen Eigenschaften dieser Ueberreste, um ihm seine bestimmte Stelle im Thierreiche anzuweisen; auch andere Gelehrte, z. B. Conybeare und Labeche, stellten über diese Knochen gelehrte Forschungen an, und oft verhinderte ein einziges Knochenglied ein Endresultat zu ziehen, bis man sich endlich dahin vereinigte, das Thier unter die Eidechsen zu stellen. Aber ein wahrhaft monströses Thier ist der Plesiosaurus, welcher bis jetzt nur in England gefunden und von Conybeare auf das Wissenschaftlichste und Scharfsinnigste untersucht worden ist.

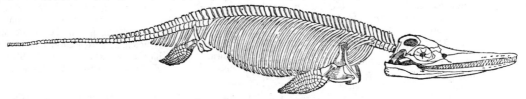

Ichthyosaurus

Der Name Plesiosaurus bedeutet „mit der Eidechse verwandt". Das 1824 bei Lyme Regis gefundene, beinahe ganz vollständige Gerippe verbreitete über die Stellung des Thieres in dem Naturreiche das gehörige Licht. Dieser Ichthyosaurus scheint das von den Grundformen der jetzigen Thiergeschlechter am mei-

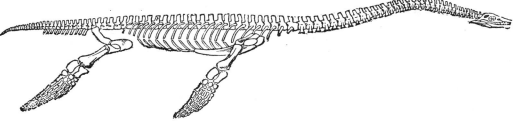

Das künstlich hergestellte Gerippe des Plesiosaurus.

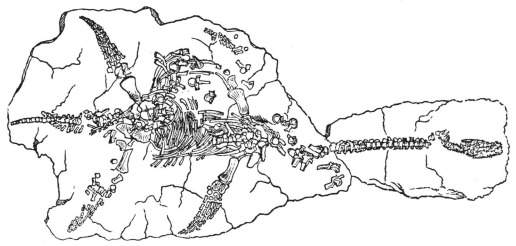

Der Plesiosaurus, wie er beim Ausgraben sich darstellte.

sten abweichende Geschlecht, und man würde es, wenn es lebendig erschiene, mit Recht ein Monstrum nennen. Der Vordertheil des Rumpfes geht in einen schlangenförmigen Hals aus; der Schwanz ist äußerst kurz; der Kopf gegen die Länge des Körpers unverhältnißmäßig klein. Am meisten gleicht es einer von der Schale entkleideten Schildkröte, und wenn wir bedenken, daß das Verhältniß eines von diesem Thiere gefundenen Zahnes auf eine Körperlänge von 60 Fuß schließen läßt, so müssen wir es der Vorsehung Dank wissen, daß diese schauderhaften Ungeheuer unsere Flüsse und Binnenseen nicht mehr bewohnen und daß sie gänzlich vertilgt sind. Mit Bestien dieser Art pflegt die Phantasie des Künstlers den Mythenfluß der alten Griechen und den Tartarus zu bevölkern, um die Verdammten zu verfolgen und zu ängstigen. Es würde zu weitgreifend sein, wenn wir alle die Thiere, welche der Schooß der urweltlichen Erde verbirgt, hier namhaft machen wollten; doch können wir aus Dem, was bis jetzt gefunden ist, den Schluß ziehen, daß die Fauna (d. h. die Thierwelt) der Vorzeit zwar kräftiger und riesiger, aber lange nicht so mannichfaltig als die jetzige ist.

Gewerbliches aus China.
Glasmacherei.

Die Glasmacherei wird zu Kanton in China mitten in der Stadt betrieben wie jedes andere Gewerbe. Die Vorrichtungen dazu sind jedoch so zweckmäßig, daß trotz der zu befürchtenden Gefahr nicht leicht Feuer entstehen kann. So wie die Chinesen Alles anders machen als wir, aber dennoch ebenso gut zum Ziele kommen, so ist auch das Treiben in ihren Glashütten ganz verschieden von dem, welches bei uns beobachtet wird. Doctor Meyen, der letzte deutsche Reisende, welcher China im Jahre 1832 besucht hat[*]), sagt uns darüber Folgendes: In unserer Gegenwart ließen wir große Glaskugeln von vier Fuß Höhe blasen; die Methode, wie sie diese große Glasmasse ans Rohr brachten, war ganz eigenthümlich. Sobald das Blasrohr zum ersten Male aus der Glasmasse gezogen war, wurde dieses durch eiserne Spatel fest angeklopft und dadurch etwas gekühlt; hierauf wurde das Rohr mit der Glasmasse nochmals in die Masse gesteckt und wieder auf eben diese Weise abgekühlt; ja später, nachdem mehrmals die Operation wiederholt worden war, mußte sogar das Rohr mit Wasser abgekühlt werden. So häufte sich allmälig eine große Menge von der Glasmasse am Blaserohre an und wurde dann zuletzt nochmals durchgeglüht und schnell aufgeblasen. Die Chinesen arbeiten mit ihrem Rohre auf einer hölzernen Bank und glätten die Glasmasse

---

[*]) Es geschah dies auf der Reise um die Erde, welche er auf dem königl. preuß. Seehandlungsschiffe Prinzeß Luise, Capitain Wendt, während der Jahre 1830—32 machte und von welcher er eben einen höchst interessanten Bericht durch den Druck bekannt gemacht hat (Berlin in der Sander'schen Buchhandlung).

mit einem eisernen Spatel, während wir diese auf einer eisernen Platte rollen. Wie es scheint, können die Chinesen das Glas nicht biegen; aber dennoch, um Glocken zu verschiedenem Gebrauche zusammenzusetzen, schneiden sie die großen geblasenen Kugeln in entsprechende Stücke entzwei, wodurch sie ihre Zwecke ebenfalls völlig erreichen. Selbst um sehr stark gebogene Platten zu erhalten, wird die große Kugel cylindrisch gemacht und stark zusammengedrängt.

Die Glasschleifereien der Chinesen sind ebenfalls sehr einfach. Das Rad befindet sich in der Mitte eines Tisches und wird durch die Füße des Arbeiters bewegt; die Belegung der Spiegel ist ebenfalls von der bei uns gebräuchlichen verschieden; sie legen die Zinnblätter in einen flachen Kasten und gießen das Quecksilber darüber, welches letztere sie dann durch eine schräge Stellung des Kastens eben laufen lassen. Hierauf legen sie die Glasplatte auf das Amalgam. Das Glas der chinesischen Spiegelplatten ist so hart, daß es Metallspiegeln ähnelt, doch ist es unrein und steht darum dem unserigen nach.

Malerei.

Die chinesische Malerei auf Porzellan ist bekanntermaßen nicht sehr fein; es wird aber dieser Theil der Fabrication auch nur mit der größten Nachlässigkeit betrieben; kleine Kinder in Lumpen gehüllt besorgen in der Regel diese Malerei. Die Oefen, worin das Porzellan gebrannt wird, sind sehr gut construirt und sicherlich auf die größte Feuerungsersparniß berechnet, da das Holz hier zu theuer ist. Bei jedem neuen Einsatze werden diese Oefen neu aufgeführt und die obere Oeffnung durch Porzellanplatten geschlossen. Sie sind rund und stehen mitten in den Arbeitsräumen; unten an der Basis des Ofens sind zehn Löcher zur Feuerung angebracht, und am obern Rande desselben sind 24 ganz kleine Luftlöcher. Nur die ganz kleinen und feinen Sachen werden in festen Oefen gebrannt, welche jedoch nur einige Fuß hoch sind; an dem einen Ende werden sie gefüllt und unten an der Seite sind drei bis sechs Oeffnungen zur Feuerung angebracht, während oben in der Decke, und zwar an einem Ende derselben, das Zugloch befindlich ist.

Beitrag zur Naturbeschreibung der Condore.

Es war im mittlern Chile (spr. Tschile) — so erzählt Meyen — wo wir auf unserm Wege plötzlich in einiger Entfernung von uns ein gefallenes Maulthier bemerkten, das eben von zehn Riesengeiern, die man Condore nennt, verspeist wurde. Wir stiegen sogleich vom Pferde und naheten uns ihnen, mit einem Doppellaufe in der Hand. Auf 200 Schritte ließen uns die Thiere ruhig herankommen, dann aber hüpfte eines nach dem andern davon und so blieben sie in einiger Entfernung in einem Halbkreise um uns her stehen, uns genau ansehend und bei jedem Schritte, den wir vorwärts machten, ebenfalls einen Schritt weiter hüpfend. Nur einer der Vögel blieb bei dem Aase, indem er den einen Fuß darauf gesetzt hatte und mit umgewendetem Kopfe uns beständig ansah; auf ihn legten wir an und schossen eine Kugel ab, als er sich erheben wollte. Die Kugel traf den Vogel in der Seite; er schlug die Flügel zwar heftig zusammen, lief aber an und erhob sich; sogleich schickten wir ihm unter die Flügel eine Ladung Hagel nach, welche sich im zweiten Laufe befand; er schlug hierauf die Flü-

gel abermals zusammen, erhob sich dann nochmals und flog mit allen übrigen davon, und niemals haben wir diese Art von Condore wieder gesehen. Die Riesenvögel hatten über vier Fuß Höhe; sie waren mit einem weißgelben Halskragen versehen und fast am ganzen Körper grau-braun gefärbt, nur der Rücken zeigte eine große weiße Fläche. Wir haben den schwarzen Condor mit dem weißen Rücken sehr häufig am Gipfel des Feuerberges von Maipu in Chile angetroffen, und wir möchten bestimmt behaupten, daß die Geier, welche wir eben gesehen hatten, eine ganz andere und noch viel größere Art dieser Gattung sind. Molina bemerkt schon, daß das Wort Condor aus der Sprache der Peruaner abstamme und daß man damit sehr große, aber verschiedene Geier bezeichne. Auch Hamilton, auf seiner Reise nach Colombia, sah Condore von fünf Fuß Höhe, deren Beine so dick wie das Handgelenk eines Mannes waren. Die Iris dieser Vögel war dunkelbraun gefärbt, während die des Vultur Gryphus Humb. gelb ist. Aus jenen Bemerkungen wird es immer mehr und mehr wahrscheinlich, daß es noch größere Condore und zwar noch andere Arten, als die bekannten gebe.

Der fliegende Drache (Draco volans) und der gemeine Paradiesvogel (Paradisea apoda.)

Wer sollte bei der Betrachtung des nachfolgenden Bildes sich nicht in die Sagenwelt der Vorzeit versetzt sehen! Wer sollte nicht sogleich an jenes Ungeheuer denken, von dem der unsterbliche Schiller in seinem „Kampf mit dem Drachen" singt:

> Ein schuppicht Panzerhemd umfaßt
> Den Rücken, den es furchtbar schirmet.
> Lang strecket sich der Hals hervor,
> Und gräßlich, wie ein Höllenthor,
> Als schnappt es gierig nach der Beute,
> Eröffnet sich des Rachens Weite,
> Und aus dem schwarzen Munde dräun,
> Der Zähne stachelichte Reihn;
> Die Zunge gleicht des Schwertes Spitze,
> Die kleinen Augen sprühen Blitze;
> In einer Schlange endigt sich
> Des Rückens ungeheure Länge.

Glücklicherweise ist aber jener furchtbare Drache, welchen der heilige Georg erlegte, eine Ausgeburt des menschlichen Wunderglaubens, welcher durch die Erzählungen von Abenteuern, welche die Ritter auf ihren Kreuzzügen erlebt zu haben vorgaben, seine erste Nahrung erhielt und doch wenigstens das Schöne in seinem Gefolge hatte, die Minnesänger ins Leben zu rufen und ihnen den reichsten Stoff zu dichterischen Bearbeitungen zu geben. Die Abbildung zeigt uns nämlich hier nichts Anderes, als eine Art von jener Gattung der Amphibien, die wir die fliegende Eidechse oder den Drachen (Draco) nennen. Diese unschädlichen Thierchen, welche in Ostindien leben, werden nicht viel länger als einen Fuß und ihre Nahrung besteht in nichts als kleinen fliegenden Insekten, die sie im Sprunge oder fliegend wegzuschnappen suchen. Sie haben einen dünnen Leib, der mit kleinen, dachziegelartig liegenden Schuppen besetzt ist. Am Halse befindet sich ein zugespitzter Kehlsack und an jeder Seite desselben sind zwei kleinere. Der Kopf ist dick, rundlich und wie der Leib beschuppt. Die Zunge ist dick und wenig gespalten. Der Leib endigt sich in einem langen dünnen Schwanze und die ziemlich langen Füße haben dünne Zehen. Das Merkwürdigste bei diesen Thieren aber ist ihre Flugheit, d. h. ihr Vermögen zu fliegen, durch welches sie

Das unter den Amphibien werden, was die Eichhörnchen und andere Thiere unter den Säugthieren und was die fliegenden Fische unter den Fischen sind. Die sechs ersten falschen Rippen gehen nämlich, statt sich um den Leib herumzuwenden, grade aus und stützen eine Hautfortsetzung, welche eine Art von Flügel bildet. Diese Flügel sind nur wenig oder gar nicht mit den Beinen verbunden und dienen nicht ganz wie dem Vogel zum Schweben in der Luft, sondern mehr zum Fallschirm. Sie flattern damit von oben schräge herunter von einem Baume zum andern, und legen sie in der Ruhe fächerförmig an der Seite des Leibes zusammen.

Der fliegende Drache und der gemeine Paradiesvogel.

Diese Thierchen schimmern zum Theil in den schönsten Farben, leben in dichten Wäldern auf den großen Inseln des indischen Oceans, vorzüglich auf Java und Sumatra, und kommen, was jedoch noch nicht mit Gewißheit erwiesen ist, auch in Afrika vor.

Schwerfällig und träge ist ihr Gang auf der Erde und darum findet man sie auch meist nur auf Bäumen, wo sie lebhaft und behende von Ast zu Aste klettern. Sie sind furchtsam und lieben einsame Gegenden. Wie fast alle Amphibien können auch sie schwimmen. Die Weibchen legen ihre Eier in Baumlöcher, welche der Sonne ausgesetzt sind.

Die auf unserer Abbildung dargestellte Art ist der gemeine fliegende Drache (Draco volans), dessen Körper fast von allen Farben schimmert und am Rücken und Schwanze bandirt ist. Ueber die aschgrauen Flügel laufen dunkele Striche. Er lebt auf Java.

Nicht weil sie sich zuweilen in Kämpfe miteinander einlassen, sondern mehr, weil beide sich durch ihre wunderbare Gestalt auf gleiche Weise auszeichnen, sind hier der gemeine Paradiesvogel und der fliegende Drache zusammengestellt.

Da in Nr. 7 (15. Jun, 1833) des Pfennig-Magazins bereits eine Beschreibung der Paradiesvögel gegeben ist, so haben wir nur nöthig, eine kurze Beschreibung der hier und in Nr. 7 unter Fig. 1 abgebildeten Art zu geben. Sie stellt den gemeinen Paradiesvogel vor (Paradisea apoda). Er hat die Größe einer Taube, ist gelbbraun, am Kopfe und Halse citronengelb und um den bläulichen Schnabel und an der Kehle smaragdgrün. Das Männchen hat außer den zehn Zoll langen gelblichen Seitenfedern, mit denen die Damen bei uns die Hüthe schmücken, auch noch zwei sehr lange bartlose Kiele. Er ist sehr lebhaft, hält sich fast immer auf den höchsten Gipfeln der Bäume auf und gewährt im Fluge einen so wunderbaren Anblick, daß Lesson, als er den ersten sah, so überrascht den Flug verfolgte, daß er in seinem Entzücken darüber vergaß, nach ihm zu schießen. Bei Annäherung der Menschen verhält er sich in der Regel ruhig, gewahrt er aber diese nicht, so läßt er sehr häufig sein unangenehmes Geschrei hören. Seine Nahrung soll vornehmlich in gewürzhaften Früchten bestehen.

Verantwortliche Herausgeber: Friedrich Brockhaus in Leipzig und Dr. Drärler-Manfred in Wien.
Verlag von F. A. Brockhaus in Leipzig.

Das Pfennig-Magazin

der

Gesellschaft zur Verbreitung gemeinnütziger Kenntnisse.

83.] [2. Jahrg. 31.] [November 18, 1834

Das Innere der Peterskirche in Rom.

Schon einmal war in diesem Blatte die Rede von dem größten Tempel der Christenheit, der Geschichte seines Baues, seinen Dimensionen und dem Eindrucke, den er auf den Beschauer zurückläßt. Doch ist dies Thema noch lange nicht erschöpft; denn es beschränkte sich jene Beschreibung nur größtentheils auf die äußern Umrisse, und wir nehmen daher den unterbrochenen Faden wieder auf, um darin fortzufahren. Beschreibungen so großartiger Bauwerke können, um wirkliche Anschauung zu ersparen, wie gesagt, nicht genau und umständlich genug sein; denn wer es sah, findet wol mit Hülfe der bildlich dargestellten Skizze eines Bauwerks sich wieder zurecht; aber was thut der Wißbegierige, welcher, unbekannt mit dem Original, den unscheinbaren Umriß erst durch die Einbildungskraft wieder zu seiner wahren Gestalt erheben muß? Ist doch der Kenner selbst dabei oft im Irrthum, den er nicht eher bemerkt, als bis er den Riesen über seinem Haupte erblickt. Nach den Ausmessungen des Carlo Fontana hat die Peterskirche vom Haupteingange bis zu Ende der Tribune eine Länge von 829½, mit Inbegriff der Vorhalle aber und der Dicke der Mauern 947 Palmi. Die Länge des Querschiffs beträgt im Lichten, d. h. ohne Hinzurechnung der Mauerdicke, 615 und mit der Dicke der Mauern und der äußeren Pilaster 671 Palmi. (Ein Palmo hat in Rom 8 Zoll 6⁴⁄₉ Linie rheinländisch.) Das Mittelschiff ist in dem vorderen von Maderno hinzugefügten Theile 123 und in dem hintern gegen die Tribune 107 Palmi breit. Seine Höhe mißt in diesem Theile 200 und in jenem 207 Palmi. Jedes der beiden Seitenschiffe hat in der Länge 280, in der Breite 29³⁄₆ und in der Höhe 65 Palmi. Die große Kuppel erhebt sich von dem Fußboden der Kirche bis zum Auge der Laterne in einer Höhe von 552½ und bis zum Gipfel des Kreuzes von 593 Palmi.*) Die Höhe des großen Tabernakels über

---

*) Auf dem Fußboden des Mittelschiffs ist durch metallene Sternchen mit beigefügten Namen die Länge der nach der Peterskirche größten Kirchen Europas, im Verhältniß zu diesem Gebäude angezeigt. Hiernach beträgt die Länge der

dem Hauptaltar beträgt mit Inbegriff des auf dem Gipfel stehenden Kreuzes 129 Palmi. Von den vier Pfeilern, welche die Kuppel tragen, hat jeder eine Dicke gleich dem Umfang einer kleinen dem heiligen Karl gewidmeten Kirche auf dem quirinalischen Hügel, und die Kuppel selbst, der die Kirche gleichsam zum Fußgestelle dient, hat die Weite des von Agrippa erbauten Pantheon, übertrifft aber die Kuppel desselben sowol an äußerm Umfang als an Höhe. *) Alle in diesem Heiligthume aufgestellten Figuren der Kirchenväter und Heiligen und die Monumente der Päpste sind gleichfalls kolossal; aber sie schwinden in dem ungeheuern Raume zur gewöhnlichen Menschengröße herab und man merkt ihre wahre Dimension nicht eher, als bis man ihnen so nahe tritt, daß sie allein den Gesichtskreis füllen. Nie, auch bei dem größten Volksgedränge, an hohen Festen, füllt sich dieser Tempel in einer Stadt, die 148,000 Einwohner zählt. Eben eingetreten in die luftige Halle des Heiligthums sah ich mich, wie es Manchem ging, gleichgültig um und fand den Eindruck des Ganzen keineswegs seinem großen Rufe entsprechend. Alle Größen versanken in der einen des Raumes, dessen Maß ich darum nicht ganz beurtheilen konnte, weil ich den Mauern und Bildwerken noch fern war. Aber allmälig verschwand der Gesammteindruck, und die Einzelheiten, welche sich für das Auge in dem großen Ganzen verloren, traten ehrfurchtgebietend in den enger gezogenen Gesichtskreis; denn ich nahete mich eben den beiden Weihbecken der vordersten Pfeiler, als auf einmal die sie haltenden Genien zu sechs Fuß hohen Gestalten heranwuchsen und mithin als Kinder meine Mannesgröße um Vieles überboten. Das Mittelschiff hat vier auf großen Pfeilern ruhende Bogen, welche Durchgänge zu den Seitenschiffen bilden. Jeder Pfeiler ist mit zwei korinthischen Pilastern geschmückt, deren plumpes Gebälk ohne allen Effect ist. Das über dem Hauptgesims sich erhebende Tonnengewölbe ist, wie das des Querschiffs, mit vergoldeten Stuckarbeiten in gutem Geschmack verziert. Die Zierrathen der Pfeiler unter den Bogen und in den Seitenschiffen sind höchst geschmacklos. Sie bestehen theils aus Feldern in mannichfaltiger Form mit eingelegtem bunten Marmor, theils in erhobenen Arbeiten von der Erfindung des Bernini, in denen öfter wiederholt Engel erscheinen, welche Medaillons mit Bildnissen heiliger Päpste, die dreifache Krone (tiara) oder die päpstlichen Schlüssel halten. Ueber dem Bogen des Mittelschiffs sieht man personificirte Figuren der Tugenden von Stuck- oder Mörtelarbeit, und in den Nischen zwischen den Pilastern sowol hier als im Querschiff marmorne Bildsäulen der vornehmsten Ordensstifter von Rusioni und andern Bildhauern des 17. und 18. Jahrhunderts verfertigt. Zur Rechten, am letzten Pfeiler des Mittelschiffs, steht die erzene Bildsäule des heiligen Petrus, der die rechte Hand zum Segnen erhebt und in der Linken die Schlüssel hält. Leo I. ließ sie im J. 440 verfertigen, und man hat die Vermuthung geäußert, daß dieser Papst dazu durch die Befreiung Roms von der durch Attila drohenden Gefahr der Zerstörung veranlaßt war, deren Abwendung nach der bekannten Sage durch den wunderbaren Beistand der Apostel Petrus und Paulus erfolgte. Der weiße Marmorsessel, welcher gegenwärtig dieser Statue zum Sitze dient, ist, nach dem Geschmack der Zierrathen zu urtheilen, aus dem 15. Jahrhundert. Sie steht auf einem mit grünen Porphyrplatten ausgelegten Postamente von sicilischem Jaspis aus der Zeit Benedict XIV. Am St.-Petersfeste erscheint dieses Erzbild in päpstlichem Ornate. Die Confession erhielt ihre gegenwärtige Ausschmückung unter Paul V., nach Angabe des Carlo Maderno. Vor derselben ist ein vertiefter Platz, zu welchem eine doppelte Treppe von weißen Marmorstufen herabführt. Er ist oben von einem Geländer aus buntem Marmor umgeben. Die Wände, sowie der Fußboden desselben, sind mit kostbaren Steinen ausgelegt. Auf dem gedachten Geländer brennen jederzeit 89 Lampen, welche in Füllhörnern von vergoldetem Metall stehen. *) Unter einer Nische in der Mitte der Vorderseite der Confession ruhen die Gebeine des heiligen Petrus; sie heißt daher Confession im engern Verstande. Ihren Fußboden bedeckt eine metallene Platte, worauf die zu den Pallien der Erzbischöfe und Bischöfe bestimmte Wolle, ehe sie gewebt wird, eine Nacht hindurch gelegt wird. Der Confession gegenüber, auf dem vorerwähnten vertieften Platze, ist die Bildsäule Pius VI. (Braschi) von Canova, welche den Papst betend vorstellt. Der Hauptaltar wurde unter Clemens VIII. (Aldobrandini) errichtet und von diesem Papst 1594 eingeweiht. Seine obere Platte besteht aus einem einzigen Stück Marmor von mehr als 19 Palmi in der Länge und 9 in der Breite. In ihm ist der alte von dem heiligen Sylvester geweihete Hauptaltar eingeschlossen. Dreimal im Jahre, zu Weihnachten, Ostern und am St.-Peterstage, und überdies bei jeder Heiligsprechung, hält der Papst auf diesem Altar Hochamt.

Das große Tabernakel über dem Hauptaltar (von Bernini), dessen schon oben gedacht wurde, ist ein kolossales, kostbares, aber ebenso geschmackloses Werk. Sowol das Dach in Form eines Baldachins, als die vier gewundenen Säulen, von denen es getragen wird, sind von vergoldeter Bronze, deren Gewicht sich auf 186,000 römische Pfund beläuft. Die Kosten der Arbeit aber betrugen 60,000 und die Vergoldung 40,000 Scudi. (Ein Scudo hat einen Werth von 1 Thlr. 9—10 Gr. Conventionsmünze.) Das dazu verwendete Metall wurde von der Decke der Vorhalle des Pantheons genommen. An den Abenden des grünen Donnerstags und Charfreitags wurde sonst an dem Hochaltare ein metallenes 33 F. hohes Kreuz, von 314 Lampen erleuchtet, aufgehängt. Der Effect war herrlich, aber dabei vorgefallener Unordnung halber untersagte Leo XII. (della Genga) im J. 1824 diese Feier. Die große Kuppel, welche sich über dem Hauptaltar erhebt und den vorzüglichsten Theil des Gebäudes ausmacht, ist geschmackvoll und reich verziert. Von der Größe der vier Kuppelpfeiler war schon anfangs die Rede. In ihren unteren Nischen stehen die kolossalen Bildsäulen der heiligen Veronica, der heiligen Helena, des heiligen Longinus und des heiligen Andreas. Die erstere ist von Mocchi, die zweite von Andrea Bolgia, die dritte von Bernini und die vierte, welche man sonst für ein Meisterstück ausgab, von Franz Quesnoy (il Fiamingo). Diese vier Statuen beziehen sich auf die vier bedeutendsten Reliquien der Kirche, nach den Gebeinen des heiligen Petrus. Diese Reliquien sind das Schweißtuch der heiligen

---

Paulskirche in London 710, des Doms in Mailand 606, der ehemaligen Paulskirche zu Rom 572 und der Sophienkirche zu Konstantinopel 492 Palmi.

*) Das Pantheon hat im innern Raume $193\frac{3}{4}$ P. im Durchmesser und 202 P. Höhe. Die Kuppel der Peterskirche hat im Durchmesser nur $190\frac{2}{4}$ P., aber mit Inbegriff der Mauerdicke 266 P. Ihre Höhe übertrifft die des Pantheon um 47 und die Kuppel des Doms in Florenz um $51\frac{1}{4}$ P. Höhe.

*) Die Lampen sind von Metall, da die silbernen von den Franzosen geraubt wurden.

Veronica; ein Stück Holz vom Kreuze Christi, welches die heilige Helena entdeckte; die Lanze, mit welcher der Soldat, der nachmalige heilige Longinus, Christi Seite durchstach, und der Kopf des heiligen Andreas. Sie werden in vier Loggien über den Nischen der erwähnten Statuen aufbewahrt und von ihnen an bestimmten Tagen dem Volke gezeigt. Zu ihnen führen Treppen im Innern der Pfeiler empor. Niemand darf sie besteigen und jene Reliquien in der Nähe betrachten, als die Domherren der Peterskirche. In dieser befinden sich außer dem Hochaltar noch 29 andere Altäre, worunter sieben zu den Seelenmessen privilegirte. Die Zahl der Säulen, welche die Altäre, Kapellen und andere Orte verzieren, beläuft sich auf 148. Mehre davon sind von dem angeblichen Septizonium des Severus, deren Anwendung in der Peterskirche die Zerstörung dieses Monuments bei Sixtus veranlaßte. Vier große Säulen von giallo antico (gelblicher Marmor) in den Tribunen des Querschiffs sind wegen der Schönheit und Kostbarkeit dieses Steins berühmt. Von der Gruppe der heiligen Jungfrau mit dem todten Christus (la pietà) von Michel Angelo in der Kapelle della Pietà war schon in Nr. 64 dieser Zeitschrift die Rede und es werde hier nur das Lob ihrer Vorzüglichkeit wiederholt. Nach der Kapelle della Pietà sieht man zur Rechten das einfache Grabmal Innocenz XIII. (Conti) und zur Linken das der Königin Christine von Schweden, die im J. 1689 zu Rom starb. Ihr Leichnam ruhet aber in den vaticanischen Grotten. Das erwähnte Grabmal derselben ist, nach Angabe des Architekten Carlo Fontana, von Teudon, Lorenzo, Ottone und Giovanni Giardini ausgeführt. Es ist mit ihrem Bildniß von Bronze und einem marmornen Relief geschmückt, welches ihre Abschwörung des lutherischen Glaubens vorstellt. In dem Gange, welcher von der Kapelle des heiligen Sebastian nach der des heiligen Sacraments führt, steht zur Rechten das Grabmal Innocenz XII. (Pignatelli) von Filippo Valle, nach der Zeichnung des Architekten Fuga ausgeführt, und gegenüber das Grabmal der berühmten Gräfin Mathilde, deren Gebeine nach ihrer Entdeckung im J. 1630 im Kloster S.=Benedetto bei Mantua, auf Veranstaltung Urban VIII., nach Rom gebracht wurden, um hier eine Ruhestätte zu erhalten. Das Relief an diesem Monumente stellt Gregor VII. vor, welcher Kaiser Heinrich IV. zu Canossa die Absolution ertheilt. Die Mosaiken der folgenden Kuppel sind nach Cartonen von Pietro da Cortona und Raffaele Vanni ausgeführt. Von hier zur Rechten gelangt man in die Kapelle des heiligen Sacraments. Die gregorianische Kapelle in der Peterskirche führt ihren Namen von Gregor XIII., unter dessen Pontificat, d. h. päpstlicher Herrschaft, sie vollendet ward. Sie kostete 80,000 Scudi und ist prachtvoll mit Mosaiken verziert. Den Leser noch besser zu unterrichten, bedürfte es wohl eines Grundrisses; aber was bedürfte es nicht Alles, um in diesem sonnenhellen Labyrinth ins Klare zu kommen! Wenn wir daher, nur das Wichtigste und Vorzüglichste heraushebend, in Riesenschritten von einer Kapelle zur andern eilen und auch hier das Meiste übergehen, so suchen wir die Aufgabe zu lösen, alles Bemerkenswerthe in den kleinsten Rahmen zusammenzudrängen, auf den wir, wie der Leser selbst begreift, leider angewiesen sind. Wir übergehen daher viele interessante Einzelheiten, und werfen einen flüchtigen Blick auf den Altar della Navicella, sowie auf das ihm gegenüberstehende Grabmal Clemens XIII. von Canova. Nun folgt die Kapelle di San Michele Arcangelo (des heiligen Erzengels Michael), von derselben Größe wie die Gregoriana, der auch die zwei diesen beiden gegenüberstehenden an der Mittagsseite der Kirche entsprechen. Ihre Kuppel ist mit Mosaiken nach Erfindungen des Pellegrini, Romanelli, Andrea Sacchi und anderer Maler, welche gegen Ende des 16. Jahrh. lebten, geschmückt. Endlich erreicht man die Haupttribune. Zu ihr führen zwei Porphyrstufen, die sich ehemals vor dem Hauptaltar der alten Peterskirche befanden. Der Altar am Ende dieser Tribune ist der heiligen Jungfrau und allen heilig gesprochenen Päpsten geweiht. Ueber demselben sieht man die vier Kirchenväter Augustinus, Ambrosius, Athanasius und Johannes Chrysostomus, welche die Kathedra des heiligen Petrus tragen und darüber den heiligen Geist in einer Glorie von Engeln. Dieses kolossale und kostspielige, aber sehr geschmacklose Werk wurde nach dem Modell des Bernini unter Alexander VII. verfertigt. Auf dem Wege von der Haupttribune nach der mittäglichen Seite der Kirche sieht man zur Linken den Altar der Heiligen Petrus und Johannes. Gegenüber steht das Grabmal Alexander VIII. (Ottoboni) von Giuseppe Bertosi und Angelo de Rossi, nach Angabe des Arrigo di San Martino verfertigt. Hierauf folgt die Kapelle Madonna della Colonna. Von den beiden Altären dieser Kapelle ist der eine an der Hinterseite der Kirche dem heiligen Leo I. geweiht. Man sieht über demselben das ehemals berühmte Relief des Algardi, welches den gedachten Papst vorstellt, wie er mit Beistand der Apostel Petrus und Paulus den Attila nöthigt, von seinen Unternehmungen gegen Rom abzustehen. Auf dem andern verehret man das Marienbild, von dem diese Kapelle den Namen führt. Die südliche Tribune des Querschiffs entspricht der Gestalt der nördlichen. Unter dem Bogen, der von dem südlichen Querschiff in das linke Seitenschiff führt, befindet sich zur Linken der Altar der heiligen Petrus und Andreas. Es folgt darauf die clementinische Kapelle, so benannt von Clemens VIII., unter dessen Pontificat sie erbaut worden. Ueber dem Altar der Transfiguration vor der gedachten Kapelle, am Pfeiler der großen Kuppel, ist die berühmte Verklärung Rafael's in Mosaik ausgeführt. Im folgenden Bogen ist das Grabmal Leo XI. (Medici) von Algardi. Gegenüber sieht man das Innocenz XI. (Odescalchi) von Stephan Monnot, nach Angabe des Carlo Maratti ausgeführt. Noch verdient hier erwähnt zu werden die Kapelle des Chors, in welcher sich das Domcapitel der Peterskirche zu den geistlichen Functionen versammelt. Unter dem Bogen auf dem Wege zur folgenden Kapelle ist am Pfeiler links das erzene Denkmal Innocenz VIII. (Cibò) von Antonio Pollajuolo zu bemerken. Der Papst ist hier zuerst, todt auf dem Sarge liegend, dann über demselben auf dem Throne sitzend, vorgestellt, wo er die heilige Lanze hält, die ihm der türkische Kaiser Bajazeth schenkte. An der Kuppel, zu der man herauf gelangt, sind Mosaiken von der Erfindung des Carlo Maratti. Die hier zur Rechten liegende Kapelle führt den Namen della Presentazione. Unter dem folgenden Bogen rechts steht das Grabmal der Gemahlin des Kronprätendenten von England, Maria Clementina Sobiesky, welche 1755 zu Rom starb, von Pietro Bracci. Gegenüber ist im J. 1819 das Monument des Prätendenten (Jakob III. Stuart) und seiner beiden Söhne, Eduard Stuart und des Cardinals Heinrich, Herzog von York, von Canova errichtet worden. An der folgenden Kuppel sind Mosaiken, deren Gegenstände sich auf die Taufe beziehen, von Trevisani. Die Taufkapelle ist die letzte nach dieser Beschreibung, und die erste vom Haupteingange links. Auf die Erwähnung der Sacristei können wir uns unmöglich noch einlassen; denn wollten wir alles Großartige, Schöne und geschichtlich Merkwürdige genauer beschreiben, so würden

*

Die Alexanderssäule.

Beifolgendes Denkmal, welches zu Ehren des im J. 1825 verstorbenen Kaisers von Rußland, Alexander I., zu Petersburg vor dem kaiserlichen Winterpalais errichtet wurde, ist ein großartiges Werk der bildenden Baukunst. Es besteht aus einer granitenen Säule dorischer Ordnung und fußt auf einer granitenen Grundlage, welche sich auf einer Treppe von mehren Stufen desselben Gesteins erhebt. Die Säule schließt mit einem Capital (Kopfstück) von Bronze, auf welchem über einer Halbkugel ein Engel aus Bronze mit der Rechten gegen den Himmel weist und mit einem Kreuze in der Linken eine Schlange zerdrückt. An den vier Seiten des Piedestals befinden sich, von Siegeszeichen umgeben, sinnbildliche Darstellungen des Niemens und der Weichsel, des Ruhmes und des Friedens, der Gerechtigkeit und Milde, der Weisheit und des Ueberflusses. Zwischen diesen Bildern liest man an drei Seiten die Jahreszahlen 1812, 1813 und 1814, und auf der vierten Seite, nach dem Winterpalais zu, die Inschrift: „Alexander dem Ersten das dankbare Rußland." Die Höhe des ganzen Monuments, vom Erdboden bis an die Spitze des Kreuzes, mißt 154 Fuß; der eigentliche Schaft der Säule, aus einem einzigen Stein bestehend, hat 12 Fuß im Durchmesser und 84 engl. Fuß Länge (etwas über 81½ Fuß rheinländisch). Der Säulenschaft selbst kostete über 200,000 Rubel (à 1 Thlr. 7½ Gr. Conv.-M.) und die übrigen Kosten, namentlich für das Gerüst, betrugen über 600,000 Rubel. Durch die vereinte Kraft von 60 Winden, 400 Arbeitern und 2000 Soldaten, welche unter Alexander gefochten hatten, ward sie binnen 50 Minuten am 30. Aug. 1832 aufgerichtet. Am 11. September 1834 fand die feierliche Einweihung dieser Säule statt. Ein geheimnißvoller rother Schleier deckte noch das Fußgestell der Säule, deren Enthüllung die ganze Bevölkerung der Hauptstadt und viele aus der Umgegend herbeigeströmten Menschenmassen entgegensahen. Auf dem großen Platz, auf welchem das Denkmal errichtet ist, waren nicht weniger als 16 Regimenter aufgestellt, ohne an freier militairischer Bewegung auf demselben gehindert zu werden. Unter diesen Truppen befand sich auch ein Corps preußischer Veteranen, welche sich in dem Befreiungskriege gegen die Franzosen ausgezeichnet hatten. Nach elf Uhr des Vormittags erschien der Kaiser Nicolaus, von seinem Gefolge begleitet, begrüßte seine Truppen und begab sich dann in die große Hofkirche. Hier empfing mit Kreuz und Weihwasser der Metropolit von St.-Petersburg die Gekrönten, und nun begann die feierliche Procession der Geistlichkeit mit Heiligenbildern und Kirchenfahnen nach dem neuerbauten Balcone zu. Der Geistlichkeit folgte die Kaiserin in himmelblauem Talar. Kaum erschien die Procession auf dem Balcone, als das ganze Militair zugleich mit Trommelschlag und Musik die Honneurs abgab. Bald folgte die tiefste Stille. Das Dankgebet begann. Man sah den Kaiser, den Großfürsten und den Prinz Wilhelm von Preußen, sowie das sämmtliche bei der Ceremonie befindliche Militair ihre Kniee beugen, und, umringt von der tiefen Stille von Tausenden, ihre Andacht verrichten. Der Monarch erhob sich und der Protodiakon stimmte das Gebet zum Gedächtnisse des in Gott ruhenden Kaisers Alexander I. an. Da fiel (um 1½ Uhr) plötzlich der das Fußgestell der Colonne umgebende Vorhang und es beugten sich in diesem Augenblicke alle die goldenen Siegeszeichen, die das Monument umgaben, nach der Säule zu. Die Festung, die Schiffe und die ganze Artillerie unterhielt von nun an, aus mehren hundert Feuerschlünden, einen fortwährenden Kanonendonner, indem das fast 100,000 Mann starke Militaircorps ein jauchzendes Hurrah erschallen ließ. Hierauf ging die Kaiserin innerhalb des Gitters um das Monument herum, während der Monarch ihr von Außen zu Pferde folgte. Das Monument wurde mit Weihwasser besprengt. Nach Beendigung dieser Ceremonie kehrte der Zug nach dem Balcone zurück, und der Kaiser begrüßte das Denkmal seines in der Geschichte unvergeßlichen Bruders. Die Feier des Tages wurde mit einer Illumination beschlossen, wobei sich besonders der Schloßplatz auszeichnete. An den vier Ecken des Gitters, welches die Säule umgibt, waren flammende Altäre angebracht, und auf der Newa gewährte die Erleuchtung der Schiffe einen herrlichen Anblick.

So schloß ein Tag, an dessen Feier jeder Russe, nahe oder fern dem Schauplatze derselben, den innigsten Antheil nahm, da sie einem Monarchen galt, der durch seine durchgreifenden wohlthätigen Einrichtungen und Veränderungen im Staate, sowie durch die thätigste Theilnahme an der erfolgreichen Beendigung eines Krieges und an der Abwendung einer Gefahr, welche schon verderbendrohend über sein Reich hereingebrochen war, sich in den Herzen seiner Zeitgenossen ein dauerndes Denkmal gesetzt hat.

Zum Andenken an die Feier der Enthüllung der Alexanderssäule ist eine Medaille geprägt und am Tage derselben vertheilt worden.

Die Alexanderssäule.

Dryden.

Aus einer guten Familie stammend, wurde Dryden (spr. Dreiden), ein hochgefeierter Dichter Englands, zu Auldwinkel, einem Flecken in der Grafschaft Northampton, im J. 1631 geboren. In seinem 19. Jahre bezog er die Universität Cambridge; allein seine Vorliebe für die Dichtkunst scheint ihn von den Studien zu einem bestimmten Lebensberufe abgezogen zu haben. Das Erstlingserzeugniß seines Talentes, womit er seine Laufbahn eröffnete, war ein Lobgedicht auf Cromwell, Protector (Beschützer) der englischen Republik. Die im hohen Tone abgefaßten Schmeicheleien dieses Gedichtes ließen Dryden's eigennützige Absichten nicht verkennen. Wie

Dryden.

wenig es ihm übrigens aufrichtiger Ernst um die Lobeserhebungen, welche er an den Protector verschwendete, war, beweist, daß er sich sogleich nach dem Falle des Freistaats und nach der Wiederherstellung des Königthums für den Hof erklärte, und um dem Könige Karl II. einen Beweis seiner Anhänglichkeit zu geben, widmete er ihm 1660 ein Lobgedicht unter dem Titel: „Astraea redux." Wenn er nun aber den eigentlichen Zweck dieser Zueignung, den König auf seine Talente aufmerksam zu machen und an ihm einen Beschützer seiner Muse zu finden, nicht erreichte, so müssen wir in ihm durch die äußere Nothwendigkeit rechtfertigen, welche ihn nicht allein zwang, die edelste Kunst zu einem Gewerbe herabzuwürdigen, sondern welche auch seine Geisteskräfte von ihrer naturgemäßen Richtung ablenkte und auf einen Irrweg führte. Dryden gestand selbst, von Natur zum Schauspieldichter gar keinen Beruf zu haben; gleichwol brachte er es aber durch fortgesetztes Studium der Kunst dahin, daß seine Stücke an die Tagesordnung kamen, ja er verfolgte sogar den Plan, dem englischen Theater eine von Grund aus veränderte Form zu geben, welche dem Tone der Zeit und den Fortschritten des gesellschaftlichen Lebens angepaßt, zugleich mit den höhern Gesetzen der Kunst harmoniren sollte. Dies gelang ihm nun zwar in so weit, als er manche Unbilden und Unanständigkeiten, welche das Zartgefühl und den guten Geschmack beleidigten, ja empörten, von der Bühne entfernte; wenn er aber in einem seiner Stücke, die Eroberung von Mexiko, den Kaiser Montezuma auf die Folter spannen läßt, so dürfen wir hieraus nicht schließen, daß er seine Aufgabe nur sehr unvollkommen löste, sondern wir wollen eine solche Geschmackswidrigkeit vielmehr auf Rechnung des Volkes setzen, dessen Auge sich an Zerrbilder und dessen Sinn sich an nervenerschütternde Scenen der Art zu sehr gewöhnt hatte, als daß Dryden eine plötzliche Reform hätte glücken können. Aber kein Dichter der neuern und ältern Zeit gibt uns in so merkwürdiges Beispiel von der Frucht eines eisernen und beharrlichen Fleißes als er; durch Kunst und Regeln brachte er zu Stande, was der Mangel an Genialität ohne ungewöhnliche Anstrengung unerreichbar macht; wenn wahrhaft tiefe Gefühle nur spärliche Lichtblicke in seinen Theaterstücken sind, so wußte er doch die Scenen und den Gang der Entwickelung planmäßig so anzuordnen, daß er den Effect nicht verfehlte. Seine 29 Schauspiele sind sämmtlich Werke des regelnden Verstandes, der, um eine Rede oder Scene mit treffenden Bildern auszuschmücken, erst kalt überlegend die Regeln der Kunst zu Hülfe ruft, um das hohe Bild, welches bei wahren Genies mit Blitzesschnelle vor die Seele tritt, durch die Regeln der Kunst langsam und bedächtig zusammenzubauen. Wenn wir in dem Genie den Günstling der Natur bewundern, dessen Geiste seine Kunstproducte und unsterbliche Schöpfungen ohne mühevolle Anstrengung entquellen, so müssen wir Den nicht minder verehren, der, was ihm die Natur ursprünglich versagte, durch Stärke des Willens, durch Beharrlichkeit und unermüdete Verfolgung seiner Vorsätze erreicht. Mit vollem Rechte kann man Dryden den Vater der Kritik, d. h. der Grundsätze zur Beurtheilung des Schönen, nennen, obwol er selbst nie ein vollständiges und abgeschlossenes Ganze über die Grundbestimmungen des Schönen hinsichtlich der schönen Redekünste geliefert hat; denn er stellte sich auf einen Standpunkt, welcher über den conventionellen oder herkömmlichen Formen der schönen Redekünste weit erhaben war; er beurtheilte das Schöne nach eignen Ideen, huldigte in Geschmackssachen keinem Ansehen der Person, gab keinem eingewurzelten Vorurtheile nach und befreite die Bühne gänzlich von der Sklaverei des alten Regelnzwanges; aber auf diese Höhe der Kunstansicht hatte ihn nicht seine angeborene Genialität, sondern seine unermüdete Thätigkeit gebracht. Einen treffenden Beweis, wie hoch seine Ansicht von der Schauspielkunst über den Abirrungen des damaligen Bühnengeschmackes stand, liefert sein Urtheil über das französische Theater: „Die feierlichen, aber einförmigen Unterhaltungen auf dem tragischen Theater der Franzosen kommen mir nicht anders vor, als ob Helden und Heldinnen einander Staatsvisiten abstatten."

Wol aber wurden seit einem Jahrhunderte Dryden's Leistungen in seinem Vaterlande überschätzt. Wenngleich er die Bahn des guten Bühnengeschmacks brach, so können wir doch die Urtheile der Engländer über die Vortrefflichkeit seiner Stücke nicht ohne Einschränkung unterschreiben; jedoch hat er sich die Auszeichnung erworben, der Schöpfer einer damals ganz neuen Gattung von Bühnenstücken, der englischen Oper, zu sein. Zwar ist er nicht Erfinder derselben, denn sie war schon in Italien eingeführt, aber er gab ihr einen edleren Charakter und richtete sich nach keinem ausländischen Vorbilde. Nur muß man an seine Opern „Albion und Albanius", „Der Stand der Unschuld", „König Arthur" nicht den Maßstab unserer heutigen Oper anlegen und auf eine durchgängig dramatische, d. h. mit dem Geiste des Stückes streng harmonirende, musikalische Behandlung Anspruch machen wollen.

In einem Zeitabschnitte der Kunst, wo der Geschmack noch nicht geläutert, wo Gewohnheiten, Lebensansichten und der ganze geistige und sittliche Zustand des gesellschaftlichen Lebens ihren Einfluß auf die Kunstproducte geltend machen, muß eine außerordentliche Erscheinung auf dem Schauplatze der schönen Redekünste die Ansichten des Publicums stets in Parteien spalten. So erging es Dryden als Dichter. Während ihm von der einen Seite seine zahlreichen Verehrer als den Reformator der Bühne und als den ersten Stylisten Weihrauch streuten, schwangen seine nicht minder zahlreichen Feinde, und an ihrer Spitze der witzige Herzog von Buckingham, die Geißel der Kritik und der empfindlichsten Satire gegen ihn. Doch vergeblich bemühten sie sich, auch sein allgemein bekanntes Gedicht „Das Alexandersfest", welches später durch Händel's meisterhafte Composition eine noch größere Berühmtheit erlangte, lächerlich zu machen. Allgemeines Aufsehen erregte sein Uebertritt zur katholischen Religion in seinem 54. Lebensjahre; wenn seine Feinde ihn verdächtigten, daß er diesen Schritt aus eigennützigen Absichten gethan habe, so ist es die Pflicht unparteiischer Biographen, eine solche Beschuldigung von ihm abzuwälzen. Seine besten Vertheidigungsgründe aber enthält sein Lehrgedicht „Die Religion des Laien", welches er lange vor Antritt des katholischen Königs Jakob II. herausgab. Die darin ausgesprochenen Bekenntnisse beweisen nur zu deutlich, daß er schon damals sich zur Glaubenslehre der katholischen Kirche hinneigte. Dryden wurde zum Hofpoeten ernannt. Als er aber diese Stelle mit dem Regierungsantritte Wilhelm's von Oranien verlor, befand er sich in sehr bedrängten Umständen. Der Schmerz über diesen Verlust wurde noch erhöht, als ein elender Reimer in seine Stelle trat, den er so sehr verachtet hatte, daß er ihn nicht einmal eines öffentlichen Urtheils würdigte. Ernstlich darauf bedacht, sein Brot zu erschreiben, machte er sich um die englische Literatur in seinen letzten Lebensjahren noch durch die Uebersetzung der römischen Schriftsteller Virgil und Persius verdient. Er starb den 1. Mai 1707 im 70. Lebensjahre. Aber das Misgeschick, welches ihn im Leben verfolgt hatte, wollte ihn auch im Tode nicht verschonen. Lord Halifax und Spratt, Bischof von Rochester und Domherr der Westminsterabtei, hatten sich erboten, ihn auf ihre eignen Kosten begraben und einen Denkstein in der genannten Abtei setzen zu lassen. Schon ordnet man den Leichenzug an, Alles ist fertig, um ihn feierlich zu bestatten, als plötzlich Lord Jeffries mit mehren angesehenen Personen das Leichenbegängniß unterbricht und sich empört stellt, daß man einem Manne von so hohen Verdiensten keine würdigere Bestattung bereite; er macht der kranken und bettlägerigen Witwe das Anerbieten, 1000 Pf. Sterl. zu dem Pomp seiner Beisetzung herzugeben. Die Witwe fällt in Ohnmacht, und wieder zu sich gekommen, lehnt sie den Antrag auf das Bestimmteste ab. Mit triumphirender Freude tritt er unter das Leichengefolge, versichert die Einwilligung der Witwe erhalten zu haben und läßt den Leichnam einem Unternehmer von Leichenbestattungen mit der Versicherung übergeben, seiner Zeit die nöthigen Anordnungen zu treffen. Vier Tage vergehen, und Jeffries erscheint nicht wieder. Der Unternehmer wendet sich persönlich an ihn mit der Bitte, über den Leichnam zu verfügen. Jeffries mit erheuchelten Befremden antwortet ihm, er wisse von nichts. Jetzt dringen der Sohn und die Witwe des verstorbenen Dichters um so ernstlicher in ihn, bei dem Bischof und Lord Halifax, in dem Glauben, daß die Schuld der Unterbrechung der Bestattungsfeierlichkeit allein der Witwe beizumessen sei, sich empfindlich beleidigt fühlten und sich gänzlich zurückzogen. Der Unternehmer erklärte endlich, daß er den Sarg auf die Straße stellen würde, wenn man nicht bald über den Leichnam entschiede. Endlich schlug sich Doctor Garth ins Mittel, brachte eine Subscription zu Stande und veranstaltete seine Beerdigung in Westminster, wo ihm lange nachher ein Denkstein gesetzt wurde. Obgleich wir nun nicht die Wahrheit dieses, in den Jahrbüchern der Literaturgeschichte erzählten Vorfalles verbürgen können, so würde uns doch schon die gehässige Erdichtung derselben schließen lassen, daß Dryden viele Feinde hatte und daß man seinem Verdienste nicht die gebührende Anerkennung zu Theil werden ließ. Darin aber stimmen alle gleichzeitigen Nachrichten überein, daß seine Bestattung auf eine empörende Weise gestört wurde.

Jährlicher Verbrauch des Kaffees in Europa.

Die neuesten handels-statistischen Untersuchungen über die Consumtion des Kaffees geben folgendes Resultat: Der Verbrauch an Kaffee in Großbritannien beträgt gegen 10,000 Tonnen (à 19 Centner 81 Pfund preuß. oder 2000 Pfd. engl. Gewicht), in Frankreich 20,000, Holland und Belgien 40,000, in Spanien und Portugal 10,000, in Deutschland, Polen und Rußland 32,000, in den Vereinigten Staaten 15,000, im Ganzen also 127,000 Tonnen. Von dieser enormen Quantität bringt der Boden Westindiens nicht mehr als 13,392 Tonnen, während die Insel Java allein 20,000 Tonnen, die Insel Cuba 15,000, die Insel S.=Domingo beinahe 16,000, die holländisch-westindischen Colonien 5000, die französisch-westindischen und Bourbon 8000 und Brasilien mit Inbegriff des spanisch-amerikanischen Festlandes 32,000 Tonnen liefern. Es ist auffallend, warum man in Ostindien den Kaffee nicht auch anbaut, da der Boden sich vortrefflich dazu eignen soll.

Somit beliefe sich also der Verbrauch des Kaffees in Europa auf mehr als 2,109,000 preuß. Centner.

Der Löwe (Felis Leo).

Unsere Abbildung zeigt uns eine ganze Löwenfamilie: das sorgsame Weibchen mit seinen Jungen und einen männlichen Löwen, dessen grimmige Miene einen zur Beute erkorenen Gegenstand scharf ins Auge faßt. Schon duckt er sich nieder, um sich zum Sprunge anzuschicken. Das Weibchen wittert ihn auch, hält jedoch noch an sich, auf den Schutz des Löwen sich verlassend. Diese schöne, ganz aus dem Leben gegriffene Gruppe bietet uns eine willkommene Gelegenheit dar, von den Verhältnissen der Alten zu den Jungen Einiges zu berichten, sowie überhaupt den Löwen näher zu bezeichnen.

Kein Thier verdient wol mit vollerm Rechte der König der Thiere genannt zu werden, als der Löwe; denn alle seine Eigenschaften vereinigen sich zu einem lebendigen und sprechenden Sinnbilde der Würde. Sein majestätischer Gang, sein emporgerichtetes Haupt, sein feuriger und man möchte sagen geistvoller Blick, der ganze Ernst seines Wesens und seiner Haltung sind Merkmale, welche in diesem Umfange kein Thier mit ihm theilt. Schon in den ältesten Zeiten erkannte man diesen höchst anziehenden menschenähnlichen Charakter und stellte ihn als das Sinnbild der Stärke und des Muthes auf. Der kühne Mann, welcher den Löwen besiegte, hatte sich zur Heldengröße emporgeschwungen und Dichter besangen ihn. Fragen wir nach der Ursache, warum der Mensch von Natur dem Löwen so zugethan sei, so liegt der Grund nur allein in den oben beschriebenen Charakterzügen; daher ist es auch begreiflich, warum die Römer in den Kampfspielen ihre Augen vorzüglich auf ihn richteten und ihm einen siegreichen Ausgang des Kampfes wünschten; die Gunst des Volkes konnte sich der Römer vorzüglich erwerben, der die größte Zahl dieser majestätischen Thiere zum Kampfe im Circus aufführte. Sylla führte als Prätor dem Volke 100 männliche Löwen vor, Julius Cäsar, als Dictator, 400, und Pompejus brachte die Zahl sogar bis auf 600, unter denen 315 Männchen waren. In der neuern Zeit möchte es aber wol unmöglich sein, eine so außerordentliche Menge aufzuführen; denn je mehr in seinem Vaterlande die Bevölkerung des Menschen in das Innere vordringt, desto mehr zieht er sich in entferntere, unbewohnte Gegenden zurück, ja seit Erfindung der Schießgewehre wurde er in manchen Gegenden sogar gänzlich ausgerottet.

In den ältesten Zeiten kam der Löwe nicht nur häufig in Asien und Afrika vor, sondern auch in Europa und namentlich wurde er in Griechenland gefunden. Jetzt ist er in Europa gänzlich ausgerottet, in Asien kommt er fast nur noch in Arabien, Persien und Ostindien vor und häufiger ist er noch in Afrika zu finden.

Wenngleich der Ausdruck von Würde, Stolz und Kühnheit, welche die Physiognomie (Gesichtsbildung) des Löwen trägt, wenngleich sein majestätischer Anstand und sein gemessener Gang, seine Mähne, sein Schweif mit der Quaste, sein einfarbiges fleckenloses Haar, der Umstand, daß die Jungen sehend zur Welt kommen und viele andere Eigenthümlichkeiten den Unbefangenen, welcher in die Naturgeschichte minder eingeweiht ist, keineswegs an die äußere Aehnlichkeit mit der Katze erinnern, so hat man ihn gleichwol aus Gründen, deren Auseinandersetzung hier zu führen würde, zu diesem Geschlecht gezählt. Der Kopf ist fast viereckig, der Rumpf von seiner außerordentlich starken Brust aus nach hinten zu schmächtiger, die Beine sind stark und mit zolllangen krummen Nägeln versehen, welche er nach Willkür aus- und einziehen kann. Der nach seinem Ende zu immer dünner werdende Schwanz hat an der Spitze einen Stachel, der mit jener langen Haarquaste umgeben ist.

Die Länge des männlichen Löwen ist gewöhnlich fünf, ja zuweilen sogar sechs bis acht Fuß, und die Länge des Schwanzes ist zwei bis über drei Fuß. Die Löwin ist gewöhnlich ein Viertheil kleiner als der männliche Löwe.

Gewöhnlich nimmt man drei Rassen oder klimatische Abänderungen des Löwen an.

a) Der Löwe der Berberei. Er bildet die stärkste Rasse und zeichnet sich durch seine Mähne aus, welche nicht nur Kopf und Hals sehr stark umgibt, sondern sich auch über die Brust und längs des ganzen Bauches bis an die Hinterbeine hinzieht. Die Mähne oder der ganze Löwe überhaupt hat die meisten schwarzen Haare und die bräunlich gelben Haare sind unten schwarz. Der sogenannte schwarze Löwe am Cap scheint zu dieser Rasse zu gehören.

b) Der Löwe am Senegal ist kleiner, seine Farbe ist lebhaft röthlichgelb, und die weniger reiche Mähne läuft nicht unter der Brust und längs des Bauches hin, auch ist sie nur mit wenigen schwarzen Haaren vermischt. Hierher gehört auch der blasse oder fahle Löwe am Cap.

c) Noch kleiner als die vorige Rasse ist der Löwe in Persien; sein Kopf ist im Verhältniß zum Körper weniger groß, sein ganzer Körper ist fahlgelb und die mäßig starke Mähne sehr schwarz.

Mit einer außerordentlichen Stärke, die im Knochenbau, in gewaltigen Muskeln und in der ganzen Structur des Körpers ihren Grund hat, verbindet der Löwe auch eine große Gelenkigkeit und Behendigkeit. Er macht Sprünge von 10—12 Ellen weit, mit einer Schnelligkeit, die in Erstaunen setzt, erreicht so in wenig Sprüngen das schnellste Pferd, macht es zu seiner Beute und trägt es dann nicht selten meilenweit fort; auch hat man hinlängliche Beweise, daß er die schwersten Kühe, Pferde und Antilopen ohne Mühe auf seine Schultern wirft, so weit er es für nöthig hält forträgt und dabei nur äußerst selten mit seiner Beute die Erde einmal berührt.

Obgleich die runde Pupille des Löwen uns anzeigt, daß er eigentlich kein nächtliches Thier ist, so liegt er doch gewöhnlich bei der großen Tageshitze ruhig auf seinem Lager im dichten Gebüsch, wenn er nicht durch das Gebell eines Hundes oder durch ein anderes Geräusch gestört wird. Auf Beute geht der Löwe vorzüglich des Nachts aus; er lauert im Hinterhalte und sucht das zum Opfer auserlesene Thier mit einem einzigen Sprunge zu erreichen und von hinten anzufallen. Nur selten verfolgt er nach dem ersten Mislingen das fliehende Thier; denn dazu fehlt es ihm an Ausdauer und Schnelligkeit im Laufe.

Mehre Reisende, namentlich Barrow, haben den Löwen wegen dieser Art, sich der Beute zu bemächtigen, seiner von den Alten so sehr gepriesenen Großmuth berauben und der Hinterlist, Falschheit und Feigheit beschuldigen wollen, Andere sind aber auch dagegen als warme Vertheidiger des Löwen aufgetreten. So sagt G. Thomson („Travels in southern Africa", London 1827): „So viel ist gewiß, daß der Löwe wenig Glück bei den Antilopen und anderen schnellfüßigen Thieren haben würde, wenn er seine Nähe und Absicht immer durch großmüthiges Brüllen kundgeben wollte. Er kennt seinen Vortheil besser und erwartet sie in dem hohen Grase, das gewöhnlich die Quellen umgibt, wohin das Wild zum Saufen kommt. An solchen Orten findet man auch immer Gerippe von Thieren. Allein auch hier soll er meistens vor dem Menschen zurückweichen, doch nicht bestürzt, sondern nachdem er seinen furchtbarsten Feind erst ruhig, und man möchte glauben mit Wohlgefallen betrachtet und gemessen hat. Er scheint das Gefühl zu haben, daß der Mensch nicht zu seiner natürlichen Beute bestimmt ist, und obgleich er ihm nicht immer weicht, wird er ihn doch selten zuerst angreifen, wenn er nichts Feindseliges oder Furchtsames an ihm bemerkt. Dies gilt jedoch nicht in allen Fällen. Wenn er hungerig oder zornig ist, wenn er bei seinem Fraße gestört wird und zur Paarungszeit ist es allerdings gefährlich, ihm zu begegnen. Dann kommt es besonders darauf an, mit Ruhe und Fassung auf ihn anzulegen, ehe er zum Sprunge bereit und nahe genug ist; denn wenn er sich einmal zum Sprunge rüstet, so kann er zwar noch durch gänzliche Bewegungslosigkeit zurückgehalten werden, aber die geringste feindselige oder furchtsame Bewegung beschleunigt seinen Angriff, der dann mit so furchtbarer Gewalt und Schnelligkeit geschieht, daß jeder Versuch zu zielen vergebens sein würde. Diese Bemerkungen sind das Resultat der langjährigen Erfahrung der ältesten Bauern und Jäger in der Colonie."

Nachdem G. Thomson das eben Gesagte mit einigen Beispielen belegt hat, fährt er fort: „Die überwältigende Wirkung des menschlichen Blickes auf den Löwen ist oft von Reisenden erwähnt und bezweifelt worden; allein meine Nachforschungen unter den Bewohnern des südlichen Afrikas haben mir jeden Zweifel in dieser Hinsicht benommen." Auch dies beweist er durch Beispiele und berichtet dann ferner über den Löwen: „Unter andern Eigenheiten, die dem Löwen zugeschrieben werden, ist auch die, daß, wo er die Wahl hat, er den Hottentotten und Kaffern immer dem Weißen vorzieht. Dies läßt sich wahrscheinlich daher erklären, daß die viel stärkere Ausdünstung der Afrikaner den Löwen stärker anzieht, sodaß er, wo Afrikaner und Europäer beieinander lagern, den Erstern ergreift. Zahlreich sind an den Grenzen der Colonien die Erzählungen zum Beweise der Vorliebe des Löwen für das Fleisch der Afrikaner; doch möchten sich wol einige Uebertreibungen dabei zeigen, wenn man die Berichte der Löwen oder doch wenigstens der armen Hottentotten damit vergleichen könnte."

In den afrikanischen Colonien gelingt es zuweilen, die Löwen, welche in die Nähe der Wohnungen kommen, durch das Knallen mit Ochsenpeitschen, das den Schall einer Pistole übertrifft, eine Zeit lang abzuhalten; doch gewöhnen sie sich auch hieran, da sie unverwundet bleiben. Die entscheidendste Waffe gegen sie bleibt immer das Schießgewehr.

[Beschluß folgt.]

Die Löwenfamilie.

Verantwortliche Herausgeber: Friedrich Brockhaus in Leipzig und Dr. C. Dräxler-Manfred in Wien.
Verlag von F. A. Brockhaus in Leipzig.

Das Pfennig-Magazin

der
Gesellschaft zur Verbreitung gemeinnütziger Kenntnisse.

84.] [2. Jahrg. 32.] [November 24, **1834.**

Die Kirche des heiligen Karl Borromäus in Wien.

Die Pfarrkirche zum heiligen Karl Borromäus in der wiener Vorstadt Wieden gilt für die regelmäßigste und nach dem Stephansdome für die schönste Kirche der kaiserlichen Residenz. Sie steht frei auf einer Anhöhe, mit der Vorderseite der Stadt zugewendet, und verdankt ihre Entstehung einem zur Abwendung der 1713 in Wien hausenden Pest gethanen Gelübde Kaiser Karl VI. Der Grundstein wurde am 4. Februar 1736 gelegt und der Bau im October 1737 nach dem Plane Fischer's von Erlach vom Baumeister Philipp Martinelli vollendet. Zu dem auf sechs korinthischen Säulen ruhenden prächtigen Portal führen 11 große steinerne Stufen; an beiden Seiten desselben befinden sich zwei freistehende dorische Säulen von 41 Fuß Höhe und 13 Fuß im Durchmesser. Im Innern einer jeden dieser Säulen führt eine Wendeltreppe bis in das auf dem Kapital (Säulenkopfstück) befindliche Thürmchen, wo zwei Glöckchen hängen, um die vier eherne Adler mit ihren vereinigten Flügelspitzen ein Geländer bilden. An den Säulen ist nach dem Modelle der bereits in Nr. 72 beschriebenen Trajanssäule in Rom in gewundener Reihenfolge Leben, Thaten und Tod des heiligen Karl Borromäus in halb erhabener Arbeit dargestellt. Das Hauptgebäude der Kirche hat eine achteckige, hohe, mit Kupfer gedeckte Kuppel; an beiden Seiten befinden sich Nebengebäude in Form von Triumphbogen. Den aus weißem Marmor bestehenden Hochaltar bildet der heilige Borromäus auf Wolken kniend, in der Stellung, in welcher er in den Himmel aufgenommen wird. Dem dramatischen Dichter Heinrich von Collin wurde 1813 in dieser Kirche von seinen Freunden ein Denkmal errichtet.

Eine preußische Gesandtschaft auf den Sandwichinseln.

Zu den interessantesten Einzelheiten, welche uns Herr Dr. Meyen in seinem Berichte von der Reise des königl. preuß. Schiffes Prinzessin Luise um die Welt mittheilt, gehört unstreitig die Schilderung der feierlichen Uebergabe eines Schreibens und prächtiger Geschenke von Sr. Majestät des Königs von Preußen an den dermaligen jungen Beherrscher der Sandwichinseln, Kauike-aouli, welcher seine Residenz auf der Insel Oahu in der Stadt Honoruru aufgeschlagen hat. Der Capitain des Schiffes, Herr Wendt, hatte den Auftrag, jene Sendung auf eine der königl. Würde des Empfängers entsprechende Weise zu übergeben, und begab sich daher bald nach seiner Ankunft auf der Insel, den 24. Juni 1831, in Begleitung des Dr. Meyen und eines nordamerikanischen Kaufmanns, der als Dolmetscher dienen sollte, nach der Wohnung Kauike=aouli's. Es war eine schöne Tropennacht, hell schien der Mond und reichgestirnt glänzte der dunkelblaue Himmel — so erzählt unser Berichterstatter —, als uns der junge Beherrscher die erste Audienz ertheilte. Auf einem großen freien Platze, vor der königlichen Wohnung gelegen ist, standen seitwärts zwei kleine zierliche Indianerhütten, die der Königin Mutter, Kaahumana, der letzten noch lebenden Frau von Tameamea I., angehörten, und vor denselben waren mehre hundert Indianer von der Dienerschaft der Herrscherfamilie gelagert. Vor der Thüre der einen dieser kleinen Hütten stand Kauike=aouli und vor ihm, auf seinen Matten gelagert, befanden sich die alte Königin=Mutter und die vier noch lebenden Witwen des zu London verstorbenen Rihoriho, des Bruders des jetzigen Fürsten. Kauike=aouli, der unter dem Namen Tameamea III. zum König der Sandwichinseln gekrönt worden ist, war damals 17 Jahre alt und nicht besonders groß und stark. Sein Gesicht ist von den Blattern furchtbar zerrissen und wahrscheinlich durch den frühen und häufigen Genuß der starken, gewürzhaften und geistigen Getränke so sehr aufgedunsen und kupferfarben geworden, daß man, wenigstens nach unsern europäischen Begriffen von Schönheit, nicht leicht einen häßlichern Menschen sehen kann als er ist. Seine Augen, seine Sprache und sein ganzes Benehmen in der Zeit unsers Aufenthaltes auf Oahu (Wooahoo) verriethen nichts von Dem, wodurch einst sein Vater eine so große Herrschaft erworben hatte. Kauike= aouli war bekleidet mit einem weißen Hemde, weißen Pantalons, einer bunten Weste und einem weißen Strohhute; er nahm den Hut ab, als er uns empfing, und legte das Schreiben, welches Capitain Wendt von Sr. Majestät dem Könige von Preußen zu überreichen die Ehre hatte, in denselben, blieb aber während der ganzen Zeit der Audienz auf einer und derselben Stelle stehen. Obgleich Kauike=aouli etwas Englisch spricht, so ließ er sich doch die Unterredung verdolmetschen und erkundigte sich sogleich nach den Geschenken. Da er hörte, daß wir auch Geschenke für seine Frau mitgebracht hätten, wenn er etwa verheirathet wäre, so äußerte er sogleich zu seiner nächsten Umgebung, daß er sich jetzt sehr bald verheirathen müsse, da sein Freund, der König von Preußen, wünsche. Er bat uns jedoch zugleich, von diesen Geschenken nicht zu sprechen, da sie den Neid der Damen seiner Verwandtschaft erregen würden.

Während dieser Unterredung wurde ich von einem seiner Diener, die zu des Königs Füßen saßen, ersucht, ihm einen großen peruanischen Hut aus Vicuñawolle zu zeigen, den ich grade in der Hand hielt; sogleich setzte sich dieser den Hut auf, worüber die ihn umgebenden Indianer recht herzlich lachten und ihre Witze ausließen. In der Hütte, vor deren Thür der junge Herrscher stand, befanden sich mehre riesenhafte Frauen der Länge nach auf weiche Matten gestreckt und bezeigten große Neugierde, uns zu sehen.

Wir wurden hierauf der Königin Mutter Kaahumana vorgestellt, die kniend ganz allein auf einer Matte saß und mit einer bunten chinesischen Decke umhüllt war, die sie nur so viel öffnete, daß wir dann und wann etwas von ihrem Gesichte zu sehen bekamen; eine weiße Binde deckte ihre Stirn. Diese ungeheure Gestalt der Kaahumana kniend, unter einer bunten Decke, bei hellem Mondschein zu sehen, machte einen so besondern Eindruck auf uns, daß wir anfangs durchaus nicht wußten, was wir daraus machen sollten; denn sie glich fast einem Götzenbilde. Endlich reichte sie uns freundlich die Hand und dabei sagte sie mehrmals: „My Queen! my Queen!" indem sie beständig mit der Hand auf sich selbst zeigte. Gewiß wollte Kaahumana damit zu verstehen geben, daß sie die Königin (engl. Queen) und wahre Beherrscherin der Sandwichinseln sei, und nicht ihr Stiefsohn Kauike=aouli, der nur den Namen führe, so lange sie noch lebe.

Hiermit endigte die erste Audienz; es war beschlossen worden, daß die Geschenke am folgenden Tage öffentlich in der Wohnung Kauike=aouli's überreicht werden sollten, und wir selbst hatten zugleich die Erlaubniß erhalten, die ganze Insel besuchen zu dürfen, so lange es uns nur gefallen würde.

Erst gegen 9½ Uhr des folgenden Tages (25. Jun.) waren die Geschenke gelandet und auf kleinen zweirädrigen Wagen nach der Wohnung Kauike=aouli's geführt, woselbst er seinen Hof versammelt hatte, um uns in dessen Gegenwart zu begrüßen und die Geschenke von Sr. Majestät dem Könige von Preußen in Empfang zu nehmen.

Als wir in den Hofraum der königl. Wohnung eintraten, präsentirten die Wachen, welche in englische Seemannsuniform gekleidet waren. Sonst sind die Soldaten der Sandwichinseln ganz nackt; außer dem Marro tragen sie nur ein Stück leinenes Zeuch, das von der Schulter herabhängt. In dem Hause des Königs fanden wir die Großen des Reichs versammelt; sie standen rings im Zimmer umher und waren an die Wände des Saales gleich Bildsäulen gelehnt. Kauike=aouli und John Adams, der Gouverneur, saßen auf einer Bank und nöthigten uns zum Sitzen auf der entgegengesetzten. Auch die meisten fremden Kaufleute von Oahu versammelten sich zu dieser Feierlichkeit; der junge Herrscher reichte beim Eintritte Jedem die Hand und oftmals konnte man hier hören: „Good morrow, King! Good morrow, King!" (Guten Morgen, König!) Kauike= aouli war bekleidet mit weißen Pantalons, mit einer schwarzen Jacke, mit Schnüren besetzt, buntem Halstuche und bunter Weste, aber die riesenmäßige Gestalt des Gouverneurs steckte in einem blauen Fracke, mit einigen Ankerknöpfen besetzt, dessen Zipfel fast bis zur Erde reichten.

Die Wohnung des Königs, nach Art der Indianerhütten gebaut, ist durch ihre Größe im Verhältniß zu diesen ein wahrer Palast; doch im Vergleiche zu jenen Häusern, welche zu Honoruru von einigen Kaufleuten und besonders den Missionaren aufgeführt worden sind, nimmt sie sich wie eine Scheune aus. Das Gebäude ist etwa 140 Fuß lang, wovon die ersten 120 Fuß einen einzigen Saal bilden, in dessen Mitte nach der ganzen Länge des Hauses die Pfeiler stehen, worauf die Sparren des Daches ruhen. Die Pfeiler in der Mitte des Hauses, sowie die, welche die Wände bilden, sind runde Stämme der Kokospalme; sie sind mit langen Rohrstöcken beschlagen, welche mit Gräsern und hauptsächlich mit den Blattstielen verschiedener feiner Farrnkräuter durchflochten sind. Am Ende des Hauses ist ein Raum durch bunte Vorhänge abgeschlagen, der wiederum nach jeder Seite zwei kleine Zimmer und in der Mitte einen großen Raum hat. Die kleinen Zimmer dienen zum Schlafen und zum Ankleiden; in ihnen liegen große Haufen feiner Matten, 15—20 Stück übereinander gelegt und zwar so, daß die obere immer feiner ist als die, welche darunter liegt. Es schläft sich außerordentlich gut auf diesen Matten. Zwei Bilder, etwa drei Fuß hoch und in große vergoldete Rahmen gefaßt, das eine den gegenwärtigen König und das andere die in London verstorbene Königin darstellend, sowie ein drittes Bild, die Zusammenkunft des Congresses in Washington vorstellend, zierten den Raum zwischen den kleinen Zimmern. Der große Saal, in welchem Hof gehalten wurde, hatte keine Verzierung; der Boden war mit feinen Matten belegt, die Meubles bestanden in einem großen ovalen Tische von gut polirtem Holze, in zwei lackirten Bänken mit Lehnen, einem Tische, der zur Seite stand und mit Wasser besetzt war, und in einigen hölzernen Stühlen.

Gleich nach unserer Ankunft erschienen die Damen der Herrscherfamilie. Kaahumana, die alte Königin Mutter, ging in gemessenen Schritten voran; ihr folgten die Damen Kinau, Kekauruohi und Kekau=onohi, sämmtlich Schwägerinnen von Kauike=aouli und hinterbliebene Frauen des zu London verstorbenen Rihoriho. Ferner waren im Gefolge eine Nichte des verstorbenen Premierministers Karaimoku, der unter dem Namen William Pitt so bekannt geworden ist, und Madame Boki, die Frau des verunglückten Gouverneurs von Oahu, welche in Begleitung des Königs Rihoriho in London gewesen war. Beim Eintritte reichten uns die Damen die Hand, und Kaahumana, bei ihrem sehr hohen Alter, zeigte ein sehr feines Benehmen. Die Damen waren insgesammt in sehr weite seidene Kleider, sogenannte Missionshemden, gehüllt, die durch eine Schnur am Halse zugezogen waren; sie trugen schwarzseidene Strümpfe und Schuhe, und ihr Haar war höchst geschmackvoll mit den schönen Blumen der Edwarsia chrysophylla, die von Otaheiti eingeführt ist, geschmückt. Kaahumana trug einen Strohhut mit Blumen und Federn verziert, der sich durch sein Alter und seine Form höchst seltsam ausnahm. Nachdem die Damen theils auf Sesseln, theils auf der Erde Platz genommen hatten, wünschte Kauike=aouli, daß die Geschenke vorgelegt würden, während die Dienerschaft, die im Gefolge der Damen war, im Hintergrunde des Saales auf den Matten ihren Platz nahm.

[Der Beschluß folgt.]

Die Sardellen.

Jeder Gebildete wird mit uns die Ansicht theilen, daß das sinnliche Wohlgefallen an einem Gegenstande mit dem wissenschaftlichen Interesse an demselben in einer engen Verbindung steht; da nun die Sardellen selbst auf den Tafeln der Feinschmecker als ein pikanter Leckerbissen, gleichviel in welcher Form und Mischung, figuriren, und da selbst schon die Römer — die uns in der Kochkunst ebenso wenig nachstanden als in der Gastronomie (Feinschmeckerei) — die Sardellen als ein gaumenkitzelndes und appetitreizendes Reizmittel anwandten*), so dürfen wir nicht befürchten, daß ihre Naturgeschichte und die Beschreibung ihrer Zubereitung nicht auch unsere Wißbegierde rege machen sollte.

Wenngleich die gewöhnlich nur sechs Zoll lange und einen Zoll breite Sardelle auf den ersten Anblick wegen ihres unverhältnißmäßig großen Rachens und ihrer weiten Kiemenöffnung wie ein Haifisch in verjüngtem Maßstabe aussieht, so rechnen sie die Naturlehrer dennoch unter die Heringe, weil bei ihnen das Mundwerk nichts entscheidet. Man muß aber von ihnen wol die Anjovis oder Anjoris unterscheiden, mit denen sie nur Das gemein haben, auf gleiche Weise zubereitet zu werden; nur daß man diesen gewöhnlich beim Einsalzen den Kopf läßt. Auch sind die Anjovis zarter und theurer. Die Sardelle hat einen goldschillernden Kopf, gelbgrauen Oberleib, meergrünen Rücken, weißen Bauch und loose Schuppen. Ihr Name stammt von Sardinien her, wo dieser Fisch in großer Anzahl gefangen wird.

Die Sardellen gehören, wie der Hering, zu den Wanderfischen. Sie pflegen gewöhnlich an den Küsten hinzuziehen. Um die Zeit, wo sie an der französischen Küste zu Sables d'Olonne (spr. ßabl d'Olonn) und Gilles (spr. Schill) bemerkt werden, beginnt man auch zu Belle=Isle (spr. Bell=ihl), hierauf zu Port Louis (spr. Pohr lui) und weiterhin bis Brest die Fischerei. Sie kommen im December und März in derselben Absicht, wie der Hering und Breitling, nämlich um ihren Laich abzusetzen, aus den Tiefen der hohen See an flachen Küsten zum Vorschein, in welchen Monaten sie dann auch schon in der Provence und in Catalonien fängt. Aus dem Ocean wandern sie in großen Zügen durch die Meerenge von Gibraltar in das mittelländische Meer; oft dauert der Zug sehr lange, und man hat Beispiele, daß noch um Advent Sardellen in der Bai von Douarnenez gefangen wurden. Von dort begeben sie sich an die italienischen Küsten. In den Monaten Mai, Juni und Juli bemerkt man diesen Fisch in der Gegend von Sicilien, Venedig, Genua und der Insel Gorgona. Ob die gleichzeitig an den Küsten von Dalmatien gefangenen Sardellen vielleicht den Zug anführten, oder ob sie selbst aus der Tiefe des mittelländischen Meeres auftauchen, ist noch nicht bis zur völligen Gewißheit entschieden. Der Fang der Sardellen geschieht gemeiniglich zur Abend= und Nachtzeit. Die Fischer stoßen mit einer Flöße bei ruhigem Meere von dem Ufer ab und zünden auf derselben ein großes Feuer an, welches die Sardellen anzieht und in die Netze lockt. In ergiebigen Jahren thut man bisweilen außerordentlich reiche Züge; ja man hat ein Beispiel aufzuweisen, daß mit einem Zuge 60,000 Stück gefangen wurden. Der Sardellenfang an den Küsten der Bretagne beschäftigt allein 300 Schaluppen, und die Ufer von Port Louis geben allein eine jährliche Ausbeute von 1000 Orhoft.

Das nächste Geschäft nach dem Einfangen der Fische ist, sie sogleich in die Gefäße mit Salzwasser zu thun, um sie bis zur weitern Behandlung gegen Fäulniß zu sichern. Hat man einen hinlänglichen Vorrath gefangen, so gesellen sich an jedes Faß zwei Leute, nehmen nach und nach die Sardellen aus der Lake, kneipen ihnen mit den Daumen einzeln die Köpfe ab und werfen sie auf die Seite; ein Dritter, neben einem hohen Salzhaufen sitzend, beschüttet zuerst den Boden des Fasses, in welchem die Fische eingesalzen werden sollen, mit einer Lage Salz, nimmt hierauf mit jeder Hand so viel Fische als er ergreifen kann und ordnet dieselben mit einer bewundernswerthen Geschwindigkeit und Geschicklichkeit zirkelförmig im Fasse herum, sodaß kein Raum desselben unbenutzt bleibt. Ist der Boden gleichmäßig bedeckt, so kommt eine neue Salzlage, welches abwechselnd so fortgeht, bis das Faß voll ist, worauf es mit einem den innern Raum einnehmenden und durch einen schweren Stein belasteten Deckel geschlossen wird. (Vergl. die Abbildung rechts.)

In wenigen Tagen ist das Salz in das Fleisch der Sardellen gedrungen und sie können verkauft und genossen werden. Gewöhnlich aber preßt man vor dem Einsalzen das Oel aus, welches die italienischen Fischer

---

*) Die Römer und Griechen hatten verschiedene solcher Reizmittel, mit welchen sie die Mahlzeit begannen. Das Garon oder Garum, von der Makrele oder von dem Garus (nämlich der Sardelle) bereitet, eine appetitreizende Gallerte, sowie eine minder kostbare, die Muria, waren als Voressen üblich.

zum Lampenbrennen und die Gerber zum Ledereinschmieren benutzen. Wenn dies Oel leicht von den Salztheilen zu befreien wäre, so könnte man es vielleicht noch zu vielen andern Dingen gebrauchen. Man glaubt nämlich, daß das Oel zur Auflösung und Fäulung des Fisches beitrage. Diese ausgepreßten Sardellen nennen die Franzosen sardines pressées. Man nimmt gewöhnlich zu dieser Sorte die im September gefangenen. Die im Spätherbst gewonnenen werden eingesalzen und geräuchert und kommen im Handel unter dem Namen sardines sorettes vor. Endlich marinirt man auch die Sardellen mit einer Gewürzbrühe und packt sie in kleine Fäßchen ein; diese Sardellen heißen sardines confites.

Die Sardelle.

Die Gebinde, in welche man die Sardellen packt, sind von etwas größerm Rauminhalte, als die halben Oxhoftfässer und gewöhnlich von Buchenholz, in welchem sie sich am besten halten, verfertigt. Vier sol-

Die Zubereitung der Sardellen.

cher Gebinde rechnet man auf eine Seetonne. Die guten, in der heißen Jahreszeit gefangenen werden faßweise verkauft; die vom Spätherbste dagegen, welche etwas größer ausfallen, packt man in ganze Orhoftfässer und verkauft sie nach der Anzahl der darin befindlichen Fische, welche Zahl die Fischer und Packer, auf deren Ehrlichkeit sich der Käufer in den meisten Fällen verlassen kann, auf die Tonne zeichnen. Von der guten Sorte muß ein Gebinde nicht viel mehr oder weniger als 5000 Stück enthalten dürfen. Ueberhaupt müssen Sardellen von der besten Güte gehörig ausgepreßt, dicht gelegt, weiß von Farbe und fest von Fleische sein; die weichen, zerstückten, thranig riechenden und gelben machen bei Feinschmeckern kein Glück. In Italien haben jedoch die Seestädte verschiedene Faßgewichte; so versendet Livorno die Sardellen von Gorgona in Barili (Fäßchen) von 38 Pfd., Sicilien hat Fässer von 200 und Genua welche von 25 Pfd., Triest endlich Fässer von einem Centner wiener Gewicht. Die englischen Sardellen sind wenig geschätzt und werden in England selbst nicht wie bei uns consumirt, sondern man bereitet davon die Sardellenbrühe und genießt sie mit andern Speisen. Die Türken bedienen sich der Sardellen als einer Medicin; man schreibt ihnen auch bei uns die Wirkung zu, den Magen zu reinigen.

Der Löwe (Felis Leo).
(Beschluß.)

Die berittenen Löwenjäger sind mit dem Charakter und dem Benehmen dieses Raubthieres auf das Genaueste bekannt; sie beginnen ihren Angriff gewöhnlich nicht eher, als bis sie dem Löwen ganz nahe sind und dieser sich wie gewöhnlich niederlegt, um seinen furchtbaren Sprung zu machen. In diesem Augenblicke trifft ihn der Schuß mit einer Kugel vor den Kopf und er stürzt zusammen; fehlt aber die Kugel oder verwundet sie ihn nicht tödtlich, so ist es gewöhnlich um das Leben des Jägers geschehen. Zuweilen hetzt man auch große beherzte Hunde auf ihn, doch mehr, um ihn auf der Flucht aufzuhalten, als ihn durch sie zu erlegen. An manchen Orten fängt man ihn in Gruben; auch tödtet man ihn durch Selbstschüsse, oder fängt ihn in Netzen oder Schlingen, in welche die Löwen mit Fackeln hineingetrieben werden. Ein afrikanischer Hirte soll auch die Römer gelehrt haben, ihn mit einem Mantel zu fangen, den man dem Thiere während seines Angriffs schnell über den Kopf wirft. Mit welcher Gefahr die offene Jagd des Löwen verbunden ist, haben wir schon durch ein Beispiel in Nr. 30 des Pfennig-Magazins gezeigt, und in Nr. 41 werden von einem andern Berichterstatter ebenfalls darüber interessante Mittheilungen gegeben.

Die Hauptnahrung des Löwen besteht in Antilopen, jungen Pferden und Büffeln. Die Affen entkommen ihm meist auf Bäume, wohin ihnen der Löwe, wegen der Schwere seines Körpers, nicht so leicht folgen kann. Am liebsten lauert er am Wasser auf seine Beute, wohin die Thiere zur Tränke gehen und besonders zahlreiche Heerden der Antilopen sich einfinden. Er springt auf das Thier, schlägt seine Klauen in Nacken und Kehle und läßt nicht eher los, als bis das unglückliche Opfer sich verblutet hat. Erst dann, wenn er es völlig getödtet hat, pflegt er es zu verzehren.

Die Löwen leben zur Paarungszeit paarweise beisammen und ihre Wildheit steigt dann, selbst noch in der Gefangenschaft, auf den höchsten Grad. Das Weibchen trägt 108 — 110 Tage und bringt zwei bis drei, selten vier, noch seltener aber fünf Junge zur Welt. Diese haben sogleich offene Augen, sind acht Zoll lang und haben einen 5½ Zoll langen Schwanz. Sie gleichen noch jungen Katzen und haben weder Mähne noch Schwanzquaste. Die Ohren hängen an der Spitze schlaff herab und werden erst nach zwei Monaten ganz aufrecht getragen. Die Farbe ist graulichgelb mit zahlreichen schwarzgrauen Parallelstreifen, die vom Rücken herablaufen. Kopf, Schenkel, Hüften und Beine sind schwarz gefleckt. Nach einem Jahre verlieren sich zuerst die Parallelstreifen, die Mähne und die Schwanzquaste zeigt sich aber erst im dritten Jahre und wächst dann bis zum fünften Jahre, sodaß der Löwe erst im sechsten Jahre sich vollkommen ausgebildet hat. Die Löwin behandelt ihre Jungen mit der größten Zärtlichkeit, und in der Gefangenschaft darf dann selbst der Wärter ihr nicht ganz trauen, obgleich auch hier sie zuweilen noch Anhänglichkeit zum Wärter zeigte, der sogar zu ihr und ihren Jungen in den Käfig zu steigen wagte. Die Löwin säugt die Jungen fünf bis sechs Monate und trägt sie, wenn sie Gefahr befürchtet, nach Art der Hauskatze, im Maule nach einem sichern Platz. Nach einem Jahre brechen die Eckzähne der Jungen hervor und dann sterben, besonders in den Menagerien, gewöhnlich einige der jungen Löwen.

Wie weit man die Zähmung der Löwen in der ältesten und jetzt wieder in der neuesten Zeit gebracht hat, ist hinlänglich bekannt, und manches schöne Beispiel der Anhänglichkeit an den sorgsamen Wärter, und der Freude des Wiedersehens, wenn der treue Löwe von ihm lange Zeit getrennt war, haben uns neuere Schriftsteller berichtet.

Die feuerspeienden Berge.
Aeußeres Aussehen derselben. Ihr Stand auf dem Festlande. Anzahl der rauchenden Vulkane. Die Krater.

Ursprünglich ist die äußere Form der Vulkane kegelförmig, meist spitziger als die der gewöhnlichen Berge, selbst wenn diese letztern die Kegelform haben sollten. Aber das mächtige Element, welches den Berg öffnet und sich mit furchtbarer Gewalt einen Weg durch die Erdrinde bahnt, zerreißt die ursprüngliche Form und umgibt die vulkanische Esse mit wildromantischen Unregelmäßigkeiten. Es entstehen Oeffnungen im Hauptkegel, nach welchen hin sich die Lava ergießt. Ja oft bilden sich sogar neue, vom Ausbruche aufgeworfene Nebenkegel. Ihre Oberfläche und ihre Umgebungen bestehen in Lava, vulkanischer Asche, schlammartigen Massen, größern und kleinern Steinen und Gegenden, welche erstickende Luftarten aushauchen. Zuweilen stehen sie auf einer großen Fläche völlig voneinander getrennt, wie im mittlern und südlichen Frankreich. In der vormaligen Provinz Velay zählte der Naturforscher Scrope allein 150 ausgebrannte Feuerkegel. Die meisten ausgebrannten Vulkane aber trifft man in Italien. Es gibt auf der Oberfläche unserer Erde noch 205 brennende Vulkane, unter denen sich 107 auf Inseln und 98 auf dem Festlande befinden. Die amerikanischen Vulkane liegen am entferntesten vom Meere; in Peru liegen sie ungefähr 70 Meilen ins Festland hinein. Europa hat nur noch drei brennende Vulkane: den Vesuv, Aetna und Hekla, unter denen wir von dem erstern bereits früher in den Nummern 35 und 45 des ersten Jahrganges des Pfennig-Magazins eine ausführliche Beschreibung geliefert haben. Der Aetna auf der

Insel Sicilien wird schon von den ältesten Schriftstellern erwähnt. Diodorus Siculus erzählt, daß er 500 Jahre vor dem trojanischen Kriege, also 1693 v. Chr., eine starke Eruption hatte. Thucydides berichtet im dritten Buche des peloponnesischen Krieges: „Im Anfange dieses Jahres (425 v. Chr.) flutete ein Feuerstrom aus dem Berge Aetna, welcher das Land der Katanier verwüstete, womit der Berg umringt war."

Eine charakteristische Eigenthümlichkeit des Hekla ist seine wallartige Umgebung von Lavaschichten, welche sich bis zu einer Höhe von 70 Fuß übereinander thürmen. Der Anblick des Ineinandergreifens dieser Wälle und ihres glasartigen Aeußern macht auf jeden Fremden einen höchst überraschenden Eindruck. (Vergl. die Abbildung S. 672.) Die Ursache dieser glatten glänzenden Rinde ist die durch die kalte Temperatur beschleunigte Abkühlung der Lava. Die meiste Aehnlichkeit haben diese felsigen Massen mit verglasten Ziegeln. Jetzt scheint es, daß der Hekla eingeschlafen ist, d. h. zu speien aufgehört hat. Sein letzter Ausbruch im Jahre 1766 währte ununterbrochen vom 15. April bis zum 7. September und richtete einen unermeßlichen Ruin an. Die Pferde rannten wie toll auf den Feldern umher, stürzten vor Mattigkeit zusammen und starben. Dennoch halten die Folgen dieser Eruption mit den fürchterlichen Verheerungen, welche 1783 ein anderer minder bekannter Vulkan von Island, der Skaptar Jökul, anrichtete, kaum einen Vergleich aus. Er zernichtete die ganze Ernte, zerstörte die gesammte Vegetation (Pflanzenwuchs) und beraubte Menschen und Vieh ihrer Nahrungsmittel. Die zerstörende Kraft der Natur opferte 9000 Menschenleben dahin, die theils unmittelbar von der glühenden Lava verschlungen wurden oder unter der Asche erstickten, theils den Hungertod starben. Die Fische hatten sich tief in die See zurückgezogen, und es währte lange, ehe sie sich wieder an Islands Küsten zeigten. Der blutrothe Rauch verhüllte die Sonne wie ein düsterer Flor. Schiffe, welche zwischen Kopenhagen und Norwegen segelten, wurden mit schwefliger Asche bedeckt. In vielen Gegenden von Holland machte man die Beobachtung, daß die atmosphärische Luft mit dickem Rauche, Schwefeldämpfen und feiner Asche durchdrungen sei.

Das interessanteste Schauspiel schrecklich=schöner Erhabenheit bietet ohne Zweifel der große Vulkan Mouna Roa auf der Insel Owaihi. Auch die kühnste Dichterphantasie kann das ungeheure Amphitheater nicht malen, welches sich am Rande seines über zwei deutsche Meilen im Umfange haltenden Kraters eröffnet. Der Krater, anstatt das Innere eines abgestumpften Bergkegels einzunehmen, ist ein ungeheurer Kessel auf einer Hochebene, zu welchem man nicht gelangt, indem man den Berg erklimmt, sondern indem man zwei hohe Terrassen hinabsteigt. Der ganze Gipfel des alten Kegels scheint eingestürzt zu sein, denn sein Rand starrt bis zu einer Entfernung landeinwärts von fünf deutschen Meilen von den steilsten Felsruinen. Der Boden des Kessels hat innerhalb einen Umfang von 1½ deutschen Meile und eine Tiefe von 1500 Fuß. Als im Jahre 1824 zum ersten Male der berühmte Reisende, Herr Goodrich, das Innere des Kraters besuchte, hatte er keine Mühe, hinabzukommen. Es bot sich ihm eine merkwürdige Scene dar. Zwölf einzelne Stellen waren mit glühender Lava bedeckt, und an drei oder vier Stellen sprudelte sie zu einer Höhe von 20 — 30 Fuß auf. Aus manchen Spuren, und namentlich aus dem schwarzen Rande, der ringsum das Innere des Kraters umzog, schloß er, daß ehemals die Lava, welche gegenwärtig durch einen unterirdischen Kanal abfließt, keinen Abzug hatte, und, auf ihren Felsenkessel beschränkt, bis zu dieser Höhe aufwallte. Keine menschliche Einbildungskraft vermag sich den grausenden Anblick eines beinahe zwei Quadratmeilen ausgedehnten wogenden Glutmeers von Lava zu denken, dessen furchtbar kochende Brandung im Innern des ungeheuern von steilen Trachitfelsen eingefaßten Kessels keinen Ausgang fand, bis endlich die Macht des unterirdischen Elements einen Bruch hervorbrachte. Schwefelige Dämpfe von verschiedener Farbe und Dichtigkeit stiegen aus dem Lavageklüfte empor. Ein ganzer See von Feuer, erzählt Goodrich, eröffnete sich in nicht bedeutender Entfernung. Dieser See konnte nicht weniger als zwei englische Meilen im Umfange haben. Seine Oberfläche befand sich ganz in der Bewegung eines Meeres. Woge auf Woge thürmte sich in die Luft, und zuweilen trafen die Wellen von entgegengesetzten Seiten mit solcher Gewalt zusammen, daß der feurige Schaum 40—50 F. hoch aufsprützte.

Kehren wir jedoch von der Beschreibung eines einzelnen Vulkanes wieder zur Darstellung des allgemeinen Charakters der feuerspeienden Berge zurück.

Die Mündungen der Vulkane, die Krater, sind entweder mit einer Lavamasse bedeckt, oder sie sind hohl und offen. Im ersten Falle ragt der Rand des Kraters gewöhnlich über die Lava hervor, so z. B. 20—30 Fuß am Pico auf Teneriffa. Sie haben meistens Spalten und Risse, aus welchen gewöhnlich, wenn der Vulkan noch nicht gänzlich eingeschlafen ist, saure Dämpfe hervorquellen, welche Erscheinung beweist, daß die Lava nicht das ganze Innere des Feuerberges füllt, sondern daß jene Decke nur ein Gewölbe über einer innern Erdhöhlung bildet. Als ein Merkmal, ob ein Vulkan noch zu den thätigen gezählt werden könne, ist die größere Wärme seines Kraters im Vergleich zur Temperatur der atmosphärischen Luft. Oft strömt eine brennende Hitze ohne Begleitung des Feuers und Rauches aus dem Vulkane, obgleich seine über der Schneelinie gelegene äußere Oberfläche in ewiger Winterkälte starrt.

Bulkanische Producte.

So mannichfach die mineralischen Stoffe sind, aus welchen das Eingeweide der Feuerberge besteht, so verschiedenartig sind die flüssigen und festen Auswürfe hinsichtlich ihrer Zusammensetzung und Mischung. Man würde aber sehr irren, wenn man, wie dies gemeiniglich geschieht, die Auswürfe als allein vom Feuer und von der Hitze verarbeitet betrachten wollte. Vielmehr haben chemische Stoffe, Säuren, hauptsächlich aber das Wasser, an der Verarbeitung der Mineralien einen bedeutenden Antheil, wobei die Ausdehnungskräfte seines Dampfes nicht nur, sondern auch seine Urbestandtheile, Sauerstoff= und Wasserstoffgas, eine Hauptrolle spielen. Es gibt Vulkane, welche nur Wasser und eine schlammige Masse auswerfen. Die beiden berühmten Naturforscher Bouguer und Condamine haben selbst eine von Wasserauswürfen verödete Landschaft gesehen. Sechs Stunden nach dem Ausbruch des Cotopaxi in Südamerika war ein in grader Linie beinahe 80 englische (also 16 deutsche) Meilen entferntes Dorf von dem reißenden Wasserstrome fortgespült worden. Im J. 1698 sank in der Nähe des Chimborazo ein Vulkan ein und bedeckte mehre Quadratmeilen mit Schlamm. Fast sämmtliche Vulkane von Quito (spr. Kitto) in Peru üben ihre Verheerungen nicht durch Lavagüsse, sondern durch Schlamm und Wasserströme aus. Der Schlamm, welcher nach seinem Auswurfe die Consistenz eines Breies hat, sich aber bald verhärtet, wird wegen seines Brennstoffes, womit er durchdrungen ist, als Feuerungs=

material gebraucht. Die vulkanische Asche ist theils staubförmig, theils kornförmig; in letzterer Form nennt man sie in Italien Rapilli, deren es bis zu einer Dicke von drei bis vier Linien gibt. Die Rapilli scheinen meist Bruchstücke von Bimstein zu sein; doch findet man auch die Steinarten Leucit und Augit darunter; die Asche ist grau, von verschiedenen Tinten (Farbenspielungen), doch auch röthlichbraun und rauh wie Erde anzufühlen.

Das gewöhnlichste vulkanische Product ist, wie allgemein bekannt, die Lava; aber erst den ganz neuesten Zeiten, seit die Chemie eine sicherere Grundlage gewonnen hat, war es vorbehalten, von der Lava eine genügende Erklärung zu geben. Lava ist jede mineralische Masse, welche durch Einwirkung der großen Hitze in einem Vulkan flüssig geworden ist. Selten sind die Laven förmlich zu Glas zerschmolzen. Man findet verglaste Laven nur auf den liparischen Inseln und auf einigen wenigen andern. Der Bruch der meisten Laven ist mattglänzend, oft ganz matt und beinahe erdig. Die Laven fließen sämmtlich mit Rothglühhitze aus. Ihre Temperatur verkohlt alle Pflanzen- und Thierstoffe. In den zerstörten Städten in der Nähe des Vesuvs hat man gefunden, daß sie Silber geschmolzen und es an Kupfer gelöthet hat. Dies gibt uns einen der besten Maßstab für den Hitzegrad der Lava. Da eine Hitze von 1316 Grad Réaumur das Silber flüssig macht, so muß die Lava eine noch höhere Temperatur haben; denn da sie von ihrem Ausflusse aus dem Krater bis zu jenen Städten einige italienische Meilen (Miglien) zurückzulegen hatte, so kann man 1400 Grad Réaumur als durchschnittliche Temperatur wol annehmen.

Die Meinung, daß die ausgeströmten Lavamassen bis zu ihrer völligen Erkaltung mehrer Jahre bedürften, ist nicht unwahrscheinlich; denn wenn sich schon während des Sommers das Eis unter einer Erddecke von sieben Fuß hält, ohne zu schmelzen, wozu es nur einiger Grad Wärme bedarf, warum sollte nicht eine Lavaschicht von 20—50 Fuß Dicke sehr langsam erkalten müssen, da sowol die obere Lavadecke selbst als auch die Erde, an welche die heiße Lava einen Theil des Wärmestoffes abgegeben hat, schlechte Wärmeleiter sind. Eine höchst auffallende Erscheinung aber ist die enorme Masse der Lava, welche auf eine außerordentliche Tiefe des vulkanischen Herdes eines Feuerberges schließen läßt. Man hat z. B. die Quantität der 1737—94 ausgeworfenen Lavamasse gemessen als Minimum oder geringste Zahl 1537 Millionen Cubikfuß angenommen. Der Ausbruch des Aetna von 1769 bedeckte eine Strecke von 15—20 Miglien, also vier bis fünf deutsche Meilen in die Länge und mehr als 1½ deutsche Meile in die Breite, mit Lava. Dieser Lavastrom hatte einen Flächeninhalt von mehr als zwei Billionen und 79,640 Millionen Cubikfuß; könnte man aus dieser Lavamasse einen kegelförmigen Berg formen, so würde er einen Durchmesser von 11,640 und eine Höhe von 5820 Fuß haben, also einen schon sehr beträchtlichen Berg liefern. Was die Textur oder das Gefüge der Lava betrifft, so ist sie oben porös, d. h. löcherig; allein diese Porosität nimmt nach unten ab und hört endlich, je näher dem Erdboden, ganz auf. Die Laven verwittern sehr langsam; nach Jahrhunderten wachsen kaum einige Flechten auf denselben. Gewöhnlich hat die Lava eine schwarze Farbe.

Außerordentliche vulkanische Ausbrüche sind in den meisten Fällen von andern Naturerscheinungen begleitet. Das Meer steigt und fällt in schnellem Wechsel. Erdbeben erschüttern den Boden rings um den Vulkan; aber oft öffnen die Erdbeben selbst neue Vulkane. Gleichzeitig mit dem furchtbaren Erdbeben, welches 1746 die Stadt Lima in Trümmer legte, loderten vier neue Vulkane, mit deren Ausbruche die Erderschütterungen merklich nachließen.

Durch eine officielle Zeitschrift von Martinique haben wir erst kürzlich erfahren, daß der Auswurf eines Vulkans den gänzlichen Ruin der Insel Santa Martha verursacht habe. Der Explosion gingen 43 furchtbare Erdstöße voran. Ein Theil der Stadt wurde gänzlich verschüttet.

Eine ganz eigene Erscheinung bieten verschiedene Berge in Chile dar. Es zucken nämlich Nachts aus den Kratern derselben Lichterscheinungen, welche dem Wetterleuchten gleichen; da die nahen Umgebungen dieser Berge nicht bewohnt sind, so hielt man ein solches Leuchten für ein entferntes Gewitter; allein der Umstand, daß es sich immer nur an den nämlichen Stellen wiederholte, veranlaßte die Wißbegierigen zu einer genauern Untersuchung dieses Phänomens. Man hat dies Leuchten durch eine Verpuffung von Wasserstoffgas mit Sauerstoffgas gemischt erklärt.

Entstehung des vulkanischen Feuers.

Das bis dahin von uns über die Vulkane Gelieferte beschränkte sich blos auf eine allgemeine Naturbeschreibung derselben. Doch jeder denkende Leser hat einen gerechten Anspruch auf die Darlegung der verborgenen Ursache, welche so gewaltige Wirkungen, wie sie angedeutet und wie sie sonst den meisten unserer Leser längst bekannt sein werden, hervorbringen. Früher begnügte man sich mit der Annahme brennbarer Stoffe im Vulkane; man versetzte mit seiner Einbildungskraft ungeheure Massen von Kalk, Schwefel, Eisen u. s. w. in die Herde der Vulkane, ließ den Kalk durch Wasser oder den Schwefel durch die Berührung mit Eisen in Brand gerathen und hatte auf diese Art das bekannte Feuerwerk im Großen, welches sich klein zu jeder Zeit recht artig darstellen läßt. Andere Gelehrte gingen zwar nicht tiefer in die Sache ein, aber mit allen ihren Erklärungen wollten sich so mancherlei chemische Eigenthümlichkeiten des vulkanischen Auswurfes nicht recht reimen, bis endlich ein Mann auftrat, dem es gelang, das Problem zu lösen, nachdem er selbst einige Jahre zuvor eine neue, höchst wichtige chemische Entdeckung gemacht hatte. Im Jahre 1807 entdeckte nämlich der englische Naturforscher Davy ein neues Metall, das Kalium, welches die feste Grundlage mehrer Stoffe, z. B. der bekannten Pottasche, bildet. Die Farbe und der Glanz dieses Metalles sind dem Quecksilber ähnlich, dabei ist es nicht so schwer als Wasser. Es hat eine außerordentliche Verwandtschaft zu einem in der Luft wie im Wasser befindlichen Stoffe, dem Sauerstoffe, weshalb es sich sowol in dem einen als in dem andern chemisch verwandelt. Will man es daher aufbewahren, so darf seine Umgebung durchaus keinen Sauerstoff enthalten. Man füllt es zu diesem Ende in Glasröhren und verschließt sie vollkommen luftdicht oder bewahrt es in Naphtha auf. Das Kalium zersetzt das Wasser, sobald es mit demselben in Berührung kommt, und entwickelt dabei eine so starke Hitze, daß sich das Metall entzündet und dabei auf der Oberfläche des Wassers wegen seiner specifischen Leichtigkeit schwimmend, in einer sehr lebhaften Flamme verbrennt.

In dieser höchst merkwürdigen Erscheinung lag für Davy ein Wink für die Ursache der Feuerentwickelung im Innern der Erde. Es mußten Stoffe da sein, welche sich durch Berührung mit andern, jedoch nur periodisch wirkenden, verbanden. Und welche Annahme lag näher, als daß Kalium der ruhende und Wasser jener hinzukommende Stoff wäre. Der Grund, warum sich das Kalium nicht auf der Erdoberfläche zeigt, ist der, weil es daselbst an der bloßen Luft augenblicklich zergehen würde. Ueberdies war das Verbundensein des Meeres mit den Herden der Vulkane nur zu wahrscheinlich; wurden doch selbst aus Vulkanen, deren Krater 8—9000 Fuß über der Meeresfläche lag, Fische von der Gattung der Pimeloden (pimelodes cyclopum Humb.) in so ungeheurer Anzahl geworfen, daß ihre Fäulniß in der umliegenden Gegend eine pestartige Krankheit verbreitete, und gleichwol lagen diese Vulkane viele Meilen weit ins Land hinein.

Erst sechs Jahre nach seiner Entdeckung begab sich Davy nach Italien, um an der Lava des Vesuvs die Richtigkeit seiner Annahme zu prüfen. Hier stellte er nun eine Reihe von Versuchen an, welche sowol durch die Gefahr, womit sie für ihn verbunden waren, als auch durch die glänzenden Ergebnisse, welche sie lieferten, jenem großen Physiker ein dauerndes Denkmal in der Geschichte der Wissenschaften setzen werden. Um nicht zu unsichern Folgerungen verleitet zu werden, mußte er die noch kochende Lava, ehe sie verdampft war, an Ort und Stelle untersuchen, er mußte sich an den Rand eines Lavastromes begeben und das glühende Element noch in seinem dampfenden Zustande untersuchen.

Davy verweilte in der Umgegend des Vesuvs bis zu einem Ausbruche. Am 5. Dec. drang zuerst ein Lavastrom durch eine Oeffnung unterhalb des Kraters. Am 6. Dec. näherte er sich dem Strome bis auf vier bis fünf Fuß und untersuchte zuerst die chemischen Bestandtheile des Dampfes. Schon an diesem Tage folgerte er aus seinen Versuchen, daß die Lava keine brennbaren Stoffe enthalten könne.

Davy glaubt, mit Sicherheit den Satz aufstellen zu können, daß sämmtliche ältere Annahmen über die Ursache des vulkanischen Feuers unhaltbar sind. Sollte das Feuer durch Steinkohlenbrände entstehen, so müßte die Lava jedenfalls Kohlenstoff oder kohlenstoffhaltige Substanzen haben; auch könnte, wie groß und mächtig ein Steinkohlenlager immerhin sein möchte, der Brand unterhalb der Oberfläche nie eine heftige und ausgedehnte Hitze hervorbringen; denn das kohlensaure Gas, ein Erzeugniß eines solchen Brandes, unterdrückt, in je größerm Maße es entwickelt wird, die Verbrennung. In England finden sich viele Beispiele von Steinkohlenschichten, welche schon lange brennen; die Erzeugnisse dieser Brände sind nie etwas Anderes als Thon und Thonschiefer, jedoch zeigt sich keine an Lava erinnernde Spur. Wäre Lamerey's alte Erklärung richtig, daß die chemische Einwirkung des Schwefels auf das Eisen die Ursache vulkanischer Feuer sei, so müßte schwefelsaures Eisen das vornehmste Erzeugniß der Vulkane sein, welches, wie längst ausgemittelt, nicht der Fall ist. Allein man könnte die Frage aufwerfen, wie sich der gänzliche Mangel an Metallen (denn Davy fand kein Kalium), welche leicht eine Verbindung mit dem Sauerstoffe eingehen, mit jener Erklärung verträgt? Hierauf dient zur Antwort, daß eben jene Leichtigkeit, mit welcher solcher Metalle die erwähnte Verbindung eingehen, grade die Ursache ist, warum ihre Auflösung spurlos beschleunigt wird; denn ehe sie die Oberfläche erreichen, müssen sie nicht nur in den unterirdischen Höhlungen der Luft ausgesetzt gewesen sein, sondern wenn sie auch durch den Wasserdampf herausgetrieben werden, so werden sie gleichfalls durch denselben zersetzt.

Der Hekla.

Das Pfennig-Magazin

der

Gesellschaft zur Verbreitung gemeinnütziger Kenntnisse.

85.]　[2. Jahrg. 33.]　　　　　　　　　　　　[November 29, 1834.

Der herzogliche Palast in Florenz.

Florenz.

Florenz (ital. Firenze, Fiorenza), Hauptstadt des Großherzogthums Toscana und Residenz des Großherzogs, mit 93,000 Einwohnern, vereinigt mit den Vorzügen einer reizenden Umgebung und eines gesunden Klimas ein großartiges Innere, welches durch die prachtvollen Paläste und Kirchen, fast sämmtlich Denkmäler eines ehemaligen Glanzes, eine wahrhaft imponirende Wirkung ausübt und einen unauslöschlichen Eindruck zurückläßt. Keine Stadt der Welt faßt einen so großen Reichthum der mannichfaltigsten und werthvollsten Werke der Malerei und Bildhauerkunst in sich, und der Freund der Kunst, der diese Schätze in Augenschein nehmen will, erfreut sich einer zuvorkommenden Bereitwilligkeit. Sie führt mit vollstem Rechte den Namen la Bella (die Schöne). Alles, was Natur, Wissenschaft und Kunst Schönes und Herrliches hervorbringen kann, findet sich in dieser vom Arno durchflossenen Stadt vereinigt. Göthe sagt: „Man sieht der Stadt den Volksreichthum an, der sie erbaut hat." Es ist keine Stadt, welche bei einer Vergleichung der Vergangenheit mit der Gegenwart so stolz sein kann, wie Florenz. Die Straßen sind mit den prachtvollsten Palästen geziert, deren Größe und Festigkeit zur Bewunderung hinreißt. Viele derselben sind von ungewöhnlich großen Quadersteinen aufgeführt und am Dache mit Zinnen versehen, über welche oft ein fester Thurm mit stolzer Sicherheit emporragt. Daher konnte auch der Geschichtschreiber von Florenz, Macchiavelli, sagen: „Man begreift, wie die mächtigen Familien der Stadt selbst miteinander in offener Fehde leben, in diesen ihren Burgen langwierige Belagerungen aushalten und blutige Ausfälle thun konnten."

Siebzehn große Plätze, 10 Springbrunnen, 160 öffentliche Statuen, mehre Pyramiden, 172 meist von Marmor aufgeführte Kirchen, worunter die Hauptkirche Santa Maria del Fiore ist, mit einer 380 Fuß hohen Kuppel, zieren die Stadt.

Unter den Palästen verdient besonders der hier abgebildete sogenannte alte Palast, Palazzo vecchio oder Gran ducale, genannt zu werden, welcher ganz im Style des Mittelalters, majestätisch, fest und ohne Zierrath erbaut ist; oben rund herum läuft ein zur Vertheidigung eingerichteter verdeckter Gang, und über ihm erhebt sich der auf vier mächtigen Säulen ruhende 300 Fuß hohe Glockenthurm. Er wurde 1298 von Arnolfo di Lapo erbaut und erst 1540 von Varsari vollendet. Am Eingange steht ein Hercules von Bandinelli und der David des Michel Angelo. In einem großen Saale sind die vorzüglichsten Thaten der aus dem Hause Medici stammenden Fürsten abgebildet. Die andere Ecke des unregelmäßigen Platzes, auf welchem der alte Palast steht, bildet die Halle des Orgagna (vergl. auf der Abbildung rechts), mit den werthvollsten Statuen, unter denen sich ein Perseus mit dem Medusenhaupte von Benvenuto Cellini, welcher, wie die Abbildung zeigt, die Arcade schließt, und der aus einem Marmorblocke gearbeitete Sabinerinnenraub auszeichnet. Auf dem Platze, welcher sich vor diesem Palaste ausbreitet, ist besonders zu bemerken die kolossale Reiterstatue Cosmus I., welchem 1569 durch eine päpstliche Bulle von Pius V. der Titel eines Großherzogs von Toscana verliehen wurde. Verschiedene Verwaltungsbehörden, namentlich die Signoria, oder das hohe Rathscollegium, haben in dem alten Palaste ihren Sitz, seitdem Cosmus den Palast Pitti zu seiner Residenz erwählt hat. Dieser im südlichen Theile der Stadt liegende Palast hat seinen Namen von Luca Pitti, einem edeln Florentiner und Freunde Cosmus' des Großen. Er ließ ihn nach Brunelleschi's Zeichnungen aufführen und verwendete sein ungeheures Vermögen auf den Bau, welchen erst Cosmus I. durch Tausch an sich brachte und zur Wohnung der Großherzoge bestimmte. Imponirend ist die Front dieses grandiosen, von ungeheuren, schwarzgrauen Quadern errichteten, einfach großartigen Gebäudes von 100 Schritt Länge. Es besteht aus einem hohen Erdgeschoß und aus zwei 20 Fuß hohen Etagen und ist ohne Dach. Schöner ist die innere Hofseite oder die doppelten von Ammanati erbauten Arcaden (Loggie.) Drei Säulenordnungen mit passenden Verzierungen, und zwar unten dorische, dann ionische und oben korinthische, laufen übereinander. Das Innere des Palastes Pitti ist überaus prächtig und besonders reich an den herrlichsten Gemälden, welche in dem östlichen Theile des Palastes in acht Sälen aufgestellt sind. Diese Bildersammlung, die bedeutendsten Kunstwerke aller Malerschulen enthaltend, gehört zu den ausgezeichnetsten, welche es überhaupt gibt. Unter Anderem befindet sich hier die berühmte Madonna della sedia (die auf einem Stuhle sitzende Maria) von Rafael, welche, nebst andern Kunstwerken, unter Napoleon nach Paris gebracht worden war, später aber wieder zurückgegeben werden mußte.

Hinter dem Palaste Pitti erhebt sich terrassenförmig bis zur südlichen Stadtmauer der prächtige Garten Boboli, von dessen Höhe man die ganze Stadt übersehen kann.

Die ausgezeichnetste Sammlung an Kunstschätzen enthält der zwischen dem Arno und dem alten Palaste gelegene Palazzo degli Uffici, welcher auch wol die großherzogliche Galerie genannt wird. Auf unserer Abbildung füllt dieser Palast den Hintergrund aus. Das Gebäude besteht aus einem Quergeschoß und zwei Flügeln, deren jeder 400 Fuß lang ist, und hat drei Stockwerke. In den untern, um den Hof herumlaufenden Säulenhallen dieses Gebäudes werden in zierlichen Buden alle Arten von Kaufmannswaaren verkauft, und die Arcaden sind stets mit Spaziergängern belebt. Im zweiten Stockwerke befindet sich die große Bibliothek. Das dritte jedoch enthält die Kunstsammlungen.

Die herrlichsten Kunstwerke der Malerei und Bildhauerkunst und reiche Sammlungen von antiken (aus den Zeiten der Römer und Griechen herrührenden) und modernen Münzen, Gemmen, edeln Steinen, Kupferstichen, Handzeichnungen u. s. w. sind in 22 Sälen und Zimmern aufgestellt, unter denen die meisten nach einem darin befindlichen ausgezeichneten Kunstwerke ihren Namen erhalten haben.

In dem Saale, Tribune genannt, befinden sich einige der ausgezeichnetsten Statuen und Gemälde; unter ersteren erwähnen wir den kleinen Apollo, Apollino genannt, den Kämpfer, den Faun, die mediceische Venus und den Schleifer; unter den Gemälden zeichnen sich mehre von Tizian und Rafael aus. In einem dieser Säle ist die in No. 46 des Pfennig-Magazins beschriebene Gruppe der Niobe.

In dem Saale der Malerbildnisse befinden sich 300 Portraits von Malern, sämmtlich von ihnen selbst verfertigt; in dem Saale des Baroccio bewundert man vorzüglich einige Gemälde dieses Meisters.

Das Cabinet der Gemmen ist von oben erleuchtet. Die großherzogliche Galerie ist vor mehren Jahren durch den Ankauf der Sammlung ägyptischer Alterthümer des Kanonicus Nizzoli bereichert worden, welche aus 1379

Gefäßen, sowie aus Statuen, Scarabäen (heilige Käfer der alten Aegypter), Grabsteinen und Papyrus besteht.

Ueber das Reisen im hohen Norden.
Nach Capitain Franklin's Landreise in den Jahren 1819—22.

Nachdem durch die Gelehrten, vorzüglich aber durch die Schiffer, welche hohe Breitegrade bereist hatten, die Möglichkeit einer nordwestlichen Durchfahrt um Amerikas Küsten aus dem atlantischen in den stillen Ocean gezeigt worden war, so lag es auch im Interesse des meerbeherrschenden England, sich über einen so bedeutenden Vortheil völlige Gewißheit zu verschaffen, und die britische Regierung rüstete mit einem bedeutenden Kostenaufwande mehre Expeditionen zu diesem Zwecke aus. Namentlich geschah dies im Jahre 1819, wo eine doppelte Expedition veranstaltet wurde; die eine unter Parry und Roß zur See, die andere unter dem Seecapitain Franklin zu Lande. Die Tagebücher dieser Reisenden liegen vor uns und erfüllen uns mit Bewunderung über den Muth und die Ausdauer, welche diese Männer bewiesen, indem sie ihr Leben oder wenigstens ihre Gesundheit gegen Ermittelung des Thatbestandes aufs Spiel setzten. Eine so überaus wichtige Entdeckung, welche die Veränderung des Seewegs nach Ostindien zur Folge haben konnte und dann folglich als ein Weltereigniß galt, die dadurch zu erlangende Berühmtheit, vielleicht Unsterblichkeit, der Gedanke an die unberechenbaren materiellen Vortheile, welche sie ihrem Vaterlande bereiteten, mußten seine Männer mit hoher Begeisterung erfüllen, eine Begeisterung, welche uns den Muth erklärt, mit welchem sie den Gefahren einer beschwerlichen Reise und den Schrecken unwirthbarer Gegenden kühn die Stirn bieten konnten. Nicht nur, daß der Reisende allen Bequemlichkeiten des Lebens entsagen muß, sondern er hat auch zu kämpfen mit einem Klima, welches das Blut in den Adern erstarren macht, und mit Gewinnung der nothwendigsten Lebensbedürfnisse, welche die Natur im hohen Norden nur sehr kärglich spendet. Den größten Theil des Jahres hindurch sind die Polargegenden mit Schnee und Eis überzogen und nur in der kurzen Sommerzeit ist es vergönnt, nordwärts zu dringen. Von aller menschlichen Gesellschaft und Hülfe entfernt und von keinem gebahnten Wege geleitet, stoßen die Reisenden nur dann und wann auf einen Indianerstamm oder auch wol auf einen Jäger, welcher diese unwirthbaren Gegenden durchstreift, um Pelzthiere zu erlegen, oder er trifft einen Agenten einer der beiden hier bestehenden englischen Handelscompagnien, welchem die Gewinnsucht Muth gibt, dem Klima Trotz zu bieten. Franklin namentlich hat auf seinen Reisen 1819—22 und 1825—27 Gegenden durchstreift, welche vor ihm noch keines Menschen Fuß betreten hatte, und hat dabei Mühseligkeiten ertragen, welche uns mit inniger bemitleidender Theilnahme und hoher Bewunderung zugleich erfüllen.

Am 23. Mai 1819 reiste Franklin auf Schiffen, welche der Hudsonsbaigesellschaft gehörten, von England ab, lief am 25. Juli in die Davisstraße ein und kam endlich in der Yorkfactorei der Hauptniederlage der Hudsonsbaigesellschaft an. Die Gebäude der Factorei bilden ein Viereck, sind zwei Stock hoch, haben platte mit Blei gedeckte Dächer und sind mit Pallisaden und Wällen umgeben. Hier hielt sich Franklin nur kurze Zeit auf und reiste dann auf einem Boote, welches aber leider so klein war, daß es nicht einmal den für eine lange Reise nöthigen Mundvorrath aufnehmen konnte, weiter, um sobald als möglich nach Cumberlandhouse, als dem nördlichsten englischen Handelsposten am Saskaschawanflusse, zu kommen, von wo aus er im nächsten Sommer die Landreise antreten wollte. Die Weiterreise auf den Flüssen war wegen des seichten und schlammigen Wassers höchst beschwerlich, sodaß oft selbst die Offiziere ins Wasser springen mußten, um die Matrosen, welche das Schiff an einem Seile zogen, zu unterstützen. Mit einem Freudengeschrei begrüßten daher die Matrosen den Schnappsstein (Dramstone), welcher das Ende der mühevollen Beschiffung des Hullflusses bezeichnete. Die Erquickung, auf welche schon der Name des Felsens hindeutet, wurde den Matrosen nicht versagt. Bald erreichten sie auch den Winipegsee, wo die Hudsonsbaigesellschaft einen Handelsposten hat. Die Indianer, welche hier wohnen, erzählen sich viel von einem bösen Geiste, dem sie übermenschliche Kräfte zuschreiben, deren er sich auf alle Weise bediene, um die armen Indianer zu quälen. Er sei jedoch nicht unbesiegbar, und einem listigen, alten Weibe sei es einmal gelungen, ihn gefangen zu nehmen. Diese züchtigte ihn mit Hülfe der übrigen Weiber des Stammes und richtete ihn so zu, daß dann das Wasser des großen Sees nicht hinreichte, ihn wieder rein zu waschen. Daher der Name Winipeg- oder Schmuzsee. Da bei ihrer Ankunft in Cumberlandhouse die Flüsse schon so mit Eis bedeckt waren, daß an eine Weiterreise in diesem Jahre nicht wol gedacht werden konnte, so beschlossen sie, in dieser Factorei zu überwintern. Die Gegend umher ist zwar niedrig, aber sehr fruchtbar und würde sich, nach Franklin's Aussage, zum Getreidebau gar wohl eignen. Auch würde es möglich sein, Pferde und Hornvieh zu halten, wodurch es den Europäern gelingen könnte, sich von den Indianern unabhängiger zu machen und sich der vielen Sorgen zu überheben, welche sie, im Falle die Jagd dürftig ausfällt, beunruhigen.

Interessant ist es, aus den Tagebüchern Franklin's und seiner Reisegefährten zu erfahren, welche Vorkehrungen und Zurüstungen sie zu ihrer Reise nach den Polargegenden trafen. Diese Vorkehrungen betrafen ihre Kleidung, ihre Lebensmittel, die Art und Weise, wie sie ihre Zelte, Decken u. s. w. fortschafften u. s. w.

Vor Allem war es nothwendig, sich mit Schneeschuhen zu versehen, ohne welche eine Reise in jenen Gegenden nicht möglich ist.

Die Länge des Schneeschuhs beträgt, nach der Größe Desjenigen, der ihn trägt, vier bis sechs Fuß, die Breite $1\frac{1}{2}$—$1\frac{3}{4}$ F. Er besteht aus einem an beiden Enden stark gekrümmten Stück Holze, in dessen Mitte sich eine Oeffnung für den Fuß befindet. An letzterem wird der Schneeschuh vermittelst Riemen befestigt. Es gehört einige Geschicklichkeit dazu, um sich derselben zu bedienen, ohne häufig hinzustürzen, und wenn dies geschehen ist, ohne fremde Hülfe aufzustehen. Jeder Schuh wiegt etwa zwei Pfund.

Die gewöhnliche Tracht der Reisenden besteht im Winter aus dem Capot, welcher mit einer Kappe versehen ist, die man bei windigem Wetter oder im Gehölz, um den Schnee vom Halse abzuhalten, aufzieht, ledernen Hosen und indianischen Strümpfen, welche an den Knöcheln um den obern Theil der Schneeschuhe festgeschnürt sind, damit kein Schnee hineinfallen kann. Hierüber trägt der Reisende einen ledernen Sack, der mit einem Gürtel um die Hüfte festgeschnallt wird, an welchem sein Feuerbeutel, Messer und Beil hängen.

Die Schlitten werden aus zwei oder drei ebenen Bretern, die sich vorn aufwärts krümmen und mit Querleisten verbunden sind, verfertigt. Sie sind so dünn, daß sie sich mit einer schweren Fracht nach den Unebenheiten des Bodens biegen, über welche sie hingleiten. Auf den 8—10 Fuß langen und sehr schmalen Hundeschlitten wird die Fracht um die Ränder her mit Schnüren befestigt. Die Cariole, deren sich die Pelzhändler bedienen, ist blos ein lederner Ueberzug für den untern Theil des Körpers. Dieser Ueberzug wird auf dem gewöhnlichen Schlitten befestigt und nach dem Geschmack des Besitzers bemalt oder verziert. Außer den Schneeschuhen hat Jeder eine Decke und gewöhnliche Feuergewehre. Ein solcher Schlitten wiegt ungefähr 30 Pfund.

Als Zugthier vor diesen Schlitten dient der Hund, dieses wichtigste Besitzthum der Bewohner der Nordländer. Die Hunde sind groß, haben ein wildes Ansehen, gleichen den Schäferhunden, die aus Neufundland stammen, sind aber zottig, gleich den Bauerhunden, und zeichnen sich durch kleine, spitze Ohren, grobes Haar und einen buschigen Schwanz aus. Sie sind im Allgemeinen dem Wolfe sehr ähnlich und Einige wollen daher sogar glauben, daß sie nichts als gezähmte Wölfe sind. Die Natur schützt sie gegen die strenge Kälte durch langes, reiches Haar, sowie durch ein weiches Unterhaar, welches im Anfange des Winters wächst und bei dem Eintritte der mildern Jahreszeit ausfällt. Wie hart sie sonst auch, namentlich durch Schläge, behandelt werden mögen, so ist man dennoch für sie, so lange sie jung sind, fast zärtlich besorgt. „Schämst du dich nicht, daß du dich mit deinem kleinen Bruder zankest?" sagen die Nordländer, wenn ein älterer einen jüngern Hund beißt. Leider müssen sie oft mit ihren Herren zugleich den heftigsten Hunger leiden; dann verzehren sie Alles, was ihnen vorkommt. Nach Parry's Erzählung fraß ein ausgehungerter Hund ein Stück Segeltuch, ein baumwollenes Schnupftuch und ein Stück eines leinenen Hemdes. Diese Hunde werden einzeln hintereinander gespannt, von einem wohl dressirten Leithunde angeführt und durch eine 20 Fuß lange Peitsche in Ordnung erhalten, übrigens aber durch Leute gelenkt. Drei Hunde ziehen nicht ganz 300 Pfund und machen eine englische Meile in sechs Minuten. Acht bis zehn Stück machen in der Regel ein Gespann.

Franklin's Reisezug.

Das Hauptnahrungsmittel, welches die Reisenden auf ihre Wanderung mitnehmen, ist der Pemmikan, eine Mischung von Fleisch und Fett. Während des Sommers bereiten die Indianer möglichst viel von diesem Nahrungsmittel und bewahren es für den Winter oder bringen es dann in die Niederlassungen der Pelzhändler zum Tausch. Die Art und Weise, wie man den Pemmikan bereitet, ist sehr einfach. Das Fleisch wird von den Indianern in der Sonne oder auf dem Feuer getrocknet und auf einem Felle mit Steinen klar gestoßen. So wird es nach den Forts gebracht, wo es von den darin befindlichen Haaren zum Theil befreit und mit dem dritten Theile an geschmolzenem Fett vermischt wird. Dies geschieht theils mit einer hölzernen Schaufel oder auch, indem man es mit den Händen zusammenknetet. Alsdann wird der Pemmikan fest in lederne Säcke gedrückt, von denen jeder 28 Pfd. fassen kann, zum Verkühlen an einen luftigen Ort gesetzt, worauf er sogleich verbraucht werden kann. Bewahrt man ihn vor Nässe, so hält er sich ein Jahr, bei vorzüglicher Sorgfalt auch wol zwei Jahre.

Außerdem müssen sich die Reisenden auf ihr Jagdglück verlassen. Zu größerer Sicherheit nehmen sie gewöhnlich indianische Jäger, deren Geschicklichkeit in der Jagd berühmt ist, als Begleiter und Wegweiser mit. Besonders macht man oft Jagd auf Rennthiere oder auf Büffel.

Fällt die Jagd schlecht aus, dann sind die Reisenden, welche selten Pemmikan genug bei sich führen können, oft der größten Hungersnoth preisgegeben, und sie müssen mit gebranntem Leder, dem Felle der Büffel, oder mit den wenigen eßbaren Kräutern, welche sie hier und da unter dem Schnee hervorgraben, ihr Leben fristen. Glücklich sind sie dann, wenn sie den halbverwesten Rest eines Rennthiers oder eines Büffels finden, welcher von einem Raubthiere getödtet ist; denn auch in diesen rauhen Gegenden zeigt das Raubthier, der Wolf, seine List gegen die stärkern Thiere. Während das Wild ruhig seiner Nahrung nachgeht, versammeln sich die Wölfe in großer Anzahl, bilden einen Halbmond und beschleichen das Rudel anfangs vorsichtig; sobald sie jedoch ihrer Sache sicher sind und dem Wilde den Rückzug in die Ebene abgeschnitten haben, rücken sie schnell vorwärts, schüchtern ihre Beute durch lautes Heulen ein und zwingen sie, nach dem Abgrunde, als die einzige offene Stelle, hinzufliehen. Sie müssen wissen, daß, wenn das Rudel einmal in voller Flucht ist, es leicht über den Felsen hinausgetrieben wird, weil die hintersten Stücke die vordersten drängen. Dann steigen die Wölfe nach ihrer Bequemlichkeit hinab, um die entseelten Thiere zu verzehren.

Bei gefrorenem Schnee oder guter Bahn legen die Reisenden gewöhnlich täglich etwa 15 englische oder drei deutsche Meilen zurück; ist der Schnee locker, so geht die Reise freilich langsamer. Auch haben die Reisenden darauf zu achten, einen bequemen Lagerplatz zu finden, wo sie die Nacht zubringen können. Ist die Gesellschaft am Ruheplatze angelangt, so wird der Schnee bis auf den Grund weggeräumt, der Platz mit Fichtenästen überworfen, über welche die Reisenden ihre Decken ausbreiten und an einem zu ihren Füßen prasselnden Feuer warm und bequem liegen, ohne selbst bei starkem Froste ein anderes Dach über sich zu haben als den Himmel. Niemand darf sich eher zur Ruhe begeben und das Feuer nicht eher angezündet werden, als bis Alles gehörig vorbereitet und hinlänglicher Vorrath an Holz herbeigeschafft ist. Die Hunde geben bei dieser geschäftigen Scene die einzigen unthätigen Zuschauer ab und bleiben angeschnürt, bis die Leute Zeit haben, die Schlitten abzupacken und jede Art von Lebensmitteln an Bäume, außer dem Bereich jener Thiere, aufzuhängen. Nur durch diese Vorsichtsmaßregel ist es möglich, die Lebensmittel vor diesen gefräßigen Thieren zu sichern. Ein Hauptpunkt, auf welchen die Reisenden bei der Wahl dieser Lagerplätze Rücksicht zu nehmen haben, ist natürlich ein hinlänglicher Vorrath an Brennmaterial. — Ueber die Resultate dieser wichtigen Entdeckungsreise behalten wir uns einen ausführlichen Artikel vor.

Die Anlegung eines Nachtlagers.

Einfuhr des Mahagoniholzes in Europa.

Der englische Capitain Gibbons, der auf einem westindischen Schiffe befehligte, war der Erste, der einige Bohlen Mahagoniholz, das vor mehren Jahrzehenden für moderne Meubles am gesuchtesten war und auch gegenwärtig noch viele Liebhaber findet, zu Ende des 17. Jahrhunderts, oder zu Anfange des 18. Jahrhunderts als Ballast mit nach Europa brachte. Er gab sie seinem Bruder, einem berühmten Arzte in London, der sich eben ein Haus bauen ließ. Die Zimmerleute aber fanden das Holz zu hart zur Bearbeitung, und so warf man es als unnütz bei Seite. Bald hernach brauchte die Frau Gibbons' einen Lichtkasten, und der Doctor Gibbons ließ seinen Tischler, Wollaston, rufen, ihm einen solchen Kasten aus dem Holze zu machen, das im Garten liege. Wollaston beklagte sich nun gleichfalls über die schwer zu bearbeitende Härte des Holzes. Indessen kam doch der Kasten zu Stande und gefiel so sehr, daß sich Doctor Gibbons auch einen Schreibtisch aus eben dem Holze machen ließ, dessen schöne Politur, Farbe u. s. f. ihm so gefielen, daß er alle seine Freunde einlud, das neue geschmackvolle Meisterwerk des Tischlers zu besehen. Unter diesen Beschauern befand sich zufälligerweise auch die Herzogin von Buckingham, die sich etwas von diesem Holze ausbat und sich von Wollaston ebenfalls einen Secretair nach der modernsten Form verfertigen ließ. Hierdurch wurde das Holz immer mehr bekannt und kam nach und nach zu der Aufnahme, die es noch jetzt genießt.

Ein Fest aus dem 15. Jahrhundert.

Der Herzog von Burgund, Philipp der Gute, gab im Jahre 1453 zu Lille in Flandern ein Fest, wozu eine Gesandtschaft die Veranlassung gab, die von dem griechischen Kaiser zu Konstantinopel kurz vor dem Ende des griechischen Kaiserreichs an die vornehmsten europäischen Höfe gelangte, um Hülfe gegen die Türken zu suchen. Philipp der Gute fühlte sich durch die an ihn gestellte Bitte so sehr geschmeichelt, daß er der griechischen Gesandtschaft seinen Beistand mit der größten Feierlichkeit zusagen zu müssen glaubte. Er veranstaltete dazu ein großes Gastmahl, wozu er alle seine Vasallen und Edlen einlud. In einem großen Saale wurden drei Tafeln zubereitet. Die mittlere hatte die Form eines Hufeisens und trug als Schaugericht einen Thurm, ein Schiff und andere Gebäude. An dieser Tafel saß der Herzog selbst. Die beiden Seitentische waren ebenfalls mit kunstreichen, zum Theil allegorischen Figuren besetzt. Ein gewaltig großer Aufsatz hatte die Form einer Pastete. In dieser kolossalen Pastete staken die Musikanten, die zum Schmause aufspielten. Am Ende des Saales war dem Herzoge gegenüber ein Theater angebracht, worauf während der Mahlzeit die Eroberung des goldenen Bliesses durch Jason und seine Argonauten aufgeführt wurde.

Mit dem Schlusse dieses Schaustückes fing die Pracht erst recht an. Zum Erstaunen der Gäste trat ein Riese in türkischer Tracht mit einem Turban in den Saal, der einen Elephanten führte. Dieser trug einen Thurm, in welchem eine verschleierte Dame saß. Der Zug machte vor dem Herzoge Halt. Die Dame im Thurme erhob ihre Stimme, sang ein rührendes Triolet, und als sie ausgesungen hatte, hielt sie eine Rede in Versen an den Herzog, um ihn zu bewegen, sie gegen die Barbaren zu schützen. Der Herzog winkte dem Herold des goldenen Bliesses, und ein schönes Fräulein trug ein Hauptgericht auf, einen Fasan mit vergoldetem Schnabel und vergoldeten Füßen. Nun gelobte der Herzog feierlich, daß er, wenn der König von Frankreich, der Lehnsherr, gegen die Türken ziehen werde, er unbedingt folgen und mit dem Sultan selbst Mann gegen Mann streiten werde.

Das Gelübde des Herzogs begeisterte alle anwesenden Ritter und Edlen, und Alle wiederholten das Versprechen, mit Hinzufügung ganz eigner Betheuerungen. So betheuerte der Eine, daß er sich nicht eher zu Tische setzen wolle, als bis er sich mit den Ungläubigen geschlagen hätte; ein Anderer gelobte, bis dahin keinen Wein zu trinken, ein Dritter, Freitag Abends nicht zu Bette zu gehen; ein Vierter, nicht eher nach Europa zurückzukehren, ohne eine bestimmte Anzahl gefangener Türken mitzuschleppen. Es wurde aber aus der ganzen Sache nichts, denn ehe man sich noch in marschfertigen Zustand versetzt hatte, lief schon die Nachricht von der Eroberung Konstantinopels durch die Türken ein.

Eine preußische Gesandtschaft auf den Sandwichinseln.
[Beschluß.]

Jetzt wurden die Kisten mit den Geschenken in den Saal gebracht und in Gegenwart der Versammelten geöffnet. Capitain Wendt und ich suchten die Sachen in einer gewissen Ordnung aufzustellen, um dadurch einen größern Effect hervorzubringen. Die Versammlung zeigte ihr hohes Erstaunen über die große Menge der Geschenke; doch Kauike-aouli, auf der Bank sitzend, betrug sich anfangs so abgemessen zurückhaltend, daß man sein Betragen sehr bald für erkünstelt halten mußte. Die Statuen in Eisen gegossen, worunter sich die von Friedrich II., Alexander I., von Napoleon, Blücher u. s. w. befanden, erregten die lebhafteste Freude; vor Allem wurde die von Friedrich II. bewundert; der König ließ sie sich nach seinem Sitze bringen, um sie genauer zu betrachten. Die Decorationen einer militairischen Uniform, der Hut mit dem Federbusche und ganz besonders der schöne Degen schienen außerordentlich zu gefallen. Ein reiches Sattelzeug wurde sogleich einem Schimmel angelegt und erregte große Freude; aber vor Allem gefielen die prachtvollen Gemälde seiner Majestät des Königs von Preußen und das des Fürsten Blücher, welches einst Kauike-aouli zu sehen gewünscht hatte. Die Abbildungen der verschiedenen Truppengattungen der königl. preuß. Armee, welche sich ebenfalls unter den Geschenken befanden, gingen beständig in der Versammlung herum und wurden, mit den lautesten Bemerkungen begleitet, vielfach bewundert. Unter den Geschenken, welche der etwaigen Gemahlin Kauike-aouli's bestimmt waren, befand sich ein sehr feiner Damenhut mit künstlichen Blumen verziert; er erregte besonders die Neugierde der jungen Königin Kinau, die bei ihrer außerordentlichen Riesengestalt dennoch einige ganz besondere Reize besitzt. Sie ließ sich den Hut aufsetzen und wurde darin allgemein bewundert. Auch der Schmuck gefiel dieser Dame außerordentlich, und sie wünschte, daß er ihr angelegt würde, wobei wir selbst in die größte Verlegenheit geriethen, da die Armbänder und die Halskette, obgleich ausnehmend groß gemacht, dennoch nicht passen wollten. Nur mit größter Mühe gelang es uns, die Halskette zu befestigen, indem wir den Hals der Dame stark zusammenschnüren mußten, und dabei ist sie im Verhältniß zu den Uebrigen ganz und gar nicht stark, sondern vielmehr fein und zart gebaut.

Kauike-aouli wurde ersucht, die Uniform anzulegen, was er auch sogleich mit Hülfe seines Secretairs Halilei im Nebenzimmer that; doch als es plötzlich hieß: „Die Missionare kommen!" legte er sie schnell wieder ab. Als er mit der angezogenen Uniform in den Saal zurückkam und seine Schwägerin Kinau im Schmucke erblickte, sagte er sogleich, daß sie ihn ablegen solle, denn er wäre durchaus nicht für sie bestimmt; auch würde sie nichts davon bekommen. Die Schwägerin gehorchte augenblicklich, ohne irgend eine böse Miene dabei zu machen. Die feine Leinwand, die seidenen Stoffe, die

Toilettenstücke und noch viele andere Sachen erregten den Neid der anwesenden Damen, denn Kauike=aouli behielt Alles für sich.

Während die Geschenke übergeben wurden, saß Kaahumana, die Königin Mutter, still und traurig; sie konnte ihren Neid nicht verbergen und stellte sich lieber krank; zwei Diener standen neben ihr und mußten ihr beständig frische Luft zuwehen. Ein Stock mit einer Mundharmonica, den wir an John Adams, den Gouverneur, geschenkt hatten, gefiel der alten Frau so außerordentlich, daß sie ihn in Beschlag nahm und sogleich in Gegenwart der hohen Versammlung ihre musikalischen Talente darauf versuchte.

Die überreichten Geschenke machten auf Kauike=aouli und alle Große des Reichs den angenehmsten Eindruck; obgleich Ersterer stets ein sehr abgemessenes, erkünsteltes und offenbar von den Missionaren anbefohlenes Betragen zeigte, so hatte er doch zu den englischen Kaufleuten gesagt, daß er ganz beschämt wäre, denn er habe Sr. Majestät dem Könige von Preußen nur einen Federmantel, eine solche Kleinigkeit, geschenkt und erhalte jetzt so außerordentlich viele Sachen, die er nicht zu vergelten wisse. Es ist in der That wahr, daß, so oft auch die Engländer nach den Sandwichinseln Geschenke geschickt haben, diese nie den Werth derjenigen überstiegen, welche wir zu überreichen die hohe Ehre hatten.

Die Veranlassung zu diesen Geschenken, welche Se. Majestät unser König an den Beherrscher der Sandwichinseln schickte, schreibt sich von der ersten Anwesenheit des königl. preuß. Seehandlungsschiffes Prinzessin Luise zu Honoruru her. Kauike=aouli, damals noch viel jünger, hatte Vieles von den Thaten der preuß. Nation in dem großen Befreiungskriege gegen Napoleon gehört, und daß ihren Anstrengungen allein der größte Theil des glücklichen Erfolgs zugeschrieben werden müsse. Man hatte ihm Viel von unserm damaligen Feldmarschall, dem Fürsten Blücher, erzählt, und eine gewisse Bewunderung der großen Thaten dieses Mannes bemächtigte sich seiner, wobei er oftmals den Wunsch ausgedrückt hatte, daß er wenigstens das Bild dieses tapfern Mannes zu sehen wünschte. In seiner Bewunderung für Preußen schickte er Sr. Majestät dem Könige von Preußen einen bunten Federmantel, begleitet mit einem Schreiben, worin er den hohen Werth dieses Gegenstandes auseinandersetzt, da diesen Mantel einst Tamehamea I. in den Schlachten getragen habe, welche die Unterwerfung aller Sandwichinseln unter seine Regierung zur Folge hatten. Sowol dieser Federmantel als auch das ihn begleitende Schreiben sind auf der königl. Kunstkammer in Berlin zur Aufbewahrung niedergelegt worden.

In Folge dieses Geschenkes hatte Se. Majestät der König die Gnade, mit der ersten Gelegenheit, welche sich bei der abermaligen Reise der Prinzessin Luise darbot, das Bildniß des Fürsten Blücher, begleitet von alle den vielen andern Geschenken, an Kauike=aouli zu übersenden.

Oele zu reinigen und vor dem Ranzigwerden zu sichern.

An der atmosphärischen Luft erleiden die fetten Oele eine bedeutende Veränderung. Das Ranzige, welches sich bildet, hat seine Entstehung in der Verbindung des Sauerstoffes der uns umgebenden Luft mit den schleimigen Materien der Oele. Aus dieser Ursache verlieren sie nach und nach ihre Flüssigkeit, und einige von ihnen, die man deshalb auch trocknende Oele nennt, nehmen eine solche Consistenz an, daß sie sich zuletzt gar nicht mehr fettig anfühlen lassen und dem Papiere keine Flecken ertheilen. Um nun das Oel dagegen zu verwahren, vermischt man dem Rauminhalte nach gleiche Theile Oel und heißes Wasser und rührt Alles eine Viertelstunde lang tüchtig untereinander. Hierauf läßt man es einige Tage in Ruhe. Das Oel sondert sich von dem Wasser und schwimmt wegen seiner größern Leichtigkeit auf diesem. Das Oel, dessen Schleimtheile durch das Wasser entzogen sind, wird hierauf behutsam abgegossen. Graf Chaptal von Chanteloup, ein berühmter französischer Chemiker, hat ein auf diese Weise behandeltes Oel mehre Jahre offen stehen gehabt, ohne daß es eine Veränderung erlitt.

Die Lotusblume.

Unsere Leser dürfte es beim ersten Blicke befremden, daß wir aus dem unendlichen Gebiete der Flora oder Blumenwelt ein einzelnes Species herausnehmen und eine Beschreibung, ja selbst eine Abbildung von einer Blume geben, die sich weder durch Lieblichkeit des Duftes noch durch Schönheit der Form mit unserer Rose messen kann. Doch ungeachtet ihres Mangels an äußern besonders ansprechenden Eigenschaften hatte sie das seltsame Geschick, von zwei Nationen als ein Heiligthum verehrt, ja selbst von Dichtern noch in neuester Zeit besungen zu werden. So schildert Southey einen mit Lotus übersäeten See:

Klar wie Krystall und genährt von unversieglichen Quellen
Schmiegt sich ein freundlicher See an den benachbarten Strom,
Blendend wie glänzender Stahl schwellt ihn sein ruhiges Wasser.
Wenn dann sanfte Zephyre leise die Fläche berühren,
Funkelt ein plötzliches Licht rings um des Lotus Stamm,
Und das heil'ge Gewächs tauchet den rosigen Kelch auf,
Senket sich auf und ab in zartgefächelter Welle;
Während der wachsende Wind die Schwere des Blumenkelchs schaukelt,
Schlagen die glänzenden Blätter wie Flügel die zitternde Welle.

Schon der alte Homer erzählt, daß Odysseus nach der Zerstörung Trojas zu einem Volke von mildem Charakter an der Nordküste von Afrika kam, welches sich von den Früchten der Lotusblume ernährte. Dem Genusse dieser Frucht schrieben die Lotophagen oder Lotusesser — so nannte der alte Dichter dieses Völkchen — die Wirkung zu, dem Fremdlinge das Andenken an die Freunde seiner Heimat zu vertilgen und die Sehnsucht nach dem Vaterlande zu stillen. Eigenthümlich ist der Mythus oder die religiöse Sage Indiens, in welche diese Wasserblume verflochten ist. Nach dem Religionsglauben der Indier ist ihr größter Fluß, der Ganges, eine Göttin Gange, welcher der Lotus als Sinnbild der Fruchtbarkeit geweiht war.

Die Indier nehmen eine aus den Göttern gebildete Dreieinigkeit an; die Art dieser Vereinigung ist dem menschlichen Verstande unbegreiflich. Nach einigen Auslegern des indischen Religionsglaubens ist Brahma, nach Andern Wischnu, nach Andern Schiwa die erste Hauptperson der Dreiheit. Der Inhalt der Religionssage, soweit sie unsere Blume betrifft, ist etwa folgender: „Das ewige Wesen, das keinen Anfang hat, die Seele der Seelen, Atma (Athem), beschloß noch Wesen außer sich zu schaffen, und webte aus dem Einschlag und den Längenfäden der Eigenschaften, Hervorbringung, Erhaltung, Zerstörung, ein Gewebe, bekleidete sich damit und verhüllte sich dahinter. Aus diesem Schleier besteht alle Schöpfung der Welt. Das All ruhete, mit Wasser bedeckt; aus dem Gewässer tauchte die Lotusblume auf und Brahma ruhte auf ihr, auf dem unermeßlichen Elemente schwimmend. In eine Welt voll Dunkelheit gehüllt und überall nichts als Wasser erblickend, betrachtete er sich selbst mit seinem vierköpfigen Haupte und staunte über das Räthsel seines Daseins. Wer hat mich hervorgebracht? Woher komme ich? Was bin ich? Aber 100 Jahre brachte er, in tiefes Nachdenken versunken, auf dieser Blume zu, und es ward ihm kein Aufschluß über seine Abkunft und Bestimmung. Dem kummervoll über sich Hinsinnenden rief einst plötzlich eine Stimme, die durch das Weltall wiedertönte, folgende Worte zu: „Richte dich mit Gebet an Bhagavat" (die höchste Gottheit.) Sogleich setzte sich Brahma auf seine Lotusblume in eine nachdenkende Stellung und versenkte sich in ein tiefes Sinnen über die Macht und die Eigenschaften des Allmächtigen. Durch die Kraft seines Nachdenkens offenbarte sich ihm das Wesen aller Wesen unter einer männlichen Gestalt mit 1000 Köpfen; er begann ihn zu preisen und seine Gebete fanden Erhörung. Mehr und mehr trat dem Betrachtenden das unsichtbare Wesen aus dem Dunkel hervor und entfaltete die unendliche Menge der Gestalten seines Wesens, aber noch als tiefschlummernde Kräfte. Versenke dich in Betrachtung, gebot der Allmächtige, und wenn du durch Andacht und Buße zur Kenntniß meiner Allwissenheit gelangt bist, so will ich dir die Kräfte zum Schaffen geben; du sollst die Welt und das in meinem Schooße ruhende Leben entwickeln." Nach 100 göttlichen Jahren der Andacht rüstete der Ewige ihn mit Kraft, und er schuf.

Der alte griechische Schriftsteller Herodot erzählt uns, welchen Gebrauch die alten Aegypter von dem Lotus machten. „Die Aegypter, welche in den sumpfigen Niederungen wohnen, machen auf eine sehr leichte Art die Ernte des Lotus, als eins ihrer vornehmsten Erhaltungsmittel. Wenn die Gewässer ihren höchsten Stand erreicht und die Felder überschwemmt haben, so entsprießen auf der Oberfläche unzählige Pflanzen von der Gattung der Lilien, welche die Aegypter Lotus nennen. Diese schneiden sie ab und trocknen sie in der Sonne. Aus dem Samen, welcher mit dem des Mohnes Aehnlichkeit hat, backen sie eine Art Brot; zugleich bedienen sie sich auch der Wurzel, welche einen lieblichen Geschmack hat und so groß als ein Apfel ist, zu ihrer Nahrung." Das häufige Vorkommen der Lotusblume auf den alten ägyptischen Denkmälern in den Grabgewölben (Katakomben) und auf den Abbildungen von religiösen Ceremonien beweist, daß diese Blume ein Gegenstand hoher Verehrung bei ihnen war. Jetzt schätzen die Aegypter diese Blume nur noch wegen ihres schönen Aussehens, machen aber als Nahrungsmittel keinen Gebrauch mehr von derselben.

Die Lotusblume.

An die Leser des Pfennig=Magazins.

Die Zerstörung der beiden an geschichtlichen Erinnerungen so reichen Parlamentshäuser in London durch den Brand am 16. October dieses Jahres gibt uns Anlaß, die Leser auf die im ersten Jahrgange des Pfennig=Magazins No. 35 und No. 37 enthaltenen Abbildungen der innern Ansichten der Sitzungssäle sowol des Ober= als des Unterhauses aufmerksam zu machen.

Verantwortliche Herausgeber: Friedrich Brockhaus in Leipzig und Dr. E. Dräxler=Manfred in Wien.
Verlag von F. A. Brockhaus in Leipzig.

Das Pfennig-Magazin
der
Gesellschaft zur Verbreitung gemeinnütziger Kenntnisse.

86.] [2. Jahrg. 34.] [December 5, **1834**

Der Brand von Wiener-Neustadt.

Der Brand von Wiener-Neustadt.

Wir geben hier dem Leser die Abbildung eines denkwürdigen Brandes, welcher am 8. September dieses Jahres in Wiener-Neustadt ausbrach und einen großen Theil dieser Stadt einäscherte. Wir verdanken diese Abbildung Herrn Professor Höfel, welcher als ein Bewohner von Wiener-Neustadt selbst gefährdet war. Er hat kein

Phantasiestück entworfen, sondern die Scene, wie sie sich hier darstellt, aus dem Leben genommen. Im Vordergrunde ringt eine kniende Mutter, deren Kind verbrannte, voll Verzweiflung die Hände, und die mit dem Bette über die Straße getragene Person ist der Dr. Semeleder, ein geschätzter Jurist von Wiener-Neustadt, welcher einige Stunden vor dem Ausbruche des Feuers das Unglück gehabt hatte, aus dem Wagen zu fallen und den Fuß doppelt zu brechen. So wurde er in einer Lage, wo ihm alle Selbsthülfe unmöglich war, der nahen Gefahr entrissen und glücklich in Sicherheit gebracht. Es war, als ob die Flamme ihr Ziel sich auserkohr; denn mit unbegreiflicher Gesetzlosigkeit übersprang sie oft naheliegende brennende Gegenstände, gleichsam mit geringschätzender Umgehung derselben, und zündete das Haus, welches sich noch sicher glaubte. Die Flammen, statt von Dach zu Dach sich fortzupflanzen, züngelten oft unversehends selbst auf breiten Straßen an den gegenüberstehenden Häusern empor. Das furchtbar launenhafte Spiel der Flamme verwüstete das Erdgeschoß einer Schmiede und ließ die Stuben des ersten Stockwerks und das hölzerne Dach unversehrt. Auf der Neunkirchnerstraße übersprang es in der ersten Heftigkeit 10—12 Häuser, aber als wollte es das eilig Uebergangene einholen, sprang es ebenso schnell wie der Rückschlag des Blitzes zurück. Ueber 9000 Personen verloren ihr Obdach und zum Theil ihre ganze Habe, und von mehr als 600 Häusern, worunter drei Kirchen, blieben nur wenige verschont. Der Schaden an Waaren und Gebäuden beläuft sich auf mehre Millionen Gulden. Aus dem Rathhause, welches gleichfalls ein Raub der Flammen wurde, hat man zum Glück den wichtigsten Inhalt, das Archiv, gerettet. Schrecklich war der Anblick der rauchenden Trümmer einer ganzen Stadt, unter denen die Habe von mehr als 1000 Familien, und, was noch viel beklagenswerther, 51 Menschen, begraben lagen; aber mächtig wirkte er auch auf den edeln, menschenfreundlichen Sinn vieler Bewohner Wiens. Während Seine Majestät der Kaiser sogleich 10,000 Gulden Conv.-Münze den Abgebrannten als augenblickliche Unterstützung bewilligten und ihnen mancherlei andere Hülfe gewährten, ließen Ihre Majestät die Kaiserin von Oestreich zur Unterstützung der Verunglückten 3000 Gulden Conv.-M., Se. Majestät der jüngere König von Ungarn und Kronprinz 2000 Gld. Conv.-M. und Se. kais. Hoheit der Erzherzog Anton 1000 Gld. Conv.-M. den Behörden zustellen. Alle übrigen Mitglieder der kaiserlichen Familie folgten diesem schönen Beispiele. Auch die eingeleiteten Sammlungen brachten einen reichlichen Ertrag. In mehren Theatern und an andern öffentlichen Orten wurden Vorstellungen, Concerte u. dgl. zu Gunsten der Abgebrannten gegeben.

Ueber die Wirkungen des Kaffees.

Noch ehe der Kaffee ein allgemein in Deutschland und Frankreich eingeführtes Getränk war und man statt dieses flüssigen Aroms noch des Morgens die Lebensgeister mit einer kräftigen, magenstärkenden Biersuppe anregte, drängte schon eine wissenschaftliche Abhandlung über den Einfluß dieses Getränks auf den menschlichen Körper die andere. Ehe wir zur nähern Erörterung dieses durch hundertjährige Erfahrung bereits genau nachgewiesenen Einflusses eingehen, sei es uns vergönnt, noch einige interessante Notizen aus der Einführungsgeschichte des Kaffees vorangehen zu lassen.

Bis zum J. 1669 war der Kaffee nur ein Privatgetränk. Der bekannte Reisende Thevenot brachte den Kaffee im J. 1657, als er von seinen Reisen zurückkam, nach Paris und bewirthete damit seine Freunde, als mit einer ausländischen Curiosität. Erst im Jahre 1660 wurde der Kaffee durch Soliman Aga, welchen Sultan Mohammed IV. als Botschafter nach Paris geschickt hatte, daselbst allgemeiner bekannt. Der glänzende Hof Ludwig XIV. hatte durch seinen Einfluß auf das Volk die Sitten verfeinert, aber auch den Sinn für äußere Pracht und Luxus geweckt; der Ton, den der Hof angab, fand bei dem Adel und dem wohlhabenden Bürger unbedingte Nachahmung, und das Neue reizte nur, weil es neu war. Eine türkische Gesandtschaft war ein außerordentliches, nie erlebtes Ereigniß, und Soliman wurde der Gegenstand des Tagesgesprächs. In den gesellschaftlichen Cirkeln am Hofe ließ er den Damen den schwarzen Kaffee ohne Milch und Zucker, wie er im Morgenlande getrunken wird, durch türkisch gekleidete Sklaven, nebst Servietten mit goldenen Franzen, präsentiren. Anfangs war in Paris viel weniger der Wohlgeschmack an dem ausländischen Tranke als vielmehr die Annahme des Hoftons und Befriedigung der Eitelkeit der wahre Beweggrund zum Genuß des Kaffees; denn als Paschal, ein Armenier, sich durch seine Kaffeebude daselbst ein ansehnliches Vermögen erworben hatte, wollte es seinen Nachfolgern gar nicht glücken, den Ruhm der Kaffeebuden aufrecht zu erhalten, bis ihn endlich ein Sicilier, Namens Procope, erst um das J. 1700 wiederherstellte. Desto mehr Geschmack fand man in England an dem neu eingeführten Getränke; denn als König Karl 1663 die Kaffeehäuser gesetzlich aufhob und wegen heimlicher Uebertretungsfälle das späterhin zurückgenommene Verbot 1673 erneuerte, drohten die Kaffeetrinker mit einem Aufstande. In Deutschland wurde der Kaffee erst zu Ende des 17. Jahrhunderts und namentlich, wie man behauptet, von Frankreich aus bekannt. Anfangs bezogen die Krämer von den Kaufleuten nur geröstete Bohnen. Das erste Kaffeehaus in Deutschland wurde zu Nürnberg, wie die Chronik dieser Stadt berichtet, hinter dem Rathhause von dem Bürger Stör etablirt. Erst 1720 wurde dies Getränk in Sachsen bekannt.

Schon 1671 hob der Italiener Dominico Magri in einem Büchelchen, betitelt: „Virtù del cafe", d. h. die Tugenden des Kaffees, alle guten Eigenschaften dieses morgenländischen Getränkes heraus, und in demselben Jahre erschien eine Abhandlung: „De potione saluberrima cahue"*), d. h. über das äußerst heilsame Kaffeegetränk, zu Rom von F. Naironi. Wir sehen nun hieraus, daß man schon in damaliger Zeit den Wirkungen des Kaffees auf die menschliche Gesundheit Aufmerksamkeit widmete. Seitdem sind nun bereits über 100 Jahre verflossen und man kann somit die Resultate hinsichtlich der Wirkungen auf den gesunden und kranken Zustand des menschlichen Körpers als geschlossen ansehen. Es mag uns daher vergönnt sein, das Wesentlichste hierüber zusammenzustellen. Der gebrannte und zerpulverte Aufgußkaffee erzeugt in dem Magen eine angenehme Empfindung von Wärme, erhöht dessen Thätigkeit als selbstarbeitendes körperliches Werkzeug und erleichtert und befördert, kurz vor oder ein bis zwei Stunden nach der Mahlzeit genossen, die Verdauung; zugleich wirkt er erregend auf die übrigen Organe; das Herz schlägt rascher, das Blut bewegt sich in schnellerm Kreislaufe und

---

*) So nennen die Türken den Kaffee.

der Ausdünstungsproceß durch die Hautporen oder Schweißlöcher wird beschleunigt. Bei Personen, welche nicht daran gewöhnt sind oder welche ihn in ungewohnter Stärke oder Menge zu sich nehmen, kann er Fieberhitze, Zittern und Herzklopfen zur Folge haben, und da überhaupt jede körperliche Aufregung auf die Thätigkeit des Geistes einen Einfluß ausübt, so belebt auch der Kaffee die Einbildungskraft; ihre Bilder sind lebendiger, aber auch verworrener, denn sie sind keine Erzeugnisse eines mit Willensfreiheit und Bewußtsein schaffenden Verstandes und Schönheitssinnes, sondern sie tauchen durch äußere Reize aus der Seele auf. Solche Bilder gestalten sich oft Abends im Dunkeln in ganz bestimmten Umrissen und gleichsam verkörpert zu jenen, von einem unserer größten Schriftsteller Empfindbilder *) genannten, Erscheinungen. Ob er aber nach der Behauptung einiger Naturforscher sogar Ohnmacht und Schwindel erregt, Augenschwäche erzeugt und Hautausschläge zur Folge hat, wollen wir dahingestellt sein lassen. Jedoch sollen Hämorrhoidalbeschwerden oft ihren Grund in dem Genusse des starken Kaffees haben. Wegen seines Nerven- und Gehirnreizes ist er bei den Gelehrten und Dichtern sehr beliebt; denn es scheint, als ob er vermittels der körperlichen Wärmeerregung durch eine natürliche Sympathie des Körpers mit der Seele bei dem Gelehrten auch das Interesse an dem Stoffe, den er bearbeitet, lebendig erhält, und bei dem Dichter den Phantasiebildern eine größere Lebendigkeit ertheilt. Voltaire und Fontenelle konnten ohne Kaffee nicht arbeiten; er war ihrer Muse Bedürfniß geworden. Ziemlich bekannt ist der witzige Scherz, welchen einst Herr von Fontenelle über den Kaffee machte. In seinem hohen Alter befiel ihn eine Krankheit und er ließ den Arzt rufen. Dieser, welcher seine gewohnte Lebensweise, fast den ganzen Tag ununterbrochen Kaffee zu trinken, recht wohl kannte, sagte zu ihm: „Die alleinige Ursache Ihres Uebels, gnädiger Herr, ist der Kaffee; der Kaffee ist ein schleichendes Gift." „Getroffen", entgegnete ihm der französische Philosoph; „es muß sehr schleichend sein; denn ich bin beinahe 100 Jahre alt geworden, ohne daß mich dieses Gift seine verderbliche Wirkung empfinden ließ." Wir sind jedoch weit entfernt, auf dieses einzige Beispiel ein allgemeines Resultat hinsichtlich der Wirksamkeit des Kaffees gründen zu wollen. Der Kaffee kann den innern Zusammenhang oder Organismus der menschlichen Leibesbeschaffenheit, er kann das naturgemäße System der Muskeln, der Nerven, der Gefäße verändern, ohne daß sich ein solcher naturwidriger (abnorme) Zustand durch ein fortwährendes Gefühl von Unwohlsein oder Unbehaglichkeit als einen krankhaften beurkundet. Auf welche Weise man aber ermessen könne, wie tief die dadurch verursachte körperliche Beschaffenheit unter dem reinen (idealen) Gesundheitszustande stehe, das ist eine ganz andere Frage. Ein vollkommener Gesundheitszustand ist überhaupt nur eine Idee, welcher sich die verschiedenen Leibesbeschaffenheiten mehr oder minder nähern. Träte der Nachtheil des Kaffees augenblicklich ein, so würde man seinem Wohlgeschmacke und seiner angenehmen Wirkung schwerlich die Gesundheit aufopfern, und man würde ihn als tägliches Getränk ausschließen. Da er aber den uneigentlich krankhaften Zustand ganz allmälig entwickelt, so gewöhnt er auch den Menschen daran und stumpft das Gefühl für die Empfindung der Krankheit ab. Allein das Gefühl der Unbehaglichkeit, und folglich des Krankseins, stellt sich in einem andern Sinne ein, wenn der Mensch plötzlich seine gewohnte Lebensweise unterbricht und sich des Kaffees mit einem Male gewaltsam zu enthalten sucht; diese Erscheinungen, als mittelbare Nachwirkungen des Genusses jenes Getränkes, geben den besten Maßstab an die Hand, wie weit der gewohnte und scheinbare Gesundheitszustand unter dem natürlichen stehe. Manche Leute empfinden dann eine gewisse Frostigkeit, Unbehaglichkeit, verdrüßliche Laune, welches sie auf die Entbehrung des Kaffees, als eines vermeintlich gesunden Getränks, schieben, während es doch eigentlich nur die Rückwirkung der durch eben diesen Genuß allmälig verdorbenen Leibesbeschaffenheit selbst ist, welche sich fühlbar macht. Es ist dies eine alltägliche Erfahrung, welche nicht nur der Kaffeetrinker, sondern auch jeder Wein-, Bier-, Thee- und Branntweintrinker an sich selbst machen kann. Wenn aber sogar in neuerer Zeit homöopathische Aerzte den Kaffee beschuldigen, daß er die Zähne zerstöre, so ist dies wol mehr auf Rechnung des hohen Hitzegrades, als auf den unmittelbaren Einfluß der Natur des Kaffees selbst zu setzen; daß aber sogar der Beinfraß, von welchem oft ohne sichtbare Ursache Kinder von ein bis zwei Jahren angegriffen werden, dem Kaffee zuzuschreiben sei, dürfte man wol nicht unbedenklich annehmen können. Darin aber stimmen die Aerzte fast sämmtlich überein, daß der Kaffee den Kindern durchaus nicht gereicht werden sollte und daß er erst mit der vollendeten körperlichen Ausbildung, mit Maß genossen, ohne einen sehr erheblichen Nachtheil ist. Je stärker aber die Dosis Kaffee ist, an welche man sich gewöhnt hat, um so unbrauchbarer macht man das in mancherlei Krankheiten so wirksam sich bewährende Arzneimittel des Kaffees selbst. Er wird mit Vortheil gegen Magenschwäche angewendet und lindert die davon herrührenden Kopfschmerzen. Die Orientalen gebrauchen ihn, um die Wirkungen eines übermäßigen Opiumgenusses zu neutralisiren, d. h. aufzuheben. Der berühmte englische Arzt Musgrave verschrieb ihn gegen die Anfälle von Engbrüstigkeit, welche sich nicht selten bei Podagristen einstellen. Auch dem nicht gerösteten Kaffee mißt man Heilkräfte bei. Um ihn als solchen zuzubereiten, gießt man zu den grünen Bohnen so viel Wasser, daß die Bohnen grade damit bedeckt sind, stellt sie an ein gelindes Feuer und nimmt sie erst dann davon weg, wenn das Wasser so weit verdampft ist, bis die Bohnen nur noch feucht anzufühlen sind. Hierauf stellt man sie in einen warmen Ofen, um sie völlig auszutrocknen, wobei man nur darauf zu sehen hat, daß sie nicht rösten. Endlich mahlt man ihn wie auf die gewöhnliche Weise zu Pulver, nimmt zu 18 Loth Wasser ein Loth Kaffee und kocht ihn in einem irdenen Gefäße. In dieser Gestalt soll man ihn, nach dem Zeugnisse eines erfahrenen Arztes, des Dr. Grindel, welcher damit in der Heilanstalt der Universität Dorpat eine Reihe von erprobten Versuchen anstellte, vortheilhaft gegen die Wechselfieber anwenden. Unter 24 Krankheitsfällen dieser Arten widerstanden der Wirkung dieses Decocts oder gekochten Aufgußgetränkes nur einige Wenige. Auch soll man ihn mit demselben Erfolge als Pulver gegen die erwähnte Krankheit anwenden können, wie die Chinarinde. L. F. Schmidtmann sieht den Kaffee als eine Wohlthat an und erklärt in einem lateinisch geschriebenen Werke über seine dreißigjährigen Erfahrungen in der Heilkunde die Abnahme der Wechselfieber nach der Continentalsperre

---

*) So nennt Jean Paul in einer vortrefflichen Abhandlung über den Traum in seinem „Museum" die lebendigsten Phantasiebilder, die eine täuschende Aehnlichkeit mit wirklichen äußern Gegenständen haben, und welche nicht nur im Traume, sondern auch im aufgeregten Zustande während des Wachens erscheinen.

als eine Folge dieses wegen seiner Wohlfeilheit wieder allgemeiner gewordenen Getränkes. Wenn nun auch auf den ersten Augenblick die Thatsache, daß im Jahre 1826 an verschiedenen Orten Wechselfieber hauseten, der Annahme zu widersprechen scheint, daß Kaffee dem Einflusse des Miasma (Ansteckungsstoff) der Wechselfieber entgegenwirkt, so verdient doch bemerkt zu werden, daß diese Art Fieber in dem genannten Jahre vorzüglich in feuchten und sumpfigen Gegenden graſſirten, auch war damals das Wechselfieber weniger epidemisch (allgemein verbreitet), als vielmehr endemisch (ſtellenweis hauſend) und herrſchte vorzüglich da, wo grade ein ſtehendes Waſſer in der Nähe war, mit deſſen Abtrocknung das Fieber verſchwand. Jedoch ſcheinen die bis dahin gemachten Erfahrungen über dieſe beſondere Heilkraft des Kaffees noch zu keinem entſcheidenden Urtheile zu berechtigen. Schädlich aber iſt der Kaffee für Hypochonder und für Solche, welche an Hämorrhoidalbeſchwerden leiden.

Der indiſche oder gehelmte Caſuar
(Casuarius indicus Cuv., Struthio Casuarius Linn.).

In der fünften von Cuvier angenommenen Ordnung der Vögel, Stelzvögel genannt, machen die Rieſenvögel die erste Familie aus. Die hierher gehörigen Vögel ziehen nicht nur durch ihre Größe unsere Aufmerksamkeit auf sich, sondern auch durch die eigenthümliche Kürze der Flügel, die ihnen die Fähigkeit zu fliegen benimmt. Auch ihr innerer Körperbau lehrt uns, daß dieſe Vögel nicht zum Fliegen von der Natur beſtimmt ſind; denn das Bruſtſchild hat nicht jenen hervorſtehenden Kamm, die Bruſtmuskeln ſind ſehr ſchwach; dagegen ſind aber die Oberſchenkel-, beſonders die Unterſchenkelmuskeln, außerordentlich dick, ſodaß dieſe Vögel ſehr ſchnell und anhaltend laufen können.

Wir lernten ſchon drei Vögel dieſer Familie in frühern Blättern unſeres Pfennig-Magazins kennen, unter denen Verfaſſer dieſes in Nr. 40 eine Beſchreibung des neuholländiſchen Caſuars lieferte, ein anderer Berichterſtatter in Nr. 21 den Strauß der alten Welt (Struthio Camelus Linn.) und in Nr. 27 den Dodo (Didus ineptus) uns beſchrieb.

Der in gegenwärtigem Blatte abgebildete indiſche Caſuar gehört in dieſe Familie, und zwar in die Gattung der Caſuare, die ſich beſonders durch die Bildung ihrer Federn auszeichnen, welche ſo wenig Bart haben, daß ſie aus der Ferne herabhängenden Haaren gleichen und von denen je zwei und zwei nur aus einer Wurzel wachſen. Die kurzen Flügel haben ſtatt der Federn nur dicke Kiele.

Der indiſche Caſuar wird vom Kopfe bis zu den Füßen ſechs Fuß hoch. Der Schnabel iſt von der Seite zuſammengedrückt und der Kopf iſt mit einer ungefähr drei Zoll hohen Knochenhervorragung verſehen, die mit einer Hornhaut überzogen iſt. Die Haut des Kopfes und des Oberhalſes iſt nackt, ſchön himmelblau

Der indiſche oder gehelmte Caſuar.

und feuerroth mit herabhängenden Klunkern oder Fleischlappen, wie beim Truthahne, versehen. Die Flügel bestehen aus bloßen steifen Schäften oder Kielen, ein jeder Flügel hat fünf dergleichen und der mittelste ist der längste. Den Schwanz bilden, wie bei dem Strauße, mehre herabhängende Federn, welche bis auf 14 Zoll lang werden. Die Beine sind im Verhältniß nicht lang, sind bis an die Knie mit Federn bedeckt, haben drei Zehen und die Klaue der innersten Zehe ist am längsten. Ein bräunlichschwarzes wollartiges Gefieder deckt den ganzen Körper; Füße und Klauen sind schwarz. Bei den Jungen fehlt der Helm, und die Stelle desselben ist mit einer weißen Haut bedeckt; die Farbe ihres Gefieders ist hellrostfarben mit Grau vermischt.

Dieser Vogel lebt im östlichsten Theile des südlichen Asiens, auf der Inselgruppe der Molucken, auf Java, Sumatra und besonders in den dichten Waldungen der Insel Ceram. Uebrigen ist er nirgends häufig anzutreffen.

Obgleich er verhältnißmäßig viel mehr Körpermasse als der Strauß hat, so kann er doch fast ebenso schnell laufen. Seine Stimme vergleicht man mit der eines Küchleins, wenn er aber gereizt wird, so ist sie dem Grunzen der Schweine zu vergleichen. Als Waffen zum Vertheidigen bedient er sich des Schnabels oder der Beine, mit denen er nach vorn und nach hinten ausschlägt, oder auch seiner Flügelkiele, welche den Stacheln der Stachelthiere zu vergleichen sind.

Sein Geschmackssinn scheint ebenso wenig ausgebildet zu sein, wie bei den Straußen, woher es kommt, daß er außer seiner gewöhnlichen Nahrung, die in Baumfrüchten, Wurzeln, Würmern und Eiern besteht, auch Steine, Metallstücke u. s. w. verzehrt. Ein Casuar in der pariser Menagerie verschlang täglich 3½ Pfd. Brot, 6—7 Aepfel, einen kleinen Korb voll Rüben und trank im Sommer ungefähr vier Pinten Wasser, im Winter aber etwas mehr. In den Hühnerhöfen verschlingt er zuweilen junge Hühner und Enten. In der Wildniß sucht er die abgefallenen Früchte auf, oder er scharrt mit den Füßen oder reißt mit dem Schnabel verschiedene Arten von Wurzeln aus der Erde.

Die Alten sind schwer zu jagen und nur die schnellsten Hunde vermögen sie einzuholen. So schwer es hält, sie zu fangen, so viel Schwierigkeit verursacht es, sie zu zähmen; nur ganz jung gefangen gewöhnen sie sich leicht an den Menschen.

Das Weibchen legt drei bis vier Eier in den Sand, brütet sie aus, verläßt sie aber oft beim Brüten, da die Wärme des Sandes das Brüten zum Theil überflüssig macht. Die Eier sind von hellgrüner Farbe und auch in Menagerien werden sie nicht selten gelegt.

Nur das Fleisch der Jungen ist schmackhaft, das der Alten ist schwarz und hart.

Im Jahre 1597 wurde der erste Casuar nach Europa gebracht. In der Menagerie des Herrn van Aken und in andern Menagerien hatten wir die Gelegenheit, diesen Vogel öfter zu beobachten.

Abraham a Santa Clara.

Um die Zeit, da Frankreich an Bossuet und Massillon Muster der Kanzelberedtsamkeit hatte, erlangte in Deutschlands Kaiserstadt ein ebenso witziger als geistreicher Schriftsteller und Kanzelredner, welcher durch den eigenthümlichen Charakter seiner Predigten in Verbindung mit einer äußern eindringlichen Beredtsamkeit auf die Sitten der Menschen zu wirken suchte, eine ausgebreitete Berühmtheit. Dieser merkwürdige Mann, Ulrich Megerle, war zu Krähenheimstetten in Schwaben am 4. Juni 1644 geboren, trat in seinem 20. Jahre in den Orden der Augustiner-Barfüßer und nahm den Namen Abraham a Santa Clara an. Der allgemeine Beifall, mit welchem er zu Taxa in Baiern, dann in Wien und Grätz gepredigt hatte, erwarb ihm einen Ruf, welcher bis zum Throne des deutschen Kaisers gelangte, der den jungen siebenundzwanzigjährigen Mann als Hofprediger nach Wien berief; später in seinem 47. Jahre ward er als Provinzial seines Ordens erwählt. Sein Lebenswandel war durchaus untadelhaft. Innig durchdrungen von dem hohen Zwecke seines Berufs ließ er kein Mittel der Rede unversucht, die Thorheiten der Menschen in ihrer Unwürdigkeit und Verächtlichkeit darzustellen. Das komische Gewand, in welches er seine Kanzelrede kleidete, der hinreißende Strom seiner Rede, die unerschrockene Freimüthigkeit, mit welcher seine satirische Geißel die sittlichen Gebrechen der Menschen züchtigte, erhielten ihm stets einen gedrängt vollen Besuch seiner Predigten. Wenn er aber, um Effect hervorzubringen, von dem höchsten Schwunge wahrhaft ergreifender Beredtsamkeit plötzlich zu nichtssagenden und nur, wie es scheint, mitunter zufällig treffenden Wortspielen oder schroffen Gegensätzen herabsprang, so darf man gewiß die Wahl solcher an und für sich mit einem richtigen Schönheitssinne unverträglichen Mittel nur mit dem Geschmacke der damaligen Zeit rechtfertigen, welcher an Spielereien der Art einen Gefallen fand. Abraham

Abraham a Santa Clara.

a Santa Clara war unerschöpflich an witzigen Vergleichen. Die Sicherheit und Gewandtheit seiner Darstellungsgabe zeigt sich in den mannichfaltigsten Wendungen und Einkleidungen. Als einen Beleg für dieses seltene Talent führen wir eine aus seinen Schriften gezogene Stelle an: „Freilich wohl seynd schön die güldene Haarlocken; aber nicht dauerhaft; mit der Zeit thut auch der alte Kopf mausern wie eine Bruthenne. Freilich wohl seynd schön die schwarzen Augen, aber nicht beständig; mit der Zeit werden sie rinnend und roth, wie sie die cyprianischen Tauben haben. Freilich wohl seynd schön die rothen Wangen, aber nicht beständig; mit der Zeit werden sie einfallen wie ein ausgepfiffener Dudelsack. Freilich wohl ist schön eine weiße und gleichsam alabasterne Nase, aber nicht beständig; mit der Zeit wird ein alter Kalender daraus, worinnen stets feuchtes Wetter anzutreffen. Freilich wohl ist schon ein corallener Mund, aber nicht beständig; mit der Zeit sieht er aus wie eine gerupfte Blaumeise. Freilich wohl seynd schön die silberweißen Zähne, aber nicht beständig; mit der Zeit werden auch gestumpfte Pallisaden daraus." Sein vorzüglichstes Werk, in dem man sein Schriftstellertalent in seinem weitesten Umfange dargethan findet, ist der satirisch religiöse Roman, nach der bonner Ausgabe, unter dem Titel: „Judas, der Erzschelm, für ehrliche Leut; oder eigentlicher Entwurf und Lebensbeschreibung des Iscariotischen Bösewichts" (Bonn 1687, in drei Quartbänden). Gleich burlesk als es seine Schreibart war, klangen auch die Titel seiner Schriften, von welchen wir hier nur die bemerkenswerthesten nennen: „Heilsames Gemisch Gemäsch"; „Huy und Pfuy der Welt"; „Geistliches Waarenlager mit apostolischen Waaren"; „Der geistliche Krämerladen"; „Wohlangefüllter Weinkeller, in welchem manche durstige Seel sich bei einem geistlichen Gesegen Gott erquicken kann." An letzterer Schrift arbeitete er noch auf seinem Todtenbette. Er starb im Jahre 1709, und noch lange nach seinem Tode wurden seine Schriften von allen Volksclassen mit Begierde gelesen.

Ueber Hysterie und Krämpfe.

Sowie Hypochondrie beim männlichen Geschlecht, so ist bei dem schönen Geschlechte die Hysterie (Mutterbeschwerung) ein Proteus=ähnliches Leiden, in Folge dessen sich oft auch Magenkrämpfe einfinden und insofern wie die Hysterie ererbt werden können, bereits die Aeltern an Nervenkrankheiten (St.=Veitstanz, Epilepsie u. s. w. gelitten haben. Oefter jedoch dürften die Quellen dieses so peinigenden und leider so häufig vorkommenden Magenübels in einer verfeinerten, verzärtelten Lebensweise zu suchen sein. Zu sehr gekünstelte und gemischte Speisen, Uebermaß reizender Getränke, Ausschweifungen, Ueppigkeit behaupten unter den Ursachen einer solchen Magenverderbniß den ersten Rang; daher findet man das Uebel als Modekrankheit in großen Städten. Besonders ist das heiße Thee= oder Kaffeegetränk, womit der Magen gleich nach der Mahlzeit angeschwemmt wird, eine namhafte Ursache, noch mehr aber, wenn diese Getränke heiß den leeren Magen berühren oder gemißbraucht werden. Chocolade, Wein, Branntwein im Uebermaße sind die wichtigsten und wirksamsten Veranlassungen zu Magenkrankheiten. Ferner gehört hierher sitzende Lebensart, Krummsitzen, wie bei Schneidern, Schuhmachern, Gelehrten u. s. w., wie auch übermäßiges Schnüren, desgleichen beständiges, unnöthiges Mediciniren, wohin der Gebrauch der so sehr angerühmten Lebensessenzen und Wunderpillen gehört.

Vor Allem wirkt zu übertriebenes Warmhalten und Verzärteln des Körpers dahin; auch ist als häufige Veranlassungsursache das oft so hastige Verschlingen des künstlichen Eises (des Gefrorenen), besonders bei erhitztem Körper, ja nicht zu übergehen. Außerdem können heftige Leidenschaften, sowie andere körperliche Uebel ähnlichen Nervenleiden zu Grunde liegen, so z. B. Würmer, unterdrückte Ausleerungen, vertriebener Fußschweiß, zurückgetriebene Gicht, Hautausschläge, unvorsichtig ausgetrocknete oder geheilte Geschwüre u. s. w. Obgleich sich diese Krankheit durch schmerzhafte und oft bedenkliche Zufälle ankündigt, so ist sie doch in ihrem häufigern Vorkommen nicht so sehr gefährlich. Allein die Berücksichtigung, daß der Magenkrampf, wenn er sich sehr eingewurzelt hat und durch Selbstcur falsch behandelt wird, in bedenkliche, organische Magenleiden ausarten könne, mache den damit Behafteten vorsichtig und bestimme ihn, noch zur gehörigen Zeit einen verständigen Arzt darüber zu Rathe zu ziehen.

Zufriedenheit.

Wie alles Große und Außerordentliche, was der Mensch sich aneignet, ein Erzeugniß der Kraftanstrengung ist, so ist auch die Zufriedenheit, dieses selten erreichte Ziel der menschlichen Wünsche, das bei den Meisten gleich einem Irrlichte um so mehr zurückweicht, je eifriger man es verfolgt, ein Product der geistigen Kraft. Aber der größte Theil der Menschen beherzigt es wenig, daß es eben der Kraft und namentlich der Willenskraft bedarf, um dieses Gut zu erlangen. Die Meisten suchen die Zufriedenheit durch Befriedigung ihrer Wünsche und Begehrungen und gerathen immer tiefer in die Irre; der Weise erstrebt diese Himmelstochter durch geistige Abhärtung. Er legt sich freiwillige Entbehrungen auf, wenn ihm sein im äußern Glücke das Gefühl seiner herrschenden Stimmung sagt, daß seine Lebensweise nicht geeignet sei, ihm dies göttliche Gut zu erringen; aber durch Verzichtleistung macht er Seele und Leib für immer neue Genüsse empfänglich. Wie es nun von allen sinnlich wahrnehmbaren Dingen, welche aus den Händen des Schöpfers hervorgingen, eine Normalform gibt, d. h. eine solche, wie sie dem eignen Vorbilde des Schöpfers selbst entspricht, so gibt es gewiß auch einen Normalzustand der Stimmung; dieser wäre dann ein wahres Seitenstück zur Besonnenheit und Klarheit des Verstandes, und wie diese aus einer gebieterischen Beherrschung unseres Temperaments, so geht die Zufriedenheit aus einer nicht minder kraftvollen Beherrschung unserer Begierden hervor. Unmöglich kann man aber ein ewiges Schwanken zwischen Mißvergnügtsein und zwischen einem wohlbehaglichen Sinnentaumel einen Normalzustand nennen, und dennoch werden die meisten Gemüther durch äußere Einwirkungen, über welche sich ihr Wille gebieterisch nicht erhebt, zwischen jenen entgegengesetzten Zuständen planlos hin= und hergetrieben und kommen ebenso wenig auf den Einfall, daß es einen solchen Normalzustand gibt, als daß er sich erreichen läßt. Das Gemüth eines Menschen, der sich noch nicht zur innern geistigen Ruhe erhoben hat, gleicht einem lebendigen Thermometer, das durch jede wechselnde Einwirkung von Außen einen veränderten Stand zeigt. Der Geist der innern Ruhe aber wohnt gleichsam in einem ewigen Frühlinge unter einem wolkenlosen Himmel; die Widerwärtigkeiten, die unverhofft ihn treffen, zerblickt sein geistiges Auge. Dieses reine ätherische Element eines ewig milden Lenzes ist darum nicht einförmig und freudenlos; denn es gibt eine innere Freudigkeit ohne äußere Anregung, es gibt eine innere Herrschaft über die Gewalt, mit welcher das Sinnliche unsere geistige Klarheit in Nebel zu hüllen droht. Aber die Hauptbedingung der Zufriedenheit und die am schwersten zu erfüllende ist die Gewissensreinheit.

Pflanzenseide.

Herr Pavy, Fabrikant in Paris, bearbeitet die Fasern einer bisher unbenutzt gebliebenen Pflanze, welche nicht näher bezeichnet wird, zu einem Stoffe, welchem man den Namen „Pflanzenseide" gegeben hat. Aus diesen Stoffen verfertigt er Teppiche, Hüte, Körbe und viele andere Gegenstände. Er nimmt mit Leichtigkeit alle Farben an, hat einen seidenartigen Glanz und ist so geschmeidig, daß man ihn ohne Mühe verarbeiten kann. Man gewinnt Fäden von mehren Fuß Länge, die so stark sind, daß, wenn man vier derselben zusammenschlägt, sie ein Gewicht von 40 Pfund tragen können.

Es gibt feine, mittlere und grobe Pflanzenseide. Aus der ersten verfertigt Pavy ebenso zierliche als dauerhafte Zeuche zu Möbelüberzügen, Decken und selbst zu Kleidern. Die Pflanzenseide mittlerer Gattung dient zu Teppichen, die denen von Wolle sowol ihrer Schönheit als ihrer Dauerhaftigkeit wegen weit überlegen sind. Sie werden von der Feuchtigkeit nicht angegriffen und lassen sich mit der Bürste reinigen. Ebenso gut kann man sie waschen und an der Sonne trocknen, ohne daß die Farben verschießen. Sie haben auch noch den Vortheil, keine Kehrseite zu haben, sondern auf beiden Seiten gleichförmig zu sein, nie von Insekten angegriffen zu werden und sich lange wie neu zu erhalten. Teppiche dieser Art, die Monate lang Fußboden und Treppen bedeckt haben und täglich von vielen hundert Personen betreten worden, wie z. B. die in den Magazinen des Erfinders, sind wenig verschieden von den ganz neuen, noch gänzlich unbenutzten. Auf einigen dieser Teppiche steht die Pflanzenseide fingerlang hervor, damit man die Füße darin verbergen und sie warm halten könne. Grün gefärbt haben sie ein ganzes lebhaftes Aussehen als das frische Grün eines Rasenteppichs. Man verfertigt auch mit Blumen durchwirkte, was dem Fußboden eines Saales das Ansehen einer Wiese gibt.

Aus der gröbern Pflanzenseide werden Stricke, Schiffstaue, Pferdehalfter, Zaumzeug jeder Art, Strohsäcke, Polster, Cocarden, Vorhänge, die mannichfaltigsten Posamentirarbeiten, Tapeten u. s. w. verfertigt. Die mit letzteren ausgeschmückten Zimmer sind so glänzend, daß man sich keine prachtvollere Stubendecoration denken kann. Die aus grober Pflanzenseide bereiteten Stricke nehmen keine Feuchtigkeit an und sind viel dauerhafter als die von Hanf.

Eisenbahnen in nordamerikanischen Freistaaten.

Die nordamerikanischen Freistaaten wetteifern mit England in der Anlage von Eisenbahnen, und obwol man schon seit mehren Jahren unablässig mit der innern weitern Ausdehnung dieses so vortheilhaften Erleichterungsmittels des Verkehrs beschäftigt ist, so scheinen doch Eisenbahnen noch immer das Lieblingsthema der Unterhaltung zu sein. Es existirt sogar eine besondere Zeitschrift unter dem Namen Eisenbahnjournal (Railroad Journal). Man kann mit Sicherheit darauf rechnen, daß in dem Tochterlande der englischen Industrie in ein Paar Jahren die Eisenbahnen sich noch viel lebhafter kreuzen werden als in England selbst. Die Stadt Boston (spr. Bosten) ist von Neuorleans, dem Hauptorte des Staates Luisiana, 364 deutsche Meilen entfernt, und diese ungeheure Strecke wird aller Wahrscheinlichkeit nach binnen wenigen Jahren von Bucht zu Bucht, von Fluß zu Fluß mit Eisenbahnen überzogen sein. Zur Anlegung einer Eisenbahn von Baltimore nach Washington sind die nöthigen Anstalten getroffen, und man wird bereits damit begonnen haben. Es gibt kein Land in der Welt, wo sich eine Eisenbahn mit geringeren Kosten anlegen ließe, als die nordamerikanischen Freistaaten. Eisen findet sich in Menge, und die Steinkohlenlager in dem ganzen östlichen Gebirgszuge sind unerschöpflich. — So besitzt z. B. Pennsylvanien, ein Ländchen von nur 1,347,700 Einw., Eisenbahnen und zwar größtentheils mit doppelten Schienen, welche, wenn man sie gradlinig zusammenlegte, eine Strecke von 65 deutschen Meilen bedecken würden. Man ist sogar in Amerika soweit gegangen, die Eisenbahnen nicht blos als Boden für Fuhrwerke zu benutzen, sondern sie auch in solchen Fällen anzuwenden, wo man überhaupt die Reibung eines auf einer Unterlage sich fortbewegenden Gegenstandes vermindern will, worüber in einer französischen Zeitschrift von einem Reisenden folgender interessante Bericht erstattet wird: „Vor Kurzem besuchte ich die kleine im Staate Virginien gelegene Stadt Petersburg, nicht weit von den Wasserfällen des Flusses Oppomottor, in deren Nähe sich eine vortreffliche Eisenbahn befindet. Ein Kaufmann dieser Stadt hatte die Gefälligkeit, mich in eine Tabacksfabrik zu führen, in welcher man hauptsächlich jenen Taback verfertigt, den die Amerikaner zu kauen pflegen. Nachdem wir alle Gemächer der Fabrik gesehen hatten, sagte mein Begleiter zu mir: „„Da sie sich für Eisenbahnen so sehr interessiren, so müssen Sie auch noch die der Fabrik sehen."" Wir traten hierauf in eine Werkstatt, wo der Taback durch besondere Maschinen in Fässer außerordentlich dicht zusammengepackt wird. Das merkwürdigste Stück dieser mechanischen Vorrichtung, welche man ohne Zeichnung sich nicht leicht veranschaulichen kann und deren Beschreibung ich daher übergehe, bildet eine an der Decke hängende Eisenbahn. So haben die Amerikaner Eisenbahnen unter dem Wasser, in den Eingeweiden der Erde und in der Luft."

Das chinesische Schiff.

Es ist anerkannt, daß die Chinesen alle andern Völker in mechanischen Fertigkeiten übertreffen; allein der Standpunkt ihres Gewerbwesens hat sich seit 1000 Jahren kaum merklich verändert. Wollte man nun diesen geistigen Stillstand ganz allein auf Rechnung ihres wenigen Verkehrs mit der auf höherer Rangstufe stehenden Civilisation des gebildeten Europa setzen, so würde es doch nicht begreiflich sein, wie es kommt, daß ihr Seewesen noch in solcher Kindheit ist. Die Bewohner von Kanton und die chinesischen Handelscommis zu Batavia auf der Insel Java, haben fortwährend Gelegenheit gehabt, die Schiffe der englisch-ostindischen Compagnie und die der Holländer zu sehen, und sie können bei der Thatsache, daß die Kauffahrteischiffe jener Nationen zu jeder Jahreszeit in die hohe See stechen, unmöglich die technische Vollkommenheit derselben verkennen wollen. Statt aber auf den Einfall zu kommen, diese Fahrzeuge als Muster der Schiffsbaukunst zu betrachten, bleiben die Chinesen ihrem alten Schiffsbau getreu. Mit ihren gebrechlichen, gegen alle Gesetze der Naturwissenschaften geformten Fahrzeugen durchkreuzen sie nur das chinesische Meer und wagen sich selten jenseit der Gruppe der Sundainseln oder Philippinen; weiter hinaus und kennen sie die Welt nicht, sowie sie sich überhaupt von den Ländern auf der Erde und deren geographischer Lage die seltsamsten Vorstellungen machen. Bei ihrem übelbestellten Seewesen vertrauen sie daher ihre Schiffe nur dann der hohen See an, wenn sie dauernden günstigen Wind haben. Wollen sie südlich fahren, so müssen sie den Nordwestpassatwind benutzen, sowie sie die Fahrten nach Norden nur während des Südwestpassatwindes anstellen. Diese beiden Winde sind von regelmäßiger periodischer Wiederkehr und heißen Monsoons (spr. Monsuhns).

Bei dem viel zu leichten Wasserzuge dieser Schiffe oder ihrem zu niedrigen Stande im Wasser können sich dieselben gegen mittelmäßig starke Stürme nicht behaupten; man ist alsdann genöthigt, die Anker zu werfen, worunter wir uns indeß nicht die gewöhnlichen doppelarmigen Anker von Eisen mit Widerhaken denken dürfen; denn obgleich ihnen auch diese zu Gesicht kommen, so haben sie gleichwol aus fremden Vorzügen keinen Vortheil gezogen und bleiben ihrer uralten Methode getreu, welche darin besteht, daß sie einen mit schweren Steinmassen belasteten Querbaum auf den Meeresgrund hinablassen. Die Form der Schiffe ist mit der einer Mondsichel zu vergleichen. Die Mastbäume bestehen aus einem Stücke, und die an ihnen befestigten Segel sind aus Schilf oder Stroh geflochten und mit Querreihen von Bambusstäben, in gleichmäßigen Abständen von zwei oder 2½ Fuß, versehen. An den Enden der Bambusstäbe befinden sich Stricke, um die Segel nach Bedürfniß ein- oder auszuziehen, wobei sie nach Art unserer Fenstervorhänge aufgerollt werden. Zu den besondern Eigenthümlichkeiten ihrer Schiffe gehören die an den Seiten nahe am Steuerruder angebrachten Oeffnungen in Form von Augen. Als man einen Chinesen nach der Bedeutung derselben fragte, gab er die naive Antwort: „Wie kann das Schiff sehen, wenn es keine Augen hat?" Die Fahrt der größern Schiffe unterstützen die Chinesen gewöhnlich noch überdies durch ein Paar lange schwerfällige Ruder, deren Hauptbestimmung jedoch ist, das Schiff nach beliebigen Richtungen zu drehen. Der Kielraum ist durch starke mit einem festen Kitt von Thon und Oel zusammengefügte Breter in verschiedene Gemächer eingetheilt. Das durchlöcherte Steuerruder wird vermittels Taue in Bewegung gesetzt, welche an den Seiten desselben angebracht sind. Das Compaßhäuschen dient zugleich zur Aufbewahrung wohlriechender Dochte, von denen man bei den Opfern, welche man der Göttin des Meeres darbringt, Gebrauch macht. Man errichtet dieser Göttin einen mit Flitterwerk reichgeschmückten Altar und zündet auf demselben die erwähnten Dochte nebst bunten Wachskerzen an. An der Leitung des Schiffes nimmt das gesammte darauf befindliche Schiffsvolk den thätigsten Antheil. Während eines Sturmes sieht man Groß und Klein, Alt und Jung mit ängstlicher Geschäftigkeit gegen das gefahrdrohende Element ankämpfen. Matrosen gibt es bei den Chinesen nicht; die über die Leitung des Schiffes gesetzten Personen erhalten keinen festen Gehalt, sondern sind untergeordnete Theilnehmer an dem Gewinne des Schiffeigenthümers. Alle Waaren und Sachen auf dem Schiffe sind in eimerförmige Gefäße eingepackt. Tonnen oder überhaupt Gefäße mit doppeltem Boden haben sie noch nicht eingeführt.

Ein chinesisches Schiff.

Verantwortliche Herausgeber: Friedrich Brockhaus in Leipzig und Dr. E. Drärler-Manfred in Wien.
Verlag von F. A. Brockhaus in Leipzig.

Das Pfennig-Magazin

der

Gesellschaft zur Verbreitung gemeinnütziger Kenntnisse.

87.] [2. Jahrg. 35.] [December 11, **1834**

Der Bettlerknabe, nach einem Gemälde Murillo's.

Murillo.

Wenn auch die spanische Malerei durch eigenthümliche Leistungen oder durch besondere Grundsätze der Kunst sich nicht, wie die italienische, niederländische und deutsche, zu dem Range einer besondern Schule erhob, so hat sie doch einige Meister aufzuweisen, deren Werke mit den besten Kunstwerken, welche aus den genannten Schulen hervorgingen, wegen ihrer Vortrefflichkeit einen Vergleich aushalten. Unter den Künstlern Spaniens verdient Murillo unstreitig den ersten Platz, und aus diesem Grunde sowol, als auch wegen seines im Vergleich zu andern Malern viel geringern Bekanntseins, sowie endlich wegen seines besondern Bildungsganges dürfte seine kurze Lebensbeschreibung nicht ohne Interesse sein. Bartolomeo Esteban Murillo wurde im Jahre 1618 zu Sevilla geboren. Schon in früher Jugend zeigte er eine durch unablässiges Malen sich beurkundende Neigung zu den zeichnenden Künsten, und das Talent, welches sich in seinen ersten, ohne eine besondere Anleitung, ausgeführten Versuchen in der Malerei zeigte, vermochte seinen Oheim, den Maler Juan del Castello, ihn zu sich zu nehmen, um ihn ganz für die Kunst zu erziehen. Dieses Verhältniß wurde jedoch bald durch den Abgang seines Onkels nach Cadix aufgelöst; doch scheint der Nachtheil für die Entwickelung seines Talentes, sowie überhaupt für die Kunst nicht so groß zu sein, indem sein Lehrer sehr einseitig war und zu seinen Lieblingsdarstellungen Scenen aus dem Volksleben, als Messen und Märkte, wählte. Sich selbst überlassen, nöthigte ihn der Mangel an Unterstützung, die Kunst zu einem Brotgewerbe zu machen, und seinen Lebensunterhalt durch das Malen von Processionsfahnen und kleiner für das spanische Amerika bestimmter Bilder zu sichern. So wenig nun zwar Beschäftigungen der Art zur Ausbildung seiner höhern Fähigkeiten beizutragen geeignet sein mochten, so bildeten sie ihm doch eine gewisse Leichtigkeit und Vielseitigkeit an, und erst nachdem er diesen Erwerb lange Zeit getrieben hatte, regte sich immer mächtiger in ihm das Gefühl seines Berufes zur Malerkunst. Seiner nunmehr für die Malerei entschiedenen Neigung gab ein günstiger Umstand neue Nahrung. Peter von Moya, ein Schüler van Dyk's, reiste um diese Zeit durch Sevilla; Murillo benutzte die Gelegenheit, die Gemälde desselben, welche er nach Originalen seines unsterblichen Meisters glücklich copirt hatte, zu sehen, und ward von diesen classischen Stücken so begeistert, daß er augenblicklich den Entschluß faßte, sie zu copiren. Von nun an erschien ihm das Malen jener oben bezeichneten Kleinigkeiten eine für seinen geweckten Geist unwürdige Beschäftigung, und es regte sich in ihm das Verlangen, nach Italien zu reisen, um sich durch die Meisterwerke der Kunst mehr und mehr auszubilden. Gänzlich entblößt von allen äußern Mitteln, um diesen Plan durchzuführen, sah er sich zum zweiten Male genöthigt, seinem innern Drange Gewalt anzuthun, von der Höhe seiner Ideen herabzusteigen und durch den Verkauf kleiner auf Leinwand flüchtig gemalter Blumenstücke und Heiligenbilder die erforderliche Summe zur Bestreitung der Kosten für die beabsichtigte Reise zu erwerben. Mit einem dürftigen Sümmchen schlug er zuerst den Weg nach Madrid ein, suchte Velasquez, einen gleichzeitig berühmten Maler, auf und theilte ihm seinen Plan mit, sich in Italien zu vervollkommnen. War es Besorgniß für das Wohlergehen des jungen Mannes in seiner hülflosen, aller äußern Unterstützung ermangelnden Lage, oder war es die eigne persönliche Ueberzeugung, daß ein wahrhaftes Talent sich mit wenigen Vorbildern begnügen könne, um einst Vortreffliches zu leisten, und hoffte er, daß die seltene Erscheinung eines Künstlers, welcher, ohne Italien gesehen zu haben, durch Anstrengungen in Verbindung mit angeborener Genialität sich zur Meisterschaft hinaufarbeitete, dem Nationalstolze seiner Landsleute einst schmeicheln würde, — kurz Velasquez rieth ihm von dem Unternehmen, nach Italien zu gehen, auf das Entschiedenste ab und verschaffte ihm Gelegenheit, sich an den zu Madrid und hauptsächlich im Escurial befindlichen Gemälden des Tizian, Paul Veronese, Rubens, van Dyk u. s. w. auszubilden, sowie er ihm mit seinen eignen Kenntnissen und praktischen Erfahrungen bereitwillig zu Rathe ging. In Madrid verweilte er drei Jahre und kehrte 1645 nach Sevilla zurück. Durch zwei Gemälde, von denen das eine den Tod der heiligen Clara, das andere die Almosenaustheilung des heiligen Jakob darstellte, begründete er seine Meisterschaft und einen weitverbreiteten Ruf, in Folge dessen zahlreiche Aufträge für Kirchenstücke, besonders für Altarblätter, an ihn ergingen. Die Kirchen von Sevilla, sowie mehre andere im südlichen Spanien, sind reich mit Gemälden, die aus seiner Künstlerhand hervorgingen, ausgeschmückt. Nach Cadix erhielt er eine Einladung, das berühmte Altarblatt der Capuciner, welches die Hochzeit der heiligen Katharina darstellt, zu malen. Der Vollendung dieses Gemäldes nahe, hatte er das Unglück, von dem Gerüste herabzustürzen, durch welchen Fall er sich eine Wunde zuzog, die seinen Tod beschleunigt haben soll. Er starb den 3. April 1682.

Murillo's spätere Gemälde tragen durchaus den Charakter der Originalität bei hin und wieder vernachlässigter Naturtreue; er wußte die Vorzüge anderer Meister anzuerkennen und zu benutzen. Er war kein dürftiger Copist der Wirklichkeit, sondern verlieh seinen Meisterwerken das aus dem höhern schaffenden Schönheitssinne hervorgehende Gepräge des Idealen, mit welchem der Gegenstand seiner Darstellung, selbst oft den scheinbar schroffsten Gegensatz bildet, den er aber eben durch seine Genialität auszugleichen und trefflich aufzulösen verstand. So das voranstehende Bild. Es stellt einen Bettlerknaben vor, welcher sein Brot bricht; die Bedeutung des Ganzen und aller einzelnen Theile spricht deutlich genug, als daß es einer besondern Beschreibung bedürfte. Die Einfachheit der nachlässigen Stellung, die geschickte Verkürzung der Glieder, die effectvolle Vertheilung von Licht und Schatten, die Kraft der Pinselstriche, die Energie des ganzen Farbentons erheben das Gemälde zum Range eines Meisterstücks.

Dies Gemälde, wovon das Original sich zu Wien befindet, ist ein Erzeugniß der ersten Periode seiner Künstlerlaufbahn, in welcher sein Styl sich besonders durch Kraft und Lebendigkeit auszeichnet; in der zweiten Periode wußte er mit dem ihm eigenthümlichen Ausdrucksvollen das Sanfte, Edle, Graziöse, sowie ein kunstvolles Helldunkel, sehr glücklich zu verbinden.

Einige Mittheilungen über die Inselgruppe der Färöer.
(Nach den neuesten Nachrichten.)

1.

Eine durch den eigenthümlichen gesellschaftlichen Zustand seiner Bewohner höchst interessante Inselgruppe im nördlichen Theile des atlantischen Oceans bilden die Färöer. Einige nennen sie Fjäröer, d. h. Federinseln, Andere Faaröer, d. h. Schafinseln. Färö bedeutet „entfernte Insel", daher es denn unrichtig ist, zu sagen: Färöer-Inseln. Diese Inseln, 25 an der Zahl, von denen jedoch nur 17 bewohnt sind, liegen zwischen dem 61° und 62° nördlicher Breite und 9° und 10° westlicher Länge vom pariser Meridian und sind in mehr als einer Hinsicht höchst merkwürdig, bis jetzt jedoch noch zu wenig bekannt, da der Handel dahin Alleinhandel des Königs von Dänemark ist und außer den königl. Schiffen von Kopenhagen kein anderes Schiff hinkommt, es müßte denn durch einen Sturm dorthin verschlagen oder durch die Noth gezwungen sein, an den gefährlichen Küsten zu landen.

Hoch und schroff steigt diese Inselgruppe mehre tausend Fuß aus dem Meere empor; die an der See fast senkrechten Basaltfelsenwände, die tiefen und schwarzen Buchten und Schlünde, die dem fortwährenden Andrange der Elemente nur wenig gewichen sind, überraschen durch ihr wildes Ansehen und erfüllen das Herz mit Grausen, bilden gleichsam eine natürliche Feste gegen Angriff von Außen, und würden den mit den Oertlichkeiten unbekannten Schiffer, welcher hier eine Landung versuchen wollte, in nicht geringe Verlegenheit setzen. Auch gelingt es nur dem mit den verborgenen Felsenriffen, welche die Inseln umgeben, wohl vertrauten Färingern, ein Schiff sicher in den Hafen einzuführen.

Die größte Insel ist Stromöe, 6½ ◻M. mit 1600 Einw. Der Hauptort Thorshavn ist der Sitz eines Amtmanns. Unter den übrigen Inseln zeichnet sich besonders Naalhöe aus. Diese besteht aus einem Felsen und enthält eine Höhle, durch welche man in einem Boote unter der ganzen Insel hindurchfahren kann.

2.
Die Stadt Thorshavn.

Der Anblick der Gegend von Thorshavn ist für den von den südlicher gelegenen Ländern Europas kommenden Reisenden eben nicht sehr erfreulich; denn er erblickt nichts als das fahle Grün des Rasens und das der Blätter, der wenigen verkrüppelten Bäume und Gesträuche. Die Stadt, welche in einem Halbkreise auf einer Landzunge erbaut ist, besteht aus elenden Hütten und hat enge und sehr unregelmäßige Straßen. Die Häuser sind ohne Ausnahme von Holz erbaut. Der Bau eines solchen Hauses ist sehr einfach. Auf gesprengtem Stein oder auf den platten Felsen werden Balken gelegt; sechs bis acht nicht dicke Stender müssen das Dach tragen, welches aus dünnen Bretern verfertigt ist, die mit Birkenrinde, welche der Fäulniß am besten widersteht, und dann mit dicken Graspollen bedeckt werden. Das erste Grün des Frühlings sieht man auf den Dächern, deren Gras schon ziemlich lang ist, noch ehe das Gras auf den Feldern zu sprossen anfängt. Krähen, Katzen und Schafe klettern darauf herum und suchen sich Nahrung. Die Wände sind mit Holz von außen und innen bekleidet, sodaß man in den Stuben nur die mit dem Hobel ebenmäßig zugeformten Breter sieht, ebenso die Schornsteine und die Wand am Feuerheerde. Ungeachtet der Leichtigkeit dieser Bauart sind Feuersbrünste auf den Inseln etwas sehr Seltenes. Die Häuser der Aermern haben weder Schornsteine noch Fenster; die Stelle beider vertritt ein großes Loch im Dache, welches, wenn es regnet, mit einer Klappe verschlossen wird; der Fußboden ist ohne Breter, das Haus dunkel und voll Rauch, kurz ein Aufenthalt, wo der Südländer sich nie heimisch fühlen würde. Die Häuser der Begüterten sind dagegen recht wohnlich, wenngleich so niedrig, daß man oft in Gefahr ist, sich den Kopf einzustoßen. Versuche, Häuser aus Steinen aufzubauen, sind nicht gut ausgefallen, theils sind sie zu feucht, theils behaupten sie sich gegen die Stürme nicht, wogegen die aus Holz gebauten trocken und warm sind und von dem Winde nicht so leicht beschädigt werden.

3.
Tracht der Färinger.

Die Tracht der Färinger ist eigenthümlich und, je nachdem sie auf der See oder im täglichen Kleide oder im Putze sich befinden, verschieden. Schuhe, Strümpfe und Mützen bleiben bei jedem Anzuge dieselben. Die Schuhe bestehen aus einem einzigen nach der Form des Fußes zugeschnittenen Stück Leder, welches über den Zehen und den Hacken durch einige Stiche fest zusammengenäht ist. Dicht an der Hackennaht befinden sich zwei Löcher, in welchen flach geknüpfte Schnüre von sechs wollenen Fäden befestigt sind, die einigemal kreuzweis über die Knöchel gebunden werden und die Schuhe halten. Sie werden aus gegerbtem Schaf- oder Lammleder verfertigt und sind so dünn und nachgiebig, daß man die Zehen zum Ersteigen von Klippen oder Felsen frei bewegen kann. Da sie bei einer solchen Beschaffenheit sich leicht abtragen und man im Allgemeinen selten darauf bedacht ist, sie sogleich ausbessern zu lassen, so ist es unvermeidlich, sich durch die feuchten Rasen nasse Füße zuzuziehen; obwol nun daraus allgemein verbreitete Krankheiten, namentlich Gicht und Augenübel, hervorgehen, so fällt es nur Wenigen ein, sich von der alten sehr unzweckmäßigen Art der Fußbekleidung loszusagen. Die Strümpfe, aus schwarzer, grauer oder blauer Wolle gestrickt, sind sehr lang und dick, reichen bis zur Hälfte des Schenkels und werden mit einem ledernen Riemen über dem Knie befestigt. Die Mützen sind aus leichtem wollenen, gewöhnlich roth und blau gestreiftem Zeuche verfertigt, rund und etwa neun Zoll hoch, und kleiden recht artig.

Des Sonntags oder bei Festlichkeiten trägt der wohlhabende Färinger einen schwarz wollenen Rock, dessen Zuschnitt mit der Tracht der deutschen Bauern in mehren Gegenden einige Aehnlichkeit hat. Er reicht bis an die Knie, ist oben und unten gleich weit, vorn mit einer Reihe Knöpfe der ganzen Länge nach besetzt, und die Knopflöcher sind mit rother Wolle ausgenäht. Die Weste, ebenfalls von schwarzem Tuche, hat rothausgenähte Knopflöcher; die weiten Beinkleider von schwarzem Tuche sind an den Knien und Taschen mit rothen und blanken Knöpfen verziert.

Die Haustracht ist ebenso ausgeschmückt, besteht aber statt des Rockes aus einer kurzen Jacke, die sehr oft aus weißem Wollenzeuche verfertigt ist. Besteigen sie das Gebirge (Field), so haben sie stets ihren Fjeldstock in der Hand, d. i. ein Stock, der 1½ Zoll dick und höher als der Mann ist, der ihn trägt, unten mit einer eisernen Spitze versehen, welchen sie gebrauchen, um über die Elve (Bäche) zu springen und auf abschüssigen und steilen Felsen sich zu stützen.

Geht der Färinger zur See, so bekleidet er sich mit langen Beinkleidern und einer Jacke, die aus Schaffellen verfertigt ist und die Kälte, den Wind und das Seewasser gut abhält. Da diese Jacke ganz zugenäht ist, muß er sie wie ein Hemd anziehen. Auf dem Kopfe trägt er eine Art Mütze von dickem schwarzen wollenem Zeuche, welche die Stirn und die Backen bedeckt und durch einen langen Fortsatz den Nacken vor Wind und Nässe schützt. Die Haare werden sehr verschieden getragen; Einige haben kurz abgeschnittene, Andere lang herunterhängende, Andere, namentlich die Suderöer, lange geflochtene Zöpfe. Das Haar ist gewöhnlich von heller Farbe.

Die Frauenzimmer tragen schwarze Strümpfe und die färöischen Schuhe, braune oder schwarz und weiß gefärbte Hemden, dunkel violette gestrickte Kamisole, welche vorn aufgeschnitten und durch Haken und Oesen oder durch Zinnringe zugeschnürt werden, sodaß sie einen Latz bilden, zuweilen auch blau carrirte

Schürzen, ein weißes oder buntes Halstuch und Hauben von Kattun, die mit Bändern unter dem Kinn befestigt werden. Unverheirathete gehen gewöhnlich in bloßen Haaren und tragen entweder lange Flechten oder stecken das Haar auf.

4.
Die Bewohner der Färöer.

Gegen den Fremden ist der Färinger sehr zuvorkommend, beweist ihm die größte Aufmerksamkeit und beantwortet bereitwillig jede Frage, indem er sich freut, ihn über die Vorzüge seines Landes belehren zu können. Doch drängt sich keiner unbescheiden vor, sondern wartet ruhig ab, bis die Reihe an ihn kommt. So bereitwillig sie in ihren Dienstleistungen sind, wenn man sie bittet, ebenso stolz widersetzen sie sich bestimmt gegebenen Befehlen. Nie bietet der Dienstbote dem Brotherrn seine Dienste an; dies erlaubt sein Stolz nicht; dennoch arbeitet er gern und fleißig. Wer einen Dienstboten haben will, muß ihn aufsuchen und ihm Arbeit antragen.

Ihre Sprache ist ein Gemisch von Dänisch, Isländisch und Deutsch, doch verstehen die Meisten Dänisch, wenn sie es auch nicht sprechen können. Die Färinger sind sehr gastfrei. Das Beste, was das Haus enthält, wird dem Gaste vorgesetzt und jeder Dienst bereitwillig geleistet. Von einer Bezahlung ist hier nicht die Rede. Sobald der Färinger sieht, daß sich ein Fremder dem Hause naht, kommt er ihm vor demselben entgegen, reicht ihm die Hand und sagt: Willkommen! führt ihn dann in das Haus, geht stillschweigend zur Branntweinflasche, schenkt ein Glas voll ein, trinkt etwas davon, schenkt es wieder voll und reicht es mit einem nochmaligen Willkommen dem Gaste. Die Frau und die Töchter kommen ebenfalls auf den Fremden zu und geben ihm einen Kuß.

(Der Beschluß folgt.)

Der Mammeibaum (Mammea americana).

Oft wird Indien bewundert wegen seines Reichthums an Naturproducten überhaupt, vor Allen aber wegen seines Ueberflusses an den köstlichsten Früchten, die zahlreich in ihren Arten und üppig gedeihend den Gaumen des Menschen erquicken und laben; doch nicht Indien allein, auch andere Gegenden der wärmern Zone sind nicht minder mit einer Fülle der saftreichsten Früchte gesegnet; prächtige Palmen, hohe Fruchtbäume,

Der Mammeibaum.

prangend mit ihren schöngeformten Früchten, und Sträucher mit den saftvollsten Beeren entzücken hier das Auge und laden zum Genuß ein. Wer sollte nicht vor Allen an Westindien und an so manche sich durch üppige Fruchtbarkeit auszeichnende Gegenden Südamerikas denken, wo die herrlichsten Südfrüchte, die Ananas und viele andere köstliche Producte des Pflanzenreichs gedeihen! Unter letzteren verdient aber besonders der Mammeibaum erwähnt zu werden, ein prächtiger, majestätischer Baum Südamerikas und der westindischen Inseln, der bald mit den weißen, wohlriechenden Blumen, bald mit den großen goldgelben Früchten geschmückt, eine der herrlichsten Zierden jener Gegenden ist.

Der Mammeibaum ist schlank und wird 60—70 Fuß hoch; die dichtbelaubte Krone, die meist auf einem acht Schuh hohen Stamme ruht, breitet sich weit aus und gibt mit ihren sechs bis acht Zoll langen, eiförmigen, am Rande ungezähnten, lederartigen und glänzend grünen Blättern einen erquickenden Schatten. Er hat Blüten mit einem meist zweiblätterigen Kelche, mit vier bis sechs weißen Kronenblättern, vielen haardünnen, kurzen Staubfäden, deren Staubbeutel länglich sind, und mit einem dicken, cylindrischen Griffel, der noch einmal so lang als die Staubfäden ist und sich mit einer kopfförmigen Narbe endigt. Hiernach gehört der Mammeibaum in die erste Ordnung der 13. Classe des Linné'schen Systems; im natürlichen Systeme zählt man ihn aber unter die Guttiferen, welche die 89. Familie desselben ausmachen.

Die Frucht gleicht einer großen Beere, enthält zwei bis vier große, rauhe und harte Samen und hat drei bis sieben Zoll im Durchmesser. Die äußere Haut ist zähe, etwa eine Linie dick, von gold- oder rothgelber Farbe und läßt sich, wie die Haut einer Pfirsche, abziehen. Unter dieser liegt eine dünne, gelbe, gewürzig duftende Haut, die fast mit dem Fleische zusammenhängt. Beide Häute muß man vor dem Genusse der Frucht abziehen,

Die Frucht des Mammeibaumes.

da besonders die innere einen sehr bittern Nachgeschmack hat, wie dies auch mit dem Fleische, das zunächst um die herben Samenkerne liegt, der Fall ist. Einen köstlichen erquickenden Geschmack hat dagegen das übrige Fleisch dieser Frucht, das eine hellgelbe Farbe hat und den lieblichsten Geruch verbreitet. Man genießt diese Frucht nicht nur frisch, sondern man legt auch das von Haut und Kernen befreite Fleisch, in Stücken zerschnitten, in Wein und Zucker ein, und auch zu Backwerken benutzt man es. So angenehm jedoch diese Früchte schmecken, so nachtheilig sind sie, übermäßig genossen, besonders für die Gesundheit des erst angekommenen Fremden, bis er sich an die Wirkung derselben gewöhnt hat.

Auf Jamaica wird der Mammeibaum häufig angepflanzt, und er liefert dort größere und schmackhaftere Früchte. Auf Martinique bereitet man aus den Blüten mit Spiritus oder Branntwein einen sehr geschätzten Liqueur, der Eau Créole genannt wird.

Wenn man Einschnitte in die Aeste macht, so bringt aus dem sehr lockern und schwammichten Holze ein heller, weinartiger Saft heraus, den man auffängt und welcher Momin- oder Toddywein genannt wird.

In manchen Treibhäusern Europas wird der Mammeibaum gefunden, wo er aber nur äußerst selten reife Früchte trägt.

Wir geben hierbei nicht nur eine Abbildung des ganzen Baumes, sondern auch die eines Blütenzweigs und einer Frucht.

Die Art zu grüßen bei verschiedenen Völkern.

Die Art zu grüßen ist fast bei jedem Volke anders, und es ist interessant, diese Mannichfaltigkeit zu betrachten. Die eine Art Begrüßung äußert einen feinen Sinn, eine andere ist wegen ihrer Einfachheit oder Sinnlichkeit merkwürdig; im Allgemeinen jedoch sind die Begrüzungen in der Kindheit der Völker dieselben, und Ehrfurcht, Demuth, Achtung u. s. w. werden in der mehr gesitteten Gesellschaft auf gleiche Art bezeugt.

Die Völker vor unserer Zeitrechnung hatten keine besondere Art zu grüßen, sie wußten von keinen Verbeugungen und Anreden. — Der Grönländer lacht, wenn er sieht, daß ein Europäer den Hut abnimmt und eine Verbeugung macht. Die Lappländer grüßen einander, indem der Eine seine Nase heftig an die des Andern drückt. Der Bewohner einer Insel in der Nähe der Philippinen faßt die Hand oder den Fuß des Begrüßten und reibt sich da=mit sein Gesicht.

Andere Begrüßungen sind sehr unbequem und selbst schmerzvoll. Es erfordert eine große Uebung, um auf einer der Inseln in der Sundastraße recht höflich zu sein; dort ergreift man nämlich den linken Fuß des Begrüßten und führt ihn sanft über das rechte Bein und über sein Gesicht. Die Bewohner der Philippinen bücken sich sehr tief, halten die Hände an die Wangen und heben zugleich einen Fuß mit gebogenem Knie in die Höhe. Der Aethiopier ergreift das Kleid des Andern und bindet es um seinen eignen Körper, sodaß sein Freund halb nackt bleibt. Die Neger bezeugen ihre Ehrfurcht durch höchst ergötzliche Krümmungen und Verrenkungen des Körpers, und wenn zwei Negerfürsten sich besuchen, so grüßen sie einander dadurch, daß sie mit dem Mittelfinger dreimal Schnippchen schlagen.

Auf einer der größern Inseln der Cykladen benetzt man sich die Haare beim gegenseitigen Begegnen. In

Siam wirft sich der Geringere vor dem Vornehmeren zur Erde nieder; dieser schickt dann Jemand von seiner Begleitung zu ihm und läßt untersuchen, ob er etwas Uebelriechendes gegessen habe oder bei sich führe. Ist dies der Fall, so empfängt er von dem vornehmen Herrn einen Fußtritt und muß sich sogleich entfernen. Man hat bemerkt, daß die Engländer nicht so oft den Hut abnehmen wie die andern Völker Europas.

Geistesgegenwart.

Jakob Brown, der Sohn eines Pachters in der englischen Provinz Wiltshire, zeichnete sich bereits im Knabenalter durch eine bewunderungswürdige Geistesgegenwart aus. Von seinem Vater wurde er sehr oft allein nach der Stadt geschickt, um Einkäufe zu machen. Als er so eines Tages mit einer Summe Geldes nach der Stadt wanderte, kam ein Räuber zu Pferde auf ihn herangesprengt und foderte von ihm die Geldbörse, mit der Drohung, ihm, wenn er sie verweigere, das Leben zu nehmen. Der zwölfjährige Knabe erschrak und schrie um Erbarmen; der Räuber gebot ihm Stille und drohte ihm mit dem Mordgewehr. Der Knabe faßt sich aber, greift aus der Tasche eine Hand voll Geld und wirft es mit den Worten ins Gebüsch: „Da nimm es hin!" Geblendet von der Menge Geld stieg der Räuber vom Pferde, ließ es auf dem Wege stehen und schritt ins Gebüsch, das zerstreute Geld aufzusammeln. Unser Jakob aber sprang im Nu aufs Pferd und jagte nach Hause. Und so erkaufte der herzhafte Knabe gegen einige Thaler ein gutes Pferd und ein reichgefülltes Felleisen.

Skizze aus dem Leben der Bewohner des Landes Copiapo in Chile.

Wiewol schon mehre Male in diesem Blatte Interessantes über das Goldland Chile, früher das Ziel der Habsucht der Europäer, mitgetheilt worden ist, so finden sich dennoch sehr viele der Aufmerksamkeit würdige Eigenthümlichkeiten dieses Landes, unter denen wir den gesellschaftlichen Zustand der Bewohner desselben und besonders der Provinz Copiapo unsern Lesern mitzutheilen uns vorgenommen haben. Copiapo ist ein Bergland und die Bewohner dieser Provinz beschäftigen sich einzig und allein mit Gegenständen, die hierauf Bezug haben. Das Gespräch, welches die Leute hier führen, beschränkt sich fast einzig und allein auf Minen, auf Plata (Silber) oder Metales (Erze); ob sie ergiebig oder nicht, oder ob sie leicht oder schwer zu bearbeiten sind. Sowie die Leute daselbst ein Erz in die Hand bekommen, so probiren sie es, indem sie es mit dem Nagel ritzen. Einst wurden die Reisenden, Doctor Meyen und Capitain Wendt, die uns diese Nachrichten mittheilen, in einer für Copiapo sehr vornehmen Gesellschaft gefragt, an welchem Orte es ihnen bis jetzt am besten gefallen hätte. Auf diese Frage wurde von ihnen erwidert, daß, wenn der Eindruck, den die Schönheit der Natur auf sie gemacht habe, damit gemeint sei, alsdann Rio de Janeiro der reizendste Ort wäre, den sie gesehen. Die Reisenden erwarteten natürlich hierauf die Frage, wie es dort aussähe; doch statt dessen sagten die Damen: „Nun da gibt es wol recht viele Minen!" Eigenthümlich war es, daß die Nachrichten von dem so lange befürchteten Kometen, der im Jahre 1832 der Erde sehr nahe kommen sollte, auch bis hierher gedrungen, und wol nirgend in der Welt ernsthafter aufgenommen worden waren als eben hier. Einige Leute, die man zu den klügsten in der Stadt zählte, suchten die Bekanntschaft unsers Reisenden und baten darüber um nähern Aufschluß. Mit ernsthafter Miene suchten die Reisenden diese Frage anzuhören und die Leute darüber zu beruhigen; diese wollten jedoch davon nichts wissen und antworteten, daß es ja von einem Deutschen, einem Paysano de Don Alejandro (einem Landsmanne des Don Alejandro, unter welcher Benennung Herr Alexander von Humboldt gemeint ist) geschrieben worden sei. Gegen eine solche Lobeserhebung ihrer Nation konnten die Reisenden allerdings nichts einwenden und mußten die Leute in ihrer Angst lassen. Einige andere Leute schienen sich über diese Kometengeschichte lustig zu machen; denn es wurde eines Tages plötzlich ausgesprengt, daß sich Nachts ein großer Komet habe sehen lassen.

In den Wohnungen der Copiaper herrscht ein sonderbares Gemisch von Luxus und Armuth. Wir sahen in dem Hause eines Mannes ein Pianoforte von 1000 Piaster an Werth, das, nach dem hiesigen Geschmacke der Leute, beinahe ganz mit vergoldeter Bronze bedeckt war; mehre Tische befanden sich daselbst für fünf und sechs Unzen Gold das Stück, und eine Taschenuhr für 500 Piaster. Dabei lag die Señora (Frau des Hauses) auf der Fußdecke und stützte sich mit dem Arm auf das schmale Sopha, das in einer Ecke der Stube angebracht war; daneben stand eine ungewöhnlich große Kohlenpfanne zum Anstecken der Cigarren und zur Erwärmung des Thees, und ein kleines Kind, mit Lumpen bedeckt, wälzte sich im tiefsten Schmuze, worüber die Señora in Gegenwart der Reisenden ihre Freude äußerte. Eine Menge großer Schüsseln, Teller und anderer Geschirre, aus Silber gearbeitet, ist etwas sehr Gewöhnliches, da sie auch verhältnißmäßig viel billiger sind, als das Porzellan, dessen Erhaltung, während des Transport auf dem Rücken der Maulthiere, schon an und für sich eine nicht geringe Sorgfalt der Handelsleute in Anspruch nimmt, und das bei den häufigen Erdbeben in dieser Gegend auch öfter zerschlagen werden würde. Aber an den gewöhnlichsten Sachen, z. B. an Trinkgläsern, Tassen, Löffeln oder Messern und Gabeln und andern Dingen der Art, wird es gewiß überall fehlen. Spiegel gehören hier immer zu den größten Seltenheiten. Die Damen lagen übrigens beinahe den ganzen Tag hindurch auf der Erde, und ließen gewöhnlich der Hitze wegen, die aber übrigens gemäßigt war, den obern Theil des Kleides herabhängen und hatten die Brust mit seidenen Tüchern bedeckt.

Einiges zur Naturgeschichte der Schwalben.

Während der ganzen Zeit — so erzählt Meyen in seiner Reise um die Erde —, die wir in den Breiten der Inseln des grünen Vorgebirges zubrachten, ließen sich sehr häufig Schwalben sehen, die auf unserm Schiffe ausruhten und Nahrung suchten. Wir haben mehre davon gefangen und die Haut derselben mitgebracht; es unterlag keinem Zweifel, daß es unsere Rauchschwalben (hirundo rustica L.) waren. Vielleicht hatten sie später unsere Heimat verlassen als wir.

Auf der Reise von d'Entrecasteaux wurde, 60 Meilen vom Cap Blanco entfernt, eine Küchenschwalbe gefangen; es war Ende Octobers, und sie kam allem Anscheine nach ebenfalls aus Europa.

Herr Alexander von Humboldt machte die Ueberfahrt nach Südamerika im Monat Juni und fand in der Nähe von Madeira, 40 Meilen mehr östlich, dieselbe Art von Schwalben.

Es ist heutiges Tages die Kenntniß über den Zug dieser Vögel als abgeschlossen anzusehen; wir wissen, daß unsere Schwalben in großen Zügen mit Anfang des Herbstes den Norden verlassen und nach dem südlichen Europa, Afrika und dessen Umgegenden ziehen; wir wissen aber auch, daß eine große Menge von Schwalben bei uns zurückbleiben und eine Art von Winterschlaf halten. Es sind die bei uns zurückbleibenden Schwalben, wie es scheint, nicht nur junge Thiere, welche die Reise nicht aushalten können und aus Ermattung niederfallen, sondern es liegen andere, uns noch unbekannte Ursachen dieser Erscheinung zum Grunde. So verhält es sich auch wahrscheinlich in den südlichen Gegenden, daß nämlich einzelne dieser Thiere daselbst zurückbleiben und ihre Reise nach dem Norden nicht mitmachen. Sind diese Vögel vielleicht durch die Gewalt der Winde nach den Azoren getrieben, so muß es ihnen im Frühjahre, zu welcher Zeit fast beständig in jener Breite heftige Nordostwinde herrschen, gleichsam als nördliche Fortsetzung des Nordostpassats, sehr schwer werden, die europäischen Küsten wieder zu erreichen.

Zur Naturbeschreibung des Cactus.

Brasilien bietet die schönsten Arten des Cactus dar. So findet man in der Provinz Calchagua auf dem linken Ufer des blumenbekränzten Flusses Cachapoal eine große Ebene mit dem prachtvollen Cactus peruvianus bedeckt, der, ebenfalls candelaberartig geformt, dem Cactus peruvianus sehr ähnlich ist; seine großen weißen Blumen erreichen die Länge von sechs bis sieben Zoll und sind schon aus weiter Ferne zu erkennen. Einen unbeschreiblich schönen Anblick gewähren aber diese Cactusstämme, wenn sie mit dem blätterlosen Loranthus bedeckt sind, dessen zahlreiche, scharlachrothe Blumen die ganze Oberfläche der Pflanze umhüllen, sodaß von ferne her auch nicht ein grünes Blättchen daran zu sehen ist. Die Stämme dieses Cactus erreichen oft die Höhe von 18 Fuß, und stehen gewöhnlich zu vier, fünf bis zehn und noch mehr auf einem Haufen beisammen. Man kann sich daraus die Schönheit des Anblicks vorstellen, wenn die großen weißen Blumen der Pflanze aus der dunkelscharlachrothen Decke der Loranthen hervortreten. Die Früchte dieses Cactus werden gegessen, sind aber von schlechtem Geschmacke.

Der Freistaat San-Marino.

Diese kleinste Republik Europas hatte das wunderbare Schicksal, im Laufe vieler Jahrhunderte, während welcher andere benachbarte Freistaaten Italiens entstanden und untergingen, sich gegen die Stürme der Zeit stets in Unabhängigkeit zu behaupten. Sie enthält einen Flächenraum von noch nicht 1½ □M. und ist rings von dem im Kirchenstaate gelegenen Herzogthume Urbino umgeben. Aus dem Innern Italiens erheben sich Felsenschichten in allmälig aufsteigenden Lagerungen bis auf einige Meilen vom adriatischen Meere zu einer Höhe von etwa 2500 Fuß, welche plötzlich durch einen senkrechten Absturz unterbrochen werden. Auf einer solchen nach Norden gelegenen Felsenwand liegt, wie schon bemerkt, das Städtchen San-Marino, von dem man schon von der Meeresküste aus die Hauptkirche des heiligen Marinus, die feste Burg und zwei andere im Mittelalter erbaute Wachtthürme, welche die Felsecke überragen, erblickt. Der Boden, auf welchem das Städtchen liegt, bildet eine geneigte Ebene. Da hauptsächlich nur die durch die Eismassen auf den Alpen gekälteten Nordwinde den italienischen Winter streng machen, so ist es nicht sehr zu verwundern, wenn Marino, das durch die steilen Vorgebirge der Apenninen gegen die rauhen Nordwinde geschützt ist, nicht der Kälte ausgesetzt ist, von welcher andere, selbst südlicher gelegene Gegenden Italiens, hin und wieder heimgesucht werden. Eine so günstige Lage übt dann natürlich auch auf die Pflanzenerzeugung einen vortheilhaften Einfluß, und der Lorbeer und die Dorodilla oder das Venushaar, sowie die Cyklamen, gedeihen hier vortrefflich. Auf der Schattenseite erhebt sich neben der deutschen Eiche majestätisch der süße Kastanienbaum, und die Olive prangt mit ihrer goldenen Frucht. Allein so mild das Klima ist, so wird doch der Ackerbau nur mit wenigem Erfolg betrieben. Die wichtigsten Producte sind Korn, Futterkräuter, Hülsenfrüchte, Gartengewächse, Hanf, Obst, Kastanien, Wein und Oel. In der That stehen der weiße Muscateller und der süße Rothwein den edelsten Weinen Italiens an Güte nicht nach; nur ist es zu bedauern, daß das überaus rasche Ueberschlagen jener Weinsorten einen Theil des Werthes benimmt und die Versendung ins Ausland nicht möglich macht; denn nur in den zweckmäßig angelegten Felsenkellern kann man ihn vor Uebergährung sichern. Die Felsen-masse von Marino ist mit Kellern weithin unterminirt, und der kühle Luftzug in den Felsenspalten erhält den Wein selbst in heißen Sommermonaten frisch. Auch Hornviehzucht und Seidenbau werden mit vieler Sorgfalt getrieben.

Es wird erzählt, daß die Republik auf folgende Art entstanden sei: Der Berg, worauf gegenwärtig Marino liegt, gehörte im 3. Jahrh. n. Chr. einer Frau an; um diese Zeit ließ sich ein Maurermeister, Marinus aus Dalmatien, der mit dem Kaiser Diocletian nach Italien gekommen war, auf demselben als Eremit nieder, um sich in gänzlicher Zurückgezogenheit von der Welt frommen Betrachtungen zu widmen. Immer weiter verbreitete sich der Ruf seines frommen Wandels, und seine strenge Lebensweise machte ihn in den Augen seiner Verehrer zu einem Heiligen und veranlaßte die Besitzerin des Berges, ihm denselben zu schenken. Später bauten sich, vielleicht um das Loos der Genügsamkeit mit ihm zu theilen, immer mehr Leute auf der Felsenspitze an, und so entstand dieser merkwürdige Staat, dem man, seinem Urheber zu Ehren, San-Marino nannte. Im 12. Jahrhundert kaufte die Republik die beiden in der Nachbarschaft gelegenen festen Schlösser Pennarosto und Casolo. Die oberste Regierungsbehörde bestand anfangs aus zwei oder drei Consuln, später stellte man nur eine einzige Person unter dem Namen Capitano an die Spitze.

Seit 1802 wurde die Verfassung des Freistaats geändert und der große Rath der 300 eingesetzt. Nach der Verfassungsurkunde dieses Jahres muß der Rath zur Hälfte aus Adlichen und Bürgerlichen bestehen. Dieser große Rath versammelt sich jedoch nur in außerordentlichen Fällen. Neben dem großen Rathe besteht noch der Rath der Aeltesten, aus 20 Edelleuten, 20 Städtern und 20 Landleuten zusammengesetzt. Das Staatsruder der Regierung aber führen die auf ein Jahr gewählten zwei Capitani, welche man am füglichsten mit dem Namen „Verwaltungspräsidenten" bezeichnen könnte, mit einem Ausschusse von 12 Regierungsräthen.

Kaum dürfen wir befürchten, unsere Leser zu ermüden, wenn wir ihnen eine Beschreibung des Wahlverfahrens und der Einsetzungsceremonie des neuen Capitano machen, welche wir einem Reisenden, der diesen interessanten Freistaat vor ein Paar Jahren besuchte, verdanken. Aus den Mitgliedern des obengenannten Rathes der Aeltesten werden durchs Loos 12 Wähler ernannt; von diesen bestimmt Jeder einen Candidaten und zwar so, daß sechs derselben aus Adlichen und sechs aus Bürgern oder Landleuten bestehen müssen. Unter diesen 12 werden wieder durch den Rath der Aeltesten sechs durch Ballotirung auserlesen, und diese sechs dann paarweise, je ein Adlicher mit einem Bürgerlichen, auf einen Zettel geschrieben. Ist der Wahlact so weit vorgeschritten, so beginnt die letzte nun vollends entscheidende Wahlceremonie, welche in der Kirche des heiligen Marinus vollzogen wird. Den Anfang des Zuges macht unter Trommelschlag die aus 30 Mann bestehende Soldateska des Freistaats, und trägt, da sie wegen der geringen Bevölkerung weder einen zu großen Volksandrang abzuwehren, noch auch bei dem friedlichen Charakter der Marinenser Unordnungen zu steuern hat, statt des Gewehrs eine flammende Fackel.

San-Marino.

Langsam und feierlich daher schreitend folgen ihnen die obersten Staatsbeamten. In der Kirche erwartet die Geistlichkeit und das Volk den Zug. Die kirchliche Feierlichkeit beginnt mit einer feierlichen Messe. Hierauf nähern sich die Beamten dem Altare, und einer von ihnen wirft drei Loose, von denen jedes einen adlichen und einen Bürger- oder Bauernnamen enthält, in einen Kelch. Alsdann zieht der Priester eins derselben und verliest laut die darin enthaltenen Namen. Kaum hat er sie ausgesprochen, so fällt ein rauschender Jubel des Volkes ein und die schmetternden Trompeten und die Trommeln lassen in der Kirche einen lauten Tusch ertönen. Diese Wahl findet gewöhnlich den 1. October statt. Die neuen Capitani bilden nun ein Jahr lang die höchste Verwaltungsbehörde, regieren nach den Gesetzen des Freistaats und besorgen die Vollstreckung der von dem Rathe der Aeltesten gestellten gesetzlichen Verfügungen und Beschlüsse.

Uebrigens fühlen sich die Marinenser recht glücklich, beneiden keinen Ausländer um das Glück, Bewohner einer ergiebigern Gegend zu sein und hängen mit wahrer Liebe an ihrem Vaterlande und an ihren Gesetzen. Von ihrer Zufriedenheit gibt folgende Thatsache ein treffendes Beispiel: Bonaparte ließ dem Freistaate den Gruß der großen französischen Republik entbieten und versprach ihm einige Kanonen, Getreide und eine Vergrößerung des Gebietes. Der Rath gab zur Antwort: Die Kanonen werde er dankbar annehmen, das Getreide bezahlen, die Vergrößerung müsse er aber ablehnen, die Republik sei glücklich in ihrem alten Besitzthum; wolle er aber etwas für sie thun, so möge er die hohen Zölle herabsetzen.

Verantwortliche Herausgeber: Friedrich Brockhaus in Leipzig und Dr. Dräxler-Manfred in Wien.
Verlag von F. A. Brockhaus in Leipzig.

Das Pfennig-Magazin
der
Gesellschaft zur Verbreitung gemeinnütziger Kenntnisse.

88.] [2. Jahrg. 36.] [December 16, **1834**.

Ansicht des Hofraums eines türkischen Wohnhauses.

Die Häuser in der Türkei.

Wir sind gewohnt, nach der Außenseite eines Gebäudes auf den Stand oder das Vermögen seines Besitzers zu schließen, und in den meisten Fällen irren wir hierin nicht; allein in den Ländern, wo die mohammedanische Religion die herrschende ist, beurkundet das äußere Aussehen eines Hauses dies keineswegs. Sämmtliche Gebäude ähneln einander bis zu einer ermüdenden Einförmigkeit. Hier wechseln nicht die Paläste der Reichern mit einfachen und schlichten Häusern der Bürger, und an den Wohnungen der Privatleute vermißt man allen Schmuck und alle Verzierungen, und kaum machen die Häuser der reichsten Moslems eine in die Augen fallende Ausnahme von dieser Regel. Hier zieren keine Balcone, von Säulen getragen, die Außenseite des Gebäudes, kein Giebel erhebt sich, kein architektonischer Schmuck unterbricht die Einförmigkeit der Wände. Dagegen aber bilden in Konstantinopel das Serail (der Palast des Sultans), der Sommerpalast am Bosporus (der Meerenge, am schwarzen Meere), und drei von Gliedern der Familie des Großsultans bewohnte Gebäude einen sehr glänzenden Contrast gegen die übrigen Wohngebäude, sowie gleicherweise die Moscheen sich gegen die Privathäuser sowol durch ihre Größe als auch durch ihre Bauart auszeichnen. Man würde sich aber sehr irren, wenn man die Ursache dieser Einfachheit an Privathäusern in einer dem Nationalcharakter der Türken eigenthümlichen stumpfsinnigen Gleichgültigkeit gegen die schöne Baukunst suchen wollte, sondern jene liegt vielmehr in der getreuen Befolgung einer in ihrem Gesetzbuche, dem Koran, mit folgenden Worten gegebenen Vorschrift: „Im Namen des gnädigen und barmherzigen Gottes, daß der gläubige Knecht doch nie nach hohen, großen und schönen Gebäuden, nach den Zierden der Baukunst, der Malerei und Sculptur trachte. Die Erzeugnisse der schönen Künste sind einzig und allein den Tempeln, den Moscheen, den Hospitälern und öffentlichen Gebäuden vorbehalten. Ihr Gläubigen bauet eure Häuser nur bis zum ersten Stock aus Mörtel und aus Steinen; das Innere wie das Äußere sei von höchster Einfachheit; da sehe man weder Schnitzwerk noch Vergoldung, auch stelle man kein Werk des Pinsels zur Schau, kurz jeder Schmuck sei verbannt."

Die kahle Mauer der Privathäuser ist jedoch hier und da von einem kleinen Gitterfenster unterbrochen, die aber nicht einmal überall in symmetrischer Anordnung stehen. Diese Gitterfenster gleichen ziemlich denen, welche man häufig an Klöstern erblickt. Ueber der Hausthür ragt ein von allem Schmucke entblößter und nur mit einem ganz einfachen undurchsichtigen Eisengeländer eingefaßter Balcon (Schah-Nischin) hervor. Die nackten Wände sind weder mit Firmen behangen, noch mit Hausnummern versehen; Inschriften, Embleme u. s. w. vermißt man gänzlich. Der Vorschrift des Koran gemäß sind die Erdgeschosse von Steinen und Ziegeln aufgeführt, auf welchem der übrige Theil des Hauses von Holz gebauet wird. Doch gilt dies nur von den bessern Häusern; im Durchschnitt sind die Häuser ganz von Holz gebaut und das Fachwerk mit Mörtel und Letten ausgefüllt. Es kann uns daher nicht befremden, wenn wir so häufig von verheerenden Feuersbrünsten in mohammedanischen Städten hören. Wenn auch hin und wieder die Feuersbrünste ihre Entstehung in boshafter Brandstiftung haben, so kann man doch in den meisten Fällen dem Mangel an Vorsicht die erste Entstehung des Feuers beimessen, welche hier sowol von der Leichtigkeit, mit welcher die Wohngebäude aufgeführt sind, als auch von der eigenthümlichen häuslichen Einrichtung der Türken sehr nöthig gemacht wird. Die Türken haben nämlich zum Erwärmen der Zimmer weder Oefen noch Kamine; ihre einfache Heizvorrichtung besteht in Folgendem: Unter einen mit wattirten tief hinabhängenden Teppichen bedeckten Tisch wird ein Kohlenbecken gestellt. Will nun der Türke sich wärmen, so setzt er sich in der bekannten Art, nämlich mit kreuzweis unterschlagenen Beinen, an das Tischchen, deckt den Teppich über seine Beine und schmaucht dabei seine Pfeife.

Da es einmal Weltregel ist, daß Reichthum und Wohlstand mit dem Luxus stets Hand in Hand gehen, so ist es denn auch sehr vielen begüterten Muselmännern sehr schwer gefallen, ihren Sinn für äußere Pracht ganz zu verleugnen oder nur auf Kleider und andere in die Augen fallende Dinge zu beschränken, und während das Aeußere seines Hauses den Unbefangenen glauben macht, daß die Vorschrift des Koran wörtlich gehalten sei, so ist dagegen das Innere mit um so größerem Luxus ausgestattet, welches manchem strengen Rechtgläubigen ein Dorn im Auge sein würde. Der Hofraum ist, dem Gesetze des Koran zum Trotz, mit kostbaren Marmorplatten gepflastert; Terrassen, Blumenbeete, freundlich bemalte Nischen, von Säulen getragene Galerien, die breiten erkerartigen Hervorragungen der Wohnzimmer, die in marmorne Becken fallenden Springwässer, hohe Bäume, welche dem Hofraume und dem Hause einen kühlen Schatten gewähren, alle diese Gegenstände machen einen höchst angenehmen Gesammteindruck auf den Fremden und überraschen ihn um so mehr, da er aus dem düstern und todten Aeußeren des Gebäudes voreilig auf ein ähnliches Innere schließt. Das Erdgeschoß besteht aus der Küche und den Geschäfts- und Gesindezimmern; hier wohnen auch die Sklaven und die von dem Hausherrn abhängigen Personen. Der Herr des Hauses wohnt im ersten Stock, zu dessen offenem Gang eine breite Treppe führt. Dieser Gang geht entweder zu beiden Seiten der Gemächer durch das ganze Haus, oder er läuft als offene Galerie um drei Seiten desselben herum. Da der ganze erste Stock nicht immer auf einer Linie liegt, so hat man bei Durchgehung des Corridors bald einige Stufen abwärts, bald aufwärts zu steigen. Die Ecken der Gebäude nach den Hofseiten, sowie die erhöhten Stellen des Corridors, bilden mit den Arabesken auf das Freundlichste ausgemalten Kiosks, eine nach der Form unserer an alten Häusern vorkommenden Erker hervorragende Art Pavillon, welche das Charakteristische der türkischen Häuser ausmacht. (Vergl. die Abbildung.) Personen, welche dem Herrn des Hauses ihre Aufwartung machen wollen, lassen sich durch seinen Sklaven anmelden und warten hierauf, mit aller dem Türken eigenthümlichen Gemächlichkeit, die Pfeife im Munde, im Kiosk, bis sie vorgelassen werden. Auch die diensthabenden Sklaven pflegen in den Kiosks müßig die Zeit zu vertändeln.

Die gefällige Malerei an der Front der Kiosks, hauptsächlich aber die der innern Wand derselben, erinnert den Fremden, welcher Italien besuchte, an die dort üblichen Loggien. Die gewöhnlichsten hier dargestellten Gegenstände sind Blumen, Früchte und Landschaften.

Der erste Stock ist, gemäß einer Vorschrift des Korans, durch eine Scheidewand genau in zwei gleiche Theile getheilt. Die eine Hälfte, Salemlit genannt, nehmen die Zimmer des Hausherrn, die seiner Söhne und die Stuben der vornehmern Sklaven ein; die andere ist der durch den Propheten zu einem „heiligen Orte" geweihte Frauenkerker, unter dem Namen Harem, in welchem keinem fremden Manne der Eintritt gestattet ist. In dem Salemlit sind die Gemächer zwar groß, aber niedrig, und außer dem Getäfel, dem Sofa und den Fußteppichen befindet sich selten darin ein anderes Möbel oder Luxusartikel. Die schlichten Wände sind mit einer lichten Farbe übertüncht. Ueber der Thür steht mit goldenen Buchstaben ein Spruch aus dem Koran, und nahe an der Decke sieht man den Namen Allah oder Mohammed mit schwarzen, rothen oder goldenen Schriftzügen, oft an mehren Stellen angebracht. Ein durch wenige offene Fensterscheiben fallendes Licht verbreitet ein unfreundliches Helldunkel durch den tiefen Raum des Zimmers; nur wenn der Herr einen frischen Luftzug in sein Zimmer leiten oder die Aussicht genießen will, öffnet er die von dem Divan bis oben an die Decke reichenden Jalousiefenster, deren Vorhänge aus gewöhnlichem gedruckten Kattun bestehen. Rings um drei Seiten der Zimmer zieht sich der niedrige aber sehr breite Divan, wie gesagt, der hauptsächlichste Hausrath des Türken. Auf seinem Divan versitzt der Türke oft fast den ganzen Tag, schmaucht seinen Tschibuk, nimmt seinen Scherbet, empfängt Visiten, ertheilt an seine Sklaven Befehle, trinkt den starken arabischen Kaffee, und verrichtet dies Alles ohne sich einmal zu erheben.

Gleich einfach wie die Ausstattung des Zimmers ist die Vorrichtung zur Hauptmahlzeit. Ein Sklave bringt eine Art niedrigen Tisches, stellt ihn in die Mitte des Zimmers und besetzt ihn mit der dampfenden Schüssel; hierauf erhebt sich der Türke von seinem Divan, läßt sich auf dem Fußteppich vor dem Speisetisch mit unterschlagenen Beinen nieder und nimmt seine Mahlzeit ein. Schlafzimmer, wie sie bei uns üblich, kennen die Türken nicht. Kurz vor der gewohnten Zeit des Schlafengehens kommen die Sklaven mit Kopfkissen und Teppichen und bereiten ihrem Herrn auf dem Divan das Nachtlager. Häuslichen Geschäften, ja selbst bloßen Handgriffen, welche ihn aus seiner gemächlichen Lage bringen würden, unterzieht sich ein Hausherr nie, sondern ruft seinen Sklaven, indem er die Hände zusammenschlägt.

Einige Mittheilungen über die Inselgruppe der Färöer.

(Nach den neuesten Nachrichten.)

[Schluß.]

Die Lebensweise der Färinger ist höchst einfach, daher sie sich auch eines hohen, rüstigen Alters erfreuen, sodaß man nicht selten Greise von 70—80 Jahren die Arbeiten jüngerer Männer theilen sieht. Ihre gewöhnliche Beschäftigung ist die Fischerei, deren Betreibung aber sehr mühsam und gefährlich ist, da fast das ganze Jahr hindurch die heftigsten Stürme auf der See herrschen und reißende Strömungen, Maëlströme (Meeresstrudel) und Brandungen die Küsten umgeben. Außerdem beschäftigen sie sich während des Sommers mit der Gewinnung des Heues für den Winter und mit der Cultur des Bodens, welcher nur mit der Hacke bearbeitet wird, weil der Pflug auf dem felsigen Grunde nicht angewandt werden kann; endlich nimmt auch die Schaf- und Pferdezucht ihre Thätigkeit in Anspruch. Meilenweit müssen sie auf Bergen herumklettern, um ihre Schafe zu weiden; meilenweit laufen Gesellschaften von sechs bis acht Personen, um die Pferde zum Gebrauch wieder einzufangen, welche die Lasten meistens tragen. Da, wo Vogelfang ist, beschäftigt das Ausnehmen der Eier und Jungen während einiger Wochen einen großen Theil der Bewohner. Im Winter wird fleißig Wolle gesponnen und gestrickt, gewebt, der Abend aber vorzüglich zum Unterrichte der Kinder verwandt. Jeder Vater unterrichtet seine Kinder selbst, wie er von seinen Aeltern gelehrt worden ist, vorzüglich in der Religion, im Lesen und Schreiben. Nur in Thorshavn ist eine Schule, in welcher nach der Bell-Lancaster'schen Methode Knaben und Mädchen unterrichtet werden. Ungeachtet ihres geringen Verkehrs mit gebildetern Völkern und ungeachtet ihrer nur auf das Materielle gerichteten Thätigkeit steht die Bildung der niedern Stände auf keiner so tiefen Stufe, als man hiernach zu glauben geneigt sein könnte.

Die Dörfer sind des Fischfangs wegen stets an der See, gewöhnlich am Abhange eines Berges angelegt. Die Wohnungen sind einfach. Auf eine Grundlage von großen mit keinem Bindemittel zusammengefügten Steinen werden Balken gelegt, in diese nur sechs bis acht dünnere Hölzer eingefugt, welche das ganze Gerippe des Hauses bilden. Auf diesem ruht das Dach von Bretern, erst mit Birkenrinde benagelt, welche die Feuchtigkeit am besten abhält, dann mit $1/2$ bis $3/4$ Fuß dicken Grassoden bedeckt. Die Bekleidung der Wände besteht aus ineinander gefugten Bretern, sodaß gewöhnlich bei der äußern Bekleidung die Breter horizontal, bei der innern aber vertical stehen. Die äußere wird durch einen Ueberzug von Theer gegen die Feuchtigkeit geschützt, die innere nur glatt gehobelt. Nur in wenigen Häusern findet man die Stuben mit Oelfarbe angestrichen. Das Hauptzimmer ist die Fremdenstube oder sogenannte Glasstube, weil sie gewöhnlich Glasfenster enthält. Diese ist fast ausschließlich zur Wohnung für die Fremden bestimmt und wird nicht selten zu andern Zwecken benutzt. Stets rein und sauber gehalten, enthält sie ein Dunenbett, eine Commode, einen langen Tisch mit Bänken an beiden Seiten, zuweilen auch Stühle, und einen oder zwei Koffer zum Aufbewahren der Kleider. An dieselbe grenzt entweder eine kleine Küche oder eine Milchkammer. Dann kommt die Wohnstube, hier Rauchstube genannt, weil sie bei geringen Leuten keinen Ofen enthält. Der Rauch zieht durch ein großes viereckiges Loch, welches zugleich als Schornstein und Fenster dient und durch eine hölzerne Klappe geschlossen wird, die an einem Seile befestigt ist. An der hintern Wand steht der Herd, umher mit Holz bekleidet, an welches oft die Flamme schlägt. In dieser Stube sind außerdem die Betten für die Eigenthümer der Hütte, die nöthigen Tische, Bänke, Spinn- und Webergeräthschaften. Nahe bei dem Hause ist der Stall für die Kühe, von Steinen zusammengesetzt, mit einem kleinen Dache bedeckt. Er wird sorgfältig gegen Zugwind gesichert. Dann folgen die Gebäude, worin das Fleisch und die Fische in der Luft getrocknet werden. An den Thüren sind keine Schlösser und doch fehlt dem Bauer nie ein Stück Vieh, wie groß auch oft der Nothstand der niedern Volksclassen sein mag. Am Strande endlich stehen die Schoppen zu den Booten, unter welche diese sofort nach gemachtem Gebrauch gezogen werden.

5.
Hochzeitgebräuche der Färinger.

Wenn dem Freier von den Aeltern durch das dreimalige Einschenken eines Glases Branntwein das Jawort ertheilt ist, wird gegen Ende Octobers die kirchliche Einsegnung vollzogen. Die Wahl dieser Jahreszeit ist aus der Ursache zur Sitte geworden, weil man nur dann frisches Ochsen= und Schaffleisch haben kann. Der Hochzeitstaat des Brautpaares ist folgender: Der Bräutigam ist mit dänischen Schuhen, feinen, weißen, wollenen Strümpfen, schwarzen Beinkleidern und einem Rock von gleicher Farbe, schön mit Roth ausgenäht, angethan. Der Hauptschmuck des Bräutigams ist aber der aus schwarzem Tuche verfertigte hohe Hut, der hinten und vorne eine Spitze hat, die einen Fuß hoch emporsteht, und der Freierstab, welcher genau so lang ist, daß dessen Spitze von den Fingern des Tragenden erreicht werden kann. Die Braut ist gleichfalls sehr stattlich geputzt. Das Gewand, mit langen und weiten Aermeln, ist von blauer oder rother Farbe und mit vielen Falten besetzt. Um den Hals wird ein feines Tuch, mit Spitzen verziert, getragen. An der Brust steckt eine silberne Nadel, an welcher eine viereckige Silberplatte, mit vielen Ringen und mit Silberflittern behängter Haken besetzt ist, befestigt ist. Der Gürtel, welcher mit silbernen Zierrathen geschmückt ist, wird durch eine silberne Schnalle gehalten. Der hohe Kopfputz wird aus seidenen Bändern und Flittern von Gold und Silber künstlich verfertigt. An dem hintern Ende sitzen vier lange und breite seidene Bänder, welche reich mit Flittern, dem beliebtesten Zierrath, ausgeschmückt sind, von denen zwei über den Rücken und zwei über die Brust hängen.

So ausgestattet geht der Bräutigam, begleitet von zwei Führern, die ihn angekleidet haben, und die Braut mit zwei Brautjungfern und zwei Junggesellen, welche Letztere sie führen, in die Kirche. Paarweise treten zuerst die Männer ein, dann die Frauen und bilden einen Kreis. Nach der Trauung empfängt das Ehepaar den Gratulationskuß von allen Anwesenden, dann setzt man sich zu Tische. Weinsuppe, Rinderbraten und Rosinenkuchen sind die gewöhnlichen Hochzeitsgerichte. Der Schweif des Ochsen ist mit Bändern schön ausstaffirt und wird zunächst vor das Paar gesetzt, geht dann aber um die Tafel herum, wobei Jeder einen Reim sagen muß, ähnlich den alten Leberreimen. Einer der Zeugen ist Branntweinschenker.

Daß es bei diesen Hochzeiten ziemlich hoch hergeht, beweist ein Verzeichniß Dessen, was bei einer solchen Gelegenheit verzehrt wurde: 1¼ Tonne Branntwein, ein Ochse, eine Kuh, 48 Schafe und außerdem zu Kuchen und dergl. eine Tonne Roggenmehl. Die Gäste bezahlten den Prediger, der bei dieser Gelegenheit eine Einnahme von 30 Thalern hatte.

Nach beendigter Mahlzeit werden die gewöhnlichen Tänze gehalten. Gegen Mitternacht tritt der Branntweinschenke aus dem Tanze, schlägt mit der Hand an den Balken der Decke und ruft: „Ich mahne die Braut zum ersten Male zum Aufbruch"; worauf er ruhig weiter tanzt. Nach einer halben Stunde schlägt er zweimal an den Balken und mahnt zum zweiten Male, alsdann nach Verlauf einer Viertelstunde ruft er: „Ich mahne die Braut zum ersten, zweiten und dritten Male zum Aufbruch." Sogleich umringen alle Frauenzimmer dieselbe und führen sie ins Brautgemach. Auf gleiche Weise wird der junge Ehemann dreimal gemahnt und von den Männern zu Bette geleitet. Dann singen die Gäste einen Vers aus dem Gesangbuche und tanzen fort, bis sie am andern Morgen den Vermählten ihre Gratulationen und Geschenke darbringen, welche die Neuverehelichten, noch im Bette liegend, empfangen; die Frau hält in der einen Hand eine Flasche Rum, in der andern eine Flasche Branntwein und bedient die Gäste nach ihrem Verlangen. Da diese Hochzeitgebräuche mit großen Kosten verknüpft sind, sodaß Derjenige, welcher die Hochzeit gibt, oft Jahre lang durch Arbeit und Ersparung die dadurch in die Hauswirthschaft eingerissene Lücke wieder auszufüllen hat, so sind sie jetzt ziemlich außer Gebrauch gekommen und finden nur bei den Wohlhabendern noch statt.

Der ägyptische Papyrus (Cyperus Papyrus).

Ehe die jetzt überall gewöhnliche Weise Papier zu verfertigen erfunden wurde, war man auf viel gröbere und unbequemere Schreibmaterialien beschränkt. Man grub die Buchstaben in Tafeln von Holz, Stein oder Erz ein, man richtete Thierhäute so zu, daß man darauf schreiben konnte; man brauchte endlich auch Pflanzen dazu. Wir haben schon in Nr. 32 des Pfennig=Magazins bemerkt, daß die amerikanische Agave den alten Mexicanern ihr Papier geliefert habe, doch einen viel ausgedehntern Gebrauch machten schon in grauer Vorzeit die Aegypter und später die Griechen und Römer von dem ägyptischen Papyrus oder der Papierstaude.

Der ägyptische Papyrus gehört in die erste Ordnung der dritten Classe des Linné'schen Systems und wird zu der Familie der Cypergräser gezählt, die statt des Kelches in zweizeiligen Aehrchen stehende Blüten mit einer

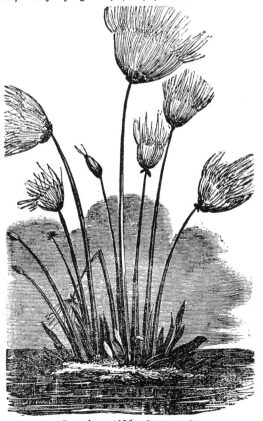

Der ägyptische Papyrus.

spreuartigen Schuppe haben. Ihr Halm ist nicht knotig und die Blätter sind scheidenartig. Die Cyppergräser finden sich meistens in feuchten Gegenden der warmen Himmelsstriche.

Das letztere gilt auch von dem ägyptischen Papyrus, der in Aegypten und Syrien an den Ufern der Flüsse gefunden wird. Der berühmte englische Reisende James Bruce fand ihn vorzüglich im Jordan, und in Europa wächst er blos auf Sicilien bei Syracus am Anapus.

Seine Halme sind dreikantig und werden acht bis zehn Fuß hoch, die Blütendolden sind in der Spitze des Halmes zwischen langen Blättern zusammengestellt, die braunen stiellosen Aehrchen derselben stehen zu dreien beisammen und die vier äußern Blättchen der achtblätterigen Hülle sind breiter als die übrigen.

Herodot und mehre andere Schriftsteller der alten Griechen und Römer berichten uns über den großen Nutzen, den die Alten aus dieser Pflanze zu ziehen wußten. Man machte aus ihr Bänder, Stricke, Seile, Taue u. s. w. Die Wurzel wurde gegessen; ganz vorzüglich aber wurde diese Pflanze berühmt durch das Schreibmaterial, das sie lieferte. Man nahm nämlich die dicksten Theile des Halmes, zog die Häute zwischen dem Marke und der äußern Schale ab, klebte diese, gewöhnlich mit dem eignen Safte der Pflanze, kreuzweise übereinander, und setzte so die schmalen Streifen zu größern Tafeln zusammen. Sobald diese Tafeln nun trocken waren, konnte man fast mit eben derselben Leichtigkeit Buchstaben in dieselben eingraben, mit welcher wir auf unser Papier schreiben.

Man findet den ägyptischen Papyrus jetzt häufig in Gewächshäusern, ja im botanischen Garten in Dresden haben wir ihn sogar im Freien gesehen, obgleich man früher behauptete, daß er in unserm Klima nicht ausdauere.

Walter Scott.

Wenn es unbestreitbar wahr ist, daß große Männer ein Eigenthum der Menschheit im Allgemeinen, nicht aber einzelner Völker und Zeiten sind, so dürfen wir auch Walter Scott den unsrigen nennen, auch wenn er uns nur durch eine innige Vorliebe für deutsche Sprache und Bildung verwandt und nur durch seine mit unerhörtem Beifalle aufgenommenen historischen Romane bekannt geworden wäre. Darum mag auch ein kurzer Abriß seines Lebens in diesen Blättern seinen Platz finden und zu richtiger Würdigung seiner schriftstellerischen Thätigkeit und seines moralischen Wesens mit beitragen.

Walter Scott war der älteste von vier Söhnen eines angesehenen Rechtsgelehrten in Edinburg, des Herrn Walter Scott, und der Tochter des David Rutherford. Er erblickte am 15. August 1771 das Licht der Welt. Der schwache Körperbau des Knaben und eine entweder durch kränkliche Constitution, oder, wie Andere sagen, durch die Nachlässigkeit der Wärterin verursachte Verkrüppelung seines rechten Fußes, störten die körperliche Entwickelung des Kindes auf eine sehr bemerkbare Weise und veranlaßten endlich seine Aeltern, ihn auf das Land in das Haus seines Großvaters väterlicher Seite zu schicken, wo der Knabe einen großen Theil seiner Kindheitsperiode verbrachte. Der Pachthof seines Großvaters lag in der Nähe einer alten Burg und gewährte die Aussicht auf einen großen Theil des Thales des Tweed, das Arkadien von Schottland und die eigentliche Wiege schottischer Romantik und Volkspoesie. Das ganze Land ist dort von Sang und Sage belebt, fast jeder Stein, der über den Boden hervorragt, erinnert an irgend ein Gefecht oder eine blutige Schlacht, ein jedes Flüßchen, wenn auch seine Wasser so unbedeutend sind, daß sie kaum die Wiesen wässern, durch die es dahinfließt, ist in irgend einem Volksliede oder einer Ballade besungen. Walter Scott selbst erzählte einmal, daß er von einem Berge der Nachbarschaft 43 Plätze habe zählen können, welche durch den Krieg oder die Poesie berühmt wurden. In solchem Zauberlande erwachte zuerst die Phantasie des Knaben, und die Eindrücke, welche damals unauslöschlich tief in seinem kindlichen Geiste eingeprägt wurden, kommen durch die Erzählungen der Hirten und Landleute im Lande seiner Ahnen, in gar manchem seiner spätern Werke wieder zur erfreulichen Erscheinung. Seine Vorliebe für diesen Schauplatz seiner poetischen Erziehung blieb ungeschwächt auch in seinen spätern Jahren, sodaß der Jüngling die Zeit der Schulferien am liebsten auf den Fluren seiner Kinderträume verbrachte, denen er zu gleicher Zeit die Kräftigung seiner körperlichen Constitution verdankte; denn hier gewann er durch die Bewegung in frischer, freier Luft, und durch eine natürliche und zweckmäßige Lebensweise Körperkraft, bei welcher selbst seine Lahmheit ihm nicht mehr beschwerlich war, und die er sich bis zu den letzten Jahren seines Lebens erhielt.

Walter Scott.

Den ersten Unterricht verdankte Walter Scott seiner durch alle Tugenden höherer Weiblichkeit ausgezeichneten Mutter, welche überhaupt überwiegenden Einfluß auf seine moralische und geistige Bildung gehabt zu haben scheint. Im Jahre 1779 besuchte er zuerst eine öffentliche Schule, machte jedoch weder in dieser, noch in den später von ihm besuchten Lehranstalten große Fortschritte, sodaß seine Lehrer nur Weniges von ihm erwarteten. Dagegen fehlte er bei keinem ausgelassenen Streiche und stand bei allen seinen Mitschülern als Märchen- und Geschichtserzähler in großem Ansehen; namentlich war es seine größte Freude, an den freien

Tagen mit einem Busenfreunde, der gleiche Neigung mit ihm theilte, sich wegzustehlen, um einander schauerliche Sagen zu erzählen. Und noch in den spätesten Jahren bildete nach seinem eignen Ausspruche die Erinnerung an diese Feierstunden „eine Oase in seiner jugendlichen Pilgerreise". Auf der Universität Edinburg, welche er später bezog, wurde er einige Zeit durch körperliches Unwohlsein in seinen Studien aufgehalten, ohne daß er später sehr bemüht gewesen zu sein scheint, das früher Versäumte wieder nachzuholen; und so trat er denn mit sehr unvollständigen, im Bezug auf die alten Sprachen aber sehr geringen Kenntnissen in die Welt, beiweitem mehr mit der Lecture phantastischer Romane, gefahrvoller Reisen, alter Balladen und Rittergeschichten beschäftigt, als auf ernsthaftere Studien denkend. Wol Wenige dürften aus einem solchen ungeordneten Studienplane noch hinreichende Geisteskraft gerettet haben, um etwas Tüchtiges für die wirkliche Welt zu leisten; anders war es bei Scott, zu dessen Bildung grade solche Umstände mitwirken mußten, ohne daß sie die Spannkraft seines Geistes und seines moralischen Willens in dem Maße erschlafft hätten, daß er zu späterer Erhebung unfähig geworden. Nachdem er die Universität verlassen, wendete er sich nach dem Willen und Wunsche seines Vaters der praktischen Ausübung der Rechtsgelehrsamkeit zu und ward schon im 21. Jahre seines Alters unter die Anwalte bei dem großen Gerichtshofe zu Edinburg aufgenommen; eine Auszeichnung, die er freilich mehr dem Einflusse seiner Verwandten und Gönner als seinen Kenntnissen zu danken haben mochte. Damit schien sich ihm eine ebenso vortheilhafte als ehrenvolle Laufbahn zu eröffnen; denn der Advocatenstand ist in England und Schottland einflußreich und angesehen und besteht größtentheils aus den jüngern Söhnen reicher Gutsbesitzer, Geistlichen und Kaufleute, da ihnen der Zugang zu den höchsten Ehrenstellen des Staates offen steht, wie das Beispiel des Lordkanzlers Brougham beweist. Unser junger Advocat schien jedoch nicht geeignet, Reichthümer oder Ehre auf dieser Bahn zu erwerben. Sein Geist war fortwährend mehr mit den Gebilden seiner Phantasie als mit den Erscheinungen des wirklichen Lebens beschäftigt, und er gehörte daher in diesem seinem neuen Berufe zu denen, welchen an Arbeit nicht viel gelegen ist. Seine öffentlichen Reden, in welchen er seinen Entwickelungen meistens die höchsten und allgemeinsten Begriffe der Wissenschaft, minder aber Thatsachen des wirklichen Lebens an die Spitze stellte, waren aus diesem Grunde nicht geeignet, Eindruck zu machen. Dagegen muß von ihm in dieser Periode seines Lebens gerühmt werden, daß er ernstlich darauf dachte und darnach strebte, früher verschuldete Lücken seines Wissens auszufüllen. Im Jahre 1799 wurde Scott Untersheriff der Grafschaft Selkirk, nachdem er sich kurz vorher mit Miß Carpentor verheirathet hatte, welche ihm vier Kinder geboren hat, und mit welcher er bis zum Jahre 1826 in glücklichster Ehe lebte. Als Schriftsteller gehört Walter Scott keineswegs zu den frühzeitigen Genies; vielmehr hat der Mann, welcher später als einer der fruchtbarsten Schriftsteller aller Zeiten erscheint, bis zu seinem 25. Jahre keine Zeile weder in Versen noch in Prosa drucken lassen oder auf andere Weise bekannt gemacht. Den ersten Anlaß dazu scheint ihm das Studium unserer deutschen Literatur gegeben zu haben, namentlich werden Bürger's „Lenore" und Göthe's „Erlkönig" von ihm selbst als diejenigen deutschen Gedichte genannt, welche ihn zu poetischen Uebersetzungen und Nachbildungen anregten, nachdem ihn schon längere Zeit ein tieferes Studium der deutschen Sprache und Literatur beschäftigt hatte. Jedoch war der Erfolg dieser Erstlingsversuche keineswegs ermuthigend für den jungen Schriftsteller, und der größte Theil der gemachten Auflage ward Maculatur. Ohne sich jedoch durch diesen verunglückten Versuch abschrecken zu lassen, fuhr Scott fort in dem Studium der deutschen Literatur und ließ schon im Jahre 1799 seine Uebersetzung des Göthe'schen „Götz von Berlichingen" folgen, während er zu gleicher Zeit seiner Vorliebe für die Balladenpoesie und die Sagen seines Vaterlandes nachhing, worin er selbst die ersten Versuche ungefähr um dieselbe Zeit machte. Den Schauplatz seiner ersten Dichtungen verlegte er in jene romantischen Fluren, in welchen er seine ersten Jugendträume verlebt hatte. Der Beifall der Freunde, verbunden mit der steigenden Unzufriedenheit mit seinem Berufe, veranlaßten endlich den jungen 32jährigen Advocaten, sich ganz für die Schriftstellerlaufbahn zu bestimmen, besonders da ihm seine Anstellung als Sheriff und der Ertrag seines väterlichen Erbes einige Unabhängigkeit seiner äußern Lage sicherten, und ihm auch seine Gattin ein jährliches Einkommen von 3—4000 Pf. Sterl. zubrachte. Daher zog er sich auf einen lieblichen Landsitz, ungefähr fünf Meilen von Edinburg, zurück und lebte hier ganz seinen schriftstellerischen Studien und Arbeiten, vorzugsweise der Erforschung der Volkspoesie der südlichen Provinzen Schottlands, welcher er ein eignes, höchst interessantes, mit großem Fleiß zusammengestelltes Werk in zwei Bänden widmete („The minstrelsy of the scottish border"). Dieses Werk wurde ebenso wie einige bald darauf folgende, von ihm selbst verfaßte Balladen sehr günstig aufgenommen, und begründete Scott's Ruf auf eine ebenso ehrenvolle als sichere Weise; bis endlich „Der Gesang des letzten Minstrels" („The lay of the last minstrel") seinen Ruhm fast zur Begeisterung steigerte. Er war jetzt der Mann des Volkes, dem auch die Regierung durch eine Anstellung in Edinburg ihre Aufmerksamkeit bewies. Im Jahre 1808 erschien seine „Jungfrau vom See" („The lady of the lake"), welche bereits mehr als 20 Auflagen erlebt hat, und von welcher in den ersten drei Monaten nach ihrem Erscheinen 8000 Exemplare verkauft wurden. In fast ununterbrochener Reihe folgten „Don Roderic", „Rokeby", „Der Herr der Inseln", „Das Schlachtfeld von Waterloo", und mehre andere von geringerer Bedeutung, welche jedoch das Interesse des Publicums nicht alle in gleichem Maße wie der „Gesang des Minstrels" und die „Jungfrau vom See" in Anspruch nahmen; was theilweise dem Erscheinen eines neuen Dichtergestirns, des kometenartigen Lord Byron, zugeschrieben werden kann. Mochte Scott dieses fühlen, oder folgte er der schon seit den Knabenjahren gehegten Neigung zum Erzählen, wozu ihm seine historischen Forschungen so reichen Stoff darboten, oder achtete er endlich auf den Geschmack der Zeit und seines Volkes: kurz, er wanderte seit dem Jahre 1812 zur Romanschriftstellerei zu und ward, ungeahnt und ungenannt, der Schöpfer einer neuen Classe von Novellen oder romantischen Erzählungen, wir meinen der historischen. Die Erscheinung seines „Waverley" (1814) machte eine Epoche in der Geschichte der europäischen Literatur, und veranlaßte, da ihr Verfasser sich nicht nannte, tausendfache Vermuthungen und Streitigkeiten, während das Publicum die neue Erscheinung mit wahrhaftem Heißhunger verschlang. Noch mehr fast gefiel der kurz darauf folgende Roman „Guy Mannering", oder der Astrolog, welcher nicht wenig dazu beitrug, die Stimmung für diese Gattung von Romanen zu erhöhen und derselben auch manche der bisherigen Gegner zu gewinnen. Daß aber der Verfasser zweier mit einem so außerordentlichen Beifalle aufgenommenen Romane, denen nachher noch 19 andere folgten, und deren Bändezahl jetzt auf mehr als 50 gestiegen ist, seinen Namen fortwährend verschwieg, reizte nur noch mehr die allerdings sehr verzeihliche Neugierde, denselben zu erforschen. Noch mehr ward dieselbe angeregt, als im Jahre 1816 die „Alterthümler" erschien und in der Vorrede zu demselben der sogenannte Verfasser des „Waverley" von seinen Lesern gewissermaßen Abschied nahm; bald aber wieder in einer neuen Verkappung als Jedidjah Cleisbotham, Schulmeister zu Glendercleugh, in den „Erzählungen meines Wirthes" eine neue Reihe ähnlicher Art eröffnete, welcher denn noch eine Menge einzelner Romane folgte. Die in denselben vorzugsweise gefeierten schottischen Sitten und Gebräuche, die warme Liebe zu diesem Lande, die sich überall aussprach, ließen die englischen Kunstrichter einen schottischen Schriftsteller als den Verfasser vermuthen. Erklärlicherweise fiel die nächste Vermuthung auf Walter Scott, den ersten und unterhaltendsten unter Schottlands Schriftstellern, besonders da man auch in einzelnen Stellen der gefeierten Romane einige Aehnlichkeit mit den Gedichten eben dieses Verfassers wahrzunehmen glaubte. Dagegen aber schien die große Menge der Schriften sowie ihr verschiedenartiger Gehalt dafür zu sprechen, daß nicht alle jene Erzählungen einem und demselben Verfasser angehörten. Und so gerieth eine Partei in England auf die Vermuthung von Schülern, Helfern und Helfershelfern, kurz von einer Romanfabrik unter der obern Direction des gefeierten Baronet Walter Scott — denn dazu hatte ihn die Gnade seines Königs 1820 erhoben. Unbekümmert um alle diese Vermuthungen und Streitigkeiten hielt sich der wirkliche und alleinige Verfasser der bereits fast in alle Sprachen Europas übersetzten Werke hinter dem Schilde der Anonymität verborgen; zufrieden mit dem Beifalle des Publicums und mit dem reichen Ehrensold seines Freundes und Verlegers Constable in Edinburg. Der große Reichthum aber, den Walter Scott sich durch seine schriftstellerische Thätigkeit auf diese Weise erwarb, setzte ihn in den Stand, noch bequemer als bisher leben zu können. Seitdem wohnte er im Winter in Edinburg, wo sein Haus eine malerische Aussicht auf das Meer hatte; im Sommer aber auf seinem reizenden Landsitze Abbotsford, vier Meilen von Edinburg am Tweed. Das Schloß ist ein sehr alterthümliches Gebäude von grauem Granit, regellos, mit einem großen Thurm und mehren kleinen, mit Vorsprüngen, Erkern und hohen Feueressen, die Fenster bald eng, bald weit, bald höher, bald tiefer auseinander; im Innern hat das Haus bei aller Bequemlichkeit und neuern Eleganz doch ebenfalls ein alterthümliches Gepräge, und die Einheit des Ganzen vollendete noch der stattlich gekleidete bergschottische Pfeifer, der in der malerischen Tracht der vergangenen Zeit bei Fest und Mahl die alten Weisen aufspielte. Die Umgebungen des Hauses waren mit Geschmack und sinniger Benutzung der Natur geordnet und vollendeten die harmonische Schönheit des Ganzen, welche uns von so manchem Reisenden mit glänzenden Farben geschildert worden ist.

[Beschluß folgt.]

Die leipziger Universität und die Bundeslade.

Die Kanzelreden zu Anfange des 17. Jahrhunderts bis ziemlich in die Mitte des 18. charakterisirten sich besonders durch ihre weit ausgeholten, bis zu Einzelheiten ausgesponnenen und deshalb nicht immer sehr geschmackvollen Vergleichungen. Ein ergötzliches Beispiel solcher seltsamen Gleichnisse enthält die bei Gelegenheit der zweihundertjährigen Stiftungsfeier der leipziger Universität von dem damaligen Superintendenten am ersten Advent des Jahres 1609 gehaltene Predigt, zu welcher er den Text aus 2. Sam. 6. Cap. gewählt hatte, worin erzählt wird, wie David die Bundeslade einholte. Diese Bundeslade nun verglich er mit der leipziger Universität. Es gehört eine ungewöhnliche Einbildungskraft und ein gutes, in den verschiedensten Dingen die Aehnlichkeiten findendes Combinationsvermögen dazu, um so einen Vergleich folgerichtig durchzuführen. Allein wenn er in damaliger Zeit nur entfernt traf, so fand man nichts Gezwungenes darin. Der König Wenceslaus hatte die Universität verspottet, wie Saul die Bundeslade, der Kurfürst Friedrich der Streitbare sie hingegen geliebt und geachtet, wie David die letztere. David hatte die Bundeslade selbst mit Ehren eingeholt, dasselbe hatten die Söhne Friedrich's des Streitbaren, Wilhelm und Friedrich, auch gethan. Selbst der Spott, den David deshalb von der Michal erfahren mußte, fand sein Gegen- oder Seitenstück, denn „es ist kein Zweifel", sprach der fromme Mann, „es wird dies christliche und löbliche Werk der Celebration des angestellten Jubelfests heute zu Tage auch seine Momos und Spötter finden." Man sieht, daß hier der Vergleich ein wenig hinkt; denn der Spott hätte Friedrich den Streitbaren oder seine Söhne treffen müssen. Doch den guten Superintendenten traf hier nur das gewöhnliche Schicksal Aller, die zweierlei Dinge mit einander vergleichen wollen: Jeder Vergleich hinkt!

Das Armadill (Chlamyphorus truncatus, Harlan.).

Von Jahr zu Jahr machen die Naturforscher neue Entdeckungen, und zwar nicht blos Pflanzen und Mineralien, die bisher ihren Forschungen entgangen waren, bringen sie zur Kenntniß des Publicums, nein auch aus dem Thierreiche, ja selbst aus den höchsten Classen des Thierreichs werden fast jährlich neue Arten entdeckt, von deren Dasein die Naturforscher bis dahin sich nichts träumen ließen. Wir nannten in einem der vorigen Blätter, in Nr. 75, schon einen Vogel, den krausköpfigen Arassari, der seit nicht langer Zeit erst uns näher bekannt geworden ist, und in gegenwärtigem Blatte übergeben wir wieder ein Thier, und zwar ein wunderbar gebautes Säugethier, das auch erst in der neueren Zeit bekannt geworden ist und daher gewiß eine Abbildung und ausführliche Beschreibung in unserm Blatte verdient.

Am 18. December 1824 machte Herr William Colesberry dem naturhistorischen Museum zu Philadelphia dieses Thier zum Geschenk. Der abgestutzte Schildträger (Chlamyphorus truncatus), denn so wurde dieses Thier von den Naturforschern später genannt, ist zu Mendoza, im Innern von Chile in der Provinz Cuyo, östlich von den Cordilleren, zu Hause, wo es von den Indianern Pichiciago genannt wird. Es wurde dort lebendig gefangen, lebte aber eingesperrt nur wenige Tage.

Leider konnte man bis dahin über die Lebensweise dieses Thieres keinen hinreichenden Aufschluß gewinnen, doch so viel scheint gewiß zu sein, daß es die meiste Zeit, wie der Maulwurf, unter der Erde lebt; auch erzählt man, daß das Weibchen seine Jungen unter seiner schwimmartigen Bekleidung trage und daß der Schwanz wenig oder gar keine Bewegung habe.

Die ganze Länge des Thieres mißt 5¼ Zoll, der Kopf 1½ Zoll und der Schwanz einen Zoll zwei Linien.

Die Beschreibung, welche uns von der äußern Gestalt des Küraßthiers gegeben wird, ist folgende:

Der Panzer, der den obern Theil des Körpers bedeckt, ist dichter und unbiegsamer als Sohlenleder, auch von gleicher Dicke; er ist hinten breiter als vorn und besteht aus lauter Reihen von Platten, sämmtlich von länglichviereckiger (rhomboidaler) Form. Jede Reihe ist von einer die Ränder der Schilder überragenden Haut geschieden. Dieser Lederpanzer liegt frei und lose auf dem Rücken und ist über dem Rückgrath nur durch eine Verlängerung der Haut und auf dem Obertheile des Stirnbeins durch zwei Knochenfortsätze angeheftet; hinten biegt er sich abwärts und bildet eine ganz abgestutzte Oberfläche, die ebenfalls mit Schildern, und zwar in Halbzirkelreihen, besetzt ist. Am Rande des Hintertheils befindet sich ein Höcker, woran der freie Theil des aus 14 Wirbeln bestehenden Schwanzes befestigt ist; der übrige Theil desselben erstreckt sich unter der abgestutzten Oberfläche bis zu dem Rücken hinauf. Der obere halbzirkelförmige Rand der abgestutzten Oberfläche, sowie die Seitenränder des Panzers, sind mit seidenartigen Haaren gefranzt. Der hinten breite Kopf läuft gegen das Maul spitzig zu und ist mit größern und kleinern Schildplättchen bedeckt. Das Maul ist klein und an der Spitze mit einem Knorpel versehen. Schneidezähne fehlen ganz, der Backenzähne sind aber oben und unten an der Seite acht, von denen die Kronen der beiden ersten etwas zugespitzt sind und Eckzähnen gleichen. Das äußere Ohr besteht blos aus einer runden gerändeten Oeffnung. Die Augen sind schwarz und stehen, wie die Ohren, unmittelbar unter dem Scheitelpanzer hervor. Der Körper unter dem an den Seiten freistehenden Rückenpanzer ist mit dichten, weißen, seidenartigen Haaren, ebenso wie Kehle, Brust, Bauch und Schenkel, besetzt. Die Vorderfüße sind kurz und dick, die Zehen an denselben durch die Haut verbunden und mit fünf starken, schaufelähnlichen Nägeln versehen. An den Hinterbeinen sind die Zehen getrennt.

Fragt man nun, in welche Abtheilung der Säugethiere dieses Thier zu stellen sei, so wird es gewiß Jeder nach einer kurzen Betrachtung in die Ordnung der zahnlosen Thiere (Edentata) einreihen, wie dies auch der berühmte Cuvier gethan hat, bei dem es eine Untergattung der Armadille oder Gürtelthiere (Dasypus) bildet. Da es jedoch nicht allen Charakteren nach hierher zu passen scheint, so könnten wir uns vielleicht später genöthigt sehen, bei einer genauern Kenntniß diesem Thiere eine andere Stellung anzuweisen.

Der dieser Beschreibung beigegebene Holzschnitt, welcher durch eine außerordentliche Feinheit sich auszeichnet und deshalb auch schon im „Bilder-Conversations-Lexikon" aufgenommen worden ist, stellt drei Schildträger vor ihrer Höhle dar, welche sie sich unter einem alten vielleicht tausendjährigen Baume gegraben haben. Willkommen ist es uns, daß das eine dieser Thiere grade im Begriff ist, in die Höhle zu gehen; denn obgleich es dabei uns unhöflich den Rücken zukehren muß, so gibt es uns doch eben dadurch Gelegenheit, den sonderbaren Bau des hintern Theiles seines Körpers zu bewundern, der eben, weil er auf eine bei diesem Thiere eigenthümliche Art hinten schroff abgeschnitten ist, die Veranlassung war, demselben den Beinamen truncatus (abgeschnitten) zu geben.

Das Armadill.

Verantwortliche Herausgeber: Friedrich Brockhaus in Leipzig und Dr. E. Drärler-Manfred in Wien.
Verlag von F. A. Brockhaus in Leipzig.

Das Pfennig-Magazin

der
Gesellschaft zur Verbreitung gemeinnütziger Kenntnisse.

89.] [2. Jahrg. 37.] [December 22, **1834**.

Der Thunfischfang.

Der Thunfischfang.

Alle Länder, ja man könnte fast sagen alle Städte Europas haben ihre Volksfeste; allein es dürfte kaum eine Volksbelustigung geben, welche mit einer so lebhaften Theilnahme von Seite aller Stände begangen wird, und deren Entstehung zugleich sich in ein so entferntes Alterthum verliert, als der Thunfischfang in Sardinien; ein Fremder, der diese Insel besuchte und dieser Lustbarkeit nicht beiwohnte, wird sich nicht rühmen können, Sardiniens Volksleben in seinem ganzen Umfange zu kennen. Der Thunfisch, schon von den Römern als eine Delicatesse geschätzt, macht einen wichtigen Handelsartikel Siciliens, Sardiniens und einiger Seestädte Frankreichs aus. Er gehört in die Gattung der

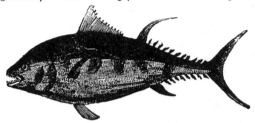

Der Thunfisch.

Makrelen, ist bis beinahe auf die Mitte des Bauches stahlblau, welche Farbe ohne Schattirung in einen Silberschiller übergeht, wird zwei bis zehn Fuß lang, an sechs Centner schwer und so fett, daß ihm zuweilen die Haut platzen soll, und ohne Zweifel ist er der größte Fisch unter denjenigen, welche in Europa gegessen werden. Dieser gefräßige Raubfisch bemächtigt sich der kleinern Fische, indem er durch Schwimmen in schneckenhausförmigen Linien (Spirallinien) einen Strudel hervorbringt, in welchen jene immer mehr und mehr in die Enge getrieben werden, bis sie, die Gefahr nun wol ahndend, sich aber nicht mehr retten können und in den offenen Rachen ihres Feindes gerathen. Zur Laichzeit zieht er, gleich der Sardelle, aus der Nordsee in das mittelländische Meer, setzt an den Küsten Frankreichs, Spaniens und Portugals zur Zeit der Sommersonnenwende seine Eier ab, die nicht größer als Mohnsamenkörner sind, und kehrt mit der jungen Brut gegen den Winter in seine Heimat zurück. Auf diesen Zügen, wo die Thunfische in Gesellschaft zu Tausenden schwimmen, sollen sie sich oft so dicht zusammendrängen, daß man kaum mit einem Boote sich durcharbeiten kann. Man sieht ihn häufig aus dem Wasser springen und schreibt diese Erscheinung dem schmerzhaften Stiche eines Insekts zu, welches sich unter der Brustflosse einfrißt. Die Form des Zuges gleicht der bei ältern Völkern üblichen keilförmigen Schlachtordnung; an der Spitze des Thunfischgeschwaders schwimmt ein großer und starker Fisch, welchem die andern instinctmäßig nachziehen. Schon in beträchtlicher Entfernung kündigt sich ihre Ankunft durch ein dem heftigen Winde ähnliches Geräusch an. Ein Flintenschuß, sowie überhaupt ein plötzlicher Lärm, oder, wie bei den Sardellen, ein heller Gegenstand, unterbricht den Zug und bringt ihn in Unordnung. Von dieser Eigenschaft erzählt schon der römische Naturforscher Plinius folgendes Beispiel: „Im Frühling ziehen die Thunfische in zahlreichen Schaaren aus dem mittelländischen in das schwarze Meer; nahe bei dem Vorgebirge von Chalcedon erhebt sich ein nackter Fels von blendend weißer Farbe, vor welchem sie, sobald sie ihn gewahr werden, plötzlich umkehren und dem byzantinischen Vorgebirge, welches der Küste von Chalcedon gegenüber liegt, zuschwimmen. Diese Veränderung ihres Zuges verursacht, daß der Thunfischfang am byzantinischen Vorgebirge sehr ergiebig ausfällt."

Wie schon oben bemerkt, ist der Thunfischfang ein wahres Volksfest, und nichts kann für einen Fremden, der das Innere der Insel bereiste, gegen die Einöden, welche er eben durchstreifte, einen interessantern Contrast abgeben, als das Volksgewühl zu Porto=Scus. Hier herrscht ein lebendiges Gemisch aller Stände, und Alles, was für Frohsinn empfänglich ist, eilt der Meeresküste zu, um sich in den allgemeinen Jubel einzumischen und der wilden Treibjagd, welche mit dem Thunfische vorgenommen wird, beizuwohnen. Das Schauspiel ist in der That unvergleichlich. Die Matanza, wie man in Sardinien den Fang nennt, wird damit eröffnet, daß die Schiffer eine große Strecke des Meeres mit ihren Fahrzeugen versperren. Gleichzeitig werden, gleichlaufend mit den Küsten, die Netze geworfen; letztere bilden zwei lange Parallelwände, werden nach oben durch große am Saume befestigte Korkstücke, nach unten jedoch durch Blei, Steine und an verschiedenen Stellen durch eiserne Anker straff gehalten und nehmen oft eine Strecke von 5—6000 Fuß ein. Kommt nun ein Geschwader von Thunfischen angeschwommen, so kehrt es an den Fahrzeugen um, schwimmt der Küste zu und befindet sich so zwischen den Netzen und dem Ufer. Die Fische merken nun bald, daß sie in die Enge getrieben sind und suchen an den Netzen einen Ausweg. Die Netze, welche auf diese Bewegung der Fische eingerichtet sind, bestehen aus mehren durch Quernetze getheilten Zellen, von denen jede Wand nach Bedürfniß geöffnet und geschlossen werden kann. So lange kein Fisch darin ist, sind sie sämmtlich offen. Die Längenwand eines Netzes hat nur eine Oeffnung, und sobald nur erst ein einziger Fisch in dieselbe geschwommen ist, kann man sicher auf zahlreiche Nachfolger rechnen.

Das Netz zum Fangen der Thunfische.

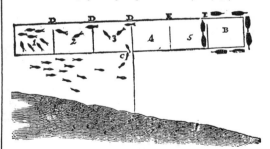

In vorstehender Abbildung ist diese Oeffnung mit C bezeichnet. Der Fisch würde also zuerst in die Zelle 3 gerathen; hier sucht er einen Durchgang und geräth in 2 und endlich in 1; da aber seine Gefährten nachschwimmen, so kehrt er nicht um, und auf diese Weise füllt sich bald die erste Zelle, welche alsdann zugezogen wird. Eine gleiche Bewandniß hat es mit den übrigen Zellen. Sobald auch der Eingang C geschlossen ist, umlagern die Fischer mit ihren Böten die Zelle B, welche man Todtenkammer (camera di morte) nennt, und nun beginnt die Hauptscene des ganzen Fischfanges. Sobald diese, gewöhnlich mit vielen tausend Fischen gefüllte Todtenkammer in die Höhe gezogen wird, schlagen die Thunfische mit ihren Schwänzen wie rasend um sich und verursachen eine heftig schäumende Bewegung des

Meeres, gegen welche sich die Böte behaupten müssen. Ein alter erfahrener Schiffer führt bei dem Fischfange das Commando, fährt auf seinem Kahne von einer Todtenkammer zur andern, spricht den Schiffern, die sich gegen den Wellenschlag behaupten müssen, auf eine altherkömmliche Weise Muth ein, oder gibt ihnen für ihre Saumseligkeit oder ihre Ungeschicklichkeit Verweise. Ist das Netz so weit in die Höhe gehoben, daß die Fische dicht nebeneinander zu liegen kommen, so geht es an ein schreckliches Morden und Schlachten, daß einem an diese Scenen nicht gewöhnten Zuschauer heiß und kalt zu Muthe wird. Die Schiffer, von Branntwein halb berauscht, ergreifen ihre mit Spitzen versehenen Stangen und fahren damit regellos und so wüthend unter die zappelnden Meerbewohner, daß in wenigen Augenblicken die Oberfläche des Wassers, so weit man sehen kann, roth gefärbt ist. Das blitzschnelle Zappeln der Fische, das schäumende Blutmeer, das Tödten und Jubeln der Fischer, die kleinen Unfälle, die sich dabei ereignen, die Anstrengungen der Bootsleute, um einen Fisch von mehren Centner Gewicht an Bord zu bringen, — Scenen, die sich bald hier, bald dort erneuen, — gewähren ein Schauspiel, das nicht nur auf jeden Fremden einen unauslöschlichen Eindruck macht, sondern auch jedes Jahr von den Bewohnern Sardiniens mit neuem und ungeschwächten Beifall betrachtet wird. Ein Kanonenschuß kündigt die Rückkehr der Fahrzeuge an, die, mit reicher Beute belastet, ans Land stoßen. Hier werden die etwa noch lebenden Fische vollends getödtet, sogleich ausgeweidet und in den schon bereit stehenden Fässern eingesalzen. Alles, was Appetit hat, speist nun Thunfisch, und die Familien laden einander zu Thunfischschmäusen ein. Gewöhnlich haben sich zu diesem Volksfeste eine Menge Fremder, sowol Ausländer als Bewohner des Innern der Insel, eingestellt, wodurch alsdann fast in allen Familien die Tafeln um diese Zeit einen beträchtlichen Zuwachs von Gästen erhalten.

Ungekocht sieht das Fleisch des Thunfisches wie Rindfleisch aus. „Man kann sich", sagt der italienische Schriftsteller Cetti, „kaum einen Begriff von den mancherlei Geschmäcken an den verschiedenen Stellen seines Körpers befindlichen Fleisches machen. An jedem Theile hat das Fleisch einen andern Geschmack; hier ähnelt er dem Kalbs= und dort dem Schweinefleische. Die sardinischen Fischer haben zur Bezeichnung dieser verschiedenen Fleischsorten eine Menge Wörter, welche mein Gedächtniß nicht behalten hat. Das mit dem Namen sorra bezeichnete Bauchstück ist das köstlichste, und noch einmal so theuer bis auf die carne netta, in welche jenes übergeht." Wie alle zur Gattung der Makrelen gehörigen Fische, so ist auch der geschlachtete Thunfisch sehr weichlicher Natur, und außerhalb des Wassers hält er sich kaum drei Stunden frisch, worauf er schnell in Fäulniß übergeht; daher wird er auch mit aller nur möglichen Schnelligkeit eingesalzen oder marinirt. Das Verfahren des Marinirens besteht darin, daß man ihn in Stücke schneidet, diese auf eisernen Rosten über dem Feuer braten läßt, sie alsdann mit Oel bestreicht und hernach mit Salz, Pfeffer, Gewürznelken und Lorberblätter einmacht. Zum Einsalzen bezieht man das Salz von Trapani in Sicilien, weil das sardinische zu diesem Zwecke untauglich ist. Aus den Köpfen und Eingeweiden bereitet man Thran, welcher in Italien, sowie an allen Orten, wo Thunfischfang ist, zum Brennen benutzt wird. In Sicilien wird der Thunfisch an der ganzen nördlichen Küste, vorzüglich aber zu Palermo, gefangen und man versendet von da jährlich über 20,000 Fässer marinirter oder eingesalzener Thunfische. Frankreich erhält seinen Thunfisch aus der Provence. Vorzüglich ist daselbst die kleine Stadt St.=Tropes ihres marinirten Thunfisches wegen im Rufe, von wo man diesen Artikel weit und breit versendet.

Die virginische Beutelratte oder das Opossum.

Die Beutelthiere, unter denen der größte Naturforscher der neuern Zeit, Cuvier, acht Gattungen unterscheidet, von denen die meisten wiederum in Familien zerfallen, bilden mit vollem Rechte eine besondere Ordnung der Säugethiere, denn sie weichen in ihrer Lebensart, wie in ihrem Körperbaue von den übrigen Ordnungen der Säugethiere so sehr ab, daß sie in keine derselben eingereiht werden könnten. Besonders jene beutelartige Haut am Bauche der Weibchen ist wohl am meisten geeignet, ihnen eine besondere Ordnung anzuweisen. Am Bauche der Weibchen befinden sich nämlich Hautfalten, die bei einigen so groß sind, daß sie einen geräumigen Beutel bilden, dessen Hinterwand der Bauch mit 2—16 Zitzen bildet. Zwei eigenthümliche Knochen laufen an den Rändern dieses Beutels hinauf und kommen oben zusammen, indem sie zwischen den Bauchmuskeln gleichsam eingeschoben sind. Diese Knochen halten den Beutel ausgespannt, können aber auch vermittels eigner Muskeln zusammengedrängt werden, sodaß der Beutel dadurch so verschlossen wird, daß man ihn bei den lebenden Thieren nur mit Mühe öffnen kann. Hinsichtlich des Vaterlandes der Beutelthiere verdient noch bemerkt zu werden, daß man sie bis jetzt nur in Amerika und Australien gefunden hat; ja, in letzterm Welttheile scheint von den Landsäugethieren neben dem Hunde nur das Beutelthier, wovon wir die sechste Gattung, das Känguru, in Nr. 42 bereits beschrieben haben, einheimisch zu sein. Unter diesem sehr zahlreichen Thiergeschlechte wollen wir unsere Aufmerksamkeit der Beutelratte, welche die erste Gattung dieser Ordnung ausmacht, widmen.

Die Jungen von vier Familien derselben kommen blind zur Welt, und fast unfähig zu irgend einer Bewegung und kaum die Spuren der Gliedmaßen und äußern Organe zeigend, gleichen sie einer unförmlichen, gallertartigen Masse, und sind dabei so klein, daß sieben Stück ungefähr nur 10 Gran wiegen. Unmittelbar nach der Geburt kommen sie in den Beutel der Mutter, wo sie durch Instinct den Zitzen finden, sich ansaugen, wenigstens 14 Tage lang unbeweglich hängen, und anfangs nur dünne Lymphe und dann gröbere, nahrhaftere Milch saugen. Durch diese Nahrung erreichen die Beutelthiere bis zum 50. Tage nach ihrer Geburt die Größe einer Maus, öffnen um diese Zeit ihre Augen, verlassen den Beutel, suchen sich ihre Nahrung selbst und kehren nur bei Gefahren auf den Ruf der Mutter in ihren Beutel zurück, welche ihnen daselbst Schutz bereitet.

Bei den übrigen Familien der Beutelratte sind die oben bezeichneten Falten so klein, daß sie keinen Beutel bilden und folglich die Jungen nicht aufnehmen können. Bei ihnen kommen die Jungen reifer zur Welt, und die Mutter trägt sie gewöhnlich auf dem Rücken.

Nicht minder merkwürdig ist es, daß die verschiedenen Gattungen der Beutelratten in Hinsicht der Zähne, Füße und Verdauungswerkzeuge so ganz von einander abweichen, daß, wenn man aus ihnen nicht eine ganz

*

neue Ordnung bilden wollte, sie nothwendig unter drei verschiedene Ordnungen, unter die Raubthiere, Nagethiere und zahnlosen Thiere vertheilt werden müßten.

Die Beutelratten sind häßliche, übelriechende Thiere, die mit den Raubthieren die scharfen spitzen Vorderzähne und die stachelige Zunge, und mit den Ratten einen unbehaarten, beschuppten Schwanz gemein haben. Die Schnauze ist spitzig und mit einem weitgespaltenen Rachen versehen, und die großen Ohren sind nackt. Die Füße sind fünfzehig, und bei den Hinterfüßen ist der lange Daumen nach Art der Hände gestellt. Alles dies zusammen gibt den Thieren ein widerliches Ansehen, welches noch durch einen sehr trägen Gang vermehrt wird. Sie leben auf Bäumen, hängen sich mit ihrem langen, nackten Wickelschwanze an den Zweigen auf, suchen des Nachts ihre Nahrung und beschleichen besonders schlafende Vögel, denen sie das Blut aussaugen; denn frisches Blut ist ihnen eine Lieblingsspeise, und oft saugen sie sich damit so voll, daß sie davon wie berauscht sind. Sie verschmähen jedoch auch Insekten und Früchte nicht.

Auch die in unserm gegenwärtigen Blatte in gefälliger Gruppe abgebildeten Opossums bilden eine besondere Familie der Beutelratten.

Das Opossum lebt vorzüglich in Virginien und den südlichen Staaten Nordamerika's, und ist nicht mit dem Südamerika's zu verwechseln. Es ist fast von der Größe einer Katze und die Farbe des Balges ist weiß und schwarz gemischt, die Bartschnurren sind weiß, der Kopf ist fast ganz und die schwarzen Ohren sind oben weiß. Es ist, wie alle Beutelratten, träge im Laufen, desto geschickter weiß es sich aber von einem Baume zum andern zu schwingen, indem es sich an die äußersten Spitzen der Zweige mit seinem Wickelschwanze aufhängt. Dort auf den Bäumen sucht es sich Früchte, oder es beschleicht auch dort, wie es alle Familien der Beutelratte zu thun pflegen, die schlummernden Vögel, um sich an ihrem Blute zu laben. Nicht selten stiehlt es sich auch des Nachts in die Häuser, um Hühner zu rauben oder die Eier auszusaufen. Es bringt zuweilen 16 Junge zur Welt. Ist es in Gefahr und weiß es nicht mehr zu entkommen, so stellt es sich todt, gibt kein Zeichen des Lebens, wie heftig es auch gemartert wird, und entkommt so oft glücklich den Raubthieren. Dazu gibt es noch aus zwei großen Drüsen am After einen so übeln Geruch von sich, daß schon dieser allein im Stande ist, seine Feinde zu vertreiben. Sein Leben ist noch zäher als das der Katze. Man kann auch das Opossum zähmen, und sogar so weit, daß es seinem Herrn nachläuft und daß das Weibchen sich willig den Beutel öffnen läßt. Streichelt man sie, so schnurren sie, wie eine Katze. Man pflegt sie jedoch nur selten zu zähmen. Trotz ihres übeln Geruches ißt man hier und da ihr Fleisch, eine Speise, die wol gaumenkitzelnd ebenso wenig sein mag, als die Gestalt dieser Thiere reizend. Doch was pflegt der Mensch nicht Alles zu essen!

Werfen wir nun noch einen Blick auf das artige Bild, das dieser Beschreibung beigegeben ist. Ein Opossum hat sich eine große saftige Frucht, die es kaum umspannen kann, vom Baume geholt, und auf den Hinterbeinen stehend, eines jeden Angriffs sich wol versehend, knurrt es seinen Gegner an, der, ihm gegenüberstehend, mit gierigem Blicke auf die köstliche Frucht sieht. Hinter dem selbstsüchtigen Besitzer der leckeren Speise sitzt das Weibchen, das, wohl wissend, daß ihm von der Frucht nichts zu Theil werde, listig

Die virginische Beutelratte oder das Opossum.

nach einem unter dem Laube verborgenen Vogel schielt, und schon ansetzt, um mit einer geschickten Wendung das arme Thierchen zu erreichen und ihm dann, gleich einem blutdürstigen Vampir, das Blut auszusaugen.

Walter Scott.
[Beschluß.]

Hier in Abbotsfort nun lebte Sir Walter Scott während der heitern Tage seines Glückes und seiner schriftstellerischen Thätigkeit; hier erreichte er fast den höchsten Gipfel literarischer Größe und weltlicher Ehre. In der Kraft des Lebens, im Kreise seiner Lieben, im Besitze eines fürstlichen Vermögens, welches er sich selbst verdankte, geehrt und geachtet nahe und fern, von Hohen und Niedern, persönlich ausgezeichnet von seinem Könige, schien ihm hier nichts mehr als die Sicherheit des Besitzes zu fehlen: diese aber wird keinem Sterblichen zu Theil; das mußte auch unser Dichter erfahren, als ihm die Nachricht von dem Bankrott des Hauses Constable und Comp. in Edinburg (Januar 1826) wie ein Blitz aus heiterm Himmel traf. Jetzt wurde es bekannt, zum großen Erstaunen und allgemeinen Bedauern des Publicums, daß der „große Unbekannte", an dessen Werken man sich so lange ergötzt hatte, in dieses unglückliche Ereigniß so sehr verwickelt war, daß die Zerstörung seines häuslichen Glückes unvermeidlich schien, indem er sich für mehr als 120,000 Pf. Sterling an den von jenem Hause zu erfüllenden Verbindlichkeiten betheiligt hatte. Wir übergehen die Details dieses Unglückes und bemerken nur, daß er dasselbe mit männlicher Fassung und Würde ertrug. Den Gläubigern erklärte er seinen festen Entschluß, bis zum letzten Heller zu bezahlen, wenn ihm der Himmel das Leben fristen und Kraft zu weiterer Thätigkeit erhalten werde; auch versicherte er sein Leben zu Gunsten der Masse für 22,000 Pf. Sterling, stellte alle seine Güter unter Sequester, verkaufte sein Haus und seine Mobilien in der Stadt, zog in eine kleinere Wohnung, um mit Ruhe an der Verminderung seiner Schulden, in die er so unschuldiger Weise gekommen, unablässig zu arbeiten. Das Einzige, was er von ihrer Nachsicht verlangte, war Zeit, welche ihm auch seine Gläubiger gern gestatteten. Noch aber schien das Unglück des edlen Mannes nicht erschöpft, und dem Verluste seines Vermögens folgte binnen kaum sechs Wochen der Verlust seiner Gattin, welche ihn durch alle Wechsel seines vielbewegten Lebens mit treuer Liebe begleitet hatte.

Daß unter diesen Verhältnissen das Geheimniß, wer der eigentliche Verfasser der Waverley-Romane sei, nicht länger bewahrt werden könnte, war natürlich, und im Februar 1827, bei Gelegenheit eines großen Mittagessens, bekannte sich Sir Walter Scott selbst als Vater der zahlreichen Familie, welche bis dahin als die Kinder eines „großen Unbekannten" das literarische Ehrenbürgerrecht auf beiden Erdhälften bekommen hatten. Und damit auch der leiseste Zweifel an der Wahrheit beseitigt würde, kamen selbst die Manuscripte des Verfassers zur Oeffentlichkeit und wurden zum Vortheil der Gläubiger in London in öffentlicher Auction versteigert.

Seit jener Unglücksepoche arbeitete Scott fünf Jahre lang bis zum Frühjahre 1831 unermüdlich, seine Verbindlichkeiten gegen seine Creditoren sowol als gegen seine so plötzlich verarmte Familie zu erfüllen, wobei er freilich weniger dem Genius und der eignen Neigung und Vorliebe folgen konnte, als vielmehr die Ansichten seiner buchhändlerischen Freunde und die augenblicklichen Bedürfnisse und Wünsche der Zeit und des Publicums berücksichtigen und beachten mußte. Außer einigen weniger bedeutenden Werken gehört in diese Periode seiner schriftstellerischen Thätigkeit vor allen andern sein „Leben Napoleon's" in 9 Bänden, ein Werk, welches ebenso schnell vergessen worden ist, als es gespannt erwartet wurde. Die Spuren der allzu flüchtigen Arbeit und eine Parteiansicht, welche die Unbefangenheit des Geschichtschreibers stört, sind darin nicht zu verkennen. Weit verdienstlicher sind eine bald darauf folgende „Geschichte von Schottland" und „Die Erzählungen eines Großvaters", welche Werke sich fortwährenden Beifalles erfreuen; denn hier ist Scott wieder auf seinem Felde. Auch seine „Briefe über Dämonologie" verdienen hier noch einer rühmlichen Erwähnung. Der Ertrag dieser und mehrer anderer kleineren Werke, welche der fleißige Mann in dieser Zeit verfaßte, sowie einer neuen Ausgabe seiner Romane (1829), war so bedeutend, daß gegen Ende des Jahres 1830 bereits die Summe von 54,000 Pf. Sterl. (circa 350,000 Thlr. pr. Cour.) von der Schuld bezahlt werden konnte, ein eben so rührender Beweis für die Gewissenhaftigkeit und Redlichkeit, als lauter Zeuge für die geistige Kraft des großen Mannes.

So vielen Anstrengungen mußte aber endlich selbst der stärkste Körper erliegen: das erfuhr auch unser Scott, und Freunde, welche ihn im Jahre 1830 sahen, kannten den sonst so rüstigen Mann kaum wieder; denn wenige Jahre hatten ihn alt gemacht und sein Haar gebleicht, sodaß er beim Eintritt in sein 60. Lebensjahr ein Greis von wenigstens 70 zu sein schien. Die Spannkraft seines Lebens war dahin! Während des Sommers 1831 verschlimmerte sich sein Zustand fast täglich, sodaß sein Arzt ihm jede geistige Anstrengung verbot, und ihm dagegen eine Reise in das südliche Italien und nach Malta dringend empfahl. Ein Kriegsschiff führte den Dichterfürsten seines Volkes in die milden Regionen des mittelländischen Meeres, um dort unter der liebenden Pflege seines ältesten Sohnes und einer noch unverheiratheten Tochter Genesung und neue Geistesstärke zu gewinnen. Auch schien in der That die Reise anfangs sehr vortheilhaft auf ihn zu wirken; nachdem er aber Neapel und Rom, wo man ihn mit fast königlichen Ehrenbezeugungen empfangen und begleitet hatte, gesehen, wurde seine Sehnsucht, sein Heimweh nach seinen schottischen Bergen und Burgen so groß und so unwiderstehlich, daß er unaufhaltsam und mit einer Hast, die seiner schwachen Gesundheit nur noch gefährlicher werden mußte, nach Hause zurückeilte, ohne selbst von den Naturschönheiten des damals im herrlichsten Frühlingsschmucke prangenden Rheingaues sich zum kürzesten Aufenthalte nöthigen zu lassen; denn er fühlte die Nähe des Todes und wollte wenigstens auf heimischer Erde den letzten Augenblick erwarten. So kam er im Juni 1831 fast als ein Sterbender in London an, wo ärztliche Kunst die letzten Mittel an ihm versuchte, um das edle Leben noch einmal zu retten vor dem Hauche des Todes. Allein nur kurze Frist ward gewonnen; da erfüllte man dem Kranken noch seinen letzten Wunsch, und ließ ihn auf einem Dampfboote nach Schottland in sein liebes Abbotsford zurückkehren, wo er am 11. Juli 1832 ankam, aber leider in einem so kläglichen Gesundheitszustande, daß er die Seinen nicht mehr erkannte. Wahrhaft herzzerreißend für seine Freunde waren des edlen Mannes letzte Lebenswochen; denn ohne wieder zum klaren Bewußtsein zu erwachen, fast gliedweise absterbend, war er schon lange vorher todt, ehe endlich die zögernde Seele den gebrechlichen

Körper ohne Todeskampf am 21. September 1832 verließ. In den malerischen, romantischen Ruinen von Dryburgh-Abbey — gleichweit von Abbotsford und von dem Schauplatze seiner Kinderjahre entfernt gelegen — ward ihm sein Grab bereitet, zu welchem ihn fast die ganze Bevölkerung der Umgegend in tiefer und gerechter Trauer begleitete; denn mit ihm ging ein Stern erster Größe am schottischen Himmel unter. Ruhe seiner Asche! Ehre seinem Andenken!

Sir Walter Scott hinterläßt zwei Söhne, von denen der ältere Offizier, der jüngere Legationssecretair ist, und zwei Töchter, deren ältere an den bekannten Schriftsteller Lockhart verheirathet ist. Diese haben erklärt, daß sie die noch rückständigen Schulden ihres Vaters, ungefähr noch 20,000 Pf. Sterl., aus den vorfindigen Mitteln decken können und werden, ohne genöthigt zu sein, das ehrenwerthe Anerbieten einer Nationalunterstützung anzunehmen.

Von Person war Walter Scott groß und wohlgewachsen, mit einziger Ausnahme seines kranken Fußes. Sein Benehmen gegen Andere war höchst einnehmend und anständig; gegen Nothleidende war er unermüdlich freigebig und hülfreich, sodaß er nicht nur als Schriftsteller, sondern auch als Mensch unserer vollen Achtung werth erscheint.

Mittel, das Eisen gegen den Rost zu schützen.

Man nimmt zu einem Pfund gestoßenem und durch ein Haarsieb durchgeschlagenem Ziegelmehl ¼ Pfd. Bleiglätte, reibt die Mischung mit Leinöl auf einem Reibsteine zu einem dicken Anstrich ab und verdünnt ihn mit Terpenthingeist. Das Eisen muß, auch wenn es neu ist, vor dem Aufstreichen vollkommen rein gescheuert sein. Man versichert, daß Eisen, mit einer doppelten Lage dieses Anstrichs überzogen, selbst der fortwährenden Einwirkung des Meerwassers ausgesetzt, von Rost befreit blieb.

Wunderbare Rettung des Capitain Bligh.

Wir haben in Nr. 74 dieses Blattes bei der Beschreibung der Colonie auf Pitcairn-Eiland mitgetheilt, daß der Lieutenant Bligh mit 19 Personen von dem Steuermanne des Schiffs Bounty, Christiern (Christian Fletcher), bald nach der Rückkehr von Taïti im Jahre 1789 ausgesetzt worden war. Die Lage dieser Unglücklichen war sehr traurig. Das Boot war nur 25 Fuß lang und kaum 3 Fuß tief; die Lebensmittel, welche sie erhalten hatten, konnten für 20 Personen nur kurze Zeit ausreichen; denn sie bestanden nur in einem Fäßchen Trinkwasser, 150 Pfund Brot und etwas Rum und Wein; die Instrumente zur Bestimmung des Weges waren zu unvollkommen, als daß man sich ihnen auf einer weiten Reise hätte anvertrauen können. In diesem schwachen Fahrzeuge allen Stürmen und Schrecknissen des unermeßlichen Meeres preisgegeben, konnte ihr Schicksal kein anderes sein, als von der nächsten Welle verschlungen zu werden, oder nach mühsamem Umherirren des schrecklichsten Hungertodes zu sterben. Die Vorsehung hatte es anders beschlossen: nach vielen Mühseligkeiten sollten sie gerettet werden.

Als das Boot ausgesetzt worden war, befand es sich ungefähr 30 Meilen von der Insel Tofoa entfernt. Bligh, dem die ganze Mannschaft den unbedingtesten Gehorsam gelobt hatte, beschloß, an dieser Insel zu landen, um einigen Vorrath an Lebensmitteln einzunehmen und sodann nach Tongatabu zu segeln, wo man den König der Freundschaftsinseln bitten wollte, unter seinem Schutze das Boot in einen solchen Zustand zu setzen, daß man es wagen könnte, mit demselben die Reise nach den englischen Besitzungen in Ostindien zu machen.

Man landete glücklich bei Tofoa und befestigte das Boot mit einer eisernen Kette am Ufer; bald aber stürzte eine Menge feindlich gesinnter Wilden hervor, griff die wehrlosen Ankömmlinge mit Steinwürfen an, und würde sie überwunden und wahrscheinlich ermordet haben, wenn der heldenmüthige Unterofficier Norton sich nicht für seine Gefährten aufgeopfert hätte. Unter den Steinwürfen der Wilden sprang er ans Ufer, machte die Kette schnell los und hatte nur noch so viel Zeit, zu rufen: „Fliehet! Fliehet!" als er von den Wilden ergriffen, ermordet und in Stücken zerrissen wurde.

Die Unglücklichen, durch diesen traurigen Vorfall muthlos gemacht, fürchteten in Tongatabu ein ähnliches Schicksal; sie wollten sich daher lieber den unsichern Wellen des Meeres in einem gebrechlichen Boote anvertrauen, als rohen Barbaren in die Hände fallen. Sie baten den Capitain, sie nach einem den Europäern gehörigen Hafen zu führen, und versicherten von Neuem, sich allen seinen fernern Anordnungen ohne Murren zu unterwerfen. Capitain Bligh faßte den kühnen Entschluß, durch die Torresstraße, welche Neuholland von Neuguinea trennt, nach der Insel Timor zu segeln, wo die Holländer Besitzungen haben. Die Entfernung aber betrug 4000 Seemeilen oder beinahe 1000 deutsche Meilen. Die wenigen Lebensmittel sollten so eingetheilt werden, daß Jedem täglich nur eine Unze Zwieback und der achte Theil einer Flasche Wasser gereicht würde. Schon am andern Tage erhob sich ein Sturm, der so viel Wasser in das Boot warf, daß mit aller Anstrengung ausgeschöpft werden mußte, um es nicht untergehen zu lassen. Bei einem zweiten Sturme war der Zwieback naß geworden und hatte sich in einen Brei verwandelt, der nun zur Nahrung dienen mußte. Da die Fahrt länger dauerte, als man erwartet hatte, so mußte später die bestimmte Gabe noch mehr eingeschränkt werden.

Durch Hunger, Durst, Anstrengung, brennende Sonnenhitze und Krankheit bis auf das Aeußerste erschöpft, hatten die Unglücklichen nach einer Fahrt von 32 Tagen die unbeschreibliche Freude, die Küste von Neuguinea zu erblicken und bald darauf in die Torresstraße hineinzusegeln. Sie landeten auf einer kleinen unbewohnten Insel, nahe an der Küste von Neuguinea, und fanden hier allerlei wohlschmeckende Früchte, Austern und das schönste Wasser. Mit unaussprechlich seligen Gefühlen ruhten sie nach so vielen Mühseligkeiten, von gesunder Nahrung erquickt, auf festem Boden. Doch ihre Freude war nur von kurzer Dauer; denn bei dem Aufgange der Sonne erblickten sie eine Menge Wilder, mit Speeren bewaffnet, an der Küste versammelt. Schleunige Flucht war das einzige Mittel, sie vor dem drohenden Ueberfalle zu retten.

Als sie durch den 15 Meilen breiten Kanal segelten, war das Wetter heiter und schön und die See ruhig. Die Eingeborenen winkten mit grünen Zweigen vom Ufer und luden zur Landung ein, aber Bligh traute den Gesinnungen dieser kleinen häßlichen Negerrasse nicht. Die Lage der Unglücklichen war jetzt dadurch in etwas erleichtert, daß sie auf mehre Inseln stießen, welche ihnen theils als Ruheplätze, theils zum Einnehmen von Früchten und frischem Wasser dienten. Neue Kraft und frischer Muth kehrten zurück, denn bald hoffte man die Insel Timor zu erreichen und am Ziele der Leiden zu sein. Aber sie sollten noch eine schwere Prüfung bestehen. Kaum waren sie durch die Torresstraße hindurch gesegelt, so fühlten sie jedes neue Ungemach doppelt schwer. Die ganze Mannschaft war krank; Einige bis zum Verscheiden. Die Meisten flehten den Himmel an, durch baldigen Tod ihre Leiden zu enden, da sie die Hoffnung aufgegeben hatten, jemals den sichern Hafen zu erreichen. Nur mit Mühe konnte Bligh, welcher selbst sehr krank war, den sinkenden Muth durch die Hoffnung aufrecht erhalten, daß sie nun bald landen würden.

Am 12. Juni endlich, Morgens um 3 Uhr, lag die Insel Timor vor ihnen. Wie ein Blitzstrahl durchzuckte dieser Anblick die Glieder der Kranken. Es erfolgte eine Scene, die sich nicht beschreiben läßt; Alle aber erhoben dankend ihre Hände zum Himmel empor, und wol selten mögen innigere Gebete gesprochen worden sein, als damals. Nur noch zwei Tage! Die holländische Niederlassung von Cupang war erreicht, der Gouverneur nahm die Unglücklichen, die so wunderbar gerettet worden waren, menschenfreundlich auf. Bis auf Einen, dessen Lebenskraft gänzlich erschöpft war, ward die Gesundheit Aller bald wiederhergestellt, und Bligh fand Gelegenheit, mit seinen Unglücksgefährten nach England zu schiffen, wo sie im März 1790 anlangten.

Die britische Regierung schickte schon im Jahre 1791 die Fregatte Pandora, unter dem Befehle des Capitain Edward, nach der Südsee, um die Empörer aufzusuchen. Er fand diejenigen, welche in Taïti geblieben waren, und brachte sie nach England, wo die meisten zum Tode verurtheilt und nur wenige begnadigt wurden.

Die Weberei der Singalesen.

Je mehr uns die in England unter dem Namen Power-loom verfertigten und durch Dampfmaschinen getriebenen Webmaschinen sowol durch ihren höchst sinnreichen Mechanismus, als auch durch ihre, in Vergleich zu den gemeinen Webstühlen außerordentlichen Leistungen mit Bewunderung erfüllen, und dem Gedanken Raum geben, daß hier die Weberei den höchsten Gipfel der Vollkommenheit erreicht habe, um so anziehender wird ein Blick auf das Mutterland der europäischen Industrie, Indien sein, um zu erfahren, wie es um den Gewerbstand dieses Landes stehe. Aber welch ein unendlicher Abstand bietet sich hier gegen Europa dar! Seit tausend Jahren ist die Gewerbcultur Indiens kaum um eine Sprosse vorgeschritten; immer ist dort die Weberei fast noch im Zustande der Kindheit und kaum wird dort die Arbeit der Menschen bezahlt. Früher lieferte uns Indien baumwollene Waaren; allein nach Erfindung der Baumwollspinnmaschinen, dem größten Triumphe menschlichen Gewerbfleißes, wodurch sich Arkwright für alle Zeiten ein Denkmal setzte, hat das Handelsverhältniß sich umgekehrt. Die Engländer ziehen den rohen Stoff aus Indien, wo ihn dessen Bewohner bauen, sie verwandeln ihn vermittels Maschinen in Gewebe, welche sie ehemals von jenen bezogen, alsdann bringen sie die Baumwollenwaaren, mit den Transportkosten von 3000 deutschen Meilen und mit verschiedenen Staatsabgaben belastet, auf die Handelsmärkte Indiens zurück, und liefern sie daselbst ungeachtet jener Kosten viel wohlfeiler, als die Bewohner jenes Landes dieselben erzeugen können. Wollte man in England und den übrigen europäischen Ländern Leinwand und Kattun auf die nämliche Art, wie die Indier, verfertigen und sollte zugleich der gegenwärtige Bedarf befriedigt werden, so würden nicht nur die Artikel der Weberei im Verhältniß zu andern überaus theuer sein, sondern es würde auch der gegenwärtige materielle oder äußere Civilisationszustand, großentheils ein Ergebniß des Maschinenwesens, eine so hohe Stufe, als die gegenwärtige, nicht erreicht haben können. Folgende Erzählung über den Stand der Weberei in Ceylon ist uns durch einen daselbst wohnenden englischen Staatsbeamten mitgetheilt worden.

„Am 5. Januar 1821 kamen zwei singalesische Weber, welche in der allgemeinen Armenanstalt unter meine und Herrn Marschall's Oberaufsicht gestellt waren, mit ihrem gesammten Webapparat an. Ich besuchte sie zuerst in einer Art offenem Schuppen; sie schienen sich in ihrem neuen Local zu gefallen, und schlugen daselbst ihre Werkstatt auf. Sie begannen damit, vier runde ziemlich dicke Pfosten in den Erdboden so einzutreiben, daß sie etwa 13 Zoll herausstanden. Das erste Paar war oben so zugeschnitten, daß man das oben hervorragende vierkantige Prisma in den Brustbaum, gegen welchen der Weber sich bekanntlich anlehnt, einfügen konnte; auf die andern, ein wenig höher, wurde ein schmales Bret gelegt, über welches sich das Gewebe unmittelbar hinter dem Kamme zieht. Längs dem Brustbaume zieht sich ein Einschnitt hin, in welchem die Fäden des Gewebes befestigt werden. Die wagerechte Lage, welche dieser Baum haben muß, wird auf folgende einfache Weise vermittelt. Der Weber nimmt ein schmales Stück Rinde von dem Platanenbaum, legt dasselbe auf den Brustbaum, gießt ein Paar Tropfen Wasser darauf und rückt den Brustbaum so lange, bis das Wasser nach keiner Seite mehr abfließt. Zwischen den vier Pfosten gräbt er und sein Gehülfe nun ein Loch, etwa von der Tiefe einer halben Elle, in welches der Weber, der am Rande desselben auf einer Schütte Stroh oder Schilf sitzt, seine Füße setzt, um damit die Schäfte oder den sogenannten Kamm zu regieren. Man kann sich nichts Unvollkommneres vorstellen, als die einzelnen zum Webstuhle gehörigen Theile und Werkzeuge, und ich lasse mir keine Uebertreibung zu Schulden kommen, wenn ich versichere, daß man den gesammten Webapparat für 2½ Schilling bei uns (in England) würde herstellen lassen können. Ehe der Singalese hier seine Werkstätte aufschlug, hatte er bereits die Werfte (Längenfäden, Kettenfäden) durch die Schäfte geführt. Den bekannten, an unsern Webstühlen befindlichen Werftenbaum, der bei uns, um die Kette straff zu halten, mit einem Sperrrade versehen ist, bildet dort ein bloßer Bambusstab, und das genannte Sperrrad ein in die Erde geschlagener, neben ihm stehender Pfosten, um welchen ein um zwei bis drei andere Stäbe gezogenes, mit den Bambusstöcken verbundenes Seil geschlungen ist. Je weiter nun der quer durch die Kettenfäden geworfene sogenannte Einschlag vorschreitet, um so mehr muß er den nicht durchwobenen Theil der Kette an sich ziehen; dies thut er, indem er das Seil nach Bedürfniß ein oder mehrmal von den neben ihm stehenden Pfosten abschlingt und die dadurch lose gewordene Kette sich näher bringt. Die Schäfte werden nicht wie bei uns durch Tretschemel auf und nieder bewegt, sondern durch zwei in die Höhle hinabgehende dünne Stricke, an denen sodann unten ein Stückchen Blei befestigt ist, welches der Arbeiter zwischen die Zehen nimmt und so die Schäfte abwechselnd auf und abzieht. Die beiden Schäfte, welche das Geschirr ausmachen, sind an Stricken aufgehangen, die oben um einen Querbalken geschlungen sind." (Bei dem gemeinen Webstuhle gehen diese **Stricke** über eine Rolle, um die Auf= und Niederbewegung hervorzubringen. Wie es sich mit diesem Mechanismus hier verhält, sagt uns der Berichterstatter nicht.) „Die Schützen oder Weberschiffe ähneln den bei uns gebräuchlichen. Um sieben Uhr Morgens begann der Singalese seinen Webstuhl aufzuschlagen, um neun Uhr war er schon in voller Thätigkeit. Die Werfte war sehr grob, aber sie hielt sehr regelmäßige Parallelfäden, und war, wie oben bemerkt wird, schon vorgerichtet. Zur Schlichte oder derjenigen Substanz, mit welcher die aufgezogene Kette, um dem Gewebe ein schönes Ansehen zu geben, bestrichen wird, bedient sich der Singalese des gekochten Reises; statt einer Bürste, um dieselbe aufzutragen, nimmt er ein Läppchen Zeug. Während der ganzen Zeit von fünf Stunden, wo ich beschäftigt war, einen Abriß dieser rührenden Scene indischer Industrie zu entwerfen, hatte der Weber drei Yards (à 2 Fuß, 10 Zoll, 11½ Linie rheinländisch) zu Stande gebracht, und für seine Geschicklichkeit sehr eingenommen, schien es ihn vorzüglich zu freuen, uns einen Beweis zu geben, daß er mit geschlossenen Augen arbeiten konnte. Die Weber werden übrigens in Ceylon unter die niedrigste Volksclasse, also in die vierte Kaste, gerechnet. Kaum findet sich auf der ganzen Erde ein genügsamer Schlag Menschen. Nach vollendetem Tagewerk legen sie sich flach auf den Boden, ohne an die kleine Bequemlichkeit zu denken, ihrem Haupte eine Unterlage zu geben."

Die Weberei der Singalesen.

Es bleibt uns noch die Verrichtung der andern auf unserer Abbildung befindlichen Person zu beschreiben übrig; er hat das Geschäft, die Schützenbobinen zu spulen. Das gewöhnlich in einem großen Pflanzenblatte gebrachte gesponnene Garn wird zuvörderst in einem dickflüssigen Stärkewasser, bekanntlich um die Festigkeit und Straffheit zu vermehren, gewaschen; es bestand aus Strängchen von etwa acht Zoll Durchmesser. Die Maschine, um welche jene zum Abwickeln geschlungen werden, macht der Singalese folgenderweise: Er nimmt ein Bambusrohr von 20 Zoll Länge und spaltet dasselbe an einem Ende in sechs gleiche Theile, biegt sie gleichmäßig nach Außen und befestigt sämmtliche Enden mit einem hölzernen Reife. Hierauf befestigt er in der Erde einen dünnen Stab, auf dessen Ende die innere Spitze des gespaltenen Bambusstabes gesetzt wird, so daß sich dieser Apparat, auf welchem die Stängchen des gesponnenen Garns gelegt werden, frei um den festen Stab drehen kann. Der Winder hatte dem Weber sechs Spulen vorgearbeitet. Ueberdies muß sich derselbe allen übrigen Handgriffen und Verrichtungen unterziehen, wegen welcher der Weber aufzustehen genöthigt sein würde; denn dieser kann nicht aus seiner Höhle steigen, ohne zuvor den Brustbaum abgehoben zu haben. Uebrigens arbeiten diese armen Leute fast ununterbrochen fort, verkürzen sich die Zeit durch Gespräche, kauen den beliebten Betel und sind immer heiterer Laune.

Verantwortliche Herausgeber: Friedrich Brockhaus in Leipzig und Dr. C. Dräxler-Manfred in Wien.
Verlag von F. A. Brockhaus in Leipzig.

Das Pfennig-Magazin

der

Gesellschaft zur Verbreitung gemeinnütziger Kenntnisse.

90.] [2. Jahrg. 38.] [December 27, **1834**.

Die Kathedrale von Rochester.

Die Kathedrale von Rochester.

Ethelbert (560 n. Chr.), einer der sächsischen Könige von Kent, hatte kaum nach Verheirathung mit Bertha, Tochter Charibert's, Königs von Paris, eines Sohnes Lothar's, auf Anrathen seiner Gemahlin das Christenthum angenommen, als er zur Beförderung der neuen Lehre im ganzen Lande, vorzüglich aber zu Canterbury und Rochester, in der jetzigen Grafschaft Kent, Bischofssitze und Kirchen gründete. Das ungefähr um 600 gegründete und folglich sehr alte Bisthum Rochester blieb, ungeachtet des Zuwachses, welchen es im 8. Jahrhundert durch den Besitz des Fleckens Bromley erhielt, wo seitdem die Bischöfe gewöhnlich residiren, gleichwol eines der ärmsten und kleinsten in England. Sowol die frühern Einfälle und Plünderungen der Dänen, als auch der zufällige Umstand, daß ihm im Vergleich zu andern Bisthümern nur unbedeutende Schenkungen zu Theil wurden, mögen wol die Ursache hiervon sein. Zu den Zeiten Wilhelm des Eroberers (1066 n. Chr.) war die Armuth des hiesigen Bisthums so groß, daß es an Mitteln fehlte, den Gottesdienst würdig zu halten, bis später Lanfranco, Erzbischof von Canterbury, diesem abhalf. Die Kathedrale von Rochester bildet ein doppeltes Kreuz. Von der westlichen Hauptthür, bis zu den Stufen des Chors, mißt sie 150 Fuß, und von da zum östlichen Fenster 156', mithin im Ganzen 306' in der Länge. Bei dem Eingange in den Chor ist ein großes Querschiff, über dessen Mitte der Thurm steht, welcher ein etwas modernes Ansehen hat, indem er vor zehn Jahren bei der Abnahme der Spitze ausgebessert wurde. Die Länge dieses Querschiffs von Norden nach Süden beträgt 122'. Am obern Ende des Chors, zwischen dem Bischofsstuhle und dem Hochaltar, ist ein zweites Querschiff von 90' Länge. Zwischen diesen beiden, an der Nordseite, steht mit der Kirche in Verbindung ein alter verwitterter, nur bis zur Höhe des Kirchendachs sich erhebender Thurm, den man gewöhnlich den Fünfglockenthurm nennt. Er wurde unter Wilhelm dem Rothen (Rufus), dem Sohne Wilhelm des Eroberers, von Gundulf, dreißigsten Bischofe von Rochester, erbaut. Derselbe Gundulf errichtete auch den Schloßthurm von Rochester Castle (einer der wolerhaltensten und ältesten normännischen Burgen in England) und den in Nr. 82 beschriebenen weißen Thurm im Tower zu London. Von ihm sind ferner, mit Ausnahme einiger Theile, das Schiff und die westliche Vorderseite der Kirche. Nach einem großen Brande (1179) wurden die Nordseite und das westliche Querschiff erbaut; 100 Jahr später aber die Südseite. Der Chor und das östliche Querschiff verdanken ihr Entstehen den am Schrein des heiligen Wilhelm gespendeten milden Gaben, unter den Regierungen von König Johann und Heinrich III. Die westliche Façade ist die eigentliche Hauptseite der Kathedrale, aber gänzlich ohne architektonische Auszeichnung und ganz ohne Einheit des Styls, da sie aus verschiedenen Perioden der Kunst herrührt. Die Hauptthür z. B. ist rundbogig (vorgothisch), hier und da sind die gothischen Nischen und Bogen verbrochen und durchschnitten, auch mußten häufige Reparaturen gemacht werden, da mehre Pfeiler der Südostseite sich senkten und aus der lothrechten Richtung wichen. Des großen westlichen Fensters halber wurde wol nichts an diesen Verzierungen geändert. Tritt man zur westlichen Thür herein, so steigt man einige Stufen hinab in das Schiff, dessen erste fünf Pfeiler auf jeder Seite, und die Hälfte des sechsten von schwerfälligem, vorgothischem Styl, ein verziertes Tonnengewölbe tragen. Nur die gegenüberstehenden Säulen (oder Pfeiler) sind allemal gleich. Ueber dem Bogen steht eine andere Reihe Säulen von derselben Stärke, zwischen denen kleinere Bogen mit kurzen dicken Säulchen hinlaufen. Auch befindet sich hier eine Galerie, die mit den Schneckenstiegen in den Ecken der Westfronte in Verbindung steht. Die östlichen Pfeiler und Bogen des Schiffes sind von leichterer Bauart und spätern Ursprungs; das Dach aber ist von Holz.

Das westliche Querschiff ist im Spitzbogenstyl, die Grabeskirche (Unterkirche, Krypta) aber, welche unter einem großen Theil des Gebäudes hinläuft, in vorgothisch-normännischem Styl erbaut; doch reicht ihr Alter nicht an das der Westfronte und des Gundulf's Thurm. Das Denkmal dieses Bischofs aus einem einfachen, ladenförmigen Steine bestehend, ziert die südöstliche Ecke des Chors. Außerdem sieht man hier das Grabmal des Walter Merton, Gründers des Mertoncollegiums zu Orford. Im östlichen Flügel der Kapelle des heiligen Wilhelm erhebt sich ferner der Denkstein des Bischofs Warner, der sich um die Gründung vom Bromby-College (einer mildthätigen Anstalt für Predigerwitwen) verdient machte.

Ein nützliches Rechnungsresultat.

Durch die höchsten und hinsichtlich ihrer praktischen Anwendung schwierigsten Rechnungsarten, die Differential- und Integralrechnung, hat man Aufgaben gelöst, deren Resultate nicht nur auf keinem andern Rechnungswege hätten ermittelt werden können, sondern die auch in das praktische Leben des Gewerbtreibenden eingreifen und ihn in Stand setzen, von solchen Resultaten einen in manchen Fällen vortheilhaften Gebrauch zu machen. Eine hierher gehörende Aufgabe ist folgende: Es beabsichtigt Jemand ein oben offenes und unten mit einem Boden versehenes Gefäß von cylinder- oder walzenförmiger Gestalt, von einem beliebigen Material, als Holz, Blech, Eisen u. s. w. zu verfertigen; dies Gefäß soll einen bestimmten Rauminhalt haben, aber zugleich soll darauf gesehen werden, daß man an dem dazu erforderlichen Material möglichst spare. Es fragt sich nun, in welchen Größenverhältnissen müssen Höhe und Durchmesser desselben sein? Es ist klar, daß zu einem Gefäße von einem bestimmten Rauminhalte nicht nur verschiedene, sondern sogar unendlich viele Dimensionen möglich sind, und daß, je kleiner man den Durchmesser annimmt, das Gefäß um so höher, und je größer man den Durchmesser annimmt, um so niedriger oder flacher das Gefäß ausfallen müsse. So würde z. B. ein cylinderförmiges Gefäß von zehn Zoll Durchmesser und 18 Zoll Höhe einen Rauminhalt von 1413 Cubikzoll haben; aber ein solcher Cubikinhalt läßt sich auch durch neun Zoll Durchmesser und ungefähr $22\frac{1}{2}$ Zoll Höhe, sowie durch unzählig viele andere Dimensionen, herstellen. Allein bei den verschiedenen Verhältnissen von Durchmesser und Höhe nimmt aber auch das zur Verfertigung verwendete Material bald einen größern, bald einen geringern Flächenraum ein. Die Frage nun, in welchen Verhältnissen Durchmesser und Höhe stehen müssen, wenn bei Verwendung des Materials, woraus man das Gefäß fertigt, die möglichst größte Ersparniß eintreten soll, ist durch den Differentialcalcul auf eine ganz untrügliche Art dahin aufgelöst, daß Höhe und Durchmesser gleich sein müssen.

Der Kaviar und dessen Zubereitung.

Der Kaviar ist der Rogen des Störs, der zur Gattung der Knorpelfische, einer der größten Flußfische, gehört. Man fängt ihn in den größten Strömen Europas, besonders Rußlands, in der Wolga, dem Dniepr u. a., zuweilen auch in deutschen Flüssen, der Elbe und Oder, obgleich die letztern nie von geringerer Größe sind. Von den größten gibt ein Einziger oft 200 Pfund Rogen. Der Fang geschieht meist an den Küsten und in den Mündungen der Flüsse mit Netzen oder mit Harpunen. Im erstern Falle ist Vorsicht nöthig, weil der Fisch in seinem Schwanze, mit welchem er unaufhörlich um sich schlägt, große Stärke besitzt. Rußland verdankt diesem Fische einen wichtigen Handelsartikel. Er wird nämlich getrocknet als eine gute Speise weit und breit verführt. Von dem zu Kaviar zubereiteten Rogen liefert Astrachan allein jährlich mehr als 100 Tonnen. Petersburg verschifft jährlich gegen 400,000 Pfund. Die Bereitung geschieht auf folgende Art: Zuerst preßt man den Rogen durch ein grobes Sieb, um ihn von Häuten, Blut und andern Unreinigkeiten zu befreien, wirft ihn sodann in Tröge und mischt zu jeden Eimer Rogen eine Hand voll Salz. Wenn er eine Stunde gelegen hat, wird er auf dichte Siebe gebreitet, damit die überflüssige Lake ablaufe. Dann wird er auf Fässer gespündet und heißt flüssiger Kaviar. Der Sackkaviar oder der gepreßte Kaviar unterscheidet sich von der ersten Gattung dadurch, daß er in Säckchen gefüllt und alsdann erst gepreßt wird. In Rußland ist der Kaviar sehr wohlfeil und auch der Aermere kann ihn genießen. Uebrigens wird auch aus dem Rogen des Hausen und des Karpfen in Rußland Kaviar bereitet, der indeß wol nicht ausgeführt wird. Der aus Karpfenrogen bereitete ist besonders für die Juden bestimmt, welche keinen Knorpelfisch, wie Stör, Bricke u. s. f., genießen dürfen. Der Kaviar bekommt in der Regel selbst einem schwachen Magen wohl, und reizt nicht nur die Eßlust, sondern ist auch nahrhaft.

Die Sandwichinseln.

Diese Inselgruppe gehört zu den nördlichsten Archipeln des stillen Meeres. Als Cook dieselben im Jahre 1778 entdeckte, nannte er sie seinem Gönner, dem Grafen Sandwich zu Ehren, Sandwichinseln. Der große Weltumsegler, der in seinem Tagebuche mit Entzücken von diesen Inseln spricht, ahnete nicht, daß er hier sein ruhmvolles Leben durch ein blutiges Ende würde beschließen müssen.

Nur acht dieser Sandwichinseln sind bewohnt, die übrigen sind kahle Felsen, die nur von Zeit zu Zeit von Fischerbooten besucht werden. Owaihi, die größte dieser Inseln, hat die Gestalt eines gleichseitigen Dreiecks, und einen Flächenraum von mehr als 300 geographischen Quadratmeilen. Weil sie die südlichste dieser Gruppe ist und eine vorzüglich hohe Lage hat, so wird sie auch von den fremden Schiffen, welche um Amerika segelten, zuerst erblickt. Die Gebirge von Owaihi haben eine ganz eigenthümliche Form, denn sie erheben sich nicht gleich den übrigen Gebirgen als Spitzsäulen in die Wolken, sondern steigen terrassenartig und größtentheils ununterbrochen vom Seegestade bis zum luftigen Gipfel des Mouna-Roa auf. Obgleich der Anblick von Owaihi weniger malerisch und romantisch ist als der von Taheiti, so ist er dagegen großartiger und erhabener. Wenn man sich der Insel nähert, erblickt man lange zuvor, ehe die Küste über den Meeresspiegel tritt, die Gebirge des Innern. Da sieht man das Haupt des Mouna-Roa über den Wolken, die gewöhnlich den Horizont bedecken, gleich einer silbernen Kuppel eines prächtigen Tempels hervorragen, und deutlich unterscheidet man ihn von den unten umhergelagerten Wolken durch die Schärfe seiner Umrisse und durch den Glanz, der von den Sonnenstrahlen, die sich auf seiner Schneefläche brechen, erzeugt wird. Die Höhe dieser Gebirge ist verschieden angegeben worden; man kann die höchste Bergspitze wol zu 15,000 Fuß annehmen. Der Fuß dieser Berge ist bis auf wenige Meilen von der Seeküste mit Bäumen bedeckt; höher hinauf nimmt die Kraft des Pflanzenwuchses ab und es zeigen nur noch Gebüsche, Farrnkräuter und Alpenpflanzen; ihre Gipfel aber sind von Lava gebildet, die zum Theil verwittert, aber völlig kahl und ohne eine Spur von Vegetation ist.

Nur die Küsten von Owaihi sind bewohnt und mit Städtchen und Dörfern besetzt, das Innere derselben ist noch unbekannt, soll aber nach den Aussagen der Eingebornen mit dichten Waldungen oder mit unfruchtbaren Lavaschichten bedeckt sein. Aehnlich dieser Insel sind auch die übrigen; sie alle sind vulkanischen Ursprungs und größtentheils sehr wohl angebaut. Die Krater sind längst erloschen und die Lavaströme verwittert.

Die fruchtbarste und zugleich an großartigen Naturschönheiten reichste der Sandwichinseln ist die Insel O-a-hu, 46 Meilen lang und 23 Meilen breit. In der Mitte dieses Eilandes befindet sich ein Thal, welches einem schönen Garten gleicht, der von seinen Besitzern mit der größten Sorgfalt angebaut wird. Nachdem man ungefähr drei Meilen durch eine ununterbrochene Reihe von Pflanzungen zurückgelegt hat, verengt sich das Thal mehr und mehr und die Berge steigen zu beiden Seiten schroffer empor. Das Naturgemälde der Landschaft ist hier von entzückender Schönheit; der Thalgrund bildet anmuthige Krümmungen, durch die ein rascher Strom seinen geschlängelten Lauf nimmt und bald mit spiegelheller Glätte sich dahin windet, bald mehre Fuß hohe Wasserfälle bildet, oder ungestüm und schäumend sich an Felsen bricht, die seinem Laufe entgegenstehen. Die Bergwände sind mit saftigem Grün von mannichfachen Schattirungen bekleidet und selbst die schroffsten Felsenspitzen, die aus den Gebüschen emporsteigen, mit Schlingpflanzen und Lianengewinden mancherlei Art behangen. An manchen Orten stürzen sich an den steilen Bergwänden silberne Cascaden herab, deren Wässer sich in die dem Flusse zueilenden Bäche ergießen. Die Schönheit der Gegend gewinnt mit jedem Schritte an erhebender Pracht, indem man auf immer steiler gewordenem Grund zwischen Hibiskusgebüschen aufwärtssteigt, bis der Wanderer endlich um einen vulkanischen Felsenpfeiler biegt und nun mit einem Male den Pari (den Bergabgrund) zu seinen Füßen gähnen sieht. Ungeheure Massen schwarzer und rostfarbiger Felsen thürmen sich vor ihm in fast senkrechter Höhe viele hundert Fuß hoch auf, während dicht zu seinen Füßen ein viele hundert Fuß tiefer Abgrund jäh hinabstürzt und darüber hinaus dem Blicke sich plötzlich wie von Zauberhand ein Gemälde aufrollt von Bergen und Thälern, Bäumen und Häusern, Stromwindungen und geschlängelten Pfaden, angebauten Pflanzungen und wilden Dickichten, eine Landschaft von 20 Quadratmeilen Ausdehnung, die auf der einen Seite von hohen Gebirgen eingerahmt, auf der andern von den weiß blinkenden Wogen des Oceans bespült. Der Pfad, der an diesem Abgrunde hinläuft, mag wol 4—500 Fuß hoch sich über dem Boden unten erheben, dessenungeachtet sieht man die Eingebornen an diesem schwindelerregenden Ueberhange mit einer Bürde auf dem Rücken nicht selten auf- und absteigen. An seinem höchsten senkrechten Punkte erblickt man, von dem Laubgewölbe der Bäume und Gebüsche überhangen, zwei rohgearbeitete, gestaltlose Götzenbilder von

Der Verbrennungsplatz der Todten und Götzenbilder auf der Insel O-a-hu.

Stein aufgerichtet, ähnlich der auf unserer Abbildung dargestellten, die von den Eingebornen Atua no ka Pari, „Götter des Bergabsturzes" genannt werden, und gewöhnlich mit Stücken von weißem Tapa — einheimischem Tuche — bekleidet sind. Jeder Eingeborne, der den Abgrund hinabsteigen wollte, pflegte sonst einen grünen Zweig vor diesen Götzenbildern niederzulegen, oder sie mit Blumen zu bekränzen, oder mit Stücken von Tuch zu umwinden. Ebenso thaten auch diejenigen, welche den steilen Felsen hinaufsteigen.

In diesem Thale war es, wo der König von O-a-hu den letzten Kampf gegen Tamehamea, den König von Owaihi, bestand. Noch zeigen die Eingebornen die Stelle, wo der König der Insel stand, seinen letzten Speer auf den andringenden Feind warf und darauf den Todesstoß empfing.

Südlich von diesem Thale liegt auch die Hauptstadt und der Haupthafen Honoruru in einer weiten Bai. (S. Abbildung.) Fremde Schiffe besuchen sehr oft diesen Hafen und treiben mit dem Könige, der hier seinen Sitz hat, einen lebhaften Handel. Die Stadt hat 6—7000 Einwohner. Amerikanische Kaufleute erbau-

Der Hafen von Honoruru.

ten am Ufer Waarenhäuser für ihre Güter, die meist in Stückgut, Metallwaaren, irdenem Geschirr, Hüten, Schuhen, Schiffsvorräthen u. s. w. bestehen, und an die Eingebornen für spanische Dollars und Producte des Landes, vorzüglich Sandelholz, verkauft werden. Auf der östlichen Seite der Bai liegt ein starkes Fort, von ungefähr 300 Fuß im Gevierte, und mit 60 Kanonen besetzt. Es wurde von den Russen begonnen, aber von den Eingebornen vollendet, welche jene vertrieben, weil sie fürchteten, diese Fremdlinge möchten sich mit Hülfe ihrer nordamerikanischen Niederlassungen ihrer Insel bemächtigen. Ein eben so festes, mit 22 Kanonen besetztes Fort ist auf der Insel Tauai.

Viele Eingeborne haben ihre Grashütten (s. unsere Abbildung) verlassen und bequeme Häuser von Holz und Stein erbaut. Auch verstehen sie die Kunst, sehr schöne buntgefärbte, mit eingewirkten Mustern versehene Matten zu weben, die oft 18—20 Ellen lang und 3—4 Ellen

Das Innere der Hütte eines Sandwichinsulaners.

breit sind und von den Fremden sehr geschätzt werden. Man fertigt sie aus einer schönen Art Binsen. Die Hauptnahrung besteht aus Yamswurzeln, die sehr häufig gebaut werden und als Handelsartikel für fremde Schiffe dienen.

Das warme Klima auf diesen Inseln ist nicht ungesund, wirkt aber schwächend auf eine europäische Constitution. Der Winter ist unbekannt, die Regenzeit fällt in die Zeit zwischen December und März. Außer dieser Zeit regnet es an den westlichen Ufern der Inseln sehr selten, desto häufiger aber an den östlichen, und in den Gebirgen fast täglich. Ursprünglich einheimische Thiere waren eine kleine Art von Schweinen mit langen Köpfen und kleinen aufrechtstehenden Ohren, Hunde, Eidechsen, und ein ins Mäusegeschlecht gehöriges Thier, das kleiner als eine Ratte war. Raubthiere oder wilde Thiere fehlten ganz. Gegenwärtig findet man große Heerden Rindvieh, Ziegen und einige Schafe und Pferde, welche Thiere zu verschiedenen Zeiten eingeführt worden sind. In den Wäldern gibt es sehr viele Vögel von ausnehmender Schönheit und ungemein lieblichem Gesange. Völlig frei sind diese Inseln, wie alle Inseln des stillen Oceans, von schädlichem Gewürme und giftigen Amphibien. Zur Nahrung der Eingebornen dienen außer Vegetabilien besonders Fische, die zum Theil mit europäischen Angelhaken gefangen werden. Ihre Netze sind sehr schön und ganze Gemeinden haben dergleichen von ungeheuerer Größe gemeinschaftlich. Auch fangen sie Fische, indem sie denselben ein betäubendes Kraut ins Wasser werfen, wobei ihnen dann ihre Kunst, lange unterzutauchen, sehr zu statten kommt. Unter den Vegetabilien erbauen sie besonders häufig den Taro, eine Pflanze, die nur an sumpfigen Stellen und unter dem Wasser gedeiht. Deshalb sind alle Thalgründe in kleine Felder getheilt, die stets mit Wasser bedeckt, durch kleine Dämme voneinander geschieden sind. Das Wasser wird in diese Felder durch kleine Kanäle geleitet, die mit der größten Sorgfalt unterhalten werden, sodaß oft ein kleiner Bach eine große Anzahl Felder bewässert. Außerdem sind diese Inseln reich an allen Südfrüchten; auch Bohnen, Zwiebeln, Kürbisse und Kohl werden erbaut, doch nur, um die Schiffe damit zu versorgen.

Die Eingebornen sind im Allgemeinen von mehr als mittlerer Größe und schönem Wuchse. Man findet unter ihnen Gestalten, namentlich unter den Häuptlingen, die so groß und stark gebaut sind und in ihrer Haltung ein so eigenthümlich edles Wesen verrathen, daß man verleitet werden könnte, sie für Menschen eines ganz eignen Stammes zu halten. Dies ist jedoch nicht der Fall und ihre größere Schönheit nur der sorgfältigen Erziehung und einer vortheilhaften Lebensart zuzuschreiben. Uebrigens hat die Physiognomie der Eingebornen viel Aehnlichkeit mit der der Europäer; ihre Farbe ist manchmal tiefbraun und fast schwarz, manchmal aber auch sehr licht und fast gelb. In ihrem ganzen Wesen spricht sich Munterkeit und Gutherzigkeit aus.

Ihre Stirne ist hochgewölbt und breit; die Augen sind groß, schwarz und sehr lebhaft; der Mund ist groß und hat das nur den Sandwichinsulanern Eigenthümliche, daß die Oberlippe fast viereckig zu sein scheint. Die Nase ist meist platt und breit; die Haare sind schwarz und ziemlich lang und fallen in großen Locken herab, niemals sind sie straff und selten gekräuselt. Einige Insulaner färben sie mittels Kalk roth. Greise tragen lange und sorgsam gepflegte Bärte, die man bei jungen Leuten selten findet.

Die Männer auf den Sandwichinseln gehen noch größtentheils nackt und tragen nur eine Art Schürze aus Binsen geflochten, oder von dem von ihnen gewebten Zeuche. Die Weiber tragen gewöhnlich ein weißes Hemd und ein um die Hüften befestigtes Stück einheimischen Tuches. Doch gilt dies nur von dem gemeinen Volke, die Häuptlinge und ihre Frauen gehen in europäischer Kleidung. Das Tättowiren wird immer seltener; die Männer begnügen sich meist, einige Zeichnungen von Thieren oder Schnörkeln auf die Arme einstechen zu lassen; die Frauen haben ähnliche Verzierungen. Alle Sandwichinsulaner machen sich aus Blumen, Vogelfedern, Fischzähnen u. s. w. einen Hals- und Kopfschmuck, der meist sehr viel Geschmack verräth und sie sehr gut kleidet. Die Kleidung der Krieger ist darauf berechnet, Furcht zu erregen. Wenn sie in den Krieg gehen, so ziehen sie ihre besten Kleider an; ihre Körper umhüllen sie mit einem von ihnen gewebten bunten und dicken Zeuche. Sie haben entweder Turbans von bedeutender Größe oder Helme, welche den römischen Helmen gleichen. Der Rahmen von einigen war wie eine Art Korbgeflecht, umwickelt mit steifem Zeuche und in Spitzen ausgehend. Hierzu kommt noch bei Einigen ein Schmuck von grünen und rothen Federn und ein Busch von den langen und dünnen Federn der Tropenvögel. An den Seiten des Kopfes hängen über den Ohren Stücke von Perlmutter und andern Muscheln in Bündeln, oder ein ähnlicher Schmuck. Die Panzer sind eine Art Flechtwerk, gemacht aus dünnen Stricken, welche den Körper so eng umschließen, als es nur der Gebrauch der Arme und Waffen erlaubt. Ueberhaupt ist ihre Kleidung beschwerlich, und fast nur gemacht, den Feinden zu imponiren.

Die Nahrung des Volkes ist größtentheils vegetabilisch und besteht vorzüglich aus dem schon erwähnten Taro, welches gekocht noch besser sein soll als Kartoffeln; außerdem genießen sie häufig Fische. Das Fleisch der Hunde, Schweine, Hühner und Ochsen wird seines hohen Preises wegen nur von reichen Leuten und Häuptlingen genossen. Die Art ihre Mahlzeiten zu halten ist noch sehr barbarisch und für Europäer eben nicht einladend. Jeder greift mit den bloßen Fingern in die Schüssel, reißt ein Stück Fleisch ab, taucht es dann in ein Gefäß voll Brühe und leckt es auf eine unappetitliche Weise mit der Zunge ab. Leider haben sie von den Europäern das Gift des Körpers und der Seele, Branntwein, erhalten, der um so verderblicher gewirkt hat, je begieriger Männer und Frauen darnach sind. Auch bereiten sie aus der Wurzel einer auf der Insel häufig wachsenden Pflanze ein geistiges Getränk. Taback ist allgemein im Gebrauch.

Die Wohnungen der Insulaner bestehen aus Hütten und kleinen Häusern, deren Dach mit getrockneten Pflanzen bedeckt ist und bis zur Erde herabreicht. Gewöhnlich haben sie zwei Thüren, damit der Wind die Hütten durchstreichen und sie kühl erhalten kann. Der Fußboden ist mit getrockneten Binsen belegt, über welche eine Matte gedeckt ist. Tische, Stühle, Bettgestelle u. s. w. findet man nicht. Die Häuser der Häuptlinge sind gewöhnlich in europäischem Geschmacke erbaut und elegant meublirt.

Richten wir unsere Aufmerksamkeit auf den jetzigen moralischen Zustand der Eingebornen, so müssen wir in der That über die Veränderungen erstaunen, die hier seit kaum 50 Jahren vorgegangen sind. Ja, es bleibt ewig wahr: Das Christenthum übt einen unaussprechlich segensreichen Einfluß auf den Einzelnen, wie auf ganze Völker. Auf der Insel Owaihi errichteten die Engländer im J. 1823 eine Missionsanstalt, welche bei den Einwohnern die freundlichste Aufnahme gefunden hat. Seitdem sind Kirchen und Schulen gegründet, englische Missionare und eingeborne Lehrer unterrichten das Volk; Tausende von dem Volke, aufgemuntert von ihrem Könige und den vornehmsten Häuptlingen, erhalten täglich in den Schulen Unterricht im Christenthume und in den nützlichsten Kenntnissen. Nachdem die Eingebornen die heilbringende Lehre Christi kennen gelernt hatten, fühlten sie sich von einem unwiderstehlichen Drange getrieben, ihre Brüder auf den übrigen Inseln an ihrer Freude und ihrem Glücke Theil nehmen zu lassen. Die englischen Missionaire haben gegenwärtig nur noch die Thätigkeit der eingebornen Lehrer zu leiten. Man zählt jetzt auf den Sandwichinseln gegen 900 Schulen, welche von mehr als 5000 Kindern besucht werden.

Einsammlung des Schnees in der Umgegend von Neapel.

Einem vom Norden kommenden Reisenden, welcher den Genuß des Eises als einen Luxusartikel anzusehen gewohnt ist, muß es eine sehr angenehme Ueberraschung gewähren, wenn er in dem südlichsten Theile Italiens, dessen Winter gewöhnlich äußerst milde sind, ungeachtet des dort so seltenen Schnees und Eises, dennoch die Beobachtung macht, daß Reiche und Arme während der heißen Sommermonate ihre Getränke mit Schnee abkühlen. Seine Wißbegierde, wie man sich den Schnee hier verschaffe, wird noch mehr gesteigert, wenn er in allen Straßen Neapels Schneehändler antrifft, deren Läden während der heißen Jahreszeit, kraft eines alten Landesgesetzes, Tag und Nacht zur Befriedigung des allgemeinen Bedürfnisses offen stehen müssen; denn die heiße Atmosphäre durchdringt alle Gemächer des Hauses in dem Grade, daß das Wasser, aus den tiefsten Brunnen gepumpt, in wenig Minuten ungenießbar wird; das aus den frischesten Kellern geholte Wein verliert sogleich seine Kraft und wird lau, und ohne Schnee müßte man in Italien jedes Glas Wasser am Brunnen und jedes Glas Wein im Keller trinken. Ueber die Art und Weise, wie man sich in Italien dies Product eines kalten Klimas verschafft, theilt uns eine sehr geschätzte Zeitschrift, „Das Ausland", folgende Nachrichten mit. Die Menge des Schnees, welche hier jährlich, besonders während eines langen und heißen Sommers, verbraucht wird, ist wahrhaft unermeßlich. Der Schnee bedeckt dort niemals die Ebenen, dagegen aber finden sich auf der Apenninenkette, welche die ganze Halbinsel durchschneidet, unerschöpfliche Niederlagen von Schnee. Einige der höchsten Punkte dieser Gebirgskette, wie z. B. der große Felsen Italiens und der Monte Majello (beide in den Abruzzen) sind das ganze Jahr hindurch mit Schnee bedeckt, und in einigen ihrer tiefsten Schluchten findet man sogar Eis; allein fast allenthalben verschwindet er gegen Ende Mais vom Gipfel der Apenninen, und verstünde man nicht die Kunst, ihn aufzubewahren, so würde es grade zu der Zeit, wo man seiner am nöthigsten bedarf, daran fehlen.

Die Neapolitaner graben an den Seiten der Berge tiefe Cisternen oder Keller aus, benutzen auch wol zuweilen die von der Natur gebildeten Höhlungen, und zu der Zeit, wo der Schnee tief liegt, sammeln sie so viel davon als ihre Behälter zu fassen vermögen. Bei dem Transport geht man mit vieler Vorsicht zu Werke, und ist die Höhle angefüllt, so häuft man vor dem Eingange eine große Menge Stroh, Laub- und Baumzweige an, und verschließt dann die Oeffnung entmauert sie auch wol zuweilen. Diese Schneekeller liegen gewöhnlich an der Nordseite der Gebirge, und man sieht bei ihrer Anlage so viel wie möglich darauf, sie der Region, in welcher der Schnee fällt, so nahe als möglich zu bringen, weil dadurch Arbeit und Transportkosten gespart werden.

So oft Schnee fällt, sind die Bauern, welche auf den niedrigern Gebirgen wohnen, stets voller Freude; von allen Seiten laufen sie dann herbei, um ihn zu sammeln und an sichern Orten aufzubewahren. Ich selbst war einst Zeuge einer solchen Scene: Als ich von Neapel aus die erste Kette der Apenninen überstieg, wurde ich zwischen den Dörfern il Cardinal und Monte-Forte von einem Schneegestöber überfallen, das den Boden mit einer ziemlich dicken Schneeschichte bedeckte. Kaum sahen die Einwohner die großen Flocken fallen, so stießen sie ein Freudengeschrei aus, und Männer, Weiber und Kinder liefen mit Schaufeln, Körben und allen Arten ähnlicher Geräthe, die sie in der Eile habhaft werden konnten, herbei, um den Schatz zu sammeln, der ihnen vom Himmel fiel. Sie bildeten aus dem gesammelten Schnee große Kugeln, die dann von den Kindern den Berg hinab bis zu dem Keller gerollt wurden, wo man sie aufbewahrte. Da wir nahe genug an diesen Leuten vorüberkamen, so riefen sie uns freudig zu: „Ecco, signor, una bella raccolta; questa è una bella raccolta!" (Seht, Herr, was für eine herrliche Ernte!)

Die Stadt Neapel, die ungefähr 400,000 Einwohner zählt, verbraucht eine sehr bedeutende Menge Schnee, und den ganzen Sommer hindurch ist man beschäftigt, diesen Artikel zu Land und zu Meer aus den zunächst liegenden Gebirgen zuzuführen. Der Transport zu Wasser hat stets den Vorzug, weil der Schnee auf diesem Wege reiner bleibt und auch weniger Verlust erleidet. Mehre hundert Männer und Knaben sind in Neapel ausschließlich mit diesem Transport beschäftigt.

Der Berg St.-Angelo, die höchste Spitze des die Bucht von Neapel von der von Salerno trennenden Vorgebirgs, liefert den größten Theil des Schnees, der in Neapel verbraucht wird. Dieser Berg, der sich majestätisch hinter der Stadt und dem Hafen Castellamare, an der äußersten Spitze der Bai von Neapel, erhebt, ist nur ungefähr 12 Miglien von dieser Hauptstadt entfernt, mithin hat die Ausbeute des Schnees auf demselben, der Nähe und des zu Wasser geschehenen bequemen Transports halber, eine große Wichtigkeit erlangt, und man sieht an den Seitenwänden des Gebirgs eine große Menge Oeffnungen von Kellern. Hier wird eine unermeßliche Menge von Schnee aufgehäuft, der jedoch unter den Händen der zahllosen Arbeiter, die ihn ausgraben, bald verschwindet. Zu diesen Arbeiten wird ausschließlich die Nacht verwendet; mit Anbruch des Tages sieht man lange Reihen von Maulthieren, mit großen Schneestücken beladen, so schnell als möglich, doch mit aller der diesen Thieren eignen Vorsicht, herabklimmen und nach Castellamare eilen, wo man ihnen ihre Last abnimmt, und sie in große, bereit stehende Fahrzeuge bringt. Sobald die Ladung voll ist, wird sie mit Stroh und trockenem Laub bedeckt und das Schiff fährt ab. Ist es in Neapel angekommen, so wird es durch eine Menge, eigens zu diesem Dienst gedungener Leute ausgeladen, die, obschon sie nichts als Brot, Oliven, Knoblauch und Gemüse essen, dennoch sehr stark und rührig sind; sie laufen mit ihrer Last vom Landungsplatze bis zu einem großen, zur Schneeniederlage eingerichteten Gebäude, La dogana della neve genannt, aus welchem sich alle Schneehändler mit ihrem Bedarf versehen.

Die gemeine Robbe oder der Seehund (Phoca vitulina).

Da die Robben oben vier oder sechs, unten vier Vorderzähne, oben und unten auf jeder Seite einen Eckzahn und gewöhnlich 20, 22 oder 24 Backenzähne haben, so hat sie Cuvier zu den Raubthieren gezählt. An allen vier Füßen befinden sich fünf Zehen, wovon die an den vordern vom Daumen bis zum kleinen Finger abnehmend kleiner sind, während an den Hinterfüßen der Daumen und der letzte Finger länger als die übrigen sind. Die Vorderfüße sind bis zur Handwurzel, die Hinterfüße bis an die Ferse in Haut gehüllt, und zwischen diesen befindet sich ein kurzer Schwanz. Der runde Kopf, mit vorstehender Schnauze und ausdrucksvollen, sanften Augen, gleicht bei den meisten Arten dem Kopfe eines Hundes. Sie leben an den Küsten fast aller Meere, schwimmen und tauchen gut, und ihre Nahrung besteht vorzüglich in Fischen, die sie sogleich im Wasser verzehren. Ihr Blut, an dem sie sehr reich sind, hat eine schwarze Farbe.

Unter die Gattung der Robben gehören auch die Seehunde, von denen wir mehre auf unserer Abbildung auf und an einer großen Eismasse erblicken. Der Seehund wird vier bis sechs Fuß lang, ist gelblichgrau und je nach dem Alter mehr oder weniger bräunlich gewellt oder gefleckt, bisweilen aber auch braun mit kleinen strohgelben Flecken. Im Alter wird er ganz weiß. Sein Gesicht gleicht ganz besonders dem eines Hundes. Unter der Haut befindet sich eine große Specklage, die bei ausgewachsenen Thieren allein 60 Pfund wiegt.

So lange die Seehunde die Menschen noch nicht kennen, fürchten sie sich nicht vor ihnen und schwimmen munter um die Schiffe herum; sind sie aber schon einmal verfolgt worden, so zeigen sie sich scheu und furchtsam. Lebendig gefangene Seehunde lassen sich leicht zähmen und sind dann folgsam und anhänglich. Die Stimme der Alten klingt wie heiseres Hundegebell, und die der Jungen wie das Miauen der Katzen. Das Weibchen wirft zwei Junge, die es gewöhnlich sechs bis sieben Wochen lang an verborgenen Orten säugt.

Man findet die Seehunde fast an allen Küsten der nordischen Meere bis in den höchsten Norden hinauf, und zwar gewöhnlich in großen Truppen beisammen. Ihre Nahrung besteht in Fischen und allerlei Gewürme der See. Sie gehen vorzüglich im Sommer gern auf das feste Land, um sich von den wärmenden Strahlen der Sonne bescheinen zu lassen. Da sie jedoch gleich nach erhaltenem Schusse in das Meer springen und untertauchen, oder in unglaublicher Schnelle fortschwimmen, so würde es vergeblich sein, Pulver und Blei an sie zu verwenden. Man erlegt sie daher lieber mit Harpunen, oder noch gewöhnlicher durch Keulenschläge auf die Nase; denn ein einziger Schlag auf dieselbe tödtet sie sogleich, oder betäubt sie doch wenigstens auf einige Zeit, da sie hingegen Verwundungen an andern Theilen des Körpers leicht ertragen, sodaß sie selbst bei sehr tiefen Wunden sich doch immer noch muthig vertheidigen. Um des Fanges ganz sicher zu sein, benutzt man die Zeit, wo sie zu Hunderten auf den Küsten schlafen, und die Robbenjäger, welche in besonders dazu ausgerüsteten Schiffen jährlich zu dieser Jagd ausfahren, erlegen sie oft in großer Menge. Ja, an manchen Orten werden sie so feindselig und ohne alle Rücksicht auf die Zukunft hingeopfert, daß sie da, wo ihr Geschlecht nicht schon ganz untergegangen ist, doch gewiß bald ganz verschwinden werden. So begann man z. B. unmittelbar nach der Entdeckung von Südgeorgien durch Capitain Cook, im Jahre 1771, von Amerika aus Seehundsfelle nach China einzuführen, wo sie zu hohen Preisen gekauft wurden. 1,200,000 Felle wurden von hier allein seit jener Zeit ausgeführt, und überdies ging eine unglaubliche Zahl von der Insel Desolation ab. Die Zahl der Seehunde, die in den Jahren 1821 und 1822 auf den Südshetlandsinseln getödtet wurden, beläuft sich auf 320,000, sodaß diese Thierart auf diesen Inseln fast gänzlich ausgerottet ist. Im April 1826 erlegte die nur aus 18 Leuten bestehende Mannschaft eines Schiffes in dem westlichen Theile des grönländischen Meeres unter 68° N. B. an einem einzigen Tage 1138, und in fünf Tagen überhaupt 3070 Seehunde. Einen schauderhaften Anblick

Die gemeine Robbe oder der Seehund.

soll diese fürchterliche Mordscene gewährt haben. Die getödteten Seehunde waren fast sämmtlich Junge, denen die Erfahrung der Alten fehlte, und die daher bei der herannahenden Gefahr ruhig liegen blieben, statt sich, wie diese, sogleich in das Wasser zu stürzen. Ein Schlag der Keule tödtete sie auf der Stelle.

Der Nutzen der Seehunde ist nicht unbedeutend. Das ölige Fleisch und Fett wird zwar selten gegessen, aber es gibt einen guten Thran, an den besonders die Walfischjäger sich halten, wenn der Walfischfang nicht glücklich ausfällt. Aus den Fellen verfertigen die Grönländer ihre Kleidung, ihr Riemzeug, ihre Decken, die Ueberzüge zu ihren leichtgebauten Kähnen, sowie zu ihren Hütten. Auch die Blase, deren sich die Küstenbewohner des Eismeeres beim Fange der Seehunde bedienen, wird aus Seehundfell verfertigt. An diese Blase wird der Riemen befestigt, den der Jäger mit seiner Harpune verbindet, um sie nach dem Seehunde zu schleudern, und welche, wenn das Thier untergetaucht ist, auf der Oberfläche des Wassers schwimmt, sodaß der Jäger die Spur des getroffenen Seehundes verfolgen kann.

Die Grönländer gebrauchen die Sehnen zum Nähen, die Magen zu Schläuchen und die Knochen zu allerlei Werkzeugen. Bei uns werden die Felle häufig gebraucht zum Ueberziehen der Koffer, zu Fußdecken, Tabacksbeuteln, Tornistern u. s. w., da ein solcher Ueberzug nicht nur sehr dauerhaft, sondern auch wasserdicht ist. Das Fett der jungen Seehunde benutzt man als Brennöl. Und so bleibt kein Theil dieses nützlichen Thieres unbenutzt.

Verantwortliche Herausgeber: Friedrich Brockhaus in Leipzig und Dr. C. Drärler-Manfred in Wien.
Verlag von F. A. Brockhaus in Leipzig.

Das Pfennig-Magazin
der
Gesellschaft zur Verbreitung gemeinnütziger Kenntnisse.

91.] [2. Jahrg. 39.] [December 31, 1834.

Thomas Guy.

Thomas Guy,
Stifter eines großen Hospitals in London.

> Der edle Mensch
> Sei hülfreich und gut!
> Unermüdlich schaff' er
> Das Rechte und Nützliche,
> Sei uns ein Vorbild
> Jener geahneten Wesen!
>
>   Göthe.

Edle That ist Ruhmes werth, weniger um ihrer selbst willen — denn sie begehrt und bedarf desselben nicht — als um Anderer, denen sie zur Erweckung, zur Erhebung, zur Ermuthigung zu gleichem Streben dienen kann und soll; denn die That spricht nun einmal eindringlicher als das Wort; sie hat, wie eine edle Blüte, fruchtbringende Kraft in sich, durch welche sie fortdauernd Segen schafft, und das Andenken des Edlen schützt gegen Vergänglichkeit und Vergessenheit. Die Belege zu dieser Behauptung gibt die Geschichte der Menschheit auf jedem Blatte ihrer Jahrbücher. Die herzlosen Geldsammler und Schatzhüter sind vergessen oder werden nur noch als traurige Beispiele menschlicher Thorheit aufgestellt, während der Name des werkthätigen Menschenfreundes, dessen Glaube in der Liebe thätig war, fortlebt von Geschlecht zu Geschlecht, und in immer hellerm Lichte zu erglänzen scheint, je mehr die neidische Zeit ihre Kraft an ihm versucht und ihn in das Dunkel der Vergangenheit zurückdrängen möchte. Zu solchen Betrachtungen veranlaßt unwillkürlich der Anblick der umstehenden schönen Vignette, eine Abbildung des herrlichen Monumentes, welches die dankbare Nachwelt dem Andenken Thomas Guy's (spr. Ghei), eines londner Buchhändlers, in der Kapelle des großen Krankenhauses errichtete, durch das er seines Namens unsterbliches Gedächtniß gestiftet hat. Das Bildwerk ist aus weißem Marmor von der Meisterhand des Bildhauers Bacon gefertigt, und stellt Guy selbst in ganzer Figur dar, wie er eben einem hülflosen Kranken die helfende Hand reicht, ihn dem Asyl zuzuführen, welches seine Menschenliebe den leidenden Menschheit errichtet und fürstlich ausgestattet hat. Wer war der Mann, der so Edles wollte und so Großes konnte? Thomas Guy war der Sohn eines Kohlenhändlers in einer der Vorstädte Londons, und wurde im Jahre 1645 geboren. Sein Vater, der mehr für eine christlich-sittliche Erziehung seines Sohnes als für ein großes Erbtheil in irdischen Gütern sorgte, that ihn bei einem Buchhändler in die Lehre, und bald fand der junge Mann an dem Betrieb dieses ehrenwerthen Handels- und Erwerbszweiges so viel Geschmack und Freude, daß er sich selbst etablirte, obschon ihm nur die kleine Summe von 200 Pfd. Sterl. (1300 Thlr.) zur Verfügung gestellt war. Der Himmel segnete seine Thätigkeit, besonders seine bedeutenden Geschäfte mit englischen Bibeln, die er erst aus Holland bezog, später aber, des hohen Eingangszolles wegen, in England drucken ließ, und dadurch den Grund zu seinem nachherigen Wohlstande legte. Glückliche Unternehmungen vermehrten denselben rasch bis zu einer sehr bedeutenden Höhe, ohne den thätigen Mann seiner gewohnten einfachen Lebensweise zu entziehen oder ihn zum Sklaven seines Geldes zu machen, wie es so Vielen geschieht, denen Reichthum zu Theil wird. Nein, Thomas Guy sah vielmehr in der Vermehrung seiner Glücksgüter nur einen Ruf der Vorsehung, der Wohlthäter seiner leidenden Brüder in Gottes Auftrage zu werden; dem aber folgte er willig und treu, indem er erst andere bereits bestehende Wohlthätigkeitsanstalten, namentlich das große St.-Thomashospital, mit großen Summen unterstützte, dann aber in seinem 76. Lebensjahre (1721) mit einem Kostenaufwande von ungefähr 19,000 Pfd. Sterl. (126,000 Thlr.) ein eignes Krankenhaus mit 400 Betten errichtete. So lange er noch lebte — und er erreichte ein Alter von 80 Jahren — unterhielt er diese Stiftung selbst; nach seinem Tode aber sicherte er ihr ungestörtes Bestehen durch ein Vermächtniß von 219,000 Pfd. Sterl. (1,400,000 Thlr.), ohne dabei die Pflichten gegen seine nähern und entferntern Verwandten zu vergessen, welche er ebensowol als mehre milde Stiftungen seiner Vaterstadt in zahlreichen und beträchtlichen Legaten freigebig bedachte. Das Gebäude, welches seinen Namen führt, liegt unmittelbar neben dem großen schon genannten St.-Thomashospital, auf dessen Grund und Boden es auch erbaut worden ist. Den ersten Eingang bildet ein eisernes Thor, welches in einen viereckigen Hofraum führt, in dessen Mitte die bronzene Statue Guy's steht. Das Gebäude selbst besteht aus einem Mittelbau und zwei Flügeln, von welchen der eine die Beamtenwohnung und Wirthschaftslocalien, der zweite die Kapelle enthält. Ein Säulengang theilt das Haupthaus in zwei ziemlich gleiche Theile, wo sich die zwölf prächtigen Krankensäle mit jetzt mehr als 500 Betten befinden. Sie sind sämmtlich hell und luftig, und überhaupt trefflich eingerichtet. Gegen 3000 Kranke suchen hier durchschnittlich jedes Jahr Linderung ihrer Leiden, und mindestens neun Zehntel von ihnen wird geheilt entlassen. Außerdem empfangen jährlich mehr als 50,000 Kranke außer dem Hause Arznei und Unterstützung aus den Mitteln der Stiftung, welche sich erst kürzlich wieder durch ein Vermächtniß eines Herrn Hunt um 196,000 Pfd. Sterl. vermehrt haben, wodurch auch die Vermehrung der Betten möglich ward. Auch ein Irrenhaus für 24 weibliche Wahnsinnige ist mit dem Hospital verbunden, und damit nichts fehle, finden wir hinter dem Hause einen freien Grasplatz mit einem Springbrunnen, und an dessen entgegengesetzter Seite ein anatomisches Museum in einem eignen Gebäude.

Und das Alles ist Thomas Guy's, des einfachen londoner Bürgers Werk! Sehet's und gehet und thuet ein Gleiches, Ihr, die Ihr Mittel habt, auf daß auch Euer Gedächtniß bleibe in Segen und längere Dauer habe als Euer Reichthum!

Gellert und der Husarenlieutenant.

Es war am 18. November 1761, als sich ein Husarenlieutenant vom preuß. Regimente Malachowski sehr ungestüm beim kränklichen, furchtsamen Gellert melden ließ, der ihn denn auch, aus Furcht, sich Mishandlungen auszusetzen, unbedenklich hereintreten ließ. Es war ein hagerer, schwarzer Mann, mit feurigen Augen, dickgelocktem Haupthaar und feingekräuseltem Schnurrbart, kothigen Stiefeln, blutigen Sporen, in der linken Hand seinen schweren Säbel haltend, in der rechten Stock, Pistolen, Mütze und Karbatsche. „Was ist zu Ihrem Befehle, Herr Lieutenant?" fragte Gellert zitternd. „Haben Sie Ordre, mich zu arretiren? Ich bin unschuldig!"

„Nein, nein, mein Herr!" ist die barsche Antwort. „Aber sind Sie der berühmte Bücherschreiber und Professor Gellert?"

„Ja, ich bin Gellert!"

„Nun es freut mich, Sie zu sehen und zu umarmen! Ich bin ein großer Verehrer Ihrer Schriften. Sie haben mir in meinen Feldzügen viele Dienste gethan und ich komme, Ihnen zu danken und Sie meiner Freundschaft zu versichern."

„Das ist zu viel Ehre für mich, Herr Lieutenant; haben Sie die Gnade und lassen Sie sich nieder!"

„Ja, das will ich gerne thun! Sagen Sie mir nur, wie Sie es anfangen, daß Sie so viel schöne Bücher schreiben?"

Gellert erklärte es mit aller ihm eignen Bescheidenheit.

„Nun das will ich mir merken! Ich habe Lust und Zeit zu schreiben, und sobald ich die nöthige Ruhe habe, will ich einen Versuch machen. Jetzt aber biete ich Ihnen ein Andenken von meiner Beute an. Sie haben doch wol keinen Rubel in Ihrer Chatoulle, Herr Professor? Lesen Sie eins aus; diese hier sind von einem Kosakenobersten, den ich bei Zorndorf vom Pferde hieb, und diese da von der Frau eines russischen Offiziers, die mit dem Pferde stürzte."

Gellert wurde eiskalt bei der Erzählung dieser rauhen Kriegsscenen und konnte sich nicht entschließen, ein blutiges Andenken derselben zu führen. Er wies es ängstlich zurück. „Aber Sie müssen ein Andenken von mir nehmen! Herr Professor, gefallen Ihnen diese Pistolen? Es sind sibirische, und diese Peitsche ist eine Knute; Beides ist zu Ihren Diensten! Ich habe noch treffliches Gewehr erbeutet; türkisches und tatarisches. Es steht in Eilenburg, und was Sie verlangen, will ich Ihnen schenken. Ein Wort, ein Mann. Der Soldat hat nichts Kostbareres als die mit seinem Blute erfochtene Beute. Warum gefallen Ihnen denn die Pistolen nicht? Es ist auserlesenes Gewehr!"

Gellert führte ihn zum Bücherschrank und zeigte ihm, daß hier sein Gewehr sei. Von dieser gelehrten Beute soll sich der Herr Lieutenant etwas aussuchen. Er that's.

„Geben Sie mir Ihre gelehrten „Trostgründe wider ein siches Leben", wenn ich etwa stark von den Russen blessirt würde; denn ach die Russen, das ist ein tapferes Volk! Sie stehen wie die Berge so fest, und man arbeitet sich müde und todt, ehe man sie zum Weichen bringt!"

Er wollte schon die letzte Bataille erzählen, da schlug es zehn; die Zuhörer kamen haufenweise und Gellert benutzte diese willkommene Gelegenheit, den Herrn Lieutenant zu verabschieden. Es besah dieser den Hörsaal, war böse, daß seine Pistolen und die Knute nicht angenommen wurden, umarmte aber Gellert recht herzlich und ging die Treppe hinunter, wo ihm ein Paar Husaren Alles abnahmen. „Peter", rief der Lieutenant den Einen zu, „das ist der Herr, der „Die schwedische Gräfin" geschrieben hat!" Peter sah starr auf, griff geschwinde an die Pelzmütze und Gellert lächelte, indessen sich auch die andern Husaren ehrerbietig bückten.

„Kann ich Ihnen noch beim General Malochowski dienen?" rief der Lieutenant die Treppe herauf.

„Im geringsten nicht!"

„Oder beim General von Dohna?"

„Empfehlen Sie mich all' Ihren Freunden!" war Gellert's Gegenrede, womit er sich nun schnell zurückzog und froh war, den originellen Besuch losgeworden zu sein.

Einige Tage darauf kam der junge Graf von Dohna, um einen freilich viel sanftern Besuch bei Gellert abzustatten und ihn um Erlaubniß zu bitten, mit den sämmtlichen Offizieren des Bevern'schen Regiments einer Vorlesung beiwohnen zu dürfen.

Die Cigarren in Spanien.

Die Spanier rauchen zwei Sorten von Cigarren, eigentliche Röllchen von gesponnenen Blättern und sogenannte Papiercigarren. Von der ersten Art, den feinsten, welche aus Havannablättern gemacht werden, verkauft man das Pfund zu vier, fünf bis sechs Piaster. Der Geschmack dieser Cigarren ist nicht im geringsten brennend oder beißend, sondern vielmehr lieblich und süß und aromatisch, und der Geruch des Rauches angenehm. Letzterer steigt in kleinen blauen Ringelchen empor und das Verbrennen bei nicht zu starkem Ziehen geht gleichmäßig und langsam fort, auch wird selten die Asche herabstieben. Die zweite Sorte besteht aus grobem portugiesischen Taback, den man geschnitten in kleinen weißen Papierröllchen verkauft; auch dieser findet in Spanien, wo das Rauchen allgemein ist, jedoch meist unter den niedern Volksclassen starken Absatz. Es ist dort eine Einladung zu freundschaftlichem Verkehr, Jemand seine angerauchte Cigarre anzubieten; sie wird gern angenommen und die Höflichkeit auf gleiche Weise erwidert. So werden auf einem Kaffeehause oder an andern öffentlichen Orten oft Bekanntschaften angeknüpft. Der neuerworbene Freund überreicht das glimmende Friedenszeichen sogleich dem nächsten Nachbar und läßt es die Reihe seiner Bekannten durchwandern, wodurch sich bald ein vertraulicheres Verhältniß bildet, das für die Art, wie es sich gestaltet, befriedigend genug ist, wie bei den Deutschen durch eine Priese Taback.

Der Gepard.

Der Gepard, dies ins Katzengeschlecht gehörige Thier, ist etwas kleiner als der Leopard; die Länge seines Körpers ist drei Fuß zwei Zoll und die des Schwanzes zwei Fuß, seine Höhe aber zwei Fuß einen Zoll. Sein schönes Fell ist hellfalb, am Bauche und den innern Theilen der Beine etwas heller. Der Rücken und die Seiten sind mit kleinen runden gleichförmigen schwarzen Flecken bestreut, und vom vordern Augenwinkel bis zum Munde des kleinen Kopfes läuft ein schwarzer, S förmig gebogener Strich. Das Haar des Halses ist länger und krauser als am übrigen Körper, und bildet im Alter eine Mähne. Der Schwanz ist ebenfalls gefleckt und endigt mit mehren schwarzen Ringen. Das Haar am Bauche ist lang und zottig. Der ganze Körper ist schlanker gebaut, der mittlere Theil seines Kopfes ist erhobener und die Krallen sind weniger spitzig als bei den übrigen Katzenarten.

In Afrika am Senegal und in Ostindien wird der Gepard nicht selten gefunden, und da er weniger mißtrauisch und falsch als die übrigen wilden Katzenarten ist, läßt er sich mit größerer Sicherheit als Hausthier zähmen.

Viele Reisende, besonders aber Tavernier, Bernier und Chardin, erzählen uns, daß man sich desselben in seiner Heimat mit dem sichersten Erfolge zur Jagd bediene. Der Jäger zieht nämlich dem gezähmten Gepard eine Kappe übers Gesicht und nimmt ihn mit sich aufs Pferd, oder noch gewöhnlicher auf einen Karren gebunden mit. Gewahrt der Jäger nun eine Gazelle, so wird die Kappe schnell abgenommen oder das Thier losgebunden, und sogleich springt der Gepard herab und läßt nun ganz seiner Katzennatur freien Lauf. Er schleicht sich in die Nähe der Gazelle, springt mit einem einzigen Sprunge auf sie zu, ergreift sie, reißt ihr die großen schönen Augen aus und überläßt sie dann willig seinem Herrn, zu dem er folgsam wieder zurückkehrt. Schlägt sein erster Sprung fehl, so thut er keinen zweiten, kehrt vielmehr zu seinem Herrn zurück, indessen die glücklich entkommene Gazelle davoneilt, um einen sicherern Aufenthalt zu suchen. Seine Stimme ist ein kurzes wiederholtes Mauen.

Der Gepard.

Die Felle werden hauptsächlich vom Vorgebirge der guten Hoffnung als Handelsartikel ausgeführt.

Je seltener sich uns die Gelegenheit darbietet, das hier abgebildete Thier in Menagerien zu sehen, um so willkommener wird dem Liebhaber der Naturgeschichte eine treue Abbildung desselben sein.

Der Quell Kastalia.

Es wird unsern Lesern aus der griechischen Mythologie vielleicht bekannt sein, daß den heidnischen Gottheiten Griechenlands, als deren Wohnsitz der Olympus gedacht wurde, auf der Erde gewisse Orte geheiligt waren. Unter diesen geheiligten Stätten wird vorzüglich des Parnassus, ein hoher Berg der Gebirgskette in Phokien, von den alten Dichtern Griechenlands besungen. Er war der Lieblingsaufenthalt der Musen und Grazien, und enthielt eine Grotte des Apollo. An den beiden hohen Felsspitzen jenes Gebirges, welche sich 8000 Fuß über den Meeresspiegel erheben, lag die Stadt Delphi, der Hauptsitz der griechischen Orakel. Hier waren zur Zeit der Blüte der griechischen Kunst und Wissenschaft die herrlichsten Schätze der Bildhauerei aufgestellt; aber jetzt steht unter den Trümmern jener Stadt nur ein armseliges Dörfchen, Kastri genannt. Uebrigens sind, wie Reisende versichern, die Ruinen noch ziemlich wohl erhalten, und der ganze Grund der Stadt ist noch so kenntlich, daß man ohne Mühe einen Plan davon aufnehmen könnte. Auf dem Parnassus entspringt die krystallhelle Quelle Kastalia; sie war den Göttern geweiht, und dem Genusse ihres Wassers schrieb man eine begeisternde Kraft zu. Der Dichter, wenn er ein großes Werk beginnen wollte, flehte die Kastalia an, ihn mit Begeisterung zu erfüllen. Doch wie hat im Laufe der Zeiten sich dies Alles verändert! Mit dem Untergange der griechischen Götterlehre hat die Kastalia ihre Bedeutung verloren, und nur der gebildete Freund der Alterthumskunde betritt die einst geheiligte Stätte mit dem Gefühle der Ehrfurcht; jetzt aber benutzen die Dorfbewohner das schmackhafte Wasser der Kastalia vorzüglich zur Bereitung ihrer Getränke, und um dasselbe in ihren Gefäßen aufzufangen, haben sie den Lauf der Quelle durch Fässer und ähnliche Dinge gehemmt, und statt der Musen und Grazien erblickte der englische Dichter Hughes, als er den Parnassus besuchte, albanische Mädchen, welche eben beschäftigt waren, in dem klaren Wasser der Kastalia ihre Leinwand zu waschen. Die Kastalia, welche auf einem steilen, etwa 800 Schritte von Kastri sich erhebenden Felsen entspringt, rinnt in ein Felsenbecken, überfließt dessen Rand, vereinigt sich in ihrem Laufe mit einigen kleinen Bächen, und fällt alsdann über Felsen hinab in das Thal.

Der Quell von Kastalia.

Die chemischen Bestandtheile des Talges und deren technische Benutzung.

Von bedeutendem Interesse sowol für die Wissenschaft als auch hinsichtlich des gewerblichen Nutzens sind die Ergebnisse der Untersuchungen, welche die Chemiker mit thierischen Stoffen angestellt haben. Mit den raschen Fortschreiten der allgemeinen Chemie gewann auch die Zersetzungskunst der thierischen Körper (animalische Chemie) eine unumstößliche Grundlage, und die Bekanntschaft mit der Natur der benannten Stoffe konnte es allein möglich machen, Versuche, dieselben zu gewerblichen Zwecken zu benutzen, mit Sicherheit anzustellen und den Erfolg mit Wahrscheinlichkeit voraus zu bestimmen. Unter diejenigen chemischen Entdeckungen dieser Art, welche den Speculationsgeist der Gewerbthätigkeit in Anregung gesetzt haben, gehörten die beiden Stoffe, woraus der Talg besteht. Vielleicht hat schon mancher unserer Leser die seit einigen Jahren erfundenen Stearinlichte selbst benutzt, ohne daß ihm die Gelegenheit zu Theil wurde, sich von der Art ihrer Verfertigung zu unterrichten.

Diese Stearinlichte bestehen aus dem festen Theile des Talges; die Masse des Stearins hat ein wachsähnliches Gefüge, und dieser in den meisten Fetten enthaltene Stoff ist die Ursache der Festigkeit nicht nur des Talges, sondern auch der Butter, des Speckes und des Schmalzes; die andere Substanz des Talges ist reines Oel, und während die festen Fettsubstanzen mehr Stearin enthalten, sind die flüssigen in größerm Verhältnisse mit reinem Oelstoff oder Olein (auch Eläin genannt) zusammengesetzt. Die Abwesenheit einer festen Masse bei diesem letzten Bestandtheile ist auch der Grund, warum man ihn vortrefflich zum Oelen der Räder der Maschinen benutzen kann; denn sie verhindert das Ranzigwerden und zu ihrem Gefrieren ist eine Kälte von 20 Grad Fahrenheit erfoderlich. Da die Stearinlichte bei ihrer anerkannten Güte und ihren guten Eigenschaften immer mehr in Gebrauch kommen, das Verfahren sie zu fabriciren jedoch, wie wir schon bemerkten, minder allgemein bekannt ist, so wollen wir die uns bekannte Fabricationsweise mittheilen, stellen es jedoch keineswegs in Abrede, daß nicht eine andere und vielleicht bessere Bereitungsart von dem einen oder dem andern Techniker angewendet werde.

Die zur Bereitung des Stearins erfoderlichen Vorarbeiten, von welchen das gute Gelingen desselben vorzüglich abhängt, bestehen zuvörderst in dem Ausschmelzen des Talges. Dieser wird im rohen Zustande in ziemlich kleine Stückchen zerhackt. Je kleiner diese sind, um so rascher geht das Schmelzen von statten, und um so mehr kann man an Brennmaterial ersparen. In einem andern Gefäße vermischt man (wenn man 100 Pfund Talg genommen) zwei Pfund Schwefelsäure von 66 Grad mit 30 Pfund Wasser; statt jener kann man auch zwei Pfund Salpetersäure von 36—40 Grad mit ebenso viel Wasser vermischen; doch verdient die Schwefelsäure den Vorzug.

Diese Flüssigkeit wird auf den Talg gegossen, sodaß dieser überall gehörig angefeuchtet ist. Damit alle häutigen Theile von der Säure gehörig durchdrungen werden, läßt man das Gemenge drei bis vier Tage ruhig stehen. Je mehr der Talg von der Säure durchdrungen ist, um so leichter geht das Schmelzen von statten. Vor dem Ausschmelzen kann man das überflüssige von dem Talge nicht eingesogene Wasser wegschütten. Man thut nun die Masse in den Schmelzkessel. Sobald sie im Zustande der Flüssigkeit ist, muß sie öfter nach allen Richtungen umgerührt werden, damit die Fettzellen, welche der Einwirkung der sich völlig auflösenden Säure widerstehen könnten, aufgelöset werden. Während des Siedens muß die Masse noch 20—25 Minuten lang umgerührt werden, sodaß sie mit der Flüssigkeit gleichmäßig in Berührung bleibt.

Wenn der Talg gehörig ausgeschmolzen ist, so vermindert man das Feuer. Hat das Aufwallen aufgehört, so gießt man das Ganze durch ein Sieb in einen Zuber von starkem Holze, den man gut bedeckt, damit der Inhalt nur langsam und allmälig erkalten könne. Der Rückstand kann zu Bereitung ordinairer Seife und zu Lampenschwarz benutzt werden. Die noch auf dem Wasser schwimmende fetthaltige Substanz kann man nach dem Erkalten abnehmen und bei einer andern Schmelzung zusetzen.

Durch die Anwendung der verdünnten Schwefelsäure wird der Vortheil erreicht, daß die während des Schmelzens sich entwickelnden Dämpfe ganz frei von jenem widrigen Geruche sind, welcher für den Arbeiter höchst ungesund und für die in der Nähe wohnenden Personen etwas sehr Unangenehmes hat. Die Säure verschluckt grade die in Dampfform übergehenden Producte der Schmelzung, welche einen übeln Geruch haben.

Scheidung des Talges in seine beiden Bestandtheile.

Dem Chemiker Chevreul, welchem wir die Entdeckung der beiden Substanzen des Talges verdanken, gab eine Verfahrungsweise an, wie man dieselbe zu technischen Zwecken im Großen gewinnen könnte; jedoch die gegen den Gewinn unverhältnißmäßig großen Kosten würden das Stearin nie unter den Preis des Wachses gebracht haben, wenn nicht der Fabrikant Braconnot eine ungleich wohlfeilere Methode angegeben hätte. Jedoch um aus dieser einen erheblichen Vortheil zu ziehen, bedürfte es wiederum eines sehr großartigen Fabrikbetriebes, zu welchem es nicht alle Lichtfabrikanten bringen können. Wir theilen daher das von einem Deutschen angegebene Verfahren, auf welches derselbe durch einen Zufall geführt wurde, mit. Die dazu erforderlichen Apparate sind mit so geringen Kosten verknüpft, daß ein jeder Lichtfabrikant davon Gebrauch machen kann.

Nachdem man nämlich den geschmolzenen Talg auf die oben beschriebene Weise in den Zuber gethan hat, läßt man das Gefäß zwei bis drei Tage lang mit seinem Inhalte stehen. Der Talg erscheint alsdann geronnen, und man findet bei genauer Untersuchung zwei Substanzen, eine feste in Gestalt kleiner Kügelchen und eine ölartige. Um nun die ölartige Flüssigkeit oder das Olein vollends abzusondern, beachtet man folgendes Verfahren: Man schlägt den Talg in Lagen von ein bis zwei Zoll Dicke zwischen feste Tücher ein, schichtet diese übereinander und bringt sie alsdann unter eine starke Presse. Zwischen je zwei Lagen legt man, um den Abfluß des Öls zu erleichtern, ein Weidengeflecht. Man preßt nun allmälig immer stärker, bis die ölige Substanz vollkommen ausgeflossen ist. Der in den Tüchern zurückbleibende Talg ist trockener und brüchiger als Wachs, und besitzt von diesem Brennmaterial die Eigenschaften der Weiße und Unveränderlichkeit. Die Stearinlichte rinnen nicht und sind wegen ihrer Härte und Schwerflüssigkeit beliebt. Sollte das gewonnene Stearin bröckelig und spröde sein, so kann man ihm durch Zusatz von etwas Wachs Zähigkeit und Zusammenhalt geben.

Durch das Raffiniren des Talges kann eine noch feinere Qualität Stearinstoff gewonnen werden. Zu diesem Behufe muß man den am Ende des Schmelzens sich bildenden Schaum von der Oberfläche abschöpfen. Um die Bildung des Schaumes zu befördern, muß die Flüssigkeit öfter umgerührt werden. Erst wenn die Unreinigkeiten ausgeschieden sind, welches man an der weißen Farbe des Schaumes und an dessen allmäligem Aufhören erkennt, bringt man die Flüssigkeit auf den Siedepunkt und erhält sie 30—40 Minuten darin. Während dieser Zeit muß man beständig umrühren, damit die saure Flüssigkeit das geschmolzene Fett gehörig abspüle und damit die erdigen, schleimigen und gallertartigen Theile gehörig aufgelöst und durch das Wasser später niedergeschlagen werden können.

Das Schloß Dürrenstein in Oestreich.

Auf steilem Felsengrunde erheben sich die Ruinen des ehemals bedeutenden und geschichtlich merkwürdig gewordenen Schlosses Dürrenstein oder Durnstein. Jetzt schauen sie von ihrer Höhe herab auf das Städtchen Dürrenstein, wenn man anders 65 Häuser mit ungefähr 450 Einwohnern, von denen der größte Theil sich mit Weinbau beschäftigt, mit dem Namen eines Städtchens belegen will. Die hohen Stadtmauern und Thürme auf der einen Seite der Stadt und die Donau auf der andern bildeten einst eine feste Schutzwehr gegen andringende Feinde.

Wenn nun auch die Ruinen dieser Veste weniger das Interesse Derer in Anspruch nehmen mögen, welche in den Ruinen alter Schlösser Alterthümer aufsuchen, so ist dafür die historische Bedeutung dieses Platzes um so anziehender, denn Dürrenstein ist der Schauplatz einer merkwürdigen Thatsache der Geschichte. Als nämlich im Jahre 1189 Richard, der wegen seines außerordentlichen Muthes den Namen Löwenherz erhalten hat, den englischen Thron bestieg, stand es um die Angelegenheiten der Christen im Morgenlande sehr übel. Alle Städte des Morgenlandes, deren Besitz mit dem Leben vieler tausend Christen erkämpft worden war, waren wieder von den Ungläubigen erobert worden; nach der Schlacht von Tiberias waren die Städte Jerusalem, Akre, Sidon, Askalon und Tiberias in die Hände des siegreichen Sultans von Aleppo und Aegypten, Saladin, gefallen, und nur Tyrus war noch in dem Besitze der Christen. Die Klagen der hart bedrängten Christen drangen bis in die Länder der abendländischen Christenheit, und mehre europäische Fürsten, an deren Spitze sich Richard Löwenherz, Philipp August, König von Frankreich, und Herzog Leopold von Oestreich stellten, beschlossen zur Wiedereroberung des heiligen Landes in eigner Person bedeutende Hülfstruppen hinüberzuführen. Namentlich eröffnete sich hier dem nach Heldenthaten durstenden Richard ein weites Feld, seine abenteuerlichen Pläne auszuführen, und er fürchtete keine Ungerechtigkeit zu begehen, wenn er die 100,000 Mark Silbers, die er in dem Schatze seines Vaters vorfand, zur Wiedereroberung Palästinas, selbst durch unerlaubte Mittel, zu vergrößern suchte; durch die so zusammengebrachten Reichthümer wurde es ihm auch später möglich, sich mit einer bis dahin unerhörten königlichen Pracht zu umgeben und sich durch seine verschwenderische Freigebigkeit ebenso sehr die Liebe der Truppen zu erwerben, wie er sich durch seinen Löwenmuth ihre Bewunderung errungen hatte. Durch sein herrisches Wesen aber veranlaßte er endlich Zwist mit den übrigen Fürsten, der ihm selbst zum Verderben gereichte.

Der Hafen von Messina in Sicilien war der Sammelplatz des aus mehr als hunderttausend Mann bestehenden, für einen neuen Kreuzzug bestimmten Heeres. Im vollen Glanze eines Eroberers hielt Richard seinen Einzug.

Schon hier veranlaßte Richard einen Streit mit Tankred, dem damaligen Könige von Sicilien, weil dieser sich geweigert hatte, das der Schwester Richard's gehörende Witthum herauszugeben. Mit Waffengewalt eroberte Richard das Schloß und wies es seiner Schwester zur Residenz an, bemächtigte sich einer nah gelegenen Insel, vertrieb die Mönche, denen sie gehörte, und machte sie zu einer Proviantniederlage. Philipp, welcher sich zum Vermittler machte, reizte dennoch heimlich die Bürger Messinas, sich den Engländern zu widersetzen, und so kam es, daß Richard mit 10,000 Mann die Stadt selbst angriff und eroberte. Die Häuser wurden geplündert und die sicilischen Galeeren verbrannt. Anscheinend versöhnt brachten Richard und Philipp den Winter hier zu.

Eine weitere Veranlassung zum Streite gab Richard später dadurch, daß er Adelheid, die Schwester Philipp's, verstieß und seine Hand Berengarien, der Tochter des Königs von Navarra, anbot. Philipp widersetzte sich zwar dieser neuen Verbindung, mußte aber endlich nachgeben.

Endlich verließ Richard Sicilien mit einer Flotte von 53 Galeeren und 150 andern Schiffen, und kaum war er auf Palästinas Küste gelandet, als er sogleich einen Kriegszug nach Cypern veranstaltete und diese Insel, wie er vorgab, aus dem Grunde eroberte, weil ihm der Beherrscher derselben, Isaak, welcher sich Kaiser nannte, durch die Verweigerung der Aufnahme seiner Schiffe in ihrem Hafen eine harte Beleidigung zugefügt habe. Dem gefangenen Fürsten ließ er silberne Fesseln anlegen und in einem Schlosse an der Küste von Palästina gefangen halten.

Unterdeß belagerte das Heer der Christen schon seit anderthalb Jahren die Veste Akre, von deren Besitze zugleich der Besitz des ganzen gelobten Landes abzuhängen schien. Unglaublich litten die Christen durch das Schwert der Ungläubigen, durch Hunger und durch Pest; Philipp hatte zwar die Mauern durchbrochen, wagte aber vor dem ungeheuren Heere Saladin's keinen Sturm, bevor nicht Richard angelangt sei.

Endlich erreichte Richard unter dem Jubel der schon entmuthigten Krieger das Lager der Kreuzfahrer, spendete mit gewohnter Freigebigkeit an Alle Geschenke, die sich in seine Dienste begaben, und ließ, ungeachtet ein Wechselfieber ihn darniederstreckte, die Belagerung mit erneuter Kraft fortsetzen. Das Beispiel des Königs, welcher sich auf einem Feldbette in die Laufgräben tragen ließ und mit eigner Hand die auf den Feind gerichteten Ballisten abschoß, begeisterte die Krieger, und Saladin sah sich trotz tapferer Gegenwehr genöthigt, die Festung endlich an Richard zu übergeben.

Vierzig Tage nach dieser Uebergabe wurde auf einer Anhöhe zwischen Richard's und Saladin's Lager eine That verübt, die uns unbegreiflich erscheinen muß, die aber der herrschenden Sinnesart jener Zeiten entsprach, da sie weder den christlichen noch den mohammedanischen Geschichtschreibern jener Zeit Abscheu eingeflößt zu haben scheint. Einige tausend Geiseln nämlich, die in der Festung zurückgehalten worden waren, wurden, da Saladin die Bedingungen der Uebergabe nicht alle erfüllte, im Angesichte des Lagers der Saracenen niedergemetzelt und ihre Leichname den Soldaten preisgegeben, die bei ihnen Edelsteine zu finden hofften, welche die Gefangenen verschluckt haben sollten.

Auf die Eroberung der Veste Akre gründete die ganze Christenheit die Hoffnung der baldigen Eroberung Jerusalems und des gesammten gelobten Landes; doch wollte Philipp an dem weitern Zuge keinen Theil nehmen, er kehrte, ungeachtet Richard, seine eignen Ritter und alle verbündeten Heerführer in ihn drangen, mit Hinterlassung von 10,000 Mann nach Frankreich zurück, sei es, weil eine gefährliche Krankheit seine Gesundheit zerrüttet hatte, oder weil sein Haß gegen Richard größer war als der Eifer für die gute Sache.

Im höchsten Grade beschwerlich war nun der Zug, welchen Richard von Akre aus zur Eroberung Jaffas und Jerusalems unternahm. Jede Nacht lagerte Saladin in der Nähe des bis auf 30,000 Mann geschmolzenen Heers, griff die Kreuzfahrer bald in der Fronte, bald in der Flanke und bald im Rücken an, und täglich währte der Kampf bis Sonnenuntergang. Die Tempelherren, welche den Vortrab bildeten, und die Ritter vom Spital, welche den Nachtrab ausmachten, vermochten kaum, Saladin's Angriffen zu widerstehen. Saladin wurde zwar in einem entscheidenden Treffen geschlagen und beunruhigte fortan die Christen nicht mehr; doch hatte Richard diesen heldenmüthigen Gegner genugsam kennen gelernt, um nicht einzusehen, daß es unmöglich sei, den Ungläubigen die heilige Stätte wieder zu entreißen. Im Angesichte von Jerusalem kehrte Richard, dem Rathe erfahrener Krieger nachgebend, wieder um, errang noch einen blutigen Sieg in der Schlacht bei Jaffa, in welcher er selbst Wunder der Tapferkeit verrichtete, und schloß mit Saladin einen Waffenstillstand auf drei Jahr, kraft dessen den Pilgern freier Zutritt zu dem heiligen Grabe gestattet wurde.

Darauf aber rüstete er sich zur Rückkehr in sein Königreich. Als er absegelte, breitete er seine Arme aus und rief: „Hochheiliges Land, ich empfehle dir dich dem Schutze des Allmächtigen. Möge er mir das Leben schenken, um wiederzukehren und dich von dem Joche der Ungläubigen zu befreien."

Richard, welcher erfahren hatte, daß Philipp mit Johann, seinem Bruder, sich verbunden habe, ihn aus seinen Ländern zu verdrängen, auch daß der deutsche Kaiser und viele andere Fürsten gegen ihn aufgebracht seien, beschloß, da er an die Küste von Istrien zwischen Aquileja und Venedig verschlagen worden war, in der Kleidung eines Pilgrims und durch die Länge seines

Bartes und Haupthaares unkenntlich geworden, den Nachstellungen seiner Feinde durch List zu entgehen.

Mehrmals war Richard, der unter dem Namen eines als Pilger aus dem gelobten Lande zurückkehrenden Kaufmanns reiste, in Gefahr, ergriffen zu werden. Von einem Ritter und einem der Landessprache kundigen Führer begleitet, entkam er jedoch stets glücklich. Sie reisten drei Tage und drei Nächte ohne ein Haus zu betreten oder Lebensmittel zu kaufen, und befanden sich am vierten Tage in den Vorstädten von Wien. Der Führer ward auf den Markt gesendet. Die byzantinischen Goldstücke, welche er ausgab, erregten Verdacht; er ward ergriffen, auf die Folter gespannt und entdeckte zuletzt des Königs Namen und Aufenthalt. Bewaffnete umringten Richard's Herberge. Dieser aber zog das Schwert und erklärte, daß er sich nur ihrem Herrn, dem Herzog Leopold, ergeben werde. Leopold von Oestreich aber hatte gerechte Ursache, Richard zu zürnen, denn er war von ihm bei der Belagerung von Akre auf das Tiefste beleidigt worden, indem Richard das östreichische Panier von den Mauern herabriß. Leopold empfing Richard's Schwert und hielt ihn auf dem Schloß Dürrenstein in enger Haft. Umgeben von erprobten Wächtern, die mit bloßen Schwertern den Tag über bei ihm blieben und des Nachts an seinem Bette wachten, war es ihm unmöglich, seiner Haft sich zu entziehen.

Unterdeß wartete England mit Sehnsucht der Rückkehr seines heldenmüthigen Königs. Da man hier anfangs gar nicht wußte, wo Richard gefangen saß, so durchstreifte der Minnesänger Blondel Deutschland, um seinen königlichen Freund zu suchen. Auf dieser

Das Schloß Dürrenstein.

Wanderung kam er, der Sage nach, auch nach Oestreich in die Nähe des Schlosses Dürrenstein. Traurig ließ er sich an den Mauern des Schlosses nieder und sang ein Lied, welches er oft im Wechselgesange mit Richard gesungen hatte. Blondel fand hier den Lohn seiner treuen Anhänglichkeit und Freundschaft. Eine Stimme aus dem Thurme antwortete; — es war Richard's Stimme!

Herzog Leopold besaß zu ritterlichen Sinn, als daß er Richard weder an Philipp von Frankreich, noch an Heinrich VI. von Deutschland, welcher den königlichen Gefangenen für 60,000 Pfund kaufen wollte, auslieferte. Als aber der Papst, welcher sich für Richard verwendet hatte, den Herzog für seine Weigerung, den König freizulassen, mit Bann und Interdict drohte, wurde Richard's Angelegenheit auf einem Reichstage zu Hagenau verhandelt, und das Lösegeld für seine Freilassung festgesetzt. Um die geforderten 100,000 Mark Silber zusammenzubringen, wurde in England eine außerordentliche Steuer ausgeschrieben, das Kirchensilber ward theils verkauft, theils als Geldeswerth entrichtet; alle Geistliche und Laien mußten ein Viertheil ihres jährlichen Einkommens abgeben und Jedermann ward aufgefordert, dem Könige des Dankes werthe Geschenke zu machen. Erst nach fünf Monaten wurde Richard freigegeben, und kehrte nach vierjähriger Abwesenheit unter dem lauten Jubel seiner Unterthanen in sein Königreich zurück. Doch war zu fernern großartigen Unternehmungen seine Kraft und Macht gebrochen.

… Das

Gratis-Magazin;

enthaltend

Darstellungen edler Charakterzüge

und

hochherziger Thaten und Gesinnungen

aus der

Geschichte aller Zeiten und Völker,

besonders

der Deutschen.

Ein historisches Beiblatt

zum

PFENNIG-MAGAZIN.

Leipzig,
bei Bossange Vater.

Wien,
bei Karl Gerold.

1834.

Vorwort.

Beispiele haben auf Menschenbildung, sowie auf Menschenwohl und Menschenelend einen wichtigen Einfluß. „Jeder" — so spricht ein edler Weiser — „Jeder ist des Andern Lehrer oder Verführer, und sein Wegweiser zum Himmel oder zur Hölle. Wir arbeiten, wirken Alle — auf Alle; wir bauen auf oder wir zerstören; wir ermuntern Andere oder wir ärgern sie."

Über die Nothwendigkeit einer fleißigen Sammlung guter, nachahmungswürdiger Beispiele dürfte daher nur eine Stimme sein, und eine solche Sammlung enthält unser

GRATIS-MAGAZIN.

Es erscheinen hier Menschen aus allen Ständen und Verhältnissen: Könige und Bettler, Krieger und friedliche Bürger, Städter und Landbewohner, kultivirte Europäer und auf der untersten Stufe der Bildung stehende Negersklaven, hochbejahrte Greise und muntere Knaben, Jünglinge und Jungfrauen; denn sie alle stifteten durch ihre edeln Thaten und Gesinnungen der Welt ein schönes und bleibendes Vermächtniß.

Drum so gehe denn, wohlmeinendes Gratis=Magazin, hin in alle Welt, wecke, leite und belebe Gutes im Namen Dessen, der Urquell alles Guten ist, Dessen, der des Guten am meisten in der Welt gewirkt hat, und mit dem guten Heiligen Geist, der von Ihm ausgeht, und zu Ihm hinführt!

Der Redacteur dieses Blattes erlaubt sich nur noch eine herzliche Bitte hier beizubringen, für deren gütige Berücksichtigung er im voraus seinen aufrichtigsten und wärmsten Dank sagt:

Noch täglich und stündlich geschehen, Gott sei Dank dafür, hier und da schöne und edle Thaten im Stillen und so, daß sie wenig oder gar nicht bekannt werden. Und doch würde es zur Aufmunterung im Guten sehr viel beitragen, wenn sie, diese oder jene edle Handlungen und Gesinnungen öffentlich bekannt gemacht würden. Sehr erwünscht wäre es in dieser Hinsicht für den Herausgeber, wenn ihm zuverlässige Nachrichten aus dem Leben solcher Edeln mitgetheilt und dabei gefälligst bemerkt werden möchte, ob die Namen öffentlich genannt werden dürfen oder nicht.

Leipzig, im Mai 1834.

Die Redaction des Gratis=Magazins.

Poetisches Vorspiel.

Es war auf einem Maskenball,
Wo Neues just nicht viel erschienen,
(Wie das mitunter wohl der Fall) —
Da zeigt' urplötzlich sich ein Schwall
Von bunten Pfennigsmagazinen.

Sie wandelten dort auf und nieder
Gar sehr erfreut ob ihrer Wahl;
Sie streckten ihr bedruckt Gefieder
Mit Wohlgefallen hin und wieder,
Als wär' für sie allein der Saal.

Da sprang ein lust'ger Harlekin
Gewandt und rasch in ihre Mitte
Und sprach: — Ihr könnt mir nicht entfliehn,
Will Euch durch meine Hechel ziehn
Nach alter hergebrachter Sitte.

Ich möchte doch so gern erfahren,
Was hinter Euren Masken steckt;
Ihr seid noch sämmtlich jung an Jahren,
Und habt mit Euren großen Schaaren
Bereits die halbe Welt bedeckt.

Du Nummer Eins! — Du bist gekommen
Aus Frankreich in das Land herein.
Was hast du dir denn vorgenommen?
Ist's wirklich zu der Leute Frommen?
Wie? — oder nur ein leerer Schein?

Die Nummer Eins — das ält'ste Glied
Vom ganzen Stamm im deutschen Lande —
Erwiederte: Was mir gerieth,
Weil ich mit Eifer mich bemüht,
Bringt weder mir noch Deutschland Schande.

Besorgt und redlich war mein Streben;
Auch hat man das sogleich erkannt. —
Was ich mit strengem Fleiß gegeben,
Bis in den Himmel zu erheben,
Dazu fehlt freilich mir Verstand.

Das überlaß ich meinen Vettern,
Besonders dem hier, der geputzt
Sich zeigt und schwört, trotz Sturm und Wettern,
Trotz Regensturm und Blitzesschmettern
Erschein' er neu, nie abgenutzt.

Ich nehme nicht den Mund so voll,
Doch, um den Gönnern zu gefallen,
Such' ich auch nicht durch Zank und Groll
— Wie Jener, der von beiden voll —
Mich einzudrängen bei Euch Allen.

Drum wähl' ich freundlich den Begleiter,
Der gratis künftig mit mir kommt.
Er stimme stets Euch froh und heiter,
Denn er erzählt, was immer weiter
Die Menschen bringt, und wahrhaft frommt.

Und ruhig laff' ich deshalb schwatzen,
Mag es nun klug, mag's thöricht sein —
Was kümmert mich denn müß'ger Spatzen,
Was neiderfüllter gift'ger Ratzen
Gemeinheit — die nie allgemein.

Sie schwieg — da traten National
Und Heller — ernsten Sinns ihr bei,
Nur der Geputzte macht' im Saal,
Zu aller andern Masken Quaal,
Ein kauderwelsch und wirr Geschrei.

Ihm aber sagt der Harlekin:
Mein Freund, sei still — mag'st für dich bleiben;
Mit deinen Festtagsphantasien
Die Abonnenten anzuziehn
Wirst du sie Alle noch vertreiben.

Der Festtagsherr sann auf Replik,
Da hob die Peitsche Harlekin,
Schweig'! rief er — das ist Politik, —
Antikritik stets auf Kritik
Wird dich nur immer tiefer ziehn.

Der Harlekin hat wirklich Recht, —
Drum soll bei uns die That beweisen,
Daß unser Dank stets warm und echt,
Daß wir erkennen, wie gerecht
Die Leser sind in unsern Kreisen.

Und deshalb bitten wir: Empfanget
Geneigt das Gratismagazin,
Das nicht mit falschem Schmucke pranget,
Beflitterstaatet und bespanget;
Denn ernst und strenge haßt es ihn.

Das Gratis-Magazin.

№ 1. [Mai 1834.

Aus der preussischen Geschichte.

Der hervorstechende Zug in dem deutschen, und namentlich in dem preussischen National-Charakter ist Liebe und Treue gegen Fürst und Vaterland. Die vollgiltigsten Beweise hiervon liefert uns die Geschichte der ältern und neuern Zeit; sie erzählt uns eine Menge tapferer und edelmüthiger Thaten, die dem preussischen Namen die Achtung anderer Völker erwarben, und die auch die späteste Nachwelt noch preisen wird. Daher soll unsere

Sammlung
edler Handlungen und Charakterzüge
aus der
Geschichte der Menschheit

mit einigen edlen Zügen, welche wir im Charakter und der Geschichte dieses Volkes finden, beginnen; ähnliche aber aus dem Leben der übrigen der deutschen Staaten, vorzüglich Oestreichs, Sachsens und Baierns folgen.

Liebe und Treue gegen König und Vaterland.

1.
Emanuel Froben.

Friedrich Wilhelm, der große Churfürst von Brandenburg, hatte bereits im Jahre 1674, bei dem Einfalle der Schweden in seine Provinzen, den überzeugendsten Beweis von Liebe und Treue seiner Unterthanen erhalten. Aber den rührendsten erhielt er das Jahr darauf in der Schlacht bei Fehrbellin, und zwar von seinem Stallmeister, Namens Emanuel Froben. Der Churfürst ritt nämlich in jener Schlacht ein weißes Pferd, und da die Farbe des Pferdes vor allen andern in die Augen fiel, so richteten die Schweden ihr Geschütz vorzüglich nach dem Orte hin, wo sich der Churfürst befand. Froben bemerkte dies und beschloß für seinen Fürsten das Leben zu wagen. Unter dem Vorwande, daß das Pferd des Churfürsten schattenscheu sei, that er ihm den Vorschlag, mit den Pferden zu tauschen, den auch der Churfürst sogleich annahm. Aber kaum hatte Froben das weiße Pferd bestiegen, als er von mehrern feindlichen Kugeln getroffen herabsank, und so durch seinen Tod das Leben seines Churfürsten rettete.

2.
St. Bonnet.

Der Churfürst Friedrich, nachher Preussens erster König, belagerte im Jahre 1689 Bonn. Während der Belagerung ging er eines Tages mit einem kleinen Gefolge nicht weit von der Armee auf die Jagd, welches man französischen Partheigängern verrathen hatte, die nun, in der Hoffnung eines glücklichen Erfolgs, und in Erwartung einer großen, von den Franzosen versprochenen Belohnung, diese günstige Gelegenheit benutzten und den Churfürsten überfielen, welcher, ungeachtet seiner persönlichen Tapferkeit und der seiner Begleiter, der Menge hätte unterliegen müssen, wenn nicht St. Bonnet*), von der Gefahr des Churfürsten benachrichtigt, mit seinen Leuten herbeigestürmt wäre. Das Gefecht erneuerte sich jetzt mit verdoppelter Stärke; St. Bonnet und seine Leute kämpften wie Löwen, denn es galt die Rettung des Churfürsten. Mit großem Verluste wurden die Feinde in die Flucht geschlagen, und der Churfürst war gerettet.

3.

Nachdem das Herzoglich-Braunschweigische Infanterieregiment in der Schlacht bei Roßbach zweimal von der französischen Cavallerie attaquirt worden war und dieselbe beide Male zurückgeschlagen hatte, kam, als gerade die feindliche Cavallerie zum dritten Male in Begriff war heranzustürmen, der König Friedrich der Große hinter der Fronte hergaloppirt und rief seinen Kriegern zu: „Laßt mich durch! Laßt mich durch!" — aber von allen Seiten tönte ihm ein wiederholtes: Nein! Nein! entgegen. „Wir geben es nicht zu," riefen die braven Krieger, „daß Ihro Majestät von den Schwertern der Feinde, oder von unsern eigenen Kugeln getroffen werden." Die französische Cavallerie mußte aufs Neue die Flucht ergreifen, und nun erst öffnete sich das Regiment von mehrern Seiten, um seinen König durchzulassen.

4.
Der Rittmeister Prittwitz.

„Ich bin verloren!" rief Friedrich, als er in der Schlacht bei Kunnersdorf von einem starken Trupp Oesterreicher verfolgt wurde, dem Rittmeister Prittwitz zu, der ihn mit 100 Husaren begleitete. „Das soll nicht geschehen, Ihro Majestät," erwiederte der tapfere Prittwitz, „so lange wir noch leben." Und gleich darauf griff er selbst mit seiner kleinen Schaar die ihm an

---

*) St. Bonnet wurde bald nach der hier erzählten glücklichen Rettung des Churfürsten, in einem Sturme gegen die Festung Bonn getödtet. Er war als Volontair, wider Willen des Churfürsten, der sich einen so tapfern und edeln Mann zu erhalten wünschte, in die Reihen der Stürmenden mit eingetreten.

Zahl weit überlegenen Feinde an, so daß Friedrich, während Prittwitz sich mit ihnen herumschlug, glücklich entkam. — Die Mehrsten von dieser Heldenschaar fielen als Opfer ihrer Königstreue, die übrig Gebliebenen wurden vom Könige reichlich belohnt und Prittwitz erhielt späterhin ein Landgut von 300,000 Thalern an Werthe.

5.
Friedrich unter seinen Kriegern auf dem Schlachtfelde.

Nach dem bei Torgau erfochtenem Siege ritt Friedrich am folgenden Morgen auf das Schlachtfeld, um selbst zu sehen, ob man seinen Befehl, für die Verwundeten gehörig zu sorgen, vollziehe. Mit der innigsten Theilnahme ging er zu den verwundeten Helden, half ihnen nach Kräften und tröstete sie. Dieselben vergaßen aller Wunden und Schmerzen beim Anblicke ihres geliebten Königs, und mit thränenden Augen dankten sie ihm für seine väterliche Sorgfalt. „Wir freuen uns nur," sagten mehrere schwer Verwundete, „und danken Gott, daß Ihro Majestät noch leben!" Ja, ein durch den Leib geschossener Grenadier sagte zum Könige: „Nun will ich gern sterben, da ich weiß, daß wir gesiegt haben und Sie noch leben."

6.
Patriotismus.

Nach der Schlacht bei Collin, im Jahre 1757, wo Friedrichs Heer, das aus 32,000 Mann bestand, von 60,000 Oesterreichern geschlagen wurde, zeigte sich die Treue und Liebe der Preußen gegen König und Vaterland im höchsten Glanze, wodurch selbst die Feinde in Erstaunen gesetzt wurden. Die Landstände in Pommern, in der Mark Brandenburg und dem Herzogthume Magdeburg warben Truppen für die Armee, und errichteten außerdem noch ein Corps von 12,000 Mann Landmiliz. Im Kriegsdienste grau gewordene Edelleute, welche bisher in ruhiger Erinnerung an die Heldentage der Vergangenheit auf ihren Landgütern gelebt hatten, ergriffen mit verjüngten Kräften das Schlachtschwert und stellten sich freiwillig als Anführer an die Spitze der neu errichteten Truppen. Landleute wetteiferten, die Söhne geschwind bei den Armeen ihres Königs zu haben. Zu Stettin errichtete man eine kleine Flotte, die aus 2 Fregatten von 20 Kanonen und drei Galeeren von 10, und neun andern Fahrzeugen von 6 Kanonen bestand. — Um die königlichen Stutereien in Preußen zu sichern, vertheilten die Bauern die Pferde unter sich. In Minden, Ravensberg c. verheimlichten die Einwohner dem Feinde die königlichen Einkünfte, wo sie nur konnten, und schickten dann heimlich ihrem Könige das Geld. — Die Einwohner von Magdeburg und Halberstadt, der Adel, die Domherren, die Bürger und Bauern lieferten freiwillig mehr als 3000 Pferde zum Dienste der Cavallerie; ihre Zahl belief sich über 4000. Diese freiwilligen Aufopferungen, dieser erhabene Patriotismus hatte den wohlthätigsten Einfluß auf die Armee. Friedrich, welcher bei Collin zwar geschlagen, aber nicht besiegt worden war, konnte bald darauf die glorreichen Siege bei Roßbach und Leuthen erkämpfen. — Solcher Großväter Enkel waren die Preußen der Jahre 1813 und 14.

7.
Charrier.

Im Jahre 1793 erhielt das Regiment Prinz Heinrich von Preußen die Ordre, nach Cleve in Westphalen zu marschiren, bei welchem Regimente sich ein 72jähriger Sergeant, Namens Charrier, befand, der bereits 30 Jahre seinem Könige und Vaterlande gedient hatte. Der menschenfreundliche Graf von Wartensleben, Oberster des Regiments, machte ihm daher den Antrag, daß er wegen seines hohen Alters zurückbleiben möchte. „Nein!" sagte der ehrwürdige Krieger, „meine bisherigen Kräfte haben mich noch nicht daran erinnert, um eine Civilversorgung anzuhalten, die mir ruhige Tage verschafft hätte. Ich will daher noch ein Mal zu Felde gehen, um meine jungen Cameraden durch mein Beispiel zur Erfüllung ihrer Pflicht aufzumuntern." —

8.
Matthias Kantusch,

welcher bereits 86 Jahre zählte und unter den Wolfratischen Husarenregimente diente, dachte ebenfalls sehr edel und patriotisch. Ungeachtet aller Vorstellungen die man ihm machte, zog er doch in eben dem Jahre (1793) gegen die Franzosen mit zu Felde, indem er sagte: er halte es für seine Pflicht, seinem Könige bis an's Ende zu dienen. — Man erzählte diesen Vorfall dem König Friedrich Wilhelm II., der die Treue und Anhänglichkeit des grauen Helden dankbar erkannte. Er überschickte ihm die goldene Tapferkeitsmedaille nebst einem Geschenk von 10 Friedrichsd'or, wieß ihm eine monatliche Pension von 5 Thalern an, und bat ihn, daß er in seine Heimath zurückkehren und daselbst seine übrigen Tage in verdienter Ruhe verleben möchte.

9.
„Obrigkeit muß sein!"

Friedrich Wilhelm der dritte kündigte nach gehaltener Musterung einer Garnison an, daß sie nun in ihre Heimath zurückkehren könnte, um entweder bei der Garde oder bei andern Regimentern angestellt zu werden. So wie der König dies bekannt gemacht hatte, trat ein redlicher Pommer hervor und sagte: „Ihro Majestät, wir sind Pommern; lassen sie uns allein gehen, wir stehen Einer für Alle, und Alle für Einen, daß Keiner austritt." Der König, welchem diese Aeußerung gefiel, gewährte seine Bitte, fügte aber hinzu: „Einen Offizier müßt ihr aber doch haben?" „Ja!" riefen die Pommern mit voller Freudigkeit, „den wollen wir haben, denn Obrigkeit muß sein!" Ein pommerscher Patriot, dem diese Aeußerung seines Landsmannes besonders freute, beschenkte ihn mit hundert Thalern.

Liebe zu den Unterthanen.
10.
Dem Churfürsten Wilhelm Georg von Brandenburg,

einem der löblichsten Fürsten seiner Zeit, nahte sich einst ein zitternder Bauer mit den Worten: „Hören Sie mich gnädigst an, denn ich bin Ihr Unterthan." Der Churfürst fiel bei diesen Worten dem Bauer in die Rede, und sagte zu ihm: „Ich würde dich anhören, wenn du auch ein Türke oder Heide wärest; um wievielmehr, da du mein Unterthan bist." Freundlich hörte er nun die Bitte des Bauern an und gewährte sie ihm, da er sie gerecht fand.

Dieser gute Fürst pflegte öfters zu sagen: „Die

Fürsten haben sich hinwiederum Erhörung ihres Verlangens von Gott zu versprechen, wenn sie ihre ihnen von Gott anvertrauten Unterthanen gern und willig anhören." Er starb 1640.

11.
Friedrich der Erste.

Im Jahre 1701 wurde der neue verbesserte Kalender eingeführt und nahm mit dem 13. Februar seinen Anfang; statt des 19. Februars wurde sogleich der erste März geschrieben. Dadurch entstanden im gemeinen Leben mancherlei Unordnungen, so daß die damaligen Rechtsgelehrten fast keine andere Beschäftigung hatten, als die daraus entstandenen Streitigkeiten beizulegen. Namentlich suchten gewinnsüchtige Leute aus dieser Veränderung Vortheile zu ziehen, und von dieser Art waren auch die Räthe des Königs Friedrich des Ersten, die ihm den Vorschlag thaten, daß er bei Auszahlung der Pensionen und Besoldungen, einem Jeden von dem Quartale den 9ten Theil abziehen lassen sollte, indem der Februar um 11 Tage abgekürzt worden sei. Sie rechneten auch dem Könige den großen Gewinn vor, den die königliche Kammer davon haben würde. Aber Friedrich liebte seine Unterthanen zu sehr, als daß er sich eine solche Bedrückung hätte erlauben sollen; deßhalb wieß er mit gerechter Verachtung den Vorschlag seiner Räthe zurück und sagte zu ihnen: „Ich will nicht, daß mich meine Leute chikaniren, und so will ich es ihnen auch nicht thun."

12.
Friedrich Wilhelm I.

So wie König Friedrich der Erste, so ließ sich auch Friedrich Wilhelm I. zu keiner Unternehmung verleiten, von der er voraussehen konnte, daß sie für seine Unterthanen drückend sein und ihren Wohlstand untergraben würde. Und wenn ihm auch der vorgelegte Plan den vortheilhaftesten Gewinn zu versprechen schien, so verwarf er ihn dennoch, weil er das Wohl seiner Unterthanen seinem persönlichen Vortheile vorzog.

13.
Friedrich der Große

hatte kaum den Thron bestiegen, als er an seine Minister folgende wahrhaft königliche Worte richtete: „Meine Herren! so oft Mein besonderes Interesse dem allgemeinen Besten entgegenstehen wird, müssen Sie es dem Wohle des Ganzen aufopfern!" Seine lange und glorreiche Regierung entsprach auch vollkommen dieser Aeußerung. Ja nicht dem Geringsten seiner Unterthanen that er mit Vorsatz wehe; dies zeigte sich unter andern bei folgender Gelegenheit: Der König Friedrich wollte ein Stück Land, das in der Nähe von Sanssouci lag und zu einer Mühle gehörte, an sich kaufen, um den Platz zur Vergrößerung seines Schlosses zu benutzen, und ließ deshalb dem Müller unter den vortheilhaftesten Bedingungen den Antrag dazu machen. Aber der Müller schlug es wider alles Erwarten des Königs geradezu ab, worauf ihn der König freundlichst zu sich entbieten ließ, um seine Gründe zu hören. Der Müller erschien. Freundlich empfing ihn der König, wiederholte seinen Antrag und versprach ihm außer einer weit bessern Mühle und einem schönern Acker, auch noch eine Vergütung an Geld. Doch der Müller schlug es dem Könige abermals ab. „Mein Großvater," sagte er, „hat die Mühle erbaut, ich habe sie von meinem Vater geerbt, mein Erbtheil ist mir zu lieb, als daß ich es veräußern sollte; ich will mein Familiengut auch meinen Kindern überlassen." Der König ließ sich dies gefallen, drückte dem Bauer freundlich die Hand und entließ ihn.

14.

Eben dieser König nahm einst auf einer Reise von Elbingen nach Möckerau in einem freundlichen Gartenhause des westpreußischen Städtchens Marienburg sein Nachtquartier. Seiner Gewohnheit nach stand er am andern Morgen sehr früh auf und ging, nachdem er seine Geschäfte beendigt hatte, in den Garten, an dessen Thüre ein ihm unbekannter Mann stand, der ihn zu erwarten schien. Zwischen Beiden entspann sich nun folgendes Gespräch:

Der König. Was will Er?

Der Unbekannte. Ich will mich erkundigen, ob Ihro Majestät vielleicht Etwas zu befehlen hätten.

Der König. Wie kommt er dazu?

Der Unbek. Ich bin der Besitzer des Hauses.

Der König. Nun so komm' Er mit mir herein in den Garten. Also das Haus und der hübsche Garten ist Sein?

Der Unbek. Ja, Ihro Majestät; der Garten wurde von meinem Vater angelegt.

Der König. Was ist Er?

Der Unbek. Ich bin hier Justizamtmann; was auf adlichen Gütern der Gerichtsdirector ist, das bin ich auf Ihro Majestät Domainengütern.

Der König. So! da steht er sich wohl gut?

Der Amtmann. Ja, Ihro Majestät, ich bin zufrieden.

Der König. (den Amtmann freundlich ansehend und ihn auf den Schultern klopfend) Er ist ein braver Mann! Da hat Er mir Etwas gesagt, was ich seit vielen Jahren von keinem Menschen gehört habe. Dafür, daß Er mir diese Freude gemacht hat, soll Er auch jährlich hundert Thaler Zulage haben. Aber schind' Er mir die Bauern nicht! hört Er's wohl?! — —

Kurz darauf, als der König wieder nach Potsdam zurückgekommen war, sagte er eines Tags zu dem Minister Massow: „Mein lieber Massow, dieses Mal habe ich in Westpreußen eine rechte Freude gehabt. Da frag' ich zu Marienburg einen Justizamtmann, ob er sich gut stehe? und der Mann antwortete mir: er sei zufrieden. „Ach!" setzte der König hinzu, indem er sich zu den übrigen Ministern wendete, „wie glücklich wäre ich, wenn ich das immer hörte!"

15.

Als

Churfürst Friedrich Wilhelm, der Große

zur Regierung gelangte (1640, war durch den 30jährigen Krieg das ganze Land mit Elend bedeckt. Wo man hinsah, sah man Ruinen eingeäscherter Städte und Dörfer. Aber durch Friedrich Wilhelm gewann Alles eine ganz andere, bessere Gestalt. Er ließ die eingeäscherten Dörfer wieder aufbauen, verwandelte öde Haiden in lachende Fluren, ließ die Festungen des Landes in den gehörigen Stand setzen und bewirkte so durch Ordnung, Thätigkeit und weise Sparsamkeit eine völlige Umwandlung des Staats, den er in Schutt und

---

*) Weil das Resultat der Mathematiker gewesen war, daß der bisher gebräuchliche alte Kalender von dem eigentlichen Sonnenjahre um 11 Tage verschieden sei.

Graus vergraben gefunden hatte. Mit Recht wird er deshalb der Wiederhersteller des Vaterlandes genannt.

Sein erhabenes Beispiel befolgte späterhin:

16.
Der König Friedrich Wilhelm

Er fand ebenfalls beim Antritte seiner Regierung das Land durch Pest und Theuerung verwüstet, und in der Casse des Staats keinen Vorrath an Geld. Aber er gab, wie sein großer Ahnherr, der Churfürst Friedrich Wilhelm der Große, der Welt aufs neue ein glänzendes Beispiel, nämlich durch Ordnung, Sparsamkeit und Thätigkeit einen Staat blühend und groß zu machen. So wie er den Thron bestiegen hatte, ließ er den größten Theil der königlichen Effecten verkaufen und das goldene und silberne Geräth, das in dem Schlosse zu Berlin befindlich war, wurde in die Münze geschafft. Daraus, so wie aus den Einschränkungen, die er mit seinem Hofstaate vornahm, erhielt er beträchtliche Summen, womit er alle Schulden bezahlte und den Anfang zur Sammlung eines Schatzes machte, über welchen er die persönliche Aufsicht und die allgemeine Rechnung selbst führte. Nur erst späterhin, vom Jahre 1738 an, wo seine Gesundheit zu schwanken anfing, trug er dem geheimen Finanzrath von Boden das Geschäft auf, wenn in dem Schatze etwas zu verrichten war, dabei gegenwärtig zu sein.

Diese Sparsamkeit artete aber bei ihm nicht in Geiz und Habsucht aus. Er sammelte und sparte für den Staat, und indem er mit der einen Hand empfing, theilte er mit der andern wiederum aus. Er suchte überall der Industrie und den Manufacturen aufzuhelfen; beförderte durch Wohlthaten, Freiheiten und Geschenke jeden nützlichen Fleiß; verwendete große Summen auf die Anlegung von Colonien; ließ eine Menge wüster Gegenden urbar machen, eben so große Menge wüster Stellen in den einzelnen Städten anbauen, und kaufte für den Staat sehr beträchtliche Domainengüter, deren Ankauf viele Millionen kostete. Dabei hinterließ er seinem großen Nachfolger einen Schatz von 8 Millionen 700,000 Thalern, und ein Heer, das aus 70,000 Mann der auserlesensten Truppen bestand. Dieser Geist der Ordnung, Thätigkeit und Sparsamkeit leitete auch seinen Thronfolger, den:

17.
König Friedrich II.

Ungeachtet der langwierigen Kriege, die er zu führen gezwungen war, brachte er sein Land auf einen Gipfel von Cultur und Größe, der das Erstaunen anderer Völker erweckte, und hinterließ einen Schatz von 120 Millionen und ein Heer von 200,000 Mann.

18.
Kaum hatte überhaupt
Friedrich der Große

den Thron bestiegen, so zeigte er sich schon als Wohlthäter seines Volks. Damit der herrschenden Theuerung, welche für die dürftigen Classen des Volkes doppelt drückend war, Einhalt gethan werden möchte, ließ er sogleich am andern Tage, nachdem er zur Regierung gelangt war, (es war am 31. Mai 1740) alle Kornhäuser öffnen, und das Korn zu dem billigsten Preis verkaufen. Er befahl auch, daß das Wildpret in den Forsten unentgeltlich unter den Armen vertheilt werden sollte; ließ Spinnhäuser für Dürftige und Arbeitslose errichten, sorgte für arme und unbemittelte Studenten, und Mangel und Elend verschwand unter diesem wohlthätigen Monarchen.

19.
Auch
Friedrich Wilhelm III.

verdient mit Recht den Namen eines Vaters des Vaterlandes.

Von vielen nur ein Beispiel seiner Herzensgüte:

Eine arme Soldatenwittwe, welche eine zahlreiche Familie zu erhalten hatte, hielt bei dem König schriftlich um Unterstützung an, welcher sich alsbald nach ihren Umständen erkundigen und sie dann zu sich bescheiden ließ. Sie erschien mit ihren Kindern und wurde in ein Zimmer geführt, wo man sie einstweilen warten ließ. Den König selbst zu sprechen hoffte sie nicht, da sie wußte, daß er krank war; aber das hoffte sie von ihm, daß er ihre Bitte um Unterstützung nicht unerfüllt lassen würde. Nachdem sie eine kleine Weile gewartet hatte, öffnete sich die Thür des Nebenzimmers und zwei in Mäntel gehüllte Personen traten herein, welche die Wittwe genau nach allen Umständen befragten. Zärtliche Liebe für ihre Kinder gaben ihr Muth, ihre hülfsbedürftige Lage zu schildern. Und indem sie noch sprach, erkannte sie auf einmal ihren guten König, welcher sich der Thränen nicht mehr enthalten konnte. Sie schwieg, erstaunte und bewunderte. Jetzt nahm der König das Wort und sicherte ihr mit aller Freundlichkeit und Güte eine genügende Pension zu, beschenkte ihre Kinder, mit welchen er sich lange Zeit unterhielt, und schickte ihnen, nachdem er sie entlassen hatte, noch ein Geschenk an Erfrischungen nach.

Uebrigens haben Anstalten jeder Art, die das gemeine Beste beabsichtigen, sich der wohlthätigen Unterstützung des Königs Friedrich Wilhelm III. zu erfreuen.

20.
Dankbarkeit Friedrich des Großen.

Der General Fouqué war bei Landshut in die Gefangenschaft der Oesterreicher gerathen. und verlor nachher bei der Uebergabe von Glatz (den 26. Juli 1760) ein Vermögen von 120,000 Thalern; seine Niederlage setzte ihn aber nicht im Mindesten in der Gunst seines Königs herab; denn der große Friedrich, der seinen General wohl zu beurtheilen wußte, erkannte es, daß Fouqué bei jenem Ueberfalle bloß der Uebermacht hatte unterliegen müssen, und daß er Alles gethan hatte, was man von einem erfahrenen und heldenmüthigen Heerführer in der Stunde des Kampfes erwarten kann. Deshalb ersetzte der König, nachdem Fouqué aus der Gefangenschaft zurückgekehrt war, demselben den erlittenen Schaden aufs Reichlichste und gab ihm bis an das Ende seines Lebens die größten Beweise seiner Gnade. So oft er nach Brandenburg kam, wo Fouqué als Dompropst die letzten Jahre seines Lebens im Schooße seiner Familie in glücklicher Ruhe verlebte, besuchte er denselben; übrigens unterhielt er auch mit ihm einen beständigen Briefwechsel, der die zärtlichste Freundschaft athmete. — Tief wurde Friedrich erschüttert, als er die Nachricht von Fouqué's Tode, der im Jahre 1774 erfolgte, empfing, und noch lange blieb der Verstorbene das Lieblingsgespräch des dankbaren Königs.

Verlag von Bossange Vater in Leipzig.
Unter Verantwortlichkeit der Verlagshandlung

Das Gratis-Magazin.

№ 2. [Mai 1834.

Einzelne Züge aus der österreichischen Geschichte.

Eine hohe Stufe in der Reihe der Völker und Staaten nimmt Oesterreich ein, nicht blos durch seine politische Größe und Bedeutung, und durch den uralten Glanz und die Tugenden seiner Beherrscher und die Weisheit seiner Staatsmänner, sondern auch durch die Ehrenhaftigkeit, Trefflichkeit und Tüchtigkeit seines Volksstammes. Einfach frommer Sinn, Vaterlandsliebe, Arbeitsamkeit, Rechtlichkeit und kindliche Heiterkeit zeichnen den Oesterreicher aus; seinen Kaiser aber — ehrt und liebt er wie einen Vater, und nichts erfreut und entzückt ihn mehr, als wenn er von seinem Kaiser erzählen kann oder erzählen hört! — Von diesen Tugenden mögen die nachstehenden Züge, zunächst aus der Geschichte Kaiser Joseph II.*), Zeugen sein! —

1.

Als einst zu Wien eine Feuersbrunst ausbrach, eilte der Kaiser Joseph II. auch herbei und stellte sich ganz nahe an ein brennendes Haus. Ein Handwerksmann bemerkte die Gefahr des Kaisers und bat ihn, sich von dem gefährlichen Orte zu entfernen. Wie er aber noch lange zauderte, so ergriff ihn der Handwerksmann, hob ihn in die Höhe und trug ihn an einen sichern Ort.

Kaum war dies geschehen, so stürzte das brennende Haus ein, und die feurigen Balken fielen gerade auf den Platz, wo der Kaiser zuvor gestanden hatte.

Der Monarch reichte seinem Erretter zur Belohnung seinen Beutel voll Gold dar; aber der brave Handwerksmann nahm ihn nicht an, sondern sagte:

„Was ich gethan habe, that ich aus Liebe, die kann nicht bezahlt werden! Soll ich aber um eine Gnade bitten, so sei es für meinen Nachbar, welcher ein ehrlicher, fleißiger Mann, aber so arm ist, daß er nicht Meister werden und sich das nöthige Handwerkszeug anschaffen kann."

Der Kaiser erfüllte seine Bitte und beschenkte den armen Nachbar reichlich. Aber seinem Retter zu Ehren ließ er eine goldene Schaumünze prägen.

„Unser Kaiser meint es gut mit uns; er ist ein rechtschaffener, braver Mann. Allen kann er nicht recht thun, das ist nicht möglich!" So pflegt jeder Oesterreicher von seinem Kaiser zu sagen, und das ist gerecht.

2.

Joseph's Klugheit und Gerechtigkeit

erkennt man unter andern aus folgender Thatsache:

Ein Juwelier zu Wien hatte einem Edelmanne seine Juwelen feil geboten. Dieser bat den Juwelier, daß er ihm die Juwelen einen Tag lassen möchte, um sich diejenigen aussuchen zu können, die ihm am besten gefallen würden. Der Juwelier, welcher kein Mis-

*) Geb. 1741; Regierungsantritt 1765; gest. 1790

trauen in den Edelmann setzte, erfüllte seine Bitte und ließ ihm ein ganzes Kistchen mit Juwelen zurück. Als er den andern Tag wiederkam und seine Juwelen zurückverlangte, stellte sich der Edelmann ganz fremd und unwissend, und leugnete geradezu, daß er jemals Juwelen von ihm empfangen.

Da nun der Juwelier keinen Beweis in den Händen hatte, so wußte er keinen andern Rath, als daß er zu dem Kaiser Joseph dem Zweiten ging, dem er mit thränenden Augen seine Noth klagte.

Der Kaiser, welcher über die Niederträchtigkeit des Edelmanns höchst aufgebracht war, ließ denselben zu sich rufen und befragte ihn wegen der Juwelen; der Edelmann aber leugnete hartnäckig, betheuerte, daß er den Juwelier nie gesehen habe, und nannte ihn einen Wahnsinnigen, einen Betrüger und Ehrenschänder, weil er ihm Etwas abfoderte, das er ihm doch nie gegeben.

Der gerechte Monarch hatte unterdessen ein Mittel ausgedacht, wodurch er die Wahrheit an das Licht bringen wollte. Er befahl nämlich dem Edelmanne, sich niederzusetzen und folgenden Brief an seine Frau zu schreiben:

Liebste Frau!

Wenn Du Deinen Mann in Freiheit und bei Leben erhalten willst, so gieb sogleich dem Ueberbringer dieses das Juwelenkistchen, welches der bekannte Juwelier mir gestern zurückgelassen hat."

Der Kaiser schickte diesen Brief sogleich an des Edelmanns Frau, und der Edelmann mußte indessen in dem kaiserlichen Zimmer bleiben.

Die Frau erkannte ihres Mannes Handschrift und gab dem Ueberbringer des Briefes das Kistchen mit den Juwelen; dieser aber brachte es dem Kaiser, welcher es sogleich dem Eigenthümer, der sich frohlockend zu den Füßen des gerechten Monarchen niederwarf, zurückgab. Der Edelmann aber empfing seine wohlverdiente Strafe.

Dieser gerechte Monarch befolgte in seiner Regierung stets die Vermahnung Sirach's:

Errette den, dem Gewalt geschieht, von dem, der ihm Unrecht thut, und sei unerschrocken, wenn du urtheilen sollst. Sir. 4, 9.

3.

Joseph's Herzensgüte und Billigkeit

beweist unter andern Folgendes:

Ein armer Bauer im Oesterreichischen befand sich in großer Noth. Er sollte dem Amtmann 20 Thaler entrichten, oder den andern Tag Haus und Hof räumen, und doch wußte er nicht, woher er dieses Geld nehmen sollte.

Er hatte zwei Söhne. Der älteste, welcher Soldat war, ging zum Amtmann und bat ihn demüthig und mit Thränen, daß er mit seinem Vater noch Geduld haben möchte. Aber umsonst! der Amtmann wollte nicht. Da dachte der betrübte Sohn hin und her, wie er seinem Vater helfen könnte. Endlich kam er auf folgenden sonderbaren Einfall, der nun aber freilich gerade nicht zu loben war: er wußte, daß der Kaiser die Verordnung gemacht hatte: ein Jeder, der einen Deserteur zurückbrächte, sollte 24 Gulden zur Belohnung bekommen. Nun dachte er, er wollte zum Schein desertiren und sein Bruder sollte ihn fangen und wieder zurückbringen. Dieser würde dann die bestimmte Belohnung von 24 Gulden bekommen, und davon könnten sie ihres Vaters Schuld bezahlen. Die Strafe wollte er dann gern ausstehen, nämlich Spießruthen laufen.

Gedacht, gethan. Er stellte es seinem Bruder vor und darauf desertirt er. Sein Bruder bringt ihn zurück und empfängt das Geld.

Der Deserteur kommt indessen in Arrest. Er hatte sich immer gut aufgeführt, die Offiziere hielten viel auf ihn, und deshalb konnte Niemand begreifen, wie er jetzt auf einmal auf den Gedanken gekommen, zu desertiren. Selbst die Aeltern, welche von diesem Geheimniß nicht das Mindeste wußten, machten ihm deshalb Vorwürfe.

Nachdem er einige Zeit im Kerker gesessen hatte, mußte er Spießruthen laufen, welche Strafe er ganz geduldig ertrug, und wie sie vorüber war, so seufzte er für sich: „Gott sei Dank! nun ist's vorüber und mein Vater ist frei!"

Diese Worte hörte ein Anderer und sagte sie dem Hauptmanne, welcher nun der Sache weiter nachforschte und endlich das ganze Geheimniß an den Tag brachte.

Als der Kaiser Joseph diese Geschichte erfuhr, so wurde er dadurch so gerührt, daß er dem Deserteur nicht nur seinen Fehler vergab, sondern ihm auch noch ein großes Geschenk zu Theil werden ließ.

4.

Ein armer kaiserlicher Offizier hatte eine Familie von 10 Kindern, und ob es ihm gleich schwer wurde, dieselben zu ernähren, so bewies er doch noch an einem fremden Kinde seine Wohlthätigkeit. Denn es wurde einst ein neugebornes Kind vor seiner Wohnung auf der Straße gefunden; dieses nahm er in sein Haus auf und ließ es eben den Unterhalt genießen, wie seine eignen Kinder.

Gott segnete auch diese Familie. Denn es mußte sich fügen, daß der menschenfreundliche Kaiser, Joseph der Zweite, die schöne That des wohlthätigen Offiziers erfuhr. Er kam selbst in dessen Haus, erkundigte sich nach seiner starken Familie und befragte ihn auch wegen des fremden Kindes. Der Offizier antwortete:

„Als es vor meiner Thüre lag, konnte ich mich nicht entschließen, dies unschuldige Kind hülflos zu lassen. Ich dachte, es würde sich wohl auch mit meinen andern Kindern satt essen. Meine selige Frau nahm es selbst auf und sagte, dieses Eine würde unsere Last eben nicht sehr vermehren."

Der edeldenkende Kaiser belohnte den Offizier für seine edle Gesinnung und That, indem er ihm für jedes von seinen Kindern, und auch für dies fremde Kind, einen jährlichen Gnadengehalt zu Theil werden ließ.

5.
Joseph's Achtung für den öffentlichen Gottesdienst.

Am 17. Trinitatis-Sonntag 1786 wohnte der Kaiser Joseph II. dem Gottesdienste in der Kirche der Leopoldsvorstadt zu Brüssel bei. Der Oberpfarrer und dessen Amtsgehülfen empfingen den Monarchen in ihrem priesterlichen Ornate an der Kirchthüre und begleiteten denselben durch die große Volksmenge.

Man holte eiligst einen Betschemel für denselben herbei, allein der Kaiser machte keinen Gebrauch davon, sondern nahm mitten unter der Gemeinde im nächsten Stuhle Platz, und Niemand durfte von seinem schon eingenommenen Platze weichen, noch weniger aus demselben verdrängt werden.

Hier hörte der Landesvater unter seinen Kindern mit erbaulicher Aufmerksamkeit auf die Lehren des Predigers, und bezeigte bei dem darauf folgenden Hochamte die reinste Christendemuth, mit wahrer Andacht vereint.

Das anwesende Volk war bis zu Thränen gerührt.

6.
Joseph's dankbare Anerkennung fremder Verdienste.

Als im 7jährigen Kriege ein Theil der preußischen Armee in Böhmen stand und sich in der fürchterlichsten Lage befand, wurde dieselbe durch den Heldenmuth des ehrwürdigen Generals von Schwerin, der, mit einer Fahne in der Hand, an der Spitze der Krieger kühn den engen Leichenweg hinanzog, gerettet.

Drei Kartätschenkugeln trafen den Helden — er fällt, die Fahne fällt auf ihn. Seine Krieger rächten seinen Tod durch den Sieg über ihren Feind; sein König weint ihm eine Thräne und gesteht, daß ihm in Schwerin ein ganzes Heer gefallen sei.

Als im Dec. 1776 Kaiser Joseph II. nach Böhmen kam, versammelte er einen Theil seiner Truppen in den Gegenden, die durch jene große Schlacht berühmt und von Schwerin's Blute benetzt worden sind. Ein schön belaubter Baum bezeichnet die Stelle, wo der Held hinsank. Der Kaiser ließ die Bataillons um den Baum ins Viereck schließen, trat selbst in dessen Mitte und befahl dem General-Feldmarschall-Lieutenant, Grafen Nugent, eine dreimalige Generalsalve aus dem kleinen Gewehre und der bei sich habenden Artillerie zu commandiren, und dadurch das Gedächtniß des edlen Schwerin zu feiern.

Bei jeder Generalsalve nahm der Monarch zuerst den Hut ab; die Krieger aber folgten tief gerührt seinem Beispiele.

7.

Am Abende eines Tages, als Kaiser Joseph II. von Wien nach Italien abreisen wollte, erinnerte er sich, einige Schriften, die er mit sich nehmen wollte, im Augarten oder zu Schönbrunn in seinem Schreibcabinette zurückgelassen zu haben. Er schickte sogleich einen Secretair mit den Schlüsseln dahin ab, um sich dieselben holen zu lassen. Der Secretair kam bestürzt und vor Eile fast außer Athem mit der Anzeige zurück: „Eure Majestät! weder in Schönbrunn noch im Augarten habe ich die Schriften gefunden." — „So werden sie wohl in Laxenburg liegen" — antwortete der Kaiser — „gehen Sie also eiligst dahin und bringen Sie mir die Schriften so bald als möglich, ich werde mich nicht eher schlafen legen, als bis ich sie erhalten habe, und wenn ich auch die ganze Nacht hindurch wachen müßte." Der Secretair eilte mit dem Schlüssel nach Laxenburg und wollte ohne Weiteres in des Monarchen Cabinet eintreten. Allein die Wache haltende Hauptmann hielt ihn an und sagte: „Nein, mein Herr, ich habe zwar allen Respect für Sie, aber da hinein lassen darf ich Sie nicht, wenn Sie mir die Ordre nicht schriftlich von dem Monarchen selbst aufweisen können." Da dies der Secretair nicht vermochte, so stellte er dem Hauptmann dringend vor: „daß Se. Majestät auf die darin abzuholenden Schriften warteten und ohne dieselben morgen früh nicht arbeiten könnten." Hierauf rief der Hauptmann vier Mann ins Gewehr und öffnete das Zimmer.

Als der Secretair die Schriften gefunden und dieselben zu sich gesteckt hatte, begleitete ihn der Hauptmann, wohlbewacht, zum Kaiser nach Wien. Der Monarch wunderte sich nicht wenig, seinen Secretair in einer solchen Begleitung zurückkommen zu sehen. Der Hauptmann entschuldigte sich mit der Aeußerung: daß er, ohne schriftliche Ordre von Sr. Majestät, in das Verlangen des Secretairs zu willigen, gerechtes Bedenken getragen habe. „Nun" — sagte der Kaiser — „das ist recht; es ist wahr, ich hatte vergessen, dem Secretair die nöthige Ordre mitzugeben. Sie haben klug gehandelt, und hier nehmen Sie 50 Ducaten als einen Beweis meiner Zufriedenheit mit Ihrem Betragen."

8.

Zu Wien trug sich im Jahre 1785 folgende Geschichte zu:

Ein armer Schreiber verlor ein Päckchen mit Bankozetteln, und zwar für 4000 Gulden. Da man Mistrauen in den Schreiber setzte und glaubte, er habe sie entwendet, so wurde er arretirt. Aber in demselben Augenblicke brachte ein Dienstmädchen das verlorne Päckchen in das Gericht.

Man wollte ihr 100 Gulden zur Belohnung geben, die sie aber nicht annahm. Man bot ihr hierauf nur 30 und endlich nur 8 Gulden, aber sie nahm auch diese nicht an und sagte, sie hätte blos ihre Schuldigkeit gethan und keine Belohnung verdient.

Als der Kaiser Joseph II. diese Begebenheit erfuhr und zugleich hörte, daß dieses Mädchen mit einem Fahnenschmied verlobt sei, so überschickte er ihr eine Aussteuer zu ihrer Heirath, welche 300 Ducaten werth war.

9.

Joseph wird der Retter seines Reitknechtes.

Kaiser Joseph II. ritt im Winter 1775, nur von einem Reitknechte begleitet, auf ein Dorf unweit Wien. Da sie nicht den ordentlichen Weg ritten, so hatte der Reitknecht das Unglück, in einen großen Schneehaufen zu versinken. Sogleich sprang der erhabene Menschenfreund vom Pferde und versuchte aus allen Kräften, dem Knechte herauszuhelfen. Aber vergebens; der Kaiser sank selbst hinein und konnte sich nur mit Mühe heraushelfen. Er ritt nun mit aller möglichen Eile nach seinem eignen Wagen, die im Dorfe waren, ließ schnell einige Pferde abspannen und Leute zur Hülfe mitkommen; er ritt voraus, um ihnen den Ort zu zeigen, und der Reitknecht wurde halb todt herausgezogen, aber glücklich wieder hergestellt.

10.

Kaiser Franz I. kommt vielen durch die Wassersgefahr Bedrängten zu Hülfe.

Bei dem Gange der Eisdecke trat die Donau bei Wien aus den Ufern, und mehrere Einwohner in den Vorstädten Leopoldstadt, Rossau und Weißgärber geriethen in große Gefahr. Die gewaltigen Eisschollen und die Menge Bau- und Brennholz, welche der Strom herabtrieb, schreckten selbst muthige Schiffer ab, den durch die Wassergefahr Bedrängten zu Hülfe zu kommen.

Da sprang Kaiser Franz I. (gest. 1756) in einen Nachen, ergriff das Ruder und sprach:

„Ich hoffe, daß man mir nachfolgen wird, wenn ich vorangehe. Wer hat Muth, mit mir Menschen zu retten?"

Das Beispiel und der erhabene Zuspruch wirkten. Bald waren Nachen und andere Schiffe mit Schiffern besetzt, welchen es ohne Verunglückung eines Einzigen gelang, die in Wassersnoth Schwebenden zu retten und ihnen Hülfe zu bringen.

11.

Der brave österreichische Grenadier.

Als die österreichische Armee nach dem Befreiungskriege im Jahre 1814 aus Frankreich zurückkehrte, wurde ein Grenadier in einer entlegenen Vorstadt Wiens einquartiert. Er kam gerade zu der Zeit ins Haus, als sein hartherziger Wirth einem armen Weber, welcher eine zahlreiche Familie zu ernähren hatte, das Hausgeräthe pfänden ließ, weil er die Wohnungsmiethe nicht bezahlen konnte. Der arme Weber rang die Hände, die Mutter und Kinder standen schluchzend herum und sprachen den Wirth und die Gerichtspersonen um Mitleid und Schonung an.

Der Grenadier drängte sich hinzu und fragte, was es da gäbe. Der Weber klagte ihm seine Noth. Der Wirth aber schimpfte, daß man bei dem Lumpenvolke nur durch strenge Mittel zu seinem Gelde gelangen könnte.

Der Grenadier warf ihm einen verächtlichen Blick zu und fragte theilnehmend den Weber, wie hoch sich die schuldige Wohnungsmiethe belaufe? Sechzig Gulden, war die Antwort.

„Um dieses Lumpengeldes willen" — versetzte der Grenadier ganz entrüstet — „preßt ein reicher Hausbesitzer einen armen Familienvater? Das lasse ich nicht geschehen. Hier sind die 60 Gulden, und aller Hausrath bleibt auf seinem Platze stehen!"

Hierauf umklammerten die aus ihrer Angst und Noth Geretteten ihren Wohlthäter und stammelten Worte des herzlichsten Dankes; die Gerichtspersonen drückten ihm voll Achtung und Wohlwollen die Hand, und der Hausherr schlich beschämt davon.

12.

Luc. 3, 11.

Ein Geistlicher nicht weit von Wien, der einem Pfarrer als Gehülfe beigegeben war und also nicht viel Einnahme hatte, ging eines Tages im Winter bei strenger Kälte über Feld, um in einem andern Orte den Gottesdienst zu halten. Als er von da wieder zurückging, begegnete ihm bei einem kleinen Wäldchen ein junger Mensch, der vor Kälte zitterte. Er hatte kaum so viel Lumpen am Leibe, daß er sich völlig damit bedecken konnte. Der Geistliche wurde von dem Elende des jungen Menschen gerührt; er zog seinen Geldbeutel heraus und gab ihm das Wenige, was darin war; es waren 16 Kreuzer. Als er ihm dieses Geld gegeben hatte, stand er ein Weilchen still und dachte an die biblischen Worte: „Wer zween Röcke hat, der gebe Dem, der keinen hat." Luc. 3, 11.

Als er ihm dieses Geld gegeben hatte, sagte er:

"Junger Freund! diese 16 Kreuzer werden Ihn schlecht vor der Kälte schützen. Komme Er mit!" Er führte ihn ein wenig weiter in den Wald und dann sagte er: "Hier sieht uns Niemand, da werfe Er seine Lumpen von sich; ich habe mich winterhaft angezogen und Alles, was ich doppelt an meinem Leibe habe, will ich redlich mit Ihm theilen."

Beide zogen sich nun aus. Der Geistliche hatte 2 Hemden an, 2 Westen, 2 Paar Beinkleider und über dem Priesterkragen ein seidenes Tuch. Von jedem dieser Stücke gab er ihm eins, und zwar dasjenige, das er oben trug, folglich das bessere. Nun wickelte er sich in seinen Ueberrock und ging eilends nach Hause, ohne den armen Menschen zu fragen, wer oder woher er sei?

Der Arme weinte vor Freuden und segnete tausend Mal seinen Wohlthäter. Und wer war dieser halbnackende Mensch? Es war ein polnischer Jude, der hernach zu Wien diese ganze Geschichte erzählte.

13.
Gerechtigkeitsliebe.

Maria Theresia*)
rief einst einen Kapuziner, der in einem vorzüglichen Rufe der Frömmigkeit und Tugend stand, in ihr Cabinet, um sich, wie sie öfters zu thun pflegte, mit ihm zu erbauen.

Die Unterredung leitete der brave Pater auf das Unglück, worein mancher rechtschaffene Mann gerathe, ein Opfer der Unterdrückung, der Kabale und der Bosheit zu sein, und er nannte hierbei den Namen eines Fremden, welcher sich zu Wien in einer für ihn wichtigen, aber sehr verwickelten Angelegenheit aufhielt.

Im Innersten erschüttert, warf sich die fromme Fürstin auf die Knie und sagte zu dem Pater: "Helfen Sie mir der Vorsicht Dank bringen, daß ich auf den Gedanken kam, heute mich mit Ihnen zu besprechen! Ich war im Begriffe, eine Handlung zu begehen, die mich sehr gereut haben würde; Sie erretteten mich davon. Der Fremde, von dem Sie eben sprachen, sollte nach den Vorstellungen, die man wider ihn gemacht hat, heute noch aus Wien verwiesen werden."

Diesen Worten folgte auf der Stelle ein Befehl, die Sache des Mannes unparteiisch zu untersuchen, und noch an demselben Tage wurde er aus dem Arreste, worin er war, befreit und von der Kaiserin reichlich beschenkt.

14.
Redlichkeit, Gewissenhaftigkeit.

Ein sehr bejahrter, schwacher Silberarbeiter in Wien war ganz verarmt, und erhielt aus dem Armeninstitute so viel, daß er nicht hungern durfte.

Im Jahre 1785 wurde ihm unvermuthet eine bedeutende Schuld bezahlt, die er schon längst für verloren gehalten hatte. Sogleich ging er zum Amtsvorsteher und sagte: "Ich kann für die Zukunft kein Almosen mehr annehmen; Gott half mir zur Erlangung einer Schuld, die ich für verloren gehalten hatte, und die mich nun in den Stand setzt, als ein ehrlicher und genügsamer Mann meine übrigen wenigen Lebenstage ohne Sorgen zuzubringen. Ich habe nun schon genug Unterhalt aus der Armenkasse erhalten und wünsche, daß ein Armer künftig diese Wohlthat genießen möge. Ich bitte Sie daher, mein Herr, nehmen Sie dies zur Unterstützung eines Dürftigeren an, als ich nun bin (hier überreichte er dem Vorsteher einen Beutel mit Geld). Sollten meiner übrigen Tage nur wenige sein, so soll mein übriges Geld dem wohlthätigen Institute auch zufallen. Indeß danke ich Ihnen und jedem guten Herzen für die in meinem grauen Alter mir bisher zugetheilte Unterstützung. Gott belohne Sie dafür!"

15.
Leutseligkeit.

Als die Kaiserin Maria Theresia sich in ihrem Lustschlosse zu Laxenburg aufhielt, erhielt sie eine Botschaft von einer 108jährigen Frau, welche mehrere Jahre hindurch sich am grünen Donnerstage eingefunden hatte, um ihre Fürstin zu sehen. Seit 2 Jahren aber hatte ihre Schwächlichkeit sie verhindert, im Schlosse zu erscheinen. Sie ließ also der Kaiserin sagen, es thue ihr außerordentlich leid, daß sie nicht die Ehre und Freude haben könnte, die geliebte Fürstin zu sehen. Die Fürstin, welche durch die Gesinnung dieser guten alten Frau gerührt wurde, begab sich selbst nach dem Dorfe, wo sie wohnte, und scheute sich nicht, in die elende Hütte zu gehen. "Es thut Euch also leid", — redete die edle Kaiserin die gute Alte an — "daß Ihr mich nicht gesehen habt? Tröstet Euch, meine Liebe! ich komme jetzt, um Euch zu besuchen." Sie wurde durch die Lage und die Blicke der alten Frau sehr gerührt, welche nur darüber seufzte, daß sie nicht von ihrem Bette aufstehen konnte, um ihr zu Füßen zu fallen. Die Fürstin unterhielt sich eine Zeit lang mit ihr, und ließ bei ihrem Abschiede eine Summe Geldes zurück, um ihr die nöthigen Bequemlichkeiten zu verschaffen.

16.
Der Menschenretter Johann Siebrich.

Ein gemeiner Soldat vom kaiserlich österreichischen Infanterieregiment Kinsky, welches zu Theresienstadt in Böhmen in Garnison war, lag im Juli 1788 im Militairhospitale am hitzigen Fieber krank. Im Anfalle der Fieberhitze entsprang er aus dem Krankenzimmer auf den Abtritt und stürzte in denselben hinab. Ein Mann, welcher gerade anwesend war und dies Unglück sah, machte dem Aufseher des Krankensaales Anzeige; dieser war aber pflichtvergessen genug, mit Ausübung seiner Menschenpflicht zu zögern.

Ganz anders aber verhielt sich der verehrungswürdige Garnisonprediger Johann Siebrich, welcher schon durch mehrere ebenso muthige als menschenfreundliche Thaten sich ausgezeichnet und insbesondere wegen seines Betragens in einer großen Wassersnoth ein kaiserliches Belobungsschreiben erhalten hatte. Dieser war eben im Begriff, auf ein Hochzeitmahl zu gehen, zu dem er geladen war, als er von dem geschehenen Unglücke Nachricht bekam. Da vergaß er das Hochzeitmahl; er entkleidete sich, nahm eine Laterne und kroch in den Hauptkanal des Kloacks hinein. Erst nachdem er 4 Seitenkanäle durchsucht hatte, war er so glücklich, den Kranken, tief im abscheulichsten Moraste liegend, zu finden. Er schleppte ihn fort bis zu einer Oeffnung, an der schon Volk und Aerzte warteten, die ihn übernahmen; und nach einiger Zeit war der Kranke gänzlich wiederhergestellt.

---

*) Kaiserin und Königin, geb. 1717, Mutter der römisch-deutschen Kaiser Joseph II. und Leopold II. Sie trat die Regierung der österreichischen Erblande an 1740, führte mit König Friedrich II. von Preußen den bekannten 7jährigen Krieg, von 1756—1763, und starb, nachdem sie viele neue politische Einrichtungen getroffen und mit edler Menschenliebe regiert hatte, im J. 1780.

Das Gratis-Magazin.

№ 3.

Einzelne Züge aus der französischen Geschichte.

1.

Der christliche Kriegsheld Heinrich IV.

Als Heinrich IV. den erledigten Thron von Frankreich besteigen wollte, sah er sich in der traurigen Nothwendigkeit, solches mit der Gewalt der Waffen zu thun, indem die Ligue ihn, als einen protestantischen Fürsten, durchaus nicht als König anerkennen wollte. In dem Kriege, den er deshalb führen mußte, kam es am 14. März 1590 zu der berühmten Schlacht bei Ivry.

Der König hatte nur 10,000 Soldaten, das Heer der Ligue hingegen zählte 16—17,000 Mann. Als er das feindliche Heer erblickte, rührte ihn der Gedanke, daß so viel tausend Menschen, meist von einer Nation und alle seine Unterthanen, im Begriffe ständen, sich blos seinetwegen das Leben zu nehmen.

Er seufzte daher zu Gott, und nach dem öffentlichen Gebete, welches der reformirte Prediger verrichtete, brach er selbst laut in folgende Worte aus: "O Herr, der du mein Herz und das Herz meiner Feinde bis auf den Grund durchschauest, und der du alle Begebenheiten und alle Dinge in der Welt nach heiligen und weisen Zwecken leitest, wenn du siehst, daß meine Regierung deinen Ruhm und das Wohl deines Volkes befördern werde, wenn du weißt, daß ich keinen andern Ehrgeiz habe, als zu der Ehre deines heiligen Namens und zum Besten dieses Staates Etwas beizutragen, so begünstige, o großer Gott! die Gerechtigkeit meiner Waffen, bringe jetzt alle Anführer dahin, daß sie Denjenigen anerkennen, den ihnen deine heiligen Beschlüsse und die rechtmäßige Reichsfolge zum Landesherrn setzen. Wenn es dir aber gefallen hat, es anders zu ordnen, oder wenn du siehst, daß ich von der Zahl derjenigen Könige sein sollte, die du in deinem Zorne gibst, so nimm mir nebst der Krone das Leben. Laß es geschehen, daß ich heute das Opfer deines heiligen Willens werde!"

Dies Gebet munterte sein Heer dergestalt auf, daß es mit dem größten Eifer ausrief: "Es lebe der König!" Nachdem er seinen Helm aufgesetzt hatte, auf welchem ein Busch von drei weißen Federn in die Höhe ragte, so redete er die Schwadron, welche er selbst anführte, mit folgenden Worten an: "Meine Gefährten! wenn Ihr heute Euer Leben für mich wagt, so wage ich auch das meinige für Euch; ich will entweder siegen oder mit Euch sterben. Ich bitte Euch, behauptet Eure Stellung tapfer, und wenn die Hitze des Gefechtes macht, daß Ihr sie verlaßt, so vereinigt Euch geschwind wieder; denn davon hängt der glückliche Erfolg der Schlacht ab. Euer Vereinigungspunkt sei der Platz zwischen den drei Bäumen, welche Ihr hier oben zur rechten Hand sehet, und wenn Ihr Eure Fahnen und Standarten verlieren solltet, so verliert nur meinen weißen Federbusch nicht aus dem Gesichte, ihr werdet ihn beständig auf dem Wege der Ehre und des Sieges finden!"

Mit diesen christlichen Gesinnungen ging Heinrich seinen Feinden entgegen, und sein Sieg war der vollkommenste.

2.

Der bis zum Tode treue Chapuis von Maubourg.

Chapuis von Maubourg, ein Edelmann, der unter die berühmtesten Artillerieoffiziere von Europa gerechnet wurde, fiel in die Gewalt der Conventscommissarien zu Paris.

Sie boten ihm das Leben an, wenn er in der Armee des Convents dienen wollte; sie wiederholten ihm diese Anerbietung in dem Augenblicke, als man ihm schon die Augen verband, um ihn zu erschießen. "Nein", antwortete er, "ich habe für meinen Gott und meinen König gekämpft und kann auch nur für sie kämpfen." Ruhig erlitt er den Tod.

3.

Heinrich Gyon weiht sich der leidenden Menschheit als freiwilliges Opfer.

Vor etwa 150 Jahren wüthete zu Marseille die Pest in einem sehr hohen Grade. Die Ärzte waren auf dem Rathhause versammelt, um ein Mittel zu entdecken, wodurch der Seuche Einhalt gethan werden könnte. Alle stimmten darin überein, daß diese Krankheit einen eigenthümlichen verborgenen Charakter habe, den nur die Section eines daran Verstorbenen enthüllen dürfte. Aber ebenso augenscheinlich stand die riesige Gefahr des Lebens für Den da, der sie vollbringen würde. Todtenstille folgte auf diese Entscheidung.

Da stand ein Wundarzt, Namens Heinrich Gyon, ein kraftvoller Mann in der Blüthe seines Lebens, berühmt durch seine Kenntnisse und wohlthätigen Handlungen, plötzlich auf und sagte entschlossen: "Sey es so! ich weihe mich für die Rettung meiner Vaterstadt, und schwöre vor dieser Versammlung im Namen der Menschheit und Religion, daß ich morgen mit dem Anbruche des Tages einen an der Pest Verstorbenen seciren und was ich finde, während der Operation niederschreiben will. Augenblicklich verließ er die Versammlung. Man bewunderte, beklagte, zweifelte aber auch noch. Aber Gyon führte es aus. Er war unverheirathet, reich, machte sein Testament, worin er mit reichlichen Legaten viele milde Stiftungen bedachte, beichtete, communicirte, versah sich mit einem Crucifix und Schreibzeug und fing an, einen an der Pest Verstorbenen zu seciren. Sorgfältig schrieb er seine Forschungspunkte auf's Papier, tauchte es in Essig, begab sich in ein Pestkrankenhaus und starb, nach 12 Stunden, des edelsten Todes, an dem je ein Sterblicher hienieden vollendete.

4.
Wahre Weisheit.

Ludwig, Herzog von Orleans, der im Jahre 1752 starb, sagte einst: „Ich habe aus eigner Erfahrung erkannt, daß irdische Vergnügungen und die Größe und Herrlichkeit dieser Welt allezeit eine große Leere im Herzen nach sich lassen, und immer unendlich geringer sind, als die Einbildung sie sich vorgestellt hatte; daß man im Gegentheil in der Gottesfurcht und in der Religion eine Glückseligkeit und ein Vergnügen finde, davon man sich vorher keinen Begriff hat machen können."

„Ich hinterlasse einen Sohn" (den Herzog von Chartres), sprach er in seinen letzten Augenblicken zu dessen Hofmeister, „den ich nun Gott empfehle, mit der Bitte, daß seine natürlichen Tugenden christliche Tugenden werden; daß so viele Eigenschaften, die ihn liebenswürdig machen, zu seiner Seligkeit nützlich sein mögen, und daß seine Liebe für den König und für mich ein Zweig der unsterblichen Liebe werde, die uns zu Auserwählten macht.

5.
Treu bis in den Tod.

Die Gattin des Lepinai, eines Generals, saß zu Nantes in Frankreich nebst einem jungen Mädchen im Gefängnisse, das bei ihr in Diensten war, und sich aus Liebe und Treue zu ihrer Herrschaft mit derselben hatte einkerkern lassen.

Eines Morgens kamen Soldaten in das Gefängniß, um die Gefangene abzuholen, die zum Tode bestimmt war. Man rief den Namen der Generalin Lepinai; das Mädchen hörte den theuern Namen und zitterte. Die Generalin aber hatte sich einen Augenblick wegen Unpäßlichkeit niedergelegt. Das Mädchen wußte, daß ihrer Herrschaft der Tod geschworen sei, und doch wollte sie dieselbe so gern retten. Sie faßte also Muth, trat statt derselben hervor und gab sich für die Generalin aus; sie wurde ergriffen, fortgeführt und starb für sie und unter ihrem Namen in den Fluthen der Loire, in welche sie gestürzt wurde.

6.
Die großmüthige Marquisin.

Ein sonst sehr geschickter Chirurgus in Paris war so unglücklich, daß er der Marquisin von Villacerf eine Schlagader entzwei schnitt. Da der Brand dazu schlug, so mußte er den Arm abnehmen. Allein auch diese Operation lief unglücklich ab. Eine andere Person würde in diesen Umständen vielleicht auf den Wundarzt gezürnt haben, nur die sterbende Marquisin von Villacerf nicht. Sie war eine Christin und ließ in der reinsten Gesinnung in ihr Testament folgende Worte setzen:

„Ich vermache dem unglücklichen Wundarzte auf Lebenslang einen Jahrgehalt, weil ich vorhersehe, daß der arme Mann von nun an alle Kundschaft und folglich auch seinen Unterhalt verlieren wird."

7.
Das Gebet vermag viel, wenn es ernstlich ist.

Der berühmte d'Aubigné, Freund König Heinrichs IV. von Frankreich, wurde in seiner Jugend, nach dem Tode seines Vaters, in ein Collegium nach Genf gethan, wo es ihm aber so wenig gefiel, daß er noch vor Ablauf des zweiten Jahres, ohne Vorwissen seiner Verwandten, nach Lyon ging, wo er sich, außer andern Wissenschaften, besonders der Mathematik ergab. Allein er war nicht lange da, so mangelte es ihm an Gelde, und da ihm seine Hauswirthin gedroht hatte, ihn aus dem Hause zu jagen, wenn er seine Schuld nicht bezahlte, so zog er sich diese Drohung und seinen Mangel so sehr zu Herzen, daß er sich nicht unterstand, nach Hause zu gehen, sondern, in die äußerste Traurigkeit versunken, einen ganzen Tag lang nichts aß. In diesem traurigen Zustande dachte er nach, wo er übernachten wollte, und kam unterdessen mitten auf die Brücke über die Saone. Er neigte seinen Kopf über das Geländer der Brücke, und indem seine Thränen in den Strom fielen, fühlte er sich auf einmal von einem gewaltigen Verlangen ergriffen, sich hinabzustürzen, um auf ein Mal allen seinen Nöthen ein Ende zu machen. Aber doch hatte ihm seine gute Erziehung so viel Ehrfurcht gegen Gott eingeflößt, daß er dachte, er wolle lieber beten, daß ihm Gott in seiner Noth beistehen möge. Er that es, und kaum hatte er so von ganzem Herzen gebetet und seine Augen nach dem Ende der Brücke gewendet, so erblickte er einen Bedienten zu Pferde mit einem rothen Felleisen, und einige Augenblicke hernach den Herrn desselben, den er sogleich für den Herrn von Chilland, seinen Vetter, erkannte. Dieser reiste auf Befehl des Admirals von Chatillon nach Deutschland, brachte ihm Geld mit und riß ihn so aus seiner Verzweiflung.

8.
Der wahre Menschenfreund d'Apchon.

Im Jahre 1781 entstand zu Auche, im ehemaligen Gaskonien in Frankreich, eine Feuersbrunst. Der Erzbischof d'Apchon eilte herbei, um durch seine Gegenwart die Löschungsanstalten zu beschleunigen. In einem brennenden Hause waren zwei Kinder vergessen worden. Die Mutter schrie um Hülfe. Der Erzbischof bot Dem, welcher die Kinder retten würde, eine Belohnung von 3000 Livres, eine jährliche Rente von 1200 Livres; aber vergebens! Niemand wagte sich in das den Einsturz drohende Haus.

„So will ich die Kinder selbst retten!" — sprach der edle Mann — zieht sein bischöfliches Gewand aus, steigt über die Leiter in das brennende Haus, verschwindet in Rauch und Flammen und bringt nach einer Weile die Kinder glücklich heraus. Die Mutter der geretteten Kleinen warf sich dem Retter zu Füßen, und hinter beiden stürzte das Haus zusammen.

Der edle Menschenfreund, der nicht halb helfen wollte, gibt der Mutter und den Kindern die vorhin angebotene Rente, die Niemand sich zu verdienen gewagt hatte.

9.
Der gern erfreuende Ludwig der Eilfte, König von Frankreich.

Derselbe war eben in seinem Gebete begriffen, als ihn ein armer Schreiber anredete und ihm vorstellte, daß er wegen einer Schuld von 1500 Livres schon lange im Gefängniß geschmachtet hätte, und jetzt wegen dieser Schuld, die er zu bezahlen nicht im Stande sei, wieder festgesetzt werden sollte.

Der König erfreute hierauf den Unglücklichen mit folgenden Worten: „Du hast Deine Zeit gut wahrgenommen, mein Freund! ich muß wohl Erbarmen mit Dir haben, weil ich so eben Gott anrief, sich meiner zu erbarmen;" — und der König bezahlte hierauf die ganze Schuld.

10.
Die edeldenkende Obsthändlerin Meuthe zu Paris.

Dieselbe nährte sich mit ihren zehn Kindern von einem kleinen Obsthandel und von dem geringen Verdienste ihres 62jährigen Mannes.

Sie hatte eine ledige Schwester, die ihr gar nicht gut war, weil sie ihr öfters wegen ihres anstößigen Lebenswandels Vermahnungen gab. Diese Schwester starb und hinterließ einen 5jährigen Knaben und ein Vermögen von beinahe 18,000 Gulden. Sie hatte aber in ihrem Testamente ihr ganzes Vermögen einer wohlhabenden Bäckerin vermacht.

Als Meuthe dies erfuhr, schmerzte es ihr nur, daß das Kind ihrer Schwester nichts erben sollte. Sie befragte also einen Advocaten, ob es nicht möglich wäre, das ungerechte Testament umzustoßen. Dieser versicherte aber, daß dies Niemand zu thun im Stande sei.

„Nun gut" — sprach die edeldenkende Meuthe, indem sie das Kind ihrer Schwester in ihre Arme nahm und es an sich drückte — „diesen Nachlaß meiner Schwester soll mir Niemand streitig machen; ich nehme also das Kind zu mir; denn ich weiß, daß die Bäckerin es schlecht verpflegen oder, um seiner los zu werden, es bald in das Hospital schicken wird." Hierauf stellte ihr der Advocat vor, daß es ihr schwer fallen würde, bei der Menge ihrer eignen Kinder auch noch dieses zu ernähren.

„Aber" — erwiederte Meuthe — „es ist ja nicht seine Schuld, daß es auf die Welt gekommen ist, und es will ja auch leben; und wer wird sich seiner annehmen, wenn ich nicht ein Werk der Barmherzigkeit an ihm thue? Gott wird schon helfen."

Hierauf nahm sie den Knaben mit nach Hause und erzog ihn ebenso wie ihre Kinder.

11.
Der echte und wahre Freund Mornay.

Der große französische Staatsminister Mornay war es, welcher die Vorschrift des heil. Apostels Paulus: „Ermahnet Euch unter einander und bauet Einer den Andern", mit vorzüglicher Sorgfalt befolgte.

Unter andern bewies er dies gegen den gelehrten und sehr erfahrenen Staatsmann Arnold Ferrière, den er zu Venedig hatte kennen lernen.

Nach Verlauf mehrerer Jahre traf er denselben zu Paris an, und da er von ihm hörte, daß er schon 76 Jahre alt wäre, so brach er mit großer Bewegung seines Herzens in die Worte aus:

„Und es sollte nicht Zeit sein, Ihrem Gewissen Gehör zu geben, sich des guten Vorsatzes zu erinnern, der ehedem zu Venedig gefaßt worden, der Überzeugung des Gemüths Folge zu leisten und die längst erkannte, aber auch so lange verhehlte Wahrheit öffentlich zu bekennen?!"

Diese zärtliche Ermahnung rührte den abgelebten Greis dergestalt, daß er sich von der Stunde an dazu entschloß und eine bessere Sinnesart annahm, worüber Mornay sich dermaßen freute, daß er den König dahin vermochte, die ihm selbst zugedachte Würde eines Kanzlers Jenem, seinem bekehrten Freunde, zu ertheilen.

Um eben diese Zeit schrieb dieser vortreffliche Mann an den Kanzler der Königin von Navarra, Guido du Four, um ihn zu einer wahren Bekehrung zu erwecken, unter andern folgendermaßen: „Es ist wahrlich hohe Zeit, ohne Verzug der Welt zu entsagen! — Vergeben Sie mir, wenn die Freundschaft, die ich zu Ihnen hege, die Ihnen schuldige Ehrerbietung etwa überwindet und mir diese Worte abnöthigt! Die Menschen sind unsterbliche Seelen! Derjenige, dessen Freundschaft nicht so viel vermag, liebt nicht einmal halb; ja ich muß noch mehr sagen, der liebt gar nicht."

12.
Das fromme Mädchen.

Im December 1776 ging zu Paris eine Heirath auf eine merkwürdige Art zurück. Der Bräutigam war den Abend vor der Hochzeit bei seiner Braut; er schwatzte und scherzte viel, und in dem Bemühen, Alles um sich her heiter zu machen, kamen seine Scherze sogar auf die Religion. Die Braut verwies es ihm liebreich, er aber verwies ihr den Verweis mit dem Tone des Weltmannes, der nicht so kleinstädtisch scheinen will, um auf Gott und Religion zu achten.

Das liebe Mädchen erschrack, faßte sich aber sogleich und sagte: „Nun von diesem Augenblicke an, da ich merke, daß Ihnen die Religion nicht heilig ist, bin ich nicht mehr die Ihrige; wer Gott nicht liebt, kann seine Frau nicht lieben!" Und dabei blieb sie standhaft; umsonst nahm der Bräutigam die Larve der Heuchelei, wodurch er in ihren Augen nur noch schlechter wurde; umsonst redeten die Ältern der Braut zu; das fromme Mädchen blieb bei ihrem Entschlusse, und die Obrigkeit selbst mußte ihre Grundsätze billigen.

13.
Rechtschaffenheit des Advocaten Paultier zu Paris.

Paultier, ein Advocat zu Paris, war seiner Rechtschaffenheit wegen sehr berühmt und geachtet. Ein Zimmermeister schätzte ihn deshalb so sehr, daß er ihn zum Erben seines Vermögens, welches 60,000 Thaler betrug, einsetzte, und gab dadurch ein Beispiel, daß man die Redlichen ehren müsse.

Da aber der Zimmermeister viele arme Verwandte hatte, so nahm Paultier die Erbschaft nicht an, damit nicht jene ihrem Elende entrissen werden möchten. Die Akademie der Wissenschaften zu Paris ehrte diese Handlung öffentlich und erkannte Paultier den Preis von 320 Thalern zu, den sie jährlich auf diese schöne Gesinnung und Handlung setzte. Paultier freute sich dieser Ehre mit der größten Bescheidenheit.

Und diese Bescheidenheit bei der ihm zu Theil gewordenen Ehre bewies er dadurch, daß er wünschte, das ihm bestimmte Geld möchte einem andern Tugendhaften gegeben werden, der es noch mehr verdiente als er.

Er gab Gelegenheit, daß es einem Thürhüter gegeben wurde, der einen Freund in einer zweimaligen Krankheit mit Pflege, Arzenei und Geld versorgte.

14.
Edle Vorsätze des französischen Gesandten Chanut.

Chanut, der sich als französischer Gesandter in Schweden wahren Ruhm erworben hat, war jung, reich, geschickt und überall geschätzt. Er hatte Mittel und Gelegenheiten genug, sich das Leben so angenehm zu machen, als sich's Mancher unter diesen Umständen gemacht haben würde.

Aber in seinem frühen muntern Lebensalter dachte er gesetzt wie ein Greis und handelte wie ein fester Mann nach Grundsätzen ernster Gottesfurcht und Tugend. Kaum 30 Jahre alt, schrieb er sich unter andern folgende Regeln vor und übte sie auch aufs Strengste und Gewissenhafteste aus:

„Nachdem ich lange hin und her gedacht, was der Inhalt des Bündnisses mit mir selbst sein müsse und was ich mir für Lebensregeln vorschreiben wolle, so bin ich auf Gottes Lenkung entschlossen, durch meine ganze Lebenszeit folgende Regeln in Acht zu nehmen:

1. **Ich will Gott wahrhaftig und aus keiner irdischen Absicht, sondern, wie er es verlangt, über Alles lieben.**
2. **Jesum Christum will ich frei bekennen und ihn als meinen Heiland ehren.**
3. **Ein heiliges Leben will ich für das höchste Gut halten**, eifrig darnach streben und alle meine Betrachtungen auf Gott und seine Liebe richten.
4. Ich will mich bemühen, daß meine Seele und mein Gemüth die Herrschaft über den Leib erlangen und daß er ihnen zu Gebote stehen müsse.
5. Ich will die Begierden meiner Sinne mit solchen Dingen erfüllen, die zu meiner Seligkeit gehören.
6. Ich will Geld und Gut weder zu sehr lieben, noch zu sehr verachten. Was mir meine Ältern hinterlassen, will ich wohl zu Rathe halten und es durch gute Wirthschaft vermehren.
7. Ich will nicht begierig nach großer Ehre streben, und falls sie mir erzeigt würde, will ich sie nur in so weit annehmen, als es billig ist.
8. Sollte sich's fügen, daß mir ein Amt oder sonst ein anderes Geschäft anvertraut würde, so will ich mich, so viel als möglich ist, eifrig in demselben bezeigen, daß es mir wohl von statten gehe; wo nicht, so will ich doch meine Zeit nicht unnützlich, nicht zur Lustbarkeit und zum Zeitverderb anwenden, sondern ich will zusehen, daß ich unterdessen etwas Gutes vornehmen könne.
9. Ich will meinen Leib halten, wie ein guter Hausvater Eines von den Seinigen hält; ihn nicht verzärteln, sondern durch Arbeit abhärten; will ihn zur Mäßigkeit und überhaupt so gewöhnen, daß er sich dem Gemüthe nicht widersetzen kann.

Nun bitte ich den allmächtigen und gütigen Gott, daß er durch seine Gnade diese Gedanken, die er mir eingegeben, mein Lebenlang wolle beobachten helfen, und mich nimmermehr davon weichen lassen."

15.
Der väterlich gesinnte König Ludwig der Zwölfte.

Als man Ludwig dem Zwölften, der den Zunamen des Gerechten und Vaters des französischen Volkes trägt, anrieth, die waldensischen Ketzer auszurotten, welche (unter dem Könige Philipp August) vom Papste Alexander III. auf der lateranischen Kirchenversammlung schon im Jahre 1197 waren verdammt worden, so sprach dieser Vater des Volkes: „Nein, ich bin der König aller meiner Unterthanen — zu diesen gehören auch die Waldenser. Ich werde niemals zugeben, daß man ihnen die geringste Gewalt anthue."

16.
Wahres Ehrgefühl des Marquis Renty.

Der französische Staatsrath, Marquis Renty, war das Muster eines wahren Christen, der in allen Fällen nach den edelsten Grundsätzen handelte.

Von seiner Tapferkeit gab er schon als Jüngling im 30jährigen Kriege Beweise. Schon damals dachte und handelte er als ein wahrer Christ, der die Lehre Jesu den Regeln der Welt vorzog. Dies bewies er unter andern, als er einst zu einem Zweikampfe herausgefodert wurde. Er gab Dem, der ihn herausfoderte, die sehr weise Antwort: „Mein Herr! ich bin noch jung und habe mich fest entschlossen, meine Kräfte wider die Feinde des Vaterlandes zu sparen und sie keineswegs in einer Prügelei dahin zu geben. Ich gebe Ihnen also diese Karte, durch welche sie mich herausfodern, aus Gehorsam gegen Gott und den König, der das Duelliren so scharf verboten hat, wieder zurück. Sobald ich aber von meinem Obersten Befehl erhalte, mein Blut und Leben in einer Schlacht für das Wohl des Vaterlandes zu wagen, so werde ich der Gefahr und selbst meinem Tode mit Freuden entgegen eilen."

17.
Der gottesfürchtige Mornay.

Mornay, Minister beim Könige Heinrich dem Vierten von Frankreich, war auf seinen Reisen, die er als blühender Jüngling zur Vermehrung seiner Kenntnisse unternahm, mehrmals großen Gefahren der Tugend ausgesetzt, besonders zu Venedig und Rom; allein er wappnete sich, nach seiner eignen öftern Versicherung, mit der Furcht Gottes, als mit einem Schilde, damit er nicht in die Lüste der Jugend verfallen und dadurch seinen Reisegefährten ein Ärgerniß geben oder nachtheilige Gedanken von seiner Religion erwecken möchte. In dieser schönen Absicht ergab er sich einer steten Thätigkeit, eines der heilsamsten Verwahrungsmittel wider die Zerstreuungen des Lebens. Er setzte Betrachtungen über theologische und politische Materien auf, und seine angenehmste Lecture war die heilige Schrift; um aber dieselbe in den Grundsprachen zu lesen, so hielt er sich zu Padua einen Rabbinen. Sogar bei seinem Spaziergange war er nicht unbeschäftigt, sondern übte sich in der Botanik. — Den Zweck seines Lebens hatte er stets vor Augen, und dessen Erreichung war der größte seiner Wünsche. Gott war deshalb auch mit ihm; er ließ ihn wohl gerathen und errettete ihn aus allen Gefahren.

In seinem 23. Jahre verfaßte er sehr gelehrte Aufsätze, die ihm große Hochachtung erwarben. Er äußerte Kenntnisse, die von den größten Männern und sogar von Karl dem Neunten bewundert wurden.

Auf diesem rühmlichen Wege wandelte er durch sein ganzes Leben und war glücklich in seinem Leben und Tode.

18.
Wahrhaftigkeit.

Der Herzog von Bourgogne, Enkel Ludwigs XV., war schon als Kind ein Feind der Schmeichler. Einst fragte man ihn, wen von seinen Kammerdienern er am Meisten liebe? „Denjenigen" — gab er zur Antwort — „welcher mich nicht schont, sondern mir's frei heraussagt, wenn ich Etwas thue, was nicht recht ist, damit ich mich bessere."

Leipzig, gedruckt bei F. A. Brockhaus.

Das Gratis-Magazin.

№ 4.

Einzelne Züge aus der deutschen, namentlich aus der sächsischen Geschichte.

Die Deutschen.

Die Deutschen sind von den ältesten Zeiten her wegen ihrer Aufrichtigkeit und Redlichkeit berühmt und geachtet. Zwei Fürsten der Friesen, welche einen Stamm der deutschen Nation ausmachen, kamen einst nach Rom, um den Kaiser Nero um die Erlaubniß zu bitten, daß ihre Landsleute in den von ihnen urbar gemachten Bezirken jenseit des Rheines sich häuslich niederlassen dürften. Man führte sie daselbst unter andern in einen der größten Schauplätze, damit sie sich von der Menge des römischen Volkes einen Begriff machen könnten. Hier erblickten sie einige Ausländer auf den Sitzen der Senatoren. Als sie auf ihr Befragen, wer diese wären, erfuhren, man erweise diese Ehre den Abgesandten solcher Nationen, welche sich durch Tapferkeit und Treue gegen die Römer hervorgethan hätten, riefen sie sogleich aus: „Kein Volk übertrifft die Deutschen an Tapferkeit oder Treue!" Hierauf mußten sich die beiden Fürsten mit unter die Senatoren setzen.

Im Jahre 1566 ward Deutschland von den Türken unter Sultan Soliman II. hart bedrängt; das christliche Heer war geschlagen und zerstreut. Nicolaus Graf von Zrini warf sich mit drittehalbtausend Reitern in die starke ungarische Festung Sigeth. Ihm folgten aber 100,000 Türken und boten ihm einen freien Abzug an, wenn er die Festung übergäbe. Der Graf wies aber einen so schimpflichen Antrag mit Verachtung zurück, und erklärte seinen Kriegern den Entschluß, bis auf den letzten Mann für den heiligen Glauben zu kämpfen und sich unter den Trümmern der Festung begraben zu lassen. Hierauf schwuren sie, die tapfern Krieger, ihm einen theuern Eid, mit ihm unerschütterlich zu verharren in dem entscheidenden Kampfe und ihr Gelübde zu besiegeln mit dem Tode. Als der Feind den grimmigen Widerstand der kleinen Heldenschaar wahrnahm, drohte er dem Grafen mit dem Tode seines in die Gefangenschaft gerathenen Sohnes. Zrini zerriß den Brief, lud ihn in die Flinte und schoß ihn zurück in das feindliche Lager. Der immer gewaltiger herandringenden Menge muß endlich die kleine Schaar weichen. Die Türken dringen in die Stadt, die Tapfern stellen ihnen eine eherne Brust entgegen, weichen kämpfend zurück bis in das obere Schloß und bezeichnen ihren Weg mit den Leichnamen der Erschlagenen. Nur 300 der Getreuen waren noch übrig. „Wir weihen uns dem Tode!" ruft der heldenmüthige Graf — „und sterben im Namen Jesu, für das liebe Vaterland und unsern heiligen Glauben! Dir, Allmächtiger, empfehlen wir die scheidende Seele!" Mit diesen Worten stürzt der tapfere Graf durch das geöffnete Thor hin in die dichten Haufen der Feinde, die Fahne in der einen, das Schwert in der andern Hand. Die Feinde weichen zurück vor dem Anblick des Tapfersten. Dann aber stürzen sie von allen Seiten auf die Gott geweihte Schaar, und einer der Brüder sinkt nach dem andern unter dem Geschosse und Schwerte der Feinde, bis der edle Zrini mit dem letzten seiner Heldenschaar unter der blutigen Menge fällt.

Aus der sächsischen Geschichte.

Daß Sachsen die Wiege der deutschen Kultur sei, bezeugt die Geschichte; und daß der Sachse bis jetzt immer gestrebt habe, durch Bildung sich auszuzeichnen, daß er der Redlichkeit und dem Fleiße, der Kunst und Wissenschaft, dem Fürsten und dem Vaterlande, mit ganzer Seele huldige, ist das Urtheil der meisten Fremden, ist das Urtheil der Geschichte.

Unterthanentreue und Liebe.

Als der Kurfürst von Sachsen, Friedrich der Sanftmüthige, wegen der Ländervertheilung mit seinem Bruder Wilhelm, Herzog von Weimar, in einen unangenehmen Zwist verwickelt war, bemächtigte er sich der Stadt Freiberg, die seinem Bruder Wilhelm gehörte, und ließ alsbald den Stadtrath zu sich auf den Marktplatz entbieten, mit der Aufforderung, daß man ihm, dem Kurfürsten, auf der Stelle huldige, und dann eine gewisse Anzahl junger Mannschaft gegen den Herzog Wilhelm stellen solle. Diese Foderung, welche durch einen dreimaligen Aufruf bekannt gemacht wurde, verursachte in der ganzen Stadt eine allgemeine Bestürzung, und die Magistratspersonen versammelten sich auf dem Rathhause und faßten nach gehaltener Berathschlagung den großmüthigen Entschluß, dem Herzog Wilhelm, als ihrem Herrn, treu zu bleiben. Dieser Entschluß wurde auf das Herzhafteste ausgeführt. Die sämmtlichen Freibergischen Rathsglieder gingen in einem feierlichen Zuge, Paar und Paar, mit entblößten Häuptern, und Jeder mit seinem Sterbekleide im Arme, vom Rathhause auf den Markt, wo die kurfürstlichen Truppen unter dem Gewehre standen. Als sie in den Kreis getreten waren, den ein Theil der Soldaten geschlossen hatte, näherte sich der Bürgermeister, Nikolaus Weller von Molsdorf, ein ehrwürdiger Greis mit eisgrauem Kopfe, dem Kurfürsten, welcher im Kreise zu Pferde hielt, und sagte in einer bewegten Anrede, die er an ihn hielt, im Namen des Magistrats und der ganzen Bürgerschaft: „sie wären alle Stunden bereit, ihr Leben im Dienste Seiner Kurfürstlichen Durchlaucht willig und gern aufzuopfern; sie könnten sich aber unmöglich entschließen, dem Eide der Treue, den sie dem Herzog Wilhelm einmal geschworen hätten, gerade zuwider, die Waffen gegen ihren rechtmäßigen Herrn zu ergreifen; sie hätten das Vertrauen zu der bekannten Großmuth des sanftmüthigen Friedrich, er werde von ihnen, ihnen zu harten

Foderungen abstehen; sollten aber Ihre Kurfürstliche Durchlaucht auf diesem Begehren beharren, so würden sie als rechtschaffene Unterthanen eher ihr Leben lassen, als nur einen Augenblick wider die Pflicht handeln, die sie ihrem Landesherrn zu leisten schuldig wären. „Und ich für meine Person" — setzte der brave Bürgermeister hinzu — „will gern der Erste seyn, hier auf die Stelle niederknieen, und (hier wies er auf sein Haupt) mir meinen alten grauen Kopf abschlagen lassen." — Der Kurfürst wurde durch diese Rede des Bürgermeisters, welcher hierauf auch wirklich niederkniete, bis zu Thränen gerührt. Er ritt hierauf zu Wellern hin, klopfte ihn auf die Achsel und sagte: „Nit Kopp ab, Alter, nit Kopp ab! Wir bedürfen solcher ehrlichen Leute noch länger, die ihren Eid und ihre Pflicht so standhaft beobachten." — Friedrich stand von seinen Foderungen ab, und von der Zeit an führt die Stadt Freiberg den rühmlichen Namen: „die getreue."

Billigkeit und Gerechtigkeitsliebe.

In der Leipziger Ostermesse 1794 wurde dem Hofcommissair Greiner, Director und Eigenthümer einer Porzelanfabrik zu Rauenstein, eine beträchtliche Summe Geldes geraubt. Bei der nächsten Monatszahlung, die er nach seiner Zurückkunft an seine Fabrikarbeiter leistete, weigerte sich gerade der Ärmste unter ihnen, solche anzunehmen. „Ich weiß," sagte er, „daß Sie in Leipzig beraubt worden, und dadurch in großen Schaden gekommen sind; ziehen Sie einem Jeden Ihrer Arbeiter eine Carolin an seinem Lohne ab, und entschädigen Sie sich dadurch Etwas! Hier ist die meinige! Bezögen Sie die Messe nicht, so würden auch wir von dem Brote verlieren, das sie uns Arbeitern geben, und deßhalb sind wir auch schuldig, Ihren Schaden mit zu tragen." Greiner fühlte das Edle der Denkart dieses Mannes zu tief, als daß er sein Anerbieten hätte annehmen können.

Wahre Freundschaft.

Während des Einfalles der Franzosen in Sachsen im Herbste 1806 flüchteten mehrere Gutsbesitzer in die nahen Städte, indem sie sich dort vor Plünderungen und Gewaltthätigkeiten sicherer glaubten als auf dem Lande.

K. von S... und der Finanzcommissair K..., welche beide in Einem Dorfe Güter besaßen, flüchteten sich mit ihren Familien nach einem nahe gelegenen Städtchen. Letzterer verspätete sich aber, indem er noch manche Anordnungen wegen seiner Haushaltung zu treffen hatte, und mußte der Gesellschaft in ziemlicher Entfernung zu Fuße folgen. Glücklich hatten die Familien ihren Zufluchtsort erreicht, und erwarteten jetzt nur noch mit banger Besorgniß den nachkommenden Vater und Freund. Mit jeder Minute vermehrte sich ihre Angst und stieg endlich auf den höchsten Grad, als schon einige Stunden verflossen waren, ohne daß der Erwartete eingetroffen war. Händeringend jammerten die Kinder um den schon für verloren gehaltenen Vater, und unaussprechlich war der Schmerz der besorgten Gattin. Gerührt durch diesen jammervollen Anblick eilt der würdige S..., ohne auf eigene Sicherheit Rücksicht zu nehmen, auf dem Wege der Heimath zurück; und schon vor dem Thore, als er sich durch eine zahllose Menge Soldaten gedrängt hatte, begegnete ihm sein unglücklicher Nachbar, der gewaltsam fortgeschleppt wird. Er umarmte ihn voll Bestürzung; aber außer aller Fassung und fast von Sinnen gekommen, konnte Jener ihm nicht ein Wort sagen. Er war sogleich ergriffen worden, da eine bekannte Frau seinen Namen und seinen Charakter genannt hatte. Man brachte ihn zum Obersten der Gensdarmerie.

K. von S... folgte auf dem Fuße nach, und er erfuhr nun dort, da er der französischen Sprache mächtig war, daß der Commissair eine viel zu wichtige Person sei, als daß man den Unglücklichen frei geben könne; vielleicht werde er gar für einen Spion gehalten, weßhalb er jetzt verhört, und sodann seine Strafe erhalten werde. Nun drängt sich der edle S.... zum Obersten, mit der Vorstellung, daß Jener in Verhaft genommene in Sachsen keinen Bezug auf die höheren Staatsangelegenheiten habe, und bat, weil es die Befreiung seines Freundes und die Beruhigung einer gebeugten Familie galt, mit der größten Innigkeit für denselben. Der Oberst wies ihn aber ab. —

Ein Blick auf die schreckliche und kummervolle Lage seines Freundes, dessen Schmerz sich in Thränen auflöste, vermehrte seine zum Herzen gehende Beredsamkeit, die den härtesten Krieger rühren mußte. Aber der Oberste berief sich auf seine Pflicht, zuckte die Achseln und schwieg. Hierauf sagte der würdige S... entschlossen und mit Nachdruck zum Obersten: „So haben Sie denn kein Weib, keine Kinder, die Sie erinnern könnten, menschlich zu sein? Hat nie das häusliche Glück sanfte Gefühle in Ihrer Brust rege gemacht? Nein, gewiß nicht, sonst wären Sie zu bewegen, diesen schuldlosen Mann freizugeben, um dessen Rettung jetzt eine liebende Gattin mit ihren Kindern den Himmel auf den Knieen anfleht! so behalten Sie mich statt seiner in Verwahrung; nehmen Sie mein Leben als Bürge seiner Unschuld!" — „Nein!" erwiederte der Oberste jetzt vom Gefühl ergriffen; „nehmen Sie ihn, Ihren Freund, mit sich, geben Sie ihn seiner Familie zurück; Gott wird auch mich dafür glücklich in die Arme der Meinigen zurückkehren lassen!" — und so führte der treffliche S.... den geretteten Finanzcommissair K.... zurück, bereitete sich eine Stunde des schönsten Vergnügens, und erhöhete die Achtung, die ihm schon früher zu Theil wurde.

Standhafte Treue und Offenheit im Bekenntnisse der christlichen Religion.

Zu den Zeugnissen großer und geachteter Männer unsers Zeitalters über den hohen Werth des Evangeliums Jesu gehört unter andern das, was

Dr. Reinhard,

welcher zu Dresden Oberhofprediger war, in einer seiner vortrefflichen Schriften sagt:

„Zu wichtig ist das, was in unsern Zeiten auf Erden vorgeht; es betrifft zu sehr Alles, woran einem vernünftigen Menschen das Meiste gelegen sein muß, als daß man nicht seine besondern Verhältnisse vergessen und mit Hintansetzung jeder unedeln eigennützigen Rücksicht nachdenken und prüfen sollte. Auch ich habe dies gethan, und höre nie auf es zu thun. Ich habe bei meinen Untersuchungen ganz davon abgesehen, daß ich ein Lehrer des Christenthums bin; ich habe Das, worauf man jetzt so mächtig dringt, ich habe die Vorschläge zur Besserung der Welt, die man von allen Seiten thut, ich habe die Grundsätze und Einrichtungen, die man an die Stelle des Christenthums setzen will, mit aller mir möglichen Unparteilichkeit und Strenge geprüft. Aber ich würde wider meine innigste Ueberzeugung sprechen, wenn ich sagen wollte, daß ich Etwas gefunden hätte, das unserer Natur angemessener, das wirksamer zu unserer Besserung und Beruhigung, das wohlthätiger für die bürgerliche Gesellschaft wäre, als das wahre, lautere Christenthum!" Und

der Professor Gellert,

welcher ein sehr warmer Verehrer der Religion Jesu war, legte vor seinen Zuhörern folgendes rührende Geständniß öffentlich von sich ab:

„Ich habe 50 Jahre gelebt, und mannichfaltige Freuden des Lebens genossen. Aber keine sind dauerhafter und unschuldiger für mich gewesen, als die mein Herz, von den sanften Fesseln der Religion eingeschränkt, nach ihrem Rathe gesucht und genossen hat; dieses bezeuge ich auf mein Gewissen. Ich habe 50 Jahre gelebt, und mannichfaltige Mühseligkeiten des Lebens erduldet, und nirgends mehr Licht in Finsternissen, mehr Stärke, mehr Trost und Muth in Leiden gefunden, als bei der Quelle der Religion, dieses bezeuge ich auf mein Gewissen. Ich habe 50 Jahre gelebt, und bin mehr als einmal an den Pforten des Todes gewesen, und habe es erfahren, daß, ohne Ausnahme, Nichts als die göttliche Kraft der Religion die Schrecken des Todes besiegen hilft; daß Nichts als der heilige Glaube an unsern Erlöser, den bangen Geist bei dem entscheidenden Schritte in die Ewigkeit stärken, und das Gewissen, das uns anklagt, stillen kann; dieses bezeuge ich vor Gott!"

Noch einige Züge aus der französischen Geschichte.

Feindesliebe.

Ludwig XII., König von Frankreich, hatte vor Antritt seiner Regierung sehr viel Feinde, die ihm nur Leid zuzufügen sich bemühten. Als er den Thron bestieg, ließ er die Namen seiner Verfolger in ein Register bringen, und dieselben mit einem schwarzen Kreuze bezeichnen. Als dieses ruchtbar wurde, flohen die Feinde des Königs, weil sie das Kreuz bei ihren Namen als ein böses Zeichen betrachteten, und ihre Hinrichtung fürchteten. Der König, welcher von der Flucht seiner Feinde in Kenntniß gesetzt wurde, ließ sie wieder — mit der Versicherung seiner Gnade — zurückrufen, und ihnen sagen: Er habe deßhalb ein Kreuz bei ihre Namen geschrieben, daß er sich dabei des Kreuzes Christi erinnern und dessen Beispiel nachkommen möchte, welcher von dieser Stätte herab für seine Verfolger gebetet und gesprochen habe: „Vater, vergib ihnen, denn sie wissen nicht, was sie thun!"

Großmuth und Aussöhnung im Tode.

Als im Jahre 1695 Namur, eine französische Stadt, belagert wurde, befanden sich unter dem Regimente H.....ton 2 Militairs, welche sich bitter haßten. Der eine, Richard, war Unteroffizier, der andere, Valentin, gemeiner Soldat. Jener konnte als Vorgesetzter diesen seinen Haß oft fühlen lassen, welches er auch that. Valentin mußte die Mißhandlungen seines Feindes ruhig ertragen, und sein Haß wurde dadurch täglich genährt. Einst mußten Beide zu einem Angriffe mit ausrücken, und es dauerte nicht lange, so zerschmetterte eine Kanonenkugel dem Richard das Bein. Hier lag er und mußte mit jedem Augenblicke erwarten, von den Pferden vollends zertreten zu werden. Voll Verzweiflung wendete er sich an Valentin, welcher nicht fern von ihm aufs Tapferste focht. „Valentin!" rief er, „willst Du mich hier zu Grunde gehen lassen?" Kaum hatte Valentin diese Worte gehört, als er sogleich herbei eilte. Feindschaft und alle Beleidigungen waren vergessen. Er lud den Richard auf seine Schultern und trug ihn aus dem Schlachtgetümmel auf eine Anhöhe, wo er die Wunde seines bisherigen Feindes, so gut als möglich, verband. Während dieser Beschäftigung kam eine Kugel und streckte ihn todt zur Erde. „Valentin, großmüthiger Valentin!" rief Richard aus, „Du stirbst für mich, der ich Dich so grausam behandelte." Richard wurde bald darauf von den Wundärzten gepflegt, allein ihre Hülfe war vergebens. Er starb, und wurde mit Valentin in dasselbe Grab gelegt.

Gewissenhaftigkeit zweier Bauern.

Einst kamen zu einem gewissen Advocaten in Beauvais, in der Provinz Isle de France, zwei Bauern aus der umliegenden Gegend. Der Advocat bemerkte an diesen Bauern eine gewisse Betrübniß und Niedergeschlagenheit, und fragte sie nach der Ursache derselben. „Wir sind deßhalb so traurig," war die Antwort, „weil unser Schwiegervater einem Bäcker, der ein sehr braver Mann ist, mit einer bedeutenden Schuld verpflichtet ist, welche er ihm nicht leisten kann. Wir sind also entschlossen, für den Vater unserer Frauen zu bezahlen, wenn uns solches gestattet wird, welche Erlaubniß unsere Traurigkeit in die größte Freude verwandeln würde." Das wird Euch recht gern gestattet; gehet hin und thut, was ihr beschlossen. Froh und heiter eilten hierauf die Bauern zum Bäcker und bezahlten ihm die Schuld ihres Schwiegervaters.

Ehrlichkeit der Anna Louise Pranier.

Ein armes Mädchen zu Beaucaire saß auf einer Bank vor ihrem Hause und nähete. Ein Handelsmann kommt von der Messe, und bietet ihr von seinen verschiedenen Halstüchern käuflich an. Da sie Nichts kaufen konnte, geht er bald wieder fort, läßt aber aus Versehen ein zusammengeknüpftes Tuch liegen. Das Mädchen schließt aus der Schwere, daß es von Werth sein müsse, und bleibt deßwegen sitzen. Nach einigen Stunden sieht sie denselben Kaufmann, die Verzweiflung (über das Verlorne) im Gesichte, die Straße vorübergehen. Sie ruft, und gibt ihm das Tuch, in welchem 2000 Franken befindlich waren, zurück. Der Handelsmann wollte dies ehrliche Mädchen zur Annahme einer Belohnung bewegen, aber vergebens.

Der treue Bediente le Tellier.

Barthelemy, ehemaliger Director in Frankreich, welcher im Jahre 1795 auf eine gewaltsame Art seiner Stelle entsetzt und nach Cayenne verwiesen wurde, hatte einen Bedienten, Namens le Tellier, welcher ihm mit ungemeiner Liebe anhing. — In dem Augenblicke, da Barthelemy sollte eingeschifft werden, fand sich auch sein Bedienter ein, und verlangte in das Schiff aufgenommen zu werden. Da man ihn nun mit Härte zurückwies, so zeigte er einen Befehl des Directoriums vor, nach welchem es ihm, auf seine Bitte, erlaubt sein sollte, seinen Herrn zu begleiten. Der General, welcher die Aufsicht auf dem Schiffe hatte, sagte hierauf zu diesem treuen Bedienten: „Du willst also das Schicksal eines Mannes theilen, der auf immer verloren ist? Was ihm auch bevorstehe, so kannst du gewiß sein, daß er nimmer zurückkehrt." — „Mein Schluß ist gefaßt," antwortete der Bediente, „ich schätze mich glücklich, das Mißgeschick meines guten Herrn theilen zu können." — „So gehe denn mit ihm in's Verderben!" versetzte der General; „Soldaten! bewacht diesen Menschen mit eben der Strenge, wie seinen Herrn." Le Tellier warf sich hierauf zu den Füßen seines Herrn, der sich nun selbst überglücklich fühlte, einen solchen treuen Freund an sein Herz drücken zu können.

Sorgfalt für Kranke.

Vor ungefähr 58 Jahren herrschte in dem Dorfe Sauvigny in Frankreich eine gefährliche, ansteckende Seuche. Der damalige Herr des Dorfes, Marquis von M., kam im Anfange des Februar mit seiner Familie dahin. Seine Gattin, eine Dame, welche Schönheit, Anmuth und Lebhaftigkeit in sich vereinigte, gedachte nur kurze Zeit auf dem Lande zuzubringen, und hatte schon Anstalten getroffen, um an den Belustigungen des Carnavals in der Hauptstadt, Paris, Antheil nehmen zu können. Als sie zu Sauvigny angelangt war, bewog sie der Anblick des Elendes, das dort herrschte, ihren Plan aufzugeben. Ihr gefühlvolles Herz widmete sich nun ganz dem Dienste ihrer unglücklichen Unterthanen. Sie wendete nicht nur das zu den Festen und Schmäusen bestimmte Geld auf die Rettung ihrer noch lebenden Unterthanen, sondern schrieb auch selbst an den Arzt Maret zu Dijon, daß er auf alle Kosten alle zur Erleichterung der Noth dienenden Anstalten treffen solle; sie gab ferner nicht nur die ganze Bedienung zur Wartung der Kranken her, sondern besuchte auch selbst mit ihrem Gemahle die Krankenstuben, half und wartete die gefährlichsten Kranken, sorgte, daß in ihren Häusern die größte Reinlichkeit hergestellt wurde, und eine Menge todtkrank gewesener Patienten verdankten, nächst Gott, ihrer angewandten Sorgfalt ihre Wiederherstellung.

Edle Selbstverleugnung des französischen Generals Desair.

Dieser hatte das Mittel gefunden, die Soldaten an Entbehrung zu gewöhnen; er versagte sich nämlich selbst Alles, was diese nicht auch haben konnten. In der schlimmsten Zeit, als Frankreich durch einen schrecklichen Krieg gedrückt wurde, war Commißbrod und Wasser seine einzige Nahrung. Einige Kriegscommissaire versuchten einmal sich seine Gunst dadurch zu erwerben, daß sie ihm feine Weine und besseres Brot als dasjenige schickten, was seine Truppen bekamen. Desair nahm zwar das Geschenk an, ließ es aber sogleich unter die Kranken in den Hospitälern vertheilen.

Edelsinn und Großmuth Heinrich IV., Königs von Frankreich.

Die Stadt Meaux, welche sich gegen diesen guten König empört hatte, und sich nach einer langen Belagerung demselben wieder ergeben mußte, schickte einige Abgeordnete an ihn ab, um ihm ihre Unterwürfigkeit zu bezeugen. Kaum erblickten sie den König, als sie dergestalt aus der Fassung kamen, daß sie kein Wort reden konnten, und sich ihm zu Füßen warfen. Heinrich konnte sich der Thränen nicht enthalten, richtete sie auf, umarmte sie, und sagte: „Ich sehe in Euch jetzt nicht unterworfene Feinde, sondern Freunde und wohlmeinende Unterthanen, und so umarme ich Euch mit einem so zärtlichen Herzen, wie ein Vater seine Kinder."

Zartgefühl des französischen Marschalls Turenne.

Der berühmte französische Marschall Turenne bemerkte in seiner Armee einen Offizier von alter Familie, der aber arm war und ein schlechtes Reitpferd hatte. Er bat ihn zu Tische, zog ihn nach der Mahlzeit auf die Seite, und sagte voll Güte zu ihm: „Mein Herr! ich habe eine Bitte an Sie, die Sie vielleicht etwas dreist finden dürften, deren Erfüllung Sie aber, wie ich hoffe, Ihrem Generale nicht abschlagen werden. Ich bin alt," fuhr er fort, „und zuweilen etwas kränklich; die raschen Pferde ermüden mich, und ich habe eins bei Ihnen gesehen, das mir, wie ich glaube, besser anstehen würde. Wenn ich nicht befürchtete, ein allzugroßes Opfer zu verlangen, so würde ich es mir von Ihnen ausbitten." Der Offizier antwortete blos durch eine tiefe Verbeugung, holte sogleich sein Pferd und führte es selbst in Turenne's Stall. Den andern Morgen schickte ihm dieser dafür eins der schönsten und besten von der ganzen Armee.

Edelsinn und Gerechtigkeitsliebe des Claude Pechon.

Claude Pechon, ein armer Weingärtner in dem französischen Dorfe Mombre les Reines, der 58 Jahr alt war und 8 Kinder hatte, nahm einen kränklichen und den Seinigen lästigen Schwager in sein Haus auf, nachdem er sich anheischig gemacht hatte, demselben für die Schenkung eines geringen Gutes, das ungefähr 184 Gulden werth geschätzt wurde, auf seine übrige Lebenszeit Kost und Wohnung zu geben. Der Kostgänger wird gleich am folgenden Tage krank, und stirbt in wenig Stunden. Man begibt sich mit dem Leichenbegängnisse in die Hütte des Verstorbenen, und hier sagt sich Claude Pechon, der Vorstellungen des Notarius ungeachtet, von seinen Ansprüchen an das ihm vermachte Gut los, und erklärt: „er wolle um der drei Tage willen, in welchen er seinen Kostgänger bei sich gehabt hätte, sein Gewissen nicht dadurch beschweren, daß er ein Gut, zum Nachtheile der Verwandten des Verstorbenen, behalten habe."

Leipzig, gedruckt bei F. A. Brockhaus.

Das Gratis-Magazin.

№ 5.

Einzelne Züge aus der deutschen, namentlich aus der sächsischen Geschichte.

Der junge Sebastian Reibisch läßt sein Leben für seinen Herrn, den Herzog Moritz von Sachsen.

Als der Herzog Moritz von Sachsen im Jahre 1542 in Ungarn dem Türkenkriege beiwohnte, ritt er eines Morgens aus dem Lager, um den Feind zu beobachten. Er hatte nur eine schwache Bedeckung und einen adeligen jungen Diener, Namens Sebastian Reibisch, bei sich. Kaum hatten sie sich ein wenig vom Lager entfernt, so wurden sie von einem Schwarme türkischer Reiter umringt. Es war fast kein anderes Mittel übrig, als sich gefangen zu geben oder auf dem Platze zu bleiben. Sie beschlossen aber doch, sich so lange zu wehren, bis ihnen vielleicht Jemand aus dem Lager zu Hülfe kommen würde. Der Herzog griff die Türken muthig an, und er sowol als der junge Reibisch thaten Wunder von Tapferkeit. Weil aber die Seinigen ihm nicht geschwind genug folgten, so wurde dem Herzoge das Pferd unter dem Leibe erschossen, und der Helm vom Kopfe geschlagen, ja er wurde von den Türken, die mit bloßen Säbeln auf ihn losstürmten, zu Boden geworfen und umringt.

Nun war er in der größten Gefahr, von den Türken getödtet oder gefangen zu werden. Als aber der getreue Reibisch dieses sah, sprang er vom Pferde, warf sich auf den Herzog, bedeckte ihn mit seinem Leibe und ließ auf sich so lange hauen und stechen, bis endlich eine Schwadron von des Herzogs Reitern kam und ihn rettete. Der vortreffliche Reibisch, der sein Leben für seinen Herrn dahin gab, hatte so viele Wunden bekommen, daß er halb todt in das Lager getragen wurde und bald darauf starb.

Freudigkeit im Bekenntnisse des Evangeliums.

Johann, Kurfürst von Sachsen, war einer der muthigsten Bekenner der evangelischen Lehre. Nach seinem Tode sagte Luther von demselben: „Mit Herzog Friedrich ist die Weisheit, mit Johannes aber die Frömmigkeit gestorben." Als dieser standhafte Fürst mit seinen Theologen auf dem Reichstage zu Augsburg war, sagte er zu ihnen: „Liebe Herren! traut Ihrs nicht zu erhalten, so denket, daß Ihr Land und Leut nicht in Schaden führet." — Wollet Ihr, antworteten diese, nicht bei uns sein, so lasset uns allein vor Kaiserliche Majestät kommen und uns verantworten. — „Das wolle Gott nicht", versetzte Johann mit großem Eifer, „wollet Ihr mich ausschließen? Ich will Christum auch mit Euch bekennen."

Der feste Glaube und das Gebet, wenn es ernstlich ist, vermag Viel!
Luther und Myconius.

Im 49. Jahre seines thätigen Lebens lag Luther's Gehülfe bei der Reformation, M. Friedrich Myconius in Meißen, so hart an der Lungensucht darnieder, daß Jedermann seine Genesung bezweifelte. Er selbst sah mit Ruhe seiner letzten Stunde entgegen, äußerte aber öfters sehr sehnsüchtig: „Ach, ich möchte wohl vor meinem Abscheiden aus dieser Welt meinen vielgeliebten Martin Luther noch einmal von Angesicht sehen!"

Als er immer schwächer wurde und schlaflos die langen Winternächte zubringen mußte, ließ er sich einst zur Nachtzeit Feder und Papier geben und schrieb mit zitternder Hand seinem Freunde ein herzliches Lebewohl.

Tief bewegt las Luther den Brief und rief laut aus: „Da sei Gott für!" Er eilte schnell zum Pulte und schrieb ihm Folgendes:

„Nein, du fleißiger Arbeiter in dem Werke des Herrn darfst noch nicht abgerufen werden. Ich befehle Dir im Namen Gottes zu leben, dieweil Du mir zur Kirchenbesserung noch sehr nöthig bist.

„Der Herr lasse mich ja nicht hören, so lange ich lebe, daß Ihr gestorben seid, sondern schaffe, daß Ihr mich überlebet, das bitte ich vom Herrn mit ganzer Seele!"

Ihm geschah, wie er geglaubt hatte.

Myconius lag schon sprachlos, als der Brief ankam und ihm vorgelesen ward. Von Stund an genas er. Er konnte bald darauf zur Kirchenvisitation nach Wittenberg abreisen und seinen Freund Luther besuchen. — Allen, die ihm dazu Glück wünschten, erwiderte er mit tiefer Rührung: „Ja, ihr Lieben, nebst unserm allbarmherzigen Vater im Himmel verdanke ich Martin Luther, diesem Helden im Beten, dem Gott Alles abglauben kann, meines Lebens Fristung; sein Machtwort hat mich Hinfälligen, gleich dem Machtwort Jesu zu Lazarus, wieder aufgerichtet." — Er lebte noch sechs Jahre, und starb in Gotha am 7. April 1546. Zwei Monate vorher war ihm Luther vorausgegangen in die himmlische Heimath.

Der wahre Menschenfreund Anger, Buchbinder in Chemnitz.

Als die Stadt Frankenberg im Erzgebirge abbrannte — es war am 29. März 1788 — verlor ein Buchbinder, dem acht Jahre vorher in Gera, wo er sich ansässig machen wollte, das Seinige durch die Flammen entrissen worden war, sein ganzes Vermögen, welches er sich während dieser Zeit mühsam erworben hatte. Mit seinen kleinen Kindern saß er nun da unter freiem Himmel, fast ganz nackt, und beweinte trostlos sein Schicksal. In diesem höchst traurigen Zustande fanden ihn zwei seiner Zunftgenossen aus Chemnitz. Jeder von ihnen nahm ein Kind auf den Arm, und so führten sie die unglückliche Familie nach Chemnitz, wo sie der Buchbinder Anger zu sich ins Haus nahm und ihre Noth erleichterte, wobei dieser christliche Mann die Worte äußerte:

„Warum sollten wir es nicht thun, da Gott uns immer vor Unfällen bewahrt hat und uns gibt, was wir brauchen, damit wir Andern geben?" —

Ehrlichkeit einer armen Dienstmagd.

Am dritten Osterfeiertage des Jahres 1784 brach spät in der Nacht auf dem Linsenhofe, nahe bei der jetzt preußischen, vormals sächsischen Stadt Suhla, Feuer aus. Man suchte die besten Sachen in der Geschwindigkeit zu retten. Die Frau vom Hause nahm aus einem Schranke ein Packet mit einigen hundert Thalern Geld und gab es Jemandem aufzuheben, aber in der Bestürzung hatte sie nicht Acht darauf, wem sie es gab.

Zum großen Glücke wurde das Feuer bald wieder gelöscht, und nun konnte sich die wieder ein wenig ruhig gewordene Frau nicht besinnen, wem sie das Geld in Verwahrung gegeben hatte.

Als sie ängstlich darüber klagte, kam eine Magd und brachte ihr das Geld.

Eine andere Magd, die nicht so ehrlich war, sagte zu ihr: „Bist Du nicht eine Närrin, daß Du das Geld nicht behalten hast! Es war ja Nacht, als Du es bekamst, und Niemand hätte gerathen, daß Du es hättest."

Aber Jene antwortete:

„Davor soll mich der liebe Gott behüten! Ich würde mich gewiß darum bestraft haben, und ich hätte lauter Unsegen davon gehabt. So aber behalte ich ein gutes Gewissen."

Der brave Krieger, Namens Böhner.

In der Schlacht bei Wetzlar, am 15. Juni 1796, wo die Kaiserlichen und die Sachsen unter dem Commando des Herzogs Karl den Sieg über die Franzosen erhielten, bekam der sächs. Dragoner Böhner 22 und zum Theil sehr schwere Wunden. Man wollte ihm deshalb den Abschied und einen Gnadengehalt geben; allein er nahm ihn nicht an, sondern sagte, er wollte ebenso wie seine Kameraden seinem Landesvater noch länger dienen und seinen letzten Tropfen Blut für ihn vergießen. Er bekam zur Belohnung seiner Tapferkeit eine Ehrenmünze, worauf die Worte stehen: Verdienst ums Vaterland. Anfangs wollte er sie auch nicht annehmen, sondern sagte, sein Kopf wäre Ehrenmünze genug, und hierin hatte er Recht, denn man sah an seinem Kopfe die Narben vieler Säbelhiebe. — Den 25. November 1796 war zu Dresden in dem Hause des Geheimraths eine vornehme Gesellschaft versammelt, welche sich durch unschuldige Vergnügungen zu unterhalten suchte. Der Herr des Hauses entfernte sich auf einige Augenblicke und kam dann mit dem braven Böhner an der Hand wieder zurück. Er hatte von Böhner's Thaten gehört und führte ihn deswegen in die Gesellschaft, damit er einige Belohnung seiner Rechtschaffenheit erhalten möchte. Er erzählte der Gesellschaft von Böhner's Thaten und Tapferkeit, gab ihm öffentlich einen herzlichen Kuß und nannte ihn seinen braven Bruder. Die Gesellschaft legte zugleich Geld zusammen; man überreichte ihm dies Geschenk, welches so viel betrug, daß er bei guter Anwendung lebenslang davon leben konnte. Als er es empfing, stammelte er nur wenige Worte des Dankes und der Freude. Am meisten freute er sich darüber, daß seine arme alte Mutter noch lebte, und daß er nun im Stande war, ihr eine Unterstützung zu schicken.

Achtung für den öffentlichen Gottesdienst.

Gellert war ein eifriger Freund des öffentlichen Gottesdienstes.

Schon als Knabe und Jüngling, sowie sein ganzes Leben hindurch besuchte er denselben sehr gewissenhaft und mit Andacht.

„Wir gehen", sagte er, „mit dem Sonntage zu leichtsinnig um, und ich bin überzeugt, eine frömmere Anwendung desselben ist zum Wachsthum in der Religion und Gottseligkeit ein unentbehrliches und zugleich das beste Mittel. An diesem Tage sich von seinen Geschäften losmachen, sein Herz prüfen, zum Himmel erheben, es mit den Wahrheiten des Glaubens nähren und stärken, heißt: es auf die ganze Woche stärken, und sich zur rechtschaffenen Ausübung seines Berufs rüsten. Wer den Sonntag wohl anwendet, der kann nicht leicht die übrigen Tage übel zubringen. Wer ihn hingegen schlecht anwendet, wie kann der glauben, es sei seine Pflicht, die übrigen Tage gut anzuwenden? Vergiß, sagte er, an diesem Tage die Kleinigkeiten der Erde! Weihe dich ganz der Religion und dem Himmel! Empfinde die Wohlthaten Gottes, das Glück frommer Freunde und ihrer Gespräche, die Freuden der Natur und ihrer Wunder! Bete, denke, erforsche dein Herz, dein Gutes, deine Schwachheiten, und bemerke die Hindernisse deiner Tugend! Erkenne, daß du von Gott allein die Kräfte zu deiner wahren Wohlfahrt hast. Suche sie demüthig von ihm und sei dankbar für die, welche du empfängst. Wir vergessen unsere Schwachheit und Unwürdigkeit unter dem Getümmel der Geschäfte und Angelegenheiten des Lebens gar zu leicht, wenn wir nicht eine Zeit festsetzen, unser Unvermögen und die Macht und Güte Gottes, unsere Unwürdigkeit und die Macht und Hoheit Gottes zu erkennen. Diesem Geschäfte soll der Sonntag gewidmet sein. Er ist der Tag des Gebets und der Ruhe, worin die Seele allein ihr wahres Glück findet."

Trost im Tode.

Der fromme Kurfürst zu Sachsen, Friedrich der Weise, tröstete sich in seinen letzten Stunden über die Schrecken des Todes vorzüglich mit den Worten der Schrift: „Kommet her zu mir Alle, die ihr mühselig und beladen seid, ich will euch erquicken." Diese Worte wiederholte er auch öfters in Gegenwart der Umstehenden. Ueberdies hatte er seinem Hofprediger, Spalatin, befohlen, die Schriftstellen: „Also hat Gott die Welt geliebet u. s. w.;" „Dies ist der Wille Gottes, daß, wer an den Sohn (Gottes) glaubt u. s. w.", mit großen Buchstaben auf ein Täfelchen zu schreiben, das seinem Bette gegenüber aufgehängt ward, welche Gewohnheit er von Jugend auf gehabt, indem er die merkwürdigsten Aussprüche, die er gelesen und gehört hatte, in seinem Zimmer an die Wand zu schreiben pflegte.

Als ihn Jemand wegen des nahen Endes tröstete, sprach er: „Der Herr hat das Leben gegeben und kann es auch wieder nehmen."

Wenn er auf dem Todtenbette gefragt wurde, wie er sich befände, pflegte er immer zu antworten: „Der

Geist ist ruhig, aber der Leib leidet Schmerzen." Und als man ihn, da er heftige Steinschmerzen leiden mußte, fragte, ob er sonst noch ein Anliegen habe, so sagte er: „Ich habe ein ruhiges Herz und ein gutes Gewissen; die äußerlichen Schmerzen am Fleische will ich gern mit Geduld, um Christi willen, leiden."

Endlich verschied er mit den Worten, die er vernehmlich und laut öfters wiederholte: „Kommt her zu mir Alle."

Der echte und wahre Menschenfreund Christian Gottlob Frege.

Christian Gottlob Frege, der Sohn eines Predigers zu Lampertswalde bei Dresden, ein Kaufmann zu Leipzig, verdankte einen großen Theil seines ansehnlichen Vermögens seiner rastlosen Thätigkeit und strengen Moralität.

Die schönste Seite seines Charakters war die thätige Theilnahme an dem Wohl und Wehe seiner Mitmenschen.

Besonders bewies er sich im Jahre 1771 bei der großen Theuerung als einen wohlthätigen Freund der leidenden Menschheit. Er unterstützte einen großen Theil des Landes durch Geldvorschüsse, ließ viele Ladungen Korn auf die Elbe kommen und nahm sich so nach allen Kräften der Bedrängten an. Er ging selbst von Haus zu Haus, sammelte für die Armen und versprach, aller Bettelei völlig zu steuern, wenn man ihm monatlich eine Unterstützung bewillige, zu welcher jeder beliebige Beitrag willkommen sein würde. Der brave Mann hielt Wort. Er ließ auf dem Walle zu Leipzig eine Anzahl Backöfen bauen, ging selbst alle Morgen dahin und theilte Brot und Geld aus. Seine gleich gut gesinnte Frau veranstaltete indeß Collecten von Kleidern, welche sie an die Armen vertheilen ließ.

Der unerschrockene und wunderbar erhaltene Pestgeistliche, Wolfgang Uhle.

In der Stadt Annaberg, im sächsischen Erzgebirge, wüthete im Jahre 1568 die Pest; kein Haus blieb verschont; was heute noch gesund war, war morgen schon eine Beute der Seuche. Viele Hunderte starben dahin, und die Sterbenden verlangten nach der Erquickung des heiligen Abendmahls; aber die dasigen Geistlichen durften nicht zu den Verpesteten gehen; die Anstellung eines besondern Pestgeistlichen erschien deßhalb dringend nöthig. Da sich nun aber Niemand fand, der den Tod bringenden Posten hätte übernehmen mögen, so hielt bei im Jahre 1558 von dem Herrn von Schönberg auf Purschenstein zu Clausnitz angestellte Prediger, Namens Wolfgang Uhle, ein Bürgerssohn aus Elterlein, um die Stelle eines Pestpredigers an, bei welchem Gesuche er dem Rathe zu Annaberg versprach, daß er sein Leben dem Troste der Pestkranken aufopfern wolle. Die Stelle wurde ihm sogleich übergeben, und täglich und stündlich begab er sich in die Gefahr des Todes; 2228 Personen starben in Annaberg, aber der unerschrockene Pestprediger blieb von der Pest unberührt. Als endlich die erbarmungslose Feindin des Menschenlebens zu Ende desselben Jahres das so öde gewordene Annaberg verließ, so wurde der Pestprediger als Pastor zu Breitenbrunn angestellt, wo er im Jahre 1597 am Altare von einem Schlagfluß getroffen wurde und todt zu Boden sank.

Heldenmuth des Amtmanns Hermann zu Grünhayn.

Mit dem Ausgange des Monats Mai 1790 brachen die Einwohner von 7—8 böhmischen Dörfern, bewaffnet mit Keulen, Stangen und Hacken, in das Kursächsische Amt Grünhayn ein, und fingen förmlich zu plündern an.

Die Sachsen, die sich dieses Ausfalles nicht versehen hatten, trauten ihren Augen kaum, als sie eine so zahlreiche Menge böhmischer Bauern in ihren Gehöften hausen sahen; und da ihnen der Feind überlegen war, so wagten sie es nicht, Widerstand zu thun, sondern berichteten es in der größten Geschwindigkeit ihrem Amtmann.

Dieser brave Mann schwang sich eiligst auf sein Roß und jagte in voller Carriere mitten unter den Haufen der tollkühnen Plünderer. Er zog seinen Hut ab und bat sich auf einige Minuten Gehör aus, welches ihm die Menge, welche über die Herzhaftigkeit dieses Mannes staunte, sogleich verwilligte.

„Nachbarn und Brüder!" begann er nun mit sanfter und freimüthiger Stimme, „fast sollte ich glauben, die Bande der Freundschaft und Blutsverwandtschaft, die durch die Verheirathung unserer Kinder so oft geknüpft worden sind, wären gänzlich zerrissen. Ihr kommt nicht als Söhne und Freunde, nicht als Väter und Brüder, sondern — daß ich durch keinen harten Ausdruck Eure erhitzte Leidenschaft von Neuem reize — als beleidigte Feinde über unsere Grenze, stört unsere Ruhe, nehmt uns das, was wir Euch gern mit Güte geben würden, mit Gewalt, und verderbt uns die gute Meinung, die wir von Euch hatten."

„Seid ihr bedrückt und gedrängt? Sollen wir Euch beistehen? — Von Herzen gern mit Rath und That, mit Leib und Leben! Wir sind ja Eines Gottes Kinder, wenn auch zweier Herren Unterthanen; und nicht nur Beruf, sondern Pflicht ist es, Euch beizustehen, wo wir nur können. — Hier habt Ihr den Zügel meines Pferdes! Sehet, ich trete mitten unter Euch, ohne Eisen und ohne Stahl; aber mein gutes Gewissen und meine Liebe zu Euch sind mehr als Waffen gegen Eure Mordgewehre. Jetzt sagt mir Euren Kummer, schüttet Euer Herz vor mir aus! Ich meine es gut, recht von Herzen gut mit Euch, und wenn Ihr mir die Ursachen Eurer Unruhen eröffnet habt, so wollen wir mit einander berathschlagen, wie wir Euch am besten helfen können."

Die Tumultanten sahen sich bei dieser Rede einander an, bewunderten den unerschrockenen Helden, und Keiner getraute sich den Mund aufzuthun. Und so hatte Hermann's ungekünstelte Beredsamkeit sie beschämt, entwaffnet und ihre Hitze abgekühlt.

Endlich ergriff Einer von ihnen des Amtmanns Hand, schüttelte sie und sagte:

Bei Gott, Herr! wir Alle sind blind gewesen; aber wenn Kummer und Jammer uns immer auf den Hacken folgt, so kann man wohl endlich alle fünf Sinne verlieren. Die Stützen unsers Alters, unsere Söhne, die bravsten Jungen von der Welt, müssen sich von den Preußen und Türken zusammenhacken lassen; unsere Weiber und Töchter heulen und schreien, daß es einen Stein in der Erde rühren möchte; unsere Lebensmittel zehren die Einquartierungen auf; das Brot wird täglich seltener u. s. w., und so sind wir herübergekommen, um uns Lebensmittel zu holen, sonst müssen wir und unsere Kinder verhungern. Aber wir sehen es ein, daß wir Unrecht haben, und es thut uns Allen herzlich leid. Nun, lieber Gott! in der Noth bedenkt man es nicht!"

Der Amtmann war äußerst gerührt über die mißliche Lage dieser armen Leute, machte Anstalten zur schleunigen Hülfe, und ohne viele Mühe brachte er seine guten Unterthanen dahin, daß diese freiwillige Beiträge an Korn, Weizen, Gerste und allerlei Arten von Gemüse zusammenschossen, wozu er selbst ein Ansehnliches beitrug. Alles wurde auf Wagen geladen und in die Behausung der nun besänftigten Plünderer gefahren.

Hand in Hand begleiteten jetzt die Einwohner der beunruhigten Dörfer mit dem Amtmanne die Tumultuanten bis an die Grenze, wo der Amtmann sie zur Ruhe und zu gegenseitiger nachbarlicher Treue ermahnte, und von ihnen mit heißen Thränen der Reue und des Dankes gesegnet ward.

Der beste Trost.

Luther fragte eines Tages den Superintendenten Dr. Hieronymus Weller zu Freiberg, der sich 8 Jahre in Luthers Hause aufgehalten hatte, wie es ihm gehe? „Kümmerlich und betrübt," antwortete Weller. „Seid Ihr nicht getauft?" versetzte Luther; und in der That, er sagte mit dieser einzigen Frage viel.

Ebenso tröstete einst der berühmte Cramer seinen Freund Gellert, der ihm sein gepreßtes Herz aufschloß: „Wer einen Gott zum Erlöser und Helfer hat, der soll nicht traurig sein, wenigstens es nicht bleiben," sagte Cramer. Dieser Zuspruch bewirkte bei Gellert so viel, daß er bald darauf einem seiner leidenden Freunde schreiben konnte: „Trösten Sie sich mit mir; Gott ist die Liebe, und unser Erlöser unsere Kraft und Stärke und Seligkeit!"

Kindliche Ergebung in den Willen Gottes.

Der selige Schlipanius, Freitagsprediger zum heiligen Kreuz in Dresden, hatte sich in der schrecklichen Belagerung, welche diese Stadt im siebenjährigen Krieg erlitt, wegen der fürchterlichen Gewalt der Bomben mit den Seinigen in einem Keller verborgen. Als man ihm dahin die Nachricht brachte, daß sein Haus in vollen Flammen stehe, sprach er zu den Seinen: „Kinder, wir müssen auch Gott im Feuer loben! Der Herr hat's gegeben, der Herr hat's genommen; sein Name sei ewig gelobt! Zum Seligwerden braucht ihr dieses nicht, was euch Gott jetzt im Feuer nimmt; wir müssen ja vor Gott ohnedem als die allergrößten Bettler, aus lauter Gnaden, allein um Jesu Blutes und Todeswillen selig werden. Wie er Euch wird durchbringen, das wird er wissen; ich traue es seinem Erbarmen zu, daß er mich noch eine kleine Zeit wird bei Euch lassen, daß wir das Nothdürftigste wieder anschaffen können." So sprach er, und gerade so, wie er sagte, erfuhr er es in der Folge.

Kindliches Vertrauen auf Gott.

Luther betrachtete die gewöhnlichsten Dinge um sich her mit einem schönen, reinen Blicke des Gottesfreundes.

Eines Abends sah er ein Vögelchen auf einem Baume sitzen, auf dem es übernachten wollte. „Dies Vögelchen," sagte er, hat sein Nachtmahl gehalten, und will fein sicher schlafen, bekümmert sich gar nicht, noch sorget es für den morgenden Tag oder Herberge, wie David sagt: Wer unter dem Schirm des Allerhöchsten wohnt u. s. w., es sitzt auf seinem Zweiglein zufrieden und läßt Gott sorgen."

Edle Standhaftigkeit der Katharina, Herzogin von Sachsen.

Dieselbe war eine geborne Prinzessin von Mecklenburg, und Gemahlin Heinrichs des Frommen, Herzogs von Sachsen.

Heinrich hatte von seinem Bruder, Herzog Georg, nichts weiter als Freiberg und Wolkenstein erhalten; und dabei versuchte dieser Alles, ihm das Wenige, was er besaß, abwendig zu machen, und zwar deshalb, weil er sich für Luthern erklärte.

Auf Anrathen des Papstes machte er den Versuch, ihn durch Geld und durch Anerbietung der größten Vortheile zu bestechen; vor allen aber sollte er suchen, rieth der Papst, die Katharina auf seine Seite zu bringen, da sich dann das Übrige bald machen würde. Herzog Georg folgte diesem Rathe. Er schickte Gesandte von Dresden nach Freiberg, die eine sehr reiche Provinz und eine bedeutende Summe baaren Geldes anboten.

„Wozu," sagte Katharina zu den Gesandten, „sind alle die Versprechungen und dieses Geld nöthig? Will Herzog Georg Etwas, was mir zu meinem ewigen Heile frommt, so bin ich und mein Gemahl bereit, das umsonst zu thun; will er aber etwas anderes, so hat er nicht Gold und Silber genug, mich dazu bewegen zu können." Aller Welt Reichthümer, setzte sie hinzu, wolle sie nicht für Christus und die Religion nehmen. Sie wundere sich, wie sie Georg versuchen, und glauben könne, daß sie Leuten gleich wären, die dieses Irdische höher schätzten als den Himmel und ihr Gewissen. Gleichwohl verzeihe sie ihrem Schwager von ganzem Herzen, und würde nicht unterlassen, für ihn zu Gott zu bitten. Die Gesandten aber würden ihr eine große Gefälligkeit erzeigen, wenn sie je eher je lieber Freiberg verließen, damit nicht Andere wenigstens durch sie bestochen würden. Denn ihre Sprache schien ihr der Sprache des Versuchers zu gleichen, die er gegen Christum geführt: Dieses Alles will ich dir geben, so du niederfällst und mich anbetest. — Sie wünsche indessen ihrem Bruder langes Leben, Gesundheit und den Genuß eines ruhigen Alters. Sie wären mit ihrer Armuth zufrieden, und wünschten Nichts als ein reines Gewissen zu erhalten, und selig aus dieser Welt zu gehen; Alles Uebrige stellten sie ruhig Gott anheim. — Die Gesandten wurden hierauf gefragt, wo sie hin wollten? Und als sie antworteten: Nach Dresden zurück, so wurde ihnen ein sicheres Geleit mitgegeben, das sie sicher und ungekränkt dahin zurückführte.

Dieser Edelmuth blieb nicht unbelohnt. Herzog Georg überlebte seinen Erbprinzen, und nach seinem Tode ward sein Bruder Heinrich, so gern Georg es auch verhindert hätte, Erbe, und Katharina ward die Mutter des großen und glücklichen Kurfürsten Moritz.

Leipzig, gedruckt bei F. A. Brockhaus.

Das Gratis-Magazin.
№⸗ 6.

Feindesliebe und Versöhnlichkeit.

Folgende Geschichte trug sich zu Ziccaro in Corsica bei einem Brunnen der Grafschaft Frasle zu, welcher ein ewiges Denkmal derselben bleiben wird*).

Ein Einwohner aus Ziccaro ruhete mit drei seiner Verwandten bei einem Brunnen in der Grafschaft, als der Mörder eines seiner Söhne, der nur ihm bekannt war, unvermuthet an eben den Ort kam. Er sprach ihm freundlich zu und nöthigte ihn, Theil an ihren Erfrischungen zu nehmen. Bei dieser Einladung, die der Mörder für einen Fallstrick hielt, erblaßte derselbe, und war seiner Verstellungskunst nicht mächtig. Weil er eben kein Mittel sah zu entfliehen, so mußte er die Einladung annehmen. Seine Sprache stockte und Todesfurcht erpreßte seiner Stirn kalte Schweißtropfen.

Nach dem Essen bat der Einwohner seine Gesellschaft, sich auf eine kurze Zeit zu entfernen, und blieb mit seinem Feinde allein.

„Dein Leben," redete er ihn an, „ist jetzt in meiner Gewalt, ich könnte es Dir auf der Stelle nehmen, und den Tod meines Sohnes rächen. Du hast mir viel Thränen bereitet, Trauer und Wehklagen in meine Familie gebracht; allein ich will alle diese Leiden vergessen, nur versprich mir: auch Deine Feinde so gut zu behandeln, wie ich Dich behandle, und überzeugt zu sein, daß Verzeihen weit rühmlicher und süßer ist, als sich rächen!"

Mit diesen Worten umarmte er ihn und ließ ihn dann seines Weges weiter gehen.

Jetzt rief er seine Verwandten wieder zu sich und sagte zu ihnen: „Der Mensch, der mit uns aß, ist der Mörder meines Sohnes; ich habe ihm verziehen und sein Leben gefristet, das in meinen Händen war. Folget meinem Beispiele, und thut ihm nie etwas zu Leide, was mir die Freude verbittern könnte eine schöne That vollbracht zu haben."

Möchte er sich in dem Charakter seines Feindes nicht getäuscht, und seine Großmuth ihre Wirkung nicht verfehlt haben.

Aus dem Talmud von Moses Mendelssohn.

Rabbi Meir saß am Sabbath in der Lehrschule und unterwies das Volk. Unterdessen starben seine beiden Söhne, beide schön von Gestalt und erleuchtet im Gesetz. Seine Hausfrau nahm sie auf den Söller und breitete ein weißes Gewand über ihre Leichname. Abends kam Rabbi Meir nach Hause. „Wo sind meine Söhne," fragte er, „daß ich ihnen den Segen

---

*) Siehe des Abbé Gaudin „Neueste Reise durch Corsica", Seite 83.

---

gebe?" Sie sind in die Lehrschule gegangen, war ihre Antwort. „Ich habe mich umgesehen," erwiederte er, „und bin sie nicht gewahr worden." — — Sie reichte ihm einen Becher; er lobte den Herrn zum Ausgange des Sabbaths, trank und fragte abermals: „Wo sind meine Söhne, daß sie auch trinken vom Weine des Segens?" Sie werden nicht weit sein, sprach sie, und setzte ihm zu essen vor. Er war gutes Muthes; und als er nach der Mahlzeit gedankt hatte, sprach sie: „Rabbi, erlaube mir eine Frage!" — „So sprich nur, meine Liebe!" antwortete er. — „Vor wenig Tagen," sprach sie, „gab mir Jemand Kleinodien in Verwahrung, und jetzt fodert er sie zurück; soll ich sie ihm wieder geben?" — — „Dies sollte meine Frau nicht erst fragen," sprach Rabbi Meir. „Wolltest Du Anstand nehmen, einem Jeden das Seine wieder zu geben?" — „O nein!" versetzte sie. — — Bald darauf führte sie ihn auf den Söller, trat hin, und nahm das Gewand von den Leichnamen. — „Ach, meine Söhne!" jammerte der Vater, — „meine Söhne!" — Sie wendete sich hinweg und weinte. Endlich ergriff sie ihn bei der Hand und sprach: „Rabbi, hast Du mich nicht gelehrt, man müsse sich nicht weigern wieder zu geben, was uns zur Verwahrung anvertraut ward?! Siehe, der Herr hat's gegeben, der Herr hat's genommen; der Name des Herrn sei gelobet!" — „Der Name des Herrn sei gelobet!" stimmte Rabbi Meir mit ein.

Der wahre Menschenfreund Leopold von Braunschweig.

Derselbe verdient mit Recht unter den wahren Menschenfreunden eine ehrenvolle Stelle.

Im Jahre 1780 dankte es ihm Frankfurt an der Oder, daß der Damm nicht durchbrach und daß die Vorstadt gerettet wurde, indem er die sichersten Veranstaltungen dabei traf.

Gleiche Thätigkeit bewies er bei den mehrmaligen Feuersbrünsten, die diese Stadt betrafen. Für die Erziehung armer Kinder sorgte er ganz besonders, und brachte den Nothleidenden selbst Geschenke ins Haus. Er besiegelte endlich seine Nächstenliebe mit dem Tode. Er sah einige Unglückliche bei einer großen Ueberschwemmung in den Wellen mit dem Tode ringen. Um sie zu retten, springt er in einen Fischernachen und will ihnen zueilen; aber die Fluth reißt ihn mit fort, stürzt das Boot um, und der Menschenfreund Leopold findet seinen Tod in den Wellen.

Wahre Freundschaft, oder: Das merkwürdige Vermächtniß.

Eudamidas, ein Korinther, hatte zwei Freunde, den Charixenes, einen Sycioner, und den Aretheus, einen Korinther. Weil er nun arm, seine zwei Freunde aber, wenn auch nicht reich, doch ziemlich bemittelt waren, so machte er sein Testament folgendermaßen:

Dem Aretheus vermache ich: meine Mutter zu ernähren und ihr im Alter beizustehen; dem Charixenes, meine Tochter gut zu verheirathen und sie so gut als möglich auszustatten. In dem Falle aber, daß Eine von den Beiden mit Tode abgehen sollte, so setze ich den noch Lebenden an des Verstorbenen Stelle ein. Diejenigen, welche dieses Testament zu sehen bekamen, spotteten darüber; allein seine Erben, die beiden genannten Freunde, nahmen dasselbe mit freudiger Bereitwilligkeit an. Ja, als Charixenes in kurzer Zeit nachher starb, ernährte und pflegte Aretheus die Mutter, die eben Jener, des Verstorbenen Eudamidas Vermächtnisses zufolge, zu ernähren gehabt hatte, aufs Sorgfältigste. Von dem Vermögen, das er besaß, gab er die eine Hälfte seiner einzigen Tochter mit, die andere aber der Tochter des Eudamidas; beiden richtete er an einem Tage die Hochzeit aus.

Auch unter den Wilden gibt es große Beispiele von kindlicher Liebe.

„Ein Agrassie Neger," so erzählt Isert in seiner Reisebeschreibung, „war durch Unglücksfälle in Schulden gerathen, die er nicht bezahlen konnte. Er ging zu seinem Gläubiger und zeigte ihm an, daß er zur Bezahlung Nichts weiter habe, als seinen eignen Körper, den er, wenn er wolle, verkaufen könne. Der Creditor ging alsbald mit ihm zu unserm Fort Königstein, und verkaufte ihn, von wo aus er hernach mit mehren Sklaven in der Halskette nach unserm Hauptfort transportirt wurde. Hier blieb er etwa sechs Wochen, bis das Schiff, womit er nach Ostindien gehen sollte, seine volle Ladung bekommen hatte.

„Während dieser Zeit hatte sein Sohn den edeln und kindlichen Entschluß gefaßt, seinen Vater aus den Ketten zu erlösen. Er kam deßhalb mit einigen seiner Verwandten zum Menschenhändler, und diese mußten ihn, wie vorher verabredet war, dringend bitten, daß er ihnen erlauben möchte, einen Sklaven einzutauschen. Da nun der Sohn jenes unglücklichen Negers ein schöner Jüngling war, so ließ sich der sonst harte und unempfindliche Menschenhändler zum Tausche bewegen. Man führte die Kette der Unglücklichen vor; und als der neue Sklave seinen Vater erblickte, fiel er ihm um den Hals, weinte Thränen des Dankes und der Freude, daß er so glücklich sei, ihn, seinen zärtlich geliebten Vater, erlösen zu können. Man öffnete die Kette, nahm den Vater heraus, und fesselte den Sohn hinein. Er war völlig ruhig, und bat den Vater, sich seinetwegen nicht zu betrüben.

Inzwischen war die Geschichte dem Gouverneur bekannt gemacht worden, welcher, von Menschenliebe durchdrungen, den braven Sohn wieder aus den Ketten herausnahm und ihn den Seinigen zurückgab. Alle reisten vergnügt nach ihrer Heimath.

Der wahre Menschenfreund Alfons der Fünfte von Aragonien.

Derselbe sah einst vom Lande aus eine Galeere, die mit den darauf befindlichen Soldaten und Matrosen in der größten Gefahr war. Aus Furcht vor dem unglücklichen Ausgange des Rettungsversuches wurden seine Befehle nicht schnell genug befolgt. Nun stieg er selbst in eine Schaluppe, um darin den Unglückbedrohten zu Hülfe zu kommen. Man stellte ihm vor, wie groß die Gefahr sei, der er sich dabei aussetze.

Er antwortete: „Ich will lieber an ihrem Schicksale Theil nehmen, als einen müßigen Zuschauer dabei abgeben!"

Vorsehung und Menschenliebe.
(Eine Begebenheit an dem Wasserfalle des Flusses Niagara in Nordamerika.)

Im Norden Amerikas ereignete sich eine der Ueberlieferung werthe Begebenheit, die uns zeigt, daß Seelengröße nicht stets ein Product der Civilisation ist, und daß uncivilisirte Wildheit und Edelsinn wohl vereinigt sein können. Wer hörte nicht jemals von den grandiosen Naturscenen des Niagarawasserfalles? Mit ewigem ununterbrochenem Donner wälzt der reißende Niagara aus den unerschöpflichen Betten der ausgedehnten Binnenseen seine Wasser von einer 4730 Fuß breiten und 164 Fuß hohen Flußbettdachung hinab, und sein mächtiger Fall sprüht dichte Massen von Wasserstaubwolken empor. Noch 15 Stunden weit hört man ein dumpfes tiefes Gemurmel; welche Feder vermöchte also sein Brausen zu schildern, das den Donner übertönt. Vor der Abdachung dehnt sich die 1300 Fuß lange Irisinsel aus, über welcher die in dem Wasserstaube sich brechende Sonne einen herrlichen Regenbogen bildet, dessen milde Farbentöne und duftiges Wesen einen imposanten Contrast mit der mächtigen Kraftäußerung unter ihm bildet. Die Insel theilt den Strom in zwei Arme, und die durch die Krümmung verursachte Brechung reißt mit unaufhaltsamer Gewalt Alles fort, was in seine Fluthen kommt.

Gleichwohl sind einmal zwei Indianer, die auf der Jagd waren, dahin verschlagen, und glücklich gerettet worden.

Diese beiden Indianer ruderten nämlich etwa eine Meile vom Falle den Strom hinauf; der Schlaf überfiel sie. Sie legten daher ihren Kanot (Kahn) am Ufer fest, und schliefen in demselben ein. Der Kahn arbeitete sich los und ging mit diesen beiden in festen Schlaf versunkenen Ureinwohnern gerade auf den Fall zu. Das wachsende Getöse weckt sie. Jeder kann sich ihren Schrecken vorstellen, da es unmöglich war, eins von den beiden Ufern zu erreichen. Sie mußten sich ihrem Schicksale ergeben.

Sie schwankten in einer qualvollen Alternative; vor ihnen der schnelle sichere Tod im Sturze des Niagara, neben ihnen das langsam marternde Absterben des Verhungerns; aber jede einen Augenblick zögernde Wahl war ein Verlust, und die Liebe zum Leben, der Gedanke einer möglichen wenn auch unbegreiflichen Lebensrettung vermochte sie, der Irisinsel zuzusteuern.

Da aber das leichte Kanot geschwinder als der Blitz mit fortgerissen wurde, so kostete es diesen beiden zwischen Tod und Leben sich befindenden Indianern die größte Mühe und Anstrengung, um an der Insel zu landen.

Vier volle Tage blickte ihr Auge sehnsüchtig nach dem über 400 Fuß entfernten Ufer hin. Aber nicht eine Seele zeigte sich, welche Zeuge ihres schrecklichen Looses geworden wäre, und Verzweiflung bemächtigte sich ihrer. Endlich sandte am fünften die Vorsehung Rettung. Es zeigten sich am jenseitigen Ufer einige ihrer Landsleute. Die Indianer gaben ihnen durch

Zeichen ihre hülflose Lage zu erkennen. Sie selbst aber zu ohnmächtig, um ihnen gleich ihre Hülfe zu bieten und die Natur zu überwältigen, zeigten die Thatsache dem Commandanten des Forts Niagara an. Dieser machte sogleich Anstalt zu ihrer Rettung. Da an diesem Tage glücklicherweise ein ungewöhnlich niedriger Wasserstand war, so gab ihm die Gunst des Augenblickes den Gedanken ein, große Stangen mit eisernen Spitzen beschlagen zu lassen, und ein Aufgebot an die Indianer ergehen zu lassen, mit diesem einzigen, precairen Rettungsmittel den Strom zu durchwaten. Glücklich erreichten sie das Ufer der Insel, gaben ihren Landsleuten die Stange ab und vollendeten mit glückgekröntem Erfolge die Rückkehr*).

Liebe, Hochachtung und Dankbarkeit gegen den Lehrer und Erzieher.

Der Graf Karl Friedrich Gottlieb von Castell, in Franken, hatte den 16. Febr. 1694 das Unglück, von seinem Hofmeister aus Unvorsichtigkeit mit einer Pistole in den Unterleib linker Seite geschossen zu werden. Der junge Graf behielt seine ganze Fassung, und war mehr wegen der Folgen für seinen Hofmeister besorgt, als für sich selbst; er rieth diesem daher, schleunigst die Flucht zu ergreifen, um dem Zorne seines Vaters, des alten Grafen, auszuweichen. Der junge Graf war so großmüthig, die Schußwunde so lange mit der Hand zu verbergen, bis er aus dem obersten Stockwerke des Schlosses den flüchtigen Hofmeister weit genug entfernt sah.

Nun erst entdeckte er seinen Aeltern die Verwundung. Als der Wundarzt den Schuß untersuchte, fand sich, daß zum Glücke kein Eingeweide im Unterleibe verletzt war; die Kugel stack im Rücken, wo sie durch einen Schnitt vom Wundarzte herausgenommen, und hierauf die Wunde glücklich geheilt wurde.

Dieser gutmüthige und wackere Graf starb den 9. Mai 1743, im 64sten Jahre seines Alters, als königlich polnischer und kurfürstlich sächsischer General der Infanterie und Gouverneur der Festung Pleißenburg und der Stadt Leipzig, wie auch des heiligen Henrici Ordens Ritter.

Gellert's Nachruhm

bestätigt unter Andern auch folgende Geschichte.

Ein Reisender von vornehmem Stande verlangte, als er nach Leipzig kam, Gellert's Grab, das auf dem dasigen Johanniskirchhofe befindlich ist, zu sehen. Es wurde ihm gezeigt. Er blieb einige Minuten in tiefen Gedanken stehen, und hielt seine Blicke auf das Grab gerichtet. Dann warf er sich auf dasselbe nieder, umfaßte den Leichenstein und rief aus: „Ich hab's gefunden, dein Grab, theuerster Gellert! Ich hab's gefunden! Hier ruhen also deine Gebeine, und ich stehe über deiner Asche! Tausend Dank für die Lehren der Weisheit und Tugend, die du mir gabst! Du hast mich auf den Weg der Glückseligkeit geführt, und durch deine Schriften meinen Geist und mein Herz gebildet." Und diese Lobrede hielt dieser brave Mann mit der größten Begeisterung, wobei ihm die Thränen über das Gesicht flossen. Er raufte hierauf bei dem Leichensteine einen Rasen mit der Erde aus, wickelte ihn in ein Tuch, und sagte: „Das will ich mit mir nehmen, und es wird mir heilig sein, weil es Erde von Gellert's Grabe ist."

Die edeldenkende Jüdin.

Martha, die Mutter eines verstorbenen Juden, Namens Aron, zu Krakau in Polen, verlieh Geld auf Pfänder. Einst brachte ihr eine arme Frau ein Gebetbuch. Die Jüdin besah es, und fragte die Ueberbringerin, warum sie gerade ein Gebetbuch versetzen wolle.

„Es ist mein einziger Reichthum," sagte sie, „und meine Kinder haben seit gestern kein Brot."

„Wie viel willst du haben?" fragte die Jüdin.

„Wenn ich zwei polnische Gulden bekommen könnte, so würde ich so lange auskommen, bis mein Mann, der Leinwand nach Deutschland führt, nach Hause kommt," sagte die arme Frau.

„Da sind zwei Gulden," sprach die Jüdin, „und Dein Buch; ich würde mich versündigen, wenn ich Dich verhinderte, zu Deinem Gott zu beten. Bist Du ehrlich, so wirst Du mich ohne Pfand bezahlen!"

Die fromme und gelehrte Prinzessin Eleonore Magdalene.

Unter den frommen Fürsten und Prinzessinnen, welche sich des Kreuzes Christi nicht schämten, zeichnete sich besonders die dritte Gemahlin des römischen Kaisers Leopold I., Eleonore Magdalene, eine geborne Pfalz-Neuburgische Prinzessin, aus. Sie war dem weltlichen Wesen und dem schimmernden Glanze des Hoflebens von Herzen abgeneigt und widmete jede Stunde, in welcher sie für sich allein war, religiösen Betrachtungen. Sie war nicht allein in den Wissenschaften wohl unterrichtet, sondern sie war selbst Dichterin und Componistin. Sie übersetzte auch unter andern die Psalmen ins Deutsche, verfertigte die Clavierbegleitung dazu und widmete sie ihrem Gemahl, dem Kaiser, welcher ebenfalls ein großer Musikkenner und Clavierspieler war. Sie überlebte ihren Gemahl und starb am 19. Januar 1719. Auf ihren Sarg ließ sie die Aufschrift setzen:

„Eleonore, eine arme Sünderin."

Verhüteter Meineid.

Dr. Weiß in Leipzig hatte einmal das Glück, eine Kindesmörderin vom Meineide abzuhalten. Er war mit einer Eideswarnung fertig, und schon hob sie die Finger auf, zu schwören. Jetzt fällt jener edle Mann auf seine Knie nieder, hob seine Hände zu Gott empor und betete. Dies innige Gebet rührte die Delinquentin und vermochte sie zum Geständniß der Wahrheit.

---

*) Nach den Berichten von mehreren Reisenden ist jetzt die Irisinsel mit dem Ufer des Niagara durch eine Brücke verbunden, welche auf eilf hölzernen Kegeln ruht, deren jeder mit 100,000 Pf. schweren Steinmassen, um dem Strom Widerstand zu leisten, gefüllt ist. Seitdem hat man die Insel angebaut, und Wohngebäude bieten dem Reisenden Ruhe und Erfrischung.

Tiefe Ehrfurcht vor Gott.

Der berühmte Kirchenvater Origenes, welcher sich einst zu Jerusalem befand, ward von den Lehrern der Gemeinde daselbst ersucht, in der öffentlichen Versammlung zum Gottesdienste eine Rede zu halten. Er ließ sich bewegen, und schlug die Handschrift der heiligen Bücher auf, um sich eine Stelle aufzusuchen, die er seiner Rede zum Grunde legen könnte. Sogleich fiel ihm folgende Stelle aus den Psalmen in die Augen: Zum Gottlosen spricht Gott, was verkündest du meine Rechte, und nimmst meinen Bund in deinen Mund? Durch diese Worte wurde Origenes bestürzt und tief gerührt. Er rollte die Handschrift der Bibel wieder zusammen und vergoß vor den Augen der ganzen Gemeinde einen Strom von Thränen.

Edelsinn und Feindesliebe des Herzogs von Guise.

Der Herzog von Guise, der oberste Befehlshaber über die Armee König Karl's des Neunten von Frankreich, ward einen Bösewicht gewahr, der ihm das Leben nehmen wollte, und der ihm gestand, daß er aus Eifer für seine Religion diesen Anschlag gefaßt habe.

Der Herzog, anstatt ihn tödten zu lassen, vergab ihm und sagte: „Wenn deine Religion dich getrieben hat, mir das Leben zu nehmen, ehe du mich hörtest, so verpflichtet mich die meinige, dir das Leben und die Freiheit zu schenken, nachdem ich dich gehört habe. Gehe hin und werde weiser!"

Geschwisterliebe.

Der Herr v. Remansat zu Marseille ließ kurz vor seinem Tode seine zahlreiche Familie um sein Bett versammeln, und dankte unter andern seinen Kindern für die Freude, die sie ihm durch ihren Gehorsam und namentlich durch ihre Geschwisterliebe bereitet hatten.

„Ehe ich aber sterbe," fuhr er fort, „muß ich Euch ein Geheimniß entdecken, welches Einen unter Euch aus Eurem Kreise entfernen wird. Einer von Euch ist nämlich nicht mein leibliches, sondern ein von mir angenommenes Kind; soll ich es nennen? „Nein, nein!" riefen Alle, wie aus Einem Munde, „wir wollen Alle Geschwister bleiben!"

Selbsterkenntniß.

Sokrates*) wurde von den Griechen seiner Zeit für den weisesten Mann ihrer Nation gehalten und erklärt. Er allein hielt sich dieses großen Ehrennamens nicht würdig. „Warum?" so fragte er sich selbst, „warum mag man mir wohl diesen Namen gegeben haben? Mir, der ich doch, wie andere Menschen, dem Irrthume und der Unwissenheit unterworfen bin, und Fehler genug an mir habe?" Endlich gab er folgenden Unterschied zwischen sich und Andern an: „Andere Menschen," sagte er, „glauben fälschlich, daß sie Viel wissen; ich aber weiß es, daß ich Nichts weiß."

*) Sokrates, geb. in Athen ungefähr 469 Jahre vor Chr. Geb., war ein großer Philosoph, der für den weisesten und tugendhaftesten unter allen Griechen gehalten wird.

Christliche Duldung.

Gustav Adolph, König von Schweden, war ein eifriger Anhänger seiner Religion, aber fern von allem blinden Religionseifer. Fast alle katholischen Geschichtschreiber versichern einmüthig, daß er mit den Katholischen glimpflicher umgegangen sei, als sie es selbst hätten vermuthen können.

Ob er gleich Länder mit dem Schwert erobert hatte, so schützte er sie doch in dem Besitze ihrer Güter und in der freien Ausübung ihres Gottesdienstes, und bestrafte Diejenigen aufs Härteste, die nur die geringste Gewaltthätigkeit ausübten.

Bei seiner Ankunft zu Landshut in Baiern empfingen ihn die Einwohner knieend. „Stehet auf," sagte er zu ihnen, „nicht einen sterblichen Menschen, wie ich bin, sondern Gott müßt ihr anbeten!"

Standhaftigkeit im Bekenntnisse der christlichen Religion.

Ignatius, ein Schüler des heiligen Apostels Johannes, und Bischof zu Antiochien, einer der berühmtesten Städte Asiens, mußte, mit Ketten beschwert, über 400 Meilen weit, nämlich von Antiochien nach Rom reisen, wo er am 20. December 107 n. Chr. Geb. auf Befehl des Kaisers Trajan den Löwen vorgeworfen wurde. Ehe dies aber geschah, wurden verschiedene grausame Foltern angewendet, um diesen frommen, ehrwürdigen Greis zu bewegen, daß er den Göttern opfern sollte. Unter andern befahl Trajan: „Thut ihm seine Hände auf und füllet sie mit Feuer, laßt ihn mit bloßen Füßen auf glühende Kohlen gehen!" Hierauf gab Ignatius die Antwort: „Weder brennendes Feuer noch siedendes Wasser kann die Liebe Gottes in mir erlöschen." In einem der Briefe, welche er auf der Reise von Antiochien nach Rom an christliche Gemeinden schrieb, liest man unter andern folgende rührende Stelle: Preiset Gott durch Christum, daß er den Bischof in Syrien (er meinte sich selbst) hat wollen hervorsuchen zum Märtyrertode. Es ist besser sterben um Christi willen, als herrschen über den ganzen Erdboden. Nach dem Herrn verlangt mich, nach Jesu Christo, dem Sohne Gottes; denselben suche ich, der für uns gestorben und auferstanden ist!"

Thätige Menschenliebe des Grafen von Berchtold.

Der Graf v. Berchtold in Brünn brauchte das Bad zu N., als ein Wetterguß einem armen Einwohner sein Häuschen wegschwemmte. Der Graf, der fast von allen nützlichen Handwerken Etwas verstand, schaffte Materialien herbei, und mit Hülfe seiner Bedienten, welche alle Hand anlegen mußten, bauete er die Hütte besser auf, als sie gewesen war. Diese Arbeit trieb er statt einer Bewegung auf die Badecur, und wenn die Brunnengäste stehen blieben, um ihn mauern zu sehen, hielt er ihnen den Hut vor. Mein Haus muß meublirt sein, sagte er, und durch die Almosen, die er sammelte, wurde der Verunglückte in den Stand gesetzt, von seinem Verluste sich wieder zu erholen.

Leipzig, gedruckt bei F. A. Brockhaus.

Das Gratis-Magazin.
№ 7.

Der Mäusethurm bei Bingen am Rhein.

Ein großer Theil unserer Leser hat vielleicht zuweilen schon den Namen jenes unscheinbaren Gebäudes gehört oder gelesen, ohne die Sage zu kennen, die sich an diesen Namen knüpft. Es beruht dieselbe auf einer dem Mainzer Erzbischof Hatto II., der zur Zeit des teutschen Kaisers Otto des Großen (936—973 n. Chr. Geb.) lebte, angedichteten Grausamkeit; doch ist das Ganze wahrscheinlich nichts weiter als eine dichterische Erfindung des zum Mährchenglauben geneigten Mittelalters, da wir aus alten Urkunden ziemlich genau ersehen, daß genannter Erzbischof Hatto ein menschenfreundlicher und würdiger Geistlicher gewesen sei, den der Kaiser sehr hoch geschätzt und deshalb immer um sich gehalten habe. Doch davon weiter unten. Was die Sage selbst betrifft, so erzählen wir diese unsern Lesern in der Weise eines mittelalterlichen Volksliedes, das sich bis auf unsere Tage erhalten hat; es lautet folgendermaßen:

Fürwahr es ist kein Zweifel dran,
Daß die Maus gar wohl schwimmen kann.
Denn als Hatto, Bischof zu Menz (Mainz),
Das Korn sammelt' in seiner Grenz
Und arme Leut kamen gelaufen,
Um für ihr Geld ihm Korn abzukaufen,
Versperrt er die in eine Scheu'r
Und ließ sie verbrennen im Feu'r.

Als aber die gefangenen Mann
Ihr Jammergeschrei fingen an,
Lacht der Bischof von Herzensgrund,
Sprach mit seinem gottlosen Mund:
„Wie schön können die Kornmäus singen;
„Kommt, kommt, ich will euch mehr Korn bringen!"
Von Stund an sah er Abentheu'r.
Die Mäus liefen zu ihm vom Feu'r,
So häufig, daß Niemand konnt' wehren,
Sie wollten ihn lebend verzehren.

Darum baut er mitten im Rhein
Einen hohen Thurm von rotem Stein,
Den Euer viel haben gesehen,
Darauf den Mäusen zu entgehen.
Aber es war verlorne Sach,
Sie schwummen ihm mit Haufen nach,
Stiegen muthig am Thurm hinauf,
Fraßen ihn ungebraten auf.

Obgleich nun mehrere Legenden, die wir noch aus dem Alterthume besitzen, die Sache eben so erzählen, vielleicht weil sie einander folgten, so dürfte es doch nichts mehr als eine bloße Fabel sein, da uns unzweideutige Urkunden über Charakter und Lebensweise jenes Mannes genügend belehren. Es sei uns erlaubt, in der Kürze Folgendes aus seinem Leben hier mitzutheilen:

Hatto II. war, bevor er Erzbischof zu Mainz wurde, Abt zu Fulda; dort regierte er nicht allein zwölf Jahre lang sehr löblich, sondern er stand auch in großem Ansehen bei Kaiser Otto dem Großen, dem er durch seine Weisheit fast unentbehrlich geworden war; auf allen Reisen des Kaisers war er sein steter Begleiter. So ging er mit ihm auf den Reichstag zu Regensburg und dann im Jahr 961 auf jenen berühmten zu Worms, wo der Kaiser seinen Sohn Otto zum Nachfolger im Reiche mit Einstimmung der Reichsstände erklärte. Hatto wohnte hierauf im folgenden Jahre der Kaiserkrönung zu Aachen bei, und wurde als Reichsmarschall nach Italien geschickt, um dort die Zubereitungen zum kaiserlichen Hoflager zu bestellen. Bei der darauf erfolgten Krönung zu Mailand und der Kaiserkrönung zu Rom war Hatto ebenfalls gegenwärtig und unterzeichnete nebst andern Vornehmen des Reichs jene merkwürdige Urkunde, wodurch der Kaiser dem Papste Johann XII. die Erbschaft des heiligen Peters bestätigte. Im J. 965 kam Hatto mit dem Kaiser aus Italien zurück, war aber noch kein Jahr in seinem Kloster, als er abermals mit dem Kaiser und dessen Sohn, dem römischen Könige, nach Rom reisen mußte. Von Letzterm nicht weniger geehrt und geliebt, als von dem Vater selbst, erhielt er von demselben den glänzendsten Beweis seiner Achtung und die Belohnung seiner Verdienste. Denn als im Jahre 968 der Erzbischof Wilhelm von Mainz, ebenfalls ein Sohn Ottos des Großen, gestorben war, so erhielt Hatto durch Verwendung des Königs Otto II. die erzbischöfliche Würde zu Mainz, welche er jedoch keine zwei Jahre bekleidete. Er starb im Jahr 970 eines natürlichen Todes und wurde zu Mainz in der Albanuskirche begraben.

Ebenso wie das Leben dieses Mannes, das doch wahrlich fern von gemeiner Grausamkeit war, enthält die Geschichte des Mäusethurms selbst, wie sie sich aus Vergleichungen und alten Nachrichten ergibt, eine Widerlegung der oben angezogenen Fabel.

Der Mäuse- oder Mausthurm war seiner ursprünglichen Bestimmung nach nichts anders, als ein zur Sicherheit und Beschützung der Rheinfahrt und zu Durchsuchung der vorbeifahrenden Schiffe (wegen des Zolls) angelegter und mit Muserie d. h. mit Geschütz in der Folge versehener Musethurm. In der gothischen Sprache wird unter dem Worte Mus, Musa ein Harnisch verstanden, die Deutschen erweiterten den Begriff noch, daher z. B. Musemeister, so viel als Aufseher des Geschützes.

Was die Zeit der Erbauung des Mäusethurms betrifft, so haben Einige, weil es mit Hatto II. doch nicht recht gehen wollte, diese beim Erzbischof Willigis, dem zweiten Nachfolger Hatto's, gesucht, der in den Jahren von 975—1011 n. Chr. regierte. Allein auch damals ist noch nicht an vielbesagten Thurm gedacht worden. Er ist vielmehr wahrscheinlich ein Werk des 13. Jahrhunderts und mit dem Schlosse Ehrenfels, welches von dem Rheingauer Viztthum Philipp II. von Bolanden auf Kosten des Erzbisthums Mainz erbaut wurde, ganz gleichzeitig, mithin ums Jahr 1219 entstanden. Schon die bloße Vergleichung der Bauart, besonders der an dem Thurme befindlichen Zierrathen mit jenen des gegenüberstehenden Schlosses Ehrenfels, wird jeden in der alten Baukunst nur leicht Bewanderten überzeugen, daß beide Gebäude zu gleicher Zeit, vielleicht von einem und demselben Meister ihr Dasein erhalten haben und nichts weniger als Merkmale der Baukunst des 10. Jahrhunderts an sich tragen. Der Mäusethurm ward stets als eine Vormauer von Ehrenfels betrachtet, daher derselbe auch gewöhnlich, besonders zu Kriegszeiten, mit Mannschaft und Geschütz besetzt und versehen war. Sein Schicksal ward auch stets an das jenes Schlosses gekettet; sobald dieses einmal in Verfall kam, ging es dem Thurme nicht besser. Jetzt steht er ohne Dach, trauernd und öde da.

Pferderennen der Engländer.

Das Wettrennen zu Pferde ist ein uralter Gebrauch im Dorfe New-Market, welches sechzig (englische, ungefähr 13 deutsche) Meilen von London liegt. Alle Jahre setzt hier der König hundert Guineen für den besten Läufer aus, und ein Pferd, welches diesen Preis zwei Jahre gewonnen, darf nicht mehr um den Preis laufen. Dieser Flecken ist der Sammelplatz der schnellsten Pferde Englands. Die ganze Rennzeit dauert eine Woche, wird aber jährlich einige Male wiederholt. Man erzieht dazu Pferde von den schönsten arabischen und berberischen Racen; acht Tage vorher kündigen die Zeitungen jedesmal die Rennwoche an und der König sieht dem Wettlaufe öfters zu.

Die gewöhnliche Rennbahn ist beinahe eine deutsche Meile lang, grade und mit niedrigem Grase überwachsen; das Ziel, welches zwei hohe viereckige Pfeiler bilden, steht nahe am Dorfe. Hinter einem dieser Pfeiler befindet sich ein vereideter Wächter, welcher demjenigen Pferde den Preis zuerkennt, dessen Kopf zuerst hinter dem Pfeiler hervorkommen sieht.

Zu diesem ehrenvollen Wettjagen bereiten sich geübte Bereiter durch eine strenge Lebensordnung vor; gewöhnlich sind es kleine, leichte Personen. Ein solcher gewinnender Schnellreiter bekommt außer der vielleicht eingegangenen Wette (s. unten) für jedes Rennen fünf Guineen (die Guinee macht $6^{1}/_{3}$ Thlr. Gold). Die Reiterkleidung ist eine kurze Weste von Seidenzeug und Atlas, ein kleiner Sommerhut ohne Krempe, blos mit einem kurzen Aufschlage vorn, lederne Beinkleider und lange scharfe Sporen nebst einer starken Reitpeitsche. Weste und Hut sind stets gleichfarbig, roth, gelb u. s. w. Was die Pferde selbst betrifft, so sind diese meist mager, haben eine schmale Brust und lange feste Füße; ihr Haar ist fein und kurz, der Hals lang und dürr. Man braucht nur Hengste oder Stuten, niemals aber Wallachen. Sie sind ohne Stollen beschlagen, die Mähne wird ihnen rechts und links mit Strohflechten in durchsichtigen Zöpfen sehr zierlich eingeflochten. Die ganze Aufzäumung besteht in einer gewöhnlichen starken Trense; außerdem tragen sie über einer wollenen Decke einen ganz kleinen englischen, glatten Sattel, welcher aber vorn und hinten gewölbt und so leicht ist, daß er oft nur drei Pfund wiegt. Ein solches Pferd kostet sechs- bis achthundert Guineen und wird selbst zuweilen noch theurer bezahlt. Um seine Kräfte und Fähigkeiten zu erproben, stellt man erst allerlei Versuche mit ihm an, und versprechen diese Proben einen guten Erfolg, so führt man es oft schon im dritten Jahre auf den Rennplatz; selten sieht man achtjährige Pferde zum Wettrennen vorführen, weil zu solcher Anstrengung viel Jugendfeuer erfodert wird. Gegen die Rennzeit reicht man ihm nur wenig Heu nebst geschältem Hafer, und man treibt es nur allmälig zur Schnelligkeit an, um den Athem des Pferdes zu schonen.

Den Tag vor dem Wettrennen schreibt ein Geschworner das Reitpferd und seine Herkunft auf; sein Alter rechnet man stets vom ersten Mai an, und es mag ein Frühlings- oder Herbstfüllen sein. Einige Stunden vorher führt man die Pferde in den Stall des Rennplatzes, worin sich eine Wage befindet; auf dieser werden die Reiter, ehe sie aufsitzen, gewogen. Wenn dieselben und ihre Sättel nicht das gehörige Gewicht haben, so müssen sie in ihre Beinkleidertasche so viel Blei stecken, bis das Gewicht voll ist, denn es wird dasselbe bei jeder Wette ausgemacht, indem man gewohnt ist, den Hengsten und alten Pferden mehr aufzulegen, als den jungen Pferden und Stuten. Bei dem Wettrennen selbst ist es das Gewöhnlichere, nur zwei Pferde auf einmal ablaufen zu lassen, doch kommt es vor, daß man auch zehn Wettläufer zugleich in die Bahn treibt. Alsdann setzt jeder Pferdeeigenthümer eine gewisse Summe für das Pferd aus, welches zuerst das Ziel erreicht; öfters bestimmt man auch, daß einer dem andern den Weg durch Ausbiegen und Kreisbewegungen erschweren soll. Alle angenommenen Wettvorschläge werden vorher durch den Druck bekannt gemacht, und man führt dabei alle Pferde mit Namen und Farbe, wie auch die Namen und Kleidungen der Reiter an. Die ansehnlichsten Wetten finden fast sämmtlich unter den Zuschauern statt, diese geschehen oft mitten im Rennen auf dieses oder jenes Lieblingspferd. Täglich fängt man diese Spiele die ganze Rennwoche hindurch um 1 Uhr an. Jeder Ritt wird in drei Viertelstunden vollendet, und so setzt man sie bis um 4 Uhr fort. Um die festgesetzte Stunde sattelt jeder Bereiter sein Pferd und setzt sich auf. Die Stellung des Reiters ist ganz vorgebeugt; in jeder Hand hält derselbe einen Zügel und außerdem in der Rechten noch die Peitsche in die Höhe gerichtet; beide Hände schließen niedrig an. Im Ritte selbst bemüht man sich, einander so nahe als möglich zu bleiben, da der bekannte Ehrgeiz der Pferde, wenn sie sich im Gesichte haben, ihre Anstrengungen bedeutend vermehrt. Ehe die Wettläufer abreiten, fragt der Geschworne einen jeden, ob sie Alles in Ordnung gebracht haben, und auf ihr Bejahen ruft er aus: So reitet zu! Anfangs schont jeder sein Pferd, weil es schon an sich feurig genug in die Zügel schäumt, und bis zur Rennbahnhälfte halten sie sich bei einander. Dann aber stürmen sie, des Zaumes ledig, wie auf Flügeln des Windes dahin, kaum scheinen die Füße das Erdreich zu berühren, und sie sind schon am Ziele, wenn man kaum noch den dumpfdonnernden Ton der eilenden Rosse gehört hat. Selten bedarf es noch im letzten Moment des Sporns und der Peitsche, denn im schnellsten Augenblicke stürzt sich auch das zurückgebliebene fliegend seinem Ziele zu. In sieben bis acht Minuten sind also die vier englischen Meilen zurückgelegt. Das Pferd des Herzogs von Devonshire soll in einer Minute eine (engl.) Meile durchlaufen haben, jeder Satz, den es fortschoß, soll 23 Fuß lang gewesen sein.

Die verlierenden Pferde bleiben dennoch selten weit vom Ziele zurück; ein Pferd, das 220 Ellen zurückbleibt, darf nie wieder auf dem Kampfplatze erscheinen. Während des Wettflugs schweben die Wettenden in dem Hause, woraus sie den Act mit ansehen, zwischen Beklommenheit und Hoffnung und folgen mit starrem unverwandtem Blicke ihrem Günstlinge nach. Der Geschworne entscheidet, und sein Ausspruch beendigt alle Gegeneinwendungen. Ist es der Fall, daß zwei Pferde zugleich das Ziel erreichen, so wird die Wette für ungeschehen erklärt.

Am Ziele selbst bemüht sich Jeder sein Pferd beftig anzuhalten, allein dies ist unter hundert Schritten nicht leicht möglich. Die Reiter selbst sind außer Athem und sehen wie wilde Gespenster aus. Nach dem Absteigen werden sie nebst dem Sattel nochmals gewogen, damit nicht etwa irgend ein Betrug habe unterlaufen können. Die Pferde scheinen weniger von der ungeheuern Anstrengung zu leiden, als man wohl denken mag. Sie dehnen zwar die Nüstern weit und schnellschnaubend auseinander, zittern am ganzen Leibe und alle Adern sind stark angelaufen; doch klopfen die Seiten nicht heftig, sie sind noch munter und rasch, wollen nicht still stehen, scharren mit den Füßen den Boden auf und sind oft so unruhig, als im Anfange. Man sattelt auf der Stelle ab, gießt ihnen etwas Wasser mit weißem Weine in den Mund und führt sie dann in den Stall, wo man sie sogleich reinigt und mit Stroh so lange reibt, bis sie völlig trocken sind. Mehrentheils findet man sie vom Sattel gedrückt, nun bedeckt man sie mit wollenen Decken und führt sie herum. Gewöhnlich sieht man bei jedem Wettrennen neue Pferde, und doch macht man mit demselben Läufer in der Woche mehre Wetten. Es gibt Manche, denen das Glück und die Geschwindigkeit ihrer Rosse zu bedeutendem Reichthum verhilft; Viele aber werden durch dieses, wie durch andere Spiele, die man bei dieser Lustbarkeit in New=Market anstellt, arm und unglücklich.

Der Orden der deutschen Ritter.

Dieser Orden, welcher, wie so viele ähnliche Einrichtungen, seine Entstehung der phantasiereichen schwärmerischen Zeit des Mittelalters verdankt, kommt auch unter dem Namen des Ordens der deutschen oder Kreuzherren vor. Er wurde 1190 bei Gelegenheit der Kreuzzüge in dem heiligen Lande gestiftet, und weil nur altadelische Deutsche darin aufgenommen werden konnten, der deutsche genannt. Ursprünglich ging sein Zweck auf Vertheidigung des Christenthums gegen die Ungläubigen und auf Pflege der Kranken. Nach und nach gelangte er durch ausgedehnte Eroberungen zu ansehnlichen Reichthümern. Den höchsten Gipfel seiner Macht hatte er im Anfange des 15. Jahrhunderts erreicht, wo er sich von der Oder bis zum finnländischen Meerbusen erstreckte und seine jährlichen Einkünfte auf 800,000 Mark berechnet wurden. Allein in der Folge brachten ihn Schwelgerei, Verschwendung und Zwiespalt allmälig in Verfall. Die Ordenskleidung bestand in einem schwarzen Kleide und weißen Mantel, auf welchem ein schwarzes Kreuz an silbernem Bande getragen wurde. Der Großmeister (so heißt der Obere des Ordens) wohnte anfangs zu Jerusalem, nachher aber, als das heilige Land wieder an die Türken verloren gegangen war, zu Venedig. Um das Jahr 1229 wurden die deutschen Ritter von den Polen gegen die Preußen zu Hülfe gerufen, die auch nach einem 53jährigen Kriege die Oberherrschaft des Ordens anerkannten und die christliche Religion annahmen. Darauf nahm der Großmeister seinen Sitz in Marienburg in Preußen. Vorderpreußen ergab sich jedoch, da es sich durch die Herrschaft des Ordens gedrückt fühlte, schon im 15. Jahrhunderte an Polen, und auch für Hinterpreußen mußte der Orden die polnische Lehnsherrschaft anerkennen; als er sich derselben entziehen wollte, griff Polen zu den Waffen, und der Erfolg war, daß er nun auch Hinterpreußen verlor, welches 1525 dem damaligen Großmeister, Markgraf Albrecht von Brandenburg, als ein erbliches Herzogthum ertheilt wurde. Hierauf hatte der Großmeister seinen Sitz zu Mergentheim und war ein geistlicher Fürst. Die Besitzungen dieses Ordens, welche Balleien hießen und in Commenthureien abgetheilt waren, denen ein Landcommenthur vorstand, lagen in verschiedenen Ländern zerstreut. Im Jahr 1805 erhielt der Kaiser von Oestreich durch die Bestimmungen des Presburger Friedens die Würde eines Großmeisters des deutschen Ordens nebst allen Rechten und Einkünften. 1809 wurde durch den Wiener Frieden Großmeisterthum und Orden völlig aufgehoben und die Besitzungen fielen den Fürsten zu, in deren Ländern sie gelegen waren. Mergentheim fiel an das Königreich Würtemberg.

Ueber Bildhauerei der Alten.

Unter dem Worte Bildhauerei versteht man die Darstellung und Nachbildung sichtbarer Gegenstände, nicht nur aus hartem Stoffe, vermittelst des Aushauens und Schnitzens, sondern auch aus weichen Massen vermittelst des Formens, und aus flüssig gemachten Metallen vermittelst des Gusses. Eigentlicher und bestimmter nennt man die erste dieser drei Arten Bildhauerei und Bildschnitzerei, die zweite Bildformerei und die dritte Bildgießerei. Die so gebildeten Figuren sind entweder der Art, daß sie von allen Seiten gesehen werden können, dann heißen sie Statuen oder Bildsäulen, oder sie ragen aus flachem Grunde, blos einem Theil der Oberfläche nach, hervor, dann sind es Basreliefs oder halberhabene Arbeiten.

Die Entstehung dieser Kunst verliert sich in das tiefste Alterthum; Spuren derselben finden sich schon in der mosaischen Geschichte. Die ersten Nachbildungen versuchte man wahrscheinlich in Thon und Erde und es waren dieselben, sowie namentlich die frühsten Bildnerwerke aus Holz äußerst roh und unvollkommen, so daß kaum der einem Klotze aufgesetzte Knauf einen menschlichen Kopf, oder der Einschnitt am untern Theile des Holzes die Gegend der Beine zu bezeichnen vermochte.

Doch ehe wir den Fortgang der Bildnerkunst weiter verfolgen, dürfte es dienlich sein, Einiges über die Stoffe und Ausübungsarten dieser Kunst bei den Alten näher zu erörtern. Ursprünglich arbeitete man nur in weichen Massen und hier namentlich in Thon, Gyps und Wachs; selbst in den blühendsten Perioden der Kunst bediente man sich dieser Materien noch zu Vorbildern der in hartem Stoffe auszuführenden Arbeiten. Unter den härteren Stoffen waren Holz, besonders Ebenholz, Cypresse und Ceder, Elfenbein, Marmor, vorzüglich der parische und lydische, und Erz die gebräuchlichsten. Die so gebildeten Figuren waren nun verschieden in Hinsicht ihrer Größe, Bekleidung und Stellung. In sehr großer Menge wurden Basreliefs oder halberhabene Arbeiten von den Bildnern des Alterthums verfertigt, Werke, deren Ausführungsart zwischen Malerei und Bildhauerei gleichsam mitten inne liegt, indem sie eine Fläche zur Grundlage und auf derselben mit dem Meißel ausgearbeitete oder durch den Guß geformte Figuren haben, die nur zur Hälfte oder mehr oder weniger hervorragen. Die gewöhnlichste Materie dieser Kunstwerke war Marmor und Erz; der Inhalt ihrer Darstellung wurde aus der Mythologie, aus der Geschichte oder auch blos aus der Einbildungskraft des Künstlers geschöpft. Auch ihre Bestimmung war sehr mannichfach, vorzüglich aber wurden sie entweder auf einzelnen Tafeln, oder auf Schildern, Helmen, Dreifüßen und Altären, Trinkgeschirren und andern Gefäßen, Grabmälern, Urnen und Begräbnißlampen, Säulen, Triumphbogen und überhaupt zur Verzierung größerer Gebäude und deren Gesimse häufig angebracht. Eine fernere Ausübungsart der Bildnerkunst bei den Alten ist auch die sogenannte Mosaik- oder musivische Arbeit, die im Alterthume sehr gewöhnlich und zu einer großen Vollkommenheit gebracht war. Sie bestand in künstlich eingelegten Figuren aus vielfarbigen einzelnen Stücken von Thon, Glas, Marmor oder Edelsteinen und Perlen, womit man die Fußböden und Wände zu verzieren oder auch einzelne den Gemälden ähnliche Tafeln zu verfertigen pflegte. Jene eingelegten Stücke sind in dieser Arbeit oft so klein, daß bisweilen gegen anderthalbhundert dergleichen in den Raum eines Quadratzolls eingeschlossen sind. Am gewöhnlichsten war diese Arbeit zur Zeit des Kaisers Claudius (gest. im Jahre 41 nach Chr. Geb.), und Sosus war einer der berühmtesten Künstler.

Am frühesten von allen Völkern waren jedenfalls die Aegypter im Besitze der Bildnerkunst, doch hatten ihre Statuen nie das Leben und die Anmuth, die wir so sehr an den griechischen Bildsäulen bewundern; sie waren im Gegentheil höchst einförmig und kalt. Weit merkwürdiger für die Kunstgeschichte sind die Etrusker, die in frühern Zeiten des Alterthums den obern Theil von Italien bewohnten und unter denen die Bildhauerei frühzeitig ausgeübt wurde. Noch haben sich von den Werken derselben viele Ueberreste und Denkmäler erhalten. Der vorzüglichste Rang jedoch in der Kunstgeschichte des Alterthums gebührt unstreitig den Griechen, welche, obgleich sie die ersten Anfänge von andern Völkern entlehnten, doch nachmals alle darin übertrafen. Die eigentliche Entstehungszeit dieser Kunst unter den Griechen läßt sich nicht genau bestimmen, ohne Zweifel hatte sie aber schon zu den Zeiten des trojanischen Krieges (1200 vor Chr. Geb.) einen nicht unbeträchtlichen Grad der Ausbildung erreicht. Man hat die Geschichte der griechischen Bildnerkunst überhaupt in vier Perioden getheilt, deren erste die Zeit des ältern Styls in sich begreift und bis auf den Phidias geht, der ungefähr 450 Jahre v. Chr. G. lebte. Von da bis gegen 350 erstreckt sich die zweite Periode des großen und hohen Styls. Die dritte, blühendste Periode der Bildhauerei oder die Zeit des schönen Styls reicht bis zur Entstehung der römischen Monarchie (30 v. Chr. Geb.); die vierte ist die ihres Verfalls unter den römischen Kaisern.

Mit der Eroberung Griechenlands kam auch die griechische Kunst in die Hände der Römer, von denen sie aber mehr beschäftigt und geschützt, als erlernt und ausgeübt wurde. Mit dem immer wachsenden Reichthume und Luxus der Römer stieg auch ihr Aufwand auf Verzierung ihrer Tempel, ihrer öffentlichen und Privatgebäude, ihrer Gärten und Landgüter durch die schönsten Werke griechischer Kunst immer höher und bis zur übertriebensten Ueppigkeit. Doch schon in der letzten Hälfte des zweiten Jahrhunderts nach Chr. G. erlitt die Neigung für Bildhauerei eine merkliche Abnahme und bald nach der Mitte des dritten Jahrhunderts erfolgte ihr gänzlicher Verfall. Durch die Einfälle räuberischer Horden in Italien, durch Erdbeben und Feuersbrünste, durch wiederholte Eroberungen Roms und Konstantinopels, ja selbst durch den übelverstandenen Eifer mancher Christen wider die Aufbewahrung heidnischer Götzenbilder und Denkmäler ging eine Menge der herrlichsten Kunstschätze des Alterthums zu Grunde.

Indessen haben sich doch noch viele vortreffliche Werke dieser Art, theils ganz unbeschädigt, theils mehr oder weniger verstümmelt, die man aber in neuerer Zeit wiederherzustellen gesucht hat, erhalten. Die hauptsächlichsten sind folgende:

1) die herrliche Gruppe des Laokoon aus weißem Marmor, jetzt in der öffentlichen Kunstsammlung in Paris;
2) die Gruppe der Niobe mit ihren Kindern, aus 15 Figuren bestehend. Sie wurde im Jahr 1583 aufgefunden und befindet sich jetzt in der großherzoglichen Sammlung zu Florenz;
3) der Farnesische Stier, die größte unter allen antiken Gruppen. Sie besteht aus einem Stier, zwei Jünglingen über Lebensgröße nebst drei kleineren und vielem Nebenwerk; Alles ist auf einen Felsen gestellt. Berg und Figuren sind 12 Pariser Fuß hoch und 9⅓ Fuß breit. Man fand diese Gruppe um die Mitte des 16. Jahrhunderts, und sie steht jetzt im Hofe des Palastes Farnese in Rom;
4) der Vaticanische Apollo;
5) die Mediceische Venus aus sehr klarem weißen Marmor, ein Ideal weiblicher Schönheit;
6) der Farnesische Hercules, eine kolossale Statue, fast dreimal Lebensgröße, aus schönem parischen Marmor;
7) der sogenannte Torso, ein bloßer Rumpf aus weißem Marmor;
8) der Borghesische Fechter, in der Villa Borghese zu Rom;
9) der sterbende Fechter. Er liegt auf dem Schilde, auf die rechte Hand gestützt, und scheint seine letzte Kraft anzustrengen, sich emporzuheben;
10) Antinous, eine schöne männliche Statue;
11) die Farnesische Flora;
12) Marcus Aurelius, eine Statue zu Pferde aus vergoldetem Erz, auf dem Forum oder großen Platze des heutigen Capitols zu Rom;
13) eine Minerva, die im Jahre 1797 in der Nähe von Velletri gefunden wurde, und sich jetzt zu Paris befindet.

Außerdem haben wir auch noch aus jener Zeit eine große Menge Brustbilder, Basreliefs, Mosaikarbeiten u. dgl., welche man sich in Sammlungen gebracht hat. Am reichsten an solchen Sammlungen ist Italien, namentlich Rom; doch bewahren auch Deutschland, England und Frankreich nicht unbeträchtliche Schätze altgriechischer Kunst.

Einer der edelsten Fürsten war Leopold, Herzog von Lothringen.

Als ihm einst einer seiner Minister die Vorstellung machte, daß seine Unterthanen ihn wegen seiner Wohlthätigkeit zu Grunde richten würden, antwortete er:

„O nein! ich werde um so viel reicher sein, als ich meine Unterthanen glücklicher sehen werde!"

Leipzig, gedruckt bei F. A. Brockhaus.

Das Gratis-Magazin.
№ 8.

Eine neue Methode zur Aufbewahrung von Nahrungsmitteln.

Alle Aufbewahrungsmethoden zielen dahin ab, Thier- und Pflanzenstoffe vor der Fäulniß zu sichern. War man nun mit der Ursache derselben bekannt, so konnte man auch bei der Anwendung von Gegenmitteln gegen diese natürliche Auflösung alles Organischen mit um so größerer Sicherheit verfahren. Es ist nun durch Erfahrung erwiesen, daß Thier- und Pflanzenstoffe, welche das organische Leben verloren haben, unter gewissen Umständen der Auflösung in ihre Urbestandtheile unterworfen sind. Im luftleeren Raume erfolgt keine Fäulniß, sie geht rasch von statten unter 60—80 Grad (Fahrenheit's Thermometer), langsamer dagegen unter 50 Grad, kann aber durch Feuchtigkeit bei niedern Temperaturen sehr befördert werden. Die anfängliche Textur fällt aus einander, und es entwickeln sich Luftarten von einer binären (d. h. aus zwei Elementen oder Urstoffen bestehenden) Verbindung. Solche sind Ammoniakgas, eine Verbindung von Stickstoff- und Wasserstoffgas in sehr beträchtlicher Menge; Phosphorwasserstoffgas, von welchem der widrige, aus auflösenden Körpern aufsteigende Geruch herrührt; Schwefelwasserstoffgas und Kohlenwasserstoffgas sind die gewöhnlichsten Producte der Auflösung. Man hält es für wahrscheinlich, daß neben diesen zweifachen Verbindungen noch ternäre oder dreifache entweichen, und daß in letztern namentlich der Sauerstoff der Luft, als Erreger der Fäulniß, vorwaltet. Mag nun der Sauerstoff wirklich die erste unmittelbare Ursache der Zerlösung sein, oder mag dieselbe, wie einige Chemiker annehmen, von der elastischen Eigenschaft der Luft herrühren, so steht doch die Erfahrung fest, daß im luftleeren Raume keine Fäulniß statt findet. Thiere in Schnee und Eis begraben, erhielten sich Jahrhunderte lang; im trocknen Sande Arabiens und Aegyptens könnte man Speisen nach Gefallen aufbewahren. Da nun aber unser Himmelsstrich zwischen den beiden Extremen der Klimate die Mitte hält, so müssen wir, da die Natur uns ihre Hülfe versagt, Wissenschaft und Kunst zu Rathe ziehen. Die Grundlage der neuen Methode besteht darin, sowol die atmosphärische Luft von der Umgebung des zu conservirenden Gegenstandes zu entfernen, als auch ihren Zutritt abzuhalten. Dies wird nun folgender Weise veranstaltet: Man nimmt ein cylinderförmiges Gefäß von verzinntem Eisenblech; der obere Rand desselben krümmt sich (im Profil) hakenförmig um, sodaß der ganze Rand eine hohle Rinne ausmacht. Der Deckel zu einem solchen Gefäße muß eine solche Weite haben, daß er genau auf den tiefsten Theil der Rinne paßt. Ziemlich nahe unter dieser festen Rinne ist eine andere bewegliche, welche mit der obern parallel läuft und welche man nach Belieben an das Gefäß befestigen oder davon abnehmen kann. Er ähnelt der Spiritusrinne unserer Kaffeemaschinen. Es ist nämlich die Absicht, einen luftdichten Verschluß zu machen. Nachdem man in das Gefäß zuvor die aufzubewahrenden Victualien gethan hat, belegt man die obere Rinne mit Löthmetall und in die untere thut man glühende Kohlen. Das Metall geräth nun in Fluß. In diesem Zustande legt man den Deckel so auf, daß sein Rand genau von fließendem Metalle umgeben ist. Man entfernt darauf die Kohlen und läßt den Fluß erkalten; dadurch schließt sich der Deckel luftdicht an das Gefäß. In dem Deckel muß aber noch ein kleines Löchelchen bleiben. Nun taucht man das Gefäß in einen Kessel mit siedendem Wasser; dadurch wird die atmosphärische Luft in demselben zu einem so hohen Grade verdünnt, daß ihr Sauerstoff keinen chemischen Einfluß auf die Speisen ausüben kann. Ist die Luft entwichen, so löthet man das Loch des Deckels zu.

Um nun das Gefäß wieder aufzuschließen, verfährt man auf ähnliche Weise. Man legt in die untere Rinne rothglühende Kohlen, setzt das feste Löthmetall in Fluß und nimmt den Deckel ab.

Bei irdenen Gefäßen macht man den luftdichten Verschluß vermittelst Kaoutschouk oder indischem Gummi (India rubber), welcher die Eigenschaft besitzt, daß auf ihn das heiße Wasser selbst in der Siedhitze nicht einwirkt. Die Gefäße müssen am Rande einen horizontalen flachen Vorsprung haben; auf diesen Vorsprung legt man einen Ring von Kaoutschouk, welcher jenen deckt. Der Deckel muß gleichfalls am Rande einen solchen Vorsprung haben. Um nun einen luftdichten Verschluß hervorzubringen, legt man zuvörderst den Deckel mit seinem hervorstehenden Rande auf den Kaoutschouk-Ring und preßt denselben so an, daß man rings umher Klammern, mittels eines Hammers angetrieben, befestigen kann. Der dadurch zusammengetriebene Gummi läßt keine atmosphärische Luft in das Gefäß eingehen.

(Repertory of patent inventions.)

Hans Sachs und die Meistersänger.

Wenn wir die Perioden der deutschen Dichtkunst durchgehen, so gibt uns ohne Zweifel das unbefriedigendste Resultat die der Meistersänger. Wir finden hier nur sehr spärliche Funken jenes allgewaltigen Feuers des deutschen Gesangs, wie es noch hundert Jahre früher in den wahrhaft poetischen und volksthümlichen Liedern der Minnesänger lebte. Der Meister des Nibelungenliedes (Heinrich von Ofterdingen, s. Nr. 25 des Pfennigmagazins), die Sänger der Kreuzzüge waren längst todt, mit ihnen aller Geist und alle Phantasie. Mit dem Verfall des Ritterthums, mit dem Aufhören der Kreuzzüge, welche die Völker mit so viel Begeisterung erfüllten, kurz mit dem Ende des Mittelalters war ein allgemeines Erkalten der Gemüther für Kunst und Wissenschaft unverkennbar. Der Adel, an dem früher die Minnesänger eine so bedeutende, fast ihre einzige Unterstützung gefunden hatten, wurde jetzt durch Stürme von Außen, durch Verwilderung von

Innen ganz gehindert, der einst so geliebten Beschäftigung mit Spiel und Gesang sich hinzugeben, und so war es kein Wunder, wenn „die frohe Kunst," wie die Sprache des Mittelalters sie nennt, an den Höfen und in den Schlössern der Edeln ganz erstarb.

Um jene Zeit vereinigten sich dann in den Städten die Meister eines Gewerbes und bemühten sich, die Kunst des Gesanges, die vor dem Lärm der Waffen floh, noch in ihren Kreisen zu schützen und aufrecht zu erhalten. Leider aber war das frohe, heitere Wesen, wie aus dem Leben, so aus der Dichtung gewichen. Was sonst Phantasie und der freie Aufschwung des Geistes gethan, das sollte nun ein ängstliches Halten an die Form und eine fast ermüdende Regelrichtigkeit ersetzen. Da wurden neue Gesetze und Regeln geschaffen, in wieviel und wie langen Gliedern ein Vers sich bewegen müsse, welches Wort an der einen Stelle anwendbar sei oder nicht, wo eine gereimte, wo eine reimlose Zeile stehen müsse u. dgl. Diese Gesetzsammlung hieß man Tabulatur, und Worte, die in eine solche vorgeschriebene Form gezwängt waren, nannte man Gedicht. Uebrigens war jedes Lied der Meistersänger auf Gesang berechnet; wer ein neues Versmaß erfand, erdachte auch zugleich eine neue Melodie, und beides wird unter dem Namen der Weise oder des Tons begriffen; solcher Weisen aber gab es unzählige. Der Inhalt der Gesänge bestand fast allein aus Erzählungen biblischer Geschichten, oder es waren sonst geistliche Lieder.

Die Meistersänger vereinigten sich nun, wie wir schon erwähnten, in Zünfte, und jede hatte ihre Vorsteher, welche sie Merker nannten. Die Versammlungen wurden auf der Herberge gehalten, zuweilen auch an Sonn= und Feiertagen in der Kirche; so z. B. in Nürnberg, der Vaterstadt des Hans Sachs, wo die berühmteste Singschule war, in der Katharinenkirche. Zu Anfang der Versammlung konnte Jeder aus dem Volke auftreten und ein von ihm gefertigtes Gedicht vorlesen (das sogenannte Freisingen). Dann trat das Hauptsingen ein. Hier trugen die Meister ihre Gedichte vor und unterwarfen sie der Ansicht der Merker, welche theils Preise austheilen, theils aber auch bei vorkommenden Fehlern zu Geldstrafe verurtheilen konnten. Es waren aber jedesmal vier Merker zugegen; der erste beurtheilte den Gegenstand des Gedichts, ob er geistlich und aus der Bibel gegriffen sei; der zweite das Versmaß, der dritte den Reim, der vierte die Melodie. Der Preis des gelungensten Liedes bestand in einem mit einer Münze verzierten Gehänge, womit zugleich das Recht verbunden war, das nächste Mal unter den Merkern sitzen und Lehrlinge des Meistergesangs erziehen zu dürfen; diese wurden dann später, wenn sie den Beifall der Meister erhielten, selbst Meister oder, wie man sich auszudrücken pflegte, gefreit.

Am längsten erhielten sich die Meistersänger in Nürnberg, wo sie sich noch im ersten Drittheil des 18. Jahrhunderts finden. Da aber Nürnberg der Geburtsort des Berühmtesten der ganzen Zunft, des Hans Sachs, ist, so halten wir es nicht für unpassend, hier über den Mann, von dem auch noch in unsern Tagen so viel Rühmliches gesprochen wird, Einiges hinzuzufügen.

Er wurde am 5. November 1494 geboren und war, wie sein Vater, Schuster; und wie sehr er auch nachmals in der Dichtkunst sich auszeichnete, so konnte ihn doch nie Jemand bewegen, von einem Handwerke sich loszusagen, was er mit Lust und Liebe von Jugend auf getrieben hatte. Sein Lehrer im Gesang, Namens Nunnenbeck, war ebenfalls Meistersänger.

Hans Sachs trat zur lutherischen Religion über, ward Vorsteher einer Meisterzunft und erhielt bei einem Hauptsingen den Preis, ein Gehänge mit einer Münze, wovon wir oben sprachen, auf der der König David abgebildet war. Seit jener Zeit hieß der Sänger der König David=Gewinner. Ihm zu Ehren war auch auf eins der Aushängeschilder, wodurch die Meistersänger zu ihren Singübungen einluden, sein Bild gemalt, damit gleichsam Allen das Ziel stets vor Augen schwebe, was sie zu erreichen hätten.

Seine bis jetzt gedruckten poetischen Werke bestehen in 272 weltlichen, 116 allegorischen Erzählungen und 197 Schwänken. Auch mehrere Kirchenlieder, unter andern das so vortreffliche: „Warum betrübst du dich, mein Herz?" rühren von ihm her.

Gottlieb Wilhelm Rabener.

Unter allen Schriftstellern des 18. Jahrhunderts ist fast keiner mehr gelesen worden, als dieser wahrhaft classische Satiriker und Liebling der Deutschen. Bei aller seiner höchst geistreichen, stechenden Satire wurde doch seine Bitterkeit nie persönlich beleidigend, er hielt sie im Gegentheil stets allgemein; seine Schreibart ist volksthümlich und rein und seine mannichfaltigen Erfindungen lassen den Leser nie ermatten, sondern befördern die lustige Laune.

Er wurde am 17. Sept. 1714 auf dem Rittergute Wachau unweit Leipzig geboren und bis in sein 14. Jahr daselbst erzogen. Dann kam er auf die fürstliche Landschule in Meißen und schloß hier den Bund einer unzertrennlichen Freundschaft mit Gellert, Gärtner und Grabener. Mit gründlichen Schulkenntnissen ausgerüstet bezog er 1734 die Universität Leipzig und hörte daselbst in jedem Theile der Literatur die vorzüglichsten Lehrer. Sein Hauptstudium war die Rechtsgelehrsamkeit, in der er außerordentliche Fortschritte machte. Unter diesen ernsten Arbeiten vergaß er jedoch die Musen nicht, welche überall seine liebsten Begleiterinnen waren und ihm die Arbeiten seines Berufs versüßten. Verstand und lebhafter Witz machte ihn bald bekannt, sodaß sich Viele an ihn drängten und seine Freundschaft suchten; besonders schloß er sich an die jungen Männer an, die um diese Zeit so wohlthätig auf die Verbesserung des deutschen Geschmacks wirkten. Die Erstlinge seiner poetischen und satirischen Oden ergossen sich in den „Belustigungen des Verstandes und Witzes." Als sich nachher die besten Theilnehmer an dieser Zeitschrift zur Herausgabe der Bremischen Beiträge verbanden, war auch er unter ihnen und half diese Monatsschrift zu der Höhe emporheben, die sie in der deutschen Nationalliteratur erreicht hat. Sie beförderte guten Geschmack und Reinigung der deutschen Sprache.

Die Beschäftigungen mit den Musen waren für Rabener eigentlich nur Erholungen von schweren Amtsverrichtungen, denn seit dem Jahre 1741, wo er zum Steuer=Revisor des Leipziger Kreises ernannt wurde, war er bis an sein Ende der thätigste Geschäftsmann. Bald erkannte der Staat seine großen Fähigkeiten und benutzte sie. Schwierigere Arbeiten fielen gewöhnlich ihm zu, und er brachte sie glücklich zu Ende. Er faßte eine Sache leicht auf und hatte überhaupt einen geübten Blick, vollbrachte daher in kurzer Zeit mit wenig Anstrengung mehr, als ein Anderer mit ängstlichem Fleiße vermochte. Zeitig hatte er an seinen Berufsgeschäften Geschmack gefunden; von der Landesverfassung, insbe=

sondere dem Steuerwesen unterrichtete er sich mit fast mehr als nöthiger Sorgfalt. Mit einem ungeheuern Fleiße sammelte er alle Gesetze und Verordnungen über diesen Gegenstand aus den ältesten Landtagsacten, Rescripten und Befehlen und verfertigte daraus höchst schätzbare Repertorien. Dabei hatten seine der Gattung nach trockensten Arbeiten das Gepräge eines guten Geschmacks und offnen Kopfes; seine Vorträge, Gutachten und Ausfertigungen sind kurz und deutlich, ohne Weitschweifigkeit oder Ueberladung mit Kunstwörtern. Im Jahre 1753 wurde er in das Obersteuercollegium nach Dresden berufen. Bald nachher gab er den vierten Band seiner satirischen Schriften heraus und beschloß damit seine literarische Laufbahn; in diesem Vorsatze vermochten ihn auch nicht die Bitten seiner Freunde wankend zu machen. Zwar arbeitete er noch an satirischen Aufsätzen, doch sollten diese erst nach seinem Tode bekannt werden. Aber im Jahre 1760 gingen bei der Belagerung von Dresden alle seine Handschriften mit seinen übrigen Habseligkeiten im Feuer zu Grunde. Nur seine gute Laune ging nicht verloren. Erst in den folgenden Jahren, da seine Kräfte abnahmen und er sichtbar dem Grabe entgegen ging, verschwand allmälig Munterkeit und Witz. Er sah indessen seiner Auflösung getrost entgegen und am 22. März 1771 machten wiederholte Anfälle von Schlag seinem Leben ein Ende. Deutschland verlor an ihm einen seiner ersten und besten Schriftsteller, Sachsen einen seiner thätigsten Patrioten, sein Fürst einen treuen Diener.

Rabener gehörte zu den außerordentlichen Menschen, welche die Natur vorzüglich zu der Rolle ausgerüstet hat, die sie in der Welt spielen sollen. Er dachte und sagte Alles auf eine ihm eigne Weise; seine Einfälle waren natürlich und ungesucht, aber so auffallend lustig und scherzhaft und von so durchdringendem Witze, daß es unmöglich war, dadurch nicht aufgeheitert zu werden. Dabei war sein Gemüth selbst immer heiter und ruhig, das Unangenehme im menschlichen Leben rührte ihn nur sehr leicht und sein Geist blieb immer frei genug, neben dem Trüben auch das Angenehme und Scherzhafte zu bemerken. Darum war er der beste Gesellschafter; er sprach ebenso gute Einfälle aus, als er schrieb, er erzählte ganz vortrefflich, er spottete mit wahrem Witze und beleidigte doch nie. Er war freimüthig, ohne unbescheiden, offenherzig, ohne schwatzhaft zu sein.

Nicht lange nach seinem Tode wurde eine schätzbare Sammlung seiner Briefe, begleitet mit Nachrichten von seinen Lebensumständen und Schriften, durch Weiße veranstaltet, die man auch in der Folge in die vollständige Sammlung seiner Schriften mit aufnahm. Alles in diesen Briefen ist Wahrheit und Natur und sie sind ein ansehnlicher Beitrag zu den meisterhaften Briefsammlungen, die Deutschland besitzt.

Merkwürdiger Ausgang eines englischen Criminalprocesses.

Daß in England, wo Spiel und Wetten oft den Reichen in einer kurzen Zeit zum Armen machen, solche Leute, die durch diese Beutelleerenden Zeitvertreibe in Verlegenheit gekommen sind, auf den Straßen mit, wenn auch meistentheils nicht geladenen, Pistolen sich bei denselben Passirenden bisweilen zu erholen suchen, ist nicht unbekannt.

Einst hielt einer von diesen Highwaymans (Straßenräuber) einen reichen Wollhändler an, zwang ihn, ganz unvorbereitet auf solch einen Anfall, nicht blos mit ein paar Guineen, sondern mit einer ziemlich ansehnlichen Banknote sich zu lösen, bedankte sich höflich und sprengte davon.

Der Räuber, dem in mancher Rücksicht daran gelegen sein mochte, unerkannt zu bleiben, hatte unter andern Hülfsmitteln auch einer schwarzen Perücke sich bedient, die fast sein ganzes Gesicht bedeckte. Jetzt war er kaum einige hundert Schritte von dem Orte seines Fanges entfernt, als er diese Haarhaube wegwarf und weiter eilte, ohne für deren ferneres Geschick besorgt zu sein. — Die Straße, wo dies geschah, gehörte nicht zu den sehr besuchten Straßen Englands; die Perücke war überdies noch auf einen Nebenweg hingeschleudert worden; sie lag daher ein ziemliches Weilchen, ehe sich ein Liebhaber dazu fand; aber endlich kam der einzige Sohn eines reichen Esquire, dessen väterliches Gut in der Nähe war, geritten, sah sie, hob sie aus Neugier mit seiner Reitgerte empor und kam durch ein unglückliches Ohngefähr auf den Einfall, sich einen Spaß damit machen zu wollen. „Wenn ich dies Scheusal" (dacht' er bei sich selbst) aufsetzte, so würde mich sogar unser eignes Hausgesinde, wohl gar meine leibliche Schwester nicht kennen. Ich habe ja nicht weit bis heim! Was thut's, ich will's versuchen." Er setzte sie auf und ritt ganz gelassen weiter.

Ehe er auf seines Vaters Grund und Boden kam, mußte er noch die Landstraße durchschneiden und sowol bei einem Schlagbaume als einem Zollhäuschen vorbei, wo Wegegeld entrichtet ward. Er that dies, unbekümmert wegen der Leute, die er dabei stehen sah; aber desto mehr bekümmerten sich dieselben um ihn. Denn siehe da, durch einen neuen unglücklichen Zufall hielt hier in eben diesem Augenblicke jener vor Kurzem erst beraubte Wollhändler an und erzählte einigen von ungefähr getroffenen Bekannten sein trauriges Abenteuer. Jetzt, als er im besten Erzählen unsern jungen Esquire daher traben sah und auf seinem Kopfe jene Perücke erblickte, die er nur allzu gut sich gemerkt hatte, unterbrach er sogleich seine Erzählung und rief hastig! „Ei seht da! Unser Highwayman! Greift ihn! greift ihn!" Seine Gefährten, getäuscht wie er, legten sogleich Hand an. Ehe der arme bestürzte Jüngling ein Wort nur reden konnte, war er auch schon vom Pferde heruntergezogen. Es half nichts, daß er sich zu erkennen gab, nichts, daß der Zolleinnehmer selbst nun für ihn und seine Unschuld Leib und Leben zu verpfänden sich erbot, nichts, daß von allen geraubten Stücken auch nicht ein einziges bei ihm zu finden war. Der Wollhändler blieb dabei, er erkenne seinen Räuber in ihm. Das Begehren der Verhaftung mußte ihm gewillfahret werden und der peinliche Proceß nahm seinen gewöhnlichen Lauf.

Der Sachwalter des jungen Esquire that alles Mögliche, um die Schuldlosigkeit seines Clienten ins helle Licht zu setzen. Man gab ihm durchgängig das vortheilhafteste Zeugniß; aber wegen der verdächtigen Viertelstunde konnt' er doch durch keinen Zeugen sich rechtfertigen; der Wollhändler, auch ein sonst unbescholtener Mann, beharrte auf seiner Aussage, legte den Eid darauf ab und die zwölf Geschworenen sprachen das fürchterliche guilty aus.

In England, wie bekannt, werden alle Gerichtshändel bei offenen Thüren geführt. Bei dem gegenwärtigen Verhör war der wahre Thäter vom Anfang bis zum Ende Zuschauer gewesen, hatte aber weislich geschwiegen, bis die Geschworenen gestimmt hatten. Jetzt trat er hervor, wandte sich zum Richter und sagte:

„Der Criminalproceß sei zwar ganz ohne Parteilichkeit, ganz ohne Verletzung irgend eines Gesetzes geführt worden; doch schien es ihm, als hätten Kläger und Geschworene zu viel auf den Punkt mit der Perücke geachtet. Wenn es ihm erlaubt sei, wollt' er dies sofort durch ein augenscheinliches Beispiel beweisen." — Der Richter, der nichts eifriger wünschte, als seinen Angeklagten retten zu können, gab diesem neu auftretenden gern Erlaubniß, seinen Beweis zu führen, und ließ die Perücke ihm reichen, die während des ganzen Handels da gelegen hatte.

Er stürzte sie auf, indem er dem Wollhändler den Rücken zukehrte. Dann aber wandte er sich schnell um zu ihm, und mit eben dem Blick, dem Ton, der Geberde, der Drohung in Hand und Worten rief er: „Deine Börse her, Elender!"

Kaum sah dieser so plötzlich jenes Original vor sich stehen, das ganz ein Da Capo mit ihm spielte, als er auch augenblicklich seinen bisherigen Irrthum und seinen wahren Feind erkannte. — „Gott verdamm mich (schrie er auf), ich habe mich betrogen; dieser hier ist mein Spitzbube!"

Aber eben so rasch war jener mit dem schwarzen Stutz wieder herunter und wandte sich lächelnd zum Richter: „Ew. Herrlichkeit sehen nun, wie drehend dieser gute Mann durch die Perücke gemacht wird; kaum sieht er in ihr mich ganz Unschuldigen, mich, der ich so lange völlig unbemerkt und dicht vor seinen Augen stand, so bin ich sogleich seinen Gedanken nach sein Räuber. Bei Gott, ich glaube, ich hätte Ew. Herrlichkeit ein gleiches Compliment gemacht, wenn Sie eher den nämlichen Einfall gehabt hätten. Wenigstens hat er jetzt seinen Eid widerrufen und den Beklagten frei gesprochen."

Nach englischen Gesetzen galt über diesen letzten Punkt keine Frage mehr, und eben so wenig konnte er, nach einem schon geleisteten falschen Eide, noch einen neuen schwören, oder irgend eine Klage gegen seinen muthmaßlich wahren Räuber anheben; zumal, da gegen diesen nicht der geringste übrige Verdacht obwaltete. W.

In London ist man so human, auf Selbsttriebmaschinen Patente zu geben, obwol man keineswegs an die vorgebliche, schon durch den Namen angedeutete Leistung glaubt. Eine solche Maschine will nun Herr Philipp Augustus von Chapeaurouge erfunden haben; in Frankreich nannte er sie „Volant moteur perpetuel"; in England self-acting motive-power. — Wer mit den Gesetzen der Statik und Mechanik bekannt ist, wird nimmer an die Möglichkeit glauben, daß man solche Maschinen herstellen könne. Alle Versuche der Art, mobilia perpetua zu Stande zu bringen, sind gescheitert. Einem wissenschaftlich gebildeten Mechaniker fällt es überhaupt nicht bei, eine Idee auf einen ungewissen Erfolg hin ins Leben treten lassen zu wollen. Die meisten Unternehmer dieser Art sind Empiriker, d. h. Leute, welche die Gesetze der Wissenschaft für ihre Arbeiten nicht zu Rathe ziehen. Oft setzen sie ihr ganzes Vermögen an ein Phantom; ihre Idee ist so fix geworden und sie werden davon so beherrscht, daß sie glauben, sie müsse und müsse sich verwirklichen lassen. Empiriker der Art verdienen nach Ansicht des Referenten nicht nur gar keine Unterstützung, sondern aus psychogischen, d. h. Gründen der Seelenlehre, werden aufgeklärte Regierungen stets ein wachsames Auge auf solche, der Geistesverwirrung ausgesetzte Leute haben.

Herzens-Güte.

Kaiser Rudolph von Habsburg mußte einst von einigen Leuten wegen seiner allzugroßen Güte Vorwürfe hören.

„Kinder!" antwortete er, „es hat mich schon oft gereut, daß ich zu strenge war; nie aber wird es mich reuen, daß ich gut gewesen bin."

Leipzig, gedruckt bei F. A. Brockhaus.

Das Gratis-Magazin.
№ 9.

Das geheimnißvolle Gift, Aqua tofana.

In jenen Zeiten, wo das Sonnenlicht der Wissenschaft und Aufklärung noch nicht seine Alles beleuchtende Mittagshöhe erreicht hatte, konnte blinder Aberglaube, bodenloses Forschen und irriges Umhertappen in der Enträthselung der Natur, Dinge zum Vorschein kommen lassen, die man jetzt unerhört finden würde. Unter Erscheinungen dieser Art gehören die Vergiftungsgreuel mit der Aqua tofana, und man müßte die geschichtlichen Ueberlieferungen aus jener Epoche, welche Augenzeuge dieser schrecklichen Scenen war, Lügen strafen, wenn man sie als ersonnene Märchen und das Gift selbst als ein bloßes Phantom betrachten wollte. Ohne jedoch die historischen Relationen von Uebertreibungen frei zu sprechen, um die Aufgabe zu lösen, reine Thatsachen aus den mitunter stark aufgetragenen Schilderungen abzusondern, können wir uns des Geständnisses nicht erwehren, daß das, was als wirklich geschehen mit strenger Gewissenhaftigkeit in die Jahrbücher der Geschichte eingetragen zu werden verdient, nie ganz den Schein des Romanhaften für unsere aufgeklärte Zeit und verbesserte bürgerliche Ordnung verlieren wird.

Der Aqua tofana wird unter verschiedenen Namen Erwähnung gethan; bald heißt das Gift aqua della Toffanina, bald aqua della Tofania, bald aqua del petesino, bald wiederum aquetta di Napoli (neapolitanisches Wasser), endlich noch einfach aquetta.

Ueber die Stoffe der Zusammensetzung dieses Giftes sind mancherlei Hypothesen aufgestellt; — allein die Symptome, d. h. die äußere Natur und die Wirkungen, wie sie in übereinstimmenden Nachrichten beschrieben worden, können uns den sichersten Maßstab für die Beurtheilung jener Hypothesen an die Hand geben.

Alle Aerzte der damaligen Zeit beschreiben die Aqua tofana als eine geschmacklose und dem reinsten Quellwasser an Klarheit gleich kommende Flüssigkeit; unmittelbar auf den Genuß desselben erfolgten nicht, wie bei andern Giften, Erbrechungen oder Convulsionen, sondern die Wirkung begann erst später, oft nach vollen Tagen mit dem Gefühl des Unwohlseins ohne bemerkbare Symptome oder äußere Krankheitszeichen; dann stellte sich ein unlöschlicher Durst ein, dessen Hitze mit der Bemühung, ihn zu befriedigen, wuchs. Das Opfer der Aqua tofana versank nun in einen allmälig zunehmenden Zustand der Erschlaffung und Mattigkeit, alle Speisen ekelten ihn an und drückender Lebensüberdruß machte ihm den Tod wünschenswerth, die edleren Organe versagten ihren Dienst, die Lunge ging in Eiter über, bis die gänzliche Erschöpfung der Lebenskraft ein lästiges Dahinleben mit dem Tode schloß. Eine solche Reihe von Zufällen vermochten sechs Tropfen hervorzubringen. Nur sehr starke Dosen (Gaben, Gebsel) erregten Beschwerden, Entzündungen oder Fieber. Aber der seltsamste Schleier des Geheimnisses, welcher auf der Natur der Aqua tofana ruhet, ist bis auf den heutigen Tag noch nicht gelüftet. Der in das Geheimniß Eingeweihte konnte nach dem Grade der Verdünnung den Todestag seines unglücklichen Opfers im Voraus bestimmen. So seltsam dieses klingt, so kann doch Niemand diese von den Schriftstellern jener Zeit einhellig zugestandene Versicherung für die Ausgeburt des menschlichen Hanges zum Wunderbaren erklären, ohne schriftlichen Zeugnissen der Geschichte Gewalt anzuthun. Nur können wir die Wahrheit der mancherlei Berichte, welche uns über die Anwendung dieses furchtbaren Geheimnisses aufbehalten sind, nicht verbürgen. Ein Patron, so wird erzählt, hatte sieben käufliche Pfarren; wenn eine Pfarre durch den Tod des Pfarrherrn erledigt war, so pflegte er die eingetretene Vacanz öffentlich bekannt zu machen, und die Pfründe an den Meistbietenden abzutreten. Als einst eine von seinen Pfarrstellen vacant war, wandte sich ein junger Mann in der Absicht, sich die Pfarre zu erkaufen, ehe er dem Patron seine Aufwartung machte, an den mit ihm befreundeten Organisten, welcher ihm aber dringend von diesem Kaufe abrieth; da jedoch dem Bewerber die Gründe und Vorstellungen seines Freundes nicht genügten, und die geheimnißvolle Art, mit welcher sie vorgebracht wurden, nur seine Neugierde rege machten, so machte er sich anheischig, die Eröffnungen des Organisten mit der strengsten Verschwiegenheit zu besiegeln. Ein verstorbener Mönch, erzählte dieser ihm nun, dem die Last eines schaudervollen Geheimnisses das Gewissen drückte, habe ihn vor seinem Tode zum Vertrauten gemacht, um ruhiger sterben zu können. Wenn ein neuer Pfarrbesitzer kommt, fuhr er fort, und dem Patron, der mit ihm einig geworden, seinen ersten Besuch macht, so klingelt er seinem Bedienten und befiehlt, zwei Flaschen Wein zu bringen. Die eine ist mit Aqua tofana versetzt; sie wird dem Pfarrherrn angeboten, die andere behält er für sich. Hat jener ein rüstiges und gesundes Aussehen, so wird ihm eine längere, hat er ein krankhaftes, eine kürzere Lebensfrist bereitet. Als nach dieser Mittheilung der neue Pfarrer sich beim Patron einstellte, kamen die verhängnißvollen Flaschen richtig an. Aber standhaft weigerte er sich, einen Tropfen zu trinken, und glücklich besiegte er mit scheinbaren Entschuldigungsgründen die Ueberredungskünste, welche sein Patron aufbot. Er trat das Pfarramt an und überlebte seine Collegen.

Die ersten Spuren des Vorkommens der Aqua tofana fallen in das Jahr 1659. Die Erfinderin, ewig ein Schandfleck in den Jahrbüchern der Geschichte, war eine Sicilianerin, zu Palermo wohnhaft. Wann die Verruchte ihr schändliches Gewerbe begann, hat mit Genauigkeit nicht ermittelt werden können; nie aber ist ein Mordgewerbe mit einer so systematischen Schlauheit und Verschlagenheit betrieben worden. Um allen Verdacht von sich zu entfernen, behaftete sie ihre kleinen, flachen Giftphiolen mit dem Bildnisse des heiligen Nicolaus von Bari und der Inschrift: „Manna des heiligen Nicolaus von Bari", und gab somit den Inhalt für die vom Grabe jenes Heiligen gesammelten heilsamen und wunderkräftigen Tropfen aus. Hatte nun Anfangs der lockende Reiz des Geldes der Giftmischerin den ersten Impuls zur Betreibung des schändlichsten aller Gewerbe gegeben, so artete ihr sträflicher Sinn nach und nach in eine entschiedene und unbezwingliche Vergiftungswuth aus, und Gmelin versichert, daß durch ihre verbrecherische Hand mehr unschuldige Opfer fielen, als durch die kurz vorher im südlichen Italien wüthende epidemische Seuche; sie selbst hat auch von 600 Personen, welche ihr namhaft gemacht wurden, den Mord eingestanden.

So oft sie merkte oder glaubte, daß man Verdacht auf sie werfe, verließ sie die Stadt und verpflanzte als Tropfenhändlerin den Schauplatz der Vergiftungen an einen andern Ort. Endlich aber kamen ihr der Vicekönig von Neapel und der Graf Daun auf die Spur; schnell flüchtete sie in ein Kloster, nahm den Schleier und that das Gelübde. Jedoch das Heiligthum gewährte ihr keinen Schutz; sie ward mit Gewalt aus dem Schooße des Friedens herausgerissen und in dem Castel del Uovo ins Gewahrsam gebracht. Sobald der Erzbischof von Neapel, Cardinal Pignatelli, von dem Vorgange unterrichtet war, beschwerte er sich laut, erklärte ihre Wegnahme aus dem Kloster für einen gesetzlosen Eingriff in die Vorrechte der Klöster und für eine schmachvolle Entweihung des Gotteshauses und bedrohte die Stadt mit dem Banne, wenn man ihm Tofania's Auslieferung verweigerte. Aber der edle Fürst löste die mißliche Alternative, in welche er versetzt war, durch den Weg der Gerechtigkeit, und um nicht mit dem Cardinal zu zerfallen, versuchte er eine Nothhandlung. Er ließ das Gerücht aussprengen, daß Tofania's Genossinnen an einem festgesetzten Tage alle Brunnen der Umgegend, ja selbst alle Früchte auf dem Markte unter der Larve von Einkäuferinnen zu vergiften beschlossen hätten. Wie ein elektrischer Schlag durchzuckte das Gerücht die Stadt, und das Furchtbare der Verschwörung konnte seines Sieges über die religiöse Ansicht der Klosterheiligkeit nicht verfehlen. Die List that ihre Wirkung und der Cardinal verständigte sich mit dem Vicekönig über die Verurtheilung Tofania's.

Ueber Letztere weichen die Nachrichten aus jener Zeit ab. Nach Einigen wurde sie gehängt und ihr Leichnam in dem Klosterhofe begraben, nach Andern wurde sie zu lebenslänglichem Gefängnisse verdammt. Garelli berichtet in einem Briefe an einen Deutschen, Namens Hofmann, daß er sie noch 1718 im Gefängnisse zu Neapel sah, und Keysler versichert, sie daselbst noch 1730 angetroffen zu haben.

Kaum aber hatte das Ende ihrer verbrecherischen Laufbahn die Menschen wieder beruhigt, kaum hatte die rächende Nemesis ihren Tribut erhalten, als neue Vergiftungsfälle ruchbar wurden. Wiederum sollte ein Weib die menschliche Würde entehren. Hieronyma Spara, eine Sicilianerin, Tofania's Vertraute, welcher ihre Vorgängerin die Giftmischerei zu Palermo gelehrt hatte, bildete mit röm. Frauen einen förmlichen Vergiftungsverein. Sie zog jedoch nur solche Personen in ihre Pläne, welche die von ihr auserkorenen Opfer gewinnen konnten; auch war sie Menschenkennerin genug, um bei der Wahl ihrer Mitschuldigen mit gehöriger Vorsicht zu Werke zu gehen, und wußte mit raffinirter Schlauheit ihre Anträge zu machen. Sie und ihre Mitschwestern spielten die Unterhändlerinnen, wenn es sich um solche Eheverbindungen handelte, wo der Götze Mammon eine wichtigere Rolle als Gott Amor spielt; und wußte sie, daß eine Frau nur durch erstern an ihren Mann gefesselt war, so suchte sie oder eine ihrer Genossinnen sich derselben unter irgend einem Vorwande zu nähern und ihr den Mordplan zu insinuiren. Doch auch sie entdeckte endlich das Auge der Gerechtigkeit, und sie wurde nebst ihrer eifrigsten Mitschuldigen, Gratiana, zum Strange verurtheilt. In Italien ward es nun ruhig und die Wachsamkeit der Behörden verdoppelte sich; aber die Giftmischerei hatte ihre Endschaft noch nicht erreicht, sondern nur den Schauplatz verändert und trieb in Paris ein so unerhörtes Unwesen, daß der König von Frankreich einen besondern Gerichtshof zur Untersuchung von Vergiftungsanklagen unter dem Namen Chambre des poisons und Chambre ardente einsetzte.

Was nun endlich das Materielle des Giftes selbst betrifft, so sind die Gelehrten darüber verschiedener Meinung. Gagliani und Archenholz halten die Aqua tofana für eine Zusammensetzung von spanischen Fliegen und Opium; allein theils müßte eine wirksame Dosis Opium schon sehr stark sein, theils kann die stimulante Wirkung der spanischen Fliege nicht wohl durch Opium aufgehoben werden. Abgesehen davon, daß eine Vermischung dieser Substanzen ihre beiderseitigen Eigenschaften nicht einhüllt, so können sie nie die Farbe des Quellwassers erlangen. Erndtel nimmt das Blei als Hauptingredienz (Bestandtheil) an. Haller in seinem Buche über deutsche Giftpflanzen glaubt, daß sie der, um den Mund gefolterter Personen sich sammelnde Schweiß sei. Allein wieviel Personen hätte Tofania zu Tode martern müssen, um das Mittel zu neuen Mordthaten zu gewinnen? Der schon erwähnte Garelli behauptet jedoch, sie sei eine mit antirrhenium cymbalaria versetzte Auflösung von krystallisirtem Arsenik in Wasser, eine Ansicht, welcher auch Bertholinus und viele andere Schriftsteller sich anschließen. Dr. R.

Die Wohlthäterin Elisabeth Fry.

Je weniger wir an die beschränktere Bestimmung des Weibes den Anspruch ergehen lassen, ihre Tugenden durch ein Wirken in einem ausgedehnten Kreise bemerkbar zu machen, um so erfreulicher muß uns eine weibliche Charaktergröße sein, die, ohne die zarten Schranken des weiblichen Berufes zu überschreiten, das Wohl von Tausenden befördert hat, so daß sie wohl verdient, in die Reihe derjenigen Erscheinungen gestellt zu werden, welche die innigste Hochachtung, ja Bewunderung der Mit= und Nachwelt verdienen. Diese edle Frau, deren Name die Ueberschrift nennt, ist die Treffliche, welche noch jetzt und gewiß noch lange in den Gefängnissen von London mit Ehrfurcht genannt wird, und die, gleich dem edlen Menschenfreunde Howard, der im weitern Kreise für die bejammernswertheste Classe von Menschen Linderung und Rettung zu schaffen suchte, in dem ihr angewiesenen beschränktern, aber darum doch noch immer sehr ausgedehnten Kreise Lehre, Rath, Sitte, Bildung, Glauben, Hoffnung spendete, und die wir daher wohl mit dem Namen seiner Nachfolgerin bezeichnen konnten.

Elisabeth war die dritte Tochter des John Gurney von Earlham in der Grafschaft Norfolk in England und ward im Jahre 1780 geboren. Ihr Vater, ein Mitglied der Secte der Freunde, gewöhnlich Quäker genannt, führte dennoch seine Elisabeth in die große Welt ein, und ließ sie alle Vorzüge genießen, die ihr Geburt, Vermögen und Erziehung gewähren konnten. Und vielleicht hätte der Strudel der Vergnügungen sie nur einer beschränktern Sphäre der Mitwelt als liebenswürdige Gesellschafterin oder als Gattin bekannt gemacht, hätte nicht ein Familienbesuch einiger Geistlichen aus der Secte ihres Vaters die in ihr liegenden Keime am Hohen, Edlen geweckt und ausgebildet. In einem Alter von 16 Jahren nahm sie mit einer der Jugend eignen, tiefen Empfindung, bei ihrem noch unverdordenen Herzen die Lehren des Evangeliums, die jene ehrwürdigen Männer mit Wort und That verkündeten, in sich auf und behielt sie treu in ihrer Brust, da ihr edles Herz nicht mit dem Wortgepränge sich begnügte, sondern das Ausprägen des Gefühls in würdigen Thaten verlangte, auch nachdem die Veranlassung sich nicht mehr in ihrer Nähe befand. Sie bat ihren Vater um die Erlaubniß, einen der Säle seines Schlosses in eine Schule für arme Kinder umwandeln zu dürfen. Mit Vergnügen willigte der Vater ein, und nach und nach versammelte sie dort 80 solcher Verlassenen, mit denen sie sich täglich mehrere Stunden beschäftigte. Außer der Ertheilung des Unterrichts in weiblichen Arbeiten las sie die Bibel mit ihnen und erklärte ihnen dies heilige Buch. Aber auch in ihrem Aeußern ging nun dieser Zeit an eine Veränderung vor. Sie legte die modigen Gewänder, die sie bisher getragen hatte, ab und kleidete sich ganz in die Tracht der Quäkerinnen, während sie zugleich auf alle öffentlichen Vergnügungen und Feste Verzicht leistete. So nahte sich das zwanzigste Jahr ihres Lebens, und sie verehlichte sich in demselben Jahre mit Herrn Fry (spr. Frei), der nach London, wo er lebte, führte und dadurch ihrer Menschenfreundlichkeit einen willkommenen Wirkungskreis öffnete. Von ihrem Gatten geliebt, fand sie durch das Band der Ehe nicht nur kein Hinderniß in der Ausübung des Guten, sondern seine bereitwillige Unterstützung gab ihr einen Antrieb mehr, durch ein der Häuslichkeit und den guten Werken gewidmetes Leben das höchste Glück zu finden.

Doch nach diesen allgemeinen Zügen kommen wir jetzt auf das speciellere Verdienst, welches sich diese edle Frau um den bis dahin so höchst beklagenswerthen Zustand der Gefängnisse für Frauen in Newgate (spr. Njughet) erworben hat. Kaum hatte sie nämlich von dem Verderben, das dort vorwaltete und unmittelbar Seele und Leib ergriff, gehört, als sie sich an den Gouverneur wandte, um die Erlaubniß zu erhalten, diesen Ort besuchen zu dürfen. Alle seine Vorstellungen, daß der Besuch dieses Aufenthalts des Lasters und der Unordnung in ihr Gedächtniß unauslöschlich den widrigsten Eindruck prägen würde, hielten sie nicht ab, sich in das als den Abgrund aller Nichtswürdigkeit und Verworfenheit anerkannte Gefängniß zu begeben. Als man sie in ein Gemach desselben führte, fand sie darin 160 Weiber beisammen, sowohl solche, über welche erst noch Gericht gehalten werden sollte, als solche, welche bereits verurtheilt waren. Alles war hier vermischt unter einander, und die Kinder, welche in der Schule des Lasters erzogen worden waren und nur gotteslästerliche Reden hörten und wiederholten, vermehrten noch das Grausende dieses Aufenthaltes. In demselben Gemache kochte man, aß man, schlief man; kurz Newgate hatte ganz das Ansehen einer Höhle wilder Horden. Gleichwol machte dieser Zustand der tiefsten Entmenschlichung Elisabeth Fry nicht hoffnungslos. „Ihr scheint mir sehr unglücklich zu sein," redete sie die ihr umgebenden, neugierig ihre edle Gestalt betrachtenden Weiber und Kinder mit dem Ausdruck der innigsten Theilnahme und Milde an, „Kleider fehlen Euch und Pflege. Sähet Ihr es denn nicht gern, wenn man freundlich für Euch sorgte und Eure Noth zu lindern suchte?" — „Ei ja wohl!" antworteten Alle, „wir verlangen ja nichts weiter; aber Niemand nimmt sich unsrer an! Wo sollten wir einen solchen Wohlthäter finden?" — „Ich bin hierher gekommen, für Euch zu thun, was ich nur kann," entgegnete Elisabeth, „und wenn Ihr mir beistehen wollt, so hoffe ich, Euch helfen zu können." Nie kann der Mensch seine göttliche Natur in so hohem Grade verleugnen, daß das Edle auf sein Gemüth nicht einen Eindruck machen sollte. Die Worte des Friedens, die sie sprach, sandten einen niegeahnten Strahl von Hoffnung in die traurige Nacht dieses Kerkers. Als sie sich entfernen wollte, drängten die Frauen sich schon um sie her und suchten ihren Aufenthalt durch Bitten zu verlängern, bis Elisabeth durch ihr Versprechen, wiederzukommen, sie beruhigte.

Und in der That erfüllte sie bald ihr gegebenes Wort. Sie sprach wie eine Dienerin des Gottes der Liebe zu ihnen, um zu trösten. Und waren auch die Fragen, die mehrere dieser Unglücklichen an sie richteten, wer Christus sei? und die Aeußerung: zu ihnen wäre er doch nicht gekommen und sie könnten doch nicht mehr gerettet werden, nicht geeignet, ihren Muth zu heben, so war sie doch zu sehr durchdrungen von ihrem erhabenen Vorhaben, als daß diese grenzenlose Unwissenheit und Irreligiosität ihr alle Hoffnung zur Besserung derselben nehmen konnte.

Sie brachte es dahin, daß die Kinder, welche sich in Newgate vorfanden, in eine im Gefängnisse selbst eingerichtete Schule geschickt wurden, worin sie Unterricht in der Religion bekamen.

Mehrere wackere Frauen der Secte der Quäker traten nun zusammen und bildeten einen Verein für die Verbesserung des Looses der Gefangenen in Newgate; es ward ein Comité aus ihnen dazu eingesetzt und eine Frau, welche man die Matrone nannte, unter Oberaufsicht des letztern mit der unmittelbaren Sorge für jene Unglücklichen beauftragt.

Nachdem Elisabeth ein Reglement über das Betragen der Gefangenen in Newgate entworfen hatte, las sie an einem dazu bestimmten Tage, in Gegenwart des Lord-Mayor (spr. Lord-Mäer) und eines Aldermanns, dort jeden Artikel laut vor und fragte die eingekerkerten Frauen, ob sie ihn annähmen; sie möchten dann nur die Hand zum Zeugnisse ihrer Bereitwilligkeit in die Höhe heben. Die einstimmige Annahme des auf Menschenliebe und Frömmigkeit gestützten Grundplans verbürgte dem edlen Vereine allein schon Ehrfurcht und Vertrauen von Seiten der Gefangenen.

Und Dank sei es der frommen Ausdauer dieser würdigen Frau und den unermüdeten Bestrebungen, welche sie Jahre lang dabei anwendete. Newgate hat ein ganz anderes Ansehen gewonnen und der Einfluß der Tugend das Schauderbild des Lasters gemildert. Newgate ist das Asyl der Reue geworden.

Freitags ist dieses Gefängniß für Jedermann geöffnet; da kann man die Vorlesungen aus der Bibel anhören, die Elisabeth den Gefangenen hält, und die Erklärungen des Textes hören, welche ihr gebildeter Geist und ihr reines Herz hinzufügt. Ihre Stimme ist sehr schön und tief ergreifend. Man fühlt ganz, daß sie von jeher nur der Tugend geweiht gewesen, so rein ist der Ton.

Die königliche Familie bezeugte der edlen Elisabeth Fry ihren innigen Antheil; die Stadt London fertigte ihr einen schriftlichen Dank zu, und keinen Engländer gibt es, der nicht ihren Namen segne.

Schließen können wir aber diese kurze Skizze nicht, ohne noch einen Blick auf den Zustand zu werfen, in welchem Newgate sich nunmehr gegenwärtig befindet, und dadurch das deutlichste Bild der segensreichsten Wirksamkeit zu geben, welche das edle Streben einer wahrhaft frommen Frau dort aufgestellt hat.

Das Innere dieses Gefängnißplatzes hat jetzt mehr das Ansehen einer Fabrik als eines strengen Verwahrungsortes. Keine engen Kerker, keine Ketten findet man dort mehr. Alle Hauptthüren sind offen, und die größte Ordnung herrscht in dem Gefängnisse; denn die Gefangenen, welche streng auf die Gesetze halten, die sie sich selbst gaben, machen nie den geringsten Versuch, zu entweichen.

Unter Elisabeth Fry hat sich ein Comité von 24 Damen gebildet, sämmtlich der Secte der Quäker angehörend. An jedem Tage besuchen einige derselben die Gefangenen, lesen ihnen aus der Bibel vor, sprechen mit ihnen, kurz, bringen einen Theil des Tages bei ihnen zu.

Die Frauen des Comité geben den Gefangenen Arbeit und bezahlen sie ihnen bei der Ablieferung. Dann wird das Gefertigte Freitags, wo für Jedermann der Zutritt offen steht, verkauft, das Geld aber theils zu Wiederbezahlung der Auslagen angewendet, theils kommt es den Gefangenen zu Gute.

Die Anstalt gibt ihnen Feuerung, Brot, Mittagessen, Frühstück und zwei Unzen Seife jede Woche. Begehren die Gefangenen mehr, so müssen sie sich es selbst anschaffen. Licht gibt man nicht, doch können sie es auf eigne Bezahlung erhalten.

Früh um 6 Uhr stehen die Gefangenen auf, waschen sich, machen ihre Betten und kehren ihre Kammern aus. Dann sieht die Wartefrau nach, ob Alles in Ordnung ist, und gibt jeder Gefangenen ein Pfund Brot als das Bestimmte auf den ganzen Tag. Um 8 Uhr erhält jede ein Töpfchen Hafergrütze zum Frühstück, worauf sie die Geräthschaften dazu wieder reinigen und um 9 Uhr an die Arbeit gehen.

Um halb 11 Uhr kommen nun die Damen des Comité, und in dem großen Saale wird die Andachtstunde gehalten. Darauf kehrt Alles an die Arbeit zurück. Mittags wird gespeist. Je zwei Frauen bekommen sie Fleisch und ein halbes Pfund Erdäpfel, dazwischen eine Suppe und gleichfalls Erdäpfel. Wollen sie Bier oder Porter — die einzigen Getränke, welche erlaubt sind — trinken, so müssen sie dies kaufen; jedoch wird ihnen nie mehr als zwei Maß Bier des Tages gestattet.

Nach Tische arbeiten sie wieder, bis es dunkel wird. Im Winter um 5, im Sommer um 7 Uhr verschließt sie dann der Schließer in ihre Kammern, wo sie, wenn sie es begehren, noch fortarbeiten können.

Immer sind sie in Gesellschaft der Warnerin, wie man diese Person genannt hat. Man wählt sie unter den Gefangenen selbst aus, und sie muß den Damen des Comité oder der Matrone an jedem Tage treuen Bericht von der Aufführung der Gefangenen abstatten.

Eine Warnerin wird so gewählt. Die Damen des Comité suchen diejenige Gefangene aus, die sich am besten aufgeführt hat; dann wird sie in einer Versammlung allen andern Gefangenen vorgeschlagen. Haben diese nun keine gegründeten Einwendungen dagegen zu machen, so wird die Wahl bestätigt.

Diese Warnerinnen tragen ein kupfernes Schildchen am Halse mit der Inschrift ihres Berufs und der Nummer ihrer Classe. Jede Gefangene trägt aber auch ein ähnliches Schildchen mit der Nummer, unter welcher sie beim Eintritte in Newgate eingetragen ward, und der Classe, zu welcher sie gehört.

Kinder von Gefangenen werden, gleichviel, ob sie ehelich oder unehelich sind, bis zum Alter von 7 Jahren in Newgate aufgenommen. Dort ist eine Schule für sie errichtet. Die Lehrerin dabei ist auch eine Gefangene, die sich der besondern Belehrung und des dauernden Umgangs der Elisabeth erfreute.

Noch gibt es in den Gefängnissen eine andere Schule für solche Gefangene, welche nicht lesen und schreiben können und es doch zu lernen wünschen. Die Lehrerin an dieser wie an der Kinderschule bekommt von den Damen des Comité alle Vierteljahre ein Pfund Sterling.

Der Comité, welcher sowohl vom Magistrate als durch freiwillige Geschenke unterstützt wird, liefert Bücher, Papier, Federn, Alles, was Kranke oder Wöchnerinnen bedürfen, und das Geräth für die Kinder.

Auch eine Kapelle befindet sich im Gefängnisse selbst. Zweimal in der Woche ist für die Gefangenen darin Gottesdienst.

Die Obrigkeit hat den Damen des Comité das Recht verliehen, die Gefangenen, welche sich nicht dem Reglement gemäß benehmen, nach Willkür zu bestrafen. Nur sehr selten ist man jedoch genöthigt gewesen, Strenge anzuwenden; und doch hat der größte Theil dieser Frauen höchst strafbare Verbrechen begangen; aber Ordnung, Beharrlichkeit, Gerechtigkeit und Güte üben eine schwer zu widerstehende Wirkung auf die Sittlichkeit und sittliche Besserung aus.

Und so können denn nun durch die fromme Vorsorge der würdigen Frau, von der wir hauptsächlich gesprochen haben, diese Unglücklichen, die sonst dem Elende und der Schande unrettbar preis gegeben waren noch einer glücklichern Zukunft entgegensehen; man gibt ihnen Mittel, sich zu bessern, man belehrt, man unterstützt sie, und als Lohn für thätige Reue bietet sich ihnen die Hoffnung dar, einst der Gesellschaft ihrer christlichen Mitbrüder wiedergegeben zu werden. W.

Frappantes aus der Geschichte.

König Philipp II. von Spanien (regierte von 1555 bis 1598) schickte seiner Gemahlin Elisabeth (Tochter Heinrich II. von Frankreich) einst, einen Salat vorstellend, eine Schüssel voll Edelsteine. Die Rubinen bedeuteten den Essig, die Topasen das Oel, Perlen und Diamanten das Salz und die Smaragden den grünen Salat.

Vor der berühmten Schlacht bei Murten (Stadt im Canton Freiburg. Das Treffen fiel vor an einem Juniustage 1476 zwischen den geringzähligen Eidgenossen und dem 40,000 Mann starken Heere des mächtigen Herzogs Karl des Kühnen von Burgund, der es in Person befehligte. Erstere erfochten den glänzendsten Sieg) hielt der Anführer der Schweizer folgendes Gebet auf den Knieen: "Lieber Gott! Haben wir Recht, so steh uns bei! Haben unsere Feinde Recht, so stehe ihnen bei! Haben wir beide Recht, so sieh einmal zu, wie wir uns schlagen werden!"

Unter Cromwell (seit dem 12. Dec. 1653 Lord-Protector der nach Enthauptung König Karl I., am 29. Januar 1649, entstandenen Republik England, Schottland und Irland) beteten die Engländer nicht mehr: Zu uns komme Dein Reich! sie sagten allemal: Zu uns komme Deine Republik! H.

Aussprüche.

"Wer sich aus seinem Leben nichts mehr macht, ist Herr über das meinige", sagt Seneka.

Friedrich der Einzige von Preußen schreibt: "Es ist schön, Undankbare zu machen, aber schändlich, undankbar zu sein." H.

Leipzig, gedruckt bei F. A. Brockhaus.

Das Gratis-Magazin.

№ 10.

Entstehung der Krankenanstalt in Sonnenberg bei Koburg im Herzogthume Meiningen.

Lange war das Bedürfniß einer Anstalt, in welcher fremde, hier in Arbeit und Diensten stehende Gesellen und Dienstboten, wenn sie erkrankten, Pflege und Heilung erhalten sollten, gefühlt worden; vielfältig wurden Pläne dazu gemacht, immer aber fehlte die Ausführung. Bei dieser schwankenden Ungewißheit brachen zwei Männer, der verstorbene hiesige Geistliche, Namens Tetzschner und der noch lebende Arzt Dr. Engelhardt sen., die Bahn, eröffneten eine Kasse zu Beiträgen und gaben am 20. October 1820 selbst eine Summe von 31 Fl. 15 Kr. als den ersten Anfang dazu her. Von dieser Zeit an bis Monat Mai dieses Jahres hatte sich nun bereits die Summe der Beiträge bis auf 1700 Fl. rhein. erhoben, die Zinsen nicht gerechnet, welche von den ausgeliehenen Capitalien erhoben wurden. Es war nun zwar von der großmüthigen Landesherrschaft ein sehr passendes Gebäude zu diesem Behufe angekauft worden, allein da dasselbe größtentheils in seinem Innern von dem vorigen Besitzer nicht vollständig hergestellt worden war, so mußte ein großer Theil der Beiträge hierzu verwendet werden. Und so steht nun zwar das Ganze herrlich und schön in seinem Innern, so wie auch in seiner Umgebung da, indem das wenige Land in ein freundliches Gärtchen verwandelt worden ist, aber auch der Fond hat sich noch nicht wieder gehoben, um von dem Ertrage der Capitalien auch nur eine kleine Anzahl Kranker verpflegen zu können. Es ist in zwei kleinen Schriften zu ersehen, wie die edle herzogl. Familie und der Königin von England Majestät, viele gute Bewohner der Stadt Sonnenberg, besonders aber viele Eingeborne der Stadt und Gegend, welche im Auslande ihr Unterkommen gefunden haben, es nicht verschmähten, das gemeinnützige Unternehmen zu unterstützen. Diese beiden kleinen Schriften gab der oben genannte Arzt Dr. Engelhardt zum Besten der Anstalt heraus. Die erste, als Einladungsschrift zu Beiträgen, hat die Aufschrift: „Sonnenberg und seine Umgegend;" die zweite „Ueber den Scheintod." Auch im Krankenhause findet sich ein Buch, in welchem folgende Aufforderung zu kleinen Beiträgen enthalten ist:

„Freund! der Du einst in diesem Buche blätterst und die Namen guter Menschen hier aufgezeichnet findest, wisse! daß Du sie hier vereinigt findest, um ihren kranken Brüdern ein sicheres Obdach, einen Zufluchtsort zu gründen, wo ihnen, entfernt von der Heimat, Pflege und Heilung zu Theil werden soll. Vielleicht findest Du auch hier den Namen eines Verwandten oder Bekannten. Nun! so zeichne auch den Deinigen bei und schenke unserer Anstalt eine kleine Gabe. Gewiß werden sich auch einst Deine Nachkommen und Bekannte erfreuen, Dich in so ehrwürdiger Gesellschaft zu finden. Krankheit und zuletzt der Tod ist aller Sterblichen Loos. Wohl uns, wenn wir Beweise hinterlassen, einst nützlich auf dieser Erde für die Menschheit gewirkt zu haben! Jetzt ist's noch Tag, mein Freund! Einst kommt die Nacht, wo Du nicht mehr wirken kannst."

Dies erzählt ein Reisender, der die innere Einrichtung des Gebäudes, besonders aber die großmüthige Unterstützung des gemeinnützigen Unternehmens nicht genug zu rühmen weiß. Gewiß ein abermaliges Zeichen, daß das Mitgefühl bei dem Leiden unglücklicher Menschen im deutschen Vaterlande sich nicht vermindert hat. Möge die Anstalt noch fernerhin recht viele Beförderer finden!

Christian von Kleist.

Viel der edeln Männer sind gefallen;
Aber, Kleist, Dein Name tritt hervor;
Tritt hervor und hebt, geweiht von Allen,
Aus der Flut der Zeiten sich empor.
Tiedge.

Diese Worte sind aus der bekannten herrlichen Elegie auf dem Schlachtfelde von Kunersdorf entnommen. Unter den Tausenden, die an jenem blutigen Tage (12. August 1759) der Tod erreichte, war auch der preußische Major von Kleist; er starb in der Blüte seiner Jahre, beweint von Allen, die ihn kannten. Leier und Schwert führte er gleich fertig und manch schönes Lied von ihm erklang mitten in dem Lärm der Waffen.

Die Lebensskizze eines hochgefeierten Deutschen, der mit Heldenmuth das Schwert und mit seelenvoller Zartheit die Laute der Dichtkunst führte, wird gewiß in der Brust eines jeden Patrioten Anklang finden. — Ewald Christian von Kleist wurde am 5. März des Jahres 1715 zu Zeblin in Pommern geboren. In seinem neunten Jahre kam er in eine Jesuitenschule in Großpolen und im 15. auf das Gymnasium zu Danzig; im 17. war er schon fähig, die Universität Königsberg zu besuchen. Konnte er sich hier zwar nicht in den schönen Wissenschaften bilden, die damals auf deutschen Universitäten noch etwas Unbekanntes waren, so war er der Bildung des Geistes doch mit aufrichtiger Liebe zugethan, und seine erworbenen vielseitigen Kenntnisse in der alten Literatur, Philosophie, Mathematik und der Rechte, so wie seine Bekanntschaft mit neuern Sprachen erhoben ihn über die Mehrzahl seiner Standesgenossen.

Als er die akademische Laufbahn vollendet hatte, unternahm er eine Reise zu seinen Verwandten in Dänemark, die ihn bald so liebgewannen, daß sie ihn zum Bürger ihres Vaterlandes zu machen wünschten. Er gab ihren Bitten gern nach, weil er so bald als möglich mit seinen Kenntnissen nützlich zu werden suchte; es schlugen ihm jedoch mehrere Bewerbungen um einen Civildienst fehl und es stand ihm, als einem jungen Herrn von Adel, nur noch ein Weg zur Ehre offen, nämlich der Soldatenstand, und den wählte er in seinem 21. Jahre. Mit eben dem Eifer, den er früher auf die Rechte verwendet hatte, legte er sich nun auf Alles, was in das Gebiet der Kriegswissenschaft gehört, so daß Jeder glaubte, die Liebe zum Soldatenleben sei ihm angeboren.

Kleist blieb nicht lange dänischer Offizier; er fand keine Gelegenheit, sich als Krieger auszuzeichnen und eilte daher in ein Land, wo er sich eine glänzendere Laufbahn versprach. Gleich bei dem Regierungsantritt Friedrich's des Großen kam er nach Berlin, wo er bald mehrere vortreffliche Männer kennen lernte, mit denen er bald ein engeres Freundschaftsverhältniß anknüpfte. Der König ernannte ihn zum Lieutenant bei dem Regiment des Prinzen Heinrich. Als solcher versuchte er sich zuerst in den Feldzügen, welche die fünf ersten Regierungsjahre Friedrich's auszeichnen, und seine Verdienste erwarben ihm ein Recht auf einen höhern Posten. Unter den Mauern von Prag dichtete er 1744 die Elegie: „Sehnsucht nach Ruhe." Im Jahre 1746 bekam er die Stelle eines Hauptmanns, und um dieselbe Zeit erschien sein poetisches Meisterstück: „Der Frühling."

Vor dem Ausbruche des siebenjährigen Kriegs ernannte ihn der König zu einem der Gesellschafter des jungen Prinzen von Preußen, Friedrich Wilhelm. — In dem Feldzuge von 1756 bezog er, mit dem Regimente, welchem er angehörte, nach Sachsen marschirt, die Winterquartiere in Zittau. Da seine gesammte Beschäftigung sich hier nur auf den Wachdienst beschränkte, so gab er den Regungen seines Dichtergenius Raum und schrieb mehrere kleine Gedichte, besonders Idyllen, wozu ihm die reizende Umgegend Anlaß gab. Im Frühjahr 1757 ging er nach Böhmen und wohnte der Belagerung von Prag bei; zu Ende des Jahres wurde er Major bei dem Hausen'schen Regiment und kam mit demselben nach Leipzig in Garnison. In dem Feldzuge von 1758 that er sich bei vielen Gelegenheiten hervor, besonders im plauenschen Grunde bei Dresden, als die Preußen durch diese Stadt marschirten.

Im Frühjahre begleitete er den Prinzen Heinrich nach Franken, bald aber wurde er mit dem Corps des Generals von Fink zur Armee des Königs geschickt, das damals den Russen gegenüber stand. Am 12. August fiel die blutige Schlacht bei Kunersdorf, unweit Frankfurt an der Oder, vor, wobei Kleist's Abtheilung im Vordertreffen dem Feuer des Feindes unter allen preußischen Compagnien am Meisten bloßgestellt war. Er führte sein Bataillon gegen den Feind an und eroberte damit drei Batterien. Da wird ihm die rechte Hand durch eine Kugel zerschmettert; er nimmt den Degen in die Linke und stürmt mit seinen Soldaten, die ihn wie ihren Vater liebten, auf die vierte los; aber eine Kartätsche streckt ihn eben zu Boden. Er ward aus dem Schlachtgetümmel getragen, in einen Graben gelegt und so seinem Schicksale überlassen. Die Kosaken, diese entmenschten nordischen Krieger, denen Mitleid ein fremdes Gefühl ist, fielen mit brutaler Habsucht über den in Blut schwimmenden Mann her und rissen ihm Alles, selbst das von Blut triefende Hemde, vom Leibe herunter. Sein Zustand jammerte einige russische Husaren, die vorbeiritten; sie warfen ihm einen alten Mantel, etwas Brot und einen halben Gulden zu. Allein andere Kosaken kamen und nahmen dem Hülflosen auch diese Gabe des Mitleids weg, und so mußte er also nackend und ohne Verband die ganze Nacht hindurch liegen bleiben. Kleist war schwer, aber nicht tödtlich verwundet; dieser schreckliche Zustand jedoch und das Wasser des Morasts, das in seine Wunden drang, machte dieselben tödtlich. Er starb in Frankfurt als Gefangener elf Tage nach der Schlacht. Die Russen gaben ihm ein ehrenvolles Begräbniß.

So endete Kleist in der schönsten Blüte des Mannesalters, in seiner Jahre Kraft und Rüstigkeit, und mit diesem allzufrühen Tode hatten die finsteren Schicksalsgöttinnen gewiß auch manche künftige Frucht seines Dichtergeistes in ihrem Keime zernichtet. Viele weinten um ihn, denn es hatten ihn Viele geliebt, und auch die Muse, deren treuer Anhänger er gewesen war, klagte in manchem Liede, das die Freunde seinem Andenken weihten, um den früh gestorbenen Sänger.

G. Stern.

Die Sage vom Lurleifelsen im Rhein.

Dieser Felsen besteht eigentlich aus sieben größern und kleinern Felsstücken, welche über und unter dem Wasser sich zeigen. Nach mittelalterlichen Sagen waren sie ehemals sieben Jungfrauen, welche mit ihrer reizenden Schönheit eine standhafte Sprödigkeit verbanden. Die Ritter in der Nähe und Ferne kamen zu ihrem Schlosse bei Wesel, sie härmten und quälten sich, von Liebe entbrannt; aber Keinem konnte es gelingen, das Herz auch nur Einer unter ihnen zu rühren. Da wurde über sie das Urtheil gesprochen, daß sie so lange als Felsen im Rheine liegen sollten, bis sie ein Fürst heraustragen und von ihnen eine Kirche bauen würde. Bei stillem Wetter und dem Rieseln des Flusses will man sie zuweilen klagen hören, denn noch hat sich nicht der Fürst gefunden, der sie erlösen wollte.

Unter diesen sieben unglücklichen Jungfrauen hebt sich senkrecht in zerbrochenen Stücken der Lurlei mit wunderbarem Echo vom dunkeln und tiefen Flusse herauf. Die Stimme des Rufenden gibt sich hier nicht, wie bei andern Wiederhallen, abgeprallt zurück, sondern der Laut scheint aus dem Innern des Felsens, wie aus einer heiligen Halle, hervorzugehen; der Ruf klingt öfters fünf Mal deutlich wieder. Die beste Stelle, dieses Echo zu hören, ist die Mitte des Stroms. Schüsse und Waldhornblasen bringen eine schauerliche Wirkung hervor. Das Echo aber soll die Stimme einer Jungfrau sein, welche durch ihre außerordentliche Schönheit alle Männer bezauberte, nur Den nicht, welchen sie liebte; sie entschloß sich daher, in ein Kloster zu gehen, wohin sie ihre treuen Liebhaber begleiteten. Da sie aber auf die Höhe des Felsens gekommen war, sah sie unten auf dem Rheine ihren Geliebten dahin fahren. Verzweiflungsvoll stürzte sie sich in den Strom hinab und mit ihr die treuen Ritter, welche den Rhein ebenfalls zu ihrem Grabe wählten. Darum heißt der Felsen auch Dreiritterstein.

Die älteste Kunde von dem Lurleiberge findet sich bei dem alten deutschen Minnesänger Marner, der zu den Zeiten Kaiser Friedrich's II., ums Jahr 1235, lebte.

Die Targue und das Schifferstechen im südlichen Frankreich.

In den Häfen der französischen Küste am mittelländischen Meere sind zwei Spiele im Gebrauch, die eine vortreffliche Schule für Gewandtheit und Schwimmkunst abgeben. Die Targue, für das Publikum ein sehr belustigendes Schauspiel, besteht in Folgendem: Man legt eine Segelstange quer über ein Schiff, bestreicht dieselbe mit Fett und befestigt an ihrem Ende den Preis. Derjenige, der ihn erlangen will, muß mit bloßen Füßen über diese runde, schlüpfrige Stange gehen und das Ende berühren. Die Anzahl der Seeleute, die sich zu diesem Spiele einschreiben lassen, ist immer ansehnlich. Eine unendliche Menge Menschen besetzt das Ufer oder bevölkert tausend Kähne. Die Streiter erscheinen in ihrer nur aus leinenen Beinkleidern bestehenden Kampfkleidung, thun einen, zwei Schritte, wanken einige Augenblicke und fallen dann ins Meer; sie sinken unter, kommen in kurzer Entfernung wieder zum Vorschein, steigen auf die erste beste Schaluppe, die sie erreichen können, und fangen den unglücklichen Gang von Neuem an. Nach und nach verliert sich das Fett, der Körper erhält sich mehr im Gleichgewichte und so wird der Preis errungen. Unaufhörliches Zurufen und Händeklatschen, das von der Wiederhalle der Wasserbucht verdoppelt wird, ehrt den Ueberwinder und sein Name wird ausgerufen.

Ein zweites, auch anderwärts bekanntes Volksfest jener Gegend ist das Schifferstechen. Es stehen sich hier zwölf leichte Schiffchen, deren Gestalt lang und schmal ist, einander gegenüber; sechs sind himmelblau, sechs roth angestrichen, alle aber mit zwölf Rudern und und Kämpfern besetzt. Auf dem Vordertheile des Kahnes liegt ein Bret, das neun bis zehn Zoll breit ist und vier Fuß hinaussteht; Derjenige, welcher stechen soll, steht auf dem Ende dieses Bretes und hält in der rechten Hand eine Lanze ohne Spitze, in der linken ein hölzernes Schild. Nachdem das Zeichen durch Kanonen und einen Trompetentusch gegeben ist, rennen die Kähne, schneller als Vögel fliegen, gegen einander los. Die Stecher bedecken sich, wenn sie sich nahe kommen, mit dem Schilde und legen die Lanze ein, um ihren Gegner damit ins Wasser zu stürzen. Der, welcher die Meisten hinabgestürzt hat, ohne selbst von seiner Stelle gewichen zu sein, erhält den Preis.

In dem Schifferstechen, welches im Jahre 1763 bei Gelegenheit des pariser Friedens gegeben wurde, erschien auch ein alter Mann als Kämpfer, der den Preis drei Mal in seinem Leben davon getragen hatte. Seiner Kräfte und seines Glücks gewiß, erschien er vom Kopf bis auf die Füße in blaues Papier gekleidet und sein Haupt war mit einer Art bunter Mütze bedeckt, welcher Aufzug die Augen aller Zuschauer auf sich zog. Das Vertrauen auf sein Glück hatte ihn nicht getäuscht; auch zum vierten Male ward ihm der Preis zuerkannt.
G. Stern.

Der Taucher.

Nachstehende Erzählung bildet den Stoff zu Schiller's herrlicher Ballade; es ist vielleicht schon deswegen nicht ganz unbelohnend, hier Einiges über den Helden jenes Gedichts anzuführen.

Der Sicilianer Colas, gewöhnlich Pesce Cola (der Fisch Colas) wegen seiner großen Fertigkeit im Schwimmen genannt, war von armen Aeltern geboren. Neigung und Bedürfniß bestimmten ihn zur Fischerei, und dieses Gewerbe machte ihn mit dem Wasser so vertraut und gewöhnte ihn so an dasselbe, daß er ungern auf dem Lande lebte. Es konnte kein Fisch besser und zuversichtlicher auf den Grund des Wassers gehen und mit einer größern Geschwindigkeit in den Brandungen des Meeres sich bewegen, als dieser Colas. Er ließ sich oft zum Boten von einem Hafen zum andern oder vom festen Lande bis an die nahe gelegenen Inseln brauchen und machte sich besonders alsdann nothwendig, wenn das Meer so stürmisch war, daß sich kein Schiffer demselben anvertrauen wollte. Er schwamm nicht blos an der Küste hin, sondern er wagte sich auch oft in die offene See hinein und brachte ganze Tage daselbst zu. Er war auch allen Denen bekannt, welche die Küste von Sicilien und Neapel beschifften. Wenn er ein Schiff, so entfernt es auch sein mochte, vorübersegeln sah, so schwamm er an dasselbe, aß und trank, was man ihm gab, und erbot sich, den Schiffern Neuigkeiten zu bringen, richtete auch alle Aufträge treu aus. Er führte einen sehr guten ledernen Beutel bei sich, worein er die Briefe steckte, um sie vor der Nässe zu schützen.

So lebte er, vertraut mit dem wilden Elemente, bis zu dem Ereignisse, welches unser Schiller so trefflich in einer seiner schönsten Balladen besungen hat. Entweder wollte der König von Neapel, Friedrich, die Talente dieses außerordentlichen Schwimmers auf die Probe stellen oder von der Lage und dem Boden des Meeres in jenem nahe bei dem Vorgebirge Faro gelegenen und ehemals unter dem Namen Charybdis berüchtigten Strudel näher unterrichtet sein, genug er befahl dem Colas, sich in denselben hineinzustürzen. Dieser erschrak über den Antrag, dessen Gefahren er kannte, und lehnte es von sich ab; der König warf einen goldenen Becher hinein und versprach ihm denselben zu schenken, wenn er ihn wieder herausholen würde. Die Begierde nach dem Golde gab ihm Muth, er wagte sich in diesen fürchterlichen Abgrund und brachte nach Verlauf von drei Viertelstunden den Becher empor. Der König verlangte jedoch eine noch genauere Erzählung, als sie ihm der Taucher gab, von den Besonderheiten dieses Strudels und befahl ihm, sich noch einmal hinunter zu wagen; doch weigerte dieser sich standhafter, als das erste Mal, und nur als der König einen andern goldenen Becher in den Abgrund warf und außerdem ihm eine reiche Belohnung versprach, da siegte die Begierde nach Gewinn über die Furcht vor dem Verluste des Lebens. Er stürzte hinunter und Niemand hat ihn wieder gesehen.
G. Stern.

Das Opium- und Tabackrauchen in China.

Das indische Opium wird nach China in Kisten von 100 Cátti (à 1 Pfd. 22 Loth 2⅖ Quentchen wiener Gewicht) gebracht, worin es in Form breitgedrückter Kuchen von etwa 4—5 Zoll Durchmesser eingepackt ist. Diese Kuchen werden in den Kisten in Reihen neben einander gelegt und mit Spreu emballirt. Bei dem Verkaufe und bei dem Umpacken des Opiums geht man ohne alle Vorsicht zu Werke; die Spreu, womit das Opium verpackt war, wird bei diesem Geschäfte auf dem Verdecke des Schiffes umhergeworfen und, wie wir selbst gesehen haben, sowohl Puter als Ziegen und Schweine befinden sich bei dem Genusse dieser Spreu sehr wohl, ja sie scheinen eine besondere Vorliebe dafür zu haben. Die Güte des Opiums wird hier nach andern Grundsätzen bestimmt als bei uns; das Opium von Patna und Benares wird hier für das beste gehalten und ist doppelt so theuer als das türkische. Dieses indische Opium ist noch etwas weicher als Honigkuchen, ist von gelbbräunlicher Farbe, glänzt auf dem Durchschnitte und zeigt weiße Pünktchen, wobei die Schnittfläche gleichmäßig fest ist. Nach einigen Jahren wird es härtlich und verliert alsdann an Güte. Das türkische Opium ist zum Rauchen zu streng und wird deshalb so gering geschätzt. Da die verschiedenen Sorten dieses beliebten Reizmittels so sehr verschieden im Preise stehen, so sind die Verfälschungen der theuerern Sorten durch minder theuere ganz außerordentlich einträglich.

Zum Rauchen des Opiums bedienen sich die Chinesen ganz eigenthümlicher Pfeifen, welche die Form und Länge einer Flöte haben und an dem einen Ende geschlossen, am andern aber als Mundstück zierlich eingefaßt sind. Gegen das Ende zu befindet sich in der Röhre eine Oeffnung, in die ein Pfeifenkopf von der Form einer Zwiebel hineingesetzt wird, welcher auf der Spitze eine kleine Vertiefung hat, in die man das Opium hineinlegt, es an der Flamme einer eigenen kleinen Lampe anzündet und mit starken Zügen ausraucht. Man bedarf zum jedesmaligen Rauchen nur sehr kleiner Portionen Opium, etwa zwei Gran auf einmal, die man mit einem Schaufelchen von Eisen auf den Pfeifenkopf legt; mit 6—8 Zügen pflegt diese kleine Quantität verbrannt zu sein und es dauert auch nicht lange, so stellt sich die angenehm berauschende Wirkung ein. Wir sahen eines Tages auf der Halbinsel Macao einen Chinesen, den Diener eines Engländers, der plötzlich vom Pferde fiel, und als wir hinzukamen, ganz bewegungslos auf der Erde lag und in allen seinen Gliedmaßen nicht die mindeste Festigkeit besaß. Der Puls war dabei voll, hart und sehr schnell, so daß wir gar nicht wußten, wofür dieser Zustand zu halten sei. Unter den umherliegenden Sachen, welche dem Chinesen beim Herabfallen vom Pferde entfallen waren, fand sich jedoch ein kleines Döschen von Horn, das mit Opium angefüllt war und welches bald die Ursache des sonderbaren Zustandes errathen ließ.

Gewiß sehr häufig wird man sich die Frage stellen, ob denn dieser unmäßige Genuß des Opiums nicht allmählig die Gesundheit der Menschen untergrabe, worauf wir uns versichern können, daß man es den Chinesen wenigstens nicht ansieht; sie werden im Gegentheil daselbst sehr alt und sind äußerst wohlgenährt. Daß der Genuß des Opiums die Geistesthätigkeiten, besonders das Gedächtniß im hohen Grade schwäche, wollen wir zwar nicht in Abrede stellen; auf den Körper aber scheint es keine besonders nachtheiligen Folgen zu äußern.

Außer dem Opium rauchen die Chinesen auch Taback, und in keinem andern Lande ist die Sitte, sowohl unter Männern als Frauen, allgemeiner als in China; ja für die Frauen, besonders der vornehmern Stände, ist es die gewöhnlichste Unterhaltung, da sie fast Nichts zu arbeiten haben. Im Allgemeinen wird der Taback in China aus sehr langen Pfeifen mit ganz kleinen metallenen Köpfen geraucht; die Pfeifen der Frauen sind noch länger als die der Männer, bisweilen 4 Fuß lang, und die Frauen pflegen sich derselben beim Gehen als Stöcke zu bedienen, um beim Auftreten mit ihren kleinen Füßen ihrem Körper mehr Festigkeit zu geben. Außerdem hat man noch kleine metallene Wasserpfeifen, aus denen ein ganz fein geriebener Taback geraucht wird, während der gewöhnliche Taback, den man aus langen Pfeifen raucht, nach Art des türkischen ganz fein gehobelt ist. So wie der Thee, so wird auch die Pfeife überall präsentirt, wo man zu Gaste kommt; in Zeit von 8—10 Minuten ist so ein kleiner Kopf ausgeraucht, und man nimmt dann eine andere Pfeife, die immer in großer Menge bereit stehen.

(Aus Meyen's Reise um die Welt, 2. Thl.)

Neues aus dem Gebiete der Erfindungen.

Eine überaus empfindliche Waage hat Herr Davis in Chichester gefertigt, und Referent ist der Meinung, daß ihr unter den bereits vorhandenen Kunstwerken dieser Art keines an Zartheit gleichkommen dürfte. Der Waagebalken besteht aus einem Stabe von Cedernholze; die Axe kann vermöge einer Schraube nach Belieben gehoben oder gesenkt werden, um den Schwerpunkt nach Bedürfniß zu erhöhen oder zu vertiefen. Bei der unbedeutenden Berührungsfläche, welche der scharfkantige Zapfen auf einer Thermometerröhre bildet, ist die Reibung äußerst gering. Sie gibt schon bei einem Gewichte von $1/_{1250}$ eines preuß. Gran einen Ausschlag.

Mechanic's Magazine No. 572.

Auch in der Uhrmacherkunst wird Wunderbares geleistet. Herr Andreas Symington, Uhrmacher in Kassel, machte eine Uhr, welche alle Jahr nur einmal aufgezogen zu werden braucht und deren Mechanismus gleichwol viel einfacher ist als bei den gewöhnlichen Achttage-Uhren. Bei ihrer Ruhe ist sie für Schlafzimmer vorzüglich geeignet. Pendel und Echappement (Eingriff der Spindellappen der Unruhe in das Steigrad) sind in Wegfall gebracht und ein einfacher aber höchst sinnreicher Mechanismus ist mit dem Kronrade in Verbindung gesetzt, so daß dieser Theil des Werkes mit dem sogenannten Eingriffe an den Schlaguhren zu vergleichen ist und nicht die geringste Vibration (elastische Schwingung) hervorbringt. Ein anderer Vortheil, welchen der Erfinder hier realisirt hat, besteht in dem Material der Zapfen, welches ganz ohne Adhäsivkraft (gegenseitiges Anziehen des Materials) ist, bedarf also auch keiner Einölung, und somit ist also auch der Gang des Werkes nicht der von dem Oele verursachten Ungleichmäßigkeit ausgesetzt. Nach dieser Methode bearbeitet jetzt Herr Symington ein für London bestimmtes Schlagwerk.

Mechanic's Magazine No. 571.

Eisenbahn von Birmingham nach London.

Die wahrhaft großartige Eisenbahnanlage zwischen London und Birmingham ist im raschen Fortschreiten begriffen. Die gradlinigte Niveauhöhlung ist nunmehr bis an den Hügel Pennrose gelangt, welcher, wie alle Erhöhungen, durchbrochen werden muß. Der erste 20 englische Meilen lange Eisenbahntract wird in zwei Jahren, die ganze Linie in vier Jahren vollendet sein.

(Birmingham Journal.)

Am 4. October 1824 weihte die Casino-Gesellschaft zu Mainz in dem Hofe zum Gutenberge, dem Stammhause Gutenberg's, welcher im Jahre 1436 die Buchdruckerkunst erfand, einen Stein mit folgender Inschrift:

„Dem Erfinder der Buchdruckerkunst,
dem Wohlthäter der Menschheit,
Johann Gensfleisch zum Gutenberg,
weihet diesen Denkstein
auf der Stelle seines Hauses,
das ihm den unsterblichen Namen gab,
die darin vereinte Gesellschaft,
seine dankbaren Mitbürger."

Leipzig, gedruckt bei F. A. Brockhaus.

Das Gratis-Magazin.

№ 11.

Der gesellschaftliche Zustand von Santiago.

Wenn wir hier ein einfaches Bild von dem Leben und Treiben der Bewohner von Santiago (in Chile in Südamerika) zu entwerfen suchten, so ist es wohl mehr als zu gewiß, daß sich manche Fehler in das Colorit desselben eingeschlichen haben, da unser Aufenthalt daselbst theils von zu kurzer Dauer war, und theils zu viele verschiedene Geschäfte uns oblagen, als daß wir uns ganz der Beobachtung des Volkes hätten hingeben können. Wir vermeiden es wohl, die Sitten und Gebräuche dieser Völker mit einem Maßstabe zu messen, der in unserm kalten Norden eingeführt und durch das Recht der Jahrhunderte geheiligt ist, und theilen wir auch hie und da Thatsachen mit, die von den Gebräuchen in unserm Vaterlande sehr weit abstehen, so geschieht dieses nicht, um sie deshalb für schlecht oder gemein zu halten, oder im thörichten Wahne, nur die Sitten unseres Vaterlandes für die einzig richtigen und decenten zu erklären, sondern nur um den Unterschied derselben in so verschiedenen Ländern deutlich zu zeigen, damit der Denker Gelegenheit haben möge, sich von dem Nationalkarakter des Volkes eine vollkommen deutliche Vorstellung zu machen und sodann den Ursachen nachzuforschen, die eine solche Abweichung in den Sitten und Gebräuchen verschiedener Völker hervorrufen konnten. Daher können wir es nur bedauern, daß die vielen englischen Reisenden, welche, um sich Reichthümer zu erwerben, diese Gegenden in neuester Zeit besuchten und meistens mit fehlgeschlagenen Hoffnungen zurückkehrten, ihre Reisetagebücher dem Publicum mittheilen, worin sie diese liebenswürdige Nation mehrentheils auf eine oft empörende Art und Weise schildern, und zwar zum Lohn für die vielen Beweise der Gastfreiheit und freundlichen Zuvorkommenheit, die sie daselbst gewiß überall empfangen haben, wenn sie nicht mit zu großer Arroganz auftraten. Ganz besonders sind die Damen angegriffen worden und häufig sogar persönlich genannt, wodurch den späteren Reisenden großer Nachtheil erwächst; denn schon gegenwärtig ist die Sitte verschwunden, daß jeder anständige Fremde in die Cirkel der vornehmsten Familien, ohne besonders eingeführt zu werden, eintreten darf. Die Damen fürchten sich vor dem steifen Engländer, der sich in ihre Sitten nicht fügen kann und sich über sie nur lustig macht, sobald er das Zimmer verläßt; er glaubt sich ausgezeichnet, wenn er von einer Dame Blumen erhält, während die Sitte, Blumen anzubieten, nichts als ein Mittel zur Unterhaltung ist. Der Engländer nennt die Leute unsauber, wenn nach Tische ein Waschbecken herumgeht und die ganze Gesellschaft, Herren und Damen, nach der Reihe sich darin die Hände wäscht, während die guten Leute damit nur die Vertraulichkeit andeuten, in der sie mit ihrem Gaste zu leben wünschen.

Die Bewohner von Santiago stehen schon früh auf und die Damen eilen dann zur Messe; in schwarzer Seide oder in Sammet gekleidet, über und über mit Kanten und Spitzen verziert und in lange schwarze Schleier gehüllt erscheinen sie in der Kirche; die meisten kommen zu Fuß, wenige in Karossen. Dienerinnen tragen feine Decken oder Polster nach, worauf die Senora in der Kirche niederkniet. Schon früh um vier oder fünf Uhr verkündet das Geprassel der kleinen Schwärmer die Frömmigkeit der Bewohner. Nach verrichteter Messe wird Chocolate, Kaffee oder chinesischer Thee getrunken, welche letzteren beiden Getränke in neuerer Zeit sowohl die Chocolate wie den Mata- oder Paraguaythee allmälig verdrängen. Das letztere Getränk bemerkt man in den Häusern der Vornehmen gar nicht mehr. Die Herren pflegen die kühle Morgenluft zu einem Spazierritte zu benutzen, während auf der Plaça wie auf den öffentlichen Plätzen an den Enden der Cannada, einer öffentlichen Pappelallee-Promenade, Markt gehalten wird, und Früchte, Fische und Fleisch in enormen Massen ausgeboten werden. Mit steigender Sonne vermindern sich die Käufer, und während der heißen Tageszeit sind die Victualien von den Märkten verschwunden.

Vormittags machen die Damen einige Visiten in ihren Karossen; dies sind kleine zweirädrige Kutschen mit Glasfenstern versehen, welche durch zwei Maulthiere gezogen werden, auf deren einem der Cochero (Kutscher) reitet. Niemals fahren Herren und Damen zusammen, sondern diese Karossen sind nur für die Damen bestimmt. Mit zunehmender Hitze des Tages nimmt das Leben und Treiben auf den Straßen ab, und Nachmittags ruhen alle Geschäfte. Zwei Uhr ist die gewöhnliche Zeit des Mittagessens, womit man bald fertig ist, denn man lebt außerordentlich mäßig; gleich nach dem Essen aber wird die Siesta gehalten, die gewöhnlich bis gegen sechs Uhr dauert. Während dieser Zeit herrscht eine Todtenstille auf den einförmigen Straßen der Stadt, welche durch die anhaltenden Sonnenstrahlen zu einer außerordentlichen Temperatur erhitzt werden. Alle Kaufmannsläden sind geschlossen und Niemand ist zu sprechen; nur neugierige Fremde und wachhabende Soldaten sind auf den öffentlichen Plätzen zu sehen. Nichts als ein Erdbeben ist im Stande, die Einwohner der Stadt aus dieser Lethargie zu wecken, in die sie nicht etwa durch die unerträgliche Hitze, sondern durch Gewohnheit verfallen. Während unserer Anwesenheit fiel ein solches fürchterliches Erdbeben um vier Uhr Nachmittags vor. Misericordia! Un tremblor! un tremblor! (Mitleidiger Himmel, ein Erdbeben! ein Erdbeben!) erscholl es von allen Seiten, und die Bewohner eilten zu den Häusern hinaus, oft im allerlustigsten Anzuge, da sie gerade im Schlafe überrascht waren.

Mit abnehmender Hitze öffnen sich die Häuser wieder, die Kaufleute legen ihre Waaren aus und die Plaça wird wieder durch Handwerker belebt. Das Treiben beginnt von Neuem, man strömt nach den Kirchen und die Promenaden füllen sich; doch plötzlich mit untergehender Sonne erschallt die Glocke zur Oracion (Gebet) und Alles steht still und entblößt das Haupt. Tausende und aber Tausende von Menschen, Reitern und Karossen, Alles bunt durch einander wie das Treiben sie zufällig zusammenführt, werden mit diesem Glockenschlage plötzlich wie von der Katalepsie, befallen und denken an ihren gemeinschaftlichen Schöpfer. In abwechselnden Pausen erschallt von den verschiedenen Thürmen ein harmonisches Glockengeläute, das, um Effect hervorzubringen, sehr gut angeordnet ist, bis das Einfallen der dumpfen Glockentöne die Menschen wieder in Bewegung setzt. Alsdann verdoppelt sich der Lärm, gleichsam um das nachzuholen, was man in jenen Augenblicken verloren hat. Buenas noches! Buenas noches! (Gute Nacht! Gute Nacht!) rufen dann die Bekannten einander zu.

Ueberall, wohin die iberischen Völker ihre Macht und ihre Religion trugen, da hat auch dieser feierliche Brauch tiefe Wurzel gefaßt.

Abends spät, um 9 und 10 Uhr, werden Familienbesuche abgestattet, die bis lange nach Mitternacht fortdauern und womit die Tagesarbeit schließt. Besondere Einladungen finden hier nicht statt. Wer einmal durch einen Bekannten des Hauses der Familie vorgestellt ist, dem ist der Zutritt für immer erlaubt; er kann kommen, so oft er will und kann wieder fortgehen, wenn er sich in dem Kreise, den er vorfindet, nicht unterhält, ohne daß es übel aufgenommen wird. Sind die Zimmer des Hauses erleuchtet und stehen die Thüren offen, so ist es ein Zeichen, daß die Familie zu Hause ist und Besuche annimmt. Den Herrn vom Hause trifft man nie zu Hause an. Die Damen sind prachtvoll gekleidet und sie schmücken ihr Haar mit duftenden Blumen, wenn sie Besuche annehmen; eine Unterhaltung beginnt, die sich durch witzige Redensarten und Wortspiele besonders auszeichnet, und Musik, Gesang und selbst Tanz von einzelnen Paaren ausgeführt, verkürzen die Zeit; beständig kommen neue Besuchende und andere gehen wieder ab, um noch die zweite und dritte Gesellschaft zu besuchen, was man bis Nachts 12 Uhr fortsetzen kann. Hier kommt man nur zur Unterhaltung zusammen und nicht zum Essen und Trinken, was in manchen andern Ländern Hauptsache ist; gewöhnlich wird hier etwas von eingemachten Früchten präsentirt, die in diesem Lande wie auf der ganzen Westküste von Südamerika und in den übrigen überseeischen Colonien unter dem Namen des Dulce so berühmt sind. Man bereitet dieses Dulce, das etwas säuerlich schmeckt, durch Einkochen von Früchten mit Zucker; besonders ausgezeichnet ist das Dulce de membrilla und de lucuma, das von verschiedenen Varietäten der Quitten bereitet wird. Die Verschiedenheit in der Bereitung dieser eingekochten Früchte ist unendlich groß, und die Chilener sind unerschöpflich im Hervorbringen neuer Sorten. Der Consum dieses Artikels ist im ganzen Lande außerordentlich stark und ist selbst ein bedeutender Artikel des Binnenhandels. Das Dulce von la Paz in Bolivien ist weltberühmt und Gegenstand der Ausfuhr. Der Genuß dieser Sachen ist aber auch in der That sehr angenehm, und auf unseren späteren Reisen im Hochgebirge war es oftmals das einzige Erquickungsmittel, das uns geblieben. Man ißt davon nur einige Theelöffel voll und trinkt darauf ein Glas Wasser nach. In den vornehmen Familien wird das Dulce auf ganz kleinen Krystallschalen präsentirt; in weniger wohlhabenden Häusern geht eine Schale herum und jeder Gast nimmt sich einige Theelöffel voll, die er sogleich ißt, worauf er dann die Schale weiter gibt. Häufig lassen sich in diesen Abendcirkeln die Damen Blumen bringen, und mit der anmuthigen Zierlichkeit, die ihnen eigenthümlich ist, legen sie kleine Sträußchen zusammen, wozu sie die einzelnen Blumen nach der Verschiedenheit ihrer Farben höchst geschmackvoll anordnen und sie dann den Herren überreichen; es ist dies eine Sitte, welche nur zur Unterhaltung dienen soll. Gewöhnlich sitzen die Damen und zeigen ihre Geschicklichkeit in der Bewegung des Fächers, den sie mit einer solchen Gewandtheit und Grazie unaufhörlich zu bewegen wissen, daß es ihnen bei uns gewiß Niemand nachmachen wird. Schon von der frühesten Jugend an ist dies das tägliche Studium der jungen Mädchen, wodurch sie sich zuletzt eine Anmuth und Grazie aneignen, in der sie von den Damen keiner andern Nation übertroffen werden. Man möchte die chilenischen Damen eben so wie die peruanischen etwas tadeln, daß sie zu sehr ihrem natürlichen Hange zum Putz sich ergeben und dabei anderer Pflichten ihres Geschlechts vergessen. Mit manchem würdigen Hausvater haben wir darüber gesprochen, der in die bittersten Klagen ausgebrochen ist. Eine chilesische Dame, selbst vom Mittelstande, geht nur in seidenen Strümpfen und trägt so enge seidene Schuhe, daß dieselben in wenig Tagen zerreißen müssen; ihr Kirchenanzug besteht in Sammet, Seide und Kanten, die größten und feinsten französischen Schildkrötenkämme trägt sie in den Haaren, oftmals zwei und selbst drei, blos um ihren Staat zu erhöhen. In den feinsten seidenen Tüchern aus China geht die Dame im Hause umher und liegt damit auf den Fußdecken. Nicht nur, daß das häusliche Glück der Familien dadurch so oft gestört wird und viele eheliche Verbindungen nicht stattfinden können, indem den Männern die erforderlichen Mittel dazu fehlen, sondern wir möchten diese Prachtliebe sogar als ein Uebel betrachten, das im Stande ist, den Ruin des Staates herbeizuführen, wenn nicht die gehörigen Mittel ergriffen werden, um diesem unglückseligen Hange entgegenzuwirken. Gute, d. h. praktische Töchterschulen nach europäischer Art müssen eingerichtet werden, und nicht solche, wie die berühmte Erziehungsanstalt von Mora zu Santiago, die, nach unserer Meinung, gerade Das beförderte, was mit aller Gewalt unterdrückt werden müßte.

(Aus Meyen's neuester Reise um die Welt.)

Geistesgegenwart.

Die Baronin von R., ein schönes junges Weib von zwanzig Jahren, war während einer Geschäftsreise ihres Gemahls auf dem Schlosse eines Landgutes zurückgeblieben. Es lag ein Paar hundert Schritte von dem Dorfe und von der Heerstraße entfernt, in einer Gegend, die noch nie von Räubern unsicher gemacht worden war.

Als sie den zweiten Abend nach der Abreise ihres Gemahls sich eben zur Ruhe begeben wollte, entstand in dem Nebenzimmer ein schreckliches Getöse. Sie rief, Niemand antwortete ihr; der Lärm wurde immer stärker, und um sich von der Ursache desselben zu unterrichten, warf sie ein leichtes Gewand um und öffnete die Thür. Aber welch eine schaudererregende Scene bot sich ihr dar! Zwei ihrer Bedienten lagen in ihrem Blute in der Mitte des voll fremder wild aussehender Männer gefüllten Zimmers, vor deren einem der Baronin Kammerfrau kniete und statt der erbetenen Gnade in dem Augenblicke, als sie die Thüre öffnete, den Todesstoß empfing.

„Seid Ihr da?" rief sie mit dem verstellten Tone der größten Freude den Zweien entgegen, die sogleich auf sie losstürzten. „Seid Ihr da? Leute, wie Euch, habe ich mir längst gewünscht!" — „Gewünscht?" brüllte befremdet einer von diesen Mördern, „wie meint Ihr das?" — Schon schwang er rücksichtslos den Säbel, als ihn sein Kamerad aufhielt. „Halt noch einen Augenblick, Bruder," sagte dieser, „laß uns erst hören, was sie will." „Nichts Anderes," fiel die Baronin ein, „als was Ihr wollt. Schon lange sah ich mit Ungeduld diesem Augenblicke entgegen, und es wird weder mich noch Euch gereuen, wenn Ihr mich nur zwei Minuten lang anhören wollt."

„Redet," schrie die ganze Rotte, die indessen herzugekommen war, „und faßt Euch kurz," setzte der Fürchterlichste unter ihnen hinzu, „glaubt aber nicht etwa, uns eine Schlinge legen oder uns mit umständlichen Weitläufigkeiten hinhalten zu können, denn Euer Gerede wird Euch doch nicht viel helfen." — „Das hoffe ich doch," entgegnete sie, „wenn Ihr mir nur auszureden erlaubt."

„Ich bin die Frau des reichsten Edelmannes im Lande, aber auch zugleich das allerunglücklichste Weib. Mein Mann ist der abscheulichste, eifersüchtigste Filz, den je die Erde trug. Ich hasse ihn unaussprechlich; von ihm loszukommen und mich zugleich an ihm zu rächen, war schon längst mein Wunsch. Aber es war unmöglich, ihm zu entwischen, denn alle Bedienten waren seine Kundschafter, und während seiner Abwesenheit hat sie der Tyrann sogar als Wächter über mich gesetzt; der dort mit der zerschmetterten Hirnschale war der ärgste von Allen. Ich bin zwanzig Jahre, und wenn mein Spiegel mich nicht trügt, auch nicht häßlich; wollte Einer von Euch mich mit sich nehmen, ich folgte ihm, wohin es wäre. Es soll Euch Alle nicht gereuen, mir das Leben geschenkt zu haben. Ihr seid in einem Schlosse, worin sich viele Reichthümer befinden; aber es ist unmöglich, daß Ihr alle Schlupfwinkel desselben auffinden solltet. Ich will keinen verhehlen, und wenn Euch das nicht um sechstausend Thaler reicher macht, so will ich mich demselben Schicksale, welches meine Kammerfrau erlitt, willig unterwerfen."

Eine so unerwartete Anrede, der unbefangene Ton ihrer Stimme, erhöht durch den Zauber ihrer Schönheit, machte die Bösewichter stutzig. Sie besprachen sich leise mit einander, doch konnte sie einige Mal deutlich die Worte „nieder mit ihr," und „wir wissen, woran wir sind" vernehmen. Gleichwohl behauptete sie eine so unerschütterliche Gewalt über die in ihrem Innern sich regende Todesangst, daß weder ihre Miene noch ihre Farbe sich veränderte, und sie wußte mit glücklicher Verstellungskunst, Vertrauen heuchelnden, Miene ein solches Gepräge von Wahrheit zu geben, daß Einer, vermuthlich der Hauptmann der Bande, zu ihr trat und an sie mit einem scharfen, prüfenden Blicke die Fragen stellte: „Darf ich sicher Euren Worten trauen? und seid Ihr entschlossen, Euch unserer Verbindung anzuschließen?" Die Raschheit der Antwort: „ja, ja," und der lebendige freudige Blick, womit sie begleitet war, gaben keinem weiteren Zweifel an ihrer Aufrichtigkeit Raum. „Nun, so kommt und führt uns. Der Henker traue zwar Euch Weibern, doch für dies Mal wollen wir's wagen. Aber wisset, daß augenblicklich Euer Leben verwirkt ist, so bald wir Verrath merken oder wahrnehmen, daß Ihr auf einen günstigen Augenblick zum Entfliehen wartet."

„Um Euch den unzweideutigsten Beweis zu geben, wie unendlich willkommen Ihr mir seid, will ich Euch selbst jede Mühe ersparen, Euch durch langes Suchen in den Besitz meiner Schätze zu bringen." Hier ergriff sie schnell das nächste Licht und führte den ganzen Haufen durch alle Gemächer. Sie schloß jeden Schrank, jede Thür, jeden Kasten auf, half ausleeren und einpacken, scherzte in dem heitersten Tone, schritt gleichgültig über die Körper der Ermordeten hinweg, sprach mit jedem der Bösewichter, wie mit einem alten Bekannten, und bot selbst zur mühsamsten Arbeit ihre Hülfe dar.

Geld, Kleider, Alles war nun zusammengerafft und der Hauptmann gab schon zum Abmarsche Befehl, als die Baronin ihn hastig beim Arme ergriff. „Sagte ich Euch nicht," rief sie aus, „daß es Euch nicht gereuen sollte, an mir eine Freundin gefunden und meines Lebens geschont zu haben? Glaubt Ihr denn, daß es in Schränken, die so voll Kostbarkeiten sind, keine heimlichen Fächer gebe?" Sie drückte an einer verborgenen Feder im Schreibpulte ihres Mannes, ein geheimes Fach sprang auf und sechs Rollen, jede von zweihundert Ducaten, kamen zum Vorschein. „Wetter!" rief der Anführer der Räuber aus, „nun sehe ich, daß Ihr ein braves Weib seid; ich will Euch auch halten wie eine Herzogin!" „Und wohl besser noch," fiel sie lächelnd ein, „wenn ich Euch noch etwas, obschon das Letzte von Allem, sage! Daß Ihr Kundschafter hattet, die Euch meines Peinigers Abwesenheit steckten, begreife ich wohl; aber haben sie Euch denn nichts von den viertausend Gulden gesagt, die er erst vor zwei Tagen einnahm?" „Nicht eine Sylbe," antwortete er; „wo sind sie?" „O, gut verwahrt, unter Schloß und Riegel! Ihr hättet an den eisernen Kasten, der sie einschließt, sicher nicht entdeckt, wenn Ihr nicht, als meine Retter, an mir eine dankbare Freundin gefunden hättet. Mit mir, Kameraden! Ueber der Erde sind wir fertig, nun mag's unter dieselbe gehen. Folgt mir also in den Keller!"

Die Räuber folgten nicht ohne Vorsicht. An den Eingang des Kellers, der mit einer großen Fallthüre versehen war, wurde ein Mann als Schildwache gestellt. Die Baronin führte sie hinab und der Kasten stand in einem Winkel. „Hier," sagte sie und bot dem Hauptmann ein Bund Schlüssel an, „schließ auf und nimm was Du findest zum Hochzeitgeschenke an, wenn Du Deiner Gefährten Einwilligung so leicht als die meinige erhältst." Der Räuber versuchte einen Schlüssel nach dem andern, keiner schloß. Er ward ungeduldig, die Baronin war es noch weit mehr. „Gieb her," sprach sie, „ich hoffe schneller damit fertig zu werden. — O, nun begreife ich wohl, warum es mislang. Verzeiht, wenn die unerwartete Freude über Euren Besuch mich ein wenig außer Fassung gebracht hat. Ich habe die falschen Schlüssel ergriffen; zwei Minuten Geduld und der Fehler ist wieder gut gemacht." Sie lief die Treppe hinauf und ehe die zwei Minuten vorbei waren, kam sie schon wieder, doch ging sie langsam, gleichsam athemlos von allzu großer Eile. „Gefunden, gefunden!" rief sie schon von fern.

Sie war jetzt ungefähr noch drei Schritte von der Schildwache am Eingange des Kellers, als sie mit einem Sprunge auf diesen Elenden, der sich eher des Einsturzes des Himmels als eines solchen Angriffs versehen hätte, lossprang und ihn mit einem Stoße aus allen Kräften die Treppe hinabwarf. In demselben Augenblicke schlug sie die Fallthür zu, schob den Riegel vor und die ganze Bande war in dem Keller gefangen. Mit Blitzesschnelle eilte sie auf den Schloßhof und zündete einen einsam stehenden Stall an. Der Wächter im nahen Dorfe erblickte die lodernde Flamme und machte Lärm. Binnen wenigen Minuten war Alles wach und eine Menge Bauern eilten der Brandstätte zu. An der Hofthür des Schlosses erwartete sie die Baronin. „Um zu löschen oder zu verhüten, daß das Feuer nicht weiter greife," sagte sie, „sind Wenige von Euch genug. Aber nehmt jetzt Gewehre, die Ihr in meines Gemahls Rüstkammer in Menge finden werdet, besetzt die Zuglöcher des Kellers und laßt keinen von den eingesperrten

Räubern entfliehen." Man gehorchte und es entkam keiner der getäuschten Bande seiner verdienten Strafe.

Zähne, Zahnlücken und falsche Zähne.

Fast alle Völker des südlichen Asiens, z. B. die Bewohner von Siam, Tunkin, Sina, Japan, Ceylon, die Malayen, die Bewohner der philippinischen Inseln, halten die blendend weißen Zähne, welche die Natur ihnen gegeben hat, für eine Häßlichkeit. Sie meinen dadurch den Hunden und Affen gar zu ähnlich zu sein, und färben daher ihre Zähne mit dem Oele der Kokosnußschale glänzend schwarz. Dieses Färben wird bei Knaben und Mädchen, wenn sie aus den Kinderjahren treten, mit großer Feierlichkeit vorgenommen. Es dauert gewöhnlich drei Tage, und während dieser Zeit müssen die armen Kinder strenge fasten, um nicht die Wirkung des Oeles zu stören, womit sie die Zähne beschmieren. Woher diese seltsame Sitte? Alle Bewohner des südlichen Asiens kauen Betel, der aus einem Stücke Arekanuß besteht, die in ein Betelblatt gewickelt und mit Muschelkalk bestreut ist. Das Kauen dieser Masse färbt die Lippen roth und überzieht die Zähne endlich mit einer schwärzlichen Rinde, die gegen die noch übrige Weiße derselben häßlich absticht. Um diesen Schmutz zu verbergen, erhöht man auf jene Art die Schwärze der Zähne und färbt das Ganze. Einige Völker begnügen sich jedoch nicht mit dem Färben; sie überziehen die Zähne der untern Kinnlade oder auch die obere mit Goldblech. Bei Lichte soll das in ihren Augen einen herrlichen Anblick geben. Zuweilen reißt man den Mädchen in früher Jugend vier Vorderzähne aus und setzt statt derselben goldene ein. So kannte man einen holländischen Seemann, welchem diese Sitte dermaßen gefallen hatte, daß er sich ebenfalls vier Zähne ausreißen und Diamanten dafür einsetzen ließ. Selbst unter den Russen herrschte noch zu Anfange des 18. Jahrhunderts die Meinung, daß weiße Zähne allenfalls nur Affen gut ständen. Bei den glänzendsten Hoffesten Peter's I. sah man die vornehmen Russinnen nicht mit schwarz gefärbten Zähnen prangen. Unter den Gagern, einem Volke auf der Ostküste von Afrika, lassen sich die mannbaren Mädchen auch vier Vorderzähne ausreißen, aber ohne diese Lücke auszufüllen, welche ihre Liebhaber recht reizend finden sollen.
H.

Die eßbaren Vogelnester.

Die größte Menge der eßbaren Vogelnester, welche in China, Japan, Ostindien und auch in Europa verbraucht werden, liefern die philippinischen Inseln. Neuere Reisende geben über die Beschaffenheit und die eigentlichen Bestandtheile dieser merkwürdigen Leckerbissen den langerwarteten sichern Aufschluß, daß diese vorzugsweise aus aufgelösten eßbaren Seegewächsen bestehen, welche an den Küsten mehrer Inseln des indischen Archipelagus sehr häufig vorkommen und daselbst den Eingeborenen sowohl zur Nahrung dienen und als Ausfuhrartikel versandt werden. So findet man z. B. auf dem Markte zu Macao und Kanton große Kisten mit diesen getrockneten Tangen, welche größtentheils von Japan aus eingeführt werden. Die Alge, welche diesen Handelszweig ausmacht, ist der Sphaerococcus cartilagineus var. setaceus Ag., der hier in Indien außerordentlich häufig vorkommt und von der Salangane (Hirundo escubuta L.), einer Schwalbe, welche die eßbaren Nester bauet, gefressen und zur Bereitung ihres kostbaren Nestes benutzt wird. Die Schwalbe frißt die frischen Tangen und läßt sie einige Zeit hindurch in ihrem Magen weichen, worauf sie die zu einer Gallerte umgewandelte Masse wieder auswirft und sie zur Bereitung ihres Nestes zusammenklebt. Diese Nester, welche später mit Unrath und Federn beschmutzt werden, kommen in rohem Zustande nach China, wo sie in sehr großen, eigens dazu eingerichteten Handlungen vermittelst besonderer Instrumente gereinigt und dann verkauft werden. Diese so berühmten indischen Vogelnester sind demnach fast nichts als der aufgeweichte Sphaerococcus cartilagineus, den wir aus der chinesischen See mitgebracht haben, und ihre Wirkung auf den Menschen ist keine andere als die der feinen Gallerte. Bei der Zubereitung dieser Nester wird gewöhnlich eine solche Menge feiner Reizmittel und Gewürze hinzugesetzt, daß sie wohl mit vollem Rechte den ersten Rang unter dem Leckerbissen auf der Tafel der Chinesen einnehmen.

Die Japaner haben es wohl schon längst gewußt, daß diese kostbaren Vogelnester nur aufgeweichte Seealgen sind und bereiten sich daher die Nestersubstanz auf künstlichem Wege, indem sie jene Seegewächse vorher pulverisiren und zu einer dicken Gallerte einkochen, welche sie dann in lange Fäden nach Art der Nudeln und Maccaroni ausgießen und unter dem Namen Dschinschan als künstliche Vogelnestersubstanz in den Handel bringen. Große Kisten damit angefüllt haben wir zu Macao und zu Kanton gesehen und deren ebenfalls mitgebracht; die Holländer nennen diese Substanz Ager-Ager und gebrauchen sie in großer Menge. Die Chinesen genießen die Vogelnester, sowol die echten als die nachgemachten, in Form von Saucen, welche sie ihren Fleischspeisen beifügen; die Europäer aber, welche sich in China aufhalten, lieben mehr die Form der Gallerte (Gelée), wozu sich der Dschinschan ganz außerordentlich gut eignet. Ein einmaliges Aufkochen reicht hin, um diese getrocknete Substanz zu einem gleichmäßigen Gelée umzuwandeln, welchem dann Wein oder Fruchtsäfte zugesetzt werden, um sie wohlschmeckend zu machen. Bei dem großen Wohlleben, das die Europäer in China führen, ist der Verbrauch dieser Leckerei ganz außerordentlich groß; den getrockneten Dschinschan kann man in kurze Stücke zerschneiden und in heißen Bouillon werfen, wie sie auf den Tisch kommt; in Zeit einer Minute hat sich die Substanz aufgelöst und erhält das Ansehen von durchsichtigen Nudeln, welche sehr gut zu essen sind und bei ihrer sehr großen Nahrhaftigkeit den Magen doch nicht belästigen.

(Aus Meyen's neuester Reise um die Welt.)

Anekdote.

Der König Heinrich IV. von Frankreich gab auf Bitte eines Prinzen von Geblüte, einem Herrn an seinem Hofe, der wenige Verdienste hatte, den heiligen Geist-Orden. Der neue Ritter sprach, wie es gebräuchlich war, die Worte aus dem Evangelio: Domine, non sum dignus, das heißt: Herr! ich bin es nicht werth. Der König antwortete: Ich weiß es wohl, aber ich habe Ihnen diese Ehre nicht versagen können, weil mein Vetter mich so lange darum gequält hat.

Leipzig, gedruckt bei F. A. Brockhaus.

Das Gratis-Magazin.
№ 12.

Ueber Weingährung und Champagnerfabrication.

Wären alle Städte Deutschlands mit lachenden Weinbergen und mit freundlichen Rebengärten umkränzt, so könnte jeder unserer Leser die Anschauung der Weinbereitung mit dem Vergnügen einer angenehmen Landpartie verbinden; aber die Natur hat vorgeschichtlich nicht überall Feuerberge rauchen lassen, auf deren Boden der Wein am Trefflichsten gedeiht, nicht an allen Orten hat der finstere Mythengott Vulkan dem heiteren Bachus vorgearbeitet. — Zwischen der goldenen und rubinenhellen Klarheit des Weines und dem Traubensafte liegt ein langer chemischer Proceß, den wir uns vorgenommen haben in diesem Blatte auseinanderzusetzen. Ehe wir aber zu der Erzählung desselben übergehen, sei uns noch ein, die Pflanzennatur betreffendes, Vorwort vergönnt, ohne welches vielleicht Manches unverständlich bleiben könnte. Sämmtliche Pflanzen sind nur aus drei einfachen Stoffen, dem Sauerstoffe (Oxygen), dem Wasserstoffgase (Hydrogen), dem Kohlenstoffe (Carbon) zusammengesetzt; nur einige, doch sehr wenige, haben außer diesen dreien noch Stickstoff. Jene drei Stoffe werden in ihrer innigen Durchdringung durch die belebende Kraft, deren Natur der menschliche Geist noch nicht erkannt hat, zusammengehalten. Sobald die belebende Kraft oder das Lebensprincip verlischt, gehen die Bestandtheile in eine freiwillige Zersetzung über und werden so dem Einflusse der chemischen Verwandtschaft ausgesetzt*); auch die äußere umgebende Luft übt dann auf sie eine zersetzende Kraft aus und ihr Sauerstoff geht in neue chemische Verbindungen ein. Diese freiwillige Veränderung, welche erfolgt, wenn Pflanzen oder überhaupt organische, d. h. belebte Körper sich selbst überlassen bleiben, nennt man Gährung. Nun gibt es allerdings auch organische Körper, welche Jahre lang aufbewahrt werden können, ohne eine Zersetzung zu erleiden, z. B. Weingeist, Essigsäure, Benzoesäure. Dies rührt jedoch daher, weil ihre Elemente schon so vertheilt sind, daß sie nicht mehr einander anziehen, um Das zu bilden, was man chemisches Gleichgewicht nennt. Endigt jene freiwillige Zersetzung mit der Bildung des Zuckers, so nennt man sie Zuckergährung; endigt sie mit Weingeist oder Alkohol, so heißt sie Weingährung; schließt sie mit Essig, so heißt sie Essiggährung, dagegen endlich die gänzliche Auflösung die faulende Gährung oder Fäulung ist.

Durch eine solche freiwillige Zersetzung wird nun auch der Wein hervorgebracht, nur muß die Kunst diesem natürlichen Vorgange zu Hülfe kommen, und somit ist der Wein ein Kunstproduct; denn die bloßen Trauben würden die faule Gährung erleiden. Wir sagten schon oben, daß man den natürlichen Vorgang der Zersetzung (Proceß), durch welchen sich Alkohol bildet, Weingährung nenne. Da nun Alkohol, als das eigentlich Geistige des Weins, auch durch andere Pflanzen auf dem Wege der Zersetzung gewonnen werden kann,

*) Vergleiche Pfennig-Magazin No. 44.

so bedarf es nicht gerade der Weinbeere, um Wein zu erzeugen. Machen doch die Tartaren aus Pferdemilch eine Art Wein, unter dem Namen Kumis. Der Italiener Fabbroni bereitete aus einem Gemenge von 288 Theilen Wasser, 36 Theilen Zucker, zwei Theilen Weinstein, 12 Theilen Gummi und einem Theile Weinsteinsäure einen Most, der nachher zu Wein vergohr. Vorzüglich eignen sich jedoch die Hollunderblumen zu künstlichen Weinen, wenn man beweisen will, daß Trauben oder Beeren nicht unumgänglich erforderlich sind. Wir wollen den Begriff Weingährung durch einen Versuch erläutern, den man zu jeder Jahreszeit ohne Beihülfe der Trauben anstellen kann. Man nehme zu fünf Loth Zucker 20 Loth Wasser, nebst etwas Hefen in eine Flasche, auf deren Halse man luftdicht eine Röhre befestigt, welche sich hakenförmig nach unten biegt und deren unteres Ende in einem Gefäße mit Wasser oder mit Quecksilber befindlich ist, so daß die Mündung nach oben steht. Die ganze Vorrichtung wird in diesem Zustande einer Luftwärme (Temperatur) von 60 bis 70 Grad des Thermometers von Fahrenheit oder 24 bis 26 Grad Réaumur ausgesetzt. Das bald erfolgende Aufsteigen der Gasblasen, welche sich in der Nähe der Hefe sammeln, kündigt die nunmehr beginnende Zersetzung an; die Flüssigkeit in der Flasche trübt sich, wird stark bewegt, die Temperatur steigt und auf der Oberfläche sammelt sich Schaum an. Nach einigen Tagen verschwindet der Zucker, in der Flasche bleibt Alkohol zurück und ein sehr geringer Theil der Hefe wird wirklich zersetzt, kommt aber bei der Erklärung des Gährens nicht in Betracht, da die Hefe nur eigentlich als Erregerin der Gährung angesehen werden kann. Das Gas, welches sich entwickelte und aus der Flasche durch die Röhre ging, ist Kohlensäure. Der Zucker allein ist's, welcher sich zersetzt hat. Seine Urbestandtheile oder Elemente sind Kohlenstoff, Wasserstoff, Sauerstoff. Nun ist es unserem Leser vielleicht bekannt, daß Kohlensäure aus Sauerstoff und Kohlenstoff besteht; der übrig bleibende Wasserstoff bildet mit dem rückständigen Kohlenstoffe und dem Wasser den flüssigen Alkohol, welcher, wie der Zucker, aus Kohlenstoff, Wasserstoff und Sauerstoff besteht. Aber, werden unsere Leser fragen, warum geht denn der rückständige Kohlenstoff nicht mit durch die Röhre? Um diese Frage zu beantworten, verweisen wir unsere Leser wiederum auf den Schluß des Artikels „Chemie" von No. 44. Die Kohlensäure hat nämlich die bestimmten Gewichtsverhältnisse von Kohlenstoff und Sauerstoff und nimmt von ihnen keinen weitern Zusatz an. Jeder hinzugethane Zusatz würde sich unwillkürlich von der Kohlensäure ausschließen. Die verschiedenartigen durch Weingährung dargestellten Flüssigkeiten zerfallen in Weine und Biere, und jene unterscheiden sich von diesen dadurch, daß sie aus dem Safte zuckerhaltiger Früchte dargestellt sind.

Um nun den Vorgang oder Proceß der Traubengährung mit möglicher Klarheit und Faßlichkeit zu erzählen, wollen wir zuvor sehen, woraus die Traube besteht. Der wunderbare Bau einer Weinbeere ist ein rebender Beweis für die göttliche Vorsehung und Güte, die den Wein für den Menschen zum Genuß schaffen wollte und die Trauben dieser Bestimmung zugebildet hat. Beginnen wir also die Zergliederung der Weinbeeren mit ihrer äußersten Haut. Ihr Gewebe ist fest genug, um einer nachtheiligen Einwirkung des Sauerstoffes der äußern uns umgebenden (atmosphärischen) Luft zu widerstehen. Hierauf folgt, fest mit der äußern Haut zusammenhängend, ein anderes Häutchen mit Farbestoff, welcher dem Weine die rothe oder gelbe Farbe gibt. Dann folgt ein säurehaltiges Mark; an dieses schließt sich das flüssige zuckerhaltige Mark, und endlich bildet das letzte gummihaltige Mark, welches die Saamenkörner einhüllt und den Stoff für die Hefen abgibt, das Innerste der Beere. Damit nun aber diese Stoffe nicht schon in der Beere unmittelbar nach der Reife oder Abnahme in Gährung gerathen, so hat die Natur sowohl die Säuren als den Zucker in besondere Häutchen oder Beutelchen eingeschlossen. Werden nun aber die Beeren zerdrückt und folglich die Säckchen zerstört, so mischen sich Säure, Zucker und Gummi mechanisch durcheinander. Allein das Farbehäutchen behält immer noch seinen Farbestoff und gibt ihn erst dann ab, wenn sich Alkohol gebildet hat, denn dieser ist das Auflösungsmittel des Farbestoffes.

Um das Gähren zu beschleunigen, ist der Zutritt der atmosphärischen Luft erfoderlich; eine nothwendige Bedingung aber ist ein gewisser Wärmegrad. Es ist eine bekannte Erfahrung, daß die Gährung durch kalte Witterung während der Weinlese verzögert wird. Unter 10 Grad Réaumur geht die Gährung sehr langsam von statten. Um den Most künstlich zu erwärmen, umgibt man den Bottich mit starken Tüchern. Um die Wärme gleichmäßig zu verbreiten, rührt man den Most mit einem langgestielten Quirl oder Krücke. Sind die Trauben sehr zuckerhaltig, so läßt man den Most höchstens 12 Stunden im Bottich. Aber noch immer ist der Wein farblos. Der Alkohol, welcher nach Entweichung der Kohlensäure sich gebildet hat, fängt nun an, vermöge seiner auflösenden Kraft, den Farbestoff zu zersetzen, daher der Wein sich um so mehr färbt, je länger er im Bottich bleibt. Sobald der Most gegohren, d. h. seine Kohlensäure, welche durch freiwillige Zersetzung der Grundbestandtheile sich bildete, der atmosphärischen Luft übergeben hat, zieht man ihn von dem Bottiche ab. Ist der Wein abgezogen, so sinkt der obere Kuchen, welcher aus den durch die Kohlensäureentwickelung auf die Oberfläche getriebenen Bestandtheilen besteht, nieder, und vereinigt sich mit dem untern Satze. Dadurch entstehen die Trestern, welche noch eine Menge Wein enthalten, den man vermittelst der Presse oder Kelter abscheidet. Vor dem Auspressen aber muß man die Oberfläche des Kuchens sorgfältig abnehmen, weil er schon über die Alkoholgährung hinaus und zum Theil in Weinessig verwandelt ist. Solchen Wein nennt man Druckwein.

Auf der Oberfläche des gährenden Weins hat sich die Hefe in Gestalt einer schaumigen, lockern und etwas klebrigen Materie abgesetzt. In einer mäßigen Wärme wird die Hefe trocken und warm und kann in diesem Zustande, ohne Veränderung zu erleiden, aufbewahrt werden. Die Ursache, wodurch die Hefe die Gährung beschleunigt, ist noch nicht vollkommen bekannt. Im aufgefüllten Weine sinkt sie zu Boden. Für die Güte des Weines ist es vortheilhaft, wenn er auf solche Fässer kommt, in welchen schon eine gute, jedoch nicht verschiedenartige Weinsorte gestanden hat; es scheint, als ob die geistigen Bestandtheile, welche das Holz in sich eingesogen hat, wieder an den Wein treten und ihn veredeln.

Der in die Fässer eingefüllte Wein verliert nach und nach von seiner Menge, denn die Gährung ist noch nicht vollendet und es entwickelt sich beständig kohlensaures Gas; die dadurch entstehende Leere im Fasse macht ein beständiges Nachgießen nöthig, welches man Auffüllen nennt. Während des ersten Monats füllt man alle Tage, während des zweiten alle vier Tage und später alle Woche einmal. Endlich zieht man den Wein ab; um zu verhüten, daß die Hefe sich nicht mit dem Weine vermenge, ihn trübe und unansehnlich mache, bedient man sich zu dem Ende bekanntlich des Saughebers. Nun ist es oft der Fall, daß die Hefe wegen ihrer Zartheit und Leichtigkeit nicht zu Boden gesunken ist, sondern sich im Weine zertheilt hat. Sie passirt also mit durch die Abzugsröhre. Um dem Weine nun die erfoderliche Klarheit zu geben, löst man Hausenblase in etwas Wein zu einer gallertartigen Masse auf, gießt sie in das Faß und vermengt sie darin möglichst gleichmäßig mittelst einer Ruthe von Reisern. Zuerst bildet die gallertförmige Masse eine über die Oberfläche verbreitete Haut, umhüllt alsdann die Hefe, sinkt mit ihr auf den Boden und hellt den Wein vollkommen auf.

Durch das eben beschriebene Verfahren erhält man nun die von Kohlensäure freien Alkoholweine. Von dieser Gattung unterscheiden sich die kohlensauren oder Champagnerweine. Der jetzt häufig im Handel vorkommende schäumende Rheinwein, unter dem Namen Rheinwein mousseux, ist ein kohlensaurer Wein, der auf eine ganz ähnliche Art, wie der Champagner, bereitet wird.

Um dem Weine die schäumende Eigenschaft zu geben, muß man die merkliche Gährung absichtlich unterdrücken; die unmerkliche geht dann fortwährend vor sich und besteht darin, daß die Kohlensäure, welche nicht frei in die atmosphärische Luft entweichen kann, sich gleichwohl im Weine auf dem oben beschriebenen Wege bildet und sich mechanisch mit dem Alkoholweine mischt. Statt den Wein in den Kufen vollkommen ausgähren zu lassen, bringt man ihn auf die Fässer. Man unterbricht also auf diese Weise die freie ungestörte Bottichgährung. Hier geht nun im Innern des Weines die Gährung fort; es bildet sich fortwährend Kohlensäure. Soll der Champagner schäumen, so zieht man ihn erst im März und April ab und klärt ihn mit Hausenblase. Soll er nicht mussiren, so darf er vor der nächsten Herbste nicht auf die Flaschen gezogen werden.

Eine besondere Sorgfalt erfodert die Wahl der Champagnerflaschen. Sie dürfen keine Blasen enthalten, müssen fest und, damit die starke Expansiv- oder Ausdehnungskraft sich gleichmäßig vertheile, durchaus regelmäßig geformt sein. Um die Festigkeit der Flaschen zu erproben, werden je zwei und zwei Flaschen in Gegenwart des Verkäufers oder eines Bevollmächtigten desselben aneinandergeschlagen, und die, welche Risse erhalten oder zerspringen, kommen auf Rechnung des Verkäufers.

Neben dem Zuckerstoffe wird oft auch der Weinstein *)

---

*) Der Weinstein, von den Chemikern Kalibitartrat (tartarus) genannt, ist die krystallinische Rinde an den Seitenwänden und auf den Böden der Fässer säuerlicher Weine. Er ist ein, ursprünglich im Traubensafte enthaltenes und im Alkohol unauflösliches Salz, daher er sich bei der Gährung absetzt. Roh hat er vom Weine die Färbung erhalten, von welcher er jedoch zu einer ganz weißen unter dem Namen cremor tartari bekannten Masse gereinigt wird

des Weines zersetzt. Die zum Champagner bestimmten Flaschen müssen vor der Füllung mit Schrot und Kette gehörig ausgespült werden. Gewöhnlich sind fünf Personen mit dem Abziehen beschäftigt, welche dann zusammen ein Atelier bilden. Die Fässer werden mittelst eines kleinen mit einem Flortuch verbundenen Hahnes abgezapft, damit der Wein gleichsam noch einmal filtrirt werde und keine fremdartige Beimengungen in die Flasche kommen. Man läßt in dem Halse zwischen der Oberfläche des Weines und dem Korke noch einen 1½ bis 2 Zoll weiten leeren Raum, welcher sich durch den Fortgang der Gährung füllt. Der Arbeiter stellt die gefüllten Flaschen zu seiner Rechten. Von hier setzt sie ein Aufseher auf einen kleinen, kniehohen, mit einer Bleiplatte bedeckten Tisch. Nachdem derselbe den leeren Zwischenraum gehörig geregelt hat, treibt er den Kork durch einige starke Hammerschläge in den Hals der Flasche ein. Durch Uebung bringt er es dahin, daß ihm nur sehr selten eine Flasche zerspringt. Von ihm passirt die gekorkte Flasche in die Hand des dritten Arbeiters, welcher den Kork mit einem Bindfaden kreuzweis auf den Hals bindet, die Enden mit einem Messer abschneidet und sie dem vierten Arbeiter übergibt. Dieser verbindet die Flasche noch einmal mit Eisendraht. Ein fünfter Arbeiter stellt die Flaschen auf den Boden nebeneinander, gewöhnlich in Form eines langen Vierecks, sodaß man sie leicht überzählen kann. Nach diesen Vorrichtungen werden nun die Flaschen an den Wänden des Kellers in wagerechter Lage aufgeschichtet. Der luftleere Raum, welcher dadurch in die obere Seite des Bauches versetzt wird, füllt sich durch die fortdauernde Gährung mit Kohlensäure, deren Expansivgewalt immer einen Theil der lagernden Flaschen zersprengt. Es würde für große Weinhandlungen um so vortheilhafter sein, wenn man ein Mittel erfände, dieses Zerspringen zu verhüten, als man den ablaufenden Wein, der gar bald übergährt und zu Essig wird, nicht gebrauchen kann. Mehr in der Absicht, um den durch das Zerspringen der Flaschen auslaufenden Wein abzuleiten und die Keller vor Feuchtigkeit zu verwahren, als um ihn noch zu benutzen, hat man die Flaschenlager mit einer niederen Unterlage von Mauerwerk versehen und längs desselben Rinnen angebracht.

Die Flaschen schichtet man auf folgende Weise. Die Flaschen unmittelbar auf dem Unterbaue sind mit dem Korke gegen die Mauer gekehrt, und um ihrer Lage die erfoderliche Festigkeit zu geben, sind ihre Hälse noch durch Latten unterstützt. Jede Flasche dieser untern Reihe wird noch besonders an beiden Seiten des Bauches mit Keilen befestigt, in welchen sie gleichsam eingeklemmt liegt. Sie liegt also unbeweglich. Die zweite Schicht hat die umgekehrte Lage. Die Bäuche derselben kommen auf den Hälsen der unteren zu liegen und ihre Hälse ruhen gleichfalls auf Lattenwerk. Auf diese Weise schichtet man Flaschen in abwechselnd entgegengesetzten Lagen fünf bis sechs Fuß hoch. Die Bildung der Kohlensäure gibt sich durch einen im unteren Theile der Flasche befindlichen Absatz kund, welcher die Form einer polypenartigen Verästelung angenommen hat. Ist die Luftblase auf der oberen Seite des Bauches der Flasche verschwunden, so zeigt dies das baldige Zerspringen der Flasche an. Man kann wol darauf rechnen, daß von jedem Lager fünf bis zehn Procent Flaschen zerspringen. Ueberhaupt ist die eigenthümliche Natur des kohlensauren Weines noch in ein Dunkel eingehüllt. Man hat Beispiele, daß von zwei in demselben Gewölbe befindlichen Flaschenlagern das eine gänzlich durch Zerspringen verloren ging, während in dem andern sich keine mussirende Kohlensäure bildete. Nicht ohne Grund vermuthet man, daß man auf alle Berührungen, in welche dieser empfindliche Wein kommt, die sorgfältigste Rücksicht nehmen müsse, um endlich auf den Standpunkt zu gelangen, sowohl das Zerspringen zu verhüten als auch den Wein zum Schäumen zu bringen. Man vermuthet selbst, daß das Glas der Flaschen, die Tiefe, die Anzahl der Luftlöcher und selbst die Erdart, in welche der Keller gebaut ist, eine chemische Wirkung auf den Champagner ausüben. Unter jenen zwei Uebeln, deren gänzliche Beseitigung den Preis des Champagners bedeutend vermindern würde, muß der Fabrikant oder Weinhändler nun das kleinste zu wählen verstehen.

Das Zerspringen, welches gewöhnlich im Monat Juli oder August beginnt, nimmt mehr oder minder zu. Gewöhnlich steigert sich die Anzahl der zerspringenden Flaschen von Tage zu Tage. Steigt aber der Verlust über 10 Procent, so hält man es für vortheilhafter, einen nicht mussirenden Wein daraus zu machen. Zu diesem Behufe nimmt man das ganze Flaschenlager aus einander, setzt die Flaschen nieder, überschüttet sie mit Erde und läßt sie in diesem Zustande einige Zeit stehen. Diese Bedeckung mit Erde soll auf die Güte des Weines einen vortheilhaften Einfluß ausüben. Hierauf in einen noch tieferliegenden Keller gebracht, wird eine Flasche nach der andern geöffnet, um die überflüssige Kohlensäure entweichen und wiederum einen leeren Raum entstehen zu lassen.

Bei diesem Verfahren muß aller Draht und Bindfaden abgetrennt, der Kork herausgezogen, dann die Flasche augenblicklich wieder zugekorkt und mit neuem Bindfaden und Draht verbunden werden.

Im September, wo das Zerspringen der Flaschen nachläßt, nimmt man eine nach der andern aus dem Lager heraus und befreiet der Wein von einem fettigen Absatze, welcher sich während der Gährung gebildet hat. Man gibt, um diesen Absatz auf den Kork hinabzuspülen, den Flaschen eine Neigung von ⅓ eines rechten Winkels, wobei man, um den Absatz vom Boden zu trennen, der Flasche eine leise Erschütterung gibt. In großen Etablissements hat man zu diesem letzten Verfahren eine besondere Vorrichtung.

In dem Keller befinden sich mehrere Reihen langer starker Tafeln, oben mit drei Reihen Löcher versehen, welche schräg gebohrt sind; in diese steckt man die Flaschen, um ihnen die beabsichtigte Neigung zu geben. Man bringt alle 3 — 4000 Flaschen in die Gestelle und läßt sie 10 — 15 Tage stehen. Der Arbeiter, um den Flaschen die erforderliche Erschütterung zu geben, ergreift die Flasche beim Boden mit der linken Hand, so daß der Daumen nach oben und die Finger nach unten gekehrt sind, faßt sie dann mit der rechten und rüttelt leise mit der Handwurzel. Er sitzt dabei auf einer niederen Bank, und wenn er mit einer Partie fertig ist, rückt er seine Bank weiter und fährt auf diese Weise fort.

Noch immer ist der Champagner nicht am Ziele der Vollendung; er muß noch einer und namentlich der schlimmsten Manipulation unterzogen werden, um genossen oder versendet werden zu können. Zu dieser Arbeit gehört eine gewisse Geschicklichkeit, welche erst durch anhaltende Uebung erworben wird. Das Atelier nimmt seinen Platz vor dem beschriebenen Gestelle, in welchem die Flaschen in verkehrter Lage stecken. Der Aufseher faßt mit der linken Hand eine Flasche am Boden, legt sie auf seine Knie, reißt mit einen Haken den Bindfaden und Draht ab, zieht geschickt den Kork aus, und reißt die vom Schaum der aufbrausenden

Kohlensäure mit fortgerissene Unreinigkeit heraus, ersetzt hierauf den Verlust der Flüssigkeit durch eine Auffüllung von Wein, der bereits schon gereinigt ist, und verschließt die Flasche auf die oben beschriebene Art mit Draht und Bindfaden. Da nun aber das Aufsteigen des Schaumes sich dem Auffüllen entgegenstellt, so hat man diesem Uebelstande durch eine eigens dazu angewandte Maschine, die Luftpresse von Jülien, abgeholfen. Ehe der Wein in den Handel kommt wird er oft noch ein Mal, ja selbst nach Erforderniß zwei Mal geöffnet. Es bildet sich namentlich immer noch ein Absatz, welcher den Wein beim Transportiren trübe macht und deshalb kurz vor der Versendung entfernt werden muß.

Hinsichtlich der Güte unterscheidet man drei verschiedene Sorten. Zu der besten Qualität rechnet man den weißen von Aï, Mareuil-sous-Aï, Sillery und Hauvilliers, Pierry, Cramant und den rothen von Verzie, Versenay, Bouzy, Taizy, Lumiers, Oeil de Perdrix. Zweite Qualität, weiße Sorten: Avenay, Epernay, Menil, Avize, Oger und die rothen Sorten von Mailly, Damerey, Epernay, Rilly, Aï, Pierry, Monbret. Dritte Qualität, weiße Sorten: Tonnerre, Chablis, Ludes, Sabu, Trois-puits, Villers-Alleran; rothe: Joigny, Tonnerre, Chamery, Ville Domagne, Pargny, Sapicourt.

Daß der enge Bezirk der Champagne, das eigentliche Stammland des Champagners, den Nachfragen des ganzen Europa, eines Theiles von Asien, des civilisirten Amerikas und selbst denen der Türkei und Aegyptens, wo ihn die Muselmänner nicht als Wein, sondern als Sorbet trinken, nicht zum zehnten Theile Genüge leisten könnte, ist Jedem, der das Ländchen und seine Weinberge kennt, vollkommen einleuchtend.

Wenn es nun auch nicht zu leugnen ist, daß die Beeren dieser Ortschaften sich zur Bereitung des kohlensauren Weines am Vorzüglichsten eignen, so hat doch auch in anderen Weingegenden die Kunst hervorgebracht, was die Natur versagte, und wirklich ist es dem menschlichen Fleiße in Verbindung mit dem Forschungseifer der Wissenschaft und dem Speculationsgeiste des Handels gelungen, täuschende Nachahmungen des echten und besten Champagners hervorzubringen, welche selbst Kenner nicht immer von dem Producte des Stammlandes unterscheiden konnten. Allein je weniger die unbefangenen Liebhaber des Champagners sich darum kümmern, ob der köstliche Nektar der fröhlichen Geselligkeit, heitern Laune und der Liebe, der das Band der Zunge löset und dessen Wirkung die kluge Benutzung des Augenblicks schon manche Wohlthaten, ja manche milde Stiftung abgewann, — ob dieser Wein diesseit oder jenseit des Rheines entsprießt, um so mehr bedauert er oft die bedeutende Höhe seines Preises. Werfen wir aber einen Rückblick auf die zahllosen Handgriffe, auf die kostspieligen Apparate, die zu seiner Verfertigung erforderlich sind, und endlich auf die unvermeidlichen Verluste, welche sich der Fabrikant gefallen lassen muß, so wird man ihn nicht so unverhältnißmäßig im Preise finden.

Gewerbliches aus China.
Bohren der Perlen.

Ueber die Bohranstalten der Chinesen zum Bohren der echten Perlen berichtet Dr. Meyen in seiner Reise um die Welt Folgendes: Ehe die Perlen gebohrt werden, legt man sie in große leinene Beutel und wäscht sie in fließendem Wasser; dann werden sie getrocknet und nach ihrer Größe sortirt. Der Bohrer sitzt vor einem einfachen hölzernen Becken, in welchem einige Linien hoch Wasser enthalten ist; auf der einen Seite dieses Beckens sind kleine kugelförmige Aushöhlungen von verschiedener Größe, je nachdem die Perlen groß sind. Der Bohrer faßt eine Perle mit einer Kneipzange, legt sie in eine der Vertiefungen und klopft mit einem kleinen Hämmerchen gerade auf diejenige Stelle, wo gebohrt werden soll; nun setzt er auf diesen Punkt seinen Nadelbohrer auf und macht das Loch, indem er die Nadel mit der seidenen Sehne eines drei Fuß langen Bogens in Bewegung setzt. Gewöhnlich sitzt eine Menge von Arbeitern in einer Reihe, und alle arbeiten mit diesem langen Bogen in der Hand, welches anzusehen sehr unterhaltend ist.

Eigenthümliche Fabrik.

In der Stadt Kanton fand der erwähnte preußische Reisende wol die sonderbarsten Fabriken, welche je der Kunstfleiß hervorgerufen hat, die aber in unsern Ländern noch keinen Eingang gefunden haben, weil ihre Geheimnisse noch nicht über Chinas Grenzen hinausgedrungen zu sein scheinen. Hier werden nämlich Lumpen von gleicher Farbe zu großen Stücken Zeug zusammengeklebt, sodaß sie von Neuem zu Kleidern verarbeitet werden können. Wol hunderte von Menschen sahen wir damit beschäftigt. Dergleichen Zeuge sollen nach dem Kleben gebleicht und ein starker Handel damit getrieben werden. Die Plätteisen, welche man zum Glätten dieser Zeuge gebraucht, sind kupferne Becken, mit einem Stiele versehen, in das die glühenden Kohlen gelegt werden. Da hier beständig Fenster und Thüren geöffnet sind, so ist diese Art von Plätteisen, welche sehr lange heiß bleiben, den unsrigen noch vorzuziehen und sie werden auch in China ganz allgemein gebraucht.

Nahrungsmittel der Chinesen.

Die Straßen von Kanton sind durch die verschiedenartigsten Niederlagen von Nahrungsmitteln verengt; überall gibt es auf offener Straße Garküchen, wo das fertige Essen für die Aermeren zu kaufen ist. Eine Art von Fleischklösen scheint eine Lieblingsspeise zu sein; man sieht deren fast zu jeder Zeit große Haufen stehen; gebratene Fische, Hühner, Enten, Gänse, Schweine, Hunde, Katzen und alles andere vorkommende Vieh hängt daselbst an den Seiten aus. Was die Wahl der Fleischspeisen betrifft, so sind die Chinesen darin nicht so eigen als wir Europäer; sie essen fast Alles, was ihnen vorkommt; daher sieht man täglich eine Menge von lebenden Vögeln zum Verkaufe ausbieten, welche bei uns noch keinen Wohlgeschmack gefunden haben; man sieht Adler, Eulen, Habichte, Störche, Kibitze u. s. w. zu sehen. Für die Europäer kann Nichts ergötzlicher sein, als wenn er die Chinesen mit einer Tragestange ankommen sieht, auf der Vogelbauer befindlich sind, welche statt der Vögel Hunde und Katzen enthalten. Eine kleine dicke Sorte von Pudeln schien die beliebteste zum Essen zu sein; in ihren Rohrkäsichen sitzen sie ganz betrübt, wenn sie zu Markte gebracht werden, während die Kater ein entsetzliches Geheul machen, als ahnten sie ihr Schicksal. Andere Chinesen bringen auf ihrer Tragstange eine Reihe von mehren Dutzend Ratten, welche ganz reinlich abgezogen sind und, gleich den Schweinen in unseren Ländern, nachdem sie geöffnet, durch ein Querholz an den Hinterbeinen aufgehängt werden; doch werden sie nur von den Armen gegessen.

Leipzig, gedruckt bei F. A. Brockhaus